ENCYCLOPÉDIE

MÉTHODIQUE,

OU

PAR ORDRE DE MATIÈRES.

PAR UNE SOCIÉTÉ DE GENS DE LETTRES, DE SAVANS ET D'ARTISTES;

Précédée d'un Vocabulaire universel, servant de Table pour tout l'Ouvrage; ornée des Portraits de MM. DIDEROT & D'ALEMBERT, premiers Éditeurs de l'Encyclopédie.

Z

84

ENCYCLOPÉDIE

MÉTHODIQUE.

DICTIONNAIRE

DE TOUTES LES ESPÈCES DE CHASSES.

A PARIS,

Chez H. A G A S S E, Imprimeur-Libraire, rue des Poitevins.
N°. 18.

L'AN TROISIÈME DE LA RÉPUBLIQUE FRANÇAISE
UNE ET INDIVISIBLE.

AVERTISSEMENT.

C'est un des ſpectacles les plus intéreſſans offerts par l'hiſtoire naturelle, que de voir les animaux de toutes les eſpèces aux priſes avec l'homme qui les pourſuit. Le chaſſeur trouve dans ſon expérience & dans ſon induſtrie les moyens de faire la guerre & de tendre des piéges à toutes les peuplades du règne animal. Mais ſoit que l'a-greſſeur veuille donner la mort ou faire des eſclaves, il ne remporte pas toujours une victoire facile ; ſouvent il a lieu d'admirer & même de craindre la force, le courage, l'adreſſe & les ruſes que les animaux oppoſent à leur ennemi. L'inſtinct de l'animal s'élève quelquefois juſqu'à la hauteur du génie humain. Cette lutte entre le roi des animaux & ſes ſujets ordinairement très-rebelles, eſt donc un des points de vue de l'hiſtoire naturelle, qui méritoit bien qu'on s'y arrêtât.

La ſociété eſt auſſi très-intéreſſée à connoître par quel art on peut ſe procurer des objets de première néceſſité, ou d'utilité, ou d'agrément, que la chaſſe fournit. Il y a une infinité d'ouvrages épars, où l'on donne quelques notions à cet égard ; mais l'enſemble de tout ce qui concerne cet exercice & la langue particulière & uſitée des différentes chaſſes n'avoient pas encore été réunis dans un ordre encyclopédique & méthodique. Il a fallu en même temps conſulter les arts qui s'occupent des uſtenſiles & des préparatifs de cette guerre. Il n'a pas été moins néceſſaire de faire une revue générale de tous les animaux, pour les mettre en activité, & les conſidérer dans leurs combats, dans leurs attaques, dans leur défenſe, dans leur fuite, dans leur eſclavage, dans leur défaite. Il y a en outre des établiſſemens, des équipages, des entrepriſes & des acceſſoires qui exigent des détails particuliers. Il ne faut pas omettre les pré-cautions dont on ſe ſert pour multiplier certaines eſpèces propres à nos beſoins ou à nos plaiſirs, ni négliger de faire connoître les moyens qu'on emploie pour diminuer le nombre de certaines eſpèces mal-faiſantes. Nous devons dire auſſi comment le chaſſeur ſait dreſſer ou inſtruire les animaux qui doivent le ſeconder.

Cette guerre de l'homme contre toutes les eſpèces d'animaux, & l'art qu'il a trouvé dans fon induftrie pour les combattre & les fubjuguer, font de toute antiquité. La chaffe, foit qu'on l'envifage comme un moyen de fatisfaire à nos befoins, ou comme un fimple délaffement, a été réputée dans l'ordre de la nature, d'après l'expérience de tous les temps & l'exemple de tous les peuples. Cependant elle a trouvé autant de cenfeurs outrés que d'apologiftes enthoufiaftes, parmi les anciens & les modernes, parce qu'elle a été envifagée fous le double rapport de fon utilité & de fes abus.

Le plus ancien écrivain qui en ait parlé avec éloge, eft le célèbre Xénophon, qui fut à-la fois grand guerrier, hiftorien judicieux & philofophe politique. Il a compofé un Traité de la Chaffe, dans lequel il confidère l'âge le plus propre à cet exercice, ainfi que les qualités du corps & de l'efprit qu'il exige ; il s'étend avec complaifance fur l'ufage des filets, des rets & des piéges qu'il décrit ; il caractérife les différentes races de chiens dont on peut tirer des fervices ; il indique les faifons, les terrains & même les tons de mufique qu'on doit choifir pour obtenir les plus grands avantages. Il entre dans les détails qui concernent entr'autres, la chaffe du lièvre, du cerf, des biches & fur-tout du fanglier. Il rapporte à ce fujet plufieurs traits de force & d'adreffe des chaffeurs. Enfin, il s'applique à faire voir combien la chaffe influe fur les travaux militaires, & entretient le goût pour la vertu. Il ne néglige même pas de réfuter la doctrine des fophiftes qui fe font montrés contraires à fes fentimens.

Arrien de Nicomédie, l'hiftorien d'Alexandre-le-Grand, a compofé auffi un Traité de la Chaffe. Oppien d'Anazarbe, ville de Cilicie, eft principalement connu par fon beau poëme fur la chaffe & la pêche. Et de notre temps, l'illuftre naturalifte Buffon a parlé avec énergie de l'empire de l'homme fur les animaux. Cet empire, dit-il, eft légitime. Aucune révolution ne peut le détruire ; c'eft l'empire de l'efprit fur la matière. Si l'homme n'étoit que le premier de l'ordre des animaux, les feconds fe réuniroient pour lui difputer fon autorité ; mais c'eft par fupériorité de nature que l'homme règne & commande ; il penfe, & dès-lors il eft maître des êtres qui ne penfent point.

De l'empire de l'homme fur les animaux naît dans certaines circonftances le droit de les tuer ; cette conféquence eft exacte par rapport aux bêtes féroces, qui n'exiftent fur la terre que pour la dévafter. L'homme a donc eu raifon de les faire reculer vers les limites du monde , & de réduire leurs efpèces à un petit nombre d'individus. Ces êtres deftructeurs doivent être traités comme des affaffins ; ils font nos ennemis nés , & par conféquent nos victimes naturelles.

Parmi les chaffes célèbres dont le genre humain s'honore , on peut compter celles où l'Angleterre a exterminé les loups ; celles que quelques fouverains d'Afrique font aux lions , aux tigres de leurs déferts ; celles qu'on a fait en France contre les hyènes & autres bêtes féroces. Mais ne confondons point avec ces chaffes honorables ces jeux fanglans où de petits tyranneaux ont facrifié des chevaux & des hommes pour le plaifir barbare de mettre un cerf aux abois.

Dans prefque tous les pays policés de l'Europe , la chaffe n'eft pas ouverte dans toutes les faifons. Il eft même défendu de chaffer depuis le premier mars jufqu'au premier feptembre , pour donner au gibier de toute efpèce le temps de faire paifiblement leurs petits , & de les élever pendant les mois d'été. On a auffi très-fagement défendu les chaffes meurtrières par lefquelles les feigneurs , pour fatisfaire à un amufement brutal , maffacroient le gibier fans diftinction , & en détruifoient l'efpèce. D'un autre côté, il n'eft pas prudent non plus, de laiffer les bêtes fauves fe multiplier au point qu'elles défolent les champs des habitans de la campagne , pour trouver leur pâture hors des forêts. Il régne en bien des pays de grands abus à cet égard. Les princes , pour fe procurer le frivole & dangereux délaffement de la *chaffe forcée* , font conferver plus de cerfs , de biches , de daims , de chevreuils , de fangliers , &c. , qu'il n'en eft befoin. Ces animaux fortant des bois ruinent les moiffons , & le malheureux agriculteur n'oferoit les tuer , fans encourir les plus terribles châtimens. Cette conduite eft telle qu'on n'a qu'à en préfenter le tableau pour en faire fentir l'atrocité.

La chaffe n'eft devenue un droit que par convention ou par une loi de la fociété politique. Mais la loi qui défend de nuire aux autres eft une loi naturelle à laquelle les lois humaines doivent être fubordonnées. La loi des hommes permettoit aux feigneurs d'avoir du gibier ; mais la loi primitive y met cette reftriction , *autant qu'il ne nuira à perfonne*. Dans le cas où il nuit , elle abolit la loi humaine. Ce principe doit être la bâfe du code des chaffes.

Enfin , au lieu de ces lois barbares qui donnoient en France à des hommes ci-devant

privilégiés le droit exclufif de la chaffe, & qui obligeoient le laboureur de laiffer dévafter fes champs par des animaux mis fous la protection du defpotifme, il fuffit de rapporter ici les difpofitions bienfaifantes & juftes du droit naturel & civil, confacrées par
le décret émané de l'Affemblée nationale le 11 août 1789. (vieux ftile). « Ce decret
» rend à tout propriétaire l'exercice du droit de chaffe. Chacun eft maître de détruire
» ou de faire détruire toute efpèce de gibier feulement fur fes poffeffions. Pour main-
» tenir le refpect dû aux propriétés, l'Affemblée nationale a prononcé des amendes
» confidérables contre ceux qui chafferoient fans permiffion fur le territoire d'autrui ;
» elle a autorifé le confeil-général de chaque commune à établir dans les campagnes des
» gardes champêtres, meffiers, ou bangards, pour veiller à l'exécution de cette loi ».
Voilà tout le code actuel des chaffes dans toute l'étendue de la République françaife.

A.

A

ABAISSER, c'eſt *en terme de Fauconnerie*, ôter quelque choſe d: la portion du manger de l'oiſeau, pour le rendre plus léger & plus avide à la proie.

ABANDONNÉ, adj. épithète que donnent les chaſſeurs à un chien courant qui prend les devans d'une meute, & qui s'abandonne ſur la bête quand il la rencontre.

ABANDONNER, *en Fauconnerie*, c'eſt laiſſer l'oiſeau libre en campagne, ou pour l'égayer, ou pour le congédier lorſqu'il n'eſt pas bon.

ABATIS, ſe dit de l'action d'un chaſſeur qui tue beaucoup de gibier; c'eſt auſſi le nom qu'on donne aux petits chemins que les jeunes loups ſe font en allant & venant au lieu où ils ſont nourris; & quand les vieux loups ont tué des bêtes, on dit, *les loups ont fait cette nuit un grand abatis.*

ABATTRE *l'oiſeau*, c'eſt le tenir & le ſerrer entre deux mains pour lui donner quelques médicamens. On dit, *il faut abattre l'oiſeau.*

ABATTURES, ſ. f. pl. ce ſont les traces & foulures que laiſſe ſur l'herbe, dans les broſſailles, ou dans les taillis, la bête fauve en paſſant : on connoît le cerf par ſes *abattures.*

ABBECHER *ou* ABBECQUER, v. a. c'eſt donner la becquée à un oiſeau qui ne peut pas manger de lui-même.

Abbecquer ou abbécher l'oiſeau, c'eſt auſſi lui donner ſeulement une partie du pât ordinaire pour le tenir en appétit ; on dit, *il faut abbecquer le lanier.*

ABOIS, ſ. m. pl. *terme de chaſſe*; il marque l'extrémité où le cerf eſt réduit, lorſqu'excédé par une longue courſe il manque de force, & regarde derrière lui ſi les chiens ſont toujours à ſes trouſſes, pour prendre du relâche; on dit alors que *le cerf tient les abois.*

Derniers abois. Quand la bête tombe morte, ou eſt outrée, on dit *la bête tient les derniers abois.*

ABORDER, v. act. terme de Fauconnerie : lorſque la perdrix pouſſée par l'oiſeau de proie gagne

Chaſſes

quelque buiſſon, on dit, *il faut aborder la remiſe ſous le vent,* afin que les chiens ſentent mieux la perdrix dans le buiſſon.

ABOYEUR, ſ. m. nom d'un oiſeau qui habite les marécages des côtes maritimes de l'Europe, où il fait ſon nid, tant autour de la mer méditérannée, qu'autour de l'Océan : il eſt à-peu-près de la grandeur du pigeon ; ſon bec diffère de celui de la beccaſſine, en ce qu'il eſt comme creuſé au-deſſus, au milieu de ſa longueur, de ſorte qu'il ſemble ſe recourber en haut vers ſon extrémité qui eſt unie, un-peu pointue & ſans renflemens. La couleur dominante de cet oiſeau eſt le brun, avec de grandes taches noirâtres ſur le dos. Le bec eſt brun, les pieds ſont gris, & les ongles couleur de poix ou brun noir.

On chaſſe cet oiſeau réputé bon gibier, comme la beccaſſine. Son nom d'*aboyeur* lui vient de ſon cri ordinaire.

ABOYEURS, ſ. m. pl. c'eſt ainſi qu'on nomme des chiens qui annoncent la préſence ou le départ du ſanglier, ou d'une autre bête chaſſée, qui ne manquent jamais de donner à ſa vûe, & d'avertir le chaſſeur.

ABREUVOIR, ſ. m. endroit où les oiſeaux vont ſe déſaltérer ou ſe baigner. On prend beaucoup d'oiſeaux aux *abreuvoirs.* L'auteur de l'aviceptologie en fait une chaſſe particulière, ſous le nom *de chaſſe aux abreuvoirs.*

Ces endroits ſont d'autant plus avantageux pour la chaſſe des oiſeaux, qu'ils ſont plus tranquilles & plus éloignés des endroits paſſagers ou trop fréquentés par les beſtiaux. Un *abreuvoir* proche des vignes ou des champs, enfoncé de cent pas dans le bois, & voiſin d'un taillis, eſt d'une ſituation des plus favorables, & peut être tendu avec les plus flatteuſes eſpérances.

Si cet *abreuvoir* eſt formé par une fontaine qui prend ſa ſource au bois, on doit, ou en tendre tout le courant; ou bien le couvrir de branchages après en avoir retréci & creuſé le lit, en ſe réſervant les meilleurs endroits ſeulement qu'on ſe propoſe de tendre; mais quand c'eſt un trou plein d'une eau croupiſſante qui ſert d'*abreuvoir,* il faut ne rien couvrir & l'en-

A

vironner de pièges de quelque espèce qu'ils soient. C'est à cette espèce d'*abreuvoir* qu'on donne le nom de *mare-marchat* ou *marchet*.

On prend aux *abreuvoirs* des oiseaux à la *glue*, aux *raquettes* ou *fauterelles*, aux *rejets*, aux *collets*, &c.

Les *gluaux* qui servent pour la *pipée*, servent aussi pour l'*abreuvoir*; & un bon *pipeur* devient bientôt habile dans ces sortes de tendues. Pour disposer son *abreuvoir*, de façon qu'on échappe peu des oiseaux qui viendront s'y désaltérer; il faut, s'il est environné de bois, pratiquer quelques avenues larges de trois pieds, de façon que l'*abreuvoir* en soit le centre; se ménager des perches pour faire des *plians*, dont les plus hauts n'aient pas plus de cinq pieds & garnir de fort près tout le tour de l'eau, avec des *vergettes* ou *volans*, noms qu'on donne à des bâtons gros comme le pouce, droits, entaillés de façon à pouvoir y placer quatre ou cinq gluaux, & pointus à leur grosse extrémité, pour qu'on les fiche en terre obliquement & en tout sens : c'est sur ces vergettes qu'on prend tous les petits oiseaux, tandis que les gros se prennent sur les plians. On se construit une loge d'où l'on doit découvrir la plus grande partie de sa *tendue*, ayant soin de la bien couvrir, afin de n'être point apperçu. Quoiqu'on ait bien disposé ses *plians*, ses *vergettes* ou *volans*, on ne laisseroit pas encore d'échapper beaucoup d'oiseaux, si on ne prenoit la précaution de garnir les bords de l'eau de *gluaux* que l'on plante en terre; de manière que les oiseaux qui ont échappé aux *plians* & aux *volans* n'échappent point aux *garnitures*; nom qu'on donne à cette manière de tendre à terre. Une manière de tendre à terre, & d'entourer de *garnitures* les mares, exige plus de soin il est vrai, mais elle réussit beaucoup mieux; voici comment : on a deux ou trois cents aiguillées de fil de Bretagne, le plus gros & le plus fort, deux onces de bonne glue suffisent pour en garnir tout cela; & quand de deux en deux pieds on a planté un petit piquet de la hauteur de trois doigts, on y attache les aiguillées de fil, qui restent suspendues à deux doigts de terre, & l'on est moralement sûr alors de ne pas échapper un seul oiseau.

On est exempt de faire des *avenues* quand l'*abreuvoir* ne se trouve pas environné du taillis de fort près; mais tout le reste s'exécute de même.

Les grandes chaleurs & la rareté de l'eau, font les deux points principaux qui doivent déterminer les saisons propres à cette chasse. Je ne dis pas pour cela qu'on doive aller impunément, dans les premières chaleurs de l'été, porter l'allarme & le trouble dans tant de jeunes familles innocentes; & pour le seul plaisir de satisfaire sa cupidité, faire cruellement des veufs & des orphelins. Mais aussi-tôt que l'on s'apperçoit que les dernières nichées sont faites, & que les oiseaux se disposent au passage (c'est ordinairement pendant le mois d'août) on peut faire la chasse à l'*abreuvoir*, & se procurer cet amusement, sans qu'il y ait aucun risque à courir. C'est dans ce temps où l'on réunit l'agréable à l'utile, & où l'on peut procurer aux dames le plaisir de cette chasse, pourvu qu'elles soient tranquilles, & qu'elles s'engagent à garder le plus profond silence.

On prendroit pendant tout le jour des oiseaux à l'*abreuvoir*, si l'on ne craignoit que les *gluaux*, trop long-temps exposés au soleil & à l'air, venant à se desfécher, ne puissent servir au soleil couchant, moment le plus favorable; c'est pourquoi on ne tend guère les *abreuvoirs* que le matin au soleil levant, & le soir au soleil couchant. Ceux qui les tiennent tendus toute la journée, changent au moins trois fois de *gluaux*.

Voyez l'explication de la planche 22, à la fin de ce Dictionnaire.

ACCIDENT, s. m. terme de *Fauconnerie*. Les oiseaux de proie sont sujets à plusieurs *accidens*; il arrive quelquefois que les faucons sont blessés en attaquant le milan ou le héron : si la blessure est légère, vous la guérirez avec le remède suivant : mettez dans un pot vernissé une pinte de bon verjus; faites-y infuser pendant douze heures pimprenelle & consoude, de chacune une poignée, avec deux onces d'aloës & autant d'encens, une quantité suffisante d'origan, & un peu de mastic : l'infusion étant faite, passez le tout par un linge avec expression, & gardez ce remède pour le besoin. On se sert de cette colature pour étuver doucement la blessure qui se guérit par ce moyen aisément.

Si la blessure est considérable, il faut d'abord couper la plume pour empêcher qu'elle ne s'y attache, & y mettre une tente imbibée de baume ou d'huile de millepertuis.

Si la blessure est interne, ayant été causée par l'effort qu'a fait le faucon en fondant sur sa proie, il faut prendre un boyau de poule ou de pigeon, vuider & laver bien ce boyau, puis mettre dedans de la momie, & faire avaler le tout à l'oiseau; il vomira sur le champ le sang qui sera caillé dans son corps, & peu de tems après il sera guéri.

Si la blessure de l'oiseau est considérable, mais extérieure, & que les nerfs soient offensés, il faudra premièrement la bien étuver avec un liniment fait avec du vin blanc, dans lequel on aura fait infuser des roses sèches, de l'écorce de grenade, un peu d'absinthe & d'alun ; ensuite on y appliquera la térébenthine.

ACCOMPAGNÉ, adj. terme de chasse, on dit que le cerf est *accompagné*, lorsque pressé des chiens, il se joint à d'autres cerfs, ou se mêle dans une harde de bêtes, pour donner le change.

ACCOUER, v. act. Quand le veneur court un cerf qui est sur ses fins, & le joint pour lui donner le coup d'épée au défaut de l'épaule, ou lui couper le jarret ; on dit, le veneur vient d'*accouer* le cerf, ou le cerf est *accoué*.

ACCOUPLE, s. f. lien dont on attache les chiens de chasse, ou deux à deux, ou quelquefois trois à trois.

ACCOURCIR *le trait*, terme de chasse, c'est le ployer à demi ou tout-à-fait, pour tenir le limier.

ACCOURRES, s. f. pl. terme de chasse, on nomme ainsi des plaines entre deux bois, où l'on place les dogues & lévriers qui doivent *coëffer* l'animal au débucher.

ACCRUES, s. f. pl. on dit jetter des *accrues* aux filets ; c'est-à-dire, faire des boucles au lieu de mailles pour accrocher les filets.

ACCULS, terme de chasse, se dit des endroits les plus reculés des terriers des renards & des bléreaux ; & aussi des lieux les plus enfoncés, où l'on oblige le gibier de se retirer.

ACCULS, sont aussi les bouts des forêts & des grands pays de bois.

ACHARNER, v. act. (*Chasse & Fauconnerie*.) On *acharne* les chiens en leur donnant le goût & l'appétit de la chair. On dit *acharner* l'oiseau sur le tiroir, soit au poing avec le tiroir, ou en attachant le tiroir au leurre.

ACOLCHI ou ACOLCHICHI, oiseau fort commun au Méxique, à la Louisiane, à la Virginie & à la Caroline. Il est de la grandeur de l'étourneau : sa couleur générale est un noir lustré. Ses épaules sont d'un beau rouge, qui n'est que fauve dans sa jeunesse. L'iris de ses yeux est blanc, & sa prunelle noire. Cet oiseau se familiarise aisément, & fait son nid sur les arbres les plus proches des habitations. Il chante & gazouille agréablement, apprend facilement à parler, & est très-caressant. On le met volontiers en cage, où on le nourrit de grain, de pain & de maïs.

ACOLIN ou CAILLE AQUATIQUE, oi-

seau commun au Méxique, est une espèce de courlis & de la grandeur d'une caille. Son plumage est brun, son bec & ses pieds sont longs & crochus. Cet oiseau vole sur la surface des eaux, & se nourrit de petits poissons.

ADOUÉE, adj. (*Fauconnerie*) on dit *une perdrix adoüée*, pour *une perdrix appariée*, *accouplée*.

AÉRER, (*chasse*) se dit des oiseaux de proie qui font leurs aires ou leurs nids sur les rochers.

AFFAIRE, terme de *Fauconnerie* ; on dit, *c'est un oiseau de bonne affaire*, pour dire, *c'est un oiseau bien dressé pour le vol*, *bien duit à la volerie*.

AFFAISSAGE ou AFFAITAGE, s. m. (*terme de Fauconnerie*.) C'est le soin que l'on prend de l'oiseau pour le rendre de bonne affaire, c'est-à-dire, pour l'apprivoiser, le dresser.

AFFAISSER, ou AFFAITER, v. a. terme de Fauconnerie. C'est dresser des oiseaux de proie à voler & revenir sur le poing ou au leurre ; c'est aussi les rendre plus familiers, & les tenir en santé, en leur ôtant le trop d'embonpoint. On dit dans le premier sens, *l'affaissage est plus difficile qu'on ne pense*.

AFFRIANDER, v. act. (*Chasse*.) *Affriander l'oiseau*, en Fauconnerie, c'est le faire revenir sur le leurre avec du pât de pigeonneaux ou de poulets.

AFFUT, terme de *Chasse* ; c'est un lieu caché où l'on se met avec un fusil prêt à tirer, & où on attend le soir le gibier à la sortie d'un bois. On dit, il fait bon aller ce soir à l'*affut* : on va le matin à la *rentrée*.

Ceux qui vont habituellement à l'*affut* doivent être d'un tempérament robuste pour supporter les intempéries de l'air, & les fatigues de cette chasse.

On reconnoît un lieu propre à l'*affut* par les fumées des bêtes fauves, & par leurs traces. Il faut souvent monter sur un arbre, & là, derrière le feuillage, prendre patience, & avoir l'œil au guet. Il faut sur-tout garder le silence le plus exact ; car le gibier est inquiet & s'épouvante au moindre bruit.

Voici quelques secrets que l'on assure propres pour attirer les lièvres à l'*affut*.

On tue la femelle d'un lièvre, lorsqu'elle est en chaleur ; on lui coupe les parties de la génération, on les met tremper dans l'huile d'aspic ; le chasseur en frotte ensuite la femelle de ſes ſouliers , & ſe promène quelque-tems autour de ſon *affut.* Les lièvres frappés de l'odeur , accourent ſur la voie , & ſe préſentent ainſi aux coups de fuſil.

On prétend auſſi que le ſuc de juſquiame mêlé avec le ſang d'un levraut enfermé , & couſu dans un morceau de peau , & enterré légèrement , attire les lièvres.

AGE , ou diſcernement qu'on fait des bêtes noires , comme *marcaſſins , bêtes de compagnies , ragot, ſanglier en ſon tieran, ſanglier en ſon quartan, vieux ſanglier miré & lâie.*

AGE , ou diſcernement qu'on fait des cerfs ; on dit *jeune cerf, cerf de dix cors jeunement , cerf de dix cors & vieil cerf.*

AGE , ou diſcernement qu'on fait des lièvres ; on dit *levrauts , lièvres & haʒes.*

AGE , ou diſcernement qu'on fait des chevreuils ; on dit *faons , chevrotins , jeune chevreuil , vieil chevreuil & chevrette.*

AGE des loups ; on dit *louveteaux , jeunes loups , vieux loups & louves.*

AGE des renards ; on dit *renardeaux , jeunes renards , vieux renards & renardes.*

AGOUTHY. C'eſt un quadrupède à-peu-près de la groſſeur d'un Lapin ; ſon poil eſt rude , de couleur brune & un peu mêlé de roux ; ſa lèvre ſupérieure eſt fendue comme celle du lièvre , & ſa queue eſt plus courte que celle du lapin ; ſes jambes ſont courtes & menues : mais il n'a pas ſix doigts aux pieds de derrière , comme l'ont prétendu Marcgrave & la plupart des naturaliſtes qui l'ont copié. Il a le grognement du cochon , & partage auſſi ſa voracité. Quand il eſt raſſaſié , il cache , comme le renard , le reſte de ſes alimens pour les trouver au beſoin. Cet animal ſe plaît à faire du dégât , & lors même qu'il eſt captif , il étend ſon déſordre auſſi loin que le permet ſa chaîne. Il ne creuſe pas un trou comme le lapin , & ne ſe tient pas ſur terre à découvert comme le lièvre ; mais il choiſit ſa retraite dans le creux des arbres.

L'*Agouthy* qui demeure auprès des habitations , ſe nourrit de fruits de patates & de manioc : les feuilles & les racines ſont les alimens de celui qui demeure dans les bois & les garennes.

Cet animal , ſoit qu'il courre dans la plaine, ſoit qu'il monte, a la rapidité du lièvre ; mais comme ſes jambes de devant ſont plus courtes que celles de derrière , il eſt obligé de rallentir ſa courſe en deſcendant. Il a la vue bonne &

l'ouïe fine ; & quand on le pipe , il s'arrête pour écouter.

La chaſſe de l'*Agouthy* eſt ſans difficulté : on ſe fait ſuivre d'une meute ordinaire , & on le fait entrer dans des cannes de ſucre coupées : il eſt bien-tôt rendu , parce qu'il y a ordinairement dans ces terreins de la paille & des feuilles de canne d'un pied d'épaiſſeur , & qu'à chaque ſaut qu'il fait , il enfonce dans cette litière ; enſorte qu'un homme l'atteint ſouvent , & le tue avec un bâton : lorſqu'il s'eſt dérobé à la pourſuite des chiens , & qu'il a gagné ſa retraite , il s'y tient obſtinément caché ; le chaſſeur pour l'obliger d'en ſortir , la remplit alors de fumée ; l'animal demi ſuffoqué jette des cris douloureux & plaintifs , & ne paroît qu'à toute extrémité ; on le tue en ſortant.

L'agouthy eſt un animal particulier à l'Amérique. Il ne ſe trouve pas dans l'ancien continent. Il ſemble être originaire des parties méridionales du nouveau monde , & on le trouve communément au Bréſil, à la Guyane & à ſaint - Domingue. Il a beſoin d'un climat chaud pour ſubſiſter & ſe multiplier : il vivroit cependant en France ſi on le tranſportoit dans le climat de la Provence. Quand on habitoit la Guadeloupe , on n'y prenoit guère d'autres alimens ; ſa chair a un goût de venaiſon.

Les ſauvages ſont uſage des dents de l'agouthy qui ſont très-tranchantes pour ſe déchirer la peau dans leurs cérémonies.

Les ſerpents ſont ſes mortels ennemis , & c'eſt ſans doute la raiſon pour laquelle on n'en a point trouvé dans la Martinique . (*Extr. du Dict. de Chaſſe & de Pêche.*)

AGUAPECA , ſ. m. Cet oiſeau habite les environs des marais du Bréſil ; il eſt de la groſſeur d'un Pigeon. Il a le bec droit , renflé vers le bout ; les doigts & les ongles plus longues que les jambes. Chaque épaule eſt garnie d'un éperon conique de corne jaune. C'eſt ſon arme & ſa défenſe. Son corps eſt d'un vert noirâtre , & ſes aîles ſont d'une couleur brune.

AHU. Cet animal eſt une eſpèce de gazelle. Sa tête reſſemble à celle du cerf ; ſa mâchoire ſupérieure s'avance en-dehors ſur l'inférieure , & on y compte huit dents inciſives. Ses yeux ſont grands, bien fendus , & brillans. Ses oreilles ſont droites , mobiles , & garnies de poil. L'*Ahu* n'a point de queue , mais près du derrière eſt un moignon ſemblable à une verrue. Ses pieds ſont terminés par des ongles noires, ſpongieuſes en forme de demi-cercle. Cet animal ſe plaît ſur les plus hautes montagnes du Mazanderan & du Gilan. Il deſcend auſſi dans les plaines , & cherche les collines hériſſées.

de-broussailles. Les petits de cet animal étant quelque tems sans pouvoir se soutenir sur leurs pieds, les habitans s'en saisissent avec facilité, les nourrissent de lait, & les apprivoisent. Ces animaux, ainsi privés, cherchent leur nourriture autour des habitations; ils aiment sur-tout les plantes d'un suc amer & âcre; ils obéissent & reviennent à la voix de leur maître. Ces animaux ont la vue foible, mais l'odorat très-fin. Ils sont très-légers à la course, quoiqu'ils perdent bientôt haleine. Leur chair est d'un meilleur goût que celle du Chevreuil.

AI, s. m. nom d'un animal, surnommée le *paresseux*, à cause de l'extrême lenteur de ses mouvemens.

L'*Ai* n'a ni dents incisives ni canines; ses yeux sont obscurs & couverts, sa mâchoire est aussi lourde qu'épaisse, & ses ongles, recourbés en dessous, & qui ne peuvent se mouvoir qu'ensemble, lui nuisent plus quand il veut marcher qu'ils ne lui servent quand il veut grimper. Il n'a point d'armes pour attaquer ou pour se défendre; nulle ressource de salut dans la fuite confiné à l'arbre sous lequel il est né, ne par courant qu'une toise en une heure, grimpant avec peine, & se traînant avec douleur; il semble, dit l'illustre Buffon, que ce ne soit qu'une de ces ébauches imparfaites, mille fois projettées par la nature, qui ayant à peine la faculté d'exister, n'ont dû subsister qu'un tems, & ont été effacées ensuite de la liste des êtres.

Sa chasse n'a rien de fatiguant; il suffit de savoir sa retraite, il n'a ni la force de fuir, ni le courage de se défendre.

La chair de l'*Ai* n'est pas absolument mauvaise; les Sauvages & les animaux de proie en sont friands. On le trouve dans toute l'étendue des déserts de l'Amérique, depuis le Brésil jusqu'au Mexique. Ceux qu'on a vu dans les Indes Orientales ou aux côtes de l'Afrique y ont été transportés; en général ils ne peuvent supporter le froid ni la pluie: & les alternatives de l'humidité & de la sécheresse altèrent leur fourrure.

AIGLE, s. m. Il y a plusieurs espèces d'Aigle. Le plus grand est celui qu'on appelle *Aigle royal* ou *grand Aigle*, dont le plumage est de couleur fauve. La femelle, qui est beaucoup plus grande que le mâle, comme dans presque toutes les espèces d'oiseaux de proie, a huit pieds & demi de vol ou d'envergure, & pèse jusqu'à dix-huit livres. Le mâle n'en pèse guères que douze. Cet *Aigle* emporte aisément les Oies, les Grues, les Lièvres, les petits Agneaux & les Chevreaux; ainsi que les jeunes Chamois. Il attaque aussi les Veaux, mais il les tue sur la place, & ne pouvant les emporter, les dépèce par morceaux. Il se fait voir quelque-

fois dans les hautes montagnes du Dauphiné & du Bugey, mais on l'y croit de passage, & l'on assure qu'il n'y paroît qu'au printemps & en automne. Il construit son nid entre deux rochers, dans les lieux les plus inaccessibles, & l'établit sur des bâtons de cinq à six pieds de long, traversés par des branches souples & recouvertes de joncs & de bruyère: il n'est point couvert, mais seulement abrité par la saillie des parties supérieures du rocher.

Vient ensuite l'*Aigle commun*, dont l'espèce est composée de deux variétés, l'*Aigle brun* & l'*Aigle noir*, qui n'est appelé ainsi, que parce qu'il est d'un brun plus foncé que l'autre. Tous deux sont à-peu-près de la même grandeur, que M. de Buffon ne particularise pas, se contentant de dire qu'ils sont plus petits que le grand *Aigle*. Cet *Aigle* se trouve assez communément en France, dans les montagnes du Dauphiné, du Bugey & de l'Auvergne. Il chasse particulièrement les Lièvres.

La troisième espèce est le *petit Aigle*, qui n'a guères que quatre pieds d'envergure. Son plumage est d'un brun obscur, marqueté sur les jambes & sous les aîles de plusieurs taches blanches. Il a. d'ailleurs, sous la gorge, une grande zône blanche. Il donne particulièrement sur les Canards: la Grue est sa plus forte proie. Il paroît que celui-ci ne se trouve point en France, ou du moins qu'il n'y fait pas son nid.

Voilà, suivant M. de Buffon, les trois espèces d'*Aigle* proprement dit, dont un des principaux caractères est d'avoir les jambes recouvertes de plumes jusqu'au talon; mais les nomenclateurs y joignent encore celles qui suivent.

1°. Le *Pygargue*, dont il y a trois variétés, le grand, le petit, & le *Pygargue à tête blanche* qui ne diffère presque en rien du grand, si ce n'est par un peu plus de blanc sur le tête & le cou, étant presque de la même taille. Le Pygargue est à-peu-près gros comme l'Aigle commun. Il a la jambe nue dans toute la partie inférieure, & la queue blanche, ce qui lui fait quelquefois donner le nom d'*Aigle à queue blanche*. Il fait son nid sur les arbres, & ne niche point en France. On le trouve dans tous les pays du nord de l'Europe.

2°. L'*Orfraye* ou *grand Aigle de mer*. Elle est à-peu-près aussi grande que le grand Aigle; mais elle n'a que sept pieds d'envergure. Elle a les jambes nues à leur partie inférieure, & jaunâtres, les ongles d'un noir brillant. Une barbe de plumes lui pend sous le menton. Elle se tient volontiers près des bords de la mer, & assez souvent dans l'intérieur des terres, à portée des lacs, étangs, & rivières. Elle prend le plus gros poisson, & chasse aussi beaucoup, emportant les Oies, les Lièvres & les Agneaux. Elle pêche (dit-on) pendant la nuit, & fait un très-grand bruit en s'abattant fur l'eau. Salerne dit qu'elle fait fon nid fur les plus hauts chênes, & qu'il en fut trouvé un, de fon tems, dans le parc de *Chambord*. Il parle encore de deux de ces oifeaux tués fur des étangs, où ils enlevoient le plus gros poiffon, l'un dans la forêt d'Orléans, l'autre en Sologne. On en a vu deux, tués en deux années différentes, par un garde-chaffe de la terre de *Longny*, en Perche. Après les avoir apperçus, pendant le jour, rôdant autour d'un étang enfermé dans les bois, il remarqua que, vers la nuit, ils fe retiroient fur de grands chênes qui avoifinent l'étang, & parvint à les tuer, en fe poftant à l'affût au pied de l'arbre.

3°. Le *Balbufard*, ou *Aigle de mer*, connu en Bourgogne (dit M. de Buffon) fous le nom de *crau-pêcherot*, c'eft-à-dire, Corbeau-pêcheur. Il vit plus de poiffon que de gibier. Il a les jambes nues, ordinairement bleuâtres, quelquefois jaunes, le bec noir, le ventre tout blanc. Son envergure eft de cinq pieds & demi.

4°. Le *Jean-le-blanc*, qui a cinq pieds d'envergure, & une queue longue de dix à onze pouces. Son dos & fon croupion font d'un brun cendré, & il eft blanc par deffous. Ses jambes font nues & jaunâtres. Il pèfe trois livres & demie. Cet oifeau tient de l'*Aigle* & de la bufe, & pourroit être regardé comme une efpèce intermédiaire. Il détruit beaucoup de volailles, de Perdrix & de Lapins.

Il y a une efpèce particulière d'*Aigle* connue dans les montagnes de la Suiffe fous le nom de *Laemmergeyer*, ce qui fignifie *Vautour des agneaux*, ayant quatorze pieds d'envergure, qui fait une guerre cruelle aux Chèvres, Brebis & Chamois, aux Lièvres & aux Marmottes, & qui a même attaqué quelquefois des enfans de dix à douze ans. Salerne & M. de Buffon penfent que cet oifeau n'eft autre que le *Condor* du Pérou, *Aigle* ou Vautour monftrueux, dont parlent plufieurs voyageurs, qui a dix-huit pieds d'envergure, & eft d'une taille proportionnée; qui attaque non-feulement les Brebis, mais même les Cerfs, & quelquefois les hommes.

D'un autre côté, Salerne parle d'un oifeau de proie de la même envergure que le Condor, & pefant dix-huit livres, qui fut tué en 1718, volant fur un étang, au château de *Milourdin*, paroiffe de Saint-Martin d'Abat, dans l'Orléanois, M. de Buffon, qui cite le fait d'après Salerne, & paroît ne point le révoquer en doute, eft porté à croire que cet oifeau étoit auffi un vrai Condor, (*Extr. du livre de la chaffe au fufil*).

L'*Aigle* eft donc le plus grand des oifeaux de proie, & le plus remarquable par la force de fon bec & de fes ferres, par fa vue perçante & par fa voracité. Les anciens le regardoient comme le tyran des airs, & le faifoient dépofitaire de la foudre. Il eft à-la-fois le plus vivace des oifeaux, & le plus amoureux.

Le bec de cet oifeau eft fort & recourbé vers fon extrémité : fes jambes font revêtues de plumes jufqu'aux pieds pour être à l'abri du froid qui règne fur les hautes montagnes, où il choifit fa demeure : fes ongles font noirs & crochus ; & la couleur de fon plumage eft mélangée de roux, de blanc & de châtain-brun. Comme l'*Aigle* n'a rien de plus précieux que la vue, qui lui fert à découvrir fa proie ; la nature, outre fes deux paupières, l'a pourvu d'une tunique clignotante qui opère le même effet. Il ne boit prefque jamais, parce que le fang des animaux qu'il dévore, lui fournit affez d'humidité pour la digeftion.

Dans certains pays, les payfans tirent un bon parti d'un nid d'*Aigle* qu'ils ont découvert, quand ils peuvent parvenir à y grimper : ils y trouvent fouvent des Perdrix, des Faifans & des Canards entiers ; on choifit le tems de l'abfence du père pour enlever la proie de fes petits ; &, en cas de danger, on couvre fa tête d'un bon cafque ; pour faire durer cet approvifionnement plus long-tems, on enchaîne l'Aiglon jufqu'à ce que l'*Aigle*, laffé d'un enfant qui l'accable de travail & de fatigue, l'abandonne.

Ce n'eft qu'avec beaucoup de patience & d'art qu'on peut dreffer à la chaffe un jeune *Aigle*; il devient même dangereux pour un maître dès qu'il a pris de la force & de l'âge. On s'en fervoit autrefois en Orient pour la chaffe du vol ; on l'a banni des fauconneries ; il eft trop lourd pour pouvoir, fans grande fatigue, le porter fur le poing.

Cet oifeau a peu d'odorat en comparaifon du Vautour, mais il a la vue perçante, & ne chaffe qu'à vue. C'eft ainfi qu'il ravage les pays voifins de fon nid. Lorfqu'il a faifi fa proie, il rabat fon vol, comme pour en éprouver le poids, & la pofe même à terre avant de l'emporter. Quoiqu'il ait l'aîle très-forte, comme il a peu de foupleffe dans les jambes, il a quelque peine à s'élever dans les airs, fur-tout lorfqu'il eft chargé.

AIGLURES, f. f., pl. (*Fauconnerie*) ce font des taches rouffes qui bigarrent le deffus du corps de l'oifeau. Le Lanier, plus que tous les autres, eft bigarré d'*aiglures*, qu'on appelle auffi *bigarrures*.

AIGUAILLE, f. f., *terme de chaffe* ; c'eft la rofée qui tombe le matin dans la campagne : on dit, *les chiens d'aiguaille ne valent rien le haut du jour*.

AIGUILLE, (*Fauconnerie*) maladie des Faucons, caufée par de petits vers courts qui s'engendrent dans leur chair. Ces vers font plus petits & plus dangereux que les filandres.

AIGUILLES, font auffi des fils ou lardons que les valets de chiens pour fanglier doivent porter pour panfer & recoudre les chiens que les défenfes du fanglier auroit bleffés.

AIGUILLON, (*chaffe*) fe dit de la pointe qui termine les fumées des bêtes fauves. *Les fumées ont des aiguillons, c'eft une bête fauve qui a paffé.*

AIGUILLONÉ, adj. (*chaffe*) fe dit des fumées qui portent un aiguillon quand elles font en nœuds, ce qui marque ordinairement que les Cerfs ont eu quelque ennui.

AILE s'emploie ainfi *en fauconnerie* ; on dit mon-*ter fur l'aile, donner du bec & des pennes*, pour exprimer les différentes manières de voler. *Monter fur l'aile*, c'eft s'incliner fur une des *ailes*, & s'élever principalement par le mouvement de l'autre. *Donner du bec & des pennes*, c'eft accélérer le vol par l'agitation redoublée de la tête & de l'extrémité des *ailes*.

AIR, f. m. En fauconnerie, *prendre l'air*, fe dit d'un oifeau qui s'élève beaucoup.

AIRE, f. f., eft le nid ou l'endroit qu'habitent les grands oifeaux de proie, tel que l'Aigle, le Faucon, l'Autour, &c. Ces oifeaux fe retirent & élèvent leurs petits dans les rochers les plus efcarpés, ou fur les arbres les plus élevés; ils y conftruifent des *aires* qui ont jufqu'à une toife quarrée d'étendue, & qui font faites avec des bâtons affez gros, & des peaux des animaux qu'il ont dévorés.

On dit en fauconnerie qu'un oifeau eft de bonne *aire*, pour exprimer qu'il eft d'une bonne race & bien facile à dreffer; comme on dit d'un autre oifeau qu'il eft d'une bonne *nichée*, & des autres animaux qu'ils font d'une bonne ou d'une mauvaife *portée*.

AIRER (fauconnerie) fe dit de l'action par laquelle les oifeaux de proie font leurs nids, appellés *aires*, foit dans les rochers, foit fur des arbres très-élevés.

A LA MORT, chiens! (*cri de chaffe*); on parle ainfi à un chien, lorfque le Cerf eft pris.

ALAN, f. m. En vénerie, c'eft un gros chien de l'efpèce des Dogues.

ALBATRES ou ALBATROS, genre d'oifeau aquatique, fort commun au Cap de Bonne-Efpérance, grand comme le Pélican; fes ailes ont dix pieds d'envergure, fon bec eft jaunâtre, long & crochu par le bout fupérieur; l'inférieur eft comme tronqué, les deux mâchoires font comprimées latéralement; les narines font près de la tête, & ont une forme conique; les plumes du ventre font de couleur blanche; celles du dos d'un brun fale; la queue & les ailes de couleur bleuâtre, foncée ou noirâtre; il n'a que trois doigts qui font tous dirigés en avant, & joints enfemble par une membrane. Le doigt du milieu a près de fept pouces de longueur. On croit que l'oifeau, nommé *Vaiffeau de mer*, qui eft plus petit, eft du même genre. On fe fert de l'*Albaires*, dans le pays, pour faire la chaffe aux poiffons.

(*Bomare*).

ALBRAN, ou ALEBRAN, ou ALEBRENT, nom qu'on donne *en vénerie* au jeune Canard, qui devient au mois d'octobre *canardeau*, & en novembre *Canard*, ou *oifeau de rivière*.

ALBRENÉ, adj. (*Terme de fauconnerie*), fe dit d'un oifeau de proie qui a perdu entièrement, ou en partie, fon plumage. On dit ce *Gerfaut eft albrené, il faut le foigner*.

ALBRENER, v. n., veut dire chaffer aux Albrans, ou aux Canards fauvages. *Il fait bon albrener*, difent les fauconniers.

ALETHE, ALAIS, ALEPS. (*Fauconnerie*).

L'*Alethe* eft un oifeau de proie, domeftique, de la famille des Faucons, dont quelques dictionnaires font mention, mais qu'on ne trouve décrit ni nommé dans aucun ornithologifte. *D'Esparron & Harmont* lui ont cependant confacré des chapitres particuliers dans leurs ouvrages; le dernier le nomme *Aleps*.

Ce nom d'*Alethe* vient du grec ἀληθής, qui veut dire *véritable*; comme pour exprimer, dit *D'Esparron*, qu'on peut compter fur tout ce qu'on demande à cet oifeau qui eft franc & courageux.

La taille de l'*Alethe* eft celle d'un tiercelet de Faucon ou d'un épervier dont il a auffi la main ou la ferre; fon pennage eft le même par-deffus, le derrière eft couleur d'ardoife, le devant eft couleur de *zinzolin*, ou orangé pâle, tirant fur le Perroquet, avec un croiffant de couleur brune, en forme de fer à cheval, au bas vers les cuiffes. *Harmont* obferve que la tête appartient à l'efpèce, & ne reffemble à aucune autre; il ajoute qu'ils font beaux, agréables, bien aifés à gouverner & à dreffer; qu'ils font très-durs, & volent bas & roide; qu'ils mangent autant qu'un Faucon, font fujets à de grandes maladies, principalement au flux de fang; veulent être nourris de bonne viande, fans quoi ils font bientôt dégoûtés, & ne doivent pas refter fans eau fraîche & fans pierres. Il fut trois ans avant de bien connoître leur naturel.

Ces oifeaux, excellens pour le vol de la Perdrix, ne font connus en France que depuis la fin du feizième fiècle. D'Efparron n'en parle point dans les premières éditions de la Fauconnerie ; & dans celle de 1615, il dit que ce n'eft que depuis quarante ans qu'ils y ont été apportés. Il paroît qu'ils y étoient encore fort rares au commencement du fiècle fuivant, puifque Marie de Médicis en fit porter un avec elle lorfqu'elle vint en France pour fon mariage avec Henri IV. Harmont ne fait mention que de celui-ci qu'il garda huit mues, & que le roi donna parce qu'il étoit trop vieux ; & d'un autre envoyé d'Efpagne pendant l'ambaffade de M. de Barrault, meilleur encore que le précédent, & qui mourut d'accident au bout de neuf mues. M. de Fortille, chef du héron de la grande Fauconnerie, fous Louis XIV, n'en a jamais vu. M. Valmont de Bomare dit qu'on en entretenoit dans la Fauconnerie du roi.

Ils font originaires du nouveau monde, & viennent, dit D'Efparron, des Ifles Occidentales nouvellement trouvées, font apportés en Efpagne où ils font vendus aucune fois trois cents écus la pi ce à l'arrivée des vaiffeaux, tant ils font prifés des Efpignols. Harmont dit auffi qu'ils coûtoient de fon tems, trois ou quatre cents écus fans être dreffés.

D'Efparron obferve encore qu'Olaus Magnus parle d'un oifeau qu'il nomme auffi Alethe, qui lui femble ne devoir pas être le même, parce que, dit-il, Olaus Magnus écrit des pays du Nord, ou cet oifeau ne fe trouve point ; mais comme l'obferve M. de Buffon, le Faucon des Indes pourroit bien voyager comme le Faucon paffager, & en effet la defcription de l'Alethe paroit avoir quelques rapports avec celle du Faucon rouge des Indes d'Aldrovande. Hift. nat. des oifeaux, tom. II, in-12, page 33 & fuivantes.

Je terminerai cet article par une obfervation que j'ai été à portée de faire fouvent, c'eft qu'en général les naturaliftes n'ont point affez connu & confulté les thereuticographes, & fur-tout les auteurs François, pour les defcriptions & la fynonymie des animaux dont les uns & les autres ont parlé.

(Hazard).

ALLAITES, f. f. pl. Le chaffeur nomme ainfi les tettes ou branes de la Louve.

ALLER de bon tems (terme de Veneur) fe dit fur-tout de la bête, Cerf, Chevreuil ou Sanglier, lorfqu'elle ne fait que d'aller ou de paffer dans un taillis, un fort ou une plaine. Lorfque le Sanglier va de bon tems, il eft à propos de fe brifer au bord du fort, & de fe retirer pour prendre les devans. Si le Limier ne peut emporter les voies, parce que le Sanglier va de trop hautes erres, le veneur prendra de grands devans, afin

d'en rencontrer des voies qui aillent de meilleur tems.

ALLER aux bois, c'eft aller chercher le Cerf ou autres bêtes avec fon Limier.

ALLER d'affurance, fe dit de la bête, lorfqu'elle va au pas, le pied ferré & fans crainte.

ALLER au gagnage, fe dit de la bête fauve (le Cerf, le Daim ou le Chevreuil), lorfqu'elle va dans les grains pour y viander & manger ; ce qui fe dit auffi du Lièvre.

ALLER de hautes erres, fe dit d'une bête paffée il y a fept ou huit heures ; ce Lièvre va de hautes erres.

ALLER en quête, fe dit du valet de Limier lorfqu'il va aux bois pour y détourner une bête avec fon Limier

ALLER fur foi, fe fur-aller, fe fur-marcher, fe dit de la bête qui revient fur fes erres, fur fes pas, en retournant par le même chemin qu'elle avoit pris.

ALLIERS. On appelle ainfi de longs filets, dont les mailles font quarrées ou en lofange, & qui peuvent fervir pour prendre tous les oifeaux qui courent. Ceux pour la Caille ont ordinairement dix pouces de haut, & trente pieds de long ; mais on leur donne la longueur que l'on juge à propos : les mailles font grandes à y paffer le doigt, & il y a de petits piquets de deux pieds en deux pieds, qui font attachés dans les mailles, pour tenir le filet droit comme une petite muraille, en les piquant en terre. De chaque côté du filet il y a des mailles, qui font de la grandeur de l'animal que l'on veut y prendre, pour qu'il puiffe paffer à travers, & fe bourfer dans celles qui font à l'oppofite, en y faifant entrer avec lui la partie du filet qu'il entraîne, & qui, pour cet effet, eft lâche, & peut prêter. Les Alliers pour Perdrix & Faifan font relativement au Allier à Caille, ce que la Perdrix & le Faifan font en comparaifon de la Caille ; & les piquets font éloignés les uns des autres de trois pieds pour la Perdrix, & de quatre pour le Faifan.

ALLONGÉ, (terme de Vénerie), fe dit d'un chien qui a les doigts du pied étendus par une bleffure qui lui a offenfé les nerfs. En Fauconnerie on appelle oifeau allongé, celui qui a fes pennes entières & d'une bonne longueur.

Allonger le trait à un Limier, c'eft laiffer le trait déployé tout de fon long.

ALOUETTE, genre d'oifeau de la groffeur du moineau, meffager du printems, qui vit dans les champs, & fait l'ornement des airs lorfqu'elle s'élève en chantant.

Ces

Ces oiseaux, dont on distingue plusieurs espèces, ont trois doigts devant, & un derrière (ce qui pourroit faire distinguer leur genre, c'est que le doigt de derrière est fort long); la base de leurs pieds est par conséquent plus large, & ils ont beaucoup de facilité pour courir dans les terres labourées.

Quand ces oiseaux s'élèvent dans les airs, ils forment un cercle presque parfait; ils chantent pour être vus & entendus de leurs femelles : il n'y a que le mâle qui chante : c'est une règle générale parmi les oiseaux, & qui souffre bien peu d'exceptions.

Cet oiseau s'apprivoise aisément; mais dans sa cage même, il est toujours porté à s'élever verticalement. On prétend qu'il devient bientôt noir, si on ne lui donne que du chenevi pur à manger.

L'Alouette fait ordinairement son nid à terre & rarement sur des arbres : ces nids sont faits de racines d'herbes sèches; elle pond trois fois l'année : au commencement de mai, dans celui de juin & vers la mi-juillet; sa ponte est pour le moins de cinq œufs. On les trouve dans les bleds : après que les petits sont éclos, elle en a beaucoup de soin; dès qu'ils se revêtissent de plumes, la mère les mène avec elle pour apprendre à chercher leur nourriture. Bien des personnes, qui ignorent ce fait, sont surprises de ne plus trouver dans le nid des petits, que deux jours auparavant elles ont vus sans plumes.

L'Alouette est de bon goût, nourrissante, & de facile digestion : on met souvent au rang des Alouettes les Mauviettes & les Moineaux, qui n'ont avec elles aucun rapport.

On distingue particulièrement trois espèces d'Alouettes que nous allons faire connoître.

L'ALOUETTE HUPÉE, ainsi nommée, parce qu'elle porte sur la tête une crête de plume comme le Paon : elle habite le long des lacs & des rivières; contre l'ordinaire des autres oiseaux, elle vole contre le vent.

L'ALOUETTE DE BOIS se distingue par un cercle de plumes blanches, en forme de couronne qui fait le tour de sa tête : cet oiseau, dans l'été, & sur-tout lorsque sa femelle couve, chante pendant la nuit, ce qui le fait prendre quelquefois pour le Rossignol.

L'ALOUETTE GRASSE s'appelle, en certains pays, Falope; c'est un mets fort délicat : on se plaint quelquefois de coliques d'estomac, après en avoir mangé; mais cet effet n'est produit que par les os trop fins de cet oiseau qu'on a avalés, & qui picotent les membranes de l'estomac.

CHASSES.

Chasse des Alouettes au miroir.

De tous les moyens dont on se sert pour faire donner les Alouettes dans les piéges qu'on leur tend, il n'en est point qui soit suivi d'autant de succès, ni qui soit pour un chasseur un passe-tems aussi agréable, que la chasse qui se fait avec un miroir. Les oiseleurs se croiroient trop heureux s'ils pouvoient, dans toutes les saisons, se délasser à cette chasse des fatigues des autres.

Il y auroit bien matière à faire une longue digression au sujet de la curiosité des Alouettes, & de l'empressement qu'elles ont de se satisfaire; mais ce seroit passer les bornes que je me suis prescrites, & m'éloigner de mon objet. Il suffit de dire que les rayons du soleil donnant sur les glaces d'un miroir, tel que je vais le décrire ci-après, & réfléchissans sur tous les objets qui l'environnent, excitent probablement la curiosité des Alouettes, qui semblent tout oublier pour venir se mirer. Bruit, feu, fumée, mauvaise odeur, rien ne les arrête; elles descendent quelquefois avec tant de précipitation, qu'on les croiroit lancées du ciel, si elles ne s'arrêtoient tout-à-coup pour papillonner & badiner sur le miroir; on les voit même étendre leurs pattes comme si elles vouloient se poser sur cet objet nouveau, afin de le contempler plus à leur aise. Il faut croire que ce piége a autant d'attrait pour les Alouettes, que cette espèce de chasse en a pour les oiseleurs.

On fait des miroirs à Alouettes de formes bien différentes; les uns les font en quart de cercle, les autres les font plats dessous, & ronds dessus : d'autres les font tout ronds, & plats comme seroit une assiette; cette manière n'est pas une des moins bonnes : d'autres enfin les font quarrés longs.

Au reste, voici la forme qui a paru, à tous égards, la plus avantageuse; aussi est-elle la plus usitée. La base est d'un bois pesant, de la largeur d'un pouce & demi par dessous, & taillé en biseau de tous côtés, de façon que cela forme supérieurement & latéralement des arrêtes divergentes. On fait de petites entailles un peu creuses, dans lesquelles on incruste des petites glaces ou morceaux de miroir que l'on mastique proprement. Le mastic qu'on recommande ici, doit être dur & fin; voici les moyens de le faire.

Prenez trois onces de poix noire; faites-la fondre dans un vase, & mêlez-y quatre onces de ciment rouge tamisé : on ne peut l'employer que quand il est chaud; pour qu'il soit bon, il faut qu'il ne soit ni trop cassant, ni trop ductile.

Après avoir mastiqué les glaces, on peint tout le miroir d'une couleur de brun rouge, à la colle seulement, observant de conserver le brillant des glaces. On perce le miroir par dessous, & dans le milieu de la profondeur, d'un pouce; on fiche

B

dans ce trou une broche de fer, de la groſſeur d'une plume à écrire ; elle eſt emmanchée auparavant dans une bobine, ſur laquelle doit rouler la ficelle ; c'eſt au moyen de cette ficelle que l'oiſeleur ou ſon *tourneur*, nom que l'on donne à celui qui fait jouer le *miroir*, fait mouvoir cette machine comme les enfans jouent du moulinet dans une coque de noix, obſervant que les *itus & reditus* ſoient égaux & doux.

On a un piquet fait de bois dur, garni à ſa pointe d'une douille de fer, ce qui donne la facilité de le planter où l'on veut ; il eſt percé d'un trou dont la profondeur égale la longueur de la broche du *miroir*, depuis ſon extrémité juſqu'à la bobine. Pour que ſes mouvemens ſoient doux, il eſt bon de couler quelques gouttes d'huile d'olive dans le trou du piquet.

Comme on ne conſerveroit pas long-tems un piquet ſur lequel on toucheroit avec une pierre pour le planter, & que d'ailleurs on s'expoſeroit à laiſſer tomber dans le trou, du gravier qui empêcheroit la broche de jouer librement, on ſe ſert d'une machine qu'on nomme *pouſſoir*; il eſt fait d'un bois dur, dans lequel eſt emmanchée une petite broche de fer de la longueur du petit doigt, & de la groſſeur de celle du *miroir*. On introduit la broche de cette machine dans le trou du piquet, & on frappe deſſus avec une pierre ou un maillet pour l'enfoncer.

La machine ſur laquelle on envuide la ficelle du *miroir*, ſe nomme *poignée* : elle eſt traverſée, de part en part, de deux chevilles à chaque bout. Lorſque le *tourneur* eſt placé à une diſtance convenable ; c'eſt ordinairement de vingt ou vingt-cinq pas pour le *filet*, & de vingt-cinq ou trente pour le *fuſil*, il prend d'une main la *poignée* qu'il doit tirer le plus près de terre qu'il eſt poſſible, & doit obſerver d'éviter les grands mouvemens du bras.

La ficelle, quoique petite, doit être forte, & de groſſeur à égaler celle avec laquelle on lie le tabac.

Quand on chaſſe au *filet* ou *nappes*, la même perſonne peut tirer le *filet* & faire jouer le *miroir*; mais ſi c'eſt à coup de *fuſil*, il faut que le chaſſeur ait un *tourneur*, ne pouvant tirer les *Alouettes* & faire jouer le *miroir* enſemble.

Mais voici un nouveau *miroir* anglois, avec lequel un chaſſeur peut tirer les *Alouettes* & faire jouer ſon *miroir* ſeul. Une machine de bois, en forme de plateau, garnie intérieurement d'une pelote ſur laquelle ſont attachés des boutons d'acier, ou à leur défaut quelques morceaux de miroirs, ſoutenue diamétralement par deux tenons ſur un demi-cercle de fer, conſerve un équilibre qui n'exige point, à beaucoup près, l'aſſiduité & l'attention d'un *tourneur*. Le demi-cercle qui ſoutient le *miroir*, eſt en acier, & ſuſceptible d'un

peu d'élaſticité ; à ſon extrémité eſt emmanché un piquet qui ſert à ſoutenir le *miroir*. Le plateau doit être horizontal, afin de recevoir verticalement les rayons du ſoleil ; c'eſt au moyen d'une ficelle, paſſée par un petit piquet, qu'on communique à cette machine un mouvement qu'elle conſerve d'autant plus long-tems, qu'elle eſt dans un plus juſte équilibre. Ce mouvement, quoique borné, devient régulier, au moyen d'un petit reſſort très-flexible attaché au plateau, & dont les deux extrémités touchent, par intervalle, & deſſus & deſſous, le demi-cercle ; on ſent bien qu'entre les deux extrémités du reſſort, il doit y avoir une diſtance de trois doigts ou environ, afin que le plateau puiſſe être balancé, en décrivant une portion de cercle.

Cette eſpèce de *miroir* eſt moins propre pour les *nappiſtes*, que pour les chaſſes qu'on fait aux *Alouettes* à coups de fuſil ; car ſon mouvement, n'étant pas aſſez rapide, les *Alouettes* peuvent ſe ſatisfaire d'aſſez loin, pour ne pas être priſes aux *nappes*; mais d'aſſez près cependant, pour qu'on en tue conſidérablement à coups de fuſil.

On fait aujourd'hui des *miroirs* à reſſort, dont le méchaniſme eſt le même que celui d'un *tournebroche*; mais ſi l'incommodité de les remonter doit les réformer, on donnera la préférence à celui que je vais décrire.

Au lieu d'un reſſort, ce ſont deux cordes à boyaux envuidées d'un ſens contraire, ſur la même bobine : à chacune de ces cordes eſt attachée une ficelle de longueur à égaler la diſtance qui ſe trouve entre la *forme* ou l'endroit où eſt placé le chaſſeur & le *miroir*; tandis qu'il tire une ficelle, l'autre s'envuide ; ce qui fait que le *miroir* ne s'arrête jamais.

L'avantage que procure cette eſpèce de miroir, eſt qu'il ſuffit de tirer, deux ou trois fois par quart-d'heure, une de ces ficelles, pour que le miroir tourne rapidement & ſans ceſſe, étant à cette machine ce qu'au volant eſt à un tournebroche ; car au moyen d'une vis ſans fin, un ſeul cran de la roue de rencontre fait faire un nombre conſidérable de tours au miroir. L'expérience nous prouve que mieux le miroir, par ſon mouvement, peint un globe lumineux, & plus les *Alouettes* en approchent, d'où on peut conclure que cette eſpèce-ci eſt préférable à toutes les autres. Cette machine doit être entourée, de toute part, d'une boëte, ou de fer ou de bois, crainte que quelques corps étrangers, venant à s'embarraſſer dans l'engrenage, n'en rendent les mouvemens durs & intermittens.

Chaſſe des Alouettes au traîneau.

Cette chaſſe ſe fait pendant la nuit la plus ſombre, jamais au clair de la lune. On prend un traîneau, dont les mailles n'aient qu'un pouce de largeur, & en le portant, on en laisse traîner derrière un bon pied de long, afin qu'on ne le porte pas sans faire lever les *Alouettes*.

Pour mieux réussir à cette chasse, il est bon de se promener de jour dans les endroits où l'on suppose qu'il y a des *Alouettes*: on les trouve ordinairement dans les terres en friche, dans celles où l'on a recueilli de l'avoine & dans les chaumes; le tems où les mieux remarquer est le soir, où elles volent par bandes.

Ces endroits remarqués, on y retourne la nuit, on y porte le traîneau, & on l'étend à travers les sillons: il faut pour le traîner deux personnes vigoureuses qui marchent vite, & qui le tiennent élevé de terre, environ de deux pieds.

Aux deux bouts du filet doivent être attachées deux perches qu'on laisse tomber, quand on entend lever quelque oiseau; puis on court saisir le gibier qu'on captive.

Si on n'a pas eu le tems le jour de remarquer les *Alouettes*, on ne laisse pas de se rendre la nuit dans la campagne, & d'y tendre le filet; on prend toujours quelque gibier.

Il y a des chasseurs qui portent pendant la nuit des flambeaux ou des bouts de corde goudronnés, ou d'autres matières combustibles que le vent ne puisse éteindre; ils prétendent que cette ruse engage plutôt les oiseaux à donner dans le piège; je penserois plutôt que cette lumière étrangère doit les épouvanter & les faire fuir loin des chasseurs.

Chasse des Alouettes à la Ridée.

On se sert pour cette chasse de deux filets, & on les attache ensemble: on prend ensuite trois bâtons, longs de cinq ou six pieds, bien droits, & assez forts, avec une coche à chaque bout, à l'une desquelles sera attaché, d'un côté, un piquet long d'un pied & demi, & de l'autre une petite cheville de deux ou trois pouces de longueur. Un des trois bâtons aura deux piquets attachés au bout, à l'opposite l'un de l'autre, & il y aura aussi deux chevilles liées au côté de chaque piquet.

Quand on veut prendre des *Alouettes* avec cette machine, trois ou quatre personnes de compagnie se rendent dans une campagne unie, déploient les filets & les étendent de long, ensuite ils attachent les trois bâtons aux deux bouts, & au milieu, & placent le bâton qui a deux piquets au milieu, afin que le filet tourne plus facilement; les quatre piquets se trouveront alors rangés en ligne droite, & la corde du bas des filets sera fort serrée: on prend ensuite une corde de douze pieds, qu'on attache d'un bout à l'un des

bâtons, & de l'autre à un piquet, qu'on fiche en terre à la hauteur des autres; on met pareillement une autre corde de dix pieds de longueur qu'on attache d'un bout à un autre bâton, & de l'autre aux autres piquets. Enfin on apporte une corde de dix à douze toises, passée dans une poulie, attachée d'un bout à l'un des bâtons, & de l'autre, liée à un piquet derrière la loge. On arrête la poulie à quinze pieds du filet, & tout étant ajusté, une personne s'assied dans la loge pour tirer la corde & faire tourner le filet aussi-tôt que les premières *Alouettes* sont au-dessus du filet. Pendant qu'elle sera attentive à son poste, les autres feront lever les *Alouettes* & les chasseront du côté des filets.

On appelle cette chasse *à la ridée*, parce qu'elle se fait ordinairement dans le cœur de l'hiver, les oiseaux vont alors en troupe, & volent d'une campagne à l'autre pour chercher de la nourriture, lorsqu'on les fait lever, ils ne prennent presque point d'essor, & ils se contentent de *rider* la terre.

Chasse des Alouettes au Lacet.

Cette méthode est divertissante & n'exige ni grands frais, ni grande fatigue: on attire les *Alouettes* dans un terrein particulier, en y jettant du grain d'orge ou de froment: on prend ensuite six ou huit ficelles, longues chacune d'environ quatre toises; on les tend dans une pièce de terre, au fond des sillons, après les avoir garnies de lacets faits de deux crins de cheval, accommodés en nœuds coulans, attachés aux ficelles, & couchés à terre à la distance chacun de quatre doigts.

Les oiseaux attirés par le grain, se promènent dans les sillons & restent pris dans les lacets.

Souvent au lieu d'*Alouettes* on prend à ce piège d'autres oiseaux, qui ne cèdent point en bonté aux premiers: on ne doit s'empresser d'aller ramasser sa proie que quand on juge qu'elle est assez copieuse.

Chasse des Alouettes à la Tonnelle murée.

La *Tonnelle murée* semble la méthode la plus sûre pour prendre un grand nombre d'*Alouettes*. Cette *tonnelle* doit avoir au moins dix pieds de haut à son embouchure: on la porte sur le lieu où on a remarqué ce gibier, & on prend le dessus de deux ou trois cents pas. On plante un fort piquet au fond d'un sillon. On déploye la *tonnelle* & on y attache la queue: l'un des chasseurs marche ensuite vers les *Alouettes*, en étendant le filet: il fait ensorte que la *tonnelle* soit tendue avec roideur: il commence à côté du cercle de la *tonnelle*, à dresser ses filets; ou en demi-cercle ou en biaisant, il continue la longueur de sept ou huit toifes, & au bout on attache la dernière perche avec quatre ou cinq cordes, qu'on a foin auparavant de garnir de plumes : ces cordes efpacéés l'une fur l'autre, doivent compofer une efpèce de mûr qui forme une grande enceinte. Après tous ces préparatifs, on fait un grand tour pour aller joindre les *Alouettes* par derrière, à environ cent pas. Deux ou trois perfonnes marchent en ferpentant de côté & d'autre ; chacune va courbée & en filence : on prend garde fur-tout que toute la troupe d'*Alouettes* fe fuive : car s'il en demeuroit une derrière les chaffeurs, elle prendroit fon vol, & feroit fuivie de toute la compagnie. Quand on remarque qu'elles s'arrêtent, & qu'elles lèvent la tête, c'eft un figne manifefte qu'elles ont peur ; on recule quelques pas pour les raffurer, & on fe couche à terre jufqu'à ce qu'on les voye chercher à manger : on continue enfuite à les fuivre jufqu'à ce qu'elles s'approchent de la *tonnelle*, où elles s'arrêtent un moment auffi-bien que les chaffeurs : dès qu'une d'entr'elles y a pénétré, on court après : bientôt elles entrent toutes ; on jette un chapeau dans la *tonnelle* pour les faire entrer avec precipitation jufqu'au fond ; en même tems on ferme à la hâte le devant de la tonnelle, & le gibier eft pris.

Chaffe des Alouettes aux Fourchettes.

Tous les filets conviennent à cette chaffe, pourvu qu'ils foient grands, & que les mailles ne foient pas trop écartées.

Avant de partir, on fait provifion de trois ou quatre douzaines de fourchettes de bois, aiguifées par le bas, de la groffeur du petit doigt & de la hauteur d'un pied.

Muni de cet équipage, on fe rend au champ où l'on a vu des *Alouettes* : on fe promène, & dès qu'on en découvre quelque bande, on tourne trois ou quatre fois tout autour, d'abord dans un intervalle de cent pas, enfuite on s'approche infenfiblement jufqu'à trente.

Tant qu'on tourne, il ne faut point s'arrêter ; car ce feroit le moyen d'épouvanter les oifeaux & de leur faire prendre leur effor.

On doit encore obferver qu'il faut marcher courbés, & aller de côté & d'autre comme une Vache qui paît : ainfi il faut quelquefois contrefaire les bêtes pour réuffir à en être le deftructeur.

Quand on a pris toutes fes précautions, on déploye fon filet, & on l'étend à cent pas des *Alouettes*, à travers les fillons d'une pièce de terre, obfervant que le côté ouvert regarde les oifeaux.

On prend enfuite fes fourchettes, on les pique toutes droites en terre, à la diftance de deux pieds les unes des autres, & on les range tout le long d'une corde : quelques-unes doivent fervir pour foutenir le filet au milieu, & on obferve que deux de fes côtés, & le derrière traînent à terre, pour empêcher les *Alouettes* de s'échapper.

Quand tout eft ainfi difpofé, on chaffe devant foi le gibier, comme dans la méthode précédente, & quand il eft fous le filet, on déplante les fourchettes qui font fur le devant, afin qu'il foit enfermé comme dans une cage.

Cette chaffe eft bonne pendant les gelées blanches, ou quand la terre eft couverte de neige : il faut faire en forte d'être au moins deux pour cet exercice ; on s'épargne alors la peine de faire tout le tour pour faire attrouper les *Alouettes* : on les oblige plus fûrement d'entrer fous le filet, & on arrache plus promptement les fourchettes qui tiennent la cage ouverte.

Telles font les diverfes méthodes qu'on emploie pour la chaffe des *Alouettes* : cet exercice n'eft point tumultueux : il convient à l'innocence du premier âge ; il n'enfanglante point des mains timides, & quand les premiers humains fe dégoûtèrent des fruits de la terre, ils n'inventèrent pas, fans doute, de chaffe plus violente. *Voyez* planche 22 de la Chaffe, tome IX des gravures des Arts & Métiers, & l'explication de la même planche 22 à la fin de ce Dictionnaire.

ALOUETTE DE MER. Elle ne reffemble à celle de terre que par la taille, qui eft à-peu-près la même, & par quelques rapports dans la couleur du plumage fur le dos. Son bec eft long d'un pouce, noir & très-menu ; fes pieds font bruns. On voit ces oifeaux en grande quantité fur les côtes de Bretagne & du bas Poitou. Ils volent en troupes très-nombreufes, & fe tiennent fur le rivage de la mer, où on les approche très-facilement ; & comme ils fe tiennent toujours fort près les uns des autres, il n'eft pas rare d'en tuer jufqu'à 40 ou 50 d'un coup de fufil. Du refte, c'eft un gibier qui n'eft pas fort recherché.

ALPHANETTE, f. m. En Vénerie, c'eft un oifeau de proie qui s'apprivoife & qui vole la perdrix & le Lièvre. Nous l'appellons *Tuniffien*, parce qu'il vient de Tunis.

AMBLEUR. C'eft ainfi qu'on nomme, en Vénerie, un Cerf dont la trace du pied de derrière furpaffe la trace du pied de devant.

AMEUTER, v. a. (*terme de chaffe*) C'eft mettre les Chiens en meute, ou les affembler pour la chaffe. On dit : les Chiens font bien *ameutés*, lorfqu'ils marchent bien enfemble.

A-MONT. (terme de chaffe) Mettre l'oifeau *à-mont*, le jetter.

AMORCE, fe dit d'un appât dont on fe fert à la chaffe ou à la pêche pour prendre du gibier, des bêtes carnacières ou du poiffon.

AMOUR, a fon acception en Fauconnerie; on dit *voler d'amour*, des oifeaux qu'on laiffe voler en liberté, afin qu'ils foutiennent les Chiens.

ANDOUILLERS, f. m. plur. (terme de Vénerie) Ce font les chevilles ou premiers cors qui fortent des perches ou du marrain du Cerf, du Daim & du Chevreuil. Les *fur-Andouillers* font les feconds cors.

ANGEL. Efpèce d'oifeau de la groffeur de la Perdrix, à bec & pieds noirs, à plumes brunes & d'un jaune rouffâtre. Il vole en troupe. On en trouve fréquemment en Languedoc, où on le chaffe. Mais cet oifeau ne peut être préparé ni mangé fans en ôter la peau.

ANGUICHURE, f. f. (Chaffe.) C'eft l'écharpe où eft attaché le cor ou la trompe de chaffe.

ANOLIS. Efpèce de Lézard fort petit, qu'on a trouvé aux Antilles. Son corps eft de la groffeur du petit doigt, & fa peau eft jaunâtre & marquée de raies bleues, vertes & grifes. Ces animaux courent pendant le jour autour des cafes pour chercher leur nourriture: la nuit ils fe cachent dans la terre, & y font un bruit plus aigu que celui des Cigales. Les habitans des Antilles vont à la chaffe des *Anolis*, parce qu'ils trouvent leur chair tendre & facile à digérer.

Quelques voyageurs font encore mention d'une autre efpèce d'*Anolis*, qui a jufqu'à un pied & demi de longueur: il ne fort de la terre que pendant la plus grande chaleur du jour; il fe nourrit d'herbes, ronge les os & les arrêtes qu'on jette hors des maifons; & fi on en tue quelqu'un, les autres le mettent en pièces & le mangent.

ANTA. Animal du Paraguay, qui a quelque reffemblance pour la forme du corps avec l'Ane; mais fes oreilles font petites: il a de plus une trompe qu'il allonge & qu'il referre comme l'Eléphant, & dont il femble qu'il fe fert pour refpirer. Ainfi, c'eft un animal particulier à ces climats.

On n'a jamais trouvé d'Anes en Amérique, quoique le climat leur fût favorable: ceux que les Efpagnols y ont transportés d'Europe, & qu'ils ont abandonné dans les grandes ifles & dans le Continent, y ont beaucoup multiplié; mais ils font devenus fauvages, & on va à leur chaffe comme à celle de l'Ours.

L'*Anta* exerce auffi en Amérique la patience des chaffeurs. Le jour cet animal broute l'herbe, & la nuit il mange du limon falé. Les perfonnes curieufes de ce gibier fe rendent pendant les ténèbres dans les endroits où il y a de ce limon. Quand elles fentent l'*Anta* approcher, elles découvrent tout d'un coup un flambeau allumé qui l'éblouit & donne le tems de le tuer. Sa chair eft auffi bonne que celle de la Vache, & fa peau fert aux gens de guerre à faire des cafques à l'épreuve des flèches.

M. de Buffon croit que l'*Anta* & le Tapir font les mêmes animaux.

ANTANAIRE, adj. fe dit, en Fauconnerie, du pennage d'un Faucon, qui n'ayant pas mué, a celui de l'année précédente; ce mot vient d'*antan*, *année précédente*.

ANUER *des Perdrix*. (terme de chaffe). C'eft choifir, quand les Perdrix partent, le moment favorable pour les tirer.

APERCHER, v. a. (terme d'oifeleur). C'eft remarquer l'endroit où un oifeau fe retire pour y paffer la nuit : on dit j'ai *aperché* un merle, quand on va à la chaffe de cet oifeau.

APÉRÉA, f. m. Cet animal, fort commun au Bréfil, tient de la nature du Rat & du Lapin. Il a environ un pied de longueur fur fept pouces de circonférence, le poil de la même couleur que le Lièvre, & blanc fous le ventre. Il a la lèvre fendue de même, les grandes dents incifives, & la mouftache autour de la gueule & à côté des yeux. Ses oreilles font arrondies & courtes. Les jambes de devant n'ont que trois pouces de hauteur, celles de derrière font un peu plus longues. L'*Apéréa* n'a point de queue. Sa tête eft plus alongée que celle du Lièvre. On le chaffe comme un excellent gibier; fa chair étant d'un bon fumet & comme celle du Lapin, auquel il reffemble par fa manière de vivre. Il fe blottit dans des trous, & choifit de préférence des fentes de rochers ou de pierres.

APOLTRONIR, v. act. (terme de Fauconnerie), fe dit d'un oifeau à qui on a coupé les ongles des pouces ou doigts de derrière, qui font fes armes, de forte qu'il n'eft plus propre pour le gibier.

APPAST, f. m. fing. C'eft le nom générique fous lequel on comprend tous les moyens dont on fe fert, foit à la pêche, foit à la chaffe, pour furprendre les animaux.

APPÂTER , v. act. (terme d'oiseleur), mettre du grain ou quelqu'autre amorce dans un lieu pour y attirer les oiseaux qu'on veut prendre. On doit *appâter* les Perdrix pour les prendre au filet.

APPEAU , f. m. C'est un sifflet d'oiseleur avec lequel il attrappe les oiseaux en contrefaisant le son de leur voix.

Il y a des *appeaux* naturels , & il y en a d'artificiels.

Des appeaux *naturels.*

On appelle naturels les *appeaux* qui se font sans le secours d'aucune machine artificielle. Les hommes ne naissent pas avec l'art d'appeler toutes sortes d'oiseaux ; mais seulement avec les dispositions que l'exercice développe , & que l'expérience perfectionne. Nous voyons tous les jours qu'avec la bouche & les doigts , on peut mieux , même qu'avec les machines les plus artistement construites , appeller les Alouettes, Bec-Figues , Pinçons, Moineaux, Chardonnerets, Linottes, Verdiers, Gorge-Rouges, Gros-Becs, Mésanges, Grives , Merles , Etourneaux , Cailles, Perdrix, Canards , Tourterelles , Coucous , &c. C'est pour un oiseleur un talent heureux qu'il doit toujours cultiver avec soin.

Des appeaux *artificiels.*

Les *appeaux* artificiels sont de trois sortes. Les premiers s'appellent *appeaux* à sifflet ; les seconds, *appeaux* à languettes ; & les troisièmes , *appeaux* à frouer.

Des appeaux à *sifflet.*

Il n'y a point d'*appeau* dont l'espèce ait acquis tant de variété que celle des *appeaux* d'Alouettes. Un des plus anciens est celui qu'on fit avec un noyau de pêche usé sur une meule à éguiser les outils , percé des deux côtés, d'un trou égal en grandeur & vidé ensuite. Sa bonté consiste dans un ton clair & nourri , imitant le cri que les Alouettes font en s'appellant ; il est encore fort en usage aujourd'hui.

On s'occupa ensuite à faire des *appeaux* d'Alouettes de plusieurs matières : on en fit en plomb , en ferblanc , en cuivre , en argent , &c. Ce n'est point , ou que très-peu à la matière, qu'un *appeau* doit sa bonté ; mais c'est à sa conformation. Il y a une espèce d'*appeau* , en forme de bouton , plat d'un côté & convexe de l'autre : on y soude une petite attache , dans laquelle on passe un fil qui sert à le pendre à l'habit : on se sert de cet *appeau* avec d'autant plus d'avantage , qu'on peut en appeller les Alouettes , & les Bec-Figues, Linottes, &c. On ne fait que serrer un peu les lèvres , en les

avançant d'un demi travers de doigt , ce qui rend les tons doux & imitatifs.

On se sert d'un autre *appeau* d'Alouettes , qui ne diffère du précédent , qu'en ce que ses deux côtés sont unis , ce qui l'approprie moins à la forme de la bouche , & par conséquent le rend moins commode ; du reste les usages en sont les mêmes. Ces espèces d'*appeaux* se mettent entre les dents & les lèvres ; le sifflement est causé par l'air extérieur qu'on retire à soi , & que la langue module.

Il reste encore à décrire une espèce d'*appeau* d'Alouettes , d'une structure toute différente , sa partie supérieure se met entre les lèvres , & l'air conduit par un petit canal , sur l'ouverture de la boule , contrefait très-bien le cri de l'Alouette ; on y soude une petite attache , qui sert à le pendre à l'habit au moyen d'un fil. Quelques oiseleurs donnent la préférence à celui-ci ; mais les espèces précédentes ont plus de vogue & de succès.

Quoique les *appeaux* de Perdrix ne diffèrent des *appeaux* d'Alouettes que par la grandeur , la conformation étant presque la même , cependant la manière de les mettre en usage est bien différente. Un *appeau* de Perdrix grises est plat des deux côtés , excepté que du centre il s'élève un petit bouton , qui ressemble assez bien à un mamelon ; ce bouton doit se trouver par devant , quand l'*appeau* est entre les dents & les lèvres ; le cri de la Perdrix est d'autant plus difficile à imiter , qu'il y a un roulement que doit faire la langue sur le passage de l'air de l'extérieur à l'intérieur. Ce n'est qu'après bien de l'étude qu'on contrefait parfaitement la Perdrix grise ; elle vient facilement à l'*appeau*.

On doit observer de faire les deux tables de cet *appeau* parfaitement égales en tout ; la convexité du bouton qui se trouve à chaque table , doit être le même , il faut que son épaisseur soit bien moindre que celle du reste de la table.

De tous les *appeaux* de Perdrix grises , il n'y en a pas de préférable à celui-ci. Plat d'un côté & convexe de l'autre , il s'accommode fort bien à la forme interne des lèvres , & a tous les avantages qu'on peut retirer des autres. La calotte ou table convexe doit être de moitié moins épaisse que la table de dessous ; on retire également à soi l'air extérieur pour former le cri des Perdrix. On y soude une attache qui sert à y passer un fil.

L'*appeau* de Coucou & de Tourterelle , se fait ou de corne , ou d'os, ou d'ivoire , & même de bois ; il y a à son extrémité un trou qui , étant bouché avec le doigt , doit baisser le son de deux tons pleins , & par conséquent l'élever étant débouché. Qu'on se rappelle ici le cri du Coucou ; il ne chante que par tierce majeure ; ses tons sont ceux d'un *fa* dièze & d'un *re* de la seconde octave d'une flûte d'amour ordinaire; tels doivent être par conséquent les sons de cet *appeau*. La Tourterelle n'a qu'un roucoulement monotone, qui est sur le ton du *fa*, son que rend le trou débouché. Cet instrument n'est pas encore bien connu; mais il n'est pas à beaucoup près un des moins recommandables.

L'*appeau* de Pluviers se fait de l'os de la cuisse d'un mouton; il a pour l'ordinaire trois pouces & demi de long. A son extrémité se trouve l'embouchure qu'on accommode en sifflet avec de la cire : on fait dans sa longueur deux autres trous, dont un est aussi fermé de cire, si le son est trop obscur, on se réserve d'y faire une petite ouverture avec une épingle; l'autre trou s'ouvre & se ferme avec le doigt dans l'occasion. A son extrémité s'attache un fil qui sert à le pendre à la boutonnière. Quelques oiseleurs se servent, au défaut de cet *appeau*, d'un morceau de bois fendu, long de trois pouces & demi; ils mettent dans la fente, préparée pour cela, une feuille de lierre ou de laurier; cette espèce d'*appeau* rend parfaitement le cri du Vanneau; &, ce qu'il y a de singulier, c'est que les Pluviers viennent à l'*appeau* de Vanneau, sans doute, parce qu'ils en aiment la société.

Un *appeau* de Perdrix rouges se fait d'un morceau de bois creusé; à une de ses extrémités, se met une plume ou un tuyau de cuivre ou de fer-blanc, dont l'autre extrémité aboutit à un tuyau de rencontre plus gros, qui se fait également de fer-blanc, de cuivre, ou de l'os de la cuisse d'un lièvre. Il y en a de plusieurs espèces, dont la forme paroît avoir été toujours arbitraire.

Il y a des *appeaux* de Caille de plusieurs espèces, les uns sont à bourse platte, les autres sont à bourse à endouille, d'autres à bourse en spirale.

L'*appeau* de Caille à bourse platte se nomme *courcaillet*. Le sifflet se fait d'un os de la cuisse de mouton, que l'on fait tourner & unir, intérieurement sur-tout; on lui laisse deux pouces & demi de longueur; à un bon travers de doigt de l'extrémité, on perce un trou rond, & on fait en sorte que le bord du trou, opposé à l'embouchure, soit coupant & en coulisse, pour que les sons deviennent doux. On accommode avec de la cire l'extrémité de l'os en forme de sifflet; l'autre extrémité se bouche entièrement de cire; & si pour rendre le son de la Caille femelle, qui approche assez du cri d'un Grillon, à ceci près qu'il est plus obscur, il falloit faire une ouverture à cette extrémité bouchée, on se serviroit d'une épingle pour aggrandir le trou par degrés, jusqu'à ce que l'on soit parvenu au ton que l'on cherche. Bien des oiseleurs préfèrent l'os de la cuisse d'un lièvre ou d'un chat, & encore mieux celui de l'aîle d'un Héron ou d'un Oie; il est vrai qu'ils sont exempts de le faire tourner; mais aussi n'en

font-ils jamais si propres, & je doute qu'ils soient aussi bons. La bourse se fait de peau que l'on coud à petits points serrés, pour que l'air ne s'échappe pas facilement par les ouvertures que laisseroit une couture lâche. On emplit de crins bouillis cette petite bourse, & on attache à sa pointe le sifflet avec un fil fort & ciré. Pour bien jouer de cette espèce d'*appeau*, on en étend la bourse sur la paume de la main gauche; quelques-uns la maintiennent avec le doigt index de la même main; on frappe ensuite mollement sur ce doigt avec le derrière du pouce de la main droite, & quand on ne tient pas la bourse avec un des doigts de la main gauche étendu sur elle, on la frappe également avec le derrière du pouce de la main droite, ou avec les doigts index & du milieu, pourvu qu'ils soient assez mols pour rendre le cri du Grillon.

Voici la description d'une autre espèce d'*appeau* de Cailles. La bourse est à spiral; ceux qui n'ont pas assez d'adresse pour jouer de celui dont je viens de parler, préfèrent cette espèce-ci; atténdu qu'il ne faut que pousser la bourse par son cordon, pour tirer des sons qui, encore qu'ils imitent celui du Grillon, ne sont jamais si doux ni si parfaits que ceux du premier. Sa construction, relativement au sifflet, est la même, quoiqu'il y en ait cependant beaucoup dont les sifflets sont de bois; la bourse est montée sur un fil de fer tourné en spiral, & qui se termine par un anneau, où l'on passe un attache. On tient d'une main l'*appeau* par son sifflet; & de l'autre l'attache, observant de mouvoir à petits coups la bourse, qui fait le même effet que le battement des doigts sur celle de l'*appeau* précédent. Je recommande toujours le premier par préférence, tant parce qu'il est moins cher & plus portatif, que parce qu'on peut en adoucir les tons à la volonté, ce qui provient du jeu des doigts plus ou moins doux. On trouve trop communément de ces *appeaux*, pour qu'on se donne la peine de les faire.

Des appeaux à *languettes*.

Nos anciens oiseleurs se servoient bien plus communément des *appeaux* à languettes que nous, parce qu'ils n'étoient point dans l'usage de piper avec le chiendent.

Tel est un *appeau* de la plus ancienne date; un petit morceau de bois, entaillé & uni dans son entaille, servoit de base à une languette faite d'un petit ruban de soie, qui étoit recouverte par une petite pièce de bois : il y restoit un intervalle où on auroit à peine passé la pointe d'un couteau.

Une autre espèce d'*appeau*, qu'on nomme vulgairement *pratique*, guère moins ancienne que la précédente, est faite d'une lame de fer-blanc ou de plomb recourbée à ses deux extrémités, sur une autre moins longue ; un petit ruban fait l'office de languette.

On fait un *appeau* d'une feuille de chiendent, qui fert à nos pipeurs modernes. C'eft le fatal *appeau* qui conduit à leur fin prefque tous les oifeaux dont la haine pour la Chouette, ou moyen Duc, eft irréconciliable : on n'a pas trouvé tout de fuite le vrai moyen d'employer avec fruit cette feuille ; car ce n'eft qu'après s'en être long-tems fervi dans les *appeaux* ci-deffus, à défaut de ruban, qu'on s'eft familiarifé avec l'avantageufe manière de s'en fervir entre les lèvres.

Voici les moyens de la connoître & d'en faire ufage.

Il y a bien des efpèces de chiendent qui croiffent dans nos bois ; mais il n'en eft qu'une fur laquelle le pipeur jette fon choix ; la feuille en eft fort mince, couverte d'un duvet prefqu'infenfible à la vue, n'ayant qu'une très-légère côte dans fon milieu, & ne faifant point le carrelet. Les moyennes feuilles font celles que l'on choifit par préférence, de crainte que fe fervant des feuilles radicales, la réfiftance qu'offriroit à l'air leur épaiffeur, ne donnât que des fons durs & criards ; & les prenant trop près de la cîme, elles n'expofaffent à donner de faux tons, venant à caffer ou fe déchirer par leur trop de fragilité ; il faut qu'elles foient vertes, mais elles n'en valent pas moins quoique fanées.

Cette efpèce de chiendent ne fe trouve pas dans tous les bois ; mais il y en a une autre efpèce qui peut, en l'apprêtant, fuppléer à fon défaut : elle a à-peu-près le même port, & ne diffère de la précédente que parce qu'elle eft fort velue, & que fes foies font grandes & roides. On en cueille une demi-douzaine de feuilles trois heures au moins avant de s'en fervir ; on les met pendant quelque tems entre trois ou quatre doubles de papier gris imbibés de vinaigre & d'eau, ce qui les rend fouples & amorties ; leurs poils ne deviennent plus un obftacle au contact de l'air, & on peut en tirer des fons auffi doux que du chiendent à piper ; il faut obferver de ne les tirer de la boîte qu'au moment de s'en fervir, car elles s'endurciroient, &, en féchant, ne deviendroient bonnes à rien.

Le doigt index & le pouce de chaque main, font ceux qui doivent tenir l'herbe entre les lèvres. Il ne faut pas qu'elles foient intimement jointes à la feuille, ni que l'herbe touche les dents ; la langue, en fe baiffant & fe voûtant par intervalle contre le palais, augmente & diminue par mefure la capacité de la bouche, & l'air qui doit frapper la feuille en reçoit des modifications qui imitent les cris lents & plaintifs de la Chouette : quant aux tremblemens que le pipeur fait de moment à autre, ils font monotones, & viennent du gofier feulement.

Comme il eft très-difficile de bien piper, avec l'herbe, & qu'il y a peu de perfonnes qui y réuffiffent parfaitement, on n'a point encore abandonné totalement les pipeaux de bois, de fer-blanc, &c.

Un autre pipeau des plus ufités fe fait de coudre ou de chêne vert que l'on entaille : on en unit bien l'endroit taillé, puis on lève adroitement une languette que l'on rend la plus mince qu'on peut, en la ratiffant avec un morceau de verre ou un canif. La pièce de bois qui remplit le vide de l'entaille, doit être un peu creufée, pour que la languette ait la liberté de frémir, afin de pouvoir donner du fon.

Parlons d'une autre efpèce de pipeaux affez ufitée maintenant. Il y en a à languettes, mais la plupart n'y font pas. On y met une feuille de chiendent, ou une pièce d'épiderme de cérifier, c'eft-à-dire, une petite peau tranfparente, qui recouvre la fuperficie de l'écorce proprement dite.

On fait de ces pipeaux à languettes ou de faule, ou de chêne, ou de coudre, ou même de farment ; l'écorce de ce dernier fert de languette. On en lie les deux pièces avec un fil aux deux bouts.

Le petit morceau de bois qui doit remplir le vide de l'entaille, doit être de la même largeur que le pipeau ; il doit couvrir la languette, & être un peu creufé par-deffous.

Des appeaux à frouer.

Frouer, c'eft exciter en foufflant fur une machine quelconque, un bruit qui imite ou le cri de quelqu'oifeau, ou fon vol, ou le chouchement de la Chouette, quelquefois même des cris idéals, qui ne laiffent pas d'exciter la curiofité des oifeaux, & de les inviter à la fatisfaire.

De tous les *appeaux* à frouer, il n'y en a pas de plus ufité & de plus commode que la feuille de lierre ; elle eft tournée de façon qu'elle repréfente affez bien un cône, dont la pointe feroit en bas ; on la tient avec les trois premiers doigts d'une main, obfervant que la pointe de ce cône rempliffe l'intervalle que laiffent les extrémités des trois doigts unis entre eux.

Quoiqu'il ne foit pas fi difficile de frouer que de piper, il faut encore de l'expérience pour y réuffir : on ne peut fe flatter de bien frouer, fi on n'imite les différens cris des Geais, Merles, &c. Que fe propofe-t-on en frouant ? c'eft de peindre la crainte des oifeaux, l'envie de fe venger, c'eft de crier l'alarme ; en un mot, de demander du fecours, comme dans un moment preffant. Pipeurs, rappellez-vous de quelle efpèce font les cris des Geais, quand après avoir ouï la Chouette, ils entendent un oifeau que vous faites crier, vous les avez vu mille fois fauter, comme

par

par folie, de branches en branches, des arbres à
terre, fondre fur la cabanne, & marquer une
valeur héroïque dans leurs yeux pleins de feu.
Leurs cris dans ce moment font bien différens de
ceux qu'ils jettent quand ils s'appellent mutuellement; ce font tous ces exemples qu'il faut fuivre
ponctuellement, afin de faifir les occafions de les
mettre à profit.

On fe fert donc d'une feuille de lierre, dans
le milieu de laquelle on fait un trou. Puifque
tout dépend de bien frouer, on ne doit rien négliger de tout ce qui peut y concourir; c'eft pourquoi fi on ne fe munit pas, avant de commencer
fa pipée, d'une douzaine de feuilles de lierre
toutes percées, & d'autant de feuilles de chiendent, on s'expofe à la manquer.

Un nouvel inftrument à frouer, dont nous devons l'invention à un habile oifeleur, fe fait en
acier; fa lame n'eft pas tranchante, mais affez mince
cependant pour qu'en l'approchant des lèvres,
l'iffue de l'air hors de la bouche, produife un frou-
ment & un chouchement très-imitatif : cette lame
fert de manche à un petit marteau auffi d'acier,
avec lequel on appelle les Pics.

Je me fouviens que dans une pipée j'en pris
fept; ce n'étoit point en pipant que je les atti-
rois, mais feulement en frappant, avec un couteau,
fur le manche de ma ferpe. On eft prefque fûr,
quand on entend un Pic aux environs d'une pipée,
de le prendre bientôt : ces oifeaux frappent fur les
arbres avec grand bruit, & s'appellent ainfi mutuellement; de façon que quand on eft prévenu
qu'on a des Pics pour voifins, on faifit le moment
où ils frappent pour frapper plus fort qu'eux,
faifant attention de ceffer prefqu'auffitôt qu'eux.

Je parlerai d'une nouvelle machine à frouer;
elle eft d'argent & d'ivoire. Lorfque la lame d'i-
voire eft fermée, elle remplit imparfaitement le
vuide que laiffent les côtés de la machine d'argent,
faite à l'imitation d'une feuille de lierre pliée, à
laquelle on a fait un trou : elle eft mince d'un côté,
& épaiffe du côté où fe trouve attaché le tenon,
de façon qu'on peut s'en fervir, d'abord comme
d'une feuille de lierre, & encore comme de la
machine décrite précédemment. On y attache un
fil qui fert à la pendre au col du pipeur.

Tout incommode que foit la méthode de frouer,
avec une pièce de monnoie pliée, nous trouvons
encore bien des pipeurs qui ne laiffent pas de s'en
fervir avec fruit.

On donne auffi le nom d'*appeau* aux oifeaux
qu'on élève dans une cage pour appeller les autres
oifeaux qui paffent.

APPEL, en terme de chaffe, eft une manière
de fonner du cor pour animer les chiens.

APPELLANT, f. m. (Chaffe) eft un oifeau

CHASSES.

dont on fe fert quand on va à la chaffe des oifeaux
pour en appeller d'autres & les faire venir dans les
filets.

APPROCHER conferve fa fignification dans
la chaffe aux oifeaux marécageux.

Voici une machine plus facile & de moindre
dépenfe que les peaux de Vaches préparées pour
tirer aux Canards.

C'eft un habit de toile couleur de Vache ou de
Cheval, depuis la tête jufqu'aux pieds, avec
un bonnet qui doit être fait comme la tête d'une
Vache ou d'un Cheval, ayant des cornes ou des
oreilles, des yeux, deux pièces de la même toile
au bout des manches pour attacher autour du
cou & tenir le bonnet. Il faut laiffer pendre
deux morceaux de la même toile au bout
des manches pour imiter les deux jambes de devant du Cheval ou de la Vache. Il faut marcher en fe courbant, & préfentant toujours le
bout du fufil : vous approcherez ainfi peu-à-peu
pour tirer les oifeaux à bas; & s'ils fe lèvent, rien
ne vous empêchera de les tirer en volant. La meilleure heure pour cette chaffe eft le matin.

APPUYER les Chiens, en Vénerie, c'eft fuivre
toutes leurs opérations, & les diriger, les animer
de la trompe & de la voix.

AQUÉRECY, *aquerecy, haut, il a paffé ici*, terme
dont on fe fert à la chaffe du Lièvre, lorfqu'il eft
à quelque belle paffée.

ARAIGNE ou ARAIGNÉE, forte de filet qui
fert pour prendre principalement des Merles. Elle
eft maillée en lofanges, larges chacun d'un pouce :
elle eft d'un fil délié, retors en deux brins, &
teint en couleur. Ce filet a fept à huit pieds de
large, fur cinq ou fix de haut, à proportion de
la hauteur des haies près defquelles on le dreffe.

Les araignes, pour prendre des oifeaux de proie,
ont des mailles de deux ou trois pouces, & la hauteur proportionnée à l'arbre où on les tend en
angle, qui accole l'arbre, avec un oifeau de proie
privé près de terre, pour appeller celui que l'on
veut prendre.

L'Araigne fe termine par des bouclettes, ou bien
on paffe une ficelle bien unie dans toutes les mailles
du dernier rang d'en haut.

Voici le moyen de fe fervir de l'araigne. On
porte avec ce filet un bâton long de fix pieds,
un peu fendu par un des bouts, & pointu par l'autre.
Le Merle vole ordinairement fur les haies; on
s'approche de lui à vingt pas; on prend une branche d'arbre qui foit élevée de fix pieds, & qui
avance un peu fur le chemin; on y fait une fente,
& on y fiche légèrement le petit coin de bois qui
eft attaché à la ficelle de l'araigne : on paffe enfuite
de l'autre côté du chemin, & on y ajufte une autre
branche d'arbre de la même façon. Quand le filet

ARB

eſt ainſi tendu, on prend un détour & on ſe rend à trente pas au-deſſus du lieu où le Merle s'eſt jetté ; à l'approche du chaſſeur, le gibier ſe lève, & fuit le long de la haie; mais il donne dans le filet qui ſe détache, tombe ſur lui, & l'enveloppe. S'il ne ſe trouve qu'une haie dans le chemin, on y ſupplée par le bâton qu'on a apporté. Cette chaſſe réuſſit principalement dans le tems de brouillard.

ARANTELLES, ſub. f. pl. Ce terme ſe dit, en Vénerie, des filandres qui ſont au pied du Cerf, & qui ont quelque reſſemblance avec les fils de la toile de l'Araignée.

ARBALÉTE, ſ. f. (Chaſſe) Eſpèce de piège dont on ſe ſert pour prendre les Loirs. On y met un appât de noix ſèches, à demi caſſées, de châtaignes ou de chandelle ; il faut prendre garde ſeulement qu'en plaçant cette machine dans un mur, il ne ſe trouve point de branche d'eſpalier d'où le Loir puiſſe atteindre l'appât par un autre endroit que par l'arbâlète.

Pour faire une arbalète, ayez une pièce de bois ABCD (Voy. les pl. de Chaſſe, fig. 5, 6 & 7, pl. 27.) longue de deux pieds & demi, large de ſix pouces, & épaiſſe d'un bon demi-pouce ; pratiquez dans ſon épaiſſeur une couliſſe, dans laquelle puiſſe ſe mouvoir très-librement une pièce de bois, plus longue que l'entaille de trois ou quatre pouces. Fixez une forte verge de houx qui faſſe l'arc ; paſſez la corde de cet arc par un trou pratiqué à l'extrémité de la pièce. Bandez cet arc en repouſſant la pièce, & en plaçant un petit bâton qui empêche la pièce de revenir. Voilà l'arbâlète tendue. Fixez un fil de fer perpendiculaire au plan ABCD ; attachez à ce fil de fer une noix, une pomme, &c. & l'arbâlète ſera amorcée. Examinez l'endroit ou le trou par lequel paſſent le Loir, le Rat, en un mot, tous les animaux de cette eſpèce qui ravagent vos fruits. Placez vis-à-vis de ce trou l'ouverture. L'animal ſe préſentant pour entrer & atteindre l'amorce, ne le pourra ſans déplacer le bâton, dont l'extrémité ſera tout ſur le bord inférieur de l'entaille ; mais le bâton étant déplacé, la pièce que rien n'arrêtera plus, ſera repouſſée ſubitement par la force de l'arc, & l'animal ſera pris par le milieu du corps dans l'ouverture. On peut, en donnant à toutes les parties de ce piège une plus grande force, le tendre aux animaux les plus vigoureux.

ARBENNE. Oiſeau de la grandeur & de la forme d'une Perdrix. On en voit beaucoup ſur les Alpes : il a le bec noir & ſemblable à celui d'une Poule ; il a au-deſſus des yeux, en place de ſourcil, une petite caroncule rouge en forme de croiſſant. Le mâle a une bande noire depuis le bec juſqu'aux oreilles ; ſes pattes ont des plumes juſqu'au bout

des doigts : on lui a donné le nom de Perdrix blanche, quoiqu'il reſſemble plutôt à une Gelinotte.

ARBRET ou ARBROT, ſ. m. (Terme d'oiſeleur). C'eſt un petit arbre garni de gluaux.

La chaſſe de l'arbret eſt connue par-tout. Ce n'eſt guère qu'au moyen de cette chaſſe que nous nous procurons l'agrément de prendre à la glue des Chardonnerets, Tarins, Linottes, Bouvreuils, & en général les oiſeaux qui ne viennent point à la pipée. Bien des oiſeleurs en font leur commerce.

Une branche d'arbre, aſſez rameuſe, de la hauteur de ſix pieds, ſuffit pour cette chaſſe : on en aiguiſe le gros bout qu'on fiche en terre ; toutes les petites branches en ſont ſouſtraites de la manière que je vais l'expliquer, & on ſupplée à leur défaut, en y tendant des gluaux.

On faiſoit autrefois des entaillures aux extrémités des branches dans leſquelles on fichoit les gluaux ; mais cette méthode, auſſi ingrate qu'incommode, eſt réformée, quand on peut ſe procurer des dés.

Les dés ſe font de bouts de ſureau, longs de cinq ou ſix lignes, dont on n'ôte point la moële. Quand on élague ſon arbret, il faut obſerver de laiſſer des petits mentons qui ſervent de tenons aux dés, dans la moële deſquels on poſe légèrement les gluaux ; il faut qu'ils tiennent ſi peu, qu'un oiſeau, à peine poſé, tombe avec le gluau auquel il ſe trouve pris.

On ſe ſert auſſi d'une nouvelle eſpèce de paumille ou verge de meute. A l'extrémité d'un fil de fer, eſt attaché un fil qui doit faire jouer la moquette, ou l'oiſeau qu'on attache pour en attraper d'autres. La longueur du fil de fer eſt d'un pied : c'eſt à ſon extrémité recourbée, qu'eſt attachée une ficelle, avec un nœud coulant qui doit arrêter par les pattes les moquettes. Lorſque l'oiſeleur voit tournailler des oiſeaux qui ne veulent pas deſcendre ſur l'arbret, il fait jouer la moquette ; ce qui les invite à ſe repoſer & à donner dans le piège.

Les gluaux qui ſervent à tendre l'arbret, diffèrent beaucoup de ceux qui ſont en uſage dans la pipée ; ils ne doivent pas avoir plus de ſix ou ſept pouces de long, ni être ſi minces, car les oiſeaux s'y prennent bien différemment. Il ſeroit à deſirer qu'à la pipée les gluaux fuſſent inviſibles ; au lieu qu'à la tendue de l'arbret, il faut qu'ils ſemblent aſſez forts pour que les oiſeaux s'y poſent ſans crainte. La glue doit être poſée de façon qu'on puiſſe commodément tendre les gluaux ſans s'engluer les doigts. Il faut obſerver de garnir de beaucoup plus de glue les ſauſſais pour l'arbret que pour la pipée ; car les gluaux de la pipée s'attachent tout de fuite à la plume, les oifeaux pofant rarement leurs pattes deffus ; au lieu que ceux-ci ne s'attachent aux plumes qu'après que les oifeaux ne peuvent en débarraffer leurs pattes.

On emporte fouvent trois ou quatre cages, dans chacune defquelles eft un oifeau de différente efpèce qui fert d'appellant : on les place à huit ou dix pas de l'*arbret*.

Cette chaffe fe fait au printems & en automne. Il faut avoir préparé fon harnois avant le foleil levé. On choifit pour cela des endroits de paffage ou de communication, comme d'un verger à un autre, ou bien entre des chenevières.

ARC, f. m. L'*arc* étoit, chez les anciens, la feule arme de trait ufitée pour la chaffe, fi l'on en excepte les dards ou javelots qui fe lançoient à la main, & qu'on employoit, en quelques occafions, à la chaffe des grandes bêtes.

Les anciens fabriquoient leurs *arcs* avec le bois d'if, *taxi torquentur in arcus* (dit Virgile); & de tout tems, ce bois a été préféré pour le même ufage, à caufe de fa roideur & de fon élafticité. A fon défaut, on y employoit le cormier, l'ormeau, le frêne, l'érable, &c. Quant à leur dimenfion, Homère parle d'*arcs* qui avoient feize largeurs de main de longueur, ce qui revient à cinq pieds & quelque chofe de plus. Cette dimenfion a été à-peu-près la même, en général, chez les modernes ; mais on fent qu'elle a dû varier jufqu'à un certain point, fuivant la force & la taille des hommes, & le goût particulier de chacun. C'eft encore, à-peu-près, celle que l'on donne aujourd'hui aux *arcs* qui fe fabriquent pour les compagnies du jeu de l'*arc* qui fe font confervées dans quelques villes du royaume. Cependant, je crois que cela ne doit s'entendre que des *arcs* de guerre, & que ceux de chaffe ont toujours été d'une moindre proportion, fur-tout ceux deftinés pour la chaffe du menu gibier.

Le chanvre & le foie étoient la matière la plus ordinaire dont on fe fervoit pour faire la corde. Des boyaux de jeune bœuf cordés & affemblés comme de groffes cordes de harpe, & quelquefois du crin de queue de cheval, ont été employés anciennement au même ufage ; mais les meilleures cordes étoient celles de foie.

A l'égard des flèches, elles fe faifoient de frêne, de cormier, de hêtre, & de bois de bréfil, & quelquefois de bois tendre & léger, comme le peuplier, le tremble, le faule. Il paroît que, chez les anciens, l'ufage le plus général étoit de les faire de rofeau ; car Virgile, pour défigner une flèche, fe fert prefque toujours du mot *arundo*. La coche, c'eft-à-dire, l'extrémité qui embraffe la corde, fe garniffoit de corne, ou d'os, & l'autre d'un fer à douille pointu & acéré, quelquefois

uni, & le plus fouvent armé de deux crochets, ainfi qu'on a coutume de repréfenter les flèches. Il s'en faifoit auffi dont le fer fe terminoit en fourche, ou plutôt par une efpèce de croiffant, fuivant l'ancienne Maifon Ruftique de Charles Etienne & Jean Liébaut. Voici ce qu'elle en dit : « Pour prendre oifeaux à l'*arc* ou l'arbaleftre fur » maifons, arbres, buttes, faut que l'arbalef- » trier ait fagettes doubles, forchées en la partie » de devant, quand il voudra prendre oyes ou » autres grands oifeaux, par-tout bien aiguës, » qui tranchent l'aîle ou le col qu'elles touche- » ront ; car la feule perçure commune de la fa- » gette ne blefferoit pas tant l'oifeau qu'il peuft » demeurer là ; mais s'en iroit percé & bleffé, » combien que poffible il mourroit ailleurs. »

Pour faire les *arcs* & les flèches, le bois devoit être affaifonné, c'eft-à-dire, trempé dans l'eau pendant un certain tems, & enfuite paffé au feu. Le vingt-unième article des ftatuts des maîtres arquebufiers-arctiers-artilliers-arbalétriers de Paris, porte : « Que les ouvriers de ce métier feront » tenus de faire *arcs* de bon bois d'if, ou autre bois » fuffifant bien affaifonné, & qu'il foit gardé à ce » qu'il ne fe puiffe rompre par faute d'être bien » fait, &c. » Le vingt-deuzième : « Pourront, » ceux dudit métier, faire & vendre *arcs* de plu- » fieurs pièces, pourvu qu'elles foient bien affem- » blées & collées de bonne colle, & bien & fuf- » fifamment, &c. Et le trente-troifième : « Qu'ils » feront tenus de faire flèches de bon bois fec, » bien corroyé & affaifonné, & bien tranfverfé » de bonne corne, bien collées, entaillées de » plufieurs pièces, & empennées, & de fuffifante » longueur, c'eft-à-dire, les flèches de deux » pieds & demi, & deux doigts de long, &c. »

ARMER, (terme de Fauconnerie). On dit *armer* les cures de l'oifeau, ce qui fignifie mettre un peu de chair auprès des remèdes qu'on donne au Faucon, pour les lui faire avaler.

On dit auffi *armer* l'oifeau ; c'eft lui attacher des fonnettes au pied.

AROUGHEUN. Animal que l'on trouve en Virginie, & qui reffemble au Caftor ; mais il vit fur les arbres comme les Ecureuils.

Les habitans de la Côte-d'Or chaffent cet animal vorace, dont ils tirent une fourrure fort recherchée par les Sauvages voifins de la Virginie, & fort eftimée en Angleterre.

ARRÊT (terme de Chaffe), défigne l'action du chien couchant qui s'arrête quand il voit ou fent le gibier, & qu'il en eft proche : on dit, le chien eft à l'*arrêt* ; & d'un excellent chien, on dit qu'il *arrête* ferme poil & plume.

Le Braque & l'Epagneul font les chiens d'*arrêt* les plus aifés à dreffer.

ASSEMBLÉE (en terme de Chaffe), c'eft le lieu ou le rendez-vous où tous les chaffeurs fe trouvent.

ASSENTIMENT, f. m. Odeur qui frappe le nez du chien, & qui le porte à fe rabattre fur la voie de l'animal qu'on chaffe.

ASSOMMOIR, f. m. Sorte de piége dont on fe fert pour prendre les bêtes puantes, la Belette, la Marte, le Putois, les Chats-Harrêts, &c.

Les *affommoirs* fe font de cette manière : on fiche en terre ferme deux piquets fourchus ; on a deux bâtons de traverfe, dont un eft paffé fur les fourches des piquets ; du milieu du premier bâton de traverfe pend une petite corde, au bout de laquelle on attache un petit morceau de bois applati par en bas ; entre le haut de ce petit morceau de bois & la corde, on place le fecond bâton de traverfe, que l'on appuie contre les piquets ; l'autre bout du morceau de bois fert à faire le jeu & la détente, en le mettant dans une petite coche, qu'on a fait au bout de la latte ou bâton, & cette latte eft arrêtée contre terre à un pieu par un crochet, ou par un bout de corde ; les deux bâtons pofent d'un bout à terre, & de l'autre, entre les piquets, fur le bâton de traverfe inférieur, qui eft foutenu par la corde qui eft tendue. On charge les deux grands bâtons, par le bout, d'une groffe pierre, pour écrafer l'animal, qui, en paffant par-deffous, détendra la latte ou bâton, pourvu qu'on ait eu la précaution d'entourer le tout de branchages, pour ne laiffer de paffage à l'animal que par-deffous la pierre, où l'on aura laiffé un endroit vide, pour qu'il traverfe le piége : il n'y a pas de mal de mettre de l'appât fur la latte pour attirer les animaux. Au lieu des deux grands bâtons, on peut, fi l'on veut, mettre une planche qui écrafera de même l'animal fi elle tombe deffus. On tend ces machines, ainfi que les piéges, fur les bords & dans les creux de foffés, fur les paffées, à l'entrée des retraites, & généralement dans tous les endroits que fréquentent ces animaux.

ASSURANCE fe dit, en Fauconnerie, d'un oifeau qui eft hors de filière, c'eft-à-dire qui n'eft plus attaché par le pied. Il y a deux fortes d'*affurances*, favoir, à la chambre & au jardin. On affure l'oifeau au jardin, afin de le porter aux champs.

ASSURANCE, fermeté. On dit, en terme de Chaffe, aller d'*affurance*. Le Cerf va d'*affurance*, il ne court point ; il va le pied ferré & fans crainte.

ASSURER un oifeau de proie, c'eft l'apprivoifer & empêcher qu'il ne s'effraye.

ASTHMÉ, adj. (terme de Fauconnerie) fe dit d'un oifeau qui a le poumon enflé & qui refpire difficilement ; on dit : ce tiercelet eft *afthmé*, il faut s'en défaire.

ATANAIRE (terme de Fauconnerie), fe difoit d'un oifeau qui avoit encore le pennage d'antan, ou de l'année précédente, & qui n'avoit pas encore mué.

ATTAQUER, v. a. En terme de Chaffe c'eft mettre les chiens fur un animal & le lancer.

ATTOMBISSEUR, f. m. (terme de Fauconnerie). Oifeau qui attaque le Héron dans fon vol : il faut favoir qu'on en lâche plufieurs fur lui, & qu'il y en a qui lui donnent la première attaque, d'autres la feconde. On dit : ce Faucon eft bon *attombiffeur*.

ATTREMPÉ, adj., fe dit, en Fauconnerie, d'un oifeau qui n'eft ni gras ni maigre ; on dit ce Faucon eft *attrempé*.

AVALER *la botte au Limier* ; la lui ôter pour le laiffer chaffer en liberté.

AVANCER. On dit qu'un Cerf *s'avance* quand on voit, par fes allures, qu'il trotte.

AVENUES, f. f. pl. Routes ou fentiers qu'on fait dans les pipées.

AVEUER, ou AVUER une Perdrix, fe dit en Fauconnerie, pour la fuivre de l'œil, la garder à vue, & obferver quand elle part, & qu'elle va s'appuyer dans les remifes,

On dit ce Faucon a bien *aveué* la Perdrix.

AVICEPTOLOGIE. Ce terme fignifie traité, difcours fur les différentes manières de prendre les oifeaux ; il eft compofé de deux mots latins, *avis*, qui fignifie oifeau ; *capere*, prendre, & du mot grec λογος, qui fignifie difcours.

AVILLONNER, v. act., (terme de Fauconnerie), donner des ferres de derrière ; on dit : ce Faucon avillonne vigoureufement fon gibier.

AVILLONS, ferres du pouce ou derrière des mains d'un oifeau de proie.

AU LIT, AU LIT CHIENS (terme de Véherie), dont on ufe pour faire guéter les chiens lorfque l'on veut lancer un lièvre.

AUMÉE. (Terme dont fe fervent ceux qui font des filets propres à la chaffe). L'*aumée* fignifie les grandes mailles des filets qui font triples, telles que font celles qui font des deux côtés d'un tramail ou d'un hallier.

AVOCETTE, f. f. Oifeau aquatique. L'*Avocette* eft un peu plus groffe qu'un Vanneau. Ses jambes ont fept à huit pouces de hauteur, & fes pieds font palmés, mais jufqu'à moitié des doigts feulement. Son bec a trois pouces, & eft un peu recourbé en haut par le bout, fingularité qui lui eft particulière entre tous les oifeaux connus. Elle a le deffus du corps noir & blanc, & le deffous blanc comme neige. Rien n'eft plus commun que cet oifeau fur les côtes maritimes, & notamment fur celles du Poitou, où, dans la faifon des nids (dit Salerne) les payfans en prennent des œufs par milliers, pour les manger; mais il eft très-rare de le rencontrer dans l'intérieur des terres. Cependant, le même auteur rapporte qu'il en fut tué trois, de fon tems, à Château-neuf-fur-Loire, à quatre lieues d'Orléans.

AURA. Efpèce de Corbeau du Mexique, de la grandeur d'un Aigle, & prefque noir. Son bec, femblable à celui du Perroquet, eft rouge à l'extrémité; fes paupières font de la même couleur; fon front eft rempli de rides, qu'il fronce & déride, ainfi que les Coqs d'Inde, avec un peu de poil crêpé comme celui des Nègres. Ces oifeaux fe nourriffent de Rats, de Lézards & de Serpens; ils volent en troupe, ne crient ni ne chantent; fi un chaffeur les pourfuit, ils fe vident en volant & rendent par le bec ce qu'ils ont mangé.

AUROCHS. Nom allemand donné à l'Urus; c'eft un animal qui reffemble à notre Bœuf pour la couleur & la forme extérieure du corps; mais il en diffère pour la grandeur (car il eft de la taille des Eléphans) par fes cornes courtes & groffes, & par un bouquet de poil frifé qu'il a fur le front. On affure que ces poils ont une odeur de mufc.

On trouve ces animaux en Pologne, en Pruffe, dans la Livonie & dans la Ruffie. Les polonais leur donnent le nom de Tur; ce quadrupède eft d'une forme fingulière; fes yeux font pleins de feu; fon cuir eft extrêmement dur, & fa corne fert à plufieurs ouvrages.

L'*Aurochs* étoit fort connu de nos pères: les gaulois, dont tous les exercices pendant la paix ramenoient fans ceffe à la guerre; les gaulois, dont la vigueur & la taille nous étonnent dans les portraits qu'en ont fait Tacite & Céfar, s'exerçoient

beaucoup à la chaffe de cet animal formidable: on comptoit leurs exploits militaires par le nombre de têtes ennemies qu'ils avoient coupées, & leurs exploits pacifiques par la quantité de cornes d'*Aurochs* dont ils s'étoient emparés.

AUTOUR. Oifeau de proie plus grand que la Bufe, brun comme elle, ayant la poitrine & le ventre blancs, & parfemés de quelques lignes noires: l'*Autour* eft bien fait quand il a la tête petite, les yeux grands, le bec long & noir, les ongles & le cou longs, & les pieds verds.

On compte cinq fortes d'*Autours*:

1°. Le demi-*Autour*, oifeau maigre & peu chaffeur.

2°. L'*Autour* femelle.

3°. Le Tiercelet: c'eft le mâle de l'*Autour*.

4°. L'Epervier.

5°. Le Sabek.

L'*Autour* fert pour la baffe volerie, pour les Perdrix, les Faifans, les Canards, les Oies fauvages, les Lièvres & les Lapins; c'eft le meilleur oifeau de chaffe pour le profit; car avec douze *Autours* qu'on tient féparément aux deux extrémités de la chaffe, on prend facilement une grande quantité de gibier.

Pour les bien dreffer, il faut les nourrir à la main, & leur donner de la chair de volaille. Quand ils commencent à fe percher, on les accoutume au bruit des Chevaux, & à fe rendre fur le poing avec un tiroir (c'eft une paire d'aîles de quelque volaille, que l'on leur montre). Tous les matins on doit les expofer au foleil. Pour qu'un *Autour* vole bien, il ne faut pas que la chaleur foit exceffive. On doit lui donner le tems de guéter les Perdrix à la remife, & ne chaffer qu'à l'abri du vent. On ne doit pas garder long-tems les *Autours* fans les faire voler; ceux qui, dans cette chaffe, volent le plus bas, font les meilleurs; les *Autours* font faits particulièrement pour la chaffe du Canard, parce qu'ils fondent d'un feul trait d'aîle. Pour les dreffer à cette chaffe, on leur montre quelquefois des Canards domeftiques; enfuite on les perche fur le bord des étangs, où il y a des Canards; dès que ces animaux ont vu l'*Autour* que l'on tient fur le poing, ils prennent leur effor; mais l'*Autour* part auffi-tôt droit à eux, & faifit les plus pareffeux. L'*Autour* eft propre pour la chaffe du Lapin; il fuffit, quand on commence à l'affaiter, de lui faire voir quelques Lapins vivans; enfuite on va fe promener le matin & le foir dans quelque garenne, & l'*Autour* fond fur ceux qu'il apperçoit.

En langage de fauconnerie on donne quelques

noms finguliers à l'*Autour*, fuivant fon âge, l'endroit où on le prend & la groffeur qu'il peut avoir : il y a l'*Autour* niais, c'eft celui qu'on prend dans le nid ; l'*Autour* branchier, ainfi nommé, parce qu'on le prend fur les branches de l'arbre, quand il commence à voler. On appelle *Autour* paffager celui qu'on prend au paffage, foit au filet, foit autrement ; & *Autour* fourcheret, celui qui eft de moyenne taille, le demi *Autour*.

La chaffe de l'*Autour* eft pour le profit plutôt que pour le plaifir : auffi, difoit-on jadis, les Faucons fervent à la chaffe des princes, & les *Autours* à celle des gentilshommes.

Ce dernier amufement convient parfaitement aux perfonnes avancées en âge ; parce qu'on peut aller à cette chaffe en chaife, ou fur un cheval qui ne fatigue point ; il eft très-propre auffi pour celles qui ne font point initiées dans les myftères de la fauconnerie ; car cette volerie confifte prefque toute en rufes.

Quand on élève des *Autours* pour le vol, on doit obferver de leur donner en volant tout l'avantage poffible, jufqu'à les tenir du côté où l'on juge que les oifeaux pour lefquels ils volent, doivent paffer.

Il faut auffi les empêcher d'être pillards ; car il pourroit arriver que fondant deux à-la-fois fur une Perdrix, leur grande avidité les feroit s'entre-tuer.

On tient ordinairement les *Autours* à la cuifine pour les faire au bruit du monde & des Chiens ; ce qui leur a fait donner le nom de Cuifiniers.

AUTOURSERIE. L'*Autourferie* tire fon nom de l'oifeau qu'on emploie à une certaine chaffe, comme la fauconnerie tire le fien du Faucon. Nous nous étendrons volontiers fur cet article, parce qu'il entre parfaitement dans le plan de ce dictionnaire.

Inftruction fur les jeunes Autours.

Quand on veut avoir des *Autours* niais, on ne doit jamais les enlever de leur aire, qu'ils ne commencent à noircir, & qu'ils n'aient la queue à la moitié de leur jufte longueur ; car plus ils font forts, & plus on les eftime : les Branchiers paffent toujours pour les meilleurs, pourvu qu'on prenne la patience de les dreffer.

Les avis font partagés fur le tems de faire voler ces jeunes oifeaux. Les uns difent qu'il ne faut point les faire voler aux Perdreaux ; mais attendre qu'ils foient devenus Perdrix : d'autres font d'un fentiment contraire ; ils difent qu'à mefure que les

Perdreaux fe fortifient, les jeunes *Autours* prennent auffi du courage & des forces ; ils veulent qu'on leur faffe voler un Perdreau par jour, & qu'on les en nourriffe tout le mois d'août.

En feptembre, on leur en fait voler deux ou trois tout au plus, & fur-tout dans un tems frais, car la chaleur les rebute.

Si néanmoins on veut chaffer aux Perdreaux plus abondamment, on peut rifquer un Autour de peu de conféquence & garder les bons pour l'hiver.

Il faut prendre garde de ne pas faire connoître aux jeunes *Autours* la volaille & les Pigeons ; car fatisfaits d'une chaffe aifée, ils détruiroient bientôt les baffe-cours & les colombiers de tout le voifinage.

Si on réuffit à avoir des *Autours* de paffage, il faut redoubler encore de foins, à caufe des fervices importans qu'on en tire : on doit d'abord les chaperonner, ils en volent mieux ; & comme ils viennent fort bien au leurre, il faut les y dreffer.

Pour qu'un Autour paffager foit bon, il ne doit être que d'une mère, c'eft-à-dire, qu'il ne doit avoir qu'un an ; & il devient excellent quand il eft pris hors de connoiffance.

Quand on veut commencer à les éprouver au vol, il faut chercher des Perdrix ; on déchaperonne alors l'*Autour*, & on le laiffe aller fur quelque arbre où il foit avantageufement pofté ; on met alors les Chiens en chaffe pour faire repartir le gibier, & s'il paffe fous l'*Autour*, il éprouve la force de fes ferres naiffantes.

Il ne faut point fonger à faire voler un Autour qu'il ne foit accoutumé au bruit des Chiens ; car il commenceroit par s'épouvanter, & finiroit par fe rebuter.

Quoique les *Autours* paffagers ne fe baignent pas volontiers, cependant il eft bon quelquefois de leur préfenter le bain ; s'ils l'acceptent, ils en deviennent meilleurs.

A la différence des *Autours* niais, les paffagers ne partent point du poing ; ainfi il faut les accoutumer à fuivre ; mais il faut avoir toujours l'œil fur eux, & s'en méfier ; car il leur arrive fouvent de prendre les Perdrix à la dérobée, & de s'échapper.

On a la précaution, dans les commencemens, de ne les pas laiffer fuivre long-tems ; on ne les fait voler que modérément après qu'on les a dreffés ; car il feroit dangereux que venant à fe reconnoître, ils ne fe rendiffent fauvages comme auparavant.

De l'art de gouverner les Autours.

L'Autour aime à tirer ; & tous les matins il faut l'acharner au tiroir ; mais il faut l'éloigner du feu ou d'un soleil ardent, si on veut le conserver.

Quand on présente le tiroir à l'Autour, on le trempe dans du vinaigre & de l'eau ; où l'on aura mis du sucre candi, sur-tout quand on est dans l'été.

On n'abat jamais les Autours que dans un grand besoin, parce que ces oiseaux souffrent très-impatiemment ce monument de leur servitude.

Tous les matins on peut jardiner les Autours dans un endroit exposé au soleil, & où le vent ne donne point ; on leur donne leur nourriture, & on les laisse deux heures en cet état sur une perche.

Pour que ces oiseaux se portent bien, il ne faut point les laisser voler deux jours de suite : c'est ce qui fait qu'on ne les purge pas si souvent que les autres oiseaux de fauconnerie. L'Autour est d'un tempérament délicat, & demande qu'on le traite proprement.

Cet oiseau est naturellement voleur ; il se couche sur la Perdrix, & souvent la dévore : pour y remédier, cousez-lui une petite sonnette sur les deux couvertes de la queue ; & si la neige tombe en abondance, & empêche le son de parvenir jusqu'à vous, redoublez de vigilance, & ne perdez jamais de vue votre Autour.

Non-seulement il faut que les Autours ne volent jamais qu'à l'heure marquée, mais il est utile que les chasseurs aient toujours des Autours de relais, pour ne point rebuter les premiers.

Cet oiseau ne se rebute point d'être retenu ; cependant il y auroit du danger à leur donner trop de repos.

C'est une bonne méthode dans l'*Autourserie* de retenir les Autours, quand on juge les Perdrix trop fortes pour eux ; il est aussi à propos de suivre ces Perdrix pour les faire repartir ; ce manége anime les Autours, soit par l'ardeur de fondre sur leur proie qui s'est augmentée en eux, en se voyant retenus, soit parce qu'ils sentent le gibier affoibli par le double vol qu'il a fait.

Les Chiens destinés pour l'*Autourserie*, ne doivent jamais être découplés que la rosée du matin ne soit passée : ses vapeurs ôtent aux Chiens le sentiment, & les Autours ne s'occupent plus qu'à s'éplucher sur les arbres qu'ils rencontrent. La gelée blanche de l'hiver est encore plus à craindre que la rosée de l'automne.

Un des points principaux dans l'*Autourserie*, c'est de donner le loisir à l'oiseau de guéter les Perdrix à la remise ; comme il a l'œil naturellement vif, dès qu'elles commencent à courir pour se dérober à la poursuite de l'Autour, elles sont saisies. Ce qu'on dit ici des Autours regarde aussi les Tiercelets.

Quelquefois les Autours sont difficiles à gouverner, sur-tout quand ils sont conduits par des chasseurs impatiens ; il leur arrive alors de ne point descendre des arbres où ils se sont arrêtés ; pour les y obliger, on prend une filière de trois ou quatre toises, au bout de laquelle une Perdrix morte est attachée par l'aîle ; on la traîne ensuite un peu loin de l'oiseau, qui, la voyant remuer, fond aussi-tôt sur elle ; & , par cet expédient, on se rend de nouveau maître de son Autour.

Il est quelquefois nécessaire de secourir les Autours, mais il faut le faire doucement, & ne point aborder brusquement leur remise comme il est d'usage dans la fauconnerie.

Quand on chasse dans une plaine, & que le vent incommode trop les chasseurs, il faut remettre la partie à un autre jour : mais si le vent est médiocre, on peut poursuivre son dessein, en observant seulement de ne point chasser dans le fil du vent. Ainsi l'*Autourserie*, en cela, est contraire à la fauconnerie.

Des vols divers de l'Autour.

On remarque que, de tous les oiseaux de proie, l'Autour est le seul qui parte sur le poing, dans l'instant, & qui fonde sur le gibier d'un seul trait d'aîle.

Quand on veut l'instruire dans la chasse du Canard, on le conduit dans des fossés étroits ou profonds, où soient les Canards sauvages. Ces oiseaux, épouvantés, se lèvent aussi-tôt ; mais l'Autour part du poing, & saisit les derniers.

Si on veut chasser au Lapin, il faut choisir un Autour dont l'instinct soit propre pour le poil, ce qui se reconnoît aisément quand on commence à l'affaiter : on lui fait voir, de tems en tems, quelques Lapins vivans, & il se fait bientôt à cet objet ; on a soin aussi d'avoir chez soi des clapiers, afin d'y prendre des Lapins pendant toute l'année ; c'est sur-tout pendant l'automne que les Autours ont besoin de cet exercice.

De la variété des Autours.

Ces oiseaux ne sont pas tous de la même grandeur, sur-tout ceux qui viennent des pays étrangers : leur pennage varie aussi en couleur ; ici il est blond ; ailleurs il a les nuances de ces deux couleurs. Leurs yeux font auffi.diverfement colorés ; mais toutes ces variétés ne font qu'accidentelles.

Les *Autours* qui viennent des pays étrangers, fe nourriffent de grains., d'herbes ou de fruits, tous différens de ceux de nos climats, & d'une fubftance bien plus remplie d'efprit. Ces alimens légers fuffifent pour mettre une différence confidérable entre les pennages de ces oifeaux, & ceux des *Autours* qui naiffent dans une zone tempérée.

Des maladies des Autours, & de leurs remèdes.

On purge quelquefois les *Autours*, quoiqu'ils foient en bonne fanté ; il fuffit alors de joindre de la manne à la chair qu'ils doivent manger ; on fubftitue fouvent à la manne des pillules blanches ou rouges : ces remèdes doivent être pris trois jours de fuite au commencement de l'année, & autant avant la mue des *Autours* ; le quatrième jour, on y joint une pierre d'Aloës.

Dans l'hiver on les purge avec fix grains de poivre blanc, & on leur donne ce remède de vingt jours en vingt jours.

Pour chaffer les humeurs vifqueufes qui peuvent nuire à ces oifeaux, on fe fert d'une herbe qu'on appelle éclaire, mais on ne leur en donne qu'une ou deux prifes par an.

Une glaire d'œuf battue avec du fucre candi pulvérifé, & donnée de dix jours en dix jours, un peu d'huile d'olive, ou même du lait fimple, font trois remèdes de précaution, dont on vante l'efficacité.

Quand on néglige un *Autour*, il tombe dans une défaillance qu'on nomme boulimie, & qui peut le conduire à la mort. Cette boulimie eft caufée par les humeurs qui coulent dans la mulette, lorfqu'on laiffe trop jeûner l'oifeau ; on la prévient en ne laiffant jamais trop long-tems l'*Autour* fans nourriture., & fur-tout en ne lui préfentant que des alimens propres & qui ne puiffent le dégoûter.

La boulimie eft ordinairement une maladie de l'hiver : en effet, plus il fait froid, plus la chaleur naturelle eft concentrée dans ces oifeaux, & par conféquent la coction des alimens s'y fait plûtôt. Il réfulte de cette chaleur intérieure, que les humeurs fe fondent en plus grande abondance, & prenant diverfes voies, découlent les unes fur les poumons, les autres dans des parties plus nobles

encore. Si ces humeurs malignes leur tombent fur les pieds & les mains, ils gagnent la goutte, maladie qui rend toujours les *Autours* de mauvais affaitage.

Les *Autours* ont encore d'autres maladies, mais comme elles leur font communes avec les Faucons, *voyez* l'article FAUCONNERIE.

Nous terminerons celui-ci par l'examen d'un défaut particulier aux *Autours*. Ces oifeaux font fort fujets à monter très-haut dans l'été, & quand ils font chargés de beaucoup de plumes : un chaffeur peu expérimenté, craint quelquefois de ne plus recouvrer fon oifeau, parce qu'il l'a perdu de vûe ; mais on doit remarquer que l'*Autour* ne fait pas fa defcente éloignée, comme les autres oifeaux de proie ; fa defcente eft toujours fous le vent & fur les arbres voifins : ainfi, le moyen le plus fûr pour remarquer la defcente d'un *Autour*, c'eft de fe coucher à terre ; & d'avoir fans ceffe l'œil fur lui ; la patience eft l'ame de cette chaffe. *Voyez* FAUCONNERIE.

AUTOURSIER. C'eft celui qui a foin de dreffer les Autours, ou de les faire voler.

AUTRUCHE. C'eft le plus grand de tous les oifeaux, à l'exception du Cafoar. Cet animal eft monté fur de très-hautes jambes ; fon cou eft d'une longueur prodigieufe, & fa tête eft fort petite, à proportion. La hauteur de l'*Autruche* égale celle d'un homme à cheval. Elle n'a que deux doigts à chaque patte ; les doigts font tous les deux en devant, & unis par une efpèce de membrane jufqu'à la première articulation : fes cuiffes font fortes, charnues & fans plumes jufqu'aux genoux, ainfi que le deffous des ailes. Ses ailes font petites, & à leur extrémité on remarque deux ergots femblables aux aiguillons des Porc-épics, foit qu'ils lui fervent de défenfes, foit qu'ils lui tiennent lieu d'éperons pour s'aiguillonner dans fa courfe : les plumes du dos font noires dans le mâle, & brunes dans les femelles ; par leur molleffe, elles reffemblent à la laine ; les plumes des ailes font de la même couleur, mais très-blanches à la partie fupérieure ; la queue refferrée, ronde & compofée de plumes très-recherchées pour les cafques ; le cou & la tête de l'*Autruche* font garnis d'une efpèce de duvet ou de poils clair-femés, au lieu de plumes : le plus fin de ce duvet entre dans la fabrique des chapeaux communs, l'autre fe file dans les manufactures pour faire les lifières du drap noir.

La tête de l'*Autruche* eft petite, platte & prefque chauve ; fon crâne eft mince & fragile ; c'eft peut-être la raifon pour laquelle cet animal cache fa tête, quand il eft pris par les chaffeurs ; fon

bec

bec eft très-petit à proportion du corps ; fa bouche eft amplement fendue ; fes yeux font grands, & font, comme nous, couronnés de paupières ; elle a, comme le Chameau, une calloſité au bas du ſternum, ſur laquelle elle s'appuie, quand elle ſe couche.

Nous appellons l'*Autruche*, un oiſeau, parce qu'il a des aîles ; mais cette partie lui eft parfaitement inutile pour voler : ces aîles auroient-elles été deftinées par la nature, pour aider l'oiſeau dans ſa courſe, lorſqu'il a le vent favorable ? Elles ne lui ſervent cependant point comme les voiles à un vaiſſeau, parce qu'elles ne font point conſtruites comme celles des autres oiſeaux, dont les barbes d'une ftructure merveilleuſe s'accrochent les unes dans les autres, & forment un corps continu capable de frapper l'air. Les fils des barbes de l'*Autruche* ne font jamais unis les uns contre les autres, parce qu'ils font dépourvus de ces crochets qui facilitent l'entrelacement des plumes. De plus, ces plumes manquent d'une mécanique merveilleuſe, qui rend les plumes des autres oiſeaux, tantôt droites & tantôt obliques. On pourroit dire, en voyant cet oiſeau qui a des aîles pour marcher & non pour voler, qui eft en partie fourni de plumes, & en partie garni de poil, qu'il eft un de ces animaux diverſement nuancés, par leſquels la nature paſſe d'un être à un autre, & qu'il tient le milieu entre le bipède & l'oiſeau.

Cette chaîne ſingulière exifte ſans doute dans tous les êtres : quelques naturaliftes en ont nié l'exiftence, c'eft accuſer la nature de l'aveuglement de l'obſervateur.

L'*Autruche* dévore indifféremment tout ce qu'on lui préſente : elle ne digère cependant pas le fer, mais elle le rend par les fondemens tel qu'elle l'a avalé. Quel ſeroit en effet le diſſolvant capable de diſſoudre des matières auſſi compactes ? S'il exiftoit dans l'eftomac d'un animal, il ne pourroit pas vivre long-tems, car il ſe jetteroit, au défaut des alimens, ſur les parties nobles qu'il détruiroit à coup ſûr.

Le fer ou le cuivre que l'*Autruche* avale, ſe change ordinairement pour elle en poiſon : on a ouvert des ventricules de ces oiſeaux, dans leſquels on a trouvé juſqu'à ſoixante-dix doubles conſumés preſqu'aux trois quarts par leur frottement mutuel : ces corps étrangers cauſent bientôt la mort de l'*Autruche*.

On a accuſé les *Autruches* d'abandonner leurs œufs ſans les couver, comme ſi la nature, en inſpirant de la tendreſſe aux mères, ne veilloit pas ſans ceſſe à la conſervation des êtres ; on a

reconnu enſuite que les *Autruches* s'acquittoient de ce devoir, mais ſeulement pendant la nuit.

L'*Autruche* eft le principal oiſeau de l'Afrique ; on en rencontre une multitude prodigieuſe dans les déſerts de l'Éthiopie : il y en a auſſi au Pérou, mais d'une taille inférieure.

La chair de l'*Autruche* eft de difficile digeftion, & ſes œufs reſſemblent au goût aux œufs d'Oyes. Héliogabale fit ſervir un jour ſur ſa table, les têtes de ſix cens *Autruches* pour en manger les cervelles. Les romains ſemblèrent n'avoir conquis le monde, pendant ſix ſiècles, que pour le faire ſervir à la rapacité de quelques tyrans.

Chaſſe de l'Autruche.

Cette chaſſe eft le plus grand plaiſir que prennent les petits rois d'Afrique : ils ſe rendent dans la plaine où elles ſe trouvent, montés ſur des chevaux barbes, très-rapides à la courſe ; l'*Autruche* gagne les montagnes, & fait à chaque inftant des détours ſi bruſques, que d'autres chaſſeurs que les africains ſe renverſeroient bientôt en la pourſuivant ; de tems en tems on lâche des Levriers qui l'arrêtent un peu, & donnent aux piqueurs le tems de l'atteindre. On les ſaiſit quelquefois toutes vivantes avec des fourches faites exprès ; alors on les apprivoiſe & on les vend aux marchands qui les chargent ſur leurs navires pour nous les apporter en Europe. Cette chaſſe ne ſe fait que quand l'oiſeau a mué, & que ſon plumage eft ſec, autrement la plume ne ſeroit d'aucun débit.

AUTRUCHE VOLANTE. Oiſeau du Sénégal, qui reſſemble aſſez, pour la taille, au Coq-d'Inde. Ses aîles ſont larges, fermes ; il eft couvert de plumes brunes & blanches ; ſes pieds ſont diviſés en trois ſerres avec un éperon armé de griffes fort aiguës. On ne ſauroit cependant le mettre au rang des oiſeaux de proie, car il ne ſe nourrit que de fruits : il a de la peine à prendre ſon eſſor ; mais, dès qu'il l'a pris, il vole fort haut, & fort long-tems. Cet oiſeau paſſe pour un mets délicieux.

AXIS. Pline a donné ce nom à un animal que nous connoiſſons ſous les noms vagues de Biche de Sardaigne & de Cerf du Gange. Il a la taille & la légéreté du Daim, & le bois du Cerf ; tout ſon corps eft marqué de taches blanches, élégamment diſpoſées & ſéparées les unes des autres ; la femelle n'a point de bois. Cet animal eft commun ſur les rives du Gange, & dans les climats chauds. Cependant il ſe multiplie aiſément en Europe, & on en a vu pluſieurs dans la ménagerie de Verſailles. Ils produiſent entre eux auſſi aiſément que les Daims : mais, comme ils ne fe mêlent point avec eux, ni avec les Cerfs, on doit les regarder comme une efpèce particulière & moyenne entre les deux. On va à la chaffe de l'*Axis*, probablement comme à celle du Cerf.

AZERBO. Efpèce de Cheval fauvage qu'on trouve dans la baffe Éthiopie, & qui a l'air d'un Mulet. Sa peau eft mouchetée de blanc & de noir, & d'une couleur nuancée entre le rouge & le bleu. Ces animaux font fort légérs à la courfe : on a beaucoup de peine à les prendre vifs, & encore plus à les apprivoifer. Un portugais fut affez heureux pour en prendre quatre ; il les mena à Lisbonne ; & en fit préfent au roi qui les fit atteler à fon carroffe. Le nom & la figure de ce quadrupède feroient foupçonner qu'il eft une efpèce de Zèbre.

(Extrait du dict. de chaffe & pêche).

B.

BABILLER, v. n. fe dit en venerie, d'un Limier qui donne de la voix : *Ce Limier babille trop ; il faut lui ôter le babil*, ou *le rendre fecret.*

BACKER. Nom d'un oifeau aquatique & de paffage très-connu dans l'ifle de Gothland en Suède. Les plumes du Backer font extrêmement groffes, & fes aîles fort étendues. Étant plumé, il eft de la groffeur d'une Grive. Sa chair n'eft pas bien appétiffante. Cet oifeau fe nourrit de poiffon ; il a la vue très-perçante, & tombe fur fa proie comme un trait, auffitôt qu'il l'apperçoit. On chaffe le Backer comme le Canard fauvage.

BAGUETTE, f. f. Bâton dont le fauconnier fe fert pour faire partir la Perdrix des buiffons, & pour tenir les Chiens en crainte.

BAIGNER, fe dit, en fauconnerie, de l'oifeau de proie, lorfque, de lui-même, il fe jette dans l'eau, ou qu'il fe mouille à la pluie, ou qu'on le plonge dans l'eau quand on le poivre.

BAIGNER (fe). Les oifeaux vont fouvent aux abreuvoirs plutôt pour *fe baigner* que pour *fe défaltérer* ; &, s'ils ont les plumes humides, ils échappent fouvent aux gluaux qu'on leur tend.

BAKELEYS. Espèce de Bœuf à boffe ou Bifon que l'on voit en Afrique chez les hottentots. On en trouve auffi aux Indes. Ces Bœufs font de différentes tailles. On prend pour ces animaux, les plus grands foins, parce qu'en effet ils rendent beaucoup de fervices à leurs maîtres qui les emploient, comme ailleurs on fe fert des Chevaux. Leur allure ordinaire eft douce ; on ne leur met au lieu de mors qu'une cordelette paffée en double par le tendon des narines, & on renverfe par-deffus la tête de l'animal, un gros cordon attaché à ces cordelettes, ce qui fait l'office d'une bride que l'on affujétit à la boffe. Ces Bœufs attelés à une voiture peuvent faire jufqu'à quinze lieues par jour, & toujours au trot : à la moitié de la journée, on leur fournit à chacun deux ou trois pelotes moyennes, faites de farine de froment

pétrie avec du beurre & du fucre, & le foir, on leur donne des pois chiches concaffés, qu'on a laiffés tremper dans l'eau une demi-heure. On dit ces Bœufs très-ardens à la chaffe, & très-courageux à la guerre.

BALAI, f. m. (terme de fauconnerie) Pour défigner la queue d'un oifeau de proie. Ce Faucon a un beau *balai.*

BALANCER, (fe balancer dans l'air) fe dit, en fauconnerie, d'un oifeau qui refte toujours en une place, en obfervant fa proie.

BALANCER fe dit auffi, en venerie, d'une bête qui, chaffée par les Chiens courants, eft laffée & vacille en fuyant. On dit, *ce chevreuil balance.*

Un Levrier *balance*, quand il ne tient pas la voie jufte, ou qu'il va ou vient à d'autres voies.

BALBUZARD, f. m. Cet oifeau a été nommé auffi Aigle de mer & Corbeau pêcheur ; mais il diffère de ces deux derniers oifeaux, par fa forme & par fes habitudes. Le *Balbuzard* eft une efpèce des plus nombreufes des grands oifeaux de proie, & elle eft répandue affez généralement en Europe, du Nord au Midi, depuis la Suède jufqu'en Grèce. Il fe tient volontiers dans les terres baffes & marécageufes à portée des étangs & des lacs poiffonneux. On prétend qu'on peut dreffer le *Balbuzard* pour la pêche, comme on dreffe les autres oifeaux de proie pour la chaffe.

BALLE, f. f. C'eft un globule de plomb à qui l'on donne différens noms, felon fa groffeur.

Balle de calibre. C'eft lorfqu'elle remplit exactement le vuide du canon d'un fufil. On la nomme pofte, quand elle eft du calibre d'un piftolet de poche ; chevrotine, quand elle eft de la groffeur d'un pois ; plomb à lièvre, quand elle n'eft que moitié de la chevrotine ; plomb à lièvre fecond, à un tiers moins du dernier ; menu plomb, quand trois grains n'en pèfent qu'un de plomb à lièvre ; cendrée, quand elle n'eft pas plus groffe qu'une graine de navette.

D 2

BALTIMORE, f. m. Cette espèce d'oiseau est recherchée à cause de la beauté de son plumage & de l'aptitude qu'il a de siffler des airs. Il est à-peu-près de la grosseur du Pinçon. Il a la tête, la gorge, les parties supérieures du cou, du dos, des aîles, d'un beau noir brillant, & les autres parties du corps d'un très-bel oranger. On trouve le *Baltimore* en Virginie, à Saint-Domingue, & dans le Canada. On lui donne le surnom de Siffleur.

BANCS, f. m. en venerie. C'est ainsi qu'on appelle les lits des Chiens.

BANDER, v. n. (terme de fauconnerie) ; on dit de l'oiseau qui se tient sur les chiens, faisant la cresserelle, *cet oiseau bande au vent.*

BANTAME. Espèce de Poule de l'isle de Java, dont la chair est un aliment exquis & très-succulent. Cet oiseau a la forme de la demi-poule d'Inde des hollandois, mais il est plus petit. Les *Bantames* aiment les combats. C'est leur colère naturelle qui les fait sur-tout rechercher par les anglois. Ils s'amusent à voir ces Poules se battre entr'elles avec tant de fureur qu'elles se tuent.

BARBARESQUE. Ce petit animal assez commun en Barbarie, ressemble à notre Ecureuil. Il vit de fruits comme lui, il a son cri, son instinct & son agilité. On l'apprivoise aisément. Les habitans vont à sa chasse pour s'en nourrir, & les européens pour leur amusement.

BARBET, f. m. (Chasse.) gros chien à poil frisé, qu'on instruit à rapporter, qui va à l'eau, & qu'on dresse à la chasse du Renard. On tond les *barbets*, leur poil entre dans la composition des chapeaux.

BARBILLONS, f. m. plur. (Fauconnerie) est une maladie qui survient à la langue des oiseaux de proie, & qui leur est causée, à ce qu'on croit, par un rhume chaud qui tombe sur les glandes de la gorge & les fait enfler.

BARBIROUSSA. Cet animal est connu aussi dans les Indes Orientales sous le nom de *Babiroësa*, & de *Barbiroussa* : c'est une espèce de Sanglier ; il est couvert d'un poil court & dru comme de la laine, & sa queue est terminée par une touffe semblable : son poil est gris & ses oreilles sont courtes & pointues ; mais ce qui le caractérise, c'est quatre énormes défenses, dont les moins longues sortent comme celles des Sangliers, de la mâchoire inférieure, & les deux autres partent de la mâchoire supérieure, en perçant les lèvres, & s'étendent en courbe jusqu'au dessous des yeux : ces défenses sont d'un très-bel ivoire.

Ces quadruples défenses donnent à ces animaux un air formidable ; cependant ils sont peut-être moins dangereux que nos Sangliers ; ils vont de même en troupe, & ont une odeur forte qui les décèle, & fait que les Chiens les chassent avec succès : ils ne se défendent qu'avec les défenses inférieures, car les supérieures leur nuisent plutôt qu'elles ne leur servent.

Le *Barbiroussa* a la férocité du Sanglier ; cependant il s'apprivoise aisément : sa chair est bonne à manger ; mais elle se corrompt en très-peu de temps. Cet animal a quelques habitudes communes avec l'Eléphant ; quand il veut reposer sa tête & dormir debout, il s'accroche à des branches d'arbre avec ses défenses supérieures.

Le *Barbiroussa* a le poil fin & la peau fort mince, aussi la dent des Chiens s'y empreint très-aisément: & les chasseurs courent moins de dangers dans cette chasse que dans celle du Sanglier. Cependant on a besoin pour les mettre aux abois d'une plus grande adresse. Le *Barbiroussa* a l'odorat très-fin ; & il se dresse souvent contre des arbres pour éventer de loin les Chiens & les chasseurs : quand il se voit poursuivi sans relâche, il se jette à l'eau, où il nage aussi bien que le Canard, plonge de même, & échappe de cette manière souvent aux chasseurs.

Cet animal est connu, non-seulement aux Indes, mais encore sur les bords du Sénégal & à Madagascar ; & par-tout on regarde sa chair comme supérieure en alimens à celle des autres bêtes sauvages.

BARGE, f. f. Oiseau aquatique très-commun en Egypte, en Europe & en Amérique. Il est assez semblable au Courlis, & s'appelle aussi *Courlis des marais salans.* Cet oiseau a un cri qui imite celui du Bouc & de la Chèvre. Il est d'un genre particulier dont on distingue plusieurs espèces. Son caractère distinctif est d'avoir quatre doigts, trois devant & un derrière ; son bec est fort long & obtus par le bout. On va volontiers à la chasse de la *Barge*, dont la chair est fort délicate à manger.

BARRES, f. f. en Fauconnerie, se dit des bandes noires qui traversent la queue de l'Epervier.

BARRER, v. act. se dit, en terme de chasse, d'un Chien qui balance sur les voies.

BARTAVELLE, f. f. C'est une espèce de Perdrix rouge plus grosse que la Perdrix rouge ordinaire, & qu'on voit principalement dans les pays montagneux. *Voy.* PERDRIX.

BAS, adj. se prend en venerie, en chasse, pour peu élevé : on dit *bas voler*, en parlant de la Perdrix ou autres oiseaux qui n'ont pas le vol haut.

BASSETS, f. m. plur. (Chasse) Ce font des Chiens pour aller ou fouiller en terre. Ils ont les oreilles longues, le corps long, ordinairement le poil roux, les pattes cambrées en-dedans & le nez exquis.

Ces Chiens font excellens pour la chasse des Renards & des Blaireaux.

BATARD, adj. en fauconerie, se dit d'un oiseau qui tient de deux espèces, comme du Sacre & du Lanier.

On fait grand cas, en Vénerie, des Chiens *bâtards*; c'est-à-dire, des Chiens courans, sortis d'un Chien normand & d'une Lice angloise, ou d'un Chien anglois & d'une Lice normande, & que l'on nomme bâtards anglois ou normands.

BATONS de chasse; ce font ceux que l'on porte quand on va courre le gibier.

BATTRE L'EAU, v. a. (terme de chasse); quand une bête est dans l'eau, alors on dit aux Chiens, *il bat l'eau*.

Il y a une fanfare particulière pour annoncer que l'animal est à l'eau, & l'on n'en fonne la reprise que lorfqu'il en fort. *Voyez* les planches de mufique, de chasse, Tom. IX des gravures des Arts & Métiers.

Se faire battre, c'est fe faire chasser long-temps dans un même canton: on dit, *ce Chevreuil s'est fait battre long-temps*.

BATTUE, f. f. (Chasse) manière de chasser le Loup; c'est la plus dangereuse pour les chasseurs & pour les Loups; pour les chasseurs, parce que fi celui qui conduit cette chasse les dispose mal, ils font exposés à s'entretuer; pour les Loups, parce que les Loups effarouchés par une multitude d'enfans & de femmes de tout âge, qui font armés de bâtons & qui traquent toute une forêt, font tous chaffés & forcés de passer devant les tireurs.

BATTUE est aussi une chasse au fufil qui se fait avec des traqueurs au bois ou en plaine.

BAUBIS, *Chiens*; (Chasse) c'est ainsi qu'on appelle des Chiens dressés au Lièvre, au Renard, & au Sanglier. On leur coupe presque toute la queue. Ils font plus bas de terre & plus longs que les autres, de gorge effroyable. Ils heurlent fur la voie. Ils ont le nez dur, & le poil demi-barbet.

BAUD, f. m. (Chasse) race de Chiens courans qui viennent de Barbarie. Ils chaffent le Cerf. Ils font ordinairement tous blancs: on les appelle auffi *Chiens muets*, parce qu'ils cessent d'aboyer quand le Cerf vient au change.

BAUDIR *les Chiens*, (Chasse) c'est les exciter du cor & de la voix. On *baudit* aussi les oiseaux.

BAUGE, f. f. (Chasse) C'est le lieu où la bête noire, comme le Sanglier, fe couche tout le jour; c'est ordinairement un endroit bourbeux & touffu de la forêt.

BEAU-CHASSEUR, en Vénerie, fe dit d'un Chien qui crie bien dans la voie, & qui a toujours en chassant la queue retournée fur les reins.

BEAU-REVOIR, f. m. fe dit, en terme de chasse, de l'action du Limier, lorfqu'étant fur les voies, il bande fort fur la bête & fur le trait.

BÉCASSE. C'est un oiseau de passage qui arrive ordinairement dans les premiers jours d'octobre. Ce passage est plus ou moins avancé ou retardé en certaines années, selon le tems & les vents qui règnent au commencement de l'automne. Les vents du levant & du nord-est font ceux qui en amènent le plus, sur-tout lorfqu'ils font accompagnés de brouillards.

Il est reçu parmi les chasseurs, que les *Bécasses* arrivent dans nos contrées à trois reprises. Le premier passage commence immédiatement après la Saint-Michel, c'est-à-dire, dans les premiers jours d'octobre, & dure jufqu'aux approches de la Toussaint. Le second a lieu vers la Saint-André, & le troisième vers la Saint-Thomas. L'opinion la plus commune, est qu'après l'hiver elles s'en vont dans le nord. Edwards lui-même, célèbre naturaliste anglois, étoit dans cette persuasion; mais c'est une erreur. M. de Buffon assure, d'après Bélon, que pendant le printems & l'été, elles se tiennent dans les lieux les plus élevés & les plus solitaires des hautes montagnes, telles que celles de la Savoie, de la Suisse, du Dauphiné, du Jura, du Bugey, des Vosges.

A l'égard de l'Italie, Olina & Eugenio Raimondi, difent qu'elles se retirent, après l'hiver, sur les plus hautes montagnes de ce pays. Cesare Solatio dit la même chose; mais il spécifie les montagnes où elles vont se rendre, qui font, selon lui, celles de la Savoie, celles de la côte de Melfi, près de Sorrento, au royaume de Naples, du cap Peloro en Sicile, & même celles de la Palestine.

Pour l'Espagne, Espinar, moins bien informé, dit qu'on ne fait où elles vont en partant de ce royaume; il ajoute cependant qu'on assure que, pendant l'été, il s'en trouve dans les Pyrénées.

Les *Bécasses*, à leur arrivée, fe jettent partout indifféremment, fous la futaie comme dans le taillis, le long des haies, dans les bruyères &

les broussailles; ensuite elles se cantonnent dans les taillis de neuf à dix ans, & quelquefois dans les gaulis; car ce n'est que par hazard qu'une Bécasse se rencontre dans une jeune taille de trois à quatre ans. Quand je dis qu'elles se cantonnent, cela ne veut pas dire qu'elles se tiennent continuellement dans le même bois pendant tout l'hiver; car on a observé qu'elles ne restent pas plus de douze ou quinze jours au même endroit; & si elles y restent plus long-tems, c'est qu'elles ont été blessées.

La Bécasse s'enlève lourdement à la partie, & fait beaucoup de bruit avec ses aîles. Souvent elle ne fait que raser la terre, lorsqu'on la trouve en plaine, le long d'une haie, ou qu'elle longe une route dans un bois; & alors son vol n'est pas rapide, & on la tire aisément; mais quelquefois aussi, elle s'élève fort haut, comme lorsqu'on la fait partir en plein bois dans une futaie, où elle est obligée de gagner le haut des arbres, pour prendre un vol horizontal. En pareil cas, elle ne laisse pas de voler assez rapidement, & il est très-difficile de saisir le moment de la tirer, à cause des détours & crochets qu'elle est obligée de faire pour passer entre les arbres.

Cet oiseau marche assez mal, comme tous ceux qui ont de grandes aîles & les jambes courtes. Sa vue est fort mauvaise, sur-tout pendant le jour; car on prétend qu'il voit beaucoup mieux dans le crépuscule. C'est pour cette raison, sans doute, que les espagnols l'appellent *gallina ciega* (poule aveugle).

Les chasseurs, dit M. de Buffon, prétendent distinguer deux races de Bécasses, la grande & la petite.

Mais cette différence de taille ne constitue point deux espèces différentes; elle n'est qu'accidentelle ou individuelle, ou comme celle du jeune à l'adulte.

La chasse des Bécasses est fort amusante dans un bois qui n'est pas trop fourré, sur-tout s'il est percé de plusieurs routes, qui donnent la facilité de les tirer au passage, lorsqu'elles s'élèvent dans le bois, & de mieux les remarquer. D'ailleurs, c'est une chasse qui demande beaucoup de bruit d'hommes & de Chiens.

Parmi les Chiens de plaine, il en est qui crient sur la Bécasse lorsqu'elle vient à partir, ce qui est fort utile, en ce que, par-là, le chasseur est averti de se tenir sur ses gardes. Les Chiens fermes l'arrêtent ordinairement, ce qui est souvent fort incommode, attendu qu'on ne sait alors ce qu'ils font devenus, ne pouvant être apperçus de loin dans le bois; & que ne rompant point leur arrêt, quoiqu'ils s'entendent appeler, ils se font quelquefois attendre fort long-tems. Pour obvier à cet inconvénient, lorsqu'on a un Chien de cette

espèce, il est à propos de lui mettre un collier garni de gros grelots, au bruit desquels on le suit à l'oreille dans le bois; & lorsque le bruit vient à manquer, on se trouve orienté pour aller à lui & lever son arrêt.

Lorsque cette chasse se fait dans un bois de peu d'étendue, il n'y a rien de mieux que d'avoir un remarqueur. C'est un homme de la campagne qu'on fait monter dans un baliveau, au milieu du bois, d'où il le découvre de tous côtés, & est à portée, lorsqu'une Bécasse se lève, de remarquer au juste l'endroit où elle va se poser, & de l'indiquer aux chasseurs. En s'y prenant de cette manière, il est difficile qu'une Bécasse s'échappe; attendu que, le plus souvent, elle se laissera relever & même tirer quatre ou cinq fois, avant de quitter le bois pour aller se remettre dans un autre bois voisin, ou dans une haie.

La Bécasse reste tout le jour dans le bois, cherchant des vers de terre qui se trouvent sous les feuilles tombées. Aux approches de la nuit, elle sort pour aller boire & laver son bec aux mares & fontaines, après quoi elle gagne les champs & les prés, pour y véroter le reste de la nuit, jusqu'au point du jour, qu'elle rentre dans le bois.

On peut l'attendre, pour la tirer au passage, le soir à la sortie, & le matin à la rentrée, au bord du bois, au débouché de quelque grande route; car, lorsqu'une Bécasse se lève du bois pour sortir à la campagne, elle ne manque presque jamais de gagner un chemin, qu'elle longe ensuite jusqu'à son issue; & lorsqu'elle y rentre, c'est en suivant de même un chemin pendant quelque tems, après quoi elle détourne à droite ou à gauche, vis-à-vis de quelque clairière, pour se jetter dans le plein bois.

Outre les chemins dont je viens de parler, il y a encore d'autres endroits, pour les attendre ainsi à la volée du matin & du soir, qui sont connus des chasseurs dans chaque canton; comme seroit, par exemple, une gorge ou vallon étroit, à portée d'une forêt, qui, par sa direction, aboutiroit à quelque mare, fontaine, ou queue d'étang. Ces sortes d'endroits sont d'autant plus favorables, que les Bécasses aiment à suivre les vallons, & se détournent volontiers du chemin qu'elles ont pris d'abord, en sortant du bois, pour venir s'y rendre. Il y a tel de ces passages, où il arrive d'en voir douze ou quinze dans l'espace d'une demi-heure ou trois quarts d'heure au plus, que dure cet assût. Là, on s'apperçoit bien que si la Bécasse vole pesamment lorsqu'elle se lève dans le bois, il n'en est pas de même lorsqu'elle a pris tout-à-fait son vol; car il faut de l'adresse & de la prestesse pour la tirer ainsi au passage.

D'après l'habitude connue de la Bécasse, de venir le soir boire & se laver le bec aux mares qui se trouvent à portée des bois, on a encore un moyen de les tuer à l'affût, en les attendant au bord de ces mares, vers la brune, pour les tirer lorsqu'elles se sont abattues. Celles qu'elles fréquentent le plus sont connues dans les endroits où il y en a; d'ailleurs, il est aisé de savoir si elles y viennent, en examinant les bords, où elles laissent l'empreinte de leurs pieds.

Les *Bécasses* se tiennent dans nos contrées jusqu'à la fin de mars, & l'on en trouve pendant tout l'hiver, lorsque le tems n'est point trop rude. Mais s'il survient de grands froids & de fortes gelées qui durent long-tems, elles disparoissent presque toutes pendant cet intervalle, & il ne s'en rencontre plus que quelques-unes par hazard dans certains endroits où il y a des eaux chaudes qui ne gèlent point. Un mois, ou environ, avant leur départ, elles entrent en amour; & il est ordinaire alors de les voir deux à deux, à la passée du soir & du matin, comme aussi de les entendre faire, en volant, un petit cri, quoiqu'en tout autre tems elles soient muettes. On en trouve beaucoup plus alors que dans le cœur de l'hiver, sans doute parce qu'elles se rassemblent pour partir.

Il en est des *Bécasses* comme des Cailles; il en reste quelques-unes, mais en très-petit nombre, dans nos bois, & même elles y font leur nid.

Les mois de décembre & de janvier sont le tems où les *Bécasses* sont grasses: depuis la fin de février, où elles commencent à entrer en amour, jusqu'à leur départ, elles sont bien moins en chair.

On tue les *Bécasses* à coup de fusil. Les Chiens ne font sur elles que de faux arrêts, parce qu'elles piettent & ne s'arrêtent point.

(*Extr. de la chasse au fusil.*).

Chasse des Bécasses à la passée.

Cette chasse se fait à la brune, & ne demande qu'une demi-heure d'occupation: elle coûte peu & rend beaucoup de profit. Certains particuliers y ont pris jusqu'à huit cents *Bécasses* par année.

Quand on s'apperçoit qu'il y a des *Bécasses* dans un bois taillis, on fait une enceinte de quarante à cinquante pas, en forme de petite haie, haute de demi-pied, & on lie une souche à l'autre avec des brins de genêt: on y laisse une voie où une *Bécasse* seule peut passer: on y pique un lacet ouvert en rond, & couché à platte-terre: l'oiseau cherchant à manger, ouvre la petite voie, la suit jusqu'à la passée, & se prend au passage.

Chasse des Bécasses à la pantière.

On peut tendre plusieurs pantières autour d'un bois, & les meilleures sont celles qui sont ajustées en tramail; elles sont aussi plus commodes, en ce qu'une seule personne en peut dresser cinq ou six sans qu'elle soit obligée d'y avoir les yeux, parce que les *Bécasses* s'y prennent d'elles-mêmes.

On prend d'abord deux perches de la grosseur du bras, & longues d'environ vingt pieds, qui soient droites; & on met au bout de chacune une poulie pour passer les bouclettes de la pantière.

On passe ensuite les bouclettes de la pantière dans un cordeau long de dix à douze toises, comme on passe un rideau dans une tringle de fer.

Ce filet se tend au bord d'un bois taillis, dans l'avenue d'une forêt, dans l'allée d'un parc ou sur un buisson voisin de quelque étang: on a seulement soin de pancher un peu les perches du côté de la passée, & de les mettre à cinq ou six toises de distance l'une de l'autre. C'est à une heure ou deux avant que le soleil se couche, que la pantière doit être dressée, afin qu'elle soit en état quand le gibier rentre au bois: on peut laisser le filet tendu toute la nuit & n'y retourner que le lendemain pour saisir sa proie.

Chasse des Bécasses au collet.

Le collet est fait de six brins de crin de Cheval, longs & cordés, avec une boucle coulante à un bout, & à l'autre un gros nœud; on y fait passer avant un bâton, par un trou fait au milieu du bâton, qui doit être de la grosseur du petit doigt, long d'un pied & pointu par un bout pour le piquer en terre, & on l'arrête par le nœud.

Les taillis les plus feuillés sont les plus avantageux pour cette chasse: on reconnoît ordinairement qu'ils y trouve des *Bécasses* par leurs fientes, qui sont grisâtres, molles & de la largeur de la main.

Quand on a préparé des collets, on fait le même manége dont nous avons parlé à l'article de la chasse à la passée.

Chasse des Bécasses au bord de l'eau.

La *Bécasse* va la nuit le long des fontaines, & cet instinct a fait naître l'idée d'une chasse divertissante.

On ferme toutes les avenues de la pièce d'eau avec des genêts, & on laisse à la haie des espaces ou passées éloignées les unes des autres, d'environ six pieds; & on y tend des lacets en cette sorte.

On pique sur le bord de la passée un bâton gros comme le petit doigt, & de la hauteur de cinq pouces, & à l'autre bord à demi-pied d'espace, un petit arçon élevé de trois ou quatre doigts, qui fait comme une porte ronde vis-à-vis le bâton: on prend ensuite un crochet de bois plat, long de sept ou huit pouces avec une coche au bout; le crochet se met au bâton, & l'autre bout passe sous l'arçon. On a encore une verge de bois de coudrier ou de quelqu'autre bois, qui, étant plié, se redresse de lui-même : cette verge, de la grosseur du doigt, & longue de trois pieds, doit être piquée dans la petite haie, à deux ou trois pieds de la passée : on attache au petit bout une ficelle de demi-pied, au bout de laquelle est noué un lacet de crin de Cheval avec un petit bâton coupé par les deux bouts, & fait en coin à fendre le bois : le chasseur fait plier la baguette élastique, passe le lacet sous l'arçon, & levant le crochet, coche le petit bâton attaché à la baguette, d'un bout dans le crochet, & de l'autre dans le petit arçon; puis il étend en rond le lacet par-dessus le crochet qui doit tenir très-peu, afin que la *Bécasse*, venant à passer, fasse détendre la baguette élastique, & que le lacet la retienne par le pied. On prend à cette chasse, non-seulement les *Bécasses*, mais encore les Perdrix; elle est en même-tems ingénieuse & lucrative.

Voyez pl. 21, de la chasse, tome IX, des gravures des Arts & Métiers, & l'explication de la même pl. 22, à la fin de ce dictionnaire.

BÉCASSE DE MER. On nomme ainsi un oiseau de Mer de la grosseur & de la couleur de la Pie, ce qui lui a fait aussi donner le nom de *Pie de Mer*. Cet oiseau a le bec jaune, fort & long. Il se nourrit de patelles & de lépas, espèce de coquillage. Sa chair est noire & dure. La *Bécasse de Mer* est l'ennemie jurée du Corbeau qu'elle attaque à coups de bec. Cet oiseau est très-fréquent sur les côtes occidentales d'Angleterre & en Norwege.

BÉCASSEAU ou CUL-BLANC. Le *Bécasseau* n'est guère plus gros qu'une Alouette : il a la partie supérieure de la tête d'un cendré brun, le dos & les plumes scapulaires d'un brun brillant, marqué de taches blanchâtres; le croupion brun, la gorge blanche; les plumes du dessous du col sont blanches, marquées au milieu de cendré brun; la poitrine & le ventre sont blancs; les grandes plumes de l'aîle d'un brun noirâtre : la queue a douze plumes, les deux du milieu sont blanches à l'origine, & le reste est brun noirâtre, rayé des deux côtés de bandes transversales blanches; les autres sont blanches, & rayées vers leur extrémité seulement de bandes transversales d'un brun noirâtre; son bec, qui a un pouce & demi de long, est vert obscur, avec le bout noir; les jambes & les pieds sont de couleur de plomb verdâtre. On les trouve dans les endroits marécageux.

On distingue beaucoup d'espèces de *Bécasseau*. Mais ce qui caractérise principalement cet oiseau, c'est d'avoir quatre doigts à chaque pieds, trois devant & un derrière; le bec droit jusqu'au milieu de la longueur, est un peu obtus, & légèrement courbé vers la pointe.

BÉCASSINE, s. f. Les *Bécassines* paroissent dans nos contrées, vers le commencement de l'automne, & s'en vont au printems. On prétend qu'elles repassent en Allemagne & en Suisse, où elles nichent. Cependant, il nous en reste quelques-unes, pendant l'été, dans certains marais, où elles pondent au mois de juin. Leur ponte est de quatre ou cinq œufs.

Les *Bécassines* ne sont vraiment bonnes à tirer qu'après les premières gelées, c'est-à-dire, vers la Toussaint. Elles deviennent fort grasses au mois de novembre, & il s'en tue quelquefois d'aussi grasses que les Cailles du mois de septembre.

La chasse de ce petit gibier est très-agréable dans les marais & queues d'étangs où il abonde. C'est de toutes les chasses d'hiver, celle où l'on tire le plus; car il n'est pas rare, pour peu qu'un marais soit garni, de tuer deux ou trois douzaines de *Bécassines* en une chasse.

On a observé que ces oiseaux voloient toujours contre le vent, ce qui leur est commun avec la *Bécasse*; c'est pourquoi il est bon de les guéter, autant qu'il se peut, avec le vent au dos, parce qu'alors ils reviennent sur le chasseur, & donnent plus de facilité pour les tirer.

On prend quelquefois les *Bécassines* au *traîneau*, qui est un filet que peut porter à la chasse une personne seule.

La *Bécassine* passe communément pour un gibier très-difficile à tirer, à raison des crochets & détours qu'elle donne d'abord en partant; mais cette difficulté n'existe que dans l'opinion de gens qui ne sont pas chasseurs de profession, ou, s'ils le sont, connoissent peu ce gibier; car il y a plusieurs oiseaux bien plus difficiles à tirer au vol; & c'est avec raison que des chasseurs ont assuré à M. de Buffon que la Grive étoit de ce nombre. Dès qu'une fois on s'est accoutumé à laisser filer la *Bécassine*, sans se presser, son vol n'est pas plus difficile à suivre que celui de la Caille. D'ailleurs, on peut la laisser filer loin sans inconvénient, attendu que le moindre grain de plomb la tue, & qu'elle tombe pour peu qu'elle soit frappée.

Outre la *Bécassine* ordinaire, dans l'espèce de laquelle il se rencontre assez souvent des individus beaucoup plus gros les uns que les autres, & que je crois être les mâles, il y en a une plus grosse de près de moitié, que les chasseurs appellent double *Bécassine*, & que M. de Buffon regarde comme une variété purement accidentelle de la première. Mais cet illustre naturaliste se trompe.

trompe. La double *Bécaffine* eft abfolument différente de la *Bécaffine* ordinaire, par fon cri, par
fon vol, par quelques nuances dans le plumage,
& même par certaines habitudes. Elle part avec
peine, fe faifant fuivre par les Chiens, comme le
Râle. Son vol eft droit, affez mou, & fans crochets, comme celui des autres *Bécaffines* ; & elle
ne fe plaît que dans les endroits où il y a peu
d'eau, & où elle eft claire, & non fangeufe.
Elle eft bien connue dans les marais de la Picardie, quoique fort rare ; car il y a plufieurs chaffeurs qui ne la connoiffent pas. Elle y arrive vers
la fin d'août, & difparoît avant la Touffaint. Elle
eft beaucoup plus commune en Provence, où
elle fait deux paffages, le premier en mars &
avril, qui eft celui où on en voit le plus, & le
fecond en feptembre & octobre. On lui donne en
ce pays le nom de Bécaffon. Elle eft auffi fort
connue en Italie, & particulièrement dans la
campagne de Rome, où on l'appelle Pizzardone,
augmentatif de Pizzarda, nom que porte la *Bécaffine* en italien.

Il y a une autre efpèce de *Bécaffine*, appellée
Bécot, Jaquet, Foucaud, fuivant les différentes
provinces, & en Picardie *deux pour un*. Elle eft
nommée la Sourde par M. de Buffon. Cet oifeau,
qui n'eft pas plus gros qu'une Alouette, eft ordinairement gras, & paffe pour un manger plus délicat que la *Bécaffine*. Il vole droit & lentement,
part de près, & ne fe remet jamais loin.

(*Extr. de la chaffe au fufil*).

BECCADE, f. f. (Fauconnerie). Les fauconniers difent faire prendre la *Beccade* à l'oifeau,
pour dire lui donner à manger.

BEC CROCHU. Oifeau de la Louifiane. Il
tire fon nom de la forme de fon bec qui femble
ainfi conformé pour lui faciliter la pêche des
Ecréviffes, dont cet oifeau fe nourrit ; auffi fa
chair en a-t-elle le goût.

BEC CROISÉ. Efpèce d'oifeau qui tire fon
nom de la conformation fingulière de fon bec,
lequel eft compofé de deux pièces courbées à leur
extrémité, en fens contraire l'une de l'autre, &
qui fe croifent mutuellement. La forme de ce bec
fert à ces oifeaux à fendre par le milieu les pommes
de fapin, & en tirer la femence ou amande
dont ils font très-friands. Le chant de cet oifeau
eft agréable, mais on dit qu'il ne fe fait entendre
qu'en hiver. Cet oifeau eft un peu plus gros que
le Verdier. Il eft commun en Allemagne, en
Suède, en Norwège.

BEC-FIGUE. Petit oifeau très-délicat à manger quand il eft gras, c'eft-à dire, dans le tems
des vendanges ; car il fe nourrit de figues, de
raifin & de fruits. Il eft gros comme une Linotte :

fa tête, fon col, fes aîles & fa queue, font cendrés & verdâtres ; les grandes plumes des aîles
brunes, avec les tuyaux noirs ; fa queue, qui eft
brune, a deux pouces de long ; fon ventre eft
d'un blanc argenté ; la partie fupérieure du bec eft
noirâtre, & l'inférieure bleuâtre ; l'intérieur eft
rouge. On les prend au collet, à la Sauterelle,
& de plufieurs autres manières ; car on les maf-
facre & on les met en marmelade quand on les
tue à coup de fufil.

Le caractère du *Bec-Figue* eft d'avoir les narines
découvertes comme l'Alouette, & le doigt pof-
térieur arqué. A Venife on fait un grand commerce
de ces oifeaux qui y font fort communs. En novembre ils s'en retournent par troupes en Provence.

BECHARU, f. m. Cet oifeau fe trouve en
Afrique & en Amérique. Il a le plumage de couleur de rofe. Son corps eft monté fur de hautes
pattes, & fa tête tient à un col long & délié.
Les trois doigts du devant des pieds de cet oifeau
font unis par des membranes. Il fe nourrit de vers,
de Crabes & de poiffons. Son bec eft garni de
dents femblables à celles d'un peigne, en forte
qu'il peut retenir fes alimens & rejetter la boue
dans laquelle il cherche fa proie. Cette efpèce
d'oifeaux fe rangent ordinairement enfemble
comme une compagnie de Perdrix. On dit que fi
le chaffeur tue un de ces oifeaux, les autres paroiffent épouvantés, & ne s'envolent point. La
chair du *Bécharu* eft marécageufe, mais bonne.

BECQUILLON, f. m. En fauconnerie, fe dit
du bec des oifeaux de proie, lorfqu'ils font encore jeunes. Cet oifeau, dit-on, n'a encore
que le *Becquillon*.

BEC-SCIE. Oifeau aquatique de la Louifiane,
dont le bec eft réellement dentelé comme la lame
d'une fcie. Cet oifeau vit de Chevrettes, pouvant en brifer les écailles avec la fcie que la nature
lui a donnée. Les habitans vont à la chaffe du
Bec-Scie, dont la chair eft d'un bon goût.

BEC-TRANCHANT. Oifeau aquatique, plus
petit que le Canard qui fe trouve dans la province
d'Yorck en Angleterre. Cet oifeau a la mâchoire
fupérieure courbée à la pointe, creufe & pen-
chante fur l'inférieure. Il a les jambes courtes &
noires, ainfi que les pattes. Il fait fa ponte, &
élève fes petits fur le haut des rochers efcarpés le
long des côtes de la mer. Si l'on chaffe cet oifeau,
c'eft par la difficulté de l'atteindre.

BÉJAUNE, f. m., fe dit, en Fauconnerie,
des oifeaux niais & tout jeunes, qui ne favent
encore rien faire ; *Béjaune* ou *Bec Jaune*, fignifie
ignorance. Ce terme, *béjaune*, vient des petits

oiseaux qui, avant d'être en état de sortir du nid, ont le bec jaune.

BELETTE, s. f. Animal plus petit que la Fouine, la Marte & le Furet, mais qui leur ressemble par la figure du corps, & n'en differe que par la longueur & la couleur du poil; il a ordinairement six à sept pouces depuis le bout du museau jusqu'à l'origine de la queue; il est d'une forme allongée, très-bas des pattes, & semble fait pour se glisser & s'insinuer dans les plus petites ouvertures. Ses oreilles, qui sont courtes, ont de singulier, que la partie postérieure de la conque est double, c'est-à-dire, composée de deux panneaux qui forment une sorte de poche, dont l'entrée est au bord de la conque. Cet animal a six dents incisives à chaque mâchoire, & les doigts onguiculés.

On a eu tort de confondre la *Belette* qui n'est commune que dans les climats chauds & tempérés, avec l'Hermine qui ne se trouve que dans le nord.

Ces deux animaux ne se ressemblent ni par la taille, ni par le naturel, ni par le tempérament. Je ne crois pas, quoi qu'en disent quelques auteurs, que la *Belette* s'apprivoise en frottant son museau d'ail. Elle est si sauvage, qu'elle ne mange point dès qu'on la regarde: on la voit dans une agitation continuelle; elle cherche toujours à se cacher, & se heurte avec force contre les barreaux de sa cage: ainsi on doit avoir soin de la garnir d'étoupe, si on veut conserver cet animal. La *Belette* ne mange guère que la nuit, & laissera pendant trois jours la viande fraiche se corrompre avant que d'y toucher: celle qui est en liberté attend aussi la nuit pour chercher sa proie. Quand elle peut entrer dans un poulailler, elle n'attaque pas les coqs ou les vieilles poules, elle choisit les poussins, les tue par une seule blessure qu'elle leur fait à la tête, & ensuite les emporte tous les uns après les autres.

La *Belette* a les mêmes inclinations que la Fouine & le Putois, habite comme eux les greniers & granges, & quoique beaucoup plus petite, ne fait guère moins de ravage dans les basses-cours, où elle détruit quantité de volailles, sur-tout de jeunes poulets dont elle ne laisse pas un seul en vie, lorsqu'elle s'introduit dans un poulailler. Elle ne fait pas moins de dégât dans les colombiers, & mange aussi les œufs qu'elle casse & suce avec beaucoup d'avidité. Elle dépose quelquefois ses petits dans le foin, ou la paille; & pendant qu'elle les nourrit, elle fait une guerre cruelle aux Rats & Souris, & avec plus d'avantage que le Chat, sa petite taille lui permettant de les suivre jusques dans leurs trous. C'est pendant l'été qu'on la trouve plus éloignée des maisons dont, en tout tems, elle s'écarte, da-

vantage que la Fouine & le Putois. Elle attaque les Couleuvres, les Rats d'eau, les Taupes & les Mulots. La *Belette* détruit aussi beaucoup de gibier; non-seulement elle prend les Perdrix & Cailles, lorsqu'elles couvent, & les dévore avec leurs œufs, mais elle mange les Lapereaux, même les vieux Lapins, & attaque quelquefois un vieux Lièvre, dont, malgré sa petitesse, elle vient à bout, en le saisissant à la gorge, sans quitter prise jusqu'à ce qu'elle l'ait étranglé, quoiqu'il fuie & l'entraîne avec lui.

Il y a des *Belettes* qui deviennent toutes blanches en hiver, qu'on a quelquefois mal à propos confondües avec l'Hermine. L'Hermine, rousse en été, devient ordinairement blanche en hiver; mais elle a, en tout tems, le bout de la queue noir; au lieu que la *Belette*, même celle qui blanchit en hiver, a, en tout tems, le bout de la queue jaune. Elle est, d'ailleurs, sensiblement plus petite, & a la queue beaucoup plus courte que l'Hermine. Enfin, une autre marque distinctive de l'Hermine, c'est qu'elle a le bord des oreilles & les extrémités des pieds blancs. On appelle l'Hermine, Roselet, lorsqu'elle est rousse ou jaunâtre, Hermine, lorsqu'elle est blanche. Elle est rare en France, & beaucoup plus commune dans les pays du nord.

La *Belette* marche toujours en silence, & ne crie jamais qu'on ne la frappe: son cri enroué & aigu exprime parfaitement le ton de la colère.

Cet animal a l'odeur si forte qu'on ne peut le garder dans une chambre habitée; quand on le poursuit, ou qu'on l'irrite, il infecte de loin.

On dresse des Bassets à aller relancer les *Belettes* dans les greniers & dans les granges: on les tue à coups de fusil; on leur fait aussi la chasse avec des pièges qu'on leur tend.

On met des œufs pour appât dans un traquenard, & on en prend en quantité.

On les chasse aussi de leur retraite, en y mettant de la rhue; d'autres prennent un Chat rôti, qu'ils exposent dans les lieux qu'elles fréquentent; l'odeur qui s'en exhale, les fait fuir; d'autres enfin, ont une *Belette* en vie, ils lui coupent la queue & les testicules, & la mettent en liberté. L'aspect de cet animal mutilé, suffit pour engager ses compagnes à changer de demeure.

BÉLIER, s. m. Ce quadrupède à pied fourchu est le mâle de la Brebis. On le nomme agneau, dans les premiers tems de sa vie, & mouton, lorsqu'il a été coupé.

La Brebis porte aussi les noms d'agneau & de mouton dans les mêmes circonstances.

Le *Bélier* a fa tête armée de cornes qui viennent fe contourner fur le devant en forme de demi-cercle ; elles font auffi quelquefois contournées en fpirale, creufes & ridées. On connoît l'âge du *Bélier* par ces cornes. Elles croiffent tous les ans d'un anneau jufqu'à l'extrémité de fa vie.

Il y a des *Béliers* qui n'ont point de cornes. On en voit beaucoup en Angleterre, mais ceux qui en ont, paffent pour être plus ardens & plus propres à féconder les Brebis. Cet animal, né l'efclave de l'homme, ne pourroit fubfifter fans fon fecours, & feroit la proie de la voracité des animaux carnaciers.

C'eft auffi la feule efpéce qu'on ne trouve point dans l'état de fauvage, & qui ne foit pas expofée aux pourfuites du chaffeur.

BELLEMENT. Terme de chaffe que l'on crie aux chiens, pour les faire chaffer plus fage-ment.

BENARI. Ortolan paffager qu'on voit en Languedoc, & que les chaffeurs recherchent comme étant un mets délicat & rare.

BENGALI. Nom donné à de petits oifeaux du genre des Moineaux qui habitent l'Afie, & notamment dans le royaume de Bengale. Ces oifeaux font d'une forme charmante, de la groffeur d'une Linotte. Ils ont le deffus du corps d'un joli gris, & le refte bleu, & au-deffus des yeux une tache pourpre. Il y en a qui font piquetés de petits points blancs fur un plumage rouge différemment nuancé.

BERGERONETTE. Ce petit oifeau du genre du Bec-figue, fe nomme encore Hoche-queue, Vatemare, Battelessive, Lavandière. Il y en a de trois efpéces ; l'une noire & blanche, l'autre jaune, la troifième cendrée. Ces oifeaux fré-quentent les prairies & les bords des rivières ; ils fuivent les troupeaux dans les champs, & fe font remarquer par le branlement continuel de leur queue qui eft fourchue & plus longue que leur corps. Ils font de la forme la plus élégante. Ils volent rarement & toujours à une petite diftance. Ils fe nourriffent de vers & d'infectes aquatiques. Ils fe nichent ordinairement dans les blés. On les prend aux filets & à la glue comme les autres petits oifeaux.

BERNACHE. Efpèce de Canard, affez com-mune.

La *Bernache* eft beaucoup plus groffe qu'un Canard : elle a la partie intérieure de la tête & la gorge blanche ; entre le bec & l'œil elle a une bande noirâtre ; le refte de la tête & le cou font noirs ; la poitrine, le ventre & les côtés font

d'un blanc mêlé de cendre ; les plumes de l'aile font d'un cendré noirâtre ; la queue eft noire, le bec noir ; les jambes, les pieds & leurs membranes font bruns. On la trouve fur les bords de la mer. *Voyez* CANARD.

BÊTES (chaffe). Les chaffeurs diftribuent les *Bêtes* en fauves, en noires, & en rouffes ou carna-cières ; les fauves font les Cerfs, les Daims, les Chevreuils, avec leurs femelles & faons ; les noires font les Sangliers & les Marcaffins. Les bêtes fauves & noires compofent la grande venaifon ; les *Bêtes* rouffes ou carnacières font le Loup, le Re-nard, le Blaireau, la Fouine, le Putois, &c. Il eft permis à tout le monde de les chaffer & tuer.

BÊTE PUANTE. Animal de la groffeur d'un petit Chat & fort commun à la Louifiane. Cet ani-mal n'a point d'armes pour attaquer, ni d'induftrie pour fe défendre ; mais la nature l'a pourvu d'une fingulière arme défenfive : quand le chaffeur, qui le pourfuit, eft fur le point de l'atteindre, il lance fon urine contre lui, & l'odeur de cette li-queur eft fi forte, qu'il eft impoffible d'en appro-cher : ce phénomène paroît d'autant plus fingulier, que cet animal ne fe nourrit que de graines & de fruits.

Le poil du mâle eft d'un très-beau noir ; celui de la femelle eft mêlé de blanc. Il a les oreilles & les pattes d'une Souris.

BICHE. C'eft la femelle du Cerf. Elle eft plus petite que fon mâle ; elle n'a point de bois ; elle porte pendant huit mois ; elle n'a qu'un faon qui la fuit toujours, & qu'elle forme à fuir aux cris des Chiens & à l'approche du moindre danger. *Voyez* CERF.

BICHE qui a fait fon faon. On dit en venerie, *c'eft une bête qui a un faon.* La *Biche* porte fon faon huit ou neuf mois ; & fi elle en a deux, ce qui eft rare, ils naiffent fur la fin d'avril, ou dans le cours du mois de mai. Il s'en voit quelques-unes qui tardent jufqu'à la mi-juin, mais ce font de jeunes bêtes, fort tardives.

BICHON, f. m. Nom d'une petite efpèce de Chien dont le nez eft court, le poil long & fort délié.

BICQUETER. Ce mot fe dit, en venerie, des Chèvres qui font leurs petits.

BIENCHEVILLÉ. Ce terme fe dit d'un Cerf, d'un Daim, ou d'un Chevreuil dont la tête eft garnie de beaucoup d'andouillers.

BIEN JUGER DES ALLURES. C'eft voir quand la bête met les pieds dans une même diftance. Il est aisé à un bon chasseur de *bien juger des allures* du Cerf qu'il chasse.

BIÈVRE. Nom qu'on donne aux Castors d'Europe. Ils sont solitaires & accoutumés à vivre dans des terriers; aussi leur poil est rongé sur le dos par le frottement de la terre, & leur fourrure bien moins estimée que celle des Castors qui vivent en société. *Voyez* CASTOR.

BIGARRURES, s. f. (en fauconnerie) sont des taches rousses ou noires, ou des diversités de couleur, qui rendent le pennage d'un oiseau de proie bigarré. On dit ce Faucon a beaucoup de *Bigarrures:*

BIGLE ou BICLE. Espèce de Chien d'Angleterre qu'on emploie à la chasse des Lièvres & des Lapins.

BIHOREAU. Espèce de Héron fort commun sur les côtes de Bretagne. Cet oiseau fréquente les marais. Il est à-peu-près de la grosseur d'une Corneille, coëffé d'un noir changeant en vert. Il a le corps cendré en-dessus, & blanc en-dessous.

BILBANDE (chasser à la). C'est fouler ou quêter avec les Chiens dans plusieurs endroits, lorsqu'il n'y a rien de détourné.

BILLARD. (Instrument d'oiseleur). C'est un morceau de bois long de deux pieds, se terminant en pointe d'un bout, & recourbé de l'autre au moins d'un pied.

BISON, s. m. Espèce de Bœuf à bosse sur le dos. Cet animal se trouve dans les contrées méridionales & septentrionales. Cette bosse n'est qu'une excroissance, qu'un morceau de chair tendre, qui pèse depuis trente jusqu'à quarante ou cinquante livres. La tête du Bison, qui est passablement grosse à proportion du corps, paroît d'un volume prodigieux par la quantité & la longueur du poil brun-fauve dont elle est garnie; d'autres poils plus soyeux, très-longs, doux au toucher, & lustrés, forment en-deçà du bourrelet de la mâchoire inférieure & sur les abajoues, une barbe très-remarquable. Ses oreilles ne sont pas grandes; leur position est assez droite; elles paroissent comme plissées près des cornes. Ses yeux sont grands & orbiculaires. Il a les jambes courtes. Sa croupe est très-effilée. Les sabots sont pointus, noirâtres, ainsi que l'ergot. Il est haut d'environ cinq pieds, quatre pouces, & peut avoir dix pieds de circonférence. Les Bisons vont dans les bois par troupes de dix jusqu'à vingt, & tous l'un après l'autre. Ils courent fort vite. Quand ils sont chassés, ils frappent des cornes, & jettent en arrière les pierres qu'ils rencontrent.

BIZET. Espèce de Pigeon sauvage & passager qu'on voit venir par bandes, sur la fin de septembre. *Voyez* PIGEON RAMIER.

Les *Bizets* sont très-fuyards; on n'en approche que très-difficilement, sur-tout en plaine où il faut une vache artificielle, afin de pouvoir les tuer à coups de fusil.

Voyez planche 22e de la chasse, tom. IX des gravures des arts & métiers, & l'explication de la même planche 22e; à la fin de ce dictionnaire.

BLAIREAU, s. m. Ce quadrupède est plus gros, plus alongé & bien plus rablé que le Renard. Il est à-peu-près de la couleur du Loup; mais il a le poil beaucoup plus long. Ses jambes sont très-courtes, & le paroissent encore davantage à cause de la longueur de son poil. Il a les ongles longs & très-fermes, sur-tout ceux des pieds de devant, qui lui servent pour se creuser une habitation; & ils sont d'autant plus acérés, que cet animal ne sort guère que la nuit, & fait peu d'exercice, dormant presque toujours: aussi est-il fort gras. Sa gueule est armée de dents aiguës & très-fortes: sa morsure est cruelle; il faut deux mâtins de bonne taille pour venir à bout de lui, encore ont-ils besoin le plus souvent d'être secourus. Il a le cuir des reins & du dos si épais, qu'à peine les Chiens peuvent-ils l'entamer, & ses vertèbres d'ailleurs sont si fortes, que quelques coups qu'on lui assène sur cette partie, on ne parvient point à l'assommer; mais le moindre coup qu'il reçoit sur le museau le met hors de combat; aussi, a-t-il soin de le garantir le plus qu'il peut avec ses pattes, lorsqu'il est attaqué par les Chiens.

Le *Blaireau* vit de crapauds, de limaçons, de scarabées & autres insectes; de pommes, de poires, de raisin, & de tous les animaux qu'il peut attraper. Quelques auteurs prétendent qu'il est aussi très-friand de miel, & que même il mange les abeilles. Un préjugé populaire veut qu'il soit ami des Lapins, qui, dit-on, vont se réfugier entre ses pattes, lorsqu'ils sont poursuivis par le Renard; mais bien loin de là, il fait un grand tort aux garennes, en mangeant les lapereaux nouveau-nés qu'il déterre dans les rabouillères; & s'il ne mange pas les vieux Lapins, c'est qu'il n'est ni assez alerte, ni assez rusé pour les prendre. Du Fouilloux dit avoir vu un *Blaireau* prendre un cochon de lait & le traîner tout vif dans son terrier; & il prétend que cette chair est tellement du goût de ces animaux, que si l'on passe un carnage de porc sur leur terrier; *ils ne faudront jamais de sortir pour y aller.*

On a dit & écrit de tout temps qu'il y avoit deux espèces de *Blaireaux*, dont l'une tenoit du

Chien & l'autre du Porc. M. Buffon , qui a observé plufieurs individus , dit n'avoir jamais trouvé entre eux aucune différence caractériftique. Cependant Du Fouilloux , qui paroît avoir eu une connoiffance particulière de ces animaux, reconnoît les deux efpèces , & établit leur exiftence par plufieurs difparités, non - feulement dans la taille , le pélage , la groffeur de la tête & du nez (quoiqu'il convienne qu'il faut y regarder de près pour s'en appercevoir) , mais encore dans leurs mœurs & habitudes. Il affure même que les deux efpèces ne fe tiennent point enfemble , & qu'à peine pourra-t-on les trouver à une lieue près l'une de l'autre. Le docteur Targioni , dans fes mémoires pour fervir à l'hiftoire naturelle de la Tofcane, reconnoît auffi les deux efpèces de Blaireaux (canini e porcini) chenins & porchins. J'ajouterai à cela que j'ai connu, dans le Perche , des laboureurs qui faifoient métier de chaffer les Blaireaux avec des mâtins & des fourches de fer , pendant les longues nuits de l'hiver , & qui en prenoient beaucoup de cette manière , & que j'ai toujours ouï dire à ces chaffeurs de Blaireaux qu'il y en avoit de deux efpèces. Mais il eft vrai auffi que, fuivant le rapport de ces gens-là, ni l'une ni l'autre n'a le groin du porc, & que toutes deux ont la gueule du Chien, avec cette différence, que les uns l'ont plus courte, & reffemblante à celle du Chien dogue , & les autres plus allongée, comme celle du Chien ordinaire. Ils ajoutent, que ceux de la première efpèce ont plus de blanc dans le poil que ceux de l'autre ; qu'ils ont une odeur moins forte , & font plus allongés , & enfin que les Chiens en viennent plus facilement à bout ; toutes chofes fur lefquelles ils s'accordent avec Du Fouilloux. L'obfervation de ces gens-là peut manquer de juftesse quant à l'objet de comparaifon indiqué pour établir la différence de conformation qui fe trouve entre la gueule des uns & des autres; peut-être affimilent-ils mal-à-propos la gueule de certains Blaireaux à celle d'un dogue , tandis que d'autres ont plus de raifon de la comparer au groin du cochon. Quoi qu'il en foit, leur témoignage , joint à celui de Du Fouilloux, me paroît de quelque poids pour établir la réalité des deux efpèces différentes de ces animaux. Ainfi , je fuis porté à croire que , fi M. Buffon ne les a point remarquées, c'eft que le hazard a voulu que , dans le nombre des individus obfervés par cet illuftre naturalifte, il ne s'en foit rencontré que d'une feule efpèce.

Le Blaireau , comme je l'ai déjà dit, ne fort que la nuit , & fort tard , & regagne fon terrier avant le jour. Alors, s'ils font rencontrés par des Chiens courans, ils n'ont garde de fe faire battre comme le Renard : fachant qu'ils feroient bientôt atteints, ils fe dérobent & fe traînent au plus vîte vers leur terrier, dont ordinairement on ne les trouve pas fort écartés.

En tems de neige, par les grands froids & les mauvais tems, le Blaireau ne fort de fon habitation que forcé par la faim , & fera quelquefois deux ou trois jours fans fortir ; ce qu'il eft aifé de vérifier, lorfque la neige a bouché l'entrée du terrier.

On ne peut donc guère tuer de Blaireaux au fufil qu'en les guétant, à la fortie du terrier, par le clair de lune, depuis la fin du jour , jufque vers minuit. Lorfque l'on fait où une femelle a mis bas , ce qui arrive au mois d'octobre pour ces animaux, alors on peut s'y mettre à l'affût , en plein jour , attendu que les petits , dès qu'ils commencent à marcher, viennent, comme les Renardeaux, s'ébattre au bord du terrier, & fouvent accompagnés de la mère. Les femelles font rarement plus de trois petits.

(Extr. de la chaffe au fufil).

Le Blaireau fe défend avec courage contre les Chiens ; il fe couche fur le dos, fait agir fes dents & fes ongles, & fait de profondes bleffures.

Autrefois les Blaireaux étoient fort communs, & on dreffoit des Baffets pour les chaffer & les prendre dans leurs terriers ; il n'y a guère que les Baffets à jambes courtes qui puiffent y entrer aifément : le Blaireau fe défend en reculant, & tâche d'arrêter fes affaillans ou de les enterrer : quand il eft acculé jufqu'au fond de fa retraite, on ouvre le terrier par-deffus ; on ferre le Blaireau avec des tenailles, & on le mufèle pour l'empêcher de mordre.

Les jeunes Blaireaux s'apprivoifent aifément ; mais les vieux demeurent toujours fauvages ; cet animal mange de la chair, des œufs, du fromage, & la mère a beaucoup de tendreffe pour fes petits ; elle déterre les nids de Guêpes , en emporte le miel , prend auffi les jeunes Lapereaux, faifit les Lézards, les Serpens, les Sauterelles, les œufs des oifeaux, & porte tout à fes petits, qu'elle fait fortir fouvent fur le bord du terrier, foit pour les allaiter, foit pour leur donner à manger.

Sa chair n'eft pas abfolument mauvaife à manger, & l'on fait de fa peau des fourrures groffières, des colliers pour les Chiens, des couvertures pour les Chevaux, &c.

Cet animal fe trouve dans le climat tempéré de l'Europe, & ne s'eft pas répandu au-delà de la France , de l'Allemagne, de l'Italie , de l'Angleterre, de la Suède & de la Pologne.

Le Blaireau eft encore connu fous le nom de Taiffon & de Grifart.

La morfure de cet animal eft dangereufe, parce qu'il fe nourrit quelquefois de bêtes vénimeufes; il vit affez long-tems, & quand il eft vieux, il devient aveugle : quelques naturaliftes rapportent qu'alors, les autres *Blaireaux* lui apportent à manger.

Le *Blaireau* fe prend aux collets; mais il n'y refte guère, fi on ne court promptement l'affommer, parce qu'il les tranche avec fes dents. Voici d'autres piéges que lui tendent les chaffeurs expérimentés.

Chaffe du Blaireau à un collet particulier.

Ce piége fe tend dans un fentier où l'on fait que l'animal doit paffer : on prend deux bâtons pointus par le bas, & long d'un pied & demi, mais dont l'un foit un peu plus gros que l'autre; le premier aura un trou à quatre doigts de l'extrémité d'en haut, & l'autre une mortaife percée au même endroit pour y mettre une poulie.

On pique ces deux bâtons à un pied de diftance l'un de l'autre, & à deux pieds au-delà; on en plante encore un autre de cinq pieds de long, gros comme le bras, fourchu par le petit bout & pointu par le gros.

Après ces préparatifs, on prend une corde, à laquelle tient une boucle de fer qu'on attache à l'extrémité fupérieure du grand bâton; puis une autre qu'on paffe dans le trou du fecond, dans la mortaife, deffous la poulie du troifième, & enfin dans la boucle; & là doit être un petit nœud qu'on arrête avec une petite cheville, groffe comme le doigt.

On bande la corde, & on laiffe pendre au bout une pierre de trente ou quarante livres. Le collet doit être tendu à côté du fecond bâton. Ce piége fe dreffe dans un fentier ou dans une haie; dans le premier cas, il faut faire une haie artificielle avec des branches d'arbres.

Quand le piége eft attaché avec adreffe, la bête s'y prend; en vain cherche-t-elle à fe débarraffer, en fe remuant, elle fait tomber la cheville qui fervoit d'arrêt à la corde, & fe fent arrêtée par le cou. Ce fecret eft d'autant plus fûr que le *Blaireau* ne retourne jamais en arrière, lorfqu'il trouve un chemin fermé, il cherche, au contraire, à s'y faire un paffage, malgré tous les obftacles qu'il rencontre.

Pour éviter que la pierre, en tombant, fe trouve arrêtée par la haie, & ne rende l'effet de la machine inutile, il faut toujours que le grand bâton qui la tient fufpendue, foit panchée en-dehors de cette haie.

Chaffe plus fimple du Blaireau.

On cherche dans une haie une groffe branche fourchue, & l'on paffe dans la fourche une corde, au bout de laquelle pende une groffe pierre, on pofe la pierre légèrement fur la branche la plus proche.

On fiche enfuite en terre deux forts piquets à l'endroit où doit paffer le *Blaireau* : on les perce tous deux, afin d'y paffer la corde où la pierre eft attachée, & au bout de cette corde fe met le collet juftement dans la paffée de l'animal.

Dès que le *Blaireau* y a paffé la tête, il fait tomber la pierre, & s'étrangle.

Chaffe du Blaireau au fufil.

Piquez à l'endroit du trou d'un *Blaireau* un bâton long de demi-pied, qui foit au niveau de l'ouverture, & un autre gros comme le pouce, & long d'un pied; de l'autre côté du trou, à deux pouces près, ce piquet doit avoir une coche à la hauteur de quatre pouces de terre : prenez enfuite un troifième bâton, dont une des extrémités aura un crochet, & l'autre une coche; ce crochet doit être de quatre doigts plus long que l'efpace contenu entre les deux premiers bâtons dont nous avons parlé.

Après ces arrangemens, choififfez un lieu éloigné du terrier de dix à douze pas, & braquez jufte dans l'ouverture un fufil : cette arme doit être pofée fur deux fourchettes un peu plus hautes l'une que l'autre.

Ce fufil s'attache aux fourchettes avec une ficelle, afin qu'il ne fe déplace point; on paffe la ficelle par-deffus le fufil, fous les fourchettes, & on y attache une pierre de fept ou huit livres, tandis qu'on met à l'autre bout du fufil, un petit bâton gros comme la moitié du petit doigt, & long d'environ deux pouces.

Tirez ce bâton & la ficelle jufqu'à ce que la pierre foit proche de la croffe du fufil, & faites en forte que ce bâton puiffe être mis d'un bout dans la coche du fecond piquet, & de l'autre dans celle de la marchette, de façon que la marchette foit élevée deffus d'un pouce, & que la pierre, par fa pefanteur, tienne le tout en état.

Placez encore fur la marchette un petit ais long de huit à neuf pouces, & large de quatre, couvert de feuilles vertes ou de terre : bandez enfin le fufil, liez à la détente le bout d'une petite ficelle, attachez à la pierre l'autre bout qui paffera dans la fourchette, & retirez-vous jufqu'au lendemain : fi la machine eft bien tendue, le premier *Blaireau* qui entrera ou qui fortira du trou fera tomber la marchette qui fera agir avec fuccès tout le refte de la machine.

Il y a encore bien d'autres piéges utiles à la chasse des *Blaiveaux* : on voit aisément que l'industrie humaine réussit mieux à détruire les animaux qu'à les conserver.

Voyez pl. 9, de la chasse, tome IX, des gravures des Arts & Métiers, & l'explication de la même planche 9, à la fin de ce dictionnaire.

BLOC, f. m., en Fauconnerie, c'est ainsi qu'on nomme la perche sur laquelle on met l'oiseau de proie : elle doit être couverte de drap.

BLONGIOS. Oiseau du genre des Hérons. Il n'est pas plus gros qu'une Grive, & il habite les marais de la Suisse. On en distingue deux espèces. La première a le bec d'un vert jaunâtre ; le dessus du corps d'un noir vert brillant, & un peu doré, & la partie supérieure du cou est d'un gris fauve.

La seconde espèce de *Blongios* est coiffée d'un noir verdâtre, avec des bords couleur de marron sur le front : tout son plumage est d'un roux plus ou moins foncé.

BLOQUER, en Fauconnerie, se prend en deux sens différens : il se dit de l'oiseau qui a remis la Perdrix, & la tient à son avantage, gagnant le haut de quelque arbre prochain. Ce terme se dit aussi de son vol, lorsque l'oiseau reste suspendu en l'air sans battre de l'aîle ; ce qui s'appelle aussi planer.

BLOTTIR. (Terme de Chasse). On dit que la Perdrix, battue de l'oiseau ou arrêtée par un Chien, se *blottit* & se tapit en se collant contre terre.

BOBAQUE, f. m. Animal quadrupède, qu'on prendroit pour une Marmotte, à son museau court & gros ; à sa tête allongée, à son corps étoffé, à sa queue. Cet animal se trouve en Pologne.

On dit que le *Bobaque* s'apprivoise facilement, & qu'il a beaucoup des manières du singe.

BOIS. Cornes de Cerf. *Voyez* CERF. *Bois* (faire le) c'est aller en quête avec le Limier pour détourner un animal.

Toucher au bois ; quand le Cerf a refait sa tête, il va la frotter pour détacher la peau velue qui la couvre. On appelle cela *toucher au bois* ou *frayer.*

BON, en Fauconnerie, *voler pour bon*, se dit des oiseaux de proie qui sont bien affaités.

BON CONNOISSEUR. Ce terme se dit d'un veneur qui a toutes les connoissances nécessaires pour diriger la chasse des bêtes fauves, des Sangliers, &c.

BON PIQUEUR. C'est un homme expérimenté à bien faire chasser les Chiens courans.

BOND. Saut d'une bête fauve.

BONDIR (faire). C'est, en terme de chasse, lorsqu'un Cerf, un Daim ou un Chevreuil, fait partir de la réposée d'autres bêtes fauves.

BORDER UN FILET. C'est attacher avec du fil de trois en trois pouces, une corde autour du filet pour le rendre plus solide.

BONDRÉE, f. f. Oiseau de proie, qui a beaucoup de ressemblance avec la Buse. Ces deux espèces, quoiqu'ayant des caractères communs, offrent cependant des traits de différence dans le naturel, dans le caractère, & dans les habitudes. La *Bondrée* est à-peu-près aussi grosse que la Buse ; mais son bec est un peu plus long. Cet oiseau se nourrit principalement de Chrysalides, de Guêpes, de petites Grenouilles, de Lézards, de Chenilles, de Mulots. Sa manière ordinaire de chasser est de se placer sur les arbres, en plaine, pour épier sa proie. Elle ne vole guère que d'arbre en arbre, ou de buisson en buisson. Elle ne s'élève pas haut. Comme la *Bondrée* est grasse en hiver, & que sa chair est assez bonne à manger, on tâche alors de prendre cet oiseau au piége.

BOOBY. Oiseau de l'Isle de Tabago. Il est de la grosseur & de la figure d'un Chapon. Son plumage est varié & très-beau. On dit que cet oiseau est en si grande quantité dans l'Isle, qu'il est possible, à un seul chasseur, d'en prendre mille en un jour.

BOSSE se dit, en venerie, de la première poussée d'un cerf qui a mis bas ; ce qui commence dès les mois de mars ou d'avril. Il se prend en même sens pour le Chevreuil. C'est dans l'une & l'autre, l'éminence d'où sort le Mairin, la Perche, ou le fût du bois. Cette éminence se nomme *meule* dans le premier de ces animaux, & enflure dans le second.

BOTTE. (en venerie) C'est ainsi qu'on appelle le collier avec lequel on mène au bois le Limier.

BOUC, f. m. C'est le mâle de la Chèvre. Il diffère du Bélier en ce qu'il est couvert de poils & non pas de laine, & en ce que ses cornes ne sont pas autant contournées que le Bélier. De plus, il porte sous le menton une longue barbe, & il répand une mauvaise odeur.

Cet animal est très-vigoureux & très-chaud.

La Chèvre a de même que le *Bouc* un toupet

de barbe fous le menton. Sa queue eft très-courte ainfi que celle du *Bouc*. Notre efpèce de Chèvre eft remarquable par la longueur de fes deux pis qui lui pendent fous le ventre.

Cet animal étant devenu domeftique, a acquis diverfes couleurs : auffi voit-on des Chèvres blanches, noires, fauves & d'autres couleurs. Il y en a qui ont des cornes, d'autres n'en ont point.

Les Chèvres d'Angora & de Syrie font de la même efpèce que les nôtres. La tête du *Bouc* d'Angora eft ornée de cornes agréablement contournées. La femelle en porte auffi, mais d'une forme différente.

Ce font les Chèvres de Barbarie, de l'Afie mineure & des Indes qui fourniffent la plus grande quantité de ce beau poil de Chèvre avec lequel on fait des étoffes. Au refte, ces animaux qui font dans un état habituel de domefticité, ne font pas expofés aux pourfuites des chaffeurs.

BOUC DAMOISEAU. Joli petit quadrupède ruminant, & originaire de Guinée. Il a la grandeur d'un Chevreau de deux mois. Sa tête eft belle & reffemble affez à celle d'un Chevreuil. Le menton a peu de poil, mais, plus haut, il a de chaque côté une efpèce de petite mouftache. Ses oreilles font grandes & ont en dehors trois cavités qui fe dirigent du haut en bas. Ses yeux font vifs, pleins de feu, affez grands & d'un brun foncé. Ses cornes font droites, pyramidales, noires, finement fillonnées & longues de trois pouces, ornées en leur bafe de trois anneaux qui s'élèvent un peu en arrière vers le corps. La pointe en eft aiguë. Le poil du corps eft noir & roide, quoique doux au toucher. Il a la queue fort courte & blanche en-deffus, marquée d'une bande noire.

Cet animal eft d'un naturel timide ; lorfqu'on le pourfuit, il fait connoître fon épouvante, en fouffiant du nez fubitement & avec force.

Sa taille fvelte, & fes jambes minces lui donnent une agilité extraordinaire. Il eft d'une propreté finguliere ; on l'apprivoife peu-à-peu. Il fe lève avec grace fur les pieds poftérieurs pour prendre les alimens qu'on lui préfente.

BOUCLETTE s'emploie, en terme de chaffe : on dit une *pantière à bouclettes*, parce qu'elle a dans le haut de petites boucles attachées comme on en voit à un rideau de lit.
Les *Bouclettes* font ordinairement de petits anneaux de fer ronds & étamés.

BOUQUETIN, BOUC SAUVAGE ou BOUC DES ROCHERS. Cet animal reffemble beaucoup au Chamois. C'eft le même pélage & la même conformation, fi ce n'eft qu'il eft beaucoup plus

grand, qu'il a une barbe comme le Bouc, & des cornes renverfées en arrière, d'un volume & d'une dimenfion bien plus confidérables, puifqu'elles pèfent jufqu'à dix-huit livres les deux. On en voit au cabinet d'hiftoire naturelle, qui ont deux pieds neuf pouces de long, & neuf pouces de circonférence à leur bafe. Gafton-Phébus paroît avoir mis de l'exagération dans la defcription qu'il nous donne de cet animal, qu'il dit auffi grand qu'un Cerf, mais plus bas fur jambes, & dont les cornes (ajoute-t-il) font *groffes comme la tête d'un homme, & quelquefois comme la cuiffe*. Ils font, fuivant le même auteur, dangereux à rencontrer dans le tems de leur rut, qui, comme celui des Chamois, commence vers la touffaint, & dure un mois. Alors, ils courent fus les paffans, non à coups de cornes qu'ils ont trop renverfées fur le dos pour pouvoir nuire, mais à coups de tête, comme les Béliers ; & ils heurtent fi rudement, qu'ils caffent la cuiffe ou la jambe d'un homme, ce que Gafton-Phébus dit avoir vu. La femelle eft beaucoup moins grande que le mâle, & fes cornes font auffi beaucoup plus petites. Du refte, les habitudes du *Bouquetin* font abfolument les mêmes que celles du Chamois ; mais, en général, il s'élève davantage, & cherche toujours la région la plus haute, & les fommets des roches les plus inacceffibles. Il y a des *Bouquetins* dans les Alpes de la Suiffe ; il y en a dans les Pyrénées ; mais il ne paroît pas qu'il s'en trouve dans les montagnes du Dauphiné.

Le *Bouquetin* eft plein d'agilité, il fe fraye des chemins dans la neige, & franchit les précipices en bondiffant de rochers en rochers ; fa peau eft ferme & revêtue en hiver d'une double fourrure.

Cet animal pris jeune, s'apprivoife fans peine, va en troupeau, revient à l'étable, & s'accoutume à la domefticité.

Le Bouc fauvage eft fujet à des vertiges ; dans fes accès, il vient quelquefois fe mêler avec les Bœufs & les Chevaux, & y trouve l'efclavage.

Le *Bouquetin* fe rencontre dans les lieux efcarpés des plus hautes montagnes : c'eft fur-tout fur les Alpes, fur les Pyrénées, & dans les lieux les plus élevés des ifles de l'Archipel, qu'on en fait une chaffe abondante ; quoique cet animal n'habite que la région des glaces, il craint cependant les rigueurs d'un froid exceffif : l'été il demeure au nord des rochers qu'il habite, & l'hiver il cherche l'afpect du midi : il ne fauroit fe foutenir fur les glaces unies ; mais pour peu que la neige y forme des afpérités, il en traverfe en bondiffant toutes les inégalités.

Du Fouilloux affure, dans fa Vénerie, qu'on connoît l'âge du *Bouquetin* par le nombre des groffes raies qu'il a au travers des cornes.

La chaffe de cet animal eft très-pénible ; les
Chiens

Chiens y font prefqu'inutiles ; fouvent même elle eft dangereufe ; car lorfque le *Bouquetin* fe trouve preffé, il accule un homme contre un arbre & l'étouffe : ce quadrupède eft fi fort, que le chaffeur le plus vigoureux le frapperoit fur l'é-chine, d'une barre de fer fans la faire plier : d'un feul coup de tête, il renverfe les Limiers & les piqueurs ; la chaffe même devient impraticable quand les *Bouquetins* marchent en troupes.

Les payfans de la Suiffe fe fervent dans leurs maladies du fang de *Bouquetin*, comme d'un excellent fudorifique ; ils font même fécher ce fang, le mettent dans des veffies, & le vendent chèrement ; ce fang eft d'autant plus actif que l'animal s'eft nourri de plantes abondantes en parties volatiles : ces mêmes propriétés font auffi remarquées dans le fang des Boucs domeftiques, lorfqu'on les nourrit de plantes aromatiques.

On trouve dans le *Bouc fauvage*, lorfqu'il commence à vieillir, une efpèce de bézoard ; on pretend que fi on n'a pas foin de le retirer, dès que l'animal eft tué, il difparoît par une prompte diffolution.

L'auteur d'une hiftoire naturelle de la Sardaigne, publiée depuis peu d'années, fait mention de Chèvres fauvages dont eft peuplée une petite ifle appellée *Tavolara*, voifine de la côte de Sardaigne. Ces Chèvres ne font ni Chamois, ni *Bouquetins*, mais de vrais Chèvres domeftiques, qui y ont formé une colonie indépen-dante, & font devenues fauvages. Elles ne dif-fèrent des autres que par leur taille qui eft beaucoup plus grande. Ces Chèvres font mai-treffes abfolues de l'ifle, où il n'y a aucunes habitations, & point d'autres animaux qui en partagent la pâture avec elles. De tems en tems, elles font vifitées par des bandes de chaffeurs qui, ne pouvant les joindre dans les roches efcarpées qu'elles habitent, les attendent, le matin & le foir, quand elles defcendent aux ruiffeaux, & leur coupent le retour. Dans une de ces expéditions il en fut une fois tué 500.

BOUQUIN, vieux Lièvre ; il faut, fi l'on veut avoir beaucoup de Lévreaux, tuer aux mois de janvier & février des *Bouquins*, car s'il y en a trop, ils écrafent les hâzes, & les tuent quel-quefois.

BOUQUINER, en terme de chaffe, fe dit d'un Lièvre en amour, lorfqu'il tient une hâze.

BOURICHE, f. m. (Chaffe) C'eft une efpèce de panier fait en forme d'œuf, dans lequel les oifeleurs portent en vie les oifeaux aquatiques. On donne auffi le même nom à ceux dans lefquels on fait des envois de gibier.

BOURRÉE, f. f. Efpèce de chaffe qu'on fait avec un hallier.

BOURER, v. a. Un chaffeur *bourre* fon fufil quand il met fur la poudre ou fur le plomb du papier ou de la bourre. On dit auffi qu'un chien *bourre* quand il fuit à la courfe le gibier qui vole.

BOUSARDS, f. m. (Vénerie). Ce font des fientes de Cerf qui font molles comme la boufe de Vache, dont elles ont pris ce nom, & qu'on nomme autrement fumées.

BOUT DE VOIE. On dit qu'un Limier eft à *bout de voie* lorfqu'en fuivant il la perd.

BOUTIS. Rat fauvage de la côte d'Or, que les nègres chaffent avec foin, tant à caufe du goût exquis qu'ils trouvent à fa chair, que pour le dommage effroyable que cet animal fait dans leurs magafins de millet & de riz.

BOUTIS, f. m. C'eft ainfi qu'on appelle en vénerie tous les lieux où les bêtes noires ont remué la terre ; on dit, ces forêts font toutes remplies de *boutis*. Plus le Sanglier eft grand, plus les *boutis*, ou les trous qu'il fait, font profonds.

BOUTOIR ou BOUTOI, f. m. C'eft, en vé-nerie, le bout du nez des bêtes noires ; on dit, ce Sanglier a le *boutoir* fort.

BOUTON. On dit, en fauconnerie, qu'un oifeau *branche & prend le bouton*, pour marquer la cîme des arbres.

BOUVIER ou GOBEUR DE MOUCHES. Petit oifeau qui fuit les Bœufs à caufe des mouches qu'il trouve à leur fuite, & dont il eft fort avide. Il a le bec d'un brun rouffâtre, la tête & le dos de couleur plombée, la poitrine blanche & les pattes noirâtres.

BOUVREUIL. f. m. Oifeau de la groffeur d'un Moineau : les couleurs de fon plumage font tres-va-riées & plaifent aux naturaliftes. Il aime beaucoup les feuilles & les fleurs de pommiers, poiriers, &c., aufquels il caufe beaucoup de dommage ; on l'élève aifément en cage. Il eft fufceptible d'une éduca-tion plus belle encore que le Serin ; il apprend fans peine à imiter le fon de la flûte, & à répéter des airs : fon chant eft agréable, mais n'eft pas auffi varié que celui de la Linotte ; on dit que la femelle chante auffi bien que le mâle ; ce qu'on n'obferve dans aucun autre oifeau. On prend le bouvreuil au acet & à plufieurs autres piéges.

BRACONNIER, f. m. (Chaffe). C'eft un def-tructeur & voleur de gibier, qui chaffe fans droit & fans permiffion fur les terres d'autrui. Les ordonnances ont décerné des peines très-grièves contre les *braconniers*.

BRAILLER (Chasse). On dit qu'un chien *braille* quand il crie sans voix.

BRAMER, v. n. (Chasse). On se sert de ce terme pour désigner le cri du Cerf.

BRANCHIER, adj., se dit, en fauconnerie, d'un jeune oiseau qui, n'ayant point encore de force, se repose de branche en branche au sortir du nid.

BRANDES, s. f. pl., se dit, en vénerie, des plantes & bruyères qui se trouvent dans les clairs & autour des forêts, & dont les Cerfs mangent les pointes & la fleur.

BRANLE, en fauconnerie, se dit du vol de l'oiseau, lorsque s'élevant seulement au premier degré sur la tête du Fauconnier, il tourne en battant des aîles & remuant la queue.

BRANLOIRE. On dit, en fauconnerie, dans le sens de l'article précédent, qu'un Héron est à la *branloire*.

BRAQUES ou BRACS, s. m. pl. (Chasse). C'est le nom qu'on donne à des Chiens ras de poil, bien coupés, légers, bon quêteurs, vigoureux, & assez fins de nez. Ils sont bons pour la plaine & pour les broussailles. Ils résistent à la chaleur, & sont moins sensibles aux épines que les autres.

On dresse cette espèce de Chiens à arrêter & à rapporter.

BRAY. Piége avec lequel on prend les oisillons par les pattes.

BRAYER, en fauconnerie, c'est le cul d'un oiseau de proie; & on dit qu'une marque de la bonté d'un Faucon est quand il a le *brayer* net, & lorsqu'il lui tombe bien bas le long de la queue, & qu'autour il est bien émaillé de taches noires & rousses.

BRÉANT, s. m. Oiseau de la grosseur du Pinçon, dont on estime le chant. Les mâles sont d'un vert jaunâtre, à l'exception des aîles & d'une partie de la queue. Leurs jambes sont d'un rouge couleur de chair. La femelle tire sur le gris. Cet oiseau se prend au lacet & à la glue. Il s'apprivoise aisément.

BRÉHAIGNE, se dit, en vénerie, d'une Biche qui n'engendre point; on la nomme aussi *brehagne*. Cette vieille Biche laisse un pied large qui peut induire en erreur.

BRICOLE. Filet de petite corde ou de fil d'archal, fait en forme de bourse, qui sert pour prendre les grandes bêtes.

BRICOLER. On dit qu'un Chien *bricole* quand il s'écarte à droite & à gauche, sans *rester collé* sur la voie de l'animal qu'il chasse.

BRICOLER, se dit aussi d'un Cheval qui passe adroitement entre les épées & les arbres.

BRIDER les serres d'un oiseau, en fauconnerie, c'est en lier une de chaque main, pour l'empêcher de déchirer sa proie.

BRISÉES, s. f. pl., en vénerie, ce terme se dit des marques faites aux arbres sur les voies d'une bête.

Il se dit encore des branches que les valets de Limiers & les veneurs cassent & jettent à terre pour marquer la voie de l'animal. On en met le gros bout du côté où l'animal a la tête tournée.

Les *brisées* sont fausses quand les marques éloignent de la voie; on en pratique quelquefois pour tromper son compagnon.

BRISER, v. a., en vénerie, c'est marquer la voie d'une bête par des branches rompues. *Briser* bas, c'est rompre des branches & en jetter sur les voies. On dit : nous brisâmes bas, quand nous eûmes remarqué que le Cerf étoit passé. La pointe des branches fait voir d'où la bête vient, & le gros bout indique où la bête va.

Briser haut, c'est rompre les branches à demi-hauteur d'homme, & les laisser pendre au tronc de l'arbre.

BROCARD. Chevreuil mâle.

BROCHES, première tête du Chevreuil.

BROSSER, v. a. (Terme de vénerie). Lorsqu'on entend un Cerf marcher dans les forts, ou qu'il fuit, on dit, j'ai entendu un Cerf qui *brosse* dans ce fort, car sa tête fait du bruit contre les branches.

BROSSES. Paquets de poil qui vient aux bêtes fauves, sur le haut des canons des jambes de derrière, en-dehors.

BROUSSER. En terme de chasseur, c'est passer au travers du bois.

BROÛT. Bourgeons & écorce du jeune bois que le Cerf, le Chevreuil & le Daim mangent en avril & mai, & qui les enivrent.

BRUNIR. (Terme de Vénerie). C'est quand la tête du Cerf, du Daim ou du Chevreuil, change de couleur, & que de blanche qu'elle étoit, elle devient rouge, grife ou brune, fuivant les terres où elle fe frotte.

BUBALE. Animal qui tient pour la forme de celles de la Vache & du Cerf. Il eft armé de cornes. On dit qu'il n'échappe aux pourfuites des chaffeurs, & des animaux carnaciers, que par l'extrême légèreté de fa courfe; & qu'il ne fe fert jamais des défenfes que la nature lui a données.

BUCHER l'oifeau de proie, c'eft le mettre fur un bloc ou fur une perche.

BUFFETER, v. a., en fauconnerie, c'eft donner en paffant contre la tête d'un plus fort, ou contre la tête d'un leurre, quand on le fait battre aux oifeaux. On dit, cet oifeau a buffeté la proie.

BUFFLE. Efpèce de Bœuf fauvage. Quoiqu'il foit commun aujourd'hui en Grèce, & domeftique en Italie, il n'étoit connu ni des grecs ni des romains : cet animal eft originaire des pays les plus chauds de l'Afrique & des Indes, & n'a été tranf-porté & naturalifé en Italie que vers le feptième fiècle.

Quoique le Buffle & le Bœuf foient affez reffem-blans, qu'ils vivent fous le même toît, & foient nourris dans les mêmes pâturages, ils ont toujours refufé de s'unir, ils ne produifent, ni ne s'accou-plent enfemble : leur nature eft plus éloignée que celle de l'Ane ne l'eft de celle du Cheval. Elle pa-roît même antipathique : car on affure que les Vaches ne veulent pas nourrir les jeunes Buffles, & que les mères Buffles refufent de fe laiffer teter par les Veaux : le Buffle eft, après le Cochon, le plus mal-propre des animaux domeftiques : fa figure eft groffière, fon regard ftupidement fa-rouche, & fon mugiffement épouvantable : fa chair eft défagréable au goût, & répugnante à l'odorat ; cependant le peuple d'Italie & les juifs de Rome s'accoutument à en manger.

Comme ces animaux font plus grands & plus forts que les Bœufs, on s'en fert utilement pour le labourage, & on leur fait traîner des fardeaux; fous la zone torride leur taille eft énorme, ils n'ont au-deffus d'eux que l'Eléphant, le Rhinoceros & l'Hyppopotame.

Dans l'Afrique & dans les Indes, les Buffles vont en troupes & font de grands dégats dans les terres cultivées ; mais ils n'attaquent point les hommes; les habitans vont cependant à leur chaffe, alors ils deviennent très-dangereux; & il faut joindre la force à l'induftrie pour les vaincre. Les nègres de Guinée & les indiens du Malabar ne les atta-quent point en face, mais ils les attendent grimpés fur des arbres; ou cachés dans l'épaiffeur des fo-

rêts ; la maffe de ces animaux leur nuit alors & les empêche de réfifter.

Eldémiri, arabe, qui a donné une hiftoire des animaux, parle ainfi du Buffle. Il eft, dit-il, très-fort & très-courageux, & en même-tems le plus timide de tous les animaux. Il redoute la piqûre du Taon, & fe jette dans l'eau pour l'éviter. Le Lion a peur du Buffle. Malgré fa force, cet animal eft d'un naturel très-doux. Celui qui le conduit appelle les femelles, & elles viennent à fa voix. Le Buffle eft très-attaché à fa demeure. On dit qu'il ne dort point du tout, tant il eft attentif à veiller à fa fûreté & à celle de fes petits. Quand les Buffles font raffemblés en troupe, ils fe rangent en cercle, leurs têtes forment la partie antérieure du cercle, & leurs queues font renfermées dans l'intérieur. Les femelles & leurs petits font placés au centre. On croiroit voir une ville entourée de murailles & de fortifications. Les mâles s'attaquent réciproquement à coups de cornes ; le vaincu s'enfonce dans les bois, & y demeure caché juf-qu'à ce qu'il fe fente plus fort : alors il fort, cherche fon rival, l'attaque & ne le quitte point qu'il ne l'ait défait & mis en fuite. Le Buffle s'en-ferme dans l'eau le plus fouvent jufqu'aux nafeaux.

BUISSON. Bois de peu d'étendue où le Cerf fe récèle d'ordinaire pour refaire fa tête.

BUISSON CREUX, (donner) s'eft faire rapport d'un animal rembuché dans une enceinte où l'on ne le trouve pas.

BUSARD, f. m. Oifeau de proie. Le Bufard eft en général un oifeau qui a quelque reffem-blance avec le Milan. Il en diffère parce qu'il a, comme la Bufe & la Bondrée, le cou gros & court, au lieu que les Milans l'ont beaucoup plus long. On diftingue le Bufard de la Bufe; 1°. par les lieux qu'il habite; 2°. par le vol qu'il a plus rapide & plus ferme; 3°. parce qu'il ne fe perche pas fur de grands arbres, mais fur des arbuftes, & que communément il fe tient à terre ou dans des buiffons; 4°. on le reconnoît à la longueur de fes jambes. Cet oifeau eft plus vorace & plus méchant que la Bufe. Il fait la guerre aux Lapins & aux poiffons. Il chaffe de préférence les Poules d'eau, les Plongeons, les Canards & les autres oifeaux d'eau. Il prend les poiffons vivans & les enlève dans fes ferres. Il fe nourrit auffi de rep-tiles, de Crapauds, de Grenouilles & d'Infectes aquatiques. On a effayé, avec quelque fuccès, de dreffer cet oifeau à chaffer les Lapins, les Perdrix & les Cailles. Il faut lâcher deux ou trois Faucons après le Bufard pour le prendre. Un feul ne fuffi-roit pas. Il a le vol pefant & horizontal.

BUSE, f. f. Cet oifeau de proie eft de la grof-feur d'un faifan. La longueur de fon corps eft d'environ vingt pouces; ses aîles étendues ont quatre pieds & plus; sa queue n'a que huit pouces. Le plumage de cet oiseau est mêlé de couleur de rouille & de noir; il a la vue très-perçante; il est armé d'un bec noirâtre, pointu, un peu recourbé, & de griffes vigoureuses & noires. Ses pieds sont jaunes. La *Buse* demeure toute l'année dans nos forêts, elle est sédentaire & paresseuse. Cet oiseau de rapine est un chasseur qui ne saisit pas sa proie au vol. Il reste sur un arbre, un buisson, une motte de terre, & delà se jette sur tout le petit gibier qui passe à sa portée. Il prend les Levreaux & les jeunes Lapins, aussi bien que les Perdrix & les Cailles; il dévaste les nids de la plupart des oiseaux, il se nourrit aussi de Grenouilles & de reptiles.

BUSE CENDRÉE. Cet oiseau est de la grandeur d'un Coq. Il ressemble, par sa figure, & en partie par ses couleurs, à la *Buse* commune. Les jambes & les pieds sont d'une couleur cendrée, bleuâtre; les ongles sont noirs. Le bec & la peau qui en couvrent la base sont d'une couleur plombée, bleuâtre. Cet oiseau se trouve dans les terres de la Baie d'Hudson, & fait sa principale proie des Gelinotes blanches.

BUTOR (le) s. m. Cet oiseau est une espèce de Héron; il est gros comme un Chapon : il a la partie supérieure de la tête noirâtre, les côtés roufsâtres, le dessus du col couvert de plumes roufsâtres, rayées transversalement de noirâtre;

le dos & le croupion fauves, & rayés transversalement de noirâtre; l'espace dégarni de plumes qui se trouve entre le bec & l'œil, est couvert d'une peau verte; la gorge est d'un blanc roufsâtre, la poitrine & le ventre sont d'un fauve clair, varié de taches longitudinales noirâtres; les plumes de l'aîle sont d'un fauve foncé noirâtre; le bec, qui a trois pouces & demi de long, est d'un brun verdâtre; les jambes & les pieds sont d'un verd jaunâtre. On le trouve dans les marais, où il fait son nid par terre.

On a donné, dit-on, le nom de *Butor* à cet oiseau parce qu'il crie ayant le bec dans la boue, & qu'il imite le mugissement du Taureau. Quelques naturalistes distinguent deux autres espèces de *Butor*, l'une qui est rouge, & l'autre qui est hupée. La chair, de la première espèce, sent beaucoup le sauvagin. Il cherche les endroits où il y a du poisson, & il reste comme immobile en attendant sa proie. Il contracte son cou & blesse le chasseur qui s'approche imprudemment pour le saisir.

L'autre espèce de *Butor* hupé, est également avide de poisson. On prend cet oiseau qui se tient ordinairement près des étangs & des rivières par le moyen d'un hameçon qu'on appâte avec une Grenouille, ou avec un poisson de la grosseur de trois doigts. Sa voracité cause sa perte.

Dans l'automne, après le coucher du soleil, les *Butors* ont coutume de prendre l'essor à une grande distance, & de s'élever en ligne spirale jusqu'à ce qu'on les perde de vue.

C.

CABANNE, f. f. Petite loge couverte pour la pipée, ou pour se mettre à l'affût du Canard.

CABIAI, ou PORC DES RIVIÈRES. Quadrupède amphibie qui se trouve dans les terres basses de l'Amérique Méridionale, ainsi qu'au Brésil, aux Amazones & à la Guiane.

Le *Cabiai* a chacune de ses mâchoires garnie de deux dents incisives, & de huit dents molaires qui sont fendues à demi & en trois parties, en sorte que chaque dent molaire en représente trois sur la même tige. Cet animal est de la grandeur d'un Cochon de deux ans. Son museau est obtus. Il a des moustaches longues & dures comme celles du chat. Tout son corps est couvert d'un poil brun, rude & court. Il n'a point de queue ni de défenses. Il a des membranes entre les pattes. Le *Cabiai* plonge dans l'eau pour y prendre le poisson; il se nourrit aussi de graines, & de fruits de cannes à sucre. Son cri ressemble au braiment de l'âne. Quand il est poursuivi par les chasseurs, il se précipite dans le fleuve dont il ne quitte point les bords, & il nage entre deux eaux assez loin, & assez long-tems pour se sauver. La chair du *Cabiai* est grasse & tendre, mais d'un mauvais goût de poisson. La Hure, qui tient plus de la viande, est préférable. On parvient à apprivoiser cet animal, & à le faire obéir, étant d'un naturel timide & doux.

CABRIL. Nom qu'on donne au Chevreau lorsqu'il n'a pas encore six mois. Sa chair est alors délicate comme celle de l'agneau.

CABURE. Espèce d'oiseau de nuit, du Brésil. On recherche cet oiseau parce qu'il s'apprivoise facilement, qu'il est gai & divertissant. Il est de la grandeur d'une Grive. Il a la tête ronde, le bec court & crochu, avec deux trous pour narines. Sa tête est ornée d'aigrettes de plumes; & l'oiseau la fait tourner sur son cou comme sur un pivot. Il a aussi la faculté de remuer les plumes qui sont des deux côtés de la tête, de manière qu'elles se redressent & présentent de petites cornes ou des oreilles. Il fait, avec son bec, une espèce de craquement pour jouer ou pour marquer l'envie qu'il a de quelque chose. On le nourrit avec de la chair crue.

CAHUITAHU. Oiseau du Brésil, de la grandeur d'une oie. Il a le haut des aîles armé d'un ergot ou corne très-aiguë; & il a encore au-dessus du bec une autre petite corne déliée & flexible, de la longueur du doigt.

CAÎLLE, s. f. Oiseau de passage, ayant un ramage assez agréable; il est de la grosseur d'une forte Grive. Son vol est peu élevé de terre. Les *Cailles* partent deux à deux, & volent plus de nuit que de jour. C'est au peu de durée de leur vol, qu'on doit la facilité de les prendre à la course.

Le bec de la *Caille* a un demi pouce de longueur; il est un peu applati; l'iris des yeux est couleur de noisette; le ventre & la poitrine d'un jaune pâle, mêlé de blanc; sa queue est courte, & la couleur de ses aîles très-variée.

La *Caille* jeune, tendre, grasse & bien nourrie, est un des mets les plus exquis. Sa chair est de bon suc; elle excite l'appétit, & convient à toutes sortes d'âges & de tempéramens.

Les *Cailles* arrivent d'Afrique, dans nos contrées, vers la mi-avril, débarquant d'abord sur les côtes de nos provinces méridionales, d'où elles se répandent ensuite, de proche en proche, dans les provinces intérieures. On prétend que, pour faire le trajet de mer qui sépare les côtes d'Afrique de celles de la Provence, elles ne mettent que six ou sept heures; & la preuve s'en tire de ce que celles que l'on tue, immédiatement après avoir pris terre, ont encore du grain dans le jabot, & que l'on sait qu'il ne leur faut guère plus de tems pour le digérer. On les trouve, à leur arrivée, dans les prairies & les bleds verds, ce qui fait qu'on les appelle alors *Cailles* vertes. Cet oiseau ressemble beaucoup en petit à la Perdrix, tant par sa forme que par sa manière de vivre & ses habitudes; mais son vol est bien moins haut que celui de la Perdrix, & elle s'enlève rarement à plus de trois ou quatre pieds de terre, filant toujours très-droit, & se posant ordinairement à peu de distance. Elle tient beaucoup, & il est souvent très-difficile de la relever, quoiqu'on l'ait vue se poser. Le mâle est aisé à distinguer de la femelle: celle-ci a la poitrine blanchâtre, mouchetée de noir; le mâle, roussâtre, sans mélange d'autre couleur; & il a, d'ailleurs, le bec noir, ainsi que la gorge.

Peu de jours après son arrivée, la *Caille* se met à pondre, de manière que sa ponte se rencontre à-peu-près avec celle de la Perdrix: elle est aussi à-peu-près du même nombre d'œufs, favoir, quinze à feize.

Nous voyons peu de *Cailles* dans nos provinces feptentrionales, en comparaifon de celles du midi, telles que le Languedoc & la Provence. En Provence, particulièrement, lors de leur paffage, on en trouve en abondance, & fur-tout dans les parties de la côte qui ont des pointes avancées dans la mer. Quelques petites îles, voifines de la côte, telles que Pomègues & Ratonneau, à une lieue de Marfeille; les îles de Lérins près d'Antibes; celles d'Hyères fituées à trois lieues en mer, en face de la petite ville de ce nom; celles de Riou, de Jêres, & de Maire, au fud de Marfeille, entre cette ville & la Ciotat, dont la plus éloignée de la côte, qui eft celle de Riou, n'en eft qu'à trois quarts de lieue. Ces îles, où elles ont coutume de faire une ftation pour s'y repofer, en font couvertes, certains jours, dans le tems du paffage, c'eft-à-dire, du 15 avril au 15 mai. Alors des bandes de chaffeurs s'y rendent pour y faire des parties qui durent quelquefois plufieurs jours; ils y portent des provifions de bouche, & s'établiffent fous des tentes, dans celles qui ne font point habitées.

Ces chaffes font ordinairement fort abondantes, tant que le vent fouffle du midi, attendu que c'eft ce vent qui amène les *Cailles*; & au contraire, par le vent du nord, il n'y a point de paffage. Outre les *Cailles*, on rencontre quelquefois fur ces îles, des Râles de genêt, ou Rois de *Cailles*, des Tourterelles & des Huppes, qui s'y arrêtent également pour fe repofer. Mais la plupart des *Cailles* qu'on tue à ce paffage, font maigres; elles ne deviennent graffes qu'après la récolte, dans les mois d'août & de feptembre; les Cailleteaux, alors, ont pris toute leur croiffance, & c'eft-là le vrai tems de la chaffe des *Cailles*. On les trouve, en cette faifon, dans les chaumes, les vignes, les fain-foins, les luzernes, & dans les champs de bled-farrafin, qui ne fe moiffonne que fort tard.

(Lorfque les *Cailles* viennent d'Afrique, les Faucons en font alors une grande provifion qu'ils rangent par tas de fix ou fept, près de leur repaire, & fe nourriffent toujours des plus anciennes. Les Moettes fe jettent auffi fur les *Cailles* avant qu'elles aient atteint la terre, & les précipitant dans la mer elles les avalent entières).

Les *Cailles* nous quittent à la fin de feptembre: on rencontre encore quelques traîneufes jufques vers la mi-octobre; d'autres, mais en très-petit nombre, bleffées, ou trop graffes pour entreprendre le voyage, reftent dans le pays avant l'hiver. J'en ai vu tuer une en Normandie, le jour de la S. Martin. J'en ai vu une autre le 7 mai, reftée de l'année précédente; mais, quant à celle-ci, elle avoit été dans l'impoffibilité abfo-

lue de partir: cette *Caille*, dont je ne parle que pour la fingularité de la rencontre, n'avoit qu'une aîle; l'autre manquoit entièrement, & étoit tombée, tout près du corps, fans doute à la fuite d'un coup de fufil qui l'avoit brifée dans le gros; auffi n'eus-je pas la peine de la tirer; mon chien la prit dans une pièce de bled, & me l'apporta vivante. La bleffure, que j'examinai, étoit parfaitement cicatrifée, & recouverte de plumes; ce qui prouve évidemment que ce n'étoit pas une *Caille* arrivante.

Lorfque le tems du paffage des *Cailles* pour retourner en Afrique, eft arrivé, c'eft-à-dire, depuis le 15 d'août jufqu'aux premiers jours d'octobre, il fe fait, aux environs de Marfeille, dans toute cette étendue de terrein, couverte de baftides, qu'on appelle le Taradou, une chaffe très-agréable, pour laquelle on fe fert d'appeaux vivans. Ce font de jeunes mâles de l'année, pris au filet, & qui fe conftervent d'une année à l'autre, dans des chambres ou en volière, ayant foin de ne pas leur donner de millet, qui les engraiffe trop. Au mois d'avril, on les aveugle, en leur paffant légèrement fur les yeux un fil de fer rouge; opération qui en fait mourir quelques-uns. Au mois de mai, on les plume en partie fur le dos, aux aîles & à la queue, fans trop les déshabiller, pour avancer leur mue, parce que s'ils muoient dans le tems du paffage, cela les empêcheroit de chanter. A l'entrée du mois d'août, on les met en cage, pour les y accoutumer; & lorfque le tems de la chaffe eft arrivé, on plante dans les vignes, de diftance en diftance, des pieux de huit à dix pieds, auxquels on attache tranfverfalement de l'un à l'autre, deux rangs de planches garnies de clous à crochet, pour y fufpendre des cages.

Lorfqu'on a peu d'appeaux, on fe contente de clouer longitudinalement, fur chaque pieu, une planche d'environ trois pieds de longueur, & de huit à dix pouces de large, dans laquelle on fiche trois clous pour recevoir autant de cages. On multiplie les pieux & les cages, à proportion de l'étendue des vignes. Elles reftent ainfi fufpendues, tant que dure la faifon du paffage. Un homme eft chargé de donner à manger aux appeaux & de les garder, pendant la nuit, dans une cabane conftruite exprès fur le lieu, lorfque cette chaffe fe fait en pleine campagne; car on peut fe difpenfer de cette précaution, lorfqu'elle fe fait dans des vignes enfermées de murs qui font partie de l'enclos d'une baftide.

Les *Cailles* appellantes, qui font au nombre de trente, quarante, cinquante, & quelquefois cent, fuivant que le terrein où l'on chaffe eft plus ou moins étendu, chantent dès l'aube du jour, & attirent autour des cages non-feulement celles qui paffent, mais celles qui fe trouvent répandues dans les environs. Deux heures après le foleil levé, lorſque la roſée eſt eſſuyée, le chaſſeur ſe rend ſur les lieux, ſans chien, & bat les vignes doucement & à petit bruit, pour ne pas trop effaroucher les *Cailles* raſſemblées autour des cages, qui partiroient par douzaines, s'il en faiſoit trop. Cette première battue faite, il va chercher, ou ſe fait amener un chien, qui fait lever celles qui ne ſont point parties. Un ſeul chaſſeur peut tuer cinquante ou ſoixante *Cailles* dans une matinée; mais, pour que cette chaſſe réuſſiſſe, il faut que la mer ſoit calme; pour peu qu'elle ſoit agitée, il n'y fait pas bon, & les *Cailles* ne paſſent point.

La chaſſe eſt bien plus abondante, lorſqu'on enferme un terrein, ainſi garni d'appeaux, avec des filets ſuſpendus à des pieux diſpoſés autour de l'enceinte qui ſe tendent le matin, & dans leſquels les *Cailles* viennent ſe jetter, à meſure qu'on les fait partir en battant les vignes; ce qui n'empêche pas qu'en même-tems on ne puiſſe les tirer au fuſil. Alors, celles qui échappent au coup, ſont priſes dans les filets. Mais ces filets, qui ſont de ſoie verte, ſont un article de dépenſe conſidérable, & il n'y a que les gens riches ou fort aiſés qui les emploient dans les vignes encloſes de murs qui accompagnent leurs baſtides. On peut prendre de cette manière juſqu'à quinze cents ou deux mille *Cailles* pendant les ſix ſemaines que dure cette chaſſe, ſuivant que le terrein eſt plus ou moins étendu.

Il paroît que non-ſeulement les *Cailles* ſéjournent plus long-tems en Italie qu'en France, mais qu'il y en reſte beaucoup pendant l'hiver. Olina dit que, dans la campagne de Rome, elles s'en vont à la fin de l'été, & au plus tard, dans les premiers jours de novembre; & que celles qui ſont trop graſſes pour repaſſer en Afrique, vont s'établir dans les lieux bas & abrités, où le froid ſe fait moins ſentir qu'ailleurs. Ceſare Solatio prétend que les *Cailles* qui s'en vont au mois de ſeptembre, ſont les groſſes qui ſe ſont engraiſſées, & que les petites *Cailles* maigres, que les chaſſeurs appellent *Cailles* de montagne, parce qu'elles ſont nées dans les montagnes, ne s'en vont qu'en octobre; qu'on trouve encore de ces dernières, pendant tout le mois de novembre; ce qui s'accorde aſſez avec ce que dit Olina.

Eſpinar dit qu'elles quittent l'Eſpagne au mois de ſeptembre, & que, dès le premier jour de gelée blanche, elles diſparoiſſent, quoiqu'il y en eût encore beaucoup la veille.

En Sardaigne, ſuivant la nouvelle hiſtoire naturelle de cette île, une partie des *Cailles* ſeulement s'en va aux premières pluies de l'automne, & il en reſte encore en quantité pendant l'hiver. On va expreſſément à la chaſſe aux *Cailles* en cette ſaiſon; on les entend chanter, & on les rencontre dans les champs, par compagnies de cinq ou ſix. On s'apperçoit ſeulement que le nombre en eſt conſidérablement diminué, mais on le voit augmenter au mois d'avril.

(*Extr. du traité de la chaſſe au fuſil*).

Chaſſe des *Cailles* à la chanterelle.

Lorſque les bleds ſont encore verds, & que les mâles des *Cailles* ſont en chaleur, on prend une femelle qui ſache chanter, & on l'enferme dans une cage; ſuppoſé qu'elle ne ſache pas chanter, on l'inſtruira de cette manière.

On enferme une *Caille* dans un lieu obſcur; & ſoir & matin on lui donne à manger du millet, à la faveur d'une lampe allumée: on continue ces ſoins juſqu'à ce qu'avec un appeau, on lui ait appris à rappeller.

Dès qu'une *Caille* eſt inſtruite, on la porte dans ſa cage au champ où l'on veut tendre ſon piège; & on place un hallier au-devant, afin que les mâles ne puiſſent accourir à la voix de la femelle ſans perdre leur liberté.

On ſe couche contre terre à dix à douze pas de la chanterelle, & on ne fait aucun mouvement, car les *Cailles* ſont ruſées, & s'effarouchent aiſément.

Cette chaſſe ſe fait communément lorſque les bleds ſont encore verds; & la *Caille* qui chante pour appeler le mâle, lui a fait donner le nom de chanterelle.

Chaſſe des *Cailles* avec l'appeau.

L'appeau eſt une petite bourſe de cuir, large de deux doigts, & longue de quatre, qui ſe ſe termine en pointe, comme une poire. Cette bourſe eſt à moitié pleine de crins de Cheval, & la pointe ſe termine par une eſpèce de ſifflet, fait de l'os de jarret d'un Lièvre, ou du grand os de l'aîle d'un Héron, long de trois doigts, & dont le bout eſt accommodé en forme de flageolet, par le moyen de la cire molle. On lie ce ſifflet à la bourſe, avec de la ficelle, & l'appeau eſt conſtruit.

Il y a encore d'autres appeaux plus compliqués; mais on fera beaucoup mieux de les acheter tout faits chez les merciers.

On prend les *Cailles* à l'appeau depuis le mois d'avril juſqu'au mois d'août, c'eſt à-dire, pendant le tems que ces oiſeaux ſont en amour: on n'y prend que les mâles, & encore faut-il que l'appeau ſoit bien touché & qu'il contrefaſſe le chant de la femelle. Un ſeul coup donné à faux, feroit envoler les mâles qui s'en vont chanter à cent pas, comme s'ils vouloient ſe moquer de la mal-adreſſe du chaſſeur.

Voici la manière de bien toucher l'appeau ; on l'étend dans la paume de la main gauche, & on le tient ainſi renverſé avec l'index : enſuite, en frappant la poire avec le derrière du pouce de la main gauche, on imite aſſez bien le cri de la *Caille*.

Il ne ſuffit pas de ſavoir faire jouer un appeau, il faut encore s'en ſervir utilement.

Un chaſſeur qui veut employer cet artifice pour prendre des *Cailles*, doit ſe rendre dans la campagne, à la pointe du jour, ou au ſoleil couché ; il porte avec lui un hallier long d'environ quinze ou ſeize pieds, & haut de trois ou quatre mailles, larges chacune d'un pouce & demi ; & s'il entend quelques *Cailles*, il fait jouer ſon appeau à deux ou trois repriſes.

Si la *Caille*, à la voix de l'appeau, ne vole point près du chaſſeur, c'eſt une preuve qu'elle a ſa femelle, & qu'on attendroit vainement qu'elle donnât dans le piège.

Si la *Caille* eſt ſans femelle, elle s'approchera ; vous avancerez auſſi à la diſtance d'environ quinze pas de l'oiſeau ; vous dreſſerez votre hallier dans un bled verd, ou dans un pré, & vous aurez ſoin d'en bien dreſſer les piquets en terre ; la *Caille* vous donnera le tems de faire ces préparatifs.

Vous vous retirerez enſuite, & laiſſerez le filet entre le gibier & vous, à la diſtance d'environ dix pieds : vous vous coucherez alors le ventre contre terre, & dès que vous entendrez chanter la *Caille*, vous ferez jouer votre appeau ; quand elle ceſſera, vous ceſſerez auſſi. Par cette adreſſe, vous engagerez le mâle à venir trouver ſa fauſſe femelle, & en traverſant le hallier, il ſe prendra au piège.

Quelquefois l'oiſeau paſſe le long du filet, au lieu de donner dedans ; tenez-vous alors tranquille, ne vous remuez point, & laiſſez-le s'écarter : quand il ne ſera plus à portée de vous appercevoir, paſſez du côté du filet, donnez deux ou trois coups de votre appeau, & la *Caille*, rebrouſſant chemin, ſe précipitera dans le hallier.

Si, par hazard, le champ étoit couvert de roſée, ou qu'il eût plu le jour de votre chaſſe, il faudroit vous coucher proche du hallier, & toujours du côté oppoſé au gibier que vous voulez prendre, parce que la crainte qu'il a de ſe mouiller en voltigeant au travers des herbes, fait qu'il vole droit à vous ; &, comme il eſt ſurpris de vous entendre, la peur d'être pris, fait qu'il aime mieux donner ainſi dans le piège que de s'élever en volant.

On voit que l'appeau eſt une chaſſe imitée de la chanterelle.

Chaſſe des Cailles à la tiraſſe.

Les *Cailles* ne ſont pas toujours en amour : ainſi il y a des tems où la chanterelle & l'appeau ne ſont d'aucune utilité : on a recours alors à la tiraſſe, & cette chaſſe ſe fait dans le mois de mai & dans celui de ſeptembre.

La tiraſſe pour les *Cailles* eſt un filet fait en mailles quarrées, ou en lozanges : ce filet eſt bordé d'une corde aſſez forte qu'on laiſſe pendre de cinq ou ſix pieds, à chaque bout, & dont on ſe ſert pour traîner le filet : les mailles doivent avoir la largeur d'un pouce. On donne à la tiraſſe, depuis deux cents juſqu'à quatre cents mailles de levure : ces mailles doivent être de bon fil retors en trois brins, & on les teint ordinairement en brun.

On va à la chaſſe des *Cailles* avec une tiraſſe & un Chien couchant inſtruit à arrêter la plume.

Deux chaſſeurs réuſſiſſent aiſément à la tiraſſe ; il faut d'abord remarquer le vent, afin que le chien chaſſe le nez dedans ; il en ſent mieux le gibier, & fait des arrêts plus fréquens : dès qu'il s'arrête, on a ſoin de tenir la tiraſſe déployée par le moyen d'une corde, & on avance doucement juſqu'à ce que le Chien en ſoit couvert : ſi la *Caille* ne part pas, on fait quelque bruit, alors elle s'envole, & ſe trouve envelopée de la tiraſſe.

Une ſeule perſonne peut auſſi réuſſir à cette chaſſe ; elle ſe munit alors, outre le filet & le Chien, d'un bâton gros comme le poignet, long de trois ou quatre pieds, & qui ſe termine par une pointe de fer, de la longueur d'un demi-pied. Vous attachez à ce bâton un des bouts de la corde de votre tiraſſe, & quand votre Chien eſt arrêté, vous laiſſez tomber votre tiraſſe à deux toiſes de lui, & vous piquez en terre votre bâton ferré ; prenant enſuite l'autre bout du filet, & reculant un peu comme pour vous éloigner du Chien, vous le tirez avec force en le tournant devant le nez du Chien, juſqu'à ce qu'en vous rapprochant de lui, vous le touchiez de la corde.

Cette chaſſe eſt fort commode pour tranſporter des oiſeaux vivans ſans les bleſſer, ou du gibier mort, ſans qu'il ſe corrompe.

Chaſſe des Cailles à la tiraſſe & à l'appeau réunis.

Lorſque les *Cailles* ſont en chaleur, on tiraſſe à l'appeau au lieu du Chien : cette chaſſe ſe fait une heure avant le coucher du ſoleil ; c'eſt le tems où les femelles ſe promènent ſur l'herbe, & où les mâles les recherchent avec le plus d'empreſſement.

On

1. On doit être deux perſonnes à cette chaſſe; une porte la tiraſſe & l'autre l'appeau : dès qu'on a entendu chanter quelque *Caille*, on prend l'appeau & on lui répond : on court où on juge qu'elle eſt, on ſe couche à terre en ſilence, & on attend qu'elle chante encore un coup : on ſe lève alors; on déploie la tiraſſe, & on la traîne juſqu'à ce que le gibier ſe trouve enveloppé. On doit remarquer que s'il avoit plu, ou que les champs fuſſent couverts de roſée, la *Caille* ne ſe promeneroit pas, & la tiraſſe deviendroit inutile.

CAILLES (roi des). C'eſt l'oiſeau qui, dit-on, ſert de guide aux *Cailles* quand elles ſont en migration : ſon bec eſt long d'un pouce & demi, & de-là juſqu'à la queue, cet oiſeau a onze pouces. Il eſt marqueté, comme la *Caille*, de pluſieurs taches jaunes, brunes & blanchâtres. On connoît cet oiſeau parmi les anglois, ſous le nom de *Caille de Bengale*. Cette eſpèce de *Caille* eſt courageuſe, & très-difficile à apprivoiſer.

1. CAILLETAUX. On nomme ainſi les petits de di Caille. On remarque que la mère les conduit ans la campagne, & qu'elle les retire ſous ſes aîles à la manière des Poules & des Perdrix.

CALANDRE. Eſpèce d'Alouette ſans crête, plus groſſe que les autres, & dont la voix eſt plus étendue. Le mâle a la tête & le bec plus gros que les femelles. On dit que les *Calandres* contrefont à merveille le chant des autres oiſeaux.

CALANDRETTE. Nom de la petite Grive de vigne.

CALCAMAR. Oiſeau aquatique du Bréſil, de la groſſeur d'un Pigeon. Les *Calcamars* ne volent point, mais ils vont en troupes au milieu des mers dont ils fendent les flots en s'aidant de leurs pieds & du moignon de leurs aîles. On dit que ces oiſeaux annoncent également aux matelots le calme & la tempête. Ils s'aſſemblent alors en ſi grand nombre autour des vaiſſeaux que les mariniers s'en trouvent importunés.

CAMÉLÉON ou CHAMEAULION, animal fameux par ſon changement de couleur, tantôt en bleu, tantôt en jaune, tantôt en vert. On diſtingue pluſieurs eſpèces de *Caméléon* au Mexique, en Arabie, en Egypte, &c.

Le *Caméléon* d'Egypte eſt le plus ordinaire & le plus grand de tous. Sa figure eſt aſſez irrégulière; ſon dos eſt courbé; ſa tête fort groſſe eſt ornée extérieurement d'une crête, & intérieurement d'une couronne triangulaire oſſeuſe, dont les angles ſont bordés de petits boutons perlés qui s'étendent ſur le nez & ſur le front de l'animal; ſes yeux, tantôt gros, tantôt petits, ſont bordés

d'un anneau & diſpoſés de manière qu'ils peuvent avoir différens mouvemens contraires, l'un en haut, l'autre en bas, en arrière & de divers côtés. Le *Caméléan* n'a point d'oreilles, & il paroît ne recevoir ni produire aucun ſon articulé. Il a le muſeau formé en pointe obtuſe; ſa gueule eſt ample & garnie de très-petites dents. Sa langue eſt longue & viſqueuſe; ſon ventre fort gros. Sa gorge, & la longueur du col, tant au-deſſus qu'au-deſſous, ſont garnies d'une rangée d'eſpèces de petites dents en forme de ſcie ou de herſe. Le dos & le ventre ſont d'un cendré pâle ou obſcur; les côtés du ventre ont une couleur cendrée, & paraiſſent comme recouverts de petites écailles rouſſâtres, ondées ou marbrées d'un gris de ſouris; l'épine du dos & la queue avancent en arcade. Ses pieds ſont compoſés de cinq doigts, dont le premier eſt uni au pouce, & les trois autres ſont auſſi joints enſemble. Ses doigts finiſſent par de petits ongles pointus & crochus qui ſont ſéparés & libres dans leur jeu. Un cal épais couvre tellement la plante des piés qu'il forme dans quelques-uns une eſpèce de talon ou de point d'appui.

Comme le *Caméléon* ne ſe nourrit que de mouches, de ſauterelles & de fourmis, la nature lui a donné une langue plate en deſſus, pointue en deſſous, de la longueur de ſon corps, qu'il peut étendre & retirer facilement. Le *Caméléon* peut vivre quatre à cinq mois ſans prendre aucune nourriture apparente. Il ſemble ſe contenter alors de reſpirer l'air frais.

Le *Caméléon* d'Egypte qui eſt le plus grand de tous, n'a guère qu'un pied de long en comprenant la queue. Son allure eſt fort lente. On chaſſe cet animal, quoiqu'il ne ſoit d'aucune utilité, mais à cauſe de ſon extrême ſingularité.

CAMÉLÉOPARD. Animal nommé par les italiens *Giraffe*, qui a la tête & le cou, comme le Chameau, & dont le dos eſt tacheté de blanc ſur un fond rouffâtre à la manière des Léopards. Il a le pied fourchu comme le Bufle; il n'eſt pas ſi gros que l'Eléphant, mais il eſt plus haut. Il a les crins du cheval. Sa tête eſt armée de deux cornes très-courtes. Il a un grand cou & une langue longue de deux pieds, qui lui ſert pour brouter l'herbe, les feuilles & les petites branches des arbres. Ses jambes de devant ſont plus longues que celles de derrière; enſorte qu'il paroît boîter en marchant.

Ce quadrupède ſe plaît dans les pays chauds de l'Aſie, de l'Abyſſinie, de Pamphilie, & d'Afrique. C'eſt, dit-on, un animal doux à gouverner, & la chaſſe n'en eſt ni dangereuſe ni difficile. *Voyez* GIRAFFE.

CAMPAGNOL. Eſpèce de Rat qui ſe trouve
G

dans les bois, dans les champs, dans les prés, & même dans les jardins. Il est remarquable par la grosseur de sa tête, & par sa queue courte & tronquée, recouverte de poils. La longueur de ce petit animal depuis le bout du nez jusqu'à l'origine de la queue, est tout au plus de trois pouces.

Le *Campagnol* se pratique des trous en terre qui sont divisés en deux loges, où ils habitent plusieurs ensemble & font leur petit ménage. Ils ont dans leur logis des provisions de grains, de noisettes, de glands & de blé. Ils sont de subtils glaneurs, & suivent les moissonneurs pour recueillir les grains tombés & les épis oubliés. Ils vont aussi dans les terres nouvellement semées, où ils détruisent d'avance la récolte suivante. Ces animaux sont en si grand nombre dans certaines années, qu'ils portent la désolation dans les campagnes. Mais les *Campagnols* sont chassés & détruits en grande partie par les Mulots, par les Renards, par les Chats sauvages, par les Martes & les Belettes; ils se font même la guerre & se mangent entr'eux dans les temps de disette.

CANARD. s. m. Oiseau aquatique dont il y a deux espèces bien distinctes. Savoir, l'une des *Canards* sauvages, l'autre des *Canards* domestiques.

Du Canard sauvage.

Le *Canard* sauvage est un oiseau de passage qui arrive dans nos contrées en très-grand nombre, vers le commencement de l'hiver, des pays septentrionaux, ainsi que beaucoup d'autres oiseaux aquatiques; & la raison pour laquelle ces oiseaux quittent alors ces régions, c'est que les rivières & lacs étant gelés, ils ne peuvent plus y jouir du genre de vie qui leur est propre, étant faits pour vivre dans les eaux. Ils n'attendent pas pour cela que les eaux soient gelées; ils savent prévoir les approches du froid qui opère cette congélation, & s'acheminent d'avance vers les pays moins froids. Ce sont les *Canards* & les Oies qui forment le plus grand nombre de ces oiseaux émigrans. Linné, étant en Laponie, en 1732, a vu le fleuve Calix entièrement couvert de *Canards* nuit & jour, pendant une semaine, au point de ne pouvoir se persuader qu'il en existât une si grande quantité. Ces *Canards* suivoient le fleuve jusqu'à son embouchure dans la mer, & ensuite continuoient leur route vers le midi. Qu'on se figure qu'il s'en voit autant sur tous les fleuves de ce pays, & qu'on juge de-là, combien d'émigrans de la seule Laponie; car il en est de même de plusieurs contrées septentrionales. Quoique les *Canards* sauvages soient de passage, il en reste cependant beaucoup sur nos étangs, pendant toute l'année, & qui font leur ponte.

La Cane sauvage établit ordinairement son nid au bord de l'eau, sur quelque touffe de joncs un peu élevée, mais quelquefois aussi dans une bruyère ou taillis, à une assez grande distance de l'eau, & même (à ce qu'on prétend) sur les arbres, dans quelque nid abandonné de Pie ou de Corneille. La ponte se fait en mars ou avril; l'incubation est de 30 jours, & les petits éclosent en mai pour l'ordinaire. L'accroissement de leurs ailes est très-lent, & ils ont acquis plus de la moitié de leur croissance, avant d'être en état de s'essayer à voler, ce qui n'arrive qu'au bout de trois mois, c'est-à-dire, vers le commencement d'août. Tant que leur vol n'est pas encore assez ferme pour quitter l'étang ou le marais qui les a vu naître, on les appelle Hallebrans.

Le *Canard* sauvage ne diffère presque point, par son plumage, du *Canard* privé; mais on le reconnoît aisément par son volume qui est un peu moindre, par le cou qu'il a plus grêle, par la patte qui est plus menue, les ongles plus noirs, & sur-tout par la membrane des pieds, qui est beaucoup plus mince, & plus satinée au toucher.

On distingue les jeunes *Canards* de l'année d'avec les vieux, à la patte qu'ils ont plus lisse, & d'un rouge plus vif. On les distingue encore en arrachant une plume de l'aile: si c'est un jeune, la racine ou extrémité du tuyau est molle & sanguinolente; s'il est vieux, cette extrémité est ferme, & ne donne point de sang.

Du Canard à longue queue ou Pilet.

Ce *Canard*, qu'on nomme également Pilet ou Penard en Picardie, Bouis en Provence, est d'un fort joli plumage. C'est un gris tendre orné de petits traits noirs qu'on diroit tracés à la plume. Les grandes couvertures des ailes sont par larges raies, noir de jayet & blanc de neige. Il a sur les côtés du cou deux bandes blanches, semblables à des rubans, qui le font reconnoître, même d'assez loin. Il est plus petit que le *Canard* sauvage, a la tête petite, & de couleur de marron, le cou singulièrement long & menu, la queue noire & blanche, terminée par deux filets étroits, qu'on pourroit comparer à ceux de l'hirondelle. La femelle diffère du mâle, autant que dans l'espèce du *Canard* sauvage. Il faut observer que ce *Canard* naît gris, & qu'il conserve cette couleur jusqu'au mois de février, en sorte que, dans ce premier période de l'âge, on ne distingue point la femelle d'avec le mâle (1). Les Pilets arrivent dans nos contrées au mois de novembre, & s'en vont au mois de mars. On en voit en quantité, & plus que par-tout ailleurs en Picardie, dans la vallée qui règne le long de la Somme, depuis Amiens jusqu'à Saint-Valery. A leur arrivée, ils se tiennent à l'embouchure de cette rivière, qu'on appelle la baie de Somme. Les grands froids & les gelées les font ensuite circuler & remonter par la vallée jusqu'à Amiens & plus loin. Les dégels les font redescendre vers la mer; & c'est dans les commencemens de la gelée & du dégel que la chasse de ces oiseaux devient la plus abondante. Ils se répandent aussi dans les provinces intérieures, & l'on en voit, de tems en tems, des troupes sur les grands étangs. Le Pilet est du nombre des oiseaux réputés maigres. Il s'en mangeoit beaucoup chez les chartreux, & il s'en fait des envois considérables de la vallée d'Abbeville.

Du Canard *siffleur*.

Ce *Canard* est ainsi nommé, à cause de sa voix claire & sifflante, qui peut être comparée au son d'un fifre, & qui se fait entendre de fort loin. Il est un peu moins gros que le *Canard* commun; son bec est bleu, fort court, & assez menu; le plumage, le haut du cou & la tête est d'un beau roux. Le sommet de la tête seulement est blanchâtre. Le dos est liséré & vermiculé finement de petites lignes noirâtres en zig-zag, sur un fond blanc; le dessous du corps est blanc; mais les deux côtés du cou & des épaules sont d'un beau roux pourpré. La femelle est un peu plus petite que le mâle, & reste toujours grise. Ces oiseaux arrivent, comme les Pilets, au mois de novembre, & disparoissent en mars; ils volent & nagent toujours par bandes. On en voit en hiver quelques-uns dans la plupart de nos provinces; mais ils passent en plus grande quantité sur les côtes, notamment sur celles de Picardie, où ils sont connus sous le nom d'Oignes.

Du *Chipeau* ou *Ridenne*.

Ce *Canard*, moins gros que le *Canard* sauvage, est appellé Ridenne en Picardie, Chipeau en Normandie, & Rousseau sur les côtes de la Bretagne & du bas Poitou. Il a la tête finement

---

(1) Tel est le Pilet décrit par Buffon, & l'on peut croire que c'est-là le vrai Pilet. Mais observez qu'en Picardie on donne ce nom à plusieurs autres *Canards*. « Il y en a (des Pilets) de dix espèces, mais » qu'on ne peut particulièrement dénommer, si ce » n'est, trois, la *nonette*, qui est petite & blanche » sur les ailes, le *hupé* & l'*émaillé*, comme le *Canard* ».

mouchetée de brun noir & de blanc, la teinte noirâtre dominant sur le haut de la tête & le dessus du cou. Les mêmes couleurs, différemment distribuées, règnent sur la poitrine, le dos & les flancs. Sur l'aîle, sont trois taches ou bandes, l'une blanche, l'autre noire, & la troisième d'un marron rougeâtre. Le Chipeau est aussi habile à plonger qu'à nager, & il fait, comme le Plongeon, éviter le coup de fusil. On le voit souvent voler de compagnie avec les siffleurs. Le bec de cet oiseau est noir; ses pieds sont d'un jaune sale, avec la membrane noire. La femelle est moins grosse que le mâle, & a le dessous de la queue gris, au lieu que le mâle l'a noir. Ces oiseaux arrivent en novembre, & s'en vont en février.

Du *Souchet* ou *Rouge*.

Le *Souchet* est un peu plus grand que le *Canard* sauvage. Il est sur-tout remarquable par un grand & large bec arrondi & dilaté par le bout en forme de cuiller; ce qui le fait appeller aussi Canard-Cuiller, Canard-Spatule. Sa tête & moitié du cou sont d'un beau vert. Les couvertures des aîles sont variées, par étages, de bleu tendre, de blanc & de vert bronzé. Le bas du cou & la poitrine sont blancs, & tout le dessous du corps est d'un beau roux; cependant quelques individus ont le ventre blanc: tel est le mâle. A l'égard de la femelle, les mêmes couleurs se marquent sur ses aîles, mais foiblement, & du reste, elle n'a que des couleurs obscures, d'un gris-blanc mélangé de rousseâtre & de noirâtre. On ne peut mieux comparer le cri du Souchet, qu'au bruit d'une crécelle à main tournée par petites secousses. Le Souchet passe pour le meilleur & le plus délicat des *Canards* sauvages. Ces oiseaux arrivent sur les côtes de Picardie, où on les appelle Rouges, au mois de février. Ils se répandent dans les marais, & quelques-uns y couvent tous les ans; les autres paroissent gagner les contrées du Midi. Ceux qui sont nés dans le pays s'en vont au mois de septembre. Il est rare d'en voir pendant l'hiver, & ils semblent craindre le froid. On en voit de tems en tems quelques-uns sur les étangs, dans les provinces intérieures.

Du *Milouin*.

Le *Milouin*, appellé Moreton en quelques provinces, Rougeot en Bourgogne, & Cataroux en Provence, est plus gros que le *Canard* sauvage. Il a la tête & une partie du cou brunroux ou marron. Cette couleur, coupée en rond au bas du cou, est suivie par du noir ou brun noirâtre, qui se coupe de même en rond sur la poitrine & le haut du dos: l'aîle est d'un gris teint de noirâtre; le dos & les flancs sont ondés par de petites lignes noires en zig-zag, sur un fond gris-de-perle. Ces oiseaux se laissent difficilement approcher sur les grands étangs ; ils ne tombent point sur les petites rivières par la gelée, & on ne les tue pas à la chûte sur les petits étangs.

Du Tadorne.

Le Tadorne est un peu plus grand que le *Canard* sauvage, & plus haut sur jambes : sa figure, son port & sa conformation sont les mêmes ; il n'en diffère que par son bec, qui est plus relevé & rouge, avec l'onglet & les narines noirs. Son plumage est coupé par grandes masses de trois couleurs, blanc, noir & jaune-cannelle. La tête & le cou, jusqu'à moitié de sa longueur, sont d'un noir lustré de vert ; le bas du cou est entouré d'un collier blanc : au-dessous est une large zône de jaune-cannelle qui couvre la poitrine & forme une bandelette sur le dos, le bas-ventre est teint de la même couleur : ses pieds & leurs membranes sont de couleur de chair. La femelle est beaucoup plus petite que le mâle, auquel elle ressemble par les couleurs. Le Tadorne hante principalement la mer. On en voit aussi quelquefois sur les rivières, même assez avant dans les terres ; mais le gros des Tadornes ne quitte pas les côtes de la mer. Il en arrive quelques troupes au printems sur les côtes de Picardie & de Normandie. Ce que ces oiseaux ont de plus singulier, c'est de faire leur nid dans des trous de Lapin, que leur offrent les plaines de sable voisines de la mer, où il se trouve beaucoup de garennes, dans ces deux provinces. Ils choisissent pour cela les terriers qui n'ont qu'une toise ou une toise & demie de profondeur.

Du Cravant.

Le Cravant est une espèce de *Canard* qui a la tête haute & petite, le cou long & grêle. Sa couleur est un gris brun ou noirâtre, assez uniforme sur tout le plumage. Sous la gorge est une bande blanche formant un demi-collier, ce qui a donné lieu à Bélon de le désigner sous le nom de Cane-de-mer à Collier. Il est gris-cendré sur le dos & les flancs, & gris-pommelé sous le ventre. Les pieds & leurs membranes sont noirâtres. Le cri du Cravant est un son sourd & creux, une sorte d'aboyement rauque, qu'on peut exprimer par ouan, ouan. Ces oiseaux sont communs sur les côtes du bas-Poitou. Ils ne quittent guères les bords de la mer, & il est bien rare de les rencontrer dans les eaux douces. Ils se mangent en maigre.

De la Bernache.

La Bernache, qu'on a souvent confondue avec

le Cravant, a plus la forme d'une petite Oie que d'un *Canard*. Un domino noir lui couvri le cou, & vient tomber, en se coupant, sur le dos & la poitrine. Tout le manteau est ondé de gris & de noir, avec un frangé blanc, & tout le dessus du corps est d'un beau blanc moiré. C'est encore un oiseau de mer, qu'on voit rarement sur les eaux douces & loin des côtes. Buffon fait mention d'une Bernache qui fut tuée en Bourgogne, où des vents orageux l'avoient jettée, au fort d'un rude hiver. Bélon lui donne le nom de Nonette ou Religieuse, à cause de l'espèce de guimpe que représente son domino noir. Il la regarde comme une espèce d'Oie sauvage, & dit qu'elle en a le cri, vole de même en troupes, & ravage, comme les Oies, les terres ensemencées. Cette dernière habitude, sur-tout, ne convient guères à un oiseau de mer. La Bernache se mange en maigre. On l'appelle Jauselle sur les côtes du Poitou, où elle paroît au mois de septembre.

Du Digeon.

Si nos ornithologistes ont fait mention de cet oiseau, ce n'est pas sous le nom de Digeon, qu'on lui donne sur les côtes du bas-Poitou, où il est fort commun, & l'on ne peut le reconnoître dans aucune description d'oiseau aquatique, ni de Buffon, ni de Salerne, ni de Brisson. On ne peut donc en parler que d'après un signalement assez superficiel. La conformation du Digeon ressemble beaucoup à celle du Chipeau ou Ridenne, excepté qu'il a le corps plus gros, particulièrement la tête, les yeux rouges, & point de blanc aux aîles. Le plumage de la tête est roux, & le reste du corps d'un beau gris, plus clair sous le ventre. C'est un oiseau plongeur qui ne hante que la mer, & se prend à des filets tendus au fond, comme les macreuses. On ne les voit arriver sur nos côtes qu'au mois de décembre, lorsque le froid est rigoureux, & il s'en va à la fin de mars. Il se mange en maigre, & passe pour le plus exquis des oiseaux de mer.

Du Morillon.

Le Morillon est un joli petit *Canard*, qui a le bec bleu & large. Il a la tête de couleur tannée, le dos noir, le haut des épaules & l'estomac blancs. Les plumes du derrière de sa tête se redressent en panache, ce qui n'appartient qu'au mâle. Il a le dedans des pieds & des jambes rougeâtre, & le dehors noir. Il est moins défiant que le *Canard* sauvage, hante les étangs & rivières, & se trouve aussi sur la mer.

Du Garot.

Le Garot est un petit *Canard* dont le plumage

est noir & blanc. Sa tête est remarquable par deux mouches blanches posées au coin du bec, qui, de loin, semblent deux yeux placés à côté l'un de l'autre, ce qui l'a fait nommer par les italiens *Quatr'occhi* (quatre-yeux). Ses pieds sont très-courts, & leurs membranes s'étendent jusqu'au bout des ongles, & y sont adhérentes. La femelle est un peu plus petite que le mâle, & en diffère d'ailleurs par les couleurs, qui, comme on l'observe généralement dans toutes les espèces de *Canard*, sont plus ternes, plus pâles dans les femelles. Celle-ci les a grises ou brunâtres, où le mâle les a noires; & gris-blanches où il les a d'un beau blanc; d'ailleurs, elle n'a point la tache blanche au coin du bec. On voit des Garots sur les étangs pendant l'hiver. Ils disparoissent au printems.

Des Sarcelles.

On distingue trois espèces de Sarcelle; savoir, la Sarcelle commune, la petite Sarcelle, & la Sarcelle d'été. La plus grande est de la grosseur d'une Perdrix. Dans le mâle, le devant du corps présente un beau plastron moucheté de noir sur gris : le dessus de la tête est noir ainsi que la gorge : les flancs & le croupion sont hachés de noir sur gris-blanc. Le plumage de la femelle est beaucoup plus simple; elle est vêtue par-tout de gris-brun, & n'a point de noir sur la tête & sur la gorge; & en général, il y a, comme dans les *Canards*, tant de différence entre les deux sexes des Sarcelles, que les chasseurs peu expérimentés les méconnoissent, & ont souvent donné aux femelles des noms impropres de Tiers, Racanettes, Mercanettes, les prenant pour des espèces d'oiseaux particulières. Cette Sarcelle arrive au commencement de l'hiver, & nous quitte au plus tard en avril. On l'appelle Moreton sur la côte du Poitou.

La petite Sarcelle diffère de la grande, non-seulement par la taille, mais encore par la couleur de la tête qui est rousse, & rayée d'un long trait de vert bordé de blanc, qui s'étend des yeux à l'occiput. Le reste du plumage est assez ressemblant à celui de la Sarcelle commune, excepté que la poitrine n'est point aussi finement mouchetée. Celle-ci niche sur nos étangs, & reste dans le pays toute l'année. On l'appelle Criquard, ou Criquet en Picardie.

La Sarcelle d'été est encore un peu moins grosse que la petite Sarcelle. Elle a le bec noir, tout le manteau cendré-brun, avec une bande noire large d'un doigt sur l'aîle. Tout le devant du corps est d'un blanc lavé de jaunâtre, tacheté de noir à la poitrine & au bas-ventre. Ses pieds sont bleuâtres avec des membranes noires.

Chasses des Canards sauvages.

Venons maintenant à la description des différentes chasses des *Canards* sauvages & autres oiseaux de ce genre, particulières à certaines provinces du royaume. Mais avant d'entrer dans ce détail, il est à-propos de dire quelque chose des moyens les plus connus & le plus généralement usités pour chasser cette espèce de gibier, tels qu'ils se pratiquent dans la plupart des provinces intérieures, sur-tout dans les endroits où il n'y a ni grands marais, ni grandes rivières, & où l'on n'a pour cette chasse que la ressource des étangs & des petites rivières, qui ne fournissent que rarement d'autres espèces de *Canards*, que celle du *Canard* sauvage proprement dit.

En été, lorsqu'il y a dans un étang une couvée de Hallebrans qui commencent à voler, en faisant le tour de cet étang, dès le grand matin, on est sûr de les rencontrer barbottant sur les bords, dans les grandes herbes, où ils se laissent approcher de fort près : il est encore assez ordinaire de les y trouver vers l'heure de midi. On peut aussi, à toutes les heures du jour, les chasser sur l'étang en bateau, ce qui réussit sur-tout dans les petits étangs, où il est aisé de tuer jusqu'au dernier, attendu qu'ils s'écartent moins, & qu'on ne les perd point de vue. La chose est encore plus facile, si le hazard permet qu'on vue leur mère. Alors on prend une Cane domestique, qu'on attache par un pied avec une ficelle à un piquet, sur le bord de l'étang, de manière qu'elle ait la liberté de se promener un peu sur l'eau, & l'on se tient caché à quelque distance. Bientôt la Cane se met à caneter, & dès que les Hallebrans l'entendent, ils ne manquent pas de s'approcher d'elle, la prenant pour leur mère. Si l'on veut les avoir sans tirer, il ne s'agit que de jetter sur l'eau, aux environs de l'endroit où est la Cane, des hameçons garnis de mou de veau, & attachés à des ficelles retenues par des piquets plantés au bord de l'eau.

Il n'est presque point d'étang qui, dès le commencement de l'automne, ne soit hanté par quelques bandes de canards sauvages, qui s'y tiennent habituellement, pendant le jour, cachés dans les joncs. Lorsque ces étangs ne sont que d'une médiocre étendue, deux chasseurs qui se partagent d'un côté & de l'autre de l'étang, en faisant du bruit, & jettant quelques pierres dans les joncs, les font partir, & trouvent souvent l'occasion de les tirer, sur-tout lorsque l'étang n'a que peu de largeur, & se resserre vers la queue. Mais le moyen le plus sûr, & qui réussit le mieux, est de se faire conduire en bateau sur l'étang, & de traverser les joncs par les clairières qui s'y trouvent, en observant de faire le moins de bruit pos-

fible. De cette manière les *canards* se laissent ordinairement approcher d'assez près pour les tirer
au vol ; & il arrive même quelquefois que, lorsqu'on les a levés, après avoir fait un circuit assez
grand dans la campagne, ils reviennent s'abattre
sur l'étang, au bout de quelques momens, &
alors le chasseur tente de nouveau de les approcher. Si l'on est plusieurs chasseurs de compagnie,
on se partage de manière qu'un ou deux montent
sur le bateau, tandis que les autres se tiennent
sur les bords de l'étang, pour tirer les *canards*
au passage.

On a encore, pour tuer les *canards* sauvages en
hiver, la ressource de l'affût, sur-tout dans les
tems de gelée, où ils circulent & sont en mouvement plus qu'en tout autre tems. On peut les attendre vers la brune, au bord des petits étangs
où ils viennent se jetter, & on les tire, soit au
vol, soit à leur chûte dans l'eau. Lorsque la gelée est très-forte, & que les étangs & rivières
sont fermés par la glace, on se met à l'affût aux
endroits où il y a des fontaines & eaux chaudes
qui ne gèlent point, & la chasse alors est d'autant
plus sûre, que les *canards* sont restreints à ces
seuls endroits pour se procurer quelques herbes
aquatiques, qui sont presque la seule nourriture
qui leur reste. Mais dans ces tems de grande gelée,
ce sont sur-tout les petites rivières & ruisseaux qui
ne gèlent point, qui offrent la chasse la plus facile & la plus abondante de ces oiseaux. En suivant les bords de ces rivières, à toutes les heures
du jour, mais sur-tout dès le grand matin, il est
immanquable d'y en rencontrer, qui le plus souvent enfoncés sous les berges, & sous les racines
des arbres, pour y chercher des écrevisses, de
petits poissons & des insectes, ne partent que
lorsqu'on arrive sur eux, & quelquefois même
attendent pour partir que le chasseur soit passé.

Il n'est point de pays en France, où il se tue
plus de *canards* sauvages de toutes espèces, &
où il s'en prenne plus aux filets que les marais de
la Picardie, particulièrement ceux qui règnent le
long de la Somme, depuis Amiens, jusqu'à son
embouchure à Saint-Valery ; & c'est ce canton
qui, en grande partie, approvisionne Paris d'oiseaux aquatiques.

Chasse à la hutte.

La chasse à la hutte est celle qui en détruit le
plus : voici comme elle se fait.

La hutte est une petite cabane très-basse, propre à contenir une ou deux personnes seulement,
qui se construit dans le marais, avec des branches
de saule recouvertes de terre, sur laquelle on
plaque du gazon. On l'établit près d'un endroit
où le terrein se creuse & fait la jatte, & où l'on
conduit l'eau de quelque fossé voisin ; ce qui

forme une petite mare de 50 à 60 pas de diamètre, plus ou moins, à une extrémité de laquelle
est la hutte, qui doit être avancée de quelques
pas dans l'eau, & dont le sol est assez exhaussé
pour qu'on puisse y être à sec.

Le hutteur est muni de deux ou trois appellans,
c'est-à-dire, un *canard* & deux ou trois canes
domestiques, pour attirer & faire descendre dans
la mare les *canards* sauvages. Ces appellans se
placent dans l'eau, à quelque distance du bord,
attachés par la patte avec des ficelles de deux ou
trois pieds de longueur, à des piquets qui n'excèdent point la surface de l'eau. Le hutteur a des
bottes pour cette opération, ainsi que pour gagner sa hutte ; il les quitte, lorsqu'il s'y est renfermé. Là, couché sur la paille, enveloppé dans
une couverture pour se garantir de la rigueur du
froid, & accompagné d'un fidèle barbet, qui va
chercher les oiseaux lorsqu'ils sont tués, il attend
patiemment, pendant les nuits entières, que les
canards, pilets, sarcelles & autres espèces qu'attire également la voix des *canards* appellans,
viennent à descendre dans la mare, où il les tue
par des meurtrières pratiquées à sa cabane. Outre
les appellans, on place quelquefois dans les mares des figures de *canards* faites avec de la terre
& du gazon, qu'on y dresse sur des piquets à
fleur d'eau, & qu'on appelle des étalons.

Cette chasse commence au mois de novembre,
qui est le tems où arrivent du nord la plupart
des diverses espèces de *canards* sauvages, & dure
jusqu'au carême. Elle ne se fait que la nuit, &
l'on ne hutte point pendant le jour, si ce n'est
les premiers jours d'une gelée ou d'un dégel,
parce qu'alors les *canards* vont & viennent, &
sont dans un mouvement continuel. Le clair de
lune n'est pas le tems le plus favorable ; les *canards* sont alors plus défians, & s'abattent moins
près de la hutte. Il se tue de tems en tems quelques oies sauvages à la hutte. Il s'y tue aussi quelquefois des hérons, lorsque l'on hutte pendant
le jour ; & il est arrivé plus d'une fois qu'un renard est venu la nuit pour prendre les appellans &
y a perdu la vie. Les hutteurs sont, pour la plupart, des paysans qui font métier de cette chasse,
& qui en obtiennent la permission, moyennant
une redevance de quelques *canards*.

Outre les chasseurs à la hutte, il y en a
d'autres qui se logent, pendant une partie de la
nuit, dans des trous creusés en terre le long de
la Somme, & tout au bord de l'eau. Ils ont trois
ou quatre appellans comme ceux des hutteurs,
qu'ils attachent de même par la patte à des ficelles
arrêtées près d'eux à des piquets, de manière
qu'ils ont la liberté de se promener un peu sur
l'eau. Ces appellans font descendre dans la rivière, de même que dans les mares, diverses
espèces de *canards*. Tous ces chasseurs ont des fu-

fils de gros calibre , où ils n'épargnent ni la poudre ni le plomb , & tuent très-souvent douze ou quinze *canards* d'un seul coup.

Chasse dans des mares.

La chasse qui se fait aux *canards* sauvages dans des mares , sur les côtes de la basse Normandie , est un peu différente de celle dont on vient de parler. Ces mares sont en grand nombre sur-tout dans le Cotentin. Elles sont situées dans des marais à une lieue ou deux de la mer, & de l'étendue d'environ un demi arpent. A six ou huit pieds du bord de la mare , est une petite isle couverte de roseaux , & d'un massif de jeunes plantes de saule ou d'osier ; & au milieu de cette isle est une petite cabane couverte en chaume & si basse , qu'un homme à genoux en touche le toit avec sa tête. Pour faire descendre les *canards* sauvages & autres oiseaux dans la mare , le chasseur attache sur le bord un ou deux *canards* privés ; & en outre il a dans sa cabane un *canard* mâle , qu'il lâche en l'air , dès qu'il apperçoit une volée de *canards* sauvages ; celui-ci va se joindre à eux , les amène dans la mare , & il a l'instinct particulier de s'en séparer , & de se ranger à part dès qu'il est dans l'eau , afin de n'être pas tué avec eux. C'est le soir , à la chûte du jour , & le matin , avant qu'il paroisse , que se fait cette chasse ; l'habitude des *canards* sauvages , sur les côtes , étant de venir aux marais le soir , & de les quitter de grand matin pour retourner à la mer.

Chasse dans les prairies.

Voici une autre chasse toute particulière qui se fait à Chaource , petite ville de la Champagne , à trois lieues de Bar-sur-Seine.

Sur les bords de l'Armance , petite rivière qui prend naissance à Chaource , & dont les eaux sont chaudes en hiver & très-fraîches en été, il y a de magnifiques prairies , qui , pendant les hivers , sont recouvertes par les eaux de cette rivière , & des ruisseaux qui la grossissent dans son cours. Les eaux de l'Armance sont très-abondantes en *canards* sauvages proprement dits ; les autres espèces y sont assez rares. Cette rivière qui ne gèle jamais , coule dans un pays très plat ; les prairies sont très-unies & point entrecoupées de fossés ni de plantations , ce qui facilite aux chasseurs les moyens de faire la guerre aux *canards*, pendant les temps de gelée, de la manière suivante.

L'équipage de chasse consiste dans des bottes à l'épreuve de l'eau , une canardière , & une butte de trois pieds de large sur quatre de long & six de hauteur , tressée légèrement en osier , enduite , pour garantir le chasseur des injures de l'air , de siente de vache & de glaise , & fer-

mée également avec de l'osier & le même enduit. Cette hutte , qui n'a point de plancher en bas , mais seulement deux traverses pour y poser les pieds , est montée sur des rouleaux placés de manière qu'on peut leur donner telle direction que l'on veut ; il est aisé à celui qui s'y loge de la conduire à l'aide d'une perche armée d'un croc , qu'il enfonce dans la glace : en appuyant du pied contre une des traverses dont j'ai parlé , & faisant effort pour tirer le croc , il la fait avancer. Les prairies où se fait cette chasse , sont partagées entre les chasseurs : chacun a ses limites qu'il ne franchit pas. Tous les soirs , ils entrent dans leur hutte , après avoir observé les endroits où les *canards* se sont portés en plus grande abondance pendant le jour ; ce sont ordinairement ceux où la rivière coule en serpentant & forme des angles. Là , ils attendent tranquillement que le bruit des *canards* leur annonce qu'ils sont en grand nombre & dirigés autant par l'oreille que par les yeux , ils tirent à l'endroit d'où vient le bruit par une lucarne pratiquée à la hutte , se renferment ensuite pour attendre que les *canards* se soient rassemblés de nouveau ; & si le point de ralliement se fixe en un autre endroit , ils s'y traînent avec leur machine , tirent leur coup , & recommencent cette manœuvre jusqu'au jour. Mais ils sont rarement obligés de se déplacer , & de faire de longs trajets avec leur hutte. Le jour venu , ils vont ramasser leur chasse , qui est ordinairement très-abondante. Cette chasse dure autant que les gelées, les *canards* ne quittent point la rivière , quelque vif que soit le froid.

Chasse avec des bateaux.

Il se tue beaucoup de *canards* en Bourgogne pendant tout l'hiver , sur la Saone , & sur les prairies qui la bordent , lorsqu'elles sont inondées. La chasse se fait avec des bateaux légers , longs , étroits & pointus sur le devant , appellés dans le pays fourquettes. Il y en a de trois sortes ; la plus petite fourquette , construite en sapin , pour plus de légéreté , n'a que neuf à dix pieds de longueur , deux pieds de large dans le fond , & un pied de bord ; les chasseurs lui donnent le nom d'arlequin ou nageret. La moyenne est en planches de chêne , & à 14 ou 15 pieds de long , deux pieds & demi de large dans le fond , & un pied de bord. La plus grande appellée grosse fourquette , pareillement en bois de chêne , est de 18 ou 20 pieds de longueur , de trois pieds de large au moins dans le fond , & d'un pied & demi de bord. Celle-ci est faite pour chasser par les grands vents , contre lesquels les deux autres espèces de bateau ne tiendroient que difficilement. Un chasseur seul ne peut monter la première par un temps bien calme ; mais quant à la seconde , il lui faut un rameur , & pour la troisième , ou grosse fourquette , il en faut plus souvent deux. Une partie essentielle de l'équipement de ces bateaux est un fagot de menu bois, bien garni, d'environ deux pieds & demi de long, qui se couche en travers à l'extrémité sur l'avant, où il est fixé par deux chevilles de fer ou de bois. Ce fagot sert à couvrir & le chasseur & le rameur assis à plat sur le fond du bateau. Il est percé dans son milieu d'un trou rond en forme de chatière, par lequel on passe le bout du fusil, ou plutôt canardière ; car on se sert pour cette chasse de fusils longs & de gros calibre. Ces canardières sont de trois sortes, l'une est appellée la grosse canardière, l'autre la moyenne, & la troisième le grand fusil. La première, qui a 6 à 7 pieds de canon, se charge d'environ une once de poudre & de plomb à proportion, la moyenne de quelque chose de moins. L'une & l'autre restent toujours le bout passé dans le trou du fagot. Quant au grand fusil, on peut s'en servir pour tirer au vol. Ces armes se commandent exprès à Saint-Etienne, ou à Pontarlier, & chacun les fait fabriquer à sa guise, pour la longueur & le calibre. Les chasseurs suivent dans ces bateaux le cours de la rivière, où il se trouve de fréquentes occasions de tirer les *canards* de diverses espèces. Le succès de la chasse dépend en grande partie, de celui qui conduit le bateau, & de son adresse à bien prendre son tour pour approcher le tireur du gibier. Elle ne réussit guères par les grands vents, & lorsque le tems est fort clair : un tems calme & sombre est le plus favorable. Dans les débordemens de la rivière, on conduit le bateau sur les prairies inondées, où le gibier se trouve en plus grande abondance que sur la rivière, lorsqu'elle est resserrée dans son lit. Dans ces occasions, un chasseur peut tuer, dans sa journée, 30 à 40 *canards*, sarcelles, & autres oiseaux.

L'auteur des ruses du braconage fait mention d'une chasse nocturne aux *canards* qu'il dit fort usitée sur la Saone, & qui se fait de la manière suivante. Plusieurs chasseurs se mettent la nuit sur un bateau bien couvert de roseaux, à l'avant duquel est fixée horizontalement une longue perche, dont l'extrémité porte une terrine remplie de suif avec trois mèches. On laisse aller le bateau au fil de l'eau, en le gouvernant avec un croc seulement, parce que les avirons feroient trop de bruit. Les *canards* voyant cette lumière qui se répand au loin sur l'eau, quittent les bords de la rivière, & viennent se placer dans l'espace éclairé, où les chasseurs peuvent les tirer à leur aise. Il peut se faire que cette chasse se pratique quelque part ; mais on a lieu de douter qu'elle soit en usage sur la Saone ; car j'ai consulté à ce sujet un chasseur bourguignon, très-expérimenté particulièrement sur les chasses de cette rivière, celui même dont je tiens le détail que je viens de donner, qui m'a assuré qu'elle étoit inconnue sur tout le cours de la Saone.

Chasse au réverbère.

C'est une chasse fort singulière, qui commence à s'accréditer beaucoup en France ; elle se fait pendant la nuit, avec un réverbère. Les Canards à l'aspect de quelque chose de nouveau, qu'ils prennent peut-être pour le soleil levant, dont cette réverbération a parfaitement la ressemblance, s'attroupent & approchent des bords, soit pour s'amuser, soit pour travailler mutuellement à leur toilette, comme c'est leur coutume, aussi-tôt que le soleil paroît. Quand on veut faire cette chasse sur une rivière, elle exige qu'on soit plusieurs personnes ; mais une seule suffit pour chasser sur les étangs.

Un chaudron de cuivre nouvellement écuré sert de réverbère. Si on va chasser sur la rivière, une personne se pend le chaudron au col, & tenant d'une main, un vase dans lequel il y a de l'huile & quatre ou cinq mèches alumées, elle fait en sorte que la réflexion de la lumière donne sur l'eau à une portée de fusil ordinaire. Si on rencontre des *canards*, ils s'annoncent de loin, par quelques cris d'admiration pour un objet nouveau ; ce qui doit avertir le porte-réverbère & les chasseurs cachés derrière lui, qu'il faut aller très-doucement, & marcher le plus légèrement possible.

Quand on fait cette chasse sur un étang, une personne suffit ; elle attache le chaudron à un piquet, avec une corde & deux chevilles ; elle met le vase à une distance du chaudron qu'on ne peut fixer ici, étant relative à la forme du réverbère, & à l'éloignement qu'on veut donner à la réflexion de la lumière sur l'eau ; lorsqu'elle a dressé & apprêté son réverbère, elle allume les mèches & se retire derrière le chaudron, où il suffit qu'elle soit pour n'être point apperçue. Les *canards* s'assemblent bientôt pour venir rendre visite à ce qui leur paroît extraordinaire, & le chasseur attend qu'ils soient à portée pour les tirer commodément.

Après l'explosion de son coup de fusil, le chasseur perdroit son tems de rester au même endroit ; mais il peut aller camper ailleurs, en recommençant le même procédé, observant toujours que tout soit préparé, avant que d'allumer les mèches.

C'est au commencement de l'automne que cette chasse se fait avec le plus de fruit ; on y tue des Canards, poules d'eau, plongeons, morelles, &c.... On la pratique beaucoup en Bourgogne.

Chasse sur les bords de la mer.

Sur les côtes de l'océan, tous les oiseaux aquatiques en général, tant oiseaux de rivage comme le courlis, la barge, le pluvier, le chevalier, & autres, qu'oiſeaux nageurs, comme les *canards* de diverſes eſpèces, dont quelques-uns ne hantent que la mer, d'autres la mer & les eaux douces, ſe tiennent, à marée baſſe, ſur les rochers & les vaſes, pour y chercher les coquillages, le frai, les petits poiſſons & quelques herbes marines dont ils ſe nourriſſent, & regagnent la terre à la mer montante. De plus, la plupart des oiſeaux nageurs quittent régulièrement la mer tous les ſoirs, pour gagner des marais ou prairies, où il y a des eaux douces, ſoit qu'on y ait formé des mares artificielles, ſoit qu'elles ſoient le produit des pluies retenues dans les bas-fonds, & ils quittent les eaux douces dès la pointe du jour, pour retourner à la mer.

C'eſt dans ces marais ou prairies que les chaſſeurs les attendent le ſoir, cachés dans des trous. Pour mieux les attirer, ils emploient des figures d'oiſeaux appellées formes, poſées ſur le bord de l'eau. Ces formes ſont faites avec des peaux d'oiſeaux écorchés, remplies de paille ou de gazon. Le matin, lorſque ces oiſeaux regagnent la mer, ils les attendent ſur le rivage dans des huttes conſtruites en pierre, & recouvertes de varec ou de terre. Quelques chaſſeurs, au lieu de ſe mettre à l'affût le ſoir dans les marais, les attendent dans ces mêmes huttes, pour les tirer au paſſage, lorſqu'ils ſortent de la mer. Mais il eſt une circonſtance particulière, où ces oiſeaux ſont obligés de quitter la mer pendant le jour ; c'eſt lorſque les grands vents les en chaſſent, ne pouvant s'y tenir à flot. Alors ils ſe répandent dans les marais, & les prairies des environs. Dans ces occaſions, on peut les tirer au vol en plein jour, en ſe tenant ſur le rivage, dans les huttes dont j'ai parlé. Les oiſeaux qui paſſent ainſi de la mer aux eaux douces, & des eaux douces à la mer, ſont des *canards* de pluſieurs eſpèces ; mais il y en a quelques-uns qui reſtent toujours à la mer, & ne hantent point la terre : de ce nombre ſont le cravant, la bernache & le digeon. On tue peu de ces derniers au fuſil, ſi ce n'eſt des cravants, de la manière que je le dirai ci-après ; mais il ſe prend beaucoup au filet des uns & des autres. Le digeon, qui eſt un oiſeau plongeur, ſe prend aux filets tendus ſur fond horizontalement ; les autres avec des filets à trois mailles, tendus verticalement, à mer baſſe, à 200 toiſes du rivage, ſur des perches plus élevées que le niveau de l'eau. Lorſque ces oiſeaux ſont chaſſés par les hautes marées, par la fin du jour, & quelquefois par des vents forcés, ils ſe donnent dedans & s'y prennent. Quant aux cravants, il s'en tue ſouvent au fuſil, mais ce n'eſt qu'à la faveur de la nuit ; car le jour ils ſont inabordables. On les approche alors, à marée baſſe, avec de petits bateaux plats, qu'on fait gliſſer ſur la vaſe, ou bien on va les forcer à mer haute avec ces bateaux ; mais on ne peut guères

les tirer qu'au vol, ce qui réuſſit malgré l'obſcurité de la nuit, parce que ces oiſeaux volent toujours en très-grandes bandes. Par les vents forcés, les cravants, ainſi que la bernache & le digeon, au lieu de quitter la mer comme les autres, ſe rapprochent ſeulement de la côte. Alors il eſt poſſible de les ſurprendre, & de les tirer ſur l'eau, en ſe cachant à marée baſſe, dans les rochers. Telle eſt la chaſſe des diverſes eſpèces d'oiſeaux aquatiques, du genre des *canards*, ſur la côte de Poitou, vers Beauvoir, & l'île de Noirmoutier, & qui eſt à-peu-près la même ſur les autres côtes de l'océan. Cette chaſſe ne peut avoir lieu ſur la méditerranée, attendu que, n'ayant point le flux & reflux de l'océan, elle ne dépoſe point ſur ſes bords cette quantité de coquillages dont ſe nourriſſent les oiſeaux aquatiques ; auſſi n'y voit-on que très-peu de ceux de rivage. Quant aux oiſeaux nageurs & plongeurs, ils ont ſur les côtes de la méditerranée, comme ſur celles de l'océan, l'habitude de ſortir de la mer au déclin du jour, pour s'en aller paſſer la nuit dans les marais, lacs ou étangs voiſins, ſoit ſalés, ſoit d'eau douce, tels qu'il s'en trouve pluſieurs en Languedoc & en Provence, ce qui fournit aux chaſſeurs, une occaſion de les tirer au vol, en ſe poſtant ſoir & matin aux endroits par où ils ont coutume d'aborder dans ces marais ou étangs, & d'en ſortir pour retourner à la mer. (*Ext. du traité de la chaſſe au fuſil.*)

Canards de mer.

1°. Le *Canard* Colin qu'on nomme auſſi Griſard, ne ſe trouve que ſur les bords de l'Océan ; il eſt de la groſſeur d'une Oie : ſa voracité eſt étonnante, il avale ſouvent de très-gros poiſſons ; ſa chair quoiqu'indigeſte nourrit l'habitant des côtes.

2°. Le *Canard* à duvet : On le regarde comme l'Edredon des Danois, & l'Egledon des François : il eſt plus grand que le *Canard* ordinaire, & ſa femelle s'appelle Faiſan de Mer, c'eſt de leur eſtomac qu'on tire ce duvet célèbre qui ſert pour les lits des riches : ſon élaſticité & ſa moleſſe ſervent merveilleuſement à leur volupté : c'eſt dans une autre vue que la nature a fait préſent de ce duvet à l'Edredon : il ſe l'arrache lui-même du tems qu'il couve ſes œufs, & en garnit ſon nid dans la vue de conſerver une chaleur propre aux petits qui en doivent éclore.

Ce *Canard* ſe trouve particulièrement en Iſlande, & les habitans font un grand commerce de ſon duvet : au rapport d'Anderſon, ils augmentent ſa fécondité d'une façon ſingulière ; c'eſt en plantant dans ſon nid un bâton d'un pied de haut : par ce moyen l'oiſeau ne ceſſe de pondre, juſqu'à ce que ſes œufs ayent couvert la pointe

H

du bâton, & qu'il puisse s'asseoir dessus pour les couver. Mais ce moyen de faire produire à l'oiseau une ponte surabondante, affoiblit l'animal au point de le faire mourir.

3°. Le grand *Canard* à tête rousse : Son bec est de couleur de sang, sa tête est surmontée d'une crête, & les couleurs de son plumage sont très-mélangées; c'est à Rome qu'on le trouve le plus communément.

4°. Le *Canard* de mer à tête noire : C'est une espèce de petit Plongeon qui habite les rivages de la mer, & qui diffère un peu des autres Canards sauvages, par le coloris des plumes & la configuration du corps.

5°. Le *Canard* droit : Cet oiseau est remarqué, parce qu'il marche toujours la tête levée.

Cet oiseau se rencontre en Angleterre.

6°. Le *Canard* de mer noir : C'est la macreuse. Voyez cet article.

7°. Le *Canard* tacheté de noir & de blanc : Il habite le creux des arbres, & on le chasse en Italie.

8°. Les *Canards* des allemands : C'est un très-bel oiseau remarquable par la largeur de son bec, & qu'on trouve dans toute l'étendue de la Suède, sur les côtes de la mer baltique, en Amérique, & sur-tout en Allemagne.

9°. Le *Canard* brun : Il y en a deux espèces; la grande est la Pénélope des anciens; la petite est le Morillon.

10°. Le grand *Canard* & la Cane à tête rousse : Les naturalistes distinguent ces deux espèces des deux précédentes, quoiqu'elles ne diffèrent guères entr'elles.

11°. Le *Canard* à bec étroit : C'est le Fou, voyez ce mot.

12°. Le *Canard* de mer à queue fourchue : Il paroît particulier à la Suède, & l'hiver il en habite les provinces Boréales.

13°. Le *Canard* arctique : C'est une espèce de Chouette qui habite la partie septentrionale du duché de Cantorbéry.

14°. Le *Canard* au collier blanc : Il ressemble au *Canard* sauvage ordinaire par la configuration, & par le caractère & les inclinations à l'Oye : on le trouve en Angleterre.

Canards de Rivière.

1°. Le *Canard* sauvage ordinaire : On l'appelle quelquefois *Canard* du levant, & il a beaucoup de rapport avec le *Canard* domestique. C'est un oiseau de passage; il va par troupes pendant l'hiver; il fait son nid dans les joncs & dans les bruyères, sa chair est bonne : on le tue au fusil dans de grandes pièces d'eau, où on tient des *Canards* traîtres, & ces pièces d'eau s'appellent des Canardières.

2°. Le *Canard* de rivière à taches rouges, noires & blanches sur les ailes : Sa figure approche de celle du *Canard* vulgaire, & son bec de celui de la Cercelle.

3°. Le *Canard* gobe-mouche : Ce mot vient à cet oiseau de la nourriture qu'il attrape sur la surface des eaux; en marchant il suspend ses pas pour saisir les mouches, & les manque rarement; ce *Canard*, pendant la nuit, pousse un cri semblable au gémissement humain.

4°. Le *Canard* à queue pointue : il diffère de l'Edredon; les plumes du milieu de sa queue ont deux doigts & demi de long, on le trouve près des côtes maritimes de l'Angleterre.

5°. La Sarcelle dont on a parlé ci-dessus.

6°. Le *Canard* du levant : Il est le plus petit de toute la race des *Canards*, on le trouve en Angleterre, en Suède & en Allemagne.

7°. Le *Canard* à crête noire : Sa crête est de la longueur de dix-huit lignes, ses doigts & la membrane qui les joint sont aussi d'un noir livide; cet oiseau est commun en Italie, & sur-tout à Venise, où on le nomme Capo-Négro.

8°. Le *Canard* aux pieds jaunes : Sa femelle n'a point les mêmes caractères distinctifs; car ses pieds sont rouges.

9°. Le *Canard* gris : Son bec est sanguin & ses pieds sont pourprés.

10°. Le *Canard* de Marsilly : il a quelquefois un pied de long; il est distingué par une belle huppe jaune qu'il a sur la tête; on le nomme aussi *Canard* huppé jaune & sarcelle huppée.

11°. Le *Canard* vert : Son plumage dont le fond est vert, est composé de petits compartimens quarrés, & ressemble à un joli parterre.

12°. Le *Canard* étoilé : La singularité de cet oiseau consiste dans une tache ovale & noire, dont ses yeux sont environnés, & dans une étoile blanche qu'il a sur le dos.

13°. La *Cane* à hautes jambes : Elle a aussi le bec aigu & le cou cerclé de blanc : quelques ornithologistes ont de la peine à la ranger dans la classe des *Canards* sauvages.

14°. La *Cane* Pénélope : C'est une espèce d'Oie qui vole sans cesse autour des lacs & des rivières.

15°. La *Cane* Petière : Elle a la grosseur du Faisan : quelques naturalistes l'ont rangée dans la classe des Outardes : cet oiseau est particulier à la France, & on l'appelle quelquefois *Canard de Pré de France* ; il se nourrit de graines, de Fourmis & d'Escargots : la délicatesse de sa chair, fait que les chasseurs la recherchent volontiers.

Canards Etrangers.

1°. Le *Canard* huppé d'Amérique : On reconnoît cet oiseau à son bec rouge au milieu & tacheté de noir à l'extrémité, sa queue est bleue & pourprée.

2°. Le *Canard* de Bahama : Il est plus petit que le *Canard* domestique ; on le distingue par une figure triangulaire de couleur d'or à la mâchoire supérieure.

3°. Le *Canard* de Barbarie : Il porte aussi le nom de la Guinée & de l'Egypte, où il se trouve ; sa voix, le goût de sa chair, & sa configuration feroient soupçonner qu'il tient le milieu entre l'Oie & le *Canard* : il a entre les deux yeux une arrête de la grosseur d'une cérise ; il se trouve quelquefois en France.

4°. Le *Canard* Branchu : Cet oiseau est particulier à la Louisiane : son nom lui vient du penchant qu'il a à se tenir perché ; sa chair est musquée ; son plumage est très-varié, & sert d'ornement aux sauvages.

5°. Le *Canard* de la Chine : Cet oiseau est extrêmement sauvage, & les chasseurs chinois emploient pour le prendre une méthode singulière ; ils mettent la tête dans une grosse gourde percée de quelques trous, pour la commodité de la vue & de la respiration ; ils se plongent ensuite dans l'eau & nagent de manière à ne laisser paroître que leurs gourdes : les *Canards* accoutumés à les voir flotter sur l'eau n'en redoutent point l'approche : mais quand les chinois sont à portée, ils les prennent par les pattes & les tirent dans l'eau pour étouffer leurs cris, & les tuer.

6°. Le *Canard* de la Côte-d'or ; on le trouve dans les Savanes, sa chair est faisandée ; & si l'on en croit les créoles, cette odeur lui vient d'un petit péloton glanduleux qu'il a au croupion.

7°. La *Cane* d'Inde : Elle est plus grosse de moitié que nos *Canes* ordinaires ; elle marche lentement, & a la voix fort enrouée : on en compte de trois espèces, & on pourroit y joindre encore les *Canards* de Kanabi, sur les côtes occidentales de l'Afrique.

8°. Le *Canard* de Madagascar : Le coloris de son plumage est admirable ; & les curieux en ont en Angleterre ; il vient ordinairement de Madagascar, dans les Indes orientales.

9°. Le *Canard* du Mexique : Ses cuisses tiennent tellement à son corps, qu'il n'a la force ni de marcher, ni de voler ; il se contente de nager assez pésamment. Les indiens prétendent qu'on trouve dans sa tête une pierre précieuse, qui ne doit être consacrée qu'à Dieu. Les Européens sont un peu moins crédules.

10°. Le *Canard* de Moscovie : C'est la plus grande espèce des *Canards*. On prétend que sa partie naturelle a un pouce de grosseur sur quatre ou cinq de longueur ; sa chair est d'une odeur musquée, & a un goût admirable. Les seigneurs suèdois en ont toujours dans leur ménagerie.

Le *Canard* sauvage du Brésil a beaucoup de rapport avec le *Canard* de Moscovie : après s'être baigné, il s'envole au sommet des arbres pour y respirer un air pur & s'y sécher.

La passion de l'amour cause aux *Canards* une espèce de fièvre lente : aussi leur corps s'affoiblit & s'épuise extraordinairement par l'usage des plaisirs.

Quelques espèces de *Canards* font leur nid dans les arbres, & transportent à l'eau avec leur bec, leurs petits, dès qu'ils viennent d'éclore : cet oiseau est gourmand & insatiable ; on doit cependant lui savoir gré de détruire les mauvaises plantes & les insectes nuisibles, il ne dédaigne pas de se nourrir d'araignées, de vers & de poissons pourris. Sa femelle est sujette à pondre des œufs monstrueux. Quand le tems paroît orageux, il crie plus que de coutume, bat des ailes, & se joue dans l'eau. Le *Canard* a la voix plus foible, & moins perçante que la *Cane* ; & il tient très-long tems sa tête sous l'onde : quand les *Canards* veulent éluder la poursuite de leurs ennemis, ils plongent entre deux eaux.

Outre les différentes chasses aux *Canards* rapportées ci-dessus, nous devons encore faire connoître celles indiquées dans un petit dictionnaire des chasses & pêches.

Première chasse des Canards au fusil

Le *Canard* est si rusé & si défiant, qu'on ne pourroit le tuer, si on n'employoit que la ressource des armes à feu ; le fusil n'est donc que l'accessoire de cette espèce de chasse.

On choisit un étang dont le bord soit éloigné des arbres ou des buissons d'environ deux cents pas ; c'est-là que le *Canard* nage en liberté, il choisit ordinairement quelque bas-fond ou quelque bord fangeux où il puisse barboter à son aise. Pour achever de le tromper on le revêt d'un habit de toile, qui descende depuis la tête jusqu'aux pieds ; cet habit doit avoir la couleur du poil des Vaches ou des Chevaux ; on y joint un bonnet qui imite en quelque forte les têtes de ces animaux, & des manches pendantes, qui paroissent leurs pieds ; dans cet équipage on marche le dos courbé en préfentant toujours le bout du fufil aux *Canards*. Il faut avoir foin de marcher de côté & d'autre, comme un animal qui paît, toujours en s'avançant vers les oifeaux, & dès qu'on fe voit à portée, on tire les *Canards*, foit dans l'eau, foit en volant.

On ne prend point ce divertiffement pendant le jour ; parce que ces oifeaux prennent l'épouvante au premier coup de fufil, & ne reviennent plus. On choifit ordinairement le matin, c'eft le temps qu'ils reviennent des champs ; & on peut tirer plufieurs fois dans le même endroit, parce que les *Canards* ne reviennent pas tous en même-temps, mais par différentes bandes.

Seconde chaffe des Canards au fufil.

On attache trois cerceaux avec des cordes, & on met tout autour des branches d'arbres légères, afin que la machine foit portative : il faut obferver que les branches foient ajuftées de manière qu'une perfonne qui y eft renfermée ne puiffe être vue par le gibier qu'elle chaffe : elle s'avance enfuite au petit pas, & approche les *Canards* d'auffi près qu'elle veut pour les tirer sûrement. Cette machine épargne aux pauvres les frais de l'habit de toile, & rend cette chaffe auffi sûre que la précédente.

On prend de même les Hérons, les Cignes, les Grues, les Cigognes & prefque tous les oifeaux aquatiques. Cet artifice eft de l'invention de l'auteur des rufes innocentes.

Chaffe des Canards à la glu.

Prenez deux ou trois livres de la plus forte glue, brouillez-la avec un peu de paille brûlée & battez le tout enfemble ; vous en frotterez enfuite une corde un peu groffe & longue de quinze à vingt pieds : il faut que cette glu y forme une couche affez épaiffe, pour arrêter les aîles vigoureufes des *Canards*. Vous entrez après dans l'eau tout botté ; ou bien montant dans un petit bateau, vous portez votre corde dans les joncs ou rofeaux, où les oifeaux que vous voulez prendre ont choifi leur retraite. Là, vous plantez deux piquets, vous les enfoncez jufqu'à ce que les bouts fortent à fleur d'eau ; & vous y attachez votre corde bien tendue, en y liant d'efpace en efpace de petits paquets de jonc fec pour la foutenir fur l'eau. Vous pourrez tendre ainfi plufieurs cordes fi vous voulez multiplier votre capture. Vous vous retirez enfuite avec votre bateau fur le bord

de l'eau, en attendant que votre proie donne dans le piége.

Les *Canards* qui ne fe doutent point de l'artifice, viennent heurter la corde, & s'embarraffent les plumes des aîles ; plus ils font d'efforts, plus le piége devient inévitable ; ils tombent enfin en voulant prendre leur vol & fe noyent.

Chaffe des Canards avec les Nappes.

On appelle nappes, des filets formés de mailles en lozange de trois pouces de large, dont la levure eft d'environ quarante mailles, & la longueur de dix à douze toifes ; la largeur fuit la levure : on les teint en brun & on les trempe à l'huile pour qu'ils réfiftent mieux à l'humidité.

Les nappes ne fe tendent que dans un endroit où il y ait au moins un demi-pied d'eau ; car dès que le piége eft découvert, il devient inutile.

Les guédes de ces filets doivent être de fer, & fortes à proportion de la longueur ; ou fi on ne les fait que de bois, il faut du moins, à caufe de leur légèreté, mettre du plomb au pied pour faire enfoncer la corde dans l'eau plus promptement : ces précautions empêchent auffi que, le filet étant verfé, les *Canards* ne plongent par-deffous, & ne s'échappent.

Outre les nappes, on doit avoir des *Canards* fauvages apprivoifés qui fervent d'appelans, & on prend autant de mâles que de femelles ; celles-ci feront attachées par les pieds, les unes au-devant du filet, & les autres derrière, pour manger le grain qu'on leur jettera dans l'eau ; on retiendra les mâles dans la loge, & dès qu'il paffera une bande de *Canards*, on s'empreffera à en lâcher un qui ira les joindre, croyant trouver fa femelle ; mais quand il ne la verra point, il l'appellera : la Cane qui l'entend du filet où elle eft attachée, répond à fa voix : le mâle accourt auffi-tôt, & entraîne tous les autres qui le fuivent dans le piége ; dans ce moment on fait jouer le filet & prefque toute la bande fe trouve prife, on la tue auffi-tôt, excepté les *Canards* privés qu'on reconnoît à un morceau de drap rouge qu'on leur attache à la jambe.

Il arrive quelquefois que le mâle qu'on a lâché n'entend pas la voix de fa femelle, foit à caufe du vent contraire, foit parce qu'elle eft trop éloignée : dans ce cas, il ne faut pas balancer à donner le vol à un autre *Canard* pour ramener la bande ; il faut dans cette chaffe favoir faire à propos quelque facrifice. Le tems le plus favorable pour prendre les *Canards* aux filets, eſt le tems du brouillard ou des petites pluies.

Chaſſe des Canards au lacet.

Cette chaſſe ſe fait dans les prairies où les eaux ſont débordées & dans tous les endroits où il n'y a pas plus d'un pied & demi d'eau.

On répand pluſieurs fois du grain dans ces endroits pour y attirer les *Canards* : quand on les a aſſez amorcés, on prend des lacets faits de trois crins de Cheval ; on en tend, ſi l'on veut, deux ou trois douzaines, & on les attache deux à deux à un piquet de deux bons pieds de longueur. Vos piquets doivent être fichés en terre, de manière que le bout ſupérieur ſoit un peu caché dans l'eau : les *Canards* s'y prendront aiſément, ſoit par le cou, ſoit par les pieds, quand ils y viendront barboter. Vous aurez ſoin, quand vos filets ſeront tendus, d'y jetter encore du grain pour attirer plus ſûrement votre gibier.

Les chaſſeurs tendent ces lacets d'une autre façon encore ; ils prennent un piquet de deux pieds de long, ils le percent en croix du côté du gros bout, & paſſent dans chaque trou un bâton de la groſſeur du petit doigt, & long de deux pieds : ces deux bâtons doivent entrer avec force. Ils prendront enſuite les lacets de crin, dont nous avons parlé plus haut, & en attachent deux ou trois à l'extrémité de chaque bâton : ils portent la machine ainſi accommodée à l'endroit où ils veulent tendre leur piége, & la piquent fortement en terre, de manière que l'eau couvre les bâtons, & que les lacets ſurnagent. Le grain doit être ſemé à l'ordinaire tout autour ; & ſi par hazard la longueur des herbes en empêchoit l'effet, on y remédieroit en plaçant des pierres plates autour des piquets, & en les couvrant de grains. Chaque piquet doit être éloigné au moins de ſept ou huit pieds.

Chaſſe des Canards aux hameçons.

On prend des hameçons un peu forts ; l'appât qu'on y met doit être des morceaux de pain ou de chair, des fèves, des Vers de terre, des Grenouilles ou de petits poiſſons : on attache ces appâts avec une ficelle de la longueur de ſix ou ſept pieds, & placés confuſément : il ſuffit que dans l'endroit où vous tendez votre piége, il y ait un pied & demi, ou deux pieds d'eau.

Pour être plus ſûr de votre entrepriſe, jettez du grain deux ou trois jours de ſuite dans l'endroit où vous devez planter vos piquets ; les *Canards* amorcés viendront ſe prendre, comme les plus ſimples poiſſons.

Chaſſe des Canards au tric-trac.

On appelle tric-trac le bruit que font pluſieurs chaſſeurs pour effaroucher les *Canards* & autres oiſeaux aquatiques qu'ils veulent faire donner dans leurs panneaux. Cette chaſſe ſe fait au mois de juillet, lorſque la mue des oiſeaux aquatiques les empêche de voler.

Les chaſſeurs ſe partagent pour cet exercice ; les uns reſtent dans les bateaux le long des bords de l'eau ; les autres ſe dépouillent, & ſe placent dans les grands roſeaux qui ſont autour de l'étang où ſe fait la chaſſe.

On tend d'abord des panneaux d'eſpace en eſpace & éloignés d'environ cinq cens pas ; ces panneaux ſont des filets compoſés de pluſieurs pans de mailles quarrées ou en lozange.

On ſe munit enſuite d'un grand bâton qui ſert de perche pour conduire le bateau, & on commence le tric-trac en allant doucement ; c'eſt alors qu'on voit les oiſeaux dont les petits commencent à eſſayer leurs aîles, marcher devant les chaſſeurs au bout des panneaux. Pendant cette manœuvre, d'autres perſonnes obſervent quand les *Canards* donnent dans le piége : quand on eſt arrivé aux premiers panneaux, on paſſe outre, & il y a peu de *Canards* qui puiſſent échapper à la pourſuite du grand nombre de chaſſeurs qu'on employe à cet exercice.

Voyez planche 23 des chaſſes, tome 9 des gravures des arts & métiers, & l'explication à la fin de ce volume.

Canard domeſtique.

Le *canard* domeſtique eſt très-privé, quoiqu'il vienne originairement d'œuf de *canard* ſauvage.

Le mâle qui eſt le *canard*, ou *malard* proprement dit, eſt un peu plus gros que la femelle. Son envergure eſt de trois pieds. Il pèſe depuis deux livres juſqu'à trois. Les couleurs de ſon plumage ſont belles, brillantes & variées. La femelle appellée *cane* eſt communément griſâtre. Le *canard* a les jambes plus courtes, & le bec d'un jaune vert, large, terminé par une eſpèce de croc ou clou. La couleur des pattes qui ſont unis par une membrane, eſt orangée. Sa marche paroît gênée ; il ſe lève peu de terre pour voler.

On appelle ce *canard*, *barboteux*, parce qu'il ſe veautre dans les lieux bourbeux, dans les ruiſſeaux, aux bords des étangs & des marais où il trempe ſon bec, pour y chercher ſa nourriture. Il eſt ſi glouton, qu'il fait ſouvent des efforts pour avaler une grenouille entière ; mais ſouvent il en eſt étranglé. La *cane* fait d'une ſeule ponte quinze ou vingt œufs auſſi gros que ceux des poules, qui ont la coquille un peu plus épaiſſe.

Le *canard* privé eſt employé dans les canardières pour attirer les ſauvages, on lui donne alors les noms de *canard traître* ou d'*appellant*.

Le *canard domeſtique hupé* a le plumage du dos griſâtre, & celui du ventre eſt blanchâtre.

Canard domeſtique à bec crochu ou *courbé*. Il eſt extérieurement ſemblable au *canard* domeſtique vulgaire. Son bec d'un vert pâle eſt ſeulement plus long : de même qu'ils ont toujours beſoin, pour bien réuſſir, de beaucoup d'eau. Mais on peut s'en procurer une eſpèce qui ſera plus groſſe que les *canards* ordinaires, qui réuſſit bien dans des courbé en dedans, ſa tête moins groſſe, les oreilles petites comme dans toutes les eſpèces d'oiſeaux aquatiques.

CANARDS MULETS. Les *canards* ordinaires ont un cri qui eſt perçant, & devient déſagréable lorſqu'on les élève dans des cours trop près de la maiſon : de plus ils ont toujours beſoin, pour bien réuſſir, de beaucoup d'eau. Mais on peut s'en procurer une eſpèce qui ſera plus groſſe que les *canards* ordinaires, qui réuſſit bien dans des endroits où il n'y a point de mare ni d'eau courante, & qui ont l'avantage, pour la tranquillité de la maiſon, de ne faire preſque point de bruit, car leur cri eſt ſemblable à une voix éteinte, ce qui eſt cauſe que bien des perſonnes leur donnent la préférence dans leur baſſe cour.

Pour ſe procurer ces *canards mulets* ainſi nommés, parce qu'ils ne peuvent point engendrer, il faut avoir un mâle de *canard* des Indes, que l'on mettra avec des femelles de *canards* ordinaires, alors ces femelles produiront l'eſpèce de *canard mulet* dont nous parlons. Il ne faut point ſouffrir dans la baſſe-cour de *canard* de l'eſpèce commune, car le *canard* de l'Inde battroit les autres, & ils ſe tueroient. Il n'y a point d'animal ſi hargneux, ni ſi jaloux que ces *canards* d'Inde : ils attaquent es coqs, & juſqu'au plus gros d'Inde ; en un mot tous les mâles de la volaille d'une baſſe-cour. Ces eſpèces de *canards mulets* ſont très-voraces ; mais leur chair eſt beaucoup plus délicate, & d'un bien meilleur goût que celle des *canards* communs, c'eſt ce qui rend curieux d'en avoir & d'en élever. Quant aux *canards* des Indes, ils ne ſont pas agréables à manger, parce qu'ils ont un fumet particulier à leur eſpèce, & tenant du goût du muſc qui déplaît à beaucoup de gens.

CANARDIERE, nom d'un grand fuſil avec lequel on chaſſe aux *canards*: on peut tuer, d'un coup ordinaire, à cent cinquante pas.

CANARDIERE, ſ. f. (Chaſſe.) lieu couvert & préparé dans un étang ou un marais, pour prendre les canards ſauvages.

Voici la deſcription d'une *canardière*, avec ſon réſervoir ou baſſin, canaux, cages à apprivoiſer les canards, filets & allée d'arbres, conſtruite par Guillaume Ockers, ſituée ſur une eſpèce de pe-

tite île, environnée d'un côté des dunes, & de l'autre côté fortifiée d'une digue, faiſant un ovale dans la mer, occupant environ ſept arpens de terrein ſur le Queller Duyn, proche le Helder & le Teſſel en Hollande.

Le baſſin ou réſervoir où les canards ſe jettent ou tombent, repréſente un hexagone, contenant trois cens trente-cinq toiſes d'eau, où ſont habituellement environ ſix cens de ces oiſeaux, ſavoir, deux cens à qui on a tiré les groſſes plumes d'une aîle, afin qu'ils ne puiſſent plus voler, mais reſter toujours dans le réſervoir, aux autres quatre cens on a ſeulement coupé les plumes volantes dont il ſera parlé ci-deſſous, après qu'ils ſont apprivoiſés & inſtruits ſur un petit bois flottant, à faire leur devoir pour ſéduire les ſauvages. Il y a auſſi ſix canaux courbés en corne de bouc, longs de douze toiſes du côté du rond & extérieur, avec une barrière de roſeaux, qui forme un petit talus au-dedans du canal d'un bout à l'autre ; & du côté intérieur qui eſt courbé, avec dix petites barrières d'environ une toiſe de longueur, qui paſſent l'une devant l'autre ; & à chaque barrière une autre petite barrière, où les chiens doivent ſauter, pour conduire les oiſeaux ſauvages.

Les ſix bords unis du baſſin, qu'on nomme place du repos, deſtinés pour donner à manger aux oiſeaux apprivoiſés, & les faire repoſer, font un croiſſant de lune : ſon milieu eſt large de 27 pieds : il y a de petites digues par deſſus ces digues, des barrières de roſeaux d'un bout à l'autre ; & au milieu un trou, avec une planche, qui s'ouvre & ſe ferme, où les petits chiens peuvent venir ſur la place du repos. Les ſuſdits canaux ſont hauts, & larges de 17 pieds, & ſe courbent en arrière, où le filet eſt poſé à quatre pieds en hauteur, & il a un arc couvert de petites lattes de quatre en quatre pieds, large de dix-ſept pieds à l'embouchure, & élevé au-deſſus de l'eau de dix-ſept pieds au milieu, & ainſi en diminuant juſqu'au derrière à la hauteur de quatre pieds, où eſt étendu d'un côté à l'autre un filet goudronné, dont les mailles ſont ſi étroites, que le moindre oiſeau qu'on a coutume de prendre à la *canardière*, n'y pourroit paſſer.

Au bout & environ à la diſtance de ſept pieds de l'un des canaux, eſt une cage deſtinée à apprivoiſer les canards : c'eſt un quarré d'eau environné de verdure, pour élever & apprivoiſer l'oiſeau ſauvage, & lui apprendre à manger ; cette cage eſt environnée d'une barrière aſſez haute pour qu'un homme puiſſe facilement y préſenter la moitié de ſa perſonne, afin que l'oiſeau s'accoutume à le voir.

Les allées ſont plantées de toutes ſortes d'arbres & arbriſſeaux, ſavoir, entre les canaux, ſur des alignemens en quarré, à quatre pieds de diſtance l'un de l'autre, enſorte qu'il n'y reſte qu'un paſſage étroit auprès de la barrière, pour chaſſer les canards dans les canaux ; ce qui fait un bois fort ſombre, où il ſe trouve une allée en cercle avec des arbres fruitiers, large de quinze pieds. Le reſte du terrein eſt planté en allées de traverſe & en croix, larges de quinze pieds de chaque côté, avec des haies fort élevées : & dans les parcs intérieurs, comme entre les canaux, ſont toutes ſortes d'arbres pour former un haut & ſombre bocage ; afin que les hommes ne ſoient point apperçus ni découverts des oiſeaux ſauvages, & pour donner du calme dans les canaux & réſervoirs.

A l'égard de la priſe, voici comment elle ſe fait avec les ſix cens oiſeaux ſauvages mentionnés ci-deſſus, qui ſont apprivoiſés. Les deux cens auxquels on a ôté les groſſes plumes d'une aîle, ſont ainſi affoiblis, afin qu'ils reſtent toujours dans l'eau : pour les autres, dont les groſſes plumes ſont coupées, on les apprivoiſe dans la cage ; puis avec de la graine de chanvre ſur un petit bois flottant, on les accoutume à aller d'un canal à l'autre, en ſe remuant & faiſant du bruit dans le baſſin pour encourager les ſauvages, ce qu'on appelle chaſſer à la *canardière*.

Les plumes de ces canards dont nous avons parlé ci-deſſus, étant tombées & crues de nouveau, ils deviennent en état de voler dehors : & s'entremêlant avec les oiſeaux ſauvages, ils les mènent à leur retour au réſervoir, qui les conduit auſſi ſur le bois flottant, au canal le plus près ſous le vent : l'homme de la *canardière* ſe doit toujours ſervir d'une tourbe brûlante, quand il doit aller audeſſus du vent, afin que les oiſeaux ſauvages n'en ſentent rien ; alors on fait paſſer le petit chien par une des barrières ſur la digue de la place de repos, les oiſeaux ſauvages ſont très-attentifs à regarder les chiens ; plus ces chiens ſont velus & bigarrés, particulièrement d'une bigarrure rouge, foncée & blanche, mieux ils valent pour cette chaſſe. Les oiſeaux ſuivent, tant en nageant qu'en volant, continuellement les chiens, qui ſont auſſi toujours en mouvement, & ſautant d'un barrière au-delà de l'autre, reçoivent toujours du chaſſeur pour les encourager, un petit morceau de fromage frais, & ſe montrent continuellement tout de nouveau, juſqu'à ce qu'ils parviennent & arrivent à l'endroit le plus étroit du canal, & qu'ils ſe ſoient fourrés dans la naſſe qui eſt derrière, laquelle alors eſt élevée ; & l'oiſeau, étant pris, on lui tord le cou.

Pour bien nourrir les oiſeaux apprivoiſés, il faut leur donner du bled, du ſeigle, de l'orge, & ſur-tout du chénevi.

CANELUDE, ou CANELADE, ſ. f. (Fauconnerie) eſpèce de curée, compoſée de canelle, de ſucre, & de moëlle de héron. Les fauconniers

préparent cette curée & la donnent à leurs oiſeaux pour les rendre plus héroniers, plus chauds & plus ardens au vol du héron.

CANINANA, ſerpent de l'Amérique qui, quoique venimeux, craint l'homme, & s'en laiſſe toucher & manier comme un animal domeſtique. Sa longueur eſt d'un à deux pieds. Il a le dos verdâtre, & le ventre jaunâtre. On dit que les naturels du pays & les africains vont à la chaſſe de ce ſerpent, parce qu'ils le mangent, après en avoir coupé la queue.

CANE-PETIERE, ou CANE-PETRACE ; cet oiſeau ne diffère de l'outarde que par ſa taille, qui eſt beaucoup plus petite, n'étant pas plus groſſe qu'un faiſan, & par quelque variété dans le plumage ; auſſi M. Buffon lui a-t-il aſſigné le nom de petite outarde. C'eſt un oiſeau de paſſage, qui arrive en France au mois d'avril, & s'en va aux approches de l'hiver. Elle vole à-peu-près, comme le canard ſauvage, & c'eſt de là, ſans doute, que lui vient la dénomination de *cane* ; car, du reſte, elle n'a, dans ſa figure, rien de commun avec le canard. Quant à l'addition de *pétière*, les naturaliſtes varient ſur ſon étymologie : les uns veulent que cet oiſeau pète en partant ; d'autres, avec plus de vraiſemblance, ne voient dans ce ſurnom, que la traduction altérée du latin *pratenſis* ; car la *cane-pétière* eſt appellée en latin *anas pratenſis* ou *campeſtris* (cane des prés ou des champs). Mais laiſſons-là cette diſcuſſion, aſſez indifférente pour les chaſſeurs, & revenons à la deſcription de l'oiſeau.

La *cane-pétière* ſe plaît dans les prés, les ſainfoins, les luſernes, les orges, les avoines, & on ne la trouve jamais, dit-on, dans les blés ni les ſeigles. Le mâle ſe diſtingue de la femelle par un double collier blanc, & quelques différences dans le plumage. La femelle pond, au mois de juin, trois ou quatre œufs.

Ces oiſeaux ne vont point en troupe, excepté dans le tems où ils s'apprêtent à partir ; hors ce tems, on les trouve ſeuls, ou deux à deux ; lorſqu'on les fait lever, ils vont ſe remettre à peu de diſtance, mais il eſt très-difficile d'en approcher. Ils ſe nourriſſent d'herbes & de grains, comme l'outarde, & en outre, de ſcarabées, de fourmis, & de petites mouches. Leur cri eſt brout ou prout, & c'eſt la nuit, ſur-tout, qu'ils ſe font entendre. Ils ſont aſſez communs en Beauce & en Berry ; le canton de cette dernière province où il s'en voit le plus, eſt entre Bourges & Châteauroux, dans un eſpace d'environ douze lieues. Il s'en trouve quelques-uns en Normandie, mais ils ſont fort rares.

M. de Buffon incline à croire que cet oiſeau eſt particulier à la France, qui paroît être ſon pays naturel, ne fe trouvant point en Allemagne, ni dans les pays du nord, non plus qu'en Angleterre, fi ce n'eft par un effet du hazard, & très-rarement en Italie. Mais lorfque cet illuftre naturalifte écrivoit ainfi, n'avoit pas encore paru l'hiftoire naturelle des animaux de la Sardaigne, qui n'a été publiée qu'en 1776. Elle nous apprend que la *cane-pétière* eft non feulement commune dans cette ifle, mais qu'elle y refte toute l'année, au lieu qu'elle n'eft que de paffage en France; qu'en hiver, on y rencontre ces oifeaux par compagnies, quelquefois de quinze; ce qui eft encore contradictoire avec ce que difent nos naturaliftes françois : favoir, que ces oifeaux vont toujours feuls ou deux à deux, excepté lorfqu'ils fe difpofent à partir. Enfin, l'auteur affure qu'on voit des petits dès le mois de mai; ce qui prouve que la ponte de ces oifeaux ne fe fait pas dans le mois de juin, fi ce n'eft qu'elle foit beaucoup plus avancée en Sardaigne qu'en France.

J'obferverai encore que la *cane-pétière* n'eft pas auffi rare en Italie que l'a cru M. de Buffon; & que celle que Ray vit au marché de Modène, n'étoit pas un phénomène dans ce pays. Redi en parle comme d'un oifeau connu en Tofcane, dans fon traité de la génération des infectes, fous le nom de *gallina pratajuola* (poule des prés), nom qui s'adapte mieux à fa conformation que ceux de *cane-pétière* & d'*anas pratenfis*. Je fais, d'ailleurs, qu'elle n'eft pas fort rare dans la campagne de Rome, où elle eft connue fous le même nom. Elle eft affez commune en Efpagne, où on l'appelle fifon. (*Extrait de la chaffe au fufil.*)

CANUT, cet oifeau fe trouve principalement dans les provinces feptentrionales de l'Angleterre où il eft nommé *Knot*. Il eft de la groffeur à peuprès du bécaffeau. Il a à chaque côté de fa tête une bande blanche, au-deffus de laquelle en eft une autre d'un brun foncé. Il eft varié de blanc & de cendré brun par des taches qui imitent un croiffant à la partie inférieure du dos. Cet oifeau fe nourrit fur les bords des eaux; il eft excellent à manger, lorfqu'il eft gras.

CAPARACOCH; oifeau de proie de la baie d'Hudfon. La longueur de fes ailes & de fa queue lui donne l'air d'un épervier; mais la forme de fa tête & de fes pieds démontre qu'il touche de plus près au genre des chouettes. Cependant il vole, chaffe, & prend fa proie en plein jour comme les autres oifeaux de proie. Son bec eft femblable à celui de l'épervier, fans angles fur les côtés. Il eft luifant & de couleur orangée. couvert prefqu'en entier de poils, ou plutôt de petites plumes décompofées & grifes, comme la plupart des efpèces de chouettes. Il a les jambes & les pieds couverts de plumes fines, douces & blanches comme celles du ventre traverfées de lignes brunes plus étroites & plus courtes. Ses ongles font crochus, aigus & d'un brun foncé.

CAPITAINERIE, f. f. nom de dignité qui avoit lieu avant le règne de la liberté & de l'égalité par rapport au commandement des gardescôtes & de chaffe, & à l'entretien des forêts & de tout ce qui concerne les chaffes. La *capitainerie* fe difoit d'un certain canton fur l'étendue duquel le capitaine des chaffes accordoit ou refufoit la permiffion de chaffer, & devoit veiller à ce qu'il fût bien fourni de gibier.

CAPIVERD, ou CAPIVARD, animal quadrupède, efpèce d'amphibie fort connu au Bréfil & au cap de Bonne-Efpérance. Il eft à-peu-près de la groffeur d'un cochon d'un an. Sa tête a la forme de celle du lièvre; fes yeux font petits & vifs. Il a les dents aiguës & n'a point de queue. Son poil eft blanchâtre, court, menu & roide. Ses pieds font armés d'ongles fort pointus qui lui fervent à monter fur les arbres & à en defcendre. Il peut, étant grimpé fur des branches, s'affeoir fur fes pattes de derrière & manger les fruits, à la manière des finges. Il arrache les plantes & en ronge les racines. Cependant, il vit auffi facilement dans l'eau que fur la terre. Les nègres lui font la chaffe pour défendre leurs plantations : ils font d'ailleurs très-friands de la chair de cet animal.

CAPPA. Animal étranger plus grand qu'un Ane; noir, velu, féroce; il dévore les Chiens & détruit les troupeaux : fa figure eft hideufe; il a le front large & nud. L'ongle de fes pieds eft femblable à un talon.

CARACAL. Ce mot fignifie, dans les langues orientales, *Chat aux oreilles noires*. Le quadrupède dont il eft ici queftion, reffemble au Lynx par la grandeur du corps, par l'air de la tête & par un long pinceau de poil noir qu'il a à la pointe des oreilles : on ne doit point cependant le confondre avec lui, parce qu'il a le naturel plus féroce & qu'il ne fe trouve que dans les climats chauds.

Cet animal eft fi fauvage qu'il cherche toujours à fe cacher, & fi féroce qu'on ne pourroit l'approcher impunément; il eft commun en Barbarie, en Arabie & dans tous les pays qu'habite le Lion & la Panthère; comme eux il vit de proie, mais à caufe de fa foibleffe, il a peine à fe procurer fa fubfiftance : il s'éloigne de la Panthère, parce qu'elle exerce fes cruautés lors même qu'elle eft pleinement raffafiée; mais il fuit volontiers le Lion, profite de fes reftes, & quelquefois même l'accompagne d'affez près, parce que la légéreté avec laquelle il grimpe fur les arbres le dérobe à la colère du Lion : voilà l'origine du nom

nom de *Pourvoyeur du Lion* qu'on a donné au *Caracal* : c'est ce qui a fait qu'on a dit de ce roi des quadrupèdes, que ne se sentant pas l'odorat assez fin, il se servoit du *caracal* pour éventer de loin les autres animaux, dont il partageoit ensuite la dépouille avec son pourvoyeur.

Le *caracal* est de la grandeur du Renard, mais il a beaucoup plus de force & en même tems de férocité ; on l'a vu assaillir, déchirer & mettre à mort en peu d'instans un Chien d'assez grande taille qui combattoit avec courage pour défendre sa vie.

On apprivoise ce quadrupède très-difficilement ; cependant, quand il est pris jeune & élevé avec soin, on le dresse à la chasse qu'il aime passionément, & à laquelle il réussit pourvu qu'on ait soin de ne le jamais lâcher que contre des animaux qui ne puissent lui résister ; on s'en sert dans les Indes pour prendre les Lièvres, les Lapins, & même les grands Oiseaux.

CARACARA. C'est un oiseau des Antilles, de la grosseur d'un Chapon ; il a le cou plus long que celui d'un Coq ; son bec & sa tête approchent de ceux du Corbeau ; les plumes qui lui couvrent le cou & le poitrail, sont d'un beau bleu luisant ; son dos est d'un gris brun, ses ailes & sa queue sont courtes & d'un beau noir. Cet oiseau est jaloux & hargneux, ne souffrant aucun autre oiseau libre dans la même maison. On élève le *caracara* comme étant agréable à la vue, & ayant une chair aussi délicate que celle des Faisans de France.

CARAGUE, ou CARAQUE, quadrupède du Brésil qui ressemble au Renard ; il a un sac sous le ventre où il porte ses petits, qui sont au nombre de six ou sept ; il les nourrit jusqu'à ce qu'ils sachent manger : cet animal chasse la nuit, & mange les poulets. Les Indiens le tuent pour arrêter ses ravages plutôt que pour le faire servir d'alimens.

CARANCRO, ou CARANCRE, espèce de Vautour de la Louisiane qu'on pourroit faire servir à la fauconnerie ; il ressemble au Dindon par sa grosseur, par la forme de sa tête & par son plumage : son bec est crochu & ses serres sont armées de griffes ; cet Oiseau se plaît davantage à dévorer la chair morte qu'à poursuivre le gibier vivant. Le roi d'Espagne a défendu, sous des peines considérables, de tuer les *carancro*, parce qu'ils mangent les débris des Bœufs sauvages dont les espagnols font une très-grande destruction.

CARBATINE, s. f. (Chasse) On donne ce nom en général à toute peau de bête nouvellement écorchée.

CHASSES.

CARCAJOU, s. m. animal carnassier de l'Amérique septentrionale. Il pèse environ trente livres, & il a deux pieds seulement depuis le bout de son museau jusqu'à la première vertèbre du cou. La couleur du *carcajou* est plus ou moins noire suivant les endroits qu'il habite. L'espèce en est fort rare, parce qu'on cherche autant qu'il est possible de la détruire. Dès qu'il se sent pris par un chasseur ou blessé, il rugit & souffle comme le Chat. Il rampe plutôt qu'il ne marche ; c'est le moins agile de tous les animaux carnassiers. Cependant il attaque le Castor & l'Orignac ; il guette sa proie, & ne la quitte point qu'il ne l'ait domptée. Cet animal est plein de ruses. Il rompt les filets, il détend les pièges, il coupe la corde des fusils qu'on arrange pour le tuer, & il mange sans péril l'appât destiné à l'attirer.

CARDINAL, s. m. oiseau de l'Amérique dont le plumage est d'un rouge éclatant, garni derrière la tête d'un petit capuchon en forme de camail. Le plumage des ailes & de la queue est noir. Cet oiseau est de la grosseur d'un Merle. Il a le bec gros & fort noir. Le *cardinal* siffle d'un ton haut, perçant, net & distinct. Ce qui rend son ramage moins agréable dans un appartement que dans les bois. On dit que le *cardinal* a l'instinct de faire en été ses provisions de grains pour l'hiver.

CA-REVAU, cri de chasse, c'est-à-dire que le Cerf s'en retourne dans son pays.

CARIAMA, s. m. Cet oiseau habitant des marais du Brésil, est de la grandeur du Héron. Son bec d'un jaune rembruni est court & forme un cône courbé ; il a au-dessus du bec une crête d'un noir varié de cendré. Ses yeux semblent être d'une couleur d'or qui contraste merveilleusement avec le gris, le brun & le roux dont tout son corps est panaché. Cet oiseau ne s'appuie en marchant que sur les trois doigts de devant.

CARIBOU, s. m. animal sauvage du nord de l'Amérique. Il a les ongles plats & fort larges, garnis d'un poil rude entre deux qui l'empêche d'enfoncer dans la neige, sur laquelle il court avec une rapidité extrême. Le *Caribou* des forêts épaisses a les cornes fort petites ; celui des forêts claires les a fort grandes. Le Carcajou lui fait continuellement la chasse.

CARINDE, magnifique oiseau de l'Amérique, qui est de la grandeur d'un Corbeau, dont le plumage, depuis le ventre jusqu'au gosier, est d'un jaune d'or, & dont les ailes & la queue sont de couleur d'azur : cet oiseau a aussi quelque rapport avec le Perroquet par la forme du bec, par la tête & par les pieds. Il n'est point farouche : pendant le jour, il se tient sur les

I

arbres, proche les cabanes des Indiens, & le foir, il fe retire dans leurs cabanes ou dans les bois : le matin ces oifeaux ne manquent jamais de revenir à leur ancien gîte & y reftent comme des Pigeons privés. Les fauvages font grand cas des *Carindes* : ils leur arrachent des plumes trois ou quatre fois l'an pour faire des bonnets, garnir des boucliers & orner des tapifferies.

CARNACIERE, nom donné à un biffac de filet qu'on nomme auffi Panetiere. Il fert aux chaffeurs pour mettre d'un côté les provifions de bouche & de l'autre le gibier.

CARRELET, efpèce de filet léger, qui fert à prendre les petits oifeaux.

CASEMATE, trou d'environ deux pieds de diamètre, dans lequel les Blaireaux & Renards font tête aux Baffets.

CASOAR ou CASUEL, f. m. grand oifeau des Indes. On ne connoiffoit pas cet oifeau en Europe avant l'an 1597. Cependant, il fut envoyé un *Cafoar* à la ménagerie de Verfailles en 1671 où il a vécu quatre ans. Le midi de la partie orientale de l'Afie paroît être le vrai climat du *Cafoar*; il s'en trouve auffi dans les îles Moluques, dans celles de Banda, de Java, de Sumatra. La tête du *Cafoar* eft petite eu égard à fa taille & garnie de plumes. Il a une crête en forme de cafque qui n'eft que le crâne allongé, & une forte de corne de couleur obfcure. Son regard eft vif, fes yeux font grands, ainfi que fes oreilles. Son bec a une grande ouverture, fon afpect eft farouche & menaçant.

Ses plumes reffemblent à du crin ; elles ont deux tiges qui fortent du même tuyau & les barbes font dures, pointues & luifantes. Au bout des aîles il y a cinq piquants courbés en arc, qui font dans la même proportion que les cinq doigts de la main humaine. L'animal peut les redreffer à volonté & s'en fervir comme de défenfes, quand on veut l'approcher.

Cet oifeau avale tout ce qui fe préfente, quelquefois même des pommes de la groffeur du poing qu'il rend auffi entières qu'il les avoit avalées.

Le *Cafoar* eft après l'Autruche le plus maffif de tous les oifeaux. On voit au cabinet d'hiftoire naturelle un *Cafoar* de plus de cinq pieds.

CASSE-NOISETTES, nom d'un oifeau qui a un pied de long, un bec de deux pouces, des jambes courtes, des griffes recourbées, & un plumage nuancé de rouge & de blanc. Cet oifeau fait fon nid dans le creux des arbres, dont il retrécit l'entrée avec de l'argile. Il fe nourrit d'infectes. Il a une adreffe finguliere pour fendre les noifettes & en tirer l'amande qui fait fes délices.

CASTAGNEUX, efpèce de Plongeon qui eft beaucoup plus petit que le Plongeon ordinaire. Cet oifeau fe trouve fur les étangs & rivières : fa chaffe eft difficile, parce qu'il plonge continuellement.

CASTOR, f. m. animal qu'on nomme auffi Bièvre fur les bords du Rhône, de la Cèfe, & du Gardon.

Le *Caftor* eft un animal amphibie affez court & ramaffé, bas fur jambes, ayant des membranes aux pieds de derrière feulement, & fe fervant de ceux de devant comme de mains, avec autant d'adreffe que l'Ecureuil. Il a le mufeau un peu pointu, les oreilles courtes, & la tête menue à proportion du corps. Sa longueur ordinaire eft de trois pieds, depuis l'extrémité du mufeau jufqu'à la naiffance de la queue, dont la forme eft fingulière : elle eft longue d'un pied, épaiffe d'un pouce, & large de cinq ou fix, recouverte d'écailles & d'une peau toute femblable à celle des gros poiffons. C'eft cette queue qui fert de truelle à ceux de l'Amérique pour enduire & maçonner ces habitations merveilleufes, tant célébrées par les voyageurs & les naturaliftes. Les plus gros *Caftors* pèfent cinquante à foixante livres. Leur fourrure eft ordinairement de couleur de marron, plus ou moins foncée, fuivant la température du climat qu'ils habitent. Plus on avance vers le nord de l'Amérique, plus ils font bruns, & dans les contrées du nord les plus reculées, ils font tout noirs. Il s'en trouve auffi quelques-uns tout blancs; les fourrures des noirs font les plus belles & les plus eftimées.

Le *Caftor*, dit M. Buffon, loin d'avoir une fupériorité marquée fur les autres animaux, paroît au contraire être au-deffous de quelques-uns d'entre eux pour les qualités purement individuelles. Il paroît inférieur au Chien par les qualités relatives qui pourroient l'approcher de l'homme : il ne femble fait ni pour fervir, ni pour commander, ni même pour commercer avec une autre efpèce que la fienne. Souvent renfermé dans lui-même, il ne fe manifefte en entier qu'avec fes femblables ; feul, il a peu d'induftrie perfonnelle, encore moins de rufe, pas même affez de défiance pour éviter les piéges groffiers: loin d'attaquer les autres animaux, il ne fait pas même fe bien défendre ; il préfère la fuite au combat.

Si l'on confidère donc cet animal dans l'état de nature, ou plutôt dans fon état de folitude & de difperfion, il ne paroîtra pas pour les qualités intérieures au-deffus des autres animaux. Il n'a pas plus d'efprit que le Chien, de fens que l'Eléphant, de fineffe que le Renard, & il eft plutôt remarquable par les fingularités de conformation extérieure, que par la fupériorité apparente de fes qualités intérieures.

Il eſt le ſeul parmi les Quadrupèdes qui ait la queue plate, ovale & couverte d'écailles, de laquelle il ſe ſert comme d'un gouvernail pour ſe diriger dans l'eau; le ſeul qui ait des nageoires aux pieds de derrière, & en même temps les doigts ſéparés dans ceux du devant qu'il emploie comme des mains pour porter à la bouche; le ſeul qui reſſemblant aux animaux terreſtres par les parties antérieures de ſon corps, paroiſſe en même tems tenir des animaux aquatiques par les parties poſtérieures; il fait la nuance des Quadrupèdes aux poiſſons, comme la Chauve-Souris fait celle des Quadrupèdes aux oiſeaux. Mais ces ſingularités ſeroient plutôt des défauts que des perfections, ſi l'animal ne ſavoit tirer de cette conformation, qui nous paroît bizarre, des avantages uniques & qui le rendent ſupérieur à tous les autres.

Les *Caſtors* commencent par s'aſſembler au mois de juin ou de juillet pour ſe réunir en ſociété; ils arrivent en nombre & de pluſieurs côtés; & forment bientôt une troupe de deux ou trois cents: le lieu du rendez-vous eſt ordinairement le lieu de l'établiſſement, & c'eſt toujours au bord des eaux. Si ce ſont des eaux plates & qui ſe ſoutiennent à la même hauteur comme dans un lac, ils ſe diſpenſent d'y conſtruire une digue; mais dans les eaux courantes & qui ſont ſujettes à hauſſer ou baiſſer, comme ſur les ruiſſeaux, les rivières, ils établiſſent une chauſſée, & par cette retenue ils forment une eſpèce d'étang ou de pièce d'eau qui ſe ſoutient toujours à la même hauteur: la chauſſée traverſe la rivière comme une écluſe, & va d'un bord à l'autre; elle a ſouvent quatre vingt ou cent pieds de longueur, ſur dix ou douze pieds d'épaiſſeur à ſa baſe. Cette conſtruction paroît énorme pour des animaux de cette taille; mais la ſolidité avec laquelle l'ouvrage eſt conſtruit étonne encore plus que ſa grandeur. L'endroit de la rivière où ils établiſſent cette digue eſt ordinairement peu profond; s'il ſe trouve ſur le bord un gros arbre qui puiſſe tomber dans l'eau, ils commencent par l'abattre, pour en faire la pièce principale de leur conſtruction: cet arbre eſt ſouvent plus gros que le corps d'un homme. Ils le ſcient, ils le rongent au pied & ſans autre inſtrument que leurs quatre dents inciſives, ils le coupent en aſſez peu de tems & le font tomber du côté qu'il leur plaît, c'eſt-à-dire en travers de la rivière, enſuite ils coupent les branches de la cîme de cet arbre tombé, pour le mettre de niveau & le faire porter par-tout également.

Ces opérations ſe font en commun: pluſieurs *Caſtors* rongent enſemble le pied de l'arbre pour l'abattre; pluſieurs auſſi vont enſemble pour en couper les branches, lorſqu'il eſt abattu; d'autres parcourent en même tems les bords de la rivière, & coupent de moindres arbres, les uns gros comme la jambe, les autres comme la cuiſſe: ils les dépècent, & les ſcient à une certaine hauteur pour en faire des pieux; ils amènent ces pièces de bois, d'abord par terre juſqu'au bord de la rivière, & enſuite par eau juſqu'au lieu de leur conſtruction; ils en font une eſpèce de pilotis ſerré, qu'ils enfoncent encore en entrelaçant des branches entre les pieux. Cette opération ſuppoſe bien des difficultés vaincues; car pour dreſſer ces pieux & les mettre dans une ſituation à-peu-près perpendiculaire, il faut qu'avec les dents ils élèvent le gros bout contre le bord de la rivière ou contre l'arbre qui la traverſe, que d'autres plongent en même tems, juſqu'au fond de l'eau, pour y creuſer avec les pieds de devant un trou dans lequel ils font entrer la pointe du pieu, afin qu'il puiſſe ſe tenir debout.

A meſure que les uns plantent ainſi leurs pieux, les autres vont chercher de la terre qu'ils gâchent avec leurs pieds & battent avec leur queue, ils la portent dans leur gueule & avec les pieds de devant, & ils en tranſportent une ſi grande quantité qu'ils en rempliſſent tous les intervalles de leurs pilotis. Ce pilotis eſt compoſé de pluſieurs rangs de pieux, tous égaux en hauteur & tous plantés les uns entre les autres; il s'étend d'un bord à l'autre de la rivière; il eſt rempli & maçonné par-tout: les pieux ſont plantés verticalement du côté de la chûte de l'eau: tout l'ouvrage eſt, au contraire, en talus du côté qui en ſoutient la charge; enſorte que la chauſſée qui a dix ou douze pieds de largeur à la baſe, ſe réduit à deux ou trois pieds d'épaiſſeur au ſommet; elle a donc non-ſeulement toute l'étendue, toute la ſolidité néceſſaire, mais encore la forme la plus convenable pour retenir l'eau, l'empêcher de paſſer, en ſoutenir le poids & en rompre les efforts. Au haut de la chauſſée, c'eſt-à-dire dans la partie où elle a le moins d'épaiſſeur, ils pratiquent deux ou trois ouvertures en pente qui ſont autant de décharges de ſuperficie qu'ils élargiſſent ou rétréciſſent ſelon que la rivière vient à hauſſer ou baiſſer; & lorſque par des inondations trop grandes ou trop ſubites, il ſe fait quelques brèches à leur digue, ils ſavent les réparer, & travaillent de nouveau dès que les eaux ſont baiſſées.

Les habitations des *Caſtors* ſont des cabanes ou plutôt des eſpèces de maiſonettes baties dans l'eau ſur un pilotis plein, tout près du bord de leur étang, avec deux iſſues; l'une pour aller à terre, l'autre pour ſe jetter à l'eau. La forme de cet édifice eſt preſque toujours ovale ou ronde ; il y en a de plus grands & de plus petits, depuis quatre ou cinq jusqu'à huit ou dix pieds de diamètre ; il s'en trouve aussi quelquefois qui sont à deux ou trois étages : les murailles ont jusqu'à deux pieds d'épaisseur ; elles sont élevées à plomb sur le pilotis plein qui sert en même-tems de fondement & de plancher à la maison.

Une voûte en anse de panier, termine l'édifice & lui sert de couvert ; il est maçonné avec solidité & enduit avec propreté en dehors & en dedans : il est impénétrable à l'eau des pluies & résiste aux vents les plus impétueux ; les parois en sont revêtues d'une espèce de stuc si bien gâché & si proprement appliqué, qu'il semble que la main de l'homme y ait passé, aussi la queue leur sert-elle de truelle, pour appliquer ce mortier qu'ils gâchent avec leurs pieds. Ils mettent en œuvre différents matériaux, des bois, des pierres & des terres sabloneuses qui ne sont point sujettes à se délayer par l'eau ; les bois qu'ils emploient sont presque tous légers & tendres.

Les *castors* préfèrent l'écorce fraîche, & le bois tendre, à la plupart des alimens ordinaires : ils en font une ample provision pour se nourrir pendant l'hiver. C'est dans l'eau, & près de leurs habitations qu'ils établissent leur magazin. Chaque cabane a le sien, proportionné au nombre de ses habitans qui tous y ont un droit commun, & ne vont jamais piller leurs voisins. On a vu des bourgades composées de vingt ou de vingt-cinq cabanes : ces grands établissemens sont rares, & cette espèce de république est ordinairement moins nombreuse ; elle n'est le plus souvent composée que de dix douze tribus dont chacune a son quartier, son magasin, son habitation séparée ; ils ne souffrent pas que des étrangers viennent s'établir dans leurs enceintes.

Les plus petites cabanes contiennent deux, quatre, six & les plus grandes dix-huit, vingt, & même, dit-on, jusqu'à trente *castors*, presque toujours en nombre pair, autant de femelles que de mâles. Ainsi en comptant, même au rabais, on peut dire que leur société est souvent composée de cent cinquante ou deux cens ouvriers associés qui tous y ont travaillé d'abord en corps pour élever le grand ouvrage public, & ensuite par compagnie pour édifier des habitations particulières.

Quelque nombreuse que soit cette société, la paix s'y maintient sans altération ; le travail commun a resserré leur union, les commodités qu'ils se sont procurées, l'abondance des vivres qu'ils amassent & consomment ensemble servent à l'entretenir. Des appetits modérés, des goûts simples, de l'aversion pour la chair & le sang, leur ôtent jusqu'à l'idée de rapine & de guerre ; ils jouissent

de tous les biens que l'homme ne fait que desirer. Amis entr'eux, s'ils ont quelques ennemis au dehors, ils savent les éviter, ils s'avertissent en frappant avec leur queue sur l'eau un coup qui retentit au loin dans toutes les voûtes des habitations. Chacun prend le parti, ou de plonger dans le lac, ou de se retirer dans leurs murs qui ne craignent que le feu du ciel, ou le fer de l'homme, & qu'aucun animal n'ose entreprendre d'ouvrir ou de renverser.

Ces asyles sont non-seulement très-sûrs, mais encore très-propres & très-commodes. Le plancher est jonché de verdure ; des rameaux de buis & de sapin leur servent de tapis, sur lequel ils ne font ni ne souffrent jamais aucune ordure : la fenêtre qui regarde sur l'eau, leur sert de balcon pour se tenir au frais, & prendre le bain pendant la plus grande partie du jour.

L'habitude qu'ils ont de tenir continuellement la queue & toutes les parties postérieures dans l'eau, paroît avoir changé la nature de leur chair ; celles des parties antérieures jusqu'aux reins, a la qualité, le goût, la consistance de la chair des animaux de la terre & de l'air ; celle des cuisses & de la queue a l'odeur, la saveur & toutes les qualités de celle du poisson. Cette queue longue d'un pied, épaisse d'un pouce, & large de cinq ou six, est même une extrémité, une vraie portion de poisson attaché au corps d'un quadrupède ; elle est entièrement recouverte d'écailles, & d'une peau toute semblable à celle des gros poissons.

Les *castors* font leur provision d'écorce & de bois dans le mois de septembre, ensuite ils jouissent de leurs travaux, ils goûtent les douceurs domestiques : c'est le temps du repos, c'est mieux, c'est la saison des amours. Se connoissant, prévenu l'un pour l'autre par habitude, par les plaisirs & les peines d'un travail commun, chaque couple ne se forme point au hazard, ne se joint pas par pure nécessité de nature, mais il s'unit par choix, & s'assortit par goût.

A tant de traits dont on ne peut contester la réalité, des hommes à imagination en ont ajoutés que la philosophie met au rang des fables. Des voyageurs ont dit que la société des *Castors* étant une fois établie, ils réduisoient en esclavage les étrangers ; qu'ils renversoient leurs paresseux & leurs vieillards sur le dos, & les faisoient servir de voiture pour charrier leurs matériaux ; qu'ils ne s'assembloient jamais qu'en nombre impair ; pour que dans leurs conseils il y eût toujours une voix prépondérante ; que la société entière avoit un président ; & chaque tribu un intendant ; qu'ils avoient des sentinelles établies pour la garde publique, &c. Mais le roman des voyageurs n'a point nui à l'histoire des *Castors*.

Ce qui augmente notre étonnement par rapport

à l'induſtrie de ce ſingulier quadrupède, c'eſt qu'il ne ſonge point à en faire uſage, s'il ne jouit de ſa liberté. Il y a des *Caſtors* en Languedoc, & dans le Nord de l'Europe ; mais comme toutes ces contrées ſont habitées, ou du moins fréquentées par des hommes ; ces animaux y vivent ſolitaires & fugitifs, & portent ſur leurs corps l'empreinte de l'eſclavage.

Le *Caſtor* parmi nous eſt peut-être un animal dénaturé : il paroît tranquille, familier, exempt de paſſions violentes, rongeant de tems en tems les portes de ſa priſon, mais ſans fureur, indifférent en tout, & ne cherchant pas à plaire, encore moins à nuire.

Cet animal eſt très-utile : ſa peau ſert à faire des fourrures : les médecins font uſage de la liqueur du *Caſtoreum* qui eſt renfermé dans deux véſicules qu'il a ſous le ventre : les ſauvages tirent de ſa queue une huile qui leur ſert de topique pour divers maux ; & ſa chair n'eſt point indifférente en qualité d'aliment.

Les romains n'ont preſque pas connu le *Caſtor*, parce qu'ils n'ont jamais porté leurs conquêtes en Amérique & au Nord de l'Europe.

Chaſſe du Caſtor.

C'eſt dans l'hiver qu'on doit aller à la chaſſe du *Caſtor*, parce que dans une autre ſaiſon, on ne tireroit pas un ſi bon parti de ſa fourure.

Il y a pluſieurs manieres de les tuer ; quand ils s'écartent dans les terres, on peut les faire pourſuivre par des chiens & les forcer ; on a dit, mais ſans doute ſans fondement, que lorſqu'ils ſe voyoient ſur le point d'être pris, ils s'arrachoient leurs teſticules où le *caſtoreum* eſt renfermé pour ſatisfaire à la cupidité des chaſſeurs, & qu'ils ſe montroient ainſi mutilés pour trouver grace à leurs yeux.

Il eſt plus ſimple de ſe mettre à l'affut, & de leur tendre des pièges amorcés avec du bois tendre & frais.

Voici la méthode la plus ordinaire des chaſſeurs : leur bande ſe partage ; les uns vont ſe cacher dans les ouvertures que les *caſtors* ont pratiquées dans la glace ; les autres vont attaquer leurs cabanes : l'animal s'enfuit ſous les eaux, & vient enſuite reſpirer dans les ouvertures, où on le tue à coups de hache.

Si l'on veut ſaiſir ce quadrupède vivant, pendant qu'une partie des chaſſeurs renverſe la cabane du *caſtor*, l'autre remplit les ouvertures avec de la bourre de l'épi de Typha, & dès que l'animal y veut entrer, on le ſaiſit adroitement par un pied de derrière.

On remarque un changement étonnant dans le naturel des *caſtors*, lorſqu'on les perſécute long-tems, qu'on détruit les monumens de leur induſtrie, & qu'on les force à quitter le ſol de la patrie qu'ils ſe ſont formée ; leur ſociété ne ſe rétablit point : ils perdent leur inſtinct inventif, & leur génie flétri par la crainte, n'oſe plus s'épanouir.

CATOLOT, ſ. m. On appelle ainſi une petite eſpèce de Tarin qu'on trouve au Mexique. Le noirâtre & le fauve ornent la partie ſupérieure du corps de cet oiſeau : la partie inférieure en eſt blanchâtre, ſes pieds ſont cendrés ; il aime les plaines & ſe nourrit de graine. Les habitans donnent la chaſſe au *catolot* pour jouir de ſa ſociété & de ſon chant qui eſt agréable.

CATTEROLLES, ſ. f. (Chaſſe). C'eſt ainſi qu'on appelle les lieux ſouterrains où les lapines font leurs petits, & qu'on dit qu'elles rebouchent tous les jours juſqu'à leur première ſortie.

CATTICHES, caverne ou retraite du Loutre au bord des rivieres & des étangs.

CA-VA-LA-HAUT, (Chaſſe) maniere de parler aux Chiens quand ils chaſſent.

CAUDEX, oiſeau qu'on nomme auſſi *Gobe-mouche tacheté de Cayenne*. Il a huit pouces de long, le bec échancré & hériſſé de ſoies, long de 13 lignes, blanc au-deſſous du corps, noir au-deſſus. Cet oiſeau eſt inſociable ; il eſt audacieux & méchant. Il fait ſa nourriture ordinaire de mouches aquatiques.

CAVÉE. Lieu dans une forêt, creux & entouré de montagnes.

CAYOPOLLIN, petit animal de la groſſeur d'un Rat, reſſemblant au Sarigue & à la Marmotte ; on le trouve dans les contrées méridionales de l'Amérique. Il eſt très-laid, ayant une gueule très-fendue, les oreilles de la chauve-ſouris, les pieds du Singe, & la queue de la Couleuvre. Les Indiens vont à ſa chaſſe & ſe nourriſſent de ſa chair.

CENDRÉE, très-petit plomb pour la chaſſe des Bécaſſines & des petits oiſeaux.

CEOAN, ſ. m. petit oiſeau des Indes, un peu plus gros que la Grive. Son plumage eſt blanc. Les plumes qui recouvrent ſa poitrine, ſon ventre & ſes ailes ſont jaunes. Celles de ſa queue ſont cendrées. Son bec eſt petit & menu. On dit qu'il imite la voix humaine, & qu'il ſemble vouloir ſuivre les paſſans, ce qui donne aux chaſſeurs la facilité de le prendre.

CEPHUS, f. m. oiseau aquatique qui approche des Mouettes par la forme de son bec & de ses pieds, & pour le reste des Canards. Ses jambes sont verdâtres ; il est tout couvert de plumes, & si léger, qu'il a beaucoup de peine de résister au vent. Son instinct le porte à suivre les Thons pour manger les petits poissons qui échappent à la chasse de ces gros poissons. La chair du Cephus est d'un assez bon goût dans sa partie antérieure ; mais le train de derrière sent la fange.

CÉRASTE, vipere ou plutôt Serpent d'Afrique, d'une espece qu'on dit être cornue. Sa tête est triangulaire, & sa gueule obtuse. Le céraste a jusqu'à cinq pieds de long ; son venin est très-dangereux : tels sont les fléaux dont les chasseurs devroient s'attacher a délivrer le genre humain ; celui-ci est aisé à détruire ; comme il est très-vorace, & quand il est rassasié, il entre dans un profond sommeil, on saisit cet instant pour le prendre & le tuer.

CERCEAU. (Fauconnerie.) C'est ainsi qu'on appelle les pennes du bout de l'aile des oiseaux de proie. Les Faucons & les Laniers n'en ont qu'un, les Eperviers en ont trois.

CERCELLE, f. f. oiseau aquatique qui tient du Canard, mais un peu plus petit ; le mâle a la tête rouge, avec des marques noires sous l'estomac, & la femelle a le ventre gris. Cet oiseau s'appelle souvent Sarcelle, & quelquefois Garsote.

Outre la Cercelle de France, qui ressemble assez parfaitement au Canard ; il y en a une autre dans nos climats dont le bec est noir, la tête d'un rouge éclatant, tacheté de vert, & le corps couvert de plumes noires & blanchâtres, en façon d'écailles.

La Cercelle d'Inde est plus petite que les Cannes ; elle a le bec, les doigts & les pieds d'un beau rouge, & le plumage de couleurs très-variées.

Les Cercelles de l'Amérique, & sur-tout celles de la Louisiane, font d'une grande délicatesse ; celles de France ne sauraient en approcher pour le goût ; on trouve souvent dans leur estomac des herbes, des semences de plantes aquatiques, & même des cailloux : on voit aussi cet oiseau dans les isles de Cayenne & de Madagascar.

On prend les cercelles au lacet, à la glue & au fusil : Voyez l'article CANARD SAUVAGE, La chasse des cercelles n'est point différente.

CERCOPITHEQUE, f. m. espèce de singe qu'on trouve abondamment dans les bois de Java, dans le royaume de Congo, sur les montagnes de l'Amérique & dans tout le continent de l'Inde :

du côté de Goa, les Portugais les poursuivent à la chasse & se servent de sa chair comme aliment & remède : ils prétendent même que ses os broyés, ont la vertu de guérir les maladies vénériennes.

Les cercopithèques, comme les autres singes, ont une adresse infinie ; quand il s'agit de passer une petite rivière, ils montent sur un des arbres qui bordent le rivage, & choisissent là branche la plus longue & la plus pliante ; le plus adroit & le plus hardi d'entre eux marche à la tête sur cette branche qui se courbe par la pesanteur de son corps ; & ce premier passé ne lâche pas l'extrémité de la branche, afin de faciliter le passage aux autres qui se tiennent tous par la queue, & qui au premier signal traversent sans effroi ce pont mobile.

Cette espèce de singes est fort divertissante & est fort recherchée à cause de la gentillesse de leurs mouvemens & de leur instinct. Ils aiment beaucoup la chair ; ils serongent même la queue, quand ils en manquent.

On distingue plusieurs espèces de cercopithèques qui diffèrent entre eux par la grandeur & la couleur ; les principales sont les sugouins & les sapajoux.

Chasse du Cercopithèque.

Quand les Indiens font la chasse aux cercopithèques, ils se rendent sur le sommet des montagnes, où ces animaux élèvent leurs petits, & mettent le feu à quelques pétards, ce qui épouvante tellement les singes, qu'ils abandonnent leurs petits à la discrétion des chasseurs ; quelquefois ils ont la force de les porter sur le dos, & ils vont se percher sur la cîme des arbres, comme les oiseaux. S'ils s'apperçoivent qu'on les couche en joue, ils marchent contre le vent en poussant des cris horribles ; leur dextérité est si grande qu'ils savent, dit-on, éviter les flèches qu'on lance sur eux, & les prendre avec la main, comme s'ils jouoient avec les sauvages ; quand un des cercopithèques tombe mort & que le chasseur s'en saisit, les autres remplissent l'air de leurs gémissemens ; s'il n'est que blessé ; les autres le secourent ; l'un va chercher des feuilles ; l'autre de la mousse pour appliquer sur la plaie, & ils tâchent par ce moyen d'arrêter son sang & de lui conserver la vie.

Si le cercopithèque a toute la dextérité de l'homme réuni en société, il a aussi sa sensibilité, & son amour pour la vengeance. Si par hazard un des chasseurs s'écarte le reste du jour de ses compagnons ; il essuyera, sans pouvoir se défendre, une grêle de pierres : car ces animaux, en montant dans les arbres, portent chacun une pierre dans la main & une dans la gueule pour s'en servir contre les passans qu'ils voient armés. On a vu des chasfeurs périr fous les coups réunis des *cercopithèques*.

CERF, f. m. Le *cerf* eſt un quadrupède ruminant, qui a le pied fourchu, & les cornes branchues, maſſives, & tombant chaque année. Il peut paſſer pour le plus beau de tous les animaux : il n'y en a pas qui ait l'air ſi noble & ſi majeſtueux qu'un *cerf* dix-cors, orné de ſa tête ; auſſi les rois & les princes s'étoient réſervé le plaiſir de les chaſſer. Il eſt très-léger, il a beaucoup d'haleine, l'œil perçant, l'oreille fine & aime ſi fort les inſtrumens, que même pendant qu'on le chaſſe, il s'arrête [quelquefois pour entendre la trompe. Il eſt fin & ruſé, n'eſt méchant que dans le tems du rut, & quand il eſt ſur ſes fins. Il peut engendrer dès l'âge de dix-huit mois. Ses amours ne durent qu'un mois par an, & toujours dans le même tems. Il ſe nourrit de grains, de fruits, d'herbes, d'écorce de jeune bois, de la mouſſe qui vient deſſus, de bourgeons, de légumes, &c. il ne boit guère en hiver, encore moins au printems : l'herbe tendre & chargée de roſée lui ſuffit ; mais dans les chaleurs, il va aux ruiſſeaux, aux mares & aux fontaines ; & dans le tems du rut, il cherche l'eau par-tout pour boire & ſe baigner. Il nage très-bien, & ſaute très-légèrement.

Il y a des *cerfs* de différente groſſeur & de différent pelage. Les *cerfs* de plaine, de vallée, ou de collines fertiles, ont le corſage beaucoup plus grand que ceux des montagnes ſêches & arides. Ces derniers ne courent pas ſi vite, mais ils vont plus long-tems que les premiers : ils ſont plus méchans ; ils ont le poil plus long ſur le maſſacre, leur tête eſt noire & baſſe, au lieu que celle des *cerfs* de plaine eſt haute, d'une couleur claire & rougeâtre. Leur pelage le plus ordinaire eſt fauve.

M. de Buffon dit que la vie d'un *cerf* ſe paſſe dans des alternatives de plénitude & d'inanition, d'embonpoint & de maigreur, de ſanté pour ainſi dire & de maladie, ſans que ces oppoſitions ſi marquées, & cet état toujours exceſſif, altèrent ſa conſtitution. Cette viciſſitude & même ces excès ne ſont pas plus particuliers au *cerf* qu'à tous les animaux des forêts ; comme eux, la rigueur de l'hiver & la diſette des vivres le font languir & dépérir ; comme eux il reprend une nouvelle vigueur par la douceur du printems & par la végétation nouvelle, comme eux il s'engraiſſe des richeſſes de l'été. Si ſes amours l'exténuent, les fruits de l'automne le réparent. Tous les animaux libres & ſauvages éprouvent les mêmes viciſſitudes. Il ne faut pas regarder le tems pendant lequel le *cerf* pouſſe ſa nouvelle tête, comme un tems de ſouffrance & de maladie, puiſqu'il s'engraiſſe alors ſenſiblement, & qu'il n'eſt jamais plus chargé d'embonpoint que quand cette production vient de s'achever. Ses amours paroiſſent exceſſifs, ils le

ſont en effet ; mais le ſont-ils plus que ceux des autres habitans de nos forêts & de nos plaines ? Ne voyons-nous pas les courſes & les combats des Lièvres ? les coqs-perdrix ne ſe font-ils pas entre eux la guerre la plus vive ? Ces combats nous paroiſſent des jeux à cauſe de la foibleſſe des champions qui les livrent ; ils y mettent cependant autant d'acharnement que les *cerfs* ; mais ceux-ci en impoſent davantage, par l'effroi que répandent leurs cris, & par le cliquetis de leurs armes vraiment meurtrières. Quoi qu'il en ſoit, je ne crois pas que l'individu ſoit plus affecté dans l'un que dans l'autre.

Les gros *cerfs*, ou pour mieux dire les vieux *cerfs*, ſont des animaux tranquilles & pareſſeux ; ils aiment à être ſeuls ; quelquefois ils s'accompagnent deux ou même trois, à peu-près du même âge ; mais ils ſe tiennent ordinairement éloignés des jeunes *cerfs*, & ne vont jamais avec les biches que dans le tems du rut. Un gros *cerf* paſſera l'été dans un buiſſon dans lequel il ſe ſera retiré au printems pour y faire ſa tête ; il ne fera toutes les nuits que le chemin néceſſaire pour aller chercher ſa nourriture. Il évitera les berges eſcarpées, les foſſés profonds, tout ce qui lui occaſionnera quelqu'effort pénible. Il aime les bois touffus & fourrés ; mais il n'y pénètre que par des faux-fuyans ou des coulées qui ne lui préſentent pas d'obſtacle.

C'eſt un ancien préjugé mal fondé de croire que quand un *cerf* chaſſé donne à l'eau, ſes jambes ſe roidiſſent, & qu'il ne peut plus courir ; on pourroit citer une infinité d'exemples qui en prouveroient la fauſſeté. Ce qu'il y a de certain, c'eſt qu'un *cerf* pris dans l'eau a toujours les jambes flexibles, & qu'un *cerf* forcé pris ſur terre a toujours les jambes extrêmement roides & tendues.

Dès la fin d'août, les *cerfs* commencent à éprouver une efferveſcence qui les excite à plus d'activité ; ils font alors plus de chemin pendant la nuit, ils quittent un buiſſon pour aller dans un autre : ces impatiences annoncent le rut. Après le rut, ils retournent dans les buiſſons, ou bien ils ſe tiennent à portée des plaines nouvellement enſemencées ; ils font leur nuit ſous des pommiers ; on en a vu même ſe dreſſer contre l'arbre & en faire tomber le fruit avec leur tête ; ils ravagent les jardins mal clos. Les froids les font rentrer dans les forêts ; ils s'y mettent en garde ; ils ſe tiennent ſous les furaies ou le long des côtes qui les abritent du nord. Les jeunes *cerfs* s'accompagnent ſouvent avec les biches, mais les gros ne ſont ordinairement que dans des hardes de *cerfs* : le gland & la faîne leur ſervent de nourriture pendant l'hiver ; quand la terre eſt couverte de neige, ils pèlent les jeunes arbres.

Le *cerf* eſt naturellement doux & timide ; il craint l'homme & ne lui a jamais fait mal que par accident. Si l'on cite quelques exemples contraires, ils font fi rares que l'on ne peut pas même les regarder comme des exceptions.

On a vu des *cerfs* auxquels on coupoit le jarret, fe retourner & fondre fur l'homme qui l'avoit frappé ; on en a vu charger un payfan , qui fans aucune précaution avoit été lui plonger un couteau de chaffe dans le corps ; mais ce n'eft que le premier mouvement d'un animal qui fe fent bleffé ; & qui emploie les armes que la nature lui a données. On a vu au contraire bien fouvent des *cerfs* tenir les abois dans des villages , dans des chemins ferrés & étroits, éviter les hommes , fe preffer en paffant le long des murs & ranger leur tête de peur de bleffer les femmes & les enfans ; quand ils ne peuvent faire autrement , ils fautent par-deffus : mais les rencontres imprévues font très-dangereufes ; le *cerf* préfente toujours la tête aux obftacles qu'il rencontre ; tout le monde fait combien elle eft meurtrière ; d'ailleurs rien n'égale la force & la rapidité avec laquelle il s'élance ; elle eft telle qu'on en a vu fe tuer contre des baliveaux qu'ils avoient rencontrés en évitant les hommes. On peut juger avec quelle violence ils auroient culbuté les hommes & les cavaliers qui fe feroient trouvés fur leur paffage. Il faut fe méfier de ces rencontres, quand les *cerfs* font près d'être pris ; ils fe mettent fouvent fur le ventre & attendent que les chiens leur tombent fur le corps pour repartir ; alors le choc devient funefte à tout ce qui fe trouve devant eux. Les accidens qui arrivent dans ces rencontres , ne prouvent ni la férocité, ni la méchanceté de l'animal , puifqu'il eft certain qu'il évite l'homme autant qu'il lui eft poffible ; mais auffi toutes les fois qu'il rencontre un obftacle inévitable , il emploie la force de fa tête pour le furmonter. Au défaut de fa tête , fes pieds de devant font pour lui une défense dont il fe fert avec avantage. Quelque doux & timide que foit le *cerf* , il eft dangereux de l'apprivoifer ; il devient très-familier , & finit par offenfer ; mais il a cela de commun avec tous les animaux fauvages que l'on rend domeftiques. On a effayé d'en atteler à des voitures ; ils ne traîneroient pas un poids un peu lourd , parce qu'ils ont beaucoup de foibleffe ou plutôt de fenfibilité dans les reins ; ils font d'ailleurs pareffeux ; quand ils s'éloignent de la maifon , il faut les battre pour les faire avancer ; mais fi on les ramène du côté de leur gîte , ils vont d'eux-mêmes légèrement. C'eft fans fondement encore que l'on prétend que le *cerf* pleure, quand il eft près d'être pris ; il crie de la douleur que lui font les morfures des chiens , mais il ne pleure pas. Quelquefois ceux que l'on prend dans l'eau , jettent une efpèce de cri que l'on prendroit pour un aboiement ; on ne peut donner d'autre motif à ce cri , qu'au défefpoir de ne pouvoir échapper à fes ennemis.

La vie du *cerf* n'eft pas auffi longue qu'on l'a cru pendant long-tems ; on a débité là-deffus des fables dont on eft revenu aujourd hui ; un *cerf* que Charles VI prit dans la forêt de Senlis , les renouvellées ; il portoit un collier qui avoit pour infcription : *hoc me Cæfar donavit*. L'efprit humain qui aime le merveilleux , & qui par conféquent cherche toujours à fe tromper en éloignant les idées fimples , a vu dans cet animal un contemporain des empereurs romains. Cependant il eft très-poffible que tout le merveilleux fe foit trouvé dans l'imagination plaifante de quelque particulier des environs. Les calculs généraux de M. de Buffon portent la vie du *cerf* à peu-près de trente-cinq à quarante ans ; c'eft auffi l'opinion générale.

On ne doit pas tirer de conféquence de ce qu'il eft en état d'engendrer dans fa feconde année ; le cours de fa vie fe trouveroit extrêmement réduit, fi on le comparoit en cela à tous les animaux qui n'ont pas un bois ou tête à renouveller tous les ans. Ce font deux effets alternatifs de la même caufe : le *cerf* a pouffé fa première tête à feize ou dix-fept mois ; & il eft en état d'engendrer à dix-huit ou dix-neuf mois , ou du moins les apparences le font préfumer.

Ce qui doit confirmer l'opinion reçue , fur la durée de la vie du *cerf* , c'eft qu'un *cerf* portant fes dagues , c'eft-à-dire , dans la feconde année , a été enfermé dans le parc de Rambouillet ; il y trouvoit une nourriture abondante ; il y a vécu tranquille , il ne lui eft arrivé aucun accident ; il y eft mort dans fa trentième année , avec les fignes de la vieilleffe ; fa mort a été naturelle : on s'appercevoit depuis quelque tems de fon dépériffement. Ainfi , en fuppofant que la vie de cet animal ifolé de tous les autres de fon efpèce , ait été abrégée de quelques années , cela ramène toujours au période de trente-cinq à quarante années.

Les *cerfs* font fujets à une forte de maladie qui leur eft commune avec tous les animaux fauves , ce font les tons ; le ton eft une efpèce de ver blanc que l'on trouve en hiver fous la peau du *cerf* ; au printems il fort en perçant le cuir. Les recherches qu'on a faites fur ces tons ont porté à croire qu'ils étoient engendrés par l'état de difette & de mifère que l'animal éprouve pendant l'hiver : cette raifon n'eft pas très-fatisfaifante ; la mifère ainfi que la pourriture & la corruption peuvent donner lieu à une procréation , mais elles n'engendrent pas. Il paroit plus probable que quelque mouche ou papillon ou tout autre infecte dépofe fes œufs dans le poil de l'animal ; que les petits vers qui en proviennent , percent la peau , fe tiennent deffous pendant tout l'hiver , y prennent de l'accroiffement, & en fortent au printems ; mais quel eft cet infecte ? Que deviennent ces tons ? C'eft fur quoi les naturaliftes peuvent exercer leur curiofité. On a vu au

printems

printems des p es sur le dos des *cerfs* tirer & manger ces tons.

Le *cerf* a assez habituellement sur le corps plusieurs autres insectes ou vermines, ce sont les poux de *cerf*, les tiques, & les mouches plates : les poux de *cerf* & les tiques percent la peau pour sucer le sang ; les premiers ont assez la forme & même la couleur d'une petite lentille ; les autres ont la peau plus blanche & plus fine & s'enflent beaucoup par le sang qu'elles sucent.

La mouche plate est une mouche rampante qui court fort vîte : elle ne vole que par secousses ; elle désole les *cerfs* par le chatouillement qu'elle leur occasionne.

De la tête du cerf.

Comme le *cerf* renouvelle sa tête tous les ans, il la renouvelle avec une progression analogue à ses différens âges. Ce n'est qu'à la seconde année qu'il pousse sa première tête ; pendant les six premiers mois de sa vie, il porte le nom de *faon*. Son corps alors est parsemé de taches blanches que l'on nomme *livrée* ; vers le mois d'octobre ou de novembre il quitte la livrée, & prend le nom de *hère* : c'est alors qu'il paroît sur l'os frontal, que les veneurs appellent le *test*, deux élévations que l'on nomme *bosses* ; elles sont la base de la tête du *cerf*, & prennent par la suite le nom de *pivots*.

Ces élévations osseuses se prolongent, lorsque le *cerf* a acquis un an accompli ; mais ces prolongemens ne sont plus de la même nature que leur base, ils sont sanguins & presque cartilagineux : cependant l'extrémité inférieure prend de la consistance & s'ossifie progressivement jusqu'à l'extrémité supérieure. Cette production qui est de la hauteur de huit à dix pouces, est simple, sans aucune branche ou andouiller, ce sont deux petites perches que l'on nomme *daguet* elles restent couvertes d'un peau veloutée, jusqu'à ce qu'elles ayent acquis une consistance ou maturité parfaite. Le *cerf* se dépouille de cette peau en se frottant contre les arbres : il prend le nom de *daguet* de ces deux petites dagues qui sont sa première tête. Vers le mois de mai suivant, lorsque le *cerf* entre dans sa troisième année, ces deux dagues se détachent de l'os ou pivot qui leur sert de base, & tombent : alors le *cerf* pousse sa seconde tête ; elle est ornée de trois ou quatre branches que l'on nomme *andouillers*. Ce qui le distingue encore plus du daguet, ce sont les meules ; c'est une espèce de bourlet qui entoure le sommet du pivot. Il y a des exemples, rares à la vérité, de daguets qui ont un ou deux andouillers, comme il y a des secondes têtes qui n'ont que deux perches : les meules alors lèvent tous les doutes : les dagues n'étant qu'un prolongement des pivots, sont poussées en jets directs ; mais lorsque le *cerf* pousse sa

seconde tête & les autres, il y a une réaction qui forme les meules. C'est donc à sa troisième année que le *cerf* pousse sa seconde tête, & il en prend le nom, & ainsi d'année en année, jusqu'à sa cinquième année qu'il a sa quatrième tête. A la sixième année, il prend le nom de *dix-cors jeunement*, & après cela on le nomme *dix-cors*. Il n'y a pas de marque distinctive & certaine qui indique exactement ces différens âges ; on ne les juge que sur la progression annuelle de sa tête.

La tête du *cerf* est composée des meules ou couronnes qui posent sur le pivot ; il en sort la maîtresse branche que l'on nomme *marrain* ou *merrain* ; elle est accompagnée auprès de la meule du premier andouiller qui sort en avant, & dont la pointe est recourbée en remontant : c'est le plus long & le plus meurtrier des andouillers ; au dessus & tout près est le sur-andouiller, beaucoup plus court ; le troisième andouiller se nomme *chevillure* ; il est ordinairement plus long que le sur-andouiller. Quelquefois il y a le long du marrain un quatrième andouiller que l'on nomme *trochure* ; mais quelques veneurs prétendent qu'il doit faire partie de l'empaumure.

L'empaumure termine le marrain : on la nomme ainsi, parce qu'elle ressemble imparfaitement à la paume de la main, de laquelle il sort plusieurs doigts. Les andouillers qui sont placés dans la longueur du marrain, sont ordinairement au nombre de trois & quelquefois quatre ; ceux de l'empaumure varient depuis deux jusqu'à huit, & quelquefois plus, mais cela est très-rare. Les secondes têtes n'ont ordinairement que deux andouillers dans la longueur du marrain. Une tête de *cerf* garnie de beaucoup d'andouillers se nomme *une tête bien chevillée*, sur-tout si le marrain est gros & les andouillers bien nourris. Pour marquer la quantité d'andouillers dont la tête est garnie, on les compte, & on dit que le *cerf* porte dix, quatorze, vingt, toujours nombre pair. On les compte ainsi : les trois andouillers qui doivent être le long du marrain, sont toujours comptés ou supposés, s'ils ne s'y trouvoient pas. On prend le côté le plus garni des deux empaumures ; s'il y a trois andouillers, en les additionnant avec les trois du marrain, cela fait six, & autant supposés à l'autre côté de l'empaumure, le *cerf* porte douze. Je dis supposés, parce que s'ils n'y étoient pas réellement, le *cerf* porteroit douze mal semés, & douze bien semés quand les deux empaumures sont également garnies. Ainsi, quand il y a à l'empaumure la plus garnie, quatre, cinq ou six andouillers, &c. le *cerf* porte quatorze, seize, dix-huit, & toujours en ajoutant trois au nombre de l'empaumure, & doublant ensuite ; bien semés si les deux empaumures sont égales ; mal semés, si elles ne le sont pas.

On compte jusqu'au plus petit andouiller de

K

l'empaumure, pourvu qu'il puisse porter la bou-teille du chasseur, c'est le terme reçu; c'est-à-dire, pourvu que l'on puisse y fixer & y appuyer une ficelle : quelquefois la chevillure se trouve fourchue, mais cela ne change rien à la manière de compter combien un *cerf* porte. Les têtes du *cerf* sont indifféremment droites, serrées ou ou-vertes; ces différences dépendent beaucoup de la position des pivots.

Pour apprendre à juger l'âge des *cerfs* par leur tête, jusqu'à ce qu'ils soient dix-cors, & après cela leur plus ou moins de vieillesse, il faut éta-blir ses observations sur ce qu'il y a de plus positif. La hauteur de la tête, la longueur des andouillers & leur quantité, sont trop sujets à varier, pour fournir une proposition & des conséquences. La grosseur du marrain varie moins, parce qu'elle dé-pend de celle du pivot, qui est un os, une saillie de l'os frontal, & qui par conséquent ne varie que pour acquérir. La grosseur de la meule & du marrain sera donc toujours relative à celle du pivot sur lequel ils sont appuyés; & comme le pivot acquiert d'année en année plus de circonférence, la meule & le marrain suivent annuellement la pro-gression de leur base. Ce sont ces différentes pro-gressions qu'il faut étudier, & que l'on ne peut guère connoître que par l'usage & l'expérience. La grosseur du pivot doit toujours servir à rectifier ou à confirmer le jugement que l'on a porté par l'observation des meules & du marrain, que diffé-rentes causes peuvent faire varier. On peut faire deux observations sur le pivot; la grosseur & la hauteur. La circonférence augmente tous les ans, parce que non-seulement il acquiert, comme os, plus d'épaisseur d'année en année; mais il éprouve encore une dilatation, en donnant tous les ans passage à la substance de la nouvelle tête. Il est im-possible de donner une règle certaine de cette pro-gression graduelle du daguet à la seconde tête : de la seconde à la troisième, &c.

On a observé qu'un *cerf* à sa troisième tête (1) avoit de circonférence pour le pivot, trois pouces quatre lignes; la meule, cinq pouces dix lignes; le marrain entre le premier andouiller & le sur-an-douiller, quatre pouces deux lignes; & entre le sur-andouiller & la chevillure, trois pouces cinq lignes: un *cerf* prenant sa tête de dix-cors, pivot quatre pouces six lignes; meule, sept pouces deux lignes; marrain, cinq pouces deux lignes; & quatre pouces trois lignes. La progression a donc été, année commune, à peu-près de quatre à cinq lignes pour le pivot & les meules, & de trois à quatre lignes pour le marrain. On a mesuré aussi la tête d'un vieux *cerf*, dont le pivot avoit

six pouces deux lignes; la meule neuf pouces onze lignes; le marrain au-dessus du premier andouil-ler, sept pouces trois lignes, & cinq pouces huit lignes au-dessus du sur-andouiller. D'où il ré-sulte que les différences entre la troisième tête & le *cerf* prenant sa tête de dix-cors, sont d'un pouce deux lignes pour les pivots, un pouce quatre lignes pour les meules, de dix, & douze lignes pour le marrain; celle de la troisième tête au vieux *cerf*, de trois pouces deux lignes pour les pivots, quatre pouces une ligne pour les meules, trois pouces & deux pouces trois lignes pour le mar-rain. Mais ce n'est pas le compas à la main que l'on juge les *cerfs*; l'usage seul rend ces différentes pro-gressions sensibles. Plus un *cerf* acquiert d'années plus les pierrures & les perlures sont grosses, & plus les gouttières sont profondes.

Refait.

Le plus bel ornement du *cerf* est son bois ou sa tête; cette parure qui donne à l'animal un air noble & imposant, est encore plus singulière par sa reproduction annuelle. Le *cerf* se défait à la fin de l'hiver, de la tête qui l'a paré l'année précé-dente, pour en reproduire une qui le parera da-vantage. Cette production a un rapport manifeste avec les parties de la génération; c'est la même cause qui produit deux effets différens & alternatifs. Après s'être manifestée au printems, avec toutes les apparences & les progressions du végétal, elle devient prolifique à l'automne. Dès la fin de jan-vier, lorsque toute la nature commence à entrer en fermentation pour préparer une végétation nouvelle, tout se prépare aussi pour la reproduc-tion de la tête du *cerf*. Le sang se porte avec plus d'abondance vers les extrémités du cou & vers le massacre de l'animal (les veneurs nomment la tête du *cerf massacre*, comme ils nomment *tête*, ses bois ou cornes). Cette sève nouvelle se porte vers l'extrémité des pivots; elle détruit les liens ou l'espèce de soudure qui y fixoit l'ancienne tête. Ces liens sont tels, que les deux parties, le pivot & la meule, paroissent identifiées & ne faire qu'un même corps, au point que si on vouloit employer la force pour les désunir, on casseroit le pivot plutôt que d'y parvenir. Cependant ces liens sont détruits par la sève nouvelle, & chaque côté de tête tombe par son propre poids. L'extrémité du pivot devenue légèrement spongieuse, est altérée par la chûte de la tête; & comme cette altération se renouvelle tous les ans, c'est pour cela que plus l'animal est vieux, plus les pivots sont courts. Ce n'est pas par desséchement & faute de nourriture que la tête tombe; le sang dont l'extrémité du pivot est teinte, & que l'on remarque aussi sur la meule détachée nouvellement & naturellement, prouve que ce sont les apprêts de la production nouvelle qui chassent l'ancienne.

Cette production n'est pas non plus l'effet d'une

---

(1) Seconde tête. Pivots, deux pouces neuf lignes. Meules, trois pouces neuf lignes. Marrain, trois pouces deux lignes & deux pouces six lignes.

furabondance de nourriture , car le *cerf* n'eſt jamais plus appauvri que dans le tems où elle ſe prépare. Les gros *cerfs* mettent bas à la fin de février;
par conſéquent la ſéve nouvelle doit avoir commencé à être miſe en action , au moins trois ſemaines auparavant. Or , le mois de février eſt
certainement le tems où le *cerf* eſt le plus dénué
de ſubſtance , puiſqu'il éprouve encore les privations qui l'ont fait pâtir pendant tout l'hiver.
Cette végétation , ainſi que toutes les autres ,
n'eſt donc déterminée que par la fermentation
qu'éprouve toute la nature , lorſque les rayons du
ſoleil moins indiects commencent à la mettre en
activité. Ce qui le prouve encore , c'eſt que la chûte
de la tête du *cerf* eſt retardée par un hiver long &
rude , qui prolonge l'inertie de la nature.

Si l'abondance de nourriture n'eſt pas cauſe première de cette production , elle devient très-né-
ceſſaire à ſes accroiſſemens : c'eſt par cette raiſon
que ſes progrès ſont très-lents juſqu'au mois
d'avril ; alors elle ſe développe avec beaucoup
d'activité , parce que l'animal trouve dans les
plaines de quoi fournir abondamment à la nourriture de ſa nouvelle tête , en même-temps qu'il ré-
pare avec uſure la privation qu'il a éprouvée.

La tête du *cerf* eſt entièrement pouſſée & parfaite en quatre mois & demi ou cinq mois. On ne
parle que des *cerfs* dix - cors ; les jeunes *cerfs* emploient moins de tems ; les ſeconde & troiſième
têtes ne mettent bas qu'à la fin d'avril & même
plus tard , & ils touchent au bois trois ſemaines
ou tout au plus un mois après les *cerfs* plus
avancés.

Deux ou trois jours après que le *cerf* a mis bas ,
il ſe forme une pellicule qui couvre la ſuperficie
du pivot ; alors on dit que le *cerf* a *les meules recouvertes.* On remarque pendant quelque tems les
veſtiges d'une cicatrice qui s'eſt formée ſur la ſuperficie du pivot ; c'eſt ce qui occaſionne la réaction
des ſucs nourriciers qui forment la meule ou couronne qui entoure la tête du pivot. Le daguet qui
n'a pas éprouvé cette eſpèce de plaie , n'a pas de
cicatrice , par conſéquent point de réaction , par
conſéquent point de meule. Après que les meules
ſont recouvertes , il s'élève ſur chaque pivot une
proéminence arrondie ; elle ſe prolonge & paroît
vouloir ſe diviſer : cela s'appelle *dénouer quatre.*
Quelque tems après , cette diviſion devient marquée & prépare deux branches ; l'une croît directement & l'autre horizontalement ſur le devant :
alors le *cerf* porte quatre. La maîtreſſe branche
continuant à ſe prolonger , annonce une ſeconde
bifurcation ; lorſqu'elle eſt opérée le *cerf* porte
ſix : le premier andouiller , le ſur-andouiller & le
marrain ou maîtreſſe branche font trois , & trois
de l'autre côté font ſix. Les progrès ſont très-lents
dans les commencemens ; ce n'eſt guère que le 8
ou le 10 d'avril que les *cerfs* portent ſix : alors le

refait n'a que deux pouces & demi ou trois pouces
d'élévation. On voit des *cerfs* plus avancés , mais
les exceptions ne doivent pas empêcher de preſ-
crire une règle générale.

Depuis le 15 d'avril , les progrès ſont rapides
vers la mi-mai , le *cerf* a mi-tête , c'eſt l'expreſſion
des veneurs ; il porte grand huit , parce que la
chevillure eſt bien ſéparée de la branche principale
qui doit porter l'empaumure : le refait alors a neuf
à dix pouces de haut. Dès le commencement de
juin , l'empaumure eſt prête à ſe dénouer , c'eſt-
à-dire , que le marrain eſt terminé par une eſpèce
de bouton qui eſt prêt à s'épanouir : elle ſe dénoue
vers le 15 de juin , & elle eſt tout - à-fait ſéparée
à la fin de ce mois. Les progrès alors ſont moins
ſenſibles , parce que les parties inférieures mû-
riſſent à meſure que les extrémités ſupérieures ſe
prolongent. On n'a parlé que de l'accroiſſement du
marrain , parce qu'il n'étoit pas néceſſaire d'expliquer que les andouillers croiſſent en même tems ,
& ſe conſolident ainſi que le marrain , de la baſe à
l'extrémité.

Le refait qui eſt recouvert d'une peau délicate
d'un gris noir , ſouvent ondée de blanc & veloutée d'un poil fin & court , ne paroît d'abord intérieurement qu'un amas de ſang noir & épais ; il
devient enſuite preſque cartilagineux , & prend gra-
duellement ſa conſiſtance , en commençant par les
extrémités inférieures. Le premier andouiller a pris
preſque toute ſa ſolidité , lorſque les andouillers
de l'empaumure n'ont encore acquis que la moitié
de leur longueur. La tête eſt entièrement faite dans
les premiers jours de juillet , le *cerf* a *tout alongé* ;
mais elle eſt encore près de trois ſemaines à acquérir
ſa parfaite maturité.

Les *cerfs* les plus avancés ne touchent au bois que
du 20 au 25 juillet ; ce ne ſont pas ordinairement
les plus vieux qui y touchent les premiers , parce
qu'ils ont beſoin d'un peu plus de tems pour par-
faire une production plus conſidérable. Cependant la différence n'eſt que de quelques jours : tous
les gros *cerfs* ont touché au bois dans les premiers
jours d'août , à moins que quelque maladie n'ait
retardé l'opération de la nature. Les jeunes *cerfs*
retardent en raiſon de leur âge ; mais ils ont tous
touché au bois à la fin d'août ; il faut cependant
en excepter les daguets , qui quelquefois n'y ont
pas touché au mois d'octobre.

Lorſque la nouvelle tête a acquis toute ſa maturité , la peau qui l'enveloppe ſe deſſèche , & le
cerf cherche à s'en débarraſſer. Il fait premièrement des eſſais ſur des branches légères & flexibles,
mais bientôt il ſe frotte contre des arbres qui lui
offrent plus de réſiſtance , pourvu cependant qu'elle
ne ſoit pas totale , car il cherche ordinairement
ceux que ſes efforts font un peu fléchir. Comme
ce dépouillement ne ſe fait pas en une ſeule fois,

la peau à moitié détachée flotte d'abord par lambeaux ; les endroits de la tête qui font découverts, font alors blancs ; le *cerf* achève bientôt de la nettoyer, & elle prend une couleur rouffe qui fe rembrunit peu-à-peu. Lorfque la tête eft parfaitement dépouillée & qu'elle a pris une première teinte, on dit que le *cerf a frayé bruni*.

Les *cerfs* ont indifféremment la tête blanche ou grifâtre, rouffe, brune & noire ; il eft affez difficile de rendre raifon de la caufe de ces différentes nuances. Quelques veneurs ont cru & croient que cela dépend de la nature des arbres contre lefquels ils fe frottent ; que les hêtres & les bouleaux font les têtes rouffes : les chênes, les brunes : les charmes & les trembles, les noires. Que cette opinion foit fondée ou non, il n'en eft pas moins vrai que la partie aqueufe de l'arbre enduit la tête du *cerf* d'une efpèce de vernis qui la colore. Ce qui vient à l'appui de cette opinion, c'eft que la tête du *cerf* n'eft jamais plus fortement nuancée que dans le commencement de feptembre. Les approches du rut agitent alors l'animal ; il fe jette fur les cépées avec fureur, il les brife avec fa tête, & là fève d'août dont le bois eft encore rempli, ajoute une nouvelle nuance à celle qu'elle avoit déjà. D'ailleurs, les vieux *cerfs* ont ordinairement la tête plus fortement nuancée, par une raifon qui confirme encore celle-ci ; ils ont les perlures plus groffes & plus multipliées : ils doivent donc prendre & retenir une plus forte dofe de ce vernis colorant.

Les perlures font des inégalités perlées qui font le long du marrain & des andouillers ; les pierrures font les mêmes inégalités fur les meules ; elles font les unes & les autres formées par des vaiffeaux fanguins qui ont nourri la tête. La peau qui enveloppe le refait, couvre & contient tous ces vaiffeaux fur la fuperficie du marrain : comme il n'eft d'abord formé que d'une fubftance molle, ces vaiffeaux y reftent empreints, & le fillonnent felon le cours qu'ils ont eu ; ils fe divifent à l'infini, & fe croifent dans tous les fens. Quelques-uns plus gros partent de la meule & fe prolongent le long du marrain & des andouillers, jufqu'à l'empaumure où ils fe ramifient : ces derniers laiffent des cavités longitudinales que l'on nomme *gouttières*. Tous ces vaiffeaux s'atténuent & deviennent à rien en approchant de l'extrémité des andouillers : ils n'y laiffent aucune trace, & c'eft par cette raifon que la pointe en eft liffe, fans perlures & toute blanche. Lorfque la production eft complète, ces vaiffeaux ne recevant plus de fubftance fe flétriffent & la peau fe deffèche : le *cerf* éprouve probablement alors des démangeaifons qui l'engagent à la dépouiller, & il y a apparence qu'il trouve pendant quelque tems un certain plaifir à fe frotter contre les arbres.

Lorfque les *cerfs* ont touché au bois & frayé bruni, la végétation qui a produit le refait, ne

ceffe pas tout-à-fait ; il refte dans l'intérieur du marrain & des andouillers, une efpèce de moëlle ou fuc nourricier, qui fe confolide & fe deffèche peu-à-peu, jufqu'au moment où une fève nouvelle prépare une nouvelle production. Il eft à préfumer que cette moëlle procure la fenfibilité que je fuppofe devoir exciter les *cerfs* à fe frotter contre les arbres. On remarque toujours dans l'intérieur du marrain & dans les andouillers des gros *cerfs* fur-tout, les canaux conducteurs & confervateurs de cette moëlle : on ne les obferve que jufqu'après des meules qui font pleines ; ils font moins fenfibles & moins abondans dans la tête des jeunes *cerfs*.

La tête d'un gros *cerf* ayant befoin d'une nourriture plus abondante, les vaiffeaux qui la fourniffent, font plus volumineux ; les fillons qu'ils tracent extérieurement, plus grands & plus profondément gravés : c'eft pour cela que les gouttières font plus creufes, les perlures plus groffes & plus faillantes. Les jeunes *cerfs*, au contraire, ont la tête prefque liffe, fans perlures, & par conféquent blanchâtre, parce que les vaiffeaux étant plus déliés, ne laiffent que très-peu de traces. Lorfqu'une tête a pouffé beaucoup en hauteur, elle eft ordinairement moins perlée, parce que l'extenfion des vaiffeaux a diminué leur volume. Cette tête auffi, eft pour l'ordinaire plus grêle : c'eft-à-dire, les meules font moins groffes & le marrain moins nourri ; & par une fuite de conféquences, une tête baffe a les meules plus groffes, le marrain plus perlé, quoique ce *cerf* foit à-peu près du même âge que le premier. La vigueur de cette production dépend de l'état phyfique de l'animal. Les *cerfs* enfermés dans les parcs, où ils ont peu ou point de gagnages, pouffent des têtes moins vigoureufes & d'une teinte moins foncée ; il en eft de même des *cerfs* qui habitent le centre des grandes forêts, & qui fréquentent peu les plaines. En général, un *cerf* qui pâtit, ou même qui n'a pas une nourriture abondante, pouffe une tête maigre & grêle.

Il y a des *cerfs* qui pouffent des têtes imparfaites, que l'on nomme *bizarres* ; c'eft quelquefois la vieilleffe qui eft la caufe de cette difformité, parce que l'animal manque de force pour perfectionner cette opération. La tête n'eft alors qu'un affemblage informe de bougons & d'andouillers tronqués ; il arrive même que cette bizarre production vient pas à maturité, mais cela eft très-rare ; il faudroit que le *cerf* fût dans la plus extrême décrépitude. Des *cerfs* dans la force de l'âge pouffent quelquefois des têtes bizarres, parce que le refait a été bleffé & brifé par quelqu'accident : rien n'empêche que ce *cerf* ne pouffe une tête bien faite l'année d'après : mais fi le pivot eft endommagé, le *cerf* pouffera toujours une tête bizarre, parce qu'il fe fera un épanchement des fucs nourriciers, qui dérangera leur cours naturel. Quelquefois les têtes, sans être difformes, ont des bizarreries, comme un ou plusieurs andouillers de l'empaumure tombant en arrière : l'empaumure plate comme la palette d'un daim, & renversée : ils ont quelquefois même aussi le marrain tout plat. On a vu des têtes de *cerf* dont les deux marrains étoient plats depuis la meule jusqu'à l'empaumure, & l'empaumure formoit un godet qui auroit tenu la valeur d'un verre d'eau : les empaumures plates & sur-tout les marrains plats, sont presque toujours des signes de vieillesse.

Le rut.

Lorsque le *cerf* a touché au bois, il faut nécessairement qu'il éprouve une révolution : la substance qui a servi à la production de sa tête, n'est pas épuisée ; elle est au contraire alimentée par une nourriture plus substantielle que jamais, puisque c'est alors que les grains sont dans leur maturité. Ne pouvant donc pas être anéantie, la nature ne fait que changer d'intention, & cette surabondance devient prolifique : c'est par cette raison, que le *cerf* qui a achevé de pousser sa première tête, à l'âge de quinze ou seize mois, est en état d'engendrer à dix-huit mois, ou du moins, les apparences le font croire.

En supprimant les parties de la génération, cette action est annullée dans ses deux effets, cependant pas aussi positivement, ou pour mieux dire, pas aussi subitement dans l'un que dans l'autre ; car si l'on fait l'opération à un *cerf* qui a mis bas, tous les apprêts étant faits pour la production, le *cerf* poussera une tête ; elle croîtra même presque jusqu'à sa hauteur : mais la nature manquant d'énergie pour la porter à toute sa perfection, la peau qui l'enveloppe, se desséche & reste adhérente sur la production imparfaite qui se fane & se flétrit. Tel est un arbre que l'on abat lorsque la sève est montée ; quoiqu'il ne tienne plus à la terre, il pousse des feuilles. Cependant si l'on faisoit cette opération depuis que le *cerf* a touché au bois, jusqu'au mois de janvier, il ne mettroit pas bas.

Le rut est une effervescence que l'animal éprouve naturellement, & sans être excité par les approches des biches. Les *cerfs* enfermés dans des parcs & privés de biches, entrent en rut au tems marqué, & se manifestent comme les *cerfs* libres, par des cris & des impatiences furieuses ; une biche cependant qui se trouveroit être en rut, long-tems après que celui des *cerfs* est fini, réveilleroit cette effervescence.

On en a un exemple : une biche qui avoit été élevée dans le chenil au milieu des chiens, n'avoit pas été en rut au mois de septembre ; à la fin de décembre suivant, on en apperçut quelques indices : elle s'échappa dans la forêt & on la vit pendant deux ou trois jours avec un *cerf* à sa quatrième tête ; on n'y fit aucune attention, parce

qu'elle étoit assez accoutumée à faire de ces courses ; mais elle revenoit au chenil, quelquefois après cinq ou six jours d'absence. Ce ne fut que vers le mois d'août que l'on s'apperçut qu'elle étoit pleine, & à la fin du mois, elle mit bas un faon femelle qui fut aussi élevé dans le chenil. Malgré cet exemple qui est incontestable, il est certain qu'un *cerf* qui seroit dans le travail de sa tête, n'éprouveroit en pareille circonstance que des désirs infructueux.

Les *cerfs* commencent à ressentir les approches du rut dès la fin d'août. Ils font plus de chemin dans leur nuit ; ils vont d'un buisson à un autre ; ils deviennent inquiets ; on s'apperçoit à leurs fumées de ce commencement d'effervescence, elles sont toutes détachées & deviennent plus sèches dans les premiers jours de septembre ; on en entend quelques-uns jetter un ou deux cris dans le courant de la nuit ; ils grattent la terre avec le pied ; ils frottent leur tête contre les cépées ; ils mettent le nez à terre le long des routes & des chemins ; ils fixent tous les objets qui les frappent ; ils traversent des plaines, des rivières même assez considérables, & souvent en plein jour ; ils rentrent dans les grandes forêts, ils y abondent de tous côtés : cette multitude de *cerfs* dont les grandes forêts sont remplies dans le moment du rut, est une chose extraordinaire ; on ne peut imaginer d'où ils viennent. Il s'établit un rut dans tous les endroits où il y a des Biches.

Il est bon d'observer que dans les pays clairs, où les animaux sont ordinairement plus nombreux & plus à portée de se voir, les *cerfs* se fatiguent & s'exténuent beaucoup plus que ceux qui font leur rut dans les pays fourrés & de grosses demeures ; ces derniers, n'étant pas continuellement inquiétés & excités comme le sont les autres, se reposent pendant le jour, & quittent même souvent les Biches, pour ne les rechercher qu'au coucher du soleil ; de sorte qu'il s'en trouve qui sont aussi vigoureux & qui se font chasser aussi long-tems que dans d'autres saisons. Cela prouve que c'est moins l'action du rut qui les fatigue, que le tourment continuel dans lequel ils sont dans les pays clairs, pour écarter les autres *cerfs* & rassembler les Biches.

Les mêmes *cerfs* reviennent ordinairement tous les ans faire leur rut dans les mêmes pays. On a vu pendant neuf ou dix ans de suite, à Fosse-repose près Versailles, un *cerf* qui avoit la face & les quatre pieds blancs ; il venoit de la haute forêt ou des bois de Boissy. On l'a vu plusieurs fois passer & repasser la rivière près la machine de Marly ; on ignore quelle a été sa fin ; on sait seulement qu'il étoit boiteux la dernière fois qu'on l'a vu. Il a été défendu qu'on le chassât, afin de conserver cette race, qui en effet s'eſt beaucoup multipliée aux environs de Verſailles ; elle s'eſt même étendue, car on en a vu juſque dans la forêt de Fontainebleau. Cette eſpèce de cerf eſt moins vigoureuſe que les autres ; ils ont les pieds plus gros & ſont auſſi un peu plus gros de corſage. Le nombre en a beaucoup diminué depuis quelques années ; il n'y a même plus guère que des Biches & quelques cerfs qui ont dégénéré ; ils ont le pelage un peu plus clair & la ſole des pieds blanche.

Dès que le rut eſt commencé, les cerfs n'ont plus de repos, ils ne mangent plus ; ils ſont dans une activité continuelle juſqu'à ce qu'ils ayent trouvé des Biches ; ils deviennent furieux du moment qu'ils apperçoivent un autre cerf, ou même quand ils en ont ſeulement connoiſſance. Au lieu de fuir, comme ils ont coutume, ce qui pourroit leur donner de l'ombrage, ils vont vers l'objet ; il eſt vrai que ſouvent leur ivreſſe les empêche de le diſtinguer, & qu'ils fuient dès qu'ils ont reconnu un homme ; mais leur curioſité & leur inquiétude les portent toujours à voir & à s'éclaircir ; allant même très-ſouvent le nez haut, ils éventent de fort loin les objets & ſe portent deſſus. S'ils ont quelque inquiétude, c'eſt alors qu'ils témoignent leur impatience & leur fureur par des cris redoublés : il ſeroit difficile de donner une idée des cris ; il n'eſt pas poſſible de ne pas éprouver de l'effroi, lorſque, la nuit, au milieu des bois, on entend ces cris pour la première fois.

Lorſqu'un cerf a trouvé quelques Biches, il les raſſemble dans un endroit un peu découvert, afin que quelqu'autre cerf ne vienne pas les enlever. S'il ſurvient un cerf à peu-près de la même taille, le combat s'engage ; le cliquetis des deux têtes l'une contre l'autre eſt encore une choſe effrayante ; cherchant toujours à ſe prendre en flanc, ils ont une agilité incroyable, pour éviter le coup, & la tête ſe trouve toujours en parade. Lorſque les deux têtes ſe trouvent appuyées l'une contre l'autre, ils reſtent quelquefois longtems dans cette poſture, en faiſant tous les deux les plus grands efforts pour ſe culbuter : malheur à celui des deux qui ſeroit jetté par terre, il ſeroit auſſi-tôt percé de coups d'andouillers ; & s'il ne pouvoit pas parvenir à ſe relever & à fuir, non-ſeulement le cerf qui l'auroit renverſé, mais auſſi tous ceux qui ſurviendroient, le cribleroient de coups, même après ſa mort. On a vu des cerfs dont les deux têtes étoient tellement entrelacées, que même après leur mort, on ne pouvoit pas parvenir à les déſunir. On en trouva un jour deux ainſi entrelacés ; l'un des deux étoit mort, on ſauva le vivant en lui ſciant la tête ; mais il eſt arrivé pluſieurs fois qu'ils étoient morts tous les deux.

Lorſque le cerf aſſaillant a eu l'avantage ſur ſon adverſaire, il s'empare de ſes Biches, juſqu'à ce qu'un plus fort vienne auſſi l'attaquer : ainſi ce ſont toujours les plus gros cerfs qui ſont les maîtres du rut. Ils établiſſent leur ſérail dans un endroit ſpacieux ; ils ſurveillent toutes les ſultanes ; ſi quelqu'une étoit tentée de ſe laiſſer ſéduire par quelques-uns des cerfs qui ſont toujours aux environs, prêts à profiter des diſtractions du vénérable, elle eſt bientôt ramenée, ſouvent même avec correction. S'il ſurvient quelque cerf qui puiſſe donner de l'ombrage, le maître l'écarte en allant à lui quelques pas d'un trot précipité ; il a alors un cri fréquent & coupé, que l'on nomme roter ; mais il pouſſe ſes cris ordinaires en revenant à ſes biches. Pour les verdets (c'eſt ainſi que l'on nomme les jeunes cerfs), il y en a toujours quelques-uns qui caracolent autour des biches : le gros cerf les mépriſe ; ſi cependant ils prenoient trop de licence, un regard ou quelques pas les font fuir avec le plus grand effroi.

Les cerfs commencent à crier aux approches du coucher du ſoleil ; le tapage qui dure toute la nuit ſe calme ſur les ſix ou ſept heures du matin ; il ſe prolonge dans les pays clairs, parce que les cerfs ſe voient davantage : ſur les neuf ou dix heures, ils ſont tellement excédés, qu'ils ſont ſouvent ſur leurs quatre pieds un tems conſidérable ſans faire aucun mouvement ; on les croiroit endormis. Dans le fort du rut, ils ſe remettent quelquefois à crier dans le milieu du jour. L'acharnement des cerfs l'un contre l'autre eſt tel dans ce tems, que d'Fauville dit en avoir vu deux en tenant les abois, crier & chercher à ſe battre ; & celui qui prit le parti de fuir devant l'autre, étoit diligenté à grands coups d'andouillers dans le derrière. Dans ce tems, les cerfs ont une odeur très-forte ; on les ſent même long-tems après qu'ils ſont paſſés ; ils ont le cou fort gros & le ventre noir. Le rut dure à-peu-près un mois ; il commence vers le 15 de ſeptembre. La manœuvre du valet de limier pendant ce tems, n'eſt pas très-difficile ; lorſqu'il entend crier un cerf, il va à lui en ſe coulant de cépée en cépée, afin de ne pas l'effrayer par une apparition trop ſubite ; il voit quels ſont les plus gros, & ſe met enſuite à un carrefour pour l'obſerver. Il eſt rare que dans ce tems on puiſſe travailler avec un limier, à cauſe de la quantité de voies dont les routes ſont criblées ; d'ailleurs, il y a bien des limiers qui ne veulent pas ſe rabattre lorſque les cerfs ſont en rut ; cette odeur leur déplaît ; les chiens courans auſſi ne chaſſent pas ſagement, ils prennent le change facilement. Les cerfs ainſi excédés des fatigues du rut, ſont bientôt forcés ; cependant, dans le commencement, vers le 10 ou 12 ſeptembre, lorſqu'ils ont commencé à piſſer leur ſuif, ils durent très-long-tems; on appelle même ce moment le *petit avril*, parce qu'ils font aussi vigoureux qu'au printems ; ils n'ont perdu de leur graisse que ce qu'il faut pour leur rendre toute leur vigueur. Quelquefois, sur-tout lorsqu'il y a beaucoup de gland, les cerfs se réchauffent à la fin d'octobre, & recommencent à crier ; mais ce second rut ne dure que quelques jours. Lorsque le rut est fini, les *cerfs* retournent souvent aux buissons, parce qu'ils trouvent aux environs de quoi se refaire ; ils y restent jusqu'à ce que l'hiver les ramène aux forêts.

De la biche.

La biche est plus petite que son mâle ; elle n'a point de bois, elle porte aux environs de huit mois ; pour l'ordinaire, elle ne fait qu'un faon, & rarement deux ; si quelquefois on la voit suivie de deux, il n'en faut pas conclure que l'un & l'autre lui appartiennent, d'autant plus que l'on a remarqué que lorsqu'un faon perd sa mère, il cherche & trouve une autre biche qui l'adopte & le nourrit. La biche ordinairement met bas dans le mois de mai ; lorsqu'elle sent que son tems approche, elle se sépare des autres & se retire dans l'endroit le moins fréquenté de la forêt ; & lorsqu'elle a fait son faon, elle se cache dans un fourré, afin de le soustraire à la vue des allans & des venans ; si elle entend chasser dans les environs, elle va au-devant des chiens & les enlève d'un côté opposé : la fuite est l'unique arme qu'elle puisse opposer à la furie de ses persécuteurs. Au reste la biche qui paroît si timide à l'approche du danger qui la menace, reprend du courage, quand les chasseurs poursuivent son faon, elle se présente alors hardiment aux chiens & s'en fait chasser pour sauver son petit. C'est parmi les bêtes l'héroïsme de la tendresse maternelle. Cette ruse de la part des biches, jointe à l'odeur forte qu'elles ont en ce tems, fait que les chiens les chassent avec d'autant plus d'ardeur, qu'en cette circonstance elles se font toujours chasser de près.

—On va voir de quelle façon les biches marchent, font leur nuit & comment on peut les juger d'avec les *cerfs*, tant par le pied que par les allures & les fumées. D'Janville dans son traité de vénerie rapporte l'aventure d'une biche qui a été élevée dans le chenil avec les chiens. Cette bête n'avoit pas huit jours lorsqu'elle fut prise dans la forêt de Rambouillet, par des chiens qui chassoient le chevreuil ; on fut à son secours, & comme on vit qu'elle n'avoit pas de mal, on la fit porter au chenil ; on la mit dans un endroit séparé, & on lui présenta du lait qu'elle prit & qu'elle voulut bien continuer de prendre ; au moyen de quoi elle s'éleva fort aisément. On mettoit des chiens boiteux dans un chenil voisin de

la biche ; elle se promenoit avec eux sous la garde d'un valet de chiens : voyant cette familiarité réciproque, on la mena un jour dans le grand chenil avec toute la meute ; les chiens, à cette première visite, la sentirent de tous les côtés, mais ne lui firent aucun mal ; il est vrai qu'on écartoit ceux qui paroissoient avoir quelque mauvaise volonté, & d'ailleurs après une courte entrevue, elle retourna chez elle. Le lendemain elle revint trouver la grande compagnie, qui la reçut de bonne grâce & avec beaucoup moins de façons ; enfin, de visite en visite, elle s'accoutuma si bien avec les chiens, & les chiens avec elle, que dans la suite ils demeurèrent & firent ordinaire ensemble : elle couchoit dans le même chenil ; elle mangeoit dans la même auge du pain & même de la mouée, de laquelle il est vrai, elle laissoit la viande ; elle se trouvoit aussi aux curées ; cette biche, en un mot, étoit toujours avec les chiens, jouoit avec eux & les suivoit, non-seulement à l'ébat, mais aussi dans les voyages. Etant un jour à Saint-Germain, elle trouva la porte du chenil ouverte, & alla dans la forêt où chassoit l'équipage ; elle entendit les chiens, fut à eux & les joignit au moment que le *cerf* leur faisoit tête : elle prit place au milieu d'eux & s'y tint avec assurance ; mais quand le *cerf* fut porté par terre, & qu'elle se vit entourée des hommes & des chevaux qui arrivoient de toute part, elle eut peur & s'enfuit. Les chiens la méconnurent à cet instant, & lui eussent fait un mauvais parti, si en se sauvant, elle n'eût apperçu d'autres chiens tenus à la harde, au milieu desquels elle fut se réfugier ; pour lors on lui donna du secours, & d'ailleurs aussi-tôt qu'elle se fut arrêtée, les chiens qui la suivoient s'arrêtèrent aussi, & retournèrent au *cerf* qu'ils venoient de prendre. Lorsqu'elle fut remise de toute sa frayeur, on la ramena au chenil, & depuis cette aventure, elle n'a pas été tentée d'aller trouver les chiens à la chasse ; d'autant plus que peu s'en fallut que pour son coup d'essai, elle ne fût la victime de sa confiance & de sa curiosité.

Cette biche ne devint pas en chaleur l'année qu'elle fut prise ; l'année d'ensuite & dans le tems du rut, un valet de chiens qu'elle affectionnoit la mena dans les sentiers d'Avon, à Fontainebleau, la laissa près d'un gros *cerf*, & se cacha derrière un arbre. Le *cerf* ayant apperçu la biche, courut à elle en criant de toutes ses forces ; elle en eut peur & revint au valet de chiens, lequel en ce moment se trouva d'autant plus embarrassé, que la biche tournoit comme lui autour de son arbre, & le *cerf* après eux ; mais enfin celui-ci donna quelques coups d'andouillers dans le cul de la biche, la poussa devant lui & s'enfonça dans la forêt avec elle. Le valet de chiens ayant perdu l'un & l'autre de vue, profita de leur absence, pour revenir promptement à la maison, fort

content d'être délivré d'un galant si peu courtois.
L'entrevue du cerf & de la biche ne fut pas
longue, celle-ci étant revenue d'elle-même au
chenil deux heures après le valet de chiens, il
n'y eut aucune suite de cet enlevement. A la
fin de décembre de l'année suivante, cette
même biche, qui pour lors avoit plus de deux
ans & demi, sortit du chenil de Saint-Germain,
& fut se promener dans la forêt où elle passa
la nuit: un valet de chiens allant la chercher
le lendemain, la trouva sous une futaie, près
d'un cerf à sa quatrieme tête. Quand elle apperçut le valet de chiens, elle vint à lui & le suivit;
mais à moitié chemin de la maison, il plut à
la demoiselle de quitter son guide & de retourner
à son cerf, avec lequel elle se trouva si bien,
qu'elle ne revint au chenil que le sur-lendemain
matin. On ne fit aucune attention à la cause de
cette absence; ce ne fut que long-tems après
qu'on s'apperçut que le ventre de la biche étoit
plus gros que de coutume, & qu'il grossissoit même
de jour en jour: elle étoit pleine enfin, & elle le
prouva, en faisant une autre biche dans le chenil
à la fin d'Août, huit mois après sa visite au cerf
de Saint-Germain. La mere y éleva son faon jusqu'à l'âge de six mois, l'une & l'autre mangeant
avec les chiens, sans en recevoir aucun mal;
mais un accident arrivé à la meute, vint tout-
à-coup troubler la tranquillité & le bien-être
de ces malheureuses bêtes; un chien de l'équipage
devenu enragé, mordit non-seulement plusieurs
de ses camarades, mais mordit aussi la grande biche,
au moyen de quoi, pour prévenir tout danger,
les chiens furent condamnés à la chaîne, & les
biches à être tuées. Telle a été la fin de ces
deux bêtes, lesquelles, comme on vient de le
voir, s'étoient très-bien accoutumées à vivre
avec les mortels ennemis de leur espece; au
reste, elles n'ont pas été regrettées dans l'équipage, par la raison qu'elles n'y causoient que
de l'embarras: quand la grande pouvoit sortir,
elle couroit par-tout & dévastoit les jardins des
environs; il falloit outre cela, un homme pour
la conduire dans les voyages, & souvent elle lui
échappoit lorsqu'elle voyoit une pièce de grains
à sa portée. Il lui arrivoit souvent aussi de battre
à coups de pieds les chiens qui lui déplaisoient
ou qui l'incommodoient, & elle en a même estropié plusieurs: elle faisoit du mal enfin & n'étoit
bonne à rien: aussi n'a-t-on pas été tenté d'en
élever d'autres dans les meutes.

Une trop grande quantité de biches est très-per-
nicieuse: premièrement elles désolent le cultivateur; elles nuisent beaucoup à la chasse; & il est
certain & prouvé qu'elles bannissent les gros cerfs:
il est donc essentiel de ne les pas laisser trop multiplier. On dit, & avec raison, que ce sont les
biches qui font les cerfs: mais si on en laisse trop
accroître le nombre, on travaille pour ses voisins, parce que, dans un pays trop peuplé, les

cerfs désertent dès qu'ils sont dix-cors jeunement.

Il faut donc calculer à peu-près la quantité de
biches nécessaires pour remplacer le nombre de
cerfs que l'on prend chaque année dans un pays,
quand il est déjà suffisamment garni; & faire tuer
tous les ans ce qui s'y reproduit de surplus: mais
lorsque l'on veut tuer des biches, la manière dont
on s'y prend, n'est pas du tout indifférente.
Si on fait des battues, ou seulement une assemblée de gardes avec des chiens, on tue peu d'animaux, on les effraie & on les bannit tous: les
biches reviennent quelque tems après; mais les
cerfs, gros & petits, sont perdus pour le pays.
Une meute de chiens courans qui chassent hab-
tuellement dans une forêt, n'effraie pas les animaux comme deux jours de chasse des gardes avec
leurs hourets. Les gardes peuvent tuer les biches
à la surprise; il n'y en a pas un qui, dans le courant de l'année, ne puisse en tuer deux, trois ou
quatre sur son canton, sans se donner beaucoup
de peine. Il ne faut pas souffrir une seule biche
dans les buissons qui sont aux environs d'un grand
pays. Les gros cerfs s'y retirent au printems; s'ils
y sont tourmentés par la harpaille, ils s'éloignent
de proche en proche, au point qu'ils abandonnent le pays: au lieu que, s'ils y sont seuls &
tranquilles, ils y restent, & avec plus d'avantage
pour la chasse que s'ils étoient en pleine forêt.

Chasse du cerf.

La chasse du cerf est sans contredit la plus belle
des chasses aux chiens courans, comme elle est
aussi la plus savante & la plus difficile. Elle demande des connoissances très-étendues &
très-variées, & elle exige de plus un appareil d'hommes, de chevaux & de chiens dressés
à combiner leurs mouvemens & à réunir les effets
de leur intelligence. Ces connoissances ne peuvent
s'acquérir que par l'expérience, & il faut être
fort riche pour entretenir un équipage.

Manière de juger le cerf.

On juge le cerf par le pied & les allures, par les
foulées, & les portées, par les manœuvres nocturnes,
quand il va aux gagnages ou quand il se rembuche, & sur-tout par les fumées.

Ces connoissances sont susceptibles d'observations que l'expérience seule peut enseigner; elles
varient selon les saisons, selon la nature de l'animal qui a une constitution plus ou moins forte,
plus ou moins grande, selon les cantons dans
lesquels il est né, selon ceux dans lesquels il
habite.

Du pied & des allures.

La connoissance du pied & des allures varie
selon

selon la conformation de l'animal : un *cerf*, grand de corsage, aura les allures plus grandes & ordinairement plus de pied qu'un autre *cerf* du même âge qui sera d'une espèce plus petite : ces variétés font occasionnées par la qualité des nourritures & du sol. Les *cerfs* qui habitent les pays de plaines bien cultivées, ou plutôt les grands buissons entourés de bons gagnages, ont ordinairement plus de pied, & font plus grands de corsage que ceux qui habitent les grandes forêts ; ces derniers font toujours les plus petits de corsage, ont le moins de pied, & pouffent de moins belles têtes. Les *cerfs* qui habitent un pays dont le sol est dur, comme les pays de pierres & de rochers, ont les côtés, les pinces, le talon, plus usés que ceux qui marchent ordinairement sur un terrain doux ; les pays marécageux conservent le pied, font même renfler la corne, les côtés ne s'usent pas, ils restent tranchans : on appelle ces pieds, *pieds de gondole*, parce que les côtés rentrent vers la sole qui est très-creuse ; de forte que dans un terrain dur, ne revoyant que des égratignures, on est souvent tenté, au premier coup-d'œil, de laisser aller ces *cerfs* pour des biches. Un veneur se tromperoit souvent, si pour juger un *cerf*, il ne s'attachoit qu'à la grosseur du pied & à la grandeur des allures : il est donc essentiel qu'il commence à se mettre au fait, non-seulement de la nature du pays dans lequel il va au bois, mais même des pays circonvoisins, surtout s'il travaille dans une grande forêt, dans laquelle il peut y avoir deux ou trois différentes espèces de *cerfs*.

Il est très-difficile de faire connoître les progressions de connoissances d'un jeune *cerf* à un gros : on va, autant qu'il sera possible, donner un détail des deux extrêmes : l'usage en fera distinguer les nuances. Comme le daguet n'a pas encore de façon de se juger assez déterminée, je ne parlerai que de la seconde tête : son pied se distingue fort bien de celui d'une biche par la forme & par la grosseur ; mais il a les côtés tranchans, les pinces pointues, de sorte que sur un terrain ferme, on ne revoit que d'un ovale tracé ; le bout des pinces n'est qu'un peu plus marqué ; les pinces du pied de devant font presque toujours ouvertes ; le talon est gros & arrondi ; le pied de derrière aussi gros que le pied de devant ; les os menus & tranchans ; & à une telle distance du talon, que l'on place très-aisément deux doigts entre la jambe & le talon, ce que l'on nomme *haut-jointé*. Ses allures font un peu croisées, mais irrégulières pour la longueur ; la longueur de ses allures est moins de deux femelles. Pour mesurer les allures d'un *cerf*, mettez votre talon à la pointe des pinces d'un de ses pieds de devant ; ajoutez l'autre pied au bout de celui-là ; le *cerf* à sa seconde tête, n'a pas tout-à-fait la longueur de vos deux pieds réunis, ou de deux femelles de distance de l'un

de ses pieds de devant au talon de l'autre pied de devant. Sa façon de marcher est irrégulière, son pied de derrière se met indifféremment derrière, à côté ou dedans celui de devant. Le *cerf* dix-cors a les côtés, les pinces, le talon usés, les pinces bien fermées ; sa marche étant plus grave, il pese sur les pinces, de sorte qu'elles font beaucoup plus marquées que le reste du pied ; le talon s'usant devient presque de niveau avec la sole, qui n'est plus débordée, ou presque plus, par les côtés. Ses os usés & grossis, s'éloignent l'un de l'autre & se rapprochent du talon ; on ne peut plus y placer que le travers du pouce. Ses allures font bien croisées, toujours égales quand il va d'assurance ; elles ont plus de deux femelles ou deux femelles & demie, selon la grandeur de l'espèce ; le pied de derrière qui est plus petit que le pied de devant, est toujours ou presque toujours placé les pinces fur le talon du pied de devant ; quelquefois même il le touche à peine, sur-tout quand les *cerfs* font très-gras.

Ces connoissances générales des deux extrêmes se modifient par des nuances progressives : on sent combien il seroit difficile de les désigner positivement pour chaque âge ; il n'y en a que trois intermédiaires, la troisième tête, la quatrième tête, & le dix-cors jeunement : je ne puis que renvoyer à l'usage & à l'expérience, pour acquérir des connoissances positives sur ces différens degrés.

Cependant, il y a plusieurs observations qu'il est nécessaire d'indiquer. La première & la plus essentielle est celle du pied de derrière ; le pied de devant augmente en grosseur & en étendue, jusqu'à ce que le *cerf* soit dix-cors ; mais le pied de derrière a acquis à-peu-près tout son volume, lorsque le *cerf* a sa troisième tête ; ou pour mieux dire, si le pied de derrière, à un tems quelconque, éprouve encore quelque progression, elle est infiniment moindre que celle du pied de devant ; de sorte que la taille d'un *cerf* doit être jugée en raison de la différence de grosseur du pied de devant à celui de derrière : un *cerf* à sa troisième tête a autant de pied de derrière que de devant ; & le *cerf* dix-cors a très sensiblement le pied de derrière plus petit que celui de devant.

Cette connoissance est la plus certaine, en ce qu'elle est propre à toutes les espèces de *cerfs* ; elle ne dépend ni du sol, ni de la qualité du terrain, ni de l'espèce particulière de chaque individu. Ainsi on trouvera un *cerf* qui aura beaucoup de pied, les allures grandes, & même les côtés usés ; si le pied de derrière est aussi gros ou à-peu-près aussi gros que celui de devant, ce sera un *cerf* de grande espèce, mais qui n'aura que sa quatrième tête, ou au plus sera dix-cors jeunement, & par la même raison un mauvais pied de *cerf* qui n'aura que deux semelles d'allures, sera dix-cors, s'il y a une différence sensible du pied de derrière à celui de devant. Plus le *cerf* est vieux, plus le pied de derrière paroît allongé & rétréci, en comparaison du pied de devant ; les pinces en sont toujours bien fermées ; elles pèsent beaucoup à terre & , pour ainsi dire, la pincent, de façon que , pour exprimer un *cerf* qui se juge bien, on dit qu'il tire la terre à lui, il la tire également des quatre pieds ; il faut cependant quelquefois se méfier de cette connoissance. Quand un *cerf* va d'assurance en montant, il pèse davantage sur les pinces : par conséquent elles sont aussi fort bien fermées & il tire la terre à lui. Si on n'observoit pas que ce n'est qu'en raison de la pente du terrain, on seroit exposé à y être trompé, d'autant que dans ces occasions les pinces paroissent toujours plus grosses.

Le talon plus ou moins gros, est aussi une connoissance assez positive ; le talon s'use & diminue à mesure que le *cerf* vieillit. Cependant elle est, ainsi que les pinces, les côtés, &c. sujette à varier selon la nature du sol que le *cerf* a habité : celle de la jambe est plus certaine, quoiqu'elle ne soit pas aussi sans exception. Un jeune *cerf* peut avoir les os usés, la jambe large, mais il ne sera jamais bas jointé. Quelquefois même c'est un signe de vieillesse, il peut n'avoir pas les os fort gros, quoiqu'ils doivent toujours être usés en proportion des pinces & des côtés ; mais il est très-rare qu'il soit haut jointé.

Les connoissances les plus positives pour juger un gros *cerf*, sont donc la petitesse du pied de derrière comparée à la grosseur du pied de devant, deux semelles & demie d'allures bien réglées, tout au plus l'épaisseur du pouce entre les os & le talon, les côtés usés, les pinces grosses & sur-tout bien fermées, & les pinces du pied de derrière dans le talon du pied de devant. Un gros *cerf* peut aller quelquefois les pinces ouvertes : ce ne sera cependant que par accident, comme après avoir marché dans un terrain mou, s'il lui est resté de la terre entre les pinces : quelquefois aussi il y sera resté une petite pierre : d'ailleurs les *cerfs* vont toujours les pinces ouvertes dans un terrain mou : mais un jeune *cerf* ne va jamais habituellement les pinces du pied de devant fermées, à moins qu'il ne monte quelque monticule.

Il est bon aussi d'observer la nature du terrain sur lequel on revoit du *cerf* ; un terrain mollet ou mi-ferme est le plus avantageux pour bien revoir de la forme du pied ; la poussière l'augmente ou la diminue selon la quantité : le terrain glaiseux l'augmente quand les voies sont très-fraîches ; peu après le terrain se resserre & rétrécit la forme du pied : un terrain sec, mais pas assez dur pour que les pinces ne puissent pas

s'y graver, est assez avantageux, ainsi que le terrain dur qui est, pour ainsi dire, saupoudré de poussière. Les guérets sont favorables pour juger les allures & la hauteur de la jambe : un *cerf* qui fait sa nuit ou qui viande, n'a pas les allures réglées, parce qu'il s'arrête à tout moment ; mais elles doivent l'être toutes les fois qu'il traverse un guéret, sur-tout s'il s'approche du rembuchement. Aux approches du rut & dans le tems du rut, les cerfs n'ont pas les allures réglées ; inquiets & agités, ils s'arrêtent souvent en marchant avec action. Lorsqu'ils ont mis bas, ils s'avancent assez ordinairement, c'est-à-dire, qu'au lieu de mettre les pinces du pied de derrière sur le talon du pied de devant, le pied de derrière couvre souvent le pied de devant, & quelquefois même le dépasse un peu : cela vient de ce que le cerf, déchargé de ce qu'il avoit, marché avec plus d'aisance, ou pour mieux dire, avec une espèce de lâcheté ; mais malgré cela, les gros *cerfs* ont toujours de la régularité dans ce nouveau genre d'allures.

Des foulées & portées.

Les foulées aident souvent beaucoup à juger un *cerf* : les foulées sont l'empreinte que le pied du cerf laisse sur l'herbe ou sur les feuilles. Cette connoissance est très-avantageuse dans un tems de sécheresse. Il arrive quelquefois que les plaines sont si dures, que l'on ne peut y revoir d'un *cerf*, ou que l'on ne revoit que des égratignures ; ou bien la terre desséchée est comme de la cendre, le *cerf* n'y fait que des trous qui se recomblent aussi-tôt, & ne laissent aucune trace de la forme du pied ; d'autrefois le limier se rabat dans une route si dure qu'il n'y reste aucune empreinte : dans ces occasions, quand l'animal est rembuché, on attache son limier, & l'on va sur les genoux & sur les mains le long de la coulée qu'il a suivie, pour tâcher de revoir des foulées. La terre qui est garantie par les bois conserve plus d'humidité & de fraîcheur, & par conséquent plus de souplesse : il est très-ordinaire que le *cerf* y imprime son pied de façon que les feuilles sèches, la mousse ou l'herbe en conservent l'empreinte suffisamment pour en montrer la forme. Comme les *cerfs* pèsent en raison de leur vieillesse, le plus ou moins de profondeur des foulées, selon la nature du terrain, aide à les juger ; la distance des foulées indique aussi la longueur de leurs allures. Voilà donc trois espèces de connoissances que l'on peut acquérir par les foulées ; la forme du pied ; la grandeur des allures, & le plus ou moins de poids de l'animal : mais il y en a une quatrième qui n'est pas moins essentielle, c'est de savoir de quel côté l'animal a la tête tournée. Quand le chien se rabat dans une route ou chemin, & que l'on ne peut revoir de rien, il faut alors observer dans la foulée de quel côté l'herbe est couchée : la pointe de l'herbe est toujours couchée du côté où le cerf a la tête tournée : de plus, on met les deux doigts dans la foulée, le côté le plus profond est celui des pinces, & par conséquent le côté où il va. Ces observations sont très-avantageuses dans un mauvais revoir.

On peut aussi acquérir quelques connoissances des portées : ce sont les branches que le cerf touche & ploie avec sa tête dans la coulée par laquelle il se rembuche. Le cerf doit avoir la tête plus ou moins haute, plus ou moins large, selon la hauteur ou la largeur à laquelle les branches sont ployées. Il est bon d'observer cependant que les cerfs, sur-tout les gros, n'ont pas ordinairement la tête très-élevée, quand ils se rembuchent d'assurance : ainsi la largeur de la tête est plus indiquée par les portées que la hauteur. Il est rare qu'un gros cerf, à moins qu'il ne soit effrayé, se rembuche par une coulée étroite, sur-tout si sa tête n'est pas tout-à-fait faite. Un valet de limier qui trouveroit un cerf qu'il auroit jugé gros, rembuché par une coulée embarrassée de branches un peu fortes, doit se méfier de son premier jugement, & chercher des moyens de lever ses doutes. La plupart de ces observations peuvent être très-utiles ; mais on ne doit s'en servir que pour confirmer les autres connoissances, & les regarder comme des indices, si celles-ci ne sont pas complettes.

Des manœuvres nocturnes.

La manœuvre des cerfs pendant leur nuit, quand ils vont aux gagnages, ou quand ils se rembuchent, doit servir à les faire juger. Lorsqu'un gros cerf va aux gagnages, il suit les faux-fuyans & les petits chemins, ou les coulées spacieuses ; il fait peu de chemin dans les plaines : il s'éloigne peu du bois, ou du moins il ne s'en éloigne qu'autant qu'il faut pour trouver une pièce de bled ou de pois, selon la saison : il ne fait que le chemin qu'il faut pour y arriver, & ne la quitte que pour se rembucher. Dans le printems cependant ils font beaucoup de chemin ; ils restent très-tard dans les plaines, & y reviennent même souvent au milieu du jour. Quand le gros cerf veut se rembucher, il suit la même manœuvre qu'au relevé ; il suit les sillons plutôt que de traverser les guérets ; il cherche une coulée ou un faux-fuyant pour rentrer dans le bois : s'il est trop épais & lui présente des obstacles, il va plus loin chercher un endroit commode : s'il trouve une berge un peu élevée, il évite de la monter, il longe un fossé qu'il rencontre jusqu'à ce qu'il ait trouvé un passage facile : est-il forcé de le passer ? il descend dans le fond & remonte la berge. Il va rarement avec des cerfs beaucoup plus jeunes que lui, & jamais avec les biches. Il faut observer que cela ne doit s'entendre que pour le tems difficile du bois, c'est-à-dire, depuis la fin d'avril jusqu'au mois de septembre.

Des fumées.

Les cerfs qui pendant l'hiver n'ont que de mauvaise nourriture, & qui souvent n'en trouvent pas leur suffisance, ne jettent, par cette raison, que de petites fumées dures & sèches, dont on ne peut tirer aucune connoissance ; mais lorsqu'au printems ces animaux commencent à trouver du verd dans les champs & dans les jeunes taillis, cette nouvelle nourriture les rafraîchit, leur fait faire corps neuf, &, en conséquence, change leurs fumées. Selon l'ancien usage, on n'apporte pas de fumées au rendez-vous avant le trois de mai ; les cerfs pour lors les jettent en bouzards, c'est-à-dire, molles & amassées. Dans le mois de juin, lorsque les herbes & les grains sont plus avancés, les fumées sont moins molles, & peuvent se détacher quoiqu'encore en bouzars : on les nomme pour lors fumées en plateau. Au mois de juillet, elles sont en troches ou demi-formées : & au mois d'août, ou même à la fin de juillet, lorsque les grains sont mûrs, elles sont rondes & longues, & tout-à-fait détachées les unes des autres : ce qu'on appelle fumées formées. En ce tems elles sont jaunes pour l'ordinaire, aussi les appelle-t-on fumées dorées. Il y a encore des fumées en chapelet, ainsi nommées parce que, quoique formées, elles se tiennent par une espèce de glaire qui n'est autre chose que de la graisse : les gros cerfs ne jettent ainsi leurs fumées que quand ils sont bien gras, & les jeunes se chargent ou s'engraissent rarement assez pour les jeter de même. Lorsque les biches mettent bas, elles jettent aussi des glaires avec leurs fumées : mais ces glaires sont ordinairement mêlées avec du sang qu'on ne trouve jamais avec les fumées d'un cerf, à moins que l'animal n'ait quelque dérangement dans le corps : d'ailleurs les fumées des biches ont une forme différente de celles des cerfs, comme on le verra dans la suite. Les fumées d'un gros cerf changent plutôt que celles d'un jeune : au mois de mai, par exemple, lorsque les gros jettent des fumées en bouzars, les jeunes en jettent alors de sèches comme dans l'hiver : & lorsque les gros les jettent en plateau, les jeunes commencent à les jeter en bouzars : ainsi du reste pendant tout le tems des fumées. On ne peut se servir de cette connoissance que depuis les premiers jours de mai jusqu'au mois de septembre ; vers le 8 de ce mois, les cerfs commencent à s'échauffer pour entrer en rut, ce qui fait que leurs fumées sèchent & changent de forme ; comme les gros s'échauffent plutôt, leurs fumées changent plutôt aussi.

Les fumées d'un gros cerf sont non-seulement plus avancées, mais encore plus ridées, mieux

L 2

moulées & plus lourdes que celles d'un jeune. Lorsque le gros les jette en bouzars ou en plateau, elles sont larges & épaisses, & le bouzar ou le plateau gros à proportion lorsqu'il les jette en torche ou formées, elles sont de même grosses & pesantes ; il en jette peu à la fois, & il les sème, c'est-à-dire, qu'il les jette l'une après l'autre & de distance en distance.

Un jeune cerf jette beaucoup de fumées à la fois, & elles sont légères & mal moulées, parce que l'animal, pour l'ordinaire, mange avec avidité ; ses fumées sont unies & non ridées, les aiguillons sont menus & allongés ; au lieu que les aiguillons des fumées d'un gros cerf sont gros & courts. Les fumées d'un jeune cerf sont souvent entées, c'est-à-dire que deux se tiennent & sont enchâssées l'une dans l'autre, de façon que deux petites n'en paroissent qu'une grosse ; au moyen de quoi le veneur qui n'y seroit pas attention, pourroit les juger d'un cerf dix-cors : celui-ci ne jette jamais de fumées entées, mais souvent il jette des grumelures, qui sont de petites fumées de la grosseur à-peu-près d'un noyau de cerise, & même plus petites, & qui se trouvent mêlées avec d'autres beaucoup plus grosses. Il y a des cerfs qui ne jettent que des grumelures sans être mêlées avec d'autres fumées, & qui par cette raison doivent être jugés très-vieux. Certaines biches échauffées jettent souvent de petites fumées sèches qui ressemblent beaucoup aux grumelures ; mais il faut que le veneur sache que celles d'un cerf sont toutes égales & lourdes, & qu'en général les fumées d'une biche sont inégales & légères. Comme les biches sont fort échauffées avant que de faire leur faon, elles jettent pour lors des fumées formées & ridées, qui pourroient les faire juger d'un gros cerf : mais il est premièrement à observer que dans le tems que les biches mettent bas, les cerfs jettent leurs fumées en bouzars ; que d'ailleurs les fumées de biche sont presque toujours aiguillonnées par les deux bouts lorsqu'elles sont formées (celles des cerfs ne le sont jamais que par un bout) ; que les aiguillons sont longs & menus : que les fumées sont inégales, c'est-à-dire, que dans le nombre, il y en a de petites & de grosses ; & qu'enfin, de quelque forme que soient des fumées, celles d'une biche sont toujours vaines & légères, & bien moins moulées que celles même d'un jeune cerf.

Le veneur doit remarquer quels sont les grains ou les herbes qu'un cerf aura mangés pendant sa nuit, parce que les différentes espèces des uns & des autres changent la forme des fumées. Un cerf, par exemple, qui aura mangé des herbes rafraîchissantes, jettera des fumées liquides, qu'à peine on pourra juger ni même lever ; un autre cerf de même âge, qui dans la même nuit aura mangé du bled ou autre grain mûr, jettera des fumées formées & dorées ; un autre cerf enfin qui aura fait la nuit dans les tailles & en pleine forêt, jettera des fumées dures & noires. Il est à remarquer encore que dans la même matinée on peut lever des fumées de forme différente, quoique jetées par le même cerf : la raison en est d'autant plus simple, que des fumées digérées de la veille doivent être plus dures & plus sèches que celles qui ne sont que de la nuit ou du matin. Il est certain d'ailleurs que si l'animal a fait son avant-dernière nuit dans les tailles, ses fumées s'en ressentiront quoique jetées dans les gagnages : au lieu que les suivantes & celles qu'on pourra lever au rembuchement, seront jaunes & molles, & peut-être en bouzars, selon le suc & la fraîcheur des grains qui auront été mangés. Si un cerf a été couru depuis peu de tems, ou s'il est malade ou blessé, il donnera peu, ou même il ne donnera pas aux gagnages ; au moyen de quoi, ses incommodités jointes au défaut de bonne nourriture, lui feront jeter de petites fumées sèches qu'on ne pourra juger, ou qui le feront juger biche. Les fumées dans un tems de pluie peuvent tromper encore, par la raison que les gagnages étant mouillés, les cerfs jettent leurs fumées si molles & même si liquides, que souvent il n'est pas possible de les ramasser, & par conséquent de les juger.

Avec toutes les observations précédentes, il faut encore que le veneur remarque si les fumées qu'il lève sont de tems, c'est-à-dire, si elles sont du matin ou de la nuit au plus tard : des fumées de relevée se conservent, & souvent paroissent nouvelles le lendemain, lors sur-tout qu'elles se trouvent dans un endroit où le soleil ne donne pas : au moyen de quoi il est très-possible que le veneur, dans un mauvais revoir, lève dans la voie d'une biche allant de tems, des fumées qu'un cerf aura jetées la veille, & qu'en conséquence il rembuche, & laisse courre la biche, comptant laisser courre un cerf, qui est peut-être détourné dans la quête voisine. Il faut donc, pour ne pas y être trompé, qu'il casse quelques-unes de ces fumées, & qu'il les sente : si elles sont de la veille, elles auront une odeur aigre & forte, que n'ont jamais les nouvelles, & il y aura d'ailleurs au milieu de celles qui étoient sur terre, des petites bêtes qui y entrent & qui les mangent.

Manière de distinguer le cerf d'avec une biche.

Le cerf, quoique jeune, diffère toujours d'avec la biche par le pied & par les allures. Le cerf a toujours les côtés & les pinces plus arrondis, le talon gros & nourri : la biche a les pinces pointues, le talon retréci & les côtés tranchans. Le cerf a la jambe bien tournée, c'est-à-dire, les os tournés en dehors, & gros à proportion de son âge : la biche, au contraire, a les os menus & tournés en dedans, & piquant perpendiculairement. La façon de se marcher aussi est différente : le *cerf* croise ses allures, c'est-à-dire, qu'elles sont alternées, droite & gauche ; en allant d'assurance, il met les pieds de derrière dans ceux de devant, ou sur le talon des pieds de devant, selon sa grosseur, comme on l'expliquera après ; au lieu que la biche se méjuge dans presque toutes ses allures, les ayant tantôt grandes, tantôt petites, & toujours droites, de sorte que les pieds sont presque sur une ligne droite, à moins qu'elle ne soit pleine ou qu'elle n'ait du lait. Si à une de ses allures, elle met le pied de derrière dans celui de devant, elle le met ensuite à côté ou devant, ou le couvre en entier. Les gros *cerfs*, en allant d'assurance, ont les pinces fermées, à moins qu'il n'y ait quelque raison particulière qui les en empêche ; les jeunes *cerfs*, il est vrai, vont souvent les pinces du pied de devant ouvertes, mais toujours celles du pied de derrière fermées.

Les biches, pour l'ordinaire, vont toutes les pinces ouvertes ; les vieilles qui ne portent pas de faons, & que l'on nomme *brehaignes*, vont quelquefois seules, & comme elles sont grosses de corsage, elles pèsent plus que les autres & se donnent plus de pied ; elles ont aussi les allures plus grandes : ces biches ordinairement se jugent comme un *cerf* à sa quatrième tête, ou même dix-cors jeunement ; bien des veneurs y ont été trompés. D'autres biches prêtes à mettre bas, se séparent dans quelques endroits écartés, pour y faire tranquillement leur faon. Alors, comme je viens de le dire, étant fort pesantes & ayant beaucoup de lait qui les force d'aller les cuisses ouvertes, leurs allures sont plus réglées & plus croisées. Il seroit donc facile de se tromper en revoyant de ces biches ; mais en y faisant attention, on remarquera que les unes & les autres méjugent de tems en tems dans leurs allures, qu'elles ont le talon retréci, les pinces pointues, les côtés pas aussi usés qu'un *cerf* de la taille dont elles paroissent être, devroit avoir, & les os mal tournés. Toutes ces observations sont essentielles : en général, un veneur doit se méfier beaucoup d'une première prévention. Il est assez difficile de juger un daguet, sur-tout si, allant avec des biches, les voies sont souvent effacées les unes par les autres ; cependant ces petits animaux, quoiqu'ils aient ordinairement moins de pied que les biches, ont des allures & une forme de pied qui les décèlent ; mais il faut en revoir seul & bien séparé des biches, pour pouvoir les juger sûrement : quoi qu'il en soit, il ne faut pas trop de confiance, le plus fin pourroit s'y tromper.

Outre les connoissances ordinaires du pied & des allures pour juger un *cerf* avec une biche, il y en a quelques autres dont on peut faire usage, mais ce ne doit être qu'au défaut des premières : les fumées par exemple sont d'un grand secours dans l'été, en ce qu'elles diffèrent alors essentiellement de celles du *cerf*. On peut encore tirer quelques connoissances des portées, mais elles sont très-douteuses ; lorsqu'un *cerf* se rembuche dans de bonnes demeures, sa tête qui a plus ou moins d'ouverture, doit ployer des branches que la biche ne doit pas ployer. La connoissance des reposées peut être plus utile & moins fautive. Le *cerf*, avant que de se mettre sur le ventre, a assez l'habitude d'uriner dans l'endroit même où il va se mettre à la reposée ; ainsi, en tâtant l'endroit humide avec la main, on sait bientôt si elle est d'un *cerf* ou d'une biche ; on m'a assuré que quand le milieu de la reposée ne seroit pas mouillé, il doit y avoir une odeur au même endroit qui décèle un *cerf*. Je n'ai jamais fait cette dernière épreuve, mais celle de la reposée mouillée m'a été utile plusieurs fois. Ces connoissances peuvent servir quand on veut lancer un *cerf*, & que l'on craint que le chien changeant de voie, ne lance une biche ; maisd'ailleurs il n'en faut faire usage qu'avec circonspection, & qu'au défaut d'autres connoissances.

2°. De l'équipage.

Il n'est point de chasse qui demande un équipage plus considérable, & par conséquent plus de dépense. Il n'est cependant pas impossible à des particuliers fortunés de se donner cet agrément ; mais on sent que plus on met d'économie dans la formation d'un équipage, plus on doit apporter de soin à le bien composer en hommes, en chevaux & en chiens.

Du commandant de l'équipage & des hommes nécessaires pour le tenir.

L'équipage doit être commandé par un bon veneur vigoureux, point paresseux, qui entende & aime la chasse, vigilant sur la conduite des subalternes ; c'est-à-dire, des piqueurs, des valets de limiers, des valets de chiens, &c. Les événemens imprévus qui contrarient la manœuvre du veneur se renouvellant à tous momens, il faut du jugement & de l'activité pour les prévoir, & les réparer. Ce n'est que dans la jeunesse que l'on acquiert ce goût dominant, qui éveille, qui guide l'intelligence & qui excite l'émulation ; l'émulation est un stimulant nécessaire au veneur, pourvu qu'il ne dégénère pas en amour-propre.

Un sujet qui commenceroit ce métier dans un âge avancé, acquerroit difficilement ce goût décidé, & ne seroit probablement jamais qu'un veneur médiocre. D'ailleurs, il est nécessaire de s'accoutumer de bonne heure à la fatigue & à l'intempérie des saisons. Pour soutenir la fatigue,

il faut mener une vie fobre & réguliere, & être
très-réfervé fur les plaifirs auxquels les jeunes gens
fe livrent ordinairement : fans quoi, non-feulement on n'eft plus en état de remplir fon devoir ; mais la fanté même s'en trouve bientôt
affectée.

Le jeune homme qui fe deftine à faire les fonctions de veneur, doit premièrement apprendre
à bien monter à cheval ; fa vie, fon agrément &
fa tranquillité en dépendent. Sans parler des chûtes
& des mal-adreffes qu'il évite, le veneur qui
mène fes chevaux avec aifance, fatigue moitié
moins, & a un avantage infini, par la facilité
avec laquelle il va dans le bois & dans les endroits difficiles.

Quand ce jeune homme aura fuivi la chaffe
pendant quelque temps, pour en prendre une
idée & effayer fi fon goût réfiftera à la fatigue
& aux autres défagrémens qui fouvent l'accompagnent, il faudra qu'il demande à aller au bois.
Le bois eft l'école véritable & indifpenfable du
veneur. Le choix d'un bon maître eft alors effentiel, car les premières impreffions que l'on reçoit
fe corrigent difficilement fi elles font vicieufes.
Un fort bon veneur peut fouvent n'avoir pas le
talent d'enfeigner ce qu'il fait.

Il eft néceffaire que le jeune homme fuive exactement fon maître pendant deux ans au moins ; ce
tems lui eft néceffaire pour apprendre la manœuvre
du bois : comme elle varie dans chaque faifon,
& même dans chaque pays, ainfi que la manière
de juger & de détourner les cerfs, il eft difficile,
quelqu'intelligent qu'il foit, qu'il puiffe en moins
de tems en favoir affez pour manœuvrer feul avec
fuccès ; & il doit même, pendant quelque tems
encore, travailler avec un limier fous les yeux
de fon maître pour fe perfectionner.

Quand il commence à mener un limier, il
doit aller aux bois entre les chaffes, pour tâcher
feul de juger & de détourner des cerfs, & lorfqu'il croit les avoir bien jugés & bien détournés, il faut qu'il les lance pour pouvoir juger
par lui-même de fa manœuvre. Comme il eft très-
effentiel qu'il ait un bon limier, il faut qu'il
s'attache à mettre en pratique toutes les leçons
qu'on lui a données à cet égard. On croit être
connoiffeur & favoir la manœuvre du bois quand
on eft aidé par un bon fecond ; mais fouvent on
eft très-embarraffé quand on fe trouve feul, &
qu'il s'agit de prendre un parti. Tous les veneurs
l'ont éprouvé, & les meilleurs en conviennent ;
chaque jour préfente de nouvelles difficultés, &
par conféquent de nouvelles occafions d'apprendre :
il feroit à fouhaiter que les jeunes gens fuffent
bien perfuadés de cette vérité ; mais la préfomption
eft le vice de la jeuneffe.

Le jeune homme, pour bien connoître tous

les chiens de la meute, doit les voir fouvent au
chenil ; il faut qu'il les connoiffe, non-feulement
par leur nom, mais auffi par leurs qualités, &
qu'il queftionne pour cela les anciens & les bons
veneurs ; il doit y avoir une lifte de tous les chiens
qui font dans la meute.

Lorfqu'il a la poitrine affez forte, il faut qu'il
apprenne à fonner : il eft à defirer qu'il ait la
voix jufte, parce qu'avec une voix fauffe, on
fonne prefque toujours faux. Les lèvres minces
font un avantage pour former des tons légers &
agréables : c'eft la langue qui doit marquer les
tons : ils ne feroient jamais affez cadencés, ni
même formés, s'ils ne l'étoient que des lèvres ;
quelques-uns fonnent de la gorge, & ont par
conféquent un ton rauque & défagréable. Il eft
donc effentiel de choifir un maître qui ait un
ton bien plein & bien cadencé, qui enfeigne
premièrement les tons de chaffe, & qui ne faffe
fonner des fanfares qu'après qu'on fera bien confirmé dans les premiers tons. Il y a un ton de
la trompe que l'on nomme le gros ton ou fimplement le gros ; on fonne indifféremment à
la fin d'une fanfare ou d'un ton pour un chien :
on néglige beaucoup ce ton, mais on a tort,
parce qu'il remplit bien la trompe, & qu'il contribue beaucoup à donner du moëlleux & de
l'agrément. Lorfque le jeune veneur eft en état
de porter trompe à la chaffe, il faut qu'il s'inf-
truife des fanfares défignées pour chaque tête de
cerf ; & pour les différens évènemens qui peuvent
arriver à la chaffe : elles font notées dans les
pl. gravées de la chaffe, Tom. IX des gravures.

Défauts à éviter par les veneurs.

Avant que de parler de la bonne manière de
piquer & de faire chaffer les chiens, il convient
de faire un détail des défauts les plus ordinaires
des veneurs qui fe laiffent emporter à leur ardeur, & chaffent fans principes. Premièrement,
ils ne connoiffent pas leurs chiens, ou fi l'habitude de les voir leur a fait retenir les noms de
quelques-uns, ils n'en connoiffent les qualités que
fur le rapport qu'on leur en a fait, & pour l'ordinaire le nombre ne s'étend guères au-delà de fept
ou huit : leurs défauts les plus ordinaires à la
chaffe font de trop crier, de fonner trop fouvent
& mal-à-propos.

Du moment qu'un *cerf* eft attaqué, avant même
quelquefois que les chiens foient découplés, ils
partent à toutes jambes, en criant & fonnant, &
en faifant plus de bruit que les chiens ; de forte
que quand ceux-ci ne feroient pas pleins de
fougue, fur-tout dans le moment qu'ils fortent
des couples, il n'en faudroit pas davantage pour
leur tourner la tête : auffi, s'ils manquent de
voie, ils paffent une ou deux enceintes tout droit

devant : ou bien ils fortent à la route , & fuivent les cavaliers qui les enlèvent.

Ces veneurs ont-ils vu paffer un *cerf* à une route ? ils courent auffi-tôt à la route d'après pour le revoir encore ; ils ne s'inquiètent pas fi les chiens viennent, ou s'ils ont manqué de voie ; quelquefois ils veulent bien attendre les premiers chiens ; mais du moment qu'il y en a deux ou trois de paffés, rien ne les arrête. Le *cerf* voudroit paffer la route dans laquelle ils galoppent , ils le forcent à faire un retour ; les chiens qui viennent dans la voie , fortent à la route , & courent après les chevaux qu'ils voient devant eux : ou bien fi le gros des chiens a manqué de voie , une feule perfonne fouvent qui les appelleroit , fuffiroit pour les rallier & les empêcher de mettre le change fur pied & d'y tourner ; mais non, l'ardeur emporte , & ces réflexions dont, tous les veneurs fentent parfaitement la juftéffe , on les fait tous les jours de fang-froid , mais on ne les oublie que quand il faudroit les mettre en pratique. En géral , on va trop vîte , on crie trop ; on fait trop de bruit.

Si les chiens tournent au change , ces veneurs fi ardens ne font plus auffi preffés de courir après eux ; chacun fe fépare : on s'informe à tous les carrefours fi on n'a pas vu paffer le *cerf* ? on l'a vu paffer à telle ou telle route : auffi-tôt grandes fanfares, grands cris ; mais des chiens pour prendre la voie ? les mâtins ont tous tourné au change : on ne fonge pas que fi l'on avoit été après eux , on auroit vu les bons demeurer ; & que beaucoup d'autres auroient été intimidés & arrêtés par quelques coups de fouet ; que, fans cette exactitude à les fervir , on n'a jamais une meute ni fouple ni fage.

Cependant quelques cavaliers ramènent une partie des chiens qu'ils ont enlevés ; mais ils les ramènent à toutes jambes : perfonne n'eft refté derrière pour les faire tirer : on les défile , pour ainfi dire , le long des routes : & fept ou huit qui feuls ont pu fuivre la vîtéffe des chevaux , font effoufflés & prefque pâmés , lorfqu'ils arrivent à l'endroit où l'on a vu le *cerf* : de forte qu'ils feroient fouvent plus tentés de fe coucher que de chaffer.

Cependant on reprend la voie du *cerf* : quelques chiens qui fe rallient encore en compofent dix ou douze , quoiqu'il y en ait quelquefois plus de quarante de découplés. Le *cerf* eft forlongé : les chiens chaffent avec peine , balancent , & demeurent tout-à-fait. On n'a plus guère la reffource des carrefours circonvoifins : on y fait cependant quelques queftions : comme elles font toutes négatives , on fe fépare de nouveau ; chacun court de fon côté :

l'un va à un grand chemin , l'autre à une plaine , d'autres à quelqu'étang voifin. Comme les chiens éparpillés ont mis tout le change fur pied , chacun reçoit des indices différens : l'un a connoiffance que deux ou trois chiens percent ; il s'en va après , on ne le revoit plus : un autre apprend qu'il y a un *cerf* qui a paffé au travers d'un étang : un troifième voit un *cerf* que les chiens féparés ont mis fur pied : il foufle , il eft à peu-près de la taille de celui qu'on a attaqué : il fonne , il appelle , quelques chiens viennent , il prend la voie : il fe préfente une harde de chiens , il la fait découpler. Quelques perfonnes enlevées par celui qui a eu connoiffance qu'il y avoit un *cerf* qui avoit donné à l'étang , le rapprochent du mieux qu'ils peuvent : pour celui qui eft parti après les deux ou trois chiens , il les trouve à quelques lieues de-là qui font tenir les abois à leur *cerf*.

Mais quand ceux qui ont fait découpler des chiens , s'apperçoivent qu'ils ont fait découpler fur un *cerf* prefque frais ; que ceux qui rapprochent , tombent à bout-voie fans efpérance de la retrouver ; & que celui qui a entrepris une campagne , perd fes chiens ; alors chacun fe raffemble ; on ne fait plus que devenir , on cherche le commandant pour favoir ce que l'on fera. Après bien des avis donnés & combattus , on fe décide enfin à fouler quelques enceintes : chacun y entre franchement , mais bientôt l'un trouve un chemin qu'il fuit ; l'autre un faux-fuyant qu'il ne quitte plus : un autre fe tient au frais au milieu d'un planître , & fonne de temps en temps un langoureux requête. Approche-t-on de plus près ? on en entend deux qui font la converfation : on en trouve un autre qui longe nonchalamment le chemin qu'il a rencontré : un autre dans l'enceinte à force de *hou* répétés , engage fon cheval à fe tenir tranquille : chacun a perdu courage : on ne voit plus de reffource , & on attend avec impatience le premier ton de la retraite qui a bientôt raffemblé tout le monde.

Des piqueurs , valets de limiers & valets de chiens.

Un piqueur doit joindre au goût & à la bonne volonté l'intelligence & la vigueur ; il doit être actif , fidèle , poli , honnête , point ivrogne , ni brutal , aimant fon métier , les chevaux & les chiens ; toutes ces qualités font également néceffaires aux valets de chiens.

Dans un équipage on met ordinairement un piqueur par 20 chiens , & pour chaque piqueur 2 valets de chiens , dont un monté & l'autre à pied. On parle ici des grands équipages ; car pour ceux qui font moindres , un piqueur &

un valet de chiens ou deux suffisent pour 30 chiens. A l'égard des valets de limier, il n'y en a que dans les grands équipages : dans ceux des particuliers, les piqueurs, les valets de chiens & les gardes-chasses vont au bois, & quelquefois les maîtres eux-mêmes. Pour cet effet, il faut faire choix des personnes avec lesquelles on chasse, & écarter, autant qu'il est possible, ces agréables, qui ne viennent à la chasse que par air, & pour se donner le renom de chasseurs ; ceux qui ne viennent que pour faire briller leurs chevaux, de l'éloge desquels ils ne cessent de vous ennuyer ; un tas de bavards, de hableurs, de porteurs de trompe, qui causent, courent & sonnent sans cesse, sans savoir ni pourquoi ni comment ; ces prétendus connoisseurs qui, à l'aide de quelques termes de l'art, dont ils savent à peine la signification, vous font des récits qui n'ont pas le sens commun. Mais le vrai chasseur se rend tranquillement à la brisée, sans tracasser ni fatiguer son cheval, qu'il ménage pour le besoin ; il cherche à prendre des connoissances de l'animal que l'on va attaquer, pour s'en servir dans un défaut, dans le change ou dans un accompagnement ; il suit les piqueurs, sans s'emporter avec trop d'ardeur, de peur d'enlever les chiens ou de fouler la voie dans un retour : il parle peu, pour mieux écouter ; s'il voit les piqueurs embarrassés ou balancer, & qu'il ait quelque connoissance qui puisse les remettre sur la voie, il leur en fait part.

Comment il faut aller au bois pour trouver des Cerfs.

Pour aller au bois, les valets de limier sont partagés par cantons déterminés. Un commandant d'équipage doit avoir attention, autant qu'il se peut, de distribuer les quêtes de façon qu'elles puissent être faites exactement, c'est-à-dire, qu'elles n'ayent pas trop d'étendue. Un valet de limier qui sait que sa quête est grande, néglige souvent des choses essentielles, dans l'espérance qu'il trouvera mieux ; le soleil monte, la chaleur vient, & il n'est plus temps de revenir sur ses pas. Il seroit à désirer que les grands devants d'une quête pussent être faits en moins de deux heures de temps, en supposant même que le valet de limier trouve des voies qui l'occupent. Le valet de limier pourroit alors faire les tailles & les dedans de sa quête avant que la grande chaleur fût arrivée. Il est bon de mettre deux valets de limier par chaque quête, ou même trois si l'étendue du pays l'exige, mais pas plus, parce qu'ils se nuiroient, & que d'ailleurs se confiant les uns sur les autres, il y auroit probablement une grande partie de la quête qui seroit négligée. Deux hommes qui travaillent d'intelligence, s'éclairent réciproquement & s'épargnent beaucoup de fatigue. Un peu d'am-

bition fait desirer à quelques valets de limier d'avoir une quête séparée, parce qu'alors la gloire de laisser courre n'est pas partagée : un commandant peut se prêter quelquefois à cette petite ambition, mais selon les sujets & selon les circonstances ; il n'est pas mal de faciliter à un jeune valet de limier, les moyens de faire preuve de son savoir-faire.

Les *cerfs*, comme tous les animaux sauvages, relèvent le soir pour aller chercher leur nourriture pendant la nuit, & rentrent avant le lever du soleil dans les grands bois pour y passer la journée : il faut donc, pour les trouver, que le veneur se rende à sa quête peu après la rentrée de ces animaux, afin de les rembucher avec son limier dressé pour s'en rabattre & pour les suivre. Le veneur ne doit pas commencer sa quête de trop grand matin, parce qu'un *cerf* pourroit le voir ou seulement avoir vent de lui & de son chien ; il le feroit fuir, & il auroit alors beaucoup plus de peine à le détourner. Le *cerf* d'ailleurs pourroit être resté dans les gagnages plus tard que de coutume, ou comme il arrive quelquefois s'être mis au ressui avant que de se rembucher ; au moyen de quoi, le veneur n'en auroit pas connoissance, parce qu'il ne seroit pas encore rentré. Un bon valet de limier qui auroit ce soupçon, prendroit une seconde fois les devants de la plaine sur le haut du jour. On ne doit pas cependant arriver à sa quête, lorsque la matinée est avancée, principalement s'il fait chaud & sec, parce que le limier auroit peine à se rabattre des animaux rembuchés avant le jour, & pourroit même les sur-aller. Pour éviter l'un & l'autre inconvénient, le veneur doit en tout tems commencer sa quête au lever du soleil, en observant cependant que si la quête est en belles demeures ou dans des buissons, il peut la commencer plutôt que dans les pays clairs & en pleines forêts. Il y a des veneurs qui font toujours à leurs quêtes de très-grand matin, pour voir à la pointe du jour les animaux dans les tailles ou revenant des gagnages : à la vérité, il est plus aisé & plus commode de juger un cerf en le voyant, que d'être obligé de le suivre au contrepied, pour en revoir ou pour en lever des fumées ; mais aussi il arrive souvent que l'animal inquiet & soupçonneux, voit le veneur ou en a connoissance, & qu'il prend le parti de la fuite.

Pour détourner sûrement un animal, il faut lui donner le temps de se rembucher tranquillement, & il est certain que de tous les *cerfs*, que jusqu'à présent on a manqué à laisser courre, les trois quarts avoient été inquiétés le matin ; il est certain d'ailleurs qu'un veneur est moins flatté de laisser courre un *cerf* qu'il a vu, qu'un autre *cerf* qu'il a bien jugé, tant par le pied que par les fumées.

Si la quête est éloignée de la résidence du veneur, il doit la veille de la chasse aller coucher dans quelque maison qui en soit à portée : moyennant cela, lui & son chien sont plus en état de travailler le lendemain ; au lieu qu'ils seroient déjà l'un & l'autre fatigués avant que de commencer, s'ils avoient marché deux ou trois heures pour y arriver. Il y a encore un autre avantage à aller coucher auprès de sa quête, c'est de se promener la veille de la chasse dans les gagnages pour revoir & prendre connoissance des animaux qui y donnent : il est très-avantageux pour le lendemain de savoir quels sont les animaux qui donnent aux environs de la quête, & de quel côté donnent les plus gros *cerfs*.

Le veneur arrivé à sa quête, doit commencer par en prendre les grands devants ; pour cela, il se sépare d'avec son camarade, en prenant la précaution de convenir d'un endroit où ils pourront se rejoindre, s'ils ne se retrouvoient pas naturellement. Prendre les grands devants d'une quête, c'est faire les plaines, les routes & les chemins qui la séparent d'avec ses voisins. Le valet de limier commence, en déployant le trait, par bien caresser son chien, & lui donne de l'avantage autant qu'il est possible, soit en le menant le nez dans le vent, soit en le faisant aller le long des demeures, pour lui donner des portées.

Si le valet de limier trouve dès le matin un *cerf* sorti de sa quête, & passé dans celle de son voisin, il doit le rayer, le briser & passer son chemin, parce qu'il est à présumer que le voisin, prenant les devants de sa quête, doit aussi trouver ce *cerf* ; mais s'il s'apperçoit sur le haut du jour que son voisin, par quelque raison que ce soit, n'ait point eu connoissance de ce *cerf*, il doit le houper (manière d'appeller que le mot exprime). L'usage est que si après avoir houpé trois fois, le voisin ne répond pas, on doit aller après le *cerf*, pour le détourner ; mais si le voisin paroît, celui qui a brisé le cerf le mène au rembuchement, lui en fait revoir, puis se retire ; cependant, par procédé, le veneur qui est dans sa quête, propose ordinairement à son camarade de l'accompagner pour détourner & faire rapport du cerf ensemble. C'est dans ces occasions où l'on juge les caractères : l'ambitieux ne se pique pas de tant d'honnêteté, il est jaloux de faire rapport seul, pour avoir seul la gloire du laisser-courre. Tels gens sont ordinairement méprisés de leurs camarades, qui s'en méfient, & les observent rigoureusement, parce qu'ils sont toujours prêts à faire quelques tours de leur métier ; ils ne se font pas scrupule, quand ils trouvent un *cerf* sorti de leur quête & passé chez le voisin, d'effacer les voies ; & de peur encore que le limier ne se rabatte malgré cela, ils font quelquefois un dépôt à quelques pas dans le bois, juste dans la voie, de sorte

que le pauvre limier, autant attiré par l'odeur que guidé par la voie, se voit soupçonné de gloutonnerie & est rossé d'importance. Quand le camarade est passé, celui-ci, qui est aux aguets, va détourner le *cerf* & en faire rapport, comme si l'ayant détourné le matin dans sa quête ; il n'étoit passé dans celle du voisin que depuis que celui-ci est parti pour aller au rendez-vous. Une autre fois, quand il soupçonne les voisins éloignés, il va se promener dans leur quête, & si son chien se rabat de quelque *cerf* courable, il pousse la voie pour l'engager à passer dans la sienne.

Le veneur, en faisant sa quête, doit jetter une brisée à chaque route ou chemin qu'il longe ou qu'il traverse, & même à chaque coin du buisson dont il prend les devants ; s'il change de route ou de chemin, il jette une brisée dans la route par laquelle il est venu, & une dans celle par laquelle il s'en va, & de même en ne faisant que traverser un carrefour : ces brisées servent à se reconnoître soi-même quand on repasse par les mêmes endroits, & à avertir un camarade qu'on y a passé. Les brisées ne doivent pas être coupées, mais il faut qu'elles soient cassées avec la main : on casse la branche d'un coup sec ; & on finit de la détacher en tirant à soi le bout cassé tourné de son côté ; en tortillant la branche, cela demanderoit beaucoup de tems, & souvent on n'en viendroit pas à bout. Quand on place une brisée, il faut que le bout cassé soit tourné du côté par lequel le veneur s'en va. Lorsque l'on brise un *cerf* ou une biche, il faut de même que le bout cassé soit placé du côté que l'animal a la tête tournée ; on ne met qu'une branche pour les biches, deux ou trois pour les *cerfs*. On brise double autour d'une enceinte dans laquelle on détourne un *cerf*, & même en le manœuvrant avant qu'il soit détourné : cela avertit le camarade qu'il doit chercher à vous rejoindre, parce que vous êtes après un cerf de taille à être chassé ; de plus, ces brisées doubles vous font reconnoître votre enceinte, si on vient pour y attaquer.

Les *cerfs* varient leurs habitudes selon les différentes saisons : quoique les gros aiment à être habituellement seuls, cependant ils se réunissent pendant l'hiver ; ils se tiennent alors dans les grandes forêts, où ils se mettent en harde pour s'échauffer mutuellement ; mais excepté dans le tems du rut, il est rare qu'ils s'accompagnent avec les biches. Dès le mois de mars, quand le temps est doux, ils se rapprochent des plaines, & peu après ils se séparent & s'en vont dans quelque buisson détaché pour y faire leur tête : si rien ne les inquiete, ils y restent jusqu'après la moisson. S'il y a aux environs de son buisson quelque pièce de bled ou de pois, le gros *cerf* s'en contente, & il ne fait de chemin que ce qu'il en faut pour y aller : quelques gros *cerfs* cependant reſtent dans les forêts, mais ils ſe tiennent dans des demeures à portée des plaines, & des gagnages. Souvent deux ou même trois *cerfs* habitent le même buiſſon ou vont enſemble dans les forêts : alors ils ſont à-peu-près de la même taille : quelquefois cependant un jeune *cerf* s'accompagne avec un gros, mais le gros le bat & cherche toujours à l'éloigner.

Un valet de limier revoit ſouvent au bois des caracoles que fait le jeune *cerf* pour éviter le gros qui cherche à le battre ; les veneurs appellent ce jeune *cerf* l'écuyer, parce que, quand il eſt détourné dans la même enceinte que le gros, il part toujours le premier. A la fin d'août & au commencement de ſeptembre, les approches du rut engagent les *cerfs* à voyager ; ils ſont alors beaucoup de chemin ; ils traverſent des plaines, des rivières à la nage ; ils marchent ſouvent en plein jour ; ils rentrent dans les forêts pour y chercher des biches. Après le rut, ils retournent encore aux bordages de forêts & aux buiſſons ; ils ſont ſouvent une nuit, dans des blés verds, ſous des pommiers. Lorſque la ſaiſon avance davantage, ils s'approchent des villages ; ils entrent dans les jardins qui ne ſont pas tout-à-fait clos : après quoi l'hiver les rappelle dans les forêts, où ils vivent de gland & de faîne ; ils ſe tiennent le long des côteaux qui les mettent à l'abri des vents froids ; & préférablement encore ils cherchent les futaies.

Quand la gelée & la neige les privent de toute nourriture, ils attaquent l'écorce des jeunes arbres & l'extremité des branches des taillis. Ce ſont donc ces différentes habitudes qui doivent diriger la manœuvre du valet de limier, pour trouver des *cerfs* ſelon les différentes ſaiſons. Il arrive quelquefois que les *cerfs* ſe recèlent, c'eſt-à-dire, qu'ils ſont leur nuit ſans ſortir d'une enceinte, le mauvais tems en eſt la cauſe la plus ordinaire ; de ſorte que quand le valet de limier a fait les grands devants & les routes de ſa quête, il faut qu'il croiſe les enceintes, ſur-tout s'il revoit des *cerfs* qui aient donné de vieux tems dans les environs.

Manière de détourner les Cerfs.

Cette manœuvre demande l'accord de toutes les qualités d'un bon veneur, vigueur, activité, intelligence ; un veneur médiocre peut quelquefois faire de beaux laiſſer-courre, mais pour l'ordinaire il fera un rapport hazardé, ou il ne fera pas de rapport du tout ; cependant, comme la chaſſe paſſant au travers de ſa quête, il pourroit y paroître quelque *cerf*, il dira qu'il en a eu connoiſſance, mais qu'il n'a pas pu tomber ſur les dernières voies ; & il ne conviendra pas que tout autre qui n'auroit pas été pareſſeux, qui auroit eu plus d'intelligence, ſeroit parvenu à

les détourner. Le défaut de vigueur eſt auſſi un grand inconvénient ; on ſent quelquefois la néceſſité de faire telle ou telle manœuvre, mais le manque de force les fait négliger.

Un commandant d'équipage juge ordinairement de la qualité des différens ſujets, par la façon dont ils ſont leurs rapports. Le bon valet de limier détaille ſa manœuvre ; s'il n'a pas réuſſi, vous voyez qu'il a employé tous les moyens que ſon intelligence lui a dictés ; il ne cache rien ; il a eu tel embarras, telle choſe lui laiſſe quelque doute. D'autres ſont un rapport plus décidé ; ils ne doutent pas d'avoir bien jugé & d'avoir bien détourné : plus ceux-ci annoncent de confiance, & plus on doit ſe méfier de leur rapport. Les pareſſeux ont toujours connoiſſance de *cerfs* qu'ils n'ont pas pu détourner, ou les ont laiſſés ſur pied, parce qu'en effet ils ont mieux aimé les lancer, que de chercher tous les moyens de pouvoir les juger ou de les détourner ſûrement. Si la manœuvre du bois eſt la plus laborieuſe & la plus pénible, elle eſt auſſi la plus ſatisfaiſante, parce que chacun jouit du fruit de ſes propres travaux ; cependant, les déſagrémens & les contradictions que l'on y éprouve ſont tels, que ce ſeroit un métier de galérien ſi on n'étoit pas excité & ſoutenu par l'amour-propre. Je vais donner une idée des manœuvres les plus certaines & les plus ordinaires, car elles varient & ſe multiplient tellement, qu'il n'y a que l'expérience & l'intelligence qui puiſſent vraiment inſtruire le valet de limier.

Du rembuchement.

Comme c'eſt dans l'été, à cauſe de la ſécherꝺ, que les valets de limier rencontrent les plus grands obſtacles, on doit entendre principalement de cette ſaiſon, les détails dans leſquels on va entrer. On parlera d'abord de la façon de rembucher un *cerf*, & on s'occupera de cet article ſeul, parce que les détails qu'il demande interromproient le récit que l'on ſe propoſe de faire de la manœuvre ſuivie d'un valet de limier détournant un *cerf* : une des plus eſſentielles eſt de bien rembucher l'animal ; quelquefois il ne fait que ſe préſenter à une coulée, il n'y entre que quelques pas ; puis revenant ſur ſes voies, il longe la plaine ou la route, & va ſe rembucher dans une autre enceinte, ou retourne d'où il vient : cela s'appelle un *faux rembuchement*. Pour s'en aſſurer, il faut laiſſer aller ſon limier une longueur de trait dans le bois, un peu plus ou un peu moins, ſelon les circonſtances, & s'arrêter tout court : ſi le chien ſe tient bien ferme, le trait bien tendu, c'eſt une preuve que la voie va devant lui, & qu'il ne demande qu'à ſuivre. Alors vous raccourciſſez le trait, vous careſſez bien votre chien, vous caſſez deux branches que vous mettez à l'entrée de la coulée ; les deux

bouts caſſés du côté que le cerf à la tête tournée ;
vous ramenez le limier pour le faire rabattre
au contre-pied, où vous l'arrêtez & le carreſſez
de même.

On a dit qu'il falloit laiſſer aller le limier à une
longueur de trait plus ou moins, parce que cela
dépend de l'heure à laquelle vous rembuchez le
cerf : s'il étoit encore de grand matin, il pourroit, comme il arrive ſouvent au bord des plaines, être près de l'endroit où vous le briſez, à
faire un reſſui ou à écouter, avant que de pénétrer plus avant dans l'enceinte ; s'il vous entendoit, il fuiroit ; alors il ſeroit très-douteux que
vous puſſiez le laiſſer-courre ; un cerf effrayé dès
le matin, eſt toujours inquiet, & ſi on parvient
à le détourner, il y a tout à craindre que, ſoit
nouvel effroi, ſoit inquiétude, il ne remue ſur le
haut du jour.

Mais ſi au rembuchement le limier ne ſe tient
pas ferme ſur ſon trait, il faut reſter en place,
lui parler à demi-voix en l'excitant, & reſter
conſtamment juſqu'à ce qu'il ſe rabatte franchement, & tienne le trait bien tendu. Si après
avoir tâté toutes les coulées, il ne trouve pas
la voie, faites-le retourner dans ſes voies, & le
laiſſant faire à droite & à gauche, le long de la
route ou de la plaine, ou dans le contre-pied, il
doit probablement ſe rabattre. Si c'eſt au bord
d'une plaine que votre chien s'eſt rabattu, & que
le cerf ayant été & venu pluſieurs fois, vous ne
ſoyez pas ſûr du rembuchement, il faut envelopper
les derrières, c'eſt-à-dire, qu'il faut décrire derrière les briſées un demi-cercle de ſoixante ou
quatre-vingts pas.

Si le cerf a fait un faux rembuchement pour
aller dans une autre partie de bois, ou dans un
autre buiſſon, votre chien doit s'en rabattre,
d'autant plus aiſément que les voies du cerf qui
s'en va ſont plus chaudes que les premières, puiſ-
que probablement il aura ſéjourné quelques momens au bord du bois, ſoit pour y viander, ſoit
pour écouter. Si cette manœuvre ne réuſſiſſoit pas,
il y a une dernière reſſource, qui eſt celle de pouſſer la voie, & de chercher à lancer l'animal,
comme il y a pluſieurs circonſtances où l'on eſt
obligé d'en venir à cette dernière reſſource, on
en parlera par la ſuite.

Le valet de limier arrivé à ſa quête à-peu-près
au lever du ſoleil ou un peu devant, prend les
grands devants le long de la plaine ; il déploie le
trait, careſſe bien ſon chien, lui parle pour lui
donner de l'action, caſſe une branche dont le
bout caſſé indique le côté par lequel il s'en va.
Son chien quelque tems après ſe rabat, il revoit
d'une ou pluſieurs biches, il raye l'empreinte du
pied par devant, caſſe une branche & paſſe ou-

tre. Un peu plus loin, ſon chien ſe rabat encore,
il ne revoit de rien, une pelouſe ou le terrain
trop dur l'en empêche ; il ſuit quelques longueurs
de trait au contre-pied ; il revoit d'un jeune
cerf, il examine s'il n'y a pas d'autres voies qui
aillent à côté, n'en trouvant pas, il retourne
au premier endroit, où ayant déjà caſſé une branche pour ſe reconnoître, il en caſſe une ſeconde.
Son limier ſe rabattant encore, il revoit d'un
cerf dont la forme du pied lui paroît groſſe, les
pinces uſées ; il s'aſſure bien du rembuchement,
ſon chien ſe tient bien ferme dans la voie ; il le
careſſe, caſſe deux branches, & le ramène au
contre-pied : quand on a peur que quelqu'un ou
le vent n'emporte & ne dérange ces deux branches, on briſe haut : le cerf bien rembuché &
briſé ; il ſuit le contre-pied, pour revoir du cerf
à pluſieurs allures de ſuite, & le bien juger. Un
autre avantage de ſuivre ainſi le contre-pied
pendant quelque tems, c'eſt de donner au chien
connoiſſance de la voie du cerf que l'on veut détourner.

Le cerf étant jugé, il faut, ſans perdre de
tems, ſonger à le détourner. Quelques veneurs
s'occupent d'abord de lever des fumées ; mais il
arrive qu'ils perdent du tems, que la chaleur
vient, que les animaux remuent, que les voies
ſe refroidiſſent ſi le cerf a paſſé pluſieurs enceintes, & que l'on eſt alors très-embarraſſé pour le
détourner. On obvie à la plûpart de ces inconvéniens, en prenant les devants du cerf auſſi-tôt
qu'il eſt jugé. Prendre les devants, c'eſt faire par
les routes le tour de l'enceinte dans laquelle on
l'a rembuché. Si le cerf paſſe une de ces routes,
le chien qui s'en eſt rabattu aux briſées, & qui
de plus a goûté la voie, en ſuivant le contre-
pied, doit certainement s'en rabattre ; s'il ne
ſe rabat pas aux routes, le cerf eſt reſté dans
l'enceinte, & par conſéquent détourné. Revenu
aux briſées, on y fait encore rabattre ſon chien,
on l'arrête, & on le careſſe, comme la première fois, après quoi on s'occupe de lever des
fumées.

Pour lever des fumées, il faut ſuivre le contre-pied juſqu'à ce qu'on en ait trouvé. On doit
dans cette manœuvre arrêter ſouvent ſon limier,
parce que, comme on l'a dit, il ne ſe tiendra
ferme qu'autant qu'il ſera bien juſte dans la voie.
S'il balance, arrêtez-vous & reſtez en place pour
le laiſſer manœuvrer juſqu'à ce qu'il ait retrouvé
la voie ; ſi au bout d'un moment il ne la retrouve
pas, & que le terrain ſoit trop dur pour pouvoir
l'aider à l'œil, enveloppez au deſſus & au-
deſſous, en tâchant de lui donner de l'avantage,
c'eſt-à-dire en le mettant le nez au vent, ou
en lui donnant des portées le long des bleds ;
il aura alors plus de facilité pour ſe rabattre.
Quand on eſt en raſe campagne, il y a un

moyen de ſavoir de quel côté eſt le vent, ſans voir de girouette, ſans étudier les nuées : il faut mettre ſon doigt dans ſa bouche de toute ſa longueur, &, en le ſortant, l'expoſer à l'air au-deſſus de ſa tête ; le côté qui ſe ſéchera le premier, & où vous éprouverez un peu plus de froid, vous indiquera le côté d'où vient le vent.

Quand on ſuit dans un terrain trop ſec ou ſur une pelouſe, on court riſque quelquefois de trouver d'autres voies qui croiſent celles que vous ſuivez. Si vous vous appercevez que votre chien ſuive avec plus d'ardeur, il faut vous en méfier, & bien remarquer l'endroit où il a redoublé d'action, pour y revenir quand vous aurez revu des animaux qui vous ont fait perdre la voie de votre cerf, & alors envelopper au-deſſus & au-deſſous pour la retrouver : & l'on continue de ſuivre juſqu'à ce que l'on ait levé des fumées ; quand on en a trouvé, on les met dans la corne de ſon chapeau, on les couvre d'herbes afin qu'elles ne ſe ſèchent pas ; quand on eſt à portée du bois, on y ſupplée des feuilles qui les conſervent mieux encore. On revient auſſi-tôt prendre une ſeconde fois les devants de ſon cerf, & toutes les fois que l'on paſſe devant les briſées, on a ſoin que le chien s'y rabatte ; quand on y revient pour cette troiſième fois, comme il eſt plus tard, & que le cerf doit être plus raſſuré, on laiſſe aller ſon chien une demi-longueur de trait plus loin pour s'aſſurer encore du rembuchement : les faux rembuchemens ont fait faire plus de buiſſons creux que l'on ne l'imagine.

Quand après avoir pris les devants une ſeconde fois, on ne trouve pas le cerf ſorti ; il faut le raccourcir, ſi les demeures ſont bonnes & ſi l'enceinte eſt grande. Cette manœuvre demande à être faite avec le plus grand ſecret.

Raccourcir un cerf, ou plutôt une enceinte, c'eſt faire un chemin ou une laie qui la coupe en deux, ou la diminue d'un tiers ; l'enceinte devenant plus petite, le cerf ſera plus aiſé à attaquer. Si en faiſant ce chemin ou cette laie, le chien ſe rabat, il ne faut le laiſſer aller qu'une demi-longueur de trait, parce que vous êtes plus dans le cas d'approcher le cerf, & par conſéquent de l'inquiéter. Comme très ſouvent, dans ces occaſions, on a beaucoup de peine à revoir de l'animal, ſoit à cauſe de la ſécchereſſe, ſoit à cauſe du peu d'eſpace de terrain, c'eſt alors que les foulées peuvent être d'un très-grand ſecours ; &, comme on l'a dit, l'herbe ployée indique de quel côté l'animal a la tête tournée, parce qu'elle eſt toujours couchée la pointe de ce même côté : ainſi on verra ſi cette voie rentre dans la même enceinte dans laquelle vous briſez votre cerf, ou ſi elle en ſort. Vous obſerverez auſſi la forme du pied, s'il pèſe & s'il a

les allures auſſi grandes que le cerf que vous briſez à la plaine.

Quand par toutes ces obſervations, vous êtes perſuadé que c'eſt le même cerf qui paſſe cette laie ou chemin, vous achevez d'en prendre les devants pour voir s'il n'a pas été inquiété par cette manœuvre ; puis vous revenez à ces dernières briſées ; alors, pour vous aſſurer & qu'il ne vous reſte aucun doute que c'eſt le même cerf que vous avez briſé à la plaine (ou dans d'autres circonſtances à la route d'au-deſſus), il faut prendre le contre-pied ; & ſi votre limier vous ramène aux premières briſées, il n'y a plus de doute que ce ne ſoit le même cerf. On éprouve une vraie ſatisfaction d'arriver par cette manœuvre à ſes premières briſées ; le limier qui lui-même les reconnoît, ſemble la partager, car il s'arrête, & ſouvent regarde ſon maître comme s'il lui diſoit : voilà notre beſogne achevée.

En effet, voilà un cerf jugé, détourné, fumées levées, l'enceinte raccourcie, il n'y a plus qu'à le donner aux chiens ; mais, comme on a pu le voir, le valet de limier n'a réuſſi qu'à force de peines & de fatigues ; j'ajouterai cependant, & aucun veneur ne me démentira, que ce que je viens de dire n'a montré que les roſes du métier. En effet, cette opération eſt preſque toujours contrariée par nombre d'événemens qui paroiſſent tous les jours nouveaux. La chaleur & la ſéchereſſe ſont les deux plus grands obſtacles à la réuſſite de la manœuvre du valet de limier : il ſera parvenu avec beaucoup de peine à juger ſon cerf, il en aura déjà pris les devants une fois ; quand il revient en avoir levé des fumées, il trouve des biches ou quelques jeunes cerfs qui entrent ou qui ſortent de ſon enceinte : il faut premièrement qu'il ſache ſi ces voies y entrent ou en ſortent ; ſi ſon cerf étoit ſorti par la même coulée, peut-être la voie en eſt-elle effacée par ces animaux qui paſſent depuis. Ces animaux paſſant au-travers de l'enceinte, emmènent peut-être ſon cerf avec eux. S'il a rembuché à la plaine pluſieurs animaux, dans leſquels il n'y a qu'un ou deux gros cerfs, quelques-uns de ces animaux ſortant de l'enceinte, tous ſortent-ils enſemble ? ou bien, comme il arrive ſouvent, les gros reſtent-ils derrière ? C'eſt dans ces occaſions qu'il faut que le valet de limier emploie toute ſon intelligence, & qu'il ne ménage pas ſes peines.

S'il y a pluſieurs voies qui l'embarraſſent dans une route, il faut qu'il enveloppe la ſeconde enceinte, parce que ſi les animaux paſſent encore, il peut trouver quelqu'éclairciſſement à cette dernière route ; s'ils ne la paſſent pas, il ſera ſûr que les cerfs qu'il veut détourner ſont dans l'une de ces deux enceintes ; il ne lui reſtera plus qu'à s'éclaircir dans laquelle des deux : pour cela il revient à la première route ; il fuit quelques longueurs de trait au droit & au contre, il observe les foulées ; une taupinière souvent lui est d'un très-grand secours : quelquefois une charbonnière bannit tous ses doutes, parce que les cerfs s'y jugent toujours très-bien. Lorsque toutes ces recherches sont infructueuses, il fait quelques petits chemins ou faux-fuyans au-dessus & au-dessous de la voie ; très-souvent les cerfs, les gros cerfs sur-tout, les longent volontiers. Si enfin il parvient à se persuader que c'est son cerf qui passe cette route, après en avoir pris les devans, il faut, comme je l'ai déjà dit, qu'il prenne le contre-pied, parce que si son chien les remène aux premières brisées, tous les doutes sont levés ; ou bien il fait cette manœuvre dans le sens contraire, en prenant la voie aux premières brisées & revenant aux dernières. Les paresseux & les veneurs médiocres lèvent bientôt toutes ces difficultés, en poussant la voie & en lançant les animaux ; mais le bon valet de limier n'emploie cette dernière ressource que quand il a épuisé toutes les autres ; cependant il vaut beaucoup mieux l'employer que de faire un rapport douteux.

Les valets de limier doivent avoir grand soin de rayer dès le matin toutes les voies qu'ils trouvent en faisant les routes, non-seulement celles dont leur chien se rabat, mais même toutes celles qui leur paroissent aller de tems, quand le chien ne s'en rabattroit pas ; le soleil réchauffe ces voies de la nuit ou du relevé, & le chien en remonte sur le haut du jour ; on ne sait plus si ce sont des voies nouvelles ou des voies réchauffées. On croit quelquefois que le chien ne se rabat froidement qu'à cause de la chaleur ou parce qu'il commence à se fatiguer ; cela donne beaucoup d'embarras, & expose quelquefois à faire des buissons creux : le désir que l'on a de laisser courre, fait que l'on excite son limier : il se rabat, pour ainsi dire, par complaisance, & l'on fait rapport d'un cerf que souvent le voisin détourne réellement.

On ne sauroit prendre trop de précautions pour faire rapport d'un cerf dont on n'a eu connoissance que sur le haut du jour : les vieux limiers sont très-sujets à se rabattre de vieilles voies réchauffées. Quand on trouve un cerf sur le haut du jour, il faut laisser le chien suivre quelques longueurs de trait, l'arrêter en lui parlant ferme ; quoiqu'il suive froidement, il se tiendra sur son trait si les voies sont bonnes, s'échauffera en tâtant aux branches ; s'il reste bien juste dans la voie, vous le ramenerez au contre-pied pour voir s'il s'en rabattra de même ; il faut vous en méfier si, mettant le nez aux branches, il reste froid & ne cherche pas à aller en avant. Pour l'é-

prouver encore, s'il y avoit quelque faux chemin qui traversât la voie du cerf, il faudroit le faire, parce que s'il s'y rabat encore, il n'y a plus de doute que les voies ne soient bonnes ; ce petit chemin étant plus couvert & moins exposé au soleil, les voies doivent y être moins réchauffées ; après quoi vous prendrez les devans de l'enceinte, & si vous ne trouvez pas d'autre embarras, il y a grande apparence que le cerf y est resté. Pour s'assurer cependant encore mieux, il faut, avant que de prendre les devans une seconde fois, suivre le contre-pied pour voir si le chien continuera à suivre juste ; mais je répète que ces sortes de rapports ne doivent se faire qu'avec la plus grande circonspection ; il faut que le valet de limier n'ait aucun doute ni sur sa manœuvre, ni sur la bonté de son chien.

Quand on a quelque doute, on peut essayer une manœuvre qui réussit quelquefois : on tient son limier de très-court jusqu'à la plate-longe, & on le laisse suivre au droit : il faut tâcher, autant qu'il est possible, soit par les foulées, soit autrement, de voir s'il est toujours dans la même voie ; cela est essentiel, parce que si le limier trouvoit d'autres voies, on laisseroit courre un jenne cerf ou même une biche au lieu d'un cerf dix-cors. En continuant de suivre le même cerf, s'il est dans l'enceinte, vous le lancerez ; mais, du moment que vous l'entendrez bondir, ne remuez plus, tâchez de retirer votre chien le plus doucement possible. Le cerf effrayé ne fuit pas ordinairement aussi-tôt : souvent, & même presque toujours, dans les bonnes demeures & sur le haut du jour, il écoute pendant quelques momens ; s'il n'entend plus de bruit, il fait quelques pas & se remet sur le ventre : ainsi, quand vous êtes resté en place un assez long-tems pour le rassurer, retirez-vous sans bruit, & prenez les devans de l'enceinte sans perdre de tems. Cette manœuvre est délicate en pleine forêt, & on ne doit la tenter que quand on n'a pas d'autres ressources ; mais on peut en user avec plus de confiance dans un buisson fourré.

J'ai dit qu'il étoit avantageux qu'il y eût deux valets de limier dans chaque quête, parce que quand ils sont de l'embarras, ils s'aident & s'éclairent réciproquement. Souvent un valet de limier se prévient ; quelques connoissances avantageuses le séduisent & l'aveuglent sur celles qui pourroient lui donner du soupçon : son camarade lui communique ses observations & le fait revenir. S'ils sont embarrassés pour détourner un cerf, ils se communiquent leurs idées, & manœuvrent en intelligence. Un limier plus vigoureux & plus confirmé assure la manœuvre d'un autre sur lequel on a moins de confiance. Lorsqu'ils ont épuisé toutes les ressources de leur intelligence, & qu'ils ont encore quelques doutes sur la façon dont ils ont jugé, ou des foupçons que le *cerf* dont ils veulent faire rapport n'eft pas bien détourné, ils fe déterminent à le lancer, c'eft pour lors qu'il eft avantageux que toutes les voies du matin aient été rayées & brifées. L'un des deux fe met au coin de l'enceinte, du côté qu'ils imaginent que le *cerf* doit naturellement fortir, & l'autre pouffe la voie & croife l'enceinte, fi les voies font trop vieilles pour que le chien puiffe fuivre : fi le *cerf* eft lancé & que le valet de limier qui l'a vu le juge de taille à être détourné, les routes des environs ayant été faites dès le matin, & toutes les voies rayées & brifées, il leur fera facile de le détourner. Mais, on le répète, un *cerf* effrayé & détourné fur le haut du jour, eft inquiet & fouvent même fe met fur pied fans être effrayé de nouveau : ainfi il faut l'obferver long-tems & mieux encore, dire, en en faifant rapport, que l'on a été obligé de le lancer ; mais la crainte que l'on ne vienne pas à fes brifées, empêche fouvent le valet de limier d'avoir cette franchife.

Quoiqu'un *cerf* n'ait pas été inquiété, les valets de limier doivent l'obferver le plus tard qu'ils peuvent, parce qu'il eft très-ordinaire qu'un *cerf* remue fur le haut du jour. Il y a plufieurs caufes qui l'y déterminent. Lorfqu'il eft mis fur le ventre le matin, il étoit à l'ombre de quelque cépée ou de quelque grand arbre ; le foleil tourne, il s'y trouve expofé, il cherche un autre abri : il peut en trouver à quelques pas de-là ; mais il peut très-bien auffi paffer une route ou le chemin par lequel on raccourcit l'enceinte. Les mouches les inquiètent auffi, fur-tout quand leur tête n'eft pas faite. Dans le printems, il eft très ordinaire que les *cerfs* fortent dans les plaines dans le milieu du jour ; il y a encore en outre mille autres événemens qui les font remuer. En général les venours ont remarqué que quand les pies & les geais crient dans l'enceinte, c'eft une preuve qu'il y a des animaux fur pied.

Pour obferver un *cerf* qui eft bien détourné, les deux valets de limier fe mettent chacun à un des carrefours des routes qui entourent l'enceinte, & autant que le local le permet, aux deux angles oppofés : & de demi-heure en demi-heure, celui qui a manœuvré & détourné le *cerf*, en prend les devants, parce que fon limier en ayant connoif-fance, il doit moins le laiffer aller : il n'y a pas de mal cependant d'en prendre les devants auffi avec l'autre ; un limier fatigué peut fur-aller, & d'ail-leurs on ne doit négliger aucun des moyens de con-firmer fa manœuvre. Bien des valets de limier fe contentent d'obferver ; mais il eft fi aifé qu'un animal forte de l'enceinte, ou que d'autres y en-trent fans qu'on s'en apperçoive, qu'il eft très-imprudent d'écouter fa pareffe. Il n'eft pas poffible d'avoir les yeux fixés fur les routes pendant deux

heures & quelquefois plus : il eft prefqu'auffi effen-tiel de favoir s'il n'entre pas d'autres animaux dans l'enceinte, que de favoir fi le *cerf* détourné en fort.

Si le valet de limier ne fait rapport que d'un *cerf* feul, & qu'il paroiffe un jeune *cerf*, on foup-çonne que c'eft celui dont il a fait rapport, & fouvent ce jeune *cerf* fera entré pendant qu'il étoit encore au coin de l'enceinte. Comme ce jeune *cerf* qui entreroit dans l'enceinte du gros, pourroit l'inquiéter & l'emmener avec lui, ou même refter dans l'enceinte, & empêcher qu'on ne vienne y attaquer, parce qu'on préfère toujours d'attaquer un *cerf* feul, on emploie quelquefois un moyen très-délicat, & dont on ne doit ufer que lorfque le jeune *cerf* ne fait que d'aller, qu'il fe rembuche dans de bonnes demeures, & loin des brifées du gros : on pouffe la voie de ce jeune *cerf*, & du moment qu'on s'apperçoit qu'il eft lancé, on fe retire le plus doucement qu'il eft poffible. Si on voyoit cependant qu'il fallût pénétrer trop avant dans l'enceinte, il faudroit abandonner le projet, car il vaut mieux détourner un jeune *cerf* avec un gros, que de n'en pas détourner du tout : auffi on ne fait qu'indiquer cette manœuvre, & on ne confeille point du tout aux jeunes gens de la mettre en pratique.

Des relais.

Il eft bien difficile, pour ne pas dire impoffi-ble, de chaffer le *cerf* fans relais. Dans la vene-rie, comme dans prefque tous les équipages du *cerf*, on fait trois relais, fans y comprendre les chiens de meute : le premier fe nomme *la vieille meute* : le fecond fe nomme *la feconde vieille meute*, ou tout fimplement *la feconde* : & le troi-fième, *les fix chiens*. On ne fait pourquoi ce der-nier relais fe nomme *les fix chiens* : on pourroit croire qu'il ne feroit réellement compofé que de fix chiens ; mais, pour l'ordinaire, il eft auffi nombreux que les autres. Pour former & entre-tenir les relais de vieille meute, on prend ceux des chiens de meute qui font les plus fages & les moins allans ; pour la feconde, on prend de ceux de la vieille meute : & pour les fix chiens de ceux de la feconde. Lorfqu'un chien de meute n'eft pas affez léger pour tenir à la vieille meute, on doit, s'il eft fage, le mettre à la feconde & même aux fix chiens ; & lorfqu'un autre chien eft trop vîte & trop vigoureux pour fon relais, on doit, par la même raifon, le re-mettre un relais au-deffus, c'eft-à-dire, à la vieille meute ; s'il eft trop fort, à la feconde, & ainfi des autres : cette attention eft d'autant plus néceffaire, que fi les chiens d'un relais ne font pas à-peu-près du même pied, les plus vîtes laiffent le gros de la meute derrière eux ; for-longent un *cerf*, & fouvent le font manquer. Il eſt certain d'ailleurs que c'eſt ne pas chaſſer, ou du moins très-mal chaſſer, que de prendre un cerf avec trois ou quatre chiens, quand on en a quatre-vingts à la chaſſe. Jamais on ne doit mettre au relais des chiens qui ne gardent pas le change ou qu'on n'arrête pas aiſément : il faut les laiſſer de meute juſqu'à ce qu'ils deviennent ſages ; & s'ils ne le deviennent pas, il faut les réformer, parce qu'ils ſont toujours pernicieux dans un équipage.

Le nombre des chiens de relais doit être proportionné à la totalité de ceux qui compoſent la meute ; ſi elle eſt de cent vingt, on en peut mettre à chaque relais vingt ou vingt-deux ſur la liſte : mais on n'en doit mener que quatorze ou ſeize à la chaſſe, parce qu'en mettant plus de huit chiens à chaque relais, on court riſque de les eſtropier ou de les étrangler, lors ſur-tout qu'on eſt obligé de les avancer long-tems avant que de les découpler.

Chaque relais, compoſé de deux hardes, eſt mené par deux valets de chiens, l'un à cheval & l'autre à pied ; lorſque la chaſſe tourne d'un côté oppoſé à celui où l'on a placé le relais, un valet de limier à cheval l'avertit, & prend la harde du valet de chien à pied, lequel ne pourroit marcher aſſez vite ni aſſez long-tems pour rejoindre la chaſſe.

Celui qui mène un relais, ou qui le fait avancer, doit ne le mener qu'au trot, ſans quoi il crève ſes chiens ou les étrangle ; il doit s'arrêter de tems en tems & écouter, parce que ſi, au lieu d'aller en avant, la chaſſe retourne ſans qu'il s'en apperçoive, il eſt obligé de revenir ſur ſes pas, & par conſéquent de faire le double du chemin ; il doit connoître le pays & les refuites, & juger par ce moyen où il pourra donner ſon relais, en prenant le chemin le plus court : s'il ſuit toujours la chaſſe par derrière, comme cela n'arrive que trop ſouvent, il n'en donne ſon relais que plus tard, & d'ailleurs les chiens ſont ou étouffés par la pouſſière, ou couverts de boue par les chevaux qui vont devant eux. Il eſt vrai qu'une refuite extraordinaire embarraſſe & trompe un valet de limier ; mais ſon intelligence en ce cas doit lui donner des reſſources que ne peut avoir celui qui ne fait qu'aller droit devant lui.

Ceux qui mènent les relais, doivent connoître les chiens qui ne vont pas bien à la harde, & les découpler lorſqu'il faut avancer, parce que ces animaux, en ſe faiſant traîner, tomberoient ſur le côté & s'étrangleroient : on en a vu des exemples. Lorſqu'il y a loin à avancer, il faut déharder & mener les chiens couplés, ſauf à les reprendre à la harde quand on rejoint la chaſſe. En avançant un relais, on ne doit pas manquer l'occaſion de

faire boire les chiens quand on le peut. Sans toutes ces attentions, un relais devient d'autant plus inutile, que les chiens qu'on découple ſont ſouvent plus fatigués que ceux qui chaſſent, & que d'ailleurs on s'expoſe à les faire crever, ou du moins à les eſtropier : on voit moyennant cela que la réuſſite d'une chaſſe & la conſervation d'une meute dépendent beaucoup de la façon dont on conduit les relais.

Lorſqu'un cerf eſt attaqué, on donne les chiens de meute, & peu de tems après la vieille meute, parce que les chiens de ce relais, plus ſages que les chiens de meute, maintiennent & ſéparent auſſi plus aiſément leur cerf. On fait donner ſucceſſivement les autres relais, c'eſt-à-dire la ſeconde après la vieille meute, & les ſix chiens après la ſeconde. On eſt cependant obligé en certaines occaſions de donner la ſeconde & même les ſix chiens avant la vieille meute ; lors, par exemple, qu'un cerf fait une refuite extraordinaire, & qu'ayant manqué les deux premiers relais, on paſſe au troiſième, il faut néceſſairement le faire donner ; mais, à cette circonſtance près, on doit toujours commencer par les plus forts ; les chiens par ce moyen ſont toujours enſemble, & les vieux ne ſe forcent pas. Celui qui place les relais doit, ainſi que celui qui les fait avancer, connoître le pays & les refuites : plus il y a de bons chiens découplés, & plus il y a de reſſources pour faire une belle chaſſe. On doit donc placer les relais de façon qu'on puiſſe les donner en peu de tems, pourvu néanmoins qu'ils ſoient découplés à propos, & les uns après les autres. On dira ſans doute, que dans le printems & l'été, les cerfs ſont vigoureux, qu'ils ſont difficiles à chaſſer, & que par conſéquent ſi on ne ménage pas les relais, les chiens ſe rendront & finiront par ne rien prendre. Il eſt certain qu'en ces deux ſaiſons, il eſt bon de réſerver quelques chiens en cas de beſoin ; mais il n'en eſt pas moins vrai qu'on ne chaſſe réellement bien qu'avec des chiens ſages, & que pour en avoir, il faut donner des relais ; d'ailleurs lorſqu'une chaſſe tire en longueur, les valets de limier & les valets de chien reprennent à la harde les chiens qui traînent, les font boire & les redonnent enſuite : ces chiens repris & rafraîchis ſervent ſouvent autant qu'un relais, & font prendre un cerf.

On ne doit jamais donner un relais que lorſqu'un cerf eſt ſeul, parce que s'il eſt accompagné, l'animal pour donner le change fait un retour ou ſe jette ſur le ventre : au moyen de quoi les chiens qui ſortent du couple & qui n'ont pas encore goûté la voie du cerf chaſſé, attaquent infailliblement celui qui fuit devant eux. On ne doit auſſi donner un relais que lorſque tous les chiens chaſſans ſont paſſés, afin que ceux qu'on découple ayent le tems de goûter la voie avant que de rejoindre ceux qui font à la tête.

Comme les chiens en général font toujours fougueux en fortant du couple, on ne doit jamais donner un relais que lorfqu'on eft précifément dans la voie du *cerf* chaffé ; fans cette attention, les chiens les plus fages percent une enceinte fans mettre le nez à terre, ou attaquent le premier animal qui bondit devant eux : ce qui fait manquer un *cerf*, ou du moins ce qui dérange la chaffe la mieux commencée.

On a dit que pour bien placer & avancer les relais, il falloit connoître le pays & les refuites ; mais il eft bon d'obferver qu'à l'égard des refuites, la moindre circonftance peut les déranger. Un *cerf*, par exemple, qui ne fe fent pas de force, fe fait chaffer & prendre dans le pays où il a été attaqué : au lieu qu'un autre, attaqué dans le même endroit, mais plus vigoureux, débuche ou va d'un bout à l'autre d'une forêt. Les gros *cerfs* font prefque toujours de plus grandes refuites que les jeunes, & fur-tout dans le commencement du rut, on fait que pour lors ces animaux arrivent de plufieurs endroits différens, quelquefois même de fort loin ; & comme pour l'ordinaire ils prennent le parti de retourner chez eux, auffi-tôt qu'ils font tourmentés par les chiens, on doit lorfqu'on croit attaquer de ces voyageurs, mettre les deux bas relais plus éloignés que de coutume : & fi l'on a quelque notion de l'endroit d'où l'animal eft venu, on doit placer ces mêmes relais de façon qu'il en trouve un au moins fur fon paffage.

Les *cerfs* débuchent rarement lorfque les plaines font molles, parce qu'en enfonçant ils peinent beaucoup, & que d'ailleurs les chiens qui n'enfoncent pas les chaffent de plus près.

La tête tourne quelquefois à un *cerf* qui eft attaqué & chaffé vivement, & fouvent par la même raifon il ne fait plus où il va : il eft encore à obferver qu'une vente, un palis ou un treillage, dérangent auffi les refuites ordinaires. Or, comme il n'eft pas poffible de prévoir tous ces obftacles, on penfe que dans quelque pays & en quelque tems que ce foit, il faut, autant qu'on le peut, chaffer entre les trois relais, & les placer de façon que fi on manque les deux premiers, on trouve du moins le troifième : on fait avancer les autres quand un *cerf* a pris fon parti. Il eft à obferver cependant que quand on attaque dans un buiffon, on doit mettre les relais du côté de la forêt la plus voifine, parce qu'il eft à préfumer que le *cerf* s'y retire pendant l'hiver, & que la connoiffant il y retourne préférablement à tout autre endroit. En général, il faut placer les relais dans quelque grand

carrefour, ou fur quelque hauteur, ou enfin dans quelque endroit d'où l'on puiffe découvrir ce qui fe paffe dans les environs.

Manière d'attaquer le cerf.

M. du Fouilloux dit que, de fon tems & même avant lui, on attaquoit un *cerf* à trait de limier ; qu'enfuite les valets de limier montoient à cheval, menoient leur chien derrière eux, & que quand les chiens courans tomboient en défaut, les piqueurs les recouploient, jetoient des brifées & attendoient, lefdits valets de limier ; que ceux-ci mettoient pied à terre & recherchoient la voie du *cerf* de meute, qu'on attaquoit de nouveau quand il étoit relancé : cette manœuvre eft difficile à comprendre, & plus difficile encore à mettre en pratique. Depuis très-long-tems, cette façon d'attaquer & de chaffer n'eft plus en ufage : en effet, elle entraîne beaucoup de difficultés & elle n'étoit pas plus approuvée par M. du Fouilloux, qu'elle ne le feroit par les veneurs d'aujourd'hui.

En 1726, on attaquoit encore à trait de limier, & les valets de limier retournoient à la maifon avec leurs chiens, auffitôt que le *cerf* étoit attaqué. Quelques années après on changea cette méthode, & on fit bien : car enfin, on ne croit pas qu'il foit poffible que dans les chaleurs, un limier aille rechercher ; à trois heures après-midi, un *cerf* qui fouvent eft rembuché avant le jour. Il faut donc en ce cas barrer & fouler l'enceinte ; mais le chien excédé du travail du matin, n'eft plus en état de fuffire à celui-ci, & au lieu d'aller devant, il refte derrière fon maître ; il en réfulte qu'après beaucoup d'ennui & de peine, un *cerf*, quoique bien détourné, eft manqué à laiffer courre, & qu'outre cela on perd un tems confidérable qu'on eft fouvent dans le cas de regretter à la fin d'une journée.

Cependant la façon d'attaquer à trait de limier, peut réuffir dans l'automne & dans l'hiver ; mais en toute autre faifon elle eft plus nuifible qu'avantageufe. Il faut d'ailleurs obferver qu'un limier qui foule pour lancer des animaux fur le haut du jour, s'accoutume non-feulement à crier, mais encore à revouloir de vieilles voies ou de voies réchauffées par le foleil. C'eft donc vouloir gâter & crever un bon limier, que de l'employer à un ouvrage auffi rude, & qui fouvent devient fort inutile.

Du tems de Louis XIV, le dernier gentilhomme de la vénerie n'alloit point au bois : mais les jours de chaffe, il alloit à cheval dans toutes les quêtes, pour favoir de chaque veneur

veneur ce qu'il trouvoit : il revenoit en faire le rapport au commandant, lequel alloit faire le même rapport au grand veneur, & celui-ci le rendoit au roi au moment du lever : sa majesté pour lors nommoit l'endroit où elle vouloit attaquer ; on y faisoit rassembler les huit valets de limier à pied, & tous ensemble frappoient aux brisées à l'arrivée du roi.

Lorsque Louis XV a commencé à chasser, on a cessé d'aller chercher le rapport dans les quêtes : chaque veneur, comme à présent, faisoit le sien au rendez-vous ; on ne pouvoit plus moyennant cela rassembler les valets de limier à pied : & comme par conséquent il ne s'en trouvoit qu'un ou deux pour fouler, les veneurs à cheval entroient avec eux dans l'enceinte pour en faire sortir un cerf ; mais on ne s'est pas long-tems servi de cette nouvelle façon, laquelle en effet ne réussissoit pas toujours, & traînoit souvent en longueur : on prit le parti de découpler les chiens de meute aux brisées, & de fouler avec eux : Lorsqu'en sortant du couple, ces chiens jeunes & fougueux trouvoient devant eux le cerf dont on faisoit rapport, ils l'attaquoient & le chassoient avec furie : mais aussi ils perçoient une ou deux enceintes sans se retourner ; lorsque le cerf se raloit & ne partoit pas d'effroi. Si ces chiens attaquoient une biche, on ne les arrêtoit qu'avec peine, & souvent ils étoient rendus avant que d'avoir mis sur pied l'animal qu'on vouloit chasser.

Après donc avoir long-tems éprouvé que cette façon d'attaquer n'avoit pas moins d'inconvéniens que les précédentes, M. d'Ianville premier veneur du roi proposa de découpler aux brisées quelques chiens vieux ou trop lents pour tenir aux relais, & de fouler avec eux. Cette proposition ne trouva que très-peu de partisans ; l'usage & le préjugé présentent toujours des obstacles que les idées neuves ont bien de la peine à renverser : cependant, malgré les objections sans nombre, il obtint qu'on en fît l'essai, & peu après, il eut la satisfaction de l'entendre approuver par la plus grande partie des veneurs : quelques vieux en appelèrent encore à une plus longue expérience ; mais enfin tous conviennent aujourd'hui, de cette manière, on attaque plutôt & plus sûrement le cerf détourné, qu'avec les limiers & les chiens de meute. Il est certain, en effet, que lorsque ces vieux animaux sont dans l'habitude de fouler, ils mettent le nez à terre en entrant dans l'enceinte : qu'ils rapprochent si les voies sont encore bonnes ; & que souvent ils vont lancer un cerf dans une autre enceinte, s'il est sorti de la sienne depuis peu de tems : que s'il fait chaud & ec, & que le cerf soit rembuché de très-grand

matin, ces chiens ne pouvant le rapprocher, mettent le nez aux branches, vont au vent & font partir l'animal : comme ils n'ont ni ardeur, ni vitesse, on les arrête aisément, lorsqu'ils attaquent des biches ou quelque jeune cerf ; ce qui fait qu'on rentre aussitôt dans l'enceinte & qu'on ne perd pas de tems.

Lorsque ces vieux chiens ont lancé le cerf qu'on veut attaquer, & qu'ils lui ont fait passer une route ou un chemin, on y avance les chiens de meute qui sont tenus à la harde au coin de l'enceinte, & on les découple dans la voie ; au moyen de quoi le cerf essuie toute leur fougue, & n'étant pour lors occupé que de fuir, il n'a pas le tems de faire des retours, ni de mettre du change sur pied ; ce qui est d'un très-grand avantage au commencement d'une chasse. Les chiens de meute doivent être découplés bien juste dans la voie, & il faut avoir l'attention de commencer par les meilleurs : les plus jeunes enleveroient les autres, & tous ensemble perceroient l'enceinte sans mettre le nez à terre. Avant que de découpler les chiens de meute, on doit laisser prendre un peu d'avance aux vieux, lesquels allant toujours leur petit train, dressent & maintiennent la voie, & les autres par ce moyen ont le tems de goûter avant que d'en être les maîtres. Afin que ces vieux chiens ne se crèvent pas, les valets de chiens ont ordre de les attendre dans la voie, de les reprendre le plutôt qu'ils peuvent ; d'ailleurs ces vieux routiers connoissent le chemin de la maison & reviennent souvent seuls. De plus, comme de douze qui sont toujours au chenil, on n'en mène que six ou huit à la chasse, on peut aisément donner du repos aux plus fatigués ; ils servent long-tems, quoique plusieurs d'entr'eux soient dans le cas de la réforme, quand on les emploie à cet usage.

De la manière de chasser & forcer le cerf.

Lorsque le rapport est fait, les veneurs montés à cheval, on mène les chiens à l'endroit où l'on veut attaquer, après que les relais ont été envoyés chacun à leur destination. Quand on est arrivé au coin de l'enceinte, on place les chiens au carrefour le plus avantageux pour en voir sortir le cerf. Les piqueurs vont aux brisées avec les vieux chiens ; celui qui fait rapport entre dans la coulée, tourne son cheval du côté qu'il a remarqué que le cerf avoit la tête tournée en se rembuchant ; il attend que les vieux chiens soient tous découplés, & il ne marche que quand ils sont passés devant lui. Il va doucement, & les autres piqueurs le suivent en silence : moyennant cela, les vieux chiens, au lieu de suivre les chevaux machinalement, comme ils font ordinairement ; tâtent aux branches, vont au vent & travaillent d'eux-mêmes. Les valets de limier & autres qui s'y trouvent, sont placés autour de l'enceinte pour voir sortir le *cerf*, ou pour arrêter les vieux chiens s'ils attaquent une biche ou un jeune *cerf*. Si au bout de quelque tems les vieux chiens ne chaffent pas, les piqueurs les appellent à eux de la voix & de la trompe, en sonnant quelques requêtés. Bientôt les chiens se mettent à chaffer; on a entendu bondir un animal, au bruit qu'il a fait ce doit être un *cerf*; on a crié de prendre garde à la route, le *cerf* en effet y paffe; celui qui le voit se met dans la voie, sonne *farfare*, tourne son cheval du côté que le *cerf* est rentré; il appelle & attend les chiens de meute : quand les vieux sont paffés & même un peu éloignés, il les fait découpler.

Cependant les veneurs tâchent de revoir du *cerf* : ils examinent la forme du pied, les pinces, la jambe : celui qui voit le *cerf*, examine en le jugeant, comment il a la tête faite, & s'il est poffible, combien il porte, afin de le reconnoître pendant la chaffe, fur-tout, s'il y a de l'embarras : celui qui n'auroit pas pû voir par lui-même, s'informe de tous ces détails. Cependant les chiens chaffent à grand bruit; les veneurs les fuivent le plus près qu'il leur eft poffible. Il feroit imprudent de vouloir les fuivre dans le bois, dans le moment de leur première vigueur, ce feroit se fatiguer beaucoup & perdre son tems inutilement; mais quand les veneurs voient que la route les éloigne trop des chiens, ils prennent un chemin qui les en rapproche : ils ne vont guère d'un carrefour à un autre fans s'arrêter, ils écoutent fi les chiens chaffent toujours bien, s'ils ne s'eloignent pas; s'ils les entendent retourner, les uns retournent, d'autres reftent un moment; autant qu'ils peuvent, ils s'arrangent de façon que les chiens tournant à droite ou à gauche, il y ait toujours quelqu'un d'eux prêt à les fervir.

Si les chiens demeurent, les veneurs s'arrêtent & font quelques momens fans rien dire, afin de les laiffer manœuvrer d'eux-mêmes : s'ils ne reprennent pas la voie, ils s'approchent le plus qu'ils peuvent de l'endroit où ils font demeurés, foit à travers bois, foit par quelques chemins : ils les appellent au retour, non par ces grands cris qui augmentent leur ardeur, mais par une voix modérée. Lorfque quelques-uns ont repris la voie, ils laiffent écouter les autres & ne fonnent que quand ils font ralliés : ils ne fonnent en général, que quand ils font derrière les chiens, ou quand ils font à côté d'eux : s'ils font fûrs encore qu'il y a une tête de chiens qui chaffent bien franchement : s'ils fonnoient devant eux, ils courroient rifque de les enlever, &

de les empêcher de travailler d'eux-mêmes, s'ils manquoient de voie.

Cependant il paroît du change, les chiens y tournent, les veneurs qui s'en apperçoivent s'y portent tous dans le même moment : mais comme il eft refté quelques chiens après le *cerf*, un ou deux veneurs se détachent bientôt pour les maintenir, de forte qu'il en refte au moins deux pour arrêter ceux qui chaffent le change, car un homme feul fe donneroit beaucoup de mal, & ce feroit un hazard s'il parvenoit à les arrêter. Ces chiens arrêtés ou au moins en grande partie, les veneurs ne perdent pas de tems pour tâcher de les rallier; ils les enlèvent, mais au trot; un des deux refte derrière pour les faire tirer; comme ils ne les mènent pas trop vîte, ils n'en laiffent pas derrière eux, & les chiens ne font pas effouflés & outrés, lorfqu'ils rejoignent la chaffe; s'ils trouvent une mare ou un étang, ils les y font boire & rafraîchir : cela paroît faire perdre du tems, mais on le regagne bien en ralliant une quantité de chiens affez confidérable qui, étant bien en état de chaffer, rendent le même fervice qu'un relais.

Ces chiens ralliés & un relais donné quelque tems avant, forment une quantité de chiens dont la réunion eft toujours avantageufe; foit parce qu'ils retrouvent plutôt la voie, lorfqu'ils demeurent, foit parce que le bruit qu'ils font, doit rallier les chiens féparés; d'ailleurs les veneurs font moins dans le cas de les perdre, & jugent par le plus ou moins de bruit qu'ils font, de leur manière de chaffer.

Lorfque les chiens commencent à ne plus aller auffi vîte, les veneurs faififfent toutes les occafions de fe mettre avec eux dans les tailles, dans les demeures douces, fous les futaies : rien n'eft plus avantageux & pour la réuffite de la chaffe & pour l'agrément du veneur lui-même; c'eft-là qu'il apprend à bien connoître fes chiens, & qu'il voit leurs différentes manœuvres. Le *cerf* fait-il un retour ? y a-t-il quelqu'embarras ? les bons chiens balancent, mais les plus fougueux percent : cette façon de chaffer des bons, avertit qu'il faut arrêter ces derniers, ou bien que l'on ne doit plus les appuyer, ni de la voix ni de la trompe; fouvent alors il fuffiroit de leur parler ferme, pour les faire refter & revenir. Le *cerf* va-t-il avec le change ? les plus timides demeurent; mais les chiens entreprenans continuent de percer : ils chaffent en crainte, à la vérité, ils ne crient pas auffi fouvent, ils tâtent aux branches, &,du moment que le *cerf* a fait un retour pour quitter le change, ces chiens ne chaffent plus. Les veneurs doivent alors les appeller, & retourner leurs chevaux, pour les engager à retourner : ils les laiffent travailler d'eux-

mêmes; ils ne les preffent pas; bientôt ils retrouvent la voie, le *cerf* eft féparé, tous les
chiens fe mettent à chaffer, quelquefois les plus
timides avec plus de vivacité que les autres.

On arrive à une route; les chiens la traverfent de fougue, mais ne trouvant pas de voie
de l'autre côté, ils reviennent bientôt. Le veneur intelligent refte un moment en place afin
de laiffer manœuvrer fes chiens : cependant il
regarde à terre à droite & à gauche le long de
la route que le *cerf* peut avoir longée, s'il n'en
revoit pas, il appelle fes chiens au retour, en
obfervant toujours de ne les pas preffer, & rentre
dans l'enceinte par la même coulée par laquelle
les chiens font fortis, parce qu'il y a apparence
que le *cerf* n'a fait que fe préfenter à la route,
& qu'il eft rentré dans fes mêmes voies. En effet,
du moment que les voies font dédoublées, les
chiens fe rabattent & continuent à chaffer.

Une autre fois le *cerf* aura longé la route : fouvent les chiens ne s'en rabattent pas d'abord,
parce que la dureté & la fécherefle du terrain
les en empêchent; mais bientôt vous les voyez
mettre le nez à terre en place & fe réjouir fans
crier; ils vont quelques pas plus loin, recommencent cette manœuvre, & finiffent par crier
& chaffer. C'eft dans ces occafions que le veneur qui fait fe modérer, eft plus attentif que
jamais à ne pas preffer fes chiens; tant qu'ils
chaffent dans la route, il ne les appuie qu'avec
réferve : il ne perd pas de vue les chiens de
tête : du moment qu'il s'aperçoit qu'ils demeurent
ou feulement qu'ils balancent, il s'arrête tout
court, parce qu'il y a apparence que le *cerf* a
quitté la route, foit en fe jetant dans le bois,
foit en prenant une autre route ou chemin,
foit en revenant dans fes mêmes voies, ce qui
arrive très-fouvent. Quand on ne preffe pas
les chiens, ils reviennent d'eux-mêmes, tâtent toutes les coulées, & retrouvent bientôt
la voie; & ayant des portées dans le bois, ils
chaffent d'autant plus vivement qu'ils ont eu plus
de peine à emporter la voie le long de la
route.

Mais il paroît du change, les chiens balancent; on voit un *cerf* paffer une route, un veneur fe détache, il ne crie ni ne fonne, mais
il caffe deux branches qu'il jette dans la voie de
ce *cerf*. Tant que les chiens chaffent, même
froidement, il ne dit rien; mais s'ils demeurent
pendant que les autres retournent & manœuvrent,
il enlève quelques chiens, il leur préfente la
voie du *cerf* qu'il a brifée; s'ils ne veulent pas
chaffer, c'eft un *cerf* de change.

Cependant les autres chiens font tout-à-fait
lemeurés à caufe du change : c'eft alors que le

veneur le plus intelligent eft celui qui a le plutôt
pris fon parti avec réflexion; il fe décide felon le pays
dans lequel il fe trouve, felon qu'il juge que le *cerf*
eft plus ou moins mal-mené, plus ou moins forlongé.
Il enlève le plus de chiens qu'il peut avec un de fes
camarades, car il eft très-effentiel d'être deux
pour manœuvrer : l'un des deux paffe devant,
l'autre veille à ce que les chiens ne s'écartent
pas. Les autres veneurs manœuvrent de leur
côté, toujours avec des chiens, c'eft une chofe
indifpenfable, & quelques cavaliers vont aux
informations. Le premier dont j'ai parlé, après
s'être concerté avec quelques uns de fes camarades, ne perd pas de tems. Si on eft tombé à
bout de voie au milieu d'une forêt, fuppofant
que le *cerf* n'eft pas encore très-mal-mené,
il obferve quelle eft la refuite qu'il doit naturellement avoir prife, fur-tout d'après celle
qu'il a faite jufqu'alors; s'il a fui franchement,
ou s'il n'a fait que toupiller en cherchant du
change.

Cette dernière raifon le détermine premièrement à envelopper deux ou trois enceintes; mais
n'ayant connoiffance de rien, le change qui eft
fur pied embarraffant fes chiens, il prend auffi-
tôt fon parti : telle refuite lui paroît la plus
probable; s'il y a un grand chemin, une belle
route, ou quelquefois un détroit de plaine que
le *cerf* doit avoir traverfé pour y aller, il va les
faire. Arrivé à cette route ou chemin, il ralentit
fon trot, parce qu'il ne donneroit pas le tems à
fes chiens de fe rabattre, s'il alloit trop vîte.
Une partie de fes chiens manœuvre devant lui,
mettent le nez à toutes les coulées : il ne les
quitte pas de vue : il parle fouvent aux meilleurs, les nomme par leurs noms. Quelques
chiens douteux veulent fe rabattre : les bons
tâtent les branches & méprifent ces voies; une
parole ferme & quelques coups de fouet les ramènent : mais un moment après, fes chiens fe
raffemblent en plufieurs pelotons : ils mettent
tous le nez à terre; quelques uns mettent le
nez aux portées : d'autres vont quelques pas en
avant, & reviennent en fe réjouiffant, mettre
encore le nez dans la foulée où ils fe font d'abord
rabattus; un feul crie, tous les autres auffitôt fe
mettent à chaffer.

Par la façon dont les chiens fe font récriés,
il eft prefque certain que c'eft fon *cerf*; cependant pour s'en affurer, il tâche d'en revoir;
quand il ne peut y parvenir, il examine fi fes
chiens ne fe réfroidiffent pas : voyant qu'ils continuent à chaffer auffi franchement, & connoiffant bien fes chiens, il fonne & les appuie
auffi fûrement que s'il avoit revu du *cerf*, ou même
que s'il l'avoit vu. L'un des deux veneurs va
avertir : tout le monde arrive : les chiens alors
chaffent plus vivement, parce qu'il y en a de

ralliés , & que le cerf qui n'a pas été chaffé pendant quelque tems , a féjourné : de plüs , il a paffé au travers d'une mare : les chiens y ont pris de l'eau.

Après avoir traverfé quelques enceintes , le cerf reparoît : celui qui le voit va dans la voie, & ne fonne fanfare que quand il y eft arrivé : un relais fe préfente , il le fait mettre bien jufte dans la coulée par laquelle le cerf a paffé : il a grand foin de ne le faire découpler que lorfque tous les autres chiens font devant , & encore quand il entend qu'ils chaffent bien franchement.

Le cerf fait des retours , prend encore de l'avance & finit par débucher. Les chiens qui trouvent d'abord des grains , continuent à bien chaffer : mais au bout de quelque tems , ils traverfent une terre labourée : plus loin , le cerf a longé un chemin fec & poudreux : c'eft-là où les bons chiens fe font remarquer, ceux qui ont le nez le plus fin, les jeunes qui doivent un jour fe diftinguer : ils mettent le nez dans les trous, ils ramaffent la voie dans la pouffière , fur le terrain le plus dur , fur les pierres : mais retrouvent-ils des grains , ils renouvellent de voix & de jambes.

Un autre guéret plus grand que le premier , modère encore leur activité : ils continuent de chaffer , mais avec beaucoup de peine. On appelle les veneurs parce qu'on a vu le cerf à un quart de lieue de-là : on les engage à enlever eurs chiens : mais tant que les chiens chaffent, jamais les veneurs ne fongent à les enlever , pas même quand ils perdent la voie , & qu'ils font sûrs de la retrouver. Premièrement , rien ne rend les chiens volages & libertins , comme de leur faire quitter la voie ; en fecond lieu , plus ils ont de peine, & plus ils apprennent à chaffer : les jouiffances n'ont de prix que par les difficultés vaincues ; la chaffe la plus pénible eft celle dont la réuffite flatte le plus. D'ailleurs , les nouvelles font prefque toujours vagues , incertaines , & fouvent fauffes ; & tel vous parle avec la plus grande certitude , qui finit par vous dire , après vous avoir fait courir tout le pays qu'il s'eft trompé : combien ne fe reproche-t-on pas alors d'avoir perdu du tems.

Mais enfin les chiens ne peuvent plus emporter la voie, ils demeurent tout-à-fait. On ne revoit pas du cerf, perfonne ne l'a vu ; les veneurs obfervent de quel côté il avoit la tête tournée , quelle eft la forêt ou le grand buiffon où il doit aller le plus probablement. On enlève les chiens au trot : fi on trouve une mare , on les fait boire : on enveloppe à une affez grande diftance de l'endroit où l'on eft demeuré ; on

donne de l'avantage aux chiens , foit par les portées en allant le long des grains , foit par le vent en tâchant de l'avoir dans le nez ; quelques cavaliers vont queftionner les laboureurs , les bergers.

Enfin on retrouve la voie : les chiens fe remettent à chaffer ; le cerf a féjourné dans une mare , ils chaffent plus vivement ; il a féjourné auffi dans un buiffon qu'il traverfe ; quelques chiens plus vigoureux , ou qui ont plutôt trouvé les retours, ont pris beaucoup d'avance : on détache un ou deux cavaliers pour aller les arrêter & attendre les autres dans la voie ; on les rallie & on arrive tous enfemble & bien chaffant, à quelque grand buiffon ou à une forêt.

Quand on a paffé quelques enceintes , une partie des chiens & fouvent des bons qui commencent à fe fatiguer, traînent & ne chaffent plus que les uns après les autres. Trois ou quatre cavaliers gagnent la tête des chiens , ils les arrêtent ; on laiffe bien rallier tous les autres , & quand ils ont bien foufflé un moment , on reprend la voie : pour cela , les cavaliers, peu cependant , un feul même fuffiroit , tournent la tête de leurs chevaux dans la voie du cerf, & ne parlent aux chiens qu'autant qu'il le faut pour les engager à fe rabattre , fans trop les exciter. On a foin de s'arrêter pour leur laiffer le temps de mettre le nez à terre , fans quoi ils fuivroient les chevaux le nez haut & ne fe rabattroient pas ; on ne doit fonner que lorfqu'ils ont tous bien repris la voie.

Les chiens bien ralliés , les veneurs font exactement avec eux, parce qu'ils ne vont plus affez vîte pour que l'on ne puiffe pas les fuivre prefque par-tout. Cependant le change qui paroît de tous les côtés les embarraffe ; ils chaffent mollement & en crainte. Le cerf qui eft mal-mené , fait fouvent des retours ; il longe les routes , les chemins ; il double fouvent fes voies. Les veneurs redoublent d'activité ; mais les chiens fe fatiguent , & enfin demeurent tout-à-fait au milieu d'une enceinte.

Un veneur qui s'en apperçoit , remarque bien l'endroit ; brife haut à une cépée apparente , brife haut encore en fortant de l'enceinte pour fe reconnoître ; & après avoir donné aux chiens tout le temps de retourner & de rechercher la voie ; on va prendre les devants d'un étang qui n'eft pas éloigné ; on enveloppe une taille que le cerf peut avoir traverfée ; on fait les routes & les chemins au-deffus & au-deffous de l'enceinte dans laquelle les chiens font demeurés. Lorfque toutes ces manœuvres n'ont pas réuffi, on juge que le cerf doit être refté tout court, & qu'il s'eft jetté fur le ventre dans l'enceinte où les chiens font tombés à bout de voie. Tout le monde se rassemble autour, & les veneurs y entrent pour la fouler : ils vont très-doucement, & pour ainsi dire pied à pied, parce qu'un *cerf* mal-mené qui se rase, ne part que quand on lui marche sur le corps ; & mêm. si vous passez très-près de lui, souvent il ne partira que si vous vous arrêtez.

Mais quelques chiens se récrient, un animal bondit, on n'a pas pu le voir ; les bons chiens que l'on met dans la voie tâtent les portées, pissent contre les branches & ne veulent pas chasser ; l'animal paroît à la route, c'est une biche ; un moment après c'est un jeune *cerf*. Le veneur qui a brisé haut s'achemine doucement vers l'endroit où les chiens sont demeurés, il foule les environs pied à pied ; enfin un chien se récrie, un animal bondit, c'est un *cerf* : le veneur le voit dans un planitre ; il ressemble beaucoup à celui que l'on a attaqué, mais il paroît frais ; il avertit que l'on prenne garde, mais il n'ose sonner. Cependant quelques chiens se rallient, le *cerf* passe une route ; on est dans l'incertitude parce qu'il va la tête haute, qu'il ne souffle pas & qu'il a franchi la route comme un *cerf* frais. Quoiqu'il ressemble beaucoup au premier, on n'ose rien assurer : on laisse faire les chiens qui, eux-mêmes chassoient d'abord en crainte : mais bientôt ils se réchauffent. Le *cerf* paroît à une autre route, il la longe ; alors il ne peut plus se contraindre, il va la tête dans terre, il tire la langue, tout le monde le reconnoît.

L'ardeur se ranime ; le dernier relais se présente, on le fait donner ; des chiens repris arrivent de tous côtés, on les découple. Cette quantité de chiens réunis, forme, avec les trompes & les voix, un bruit, un tapage que les plus indifférens n'entendroient pas de sang-froid. Il ne se soutient cependant pas toujours égal ; il se ralentit & diminue par momens, pour recommencer plus vif après. Enfin, il diminue, foiblit & cesse ; tout est dans le silence ; ce n'est que pour recommencer plus bruyant & plus vif que jamais, parce que le *Cerf* se fait relancer au milieu de tous les chiens qui l'entourent & se précipitent avec lui dans l'étang. Alors plus de réserve ; chacun peut sans crainte se livrer à sa gaieté ; chacun peut jouir & s'applaudir du succès de ses travaux.

Quelquefois au lieu de se jeter dans une mare, un étang ou une rivière, le *Cerf* tient les abois sur terre. L'usage ancien étoit d'aller lui couper le jarret ; on y mettoit même de la vanité ; cette bravade devenoit meurtrière pour les chiens, & souvent dangereuse pour les hommes : depuis très-long-temps on a recours au fusil ; cette méthode plus sûre & plus prompte épargne la vie de bien des chiens.

Pendant tout le temps que le *cerf* est aux abois on sonne des fanfares ; & lorsqu'il est mort, le premier piqueur leve le pied droit de devant à la jointure du génou pour le présenter au maître qui le reçoit ou le fait donner à qui bon lui semble : car c'est faire politesse à quelqu'un, que de lui présenter le pied. Si c'est dans un équipage de prince, le piqueur le remet au commandant, qui le présente au prince.

Si le *Cerf* n'a pas tenu long-temps, qu'il soit de bonne heure, que les chiens & les chevaux ne soient point fatigués, & qu'il y ait des relais qui n'ayent point été donnés, on peut attaquer un second *cerf*. Dans ce cas, il ne faut pas faire la curée du premier ; car les chiens ne pourroient plus chasser, ayant le ventre plein. Mais si l'on s'en tient au premier *cerf*, on peut en faire la curée.

De la Curée.

Il y a deux sortes de curées, la curée chaude, & la froide. La curée chaude est celle qui se fait dans le moment de la mort & sur les lieux, pendant que l'animal est encore chaud. La curée froide, au contraire, ne se fait que le soir, lorsque l'on est de retour, ou le lendemain. Pour faire la curée chaude, on commence par traîner le *cerf* dans un endroit clair, pour avoir la place de se retourner ; & après l'avoir laissé fouler aux chiens, on leur crie : *derrière, derrière, chiens.... tirez, tirez, derrière....* & on leur montre le fouet sans les frapper, à moins qu'ils ne soient trop entêtés, & ne se pillent : puis on couche le *cerf* sur le dos, les quatre pieds & le ventre en l'air, sa tête sur les deux côtés des épaules ; on lui coupe les daintiers, puis on lui fait une incision autour des quatre jambes, à la jointure du genoux & des jarrets : des genoux, on fend la nappe jusqu'au milieu de la poitrine ; ensuite on coupe la peau des cuisses, & en commençant à l'incision des jarrets, on leve entièrement la nappe ; puis on détache la tête du reste du corps, en coupant le col au premier nœud de la gorge, de façon que le massacre & la nappe restent ensemble ; puis on ouvre le coffre, d'où l'on tire les boyaux, la fressure, le cœur, les rognons, le foie, &c. on leve les filets du dedans, ou filets mignons, en passant la main dessous, & les arrachant : on leve aussi les grands filets ; & s'il n'y a pas grand nombre de chiens, on garde les deux cuisses pour un autre jour. Cela fait, on recouvre le corps avec la nappe, & on met le massacre le nez contre terre, & la tête en l'air, dans l'attitude d'un *cerf* qui seroit à la reposée.

On sonne une vue, en remuant la tête du *cerf* ; après quoi l'on sonne fanfare, & l'on enleve la nappe, en criant aux chiens : *tayaux,*

tayaux..... *hallaly*, *Valets*, *hallaly*..... ils ne se le font pas répéter deux fois, & tombent à belles dents sur leur proie. Pendant ce repas, les piqueurs & porteurs de trompe sonnent des fanfares ; & les valets tiennent le fouet leve, & prêt à frapper les chiens qui se pillent.

Il ne faut pas laisser manger à la curée les chiennes pleines ; cela les fait avorter. Il y a de jeunes chiens qui, par crainte, ou pour avoir été mordus, n'osent plus s'approcher de la curée : dans ce cas les piqueurs les encouragent, en les caressant ; & s'ils ne veulent pas y mordre, on leur coupe un morceau, qu'ils mangent en particulier ; mais tous les chiens se corrigent bien vîte de cette timidité.

On avoit supprimé de donner aux chiens, quand le *cerf* est pris, le foie, le cœur, le poumon & le sang mêlé avec du lait, du fromage & du pain. On leur servoit autrefois le tout sur la nappe du *cerf* ; c'est ce qui a donné l'étymologie du mot nappe à la peau du *cerf*. On a aussi supprimé le forhu, qui est la panse du *cerf*, vidée & lavée, mise au bout d'une fourche avec les boyaux, & que l'on jettoit aux chiens à la fin de la curée, en leur criant *tayaux* ; ce qui leur faisoit quitter les os qu'ils rongeoient, & les accoutumoit à revenir au cri *tayaux* du forhu, qui sert à enlever les chiens d'une mauvaise voie, pour les mettre sur le droit : ce qui se faisoit de cette manière. Un des piqueurs prenoit les boyaux & la fressure au bout d'une fourche, & alloit à deux cens pas sonner le forhu : tous les chiens couroient à lui, mais il les laissoit desirer ; & quand ils avoient bien crié & sauté, on leur jettoit ce second service au milieu d'eux. Il y a encore beaucoup d'équipages dans lesquels on fait le forhu ; & ce n'est pas une mauvaise habitude.

Lorsque la curée est finie, il faut conduire les chiens boire à l'endroit le plus proche ; puis on les couple, & on les ramene au chenil : car ils ont besoin de repos. En revenant, les trompes sonnent la retraite fanfarée, tant pour encourager les chiens, que pour rappeller ceux qui pourroient être restés dans le bois : mais si l'on avoit manqué, il faut simplement sonner la retraite. En rentrant au chenil on doit compter les chiens ; & s'il en manque, on envoie le lendemain dans les différens cantons où la chasse a passé, pour les ramasser.

Quand les chiens sont bien en haleine, ils peuvent chasser deux fois la semaine, & même trois, s'ils n'ont pas eu de trop fortes chasses : mais c'est beaucoup ; & il vaut mieux ménager ses plaisirs, que de se mettre dans le cas de n'en plus goûter, en crevant ses chevaux & ses chiens : car ils ne sont pas de fer.

De retour à la maison, on rentre tout de suite les chiens dans leur chenil, où ils doivent trouver de la paille fraîche & de l'eau ; car ils sont fort altérés après avoir chassé, sur-tout lorsqu'ils ont fait curée.

On ne peut pas chasser, quand il a fait de si fortes gelées, que les étangs sont pris : car les routes sont pour lors très-mauvaises à courre ; & outre les risques qu'il y auroit de se casser le col, le *cerf* ne pourroit pas entrer à l'eau, ce qui le rendroit furieux, & il feroit sentir sa rage à tout l'équipage.

Les relais de chevaux se placent, comme les relais de chiens, dans les endroits où l'on imagine que l'animal passera plus volontiers, & pour l'ordinaire dans des carrefours, d'où on les apperçoit plus aisément, & où par conséquent on est moins dans le cas de les manquer. D'ailleurs ceux qui sont au relais, étant à même de découvrir dans plusieurs routes, sont quelquefois à portée de voir passer l'animal, & donner des renseignemens. Lorsque les palfreniers ont donné le cheval frais & repris celui qui a couru, ils doivent sur le champ jetter un caparaçon de main, ou une couverture sur ce dernier, & le promener au pas, pour qu'il se rafraîchisse peu à peu, & qu'il ne se roidisse pas ; ce qui lui arriveroit, si on le laissoit tout à coup dans l'inaction.

Il y a des personnes qui, au lieu de laisser les chevaux à un relais fixe, les font suivre le long des routes. Il est certain qu'ils n'en sont pas si frais ; car outre le chemin qu'ils font, la poussière les fatigue beaucoup.

On ne peut pas détailler tous les accidens qui arrivent journellement à la chasse : ils sont sans nombre ; & il n'y a que l'expérience & l'habitude de chasser qui les fassent connoître, & apprennent la façon d'y obvier, ou d'y remédier.

Pièges divers que l'on tend au cerf.

Cette espèce de chasse n'exige point l'appareil de celle que nous venons de décrire ; mais elle a ses agrémens.

On choisit un arbre haut de dix à douze pieds, & dont la tige n'ait que la grosseur d'une perche ; on l'ébranche jusqu'à la cime, du côté où l'on suppose que le *cerf* doit passer ; & on y attache un collet de corde : on cherche ensuite vis-à-vis, un arbre près duquel on attache un piquet qu'on coche à la hauteur de quatre ou cinq pieds. Après cela vous tirez l'arbre par la corde du collet, vous lui faites faire l'arc & vous l'arrêtez dans la coche du piquet ; le collet doit être mis à la hauteur de l'animal, afin qu'il y mette sa tête quand il voudra passer. Si le piège réussit, l'arbre par son élasticité sortira de la coche avec violence, enlevera le *cerf* & l'étranglera.

Voici un autre piège dont on vante l'infaillibilité : on suppose qu'un *cerf* doive passer dans un sentier bordé d'une haie ou d'un bois taillis ; on cherche un arbrisseau de douze à quinze pieds de haut, on l'ébranle du côté de la passée, & l'on y attache deux ficelles fortes, l'une pour y lier un collet de fer ou de corde, l'autre pour y tenir serré un petit bâton long d'environ huit pouces, & taillé plat aux deux extrémités. Vous prenez ensuite un cerceau de cuve que vous fendez par le milieu, & vous mettez deux petits coins dans les deux bouts de la fente, pour le tenir entr'ouvert ; à chaque côté de cette ouverture, vous placez deux ou trois pointes de fer de la longueur chacune de deux doigts ; & vous liez ce cercle à l'arbrisseau dont nous avons parlé, & un piquet coché à quatre pouces de terre que vous aurez enfoncé fortement vis-à-vis l'arbrisseau.

Vous prenez ensuite une autre perche aussi longue que le chemin est large, applatie par un bout, & cochée à l'autre au revers : vous appuyez le bout applati contre l'arbrisseau, & vous faites courber en arc le même arbrisseau, par le moyen de la ficelle & un petit bâton qui y est attaché.

Le tout ainsi accommodé, cochez à force ce petit bâton, d'un bout dans la première perche, & de l'autre dans la coche de la seconde de manière que d'un côté elle soit élevée d'un pied, & de l'autre seulement de trois ou quatre doigts.

Attachez ensuite fortement un collet à la seconde ficelle qui pend au premier arbrisseau, & quand le piège est dressé, mettez sur la seconde perche une petite planche qui serve de marchette ; le cerf ne sauroit toucher le ressort du collet que toute la machine ne se détende & que l'animal ne se trouve pris. On peut mettre un appât sous le piège, mais il faut l'environner de verdure.

N. B. Comme il y a beaucoup d'expressions techniques, & même de phrases particulières, qui font en quelque sorte la langue de la chasse du *cerf*, il convient sans doute d'en donner l'explication & de les réunir à la suite de cet article.

VOCABULAIRE de la chasse du Cerf.

Abattures. Ce sont les traces que les cors du *cerf* laissent en passant dans les taillis.

Abois. On dit qu'un *cerf* est aux *derniers abois* quand il tombe outré de fatigue, ou qu'il est mourant.

Accouer. Un veneur accoue un *cerf* quand il le joint pour lui donner un coup d'épée au défaut de l'épaule, ou pour lui couper le jarret.

Aculs. Pointe ou bout des forêts.

Ages, ou discernement du *cerf.* On dit *jeune cerf, cerf de dix cors jeunement, cerf de dix cors & vieux cerf.*

Aiguillonné. Ce mot se dit des *fumées* qui portent quelquefois un aiguillon par un bout, & quand elles sont en nœuds, ce qui marque, dit-on, que les *cerfs* ont quelque ennui.

Aller de bon temps ; c'est-à-dire, qu'il y a peu de tems que l'animal est passé.

Aller d'assurance. Marcher au pas, le pied serré & sans crainte.

Aller au gaignage. Aller dans les grains pour y viander ou pâturer.

Aller de hautes erres. C'est quand il y a sept ou huit heures qu'un *cerf* est passé.

Allure. Manière de marcher des bêtes fauves.

Ambleur, se dit du *cerf* dont le pied de derrière surpasse la trace du pied de devant.

Ameutés. On dit que les chiens sont bien ou mal *ameutés* quand ils marchent ensemble ou qu'ils se séparent.

Andouillers. Cornichons de bois du *cerf* ; tous les andouillers sont compris sous le nom de *cors*, dans la dénomination du *cerf* de dix cors ; le bois de la quatrième année d'un cerf porte trois andouillers d'un côté, & trois ou quatre de l'autre. A quatre ou cinq ans, le jeune cerf peut porter huit ou douze andouillers, & dans la vigueur de l'âge, il en porte jusqu'à vingt-deux. Quand il est vieux, on fait bien plus d'attention à la grosseur & à la conformation de son bois, qu'au nombre de ses andouillers.

Appuyer les chiens. C'est suivre toutes leurs opérations, les diriger & les animer de la trompe & de la voix.

Assemblée. Rendez-vous où tous les chasseurs se trouvent.

Assentir la voie. C'est la reconnoître.

Assurance. C'est la fermeté & la sécurité dans la marche du *cerf.*

Babil. Ce terme se dit du défaut d'un limier qui caquette trop en chassant.

Balancer. C'est quand un cerf chassé vacille en s'enfuyant, ou quand un limier ne tient pas la voie juste.

Bancs. Lits des chiens.

Bâtons de chasse. Bâtons que l'on porte quand on va courre le *cerf.*

Battre. On dit qu'un animal se fait battre quand il se fait chasser long-tems dans un canton.

Battre l'eau. Un cerf bat l'eau quand il traverse une rivière ou un étang, après avoir été long-tems chassé.

Bêtes. En vénerie ne signifie que les biches.

Biche, femelle du *cerf.*

Bien juger des allures. C'est voir quand la bête met ses pieds dans une même distance.

Bien chevillé. Un *cerf* est *bien chevillé* quand il porte une tête chargée d'andouillers.

Bon connoisseur. Veneur expérimenté dans la chasse du *cerf.*

Bondir. On dit qu'un *cerf bondit* quand il fait partir de la reposée d'autres bêtes fauves.

Bosses. Ce sont deux grosseurs qui viennent la première année à la tête du *cerf.* Ce sont les germes des meules d'où partira la fraise.

Botte. C'est le collier qu'on met au limier, quand on le mène au bois.

Boutis : endroit où fouillent les *cerfs* & toutes les bêtes noires.

Boutoir, bout du nez des bêtes noires.

Bouzars. Ce sont les fientes que jette le *cerf* au printems, & qui sont rondes & molles comme des bouzes de vache.

Boyau (franc). C'est le gros boyau où passent les viandes du *cerf,* qui fait partie des menus droits.

Brandes; ce sont les bruyères où les *cerfs* vont viander.

Brisée, rameau rompu qui sert à marquer l'entrée du *cerf* dans le bois, à en faire l'enceinte, ou à marquer la naissance d'un défaut.

On dit *brisée haute,* quand le rameau rompu pend encore à la branche; ce qui marque la rentrée au fort; & l'on dit *brisée basse,* lorsque le rameau est couché à terre, ce qui marque le chemin du *cerf.* La pointe fait voir d'où il vient & le gros bout où il va.

Brosser. C'est courir avec les chevaux dans les bois.

Brunir. Quand le bois du *cerf* est revenu au printems, il est couvert d'une peau tendre & velue qui lui démange : pour la faire tomber ou l'épiler, il se frotte contre les arbres appellés *baliveaux,* afin de la rendre nette & unie, & la fait changer de couleur selon les terres où il se frotte, c'est ce qu'on appelle *brunir.*

Buisson creux. Ce terme se dit, quand le valet de limier qui a détourné, ne trouve rien dans son enceinte : c'est un *buisson creux.* Le buisson en terme de vénerie, est un bois de petite étendue.

Ça-revaut. Terme pour faire entendre que le cerf s'en retourne dans son pays.

Ça-va-là-haut. Terme pour parler aux chiens, quand ils chassent.

Cerf, Faon, Daguet; cerf à sa seconde tête qu'il pousse en commençant sa troisième année; (c'est ce que Salnove & Savary appellent *porte-six,* parce que chaque perche porte deux petits andouillers, outre les deux bouts de la perche qu'on [doit compter.)

Cerf à sa troisième tête, cerf à sa quatrième tête.

Les *cerfs* à la seconde, troisième & quatrième tête, communément se nomment *jeunes cerfs* & peuvent pousser huit, dix, & douze andouillers suivant le pays & la bonne ou mauvaise nourriture.

On dit *cerf de dix cors jeunement,* cinquième tête; *cerf de dix cors vrai,* quand il a passé six ans. *Vieux cerf, grand vieux cerf,* cerf de meute ou cerf que l'on court. On dit *cerf accompagné* ou *en compagnie,* quand il s'est joint avec d'autres bêtes; & *cerf bien chevillé,* quand il porte plusieurs dards ou rameaux à la sommité de son bois en forme de couronne.

Cervaison. C'est quand un *cerf* est gras & en venaison.

Chambre du cerf. C'est son lit ou reposée pendant le jour.

Chandelier. On dit d'un vieux *cerf* qu'il porte le *chandelier,* quand le haut de sa tête est large & creux; c'est un terme populaire.

Change. On dit *prendre le change,* c'est suivre une nouvelle bête : *garder le change,* c'est se tenir à la bête qu'on a commencé de courir. Il y a quelques vieux chiens hardis dans le change qui ne quittent point leur *cerf,* quoiqu'il soit accompagné; les autres plus timides restent derrière, & c'est au veneur à connoître les uns & les autres.

Charbonniers, terres, glaises & rouges où les *cerfs* vont frotter leurs têtes & les brunir.

Chasser

Chasser de gueule. C'est laisser crier & aboyer un limier qui naturellement est secret : cela s'appelle encore *routailler.*

Chevilles & chevillures. Ce sont les andouillers qui sortent des perches de la tête du *cerf.*

Chiens, courans, ardens, allans, vîtes, légers, requérans, pesans, hurleurs, anglois, bâtards - anglois. Le chien *ferme* est celui qui arrête à la chasse à tirer.

Cimier, se dit de la croupe du *cerf* qui dans la curée se donne au maître de l'équipage.

Clabauder, se dit des chiens qui rabattent les mêmes voies & ne peuvent aller avec les autres chiens.

Clairières, lieux dans les bois, dégarnis d'arbres.

Coffre, se dit de la carcasse du *cerf* décharné.

Coiffé. On dit un chien bien coiffé.

Comblette, fente qui est au milieu du pied du *cerf.*

Connoissances, ou indices de l'âge & de la force du *cerf* par la tête, le pied & les fumées, &c. La connoissance par le pied est certaine ; cependant pour ne pas s'y méprendre, il faut faire de grandes attentions sur la qualité du terrain qui plus ou moins gras, marécageux, doux, pierreux ou montagneux rendra différentes les connoissances suivant les pays.

Contre-pied ; prendre le contre-pied, c'est retourner par où le *cerf* est venu, c'est prendre le pied du *cerf* à reculon.

Cor ou trompe, instrument de cuivre dont on sonne à la chasse : il y a différens tons.

Cors ; ce sont les cornes sortant de la perche du *cerf.* Le premier cors s'appelle *andouiller,* le second *sur-andouiller,* les suivans *cors, chevilles* ou *chevillures, doigts* ou *épois.* Tels sont les différens noms que les auteurs leur donnent. La règle est de n'attaquer à la chasse que les *cerfs* de dix-cors : mais la nécessité & les occurences font déroger à cette règle.

Corsage. C'est la forme du corps du *cerf.*

Couper, se dit d'un chien qui quitte la voie pour prendre les devants. Ce qui est un défaut.

Coupler les chiens. C'est les lier deux à deux.

Coureurs, nom que l'on donne aux chevaux de relais qui courent la chasse & qui ont la queue coupée. On doit mettre aux premiers relais les chevaux les plus vîtes & les plus vigoureux, & aux derniers ceux qui le sont moins.

Couronné. C'est la tête du *cerf,* lorsque les andouillers supérieurs forment une sorte de couronne.

Courre, terme de vénérie pour courir & chasser le *cerf.*

Cri du cerf. Voyez *raire.*

Croix de cerf, espèce de petit os quelquefois cruciforme qui se trouve dans le cœur du *cerf* & auquel on attribue beaucoup de vertu étant pris en poudre dans du vin.

Crouler la queue, se dit d'un *cerf,* quand il fuit.

Croupe. Dans le *cerf* on l'appelle *cimier.*

Curée, faire la curée. Cela se dit du *cerf* pris, tué & deshabillé & dont les parties charnues, &c. disséquées ou non sont le salaire des chiens ; ce qui leur donne plus d'ardeur pour la chasse. On ne doit point avoir des gants pendant la curée, & quand les valets de chiens surprennent quelque jeune veneur avec ses gants, ils sont en droit par l'usage de lui demander de quoi boire.

Dagues, sont les premiers dards simples qui sortent de la tête du *cerf,* quand il a un an passé. Les dagues sont sa première tête : & il la porte pendant le cours de la seconde année. Elles sont longues de six à sept pouces.

Daguet. Cerf qui porte son premier bois pendant le cours de la seconde année. Ainsi le daguet a deux ans, & est armé de deux dards ou deux petites perches qui excèdent un peu les oreilles.

Daintiers. Ce sont les rognons du *cerf.*

Débucher, sortir du bois ou du fort. Le *cerf* débuche.

Découpler les chiens. C'est les délier l'un de l'autre, quand ils sont deux à deux, & les lâcher.

Dédortoire, se dit quelquefois du manche du fouet dont on se sert en courant pour parer les gaules.

Défaut, demeurer en défaut, c'est avoir perdu la voie du *cerf* pendant quelque tems ou tout-à-fait.

Déharder. C'est lâcher les chiens, quand ils sont liés six à six ou quatre à quatre.

Déliées. Ce sont les fumées du *cerf,* quand elles sont, suivant les termes de venerie, bien moulues.

Démêler la voie. C'est trouver la voie du *cerf* couru au milieu d'autres *cerfs.*

Déployer le trait. C'est alonger la corde qui

O

tient la boîte du limier ; & *ascourcir le trait*, c'est, dit Salnove, le ployer à demi ou tout-à-fait pour retenir le limier.

Derrière. C'est un terme dont on se sert pour arrêter un chien, & le faire demeurer derrière soi, quand il chasse le *droit*.

Détourner. C'est découvrir par le moyen du limier le lieu où le *cerf* est à sa posée, & en marquer l'enceinte pour se reconnoître.

Donner le cerf aux chiens. C'est faire découpler les chiens sur ses voies.

Dorées. On appelle de ce nom les fumées du *cerf*, quand elles sont jaunes.

Drap de curée. Toile sur laquelle on étend les parties du *cerf* dont on permet aux chiens de faire la curée.

Droit. On dit prendre ou tenir le droit, pour faire entendre que le chien reprend bien la voie.

Le *droit* du limier, c'est la rate & le foie qui lui appartiennent dans la curée.

Les *droits* du maître de la chasse, ce sont le filet, les cuisses & le cimier, avec toute la tête. Les daintiers lui appartiennent aussi.

Le *droit* du valet de limier qui a détourné, c'est l'épaule droite.

Les *menus droits* sont les diverses parties intérieures qui composent le *forhu* qu'on attache à la fourche, pour ôter le dernier salaire des chiens.

Echauffer (s') sur la voie, c'est la suivre avec ardeur.

E'avé (poil). C'est un poil mêlé & blafard en couleur, qui marque ordinairement la foiblesse d'un chien.

Empaumer la voie. C'est prendre la voie.

Empaumure. Cela se dit d'un vieux *cerf*, dont le haut de la tête, c'est-à-dire, la base des derniers andouillers imite la paume de la main. L'empaumure doit être un peu creuse & renversée, portant cinq ou six pointes. On l'appelle quelquefois *porte-chandelier*.

Enceinte. On appelle ainsi le cercle marqué par des rameaux brisés pour détourner le *cerf*, & savoir précisément le lieu où il s'est retiré.

Enguichure de la trompe. C'est l'entrée du cor de chasse.

Enlever la meute. C'est lorsqu'au lieu de chasser les chiens, & les laisser suivre la voie du *cerf*, ou les rompt, on les entraîne par le plus court chemin au lieu où un chasseur a vu l'animal, & où on retrouve la voie.

En revoir. C'est avoir des indices du *cerf* par le pied.

Entées. Ce terme se dit des fumées qui tiennent ensemble, & qu'on ne peut séparer sans les rompre.

Epois. Ce sont les cors que l'on voit au sommet de la tête du *cerf*. Il y a des épois de coronure, de paulmure, de trochure & d'enfourchure.

Eponges. Ce sont les talons du *cerf*.

Erres du cerf. Traces ou voies de l'animal.

Erucir. Le *cerf* érucit quand il prend une branche en sa bouche, & la suce pour en avoir la liqueur.

Eventer la voie. C'est quand elle est si vive que le chien la sent sans mettre le nez à terre, ou quand après un long défaut les chiens ont le vent du *cerf*, qui est sur le ventre dans une enceinte.

Fanfares. Airs mesurés que l'on sonne au lancer, à la vue d'un *cerf*, à l'hallali & à la curée.

Faon. C'est le petit de la biche, qui n'a pas plus d'un an & même moins.

Fauve. Le *cerf*, le daim & le chevreuil sont des bêtes *fauves*.

Faux-fuyant. On appelle ainsi une fente, ou petit sentier à pied dans le bois.

Faux-marcher se dit de la biche qui biaise en marchant, ou du *cerf* après qu'il a mis bas son bois.

Faux-marqué ou *mal semé* se dit d'un *cerf* qui a plus de cors ou andouillers d'un côté que de l'autre.

Faux-rembuchemens. C'est lorsque le *cerf* entre dans un fort, & revient tout court pour se rembucher ailleurs.

Filet du cerf. Les grands filets, c'est la chair qui se lève au-dessus des reins du *cerf* ; & les *petits filets* se lèvent au-dedans des reins ; c'est un droit du maître.

Forhu. On comprend sous ce nom plusieurs parties internes du *cerf*, telles que tous les petits boyaux que l'on donne aux chiens au bout d'une fourche, après qu'ils ont mangé une mouée ou le coffre du *cerf*.

Forhuir. C'est sonner la trompe de fort loin.

Forlonger. C'est parcourir un grand pays, ou s'éloigner hors du pays ordinaire.

On dit auffi le *cerf forlonge*, quand il a bien de l'avance fur les chiens.

Fort. C'eft l'endroit le plus épais du bois.

Fouler. C'eft faire battre ou parcourir un terrain par le limier ou par la meute.

Foulées, impreffions du pied fur le gazon ou fur des feuilles.

Foulures. Ce font les marques du pied du cerf.

Fourche, bâton à deux branches qui reçoit le *forhu* dans la curée.

Fourchette. C'eft ce qui eft dans la fole du pied du *cerf*.

Fourvoyer (fe), s'écarter de la voie, & chaffer quelqu'autre *cerf* que celui de la meute.

Fraife. C'eft la forme des meules & des pierrures de la tête du *cerf*.

Frapper à route, faire retourner les chiens pour les faire relancer le *cerf*.

Frayoir. C'eft la même chofe que *brunir*. (*Voyez* ce mot.

Freouer. C'eft une marque que le *cerf* fait aux bois quand il y frotte fa tête, pour détacher la peau velue qui la couvre. On faifoit autrefois un préfent à celui qui apportoit le premier *freouer*.

Fumées, fientes des cerfs ou biches. Elles font en *bouzarts*, en *plateaux*, en *torches*, en *nœuds*, ou *formées*, *martelées*, ou *aiguillonnées*.

Les *fumées* du *cerf* font nouées dans le mois d'août. Les plateaux font plats & ronds, & ont encore la forme de bouzarts. Le *cerf* les rend au commencement du printems, & pendant qu'il met bas fa tête.

Les fientes du *cerf* font de fûres connoiffances dans certains tems ; mais elles ne valent rien dans l'hiver ou pendant le rut.

Gagnages, champs où font les grains, & où le *cerf* va viander, c'eft-à-dire, pâturer pendant la nuit.

Gardes. Ce font les deux os qui forment la jambe du *cerf*.

Garre. C'eft le terme dont doit fe fervir celui qui entend le *cerf* partir de la repofée, afin de faire connoître aux piqueurs qu'il eft lancé.

Gaulis. Ce font des branches d'un bois de dix-huit à vingt ans.

Gorge d'un chien, terme pour marquer fa voix. On dit *ce chien a une bonne gorge.*

Goutières ou *canaux*, fentes ou raies creufes qui font le long de la perche ou du merrain de la tête du *cerf*.

Grêle. C'eft le ton clair de la trompe.

Gros ton. C'eft le bas ton de la trompe.

Ha-lay-la ou *tout bellement*, terme pour donner de la crainte aux chiens, lorfque le *cerf* s'eft accompagné, afin de les obliger à garder le change.

Hallali, cri qui marque que le *cerf* eft fur fes fins.

Hampe. C'eft la poitrine du *cerf*.

Harde fe dit d'une troupe de bêtes qui marchent ou fe trouvent unies enfemble. Ce mot fignifie auffi un lien qui attache les chiens fix à fix.

Harder les chiens. C'eft les mettre quatre à quatre ou fix à fix.

Hardois, petits brins de bois où le *cerf* touche de fa tête, lorfqu'il veut ôter cette peau velue qui la couvre.

Hâter fon erre. C'eft quand le *cerf* fuit fort vîte.

Haut-à-haut, cri pour appeller fon camarade, & lui faire revoir de fon *cerf* pendant un défaut, ou pour l'appeller le matin au bois en le houpant.

Haye ou *hahé*, terme pour arrêter les chiens qui chaffent le change ; mais pour faire attendre les autres, lorfqu'ils chaffent le *droit*, on dit feulement *derrière*.

Here. Le faon porte ce nom jufqu'à ce que fes boffes allongées en daguet lui faffent prendre le nom de *daguet*.

Houper. C'eft appeller fon compagnon.

Hourvari, cri pour faire revenir les chiens fur la voie, lorfqu'ils ont pris le change.

Jambe du cerf. C'eft depuis le talon jufqu'aux ergots, qu'on nomme *les os*.

Jeter fa tête, en parlant du *cerf*, c'eft mettre bas fon bois.

Il bat l'eau, terme des veneurs quand le *cerf* chaffé fe jette dans l'eau.

Il perce, terme pour dire aux chiens que la bête va en avant.

Il-va-là-chiens, termes dont on parle aux chiens, quand ils chaffent à la difcrétion & à la prudence du piqueur.

Immondices. Ce font les excrémens des chiens.

Laiffer-courre. Ainfi fe nomme le lieu où fe doit

lancer le *cerf*, c'est-à-dire, l'endroit où on lâche les chiens, après que le *cerf* a été détourné.

On dit aussi *laisser courre un cerf*, c'est-à-dire, le faire partir, & le lancer avec le limier.

Lambeaux. C'est la peau velue du bois du *cerf*, qu'il dépouille au freouer.

Lancer. On *lance le cerf* quand on le fait partir de la reposée.

Larmières. Ce sont deux fentes qui sont au-dessous des yeux du *cerf*. Il en sort une liqueur jaune qu'on nomme *larmes du cerf*.

Lices, chiennes courantes.

Limier, chien de trait dont on se sert pour détourner le *cerf*.

Livrer le cerf aux chiens, mettre les chiens après.

Longer un chemin. C'est quand une bête va toujours en avant, ou quand un *cerf* chassé qui commence à être mal mené, longe les chemins, & fuit tant qu'il peut.

Maintenir le change. C'est quand les chiens chassent toujours la bête qu'ils ont lancée.

Mal-moulu. On dit que les fumées du *cerf* sont mal moulues ou mal digérées.

Mal-semé. Les andouillers sont *mal semés* sur la tête du *cerf*, quand leur nombre est impair.

Martelées se dit des fientes du *cerf* aplaties par les bouts.

Massacre, face de la tête du *cerf* avec tout son bois.

Méjuger (se). C'est pour le *cerf* mettre le pied de derrière hors de la trace de celui de devant.

Menée. C'est la droite route du *cerf* qui fuit.

Mener les chiens à l'ébat. C'est les mener promener.

Menus droits. (*Voyez* ci-dessus *Droits.*)

Mérain, tronc ou tige du bois de *cerf*.

Mettre bas, quitter son bois. Le *cerf met bas* au printems.

Meule, racine ou empâtement dur & raboteux du bois du *cerf*.

Meute. C'est l'assemblage de tous les chiens courans. Les chiens de *meute* sont les premiers chiens qu'on lâche contre le *cerf* lancé. La *vieille meute* se dit du premier relais donné après la meute.

Mouée. C'est un mélange du sang du *cerf* avec du lait & du pain coupé, même des issues de bœuf qu'on donne aux chiens à la curée.

Muer. C'est à l'égard du *cerf* renouveller sa tête, ou changer de bois. Les *cerfs muent* au commencement de mars, & leur tête ne se refait guères qu'à la mi-juillet.

Mufle. C'est le bout du nez des bêtes fauves.

Muse. C'est le commencement du rut des *cerfs*. Leur muse dure cinq ou six jours: & pendant ce tems-là, ils ne font que marcher, mettre le nez à terre, & sentir par où les biches ont passé.

N'aller plus de tems. C'est quand il y a un jour ou deux qu'une bête est passée.

Nappe, peau du *cerf* & des bêtes fauves.

Nerfs, parties de la génération du *cerf*.

Nœuds, morceaux de chair qui se lèvent aux quatre flancs du *cerf*.

Nombres & petits filets se lèvent ensemble. C'est ce qu'on prend au-dedans des cuisses & des reins du *cerf*.

Ordre. Ce mot se dit pour marquer l'espèce & les qualités des chiens. On dit un bel *ordre* de chiens.

Os du cerf. Ce sont ses ergots & ce qui forme sa jambe jusqu'au talon. D'abord que le *cerf* suit, il donne des *os* en terre.

Ouverte. On dit que la tête du *cerf* est *ouverte*, quand les perches en sont écartées.

Pans de rets, filets avec lesquels on prend les grosses bêtes.

Parc, endroit où l'on fait la courre, pour faire venir les bêtes fauves & les noires.

Parement du cerf, chair rouge qui vient par-dessus la venaison du *cerf*, des deux côtés du corps.

Pays, grand ou petit. C'est un grand ou petit bois.

Pelage se dit de la couleur du poil du *cerf*. Il est blond, fauve, brun, moucheté.

Percer. Un *cerf perce* dans le bois quand il tire de long, & qu'il court sans s'arrêter. On dit aussi le piqueur *perce* dans le fort.

Perches, grosses tiges de la tête du *cerf* où sont attachés les andouillers.

Perlures, grumeaux qui sont le long des perches & des andouillers de la tête du *cerf*.

Peser beaucoup. C'est quand une bête fauve enfonce beaucoup ses pieds dans la terre: ce qui marque qu'elle a grand corsage.

Pieds du cerf. Le premier pied eft celui de devant ; le fecond pied eft celui de derrière.

Pierrures. C'eft ce qui forme la fraife qui eft autour des meules de la tête du *cerf*.

Pillard fe dit d'un chien hargneux.

Pinces. Ce font les deux bouts des pieds des bêtes fauves. L'animal eft vieux quand fes pinces font ufées, ou fort émouffées.

Piqueurs, veneurs qui appuient & fuivent les chiens de près, & conduifent la meute & la chaffe.

Plateaux, fientes de *cerf* plates & rondes.

Portées, font les traces que le bois du *cerf* laiffe en paffant dans un taillis élevé au moins de fix pieds.

Prendre les devants. C'eft après avoir perdu les voies du *cerf*, faire un grand tour avec les chiens courans, pour le retrouver en le requérant. C'eft auffi lorfque le veneur a rembuché une bête, & qu'il *prend les devants* avec fon limier pour la détourner, & s'affurer qu'elle demeure.

Prendre le vent fe dit quand un chien va lancer le *cerf* au vent.

Prendre fon buiffon. Le *cerf* choifit une pointe de bois au printems pour fe retirer le jour, & aller aifément la nuit aux gagnages ou aux champs.

Quêter le cerf. C'eft chercher le lieu où le *cerf* fe repofe pendant le jour. On dit auffi *requêter le cerf* pour le relancer.

Rabattre. On dit le limier fe *rabat*, & donne une connoiffance à celui qui le mène.

Raire ou crier. Les *cerfs raient*, quand ils font en rut.

Randonnée. C'eft lorfque la bête fe fait chaffer, & tourne deux ou trois fois autour du même lieu.

Rapport, faire fon rapport. C'eft quand le valet de limier déclare à l'affemblée fes diverfes connoiffances fur la bête qu'il a détournée.

Rapprocher un cerf. C'eft faire aller les chiens doucement, pour tenir la voie d'une bête qui eft paffée deux ou trois heures auparavant.

Rayer. On *raye* les voies d'une bête quand on fait une raie derrière fon talon : ce qui ne doit fe pratiquer qu'avec celles qu'on a deffein de détourner.

Rebaudir les chiens, leur faire fête, les careffer.

Receler. Le *cerf* eft recelé quand il demeure deux ou trois jours dans fon enceinte fans en fortir.

Refait d'un cerf, bois qui fe renouvelle. On dit le *cerf* a déja du *refait* ; fon bois eft *refait*.

Refouler. C'eft faire retourner les chiens fur leurs pas.

Refuite, route que le *cerf* pourfuivi prend pour échapper aux chiens. Les *cerfs* prennent dans une forêt prefque toujours les mêmes refuites.

Relais. Ce font des chiens que l'on tient en certains lieux dans la refuite des bêtes qu'on court, pour les donner quand la bête paffe. Le premier relais s'appelle la *vieille meute.* Le dernier fe nomme les *fix chiens*, quoiqu'il foit compofé d'un plus grand nombre. Ce font ordinairement les plus vieux & les plus fages. Il y a encore un autre relais qu'on appelle la *feconde vieille meute.*

Relais volant. C'eft un relais qui n'eft point fixé dans un lieu, mais qui coupe & fuit la meute pour lui prêter du fecours quand elle en a befoin. On fait un relais volant quand on n'eft pas fûr de la refuite des *cerfs*, & ce font toujours les plus vigoureux chiens qui le compofent.

Relancer. C'eft lorfqu'on redonne aux chiens l'animal qu'on a chaffé.

Relever le défaut. C'eft retrouver les voies du *cerf* qu'on avoit perdues.

Le *relevé* d'une bête, c'eft quand elle fe lève & fort du lieu où elle a demeuré le jour pour aller repaître.

Rembuchement, rentrée du *cerf* au fort. On dit auffi rembucher ou rentrer dans le bois.

Remontrer. C'eft donner connoiffance des voies de la bête qui eft paffée. Il eft, dit-on, effentiel à un bon piqueur de favoir *remontrer* les voies d'une bête qu'on a perdue.

Renceinte. C'eft un retour en cercle.

Rencontrer, ou trouver une voie ; c'eft la befogne du limier.

Rendez-vous, lieu de l'affemblée indiqué à tout l'équipage.

Rendonnée. Après que le *cerf* eft donné aux chiens, qu'il fe fait chaffer dans fon enceinte, & tourne deux ou trois fois à l'entour d'un même lieu, & qu'après cela il prend fon parti d'aller bien loin, voilà ce que le veneur appelle une *bonne rendonnée.*

Rentrer au fort. On rentre au fort d'une bête quand elle s'y rembuche.

Repofée, lit ou *chambre.* C'eft le lieu où le *cerf* rentre le matin, fe tient couché fur le ventre pour y demeurer & dormir pendant le jour.

Requêter. On requête un *cerf* quand on l'a couru & brisé le soir, & que le lendemain on va de nouveau le chercher avec le limier pour le relancer aux chiens.

Ressui. C'est le lieu où se met le *cerf* le matin au soleil levant pour s'essuyer de la rosée, avant de rentrer dans le bois, & de prendre sa reposée.

Retour. Le *cerf* fait un *retour* quand il retourne d'où il vient sur les mêmes voies.

Retraite. On dit sonner la retraite pour faire retirer les chiens.

Revenu de tête. C'est quand la tête nouvelle, c'est-à-dire le bois, est toute revenue.

Revoir d'un cerf, ou *retrouver la trace.* On en *revoit* par le pied, par les fumées; par les abattures, par les portées, par les foulées, par le frequel & par les rougeurs, qui sont des taches de sang que le bois refait laisse aux branches.

Ridées. Les fientes & les fumées des vieux *cerfs* & des vieilles biches font ordinairement *ridées.*

Robe se dit de la couleur du poil d'un chien.

Rompre les chiens. C'est les empêcher de suivre une bête.

Rouées. Ce sont les têtes du *cerf* lorsqu'elles sont serrées & peu ouvertes.

Route, en vénerie, signifie un grand chemin dans les bois.

Ruse, le bout de la ruse. C'est quand on retrouve au bout du retour qu'a fait le *cerf,* que les voies font simples, & qu'il s'en va & perce.

Ruser. C'est quand le *cerf* va & vient sur les mêmes voies, à dessein de se défaire des chiens.

Rut, amour des *cerfs.* Les *cerfs* entrent en rut pendant la nuit, au commencement de septembre, & le finissent à la mi-octobre; ils n'y sont chacun que trois semaines. Ce sont les vieux *cerfs* qui y entrent les premiers. Le rut est un tems fougueux chez ces animaux. Les biches entrent plus tard en rut que les *cerfs.*

Semé. Le bois d'un *cerf* est bien *semé,* quand le nombre de ses andouillers se trouve pair.

Sentiment se dit d'un chien qui sent le vent de la voie.

Séparer les quêtes. C'est quand on distribue aux veneurs & aux valets de limier une forêt par canton pour aller détourner le *cerf.*

Sole, fond du pied du *cerf,* ou milieu du dessous du pied.

Sonner de la trompe. C'est avec le cor sonner la retraite, sonner du gros ton, sonner du grêle. Un piqueur sonne un mot ou deux du gros ton, quand il donne le signal à quelqu'un de ses compagnons pour les faire venir à lui.

Sortir du fort se dit d'une bête fauve qui débuche de son fort.

Souille. Un *cerf souille* quand il se met sur le ventre dans l'eau & dans la fange.

Spée ou *cepée.* C'est un bois d'un an ou deux.

Suivre. C'est quand un limier suit les voies d'une bête qui va d'assurance; car quand elle fuit, c'est la chasser.

Sur-aller. C'est quand un limier ou chien courant passe sur les voies sans se rabattre ou sans crier.

Sur-andouiller. C'est l'andouiller qui se trouve au-dessus du cors proprement dit, & qui est quelquefois plus grand que les autres.

Sur-neigées. Ce sont les voies où la neige est tombée. On appelle *sur-pluies* celles où il a plu.

Talon du cerf. Il est au haut du pied du *cerf.* Il sert à distinguer l'âge de la bête. Dans les jeunes *cerfs,* le talon est éloigné de quatre doigts des os, ou autrement des ergots; dans les vieux *cerfs,* il joint presque les os: plus il en approche, plus le *cerf* est vieux.

Tayau, cri du chasseur quand il voit le *cerf.*

Tems. On dit *en revoir de bon tems* pour marquer que la voie est fraîche & de la nuit.

Tenir la voie. On dit ce chien tient bien la voie, pour dire qu'il la suit.

Têt, front du *cerf,* ou une partie de son os frontal.

Tête. Cela s'entend du bois du *cerf.* On dit une *tête bien née.* L'on appelle *tête portant trochures* celle qui porte trois ou quatre chevilles; andouillers ou épois à la sommité de son bois.

Tête enfourchie, celle dont les dards du sommet font la fourche. On dit aussi *tête bien chevillée.*

La *tête couronnée* est celle dont les cors font une espèce de couronne. On en voit peu en France de cette espèce.

Tête paumée est celle dont la sommité s'ouvre & représente les doigts & la paume de la main.

Tirer de long. C'est quand le *cerf* va sans s'arrêter.

Tirer sur le trait. C'est quand le limier trouve la voie & veut avancer.

Tirez chiens, *tirez*, termes pour faire suivre les chiens quand on les appelle.

Toiles. Quelquefois on fait une enceinte dans la forêt avec des *toiles*, afin que le *cerf* ou même le sanglier que l'on chasse ne sorte point du pays ; ce qui abrège la chasse.

Ton pour les chiens. C'est le gros ton du cor.

Torches, terme qui signifie que les fumées veulent se détacher, c'est-à-dire, qu'elles sont à demi-formées.

Toucher au bois. C'est quand le *cerf* veut ôter la peau velue qui couvre son bois naissant.

Trace. C'est le pied des bêtes noires.

Trait. C'est la corde de crin qui est attachée à la botte du limier, & qui sert à le tenir lorsque le veneur va au bois.

Trolle. C'est ce qui se fait quand on n'a pas détourné une bête, & qu'on découple les chiens dans un grand pays de bois pour la quêter & la lancer.

Trompe. C'est le cor de chasse. Il y en a de petits & de grands.

Vaines se dit des fumées légères & mal pressées.

Valet de chien ou *conducteur.* C'est celui qui mene les chiens de meute ou des ralais.

Le *valet de limier* est celui qui va en quête d'un *cerf*, le détourne & le laisse courre.

Va-outre, terme dont se sert le valet de limier, lorsqu'il allonge le trait à son chien, & le met devant lui pour le faire quêter.

Vay-là. Suivant Salnove, c'est le terme dont on se sert pour arrêter le limier qui a rencontré, pour connoître s'il est sur la voie.

Vel-cy-allé, terme d'un valet de limier, lorsqu'il parle à son chien pour l'obliger à suivre la voie, quand il en a rencontré.

Vel-cy-revary-vol-ce-lets se dit d'un *cerf* qui ruse & qu'on voit revenir sur ses mêmes voies.

Velue, peau que le *cerf* pousse sur sa tête.

Venaison, graisse du *cerf*. C'est le tems qu'il est meilleur à manger, & qu'on le force plus aisément. Ce sont les *cerfs* de dix-cors & les vieux *cerfs* qui ont plus de venaison.

Vermiller. Le *cerf* vermille quand il suit avec le bout du nez la trace du mulot, pour dénicher ses magasins.

Vers. Ils s'engendrent l'hiver entre la nappe & la chair des bêtes fauves ; ils se coulent le long du cou du *cerf*, entre le bois & le massacre ; & l'animal ne s'en délivre que dans le tems du rut.

Viander. Pour le *cerf*, c'est brouter, manger.

Viandis, pâtures des bêtes fauves.

Vol-ce-lets. C'est un terme dont on se sert quand on revoit d'un *cerf*, ou par les fumées, ou qui va fuyant, & qui ouvre les quatre pieds.

Voyez & *revoyez.* C'est quand on montre du pied de la bête pour en faire revoir.

Vue. On dit chasser une bête *à vue.*

Voyez les planches de la chasse 1, 2 & 2 *bis*, 3, 4, 5, 6 & 7, Tome IX des Gravures des Arts & Métiers, & leur explication à la fin de ce volume.

CHACAL, s. m. Ce quadrupède a le museau du loup & la queue du renard. Il a les yeux très-grands, & les oreilles droites, en forme de cœur allongé.

Quelques auteurs inclineroient à penser que l'adive n'est qu'un *chacal* privé, dont on a fait une race domestique, plus petite, plus foible & plus douce que la race sauvage.

Les *chacals* qu'on trouve en Cilicie, en Perse, & dans tout le Levant, ont la grandeur du renard, mais leurs jambes sont plus courtes, & ils sont de plus remarquables par la couleur de leur poil qui est d'un jaune brillant, ce qui leur a fait donner, par quelques naturalistes, le nom de Loup doré.

En Barbarie, aux Indes Orientales & au Cap de Bonne-Espérance, ces animaux sont plus grands, & leur poil semble d'un brun roux, plutôt que d'un beau jaune ; ceux de Bengale ont le poil rouge avec des griffes formidables ; ils viennent toutes les nuits en troupe aboyer d'une manière effroyable le long du Gange, & l'aspect des maures ne les engage point à prendre la fuite. Ceux du royaume de Calicut viennent la nuit jusques dans les villes, & chassent comme les chiens. Enfin, il y a des *chacals* dans presque toute l'étendue de l'Asie & de l'Afrique.

Le *chacal* a la férocité du loup, & un peu de la familiarité du chien. Sa voix est un hurlement mêlé d'aboyemens & de gémissemens. Il est plus vorace que le loup, & va par troupe de 30 à 40 ; ces quadrupèdes se rassemblent pour faire la guerre & la chasse des animaux grands & petits, qui servent à leur voracité. Ils attaquent le bétail & la volaille, ils entrent dans les bergeries, & faute de proie vivante ils déterrent les cadavres des hommes & des animaux ; ils dévorent le cuir des harnois, des bottes ; toute peau, toute graisse, toute ordure animale, leur est également bonne.

CHACAMEL, s. m. C'est un oiseau commun dans les Antilles. Il est brun sur le dos, & d'un blanc tirant un peu sur le brun sous le ventre ; il a le bec & les pieds bleuâtres. Il habite ordinairement les montagnes. Son cri ressemble à celui de la poule, mais il est si prompt, si fort & si continu, que cet oiseau fait à lui seul autant de bruit qu'une basse-cour entière.

CHAIR, en fauconnerie, être bien à la *chair*, est synonyme à chasser avec ardeur. Ainsi on dit de l'oiseau, qu'il est bien à la chair, pour faire entendre qu'il chasse bien.

CHAMBRE DU CERF, (vénerie) se dit de l'endroit où le cerf se repose pendant le jour.

CHAMEAU, s. f. Ce quadrupède est infiniment utile aux asiatiques & aux africains; il leur rend plus de service que le cheval n'en rend aux européens sans entraîner un entretien plus couteux. Les yeux de cet animal sont gros & saillans : le front est revêtu d'un poil touffu, & ressemblant à de la laine : le reste du corps est recouvert d'un poil doux au toucher, de couleur fauve, un peu cendré, & guères plus long que celui d'un bœuf; il a les oreilles courtes & rondes, le cou très-long, & orné d'une belle crinière ; les genoux gros, les pieds fendus & onguiculés, les jambes de derrière très-hautes & très-menues. Cet animal, ainsi que tous les animaux, n'a point de dents incisives à la mâchoire supérieure, mais seulement deux grandes dents de chaque côté, dont la postérieure est recourbée en arrière.

On regarde le *chameau* & le dromadaire comme ne faisant qu'une seule & même espèce : l'unique différence qui s'y trouve, c'est que le premier a deux bosses ; & que le second n'en a qu'une ; au reste ; tous les deux se mêlent, produisent ensemble, & les individus qui naissent de cette race croisée, sont ceux qui ont le plus de vigueur, ils sont les plus estimés de tous les *chameaux* ; ils portent jusqu'à dix quintaux de charge: les perses appellent ces *chameaux* Metis des *Ners*, & quand ils veulent parler d'un homme vaillant & courageux, ils disent que c'est un *Ner*, & pensent l'avoir assez loué.

Aristote a appelé les *chameaux* à deux bosses, *chameaux de la Bactriane*, & les autres *chameaux d'Arabie* : pour nous, nous appellons les premiers *chameaux* turcs, & les seconds *chameaux* arabes. M. Constance, qui a joué un si grand rôle à Siam, nous a fait connoître que les bosses du *chameau*

n'étoient point formées par la courbure de l'épine du dos, mais par des excroissances d'une substance glanduleuse. La bosse de devant a ordinairement un demi-pied de haut, & l'autre un doigt de moins ; ces bosses ont eu probablement pour origine la compression des fardeaux, qui portant inégalement sur certains endroits du dos, auront fait élever la chair & boursoufler la graisse & la peau : ces difformités, produites par la continuité du travail & la contrainte du corps, se sont ensuite perpétuées par les générations.

Le *chameau*, quoique naturel aux pays chauds, craint cependant les climats où la chaleur est excessive ; son espèce finit où commence celle de l'Eléphant, & ne sauroit subsister ni dans la zone torride, ni dans la zone tempérée.

Le *chameau* est originaire d'Arabie ; car il semble fait pour ce climat : l'Arabie est extrêmement aride & l'eau y est très-rare : le *chameau* qui est le plus sobre de tous les animaux, passe une semaine entière sans boire ni manger; cet utile quadrupède n'est point né pour nos climats, cependant le feu roi de Pologne en a fait élever auprès de Dresde qui ont multiplié ; mais ces *chameaux* saxons, sans taille & sans vigueur, deviennent à charge au maître qui les nourrit : ce ne sont point ces animaux sacrés que les arabes regardent comme un présent des cieux, & qui leur tiennent lieu dans leurs déserts d'une légion d'esclaves : chez ces derniers peuples le lait du *chameau* fait leur nourriture ordinaire ; la chair leur sert d'alimens, & leur poil fin & moëlleux, qui se renouvelle tous les ans, sert à les vêtir.

C'est au *chameau* que l'arabe doit la liberté dont il jouit dès le commencement des siècles : il peut, par son secours, mettre en une seule journée cinquante lieues entre lui & son ennemi ; & qui s'aviseroit de poursuivre ce peuple sous un soleil brûlant, dans une terre immense qui n'est couverte que de sables, & au sein des déserts qui semblent le tombeau de la nature ?

Quand on veut éviter les pirateries des arabes, les voyageurs se réunissent en caravanes, & se placent eux & leurs bagages sur des *chameaux* ; c'est la voiture la plus sûre & la plus prompte de l'Asie : elle peut faire trois cents lieues en huit jours. Le *chameau* aime à se nourrir de chardons, d'absynthe, de genêt, & d'autres végétaux épineux ; & tant qu'il trouve des plantes à brouter, il se passe aisément de boire.

Cet animal est fort docile. On le dresse dès son enfance à se baisser & s'accroupir lorsqu'on veut le charger.

On charge le *chameau* sur sa bosse, ou bien on

y

y fufpend des paniers affez grands pour qu'une perfonne y puiffe tenir affife les jambes croifées à la
mânière des orientaux. C'eft dans ces paniers qu'on
voiture les femmes. On attelle auffi les *chameaux*
pour traîner des chars.

L'efpèce entière du *chameau* eft efclave, & on
ne la trouve nulle part dans la condition primitive
d'indépendance & de liberté ; tout ce qu'il a de
bon il le tient de la nature, mais fes difformités
lui viennent de l'empire de l'homme & des travaux
de l'efclavage.

Le *chameau* eft très-dangereux dans le tems du
rut ; ce tems paffé il reprend fa première douceur.
Il vit environ cinquante ans. Cet animal eft fauvage pour les européens.

CHAMOIS, f. m. Animal quadrupède ruminant,
de la taille d'une chèvre domeftique, avec laquelle
il a beaucoup de reffemblance. Son poil eft de couleur fauve, & partagé par une raie noire qui
régne le long du dos, depuis le derrière de la tête
jufqu'à la queue, mais cette couleur fauve s'é-
claircit au printems & en été, & eft beaucoup
plus foncée en automne & en hiver. Mâle & femelle ont fur la tête deux cornes noires affez menues, légèrement ridées, de fix à huit pouces,
couchées en arrière & recourbées, à leur extrémité, en forme d'hameçon, feulement, elles font
plus petites chez la femelle.

Chaque année on obferve, fur la plupart de ces
cornes, un anneau de plus, comme dans tous les
animaux de ce genre.

Le *chamois* a le pied fourchu, & les ongles
fort longs, fur-tout ceux des pieds antérieurs.
Ses jambes font très-hautes & bien dégagées :
celles de derrière paroiffent un peu plus longues & toujours recourbées : ce qui le favorife
pour s'élancer de loin. Il a l'ouïe & l'odorat d'une
grande fineffe, & la vue très-perçante. Joignez
à cela qu'il n'eft point d'animal plus défiant &
plus précautionné pour éviter la furprife. Ils habitent les montagnes les plus efcarpées, principalement celles qui ne font point dominées par
les troupeaux : ils fréquentent auffi les bois ;
mais ce font les forêts les plus élevées, & de
la dernière région, plantées de fapins, de hêtres & de mèlezes, & fur-tout celles qui font femées de rochers & de précipices. Ils craignent
beaucoup la chaleur, & pendant l'été on ne les
trouve jamais que dans les antres des rochers,
à l'ombre, ou fouvent parmi des tas de neige
congelée, ou dans les forêts les plus hautes,
expofées au nord. Ils vont ordinairement par
bandes de fix, huit, dix, vingt & quelquefois
davantage ; & chaque bande a fon chef, qu'en
Suiffe les chaffeurs appellent *worgeiss*, qui veut
CHASSES.

dire *chamois* précurfeur, ou qui va devant. Ce
chef fe tient fur un lieu élevé, pendant que
les autres paiffent. Là, il écoute, les oreilles dreffées, & tourne les yeux de côté &
d'autre, attentif à tout ce qui fe paffe autour de
lui : & au moindre bruit qui frappe fon oreille,
ou s'il apperçoit quelque chofe d'extraordinaire,
il avertit la troupe par un certain fifflement aigu
& prolongé qui fe fait entendre de très-loin,
& à ce fignal, tous fe mettent à fuir. Indépendamment de cette police, chaque *chamois* eft
toujours alerte & fur fes gardes, & ne mange
point fans lever la tête à chaque inftant, à moins
que la troupe ne paiffe fur quelque hauteur inacceffible, ou pendant la nuit.

Rien n'égale la viteffe & la légèreté du *chamois*
& fa courfe eft d'autant plus rapide qu'il parcourt
un terrein plus efcarpé. Souvent pour paffer d'un
rocher à l'autre, on le voit franchir fans effort
des intervalles de quinze à dix-huit pieds ; fe
foutenir en courant fur le flanc d'une roche prefque perpendiculaire : & d'autres fois, fe jetter
du haut en bas d'un rocher, & s'arrêter à vingt
ou vingt-cinq pieds au-deffous, fur quelque petit
avance, où à peine y a-t-il de quoi pofer fes
pieds. Il a l'air étourdi, & fans précaution, &
cependant ne fe précipite jamais que lorfqu'il
eft bleffé, pouffé par les chaffeurs, ou furpris
par les lavanges (1). Cela peut arriver encore
par un accident auquel on prétend que ces animaux font fujets : c'eft lorfque voulant fe gratter
entre les cuiffes avec leurs cornes, elles viennent
à s'y empêtrer tellement à raifon de leur courbure, qu'ils ne peuvent les dégager.

Le rut des *chamois* eft en octobre & novembre
& les femelles mettent bas en mars & avril. Elles
ne font d'ordinaire qu'un faon, & rarement
deux par portée. Le petit fuit fa mère jufqu'au
mois d'octobre, quelquefois plus long-tems, fi
les chaffeurs ou les loups ne les difperfent pas.
Les jeunes *chamois* ont à craindre les attaques
des vautours & des aigles : lorfqu'ils font très-
petits, ils les enlèvent dans leurs ferres, & lorfqu'ils font plus forts, ils les pourfuivent & les
battent de leurs aîles pour les faire précipiter.
Les mères les défendent fouvent contre ces oifeaux
& font attentives à ne point les conduire dans
des endroits périlleux, jufqu'à ce qu'ils foient
affez forts pour gravir & defcendre les rochers.

L'hiver, les *chamois* fe retirent fous des rochers faillans, fitués vers le milieu des montagnes, où ils font à l'abri des lavanges : ils y

---

(1) Les lavanges ou avalanches font des maffes énormes de neiges qui fe détachent du haut des montagnes
& fe groffiffant dans leurs chûtes, entraînent tout ce
qui fe rencontre devant elles.

vivent de racines, d'herbes, de jeunes pouſſes de ſapin, & de quelques herbes vertes qu'ils découvrent ſous la neige. Ils ſe couchent à l'abri de quelque quartier de roche, & quelquefois ſur la neige même.

Il ſe trouve beaucoup de *chamois* dans les montagnes du Dauphiné, principalement dans celles du *Valgaudemar*, de *Malines*, du *Champſaur* & de l'*Oiſans*. Il y en a auſſi, mais en plus petit nombre, dans le Trièves, Diois, à la Greſſe, au Villar de Lans, à Allevard, à Prémol, & en général, ſur toutes les hautes montagnes de cette province. On en voit pareillement dans quelques-unes des provinces de France que bornent les Pyrénées : ſavoir, le Rouſſillon, le pays de Foix, le Comminges, & le Couſerans.

La chaſſe du *chamois* eſt très-pénible, & en même temps très-dangereuſe : elle ne peut guères être pratiquée que par les montagnards nés ſur les lieux, & accoutumés, dès l'enfance, à gravir les rochers, & à marcher d'un pas ferme ſur le bord des précipices : encore ſont-ils ſouvent dans le cas de recourir à des expédiens, pour ſe garantir des chûtes & gliſſades périlleuſes auxquelles ils ſont expoſés. Par exemple, dans les montagnes où il ſe rencontre des amas de glace & de neige endurcis, qu'ils ſont obligés de franchir, ils adaptent ſous la ſemelle de leurs ſouliers, avec une courroie, un inſtrument de fer qui eſt une eſpèce de patin, compoſé de quatre grapins.

Dans certaines roches calcaires, où ils ne peuvent marcher avec des ſemelles de cuir, ils ſe ſervent de ſemelles de gros drap. Enfin, tel de ces chaſſeurs, ayant à paſſer ſur le penchant d'un rocher preſque à pic, s'eſt vu obligé de ſe déchauſſer, & de ſcarifier avec ſon couteau la plante de ſes pieds, afin que le ſang venant à couler, formât une eſpèce de glu, qui l'empêchât de gliſſer & ſe précipiter.

La nature du terrein qu'habitent les *chamois* ne permet guères de les chaſſer de la même manière que les autres bêtes fauves, ſi ce n'eſt dans certains bois qui ſe trouvent ſur des pentes peu eſcarpées, où il ſe rencontre quelquefois, & où les chiens peuvent les ſuivre pendant quelque tems. Mais, lorſque le *chamois* a été mis debout, il ne faut pas s'attendre à le voir revenir au lancé, après une randonnée; comme font la plupart des autres bêtes; il perce toujours, s'en va à deux ou trois lieues ſans ſe détourner, & finit par gagner les rochers, où les chiens ſont forcés de l'abandonner.

Voici comme on s'y prend ordinairement pour tuer les *chamois* : pluſieurs chaſſeurs vont en-

ſemble à la montagne, de très-grand matin ; ils connoiſſent les endroits où hantent ces animaux. Le plus ſouvent, ils n'ont pas de chiens, qui en général, ſont peu utiles, & ſouvent nuiſibles pour cette chaſſe, parce qu'ils les diſperſent, & les éloignent trop promptement. Lorſqu'ils ſont arrivés ſur les lieux où doit ſe faire la chaſſe, ils ſe partagent. Les plus diſpos eſcaladent les roches eſcarpées qui ſervent de retraite aux *chamois* pendant le jour, tandis que les autres vont les attendre à certains paſſages connus, où les précipices & les cordons de rochers doivent les ramener. Dès que les batteurs qui font un grand bruit de cris & de huées, ont fait lever une bande de *chamois*, ils donnent le ſignal à leurs compagnons, en leur criant de ſe tenir ſur leurs gardes.

Il arrive quelquefois dans ces battues, qu'un chaſſeur ſe trouve ſerré contre un pan de rocher fort eſcarpé, n'ayant ſous ſes pieds qu'une corniche de quelques pouces, & que l'animal pourſuivi n'a d'autre voie pour échapper que ce petit ſentier. Alors s'il ne le tue pas venant à lui, le ſeul parti qu'il ait à prendre eſt de ſe coller exactement contre le rocher : car, ſi le chamois qui craint, en paſſant devant le chaſſeur, de ſe précipiter, apperçoit le moindre jour par derrière, il s'élancera pour y paſſer, & le chaſſeur ſera lui-même précipité : s'il n'en voit point, il retournera ſur ſes pas, ou quelquefois ſe réſoudra à paſſer par devant, auquel cas il ſe précipitera de lui-même, ou pouſſé par le chaſſeur d'un coup de croſſe de fuſil.

On peut auſſi tuer les *chamois* à l'affût, en les guettant le ſoir & le matin dans les endroits où ils viennent paître : mais la chaſſe la plus uſitée dans les montagnes du Dauphiné, conſiſte, lorſqu'on en découvre quelque bande de loin, pendant le jour, à tâcher d'en approcher à bon vent, & de les ſurprendre, en ſe gliſſant adroitement de rocher en rocher, & profitant de tous les avantages du lieu pour ſe couvrir le mieux qu'il eſt poſſible, juſqu'à ce qu'arrivé à portée de tirer, en ôtant ſon chapeau, & quelquefois couché derrière quelque groſſe pierre, on puiſſe faire ſon coup : ce qui n'a lieu ordinairement qu'à une grande portée : c'eſt pourquoi la plupart des chaſſeurs de *chamois* ſe ſervent de carabines rayées, qui ont plus de juſteſſe que les fuſils de chaſſe ordinaires, & tirent à balle ſeule.

Pour donner une idée plus juſte des fatigues & des dangers qui accompagnent la chaſſe du chamois, on ne peut mieux faire que de copier ici la peinture intéreſſante qu'en a fait M. de Sauſſure en décrivant les mœurs des habitans de la vallée de Chamouny en Savoye. « Le chaſ-» ſeur de chamois part ordinairement dans la

» nuit, pour se trouver à la pointe du jour dans
» les pâturages les plus élevés, où le chamois
» vient paître, avant que les troupeaux y arrivent.
» Dès qu'il peut découvrir les lieux où il espère
» les trouver, il en fait la revue avec sa lunette
» d'approche. S'il n'en voit pas, il s'avance &
» s'élève toujours davantage; mais, s'il en voit,
» il tâche de s'élever au-dessus d'eux, & de les
» approcher, en longeant quelque ravine, ou en
» se coulant derrière quelque rocher. Arrivé à
» portée de pouvoir les tirer, il appuye son fusil
» sur un rocher, ajuste son coup avec bien du
» sang-froid, & rarement le manque. Ce fusil est
» une carabine rayée.... S'il a tué le chamois, il
» court à sa proie, s'en assure en lui coupant les
» jarrets; puis il considère le chemin qui lui
» reste à faire pour regagner son village. Si la
» route est très-difficile, il écorche le chamois,
» & n'en prend que la peau: mais, pour peu que
» le chemin soit praticable, il charge sa proie sur
» ses épaules, & la porte chez lui souvent à tra-
» vers des précipices & à de grandes distances;
» il se nourrit avec sa famille de la chair, qui
» est très-bonne quand l'animal est jeune, &
» fait sécher la peau pour la vendre.

» Mais si, comme c'est le cas le plus fréquent,
» le vigilant animal apperçoit venir le chasseur,
» il s'enfuit avec la plus grande vîtesse dans les
» glacières, sur les neiges, & sur les roches
» les plus escarpées.... C'est là que commencent
» les fatigues du chasseur; car, alors, emporté
» par sa passion, il ne connoît plus de danger;
» il passe sur les neiges, sans se soucier des abîmes
» qu'elles peuvent cacher. Il s'engage dans les
» routes les plus périlleuses, monte, s'élance de
» roche en roche, sans savoir comment il en
» pourra revenir. Souvent, la nuit l'arrête au
» milieu de sa poursuite; mais il n'y renonce
» pas pour cela; il se flatte que la même cause
» arrêtera les chamois, & qu'il pourra les joindre
» le lendemain: il passe donc la nuit, non pas au
» pied d'un arbre, comme le chasseur de la plai-
» ne, ni dans un antre tapissé de verdure; mais
» au pied d'un roc, souvent même sur des débris
» entassés, où il n'y a pas la moindre espèce d'a-
» bri. Là, seul, sans feu, sans lumière, il tire de
» son sac un peu de fromage & un morceau de
» pain d'avoine, qui fait sa nourriture ordinaire,
» pain si sec, qu'il est obligé de le casser entre
» deux pierres, ou avec la hache qu'il porte avec
» lui pour tailler des escaliers dans la glace. Il fait
» tristement son frugal repas, met une pierre
» sous sa tête, & s'endort en cherchant la route
» qu'auront prise les chamois. Mais, bientôt,
» éveillé par la fraîcheur du matin, il se lève
» transi de froid, mesure des yeux les précipices
» qu'il faudra franchir pour atteindre les cha-
» mois, boit un peu d'eau-de-vie, dont il porte
» toujours une petite provision avec lui, & s'en

» va courir de nouveaux hazards. Ces chasseurs
» restent souvent ainsi plusieurs jours dans ces so-
» litudes, &c. »

Quelque pénible, quelque dangereuse que soit
la chasse du *chamois*, où il n'est que trop fréquent
de voir des hommes perdre la vie en roulant au
fond des précipices, il est incroyable à quel
point la passion pour cette chasse domine ceux
qui s'y sont une fois adonnés. On en jugera par
le trait suivant: « J'ai connu (ajoute M. de Saus-
» sure) un jeune homme de la paroisse de Sixt,
» bien fait, d'une jolie figure, qui venoit d'é-
» pouser une femme charmante. Il me disoit à
» moi-même: *Mon grand-père est mort à la chasse,*
» *mon père y est mort; & je suis si persuadé que j'y*
» *mourrai, que ce sac que vous me voyez, monsieur,*
» *& que je porte à la chasse, je l'appelle mon drap*
» *mortuaire, parce que je suis sûr que je n'en aurai*
» *jamais d'autre. Et pourtant, si vous m'offriez de*
» *me faire ma fortune, à condition de renoncer à la*
« *chasse du chamois, je n'y renoncerois pas ».* Le
pressentiment de ce jeune homme se vérifia;
car, deux ans après, M. de Saussure apprit que
le pied lui ayant manqué au bord d'un précipice,
il avoit subi la destinée à laquelle il s'étoit si bien
attendu.

Ce savant naturaliste observe encore que « la
» plupart de ceux qui vieillissent dans ce métier
» portent sur leur physionomie l'empreinte de la
» vie qu'ils ont menée: un air sauvage, quelque
» chose de hagard & de farouche les fait recon-
» noître dans une foule, lors même qu'ils ne sont
» point dans leur costume ».

Cette passion violente, cette espèce de fureur
pour la chasse du *chamois* est d'autant plus surpre-
nante que la cupidité y a peu de part, puisque le
plus beau *chamois* ne vaut jamais plus de douze
livres à celui qui le tue, même en y comprenant
la valeur de sa chair. D'un autre côté, ces animaux
sont devenus si peu communs, par la guerre continuelle qu'on leur fait, que les chasses sont très-
souvent infructueuses.

La saison la plus favorable pour la chasse de ces
animaux est depuis la Notre-Dame d'août jusques
vers la Toussaint. Leur peau & leur chair sont
meilleures alors qu'en tout autre tems de l'année.
Au surplus, la chair du *chamois* n'est ni fort
bonne, ni saine, s'il en faut croire Gaston-Phé-
bus, comte de Foix (*Déduits de la chasse*).
« Leur chair (dit-il) n'est pas trop saine; car
» elle engendre fièvres pour la grande chaleur
» qu'ils ont: toutes fois quand ils sont en saison,
» leur venaison est bonne à gens qui n'ont
» pas chair fraîche, ni d'autre meilleure, quand
» ils veulent. »

Scheuchzer (*Itin. Alp.*) rapporte qu'il y a,

dans le canton de Glaris en Suisse ; un district de montagnes appellé *Freyberg*, où la chasse du *chamois* est interdite ; mais il y a douze chasseurs jurés & sermentés, qui, à chaque mariage, tuent deux *chamois* pour le repas de noces des nouveaux mariés. Ces chasseurs ont les peaux pour eux, & ne doivent en tuer que deux seulement dans chacune de ces chasses. Ces montagnes de Freyberg font entourées, presque de tous côtés, par deux rivières ; ce qui en rend la garde plus facile, & les a fait choisir de préférence pour en faire un canton de réserve.

Le *chamois*, pris jeune, s'apprivoise assez facilement. Lorsqu'on les rencontre encore trop foibles pour suivre la mère, il est aisé de les prendre ; & voici, suivant le même Scheuchzer, un stratagême usité dans les montagnes de la Suisse, par lequel on réussit à s'en emparer, lorsqu'ils font plus forts. Dès qu'un chasseur a tué la mère, il se couche à terre, & dresse à côté de lui l'animal sur ses pieds, du mieux qu'il est possible. Le petit *chamois* s'approche alors de sa mère pour la tetter, & en ce moment il le saisit. Quelquefois même, sans cela, il le suit de son gré, voyant sa mère chargée sur ses épaules. Arrivé à la maison, il nourrit ce petit animal de lait de chèvre ; & il devient tellement privé, qu'il accompagne le troupeau de chèvres dans la montagne, & revient avec elles à la maison. Il arrive néanmoins quelquefois, que la fantaisie lui prend de quitter le troupeau, & de gagner le plus haut des montagnes, pour y reprendre la vie sauvage. (*Extrait de la chasse au fusil.*)

CHANGE (Vénerie & Fauconnerie). *Prendre le change* se dit du chien ou de l'oiseau qui abandonne son gibier pour en suivre un autre. Ainsi l'on dit l'*oiseau* ou le *chien a pris le change*.

CHANTERELLE (Chasse). C'est ainsi qu'on appelle les oiseaux qu'on a mis en cage, pour servir d'appeaux à ceux à qui on a tendu quelques piéges. On met la perdrix femelle au bout des sillons où l'on a placé des passées & des lacets, & elle y fait donner les mâles en les appellant par son chant.

La saison de cette chasse est depuis le premier dégel jusqu'au mois d'août. Cette chasse ne se fait qu'au soleil couchant jusqu'à la nuit, & depuis la pointe du jour jusqu'au lever du soleil.

CHAPERON (Fauconnerie.), morceau de cuir dont on couvre la tête des oiseaux de leurre, pour les affaiter, il y a différens *chaperons* pour différens oiseaux : on les distingue par des points, depuis le numéro un jusqu'au numéro quatre. Le premier, d'un point, est pour le tiercelet de faucon. L'oiseau qui souffre sans peine le *chaperon*, s'appelle *bon chaperonnier*.

CHAPERONNER. C'est couvrir la tête de l'oiseau de proie d'un chaperon.

CHARBONNIERES (Vénerie.), terres rouges où les cerfs vont frapper leurs têtes après avoir touché aux bois ; ce qu'on appelle *brunir*. Elles en prennent la couleur.

CHARDONNERET, s. m. Petit oiseau de la grandeur du serin, fort agréable par ses belles couleurs & par son chant. On le nomme *chardonneret*, parce qu'on le voit communément dans les chardons, dans les épines, & qu'il vit en partie de leurs semences. Son plumage est joliment diversifié. Il a sur le devant de la tête & à la gorge des marques rouges. Le haut de sa tête est noir ; ses ailes sont noires & bigarrées de blanc.

Les *chardonnerets* vont en troupes, & vivent plusieurs ensemble. On les élève fort bien en cage, sur-tout quand ils y sont mis très-jeunes ; on peut accoupler le *chardonneret* avec la femelle du serin, & il en provient alors des oiseaux mulâtres qui participent des deux espèces.

On voit au Cap de Bonne-Espérance des *chardonnerets*, dont le plumage est grisâtre en été, & d'un noir mêlé d'incarnat en hiver ; cette espèce est remarquable sur-tout par l'attachement du mâle & de la femelle. Ils se bâtissent un nid de coton divisé en deux cases ; la première est occupée par le mâle, & l'inférieure par la femelle.

Le *chardonneret* du Canada ressemble assez à un serin, dont la queue, les ailes & la tête seroient noires.

La chasse de ces petits oiseaux se fait aux gluaux & aux filets.

CHARGE (Vénerie.). C'est la quantité de poudre & de plomb que le chasseur emploie pour un coup. Cette quantité doit être proportionnée à la force de l'arme, à l'espèce de gibier, & à la distance à laquelle on est quelquefois contraint de tirer.

CHAROTE, s. f. (Chasse.). Espèce de panier en façon de hotte, dont on se sert pour porter les instrumens servant à la chasse aux pluviers, & rapporter ces oiseaux quand on en prend.

CHARRIER, v. n. (Fauconnerie.). Il a deux acceptions ; il se dit 1°. d'un oiseau qui emporte la proie qu'il a prise, & qui ne revient qu'après qu'on l'a réclamé ; 2°. de l'oiseau qui se laisse emporter lui-même dans la poursuite de la proie.

CHASSE, exercice où l'on poursuit le gibier,

foit pour l'empêcher d'être deftructeur, foit pour le faire fervir d'aliment ; il y en a de plufieurs fortes ; mais la plus célèbre eft celle qui exige un grand appareil, telle que la *chaffe* du cerf & celle du faucon.

Pour être bon chaffeur, il faut avoir reçu de la nature un tempérament à toute épreuve, ou du moins avoir un courage qui en déguife la foibleffe : cet exercice violent & tumultueux n'eft pas fait pour occuper l'oifiveté efféminée d'un Sybarite.

La *chaffe*, dit Buffon, eft le feul amufement qui faffe diverfion entière aux affaires, le feul délaffement fans molleffe, le feul qui donne un plaifir, vif fans langueur, fans mélange & fans fatiété. Le goût de la *chaffe*, de la pêche, de l'agriculture, eft donc un goût naturel à tous les hommes, & malheur à l'ame énervée qui oferoit en douter.

C'eft pendant l'hiver que l'on trouve le plus de gibier ; dans la forte gelée, on tue facilement quantité d'oifeaux marécageux ; lorfque la neige couvre la terre, on tue fans peine les perdrix, car on les apperçoit de loin, on approche alors d'elles en tournoyant.

Dans le dégel, on guête les oifeaux marécageux fur le bord des étangs ; c'eft auffi le tems de prendre les pluviers & les cercelles : la *chaffe* des ramiers fe fait la nuit dans cette faifon ; c'eft au printems qu'on trouve le chevreuil dans les jeunes taillis, mais il n'y faut aller que le matin & le foir.

En été, on chaffe au lièvre & au chevreuil : on fait auffi lever les cailles à l'aide d'un chien couchant, & on les tire au fufil. Les chaffeurs affidus font bien de s'habiller d'un furtout de couleur verte ou grife pour ne point effaroucher le gibier.

L'automne, enfin, eft la plus belle faifon pour la *chaffe*. Sur la fin d'août, on chaffe les perdreaux, foit à l'oifeau, foit avec un chien, qui les fait partir devant le tireur. On chaffe auffi, dans cette même faifon, dans les lieux marécageux & le long des étangs, mais ce doit être de grand matin, ou à quatre heures après midi. On tue auffi dans l'automne les bêtes fauves qui fortent des taillis, quand le foleil va fe coucher. On fe met à vingt pas de leur fort & à l'oppofite du vent, afin que ces animaux ne vous fentent point.

La nature n'eft jamais morte pour le chaffeur, & toutes les faifons lui paient un tribut de plaifirs.

Chaffe au fufil. Cet amufement fimple, peu difpendieux & fans appareil, qui fait à la campagne les délices de tant de gens de tout état, eft à la

portée de tout le monde. Cette *chaffe*, quoique moins favante que les grandes, exige cependant des connoiffances pour être pratiquée agréablement.

Premièrement, un chaffeur doit avoir égard à la différence des faifons, à la température de l'air, & même aux heures du jour plus ou moins favorables pour la *chaffe*.

Pendant l'été & l'automne, il cherchera les lièvres & perdrix dans les plaines & lieux découverts : mais il doit favoir que dans les grandes chaleurs, le gibier habite volontiers les endroits frais & humides, certains marais où il y a peu d'eau & beaucoup de grandes herbes, les bords des rivières & ruiffeaux, & les côteaux expofés au nord : qu'en hiver, il fe tient le plus ordinairement fur des côteaux expofés au midi, le long des haies, dans les bruyères, les pâtis garnis de brouffailles & de fougère ; & par les grands froids, dans les lieux bas & les plus fourrés, & dans les marais, où il trouve à fe garantir du froid comme de la chaleur. Cela ne veut pas dire que, lorfque le tems eft très chaud ou très-froid, les lièvres ou perdrix défertent entièrement les plaines, mais feulement la majeure partie. D'ailleurs, le gibier tient beaucoup mieux dans les lieux couverts que dans les lieux ras ; ainfi, il y a double avantage à l'y chercher.

La *chaffe* du matin, en toute faifon, à commencer lorfque la rofée eft effuyée, eft toujours la meilleure & la plus favorable. A cette heure, les bergers & leurs troupeaux ne font point encore répandus dans les champs, & n'ont point fait fuir une partie du gibier, comme il arrive lorfqu'on fe met en chaffe plus tard : ajoutez à cela que les voies de la nuit font plus fraîches, & que les chiens rencontrent mieux. En outre, pour n'être pas matineux, on perd fouvent des occafions qui ne fe retrouvent plus. Ce fera certains oifeaux de paffage, qui s'étant abattus la nuit en quelqu'endroit, auront été rencontrés le matin par des bergers qui les ont fait lever. Une autre fois, ce fera un chevreuil, qui s'étant écarté d'une forêt voifine, aura paffé la nuit dans un bofquet, d'où il a été renvoyé le matin par quelque chien de ferme ou de berger ; & autres hazards qu'on peut imaginer, & qui font fort ordinaires.

2°. Il n'eft pas indifférent de quelle couleur le chaffeur eft habillé. Le vert eft, fans contredit, ce qui convient le mieux pendant la belle faifon, & tant que les feuilles font fur les arbres. S'il eft vêtu d'une couleur tranchante avec la verdure de la campagne, il eft certain que le gibier l'appercevra plus aifément, & de plus loin. En hiver, il doit s'habiller de gris foncé, ou de quelque couleur approchante de la feuille morte.

3°. Il est à propos, autant que cela se peut, de chasser toujours à bon vent, tant pour dérober au gibier le sentiment du chasseur & du chien, que pour mettre le chien à même de l'éventer de loin : je dis, autant que cela se peut, parce qu'il n'est pas possible qu'en allant & revenant sur ses pas, pour bien battre le terrein, on conserve toujours l'avantage du vent. Ainsi, toutes les fois qu'on se proposera de battre quelque portion particulière de terrein, où l'on s'attend à trouver du gibier, il est indispensable de prendre le vent.

4°. Il ne faut jamais se rebuter de battre & de rebattre, sur-tout les terreins couverts de bruyères, de broussailles & de grandes herbes, de même que les jeunes taillis. Un lièvre, un lapin vous laissera passer plusieurs fois, à quatre pas de son gîte, sans se lever. Il faut encore s'obstiner davantage, lorsqu'on a remis des perdrix dans ces endroits. Souvent, lorsqu'on les a déjà relevées plusieurs fois, elles se laissent, pour ainsi dire, marcher sur le corps avant que de partir, sur-tout si ce sont des rouges. Il en est de même d'un faisan, d'une caille, d'une bécasse. Tout en marchant, on doit avoir sans cesse l'œil au guet, & regarder soigneusement autour de soi, ne laissant jamais passer un buisson, une touffe d'herbes, sans frapper dessus du bout du fusil. Il est bon aussi de s'arrêter un instant de tems à autre : souvent cette interruption de mouvement détermine le gibier à partir, qui, sans cela, vous eût laissé passer. Le chasseur qui bat, foule & refoule le terrein sans se rebuter, est toujours celui qui tue le plus de gibier. S'il chasse en compagnie, il en trouve le plus souvent, où les autres ont passé sans rien y rencontrer.

5°. Lorsqu'après avoir tiré, on recharge son fusil, il est important de rappeller son chien, & de le tenir à ses talons jusqu'à ce qu'on ait rechargé : sans quoi il arrive souvent qu'on a le regret de voir lever du gibier, lorsqu'on n'est point en état de le tirer.

6°. Un des points les plus essentiels de la *chasse* en plaine, est de bien observer la remise des perdrix. Lorsqu'à la partie d'une compagnie, on en tue une, ce n'est pas d'aller ramasser ou faire rapporter à son chien la perdrix tuée qu'on doit s'occuper d'abord, mais de suivre les autres jusqu'à ce qu'on les voie se poser, ou du moins autant que la vue peut s'étendre, & qu'elle n'est point interceptée par quelqu'obstacle, tel qu'un bois, une haie, &c. Dans ce dernier cas, si on ne les a pas vues se poser, au moins peut-on savoir à-peu-près où elles sont, sur-tout si l'on connoît le canton où l'on chasse. Lorsque deux chasseurs sont ensemble, & que la compagnie se divise, chacun doit remarquer avec soin celles qui courrent de son côté. Ce que je dis des perdrix

doit s'entendre de toute autre espèce de gibierplume. Il est même utile très-souvent, lorsqu'un lièvre part de loin, de le suivre de l'œil, parce qu'on le voit quelquefois se relaisser dans la plaine ; & qu'après l'avoir laissé s'assurer pendant quelque tems, il pourra souffrir qu'on s'approche d'assez près pour le tirer à la partie. Si on le voit entrer dans quelque bois de peu d'étendue, l'occasion est encore plus favorable : on fait passer son chien dans le bois où il est probable qu'il sera resté, & on l'attend à la sortie, du côté par où l'on croit qu'il pourra débusquer.

C'est ici le lieu de parler d'une manière particulière de chasser en plaine, qui est une espèce de battue en petit. Quatre chasseurs se réunissent, & avec eux quatre hommes armés seulement de bâtons. Cette bande de huit hommes marche sur la même ligne, les batteurs placés dans les intervalles qui séparent les chasseurs, en sorte qu'entre chaque homme il se trouve une distance de dix à douze pas, ce qui forme un front de bandière de 80 à 100 pas, au moyen duquel on balaie une grande étendue de terrein. Ces batteurs, pour faire lever le gibier, font du bruit de la voix & de leurs bâtons. Lorsqu'il part une compagnie de perdrix, si quelqu'un des chasseurs a tiré, tous les autres s'arrêtent & suspendent leur marche, jusqu'à ce qu'il ait rechargé, ayant soin en même tems de bien remarquer les perdrix. Si quelqu'une s'écarte du gros de la compagnie, & qu'on la voie se remettre, un des tireurs se détache pour aller la relever, & les autres font halte pour l'attendre. On ne mène point de chiens à cette *chasse*, ou l'on en mène un seulement, qu'on tient attaché, pour le lâcher, en cas de besoin, après un lièvre blessé ou une perdrix démontée. S'il se rencontre quelque petit bois, on y fait entrer les batteurs pour le fonler, & les chasseurs se postent aux passages. Cette sorte de *chasse* est fort usitée en Italie, où on l'appelle *il rastello* (le râteau), à raison de ce qu'elle est ordinairement fort meurtrière. Elle convient particulièrement dans les lieux où il y a peu de gibier.

Le tems de l'année le plus propre pour la *chasse* est à compter depuis la mi-août jusqu'à ce que les perdrix se couplent. D'abord, jusqu'au mois d'octobre, c'est la pleine saison des perdreaux & des cailles ; c'est celle des râles de genet, des tourterelles, des hallebrans. Les lapereaux abondent, & il se tue plus de lièvres qu'en tout autre tems. Viennent ensuite les grives, qui sont excellentes, sur-tout dans les pays de vignoble, où elles ont mangé du raisin. Vers la Toussaints, arrive la bécasse ; & c'est alors aussi qu'on trouve des bécassines en quantité dans les marais, & autour des étangs, qui, après les premières gelées, sont grasses & bonnes à tirer. Dans le fort de l'hiver,

& fur-tout pendant les grandes gelées, les marais, les étangs où fe trouvent des eaux chaudes, & les petites rivières qui ne gèlent point, offrent une *chaffe* abondante de canards de plufieurs efpèces, farcelles, poules d'eau, hérons, butors, &c., & autres oifeaux aquatiques, dont les efpèces font très-nombreufes & très-variées, fuivant les lieux & les différens pays. Quant au printems, & au commencement de l'été, c'eft-à-dire, les mois d'avril, mai, juin & juillet, c'eft en général une faifon morte pour la *chaffe*. Plus de perdrix, plus de bécaffe, plus de gibier de marais. On eft réduit alors prefqu'uniquement à chaffer les lièvres & les lapins; encore ne peut-on guères chaffer les lièvres en plaine, dès que les bleds font un peu grands. Ajoutez à cela quelques cailles vertes, au mois de mai, pour les cantons où il y a beaucoup de prairies, & quelques oifeaux de paffage particuliers à certains pays.

Voyez Planches des *chaffes* 14, 15, 16, 17, 18, 19, 20, 21, 22, 24, 29, 30 & 31. T. IX des pl. des Arts & Métiers, & l'explication à la fin de ce volume. (*Extrait du Traité de la chaffe au fufil.*)

CHASSER *de gueule*. C'eft laiffer aboyer un limier quand on le laiffe courre; on ne le laiffe pas *chaffer de gueule* en tout tems; le matin, par exemple, il doit être fecret, pour ne pas lancer mal-à-propos la bête.

CHASSEUR. f. m. Celui qui s'eft fait un métier, ou du moins un exercice habituel de la chaffe.

CHAT, f. m. Animal quadrupède qui a vingtfix dents: favoir douze incifives, quatre canines plus longues que les autres, & dix molaires dont quatre en deffus & fix en deffous. Il a cinq doigts aux pieds du devant & quatre à ceux de derrière. L'ufage des ongles de cet animal, ainfi que de ceux du tigre, dépend d'une méchanique particulière. Ils ne font jamais ufés par le frottement du marcher, parce que l'animal peut les cacher & les retirer dans leur fourreau par la contraction des mufcles qui les attachent, & ne les faire fortir que quand il veut s'en fervir pour frapper, pour déchirer & pour s'empêcher de gliffer. Quant à la couleur de leur poil, il y en a de blancs, de noirs, de gris, de cendrés, de roux, de tachetés de différentes nuances.

Quoique les *chats*, dit Buffon, quand ils font jeunes aient de la gentilleffe, ils ont en même tems une malice innée, un caractère faux, un minois hypocrite, un naturel pervers que l'âge augmente encore & que l'éducation ne fait que mafquer. Ils font moins amis des hommes que familiers par intérêt & par habitude. Le *chat*

eft joli, léger, adroit, propre & voluptueux Cet animal fans être dreffé, devient de lui-même un très habile chaffeur: mais fon naturel ennemi de toute contrainte, le rend incapable d'une éducation fuivie. La caufe phyfique de ce penchant que les *chats* ont à épier & furprendre les autres animaux vient de l'avantage que leur donne la conformation particulière de leurs yeux: leur prunelle pendant la nuit fe dilate fingulièrement: d'ovale, d'étroite qu'elle étoit dans le jour, elle devient pendant la nuit large & ronde, elle reçoit alors tous les rayons lumineux, qui fubfiftent encore, & de plus elle eft toute imbibée de la lumière du jour: l'animal voit très-bien au milieu des ténèbres & profite de ce grand avantage pour reconnoître, attaquer & furprendre fa proie.

Voyez planche 9 des chaffes, tome IX des gravures des arts & métiers & l'explication à la fin de ce volume.

CHAT fauvage, nommé en terme de chaffe *chat harret*. Il faut diftinguer le *chat fauvage* de certains chats domeftiques, qui ayant pris goût à chaffer, défertent les maifons & s'établiffent dans les bois: ceux-ci font de différentes couleurs, & ne font pas, à proprement parler, des *chats fauvages*: car le vrai *chat fauvage* eft toujours d'une couleur uniforme, ainfi que le dit M. de Buffon. Le fond de cette couleur eft un gris terne & peu foncé, mêlangé d'une légère teinte de fauve, avec des bandes ou plutôt des moucheteures peu tranchantes d'une autre efpèce de gris plus foncé, & quelques taches noires au poitrail & fous le ventre: le bas-ventre eft d'un blanc jaunâtre. Les épaules, les cuiffes, les pattes font rayées de bandes noires, ainfi que la queue, où il y a quatre de ces bandes en anneaux, & dont l'extrémité eft entièrement noire. Mais ce que ces animaux ont de plus diftinctif dans la couleur de leur poil, c'eft une raie noire qui règne le long du dos, depuis la naiffance de la queue jufques fur la tête, où elle s'élargit & fe partage en plufieurs raies. Je n'ai jamais rencontré de ces chats à la chaffe, mais j'ai vu de leurs peaux en douzaine, chez les fourreurs, & les ai trouvées toutes femblables, fi ce n'eft que les couleurs font tant foit peu plus ou moins foncées dans les unes que dans les autres. Une des plus grandes que j'ai mefurée, avoit, depuis le fommet de la tête jufqu'à la naiffance de la queue, 23 pouces: mais, à la vérité, l'apprêt avoit pu lui donner un peu d'extenfion. La queue étoit de neuf à dix pouces, plus groffe & plus garnie que dans l'efpèce domeftique. Ces chats font généralement de plus grande taille, & plus alongés que les gros chats de maifon. Ils ont d'ailleurs le poil plus long, ce qui les fait paroître plus gros qu'ils ne le font en effet. Une autre différence conftante, c'eft qu'ils ont toujours les lèvres & le deffous des pieds noires.

Le *chat fauvage* détruit beaucoup de gibier & fur-tout de lapins. Il ne chaffe guères que la nuit : le jour, il fe tient caché dans un terrier de lapin ou de renard qu'il a choifi pour fa retraite, d'où il ne fort ordinairement qu'après le foleil couché, pour y rentrer dès la pointe du jour. Si, par hazard, il eft rencontré par des chiens & ferré de trop près, il grimpe dans un arbre : mais fi cette reffource lui manque, & qu'il foit forcé de faire tête, il fe défend valeureufement des dents & des ongles, & maltraite cruellement les chiens. Ces animaux multiplient peu, & leur efpèce eft affez rare en France : on n'y en voit guères que dans quelques provinces où il y a beaucoup de grands bois. Dans certaines contrées, on les connoît à peine. Il s'en trouve quelques-uns dans les forêts du Berry, de l'Auvergne, & de la Bourgogne : mais les provinces qui en fourniffent le plus, font le Languedoc & la Guyenne, dans les parties voifines des Pyrénées : le Béarn, la Bigorre, & autres pays limitrophes de l'Efpagne, où ils font beaucoup plus communs qu'en France. Efpinar compare le *chat fauvage* au lion pour la forme du corps, la démarche & la manière de chaffer. Quant à la forme du corps, la comparaifon manque de juftefle : car on ne voit pas trop en quoi il reffemble au roi des animaux : à l'égard de la démarche & de la manière de chaffer, il peut y avoir quelque conformité entre eux : car le lion rufe quelquefois avec les animaux qu'il veut faifir, s'en approche en fe traînant le ventre à terre, & s'élance fur eux, à une certaine diftance : mais, au refte, cette manière de faifir fa proie n'appartient pas plus au *chat fauvage* qu'au chat domeftique. Le même auteur dit que fa chair a la couleur & le goût de celle du lièvre. Si le fait eft vrai, fa chair eft donc fort différente de celle du chat domeftique, qu'on fait être blanche comme celle du lapin. (*Extrait de la chaffe au fufil.*)

CHAT - HUANT, efpèce de hibou de la groffeur d'un pigeon. L'iris de l'œil eft bleuâtre & le bec d'un jaune verdâtre. Cet oifeau de nuit fait la chaffe aux petits oifeaux & aux reptiles.

CHAT - PARD, quadrupède féroce de l'Afrique, du genre des chats. Cet animal, fuivant les mémoires de l'Académie des Sciences, a un pied & demi de longueur & un pied & demi de hauteur : fa queue a huit pouces de longueur. Il a le deffus du corps roux, le deffous du ventre & le devant des jambes de couleur ifabelle, la peau du corps eft tachée de plaques noires & longues. Les poils de la barbe font plus courts que ceux du chat.

CHATIER. En terme de vénerie, c'eft frapper un chien de la houffine, quand il eft en faute.

CHAUSSER, v. a. terme de fauconnerie, *chauffer la grande ferre de l'oifeau*, c'eft entraver l'ongle du gros doigt d'un petit morceau de peau.

CHAUVE - SOURIS, animal d'une ftructure fingulière, qui a quelque reffemblance avec la fouris, & qui comme l'oifeau voltige dans les airs au déclin du jour. En général, les *chauve-fouris* ont les yeux très-petits, la bouche fendue de l'une à l'autre oreille. Leurs mâchoires font armées de dents tranchantes : elles ont à la partie poftérieure deux petites pattes, & celles de devant font des pattes aîlées où l'on ne voit que l'ongle d'un pouce court qui fert à l'animal pour s'accrocher : les autres quatre doigts font très-longs & dix fois plus grands que les pieds réunis par une membrane qui va rejoindre les pattes de derrière. C'eft à l'aide de cette membrane que la *chauve - fouris* déploie à volonté, qu'elle voltige par des vibrations brufques dans une direction oblique pour attraper les moucherons & les papillons dont elle fait fa nourriture.

Il y a des *chauve-fouris* de différentes grandeurs & de différentes figures : & dans la plupart des climats chauds on en voit de monftrueufes & de très-dangereufes que les habitans ont grand foin de chaffer & de détruire.

CHENIL. C'eft en terme de vénerie le logement des chiens courans.

Voyez planche X des chaffes, tome IX des gravures des arts & métiers & l'explication à la fin de ce volume.

CHEVAL, f. m. La plus noble conquête, dit Buffon, que l'homme ait jamais faite, eft celle de ce fier & fougueux animal qui partage avec lui les fatigues de la guerre & la gloire des combats. Auffi intrépide que fon maître, le *cheval* voit le péril & l'affronte ; il fe fait au bruit des armes, il l'aime, il le cherche & s'anime de la même ardeur : il partage auffi fes plaifirs à la chaffe, aux tournois, à la courfe ; il brille, il étincelle ; mais docile autant que courageux, il ne fe laiffe point emporter à fon feu, il fait réprimer fes mouvemens : non-feulement il fléchit fous la main de celui qui le guide, mais il femble confulter fes defirs ; & obéiffant toujours aux impreffions qu'il en reçoit, il fe précipite, fe modère ou s'arrête, & n'agit que pour y fatisfaire. C'eft une créature qui renonce à fon être pour n'exifter que par la volonté d'un autre, qui fait même la prévenir ; qui, par la promptitude

tude & la précifion de fes mouvemens l'exprime & l'exécute ; qui fent autant qu'on le defire, & ne rend qu'autant qu'on veut ; qui, fe livrant fans réferve, ne fe refufe à rien, fert de toutes fes forces, s'excède, & même meurt pour mieux obéir.

Voilà le *cheval* dont l'art a perfectionné les qualités naturelles qui, dès le premier âge, a été dreffé au fervice de l'homme. Difons mieux, voilà le *cheval* réduit en fervitude. La nature eft plus belle que l'art & dans un être animé la liberté des mouvemens fait la belle nature. Voyez ces *chevaux* qui fe font multipliés dans les contrées de l'Amérique Efpagnole & qui vivent en *chevaux* libres ; leur démarche, leur courfe, leurs fauts ne font ni génés, ni mefurés ; fiers de leur indépendance, ils fuient la préfence de l'homme ; ils dédaignent fes foins, ils cherchent & trouvent eux-mêmes la nourriture qui leur convient ; ils errent, ils bondiffent en liberté dans des prairies immenfes, où ils cueillent les productions nouvelles d'un printems toujours nouveau.

La nature de ces animaux n'eft point féroce, ils font feulement fiers & fauvages ; quoique fupérieurs par la force à la plupart des autres animaux, jamais ils ne les attaquent, & s'ils ne font attaqués, ils les dédaignent, ils les écartent, ou les écrafent : ils vont auffi par troupes & fe réuniffent pour le feul plaifir d'être enfemble ; car ils n'ont aucune crainte, mais ils prennent de l'attachement les uns aux autres. Ils ont les mœurs douces & les qualités fociales ; leur force & leur ardeur ne fe marquent ordinairement que par des fignes d'émulation ; ils cherchent à fe devancer à la courfe, à fe faire & même à s'animer au péril en fe défiant à traverfer une rivière, fauter un foffé ; & ceux qui, dans ces exercices, donnent l'exemple, ceux qui, d'eux-mêmes, vont les premiers, font les plus généreux, les meilleurs & fouvent les plus dociles & les plus foupples, lorfqu'ils font une fois domptés.

Le *cheval* eft de tous les animaux celui qui, avec une grande taille, a le plus de proportion & d'élégance dans les parries de fon corps : la régularité des proportions de fa tête lui donne un air de légèreté qui eft bien foutenu par la beauté de fon encolure. Il femble vouloir fe mettre au deffus de fon état de quadrupède en élevant fa tête : dans cette attitude, il regarde l'homme face à face ; fes yeux font vifs & bien ouverts, fes oreilles font bien faites & d'une jufte grandeur ; fa crinière accompagne bien fa tête, orne fon cou, & lui donne un air de force & de fierté ; fa queue traînante & touffue, couvre & termine avantageufement l'extrémité de fon corps.

Hift. Nat. de Buffon.

L'hiftoire ancienne & moderne attefte l'exif-
CHASSES,

tence des *chevaux fauvages.* On en a placé autrefois en Scythie, dans la Thrace & dans les pays du Nord : nos voyageurs en ont trouvé auffi dans l'Ecoffe, dans la Mofcovie, dans les déferts de l'Arabie & dans les folitudes de Numidie ; & tous les écrivains fe réuniffent à dire que ni les chiens ni les *chevaux* domeftiques ne peuvent les atteindre à la courfe.

Le pas, le trot & le galop, font les allures naturelles du *cheval*, l'amble eft une allure factice, qui n'eft agréable qu'au cavalier ; pour l'entre-pas & l'aubin, ils ne viennent que des excès d'une longue fatigue & d'une grande foibleffe de reins de la part du quadrupède.

Les *chevaux* Arabes font les plus beaux que l'on connoiffe en Europe : les Barbes forment la feconde claffe, & parmi ceux-là on diftingue ceux du royaume de Maroc. Les *chevaux* d'Efpagne font après les Arabes & les Barbes, ceux qui font les plus eftimés ; les beaux *chevaux* anglois viennent enfuite & ils ne cèdent en légèreté à aucun de ceux dont nous venons de parler : Milord, comte de Morton, écrivoit il y a vingt ans, que des *chevaux* anglois avoient fait en 11 heures & demie, foixante & douze de nos lieues ; ce font auffi des *chevaux* anglois qui allèrent il y a quelques années, en moins de deux heures, de Paris à Fontainebleau.

Il n'y a point de peuples qui procurent aux *chevaux* une plus belle éducation que les Arabes ; ils en conferment la race depuis plufieurs fiècles, en connoiffent les alliances & la généalogie, & les diftinguent en trois claffes. La première, eft celle des *chevaux* nobles, c'eft-à-dire, de race jeune & ancienne des deux côtés ; la feconde, eft celle de *chevaux* de race ancienne qui fe font méfalliés ; & la troifième, eft celle des *chevaux* roturiers : il eft affez plaifant qu'en Arabie la nobleffe foit ignorée parmi les hommes, & en honneur parmi les *chevaux*.

L'Arabe qui n'a qu'une tente pour maifon, y loge avec fa jument, fon poulain, fa femme & fes enfans ; il ne bat jamais fes *chevaux*, il parle & raifonne avec eux,

On n'eft point en ufage dans l'Orient de hongrer les *chevaux*, comme on fait dans l'Europe & à la Chine. Cette opération leur ôte beaucoup de force & de fierté ; mais auffi elle leur donne plus de docilité & de douceur.

Diftinction des chevaux par la couleur du poil.

Alezan. C'eft un efpèce de bai roux ou canelle. Il y en a de plufieurs nuances ; il y a des *chevaux* alezans qui ont les crins de la queue blancs, & d'autres qui les ont noirs.

Aubert ou mille-fleurs ou fleur de pêcher : On nomme ainsi un mélange affez confus de bai, de blanc & d'alezan, dont le composé approche de la couleur des fleurs du pêcher.

Bai. : C'eft la couleur de châtaigne rougeâtre ; elle a plufieurs nuances qu'on diftingue par les dénominations fuivantes : *Bai-clair*, *bai-châtain*, *bai-marron*, *bai-brun*, *bai-doré*, *bai-fanguin* & *bai-à-miroir* ; en général, tous les *chevaux bais* ont les extrémités, les crins & la queue noirs.

Gris : Les *chevaux gris* ont le poil mêlé de blanc & de noir ; on en diftingue plufieurs fortes ; les *gris* pommelés qui ont fur la croupe & fur le corps plufieurs taches rondes, les unes plus noires, les autres plus blanches. Les *gris* argentés, qui n'ont qu'un petit nombre de poils noirs, parfemés fur un fond liffe & argenté. Les *gris* fales qui ont le poil mélangé de brun, de noir & de blanc. Les *gris* bruns qui ont beaucoup de noir & peu de blanc. Les *gris* rouges qui font mélés de bai, de noir & de blanc. Les *gris* vineux, mêlés de bai par-tout. Les *gris* truités dont le fond eft parfemé de petites taches rouffes. Les *gris* tourdilles d'un *gris* fale qui approche de la couleur des groffes grives. Les *gris* étourneaux plus bruns que les *gris* fales, & prefque de la couleur des étourneaux. Les *gris* tifonnés, dont le fond eft blanc ou gris, eft femé de taches noires difpofées irrégulièrement comme fi on les avoit formées avec un tifon : quand les taches font larges, on donne à ces *chevaux* le nom de tigres. Enfin, les *chevaux gris* de fouris qui ont ordinairement les extrémités noires & la raie du mulet.

Ifabelle : Le poil *ifabelle* eft jaune ; les crins & la queue font blancs dans certains *chevaux* de couleur *ifabelle*, & noirs dans d'autres. L'*ifabelle* a plufieurs nuances ; l'*ifabelle* clair, l'*ifabelle* commun, l'*ifabelle* doré, l'*ifabelle* foncé, &c.

Louvet ou poil de loup, parce qu'il approche de la couleur de cet animal, il y en a de clairs & d'obfcurs, & toutes ont des teintes d'ifabelle.

Noir : Il y a trois fortes de *noir*, le *noir* mal teint, le *noir* ordinaire & le *noir* jai : on a aussi donné au *noir* vif le nom de *noir* more ou de moreau.

Pie : Les *chevaux pies* ont du blanc & d'autres couleurs qui forment de grandes taches difpofées irrégulièrement. Il y a des *pies* noirs qui font blancs & noirs, des *pies* bais qui font blancs & bais, & des *pies* alezans qui font blancs & alezans.

Porcelaine : La couleur nommée *porcelaine*, eft un gris mêlé de taches de couleur bleuâtre d'ardoife, à-peu-près comme la *porcelaine* blanche & bleue.

Rouan : C'eft un mélange de blanc, de gris fale & de bai ; on diftingue le *rouan* vineux, le *rouan* ordinaire & le *rouan* cap de maure.

Rubican : Lorfqu'un *cheval* bai, noir ou alezan a des poils blancs, parfemés fur le corps & furtout fur les flancs, on dit qu'il a du *rubican*.

Tigre : C'eft une efpèce de *cheval* gris.

Zain : On donne ce nom à tous les *chevaux* qui n'ont point de poils blanc.

De l'efpèce des chevaux propres pour la chaffe.

Les meilleurs *chevaux* pour la chaffe & ceux dont on fe fert le plus communément pour cet ufage, font les anglois & les normands. Quand ces derniers font bons, plufieurs perfonnes les préfèrent aux premiers, fur-tout pour les pays pierreux & de montagne. Il eft plus vîte, mais il a fouvent le défaut de rafer le tapis, & a des coups de reins très-fatigans : au lieu que le normand a un branle de galop beaucoup plus doux.

Si l'on fe fert des *chevaux* anglois, il faut qu'ils foient de petite taille : & alors on en prend trois pour un : car ils ne fauroient exécuter d'une haleine une grande chaffe.

Pour chaffer aux chiens couchans, on accoutume les *chevaux* à entendre un coup de fufil, fans s'effrayer : on les prend de la taille du double bidet, c'eft-à-dire, médiocre, afin qu'ils foient plus aifés à monter : il faut qu'ils foient tranquilles & fans aucune efpèce de volonté.

Enfin un *cheval* de chaffe doit avoir de la vîteffe, de la légéreté, du fond, de l'haleine, de la bouche, fans qu'elle foit trop fine : car les branches, qui dans les bois touchent aux rênes, tracafferoient continuellement l'homme & le *cheval*. Il doit être froid, il en tient plus longtems : les *chevaux* fins font trop tôt ufés. Il faut qu'ils ayent des membres en état de plier les branches, qui ruineroient en peu de tems un nerf trop fin. Il y a de très-vilains *chevaux* qui font infiniment meilleurs que de très-beaux. Cependant pour qu'un *cheval* foit parfait, il faut qu'il foit bien conformé, indépendamment de fa bonté, & que toutes les parties de fon corps foient comme nous allons le dire.

La tête féche & menue, fans être trop longue : les oreilles menues & bien plantées, à peu de diftance l'une de l'autre : le front étroit & un peu convexe, les falières remplies, les paupières minces, les yeux clairs, vifs, pleins de feu & à fleur de tête, la prunelle grande, la ganache féche & décharnée, le chanfrein un peu arqué, les nazeaux ouverts, les lèvres déliées : la bouche médiocrement fendue, l'encolure longue & relevée, cependant proportionnée à sa taille : car s'il l'a trop longue, pour l'ordinaire il bat à la main, & donne des coups de tête : & s'il l'a trop courte & trop charnue, il est pesant à la main : le poitrail doit être large & ouvert, les épaules séches, plattes & peu serrées : le dos droit & uni, les flancs pleins, la croupe ronde ; la hanche bien garnie, le tronçon de la queue gros, les bras & les cuisses grosses & bien formées, le genou rond en devant, le jarret large, les canons étroits sur le devant, & larges sur les côtés : le nerf détaché, le boulet menu, le fanon peu garni, le paturon gros & médiocrement long, la couronne peu élevée, le sabot sans fente, & point plat, le talon large, la fourchette maigre, & la sole épaisse. Il ne faut pas chercher à épargner quelques pistoles sur l'achat d'un *cheval* : car cette première dépense faite, il n'en coûte pas plus pour nourrir un bon *cheval* que pour nourrir une rosse.

La nourriture d'un *cheval* de chasse est dix livres de foin, dix ou quinze livres de paille, & trois picotins d'avoine, mesure de Paris. Il faut, autant que cela se peut, les faire boire à un étang : si on les conduit à une rivière, & qu'il s'y trouve un moulin, il vaut mieux le faire boire au dessous du moulin, parce que l'eau y est plus battue qu'au dessus : mais dans l'hiver il est plus à propos de les faire boire à l'eau de puits, qui est chaude dans ce tems-là : d'ailleurs les approches de l'abreuvoir sont par l'ordinaire glacés, & un *cheval* peut s'estropier.

Quand les *chevaux* arrivent de la chasse, on les passe à l'eau sans les laisser boire, avant que de rentrer à l'écurie, & on leur frotte bien les jambes avec une éponge : car si on les frottoit avec un bouchon, comme lorsqu'on les panse, cela attireroit les humeurs qui sont en mouvement. Les palfreniers qui donnent les relais, doivent, après avoir repris le *cheval* qui a couru, le promener, & ne pas le laisser reposer tout de suite : parce qu'ayant trop chaud il se roidiroit, & gagneroit une morfondure. Ils doivent aussi lui jetter tout de suite sur le corps un caparaçon de main ou une couverture.

Quelquefois au retour d'une chasse qui a été longue & fatigante, on donne aux *chevaux* une soupe au vin faite avec du pain, du sel & un oignon haché : on leur donne ensuite la moitié de leur avoine & l'autre moitié deux heures après ; c'est-à-dire, quand on les fait boire. Pendant l'intervalle on fait laver leurs jambes & visiter leurs pieds pour voir s'il n'y a aucun accident.

Chasse des chevaux sauvages.

La chasse des *chevaux* sauvages de Laponie

n'est pas difficile, parce qu'ils sont la moitié de l'année domestiques. Les lapons n'en font usage que pendant l'hiver ; parce que pendant l'été ils font leurs chevaux : dès le mois de mai ils donnent la liberté à leurs *chevaux*, qui vont dans les forêts, où ils se réunissent & vivent en société : deux hommes qui courent d'intelligence, suffisent pour reprendre ce quadrupède vagabond.

Ceux de l'Amérique sont plus intraitables. On en voit quelquefois dans l'île de Saint-Domingue des troupes de plus de cinq cens, qui courent tous ensemble : à l'aspect d'un homme, ils s'arrêtent un instant soufflant des naseaux & prennent la fuite. Les américains prennent ces animaux dans des lacs de corde, qu'ils tendent dans les endroits qu'ils fréquentent : si le *cheval* se prend par le col, il s'étrangle lui-même, mais ordinairement on se hâte de le secourir : on attache l'animal fougueux à un arbre, & en le laissant deux jours sans boire ni manger, on le rend docile : & même avec le tems il s'apprivoise si bien qu'il ne veut pas, quand l'occasion se présente, recouvrer sa liberté.

Remèdes pour les accidens & maladies ordinaires aux chevaux de chasse.

Altération. Ce mal est occasionné aux *chevaux* par la trop grande fatigue, qui leur échauffe le flanc. On prend une livre de miel avec deux picotins de son, que l'on mêle ensemble avec un peu d'eau tiède : on en fait quatre portions, que l'on donne au *cheval* pendant quatre jours, ce qui le rafraîchit, en le faisant se vuider.

Atteinte. Soit que le *cheval* se soit coupé lui-même, ou qu'un autre lui ait écorché le pied, on lui met dessus de la poudre à canon, à laquelle on met le feu.

Avives. Inflammation qui fait enfler les glandes, coupe la respiration du *cheval*, & le feroit étouffer, s'il n'étoit pas secouru. Les avives proviennent d'avoir bû, ayant chaud, de l'eau trop froide & trop vive. Il faut serrer avec des tenailles la glande, & cogner dessus pour la meurtrir : ou bien on fait une incision, par laquelle on arrache les avives, puis on saigne le *cheval* sous la langue ou au flanc, & on lui fait avaler un demi-setier d'eau de vie ou de vin, avec une demi-once de thériaque : après quoi on lui donne un lavement.

Chicots. Eclats de bois ou racines qui entrent dans la jambe ou dans le pied du *cheval*. Prenez de l'ortie commune, pilez-la bien avec du vieux oing, faites fondre cet onguent, & coulez-le dans la plaie.

Q 2

Courbature. La courbature vient d'avoir été furmené, ou d'avoir pris de mauvaiſenourriture. On donne tous les jours au *cheval*, juſqu'à ce qu'il ſoit totalement guéri, deux onces de foie d'antimoine dans du ſon mouillé.

Enclouure. C'eſt le même remède que pour les chicots : mais comme le trou n'eſt pas ſi grand, il faut l'aggrandir un peu : & lorſque l'on a fait couler l'onguent dedans, on bouche ce trou avec du ſuif ou de la cire.

Entorſe ou *mémarchure.* Prenez une chopine de vin blanc, une demi-écuelle de farine de froment, une livre de ſain-doux : faites bouillir le tout, l'appliquez ſur l'entorſe dans un linge que vous attacherez autour.

Entr'ouvert ou *effort.* On fait nager le *cheval* à ſec, on le ſaigne au col du côté malade, & on lui applique une emmiellure faite de cette manière.

Demi-livre de cumin, autant de farine de lin, quatre onces de gomme-arabique, deux onces de gomme adragant, camomille & roſes rouges, de chacun deux onces : térébenthine & miel, de chacun ſix onces, & une livre de vieux oing : faites bouillir le tout avec de la lie de vin rouge en cette manière. Mettez dans un pot une pinte de lie & une livre de vieux oing : quand ils ſeront chauds, ajoutez-y le miel, la térébenthine, la gomme arabique & la gomme adragant pilées, le tout étant bien incorporé en le remuant, ôtez-le du feu, & ajoutez-y le reſte des drogues : remuez bien tout cela, puis vous en chargez ou frottez le *cheval* à contre-poil : vous continuez de deux jours l'un ; & quand vous voyez qu'il ne boîte plus, vous le déchargez ; & s'il boîte encore, frottez-le deux ou trois fois avec de l'huile d'aſpic, & l'emmiellure par deſſus. On peut mêler le ſang que l'on a tiré au *cheval* avec l'emmiellure pour lui en faire une charge.

Farcin. Il y en a de pluſieurs ſortes : le farcin volant, boutons qui viennent par tout le corps, comme des clous : le farcin cordé, duretés en forme de corde, qui viennent entre cuir & chair le long des veines, particulièrement des cuiſſes & du ventre ; il ſe forme dans ces cordes des boutons qui jettent du pus au-dehors : le farcin cul-de-poule, gros boutons qui reſſemblent au cul d'une poule, & dont les bords de l'ulcère ſont teints d'un noir rouge : le farcin intérieur, boutons comme des clous, qui attachent la peau à la chair ; il vient preſque toujours au-devant du poitrail.

Auſſi-tôt qu'on s'apperçoit du farcin, il faut tirer du ſang au *cheval*, & quand on eſt en douté

ſi c'eſt le farcin ou non, on n'a qu'à toujours le ſaigner. Si c'eſt le farcin, on prend le jus d'une poignée de plantin aquatique, avec une chopine de vin blanc, qu'on donne au *cheval* tous les matins, l'ayant tenu deux heures débridé avant & deux heures après : continuez cela pendant huit jours. Pour ſécher les boutons, faites-lui une leſſive avec une chopine de vinaigre & deux poignées de cendre de ſarment, que vous ferez bouillir pour en laver les boutons pendant trois ou quatre jours, après leſquels vous vous ſervez de l'onguent qui ſuit :

Demi-livre de mercure, quatre gros d'ellébore noir, autant de cantarides, quatre onces de ſtafis aigre, deux onces de vitriol calciné : tout cela réduit en poudre, vous l'incorporez avec deux livres de graiſſe dans un mortier : vous paſſerez de cet onguent avec un pinceau ſur tous les boutons pendant trois jours de ſuite ; & lorſque l'eſcarre ſera tombée, frottez avec du jus d'éclaire, & ſur le tout mettez de la chaux vive réduite en poudre, que l'on appelle *blanc d'Eſpagne* : continuez cela juſqu'à guériſon.

Fièvre. On connoît qu'un *cheval* a la fièvre, quand il reſpire avec difficulté, qu'il a des battemens de flanc, qu'on lui ſent tout le corps d'une chaleur extrême, &c. On ne doit pas purger le *cheval* qui a la fièvre ; la purgation ne feroit qu'irriter les humeurs qui cauſent ſon mal ; mais il faut le ſaigner, & lui donner des lavemens.

Forbure ou *Fourbure,* Faites ſaigner à la veine du col le *cheval*, que vous tenez dans l'eau juſqu'au-deſſus du genou, & faites-lui avaler une pinte de vin blanc, avec une once d'aſſafœtida. Le foin & l'avoine ſont contraires au *cheval* ferbu ; il ne lui faut donner que du ſon mouillé, de la paille de froment & de l'eau blanche.

Fort-trait ſe dit d'un *cheval* qui, par fatigue ou autrement, devient étroit de boyau. On lui voit à chaque côté, près des bourſes, deux petits nerfs tendus comme des cordes, qui vont juſqu'aux ſangles. Auſſi-tôt qu'on s'apperçoit, il faut ſaigner de la veine du col, & le lendemain lui graiſſer les nerfs avec deux onces de populéum, deux onces d'althéa, & autant d'onguent roſat ; vous mêlez le tout enſemble à froid.

Gale. Saignez & purgez le *cheval* ; puis prenez un demi-ſeptier de vinaigre, quatre onces de ſoufre vif en poudre, trois onces de mercure vif, une once de couperoſe, demi-once de verd-de-gris, & quatre onces de cantarides : faites-en un onguent, dont vous frottez le *cheval*, que vous nourriſſez d'herbe ou de paille, & de ſon mouillé, dans lequel vous mêlez pendant quinze jours deux onces de foie d'antimoine en poudre.

Garrot, bleſſé. Quand la ſelle a bleſſé un *cheval* ſur le garrot, on ne fait que frotter l'enſlure avec de l'eau-de-vie & du ſavon ; mais ſi la plaie eſt bien meurtrie, on mêle, en le battant à froid, une demi-livre de populéum, un quarteron de miel & autant de ſavon, qu'on met dans un verre d'eſprit-de-vin, & on graiſſe la plaie avec cet onguent.

La gourme. Elle vient ordinairement aux *chevaux* à trois ou quatre ans : ils la jettent par différens endroits. Quand ils la jettent par les glandes, qui ſont entre les deux os de la ganache, on leur met ſous la gorge une peau d'agneau, la laine contre la peau ; on les tient bien couverts, & on frotte tous les jours la glande avec de l'onguent d'althéa, de l'huile de laurier, & du beurre frais mêlés enſemble.

Si le *cheval* jette ſa gourme par les nazeaux, on ne lui fait autre choſe que de le tenir chaudement, & de le promener ſoir & matin ; & ſi la matière bouchoit un peu le nez, on lui ſeringue-roit dans les nazeaux de l'eau-de-vie & de l'huile d'olive. Il faut ſéparer les *chevaux* qui jettent ; car ce mal ſe communique.

Gras-fondure, maladie mortelle dont très-peu de *chevaux* échappent. Celui qui en eſt attaqué râle, a la bouche écumante, ne mange pas, ſe couche, ſe lève, & regarde ſon flanc. Dès qu'on s'en apperçoit, il faut vite lui mettre la main dans le corps par le fondement, & en tirer la fiente, qui quelquefois paroit enveloppée d'une mem-brane blanche, ſemblable à de la graiſſe. Cela fait, on ſaigne le *cheval*, & une demi-heure après on lui donne des lavemens de lait clair, & pour breuvage trois chopines de tiſane, dans laquelle vous mêlez une once de cordial & un quarteron de miel.

Fatigue extraordinaire. Quand les *chevaux* ſe ſont fatigués extraordinairement, prenez de la fiente de vache, une pinte de vinaigre & un quarteron de ſel ; faites bouillir le tout enſemble, & lavez avec cette compoſition les jambes des *chevaux* pour leur rendre leur fraîcheur.

Javart, petite humeur qui ſe réſoud en apoſ-tume au paturon, ſous le boulet & quelquefois ſous la corne. Prenez deux onces de verd-de-gris, autant de vitriol, de bon vinaigre & de ſuif de mouton ; faites cuire le tout enſemble, & mettez de cet onguent ſur le javart.

Morfondure. Si elle étoit négligée, elle pourroit dégénérer en morve : c'eſt un rhume des *chevaux*. Pour les guérir on les tient chaudement ; on leur met ſous la gorge une peau d'agneau ; on

les graiſſe avec de l'huile de laurier & de l'on-guent althéa ; on leur donne pour breuvage deux gros de poivre, une once de canelle, autant de gingembre, deux gros de géroſle, deux gros de muſcade, le tout pulvériſé ; ajoutez une once d'huile d'olive, & mêlez tout cela dans une cho-pine de vin blanc pour le donner au *cheval*. On lui fait prendre auſſi des lavemens.

Morve, écoulement d'humeurs ſales, puantes, blanches ou rouſſes, jaunâtres ou verdâtres, par le nez. Bien des gens prétendent avoir des re-mèdes pour ce mal ; mais comme je n'en ai vu réuſſir aucun, il eſt inutile d'en parler. Lorſqu'un *cheval* meurt de la morve, il faut brûler tous ſes équipages, & faire reblanchir l'écurie dans la-quelle il a été malade.

Nerf-féru, foulé ou bleſſé. On frotte la partie foulée avec de l'huile d'olive, & on met au-près une pelle rouge, pour la mieux faire pénétrer.

Plaie, onguent pour toutes ſortes de plaie. Quatre onces de gomme & deux onces & demie de réſine de pin : faites-les bouillir & les paſſez dans un tamis, incorporez-les avec deux onces de térébenthine, mettez-les ſur le feu ; ajoutez-y de l'aloès pulvériſé, de la myrrhe, demi-once d'huile de baume, & autant de ſang de dragon : le tout réduit en onguent. Plus cet onguent eſt gardé, meilleur il eſt ; il appaiſe le feu & la cha-leur des plaies, & les guérit en vingt-quatre heu-res ; il en étanche le ſang, les garantit de pour-riture, fait ſortir les os & eſquilles, & eſt très-bon pour les encloüures.

Pouſſe. La pouſſe vient aux *chevaux*, quand, avec beaucoup de repos, on leur donne des nourritures trop chaudes, ou qu'on les fait boire ayant chaud, ou qu'on les a trop pouſſés. Elle eſt quelquefois héréditaire. Il n'y a pas plus de remèdes pour la pouſſe que pour la morve.

Tranchées, colique des *chevaux*. Quand elles proviennent d'avoir mangé trop de grain, il faut donner au *cheval* un lavement ; & quand il l'aura rendu, on lui fait avaler, dans une chopine d'eau-de-vie, une once de thériaque délayée, puis on le promène. Si les tranchées viennent de ce qu'il ne peut piſſer, on le ſaigne, puis on lui tire la verge, que l'on poudre de ſel tout au tour ; on la lui laiſſe retirer, après on lui frotte le fourreau, & à une jument la nature, avec de l'huile d'olive, dans laquelle on broie de l'ail crud ; puis on lui donne un lavement, & on lui fait boire quatre onces d'huile de noix, autant de miel roſat, deux onces de térébenthine, que l'on a mêlés ſur le feu ; après quoi on le promène.

Si les tranchées font occafionnées par des vents, faignez le *cheval*, donnez-lui un lavement, & faites-lui prendre le breuvage fuivant : de bonne thériaque, galanga, fpica nardi & impératoire, de chacun une once ; gingembre demi-once, anis deux gros : mettez en poudre tout ce qui eft folide, & le mêlez dans une pinte de vin blanc, que vous faites boire au *cheval*, puis vous le promenez.

Si ce font des vers qui lui donnent des tranchées, prenez deux onces d'aloës fin en poudre, une once & demi de thériaque, deux onces de cinabre, & faites-en quatre pilules, que vous roulerez fur de la poudre à vers pilée ; faites avaler le tout au *cheval* avec une pinte de vin rouge, & le promenez une heure ; enfuite donnez-lui un lavement.

Quant aux tranchées rouges, elles font incurables, & le *cheval* en meurt ordinairement.

CHEVALIER, f. m. Oifeau aquatique du genre du bécaffeau, & de la groffeur d'un pigeon. Il y en a de plufieurs efpèces.

Cet oifeau eft haut monté ; il marche vîte, il a le bec long, rouge & noirâtre vers le haut ; fa tête, fon cou, fes aîles & fa queue font de couleur cendrée ; il a le ventre blanc, & les jambes fort longues & rouges. Il habite les prés, les rivières, les étangs & les bords de la mer ; il entre dans l'eau jufqu'aux cuiffes. On chaffe volontiers cet oifeau dont la chair eft délicate & d'une bonne faveur.

CHEVAUCHER. On le dit en Fauconnerie de l'action de l'oifeau, lorfqu'il s'élève par fecouffes au-deffus du vent, qui fouffle dans la direction oppofée à fon vol.

CHEVECHE, f. f. Oifeau nocturne qu'on dreffe à la chaffe, comme le hibou & le duc. Cet oifeau de proie eft fort maigre ; il vole fans bruit, il a un cri fort lugubre.

CHEVILLÉ (Vénerie), fe dit du cerf qui porte plufieurs dards ou rameaux à la fommité de fon bois, en forme de couronne.

CHEVILLES (Vénerie). On donne ce nom aux andouillers qui partent des perches de la tête du cerf, du daim, du chevreuil.

CHEVRETTE, f. f. en Vénerie, fe dit de la femelle du chevreuil.

CHEVREUIL, f. m. Le *chevreuil* a quelque reffemblance avec le cerf, quoiqu'il foit beaucoup plus petit : il eft plus léger, plus vif, plus rufé & plus inquiet que le cerf. Sa forme eft plus arrondie, plus élégante, & fa figure plus agréable ; fes yeux font plus beaux, plus brillants, & fes membres font plus fouples ; fon bois a une forme différente, fa robe eft toujours propre, il ne fe roule jamais dans la fange comme le cerf, & n'a point du tout de queue. Il ne fe met point en hardes, mais demeure en famille ; le père, la mère & les petits vont enfemble, & on ne les voit jamais s'affocier avec d'autres : le male ne quitte point fa femelle. La chevrette porte ordinairement un ou deux faons, l'un mâle & l'autre femelle. Ces jeunes animaux, élevés & nourris enfemble, prennent une fi forte affection l'un pour l'autre, qu'ils ne fe quittent qu'à la mort de l'un des deux. Quoiqu'ils reftent toujours enfemble, ils ne reffentent les ardeurs du rut qu'une fois dans l'année, & ce temps ne dure que quinze jours, qui commencent à la fin d'octobre jufqu'au 15 de novembre. Dans cette faifon les pères font jaloux de leurs enfans, & les chaffent. La chevrette porte cinq mois & demi & met bas à la fin d'avril, ou au commencement de mai. Elle fe cache du brocard, c'eft-à-dire, du mâle, lorfqu'elle veut mettre bas, & fe recéle dans le plus fort du bois, pour éviter le loup. Au bout de douze jours les faons font affez forts pour fuivre leur mère, qui les cache dans quelqu'endroit fourré, fi elle a peur de quelque chofe, & fe livre aux chiens s'ils l'attaquent. Les faons portent la livrée, & au bout d'un an leur première tête commence à paroître fous la forme de deux petites dagues.

Le *chevreuil* met bas fa tête au mois de novembre, & la refait pendant l'hiver. Quand elle eft refaite, il touche au bois, comme le cerf, pour la dépouiller de la peau velue dont elle eft revêtue : c'eft au mois de mars, avant que les arbres commencent à pouffer ; ce n'eft donc pas la féve du bois qui teint la tête du *chevreuil*, elle devient brune à ceux qui ont le pélage brun, & jaune à ceux qui ont le pélage roux ; car il y a des *chevreuils* de ces deux couleurs. A fa feconde tête, il porte deux ou même trois andouillers fur chaque côté. A la troifième, il en a trois ou quatre ; & à la quatrième, quatre ou cinq, qui eft le plus grand nombre qu'ils portent. On reconnoît feulement qu'ils font vieux, à l'épaiffeur du mérain, à la largeur de la meule, à la groffeur des pelures, aux meules qui fe rapprochent du têt, & qui fe touchent prefque lorfqu'ils font très-vieux. Dans leur vieilleffe ils n'ont plus la tête fi haute, ni un fi grand nombre d'andouillers d'un jeune dix cors ; & quelquefois il ne leur refte que deux groffes dagues, dont la meule eft prefque adhérente au têt, au lieu que les jeunes ont les meules à deux doigts du têt.

Il faut ne chaffer que les mâles ou brocards : on les connoît au pied, qu'ils ont plus grand que les chevrettes, fur-tout quand ils ont atteint leur quatrième année : car, pour lors, ils ont plus de pied devant que derrière, les pinces plus rondes, le talon plus gros, la jambe plus large, les os mieux tournés, & les allures plus grandes que la chevrette, qui a le pied creux, les côtés tranchans, & les pinces très-pointues. On pourroit répéter ici tout ce qui a été dit pour les connoissances du cerf; ainsi il seroit inutile de le recommencer.

Une connoissance qui n'est pas à négliger pour le *chevreuil*, sont les regalis : car cet animal est si léger, qu'à moins qu'il ne fasse très-beau revoir, l'on n'apperçoit guère que l'empreinte de ses pieds; & lorsqu'en faisant suite vous trouvez des regalis, c'est-à-dire, des endroits où le *chevreuil*, pour s'égayer, a gratté la terre avec ses pieds, vous pouvez être sûr que c'est un mâle; parce que là la chevrette n'en fait pas, ou du moins très-rarement.

Au printems les *chevreuils* se tiennent dans les taillis de deux ou trois ans, pour y viander le bourgeon & le jet du bois, dont ils mangent la pointe, qui les enyvre au point que vous les trouvez dans les routes, & de côté & d'autre, courans en plein jour, sans savoir où ils vont. On appelle cette saison le temps du brout. Ils se tiennent dans ces demeures pendant l'été, & en sortent pendant les grandes chaleurs pour aller boire aux ruisseaux; mais ils ne s'y vautrent pas.

On trouve ordinairement les *chevreuils* dans les jeunes taillis, sur les bords des forêts, & sur les côteaux, au pied de quelque rocher. Celui qui fait le bois pour le *chevreuil*, est presque toujours sûr de son fait : car il est à propos qu'il le mette debout avant que de venir faire son rapport; ce qu'on appelle mettre le *chevreuil* à pisser, parce qu'il n'y a pas à craindre qu'il aille bien loin; & que comme il vient de bonne heure achever sa nuit dans les jeunes taillis, après l'avoir commencée aux gagnages, il pourroit bien n'être qu'au ressui, si on le brisoit à tête couverte, c'est-à-dire, après avoir simplement pris les devants du fort dans lequel on le soupçonne & d'où le limier ne le trouve pas sortant : au lieu que, quand vous l'avez mis debout sans l'inquiéter, il ne fait que se promener, & revient pour voir ce qui l'avoit épouvanté; après quoi il se met à la reposée. Mais il ne faut pas que le limier lui donne le moindre coup de gorge : car le *chevreuil*, croyant que le chien le poursuit, perceroit en avant, & feroit après cela très-difficile à rembucher. Il faut donc tenir son chien de très-court; & s'il veut seulement siffler, lui donner des saccades, & le gronder.

Le rapport, le partage des relais, l'attaque,

& le laisser coure, sont les mêmes pour le *chevreuil* que pour le cerf. On parle aux chiens en termes un peu moins forts; & pour ne les pas échauffer trop, on leur crie souvent, *bellement, sagement*... ça va, *chiens*, ça va...ah, il fuit là, la ha.... Il ne faut pas à cette chasse que les veneurs approchent les chiens de trop près; car ils pourroient fouler les voies du *chevreuil*, qui ne fait que de très-petites randonnées, & qui ruse continuellement, en allant & revenant sur lui. Dans un accompagnement il ne faut pas beaucoup sonner, cela animeroit trop les chiens, les feroit s'emporter; & vous courriez le risque du change, ou de faire plusieurs chasses : mais on leur répète souvent, *bellement, sagement*... en cherchant, autant qu'il est possible, à voir l'animal par corps; ce qui n'est pas difficile, d'autant qu'il traverse fréquemment les routes, & suit beaucoup plus les éparées, ou bois clairs, que les fourrés.

Si les chiens faisoient plusieurs chasses, les piqueurs doivent sur-le-champ se porter aux chiens en qui ils ont le plus de confiance; & dès qu'ils ont reconnu ceux qui ont le droit, rompre bien vîte les autres, pour les ramener sur la bonne voie. Il y a très-peu de chiens qui gardent le change sur un *chevreuil* qui leur part à la vue; mais il y en a qui le manquent, en chassant avec crainte, & se refroidissent quand ils ne sont pas bien sûrs. Lorsque l'on connoît ces chiens-là, & qu'on les voit balancer, il faut chercher à prendre des éclaircissemens pour ne pas faire de sottise : mais s'ils chassent d'assurance, ou qu'après s'être refroidis dans le moment de l'accompagnement, ils redoublent de gorge, il n'est plus douteux qu'ils maintiennent leur *chevreuil* de meute, & que l'on peut rompre les autres, pour les rallier avec eux; sur-tout si le *chevreuil* qu'ils suivent fait les mêmes randonnées, & bat le même pays qu'ils ont tenu avant le change. Mais si les piqueurs n'ont pas assez bien tenu leurs chiens, pour voir ce qui s'est passé au moment du change, ou que la meute soit divisée, il faut que chacun d'eux suive sa partie de chiens, sans appuyer ni donner un seul coup de trompe, en les croisant par-tout pour voir, s'il se peut, le *chevreuil*; & si celui qui le voit, lui trouve l'air assez mal mené, pour ne pas douter que l'autre partie des chiens soit dans le désordre du change, il doit sonner & appuyer vivement, afin que son camarade, qui se trouve à l'autre chasse, rompe & rameute avec lui.

S'il se trouve quelque petit ruisseau, ce sera le lieu que le *chevreuil* choisira de préférence pour se faire battre; parce qu'il aime à ruser dans l'eau, & dans les grandes herbes des places marécageuses. Très-souvent un *chevreuil* qui s'est relaissé, soit dans l'eau ou dans les roseaux, dans une broussaille ou dans les pierres d'un rocher, n'en veut plus sortir, à moins qu'on ne l'en chasse à coups de fouet : aussi dans un défaut est-il nécessaire de bien prendre ses devans, & de ne pas s'écarter beaucoup de l'endroit où les chiens sont tombés à bout de voie, ou en défaut ; quoiqu'il arrive néanmoins quelquefois qu'un *chevreuil*, après avoir fait ses ruses, fasse une pointe, & perce à deux lieues de-là. Quand il est sur ses fins, il perd la tête, & se relaisse dans tous les endroits où il s'imagine n'être pas apperçu. Il entre quelquefois dans les jardins & dans les maisons : on en a pris dans des étables, au milieu des vaches.

Il est assez difficile de forcer un *chevreuil*, & l'on n'en prendroit pas tant, s'ils n'étoient pas quelquefois surpris, & portés à terre par les chiens, qui à un retour se trouvent sur leur passage, ou les gagnent de vîtesse, ou bien les surprennent relaissés & les étranglent.

La prise, la mort, & la curée du chevreuil se font de la même manière que celle du cerf. Cependant, comme la chair du *chevreuil* est plus délicate & meilleure à manger, souvent on ne donne aux chiens que les dedans, avec le sang & du lait, dans lesquels on jette des morceaux de pain, pour leur faire une *mouée*. Il est à propos néanmoins de leur laisser quelquefois manger en entier, sur-tout aux jeunes chiens, pour les mieux mettre dedans, & les accoutumer à préférer le *chevreuil* à tout autre animal ; car ce n'est que l'appât de la proie qui les engage à chasser.

On reconnoît qu'un *chevreuil* est *mal mené*, & qu'il se rend, lorsqu'il n'appuie plus que du talon, qu'il donne par-tout des os en terre, qu'il se *méjuge*, que ses allures sont tout à fait déréglées, qu'il raccourcit ses randonnées, enfin qu'il perd la tête, & ne sait plus ce qu'il fait. Dès que le *Chevreuil* est mort, il faut lui couper les testicules, sur tout si l'on veut en manger : car si l'on manquoit à lui faire cette opération, il sentiroit le bouc & la sauvagine au point de ne pouvoir en goûter. Il faut bien aussi se donner de garde d'en laisser approcher quelque fille ou femme dans un tems critique : car il y en auroit beaucoup qui le feroient tourner sur le champ : dans la minute sa chair devient violette et molle, & il faut la jetter.

Les chasses du *Chevreuil* ne sont pas pour l'ordinaire bien farigantes ; ainsi on peut le chasser deux ou trois fois par semaine avec le même équipage.

Voyez planche 2 des Chasses du tome IX des gravures des Arts & Métiers & l'explication à la fin de ce volume.

Les hommes, les chiens & les loups sont les grands ennemis du *Chevreuil*, & ils en détruisent beaucoup, sur-tout dans le mois de mai : quand la mere voit ses faons en danger, elle fait volte-face & se fait chasser pour eux, mais sa tendresse ordinairement la fait périr sans qu'elle sauve ses petits.

Il est difficile d'apprivoiser les *Chevreuils* ; ils sont très-délicats sur le choix de leur nourriture, il leur faut des femelles & un parc de plus de cent arpens pour qu'ils soient à leur aise ; & malgré toutes ces précautions, au lieu de vivre quinze ans, ils n'en vivent que cinq ou six. Quelque privés qu'ils soient, il faut s'en défier ; les mâles sur-tout sont sujets à des caprices dangereux ; ils prennent certaines personnes en aversion, alors ils s'élancent, leur donnent des coups de tête assez forts pour les renverser, & les foulent encore avec les pieds, quand ils les ont renversés.

La chair du *chevreuil* est excellente à manger ; mais il y a beaucoup de choix à faire ; les bruns ont la chair plus fine que les roux ; tous les mâles qui passent deux ans sont durs, & de mauvais goût. Les chevrettes ont la chair plus tendre, & elle n'est parfaite dans les faons que quand ils ont un an ou dix-huit mois.

Les *chevreuils* de pays de plaine ne sont pas bons ; ceux des terreins humides sont encore plus mauvais ; ceux qu'on élève dans les parcs ont peu de goût, & ceux que l'on prend après qu'ils ont été courus, ont la chair insipide & flétrie ; il n'y a de bons que ceux des pays secs & élevés, & qui ont autant d'air, d'espace, de nourriture & même de solitude qu'ils en ont besoin.

Le *chevreuil* est plus commun en Amérique qu'en Europe : celui de la Louisiane est plus grand que celui de France, & les habitans s'en servent comme nous du mouton.

Cet animal se chasse avec des chiens courans d'entre deux tailles bien rablés : les clabauds y sont peu utiles, parce qu'ils rebattent les voies plusieurs fois : on rejette aussi les demi-mâtins, parce que quand ils tournent, c'est toujours hors de la voie, & en prenant le grand tour.

Ceux qui ne veulent pas avoir l'embarras d'une meute se contentent pour cette chasse d'une ruse très-simple ; ils imitent le cri du faon lorsqu'il marque à sa mère le besoin qu'il a de nourriture : ce cri est *mi*, *mi*. La chevrette, trompée par l'appeau, arrive alors jusques sous le fusil du chasseur.

La chasse aux chiens courans est plus tumultueuse, plus difficile & plus amusante. Elle doit plaire

plaire d'autant plus que le *chevreuil* eſt plus ruſé ; en effet, cet animal n'attend pas, pour recourir à ſes artifices, que la force lui manque ; dès qu'il ſent que les premiers efforts d'une fuite rapide ont été ſans ſuccès, il revient ſur ſes pas, retourne, revient encore ; & lorſqu'il a confondu par ſes mouvemens oppoſés la direction de l'aller avec celle du retour, lorſqu'il a mêlé les émanations préſentes avec les émanations paſſées, il ſe ſépare de la terre par un bond, & ſe jettant à côté, ſe met ventre à terre, & laiſſe ſans remuer, paſſer près de lui la troupe entière de ſes ennemis ameutés. ———

On ne doit point s'expoſer témérairement à la furie d'un *chevreuil*. M. de Buffon vit un jour un de ſes amis tirer un coup de fuſil ſi adroitement, que la balle coupa net l'un des côtés du refait de la tête naiſſante d'un *chevreuil* ; l'animal fut ſi étourdi du coup, qu'il tomba comme mort ; le tireur qui étoit proche ſe jetta ſur lui & le ſaiſit par le pied ; mais le *chevreuil* ayant repris tout d'un coup de ſentiment & ſes forces, l'entraîna par terre à plus de trente pas dans le bois, quoique ce fût un homme très-vigoureux ; & il ne lâcha priſe que quand on l'eût achevé à coups de couteau.

CHEVROTAIN. ſ. m. Petit quadrupède de la Zone torride, qui reſſemble au cerf par la figure du muſeau, par la légèreté du corps & par la forme des jambes ; mais il en diffère prodigieuſement par la petiteſſe de ſa corpulence, le plus grand *chevrotain* n'étant tout au plus que de la grandeur du lièvre ; d'ailleurs, il ne porte point de bois ſur la tête.

Il y a une autre eſpèce de *chevrotain* qui porte des cornes qui n'ont qu'un pouce de longueur & autant de circonférence : ces cornes ſont creuſes, noirâtres, un peu courbées, fort pointues, & environnées à la baſe de trois ou quatre anneaux tranſverſaux.

Ces animaux ſont d'une figure élégante & très-bien proportionnée dans leur petite taille ; ils ſont des bonds prodigieux ; mais apparemment ils ne peuvent courir long-temps, car les indiens les prennent par la courſe. Les nègres les chaſſent de même & les tuent à coups de bâtons, ou de petites zagayes ; on les cherche beaucoup, parce que leur chair eſt excellente à manger.

Ceux que les nègres appellent *rois des cerfs* ont tant de légèreté, qu'ils ſautent par-deſſus une muraille qui a douze pieds de haut.

Ceux qui ſont ſur la côte d'Or n'ont que huit à neuf pouces de hauteur, & leurs jambes ne ſont pas plus groſſes que le tuyau d'une plume

ordinaire. Rien n'eſt plus mignon & plus careſſant que ces animaux ; mais ils ſont ſi délicats qu'ils ne peuvent ſouffrir la mer, & les européens ne peuvent venir à bout de les tranſporter dans nos climats.

Ce ſont les pieds de ces petits *chevrotains* que les indiens enchâſſent dans de l'or, ou garniſſent de petits fers d'or, pour en faire préſent aux amateurs de curioſités naturelles.

Les *chevrotains* ſont en grand nombre aux Indes, à Java, à Céylan, au Sénégal, à Congo & dans tous les autres pays exceſſivement chauds ; mais on n'en trouve point en Amérique, ni dans aucune des contrées tempérées de l'ancien Continent.

CHIEN, ſ. m. Animal quadrupède, le plus familier de tous les animaux domeſtiques, ayant pour caractère ſix dents inciſives à chaque mâchoire, quatre doigts onguiculés aux pieds de derrière & cinq à ceux de devant. Le *chien*, indépendamment de la beauté de ſa forme, de ſa vivacité, de ſa force, de ſa légèreté, a par excellence, dit Buffon, toutes les qualités intérieures qui peuvent lui attirer les regards de l'homme. Un naturel ardent, colère, même féroce & ſanguinaire rend le *chien* ſauvage, redoutable à tous les animaux, & cède dans le *chien* domeſtique aux ſentimens les plus doux, au plaiſir de s'attacher & au deſir de plaire. Il vient en rampant mettre aux pieds de ſon maître, ſon courage, ſa force, ſes talens ; il attend ſes ordres pour en faire uſage ; il le conſulte, il l'interroge, un coup d'œil ſuffit, il entend les ſignes de ſa volonté ; ſans avoir comme l'homme la lumière de la penſée, il a toute la chaleur du ſentiment, il a de plus que lui la fidélité, la conſtance dans ſes affections : nulle ambition, nul intérêt, nul deſir de vengeance, nulle crainte que celle de déplaire, il eſt tout zèle, toute ardeur, toute obéiſſance : plus ſenſible au ſouvenir des bienfaits qu'à celui des outrages, il ne ſe rebute pas par les mauvais traitemens, il les ſubit, les oublie, ou ne s'en ſouvient que pour s'attacher davantage : loin de s'irriter ou de fuir, il s'expoſe de lui-même à de nouvelles épreuves, il lèche cette main inſtrument de douleur qui vient de le frapper, il ne lui oppoſe que la plainte & la déſarme enfin par la patience & la ſoumiſſion.

Plus docile que l'homme, plus ſouple qu'aucun des animaux, non ſeulement le *chien* s'inſtruit en peu de tems, mais même il ſe conforme aux mouvemens, aux manières, à toutes les habitudes de ceux qui lui commandent, il prend le ton de la maiſon qu'il habite : comme les autres domeſtiques, il eſt dédaigneux chez les Grands & ruſtre à la campagne. Toujours empreſſé pour

son maître & prevenant pour ses seuls amis , il ne
fait aucune attention aux gens indifférens , & se
déclare contre ceux qui par état ne sont faits
que pour importuner : il les connoît aux vêtemens , à la voix , à leurs gestes & les empêche
d'approcher. Lorsqu'on lui a confié pendant la
nuit la garde de la maison , il devient plus fier &
quelquefois féroce : il veille , il fait la ronde :
il sent de loin les étrangers , & pour peu qu'ils
s'arrêtent ou tentent de franchir les barrières ,
il s'élance , s'oppose & par des aboiemens réitérés , des efforts & des cris de colère il donne
l'alarme , avertit & combat. Aussi furieux contre
les hommes de proie que contre les animaux carnassiers , il se précipite sur eux , les blesse , les
déchire , leur ôte ce qu'ils s'efforcent d'enlever :
mais content d'avoir vaincu , il se repose sur les
dépouilles , n'y touche pas , même pour satisfaire
son appétit , & donne en même tems des exemples de courage , de tempérance & de fidélité.

On sentira de quelle importance cette espèce
est dans l'ordre de la nature , en supposant un
instant qu'elle n'eût jamais existé. Comment
l'homme auroit-il pu , sans le secours du chien,
conquérir , dompter , réduire en esclavage les
autres animaux ? Comment pourroit-il encore aujourd'hui découvrir , chasser , détruire les bêtes
sauvages & nuisibles ? Pour se mettre en sûreté
& pour se rendre maître de l'univers vivant , il
a fallu commencer par se faire un parti parmi
les animaux , se concilier , par douceur & par
caresses , ceux qui se sont trouvés capables de
s'attacher & d'obéir , afin de les opposer aux
autres. Le premier art de l'homme a donc été
l'éducation du chien , & le fruit de cet art la conquête & la possession paisible de la terre.

La plupart des animaux ont plus d'agilité, plus de
force & plus de courage que l'homme : la nature les
a mieux munis, mieux armés ; ils ont aussi les sens
& sur-tout l'odorat plus parfaits. Avoir gagné une
espèce courageuse & docile comme le chien ,
c'est avoir acquis de nouveaux sens & les facultés
qui nous manquent. Les machines , les instrumens
que nous avons imaginés pour perfectionner nos
autres sens , pour en augmenter l'étendue , n'approchent pas de ces machines toutes faites que
la nature nous présente , & qui en suppléant à
l'imperfection de notre odorat , nous ont fourni
de grands & d'éternels moyens de vaincre & de
régner : & le chien , fidèle à l'homme, conservera
toujours une portion de l'empire , un degré
de supériorité sur les autres animaux ; il leur
commande , il règne lui-même à la tête d'un
troupeau , il s'y fait mieux entendre que la voix
du berger. La sûreté , l'ordre & la discipline
sont les fruits de sa vigilance & de son activité ,
c'est un peuple qui lui est soumis , qu'il conduit ,
qu'il protège , & contre lequel il n'emploie jamais

la force que pour y maintenir la paix. Mais c'est
sur-tout à la guerre , c'est contre les animaux ,
ennemis ou indépendans , qu'éclate son courage ,
& que son intelligence se déploie toute entière ;
les talens naturels se réunissent ici aux qualités
acquises. Dès que le bruit des armes se fait entendre , dès que le son du cor ou la voix du chasseur a donné le signal d'une guerre prochaine ,
brulant d'une ardeur nouvelle , le chien marque
sa joie par les plus vifs transports ; il annonce
par ses mouvemens & par ses cris l'impatience
de combattre & le desir de vaincre : marchant
ensuite en silence , il recherche à reconnoître le
pays , à découvrir , à surprendre l'ennemi dans
son fort ; il recherche ses traces , il les suit pas
à pas , & par des accens différens , indique le tems,
la distance , l'espèce & même l'âge de celui qu'il
poursuit.

Intimidé , pressé , désespérant de trouver son
salut dans la fuite , l'animal se sert aussi de toutes
ses facultés : il oppose la ruse à la sagacité , jamais
les ressources de l'instinct ne furent plus admirables. Pour faire perdre sa trace , il va , vient ,
& revient sur ses pas , il fait des bonds , il voudroit se détacher de la terre & supprimer les
espaces. Il franchit d'un saut les routes , les haies,
passe à la nage les ruisseaux , les rivières ; mais
toujours poursuivi & ne pouvant anéantir son
corps , il cherche à en mettre un autre à sa place ;
il va lui-même troubler le repos d'un voisin plus
jeune & moins expérimenté , le faire lever , marcher , fuir avec lui , & lorsqu'ils ont confondu
leurs traces , lorsqu'il croit l'avoir substitué à sa
mauvaise fortune , il le quitte plus brusquement
encore qu'il ne l'a joint , afin de le rendre seul
l'objet & la victime de l'ennemi trompé. Mais le
chien , par cette supériorité que donnent l'exercice & l'éducation , par cette finesse de sentiment
qui n'appartient qu'à lui , ne perd pas l'objet de
sa poursuite , il démêle les points communs ,
délie les nœuds du fil tortueux qui seul peut y
conduire , il voit , de l'odorat , tous les détours
du labyrinthe , toutes les fausses routes où l'on
a voulu l'égarer , & loin d'abandonner l'ennemi
pour un indifférent , après avoir triomphé de la
ruse , il s'indigne , il redouble d'ardeur , arrive
enfin , l'attaque , & le mettant à mort , étanche
dans le sang sa soif & sa haine.

L'on peut dire que le chien est le seul animal
dont la fidélité soit à l'épreuve ; le seul qui connoisse toujours son maître & les amis de la maison ;
le seul lorsqu'il arrive un inconnu , qui s'en apperçoive ; le seul qui entende son nom & qui reconnoisse la voix domestique ; le seul qui ne se confie
point à lui-même ; le seul , lorsqu'il a perdu son
maître & qu'il ne peut le trouver , qu'il appelle par ses
gémissemens ; le seul qui dans un voyage long qu'il
n'aura fait qu'une fois , se souvient du chemin

& retrouve la route ; le feul enfin dont les talens naturels foient évidens, & l'éducation toujours heureufe.

(*Hift. nat. de Buffon.*)

Le *chien* eft encore plus néceffaire pour la chaffe que le cheval. C'eft par fon fecours qu'on peut trouver la retraite & les traces des animaux que le chaffeur pourfuit ; & comme il y a différentes efpèces de chaffes, il y a auffi différentes efpèces de *chiens* que l'on dreffe, & dont on fe fert pour y réuffir, il eft donc à propos d'examiner en particulier, d'après les meilleurs traités de chaffe & de venerie, ces efpèces principales de *chiens*, & l'emploi qu'il convient d'en faire.

Des chiens *couchans.*

Les *chiens couchans*, ou *chiens d'arrêt*, ou *chiens fermes*, font employés pour la chaffe du tirer.

Ceux que l'on eftime davantage, font le *braque*, l'*épagneul* & le *griffon*. Quoique ces efpèces aient un inftinct naturel pour la chaffe, il eft encore néceffaire de les dreffer ; or voici l'inftruction très-bien développée que donne l'auteur du *Traité de la chaffe au fufil*, pour dreffer un *chien* couchant.

« Avant d'entrer en matière, dit cet auteur, il ne fera pas hors de propos de placer ici quelques obfervations préliminaires fur la chaffe du *chien* couchant.

Tant qu'on ne s'eft fervi à la chaffe que de l'arbalête, avec laquelle on ne pouvoit tirer, au moins le menu gibier, qu'arrêté ; & même dans les premiers tems où l'on a employé l'arquebufe, dont l'ufage ne s'eft perfectionné au point de ne pouvoir tirer au vol, que bien des années après fon invention ; les *chiens* couchans ont été bien plus utiles qu'ils ne le font aujourd'hui ; ou, pour mieux dire, ils étoient d'une néceffité indifpenfable, principalement pour la perdrix & la caille, qui ne pouvoient fe tirer autrement qu'à terre, & rarement fans le fecours d'un *chien* couchant.

Un bon *chien* couchant étoit donc alors un vrai tréfor pour fon maître ; & d'après l'intérêt qu'un chaffeur avoit à perfectionner l'éducation de fon *chien*, il eft aifé de fe perfuader que les *chiens* couchans de ce tems-là étoient bien fupérieurs à ceux dont nous nous fervons aujourd'hui, & les chaffeurs, conféquemment, bien plus habiles & plus induftrieux qu'ils ne le font de nos jours, où la chaffe, devenue plus facile par l'ufage de tirer au vol & en courant, n'exige pas, à beaucoup près, les mêmes fineffes qu'autrefois. Efpinar, voifin du tems dont je parle, & qui avoit pu, dans fa jeuneffe, voir encore & pratiquer quelques chaffeurs à l'arbalête, vante fingulièrement

leur fcience & leur adreffe, & fur-tout la perfection de leurs *chiens* auxquels il ne manquoit, comme on dit, que la parole ; obéiffant au moindre petit fifflement, au plus léger figne de la main, & comprenant tout ce qu'on exigeoit d'eux, fans qu'il fût befoin de leur parler.

Lorfqu'un *chien* tomboit en arrêt fur des perdrix, il falloit alors bien d'autres précautions pour le fervir, qu'il n'en faut aujourd'hui, & la manœuvre du chaffeur étoit bien différente. D'abord, pour tirer fon gibier, il falloit qu'il jugeât avec jufteffe, par l'attitude de fon *chien*, de l'endroit où il étoit, & enfuite qu'il cherchât à fe placer de manière à pouvoir le découvrir, ce qui étoit quelquefois très-difficile, fur-tout dans un terrein couvert de bois, de brouffailles ou grandes herbes, & il ne l'appercevoit, le plus fouvent, qu'après avoir tourné le *chien* plufieurs fois, ce qui devoit fe faire fans bruit, pas à pas, & avec le plus grand fecret, pour ne pas le faire partir. Il avoit d'ailleurs l'attention, avant de tourner fon *chien*, d'examiner quelle devoit être la remife des perdrix, & de prendre fon tour de loin pour arriver fur elles de ce côté, par la raifon que les perdrix tiennent beaucoup plus volontiers, lorfqu'elles voient le chaffeur pofté fur leur paffage. S'il arrivoit que cette première tentative ne lui réufît pas, il s'éloignoit alors pour donner le tems aux perdrix de fe raffurer, & revenoit enfuite fur elles, du même côté, mais cherchant, cette fois, à les approcher de plus près, jufqu'à ce qu'enfin il pût les appercevoir & faire fon coup.

Telle étoit autrefois la chaffe du menu gibier, où les *chiens* couchans, comme on voit, étoient des agens abfolument néceffaires. Mais aujourd'hui que les ailes font devenues inutiles aux oifeaux pour éviter le plomb mortel, & que les quadrupèdes ne peuvent plus s'en garantir par la rapidité de leur courfe, le talent d'arrêter, dans un *chien*, n'eft plus, pour le chaffeur, qu'un mérite fecondaire, qu'un fupplément d'agrément & de commodité, qui, toutes chofes égales, d'ailleurs, peut bien rendre la chaffe plus abondante & plus fructueufe, mais dont il eft aifé de fe paffer, & dont fe paffent en effet les trois quarts des chaffeurs, qui fe contentent d'un *chou-pille*, c'eft-à-dire, d'un *chien* bien à commandement, & chaffant fous le bout du fufil.

Au furplus, il eft bon de favoir que la chaffe au *chien* couchant, tant à l'arquebufe qu'avec la tiraffe, a été défendue, de tout tems, par les ordonnances, comme chaffe cuifinière, c'eft-à-dire, deftructive du gibier, & que, même encore aujourd'hui, elle eft tolérée plutôt que permife.

Venons maintenant à la manière dont on doit s'y prendre pour dreffer un *chien* couchant.

R 2

Il y a trois efpèces de *chiens* propres à recevoir cette inftruction, le braque, l'épagneul & le griffon ; ce dernier eft un *chien* à long poil un peu frifé, & qui tient du barbet & de l'épagneul. Le braque eft plus léger & plus brillant dans fa quête ; mais, en général, il n'eft bon que pour la plaine ; la plupart de ces *chiens* craignent l'eau & les ronces, au lieu que l'épagneul & le griffon s'accoutument aifément à chaffer & rapporter dans l'eau, même par les plus grands froids, & quêtent au bois & dans les lieux les plus fourrés, comme en plaine. Il y a donc toujours beaucoup plus de reffource dans ces deux efpèces de *chien*, que dans un braque.

Avant que d'entreprendre de dreffer un *chien* couchant, il eft à propos, dès qu'il a cinq ou fix mois, de l'accoutumer, s'il fe peut, à rapporter ; ce qui fe fait en jouant, & fans fortir de la maifon. Avec de la patience & de la douceur, fi le *chien* eft de bonne race, on en vient ordinairement à bout fort aifément ; mais, je le répète, il faut beaucoup de douceur dans ce premier âge, & ne jamais s'obftiner jufqu'à un certain point, lorfque l'animal ne répond pas à la leçon qu'on veut lui donner. Dès qu'on voit qu'il fe rebute, il faut le laiffer tranquille, le careffer, & revenir à la leçon dans un autre moment. Dans le cas où l'on ne pourroit obtenir par la douceur ce qu'on lui demande, on attendra qu'il foit en âge d'être dreffé, pour fe fervir alors du collier de force, dont il fera fait mention dans la fuite. Il fera bon de lui donner en même-tems les premiers principes de l'obéiffance, en fe promenant avec lui autour de la maifon; d'effayer de le faire revenir lorfqu'il s'écarte, & de le faire paffer derrière foi lorfqu'il eft revenu, en lui difant d'abord, *ici*, *à moi*; & enfuite : *derrière*. Il faut auffi l'accoutumer de bonne heure à refter à l'attache, dans un chenil ou une écurie, où on aura foin de lui renouveller fouvent fa paille ; mais en fes commencemens, il eft à propos de ne pas le tenir enchaîné trop long-tems, ne fût-ce qu'en confidération de fon jeune âge, qui ne demande qu'à jouer ou folâtrer, & qui femble mériter quelque indulgence ; ainfi, on le lâchera dans la matinée, pour ne le remettre à l'attache que vers la nuit. Lorfqu'on n'accoutume pas les chiens de bonne heure à refter à la chaîne, on a le défagrément d'être étourdi par leurs cris continuels. Il eft encore à propos que celui feul qui s'eft chargé d'inftruire un jeune *chien*, lui parle & lui commande, & que perfonne autre que lui ne fe mêle de fon éducation.

Lorfque le *chien* a atteint l'âge de dix mois ou un an, il eft tems de le mener en plaine pour le dreffer. Dans les premiers jours, laiffez-le faire fa volonté, fans rien exiger de lui ; il ne s'agit encore que de lui faire connoître fon gibier. Il

court après tout ce qu'il rencontre, corneilles, pigeons, alouettes, petits oifeaux, perdrix, lièvres. Ce premier feu paffé, il finit par ne plus courir que les perdrix, auxquelles fon inftinct l'attache plus particulièrement; & bientôt dégoûté de les pourfuivre en vain, il fe contente, après les avoir fait partir, de les fuivre des yeux. Il n'en eft pas de même des lièvres; voyant qu'ils n'ont, comme lui, que quatre jambes, & qu'ils ne quittent point la terre, comme les perdrix, il fent qu'il y a plus d'égalité, & ne perd point l'efpérance de les joindre ; c'eft pourquoi il les courra jufqu'à ce que l'éducation l'en ait corrigé : encore eft-ce une chofe affez difficile, que d'empêcher le *chien* le plus fage & le mieux dreffé, de courir le lièvre.

Tous les jeunes *chiens* font fujets à fouiller & porter le nez en terre, habitude qu'il ne faut pas leur laiffer contracter, & dont on doit les corriger de bonne heure, s'il eft poffible ; car un *chien* qui fouille, & fuit le gibier à la pifte, ne peut jamais être qu'un mauvais *chien* d'arrêt. Ainfi, toutes les fois que vous vous appercevrez que votre jeune *chien* fuivra la trace des perdrix à contrevent, rappellez-le en le grondant, & lui criant : *haut le nez* : alors vous le verrez inquiet, s'agiter, aller & venir de côté & d'autre, jufqu'a ce que le vent lui ait porté le fentiment du gibier; & il ne lui fera pas arrivé quatre fois de trouver les perdrix par ce moyen, que lorfqu'il en rencontrera, il cherchera à prendre le vent, & chaffera le nez haut. Il eft vrai cependant qu'il y a des *chiens* qu'il eft prefque impoffible de corriger fur cet article, & qui font faits pour chaffer toujours le nez en terre ; ce font ceux qui pèchent par le nez. Lorfqu'on rencontre un *chien* de cette efpèce, il ne vaut guère qu'on fe donne la peine de le dreffer. Les perdrix tiennent beaucoup mieux devant un *chien* qui les évente, que devant celui qui les fuit le nez en terre. Le *chien* éventeur ne s'en approche que par degrés, plus ou moins, fuivant qu'il les fent inquiètes ou affurées, ce qu'il connoît par leur vent ; & lorfqu'elles le voient autour d'elles, elles ne s'en épouvantent pas, ne s'appercevant point qu'il les fuit ; mais rien ne les inquiète davantage que de voir un *chien* s'attacher à leur trace, & tenir la même voie qu'elles prennent pour fe dérober : & lorfqu'un chien les fuit ainfi à contre-vent, il arrive, pour l'ordinaire, qu'il les fait partir ; ou fi par hazard il forme fon arrêt, ce fera de fort près, attendu qu'allant à contre-vent, il n'a pu avoir le fentiment des perdrix, que lorfqu'il s'eft trouvé, pour ainfi dire, le nez deffus, & alors elles ne tiendront pas.

Quand une fois le jeune *chien* connoît fon gibier, il s'agit de le mettre à commandement. S'il eft naturellement docile, & qu'il ait profité des inftructions qu'on lui a données avant de le mener en plaine, il fera aifé d'en venir à bout : fi au contraire il eſt têtu & revêche , comme il s'en trouve quelques-uns , alors il faudra néceſſairement ſe ſervir du cordeau. Ce cordeau eſt de 20 à 25 braſſes , & s'attache à un collier qu'on met au cou du *chien*. On le laiſſe aller , & on ne l'appelle jamais qu'on ne ſoit à portée de ſaiſir le cordeau. Si, quoiqu'on le retienne par ce moyen , il continue de vouloir percer en avant , on lui donne une ſaccade , qui ſouvent le fait culbuter. Il ne manque pas, pour lors , de revenir; on le careſſe , on lui donne même quelque friandiſe ; car il ne faut jamais manquer de le careſſer , lorſqu'il revient à la voix. Enſuite pour l'accoutumer à croiſer & barrer devant vous , tournez-lui le dos , & marchez du côté oppoſé : en vous perdant de vue, il ne manquera pas de venir vous retrouver. Par ce moyen , le *chien* devient inquiet , craint de vous perdre , & ne chaſſera point ſans tourner la tête , de moment à autre , pour vous obſerver. Huit jours de cette manœuvre en viendront à bout , & vous le ferez tourner du côté que vous voudrez , en lui faiſant ſeulement un ſigne de la main.

Lorſque votre *chien* en ſera à ce point d'inſtruction, ayez ſoin de le tenir toujours à l'attache; ne le détachez plus pour lui donner à manger , & qu'il n'en ait jamais ſans l'avoir mérité. Jettez lui un morceau de pain , en le tenant par la peau du cou , en lui criant : *tout beau* ; & après l'avoir tenu un moment ainſi , dites-lui : *pille*. S'il montre trop d'impatience pour ſe jetter ſur le pain , avant que le ſignal lui ſoit donné , corrigez-le doucement & modérément avec un petit fouet. Répétez la leçon , juſqu'à ce qu'il garde bien , & qu'il ne ſoit plus beſoin de le tenir pour l'empêcher de ſe jetter ſur le pain. Dès qu'il eſt bien accoutumé à ce manège , tournez le pain avec un bâton , en l'ajuſtant comme avec un fuſil , & après l'avoir tourné , criez : *pille*. Qu'il ne mange jamais ſans avoir gardé , ſoit à la maiſon , ſoit à la campagne. Enſuite , pour faire l'application de cette leçon au gibier , faites frire de petits morceaux de pain dans du ſain-doux , avec des vuidanges de perdrix , & les portez avec vous dans un petit ſac de toile. Allez en plaine dans les chaumes , terres labourées & pâturages, & poſez en pluſieurs endroits de pain frit , en les marquant par de petits piquets fendus par le haut avec une carte. Cela fait , détachez le *chien* , & le conduiſez dans ces endroits , toujours quêtant dans le vent. Lorſque ayant le vent du pain , il s'en approche, & s'apprête à fondre deſſus , criez-lui d'un ton menaçant : *tout beau* ; & s'il ne s'arrête auſſi-tôt, corrigez-le avec le fouet. Bientôt il comprend ce qu'on exige de lui , & s'arrête. Alors une autre fois , prenez un fuſil chargé d'un demi-coup de poudre ; tournez autour du pain un ou deux tours ſeulement , & tirez , au lieu de crier *pille*. Tournez enſuite

plus long-tems , & en vous éloignant davantage , juſqu'à ce que votre *chien* s'accoutume à ne pas s'impatienter , & attende ſans bouger , qu'on l'ait ſervi. Lorſqu'il gardera bien ſon arrêt , & ſera imperturbable dans cette leçon , menez-le à la perdrix. S'il pouſſe , corrigez-le ; & en cas qu'il perſiſte , remettez-le au pain frit ; mais pour l'ordinaire il n'en eſt pas beſoin. Il y a beaucoup de *chiens* qui débutent par ne pas manquer leur premier arrêt , & qui en font même pluſieurs de ſuite , dès le premier jour. Mais pour bien affermir un *chien* , il eſt eſſentiel de s'attacher à tuer quelques perdrix par terre devant lui , & ſurtout de ne jamais tirer en volant , qu'il ne ſoit parfaitement dreſſé. La ſaiſon la plus propre & la plus commode pour dreſſer un *chien* eſt le carême , parce qu'alors les perdrix étant couplées, tiennent davantage , & qu'il en part moins à la fois , ce qui fait que le *chien* eſt moins ſujet à s'emporter , & qu'il eſt plus aiſé de le contenir. Comme le tems de la pariade ne commence que vers la fin de février , & que paſſé les premiers jours de mai on ne peut plus mener les *chiens* en plaine , tant parce que les bleds ſont déjà grands , que pour ne pas troubler la ponte des perdrix, le plus ſouvent ce tems ne ſuffit pas pour rendre un *chien* parfaitement ferme , ſur-tout dans les pays où le gibier n'eſt pas abondant. Alors on reprend ſon inſtruction au mois de ſeptembre , & l'on achève de le dreſſer pendant la ſaiſon des perdreaux.

Il y a une autre manière de dreſſer les *chiens* avec un cordeau de vingt à vingt-cinq braſſes & le *collier de force*. On appelle ainſi un collier de cuir , garni de trois rangées de petits clous , dont les pointes ſortent de trois à quatre lignes. On coud un double cuir ſur la tête de ces clous , pour empêcher qu'ils ne reculent , lorſqu'on appuie ſur la pointe. On attache un anneau à chaque extrémité du collier , parce que s'il étoit à boucle, comme les colliers ordinaires , il piqueroit continuellement le *chien*, & l'on paſſe dans ces anneaux l'extrémité du cordeau avec une boucle lâche, de manière qu'en le tirant à ſoi , les anneaux ſe rapprochent & reſſerrent le collier , dont alors les clous appuient ſur le cou du *chien*, & l'avertiſſent de ſa faute. Dès que le jeune *chien* qu'on veut dreſſer eſt inſtruit à garder ſon pain de la manière que je l'ai expliqué ci-deſſus , on le conduit en plaine , & on le laiſſe chaſſer , le collier de force au cou , & le cordeau traînant ; on a ſoin de ne pas le laiſſer trop s'écarter , & de le contenir à une diſtance où on puiſſe toujours être maître de ſaiſir le cordeau. Aux premières perdrix qui partent, ſi le *chien* court après , ou les pouſſe ſeulement , on lui donne quelques ſaccades , en lui criant : *tout beau* ; s'il les arrête, on le careſſe , & on ne le fait point chaſſer ſans le cordeau , qu'il ne ſoit bien ferme dans ſes arrêts.

Dès qu'une fois un *chien* est instruit à arrêter la perdrix, il arrêtera de même en plaine toute autre espèce de gibier-plume, & même le lièvre. Mais à l'égard du lièvre, il est, comme je l'ai dit, assez difficile d'empêcher les *chiens* de le courir, soit qu'il les surprenne, en partant loin d'eux, soit qu'il parte, lorsqu'ils le tiennent en arrêt, sur-tout pour peu qu'ils soient éloignés du chasseur, qui, alors, fait souvent de vains efforts pour les rappeler; car lorsqu'un *chien* sent son maître près de lui, il obéit bien plus aisément à la voix. On ne parvient facilement à corriger les chiens de ce défaut, si ç'en est un, que dans les endroits où il y a beaucoup de lièvres, parce qu'à force d'en voir, ils se dégoûtent de les courir. D'ailleurs, pour qu'un *chien* conservât toujours l'habitude de ne point courir le lièvre, il faudroit qu'il ne chassât jamais qu'en plaine, il agira comme dans le bois.

Il n'y a point de *chien* qui ne pousse quelquefois, sur-tout lorsqu'il va avec le vent; en ce cas, il faut seulement le gronder, mais sans le châtier, à moins qu'il ne coure les perdrix. Alors vous remarquerez d'où elles sont parties. Il ne manquera pas d'y revenir, & vous le châtierez avec le fouet; mais il faut toujours de la modération dans le châtiment, sur-tout si le *chien* est timide. Il est de ces *chiens* qui, si vous les excédez de coups, se tiennent à vos talons, & ne veulent plus chasser; d'autres quittent leur maître, & retournent à la maison. Dans ce dernier cas, on donne comme un moyen sûr pour le corriger, de planter un pieu en terre au milieu de la cour, garni d'une chaîne avec un collier. Lorsque le *chien* arrive, un domestique aposté l'attache au pieu, & lui donne une volée de coups de fouet, ce qu'il recommence par intervalles, pendant une heure. Tant que cela dure, le maître ne paroît point, & reste encore quelque tems sans se montrer, après la dernière correction, afin que la colère du *chien* ait le tems de se passer. Alors il vient le trouver, le caresse beaucoup, le détache, lui donne quelque friandise, & le remène à la chasse. Mais cette recette n'est pas aussi infaillible qu'il est dit dans plusieurs livres où elle se trouve. Il arrive le plus souvent que le *chien* qui a ainsi reçu les étrivières, en arrivant une autre fois à la maison, se glisse furtivement, va se tapir dans quelque recoin, sans qu'on sache ce qu'il est devenu, & ne reparoît que long-tems après. Le mieux est d'étudier le caractère du *chien*, & de se conduire en conséquence pour la correction.

J'ai dit au commencement de cet article, que lorsqu'on n'avoit pu réussir à faire rapporter un jeune *chien* dans son premier âge, en le flattant, il falloit attendre qu'il fût plus âgé, & se servir alors du collier de force; voici comme on s'y

prend. On a un morceau de bois, long de huit à neuf pouces, quarré, & d'environ un pouce d'épaisseur. On y fait des crans sur les arêtes, en manière de scie: on le perce de deux trous à chaque bout, pour y passer deux petites chevilles en croix, en sorte qu'en jettant ce bois à terre, les chevilles le soutiennent, & qu'il se trouve élevé de terre d'un bon pouce, & cela pour que le *chien* puisse l'engueuler plus aisément. On met le collier de force au cou du *chien*, & prenant le bâton, on lui en frotte les dents du côté des crans, pour lui faire ouvrir la gueule; mais autant que cela se peut, sans le blesser; on lui tient la main gauche sous la mâchoire, pour empêcher qu'il ne le rejette, & de la droite on le flatte, en lui disant: *tout beau*. Lorsqu'on retire ses mains, le *chien* laisse tomber le bâton, & en ce cas on le gronde, & on secoue le collier pour le châtier. On lui fait reprendre le bâton en lui sciant les dents, & de la même manière qu'on a déjà fait. Le *chien* se voyant puni quand il lâche le bâton, & carressé quand il le garde, s'accoutume enfin à le garder, & ouvre la gueule quand on lui présente. Il s'agit alors de l'amener à prendre de lui-même; il faut le lui présenter en lui disant: *pille*, *apporte*, & le carressant beaucoup, & en même-tems lui donner de petites saccades pour le faire avancer. S'il avance de lui-même & prend le bâton, des caresses & quelque friandise. Lorsqu'il commence à avancer la tête d'un pouce, il est dressé: bientôt il prend le bâton à terre, & on lui dit toujours: *pille, apporte*; & ensuite: *apporte ici, haut,* pour l'habituer à se dresser. Lorsqu'il apporte bien le bâton, on lui fait apporter des ailes de perdrix, cousues sur une pelotte de linge, & d'autres fois une peau de lièvre remplie de foin, à chaque bout de laquelle on met une pierre, pour l'accoutumer à charger un lièvr: par le milieu du corps. Enfin, lorsqu'il rapporte tout sans rien refuser, on le mène en plaine, & on lui fait rapporter la première perdrix que l'on tue: s'il se fait prier, on le remet au collier de force qu'on a porté avec soi.

Pour l'accoutumer à l'eau, choisissez une mare dont le bord soit en pente douce, & jettez-lui un morceau de bois, d'abord à peu de distance, afin qu'il puisse l'atteindre, en entrant dans l'eau jusqu'à mi-jambe; & ensuite plus loin par degrés, jusqu'à ce qu'il l'aille prendre à la nage, ayant soin, à chaque fois qu'il rapporte le morceau de bois, de lui donner quelque friandise. S'il ne se détermine pas à se mettre à la nage, il faudra s'y prendre autrement: conduisez-le à la mare avant qu'il ait déjeûné, & jettez-lui des morceaux de pain dans l'eau, toujours plus avant, par gradation, & de cette manière vous l'accoutumerez bientôt à aller chercher son déjeûné à la nage. Ensuite, pour achever de le dresser, si vous avez une pièce d'eau où il y ait de la profondeur, mettez-y un canard, après lui avoir coupé le fouet de l'aile. Animez le *chien* jusqu'à ce qu'il soit entré dans l'eau pour le suivre ; le canard fuit devant lui , & plonge pour se dérober à sa poursuite , lorsqu'il se voit pressé. Après que ce manége aura duré quelque tems , finissez par tuer le canard d'un coup de fusil , le *chien* ne manquera pas de vous l'apporter gaiement. C'est dans la belle saison que ces leçons doivent se donner ; on auroit de la peine à déterminer un jeune *chien* à se mettre à l'eau pendant l'hiver , & même cela pourroit l'en dégoûter pour toujours ; mais sur-tout il ne faut jamais s'aviser de le jetter dans l'eau lorsqu'il refuse de s'y mettre. Avec de la patience, en s'y prenant comme je viens de le dire , on en vient toujours à bout.

La plupart des jeunes *chiens* ont l'habitude de courir les volailles , & il y en a quelques-uns qui courent les moutons , défauts dont il est à propos de les corriger de bonne heure.

Quant aux volailles , si on ne parvient pas à leur faire perdre cette habitude , avec le fouet ; voici ce qu'il faut faire. Prenez un petit bâton , fendez-le par un bout , assez pour y passer la queue du *chien* , & liez ce bout fendu avec une ficelle , de manière à lui faire sentir de la douleur ; attachez une poule par le gros de l'aile , près du corps , & lâchez-le ensuite , en lui appliquant quelques coups de fouet. Il se met à courir tant qu'il peut , à cause de la douleur qu'il ressent à la queue , & qu'il croit occasionnée par la poule. A force de la traîner il la tue , & las de courir , il s'arrête & va se cacher dans quelque recoin. Alors détachez le bâton , & battez-lui la gueule avec la poule morte.

S'il s'agit d'un *chien* qui court les moutons , couplez-le avec un bélier , & en les lâchant ainsi couplés , fouettez le *chien* , tant que vous pourrez le suivre. Ses cris font d'abord peur au bélier , qui court à toutes jambes , & entraîne le *chien* ; mais il se rassure ensuite , & finit par le charger à coups de tête. Découplez-les alors , & votre *chien* sera corrigé pour toujours de courir les moutons ».

(*Extr. du Traité de la chasse au fusil.*)

Du limier.

On appelle ainsi un gros chien qui ne parle point , mais qui sert à quêter le cerf & à le lancer hors de son fort. Il y a des limiers pour la chasse du matin , & d'autres pour celle du soir.

L'éducation du limier demande beaucoup de soins : & il faut du discernement & des connoissances pour distinguer les espèces de chiens propres à faire des limiers.

1°. Comme il est nécessaire qu'il y ait une connoissance réciproque entre le limier & son maître ; il est indispensable que le valet de limier dresse lui-même son chien. Le meilleur limier fait souvent des sottises , ou même ne fait rien avec un maître qui ne l'a pas dressé ou qui ne le mène pas habituellement ; d'ailleurs , comme le meilleur chien n'est jamais sans quelque défaut ou quelque fantaisie , ce n'est qu'après l'avoir dressé soi-même que l'on parvient à connoître les différentes inclinations ; on ne parvient à le fortifier dans les bonnes , & à le corriger des mauvaises qu'en le menant fréquemment. Il ne faut pas mener un limier avant qu'il ait quinze ou seize mois au moins , encore faut-il qu'il soit formé & en bon état ; en le faisant travailler plus jeune , on s'exposeroit à le forcer & à le mettre au point de ne jamais servir ; il faut cependant que le *chien* n'ait pas plus de deux ans , parce qu'alors on auroit beaucoup plus de peine à le dresser , & souvent même on n'y parviendroit pas ; il ne faut pas non plus que le *chien* ait chassé , parce qu'il iroit le nez haut & crieroit dans les voies , deux défauts dont il seroit très-difficile de le corriger. On pourroit citer quelques *chiens* courans dont on a fait des limiers ; mais pour un qui a réussi , combien y en a-t-il dont on n'a jamais pu tirer parti ? Qu'on s'en rapporte sur cela aux anciens veneurs.

Il faut , autant qu'il est possible , commencer un jeune limier dans l'automne ou au commencement de l'hiver ; comme alors il fait beau revoir , on est moins exposé à lui laisser suivre d'autres voies que celle pour laquelle on le destine. Un limier pour le cerf , qui , dans les commencemens , suivroit à plusieurs reprises tout autre animal qu'un cerf ou une biche , perdroit difficilement cette première habitude , & seroit par conséquent plus long-tems à être dressé ; l'été , d'ailleurs , les grandes chaleurs fatigueroient beaucoup un jeune *chien* , sur-tout s'il est ardent & peu formé.

Lorsqu'on mène un limier pour la première fois , & qu'il ne veut pas se rabattre , il faut lui faire voir des animaux , aller dans la voie , & s'il s'en rabat , le laisser suivre & le bien caresser. Si , après l'avoir mené plusieurs fois , il ne veut ni suivre ni se rabattre , il faut le mener avec un limier dressé qui excitera son ardeur & lui donnera envie de le suivre avec lui ; mais si cette épreuve ne réussissoit pas , il faudroit lui avaler la botte , & l'engager à aller après des animaux qu'on lui fera voir , c'est la dernière ressource : si cependant le limier est de bonne race , il ne faut pas l'abandonner absolument , parce qu'un *chien* tardif se déclare au moment qu'on s'y attend le moins , & alors il sert plus long-tems que d'autres.

Quand un jeune limier commence à se rabattre , il faut l'arrêter de tems en tems dans la voie pour l'y affermir & lui apprendre à fuivre jufte ; quand il refte ferme dans la voie, on raccourcit le trait jufqu'à la plate-longe pour le bien careffer ; il faut enfuite détourner des animaux & les lancer, pour lui donner du plaifir & le faire jouir : on ne doit pas lui donner de trop longues fuites, parce que n'étant pas encore en vigueur, il pourroit s'effiler. Le veneur doit donc étudier les forces de fon *chien*, pour ne le faire travailler qu'en conféquence ; les longues fuites d'ailleurs pourroient le rebuter : trop de jouiffance mène à la fatiété, la fatiété à l'indifférence & au dégoût.

Si un limier qu'on dreffe pour le cerf, fe rabat d'un animal d'efpèce différente, il faut le retirer des voies, le gronder & lui donner un coup de trait ; on ne doit cependant pas le corriger rudement les premières fois qu'on le mène, & fur-tout éviter de le corriger avec humeur, parce que l'on pourroit le rebuter & n'en plus tirer aucun parti ; fi le *chien* eft craintif fur-tout, il faut le corriger avec beaucoup de précaution : il y auroit de la brutalité à corriger un *chien* à coups de pied ; quand le trait ne fuffit pas, on peut fe fervir d'une gaule.

Lorfqu'un limier commence à fuivre, on doit éviter, autant qu'on le peut, de lui laiffer voir des animaux & d'aller au vent, parce qu'il s'accoutumeroit à aller le nez haut, & pafferoit par-deffus les voies fans s'en rabattre. On ne doit donc le laiffer fuivre, que lorfque les animaux ont la tête couverte, ou du moins quand ils font affez éloignés pour que le *chien* ne puiffe pas les voir ; fi en allant devant, le *chien* va le nez haut, il faut l'arrêter en lui donnant un coup de trait.

Quand on commence à mener un limier, il faut le laiffer crier dans les voies, s'il en a envie ; mais lorfqu'il eft bien dedans, & qu'il fuit avec ardeur, il faut, quand il crie, le retenir & lui donner quelques faccades & même quelques coups de trait : on le careffe s'il s'appaife ; mais on continue & même on redouble la correction, s'il ne ceffe pas de crier, parce qu'il eft abfolument néceffaire qu'un limier foit fecret. Lorfqu'il eft en vigueur, un des plus fûrs moyens pour parvenir à le rendre fecret, c'eft de lui donner de longues fuites, tant au droit qu'au contre-pied : les fuites au contre-pied ont le double avantage, de calmer fon ardeur & de lui rendre le nez plus fin ; il ne faut cependant pas lui laiffer fuivre des voies trop vieilles, parce qu'en contractant cette habitude, il pourroit bien négliger & fur-aller les voies de bon tems. Lors donc qu'on s'apperçoit qu'un limier remonte ou fe rabat de voies un peu vieilles, comme celles du relevé ou celles qui font réchauffées par le foleil, on doit l'en retirer : pourvu qu'un limier fe rabatte de voies de trois ou quatre heures, tout au plus, c'eft tout ce qu'on peut exiger de lui.

Il eft néceffaire qu'un limier fâche fe rabattre également au droit & au contre-pied, & fuivre l'un & l'autre felon la volonté de fon maître ; il faut que le jeune *chien* y foit accoutumé dès les premiers tems qu'il commence à travailler ; & pour cela, lorfqu'il fe rabat, on le laiffe aller au bout de fon trait, on l'arrête bien ferme dans la voie, puis on le fait revenir pour fe rabattre également du côté oppofé ; on l'arrête de même, & on le careffe bien, pourvu qu'il foit arrêté bien ferme dans la voie : cette manœuvre eft très-néceffaire, & demande à être fuivie exactement. Il ne faut pas que le limier tire trop fur fon trait en allant devant, parce qu'il s'effoufleroit & ne pourroit pas fe rabattre ; pour réprimer fon ardeur, il faut l'arrêter de tems en tems par une légère faccade : il eft à defirer qu'il aille naturellement au bout de fon trait, qui ne doit être tendu qu'autant qu'il le faut pour qu'il ne traîne pas à terre.

On doit donner au limier le tems de mettre le nez à terre, de tâter aux chemins & aux coulées, & par conféquent ne le point trop preffer, pour qu'il puiffe fe rabattre ; mais il y a un défaut oppofé contre lequel on doit fe tenir en garde ; c'eft que fouvent il s'amufe à flairer tout ce qu'il rencontre, &, alors, au lieu de travailler franchement, il ne fait que muloter & perdre du tems.

Quelques difpofitions qu'ait un jeune *chien*, il ne peut être dreffé qu'après avoir été mené régulièrement pendant un an, une ou deux fois la femaine : tel *chien* travaillera bien pendant l'hiver, & quand la terre fera bonne, qui fera des fottifes & fur-allera dans les chaleurs & quand il fera fec. Un veneur ne peut donc connoître fon *chien*, & y avoir un peu de confiance, que quand il l'aura travaillé dans toutes les faifons, & qu'il l'aura éprouvé dans différentes circonftances. Un limier commencé après le rut, ne peut être vraiment dreffé que pour le fecond été, qui eft encore néceffaire pour le bien confirmer. S'il eft arrivé que par un beau revoir, on ait laiffé courre des limiers qui n'avoient pas plus de trois ou quatre mois de leçons, on ne doit pas moins être en garde fur les rapports que l'on pourroit être tenté de faire, en fe laiffant prévenir pour un jeune *chien* qui montre des difpofitions ; plus d'un valet de limier, de bonne foi, conviendra qu'il en a été la dupe.

Il faut être déjà bien inftruit foi-même pour avoir le talent de bien dreffer un limier ; & l'on ne parvient à l'un & à l'autre, qu'en fe donnant beaucoup de peine. On ne doit pas fe croire fort habile pour avoir fait quelques laiffez-courre, auxquels le hafard aura peut-être eu beaucoup de part. Celui qui a le plus d'expérience, eft toujours celui qui eft le plus réfervé & le plus circonfpect dans les rapports qu'il fait.

2°. On peut, à la vérité, faire un bon limier d'un *chien* de race de *chiens* courans; mais il n'en est pas moins prouvé que, pour un de ceux-ci qu'on parvient à bien dresser, on est obligé d'en abandonner plusieurs autres après beaucoup de peine & de travail. La raison en paroît d'autant plus simple, que le chien courant est fait pour chasser & pour crier, & que le limier est fait pour travailler à la main, & pour ne pas donner un coup de gueule. Il est vrai qu'en dressant un *chien* courant pour limier, on peut, en le corrigeant, lui faire perdre l'habitude de crier; mais en supposant qu'on réussisse à le rendre secret, il lui faut encore beaucoup d'autres qualités, que pour l'ordinaire on ne trouve réunies que dans un *chien* de vraie race de limier. On doit donc avoir & conserver dans un équipage, des *chiens* de cette dernière espèce, & autant qu'il est possible, en élever assez pour ne pas être obligé d'en mettre d'autres à la main.

On a fait autrefois de très-bons limiers de quelques chiens de Saint-Hubert, ainsi que de certains *chiens* à gros poil, dont on s'est servi long-tems dans la vénerie; mais soit que ces deux races aient dégénéré, ou qu'on n'ait pas eu l'attention de les conserver, on ne trouve plus de limiers semblables dans aucun équipage. Ceux qui servent actuellement pour les meutes, viennent ordinairement de Normandie: dans le nombre de ces *chiens*, il y en a de noirs, mais ils sont plus communément gris, non pas d'un gris poil de lièvre comme les *chiens* Tartares, mais d'un gris tirant sur le brun. Les noirs sont marqués de feu & ont aussi du blanc sur la poitrine. Comme les uns & les autres ressemblent beaucoup à ceux qu'on voit représentés dans les anciens tableaux & sur les vieilles tapisseries, on pourroit croire, & il y a même apparence, que les deux races de *chiens* noirs & gris, dont il a été parlé ci-devant, ont été croisées, & que des deux il s'en est formé une qui s'est conservée jusqu'à présent; ce qu'on peut certifier, c'est que la race existante est si ancienne, que les plus vieux veneurs, tant de Normandie que de ce pays ci, disent que leurs anciens même n'en connoissoient pas l'origine. Les limiers d'aujourd'hui sont des *chiens* de vingt à vingt-deux pouces; ils sont épais, ils ont la tête grosse & carrée, les oreilles longues & larges, les cuisses & les reins bien faits; ils sont vigoureux & ont le nez très-bon; ils ont enfin toutes les qualités qu'on peut demander à des *chiens* de cette espèce; ils sont hardis & même méchans. Un valet de limier de la vénerie, étant un jour au bois, voulut en corriger un; il lui donna quelques coups de trait sur le dos. Le *chien* ne se trouvant pas d'humeur à recevoir patiemment la correction, revint sur son maître, lui mit les deux pieds de devant sur la poitrine, & lui montra les dents de façon à lui prouver qu'il étoit dans la disposition prochaine

d'en faire usage: le valet de limier ne voulant pas en courir les risques, prit le parti de la douceur, & carressa son *chien*, qui, moyennant cela, retourna de lui-même à sa besogne. On croit, sans peine, que depuis cette époque, ce valet de limier n'a corrigé son *chien* qu'avec précaution. Ces limiers sont aussi fort méchans entr'eux, & sont si acharnés en se battant, qu'on est souvent obligé de leur fourrer un bâton dans la gueule pour les séparer: comme plusieurs ont été étranglés dans le chenil avant qu'on ait pu leur donner du secours, on prend, depuis quelque tems, le parti de leur casser les crocs, quand on les met dans l'équipage.

Des chiens *courans.*

Il paroît que l'on ne connoissoit anciennement, en France, que deux espèces de *chiens* courans, toutes les deux venues de Saint-Hubert; l'une de *chiens* noirs, l'autre de *chiens* blancs. Les *chiens* noirs avoient les jambes & le dessus des yeux marqués de feu, quelquefois un peu de blanc sur la poitrine. Ces *chiens* étoient de moyenne taille, longs, peu corsés & peu vigoureux; ils étoient sages & justes à la voie, mais point entreprenans, ni hardis dans le change; ils étoient meilleurs à la main que hors du couple. Les *chiens* blancs étoient plus vîtes & plus vigoureux, mais moins sages. Saint-Louis ramena de Tartarie une troisième race de *chiens* gris: ces *chiens* étoient d'un gris poil de lièvre; ils étoient hauts sur jambes, avoient les pieds bien faits & de grandes oreilles; ils étoient beaucoup plus vîtes que les *chiens* noirs, mais ils n'avoient pas le nez aussi fin; ils étoient d'ailleurs entreprenans & même fougueux.

Il s'est formé depuis une autre race qui a été confondue dans la race des *chiens* blancs de Saint-Hubert: Louis XII fit couvrir une braque d'Italie par un de ces derniers; cette race nouvelle se nomma *chiens-greffiers*, parce que la chienne appartenoit à un des secrétaires du roi, qu'on appelloit alors greffiers. La maison & le parc des Loges, près Saint-Germain, furent bâtis pour élever & entretenir cette nouvelle race, qui réunissoit toutes les autres qualités des autres espèces de *chiens* courans, sans en avoir les défauts; ils étoient communément tout blancs, avec une marque fauve sur le corps. Il est aisé de voir que nos *chiens* courans d'aujourd'hui sont un mélange de ces différentes races.

Pour qu'un *chien* courant ait en même-tems de la noblesse & de la vigueur, il faut qu'il ait à-peuprès vingt-trois pouces & peu au-dessus. Une meute composée de *chiens* de la taille de vingt-cinq pouces, seroit superbe à voir dans le chenil; mais premièrement il seroit très-difficile, pour ne pas dire impossible, d'entretenir l'égalité dans cette taille; & il est essentiel qu'une meute soit à-peu-près égale, non-seulement pour la beauté du coup-d'œil, mais encore afin qu'ils chassent tous du même pied : en second lieu, il est rare que des *chiens* de cette taille soient aussi vigoureux & aussi requérans que ceux d'une taille plus médiocre.

Quiconque connoîtra les proportions d'un beau cheval, pourra de même connoître celles que l'on exige pour un beau *chien* courant. La hauteur des jambes proportionnée à la grandeur du corps ; les épaules petites sans être serrées ; la bouture déliée & bien attachée ; le pied petit, les doigts fins & un peu allongés ; la tête busquée, un peu carrée sans être forte ; les oreilles tombantes ; le nez carré ; les reins courts & élevés un peu en dos de carpe ; les cuisses nerveuses & charnues ; le jarret ni trop droit ni trop courbé, & sur-tout pas attaché trop bas ; la queue bien attachée, ni trop fine, ni trop épaisse. Les défauts que l'on peut remarquer, sont de longues jambes ; des pieds courts avec de gros doigts camards : ces *chiens* sont ordinairement bricoleurs & peu attachés à la voie ; il est vrai que presque toujours ils ont les oreilles hautes & le nez pointu. Les autres défauts sont les jambes courtes avec de gros pieds mous & plats ; les épaules charnues : ces *chiens* n'ont jamais ni vigueur, ni légèreté, de même que ceux qui ont les épaules sèches & serrées, les reins bas, les cuisses longues & plates, & le jarret bas. Ceux qui ont la queue tournée ne sont jamais vigoureux non plus : ces *chiens* ont la queue attachée fort haut, & elle retombe sur le dos en se tournant en trompe. Il y a des *chiens* qui ont le poitrail trop ouvert & qui sont sujets à se prendre des épaules.

Des chiens *anglois*.

Il est certain qu'en général les *chiens* anglois n'ont pas autant de noblesse que les beaux *chiens* françois ; mais il y a des *chiens* anglois de plusieurs espèces, & par conséquent il faut les connoître pour les bien choisir. Si, comme on le prétendoit autrefois, un *chien* courant n'est beau, qu'autant qu'il est coiffé, c'est-à-dire, qu'autant qu'il a les oreilles longues & pendantes, il est bien décidé que les *chiens* anglois, à qui, de tout tems, on a coupé le bout des oreilles, doivent être regardés comme très-vilains avec leurs oreilles courtes, & souvent relevées ; mais nous pensons aujourd'hui différemment, lorsque nous en trouvons qui ont les qualités que j'ai décrites ci-dessus, nous les recevons sans les chicaner sur leur coiffure.

Les anciens veneurs prétendoient que les *chiens* anglois n'avoient pas de nez ni de force ; qu'ils ne crioient pas ; qu'ils ne battoient pas l'eau ; qu'ils n'étoient pas requérans, & qu'enfin ils ne chassoient qu'à vue : il est certain, moyennant cela, que les *chiens* anglois étoient alors de très-mauvais *chiens* courans ; mais il n'en est pas moins vrai que

ceux qu'on choisit depuis long-tems pour la vénerie, n'ont pas, à beaucoup près, les mêmes défauts. Je conviens qu'ils ne crient pas aussi bien, & ne mettent pas aussi régulièrement le nez à erré que nos *chiens* françois ; mais en général ils sont plus légers & plus vigoureux ; ils prennent leur parti, & se servent d'eux-mêmes ; ils passent & repassent les rivières chaque fois que l'occasion s'en présente ; & enfin ils chassent, & plusieurs d'entr'eux rapprochent au moins aussi bien que les *chiens* de tout autre pays. Bien plus, si dans les grandes chaleurs le *chien* anglois est obligé de s'arrêter pour souffler, il reprend haleine en peu de tems, & chasse ensuite jusqu'à la fin du jour ; au lieu que le *chien* françois se rend, & souvent met bas sans ressource.

Les *chiens* anglois sont fougueux & têtus dans leur jeunesse ; mais quand ils sont dressés on peut compter sur eux, tant pour la sagesse que pour les autres qualités nécessaires à un *chien* courant. On leur coupe, en Angleterre, le bout de la queue & des oreilles, pour leur donner, dit-on, un air plus leste & plus éveillé ; mais nous ne les recevrions pas moins, quand bien même ils n'auroient pas ce genre d'agrément. L'espèce de *chiens* anglois, la plus commune en France, est celle qu'on nomme *chien du renard* ou *chien du nord* ; leur taille ordinaire est de vingt à vingt-trois pouces. Il y a une autre espèce de *chiens* anglois que l'on nomme *chiens de parc* ou *chiens du cerf* ; ils sont ainsi nommés, parce qu'en Angleterre on chasse le cerf avec eux dans des parcs : ces *chiens* qui ont des vingt-quatre à vingt-cinq pouces, sont moins vîtes, mais plus souples & plus aisés à dresser que les *chiens* du renard. Ils n'ont ni la queue, ni les oreilles coupées, & ils ressemblent beaucoup à nos beaux *chiens* françois ; mais la belle espèce en est très-rare.

Les *bigles* sont d'autres *chiens* anglois qui n'ont que de seize à dix-huit pouces, & qui ne servent que pour chasser le chevreuil & le lièvre ; à la taille près, ils sont faits comme ceux que nous nommons ici, *chiens du nord*, & sont aussi vîtes & aussi vigoureux.

Nous nous appercevons, depuis quelques années, que la race des *chiens* anglois est un peu changée, ils sont un peu plus épais & plus traversés qu'ils ne l'étoient autrefois : il y a apparence que quelques-uns de nos *chiens* normands, transportés en Angleterre, ont opéré ce changement ; nous ne nous en plaindrons point.

Des chiens *normands*.

Les *chiens* normands ont toujours été plus étoffés que nos *chiens* d'élèves ; mais comme dans le nombre il s'en trouvoit de légers, & que d'ailleurs ils chassoient, rapprochoient & crioient bien, on en faisoit venir autrefois pour entretenir les meutes de la vénerie, & pour en tirer race ; mais les beaux sont devenus très-rares, & la bonne & ancienne race est dégénérée, depuis sur-tout que les chasseurs se sont décidés pour les *chiens* anglois, *chiens* d'autant plus à la mode aujourd'hui, qu'on veut aller vîte, & prendre à tel prix & de quelque façon que ce soit.

Des chiens de Saint-Hubert & autres.

Les *chiens* de Saint-Hubert étoient autrefois recherchés ; mais ils sont dégénérés, sans doute, puisque de six ou huit que l'abbé de Saint-Hubert donnoit chaque année, il étoit rare qu'on en gardât dans les meutes ; on en a dressé quelques-uns pour limiers, & qui se sont trouvés bons, mais ceux de cette espèce sont plus rares que jamais, & on n'y compte pas plus que sur les *chiens* courans.

A l'égard des anglois, des normands & des élèves, il y en a de beaux & de bons, chacun dans leur genre : ainsi les maîtres d'équipages peuvent choisir & se satisfaire. Ceux qui aiment à aller vîte & à prendre plusieurs cerfs en un jour, & à chasser dans toutes les saisons, doivent avoir de ces chiens anglois nommés *chiens du nord* ; ceux au contraire qui aiment à voir chasser leurs *chiens*, qui se contentent de prendre un cerf, & qui même après une belle chasse, ne sont pas fâchés de le manquer, doivent avoir de ces *chiens de parc & des normands* ; & ceux enfin qui veulent avoir des *chiens* moins vîtes que les uns & plus légers que les autres, doivent en croiser les races, sauf les risques & les frais de faire des élèves.

Des lices & des élèves.

Pour faire des élèves on ne tire race que des lices qui, par leur taille & leur conformation, sont faites pour porter ; il faut, outre cela, que les lices chassent bien, qu'elles soient de bonne race, ainsi que les *chiens* destinés à les couvrir ; que les uns & les autres n'aient aucun défaut naturel, comme par exemple, de tomber du haut-mal ; ou d'être lunatiques, c'est-à-dire, voyant clair en certains tems, & en d'autres voyant à peine à se conduire ; & que même les pères & mères de ceux dont on veut tirer race, n'aient point eu quelques-unes de ces infirmités, parce que les petits, ou du moins quelques-uns d'entr'eux, s'en ressentiroient ; cependant si le *chien* ou la lice sont aveugles par accident, on n'a rien à craindre pour la portée. On ne tire jamais race des *chiens* & des lices qui ont la queue tournée, parce qu'ils en font ordinairement d'autres avec la même difformité, qu'on ne doit pas souffrir dans une meute, quand on veut qu'elle soit régulièrement belle. Il faut qu'un *chien* & une lice aient

deux ans avant que de tirer race ; s'ils étoient plus jeunes, on affoibliroit leur tempérament, & d'ailleurs la portée ne réussiroit pas. L'usage étoit autrefois dans beaucoup d'équipages, de faire couvrir une lice deux fois par le même *chien*, en deux jours différens ; mais je ne vois pas à quoi bon : on sait, & l'expérience le prouve, que quand un *chien* & une lice sont bien noués, & qu'on leur donne le tems de se dénouer sans y être forcés, la première opération suffit, & il est à présumer que quand elle ne réussit pas, une seconde ne doit pas avoir des suites plus heureuses ; d'ailleurs la récidive ne peut, à la longue, que diminuer les forces & abréger même l'existence du *chien*. On doit sans doute s'intéresser à la propagation, mais on doit aussi faire en sorte que ce ne soit pas au détriment de la bonne espèce ; je dis de la bonne espèce, parce que les *chiens* choisis sont, ou du moins doivent être les plus beaux & les meilleurs d'une meute.

Il faut, autant qu'il est possible, faire couvrir les lices à la fin de l'hiver ou au commencement du printems, par la raison que les jeunes *chiens*, à qui les froids sont toujours nuisibles, ont pour eux deux étés contre un hiver, & qu'en conséquence ils s'élèvent plus aisément.

On ne doit jamais avoir qu'une ou deux portées du même *chien* avec la même lice ; il est prouvé qu'à la troisième & à la quatrième, l'espèce dégénère ; comme elle dégénère aussi dans une meute, lorsque de tems en tems on n'en fait pas couvrir les lices par des *chiens* de race différente : une lice françoise avec un *chien* anglois, ou une lice angloise avec un *chien* françois, font presque toujours de beaux & bons bâtards. On a remarqué que les portées du *chien* anglois, avec la lice françoise, réussissent mieux que celles du *chien* françois avec la lice angloise ; mais on trouve rarement des lices angloises aussi étoffées que nos lices françoises ; les anglois les gardent pour eux, ou ne nous envoient que coupées. Au reste, il ne faut pas croire que toutes les belles lices fassent toujours de beaux *chiens* ; il est même prouvé que certaines d'entr'elles n'en font souvent que de vilains, quelqu'attention qu'on ait de ne leur donner que de beaux mâles.

On ne doit pas avoir plus de trois à quatre portées d'une lice, & en général il ne faut pas tirer race d'un vieux *chien* mâle ou femelle, parce que leur tempérament étant affoibli, ils ne peuvent faire que des *chiens* médiocres & délicats. Lorsqu'une lice a fait des petits, on lui laisse passer sa première chaleur, afin de lui donner le tems de se reposer & de se rétablir. Une lice porte ordinairement soixante jours, quelquefois deux ou trois jours de plus, & rarement un ou deux de moins. Quand elle a beaucoup de *chiens*, elle paroît pleine après trois semaines ou un mois de couverture ; mais quand elle en a peu, on ne s'en apperçoit que huit ou dix jours avant qu'elle mette bas. Il y a des lices qui, approchant de leur terme, ont du lait, & qui, malgré cela, n'ont point de *chiens* ; d'autres qui, avec du lait, ont le ventre gros & avalé, mais qui coulent ; c'eſt-à-dire, qu'au lieu de faire des *chiens*, elles ne rendent que des glaires & de l'eau. Lorſqu'une lice eſt couverte, & que ſa chaleur eſt paſſée, on la mène à la chaſſe juſqu'à ce qu'elle ſoit décidée pleine : je conviens que c'eſt l'expoſer à divers accidens qui peuvent la faire avorter ; mais ces accidens ſont rares, au lieu qu'il eſt prouvé qu'une lice couverte, qu'on laiſſe au chenil, s'engraiſſe & s'appeſantit en ceſſant de travailler, & qu'en cet état elle fait ſes *chiens* avec peine, & ſouvent même elle meurt dans l'opération. C'eſt donc un bien pour elle de la faire chaſſer juſqu'à ce que ſon ventre commence à baiſſer : pour lors elle ne va plus à la chaſſe ni à la curée, & douze ou quinze jours avant ſon terme, on la mène au chenil des élèves, où on la laiſſe libre dans une cour fermée ; on la fait promener de tems en tems dehors, par un valet de *chiens*, & on ne lui donne que très-peu de mouée ; mais du pain tant qu'elle en veut. Lorſqu'elle eſt prête à mettre bas, & qu'on s'apperçoit qu'elle ſouffre, on la veille, & ſi le travail eſt long & pénible, on lui fait prendre une potion compoſée d'un verre de vin avec de la canelle & du ſucre, le tout bouilli enſemble. Si un petit *chien* mort ou vivant ſe trouve arrêté au paſſage, on le tire avec un crochet de fer ou de bois, en uſant de beaucoup de précautions pour ne pas bleſſer la mère ; ſi elle meurt avant que d'avoir pu mettre bas, on l'ouvre dans le moment & on retire les *chiens* : pluſieurs de ces petits animaux ont été ſauvés en pareille circonſtance. On a toujours des mâtines prêtes à nourrir les jeunes *chiens*, & on ne laiſſe les petits ſous leur mère, que cinq ou ſix heures, pour tirer le premier lait : les jeunes *chiens*, nourris par leur propre mère, ſeroient plus forts & mieux portans que ceux qui ſont nourris d'un lait étranger ; mais ſouvent une lice fait trop de *chiens* pour pouvoir les nourrir tous ; & d'ailleurs elle eſt bientôt uſée ſi, en la faiſant chaſſer & porter, on la fait encore nourrir pendant un mois ou ſix ſemaines : il faut donc que le maître ou le commandant d'un équipage, décide entre la mère & les petits. On ne donne pas à une mâtine plus de quatre à cinq *chiens* à nourrir ; un plus grand nombre l'affoibliroit, & les petits manqueroient de la ſubſiſtance néceſſaire : au reſte le nombre de ces petits animaux doit être proportionné à l'abondance du lait, & la force de la nourrice. Telle lice ne fait qu'un ou deux *chiens*, d'autres en font ſeize ou dix-ſept ; mais les portées ordinaires ſont depuis ſix juſqu'à dix ; celles qui ſont au-deſſus réuſſiſſent rarement. Auſſitôt qu'une lice a fait ſes *chiens*, on lui donne une bonne

mouée, & on continue à la bien nourrir juſqu'à ce qu'elle ait réparé ſes forces ; on lui donne au moins un mois de repos avant que de la ramener à la chaſſe ; &, en général, on ne la fait travailler que lorſqu'elle eſt en bon état : on fait paſſer ſon lait en la frottant avec de la terre franche, délayée avec du vinaigre.

Comment on élève les jeunes chiens, *& comment on les met en chaſſe.*

Quand les petits *chiens* ont quinze ou vingt jours, on les purge avec un peu de manne fondue dans du lait ; & quand ils ont ſix ſemaines, on commence à les ſevrer en leur donnant du lait & de la mouée claire : pour les accoutumer à cette nouvelle nourriture, on les ſépare pendant le jour de leur nourrice, & on les remet avec elle pendant la nuit ; après avoir fait la même choſe pendant ſept à huit jours, on les ſépare tout-à-fait, & on ne les nourrit plus que de mouée. Lorſqu'ils ont ſix mois, on les paſſe dans le grand chenil, on les met au pain d'orge, & on ne leur donne de la mouée que deux fois par ſemaine. Lorſqu'ils ont neuf à dix mois, on les accoutume à aller au couple, on les promène dans le grand ébat, & on les y tient ſous le fouet pour les préparer à l'obéiſſance ; on les mène couplés dans les rues & dans les champs pour les enhardir, en leur faiſant voir différens objets. Lorſqu'ils ont un an, on les éverre (on verra ci-après comment on éverre les *chiens*) ; on les met enſuite dans la meute ; on les promène & on leur fait faire curée avec les autres ; mais on ne les mène à la chaſſe qu'à l'âge de dix-huit à vingt mois. Les lices ſont ordinairement plus tôt formées que les *chiens*, & les *chiens* de moyenne taille le ſont plutôt que les grands ; mais, en général, on ne fait chaſſer les uns & les autres que lorſqu'ils ſont en force & en bon état.

Avant que de découpler les jeunes *chiens*, on les promène pluſieurs fois à la chaſſe, les tenant à la harde, tant pour les mettre en haleine que pour leur faire connoître le pays & le chemin de la maiſon. Plus les jeunes *chiens* ont d'ardeur, & plus on les ménage dans les commencemens ; ſi on les laiſſoit ſelon leur volonté, on courroit riſque de les forcer & de les énerver. On fait donc reprendre, autant qu'on le peut, dans le courant de la chaſſe, & on leur donne du repos quand ils ont couru trop long-tems. On ne découple pas plus de quatre jeunes *chiens* à-la-fois ; un grand nombre ſeroit nuiſible, & feroit tourner la tête aux *chiens* dreſſés. Dans certains équipages, on met deux ou trois jeunes *chiens* à chaque relais, pour leur apprendre à chaſſer ; mais on ne peut approuver cette méthode, par la raiſon que ces *chiens*, toujours fougueux, & qui ne ſavent pas ce qu'on leur demande, vont droit devant eux, courent après tout ce qu'ils trouvent, quelquefois même après rien, enlèvent les autres enfin, & font manquer un cerf. On penfe donc qu'en les découplant, & leur laiffant paffer leur première fougue avec les chiens de meute, ceux des relais les maîtrifent enfuite, & les dreffent fans porter préjudice à la réuffite d'une chaffe.

Les jeunes chiens, en général, font affez obéiffans avant que d'avoir goûté la voie de l'animal auquel on les deftine; mais auffi quand ils commencent à être dedans, c'eft-à-dire, à connoître la voie & à la chaffer avec plaifir, ils deviennent alors moins dociles; on ne doit cependant les corriger encore qu'avec précaution & ménagement, pour ne pas rebuter ceux qui feroient naturellement timides. Ce n'eft donc que lorfqu'on s'apperçoit qu'ils font peu de cas d'une correction légère, qu'on doit la donner plus forte & la continuer jufqu'à ce qu'ils obéiffent: un chien à qui dans fa jeuneffe on a laiffé prendre l'habitude de forcer, s'en corrige difficilement dans la fuite.

De la nourriture des chiens.

Il eft reconnu depuis long-tems que la nourriture la plus faine pour les chiens eft le pain d'orge. Ce pain fe fait exprès, tous les jours, avec de la farine d'orge dont on n'a pas féparé le fon: il eft effentiel de bien veiller à cette nourriture; que la farine foit bonne, que le pain foit bien cuit. Il faut fe méfier de la qualité de la nourriture, fi on voit une partie de la meute avoir la foire, cela arrive affez ordinairement lorfqu'il y a des farines mélangées avec la farine d'orge; le feigle fur-tout dévoie beaucoup les chiens. Il ne faut pas que le pain foit trop tendre ni trop raffis, ce dernier inconvénient eft beaucoup moins à craindre que le premier. Le poids de la farine augmente à-peu-près de deux cinquièmes par l'eau que l'on y mêle pour la pétrir; de forte qu'un fetier de farine pefant cent foixante-quinze livres, doit rendre environ deux cents quatre-vingt-dix livres de pain, ou trente-quatre pains de huit à neuf livres chacun. Les chiens feront fuffifamment nourris, lorfqu'on leur donnera habituellement deux livres & demie, ou tout au plus trois quarts de pain chacun par jour, divifés en deux repas. L'intelligence du premier piqueur doit diminuer felon les circonftances; mais jamais il ne doit donner plus. Il ne faut pas que les chiens renoncent jamais fur le pain: pour cela, on prévoit à-peu-près la quantité qui leur eft néceffaire. Pendant qu'on le caffe dans les auges, on fait tenir tous les chiens fur les bancs; lorfque le pain eft caffé, on frappe avec le manche du fouet fur l'auge, & ils arrivent tous enfemble. Si au bout d'un moment on voit que les chiens mangent avec voracité, & que la quantité de pains caffés n'eft pas fuffifante, on en caffe encore deux ou trois autres, mais on n'attend pas pour cela que le premier foit mangé.

Chaque repas ne dure pas plus de huit ou dix minutes; fi au bout de ce tems, les chiens ne paroiffent manger que parce qu'il y a encore du pain, il faut ôter les auges, y reftât-il la moitié du pain. De cette manière, une meute fera fuffifamment nourrie, & s'entretiendra dans un degré d'embonpoint à-peu-près égal. Lorfque quelques chiens s'engraiffent trop, on les met au gras; c'eft-à-dire, qu'il y a auprès du grand chenil, un autre petit chenil dans lequel on les enferme pendant une partie du repas, afin qu'ils mangent moins que les autres. Cette méthode, quoique bonne, ne doit être employée qu'avec ménagement; elle n'eft bonne que pour les chiens bien en vigueur; un chien jeune ou vieux pourroit maigrir, au point de ne jamais reprendre, & périr. La meilleure façon de dégraiffer les chiens, eft de les faire chaffer fouvent; je ne condamne cependant pas l'autre, qui eft bonne, quand on en ufe avec intelligence: elle eft néceffaire lorfqu'un chien, difpofé à devenir gras, eft boiteux au point de manquer plufieurs chaffes, l'embonpoint qu'on lui laifferoit prendre alors lui feroit pernicieux; il pourroit fe forcer & crever même la première chaffe qu'on lui fera faire. Il faut toujours proportionner la nourriture des chiens à la fatigue qu'ils ont: comme ils travaillent beaucoup dans l'été, on peut augmenter un peu la nourriture quand ils mangent bien; mais je répète qu'il ne faut jamais les laiffer renoncer fur le pain: dans l'hiver, au contraire, il eft bon de la diminuer, fur-tout lorfque la gelée empêche tout-à-fait de chaffer; cependant fi on vouloit les en croire, ils mangeroient dans cette faifon le double de ce qu'ils mangent dans l'été.

Dans le printems, il eft très-ordinaire que les chiens ne mangent pas le matin, parce qu'ils mangent de l'herbe, ce qui s'appelle prendre du verd: comme cette herbe les purge, ils n'ont pas d'appétit. Dans cette faifon auffi ils font fort fujets à avoir la colique; ce que l'on connoît au bruit que font leurs boyaux: alors le premier piqueur ne doit faire caffer du pain qu'autant à-peuprès qu'il prévoit que les chiens peuvent en manger. Lorfque le pain eft caffé, il ne doit jamais manquer de faire le tour du chenil, pour obferver les chiens qui ne mangent pas: fi un chien eft deux repas fans manger, il faut remarquer fi avec cela il a l'air trifte, fi la gueule eft pâle. S'il n'a pas la colique & qu'il n'ait pas pris du verd, il faut le féparer; on ne rifque jamais rien, quand cela continue jufqu'au troifième repas, de lui tirer un peu de fang, & même de redoubler la faignée fi le fang eft noir & épais, fur-tout s'il a de la fièvre; on connoît la fièvre d'un chien, en lui mettant les deux mains fur les côtes; on fent alors fi la pulfation n'eft pas irrégulière & trop fréquente.

Les jours de chaffe au matin, on ne caffe que

quelques pains aux *chiens* ; un repas auffi fort qu'à l'ordinaire les rendroit lourds & leur couperoit l'haleine : trois ou quatre pains fuffifent pour cent *chiens* ; il eft bon cependant d'obferver que fi le rendez-vous eft éloigné, on peut leur en donner davantage, parce qu'alors ils ont le tems de fe vider. La plupart du tems ils ne veulent pas manger ; ils apperçoivent dès le matin quelques indices qui leur annoncent un jour de chaffe, comme le premier piqueur en habit d'équipage, ou l'apprêt des couples ; leur gaieté dès-lors les empêche de manger.

Au retour de la chaffe, on donne aux *chiens* une bonne mouée, autrement une foupe ; cette mouée eft faite avec les dedans de bœufs ou tripées ; chaque mouée eft compofée des quatre pieds, de la panfe, du cœur, du feuillet, du mou, du caillet & du foie de bœuf. On prend cinq tripées pour faire la foupe pour cent quarante ou cent cinquante *chiens*.

Pour faire la mouée, on la commence ordinairement la veille au foir ; on fait cuire les tripées à petit feu, dans des chaudières, pendant toute la nuit ; le lendemain on augmente le feu. Lorfque les tripées font bien cuites, on caffe quarante pains dans des baquets, & on les arrofe avec le bouillon dans lequel on les laiffe bien tremper ; après quoi on coupe la viande par petits morceaux, on la jette fur le pain, & on mêle le tout enfemble avec des pelles ; on la tient toujours auprès du feu, jufqu'au moment à-peu-près qu'on doit la donner aux *chiens* ; on la verfe alors dans les auges ; mais il faut prendre garde qu'elle ne foit trop chaude, parce que les *chiens* qui la mangent avec voracité, fe feroient beaucoup de mal. Les *chiens* ne mangent la mouée qu'au retour de la chaffe ; les repas ordinaires fe font deux fois par jour, en rentrant de l'ébat.

Du chenil & de l'ébat des *chiens*.

La grandeur d'un *chenil* doit être proportionnée au nombre & à la taille des *chiens* qui compofent la meute ; c'eft-à-dire, qu'il ne foit ni trop grand, ni trop petit, afin que ces animaux n'y aient pas froid dans l'hiver, ni trop chaud dans l'été ; il faut qu'il y ait des fenêtres des deux côtés ; pour pouvoir y donner de l'air dans le befoin ; le chenil doit être pavé & fait en pente, avec un ruiffeau au milieu pour l'écoulement des eaux & des urines. Les bancs fur lefquels les *chiens* couchent, font de planches, qui, moyennant des charnières de fer, peuvent fe relever quand on veut balayer les ordures qui paffent au travers & qui s'amaffent deffous ; ces bancs ont quatre pieds de largeur fur huit pouces de hauteur ; s'ils étoient plus élevés, les *chiens*, foit en jouant, foit en fe battant ou en fuyant un coup de fouet, fe bleffe-

roient en tombant de deffus, ou s'étrufferoient en y montant. Il y a autour de ces bancs, pour retenir la paille, un rebord d'un pouce ; ce rebord eft arrondi pour ne pas bleffer les *chiens*. Il y a au-deffus des bancs un lambris de planches de trois pieds de hauteur, afin que les *chiens* ne fe couchent ni ne fe frottent contre la muraille ; ce qui d'une part leur cauferoit du froid & de l'humidité, & d'autre part les rendroit mal-propres & craffeux. Il faut que les portes ferment bien en tout tems, qu'elles foient larges & à deux battans qui ouvrent en-dehors, afin que les *chiens* qui fortent toujours avec précipitation, ne s'eftropient pas contre les carres des portes. Il y a au bout du grand chenil, un autre chenil beaucoup plus petit pour mettre les *chiens* au gras ; la porte de celui-ci doit être de même à deux battans, & s'ouvrir du côté du grand chenil. Il y a dans le principal chenil, un reverbère qui eft allumé toute la nuit, afin que le valet de *chiens* de garde puiffe voir & féparer les *chiens* qui fe battent, & remarquer ceux qui paroîtroient menacés de quelque maladie.

L'ébat ou l'endroit dans lequel on promène les *chiens*, doit être fermé, & autant que faire fe peut, à portée du chenil, tant pour la fûreté que pour la commodité de la meute ; il faut qu'il y ait des arbres, afin que dans l'été les *chiens* puiffent fe mettre à l'ombre deffous ; il faut auffi qu'il y ait de l'herbe, pour deux raifons : la première eft que les *chiens* en prennent quand ils ont la colique ; & la feconde eft que le marcher eft plus doux & plus propre que tout autre terrain.

Les *chiens* font promenés ou menés à l'ébat deux fois par jour ; on les fort à cinq ou fix heures du matin, & à quatre heures & demie ou à cinq heures du foir, dans l'été ; & à mefure que les jours raccourciffent, on retarde le premier ébat, & on avance le fecond : en forte que, dans l'hiver, l'un ne peut être commencé avant fept heures & demie du matin, & que l'autre doit être fini à trois heures & demie du foir. Chaque promenade eft d'une demi-heure dans l'hiver, & d'une heure au moins dans l'été, pour donner aux *chiens* le tems de prendre de l'herbe, de fe mettre à l'ombre & de fe rafraîchir. On doit, pendant la promenade, corriger les *chiens* qui s'écartent & qui ne veulent pas rentrer avec les autres ; on les corrige en les nommant par leur nom, pour les accoutumer à l'obéiffance.

Du foin & du panfement d'une meute.

Il ne fuffit pas de bien nourrir des *chiens* courans & de les mettre dans un chenil commode ; il faut encore en avoir le plus grand foin & les tenir proprement, fi on veut les conferver & en tirer tout le fervice qu'on a lieu d'en efpérer. Pendant la promenade du matin, on retire la paille (1) qui est dans le milieu du chenil, qu'on lave & qu'on balaye; on prend ensuite la paille qui est sur les bancs, on la met à la place de celle qui a été retirée, & on en met de nouvelle sur les bancs; pendant la promenade du soir, on remue avec une fourche la paille qui a été mise le matin, & la même chose se répète tous les jours. Le valet de chiens de garde qui est chargé de ce soin, l'est aussi d'ôter avec une pelle & un petit bâton, les ordures que font les *chiens* dans le courant de la journée : on a remarqué que ces animaux adoptent un endroit du chenil pour se vider, & que rarement ils se vident où ils se couchent.

Le lendemain d'une chasse, le chenil est lavé & nettoyé avec plus de soin que les autres jours; & souvent même on est obligé de renouveller toute la paille, parce que les *chiens*, pleins de soupe & de viande, se sont vidés pendant la nuit plus abondamment que de coutume. Quand le chenil, le lendemain d'une chasse, est bien nettoyé, on lave les *chiens* en trempant dans l'eau une brosse, avec laquelle on les frotte par tout le corps; dans l'hiver, & même dans tout autre saison, s'il fait froid, on les lave avec de l'eau tiède, pour ne pas les morfondre. Lorsqu'ils sont lavés & brossés, & qu'on a mis de la paille dans le chenil, on les fait déjeûner avec du pain à l'ordinaire; si cependant il reste de la mouée de la veille, on la donne aux *chiens* maigres, & à ceux qui ont le plus fatigué. Entre deux chasses, on les peigne & on les brosse, soit le surlendemain de la chasse, soit la veille de l'autre. A-peu-près tous les quinze jours on leur fait la queue, c'est-à-dire, qu'on coupe, avec des ciseaux, les longs poils qu'ils ont sous la queue, depuis un bout jusqu'à l'autre. Un *chien* courant doit avoir la queue mince & effilée par le bout; ces longs poils la grossissent, & par conséquent déparent l'animal: en même-tems on refait la *marque*; cette marque se fait avec les ciseaux au côté droit.

Tous les jours, & sur-tout un lendemain de chasse, le premier piqueur & les valets de *chiens* remarquent, pendant l'ébat, s'il y a des *chiens* boiteux, blessés ou malades; & en les lavant, on regarde leurs pieds, pour savoir s'ils ne sont pas dessolés, ou s'ils n'ont pas quelques chicots ou épines. S'il y en a quelqu'un qui fasse assez mauvaise mine pour inquiéter, on le sépare, & on ne le remet avec les autres que lorsqu'on voit qu'il se porte bien. Lorsqu'en rentrant de la chasse ou pendant la curée, on s'apperçoit qu'un *chien* est boiteux, on le panse à l'instant selon son mal : le

traiter ainsi lorsqu'il est encore échauffé, c'est avancer sa guérison. Les *chiens* blessés ou malades sont toujours séparés dans un petit chenil, où ils sont plus tranquilles qu'avec les autres. On voit combien le détail d'un chenil demande de soins & d'attentions, & que par conséquent ceux à qui on le confie, ne peuvent trop s'en occuper. Au reste, il ne faut pas croire que ce soin ne regarde que le premier piqueur; les autres veneurs doivent aussi de leur côté veiller à la conservation de la meute, & pour cet effet se trouver souvent à l'ébat & aux repas des *chiens*, & avertir de ce qui pourroit échapper à la connoissance du premier piqueur & des valets de *chiens*; il faut aussi que le commandant sache par lui-même ce qui se passe dans le chenil, & si ceux qui sont sous ses ordres remplissent leurs devoirs.

Des maladies & accidens qui arrivent aux chiens, *& des remèdes pour les guérir.*

De la fièvre.

Lorsqu'on s'apperçoit qu'un *chien* est triste, & qu'il ne mange pas, il faut lui regarder à la gueule: si on la trouve blanche & livide, c'est une preuve qu'il souffre. Pour savoir s'il a de la fièvre, il faut le tâter des deux côtés vis-à-vis du cœur, & remarquer si les mouvemens sont plus élevés & plus fréquens que de coutume. Lorsque la fièvre est forte, elle se dénote par un battement aux flancs de l'animal, & pour lors il faut le saigner; si le lendemain la fièvre continue, il faut le saigner une seconde fois, lui donner des lavemens faits avec de l'eau & du son, & lui en donner au moins deux par jour pour le rafraîchir. Il est bon d'observer qu'en général on ne doit saigner un *chien* que dix ou douze heures après qu'il a mangé. Lorsque la fièvre est tombée, on donne au *chien* une médecine composée d'une once de manne fondue dans du lait, ou d'un gros de sel de Glauber, fondu dans une cuillerée d'eau, ou de six gros de syrop de nerprun dans de l'eau tiède; ces doses doivent être augmentées ou diminuées selon la grandeur & la force du *chien*. Lorsqu'un *chien* est sur-mené, c'est-à-dire, lorsqu'il a trop couru & qu'il en est malade, on doit le saigner, lui donner des lavemens, & ensuite du lait coupé : par ce moyen on le rafraîchit, & il se rétablit moyennant du repos. Le *chien* est sujet à une maladie qu'on appelle *jaunisse*; elle commence par une fièvre très-forte, & peu après l'animal devient jaune sur tout le corps & même dans les yeux; ce qui dénote que la bile est passée dans le sang: lorsqu'on s'en apperçoit, il ne faut pas saigner, mais il faut donner beaucoup de lavemens, & purger plusieurs fois; cette maladie est très-dangereuse & souvent mortelle. Lorsqu'un *chien* est malade, & qu'il a de la fièvre, on ne le nourrit que de bouillon; & lorsqu'il ne veut rien prendre de lui-même, il faut, en lui tenant le nez haut, lui ouvrir la gueule

(1) Il faut se servir de paille de seigle; la paille de froment se brise, pique les *chiens*, & leur fait venir des boutons.

& y verfer ce qu'on veut qu'il avale ; on en agit de même pour lui faire prendre une médecine. On faigne un *chien* au côté de la gorge, avec une lancette ou une flamme, & on referme la faignée avec une aiguille & du fil ; la faignée doit être guérie en vingt-quatre heures.

Du haut-mal.

Lorfqu'un *chien* tombe du haut-mal, il faut le faigner auffi-tôt que l'accès eft paffé, & le faigner encore quand le même accident arrive : on a éprouvé qu'avec cette précaution, les accès deviennent moins fréquens, & que même ils finiffent ; fi, malgré les faignées, les accès fe rapprochent, il faut néceffairement réformer l'animal. Il eft bon d'obferver qu'un *chien* outré de chaleur, ou d'avoir été trop vîte, tombe fur le côté & fe débat comme un *chien* qui tombe du haut-mal ; mais ceci n'eft qu'un accident momentané ; on fait avaler un peu d'eau-de-vie à l'animal qui, après un inftant de tranquillité, revient à lui : celui qui tombe réellement du haut-mal, en tombe en tout tems, fans qu'il y ait d'autre caufe que celle qu'il porte en lui-même. On prétend que ce mal fe gagne, mais nous avons eu très-fouvent des preuves du contraire : quoi qu'il en foit, le mieux eft de réformer un *chien* qui eft vraiment attaqué de ce mal, parce qu'il eft très-rare qu'il en guériffe.

Des abcès.

Il eft difficile de guérir un abcès qui fe forme dans le corps d'un *chien*, & de favoir en quel endroit il eft placé, à moins qu'il ne fe manifefte au-dehors : ce qu'on peut donc faire de mieux, c'eft de tâcher de le prévenir en faignant plufieurs fois l'animal, lorfqu'il a été bourré ou qu'il a reçu quelques coups de pied, ou qu'il eft tombé de haut ; on doit auffi, en pareils cas, lui faire avaler de l'eau-de-boule. A l'égard des abcès qui paroiffent au-dehors, il faut, auffi-tôt qu'on s'en apperçoit, couper le poil qui eft deffus & aux environs de la groffeur, & la frotter enfuite avec le bafilicon, pour attirer & mûrir ledit abcès. Lorfqu'il eft amolli & qu'il ne réfifte plus fous le doigt, on l'ouvre avec le biftouri, & on fait une ouverture affez grande pour que la matière coule & forte aifément. Après l'opération, on continue de faire ufage du bafilicon, & on met des plumaffeaux dans la plaie, qu'on ne laiffe refermer que lorfque la fource de la matière eft tarie. Les abcès qui viennent aux *chiens*, font non-feulement caufés par la mauvaife difpofition du fang, ou par des coups de pied, ou par des foulures ; mais encore par la morfure d'une petite bête nommée *mezerine* ou *mufaraigne*, faite à-peu-près comme une fouris, mais plus petite & le mufeau plus pointu. La morfure de ce petit animal eft fi venimeufe, que dans le moment elle fait enfler la partie attaquée, &

que fi on n'y porte un prompt remède, le *chien* meurt, ou du moins en eft très-malade : il faut donc le faigner au plutôt, & le traiter enfuite comme il vient d'être dit.

M. de Valmont, dans fon dictionnaire d'hiftoire naturelle, dit que la mufaraigne n'a point de venin, & que fa morfure n'eft point dangereufe pour le bétail, & fur-tout pour les chevaux, comme le vulgaire le penfe, d'autant plus que l'ouverture de la gueule de cet animal eft trop petite pour qu'il puiffe les mordre. J'ignore fi la mufaraigne peut faire du mal au bétail ou aux chevaux, mais je fuis certain qu'elle en fait beaucoup aux *chiens* : elle les attaque ordinairement par la tête, laquelle, en très-peu de tems, groffit de près de moitié ; on ne peut même douter que le mal ne vienne de ces petites bêtes, puifqu'on en voit & qu'on en tue fouvent dans les chenils, & fur-tout dans ceux où il y a des vieilles boiferies. Un abcès fe forme quelquefois entre les doigts du pied d'un *chien*, & ce mal eft prefque toujours occafionné par la piqûre d'une épine ou par un chicot : lorfqu'on s'en apperçoit, il faut regarder fi quelque partie de ces corps étrangers n'eft pas reftée dans le pied, & en ce cas on l'arrache avec des pinces ; après quoi on fe fert du bafilicon pour guérir ce mal, que les veneurs appellent *fourchet*.

Des plaies.

Si un *chien* reçoit une bleffure qui entre dans le corps, & que le trou foit petit à l'extérieur, il faut l'ouvrir avec un biftouri & fonder enfuite la plaie que, par le moyen d'une petite feringue, on lave & on panfe avec de l'eau-de-boule. Il faut, pour empêcher que le trou ne fe referme, avoir un tampon de filaffe imbibé de térébenthine, le mettre dans la plaie & par-deffus un autre d'onguent de vieux lard, dont on trouvera ci-après la recette. Ce panfement fait exactement, & le tampon renouvellé deux fois par jour, doivent guérir le *chien*, à moins qu'il n'ait quelque partie noble attaquée, auquel cas il n'y auroit pas de remède. On panfe encore les plaies intérieures, en faifant avec de la filaffe des tentes de la largeur & de la profondeur de la plaie, &, après les avoir trempées dans ce même onguent de vieux lard, on les enfonce légèrement dans la fonde ; on renouvelle ces tentes foir & matin ; &, avant le panfement, on nettoie la plaie en la feringuant avec de l'eau & de l'eau-de-vie tièdes ; on contient ce qu'on met dedans & deffus les plaies, avec une bande faite avec du linge.

A l'égard des plaies extérieures, on les panfe avec de l'eau-de-boule un peu forte, fans y mettre autre chofe ; fi, dans quelqu'endroit que foit la bleffure, on foupçonne qu'il fe forme un dépôt, on fe fert du bafilicon pour l'attirer au-dehors, &

& on l'ouvre quand la matière eſt formée. Il eſt quelquefois néceſſaire, quoiqu'il ne paroiſſe aucun dépôt, de faire une ouverture au-deſſous de la plaie pour l'écoulement des matières & des eaux rouſſes. Lorſqu'un *chien* a reçu une bleſſure dans le ventre, & que les boyaux ſortent, il faut les faire rentrer le plus tôt qu'il eſt poſſible, & prendre garde de les crever, ce qui feroit mourir l'animal. Si le trou eſt petit, & que les boyaux ne puiſſent rentrer aiſément, il faut, avec le biſtouri, faire une plus grande ouverture. Si les boyaux ont traîné par terre, on doit, avant toute choſe, les laver avec de l'eau & de l'eau-de-vie.

Quand les boyaux ſont rentrés, il faut coudre la plaie ou la peau avec une aiguille & du gros fil, & la panſer avec de l'eau-de-boule. Quand les boyaux ſortent par une bleſſure que le *chien* a reçue ſous le ventre, il faut mettre l'animal ſur le dos pour les faire rentrer; & comme le péritoine, ſeconde peau qui enveloppe les boyaux, ne pourroit ſe reprendre s'ils portoient deſſus ſans être ſoutenus, il faut mettre ſur la plaie extérieure une plaque d'un cuir fort épais, & par-deſſus un bandage ſerré autour du corps de l'animal. Si l'un & l'autre ne ſe dérangent pas, le péritoine doit être repris en moins de quinze jours : cette ſeconde peau eſt ſi mince que ſouvent elle eſt percée ſans qu'il y ait égratignure à la première, & on ne s'apperçoit que les boyaux ſont entre l'un & l'autre, que par un gonflement qui paroît au dehors; en pareil cas, on traite le *chien* comme il vient d'être dit. Lorſqu'un *chien* eſt bleſſé & panſé, on doit le ſaigner, & le ſaigner même pluſieurs fois ſi la bleſſure eſt conſidérable; il eſt à obſerver cependant que ſi l'animal a perdu beaucoup de ſang, la ſaignée ne doit point être réitérée. Un *chien* bleſſé dans le corps ne doit être nourri qu'avec du bouillon, juſqu'à ce qu'il n'ait plus de fièvre & qu'on s'apperçoive que ſa guériſon eſt prochaine.

Des épaules.

Lorſqu'un *chien* ne boite des épaules ou d'une épaule, que pour avoir trop travaillé, ou pour s'y être donné quelque coup, il faut ſeulement le frotter avec de l'eau-de-vie deux fois par jour, & le laiſſer repoſer; mais ſi le mal vient d'un embarras dans les épaules, & qu'après l'avoir traité comme il vient d'être dit, l'animal boite de plus en plus, il faut, après l'avoir fait chaſſer, le ramener au plutôt au chenil, le ſaigner en arrivant; laiſſer couler ſon ſang dans un vaſe, y mettre de l'eſſence de térébenthine, mêler le tout enſemble & en frotter les épaules du *chien*, auquel on donne enſuite beaucoup de repos. Si, après cette opération, le *chien* ne guérit pas, & ſi on s'apperçoit que plus il reſte au chenil, & plus ſon devant s'embarraſſe, il faut le faire chaſſer tout boiteux qu'il

eſt : on a pluſieurs fois éprouvé qu'en travaillant, les épaules ſe débrouillent, & que l'animal redevient droit. Les jeunes *chiens*, & ſur-tout les anglois, ſont ſujets à ſe prendre des épaules lorſqu'ils commencent à chaſſer; mais en les frottant avec de l'eau-de-vie, & en leur donnant du repos, ils guériſſent, &, pour l'ordinaire, ils ne s'en reſſentent plus dans la ſuite.

Des fractures.

Lorſqu'un *chien* a la cuiſſe ou la jambe caſſée, on prend des blancs d'œufs mêlés avec un peu d'eau-de-vie, on bat le tout enſemble, & après avoir remis la partie caſſée le plus droit qu'il eſt poſſible, on l'enveloppe avec de la filaſſe trempée dans les blancs d'œufs; on la contient avec des écliſſes proportionnées à l'endroit de la fracture, & on aſſujettit le tout avec une ligature faite avec du linge. Il faut que cette ligature ſoit fermé & qu'elle ne coule pas; mais auſſi il ne faut pas qu'elle ſoit trop ſerrée, parce qu'elle feroit enfler la partie malade. S'il arrive que la jambe ou le pied enfle, ſans que la ligature ſoit trop ſerrée, il faut, avec un biſtouri ou une lancette, piquer la peau en pluſieurs endroits au-deſſous de la fracture, pour faire ſortir les eaux rouſſes qui cauſent l'engorgement. Si on s'apperçoit que le *chien* cherche à arracher ſa ligature avec les dents, il faut, pour l'en empêcher, lui mettre une muſerolle de cuir, & ne la lui ôter que pour le laiſſer manger & boire. On humecte l'appareil deux fois par jour avec de l'eau & de l'eau-de-vie, & on le lève dix ou douze jours après l'accident; le ſecond appareil, & même le troiſième, s'il eſt beſoin, ſont remis & humectés comme le premier. Il faut au moins un mois pour guérir une jambe caſſée, & plus de ſix ſemaines pour une cuiſſe. Avant que de remener le *chien* à la chaſſe, on doit, après ſa guériſon, lui donner un mois ou ſix ſemaines de repos, pour fortifier la partie bleſſée, qu'il faut frotter de tems en tems avec du bouillon de tripes. Lorſque la cuiſſe d'un *chien* eſt caſſée dans le gros, il eſt rare que l'animal ne s'en reſſente pas toute ſa vie; il eſt prouvé du moins que cette partie ne reprend jamais ſa première force, & que le *chien* en boite preſque toujours en travaillant. On ne met aucun appareil à un *chien* qui a un ou pluſieurs doigts caſſés; on le panſe ſimplement avec de l'eau-de-boule, & moyennant du repos, les parties caſſées ſe reprennent d'elles-mêmes.

Des boutures.

Lorſqu'un *chien* boite du devant, on doit premièrement regarder s'il n'a pas une épine dans le pied : ſi le pied n'eſt pas rouge; s'il n'a pas les doigts enflés; ou ſi, en lui remuant les jambes l'une après l'autre, il ne ſe plaint pas des épaules. Si ſon mal n'eſt dans aucune de ces parties, il faut lui plier la jambe à la jointure ; & si pour lors il se plaint, c'est de la bouture qu'il souffre : en ce cas il faut la lui frotter avec de l'huile de laurier & de l'althæa mêlés ensemble, & continuer le même remède jusqu'à ce que le *chien* ne boite plus. Si, après être guéri, le *chien*, en travaillant, redevient boiteux, & que les boutures soient enflées, il faut y mettre le feu & les frotter ensuite avec du miel & de l'eau-de-vie, jusqu'à ce que l'escarre soit faite ; il faut, après cette opération, donner beaucoup de repos à l'animal. On met le feu à un *chien* à-peu-près comme à un cheval : avec un fer chaud on fait des raies autour des boutures, & on ne brûle que la superficie de la peau ; d'autres ne font que des trous, ce qu'en terme de cavalerie on nomme *boutons de feu*. Les uns prétendent que les raies, s'ouvrant jusqu'au vif, & faisant une plus grande escarre, réussissent mieux en ce que les sérosités ou eaux rousses, qui causent le mal, sortent plus aisément & avec plus d'abondance ; les autres disent que les boutons font le même effet, & qu'on ne court pas risque d'attaquer les nerfs, auxquels il est plus aisé de ne pas toucher avec les boutons qu'avec les raies. Quoi qu'il en soit, il est prouvé que les boutures se guérissent de l'une & l'autre façon ; au moyen de quoi on peut s'en servir indifféremment, en observant toujours de ne pas toucher aux nerfs, ce qui estropieroit le *chien*. Le mal aux boutures est causé par le travail & la fatigue, ou par quelques efforts : quand un *chien* en est attaqué, & qu'on est obligé de lui mettre le feu, on ne doit le mener à la chasse qu'après un mois au moins de repos, & quand décidément il ne boite plus.

De l'étruffure.

Un *chien* s'étruffe lorsque, par un effort, ou en se frappant contre un arbre, un banc, une porte, &c., il dérange un tendon qui est sur le mouvement de la cuisse, placé au même endroit qu'est celui qu'on appelle l'*os de la nourrice*, à un gigot de mouton, & qui lui est à-peu-près semblable. On tournoit autrefois un *chien* étruffé, c'est-à-dire, qu'un homme le prenoit par le pied de la cuisse malade, le faisoit tourner autour de lui le plus vite qu'il pouvoit ; & lorsque l'homme étoit fatigué ou étourdi, un autre reprenoit l'animal & le tournoit encore ; enfin, après avoir employé près d'un quart-d'heure à faire souffrir ce malheureux *chien*, on lui coupoit l'autre pied de derrière, pour l'obliger à s'appuyer sur le côté blessé.

On frottoit ensuite l'étruffure avec de l'eau-de-vie, & on donnoit beaucoup de repos à l'animal, en lui frottant tous les jours la cuisse avec de l'eau-de-vie & de l'althæa. Souvent, il est vrai, il redevenoit droit & paroissoit guéri, mais presque toujours il boitoit de nouveau lorsqu'on le remenoit à la chasse : il falloit donc recommencer une

seconde opération qui ne réussissoit pas mieux que la première ; & enfin la cuisse sur laquelle le *chien* ne pouvoit plus s'appuyer, ne prenant plus de nourriture, devenoit sèche, & par conséquent l'animal étoit estropié sans retour.

Après beaucoup d'épreuves semblables, on s'est décidé à ne plus tourner un *chien* étruffé, d'autant plus qu'on a remarqué que l'os qu'on croyoit remettre n'en restoit pas moins dérangé, & que, d'ailleurs, on s'exposoit à déhancher l'animal, ou à lui allonger le nerf, comme cela est arrivé quelquefois. On se contente donc à présent de couper le pied de la cuisse qui n'est pas étruffée ; on frotte l'étruffure avec de l'huile de laurier, ou mieux encore avec de l'essence de térébenthine, & on donne au *chien* trois semaines ou un mois de repos, en le faisant cependant promener de jour à autre, pour l'obliger à s'appuyer sur sa cuisse malade. Lorsque le *chien* ne boite plus, & que son pied coupé est guéri, on le mène à la chasse ; si en travaillant il reboite, on le laisse au chenil pendant une huitaine de jours, & ensuite on le fait chasser, tout boiteux qu'il est ; si dans les premiers tems il ne va qu'à trois jambes, il est bientôt obligé de se servir de la quatrième & de s'appuyer dessus quoiqu'il fasse. La cuisse étruffée par ce moyen se remet en action, & reprend nourriture ; on a même éprouvé qu'elle se fortifie & qu'elle redevient dans son état naturel.

Lorsqu'on mène à la chasse un *chien* qui a été étruffé, on le ménage autant qu'il est possible dans les commencemens, & pour cet effet on le met au plus bas relais jusqu'à ce qu'il soit en haleine & qu'il ne boite plus. Certains piqueurs mettoient autrefois des boutons de feu à l'étruffure ; mais il est à croire que cette façon ne réussissoit pas mieux que celle de tourner, puisque depuis long-tems on n'en fait plus usage. On prétend que quand l'étruffure devient enflée, le *chien* en est plutôt guéri ; mais il est bon de savoir que souvent un *chien* se donne ou reçoit un coup à la cuisse, que les nerfs souffrent & causent de l'engorgement, sans cependant que l'animal soit étruffé, c'est-à-dire, sans que l'os soit dérangé ; & si effectivement il ne l'est pas, moyennant de l'huile de laurier & du repos, le *chien* guérit & ne s'en ressent pas. Il n'en est pas de même d'un *chien* réellement étruffé ; on peut le guérir, il est vrai, mais il est rare que sa cuisse reprenne sa première force. On coupe le pied à un *chien*, en enlevant jusqu'au vif, avec un couteau, la peau du talon & celle de dessous les doigts : sans cette opération, qu'on est quelquefois obligé de réitérer, & qui force le *chien* de s'appuyer sur la partie malade, les nerfs se retireroient ; & la cuisse, comme je l'ai dit, ne prendroit plus de nourriture & sécheroit. Pour empêcher un *chien* de mettre le pied à terre, on emploie un autre moyen qui me paroît dangereux, c'eſt de lier la jambe de l'animal au-deſſus du jarret avec un ruban, & de le ſerrer aſſez pour gêner le mouvement de toute cette partie ; je craindrois que cette opération n'occaſionnât un allongement de nerf dont le *chien* pourroit ſe reſſentir long-tems.

D'un chien *allongé*.

Lorſqu'un *chien* fait quelques efforts en courant, ou qu'il veut aller plus vîte qu'il ne peut, le gros nerf de ſa cuiſſe s'allonge de façon que le jarret poſe quelquefois par terre, c'eſt ce qui s'appelle *un chien allongé*. Juſqu'à préſent on n'avoit connu d'autre façon de traiter l'animal, que de lui couper le pied du côté malade, afin que ne pouvant s'appuyer deſſus, le nerf, en ſe retirant, ſe remît dans ſon état naturel ; on frottoit ce même nerf avec de l'huile de laurier & de l'althæa mêlés enſemble ; & on donnoit beaucoup de repos au *chien* : cette méthode réuſſiſſoit à quelques-uns, mais auſſi pluſieurs autres n'en reſtoient pas moins eſtropiés. Un premier piqueur de la vénerie vient de trouver une façon plus ſimple de traiter un *chien* allongé, façon qui, épreuve faite, a eu, juſqu'à préſent, plus de ſuccès que la précédente. Auſſi-tôt après l'accident, on frotte le nerf avec de l'eſſence de térébenthine, & on fait enſuite une ligature avec du ruban, depuis le jarret juſqu'au bout du pied ; il faut que la jambe ſoit aſſez ſerré pour que l'animal ne puiſſe s'appuyer ſur ſa cuiſſe, & que par-deſſus ce même ruban on mette un bandage pour le contenir. Six jours après on lève l'appareil, on frotte le nerf avec de l'huile de laurier, & on remet la ligature & le bandage ſur leſquels on verſe de l'eau-de-vie tous les jours, dès le premier panſement. Quinze jours après le ſecond appareil, on ôte le bandage, mais on laiſſe encore quinze jours la jambe liée avec le ruban, pour empêcher le *chien* de mettre le pied à terre, & on continue de frotter le nerf & le jarret avec de l'huile de laurier : moyennant ces précautions & du repos, l'animal guérit, mais malgré cela il eſt rare qu'il ne s'en reſſente pas ainſi que de l'é-truffure. Lorſqu'on s'apperçoit à la chaſſe qu'un *chien* eſt allongé, il faut lui lier tout de ſuite le jarret avec ce qu'on trouve de propre à cet uſage.

D'un chien *deſſolé*.

Lorſque la terre eſt dure, ou lorſqu'on chaſſe dans un pays où il y a beaucoup de pierres & de graviers, les *chiens* ſe deſſolent, c'eſt-à-dire, qu'ils s'enlèvent la peau de deſſous les pieds : pour les guérir, on fait un reſtrainctif compoſé de blancs d'œufs, de ſuie de cheminée, de vinaigre & de ſel ; & on y trempe deux fois par jour les pieds écorchés, juſqu'à ce que la peau ſoit revenue. Quand un *chien* eſt deſſolé juſqu'au vif, il lui faut au moins quinze jours pour ſe guérir ; ſi on le mène

à la chaſſe avant que la peau ſoit dans ſon état naturel, il ſe deſſole de nouveau, & pour lors ſa guériſon eſt plus longue & plus difficile. Un *chien* eſt quelquefois deſſolé ſans que la première peau ſoit enlevée, elle n'eſt que bourſouflée ; lorſqu'on s'en apperçoit, il faut la couper ou l'arracher entièrement ; non-ſeulement elle ne reprendroit pas, mais elle empêcheroit celle de deſſous de s'endurcir ; lorſque cette peau eſt ôtée, on traite le *chien* avec le reſtrainctif.

Des chancres.

Pour guérir les chancres aux oreilles d'un *chien*, on les brûle avec la pierre de vitriol ou avec quelques gouttes d'eau-forte : ſi l'une & l'autre n'y font rien, il faut, avec un fer chaud, couper l'oreille au-deſſus du mal ; c'eſt le remède le plus ſûr.

Des dartres.

Lorſqu'un *chien* a des dartres, on les frotte avec une poignée de paille, juſqu'à ce que le ſang paroiſſe, & on panſe enſuite le *chien* deux fois par jour, avec le jus d'une herbe nommée *éclaire*, mêlé avec du vinaigre & du ſel ; on les guérit auſſi en couvrant la dartre de tabac râpé. Pour avoir du jus d'éclaire, on cueille l'herbe au printems, on en tire le jus & on le conſerve dans une bouteille. Si ce jus & le tabac ne peuvent guérir la dartre, après l'avoir frottée juſqu'au ſang, on la couvre d'un coup de poudre à tirer, & on y met le feu : on recommence quelques jours après la même opération, ſi la première ne ſuffit pas. Quand les dartres reviennent à un *chien* qui en a été guéri, il eſt prouvé qu'il a beaucoup d'âcreté dans le ſang : c'eſt pourquoi il faut le ſaigner, lui faire prendre du lait coupé pour le rafraîchir, & le paſſer enſuite à la graiſſe.

Flux de ſang.

Lorſqu'un *chien* a le flux de ſang, ou qu'il ſe vide de ſang, on lui donne, deux fois par jour, des lavemens faits avec du lait & du ſuif de chandelle mêlés enſemble, ou avec du bouillon de tripes, & on ne le nourrit qu'avec du bouillon ordinaire ; il eſt néceſſaire de commencer par le ſaigner.

Rétention d'urine.

On met du ſel de nitre dans la boiſſon d'un *chien* qui a une rétention d'urine : ſi le *chien* piſſe du ſang, & qu'on le ſoupçonne d'avoir reçu quelques coups, on le ſaigne ; ſi au contraire on ne le croit qu'échauffé, on le nourrit avec du lait coupé avec de l'eau. Si la rétention d'urine eſt occaſionnée par une maladie nommée *le champignon*, il n'y a plus de remède : lorſque le *chien* en eſt attaqué, il boit beaucoup; il veut piffer à chaque inftant, mais il ne laiffe tomber que quelques gouttes les unes après les autres; il dépérit de jour en jour, & enfin il meurt. Quand on l'ouvre, on ne lui trouve pas une goutte d'eau dans la veffie, qui, pour lors, eft ratatinée & n'eft pas plus groffe que le pouce : elle reffemble en effet à un petit champignon; & c'eft auffi, je crois, ce qui en a fait donner le nom à cette maladie.

Pour un chien qui a des poux.

Prenez un quarteron de tabac en feuilles, laiffez-le infufer pendant vingt-quatre heures dans une pinte de vinaigre, & frottez-en le chien deux fois feulement, & cela fuffira pour faire mourir cette vermine. Un chien gagne des poux quand on le met dans un endroit où il y a des cochons ou de la volaille. Un vieux chien a des poux provenant de la corruption du fang, & percent la peau de l'animal. Le remède, fait avec le tabac, réuffit de même pour ceux-ci; mais, comme il ne peut aller à la fource du mal, de nouveaux poux fuccèdent prefque toujours à ceux qu'on a détruits, & par ce moyen cette vermine fe communiqueroit à tous les chiens d'une meute, fi on ne réformoit au plus tôt ceux qui font fujets à en avoir de cette dernière efpèce.

Taie ou autre mal aux yeux.

Lorfqu'un chien a une taie fur un œil, ou que tout fimplement il a un œil trouble, on y met deux fois par jour de la poudre de tutie, jufqu'à ce que l'œil foit clair; comme cette poudre eft fort cuifante, il faut, pendant fon premier effet, tenir le chien & l'empêcher de fe frotter; cette poudre eft bonne auffi pour les piqûres, pourvu que l'œil ne foit pas crevé. On fe fert de même avec fuccès de fucre en poudre, pour les yeux troubles & piqués. Lorfqu'un chien a une excroiffance de chair au coin de l'œil, ce qu'on appelle onglée, il faut, avec une aiguille & du fil, percer légèrement cette chair, y paffer le fil, la tirer hors de l'œil & la couper avec des cifeaux, en faifant attention de ne pas toucher au globe de l'œil, lequel, après l'opération, eft baffiné avec de la tutie fondue dans l'eau.

De la gale.

Quels que foient les foins que l'on prenne pour la propreté d'une meute, & la falubrité d'un chenil, les chiens deviendroient galeux fi on n'employoit de tems en tems un moyen plus efficace : ce moyen eft une efpèce d'onguent avec lequel on les frotte; il prévient la gale, & guérit celle qui eft commencée.

La recette que je ne donne que pour un chien,

peut fervir pour cent, en augmentant les dofes à proportion du nombre. On prend un demi-fetier d'huile de noix, qu'on met fur le feu & qu'on laiffe chauffer fans la faire bouillir; lorfqu'on ne peut plus y tenir le doigt, on y jette un quarteron de foufre; on brouille le tout enfemble en le laiffant toujours fur le feu, jufqu'à ce que l'onguent foit fait. Pour favoir s'il eft à fon point, on y trempe un bâton ou un linge, & on en laiffe tomber quelques gouttes fur une ardoife mouillée; s'il fe fige & devient blanc, on le retire du feu, & on le remue encore quelque tems. Cet onguent doit être employé chaud, en obfervant cependant qu'il ne le foit pas affez pour brûler le chien, lequel, en ce cas, perdroit tout fon poil & pourroit en mourir. Pour graiffer le chien, on entortille un linge au bout d'un bâton, on le trempe dans l'onguent, dont on frotte l'animal fur toutes les parties du corps; après cela on le tient chaudement, & on le laiffe trois jours fans fortir. On ne graiffe pas les chiens courans un lendemain de chaffe, ils ont befoin d'un jour de repos; &, d'ailleurs, il faut les laver & broffer avant l'opération. Voici ce qui fe pratique : en fuppofant qu'on chaffe le lundi, on lave & on broffe les chiens le mardi matin, & ce même jour ils fe promènent & mangent à l'ordinaire. Le mercredi matin on les graiffe; ils reftent le mercredi, le jeudi & le vendredi fans fortir; le famedi on les promène, &, au retour de la promenade, on leur donne une mouée, dans laquelle on met de la fleur de foufre pour les purger. Pendant l'ébat on nettoie le chenil & on y met de la paille fraîche; le dimanche on lave les chiens avec de l'eau tiède & du favon; après quoi on les broffe & tout eft fait. On les mène donc à la chaffe le lundi; on pourroit, il eft vrai, les y mener un jour plutôt, mais en ce cas ils chafferoient avec l'onguent fur le corps, ce qui ne feroit point agréable à la vue & encore moins à l'odorat; il eft prouvé même que, malgré l'eau & le favon, ces animaux fe font encore fentir de très-loin. J'oubliois de dire que, pendant les trois jours que les chiens reftent fous la graiffe, on leur donne du pain le matin & le foir, comme à l'ordinaire; & que, comme on ne change pas leur paille, on redouble de foins pour ôter les ordures. Il arrive fouvent qu'après la graiffe, les chiens ne chaffent pas auffi bien que de coutume : la première raifon eft qu'ils ne font pas en haleine; & la feconde eft qu'il leur refte dans le nez une odeur de foufre qui leur eft nuifible, fur-tout au commencement d'une chaffe.

Il n'eft pas étonnant que les chiens courans raffemblés foient plus fujets à la gale que les chiens couchans & les chiens de chambre; l'activité dans laquelle ils font toute l'année, & la fatigue fréquente qu'ils éprouvent, met leur fang dans une fermentation qui fe manifefte de tems en tems par des boutons ; d'ailleurs , la quantité d'individus raffemblés dans un lieu , & les curées fréquentes , contribuent à cette effervefcence. Elle fe manifefte ordinairement deux fois par an , à la fin de l'hiver & au commencement de l'automne. Pour mettre une meute à l'onguent , il eft bon d'attendre que la plus grande partie des chiens en ait befoin ; on le reconnoît lorfqu'ils ont les coudes , les épaules , la poitrine & la queue garnie de boutons. Si on les mettoit à la graiffe fans ce befoin marqué , on courroit rifque d'être obligé de recommencer deux ou trois mois après ; cependant l'inconvénient contraire feroit plus dangereux, la gale pourroit dégénérer en roux-vieux : une gale invétérée que l'on guérit difficilement , & que fouvent même on ne guérit pas.

L'ufage de graiffer dix ou douze chiens féparément , a , felon moi , des inconvéniens : premièrement , l'onguent fait moins d'effet que lorfqu'on y met la meute entière ; en fecond lieu , ces chiens que l'on remet enfuite avec les autres, contractent , par la cohabitation , une nouvelle effervefcence , que leurs camarades leur communiquent. Ceuxci ne font devenus galeux un peu plutôt , que parce que leur fang a plus d'activité : mais les autres éprouveront peu après la même maladie. Les premiers feront donc remis à la graiffe avec toute la meute , trois femaines ou un mois après : ainfi voilà double maladie , double remède , & par conféquent double fatigue pour l'animal. Il y a cependant quelques chiens dont le fang a plus d'âcreté , & qui font fujets à avoir des rougeurs & des démangeaifons plus fréquentes ; mais j'ai prefque toujours remarqué que ces affections étoient plus dartreufes que galeufes. Dans la première acception , il faut traiter ces chiens par les remèdes indiqués pour les dartres , & employer fur-tout la poudre à tirer ; ou fi on veut les graiffer , il faut les y préparer par une faignée , & quelques jours de rafraîchiffement avec du lait coupé. La véritable gale fe manifefte , comme je l'ai dit , aux coudes , aux épaules & à la queue. Je répète qu'autant qu'il fe peut , il ne faut pas faire de graiffes particulières ; elles font plus nuifibles qu'avantageufes.

Recette de l'onguent de vieux lard.

Prenez du vieux lard , le plus vieux eft le meilleur , du bafilicon, de la térébenthine de Venife , & un peu de cire neuve ; mêlez le tout enfemble , mettez-le fur le feu & le remuez jufqu'à ce que les drogues foient fondues , & pour lors l'onguent eft fait ; on le verfe tout de fuite dans un pot de terre qu'on bouche bien. Cet onguent , qui eft très-bon pour toutes fortes de plaies , fe conferve auffi long tems qu'on le veut , & il eft toujours meilleur quand on le finit que quand on commence à en faire ufage.

Autre onguent pour les plaies.

Prenez un quarteron de térébenthine , trois jaunes d'œufs , deux cuillerées d'eau-de-vie , gros comme une noix de fucre , & mêlez le tout enfemble jufqu'à ce que cela ait formé une efpèce de bouillie : cet onguent ne fe conferve pas auffi long-tems que celui du vieux lard. Le fucre en poudre eft fort bon pour manger les mauvaifes chairs & chairs mortes d'une plaie , & celles des environs.

De la façon d'éverrer un chien.

Les chiens ont fous la langue un petit cartilage ou nerf qui reffemble affez à un ver ; auffi appelle-t-on l'opération d'extirper ce ver , éverrer un chien. On prétend qu'un chien éverré ne mord pas s'il devient enragé ; cette feule opinion fuffit pour decider à éverrer toute une meute ; car il eft certain que cette opération ne fait aucun tort au chien.

Pour faire cette opération , on tire la langue de l'animal , & après l'avoir retournée , on voit ce nerf qui eft fort mince & long à-peu-près comme le petit doigt ; on fend la première peau avec un biftouri , & on arrache ce nerf avec les doigts ou avec une pince.

De la rage.

Lorfqu'il y a un chien enragé dans une meute , on prend le parti d'enchaîner toute la meute. Je ne fais pas fi l'avantage que l'on retire de cet ufage peut être comparé aux frais , aux foins & au tems qu'il exige. Premièrement , pour qu'il ne refte plus aucune crainte pour les effets & la fuite de la rage , il faut que les chiens reftent à la chaîne pendant treize lunes révolues , depuis que la maladie s'eft manifeftée ; on a vu dans la rage de 1763 , un chien enrager dans la treizième lune. De plus , les chiens étant enchaînés particulièrement & féparément , demandent des foins particuliers, & par conféquent des hommes d'augmentation qu'il faut payer pendant tout ce tems , par extraordinaire , d'autant que l'on ne peut détacher que deux ou trois valets de chiens tout au plus , les autres étant ordinairement employés pour le fervice de la nouvelle meute que l'on forme.

Il faut obferver , d'ailleurs , combien on eft obligé de réduire la meute , & le fervice que rendent les chiens que l'on conferve. On commence par tuer tous ceux que l'on a vu mordre ou piller par le chien enragé , & même ceux que l'on foupçonne de l'avoir été ; on tue auffi tous les vieux chiens & les chiens médiocres : de forte que la meute fe trouve prefque réduite à moitié lorsqu'on la met à la chaîne. Ensuite, ceux qui ont été mordus sans qu'on s'en soit aperçu, deviennent enragés, & cela ordinairement au bout de six semaines; car, quoique l'on soit persuadé que cette maladie couve quelquefois pendant une année, on a remarqué qu'elle se manifeste ordinairement six semaines après la morsure. En outre, quelques *chiens* dépérissent par l'ennui, & meurent à la chaîne. Enfin, les *chiens* conservés, qui, après avoir été accoutumés à un exercice violent & régulier, ont été enchaînés pendant un an, sans faire d'autre exercice que quelques tours dans un enclos, & sans autre liberté que la longueur d'une harde, ne résistent guère à une fatigue nouvelle, lorsqu'on les remet en chasse : les uns se crèvent, les autres se prennent des épaules; de sorte que, s'il en reste encore quelques - uns au bout de deux ans, c'est-à-dire, un an après la chaîne, ils ne peuvent servir que pour attaquer.

Lorsqu'on veut enchaîner une meute, on donne, au premier piqueur, deux ou trois valets de *chiens* avec un boulanger; on les établit dans un endroit commode & spacieux; on prend des gens de journée autant qu'il en faut pour la quantité de *chiens* que l'on enchaîne. Chaque *chien* a un bon collier attaché à une chaîne bien scellée dans le mur; on conserve entre chaque *chien*, une distance suffisante, afin qu'ils ne puissent pas se toucher; il faut cependant que la chaîne soit assez longue pour que le *chien* puisse faire quelques pas autour de sa place. On conçoit, moyennant cela, combien une certaine quantité de *chiens* doit occuper de terrain : aussi emploie-t-on tous les chenils & une partie des écuries qui font dans l'établissement. Ce peu de *chiens*, dans un grand espace, a un inconvénient auquel il faut parer; ils seroient exposés à mourir de froid, dans les hivers rudes, si on ne prenoit la précaution d'y mettre des poêles, au moins dans les endroits les plus spacieux.

Lorsque les *chiens* font bien enchaînés à leur place, on leur donne à chacun deux sebiles de bois; dans l'une il y a toujours de l'eau, & dans l'autre on leur casse du pain deux fois par jour, après la promenade. Lorsqu'on veut les promener, on examine s'ils ont mangé le pain qui leur a été cassé pour le repas d'avant; si le pain n'a pas été mangé, & que le *chien* ait l'air sérieux, on ne le promène pas : par ce moyen, il n'y a jamais aucun risque pour les hommes. Lorsque le *chien* est gai, & qu'il a mangé, on lui passe une harde autour du cou, comme une couple; on lui ôte son collier, & on le mène à l'ébat. Chaque homme ne mène qu'un *chien* à-la-fois, & il n'approche jamais assez de ses camarades, pour que les *chiens* puissent se toucher. Cette promenade demande beaucoup de tems, parce qu'on ne peut promener que huit ou dix *chiens* à-la-fois, & qu'il faut que chaque

chien soit au moins une demi-heure dehors à chaque promenade : on les promène deux fois par jour. Pendant que quelques-uns des hommes promènent les *chiens*, d'autres font la paille ou la renouvellent, s'il est nécessaire. Il est bon, de tems en tems, de peigner & de brosser les *chiens*, sans quoi ils feroient mangés par la vermine & la mal-propreté; on est obligé aussi de les mettre à la graisse, mais toujours avec la précaution de ne pas approcher de ceux qui ont l'air sérieux & qui n'ont pas mangé.

Un *chien* ne devient pas enragé d'un moment à l'autre; cette maladie s'annonce toujours quelque tems auparavant; le *chien* devient triste & abattu. Une des meilleures manières d'éprouver si un *chien* est réellement enragé, est de lui passer sous le nez un bâton ou une fourche, en le promenant trois ou quatre fois de droite à gauche : si le *chien* a une maladie ordinaire, il n'y fait pas d'attention; mais s'il est enragé, il se jette sur le bâton avec fureur, & quelquefois même l'arrache de vos mains. Cet indice n'est pas équivoque : le parti le plus prudent alors est de tuer le *chien*. Un *chien* enragé est ordinairement absorbé par la maladie; il peut à peine porter sa tête; dans les crises de fureur, ses yeux deviennent étincelans : il mord tout ce qui est à sa portée; on croit quelquefois qu'il mange, parce qu'il mâche avec fureur les alimens qu'on lui présente, mais il ne les avale pas; on en a vu même, rarement il est vrai, mordre l'eau.

Il y a deux espèces de rage, l'une furieuse & mordante; celle-ci est la plus dangereuse, parce qu'elle se communique & se propage par la morsure : l'autre est la rage mue; le *chien*, attaqué de celle-ci, ne mord pas; il a toujours la gueule ouverte, il semble qu'il lui soit impossible de rapprocher les deux mâchoires; il meurt dans l'accablement & l'affaissement. On a remarqué, pour cette dernière sur-tout, le sang se porte avec abondance à la tête & à la gorge. Dans la rage furieuse, le *chien* crie, ou plutôt hurle beaucoup; mais dans l'autre il est muet. Bien des gens prétendent qu'il y a sept espèces de rage; il est constant que ce font différentes maladies, dans lesquelles on a cru observer des symptômes de rage. Il n'est pas rare de voir plusieurs espèces de maladies, dans lesquelles le *chien* a des convulsions, il bave, il heurle, il mord sa paille : ces effets prouvent une douleur vive & aiguë, mais n'indiquent pas la rage.

Cette maladie est particulière au *chien*; il la communique à tous les autres animaux; mais il paroît que ce n'est que par la morsure seule qu'il la communique. On ne citera qu'un seul exemple rapporté par d'Yanville qui le prouve suffisamment. Il y avoit dans les meutes du roi une lice fort jolie

& fort bonne ; elle devint enragée , & la rage se manifesta à une curée ; comme on ne la soupçonnoit pas, on fut étonné qu'elle pillât les autres *chiens*. Après qu'elle eut reçu quelques coups de fouet, un page de la vénerie , qui l'aimoit beaucoup, la prit dans ses bras, & la tint jusqu'à la fin de la curée; elle le lécha plusieurs fois, & ne le mordit pas. Dans la nuit elle devint si furieuse qu'on fut obligé de la séparer, & le lendemain l'on vit qu'elle étoit réellement enragée. Le jeune homme, sans inquiétude, ne prit aucune précaution, & il ne lui en est jamais rien arrivé. On pourroit citer encore des gens qui, après avoir ouvert des *chiens* enragés, ont fait usage des couteaux dont ils s'étoient servis pour cette opération ; mais le premier exemple suffit pour prouver que la morsure seule communique cette maladie.

Plusieurs causes peut-être provoquent cette maladie ; mais il en est une que l'on regarde comme la principale & la plus générale, & peut-être comme l'unique, ce sont les chiennes chaudes. Un tas de roquets qui courent après elles, s'excitent réciproquement ; ils s'irritent, leur sang s'allume, & sur-tout s'ils manquent d'eau, la rage se manifeste bientôt. Cette effervescence sera presque toujours la suite du désespoir & de l'impossibilité ; une disproportion dans la taille des deux individus, suffit pour la déterminer.

Il y a des remèdes très efficaces pour guérir les hommes de la rage ; mais s'il y en a pour guérir les chiens, il faut bien se garder de les indiquer, parce qu'il est trop dangereux de les administrer ; on doit même se méfier des préservatifs : il faut tuer un chien qui a été mordu par un autre chien enragé ; le soupçon seul suffit même pour y déterminer.

Maladie épidémique.

Il s'est jetté, il y a quelques années, une maladie épidémique sur les chiens dans toute l'Europe ; & il en est mort une grande partie sans que l'on pût trouver de remède au mal.

Cependant, de tous les remèdes que l'on a essayés pour cette maladie, celui qui a paru le meilleur & qui a guéri plus de chiens est, après leur avoir fait prendre deux ou trois grains d'émétique, de les tenir bien chaudement, & de leur seringuer plusieurs fois par jour dans le nez du vinaigre, dans lequel on a mis infuser du tabac.

Chiens sauvages.

Les chiens sauvages sont, sur-tout pour les moutons & les chèvres, les animaux les plus destructeurs auxquels soient exposés les troupeaux tant des colons Affriçains que des Hottentots. Ils ne se contentent pas, dit on, d'assouvir leur faim ; ils blessent & tuent tout ce qu'ils trouvent : ils marchent toujours par troupes, & rodent nuit & jour autour de leur proie. La voix qu'ils font entendre en chassant, ressemble aux aboyemens de nos chiens ordinaires, elle est seulement un peu plus douce. On assure qu'ils ont quelquefois le courage de se mesurer avec des chiens beaucoup plus forts qu'eux, tant domestiques que sauvages, & qu'ils eurent une fois la hardiesse de se retourner contre un chasseur qui les poursuivoit à cheval. On a observé qu'ils chassent eux-mêmes avec beaucoup de sagacité, qu'ils se secondent l'un l'autre, & agissent parfaitement de concert ; en même-tems chacun d'eux en particulier fait de son mieux pour rencontrer ou attraper le gibier, qui devient à la fin une curée commune. Maigres comme des squelettes, avec des places pelées sur le corps, ils sont toujours hideux. Il y en a, dit-on, de deux espèces ; les uns plus grands, d'une couleur rougeâtre avec des taches noires, les autres moins grands & plus bruns. Ceux que je vis alors à la distance de deux cens pas, étoient probablement de la plus grande espèce. Ils avoient deux pieds de haut, le poil court & roussâtre. Personne n'a encore essayé de les apprivoiser. On pourroit cependant éprouver à quel degré ces hideux & féroces animaux peuvent être alliés avec les épagneuls civilisés & mignons que le beau sexe honore de ses soins. (*Voyage au Cap de Bonne Espérance, par* A. SPARMAN.)

Il est possible qu'il y ait encore en Affrique une autre espèce de chiens sauvages ; car un paysan nommé Pottguter, dit que dans Mosselbey il avoit vu un animal de la grandeur & de la forme d'un dogue ordinaire, mais avec de plus grandes oreilles, marqué de blanc sous le ventre, & brunâtre par-tout le reste du corps. Son compagnon le tira & manqua son coup.

CHIEN *d'aiguail*; est celui qui chasse bien le matin à la rosée, & qui ne vaut rien le reste du jour.

CHIEN *allongé*; est celui qui a les doigts des pieds étendus par quelque blessure qui a touché les nerfs.

CHIEN *armé*; se nomme ainsi quand il est couvert pour l'attaque du Sanglier.

CHIEN *à belle gorge*; est celui qui aboye quand il voit le gibier.

CHIEN *butté*; est celui qui a la jointure de la jambe grosse.

CHIEN *courtaut*; celui à qui l'on a coupé la queue.

CHIEN *du haut jour*; celui qui ne vaut rien à la chaffe du matin, & qui n'eft bon que dans le jour.

CHIEN *épointé*; celui qui a les os de la cuiffe rompu.

CHIEN *étruffé*; celui qui a une cuiffe qui ne prend plus de nourriture.

CHIEN *clabaud*; c'eft un chien courant à qui les oreilles paffent le nez de beaucoup, on dit que le *clabaud* manque de force, & qu'il ne peut fuivre les autres chiens.

CHIEN *bien coëffé*; un chien courtaut eft bien coëffé quand les oreilles lui paffent le nez de quatre doigts.

CHIEN *ergotté*; on appelle de ce nom un chien qui a un ongle de furcroît au-dedans & au-deffus du pied.

CHIEN *efpié*; eft celui qui a au milieu du front du poil plus grand qu'à l'ordinaire & dont les pointes fe rencontrent; on dit que c'eft une marque de vigueur.

CHIEN VOLANT; efpèce de chauve-fouris dont le caractère eft d'avoir quatre dents incifives à chaque machoire, les doigts onguiculés joints enfemble par une membrane étendue en aile, dans les pieds de devant & féparés les uns des autres dans ceux de derrière.

CHINQUIS, ou *Paon du Thibet*; cet oifeau eft de la groffeur d'une pintade; ce qui fait fon ornement principal & diftinctif, ce font de belles & grandes taches rondes d'un bleu éclatant, changeant en violet & en or, répandues une à une fur les plumes du dos & les ouvertures des aîles, deux à deux fur les pennes des aîles, & quatre à quatre fur les longues couvertures de la queue.

CHIRARGUE; efpèce de goutte qui furvient quelquefois aux pattes des oifeaux.

CHOUCAS; efpèce de petite corneille grife. Cet oifeau a le bec & les pieds noirs, il vole en troupe, & s'apprivoife difficilement.

CHOUCAS CHOUCETTE; c'eft la plus petite de toutes les efpèces de corneilles. Cet oifeau a les pieds, le bec & tout le corps d'un noir peu foncé. Il va toujours en troupes & femble fuir les rivières.

CHOUCAS ROUGE ou CORBEAU ROUGE. Cet oifeau a le bec, les pieds, & les jambes d'un rouge orangé; fon bec eft un peu crochu; il eft

fort criard. Il fe plaît fur le haut des montagnes. On dit fa chair d'affez bon goût; ce qui fait rechercher ces oifeaux par les chaffeurs de Cornouailles, d'Auvergne & de la Bretagne.

CHOUETTE f. f. Il y a cinq efpèces de chouettes. La première & la plus grande eft appéllée par M. de Buffon la *hulotte*. Elle a quinze pouces de long, depuis l'extrémité du bec jufqu'au bout des ongles. Sa tête eft groffe, bien arrondie & fans aigrettes, & fa face eft enfoncée dans la plume. Elle a les yeux noirâtres, le bec d'un blanc jaunâtre ou verdâtre, le deffus du corps gris de fer foncé, marqué de taches noires & de taches blanchâtres; le deffous blanc, croifé de bandes noires; la queue d'environ fix pouces. Son cri eft *hou, ou, ou*. Elle fe tient pendant l'été dans les bois, toujours dans les arbres creux.

Vient enfuite le *chat-huant*, dont le cri eft *hôho, hôho*. Il a les yeux bleuâtres, ce qui, joint à la beauté & à la variété diftincte de fon plumage, où il y a moins de noir que dans celui de la hulotte, le fait aifément reconnoître. Sa longueur eft de douze à treize pouces depuis l'extrémité du bec jufqu'à celle des ongles. Le mâle eft plus brun que la femelle. On ne trouve guères les chats-huants que dans les bois, où ils fe tiennent dans les creux des arbres.

La troifième efpèce eft l'*effraye* ou *frefaye*, dont le cri eft une forte de foufflement *chi cheu chiou*, qu'elle fait entendre fouvent dans le filence de la nuit. C'eft cet oifeau qui infpire tant de frayeur à la plupart des habitans de la campagne, lorfqu'il vient fe pofer la nuit fur leurs maifons, dans l'idée où ils font qu'il annonce la mort de quelqu'un. La frefaye eft, pour ainfi dire, domeftique; elle habite au milieu des villes les plus peuplées, fur les tours, les clochers, les toîts des églifes, & autres bâtimens élevés, qui lui fervent de retraite pendant le jour, & d'où elle fort à l'heure du crépufcule. Elle eft de la même grandeur que le chat-huant, plus petite que la hulotte, plus grande que la *chouette* proprement dite. Elle a le deffus du corps jaune, ondé de gris & de brun, & taché de points blancs, le deffous blanc, marqué de points noirs; les yeux environnés très-régulièrement d'un cercle de plumes blanches, l'iris d'un beau jaune, le bec blanc, excepté le bout du crochet qui eft brun; les pieds couverts d'un duvet blanc, les doigts blancs & les ongles noirâtres. Cependant le plumage de cet oifeau varie beaucoup; il y a des individus qui ont le ventre parfaitement blanc fans aucune tache noire; d'autres font entièrement jaunes fans aucune tache.

La quatrième efpèce eft la *grande chouette* proprement

prement dite, à-peu-près de la même taille que la frefaye, & lui reffemblant par le plumage; mais elle eft en général plus brune, marquée de taches plus grandes, en manière de flammes, au lieu que les taches de la frefaye font des points ou des gouttes. Elle a auffi les pieds bien plus garnis de plumes, & le bec tout brun.

La cinquième eft la *petite chouette* ou *chevêche*, qui n'eft pas plus groffe qu'un merle. On la diftingue du petit-duc, en ce qu'elle a le bec brun à fa bafe, & jaune vers le bout, au lieu que le petit-duc l'a tout noir, & que d'ailleurs elle n'a point d'aigrettes. Elle fe tient dans les mafures, les carrières, & point dans les arbres creux.

Comme la plupart des oifeaux de nuit fe tiennent pendant le jour dans des trous d'arbres creux, un moyen d'en tuer fréquemment eft de ne jamais paffer un arbre creux, fans frapper fur le tronc avec la croffe du fufil, ou une pierre, fi on en trouve une fous fa main. A ce bruit, l'oifeau ne manque pas de partir, & on le tire en volant.

Chaffe des oifeaux à la chouette.

Une feule perfonne fuffit pour cet exercice; on prend un panier qu'on couvre de fougère ou de quelqu'autre verdure, de manière qu'on ne puiffe voir la perfonne qui fe cache deffous & qui porte cette machine fur fa tête: il faut auffi faire attention qu'il n'y ait fur le panier aucune branche affez forte pour qu'un petit oifeau puiffe s'y pofer: on place enfuite vers le haut un petit morceau de bois qui s'avance au dehors & fur lequel on attache par les pieds avec une ficelle une *chouette*: outre ces préparatifs, il faut encore avoir un morceau de bois de l'épaiffeur d'un pouce, fendu par un bout, & dont la fente s'étend jufques vers la moitié du bâton: au bout de cette fente, & vers le milieu du bâton, on place un petit reffort qui le tienne ouvert, & à deux ou trois doigts au-deffous une corde dont le bout aille fe rendre fous le panier, & qui fervira à faire joindre les deux morceaux de bâton fendu que le reffort tient écarté.

On va avec cet équipage le long des haies, le panier fur la tête, & faifant voltiger de tems en tems la *chouette*: les petits oifeaux qui la déteftent viendront en criant la becqueter; mais ne pouvant fe pofer fur le panier, ils fe mettront fur le bâton: le chaffeur vigilant, caché fous le panier, tire alors la corde, & le gibier fe trouve pris, grace à l'antipathie des oifeaux pour la *chouette*.

CHOUPILTE. Chien pour la chaffe au tirer.

CHULON ou CHELASON, f. m. Animal de
CHASSES.

Tartarie qui a quelques rapports avec le loup. On fait à Pekin un grand cas de la peau de cet animal. Le poil en eft long, doux, épais & de couleur grifâtre. Le *chulon* fe voit encore en Suède & en Ruffie.

CHUNGAR. Oifeau de proie qui tient du héron & du butor, & qu'on trouve dans la partie orientale de l'empire des Mogols: fa chair eft très-délicate & approche du goût de la gelinote. Il eft tout-à-fait blanc excepté par le bec, les aîles & la queue qui font rouges On eft dans l'ufage de préfenter le *chungar*, en figne d'hommage, aux rois du pays, & de l'orner de plufieurs pierres précieufes.

CHURGE, f. f. Cet oifeau eft la plus petite efpèce d'outarde, ayant vingt-pouces de haut jufqu'au fommet de la tête. La *churge* a trois doigts feulement à chaque pied, & ces doigts font ifolés, le bec un peu courbé & allongé; le bas de la jambe fans plumes. Elle eft originaire du Bengale.

CIGOGNE. Oifeau de paffage défini par ce vers de la Fontaine:

La *cigogne* au long bec emmanché d'un long col, &c.

Il y a deux efpèces de cigogne, la blanche & la noire.

La *cigogne blanche* qu'on voit communément eft plus grande que le héron gris; mais elle a le cou plus court & plus gros; elle a auffi les jambes moins longues. Sa tête, fon cou, la partie antérieure de fon corps, & fon ventre, font d'un blanc éclatant; elle a le croupion & les parties inférieures de l'aile noires. Son bec pointu, long de quatre à cinq pouces, & fes pieds, font rouges comme le vermillon. Son envergure eft de fix pieds. Elle fe nourrit de couleuvres, de lézards, de limaçons, & auffi de quelques petits poiffons qu'elle va cherchant fur les bords des eaux & dans les vallées humides. Elle ne pond pas au-delà de quatre œufs, & fouvent pas plus de deux. Les *cigognes* ne font que paffer dans nos contrées, au printemps & en automne. La Lorraine & l'Alface font les provinces de France où elles paffent en plus grande quantité. Il y en refte plufieurs qui y font leur nid, & il eft peu de villes ou bourgs de la baffe Alface, où il ne fe voie quelqu'un de ces nids fur les clochers. Elles fe rencontrent affez rarement, & feulement par hafard, dans les autres parties du royaume, où elles s'arrêtent quelquefois fur les vieux châteaux inhabités. La chair de la *cigogne* eft mauvaife & mal-faine. « N'en » faites état pour la manger, comme étant de » mauvais fuc & de nourriture peftilente » (dit l'ancienne *Maifon Ruftique*.)

Les grandes plumes de la *cigogne blanche* font
V

entremêlées à la racine d'un duvet dont la blancheur est éblouissante. La structure en est admirable & tient d'un prodige, car chaque petite plume de ce duvet à un tuyau de la grosseur d'un petite épingle, qui se divise en cinquante ou soixante autres plus petits & plus fins que des cheveux. Ces petits tuyaux sont aussi garnis des deux côtés de petites fibres presque imperceptibles.

La *cigogne noire* est de la même taille que la blanche : elle a le cou, la tête, le dos & les ailes d'un noir luisant, avec quelque mélange de vert, le ventre, la poitrine & les côtés blancs, le bec & les jambes verts. Elle est extrêmement rare dans nos contrées ; elle l'est moins en Suisse & en Italie, où on la dit plus commune que la blanche. Willaghby dit qu'on la voit assez souvent dans les marchés de Rome. Salerne parle d'une *cigogne noire* tuée de son tems dans la forêt d'Orléans.

CIMIER, s. m. (*Vénerie*) c'est la croupe du cerf, du daim & du chevreuil, qui dans la curée le donne au maître de l'équipage.

CIVETTE, s. f. Quadrupède originaire d'Afrique, qui ressemble au renard par la tête : son agilité lui a fait donner le nom de chat musqué, & les bandes dont sa robe est tachetée, celui de petite panthère : cet animal a une liqueur odorante dans une ouverture qui est auprès des parties de la génération. Ce parfum ne doit point être confondu avec le musc qui est une humeur sanguinolente qu'on tire d'un animal différent. Le quadrupède qui produit le musc, est une espèce de chevreuil sans bois, ou de chèvre sans cornes.

Le naturaliste qui, étonné du parfum de la *civette*, a confondu cet animal avec l'hyene des anciens, n'a point avancé un sentiment ridicule : on tiroit, du tems des romains, des corps de l'hyene, des philtres amoureux : c'est peut-être la liqueur odorante de la *civette* qui sert encore à cet usage dans quelques serails de l'Asie : les anciens ont parlé de l'incertitude du sexe dans l'hyene ; & rien ne distingue le mâle de la *civette* de sa femelle. Autre preuve de conformité.

La *civette* se trouve dans les montagnes des îles Philippines : sa peau ressemble à celle du tigre ; elle a aussi son caractère sauvage : les habitans vont à la chasse de cet animal ; ils le saisissent vivant, lui ôtent la liqueur odorante qu'il renferme, & lui donnent la liberté, pour jouir une seconde fois de son trésor.

Quoique la *civette* se trouve aux îles Philippines, elle n'est point naturelle à l'Amérique ; c'est un animal particulier aux climats chauds de l'ancien Continent, & qui ne se trouve dans le

nouveau, que parce que les espagnols l'y ont transporté.

La *civette*, cependant, peut vivre dans les climats tempérés, & même dans les pays froids, pourvu qu'on lui donne des alimens succulens & qu'on la défende avec soin des injures de l'air.

C'est de la Guinée qu'on tire le meilleur parfum de la *civette* ; quoique les négres le falsifient souvent en y mélant des sucs de végétaux : pour recueillir ce parfum, on met l'animal dans une cage étroite : on ouvre la cage par le bout, on tire l'animal par la queue, & on le contraint à demeurer dans cette situation, en mettant un bâton à travers les barreaux de la cage, ce qui lui gêne les jambes de derrière ; on fait ensuite entrer une petite cuiller dans le sac qui contient le parfum ; on racle avec soin tous les parois intérieurs de ce sac ; & on met la matière qu'on en tire dans un vase qu'on ferme avec soin : cette opération se répète deux ou trois fois par semaine.

La *civette* est naturellement farouche ; cependant on l'apprivoise assez pour pouvoir la manier sans danger ; elle vit de chasse, poursuit les oiseaux & emporte les volailles dans les basses-cours : elle mange aussi des racines & des fruits. Son cri ressemble à celui d'un chien en colère.

Le musc étoit le plus précieux des parfums avant qu'on connût celui de la *civette* : tous deux ont ensuite cédé à l'ambre, & déja l'ambre commence à n'être plus le parfum par excellence.

CLAPIER, s. m. C'est un endroit destiné à élever & nourrir des lapins. Le *clapier* doit être dans une cour ou dans un jardin environné de bonnes murailles. Le *clapier* sert à peupler une garenne. On y place quelques loges pour servir de retraite aux lapins. Il suffit d'un mâle pour vingt-cinq femelles. On les nourrit l'été avec de l'herbe & du foin, & l'hiver avec du son. Quand les petits peuvent se passer de leur mère, on les met dans la garenne.

CLATIR, v. n. (chasse). Il exprime le cri du chien, lorsque cet animal le redouble, & semble avertir le chasseur que le gibier qu'il presse à la piste n'est pas éloigné.

CLÉS, (fauconn.) ce sont les ongles des doigts de derrière de la main d'un oiseau de proie.

CLÉ, (vénérie) *clés* de meute ; ce sont les meilleurs chiens & les plus sûrs de la meute.

CLÉRAGRE, (fauconn.) espèce de goutte qui vient aux ailes des oiseaux de proie.

CLUSE, (terme de fauconnerie) ; c'est le cri que le fauconnier fait entendre aux chiens, lorsque l'oiseau a remis la perdrix dans le buisson ; ainsi *cluser* la perdrix, c'est exciter les chiens à faire sortir la perdrix du buisson où elle s'est remise.

COAITA. C'est une espèce de grand sapajou, dont le corps est effilé, velu & mal proportionné dans ses membres. On en voit de noirs & de blancs, les uns barbus, & les autres sans barbe. Cette espèce est commune dans la Guienne, au Panama & au Pérou. Elle fait sa nourriture de poisson, d'insectes, & principalement de fruits. Ces animaux deviennent familiers, dociles & caressans ; ce qui les fait rechercher. On les chasse aussi parce que les habitans en aiment la chair.

COATI. Petit quadrupède assez commun dans les climats méridionaux de l'Amérique. Tout son corps est de couleur rousse. Il aime à se tenir debout sur les pattes de derrière. Son museau est allongé, & son grouin mobile en tout sens. La queue du *coati* est plus longue que son corps ; l'animal la tient ordinairement élevée, la fléchit en tout sens & la promène avec facilité ; il partage avec le singe le goût singulier, &, contre nature, de la ronger de manière, que souvent il la raccourcit d'un tiers. Le *coati* est un animal de proie qui se nourrit de chair & de sang, qui égorge les petits animaux, mange les œufs & les nids des oiseaux. La chasse du *coati* est dangereuse pour les chiens, sa morsure étant venimeuse. On trouve sa chair d'un bon goût à la Guiane.

COATI-MONDI. C'est un quadrupède du genre des *coatis*, dont il diffère par la couleur du poil.

Le *coati-mondi* se trouve également dans l'Amérique méridionale, & dans la septentrionale ; il est petit & familier, & sa queue est rayée de diverses couleurs. Il a toutes les inclinations du renard, & est encore plus opiniâtre que lui : malgré sa petitesse il se défend avec une force extraordinaire quand on le fait marcher malgré lui, & quand il est apprivoisé, il se cramponne contre les jambes des personnes qu'il rencontre, & va familièrement ravager leurs poches : on ne peut lui faire lâcher prise qu'en le frottant avec une brosse, car cet animal a, dit-on, une singulière antipathie pour les foies de cochon. Le genre de vie de ce quadrupède est assez singulier ; il dort depuis minuit jusqu'à midi, veille le reste du jour, & se promène régulièrement depuis six heures du soir jusqu'à minuit.

COCHEVIS, s. m. Espèce d'alouette, appellée aussi *alouette hupée*, à cause d'une crête de plumes qu'elle a sur la tête. Elle est à-peu-près de la grosseur de l'alouette ordinaire, mais bien moins commune. Elle va toujours seule : on la rencontre fréquemment, sur-tout pendant l'hiver, le long des grands chemins, où elle cherche sa nourriture,

dans le crotin du cheval. En Béarn, on prend beaucoup de *cochevis* avec le filet à nappes, le même dont on se sert pour prendre les alouettes au miroir.

Cet oiseau apprend facilement à siffler les airs qu'on lui enseigne. Si on le met en cage, il faut en joncher de sable le fond, & couvrir le haut avec une toile, afin que le *cochevis*, qui tend toujours à s'élever, ne se casse point la tête.

COCHON D'INDE. Petit quadrupède, originaire des climats chauds du Brésil & de la Guinée. Il a quelque rapport par la forme de la tête avec le lièvre & le lapin. Ses oreilles sont transparentes & arrondies ; il n'a presque point de queue : ses dents sont semblables à celles du rat ; son poil peut être comparé à celui du *cochon* ; sa couleur varie ; mais la plupart sont mêlés de grandes taches de blanc, de noir & de roux. Ces animaux sont d'un tempérament précoce & ardent ; ils multiplient beaucoup, même dans les climats tempérés & froids : ils ne sont bons qu'à dormir, a jouer & à manger ; ils sont foibles & se laissent dévorer par les chats sans se défendre ; leur chair est insipide.

COCHON *domestique*. Animal quadrupède que l'on a mis au rang des animaux à pieds fourchus, & qui ne ruminent pas. Le *cochon* est le porc châtré ; celui qui ne l'est point s'appelle *verrat*.

COCHON-MARRON. On appelle ainsi en Amérique les cochons devenus sauvages en errant dans les forêts. On en distingue de trois espèces. Ceux de la première espèce sont courts ; ils ont la tête grosse, le museau peu allongé, & les défenses fort longues. Leurs jambes de devant sont plus courtes que celles de derrière. La chasse de cette espèce est fort dangereuse, parce que ces animaux se jettent sur les chasseurs qui les ont blessés.

Les *cochons-marons* de la seconde espèce diffèrent peu des cochons domestiques. On dit qu'ils font la guerre au serpent à sonnettes.

La troisième espèce est des *cochons* de Siam & de la Chine, qui ont quelque ressemblance avec le petit sanglier, ils sont très-délicats à manger en *cochons* de lait.

COEDOES ou CONDOMA ; espèce de chèvre sauvage qui se trouve dans l'intérieur des terres du Cap de Bonne-Espérance. Cet animal égale les plus grands cerfs par sa taille. Son corps est couvert d'un poil court d'un brun clair ; il a sur le dos une raie blanche, d'où en partent plusieurs de côté & d'autre. Son cou est surmonté d'une crinière ; son menton est orné d'une barbe ; sa tête ressemble à celle du cerf, mais elle est plus pointue.

ſes cornes ſont grandes, griſes, creuſes, torſes, longues de trois pieds & demi à cinq pieds, formant un pas & demi de ſpirale, marquées de rugoſités. Ses pieds ſont fourchus comme ceux du cerf : ſa queue eſt courte & terminée par une touffe de poils. Sa phyſionomie eſt douce ; c'eſt un des animaux le moins connus.

COENDOU. Cet animal a quelque rapport avec le porc-épic : mais il eſt beaucoup plus petit ; c'eſt d'ailleurs une eſpèce particulière qui ne ſe trouve qu'en Amérique ; il eſt carnaſſier plutôt que frugivore ; il dort pendant le jour comme le hériſſon, & court pendant la nuit ; il monte ſur les arbres, & ſe retient aux branches avec ſa queue. Les ſauvages vont à la chaſſe du *coëndou*, parce que cet animal eſt bon à manger : les femmes arrachent auſſi leurs piquans dont elles ſont divers ouvrages.

Le *Coëndou* s'apprivoiſe ſans peine : on le trouve ſur les montagnes dans toute l'étendue de l'Amérique, depuis le Bréſil & la Guiane, juſqu'aux parties méridionales du Canada.

COFFRE. En vénerie, le *coffre* du cerf, du daim & du chevreuil, eſt ce qui reſte de ces animaux après que les principales parties en ont été levées.

COIN (Fauconnerie), ſe dit des plumes qui forment les côtés de la queue de l'oiſeau ; il y a les deux premières, les deux ſecondes, &c. de chaque *coin* ; cette dénomination ne ceſſe qu'au deux du milieu, qu'on appelle les couvertes.

COLIBRI. Nom donné à un genre de petits oiſeaux, qui tous ſont admirables pour leur beauté, pour leur forme, pour leur façon de vivre & pour la fineſſe de leur taille ; on les trouve communément dans pluſieurs contrées de l'Amérique & aux Indes orientales.

Il y a des eſpèces de *colibris* qui ont toutes les couleurs des pierres précieuſes. Le bec de ces oiſeaux n'eſt guère plus gros qu'une aiguille ; cependant ils ſe rendent redoutables aux oiſeaux à gros bec. Les colibris volent avec rapidité & font entendre une eſpèce de bourdonnement. Ils ne ſe nourriſſent que du ſuc des fleurs, ou plutôt des petits inſectes qui ſont ſur les fleurs. La façon de chaſſer ou de prendre le *colibris*, eſt de lui jetter un peu de ſable pour l'étourdir, ou de lui préſenter une baguette frottée de glue ou de gomme diſſoute.

COLION. Petit oiſeau qui ſe trouve dans les contrées les plus chaudes de l'Aſie & de l'Afrique. Il reſſemble au bouvreuil par la forme du bec, & à la veuve par les deux longues plumes de ſa queue. On diſtingue quatre différentes eſpèces de colion.

COLIMBE, ſ. m. Genre d'oiſeau aquatique ; il nage entre deux eaux, & reparoit enſuite ſur la ſurface. Il y a de grands & petits colimbes, de hupés & de non hupés. Les pieds du *colimbe* ſont placés près du bas ventre & s'alongent en arrière ; en ſorte que cet oiſeau paroît plus fait pour nager que pour marcher. Il a le bec pointu ; la couleur de ſon plumage tire ſur le cendré, varié de points noirs & blancs.

COLIN. Oiſeau du Mexique dont il y a différentes eſpèces : ſa couleur dominante eſt le fauve. Sa tête eſt variée de blanc & de noir. Ses pieds & ſon bec ſont noirs.

COLIOU, ſ. m. Oiſeau du Sénégal & du Cap de Bonne-Eſpérance. Il eſt de la groſſeur d'un pinçon d'Ardenne. Il a deux plumes de la queue plus longues que les plumes latérales, & le bec en cône raccourci, convexe en-deſſus, applati en-deſſous. Sa couleur tire ſur le cendré, mêlé d'une ligne teinte de couleur vineuſe au cou & à la tête.

COLLÉ-A-LA VOIE. Chien qui ne s'écarte pas de la piſte de l'animal.

COLLETS, LAS, LACETS ou SAUTERELLES. Petits filets de corde ou de crin, que l'on tend dans des haies, ſillons, rigoles ou paſſages étroits, avec un nœud coulant, dans lequel les animaux ſe prennent en y paſſant. On en fait de fil d'archal ou de fer pour les loups, ſangliers, &c. On les proportionne à la groſſeur & à la force de la bête. On les tend au-deſſus de la terre, à leur portée, dans les endroits où l'on ſe doute qu'ils paſſeront : on les attache à une branche ou perche bien ferme, & pliée en arc, dont le bout n'eſt arrêté que par une coche ou entaille faite à un arbre voiſin, ou à la branche ou perche qui porte le *collet*, ſe dégage, & en ſe redreſſant enlève le *collet* & l'animal au moindre mouvement qu'il y donne. Il eſt à propos, lorſque l'on dreſſe ces pieges pour loup & renard, de ſe frotter les mains & la ſemelle des ſouliers de charogne, fiente ou autre appât, dont l'odeur puiſſe attirer ces animaux.

COLLETEUR, ſ. m. (Chaſſe) celui qui s'entend à tendre les collets.

COLLIER *de limier* ou *botte* (Vénerie). C'eſt l'attache de cuir qu'on lui paſſe au cou quand on le mène au bois.

COLLIER *de force*. *Collier* garni de clous, dont

les pointes sont en-dedans, & qui sont pour dresser les chiens de plaine.

COLOMBE, s. f. C'est la femelle du pigeon ; c'est aussi une espèce particulière d'oiseau plus petit que le pigeon.

La *colombe* d'Italie fait son nid dans les creux des rochers & dans les tours. C'est un oiseau de passage qui vole en troupe, qui se nourrit de glands & de toutes sortes de grains.

La *colombe* de Portugal est plus grosse que la tourterelle ; son plumage est fort sombre. Celle de la Chine est plus grosse & un peu bleuâtre.

COM-BIRD. Oiseau du Sénégal. Il est de la grandeur d'un coq d'Inde. Son plumage est gris, rayé de blanc & de noir. Il a la tête ornée d'un duvet doux, long, pendant des deux côtés, & frisé par la pointe, ce qui l'a fait surnommer le *peigné*. Sa queue fait la roue ; elle est d'un beau noir d'ébène dans sa partie supérieure, & d'un blanc d'ivoire, dans la partie inférieure. Cet oiseau a une grande envergure, vole peu ; il a une démarche grave & fière.

COMBLETTE, s. f. (Vénerie) C'est ainsi qu'on appelle la fente du milieu du pied du cerf.

CONDOR, s. m. Aigle du Monomotapa, qu'on trouve aussi sur la rivière des Amazones, au Pérou, en Afrique, en Asie, & dans les montagnes de la Suisse : c'est l'oiseau le plus prodigieux de la nature. Nous devons la connoissance que nous en avons au célèbre la Condamine, qui calcula l'applatissement des pôles de la terre à l'équateur : ce savant nous apprend la manière dont les Indiens font la chasse de cet oiseau ; ils lui présentent pour appât une figure d'enfant, d'un argile très-visqueux : le *condor* fond d'un vol rapide sur cette figure, qu'il regarde comme sa proie ; mais il y engage ses serres de manière qu'il lui est impossible de s'en dépétrer.

Garcilasso de la Verga, parle d'un *condor* qui, ayant à terre sur la côte du Chili, ne fut tué qu'avec peine à coups de mousquets, par l'équipage d'un vaisseau anglois, qui mouilloit dans une anse. On l'apporta en Angleterre, & il fut mis dans le cabinet d'histoire naturelle de la société royale de Londres, comme un des animaux le plus curieux qu'il y eût en Europe : ce *condor* a seize pieds cinq pouces de hauteur, & ses ailes déployées ont trente-deux pieds sept pouces d'une extrémité à l'autre.

L'aspect seul de cet oiseau de proie suffit pour mettre en fuite les troupeaux, & même leurs conducteurs. Heureusement cet oiseau formidable

est fort rare : sa femelle même ne pond que peu souvent, & seulement autant qu'il le faut pour perpétuer l'espèce.

Le bec du *condor* est si robuste & si fort, qu'il peut éventrer un bœuf. Sa tête est ornée d'une crête. Son plumage est tacheté de blanc & de brun foncé, presque noir. Il se nourrit de proie vivante. Lorsqu'il voit sur un roc escarpé quelqu'animal trop fort pour l'enlever, il prend son vol de manière à le renverser dans quelque précipice. Quant aux petits animaux, il les enlève en volant & sans s'abattre. Il emporte les jeunes chevreuils, tue les biches & les vaches, & prend aussi de gros poissons.

CONNOISSANCES (Vénerie). Indices de l'âge & de la forme du cerf, par la tête, le pié, les fumées, &c.

CONTRE-PIÉ ; prendre le *contre-pié*, en vénerie, c'est retourner par où la bête est venue.

CONTR'ONGLE A CONTR'ONGLE, terme de chasse. Prendre le pié de la bête *à contr'ongle*, c'est voir le talon où est la pince.

COQ, s. m. Genre d'oiseau qui, au milieu de son sérail en poules, se fait remarquer par la beauté de sa taille, par sa démarche fière & majestueuse, par ses longs éperons aux pattes, par sa crête charnue, dentelée, d'un rouge vif & brillant qu'il porte sur le front, par son pendant sous le menton, par la richesse & la variété des couleurs de son plumage, & par le contour agréable des plumes de sa queue, qui sont posées verticalement. Cet oiseau domestique varie singulièrement pour les couleurs ; aussi en voit-on de toutes les nuances.

Le *coq* annonce par son chant les heures de la nuit & la pointe du jour. Il est le symbole de la vigilance.

Les *coqs* sont fiers & courageux ; ils se battent avec opiniâtreté ; plusieurs aiment mieux mourir que de se laisser vaincre ou de se sauver. Leur combat est devenu un spectacle favori chez les anglois & quelques autres nations.

Cet oiseau est si lubrique, qu'il s'épuise bientôt par ses exploits amoureux. Au reste, il est attentif, complaisant, & aux petits soins avec les poules ; il veille à leur conservation comme à leurs plaisirs.

Poule, s. f. Les poules ou femelles du *coq* sont du nombre des animaux domestiques les plus précieux, à cause du tribut en œufs qu'elles nous donnent tous les jours.

Le port de la queue des poules est particulier à ce seul genre d'oiseau. Elles sont en effet les seules dont la queue eſt dans un plan vertical & pliée en deux parties égales. Les poules nous préſentent une multitude de variétés; on diſtingue entr'autres les *poules de Caux* ou de *Padoue*, qui ſont très-groſſes & haut montées. Les poules à *jambes courtes* ou aux *pieds courts*; les *poules friſées*, dont les plumes ſont réfléchies vers la tête. Les *poules né-greſſes* qui nous viennent de Guinée, qui ont les os noirs, la crête & la peau noires, & la chair blanche. Les *poules hupées*, les *poules pattues*, qui ont des plumes juſqu'à l'extrémité des pattes.

COQ-DE-BRUYÈRE ou GRAND TÉTRAS.

Cet oiſeau eſt auſſi connu dans certains pays ſous le nom de *faiſan-bruyant*, par rapport au cri ſingulier que fait le mâle, lorſqu'il eſt en amour, & qu'il appelle ſes femelles. Il a quatre pieds, ou environ, de vol, & pèſe communément dix à douze livres. Son plumage eſt d'un beau noir luſtré, parſemé, lorſqu'il eſt jeune, de petites taches blanches, qui diſparoiſſent à meſure qu'il vieillit. Ses pieds ſont couverts de plumes; il a le bec du *coq* domeſtique, & relève ſa queue en éventail comme le dindon. Cet oiſeau aime le froid, & habite les bois qui couronnent les hautes montagnes. Il ſe nourrit de feuilles & ſommités de ſapin, de bouleau, de peuplier blanc, de ſaule, de génévrier, de feuilles & fleurs de blé-ſarraſin, de piſſenlit, &c. La femelle ne diffère du mâle que par ſa taille plus petite, & un plumage moins noir. Le grand *coq-de-bruyère* ſe trouve dans les Pyrénées, dans les hautes montagnes du Dauphiné, particulièrement du canton appellé le *Vercors*, aux environs de Die, & dans celles de l'Auvergne. Dans cette dernière province, les bois du *Mont-d'Or*, & ceux de la *Magdelaine*, proche la ville de Thiers, ſont les lieux où il y en a le plus. Il s'en trouve auſſi dans les forêts montagneuſes de la Lorraine & de la haute Alſace. Ces oiſeaux ſe perchent ſur les pins les plus élevés, & c'eſt, pour l'ordinaire, dans ces arbres, que les chaſſeurs les tuent. En hiver, lorſque la terre eſt couverte de neige, il s'en prend beaucoup de vivans, avec des quatre-de-chiffre chargés d'une pierre plate, & creuſés en-deſſous.

Poule des bruyères. Elle eſt plus petite que le coq, & reſſemble, par ſon plumage, à la perdrix. Elle pond juſqu'à huit ou neuf œufs blancs, marquetés de jaune: elle les dépoſe au milieu de la mouſſe, dans un lieu ſec. Lorſqu'elle eſt obligée d'aller chercher ſa nourriture, elle les recouvre auſſi de mouſſe, & les cache de manière qu'on a bien de la peine à les découvrir. Dès que les petits ſont éclos, la mère ſe promène dans les bois où ils ſe nourriſſent d'œufs de fourmis juſqu'à ce que, devenus plus forts, ils s'accoutument à manger des pommes de pin. Quoique ces poules ſoient très-fécondes, ces oiſeaux ne ſont pas très-nombreux, parce que les oiſeaux de proie, les renards & autres animaux, en détruiſent beaucoup.

On voit quantité de ces oiſeaux dans le nord de l'Angleterre & de l'Ecoſſe, & dans les Alpes.

COQ-D'INDE ou DINDON.

C'eſt un gros oiſeau d'un genre différent de celui du *coq*, & qui nous a été apporté des Indes Occidentales. Il s'eſt multiplié dans ce pays-ci au point qu'il eſt devenu très-commun. On conduit ces oiſeaux comme des troupeaux dans les champs pour les faire paître. La tête & le cou du *coq-d'inde* ſont recouverts d'une peau qui, ordinairement, eſt lâche & flaſque & peu colorée, mais qui ſe gonfle, s'étend & devient d'un pourpre vif lorſque l'oiſeau eſt animé de quelque paſſion. Le ſommet de ſa tête paroît alors de trois couleurs, qui ſont le blanc, le bleu & le pourpre. On le voit marcher avec la fierté du paon, & étaler pompeuſement ſa queue en roue.

Cet oiſeau a un appendice charnu & rouge qui lui tombe de deſſus le bec & deſcend d'un pouce plus bas: lorſqu'il mange, cet appendice ſe raccourcit beaucoup. Le *coq-d'inde* n'a pas d'éperons aux jambes. Quand les mâles ſont un peu âgés, on les diſtingue des femelles par un petit bouquet de crins, ſemblables à de la ſoie de cochon, & qui ſe trouve ſous la gorge. Les femelles qu'on nomme *poules d'indes*, ont, dans le même endroit, un petit morceau de chair ſans crin.

Les *coqs-d'inde* varient par la couleur du plumage.

COQ-D'INDE SAUVAGE.

On en voit à la Louiſiane, ils reſſemblent aux nôtres; ils ſont cependant plus beaux à cauſe du plumage d'un gris de maure bordé d'un filet doré. Quand les naturels du pays vont à la chaſſe de ces oiſeaux, ils ſe rendent dans les landes hériſſées d'orties; ils font chaſſer leurs chiens; les *coqs* s'échappent avec rapidité, & prêts d'être atteints, ils ſe perchent ſur des branches d'arbre: les chaſſeurs ont alors la liberté de tourner tout autour, & les tuent l'un après l'autre ſans qu'aucun cherche à s'envoler. Cette ſtupidité paroît naturelle à la race des *coqs-d'inde*.

COQ DE BANTAM.

C'eſt une eſpèce de petit *coq* tout-à-fait hardi & courageux. Il combat même contre des chiens & des chats. Ses plumes ſont d'une belle couleur orangée: la poitrine, le ventre & les cuiſſes ſont noires. Ces oiſeaux ſont originaires de Bantam dans les Indes.

COQ DE WENDHOVER.

Coq particulier que les anglois dreſſent à la chaſſe avec la même facilité qu'un oiſeau de proie: ils inſpirent du courage à un animal naturellement timide; & rien ne prouve mieux que l'éducation eſt la rivale de la nature.

COQ DES ROCHES. Très-bel oiseau qui se trouve dans la Guienne & dans le pays de Surinam. On le nomme aussi *coq des bois*. Cet oiseau est plus petit que le pigeon commun. Son bec est d'un jaune clair & à-peu-près fait comme celui du *coq* ordinaire. Tout son plumage est, tant en dessus qu'en dessous, d'une belle & éclatante couleur d'orange. Les belles plumes de sa huppe, qui forment un croissant, sont couleur de feu. Au haut des plumes de cette huppe, se voit une bandelette étroite qui court en rond, & d'un beau pourpre, ce qui donne à l'oiseau un aspect superbe. On distingue un peu de noir dans quelques plumes de la queue, qui, toutes, sont de couleur aurore, courtes & comme coupées au bout. Ses jambes sont courtes, & ses cuisses sont couvertes jusqu'aux genoux par les plumes du ventre. Ses pieds sont jaunes; ses ongles sont crochus & larges. Cet oiseau cherche les fentes des rochers & les endroits profonds & obscurs. Il vole & voit très-bien le jour; il voit aussi pendant la nuit. Le mâle & la femelle sont également farouches, & très-difficiles à chasser : ils se nourrissent de petits fruits sauvages.

COQ DE JOUTE. Nom que les François donnent à un animal amphibie, qui ressemble au lézard, & qu'on trouve en plusieurs endroits de l'Amérique & des Indes orientales.

Le *coq de joute* a cinq pieds de long, & quinze pouces de circonférence : le mâle, qui est d'un tiers plus gros que la femelle, a une posture hardie & un regard épouvantable. Cependant cet animal n'est point vénimeux.

On mange la chair & les œufs du *coq de joute*. Les habitans du Brésil lui font la chasse au printems; mais comme sa peau est fort huileuse, les balles de fusil glissent souvent sur lui sans le blesser.

On a remarqué qu'on pouvoit garder cet animal vivant pendant trois semaines, sans lui donner à boire ou à manger.

COQUALLIN. Quadrupède qui ressemble à l'écureuil pour la forme du corps, & par le panache de sa queue; mais qui en diffère par la taille & par la couleur du poil; il est plus grand que lui, & habite dans des trous & sous des racines d'arbre : il a le ventre d'un beau jaune, & la tête, aussi-bien que le corps, variés de blanc, de brun, de noir & d'orange. Il est défiant & rusé, ce qui en rend la chasse difficile; il est aussi trop farouche pour qu'on puisse jamais l'apprivoiser.

Le *coquallin* ne se trouve que dans les parties méridionales de l'Amérique.

COQUANTOTOLT. Petit oiseau du Mexique, de la figure d'un moineau. Il a le bec jaune, court, se jettant en arrière. Son estomac, son ventre ses aîles sont d'un jaune blafard : le reste du corps est gris. Il a une crête sur le derrière de la tête.

COQUARD ou FAISAN BATARD. Cet oiseau vient du mélange du faisan avec la poule ordinaire. C'est une espèce de mulet qui ne multiplie point. Il est plus petit que le faisan. Il a comme lui une longue queue, un cercle rouge autour des yeux, & il se rapproche du coq ordinaire par les couleurs communes & obscures de son plumage. La chair du *coquard* est très-délicate.

COQUELUCHE, ou *ortolan de roseaux de Sibérie*. Cet oiseau doit son premier nom à l'espèce de *coqueluchon* d'un beau noir, bordé de blanc, qui recouvre la tête, la gorge, le cou, & descend en pointe sur la poitrine. Il a les flancs mouchetés de noir, & le dessus du corps varié de roux & de noirâtre. Cet oiseau est long de cinq pouces. Il est recherché comme un mets délicat.

COR, s. m., (chasse). Instrument à vent à l'usage des chasseurs. Il est contourné; il va insensiblement en s'évasant depuis son embouchure jusqu'à son pavillon. Ce sont les chauderonniers qui les font. On peut donner au *cor* l'étendue de la trompette; mais quelle que soit celle qu'on lui donne par sa construction, elle variera toujours, selon l'habileté de celui qui en sonnera. Pour sonner du *cor*, on embouche le bocal en le pressant contre les lèvres, soit à un des coins de la bouche, soit au milieu, de manière que le bout de la langue puisse s'insinuer dans le bocal, & conduire le vent dans le corps de l'instrument. Il faut que le bocal soit si bien appliqué, qu'avec quelque violence que le vent soit poussé, il ne s'échappe par aucun endroit que par l'ouverture du bocal. Ce sont les mouvemens de la langue & des lèvres qui modifient le vent, & c'est le plus ou le moins de vitesse & de force du vent qui forme les différens tons. On fait des concerts à plusieurs *cors*; alors il faut qu'il y ait un certain rapport entre ces instrumens. Si le plus grand *cor* a six pieds de longueur, il fera la quinte en bas de celui qui n'aura que quatre pieds; & si l'on en a un troisième qui n'ait que trois pieds de longueur, il sonnera la quarte du second. Il y a des *cors* à plus ou moins de tours; il y en a même qui ont comme un retour ou espèce d'anneau dans leur milieu. On emploie plus ceux qui ont jusqu'à neuf à dix tours. Il y a des *cors* de vachers; on les appelle plutôt *cornet*, ou *cornet à bouquin*.

CORACIAS. Genre d'oiseau de proie, dont le caractère est d'avoir quatre doigts non palmés, trois devant & un derrière, & les jambes emplumées jusqu'à l'éperon; le bec conique, allongé & un peu arqué. Cet oiseau est à-peu-près de la grosseur d'une corneille. Son plumage est d'une couleur qui tire sur le violet. Il habite les Alpes, les montagnes de Candie, le Mont d'Or en Auvergne. Il y a aussi le *coracias hupé*, sur les montagnes de Suisse, dont le plumage est d'un noir verdâtre.

CORAIA. Oiseau qui est une espèce de fourmillier rossignol ; sa longueur est de cinq pouces & demi. Sa tête est noire, le dessus de son corps d'un brun roux, sa queue est rayée transversalement de noirâtre, elle est étagée & longue de deux pouces. Il a l'ongle postérieur le plus long & le plus fort de tous.

CORBEAU, s. m. Cet oiseau est à-peu-près de la grandeur d'un coq : tout son corps est noir, un peu bleuâtre sur le dos. Son bec est fort gros, noir, & un peu recourbé à son extrémité. Sa langue est large & fendue, ses ongles sont crochus, grands, principalement ceux de derrière ; ses pieds sont écailleux & noirâtres. Il a au moins trois pieds & demi de vol. Son cri est *crau*. Il fait son nid dans les forêts, au sommet des plus hauts arbres, &, par préférence, sur les chênes. Le mâle & la femelle vont le plus souvent ensemble ; & lorsqu'une paire de corbeaux s'est établie dans un bois de haute futaie, ils ne souffrent point que les corneilles viennent nicher à une certaine distance du canton qu'ils habitent. Le *corbeau* se nourrit de charognes qu'il évente de fort loin ; mais il attaque aussi les oiseaux, ainsi que tout gibier, & même les agneaux nouveau-nés, qu'il dévore souvent, après avoir commencé par leur crever les yeux. Cependant, il n'est pas exclusivement carnacier, se nourrissant de végétaux au besoin, & M. de Buffon le regarde comme omnivore. Il est en guerre avec tous les oiseaux de proie, & n'en redoute aucun ; pas même l'aigle, s'il en faut croire Espinar. Cet oiseau fait son nid aux approches du printems. Tout le monde fait qu'il est d'une très-longue vie. C'est un évènement assez rare pour les chasseurs que de tuer un *corbeau*, parce que l'espèce en est peu multipliée ; &, par cette raison, lorsqu'il s'en trouve une paire dans quelque bois de haute-futaie qui accompagne un château, on s'attache à les y conserver comme une sorte d'ornement. Ajoutez à cela que le *corbeau* est fort rusé, & difficile à joindre.

Le jeune *corbeau* peut s'apprivoiser & être dressé pour la fauconnerie. Il apprend aussi à parler. Les petits *corbeaux* s'appellent *corbillards*.

CORDE DE CRIN. C'est le trait dont on se sert pour conduire les chiens à la chasse.

CORDEAU A SONNETTES. C'est un *cordeau* après lequel on attache des grelots. On s'en sert pour battre & traquer les endroits où l'on ne peut avoir accès comme dans les chasses de bourrée qui se font aux cailles dans les chenevieres.

CORDYLE. Lézard d'Amérique, qui tient du crocodile & de la Salamandre : on l'appelle *fouette-queue*, parce qu'il frise & entortille sa queue en l'agitant sans cesse de côté & d'autre. Les sauvages vont à la chasse de cet animal, parce que sa chair est de fort bon goût, & peut être comparée à celle de la poule : le *cordyle* est amphybie, il se sert de ses pieds & de sa queue pour marcher, grimper, nager & frapper tout ce qu'il approche.

CORINE. Nom qu'on donne à une gazelle du Sénégal : ses cornes sont très-courtes, très-lisses & très-menues ; ce quadrupède tient un peu du chamois, mais il est plus petit ; car il n'a que deux pieds de hauteur. La *corine* est de la même espèce que la gazelle & le revet, & les différences qu'elle a subi, ne viennent que de l'influence du climat, & de la diversité de la nourriture.

CORMORAN. Oiseau de proie aquatique assez semblable au corbeau ; il a un bec long, crochu & tranchant à l'extrémité dont il se sert habilement pour saisir le poisson dont il se nourrit ; il prend quelquefois sa proie avec un pied, & l'apporte au rivage en nageant de l'autre : d'autrefois il plonge dans l'eau pour l'attraper ; quand il saisit un poisson, s'il ne peut l'avaler commodément en commençant par la queue, à cause des écailles, il le jette habilement dans l'air, en lui faisant faire un demi-tour, afin que sa tête retombe la première ; il le rattrape alors avec une adresse infinie, qu'imiteroit à peine le plus habile de nos bateleurs.

Pêche des poissons avec le cormoran.

C'est à la chine qu'on a trouvé d'abord l'art de pêcher avec le secours du *cormoran*. On y dresse cet oiseau comme nous dressons des chiens pour la chasse : un pêcheur peut aisément en gouverner jusqu'à cent ; ils se perchent sur les bords du bateau, & quand ils sont arrivés au lieu de la pêche, au moindre signal ils partent tous & se dispersent sur les eaux ; ils cherchent, ils plongent, ils reviennent cent fois à la charge, jusqu'à ce qu'ils aient trouvé leur proie ; ils la saisissent avec leur bec, & la portent à leur maître : quand le poisson est trop gros, ils s'entr'aident mutuellement ; l'un le prend par la tête, l'autre par la queue, d'autres par les nageoires, & ils l'amènent ainsi jusqu'au bateau : on leur présente alors de longues rames, ils s'y perchent avec leurs poissons, & ne l'abandonnent que pour en aller chercher d'autres : on a la précaution de mettre un anneau de fer au bas du cou, de peur qu'ils n'avalent le poisson, & qu'ils perdent le goût du travail.

CORNEAUX. Chiens engendrés d'un mâtin & d'une chienne courante.

CORNEILLE.

CORNEILLE, f. f. On diftingue cinq efpèces de *corneilles* : la *corneille* proprement dite, appellée auffi *corneille noire* ou *corbine*; la *corneille mantelée* ou à *mantelet*; le *freux* ou *frayonne*; la petite *corneille*, dite *choucas*, & le *choucas* à bec rouge.

La *corneille noire*, ou *corbine*, eft la plus groffe de toutes; elle a près de trois pieds de vol; fa couleur eft affez femblable à celle du corbeau, & fes habitudes font les mêmes : elle fait fon nid vers le printems. Elle eft omnivore comme le corbeau, fe nourrit comme lui de voiries, & mange auffi le menu gibier, les perdreaux, levrauts & lapereaux, lorfqu'ils font très-foibles. Elle eft très-friande des œufs de perdrix, qu'elle a l'adreffe de porter à fes petits, après les avoir percés avec la pointe de fon bec. Les nids de cette efpèce de *corneille* font difperfés dans un bois ou une forêt. Chaque paire prend pour fon nid un terrein d'environ un quart de lieue de diamètre, où elle ne fouffre point une autre nichée. Les *corneilles* s'attroupent au commencement de l'hiver; & c'eft alors qu'on les voit par grandes bandes dans les campagnes.

La *corneille mantelée*, ainfi nommée à caufe d'une efpèce de fcapulaire ou manteau qui s'étend par devant & par derrière, depuis les épaules jufqu'à l'extrémité du corps, eft de la même groffeur que la corbine, & fe nourrit à-peu-près de même, mais plus rarement de voiries, fa nourriture la plus ordinaire étant toute forte de grains & des infectes. C'eft un oifeau de paffage. On la voit arriver par grandes troupes vers la Touffaints, & partir au commencement du printems. Elle ne pond point en France.

Le *freux* ou *frayonne* eft moins gros que la corbine & la *corneille* mantelée. Son caractère le plus diftinctif eft une peau nue, blanche, farineufe, & quelquefois galeufe, qui environne la bafe de fon bec, au lieu des plumes noires & dirigées en avant, qui occupent la même place dans les deux efpèces précédentes. Elle fe nourrit uniquement de grains, ne touche point aux voiries, ni à aucune chair. Ces *corneilles* font de paffage (dit M. de Buffon), & s'en vont à la fin de l'été pour ne reparoître qu'au printems. Ce font elles dont on voit dans les forêts plufieurs centaines de nids raffemblés dans un très-petit efpace, & jufqu'à dix ou douze & davantage fur un même arbre. Dans les cantons que ces nids occupent, depuis la fin d'avril jufques vers la mi-mai, tems où les chênes & hêtres n'ont pas encore toutes leurs feuilles, on peut s'amufer à tirer des cornilleaux, & en tuer en quantité. Ils font déjà affez forts pour voler autour des arbres où font les nichées, & trop foibles encore pour s'en éloigner; enforte qu'après avoir fait un petit circuit en l'air, ils viennent à tout moment fe repofer fur l'arbre, où on peut les choifir & les fufiller à fon aife.

CHASSES.

Beaucoup de gens mangent ces jeunes cornilleaux, & les prétendent fort bons. La corbine, la *corneille* mantelée, & le freux, vont enfemble en hiver, & les bandes qu'on voit en cette faifon, font mêlées des trois efpèces.

La *petite corneille*, ou *choucas*, eft beaucoup plus petite que les trois efpèces précédentes. Elle a le derrière de la tête, & le dos jufqu'au milieu, la poitrine & le ventre grisâtres, & le refte du corps noir. Elle niche quelquefois dans les arbres, mais plus volontiers dans les tours d'églife, ou dans le comble d'un vieux château abandonné.

Enfin, la cinquième efpèce eft le *choucas à bec rouge*, aifée à diftinguer de toutes les autres par la couleur de fon bec. Celle-ci fe tient dans les montagnes & rochers, & ne fe montre prefque jamais dans les plaines. Elle eft fort commune dans les Alpes. Elle mange de tout, mais principalement du grain. C'eft un oifeau fort criard.

Chaffe lugubre des corneilles.

Les anciens nous repréfentent la *corneille* comme un oifeau lugubre; les modernes fe font conformés à cette idée, & rien n'eft plus lugubre que leur chaffe. On fe tranfporte fur le foir dans le bois que ces oifeau fréquente; on y ébranche dix ou douze arbres à cinq ou fix pieds de haut, & quelquefois même jufqu'à huit, afin que la tête feule demeure garnie : quand la nuit eft venue, & que l'obfcurité eft la plus profonde, deux ou trois perfonnes s'habillent de noir des pieds jufqu'à la tête, & montent fur les arbres défignés : deux autres perfonnes marchent dans les bois, font un peu de bruit, & fecouent les arbres les plus chargés de *corneilles*; ces oifeaux, épouvantés, quittent leur afyle, prennent leur effor dans le bois; & prenant les fpectres, qui habitent le fommet des arbres dépouillés, pour un tas de *corneilles*, ils fe placent fur eux & tout autour; on n'a que la peine de les prendre à la main, de leur écrafer la tête & de les jetter au pied de l'arbre.

Cette chaffe demande un certain courage, & il feroit difficile d'en procurer le plaifir aux dames.

Chaffe des corneilles au cornet englué.

La *corneille* fait beaucoup de dégât dans les terres enfemencées; mais on en prend beaucoup en fichant dans des tas de fumier, ou fur des terres labourées, des cornets de gros papier englués intérieurement & garnis de viande hachée pour fervir d'appât; l'oifeau vient pour manger fa proie prétendue, & fe trouve enveloppé dans le cornet; il eft plaifant de le voir alors s'agiter dans fa prifon diaphane, s'élever à perte de vue avec le bandeau qui le couvre, & retomber enfuite fans avoir pu s'en délivrer.

X

Chaffe de la corneille au chat emmiellé.

On prend un chat, on le frotte entièrement de miel, on le roule dans la plume : on le lie ensuite par les reins assez fortement, & on l'attache au pied d'un arbre garni de gluaux : à peine s'est-on retiré que le chat commence à miauler & à se tourmenter ; les *corneilles* & d'autres oiseaux entendent le bruit, accourent pour se jetter sur leur proie, se posent sur l'arbre & tombent avec les gluaux.

Voyez pl. 23 des chasses, tom. IX, des gravures des arts & métiers, & l'explication à la fin de ce volume.

CORNETTE, (fauconn.) C'est ce qu'on appelle la *houpe* ou *tiroir* de dessus le chaperon de l'oiseau.

CORS, en vénérie, se dit quand il s'agit de la tête d'un cerf, d'un daim & d'un chevreuil, & des perches & du merrain où sont attachés les andouillers ; & quand il s'agit du pied, il se dit des deux côtés du pied d'une bête fauve, & des pinces qui forment le bout du pied.

CORS. Les *cors* du cerf sont les andouillers.

CORSAGE, s. m. (vén.), se disoit autrefois de la forme du corps humain ; il ne se dit plus que de la forme du corps du cerf.

COUAIS, *tout couais ;* terme pour faire taire les chiens qui crient mal-à-propos.

COUCOU, s. m. Nom imité du cri de cet oiseau.

Le *coucou* est un peu plus gros & plus long qu'une tourterelle : il a la tête, la partie supérieure du col, le dos & le croupion d'un cendré brillant ; la gorge & la partie inférieure du col d'un cendré plus clair ; la poitrine, le ventre, les côtés & les jambes, d'un blanc sale, rayé transversalement de brun ; les plumes de l'aîle sont d'un cendré foncé, & leur côté intérieur varié de taches transversales blanches ; sa queue a dix plumes noirâtres, assez longues ; son bec est noir, les coins de la bouche couleur de safran, les pieds & les ongles jaunes. Il se tient dans les arbres.

Le *coucou* se fait entendre ordinairement dans les premiers beaux jours du mois d'avril ; & passé la Saint-Jean, on ne l'entend plus. Il ne s'en va pas dès lors cependant, & on en trouve dans les plaines jusqu'à la fin de septembre. Beaucoup de gens de la campagne se persuadent que ces oiseaux ne quittent point le pays, & que l'hiver ils se déplument & se tiennent cachés dans des trous de vieux arbres, où ils font une provision pour leur

nourriture. La vérité est qu'il n'est pas sans exemple d'avoir rencontré des *coucous* dans cet état; & M. de Buffon, à qui un fait pareil a été assuré par un homme digne de confiance & témoin oculaire, ne le révoque point en doute ; mais tout ce qu'il en conclud, c'est que les *coucous* qui se trouvent trop foibles, soit par maladie, blessure ou autrement, pour entreprendre un long voyage, se mettent de leur mieux à l'abri du froid, dans le premier trou d'arbre qu'ils rencontrent à une bonne exposition.

Le *coucou* est carnacier & vorace. Il se nourrit de chair de cadavres, de petits oiseaux, de chenilles, de mouches, de fruits & d'œufs d'oiseaux.

Tout le monde sait que la femelle du *coucou* ne fait point de nid, & qu'elle pond son œuf dans celui de la fauvette, du verdier, de la gorgerouge, & autres petits oiseaux qui font leur nid près de terre, & se nourrissent d'insectes comme le *coucou*. Le petit *coucou*, une fois éclos, renverse les petits du nid, & se fait nourrir par les père & mère.

M. Hérissant, académicien, observe que si la femelle du *coucou* ne couve pas ses œufs, c'est à cause du vice de conformation de son estomac qui s'y oppose.

Le *coucou* se laisse approcher difficilement ; & lorsqu'il se trouve dans un bois, il exerce quelquefois long-tems la patience du chasseur qui le poursuit d'arbre en arbre, parce qu'il ne s'éloigne pas beaucoup ; &, après être parti d'un arbre, va se poser sur un autre à peu de distance, & recommence à chanter. Mais lorsque l'on entend un *coucou*, il ne s'agit que de lui répondre, son chant étant très-aisé à imiter sans appeau & avec la bouche seule ; il ne manque guères de s'approcher ; & de venir se poser sur quelque arbre, auprès duquel on se tient caché ; ou, s'il ne se pose pas, il passera souvent en l'air à portée du fusil, & donnera occasion de le tirer au vol.

Quelques chasseurs prétendent qu'au mois de septembre, cet oiseau est fort gras, & qu'alors c'est un mets délicat. Salerne dit avoir trouvé sa chair fort bonne, & d'un goût approchant de celui du râle de genêt.

COUDOUS ou CONDOUS. C'est un quadrupède à pied fourchu, de la taille du cheval, son poil est de couleur grisâtre. Cet animal a une crinière, & des cornes rondes & droites. Il ne se trouve que dans les climats les plus chauds de l'Asie, & en Afrique, au Cap de Bonne-Espérance.

COUGUAR. Ce quadrupède est le tigre rouge de la Guiane ; plus foible que notre tigre, il a encore plus de férocité, il paroît plus acharné sur sa proie, il la dévore sans la dépécer; dès qu'il l'a saisie, il l'entame, la suce & ne la quitte que lorsqu'il est pleinement rassasié.

Cet animal terrible vient quelquefois à la nage, de la Guiane dans l'île de Cayenne pour dévorer les troupeaux; c'étoit autrefois un fléau pour ces contrées; mais la vivacité avec laquelle les habitans ont été à sa chasse pendant long-tems, l'a détruit peu-à-peu, ou du moins l'a relegué loin des habitations.

Le *couguar* est extrêmement léger, il grimpe facilement sur les arbres; mais il est très-poltron dès qu'il est rassasié: c'est alors qu'on le tue sans peine; il n'attaque point les hommes, à moins qu'il ne les trouve endormis: les indiens du bord de l'Orenoque allument du feu pendant la nuit pour l'épouvanter; & en effet il n'ose approcher d'un canton tant qu'il y voit du feu. Quelques voyageurs assurent que quoique cet animal soit carnivore, & s'abreuve de sang, sa chair est bonne à manger; on va à la chasse du *couguar*, non-seulement dans la Guiane, mais encore au Brésil, au Paraguay & sur la rivière des Amazônes.

COULON-CHAUD. Genre d'oiseau dont on distingue deux espèces, & dont le caractère est d'avoir quatre doigts, trois devant & un derrière. Son bec est noir, incliné & un peu comprimé. Il vit sur les bords de la mer, & fait son nid dans le sable. Il est à-peu-près de la grosseur d'un merle. Son plumage est mêlé de blanc, de noir, de brun & de ferrugineux.

Le *coulon-chaud cendré* n'est autre que l'alouette de mer.

COUP, *prendre coup*, (fauconnerie) se dit de l'oiseau quand il heurte trop fortement contre sa proie.

COUPER, (vénérie), se dit d'un chien lorsqu'il quitte la voie de la bête qu'il chasse, qu'il se sépare des autres, & qu'il la va chercher en coupant les devants pour prendre son avantage; défaut auquel on doit prendre garde pour n'en pas tirer de la race. On dit: ce chien ne vaut rien, il ne fait que couper.

COUPEUR-D'EAU. Oiseau aquatique, dont le bec est tranchant & tout-à-fait irrégulier, sa mâchoire inférieure étant de près de deux pouces plus longue que la supérieure. Le *coupeur d'eau* a son plumage noir, & les pieds & la moitié du bec rouges.

COUPLE, s. m. (vénérie); c'est l'attache de cuir & de fer dont on assemble deux chiens.

COUPLER LES CHIENS, c'est les attacher deux à deux avec un couple.

COURCAILLET, s. m. (chasse). C'est le cri que font les cailles; c'est aussi un petit sifflet qui imite le cri des cailles, & qui sert d'appeau pour les imiter: il est fait d'un morceau de cuir ou de peau qui forme un petit sachet rond, fermé par un des bouts, qu'on remplit de crin, qui se plisse, s'étend, se resserre, & fait résonner le sifflet qui est à l'autre bout.

COUREUR. Nom donné à un genre d'oiseau aquatique, de la grosseur d'un tourtereau. Cet oiseau se trouve en Italie. Il court en effet très-rapidement. Son plumage est couleur de rouille sur le dos & blanc au ventre. Son bec est droit, court; jaune & noir seulement par le bout.

COUREURS. Chevaux de chasse.

COURLIS, s. m. Cet oiseau approche du faisan pour la grandeur. Son bec est de cinq à six pouces, courbé en manière de croissant. Son plumage est mêlé de gris & de blanc, à l'exception du ventre & du croupion, qui sont entièrement blancs: il a le cou & les jambes fort longs. Il vole par bandes, criant beaucoup, sur-tout le soir & la nuit, comme presque tous les oiseaux aquatiques: son cri est *turrlui, turrlui*. Il se nourrit de vers de terre, d'insectes & de menus coquillages, qu'il ramasse sur les sables & les vases de la mer & des rivières. On les trouve aussi dans les marais & les prairies humides. On rencontre peu de ces oiseaux dans les provinces intérieures, tandis qu'on en voit beaucoup dans les provinces maritimes, telles que la Bretagne, la Normandie, l'Aunis & le Poitou. Le *courlis* est assez bon à manger.

Il y a une autre espèce de *courlis* de moitié moins grand, qui ressemble à celui-ci par sa forme, son plumage & ses habitudes, que M. de Buffon appelle *corlieu*, ou *petit-courlis*. Cette espèce paroît appartenir plus particulièrement à l'Angleterre, & est très-rare en France.

COURONNE, (fauconnerie), c'est le duvet qui est autour du bec de l'oiseau, à l'endroit où il se joint à la tête.

COUROUCOU. Nom d'un genre d'oiseaux dont on compte sept espèces: le *couroucou* est de la grosseur d'une pie. Il a deux doigts antérieurs & deux postérieurs; le bec court, un peu crochu, & plus large qu'épais. Son plumage est d'un vert doré, changeant en bleu & en couleur de cuivre rosette.

COURRE, s. m. ou f. (vénerie); l'endroit où l'on place les levriers lorsqu'on chasse le loup, le sanglier ou le renard, avec ces chiens.

COURT-JOINTÉ, se dit d'un oiseau qui a les jambes de médiocre longueur.

X 2

COURTOISIE, (fauconn.); faire *courtoisie* aux autours, c'est leur laisser plumer le gibier.

COUVÉE. En mai & juin il ne faut point inquiéter les perdrix ni autres oiseaux pendant le tems de la couvée.

COUVERTE, (fauconn.) vol à la couverte, c'est celui qui se fait lorsqu'on approche le gibier à la faveur de quelque haie.

COYOLCOS. Oiseau du Mexique, dont le plumage est le fauve mêlé de blanc. Il a d'ailleurs tous les caractères des oiseaux nommés *colins*, pour la grosseur, le chant, les mœurs & la manière de vivre.

CRABIER ou CHIEN CRABIER. Animal qui doit son nom à ce qu'il se nourrit de crabes; sa queue est longue, grisâtre, écailleuse & nue; de l'origine de cette queue, au bout du nez, il a dix-sept pouces de long; il est fort bas de jambes; sa tête est assez semblable à celle du chien. Il a des moustaches noires autour de la gueule; sa mâchoire supérieure est armée de chaque côté d'une dent canine, crochue & qui excède sur la mâchoire inférieure; son poil est laineux, parsemé d'autres poils roides & noirâtres, qui, sur le dos, lui forment une espèce de crinière. Il habite les marais, & se tient pendant le jour sur les arbres. Il tire les crabes de leur trou avec sa patte, ou avec sa queue qui lui sert de crochet. Cet animal a le grognement des petits cochons. Sa chair a quelque rapport avec celle du lièvre. Le *crabier* est susceptible de s'apprivoiser, & de se tenir à la maison comme le chien & le chat. On peut l'employer à la chasse ou pêche des crabes.

CRABIER. Nom donné à plusieurs espèces d'oiseaux du genre de la grüe. On en trouve en Silésie, en Italie, près de Bologne, au Brésil, à la Jamaïque, dans la Caroline, aux Antilles. Le *crabier* de Bahama est huppé. Ces oiseaux, de la grosseur du héron, se nourrissent de crabes, de grenouilles, & de petits poissons.

CRAC, s. f. (fauconn.); maladie des oiseaux de proie. On dit : ce faucon a la *crac*. Pour remédier à cette maladie, il faut purger les oiseaux avec une cure de filasse ou de coton, & ensuite les paître avec des viandes macérées dans l'huile d'amandes douces & dans l'eau de rhubarbe alternativement, puis leur donner encore une cure comme auparavant. On peut lire la cure avec de la rhue ou de l'absinthe; & si l'on remarque que le mal soit aux reins & en-dehors, il faudra faire tiédir du vin & en étuver ces parties. On ne dit point en quoi consiste la *crac*.

CRAIE, (fauconn.), infirmité qui survient aux oiseaux de proie; c'est une dureté des émeus si extraordinaire, qu'il s'y forme de petites pierres blanches, de la grosseur d'un pois, lesquelles venant à boucher le boyau, causent souvent la mort aux oiseaux, si l'on n'a soin d'y remédier. Comme ce mal est causé par une humeur sèche & épaisse, il faut l'humecter & l'atténuer en trempant la viande des oiseaux dans du blanc d'œufs & du sucre candi battus & mêlés ensemble.

CRAPAUD VOLANT, *ou tête-chèvre*. C'est un oiseau de passage, de la grosseur d'une tourterelle, qui arrive dans nos contrées vers le mois de mai, & s'en va vers la Toussaints. Son plumage approche beaucoup de celui de la bécasse. Son corps n'a pas plus de volume que celui d'un merle, mais ses grandes aîles le font paroître en volant beaucoup plus gros qu'il ne l'est en effet. Il a le dessus de la tête, le col, la poitrine, le dos & le croupion variés de lignes en zig-zag, grises & noires. Ses jambes & son ventre sont roussâtres, rayées transversalement d'un brun foncé. Il a un petit bec mince, plat, & un peu crochu par le bout, & le gosier d'une largeur démesurée, ce qui probablement lui a fait donner le nom de *crapaud volant*. On l'appelle *engoule-vent*, dans certaines provinces, à cause de l'habitude qu'il a de voler le bec ouvert; ailleurs *chauche-blanche*, parce qu'on prétend qu'il se perche longitudinalement sur les branches des arbres, & a l'air de les chaucher, ou cocher, comme le coq fait la poule.

Le *crapaud-volant* se nourrit de guêpes, de bourdons, de petits scarabées & de mouches, qu'il happe en volant. Sa vue n'est pas faite pour le grand jour; aussi ne le voit-on guère voler, sur-tout par un tems clair, que le soir, vers le soleil couchant, à moins qu'on ne le surprenne & le fasse partir. Il se tient ordinairement pendant le jour dans les taillis, les bruyères, & sur les bords des vignes. Cet oiseau est un très-bon manger au mois de septembre, tems où il est gras.

CRAQUER, v. n. produire le bruit d'un bois sec qui s'éclate. Il se dit, en fauconnerie, du bruit que la grue fait en fermant son bec, ou même de son cri.

CRAQUETER (chasse). Terme par lequel on désigne le cri de la cicogne.

CRÉANCE, (fauconnerie & vénerie) c'est un nom qu'on donne à la filière ou ficelle avec laquelle on retient l'oiseau qui n'est pas bien assuré. On appelle un oiseau de peu de créance, celui qui n'est ni bon, ni loyal, qui est sujet à s'essorer ou à se perdre; on dit aussi *un chien de créance*, de celui auquel on peut se fier.

CRESSERELLE, s. f. Petit oiseau de proie qui

se trouve par-tout dans les tours des vieux châteaux abandonnés, faisant entendre sans cesse un cri précipité, *pli, pli* ou *pri pri*. Elle fait une cruelle guerre aux petits oiseaux, aux souris & mulots. La femelle est plus grosse que le mâle, dont elle diffère encore par les couleurs, & entre autres par celles de la tête, qui est rousse, au lieu qu'elle est grise dans le mâle.

CROISER *les chiens*, traverser la voie de l'animal qu'ils chassent.

CROISER *la race des chiens*; faire couvrir une chienne d'une race par un chien d'une autre race.

CROIX DE CERF (vénerie). C'est un os que l'on trouve dans le cœur de cet animal : il a à-peu-près la forme d'une *croix*. On croit que mis en poudre dans du vin, c'est un remède pour les femmes en travail; & que pendu au cou en amulette, il soulage dans les palpitations de cœur.

CROLER, (fauconn.); il se dit du bruit que font les oiseaux en se vidant par bas. Quand un oiseau de proie *crole*, c'est en lui une marque de santé.

CROULER la queue, (vénerie); se dit du mouvement que l'animal fait de cette partie lorsque la peur le fait fuir.

CROUPE DE CERF, (vén.) C'est ce qu'on appelle cimier.

CRU, (chasse). C'est le milieu du buisson où la perdrix se retire quelquefois pour éviter la poursuite des chiens. On l'appelle aussi le creux du buisson.

CUL-BLANC. Nom d'un oiseau qui est une espèce de chevalier, mais plus petit, & moins grand qu'une bécassine. Il a le dos gris-cendré, & le ventre blanchâtre, la queue blanche, le bec long de deux doigts, les pieds d'un noir verdâtre. On l'appelle *guignette* en certaines provinces, & particulièrement sur la Loire; ailleurs *sifflasson*, à cause de son cri-aigu. Ces oiseaux vont ordinairement par bandes de cinq ou six; ils paroissent au mois de mai, & restent jusqu'à la fin de septembre, tems où ils sont fort gras, & recherchés comme un mets très-friand. Ils se tiennent sur le sable, au bord des étangs & rivières, & se laissent difficilement approcher. Sur les étangs, il arrive souvent qu'ils exercent beaucoup la patience du chasseur, passant plusieurs fois d'un bord à l'autre, à mesure qu'on les fait partir, ce qui oblige de faire un grand tour pour aller les retrouver, & finissent par quitter l'étang sans qu'il soit possible de les tirer.

Salerne dit qu'il ne faut pas confondre le *cul-blanc*, dont on vient de parler, avec le vrai *cul-blanc* qui se trouve le long de la Loire, & sur les étangs de la Sologne, & qui passe pour un mets plus délicat que la guignette. Il parle encore d'un autre oiseau de même genre qui hante les bords de la Loire, où on l'appelle *credo*, à cause de son cri, & qui arrive au mois de mai avec la guignette. Cet oiseau est à-peu-près de la taille d'un merle, a le dessus du corps varié de noir, de blanc & de cendré, le ventre & le dessous des ailes blancs comme la neige; & ce qui le caractérise plus particulièrement, c'est qu'il n'a que trois doigts au pied.

CUL-JAUNE. Oiseau du genre du *pic-verd* de Cayenne, & du *caronge* de S. Domingue & du Mexique. Ces oiseaux, de la grosseur de l'alouette, sont criailleurs; leur longueur est de huit pouces; leurs couleurs principales sont le jaune & le noir. Le *cul-jaune* suspend son nid en forme de bourse à l'extrémité des branches dépourvues de rameaux, & penchées sur une rivière; chacun de ces nids ont des séparations où sont autant de nichées.

CUL-ROUSSET, ou bruan du Canada. Cet oiseau a cinq pouces & demi de long; il a le dessus de la tête varié de brun & de maron, le dessus du cou, le dos, les couvertures des ailes, variés de même avec un mélange de gris.

CURE, (fauconn.). C'est une sorte de pillule composée de coton, d'étoupes & de plumes, que les fauconniers font prendre aux oiseaux de proie pour dessécher leur flegme. Armer les cures de l'oiseau, c'est mettre auprès quelques petits morceaux de chair, pour lui faire mieux avaler la cure. Tenir sa cure, se dit de l'oiseau quand la pillule fait son devoir. On dit : les oiseaux se portent bien, quand ils ont rendu leur *cure*.

CURÉE, s. f. (vénerie); c'est faire manger le cerf ou autres bêtes fauves aux chiens. On fait aussi la *curée* du lièvre.

Voyez la planche 2 de la chasse, tome IX des gravures des Arts & Métiers, & l'explication à la fin de ce volume.

Curer les oiseaux, c'est leur donner une cure : il ne faut point paître un oiseau qu'il n'ait *curé* ou rendu la cure.

CUSCUS. Animal quadrupède de l'île de Léthy; il ressemble, par la couleur, à la marmotte; ses yeux sont petits, ronds & brillans, ses pattes courtes, sa queue longue & sans poil; il saute comme l'écureuil d'arbre en arbre, & s'y suspend par la queue pour en manger les fruits. Il a une poche sous le ventre dans laquelle il loge ses petits qui y entrent & sortent par-dessous sa queue. On chasse cet animal dont la chair a le goût de celle du lapin.

CYGNE. Oiseau le plus grand de tous les palmipèdes ; il pèse jusqu'à vingt livres quand il est un peu avancé en âge. Ce superbe oiseau nage avec une aisance & une grace singulière. Son plumage est d'une blancheur éclatante. Le *cygne* a quatre pieds & plus de longueur, & plus de sept pieds d'envergure. Tout son corps est recouvert d'un plumage mollet & délicat, dont on remplit des oreillers, & dont on fait aussi des houpes. Le bec du *cygne* est terminé par un appendice, en forme d'ongle rond à la pointe ; ce bec est large, & le dessus est percé. Il a un fort long cou, & sa langue est comme hérissée de petites dents.

CYGNE SAUVAGE. Cet oiseau est différent du *cygne* domestique, & n'en est pas une simple variété comme l'ont pensé quelques naturalistes. 1°. Il est moins grand, pesant au plus seize à dix-sept livres, tandis qu'il y a des *cygnes* privés qui pèsent jusqu'à vingt livres ; 2°. le *cygne* domestique est par-tout blanc comme neige, & le sauvage a le milieu du dos & les petites plumes des aîles grisâtres, & entremêlées de plumes brunes & quelquefois blanches. Il y a beaucoup de *cygnes* sauvages dans les pays du nord, particulièrement en Laponie, où ils abondent sur toutes les rivières. Les grands hivers & les fortes gelées nous en amènent quelques-uns. Pendant le rigoureux hiver de 1784, il en fut tué un assez grand nombre sur la Somme en Picardie, & en Bourgogne sur la Saône. Ils se laissoient aborder très-facilement.

Le *cygne* forme avec ses aîles, en volant, un certain bruit sonore & harmonieux, qui lui est particulier, & qui s'entend de fort loin. Il ne vole pas fort haut, & se trouve le plus souvent à la portée du fusil, lorsqu'on se rencontre dans la direction de son vol. Il ne paroit pas voler rapidement, à cause de son volume & de l'étendue de ses aîles, quoique chaque coup d'aîle le porte fort loin en avant, & avec beaucoup de vitesse ; ce qui fait que bien des chasseurs y sont trompés, en l'ajustant seulement à la tête, comme les oies & les canards, & manquent leur coup. Il est donc à propos, pour tirer le *cygne* en volant, de le devancer d'un pied, & quelquefois davantage, suivant l'éloignement. Du reste, un oiseau de cette taille doit être tiré avec du plomb très-fort ; quoique cependant, malgré le duvet épais qui le défend, le *cygne* ne soit pas aussi difficile à tuer qu'on pourroit se l'imaginer ; ce duvet étant fin comme la soie, & ses os d'ailleurs étant très-fragiles.

Quand ces oiseaux volent, c'est ordinairement par troupes. Ils ont, dit-on, chacun le bec appuyé sur le *cygne* qui précède, & si celui qui va à la tête est fatigué, il va se placer à la queue de la troupe.

Cet oiseau est la nourriture commune des kamtschadales qui le chassent dans le tems de la mue avec des chiens.

D.

DAGUE, (*Venerie*) C'eſt le premier bois du cerf pendant ſa ſeconde année ; il forme ſa première tête ; il a ſix à ſept pouces de longueur.

DAGUER, verb. neut. (*Fauconnerie*) On dit que l'oiſeau *dague*, lorſqu'il vole de toute ſa force, & travaille diligemment de la pointe des ailes.

DAGUET, ſ. m. (*Venerie*) Jeune cerf à ſa ſeconde année, pouſſant ſon premier bois, appellé *dague*.

DAIM. L'eſpèce du *daim* eſt on ne peut pas plus approchante de celle du cerf ; cependant, ces deux animaux ſe fuient ; & ne ſe mêlant jamais enſemble, ne forment, par conſéquent, aucune race intermédiaire. Le *daim* eſt beaucoup plus petit que le cerf, & tient à-peu-près le milieu pour la groſſeur entre le cerf & le chevreuil. Les *daims* ſe tiennent plus volontiers dans les parcs que dans les grandes forêts. L'Angleterre eſt le pays où il y en a le plus ; & l'on y fait grand cas de cette venaiſon, que les chiens préfèrent à toute autre.

Le *daim* eſt moins ſauvage, plus délicat, &, pour ainſi dire, plus domeſtique que le cerf. Il a la queue plus longue & qui lui deſcend juſqu'aux jarrets, le pelage plus clair, ſuivant ſa couleur ; car il y a des *daims* roux & de noirs, c'eſt-à-dire, d'un brun cendré. Ils jettent tous les ans leur tête, comme les cerfs, mais plus tard de quinze jours ou trois ſemaines, ainſi que pour le reſte.

Les *daims* ſont toujours en troupe ; & comme ils forment pluſieurs bandes, ils ont très-ſouvent des querelles : les différentes troupes ſe battent les unes contre les autres avec beaucoup d'animoſité, ſur-tout pour ſe diſputer les terreins où ſe trouve la meilleure nourriture. Chacune de ces hardes, qui ne ſe mêle jamais avec l'autre, à ſon chef, qui marche à la tête ; & c'eſt le plus fort & le plus âgé : dès qu'il part, tous les autres le ſuivent à la file. Ils aiment les terreins élevés, & entrecoupés de petites collines, où il y a beaucoup d'herbe & de fougère. La *daine* porte, comme la biche, huit mois & quelques jours, & produit de même ordinairement un faon ou deux, & très-rarement trois. Sa tête n'eſt point ornée de bois. La plupart des *daims* ont la livrée, & ne la quittent en aucun âge.

Le premier bois du *daim* ne paroît, comme dans le cerf, qu'à ſa ſeconde année, & ne conſiſte qu'en deux dagues ; la troiſième année, chaque perche a deux andouillers en avant, & un autre à une aſſez grande diſtance au-deſſus ; les empaumures commencent alors à ſe former, & elles jettent quelques petits andouillers. Dans les années ſuivantes, elles deviennent plus grandes, les andouillers plus nombreux ; & il s'en trouve un de plus ſur chaque perche au bas de l'empaumure, ſur ſon bord poſtérieur. Les perlures ſont à proportion moins groſſes, & les gouttières moins grandes que celles du cerf ; mais elles ſont d'autant plus apparentes, que le *daim* eſt plus vieux. La durée de la vie de ces animaux eſt ordinairement de vingt ou vingt-cinq ans.

Tout ce qui a été dit pour la chaſſe du cerf, peut s'appliquer à la chaſſe du *daim*, avec la différence néanmoins qu'il eſt inutile pour le *daim* de faire le bois avec un limier ; parce que l'on ſait ordinairement, & que l'on connoît les cantons où ſe tiennent les différentes hardes, & que l'on eſt ſûr de les y trouver, ou dans les environs. On découple donc ſeulement cinq ou ſix chiens ſages pour fouler l'enceinte où ils ſe trouvent ; & quand on les a mis debout, & que l'on a ſéparé des autres celui que l'on veut chaſſer, on découple le reſte des chiens. A l'égard de la façon de le chaſſer, c'eſt le même que pour le cerf.

Le *daim* ne s'éloigne pas tant que le cerf, quand il eſt chaſſé ; il ne fait que tourner, & chercher ſeulement à ſe dérober des chiens par la ruſe & par le change, que ces animaux ſont à portée de donner ſouvent ; car ils ne s'écartent jamais beaucoup de leur troupe, dans laquelle ils rentrent, & ſe mêlent à tout moment : ce qui demande beaucoup d'attention pour parer le change. Cependant lorſqu'ils ſont preſſés, échauffés & épuiſés, ils ſe jettent à l'eau comme le cerf ; mais ils ne ſe haſardent pas à la traverſer quand elle eſt large. Les connoiſſances du *daim* ſont en petit celles du cerf ; les mêmes ruſes leur ſont communes, mais elles ſont plus répétées par le *daim*, parce qu'il ne ſe forlonge pas, & a plus ſouvent beſoin de revenir ſur ſes voies, d'autant plus qu'on le chaffe plus fouvent dans les parcs que dans les forêts.

La curée du *daim* fe fait comme celle du cerf. Il n'y a prefque point d'efpèce de chiens courans qui ne puiffe & ne veuille chaffer le *daim*.

DANSEUR. Ce terme fe dit d'un chien qui voltige & qui ne fuit pas la voie de l'animal qu'il chaffe.

DATTIER, ou *moineau de datte*. Ce petit oifeau a le bec court, épais à fa bafe, noir dans fa partie fupérieure, jaune dans l'inférieure avec des mouftaches à l'angle de fon ouverture; fes pieds font jaunes, fes ongles noires, la partie antérieure de fa tête & fa gorge blanches, le derrière de fa tête, le cou, le deffus & le deffous du corps d'un gris rougeâtre; les plumes de fes ailes & de la queue font noires; la queue un peu fourchue eft longue. Cet oifeau vole en troupes: il vient chercher des grains à la porte des granges. *Shaw* dit que fon ramage eft préférable à celui du ferin & du roffignol.

DEBOUT. En terme de venerie mettre un animal *debout*, c'eft le lancer.

DÉBUCHÉ. Fanfare que l'on fonne lorfque l'animal chaffé prend la plaine.

DÉBUCHER, v. n. (*Venerie*) On dit *débucher le cerf*, c'eft le faire fortir du buiffon, de fon fort.

DÉCELER. Un cerf fe *décèle* lorfqu'il quitte le buiffon où il s'étoit retiré pour refaire fa tête.

DECHAPERONNER, v. act. (*Fauconnerie*) C'eft ôter le chaperon d'un oifeau quand on veut le lâcher. On dit *déchaperonnez cet oifeau*.

DECHAUSSIERES, f. f. pl. (*Ven.*) C'eft le lieu où le loup a gratté, où il s'eft déchauffé.

DÉCOUPLER LES CHIENS (*Venerie*) C'eft les délier quand ils font deux à deux.

DECOUSURES, f. m. (*Venerie*) C'eft ainfi qu'on appelle les bleffures que le fanglier fait aux chiens avec fes défenfes.

DÉCROUTER, v. act. (*Venerie*) Se dit des cerfs lorfqu'ils vont au frayoir nettoyer leurs têtes après la chûte de leur bois.

DEDANS, (*Faucon*) *mettre un oifeau dedans*. C'eft l'appliquer actuellement à la chaffe.

DÉDORTOIR, f. m. (*Venerie*) Bâton de

deux pieds, dont on fe fervoit autrefois pour parer les gaulis. On fe fert à préfent du manche du fouet.

DÉFAUT, (*Venerie*) Être en *défaut*, ou demeurer *en défaut*; termes de chaffe qui fe difent des chiens qui ont perdu les voies d'une bête qu'on chaffe.

DÉFENSES, (*Venerie*) Ce font les grandes dents d'en bas du fanglier.

DEGRÉ, f. m. (*Fauconnerie*) C'eft l'endroit vers lequel un oifeau durant fa montée ou fon élévation tourne la tête & prend une nouvelle carrière, ce qu'on appelle *fecond* ou *troifième degré* jufqu'à ce qu'on le perde de vue.

DEHARDER (vénerie). Quand on veut tenir plufieurs couples de chiens enfemble, on prend des couples particulières qu'on paffe dans le milieu de celles qui les uniffent deux à deux; & quand on veut les remettre par couples de deux à deux, on ôte les couples particulières dont nous venons de parler, & c'eft ce qu'on appelle *déharder*.

DÉLIVRÉ, adj. (fauconnerie) c'eft-à-dire, qui n'a point de corfage, & qui eft prefque fans chair. On dit que le héron eft délivré, lorfqu'il eft maigre, & que fon vol n'eft point retardé par le poids que lui donneroit fa chair, s'il en avoit beaucoup.

DÉLONGER en DÉLONGIR (fauconnerie). C'eft ôter la longe à un oifeau, foit pour le faire voler, foit pour quelqu'autre befoin.

DÉMÊLER LA VOIE. (vénerie) C'eft trouver la voie du cerf couru parmi d'autres cerfs.

DEMEURE. Endroit fourré & commode pour retirer les animaux.

DEMOISELLE DE NUMIDIE, ou GRUE DE NUMIDIE. Cet oifeau, du genre de la cigogne, a fon plumage plombé & comme bleuâtre: il a fur la tête des plumes élevées en forme de crête, longues d'un pouce & demi; les côtés de cette crête font noirâtres. Le devant du cou eft orné de plumes noires qui pendent fur l'eftomac avec grace. Ses jambes font couvertes d'écailles; fes ongles font noirs & médiocrement crochus.

Ces oifeaux, connus des finges, cherchent à imiter les geftes qu'ils voient faire aux femmes. Les chaffeurs, qui veulent les prendre, ufent, dit-on, d'un fingulier ftratagême; ils fe frottent les yeux en leur préfence avec de l'eau qu'ils tirent d'un vafe; enfuite ils fe retirent en fubftituant un autre vafe plein de glu. Alors ces oifeaux

fe

se collent les yeux & les pieds avec la glu en imitant les gestes qu'ils ont vu faire. Cela paroît une fable de l'invention de quelques voyageurs. Cependant plusieurs de ces oiseaux qu'on a vus à la ménagerie de Versailles, étoient si pantomimes dans leurs allures qu'on les nommoit *bateleurs*, *bouffons*, *baladins*.

DEMONTÉE. On dit qu'une perdrix est *demontée* lorsqu'elle a une aîle cassée.

DENTÉE. Blessure d'un coup de dent.

DÉPLOYER LE TRAIT, (vénerie). C'est allonger la corde de crin qui tient à la botte du limier.

DÉROBER, v. act. (fauconn.) *Dérober* les sonnettes se dit de l'oiseau qui emporte les sonnettes, c'est-à-dire, qui s'en va sans être congédié.

DÉROBER LA-VOIE. On dit qu'un chien *dérobe la voie* lorsqu'ayant la tête de la meute il chasse sans crier.

DÉROCHER. Ce terme se dit des grands oiseaux qui, poursuivant les quadrupèdes, les contraignent de se précipiter du haut des rochers pour éviter leurs serres meurtrières : il n'est pas rare de voir des faucons *dérocher* des biches & leurs faons.

DÉROMPRE. Ce terme se dit d'un oiseau de proie qui fond sur un autre, & qui, avec ses serres, lui donne un coup si terrible, qu'il rompt son vol, l'étourdit & le renverse à terre, meurtri & déchiré. Ce faucon vient, dit-on, de *dérompre* sa proie.

DERRIÈRE. Terme dont on use quand on veut arrêter un chien de chasse & le précéder.

DESCENTE. Se dit, en fauconnerie, de l'oiseau qui fond sur le gibier avec impétuosité pour l'assommer; si la *descente* de l'oiseau est plus douce, on dit simplement qu'il fond, ou qu'il file.

DESMAN. Espèce de rat musqué qu'on trouve en Laponie & en Moscovie. Cet animal a les yeux petits, le museau prolongé, & la queue fort large & fort longue.

Ce petit quadrupède est recherché dans les pays septentrionaux, à cause du parfum que l'on en tire. On le chasse aussi parce que sa peau est precieuse & sa chair assez bonne à manger.

DÉTOURNER LE CERF. C'est tourner autour d'un endroit où un cerf est entré, & s'assurer qu'il n'en est pas sorti.

DIABLOTIN. Oiseau de la grosseur d'une poule & de la forme d'un canard ordinaire. Son plumage est noir, mêlé de blanc; ses jambes sont courtes, ses pieds sont palmés, & cependant armés d'ongles longs & crochus; son bec est semblable à celui d'un corbeau; il a les yeux à fleur de tête; il vole principalement dans la nuit; il va à la pêche du poisson qu'il saisit avec beaucoup d'adresse. Il voit très-peu dans le jour, & se tient alors caché dans un trou. La chair de cet oiseau est grasse & huileuse, mais d'ailleurs fort nourrissante. C'est ce qui fait chasser les *diablotins* par les habitans de la Dominique, de la Guadeloupe & de l'Amérique septentrionale où cette espèce est fort commune.

DIDELPHE. Petit quadrupède, de la grandeur d'un lapin, qui se trouve dans les parties méridionales de l'Amérique, de l'Asie & de l'Afrique. Le *didelphe* a la gueule bien fendue, des pieds de singe, des oreilles minces, un museau pointu, garni de deux larges narines, & deux yeux ronds qui paroissent sortir de la tête. Ce quadrupède grimpe facilement sur les arbres; il se tient aux branches, suspendu par sa queue. Il se nourrit de feuilles & de fruits; il fait aussi la guerre aux oiseaux. La femelle de cet animal est avantagée d'un sac par la nature, pour satisfaire à l'amour extraordinaire qu'elle a pour ses petits qui naissent nus & pelés, & qui se réfugient dans cette poche, comme dans un berceau. Les sauvages nègres font la chasse aux *didelphes* dont ils aiment la chair.

DOGUE, est un chien de la grande espèce, qu'on apprivoise facilement, & dont on se sert pour garder les maisons, ou pour combattre contre les taureaux, les sangliers, les loups & autres bêtes féroces. On nomme *doguins* les *dogues* de petite espèce.

DONNER LE CERF. En terme de vénerie, c'est lancer les chiens & les faire découpler sur les voies du cerf.

DONNER A COURRE. On dit, c'est un tel qui a *donné à courre*, c'est-à-dire, qui a détourné & remis l'animal que l'on chasse.

DRAGÉE, *ou plomb de chasse*. Le choix de la *dragée* n'est pas chose indifférente; un chasseur doit y faire attention. En fait de plomb de chasse à l'eau, le meilleur est le plus égal, le plus rond, & le plus plein, c'est-à-dire, le moins mêlé de grains creux. Depuis quelques années il se fabrique à Paris une sorte de plomb, dit *plomb italien* ou *plomb blanc*, qui n'a pas l'avantage de porter plus loin que le plomb ordinaire, comme on l'avoit annoncé, mais seulement de moins noircir les mains, au moyen d'un apprêt particulier qui lui donne une couleur argentée fort agréable. Peu de chasseurs se servent de plomb moulé, qui, lorſqu'on tire de près, peut faire plus d'effet & de déchirement que le plomb à l'eau, à raiſon des protubérances angulaires & tranchantes qui lui reſtent lorſqu'on en coupe le jet; mais qui, par cette même raiſon, étant moins rond que le plomb à l'eau, porte moins enſemble & moins loin. Il ne s'en fait point au-deſſous du n°. 4.

Il eſt important, pour le ſuccès de la chaſſe, de proportionner la *dragée* à l'eſpèce de gibier que l'on a à tirer, ainſi qu'à la ſaiſon où l'on chaſſe. Par exemple, dans la primeur des perdreaux, depuis la mi-août juſqu'aux premiers jours de ſeptembre, il eſt à propos de ne ſe ſervir que du n°. 5. Comme alors les perdreaux partent de près, & qu'on ne tire guère au-delà de quarante pas, pour peu qu'on tire juſte, il n'eſt preſque pas poſſible, qu'à cette diſtance, la pièce s'échappe dans les vides de la roſe que forme le coup. Les lièvres, dans cette ſaiſon, partant auſſi communément d'aſſez près, & d'ailleurs étant peu garnis de poil, on les pelotte fort bien avec ce plomb à la diſtance de trente à trente-cinq pas. Il eſt encore fort à propos de ſe ſervir de ce numéro dans les pays où il y a beaucoup de cailles. Cette *dragée* eſt auſſi celle qui convient plus particulièrement pour la chaſſe des bécaſſines. En ſe ſervant de plus gros plomb, quelque juſte que l'on tire, on a le déſagrément de manquer fréquemment, n'étant preſque pas poſſible, vu la petiteſſe du gibier, qu'il ne s'échappe quelquefois dans les vides du coup. Il y a même des chaſſeurs qui ne tirent les cailles & les bécaſſines, ainſi que les grives, dans les pays où elles abondent, qu'avec le n°. 6, même avec le 7, dit communément *menuiſe*, qui n'eſt pas le dernier, car il y a encore deux ſortes au-deſſous; ſavoir, le 8 & le 9. Ces deux numéros ſont connus ſous le nom de *cendrée*; le dernier n'eſt pas plus gros que la tête d'une moyenne épingle. Ils ne peuvent guères convenir que pour tirer aux ortolans & aux bec-figues.

Vers la mi-ſeptembre, lorſque les perdreaux ſont *maillés*, & qu'ils ont l'aîle plus forte, le n°. 4., ou *petit quatre*, eſt le plomb qui convient. Ce plomb eſt le plus avantageux dont on puiſſe ſe ſervir. Il tient un juſte milieu entre la *dragée* trop groſſe & la *dragée* trop menue, formé une roſe bien garnie, pelotte un lièvre, & même un renard à trente-cinq & quarante pas, & une perdrix à cinquante, pourvu que la poudre ſoit bonne. Il convient auſſi parfaitement pour la chaſſe des lapins: enfin il eſt de toutes les ſaiſons, & beaucoup de chaſſeurs s'en ſervent toute l'année. Les plus habiles tireurs ne ſe ſervent preſque jamais d'autre plomb. Cependant il ſe préſente à la chaſſe des coups lointains, qu'on peut manquer faute de gros plomb; mais ces coups, peu fréquens, qui auroient pu porter avec du plomb plus fort, ne peu-

vent entrer en compenſation avec tous ceux que le gros plomb, qui ne garnit pas aſſez, fait manquer, ſur-tout pour le gibier-plume, ſoit perdrix, bécaſſe, ramier, &c. C'eſt ce qu'une longue expérience a appris.

Tirez habituellement avec de la *dragée* n°. 5, pour une perdrix, que par haſard un grain de plomb ira tuer à quatre-vingt pas, vous en manquerez vingt à cinquante, qui paſſeront dans les vides du coup. Il eſt cependant des cas particuliers où il convient de ſe ſervir de groſſe *dragée*. Si l'on ſe propoſe expreſſément de tirer aux canards ſauvages, on fera bien de ſe ſervir du n°. 3, ou *petit trois*. On s'en ſervira de même dans les plaines où il y a beaucoup de lièvres, & ſur-tout dans les battues où on ne tire que cela; dans des tems où les perdrix ne tiennent point, & partent de très-loin; pour tirer le lièvre & le renard devant les chiens courans. Au ſurplus, depuis que les fuſils doubles ſont preſque les ſeuls dont on ſe ſerve, beaucoup de chaſſeurs ſont dans l'uſage, ſur-tout en hiver, de charger de gros plomb, pour les occaſions, un canon de leur fuſil. Le 3 eſt, à mon avis, le plus fort dont un bon chaſſeur doive ſe ſervir; il n'eſt point aſſez gros pour ne pas garnir raiſonnablement, & peut faire tout ce que feroit un numéro plus gros, qui, d'ailleurs, ne garnit point.

Afin de rendre plus ſenſible la différence qui ſe trouve, quant à garnir plus ou moins, entre les différentes ſortes de *dragées*, on joint ici une petite table qui indique le nombre de grains de plomb, qui, à quelque variété près, compoſe une once de chaque ſorte, depuis le *ſix* juſqu'au *trois* incluſivement, ſoit plomb ordinaire, ſoit plomb italien; car ce dernier eſt plus petit dans toutes les ſortes. On dit, à quelque variété près, non-ſeulement parce que tous les grains ne peuvent être d'un volume égal, mais auſſi parce que les cribles des différens fabricans n'ont pas des trous exactement du même diamètre. Le plomb de chaſſe dont on s'eſt ſervi pour dreſſer cette table, eſt celui de *la Levrette*, à Paris, porte S. Antoine.

TABLE.

	Plomb ord.	Plomb ital.
N°. 6. (1 once)	375	405 grains
N°. 5. id.	250	300
N°. 4* id.	190	220
N°. 4. id.	110	180
N°. 3* id.	85	140
N°. 3. id.	72	110

(*Extr. de la chaſſe au fuſil*).

DRAINE. Cet oiſeau eſt une eſpèce de grive, la plus grande de toutes. Elle ſe nourrit du gui des fapins , de petits vermiffeaux , de chenilles, de limaçons. Les *draines* font folitaires pendant, l'hiver ; mais l'été elles fe raffemblent en troupe.

DRAP DE CURÉE. C'eft une toile fur laquelle on étend la mouée qu'on donne aux chiens quand on leur fait curée de la bête qu'ils ont prife.

DRESSER. On dit qu'un animal *dreffe* par les fuites , lorfqu'après avoir fait plufieurs rufes , il fuit & perce droit devant lui.

DRESSER UN CHIEN. C'eft lui apprendre à chaffer, à arrêter, à rapporter, &c.

DROIT, prendre, tenir, ou avoir le *droit*; c'eft-à-dire, que les chiens ne prennent pas le change , & font fur la bonne voie.

DROMADAIRE. Cet animal, plus petit que le chameau, eft moins vigoureux, & il n'a qu'une boffe fur le dos. Mais il l'emporte fur le chameau pour la viteffe. On s'en fert dans l'Arabie & la Lybie comme de chevaux de pofte, ou de bataille. *Voyez* CHAMEAU.

DRONTE, f. m. Oifeau qui habitoit l'île Maurice, & celles de Bourbon, de Rodrigues & de Seichelles, mais qu'on ne retrouve plus, & qui eft devenu fort rare. Sa grandeur & fa figure tiennent du coq d'inde & de l'autruche. Sa taille furpaffe celle du cygne. Sa tête eft longue, groffe & difforme. Des plumes fuivent le contour de la bafe de fon bec, s'avancent fur le front, & s'arrondiffent autour de la face en manière de capuchon, d'où lui eft venu le furnom de *cygne encapuchonné*. Ses yeux font noirs & grands ; fon bec eft très-long, gros, rokufte, pointu & crochu ; fon cou eft grand, gras & courbé ; fes aîles font courtes, fes jambes groffes & jaunâtres, il a le corps gros & rond, couvert de plumes grifes & molles. Il ne vole point, & marche très-lentement. Cet oifeau a une allure pefante & ftupide. On prendroit, dit Buffon, le *dronte* pour une tortue qui feroit affublée de la dépouille d'un oifeau. Sa chair eft graffe & très-nourriffante.

DUB. Efpèce de lézard non vénimeux, qu'on trouve dans les déferts de la Lybie. Il a un pied & demi de longueur & trois pouces de largeur. L'eau fuffit pour le faire mourir. Les arabes vont à la chaffe du *dub*, parce que fa chair eft bonne quand elle eft rôtie & qu'elle a le goût de celle de la grenouille.

DUC. Oifeau de nuit que quelques naturaliftes mettent à la tête des oifeaux de proie : il y en a de plufieurs efpèces.

Le grand *duc* eft le plus grand des oifeaux nocturnes : il eft le fléau des corneilles & de plufieurs autres oifeaux ; il chaffe avec beaucoup d'adreffe, & dans une nuit il fait une ample provifion pour plufieurs jours : la couleur du plumage fair diftinguer trois efpèces de grand *duc* : le premier a la tête d'un chat, & fon cri exprime le gémiffement d'un animal qui fouffre ; voilà pourquoi on le nomme en France *chat-huant*, fon plumage eft noirâtre ; le fecond différe du précédent par fes jambes qui font couvertes de duvet jufqu'à l'extrémité des doigts, & tout le champ de fon plumage eft fauve ; le troifième a les jambes moins velues, & les ferres plus foibles. Ces trois efpèces de grands *ducs* fe réuniffent à choifir leur retraite dans les fombres cavernes des montagnes & des rôchers, dans le creux des arbres, dans les édifices ruinés, dans les creneaux des tours, & par-tout où l'homme n'habite pas.

Le moyen *duc* ou hibou cornu, fe divife en deux efpeces : le pennage de l'un eft cendré, & celui de l'autre eft fauve ; ils tirent peut-être un de leurs noms des deux cornes de plume qui compofent leurs oreilles.

Le petit *duc* a le pennage, le génie & l'inclination du grand *duc*, il n'en différe que par la petiteffe.

Education des ducs pour la chaffe.

La première inftruction qu'on doit donner à cet oifeau nocturne, eft de venir manger fur le poing ; quand il y eft accoutumé, on le met dans une galerie où font deux billots de bois, hauts de deux pieds, à l'un ou à l'autre bout de l'emplacement : on attache une corde de la groffeur du petit doigt qui traverfe les deux billots ; on y paffe un anneau de fer ou une courroie longue de trois pieds qui arrête le *duc* par les jambes, comme un oifeau de fauconnerie ; cette boucle doit fe mouvoir librement fur la corde d'un bout du billot à l'autre, afin que l'oifeau captif puiffe changer de place, & prendre fes ébats. Quand on commence à dreffer le *duc* il ne faut pas éloigner les billots de plus d'une toife, l'un de l'autre ; on les recule enfuite infenfiblement ; on ne doit pas fouffrir que l'oifeau fe pofe à terre, & pour l'accoutumer à voler d'un lieu à un autre, on ne lui donne jamais à manger fur le billot où il eft perché : cet exercice convient non-feulement au *duc*, mais encore au chat-huant.

Première chaffe des oifeaux de proie, par le moyen du duc.

Cette chaffe eft fondée fur l'antipathie de tous les oifeaux pour le *duc* : dès qu'ils en voient un, ils fe perchent autour de lui, cherchent à l'épouvanter par leurs cris, & fouvent s'ils ont autant de force que de courage, fondent avec impétuofité fur lui & le déchirent.

Quand le *duc* est bien dressé, on fait provision de cinq ou six livres de cordes, de la grosseur de la moitié du doigt, d'une serpe & d'une échelle double : on va dans une plaine où les arbres soient clair-semés, & on en choisit un qui soit éloigné des autres de deux ou trois cents pas, & qui abonde en branches, par exemple, un noyer de moyenne hauteur.

Il faut bien prendre garde que depuis le bas de l'arbre, jusqu'à la naissance des branches, il n'y en ait aucune qui puisse empêcher de tendre le filet, & l'accrocher en tombant : la tête de l'arbre doit être aussi fort touffue, car s'il s'y trouvoit du vide, l'oiseau de proie viendroit par-là fondre sur le *duc*, lorsqu'il est sous l'arbre. On ramasse ensuite toutes les branches, & les feuilles qui sont à terre, afin de rassurer les oiseaux, contre qui on tend ce piège.

Après tous ces préparatifs, on choisit trois branches au-dessous de l'arbre, disposées en triangles; on y fait une fente avec une serpette, & cette fente doit être éloignée du tronc de l'arbre d'environ neuf à dix pieds : cette fente sert à mettre un coin de bois attaché à un filet. On prend ensuite deux billots; l'un doit être fiché en terre sous l'arbre, à la hauteur de quatre ou cinq pieds; l'autre se met à cent pas du premier, on le garnit tout autour de branches d'arbres enfoncées en terre, de manière qu'on en forme une loge, où deux personnes puissent se tenir renfermées. Derrière chaque billot doit être un gros piquet où on attachera la corde dont nous avons parlé au commencement de cet article.

Quand tous ces arrangemens sont pris, un des chasseurs prend le *duc*, la corde & l'échelle, il attache un filet en triangle, à trois branches de l'arbre; lie la corde au tronc, de manière qu'elle passe par le milieu des deux billots, passe la courroie qui tient enchaînées les jambes du *duc*, & place l'oiseau lui-même sur le billot de la loge, en le tournant du côté de l'arbre.

Lorsque le *duc* est placé, vous vous mettez dans la loge de manière que les oiseaux de proie ne vous voyent pas; quand il en passe quelques-uns au-dessus de vous, le *duc* vous en avertit en penchant la tête un peu de côté & en restant l'œil fixé dans l'air; on le pousse alors par derrière, on lui fait quitter le billot, & on l'oblige de passer à celui qui est au pied de l'arbre.

L'oiseau de rapine qui apperçoit le vol du *duc*, & qui brûle d'en faire sa proie, fond sur lui, & s'arrête un instant sur l'arbre, où il considère son ennemi, & enfin s'élance sur le *duc*; mais il donne dans le filet, & tombe avec lui.

Seconde chasse des oiseaux de proie, par le moyen du duc.

On cherche une campagne spacieuse dont la situation soit élevée, & sur-tout une place où il n'y ait ni arbres, ni haies à trois cents pas aux environs. On y tend deux filets, tels que ceux qu'on emploie pour prendre les pluviers, & de manière qu'ils puissent se tirer l'un d'un côté, & l'autre de l'autre. On plante deux billots, l'un au milieu des deux formes, & l'autre à côté d'une loge qu'on construit de branches d'arbres : on passe la corde, on pose le *duc* & on observe tout le même manége que dans la méthode précédente : on y ajoute seulement un geai ou une pie qu'on place de chaque côté, afin d'attirer encore mieux l'oiseau de proie, & de l'obliger à se précipiter dans les filets.

Chasse du duc & des oiseaux de leurre.

On appelle oiseaux de leure ceux qu'on instruit pour la fauconnerie, & qu'on fait revenir sur le poing, par le leurre ou l'appât qu'on jette en l'air pour les attirer : il y a six oiseaux de ce caractère, le faucon, le gerfaut, le sacre, le lanier, l'émérillon & le hobereau.

Quand on veut chasser au *duc* & aux oiseaux de leurre, on construit une petite loge de branchages où l'on puisse se dérober à la vue du gibier auquel on tend le piége; & on place au-dessus de la loge, sur une raquette propre à jouer à la paume, un pigeon blanc entouré de menues branches d'arbrisseaux couvertes de glu : cette raquette doit être attachée avec une ficelle que le chasseur tient à la main, & dont il se sert pour faire remuer le pigeon, quand l'occasion l'exige; dès que l'oiseau de proie voit ce leurre, il fond dessus, & s'englue. La personne qui est dans la loge, sort à l'instant, & saisit son gibier avant qu'il ne se rompe quelqu'aile en se débattant; s'il veut le dégluer & le faire servir à la fauconnerie, il poudre ses ailes de cendre & de sable, & le laisse une nuit en cet état; le lendemain il bat deux jaunes d'œufs, & en met avec le bout d'une plume aux endroits endommagés par la glu; cet appareil doit rester un jour & une nuit : enfin, on fait fondre un peu de beurre & de lard, on en graisse le plumage de l'oiseau, & quelques heures après on le lave avec de l'eau tiéde, & ensuite avec du linge bien net; l'oiseau dès ce moment sera en état de prendre son essor.

Autre méthode des fauconniers.

On fait faire des pelottes de laine grosses comme des perdreaux, couvertes de plumes de perdrix, & de lacets de crin; on attache ce piége aux pieds de quelques autres oiseaux dressés à cette chasse; on les abandonne ensuite les uns après les autres, & quelquefois tous ensemble; mais on doit observer de les tenir tous en filière : quand l'oiseau de leurre les apperçoit, il fond sur eux & s'embarrasse dans les lacets de manière que les deux oiseaux tombent d'abord à terre; le fauconnier court alors à l'oiseau de proie, le prend par le milieu du corps sans le presser, & le débarrasse; il passe de-là à l'autre oiseau, délie sa pelotte, & cesse de le faire chasser ce jour là, parce qu'il est long-tems effarouché de sa chûte.

Telles sont les principales méthodes qu'on emploie pour chasser au *duc*, & pour le faire servir ensuite à la chasse des autres oiseaux; sa forme hideuse, son aspect sinistre & la haine mortelle que tous les habitans de l'air lui ont jurée, tout conspire à sa ruine & à celle de ses ennemis.

DUIRE. On dit, en fauconnerie, *duire* un oiseau, c'est-à-dire, l'affaiter.

DUR-BEC. Cet oiseau a en effet le bec dur, fort & court. Son plumage est rouge, sa queue est longue. On l'appelle aussi *bouvreuil du Canada*, parce qu'il est commun dans cette contrée, & qu'il paroît tenir de l'espèce des bouvreuils.

DUVET. Plume menue qui couvre le corps des oiseaux de proie: on dit aussi en fauconnerie oiseaux duveteux, c'est-à-dire, qui a beaucoup de plumes molles & délicates autour de la chair.

E.

ÉBAT. En terme de vénerie, mener les chiens à l'*ébat*, c'est les promener.

ÉCHASSE, f. f. Cet oiseau est à-peu-près de la grosseur du vaneau ; ses jambes, de couleur rouge, ont près d'un pied de hauteur, d'où lui a été donné le nom d'*échasse*. Ses pieds sont palmés. L'*échasse* à le dessus du corps noirâtre, mêlé d'un peu de blanc & de gris-brun, & tout le dessous blanc depuis la gorge jusqu'à la queue. Son bec est noir & long de trois pouces : elle vit d'insectes. Cet oiseau hante les marais salés, & ne se rencontre que très-rarement.

ÉCORCHEUR, f. m. Oiseau de proie du genre de la pie-grieche, mais plus petit. C'est un oiseau de passage ; il arrive au printems, fait son nid sur des arbres ou dans des buissons, & quitte nos climats vers le mois de septembre. Il se nourrit d'insectes ; il fait aussi la chasse aux petits oiseaux.

ÉCUMER. Un oiseau, en terme de fauconnerie, *écume* sa proie quand il passe sur elle sans s'arrêter. Ce terme s'entend encore d'un oiseau qui court sur le gibier que lancent les chiens.

ÉCUREUIL, f. m. C'est, dit Buffon, un joli petit animal, qui n'est qu'à demi-sauvage, & qui par sa gentillesse, par sa docilité, par l'innocence même de ses mœurs, mériteroit d'être épargné ; il n'est ni carnassier, ni nuisible, quoiqu'il saisisse quelquefois des oiseaux : sa nourriture ordinaire sont des fruits, des amandes, des insectes, du gland, &c. Il est propre, leste, vif, très-alerte, très-éveillé, très-industrieux : il a les yeux pleins de feu, la physionomie fine, le corps nerveux, les membres très-dispos ; sa jolie figure est rehaussée & parée par une belle queue en forme de panache, qu'il relève jusque dessus sa tête, & qu'il maintient étendue ; c'est un parasol sous lequel il se met à l'ombre.

Il est, pour ainsi dire, moins quadrupède que les autres ; il se tient ordinairement assis, presque debout lorsqu'il veut manger, & se sert de ses pieds de devant, qui sont libres, comme d'une main, pour porter à sa bouche : dans cette attitude, le corps est dans une position verticale.

Il demeure ordinairement sur la cime des arbres, parcourt les forêts en sautant de l'un à l'autre, y fait son nid, cueille les grains, boit la rosée, & ne descend à terre que quand les arbres sont agités par la violence des vents.

Ce petit quadrupède est très-prévoyant : il ramasse des noisettes pendant l'été, & remplit le tronc & les fentes d'un vieux arbre qu'il a choisi. Voilà le grenier auquel il a recours en hiver.

On entend les *écureuils* pendant les belles nuits d'été crier, en courant sur les arbres les uns après les autres ; ils semblent craindre l'ardeur du soleil : ils demeurent pendant le jour à l'abri dans leur domicile, dont ils sortent le soir pour s'exercer, jouer, faire l'amour, & manger. C'est ordinairement sur l'enfourchure d'une branche qu'ils s'établissent, ils commencent par transporter des buchettes qu'ils mêlent, qu'ils entrelacent, avec de la mousse ; ils la serrent ensuite, ils la foulent, & donnent assez de capacité & de solidité à leur ouvrage pour y être à leur aise, & en sûreté avec leurs petits ; il n'y a qu'une ouverture par le haut, juste, étroite, & qui suffit à peine pour passer.

La chair des *écureuils* est assez bonne à manger. Le poil de leur queue sert à faire des pinceaux ; mais leur peau n'est pas une fort bonne fourrure.

Il y a dans divers pays différentes espèces d'*écureuils*, dont la couleur du poil fait la principale variété.

ÉCUREUIL VOLANT. Cet animal a les oreilles petites, arrondies, les yeux grands & noirs : il porte une moustache composée de poils noirs, longs d'un pouce & demi. Sa queue est fort longue, sa tête paroît plus pointue que celle de l'*écureuil* vulgaire. Ses pieds de devant & de derrière, surtout ceux-ci, sont comme cachés sous la peau à voler, qui les recouvre presque jusqu'aux pattes.

Les poils de l'*écureuil volant* sont fort drus, très-doux au toucher, & varient, suivant les climats, pour la couleur, qui est communément d'un gris obscur.

Ce petit quadrupède habite sur les arbres comme l'*écureuil*, & lorsqu'il saute pour passer d'un arbre à un autre, ou pour traverser une espace considérable, sa peau, qui est lâche & plissée sur les côtés du corps, se tire en-dehors, se bande & s'élargit par la direction contraire des pattes antífleures qui s'étendent en avant, & de celles de derrière qui s'étendent en arrière dans le mouvement du saut.

On voit des *écureuils volans* en Pologne, en Laponie, dans la Finlande, en Virginie, dans la Nouvelle-Espagne & en Canada. Ils se nourrissent de fruits, de graines ; ils aiment sur-tout les boutons & les jeunes pousses du pin & du bouleau. Ces animaux sont peureux & paresseux, & ils deviennent aisément la proie des martes & des autres bêtes qui grimpent sur les arbres.

EDOLIO. Oiseau commun au Cap de Bonne-Espérance : c'est une espèce de Coucou. Son nom lui vient de son cri qui est l'articulation exacte du mot *édolio*, & qu'il répète douloureusement, & sans cesse dès qu'il fait beau. Les hottentots vont à la chasse de cet oiseau, dont ils aiment la chair.

EGALÉ. En fauconnerie, un oiseau *égalé*, est un oiseau moucheté.

EGALURES. Mouchetures blanches qui sont sur le dos d'un oiseau : on dit : ce faucon a le dos tout parsemé d'*égalures*.

ELAN, s. m. C'est un animal du genre des cerfs; grand comme un cheval ; il est cornu, ruminant & sauvage. On le trouve en Moscovie, en Prusse, en Lithuanie, en Pologne, en Suède, en Laponie. Il a plus de cinq pieds & demi depuis le bout du museau jusqu'au commencement de la queue, qui n'a que deux pouces de longueur : sa tête est fort grosse; ses yeux sont étincelans ; les lèvres grandes, épaisses & détachées des gencives; ses oreilles sont larges & longues; ses jambes sont menues; ses pieds noirâtres & ses ongles fendus comme ceux du bœuf; son poil, d'un jaune obscur, a jusqu'à trois pouces de longueur.

L'*élan* du Canada est connu sous le nom d'orignac ; il a sur la tête un grand bois plat, que les sauvages assurent peser quelquefois jusqu'à quatre cents livres : sa chair est bonne, mais moins délicate cependant que celle de la femelle.

L'*élan* ne va point par bonds & par sauts comme le cerf; mais sa marche est une espèce de trot rapide, & qui ne le fatigue jamais : les sauvages prétendent qu'il peut trotter trois jours & trois nuits sans se reposer.

On a vu des cornes d'*élan* munies de dix-huit à vingt cornichons si amples & si espacés, que deux hommes pouvoient s'y asseoir à-la-fois. L'*élan* met bas ses cornes tous les ans au mois de février ou de mars : la démangeaison qu'il y sent l'oblige à se frotter contre les arbres, afin de s'en débarrasser ; il lui en croît de nouvelles qui sont revêtues d'une peau molle lanugineuse qui le garantit du froid jus-

qu'à ce qu'elles aient acquis une certaine consistance : au mois d'août sa tête se trouve armée d'un nouveau bois.

Chasse de l'élan.

L'*élan*, plus timide encore que le cerf, se cache dans les profondes solitudes des bois les plus épais; on le prend avec des baliveaux assujettis avec des cordes, qui, en faisant l'office de ressort, lorsque l'animal vient à passer, le saisissent à la gorge & l'étranglent.

On le tue difficilement au fusil, car il a le poil si rude & le cuir si dur que la balle peut à peine y pénétrer ; il a aussi les jambes très-fermes, & jouit d'une telle vigueur dans ses pieds de devant, que d'un seul coup il peut tuer un homme & même casser un arbre ; dès que cet animal se sent blessé, il revient sur le chasseur, l'élève sur ses cornes, ou le foule à ses pieds.

On le chasse à-peu-près comme nous chassons le cerf; c'est-à-dire, à force d'hommes & de chiens : on assure que lorsqu'il est lancé & poursuivi, il lui arrive souvent de tomber tout-à-coup sans avoir été blessé : les sauvages en concluent que l'*élan* est sujet à l'épilepsie : le grand nombre des voyageurs a adopté cette opinion. M. Buffon croit avec plus de raison, que la terreur seule produit cet effet singulier dans l'*élan*; il rejette aussi le préjugé populaire qui trouve dans la corne des pieds de ce même animal, un antidote contre l'épilepsie.

Chasse de l'élan par les sauvages.

C'est à force de constance & d'adresse que les sauvages viennent à bout de prendre l'*élan* : voici quelle est leur méthode en hiver ; ils se servent de raquettes pour ne point enfoncer dans la neige; pour l'*élan*, il ne fait pas beaucoup de chemin, parce qu'à chaque pas qu'il fait, ses pieds y pénètrent profondément. Le chasseur a donc la liberté de lui lancer ses dards ; l'animal alors redouble de courage pour hâter sa fuite, & ses compagnons se mettent tous queue à queue en faisant un grand cercle qui renferme quelquefois deux de nos lieues : la neige se trouve bientôt battue, & le quadrupède n'enfonce plus; mais celui de devant se trouvant fatigué se met derrière : les sauvages en embuscade les voient passer & les dardent à leur choix : on les poursuit toujours, & à chaque tour, il y en a un qui périt. Cette chasse, qui se fait en Amérique est exécutée par le lapon au fond du nord.

ÉLÉPHANT. L'*éléphant* est le plus grand des quadrupèdes.

La physionomie de l'*éléphant* paroît stupide ; la

maſſe énorme de ſon corps paroît le défigurer ; ſa trompe & ſes défenſes qui cachent une partie de ſa tête, forment une conformation étrange ; mais ſous cet extérieur peu favorable, il cache un inſtinct admirable ; il a lui ſeule ſentiment du chien, l'adreſſe du ſinge & l'intelligence du caſtor : tous les naturaliſtes s'extaſient ſur ſa force prodigieuſe ; on en a vu porter avec leurs dents deux canons de fonte, & les ſoutenir l'eſpace de cinq cents pas : il y en a d'autres qui tirent des galères en terre & les mettent à flot : le philoſophe ne ſera point effrayé d'un tel appareil de force, quand il ſaura que celui qui l'a reçu de la nature n'en abuſe jamais : il n'eſt l'ennemi d'aucun animal.

L'éléphant ſauvage marche en troupe ; & alors les chaſſeurs n'oſeroient l'attaquer, car il faudroit une petite armée pour lutter avec avantage contre elle. Il ſouffre avec peine l'excès du froid & celui de la chaleur ; il ſe nourrit de racines, de fruits & de grains, & il peut manger juſqu'à cent cinquante livres d'herbes par jour : cette grande conſommation nuit aux campagnes, & les Indiens ne trouvent le moyen de prévenir leur viſite qu'en allumant devant des feux, dont l'éclat les épouvante. Les éléphans ont les mœurs ſociales ; quand ils ſe connoiſſent, ils ne ſe quittent pas ; & ils paroiſſent ſuſceptibles de la plus vive amitié ; ce ſentiment cede cependant à l'amour quand les femelles entrent en chaleur ; ils ſe ſéparent alors par couple & ſe retirent dans les ſolitudes les plus profondes pour ſe livrer à l'impulſion de la nature : l'amour les précède, la pudeur les ſuit, & le myſtère accompagne toujours leurs plaiſirs. Ils ne produiſent qu'un petit, qui, à ſa naiſſance, a des dents, & paroît plus gros qu'un ſanglier : on ne peut guère apprivoiſer l'éléphant que dans l'âge le plus tendre ; mais il dégénère dans l'eſclavage & ceſſe de produire.

Quand l'éléphant eſt dompté, il devient le plus doux des animaux, il s'attache à ſon maître, & on en a vu mourir de regret pour avoir, dans un excès de colère, tué leur conducteur.

On prétend que l'éléphant peut vivre deux ſiècles, & qu'il produit juſqu'à cent vingt ans : l'eſpèce en eſt répandue dans tous les pays méridionaux de l'Afrique & de l'Aſie : mais ils ne quittent preſque jamais le ſol qui les a vus naître, & cet attachement à la patrie achève de faire regarder l'éléphant comme un prodige de la nature.

De tems immémorial, les indiens ſe ſont ſervis d'éléphans dans la guerre ; mais comme ces animaux craignent beaucoup le feu, ils ne pourroient tenir contre notre artillerie.

On ne trouve plus d'éléphans ſauvages dans la partie de l'Afrique qui eſt en-deçà du mont Atlas ;

mais on en trouve beaucoup au Sénégal, en Guinée, au Congo & dans toutes les terres du ſud de l'Afrique, juſqu'à celles qui ſont terminées par le Cap de Bonne-Eſpérance. On en trouve auſſi en Abyſſinie, en Ethiopie, à Madagaſcar, à Java, & dans toutes les grandes iſles de l'Inde & de l'Afrique.

Les éléphans ſont actuellement plus nombreux en Afrique qu'en Aſie : ils y paroiſſent plus fiers de leurs forces, & traitent les nègres avec une indifférence dédaigneuſe.

Le préjugé des aſiatiques eſt que leurs éléphans peuvent vivre juſqu'à cinq cents ans, & il faut avouer que les hiſtoriens de l'antiquité ont partagé la même crédulité. Juba, roi de Mauritanie, a écrit qu'il en avoit pris dans le mont Atlas qui s'étoient trouvés dans un combat quatre ſiècles auparavant, & Philoſtrate rapporte que l'éléphant Ajax, qui avoit combattu pour Porus contre Alexandre, vivoit encore quatre ſiècles après la victoire de ce conquérant.

La couleur naturelle de ces animaux eſt le gris cendré ou noirâtre ; il y en a auſſi de blancs, de rouges & de noirs, mais ils ſont infiniment rares : on ſait que la poſſeſſion d'un éléphant blanc a coûté des guerres de deux ſiècles à quelques royaumes des Indes : & quand le roi de Siam fait l'énumération gigantesque de ſes titres, il ne manque jamais de mettre, poſſeſſeur de l'éléphant blanc : cette prérogative lui paroît une des plus eſſentielles de ſa couronne.

Les ſens de l'éléphant ont une perfection que nos européens ne peuvent ſoupçonner : il ſe délecte au ſon des inſtrumens, & paroît goûter comme nous les plaiſirs qui naiſſent de l'harmonie ; ſon odorat eſt exquis ; il cueille les fleurs dont le parfum eſt le plus gracieux. Pour le ſens du toucher, il réſide dans ſa trompe ; cette partie de ſa tête lui rend plus de ſervices que les mains n'en rendent à l'eſpèce humaine ; cette trompe eſt en même-tems un membre capable de mouvement & un organe de ſentiment : il s'en ſert pour ramaſſer à terre les plus petites pièces de monnoie, pour cueillir les herbes & les fleurs, pour ouvrir les portes, & même pour tracer des caractères avec un inſtrument auſſi petit qu'une plume.

L'éléphant a le cou trop court pour pouvoir baiſſer ſa tête juſqu'à terre, & brouter l'herbe avec la bouche, ou boire facilement quand il a ſoif : il trempe le bout de ſa trompe dans l'eau ; & en aſpirant il en remplit toute la cavité, enſuite il la recourbe en-deſſous, pour la porter dans ſa bouche, & l'enfonce juſques dans le goſier, audelà de l'épiglotte. L'eau pouſſée par la ſimple aſpiration deſcend dans l'éſophage. Quand l'élé

phant

phant veut manger, il arrache l'herbe avec sa trompe, & en fait des paquets qu'il porte de même dans sa bouche.

La bouche de l'*éléphant* est la partie la plus basse de sa tête, & semble être jointe à sa poitrine : elle n'est armée que de huit dents, quatre à la mâchoire supérieure, & quatre à l'inférieure. La nature lui a encore donné deux défenses, qui sortent de la machoire supérieure : elles sont longues de quelques pieds & un peu recourbées en haut. L'animal s'en sert pour attaquer & se défendre : elles sont creuses jusqu'à la moitié environ de leur longueur. Leur substance est ce qu'on nomme l'ivoire.

Les oreilles de l'*éléphant* sont très-longues, très-larges & très-épaisses ; il s'en sert comme d'un éventail : sa queue n'a que deux ou trois pieds ; elle est garnie à l'extrémité d'une houppe de gros poils élastiques, qui est un ornement très-recherché des négresses : aussi la queue d'un *éléphant* se vend deux ou trois esclaves ; & quand un nègre a réussi à la couper à un animal vivant, sa fortune est faite.

L'*éléphant* a des yeux très-petits ; son corps est couvert d'une peau toute composée de rides.

Le climat & la nourriture influent beaucoup sur la taille des *éléphans* ; les plus grands des Indes ont quatorze pieds de hauteur, & les plus petits du Sénégal n'en ont que dix : le mâle est toujours plus grand que la femelle.

On se sert de l'*éléphant* dans l'Inde pour porter la grosse artillerie ; le Mogol les fait servir quelquefois de bourreaux pour les criminels condamnés à mort : s'il est nécessaire d'abréger le supplice, ils mettent en un instant le patient en morceaux ; si leur crime est atroce, ils leur rompent les os les uns après les autres, & leur font subir un supplice aussi cruel que celui de la roue.

On connoîtroit peu l'*éléphant*, si on ne rapportoit ici quelques traits de sa générosité : ces anecdotes sont avérées, & méritent l'admiration même du philosophe.

Un *éléphant* venoit de se venger de son conducteur en le tuant : sa femme, témoin de ce spectacle, prend ses deux enfans & les jette aux pieds de l'animal furieux, en lui disant : *puisque tu as tué mon mari, ôte-moi aussi la vie ainsi qu'à mes enfans* : l'*éléphant* aussi-tôt s'arrête, s'adoucit, prend avec sa trompe l'aîné de ses enfans, le met sur son col, l'adopte pour son conducteur, & dans la suite n'en veut point souffrir d'autres. Cette scène singulière s'est passée dans le Dekan.

Un soldat de Pondichéry qui avoit coutume de

porter à un *éléphant* une certaine mesure d'arac, ayant un jour un peu plus bu que de raison, & se voyant poursuivi par la garde qui le vouloit conduire en prison, se réfugia sous l'*éléphant* & s'y endormit. Ce fut en vain que la garde tenta de l'arracher de cet asyle : l'*éléphant* le défendit avec sa trompe ; le lendemain le soldat revenu de son ivresse, frémit, à son réveil, de se trouver couché sous cet énorme quadrupède : mais l'*éléphant* qui s'apperçut de son effroi, le caressa avec sa trompe pour le rassurer, & lui fit entendre qu'il pouvoit s'en aller.

Quand cet animal se trouve dans son état naturel, les douleurs les plus aiguës ne peuvent l'engager à faire du mal à qui ne lui en a pas fait. Un *éléphant* furieux des blessures qu'il avoit reçues à la bataille d'Hambour, couroit dans les campagnes en poussant des cris affreux ; un soldat, qui n'avoit pu fuir, peut-être parce qu'il étoit lui-même blessé, se trouva à sa rencontre : l'*éléphant* craignit de le fouler aux pieds, le prit avec sa trompe, le plaça doucement de côté & continua sa route. Les belles actions des *éléphans* sont innombrables.

Avec autant de qualités en partage, il n'est pas étonnant que l'antiquité n'ait regardé l'*éléphant* qu'avec une espèce de vénération : l'ingénieux Pline & le judicieux Plutarque lui ont même attribué des mœurs raisonnées, l'esprit de divination, & une religion naturelle : les indiens, prévenus de l'idée de la métempsicose, ont expliqué des qualités admirables de l'*éléphant* avec la doctrine de Pythagore : ils sont encore persuadés aujourd'hui qu'un corps aussi majestueux ne peut être animé que par l'ame d'un grand homme.

Plusieurs princes de l'Inde font consister leur grandeur à entretenir beaucoup d'*éléphans*. Le grand Mogol en a plusieurs milliers ; on les pare de plaques de métal ; on les couvre des plus riches étoffes ; on environne leur ivoire d'or & d'argent ; on les couronne de guirlandes, & cette parure semble les charmer.

C'est sur-tout à l'égard de l'*éléphant* blanc qu'on voit, dans toute son énergie, l'enthousiasme des orientaux : plusieurs mandarins sont destinés à son service, on ne le sert qu'en vaisselle d'or : il a un palais dont les lambris sont dorés, & l'intérieur orné de sculpture : on le dispense de tout travail & de toute obéissance : l'empereur vivant est le seul devant qui il fléchisse le genou ; encore ce salut lui est il rendu par le souverain.

C'est à Pégu qu'on voit les plus beaux *éléphans* blancs des Indes, quand le roi de cette contrée va se promener, il y en a quatre qui marchent devant lui ornés de pierreries : lorsqu'il donne au-

CHASSES.   Z

dience , les mêmes animaux le saluent avec leur trompe , s'agenouillent & le complimentent à leur façon : on les ramène ensuite dans leur palais , là on les parfume , on les place sous un dais soutenu par huit officiers pour les garantir de l'ardeur du soleil ; & s'ils veulent se promener , trois trompettes les précèdent ; ces animaux entendent leurs accords , & règlent leurs pas sur le son des instrumens.

Un *éléphant* consomme beaucoup , & il est très-couteux à nourrir. Il y en avoit un à la ménagerie de Versailles qui étoit un des plus petits de l'espèce ; cependant sa nourriture , sans y comprendre ce qui lui étoit donné par ceux qui le visitoient, consistoit tous les jours en 80 livres de pain , 12 pintes de vin , & deux seaux de potage , où il entroit encore 4 à 5 livres de pain ; on lui donnoit aussi de deux jours l'un deux seaux de riz cuit dans l'eau , & une gerbe de bled pour s'amuser, dont il mangeoit les grains , & faisoit ensuite des poignées de paille pour chasser les mouches.

Chasse royale des éléphans.

Quand les rois de l'Inde vont à la chasse de l'*éléphant*, ils y emploient une pompe vraiment orientale : on ne diroit pas qu'ils vont s'amuser, mais qu'ils vont combattre l'ennemi de la patrie.

On choisit au milieu d'une forêt un espace qu'on environne d'une forte palissade ; les plus gros arbres du bois servent de pieux principaux contre lesquels on attache les traverses de charpente qui soutiennent les autres pieux : cette palissade est faite à claire-voie , ensorte qu'un homme peut y passer aisément ; on y laisse une autre grande ouverture par laquelle l'*éléphant* peut entrer, & cette baie est surmontée d'une trape suspendue.

Pour attirer l'animal dans cette enceinte , on conduit une femelle en chaleur & apprivoisée dans la forêt , & lorsqu'on s'imagine être à portée de la faire entendre , son gouverneur l'oblige à faire le cri d'amour : le mâle sauvage y répond & se met en marche pour la joindre : on la fait marcher elle-même , en lui faisant de tems en tems répéter l'appel ; elle arrive la première à l'enceinte, où le mâle la suivant à la piste , entre par la même porte , & se trouve enfermé sans prévoir encore le piège qu'on lui tend.

Cependant le prince qui préside à cette chasse envoie trente ou quarante mille hommes qui environnent l'enceinte ; ils se postent de quatre en quatre à vingt pieds de distance les uns des autres , & à chaque campement on fait un feu qui s'élève de terre au moins de trois pieds : il se fait aussi une autre enceinte d'*éléphans* de guerre , distans les uns des autres de cent ou cent cinquante pas ;

& on les place plus serrés dans les endroits où les *éléphans* sauvages pourroient sortir : on met même du canon dans les endroits qu'ils pourroient forcer : tous ces préparatifs sont nécessaires pour la sûreté des chasseurs.

Quand l'*éléphant* est entré dans l'enceinte en suivant la femelle qui l'attire , quelques soldats paroissent & le harcellent avec de longues perches armées de pointes : son ardeur alors s'évanouit & se change en fureur ; il poursuit ses ennemis avec vivacité , mais ordinairement ils échappent derrière les pieux de la palissade que lui-même ne peut franchir ; le plus hardi des chasseurs le voyant animé se fait alors poursuivre & l'attire à la porte où on a ménagé une trape : le chasseur s'élance hors du piège , mais le colosse qui le suit s'y trouve renfermé ; l'animal irrité pousse des cris horribles & fait des efforts extraordinaires pour se dégager ; les Indiens de leur côté redoublent d'activité ; les uns tâchent de l'adoucir , en lui jettant de l'eau sur la tête , en le frottant avec des feuilles & en lui versant de l'huile sur les oreilles : les autres lui jettent des cordes à nœuds coulans & lui mettent des entraves aux pieds : quand sa fureur est un peu rallentie , on fait approcher un *éléphant* privé , de ceux qui ont coutume d'instruire les nouveaux venus : un officier monté sur lui le fait avancer ou reculer à son gré , pour montrer à l'*éléphant* sauvage qu'il n'a plus de péril à redouter : tous deux sortent de la porte en même-tems , & quand ils ont marché quelque tems , on lie le nouveau captif avec deux autres : on en choisit un troisième pour le tirer avec une corde dans la route qu'on veut lui faire tenir , & un quatrième qui le suit , le fait avancer à grands coups de trompe jusques dans une espèce de remise , où on l'attache à un pilier qui tourne comme un cabestan de navire , & on l'y laisse jusqu'au lendemain afin de laisser dissiper entièrement ses accès de fureur.

Jusques là , on ne peut qu'admirer l'adresse & le courage des Indiens ; mais la superstition vient bientôt à l'appui de l'industrie : on fait entrer un Bramine , qui , monté sur un *éléphant* sacré, & revêtu de ses habits sacerdotaux , vient pompeusement l'arroser d'une eau mystérieuse qui a la vertu d'apprivoiser les animaux les plus sauvages. Grace aux chaînes vigoureuses qui captivent l'*éléphant* , le prêtre & ses adorateurs terminent impunément leurs cérémonies , & le talisman n'est jamais en faute.

Méthodes diverses pour la chasse de l'éléphant.

Comme les particuliers , à l'exemple des rois, vont dans l'Inde à la chasse de l'*éléphant* , on a beaucoup simplifié les pièges qu'on lui tend.

Dans le royaume de Patane, on se contente de conduire dans les bois un fort *éléphant* privé ; quand le sauvage l'apperçoit, il vient lutter contre lui : les deux athlètes croisent leurs trompes & cherchent à se renverser : mais pendant que la trompe de l'*éléphant* sauvage se trouve embarrassée, on lui lie les jambes de devant & il devient esclave.

Ailleurs on se contente de tendre des chausse-trapes sur leurs passages ; par ce moyen ils tombent dans des fossés, d'où il est possible ensuite de les retirer quand on s'en est rendu maître.

Les habitans de Ceylan font des fosses profondes qu'ils couvrent de planches mal jointes, & ensuite de paille & de verdure : les *éléphans* qui sont sur cette route tombent dans ce piège, on ne se presse point de les en tirer ; pour les empêcher de mourir de faim, on leur fait porter à manger par des esclaves : peu-à-peu l'animal s'accoutume à la vue de ses maîtres, s'apprivoise & sort d'un esclavage pénible pour tomber dans un autre qui l'est moins.

Les negres n'ont pas l'industrie des Orientaux ; ils ne savent point apprivoiser l'*éléphant* ; ils ne savent que le tuer : ils le font tomber dans des fosses profondes recouvertes de branchages, & le tuent à coups de flèches. Quelquefois ils s'assemblent au nombre de vingt-cinq ou de trente, & luttent contre ce colosse formidable ; le plus hardi se glisse auprès de lui & lui donne un coup de zagaye ; il se cache ensuite, & les autres lui portent de nouveaux coups dans les endroits les plus sensibles ; l'*éléphant* ne fait sur qui exercer sa vengeance & périt enfin sous leurs coups. Voilà sans doute la chasse la plus dangereuse qu'on fasse dans les deux continents ; & qui sont les personnes qui y réussissent ? des nègres.

C'est l'intérêt sans doute qui anime si fort les Africains à la chasse de l'*éléphant* ; ils font des boucliers de sa peau, mangent sa chair avec une sorte de volupté, & font sur-tout un grand commerce de l'ivoire de ses défenses, qui sert aux Européens à faire les plus jolis ouvrages en sculpture & en marqueterie.

EMAILLURES. (*Vénerie*) Se dit des taches rousses qu'on voit sur les pennes de l'oiseau de proie.

EMBLER. C'est quand aux allures d'une bête, les pieds de derrière surpassent ceux de devant de quatre doigts.

ÉMÉRILLON, f. m. C'est le plus petit de tous les oiseaux de proie, à l'exception de la pie-grièche, n'étant que de la grosseur d'une grosse grive. On le dresse pour le vol des alouettes, des cailles, & même des perdrix, qu'il transporte (dit M. de Buffon), quoique beaucoup plus pesantes que lui. Il tient de plus près que tout autre oiseau à l'espèce du faucon, dont il a le plumage, la forme & l'attitude, & en même-tems le courage & la docilité. Dans l'état de liberté, il ne prend que les petits oiseaux, & tout au plus les grives.

ÉMEU. Les fauconniers nomment ainsi l'excrément que rendent les oiseaux de proie : ils disent, ce faucon se porte parfaitement, car il rend bien son *émeu*.

EMGALO. Espèce de sanglier de la basse Ethiopie, qui a dans la gueule deux énormes défenses : les Portugais prétendent que la rapure de ses dents est un excellent fébrifuge : un voyageur ajoute même que quand l'animal se sent malade, il rape ses dents contre une pierre & lèche cette limure pour se guérir : quoi qu'en disent les Portugais, l'*emgalo* est très-peu connu ; ainsi sa propriété d'être fébrifuge est du moins très-suspecte.

ÉMOUCHET. Oiseau de proie qu'on nomme plus ordinairement *tiercelet* ; c'est le mâle de l'épervier : voyez ce dernier mot.

EMPAKASSE ou IMPANGUEZZE. Espèce de vache sauvage des pays de Congo & d'Angola, qui, par la figure & le caractère, a beaucoup de rapport avec le buffle : cet animal a les cornes & les oreilles d'une longueur excessive : les nègres employent les cornes dans leurs parures, & ont même l'industrie d'en faire des instrumens de musique. Le mâle & la femelle ne se quittent jamais : leur chair est nourrissante, & les habitans du pays la mangent volontiers.

La chasse de l'*empakasse* se fait de la même façon que celle du buffle : elle est cependant plus difficile à cause de l'extrême légéreté de cet animal, & plus dangereuse à cause de sa force : quand ce quadrupède se sent blessé, il fait volte-face, attaque à son tour le chasseur, & le tue quand il peut le renverser.

EMPALANGA. C'est un quadrupède commun dans le pays de Benguela en Afrique. Son corps tient de la mule, & sa tête du bœuf sauvage ; ses cornes sont larges & tortueuses. On juge de l'âge de cet animal par le nombre des entrelaçures des cornes. Les Africains font servir l'*empalanga* au labourage & à d'autres services de fatigue. Sa chair est bonne à manger ; & sa peau fait un bon cuir.

EMPAUMER LA VOIE. (*Vénerie*) C'eſt prendre la voie.

EMPAUMURE, ſ. f. (*Vénerie*) C'eſt le haut de la tête du cerf & du chevreuil, qui eſt large & renverſée, où il y a trois ou quatre andouillers au plus pour les cerfs de dix cors & les vieux chevreuils, car les jeunes n'en ont pas.

EMPELOTER, (s') v. paſſ. *Fauconn.* Se dit d'un oiſeau lorſqu'il ne peut digérer ce qu'il avale, ſa nourriture ſe mettant en pelotons : pour lors on la lui tire avec un outil nommé le *déſempelotoir*.

EMPIÉTER, v. neut. (*Fauconnerie*) Se dit d'un oiſeau de proie, & particulièrement de l'autour qui *empiète*, c'eſt-à-dire qui enlève & emporte la proie avec les pieds.

ENCEINTE, (*Vénerie*) C'eſt le lieu où le valet de limier détourne les bêtes avec ſon limier.

ENCHAPERONER, v. act. (*Fauc.*) C'eſt mettre le chaperon ſur la tête de l'oiſeau.

ENDUIRE, v. neut. (*Fauconn.*) Se dit de l'oiſeau quand il digère bien la chair. Cet oiſeau *enduit* bien, c'eſt-à-dire qu'il digère bien.

ENFONCER, (*Fauconnerie*) Se dit de l'oiſeau qui fond ſur ſa proie, en la pouſſant juſqu'à la remiſe ; l'épervier vient d'*enfoncer* la perdrix.

ENFOURCHURE, ſ. f. (*Vénerie*) Il ſe dit de la tête du cerf, lorſque l'extrémité du bois ſe diviſant en deux pointes forme la fourche.

ENGIN. Ce mot déſigne l'équipage néceſſaire à une chaſſe quelconque. Ainſi l'engin pour la chaſſe des alouettes, comprend le *miroir*, les *nappes*, *guèdes*, *cordeaux*, *maillets*, &c.

ENGRI. Ce quadrupède eſt une eſpèce de tigre, commun dans l'Ethiopie. On dit comme une particularité que ce féroce animal n'attaque point les hommes blancs, & qu'il ſe jette avec fureur ſur les nègres. Le roi de Congo fait chaſſer cet animal, & donne une récompenſe à l'éthiopien qui en apporte la peau.

ENGUICHURE, ſ. f. (vénerie). C'eſt l'entrée de la trompe.

ENLEVER *la meute* (vénerie). C'eſt lorſqu'au lieu de laiſſer chaſſer les chiens, on les entraîne par le plus court chemin au lieu où un chaſſeur a vu le cerf, & où on retrouve la voie.

ENTÉES, ſ. f. (vénerie) Ce ſont des fumées de cerf ou de biche, dont deux ne font qu'une, & qui peuvent ſe ſéparer ſans ſe rompre.

ENTER (fauconnerie). C'eſt, lorſqu'un oiſeau a une penne froiſſée, rompue, albrenée, la rejoindre à une autre. Il ſe dit auſſi de la penne qu'on raccommode à l'aiguille ou au tuyau.

ENTES. Peaux d'oiſeaux remplies de paille ou de foin, auxquelles on fiche un piquet par-deſſous le ventre, pour les préſenter comme des oiſeaux vivans qui font ſur un arbriſſeau. C'eſt un moyen dont quelques chaſſeurs ſe ſervent pour attirer des oiſeaux de la même eſpèce, & les mettre à la portée du fuſil, ou les faire prendre dans des pièges ou dans les filets.

ENTRAVER, v. n. (fauconnerie). C'eſt raccommoder les jets de l'oiſeau, de ſorte qu'il ne peut ſe déchaperonner.

ÉPAGNEULS, ſ. m. pl. (vénerie). Les chiens *épagneuls* ou *eſpagnols* ſont plus chargés de poil que les braques, & conviennent mieux dans les pays couverts ; ils chaſſent de gueule, & forcent le lapin dans les brouſſailles : quelquefois ils rident, & ſuivent la piſte de la bête ſans crier. Ils ſont bons auſſi pour la plume, & chaſſent le nez bas.

EPERONNIER. Nom d'un oiſeau remarquable par un double éperon qu'il a à chaque pied. Son plumage eſt d'une beauté admirable, ſa queue eſt ſemée de miroirs ou de taches brillantes de forme ovale, & d'une belle couleur de pourpre avec des reflets bleus, verts & or. Ces miroirs font d'autant plus d'effet qu'ils ſont terminés & détachés du fond par un double cercle, l'un noir & l'autre orangé obſcur. Les aîles & le dos de l'*eperonnier* ſont auſſi enrichis de ces taches de diverſes couleurs qui, par leur variété, leur forme, & leur jeu étincelant paroiſſent comme autant de ſaphirs, d'opales, d'émeraudes & de topaſes. Le mâle ſurpaſſe en groſſeur le faiſan ordinaire. La femelle eſt d'un tiers plus petite, & n'eſt pas ſi brillante que le mâle. Ces oiſeaux, que quelques-uns nomment *faiſans-paons*, ſont recherchés à cauſe de leur plumage, & parce que la chair en eſt ſi excellente.

ÉPERVIER, ſ. m. C'eſt un oiſeau carnivore de la longueur d'un pied ; celle des aîles étendues eſt de deux pieds. Il a la tête arrondie, le bec court & gros, crochu, d'un bleu noirâtre. Son plumage eſt d'un brun ſombre. Il a les jambes menues, longues, jaunâtres & de niveau avec la queue. Ses doigts ſont longs, armés de griffes, courbées & noires.

L'*épervier* vit d'oiſeaux, de lapins, de rats & de grenouilles. Il eſt hardi, intrépide, vole bien les faifans, les perdrix, les cailles, le merle, l'étourneau, la grive, la pie & le geai. Les oifeleurs attrapent quelquefois l'*épervier* dans leurs filets en prenant d'autres oifeaux à la glu. Les meilleurs *éperviers* pour la chaffe viennent d'Efclavonie.

Le mâle de l'*épervier* fe nomme *mouchet* ou *émouchet*. Il eft à-peu-près de la grandeur du pigeon. Il a le bec, les narines, le croc angulaire, la langue & l'iris comme la femelle. Le plumage eft un peu plus fombre, traverfé de taches rougeâtres & ondées. Ses cuiffes, fes jambes, fes ferres font de même que dans l'*épervier*.

L'*épervier* fait fon nid fur les rochers & les arbres les plus élevés.

Quand on veut élever ces oifeaux, on les met dans une chambre en liberté & en leur particulier; pour cela il faut qu'il y ait deux cages, l'une au levant & l'autre au couchant; dans le milieu de la chambre font plufieurs perches au haut defquelles on attache de la viande de mouton, de poule, ou de vieux pigeons; on leur en donne deux fois par jour; mais une fois feulement lorfqu'on veut les faire voler le lendemain, afin de les affamer un peu, & qu'ils pourfuivent plus ardemment leur prife.

L'*épervier* quitte facilement fon maître, pour peu qu'on le contredife; & quelquefois lorfqu'il n'a pu prendre l'oifeau qu'on le fait chaffer, il va fe percher fur un arbre & ne veut plus revenir.

L'*épervier* étant jeune a la chair tendre & affez bonne à manger.

ÉPIÉ, adj. (*Vénerie*) Il fe dit d'un chien qui a du poil au milieu du front, plus grand que l'autre, & dont les pointes fe rencontrent & viennent à l'oppofite: c'eft une marque de vigueur & de force.

ÉPIEU, f. m. (*Chaffe*) Arme faite d'un long morceau de bois garni à l'une de fes extrémités d'un fer large & pointu: le bois s'appelloit *la hampe*. On s'en fervoit beaucoup dans les tems où l'on fe piquoit de faire la chaffe aux animaux les plus dangereux & les plus féroces.

ÉPILANCE, f. f. (*Fauconnerie*) Efpèce d'épilepfie à laquelle les oifeaux font fujets. Quand ils en font attaqués, ils tombent fubitement du poing ou de la perche; ils reftent quelque tems comme morts; ils ont les yeux clos, les paupières enflées, l'haleine puante, & s'efforcent d'émeutir. Ces accès les prennent deux fois par

jour: on prétend que cette maladie eft contagieufe.

ÉPOIS, f. m. pl. (*Vénerie*) Cors qui font au fommet de la tête du cerf: il y a des *épois* de coronure, de paulmure, de trochure & d'enfourchure.

ÉPONGE, (*Vener.*) C'eft ce qui forme le talon des bêtes fauves.

ÉQUIPAGE de *chaffe*. Ce mot comprend, hommes, chevaux & chiens, deftinés à la chaffe.

ERGOTÉ. (*Venerie*) Un chien eft *ergoté* quand il a un ongle de furcroît au-dedans, & au-deffus du pied.

ERRES DU CERF. (*Ven.*) Ce font fes naces voies. On dit qu'il va de *hautes erres* quand il y a plufieurs heures qu'il eft paffé.

ÉRUCIR. (*Venerie*) Il fe dit d'un cerf, quand il prend une branche dans fa gueule, & la fuce pour en tirer le fuc.

ESCAPPER. (*fauconnerie*) On *efcappe* les oifeaux qu'on a en main lorfqu'on les met en liberté quelques inftans, afin de lâcher fur eux les oifeaux de proie qu'on veut inftruire.

ESCARTABLE, adj. (*Fauconnerie*) Se dit des oifeaux fujets à s'écarter; tels que font les plus vêtus & les plus coûtumiers de monter en effor, quand le chaud les preffe.

ESCLAME. (*Fauconnerie*) C'eft ainfi qu'on appelle un oifeau dont le corps eft d'une belle longueur, & qui n'eft point épaulé. On dit que les *efclames* font plus beaux voleurs que les gouffants, ou ceux qui font courts & bas affis.

ESPATULE, f. f. Cet oifeau eft une efpèce de heron blanc qui fe trouve dans l'ifle de Cayenne, & dont le bec eft femblable, en quelque forte, à l'*efpatule* dont les apothicaires fe fervent pour remuer leurs drogues. Les plumes de cet oifeau changent de couleur en vieilliffant, elles deviennent tantôt jaunes, tantôt rouges: changement affez ordinaire dans le plumage de plufieurs autres oifeaux de l'Amérique.

ESPLANADE. (*Fauconnerie*) C'eft la route que tient l'oifeau lorfqu'il plane en l'air.

ESSIMER, v. act. (*Fauconnerie*) C'eft ôter la graiffe exceffive d'un oifeau par diverfes cures, l'amaigrir; c'eft comme fi on difoit *effuimer*, ôter le fuif; c'eft auffi le mettre en état de voler, lorsqu'on l'a dressé, ou qu'il sort de la mue.

ESSORER, (s') (*Fauconnerie*) C'est prendre l'essor trop fort, mauvaise qualité dans un oiseau de proie.

ÉTOILE. Oiseau de la Côte d'or en Afrique; il a la grosseur d'un merle; son plumage est agréablement diversifié par trois couleurs, le blanc, le jaune & le noir. Ses pieds sont jaunâtres. Ses ongles sont noirs & très-courts. Son bec est assez long, courbé & noirâtre par le bout. Sa voix est très-forte & ressemble au rugissement. Les nègres la consultent, dit-on, comme un oracle sinistre lorsqu'ils l'entendent du côté gauche.

ÉTOURNEAU ou SANSONNET, s. m. Cet oiseau vit de tout, & se trouve par-tout. Il est de la grosseur d'un merle. Son plumage est nuancé de noir, de gris, de blanc, de bleu, de jaune, de rouge pourpre. Il a le bec délié, droit & anguleux. Sa langue est dure, de la nature de la corne & fendue. Il a l'œil noir, & la queue noire & courte, les pieds jaunes, les ongles presque noirs. Il vit de vers, de chair, de baies, de raisins & de semences. On le nourrit aussi en cage, il s'apprivoise facilement, & apprend à siffler des airs & à prononcer quelques mots. Les *étourneaux* sont des oiseaux de société qui demeurent ensemble. Ils volent toujours par bandes circulaires, plus ou moins nombreuses, & ces bandes se mêlent souvent en hiver avec celles des corneilles, dont ces oiseaux paroissent aimer la compagnie. Ces oiseaux s'attroupent sur-tout après les moissons; ils suivent les vaches qui passent dans les prairies. On les tue facilement avec la *vache artificielle*; on leur fait principalement la chasse vers les vendanges, parce qu'ils sont alors assez gras & en chair. La vérité est que l'*étourneau* est un manger assez médiocre, & que sa chair est un peu amère. Quelques chasseurs sont dans l'usage de lui couper la tête aussi-tôt qu'il est tué, prétendant que c'est un moyen de lui ôter son amertume.

ÉTOURNEAU-PIE *du Cap de Bonne Espérance*. Oiseau d'Afrique qui, par sa forme, ressemble

à l'*étourneau* commun; & qui ressemble par son plumage noir & blanc à la pie. Il a le bec plus gros & plus long que l'*étourneau* d'Europe. Du reste, il y a peu de différence entre ces deux espèces.

ÉTRAQUER. (*Vénerie*) C'est suivre un animal par la neige, jusqu'à son gîte.

ÉTRIGUÉ. En terme de vénerie, on dit un chien *étrigué*, celui qui a peu de corps, & qui est haut sur ses jambes.

ÉTRUFLÉ. Un chien *étruflé*, en terme de vénerie, est celui qui a un os de la hanche hors de sa place.

ÉVENTER. (*Chasse*) On dit, *éventer la voie*; c'est quand elle est si vive que le chien la sent, sans mettre le nez à terre, ou quand après un long défaut, les chiens ont le vent du cerf qui est sur le ventre dans une enceinte. On dit aussi, *éventer un piège*, c'est-à-dire faire en sorte de lui ôter l'odeur, parce que si le renard, ou la bête que l'on veut prendre, en a le vent, il n'en approchera jamais; & pour *éventer le piège*, on le fait tremper vingt-quatre heures en eau courante ou claire, & on le frotte avec des plantes odoriférantes, comme serpolet, thym sauvage, & autres.

ÉVENTILLER, v. pas. (*Faucon*) Se dit de l'oiseau lorsqu'il se secoue en se soutenant en l'air. On dit qu'un oiseau s'*éventille*, lorsqu'il s'égaie & prend le vent.

ÉVÊQUE, s. m. Nom d'un petit oiseau, commun dans la Louisiane & dans le Brésil. Son plumage est bleu, ses aîles qui forment une espèce d'écharpe tirent sur le violet: il est moins grand que le serin. Il a, dit-on, un chant au moins égal à celui du rossignol, & un ramage agréable & soutenu.

ÉVERRER, v. act. (*Chasse*) Opération qu'on fait aux jeunes chiens, quand ils ont un peu plus d'un mois; elle consiste à leur tirer le filet ou nerf de la langue, qu'on nomme *ver*, d'où l'on a fait *éverrer*. On prétend que cette opération fait prendre corps au chien, & l'empêche de mordre.

F.

FAIRE SA NUIT (vénerie). Aussi-tôt que le jour finit, le cerf sort des demeures, & va aux gagnages, où il reste jusqu'au lendemain matin ; c'est ce qu'on appelle *faire sa nuit*. Un cerf fait sa nuit dans une pièce de pois, d'avoine, &c., ou dans les taillis, ou dans une enceinte sans en sortir.

FAIRE SA TÊTE. Un cerf fait sa tête ou pousse sa tête depuis le mois de mars jusqu'au mois d'août.

FAISAN, s. m. Oiseau du genre des gallinacées. Le *faisan* est de la grosseur d'un coq ordinaire : c'est un oiseau superbe, & qui, dit M. Buffon, peut, en quelque sorte, le disputer au paon pour la beauté, ayant le port aussi noble, la démarche aussi fière, & le plumage presque aussi distingué. Cela ne doit s'entendre que du mâle ; car le plumage de la faisane a peu d'éclat, & ressemble à celui de la caille ; ce qui fait qu'à la chasse il est très-aisé de les distinguer, & de ne pas tirer une poule pour un coq.

Le plumage de cet oiseau est de trois couleurs, brun, de couleur d'or & vert ; le dessus de sa tête est d'un cendré luisant. Sa queue est fort longue. A l'endroit des oreilles du mâle seulement, il s'élève de petites touffes de plumes plus longues que les autres.

La ponte de la faisane, qui se fait presque toujours dans les bois, est pour l'ordinaire de dix à douze œufs. La saison des faisandeaux répond, à-peu-près, à celle des perdreaux. Les faisans de l'année marquent au fouet de l'aile, comme les perdrix : les jeunes coqs se reconnoissent d'ailleurs à l'ergot, qui est rond & obtus, au lieu qu'il est long & pointu chez les vieux. Les femelles ont aussi au derrière de la jambe un très-petit ergot, qui est moindre chez les jeunes, & plus saillant chez les vieilles, plus ou moins suivant l'âge. En outre, cet ergot, chez les jeunes, est entouré d'un petit cercle noir, qui ne disparoît qu'à la seconde ponte. Les jambes des très-vieilles poules seulement, comme de cinq ou six ans, sont plus ridées & d'une couleur plus sombre que celles des jeunes de l'année ; elles ont aussi le cristallin de l'œil jaunâtre, tandis que celles de l'année, & même de deux ans, l'ont blanc ; mais tout cela n'est pas sans beaucoup d'exceptions. La marque la moins

équivoque peut-être est au bec, qu'on reconnoît plus tendre au toucher dans les jeunes que dans les vieilles.

Le *faisan* passe pour un oiseau stupide ; lorsqu'on le surprend, le plus souvent il se rase comme un lapin, se croyant en sûreté dès qu'il a la tête cachée ; & alors il se laisse quelquefois assommer d'un coup de bâton. Il aime les lieux bas & humides, & se tient volontiers au bord des mares qui se trouvent dans les bois, ainsi que dans les grandes herbes des marais, qui en sont voisins, & sur-tout ceux où il y a des touffes d'aunes. L'instinct de ces oiseaux n'est pas aussi social que celui des perdrix. Dès qu'ils n'ont plus besoin des soins de la mère, ils se séparent & vivent dans la solitude, s'évitant les uns les autres, si ce n'est dans le mois de mars & d'avril, tems où le mâle recherche la femelle. C'est alors qu'il est facile de les trouver dans les bois, se décelant eux-mêmes par un battement d'ailes fréquent, qui se fait entendre de fort loin.

Pendant le jour, les *faisans* se tiennent à terre, dans les taillis, d'où ils sortent de tems en tems dans les chaumes & terres nouvellement ensemencées : mais ce n'est que dans les pays où ils sont communs, qu'ils se montrent en plaine. Dès que le soleil se couche, la plus grande partie gagnent les gaulis & les cantons où il y a de grands chênes, pour se brancher & y passer la nuit ; & en montant sur les arbres ils ne manquent pas de crier, surtout en hiver ; en sorte qu'en se mettant sur le soir aux aguets dans le bois, on est averti par leur chant, des lieux où il y en a de branchés ; & lorsque la nuit est venue, en se rendant sous les arbres qu'ils ont choisis, on peut les tirer tout à son aise ; car alors le faisan se laisse approcher autant qu'on veut, & souffre même qu'on lui tire plusieurs coups de fusil sans quitter l'arbre.

On est assez généralement persuadé qu'en tenant une mèche soufrée & enflammée au-dessous d'un faisan perché dans un arbre, de manière que la fumée du soufre arrive jusqu'à lui & l'enveloppe, il tombe suffoqué par cette fumée ; & l'on prétend que les braconniers en détruisent beaucoup par ce moyen, dans les endroits qui en sont bien peuplés.

Il y a peu de contrées en France où se trouve le *faisan* vraiment sauvage & indigène ; & en recherchant bien l'origine de ces oiseaux dans les endroits où il y en a, on retrouveroit probablement l'époque plus ou moins reculée, à laquelle ils y ont été apportés à dessein, ou ont commencé à s'y propager par le voisinage de quelque terre qui en a été autrefois peuplée par les propriétaires, & d'où ils se sont écartés, n'ayant pas trouvé le terrein à leur gré ; car le *faisan* ne se plaît pas par-tout, & souvent on ne réussit pas à le fixer où l'on veut.

La Touraine paroît être le pays de France où il y a plus de *faisans* dans l'état sauvage. On en trouve quelques-uns dans la plupart des forêts de cette province, entre autres dans celles de Loches & d'Amboise ; mais il y en a en assez grande quantité dans la haute & basse forêt de Chinon, ainsi que dans les bois de plusieurs paroisses circonvoisines, savoir, *Benêt*, *Restigny*, *Saint-Patrice*, *Saint-Michel*, *les Essarts*, & autres. De ces bois, ils se répandent en plaine, où on les rencontre fréquemment dans les landes & bruyères ; quelquefois même dans des isles que forment la Vienne & la Loire, aux environs de Chinon. C'est ce qui arrive sur-tout dans les brouillards de l'automne.

On trouve aussi les *faisans* dans plusieurs isles du Rhin, où ils se multiplient d'eux-mêmes, & sans aucun soin. Enfin, on en voit beaucoup en Corse ; mais ils n'y sont pas répandus par-tout. Ils sont communs dans les plaines de *Campoloro* & d'*Aléria*, vers la côte occidentale de l'isle, & dans tous les bas-fonds de cette partie, où ils habitent par préférence les lieux couverts & marécageux.

Variétés des faisans.

Celui qu'on estime le plus est le *faisan rouge* de la Chine. Cet oiseau a une belle huppe sur la tête ; & l'écarlate & le bleu céleste se marient sur son plumage avec l'or & l'émeraude.

Le *Jampema* du Brésil est une espèce de *faisan* dont le cri est *jam jam*, le dessous de la gorge est sans plume & la peau en est rouge : on estime cet oiseau pour sa délicatesse.

Le *faisan* de la Chine est distingué des autres, par la blancheur de son plumage.

Le *faisan* des Antilles a la tête & le bec d'un corbeau ; il est l'ennemi né de tous les oiseaux domestiques.

Le *faisan* de *Carasow* ou de l'Amérique, ne cède en rien à celui des Antilles, pour la beauté du plumage, & il l'emporte sur lui par l'aménité de son caractère qui le rend l'ami de tous les oiseaux.

Le *faisan-paon* est ainsi nommé à cause des plumes de paon dont son dos est revêtu.

Le *faisan* des Caffres, celui de Congo, celui de Juida, ceux de Madagascar & de l'isle des Amazones, ont tous un goût délicieux & ne sont distingués entr'eux que par les nuances diverses qui sont dans le coloris de leurs plumages.

FAISAN BRUANT ou FAISAN DE MONTAGNE. C'est le *coq de bruyère*.

FAISANDERIE, s. f. C'est un lieu où l'on élève familièrement des faisans & des perdrix de toute espèce.

Cette éducation domestique du gibier est le meilleur moyen d'en peupler promptement une terre, & de réparer la destruction que la chasse en fait. Ce n'est que par-là que l'on est parvenu à répandre les faisans & les perdrix rouges dans des endroits que la nature ne leur avoit pas destinés. Les faisans étant le gibier qu'ordinairement on desire le plus, & que l'on fait le moins se procurer, nous donnerons ici en détail la méthode la plus sûre d'en élever dans une *faisanderie*. Cette méthode peut d'ailleurs s'appliquer aussi aux perdrix rouges & grises ; s'il y a quelques différences, elles sont légères, & nous aurons soin de les marquer.

Une *faisanderie* doit être un enclos fermé de murs assez hauts pour n'être pas insultée par les renards, &c. & d'une étendue proportionnée à la quantité de gibier qu'on y veut élever. Dix arpens suffisent pour en contenir le nombre dont un faisandier peut prendre soin ; mais plus une *faisanderie* est spacieuse, meilleure elle est. Il est nécessaire que les bandes du jeune gibier qu'on élève soient assez éloignées les unes des autres, pour que les âges ne puissent pas se confondre. Le voisinage de ceux qui sont forts est dangereux pour les foibles : cet espace doit d'ailleurs être disposé de manière que l'herbe croisse dans la plus grande partie, & qu'il y ait un assez grand nombre de petits buissons épais & fourrés, pour que chaque bande en ait un à portée d'elle ; ce secours leur est nécessaire pendant le tems de la grande chaleur.

Pour se procurer aisément des œufs de faisans, il faut nourrir pendant toute l'année un certain nombre de poules : on les tient enfermées, au nombre de sept, avec un coq, dans de petits enclos séparés, auxquels on a donné le nom de *parquets*. L'étendue la plus juste d'un parquet est

de cinq toifes en quarré, & il doit être gazonné.
Dans les endroits expofés aux fouines, aux chats,
&c. on couvre les parquets d'un filet : dans les
autres, on fe contente d'éjointer les faifans pour
les retenir. *Ejointer*, c'eft enlever le foüet même
d'une aîle en ferrant fortement la jointure avec un
fil. Il faut que ce qui fait féparation entre deux
parquets foit affez épais, pour que les faifans de
l'un ne voyent pas ceux de l'autre. Au défaut de
murs, on peut employer des rofeaux, ou de la
paille de feigle. La rivalité troubleroit les coqs,
s'ils fe voyoient, & elle nuiroit à la propagation.
On nourrit les faifans dans un parquet, comme
des poules de baffe-cour, avec du bled, de l'orge,
&c. Au commencement de mars, il n'eft pas
inutile de leur donner un peu de bled noir, que
l'on appelle *farrafin*, pour les échauffer & hâter le
tems de l'amour. Il faut qu'ils foient bien nourris;
mais il feroit dangereux qu'ils fuffent engraiffés.
Les poules trop graffes pondent moins, & la
coquille de leurs œufs eft fouvent fi molle, qu'ils
courent rifque d'être écrafés dans l'incubation.
Au refte, les parquets doivent être expofés au
midi, & défendus du côté du nord par un bois,
ou par un mur élevé qui y fixe la chaleur.

Les faifans pondent vers la fin d'avril ; il faut
alors ramaffer les œufs avec foin tous les foirs dans
chaque parquet ; fans cela ils feroient fouvent caffés & mangés par les poules même. On les met au
nombre de dix-huit, fous une poule de baffe-cour,
de la fidélité de laquelle on s'eft affuré l'année
précédente ; on l'effaye même quelques jours
auparavant fur des œufs ordinaires. L'incubation
doit fe faire dans une chambre enterrée, affez
femblable à un cellier, afin que la chaleur y foit
modérée, & que l'impreffion du tonnerre s'y faffe
moins fentir. Les œufs de faifan font couvés
pendant vingt-quatre & quelquefois vingt cinq
jours, avant que les *faifandeaux* viennent à
éclore. Lorfqu'ils font éclos, on les laiffe encore
fous la poule pendant vingt-quatre heures fans
leur donner à manger. Une caiffe de trois pieds
de long fur un pied & demi de large, eft d'abord
le feul efpace qu'on leur permette de parcourir ; la poule y eft avec eux, mais retenue
par une grille qui n'empêche pas la communication
que les faifandeaux doivent avoir avec elle. Cet
endroit de la caiffe que la poule habite, eft fermé
par le haut ; le refte eft ouvert ; & comme il eft
fouvent néceffaire de mettre le jeune gibier à
l'abri, foit de la pluie, foit d'un foleil trop
ardent, on y ajoute au befoin un toît de planches
légères, au moyen duquel on leur ménage le
degré d'air qui leur convient. De jour en jour on
donne plus d'étendue de terrein aux faifandeaux,
& après quinze jours, on les laiffe tout-à-fait
libres ; feulement la poule qui refte toujours
enfermée dans la caiffe, leur fert de point de

Chasses.

ralliement, & en les rappellant fans ceffe, elle
les empêche de s'écarter.

Les œufs de fourmis de pré devroient être,
pendant le premier mois, la principale nourriture des faifandeaux. Il eft dangereux de vouloir
s'en paffer tout-à-fait ; mais la difficulté de s'en
procurer en affez grande abondance, contraint
ordinairement à chercher des moyens d'y fuppléer. On fe fert pour cela d'œufs durs hachés
& mêlés avec de la mie de pain & un peu de
laitue. Les repas ne fauroient être trop fréquens
pendant ces premiers tems ; on ne peut auffi
mettre trop d'attention à ne donner que peu à-
la-fois : c'eft le feul moyen d'éviter aux faifandeaux des maladies qui deviennent contagieufes,
& qui font incurables. Cette méthode, outre
que l'expérience lui eft favorable, a encore cet
avantage qu'elle eft l'imitation de la nature. La
poule faifande, dans la campagne, promène fes
petits pendant prefque tout le jour, quand ils
font jeunes, & ce continuel changement de lieu
leur offre à tous momens de quoi manger, fans
qu'ils foient jamais raffafiés. Les faifandeaux étant
âgés d'un mois, on change un peu leur nourriture, & on en augmente la quantité. On leur
donne des œufs de fourmis de bois, qui font
plus gros & plus folides ; on y ajoute du bled,
mais très-peu d'abord : on met auffi plus de
diftance entre les repas.

Ils font fujets alors à être attaqués par une
efpèce de poux qui leur eft commune avec la
volaille, & qui les met en danger. Ils maigriffent ; ils meurent à la fin, fi l'on y remédie.
On le fait en nétoyant avec un grand foin leur
caiffe, dans laquelle ils paffent ordinairement la
nuit. Souvent on eft obligé de leur retirer cette
caiffe même qui récèle une partie de cette vermine ; on leur laiffe feulement ce toît léger dont
nous avons parlé, fous lequel ils paffent la nuit,
& on attache la couveufe à côté, expofée à
l'air & à la rofée.

A mefure que les faifandeaux avancent en âge,
les dangers diminuent pour eux. Ils ont pourtant
un moment affez critique à paffer, lorfqu'ils ont
un peu plus de deux mois : les plumes de leur
queue tombent alors, & il en pouffe de nouvelles. Les œufs de fourmis hâtent ce moment,
& le rendent moins dangereux. Il ne faudroit
pas leur donner de ces œufs de fourmis de bois,
fans y ajouter au moins deux repas d'œufs durs,
hachés. L'excès des premiers feroit auffi fâcheux
que l'ufage en eft néceffaire.

Mais de tous les foins, celui fur lequel on
doit le moins fe relâcher, regarde l'eau qu'on
donne à boire aux faifandeaux ; elle doit être
inceffamment renouvellée & rafraîchie : l'inat-

A a

tention à cet égard expose le jeune gibier à une maladie assez commune parmi les poulets, appelée *la pépie*, & à laquelle il n'y a guère de remède.

Nous avons dit qu'il falloit éloigner les unes des autres les bandes de faisans, assez pour qu'elles ne pussent pas se mêler ; mais comme une poule suffit pour en fixer un grand nombre, on unit ensemble trois ou quatre couvées d'âge à-peu-près pareil, pour en former une bande. Les plus âgés n'exigeant pas des soins continuels, on les éloigne aux extrémités de la *faisanderie*, & les plus jeunes doivent toujours être sous la main du faisandier. Par ce moyen la confusion, s'il en arrive, n'est jamais qu'entre des âges moins disproportionnés, & devient moins dangereuse.

Voilà les faisandeaux élevés. La même méthode convient aux perdrix : il faut observer seulement qu'en général les perdrix rouges sont plus délicates que les faisans même, & que les œufs de fourmis de pré leur sont plus nécessaires.

Lorsqu'elles ont atteint six semaines, & que leur tête est entièrement couverte de plumes, il est dangereux de les tenir enfermées dans la *faisanderie*. Ce gibier naturellement sauvage, devient sujet alors à une maladie contagieuse, qu'on ne prévient qu'en le laissant libre dans la campagne. Cette maladie s'annonce par une enflure considérable à la tête & aux pieds ; & elle est accompagnée d'une soif qui hâte la mort, quand on la satisfait.

A l'égard des perdrix grises, elles demandent beaucoup moins de soin & d'attention dans le choix de la nourriture : on les élève très sûrement par la méthode que nous avons donnée pour les faisans ; mais on peut en élever aussi sans œufs de fourmis, avec de la mie de pain, des œufs durs, du chénevi écrasé, & la nourriture que l'on donne ordinairement aux poulets. Il est rare qu'elles soient sujettes à des maladies, ou ce ne seroit que pour avoir trop mangé ; & cela est aisé à prévenir.

On peut donner la liberté aux faisans lorsqu'ils ont deux mois & demi ; & on doit la donner aux perdrix, sur-tout aux rouges, lorsqu'elles ont atteint six semaines. Pour les fixer on transporte avec eux leur caisse, & la poule qui les a élevés. La nécessité ne leur ayant pas appris les moyens de se procurer de la nourriture, il faut encore leur en porter pendant quelque tems : chaque jour on leur en donne un peu moins, chaque jour aussi ils s'accoutument à en chercher eux-mêmes.

Insensiblement ils perdent de leur familiarité,

mais sans jamais perdre la mémoire du lieu où ils ont été déposés & nourris. On les abandonne enfin, lorsqu'on voit qu'ils n'ont plus besoin de secours.

Nous ne devons pas finir cet article sans avertir qu'on tenteroit inutilement d'avoir des œufs de perdrix, sur-tout des rouges, en nourrissant des paires dans des parquets ; elles ne pondent point, ou du moins pondent très-peu lorsqu'elles sont enfermées, on ne peut en élever qu'en faisant ramasser des œufs dans la campagne. On donne à une poule vingt-quatre de ces œufs, & elle les couve deux jours de moins que ceux de faisan. Pour ceux-ci on doit renouveller les poules de parquets, lorsqu'elles ont quatre ans ; à cet âge elles commencent à pondre beaucoup moins, & les œufs en sont souvent clairs. La durée ordinaire de la vie d'un faisan est de six à sept ans ; celle d'une perdrix paroît être moins longue à-peu-près d'une année.

De la chasse des faisans au hallier.

On reconnoît si les *faisans* habitent quelques bois par leur chant qu'on entend le matin, & par les appâts qu'on leur jette ; cette dernière voie se pratique ainsi : un chasseur jette de l'avoine ou d'autres grains dans les voies que doivent tenir ces oiseaux ; si la quantité diminue, il doit se retirer satisfait de sa découverte ; le lendemain il revient à la pointe du jour, & tend ses halliers dans le sentier ou aboutissent les voies de son gibier ; il se retire ensuite sur un arbre, l'œil fixé sur ses pièges ; & quand quelque *faisan* s'y trouve pris, il tâche de le dégager en silence, afin de ne point effrayer ceux qui pourroient l'imiter. Le hallier dont on se sert pour cette chasse est un filet à mailles quarrées, larges de cinq à six pouces, & haut de trois grandes mailles ; pour sa longueur, elle dépend du chemin où on veut le tendre. Les piquets qui tiendront à ce filet seront éloignés l'un de l'autre de deux pieds & demi, & le fil qui en composera le tissu, sera retors & ferme, afin que le faisan ne puisse le rompre.

Méthode pour prendre les faisans avec les poches à lapin.

Voici la manière de tendre ce piège : on prend une petite baguette longue de cinq à six pieds, & un peu moins grosse que le petit doigt : on aiguise chaque bout & on les fiche en terre aux deux extrémités du chemin en courbant la baguette en forme de demi-cercle : on prend ensuite la ficelle qui passe dans la boucle d'un filet, on l'attache à deux pieds de la baguette contre terre, on relève le filet & on le place au haut du demi-cercle, de manière qu'il n'y tienne que fort légèrement ; on suppose dans cette chasse qu'on a attiré le faifan par un appât dans le demi-cercle où il doit fe prendre. Cette méthode eſt ſimple & n'en eſt que plus ſûre.

Secret pour prendre les faiſans avec des collets & des lacets.

On prend quelques branches d'arbres & des piquets de la hauteur d'un pied : on en fait une haie qui n'aie pas plus de neuf pouces de hauteur : on jette du grain pour attirer le gibier vers ces haies, & on attache les lacets & les collets faits de crins de cheval aux piquets ; on obſerve ſeulement de laiſſer au milieu de chaque haie un eſpace pour laiſſer paſſer le faiſan, & c'eſt l'endroit où le piège doit être tendu. Les lacets ſe poſent à terre, & c'eſt d'ordinaire par le pied que ſe prend le gibier ; mais les collets qui les prennent par le col, doivent être attachés plus haut, & être à portée du faiſan.

On tend auſſi ces lacets à quelqu'avenue où il y ait de l'eau : les faiſans en allant à l'abreuvoir tombent dans le piège qu'on leur a tendu.

Chaſſe des faiſans avec le chien couchant.

Outre le chien couchant, on doit encore avoir avec ſoi un filet qu'on nomme tiraſſe : ainſi cette chaſſe demande que trois perſonnes ſe réuniſſent ; l'une guidera le chien, & les deux autres le filet.

Il faut dans cette chaſſe ne point ſe hâter ; il faut tenir long-tems le chien en arrêt, & donner à ſes deux aſſociés le tems de s'approcher avec le filet & d'en envelopper en même-tems le gibier & le chien couchant.

Il y a des perſonnes qui au lieu de ſe faire ſuivre d'un chien, font une eſpèce de bouclier avec du linge & mettent au milieu un morceau de drap rouge : cette couleur amuſe le faiſan, il recule en regardant toujours le bouclier : enfin, à force de reculer, on le fait tomber dans un filet qu'on a eu la précaution de dreſſer derrière eux, avant que de commencer la chaſſe.

Voyez planches 24 & 32 des chaſſes, tome IX des gravures des Arts & Métiers, & l'explication à la fin de ce dictionnaire.

FAMOCANTRATON. Eſpèce de lézard de l'iſle de Madagaſcar, qui vit d'inſectes. Au deſſus du dos, de la queue, des jambes, du cou, & à l'extrémité du muſeau, cet animal a des eſpèces de crêtes & de griffes qui lui ſervent à s'attacher contre les arbres, où l'on a peine à l'appercevoir.

On dit qu'il s'élance comme un trait ſur la poitrine des nègres qui ont l'imprudence de l'appro-

cher, & qu'il ſe colle ſi fortement à leur peau, qu'il faut un raſoir pour l'en détacher.

FANFARE. Air que l'on ſonne ſur le cor.

FAON. C'eſt le nom qu'on donne au petit de la biche, & à celui du chevreuil & du daim.

Voy. planche 1 des chaſſes, tome IX des gravures des Arts & Métiers, & l'explication à la fin de ce dictionnaire.

FARAFES. On nomme ainſi des animaux ſauvages de l'iſle de Madagaſcar, fort ſemblables aux loups, mais encore plus voraces. Les habitans ſont obligés d'entretenir continuellement du feu dans leurs caſes pour en éloigner ces dangereux ennemis.

FAUCON, ſ. m. Genre d'oiſeau de proie dont il y a pluſieurs eſpèces. Leurs griffes ſont faites en forme de faulx, ce qui a donné lieu à leur dénomination. C'eſt parmi ces oiſeaux de proie qu'on a choiſi les oiſeaux les plus courageux & les moins rebelles pour les dreſſer à la chaſſe du vol.

Ces oiſeaux bien dreſſés pourſuivent le lièvre & même les bêtes fauves, le loup, le ſanglier, &c.

Il y a huit eſpèces de faucon, dont quatre volent haut, & quatre volent bas.

L'autour, grand oiſeau de proie qui chaſſe pour le profit ; il n'en faut que deux qu'on tient ſéparément aux deux extrémités de la chaſſe pour prendre une grande quantité de perdrix.

L'épervier, oiſeau carnivore de la longueur d'un pied, qui chaſſe fort bien au faiſan, à la caille, & à la perdrix : les meilleurs viennent d'Eſclavonie.

Le gerfault. C'eſt le plus fort des oiſeaux après l'aigle : on lui fait voler le milan, le héron, l'outarde & tout gros gibier ; les meilleurs viennent de Norwège, d'Iſlande & de Danemarck.

L'émérillon eſt le plus petit & le plus vif des oiſeaux de proie : on s'en ſert pour la chaſſe de la caille, de la corneille & du menu gibier.

Le lanier, qui a le bec de l'aigle, eſt la femelle du laneret : on s'en ſert pour le lièvre & pour la perdrix.

Le ſacre eſt un faucon femelle, excellent pour la volerie des champs, mais difficile à traiter. C'eſt un oiſeau paſſager & qui eſt originaire de Grèce, il eſt propre au vol de la buſe, du héron & du milan.

Le hobereau eſt le plus petit de oiſeaux de proie, après l'émérillon : il chaſſe au plus petit gibier.

Voyez dans ce dictionnaire les articles de ces oiſeaux.

A a 2

Le *faucon* proprement dit, est gris, & est distingué par un bec fort & crochu, & des serres très-vigoureuses : les *faucons* les plus rares sont les blancs : ce sont aussi les plus braves ; on en trouve en Islande : le roi de Danemarck envoie toutes les années quelques-uns de ses fauconniers dans cette isle, soit pour en fournir sa fauconnerie, soit pour faire des présens dans les cours étrangères.

On prend les *faucons* en Islande par le moyen d'oiseaux dressés à cet effet, & posés à terre dans des cages ; ces animaux voient en l'air ces oiseaux de proie à des distances incroyables ; ils en avertissent leurs maîtres, qui, cachés dans une tente de verdure, lâchent à propos un pigeon attaché à une ficelle ; le faucon l'apperçoit, s'élance sur lui, & se trouve pris vivant dans le filet qu'on lui jette.

FAUCONNERIE, s. f. C'est l'art de dresser & de gouverner les oiseaux de proie destinés à la chasse. On donne aussi ce nom à l'équipage, qui comprend les fauconniers, les chevaux, les chiens, &c. La chasse elle-même porte plus particulièrement le nom de vol.

L'objet naturel de la chasse paroît être de se procurer du gibier ; dans la fauconnerie, on se propose la magnificence & le plaisir plus que l'utilité, sur-tout depuis que l'usage du fusil a rendu faciles les moyens de giboyer.

La *fauconnerie* est plus en honneur en Allemagne qu'en France.

C'est l'oiseau appellé *faucon* qui a donné le nom à la *fauconnerie*, parce que c'est celui qui sert à un plus grand nombre d'usages. Il y a le faucon proprement dit ; mais souvent on attribue aussi ce nom à d'autres oiseaux, en y ajoutant une distinction particulière. On dit *faucon-gerfault*, *faucon-lanier*, &c.

Entre les faucons de même espèce, on remarque des différences qui désignent leur âge & le tems auquel on les a pris. On appelle *faucons sors*, *passagers* ou *pélerins*, ceux qui, quoiqu'à leur premier pennage, ont été pris venant de loin & dont on n'a point vu l'aire ou le nid. Le faucon *niais* est celui qui a été pris dans son aire ou aux environs. Enfin le faucon appellé *hagard*, est celui qui a déjà mué lorsqu'on le prend.

Les auteurs qui ont écrit de la *fauconnerie* font encore un grand nombre de distinctions, mais qui ne tiennent point à l'art ; elles ne font que désigner les pays d'où viennent les faucons, ou ce ne sont que différens termes de jargons qui expriment à-peu-près les mêmes choses.

Le choix des oiseaux est une chose essentielle en *fauconnerie*. On doit s'arrêter à la conformation que nous allons décrire, quoique tout.s les marques extérieures de bonté puissent quelquefois tromper. Le faucon doit avoir la tête ronde, le bec court & gros, le cou fort long, la poitrine nerveuse, *les mahutes* ou les hauts des ailes larges, les cuisses longues, les jambes courtes, la main large, les doigts déliés, alongés & nerveux aux articles ; les ongles fermes & recourbés, les ailes longues. Les signes de force & de courage sont les mêmes pour le gerfault, &c. & pour le tiercelet, qui est le mâle, dans toutes les espèces d'oiseaux de proie, & qu'on appelle ainsi parce qu'il est d'un tiers plus petit que la femelle.

Une marque de bonté moins équivoque dans un oiseau ; c'est de chevaucher le vent, c'est-à-dire de se roidir contre, & se tenir ferme sur le poing lorsqu'on l'y expose. Le pennage d'un bon *faucon* doit être brun & tout d'une pièce, c'est-à-dire de même couleur. La bonne couleur des mains est le vert d'eau : ceux dont les mains & le bec sont jaunes, ceux dont le plumage est semé de taches, ce qu'on appelle égalure, sont moins estimés que les autres. On fait cas des *faucons* noirs ; mais quel que soit leur plumage, ce sont toujours les plus forts en courage qui sont les meilleurs.

Outre la conformation, il faut encore avoir égard à la santé de l'oiseau. Il faut voir s'il n'est point attaqué du chancre, qui est une espèce de tartre qui s'attache au gosier & à la partie inférieure du bec ; s'il n'a point sa molette empelotée, c'est-à-dire, si la nourriture ne reste point par pelotons dans son estomac ; s'il se tient sur la perche tranquillement & sans vaciller ; si sa langue n'est point tremblante : s'il a les yeux perçans & assurés ; si les excrémens sont blancs & clairs : les émeus bleus sont un symptome de mort.

De l'aire où les *faucons* ont été pris, on doit les transporter dans le cabinet, où on doit les enfermer ; ce cabinet aura deux fenêtres grillées assez larges pour que les influences bénignes du soleil puissent pénétrer dans l'intérieur, & réjouir les *faucons* qu'on y captive. Sur ces fenêtres & dans d'autres endroits du cabinet, il faut mettre de petites perches garnies de gazon, où les oiseaux puissent se reposer ; outre ces perches, on doit y faire poser un baquet d'un pied & demi de hauteur dont l'eau soit renouvellée au moins tous les deux jours : il ne seroit pas même inutile de mettre autour du baquet du sable de rivière & de petits cailloux pour commencer à dresser les oiseaux.

Il ne faut jamais changer l'heure de leur repas ;

le premier doit être à sept heures du matin, & le second à cinq heures du soir; leur nourriture doit être de la chair de petits Chiens de lait, de petits Chats, de Poulets, de Pigeonneaux qu'on aura la précaution de hacher auparavant; il y a des Fauconniers qui leur donnent de la chair de bœuf & de mouton hachée avec un œuf; ils prétendent leur faire acquérir par-là un beau pennage.

On dresse de la même maniere tous les oiseaux de proie; seulement on ne veille pas les *faucons* si long-tems que les passagers.

On ne prend pas tous les *faucons* dans l'aire; ainsi les préceptes qu'on vient de donner ne sont pas généraux; mais du moins on peut reconnoître à des signes évidens, si les oiseaux de proie qu'on vend sont aisés à affaiter.

Dès qu'on apporte un *faucon*, il faut le faire déchaperonner, & observer si le bec & la langue sont rouges, & si les yeux sont sains; on tâte ensuite la mulette pour voir si elle n'est point empelotée, on prend garde aussi si les deux veines qui sont aux racines de ses ailes, ont le mouvement modéré, si la langue ne tremble point, s'il n'est point agité du frisson, &c.

On reconnoît la bonté d'un *faucon* quand il se tient sur les deux jambes sans vaciller, quand il nétoie gaiement ses ailes brillantes avec son bec, & sur-tout quand il résiste au vent, & qu'il lutte contre lui avec succès.

Quand on a pris dans l'aire ou choisi ailleurs de bons *faucons*, il y a encore quelque soin à prendre avant de les dresser.

Quand on veut rendre dociles des oiseaux de proie, il faut les enfermer dans un endroit obscur, ou leur ciller les yeux avec une aiguillée de fil; cette derniere opération se fait ainsi.

On fait tenir l'oiseau par le bec, & l'on passe une aiguille traversée d'un fil délié parmi la paupiere de l'œil; mais sans prendre la toile qui est sous la paupiere; on tire ensuite les deux bouts du fil, & on les attache sur le bec, en coupant le fil près du nœud, & en les tordant de maniere que les paupieres soient levées fort haut, & que le *faucon* ne puisse voir que devant lui.

Avant d'affaiter des *faucons*, il faut tenir long-tems ces oiseaux sur le bloc, & les lier avec une longe d'un pied & demi de longueur. Quand on en met plusieurs sur un bloc, il faut les éloigner les uns des autres au moins de deux pieds; car ces oiseaux carnivores ne pouvant exercer leur férocité sur leurs ennemis naturels, l'exerceroient sur eux-mêmes, & s'entretueroient.

Enfin, il faut avoir soin dès la pointe du jour, ou sur le soir, de porter sur le poing l'oiseau qu'on veut dresser; on le place d'ordinaire sur l'extrêmité du poignet de la main droite.

De la maniere de dresser l'Oiseau de proie.

On commence par l'armer d'entraves appelées *jets*, au bout desquels on met un anneau, sur lequel est écrit le nom du maître; on y ajoute des sonnettes qui servent à indiquer le lieu où il est lorsqu'il s'écarte à la chasse. On le porte continuellement sur le poing; on l'oblige de veiller: s'il est méchant, & qu'il cherche à se defendre, ne lui plonge la tête dans l'eau; enfin on le contraint par la faim & la lassitude à se laisser couvrir la tête d'un chaperon qui lui enveloppe les yeux. Cet exercice dure souvent trois jours & trois nuits de suite; il est rare qu'au bout de ce tems, les besoins qui le tourmentent, & la privation de la lumiere, ne lui fassent pas perdre toute idée de liberté. On juge qu'il a oublié sa fierté naturelle, lorsqu'il se laisse aisément couvrir la tête, & que découvert il saisit le pât ou la viande qu'on a soin de lui présenter de tems en tems. La répétition de ces leçons en assure peu-à-peu le succès. Les besoins étant le principe de la dépendance de l'oiseau, on cherche à les augmenter en lui nétoyant l'estomac par des cures. Ce sont de petits pelotons de filasse qu'on lui fait avaler, & qui augmentent son appetit; on le satisfait après l'avoir excité, & la reconnoissance attache l'oiseau à celui même qui l'a tourmenté. Lorsque les premieres leçons ont réussi, & qu'il montre de la docilité, on le porte sur le gazon dans un jardin. Là on le découvre, & avec l'aide de la viande on le fait sauter de lui même sur le poing. Quand il est à cet exercice, on juge qu'il est tems de lui donner le vif, & de lui faire connoître le leurre.

Ce leurre est une représentation de proie, un assemblage de pieds & d'ailes, dont les Fauconniers se servent pour réclamer les oiseaux, & sur lequel on attache leur viande. Cet instrument étant destiné à rappeler les oiseaux & à les conduire, il est important qu'ils y soient non seulement accoutumés, mais affriandés. Quelques fauconniers sont dans l'usage d'exciter l'oiseau à plusieurs reprises dans la même leçon, lorsqu'ils l'acoutument au leurre. Dès qu'il a fondu dessus, & qu'il a pris une becade, ils le retirent sous prétexte d'irriter sa faim, & de l'obliger à y revenir encore; mais par cette méthode, on court risque de rebuter: il est plus sûr, lorsqu'il a fait ce qu'on attendoit de lui, de le paître tout-à-fait, & ce doit être la récompense de sa docilité.

Le leurre est l'appât qui doit faire revenir l'oiseau lorsqu'il se sera élevé dans les airs ; mais il ne seroit pas suffisant sans la voix du fauconnier, qui l'avertit de se tourner de ce côté là. Il faut donc que le mouvement du leurre soit toujours accompagné du son de la voix & même des cris du fauconnier, afin que l'un & l'autre annoncent ensemble à l'oiseau que ses besoins vont être soulagés. Toutes ces leçons doivent être souvent répétées, & par le progrès de chacune le fauconnier jugera de celles qui auront besoin de l'être davantage. Il faut chercher à bien connoître le caractere de l'oiseau, parler souvent à celui qui paroît moins attentif à la voix, laisser jeûner celui qui revient moins avidement au leurre, veiller plus long-tems celui qui n'est pas assez familier, couvrir souvent du chaperon celui qui craint ce genre d'assujetissement.

Lorsque la docilité & la familiarité d'un oiseau sont suffisamment confirmées dans le jardin, on le porte en pleine campagne, mais toujours attaché à la filiere, qui est une ficelle, longue d'une dizaine de toises : on le découvre, & en l'appellant à quelques pas de distance, on lui montre le leurre. Lorsqu'il fond dessus, on se sert de la viande, & on lui en laisse prendre bonne gorge, pour continuer de l'assurer. Le lendemain on le lui montre d'un peu plus loin, & il parvient enfin à fondre dessus du bout de la filiere ; c'est alors qu'il faut faire connoître & manier plusieurs fois à l'oiseau le gibier auquel on le destine ; on en conserve de privés pour cet usage ; cela s'appelle *donner l'escap*. C'est la derniere leçon, mais elle doit se répéter jusqu'à ce qu'on soit parfaitement assuré de l'oiseau ; alors on le met hors de la filiere, & on le vole pour bon.

De tems en tems le fauconnier montre à son oiseau des Chevaux & des Chiens, afin que dans la suite, quand il commencera son vol, cette vue ne l'effarouche pas.

Veut-on éprouver si le *faucon* est assuré ? il faut peu-à-peu s'approcher de lui, & continuer ainsi jusqu'à ce qu'il soit en état d'être mis hors de filiere. Cependant avant de l'abandonner à lui même, on lui donnera à tuer une poule, dont le pennage approche pour la couleur de celle de la volerie à laquelle on le destine.

Dans cette premiere éducation, si on voit un oiseau pantoiser & donner du bec, il faut détruire ces mauvaises habitudes en l'acharnant sur le tiroir. S'il souffre impatiemment qu'on lui mette son chaperon, on lui décile les yeux pendant la nuit, afin qu'il voie la lumiere, ensuite on couvre sa tête du chaperon comme auparavant. Si une nuit ne suffit pas pour le rendre docile, on peut en employer jusqu'à quatre, en l'affrian-

dant sans cesse, soit avec le pât, soit avec le tiroir ; à la fin, ces oiseaux, fatigués de tant d'insomnies, se soumettent, comme on vient de l'observer à la servitude du chaperon.

C'est encore par des privations qu'on apprend à un *faucon* à connoître la voix ou la réclame de celui qui le gouverne : on le fait jeûner vigoureusement pendant trois ou quatre jours ; on place ensuite un poulet vivant dans quelque endroit obscur, cependant il faut que le jeune oiseau puisse le voir : on le retient sur le poing, soit en sifflant, soit en parlant, on l'enchaperonne, & on lui donne enfin les parties du poulet les moins charnues, afin de le faire tirer, & par ce moyen le mettre en appétit.

Il ne suffit pas que le *faucon* connoisse la voix de son maître, il faut encore qu'il sache quel est le pât dont on a coutume de le nourrir, afin que sitôt qu'il s'en appercevra, il fonde dessus promptement. Pour cet effet, le fauconnier prend de sa main droite la viande qu'il lui destine, & l'élevant en l'air, il la montre à son oiseau, soit en parlant, soit en sifflant ; s'il remarque qu'il soit bien fait à la chair, il la tient, & ne lui en laisse prendre que quelques gorgées ; il recommence ce petit manege, jusqu'à ce que son éleve reconnoisse le pât qu'on lui destine, & enfin il le purge avec une cure de coton ou de plumes de la grosseur d'une féve.

Pour animer davantage un *faucon* après le gibier, on lui présente jusqu'à deux ou trois fois un poulet ; on le déchaperonne, & on lui jette ce pât à terre, afin qu'il fonde dessus ; mais on le retire à l'instant qu'il commence à s'y acharner : tous ces exercices lui paroissent d'abord pénibles ; mais avec le tems, il s'accoutume à la docilité, comme à la perte de son indépendance.

En supposant le *faucon* instruit à fondre sur sa proie, & à s'en paître : il faut maintenant l'accoutumer à connoître le leurre.

Pour y réussir, on y attachera de la chair, & le fauconnier entrant dans l'endroit obscur où est l'oiseau, lui lâchera un peu le chaperon : il s'en éloignera ensuite de trois ou quatre pas, & prendra le leurre à la moitié de la longe, qui le tiendra attaché ; après ces préliminaires, il jettera en l'air deux ou trois fois le leurre, en appellant fortement l'oiseau, & lui ôtant quelquefois son chaperon : enfin, il fera partir le leurre d'un peu loin, & le *faucon* animé par sa voix, commencera à lui obéir.

Si le *faucon* saute sur le gibier, il faut le lui laisser déchirer à son gré, & même lui applaudit, soit en parlant, soit en sifflant : on le prend ensuite avec la chair qui tient au leurre, on le remet sur le poing, & on l'enchaperonne.

Dès que le *faucon* connoît le leurre dans un lieu obscur, & qu'il fond indifféremment sur le gibier mort ou vivant, on le porte dans une plaine destituée d'arbres pour répéter ses exercices.

Là, on attache le poulet au leurre & le *faucon* à la longe : on desserre un peu le chaperon de l'oiseau, & on le laisse s'y jetter quelques momens : on s'éloigne de quelques pas ; on fait en sorte que l'oiseau se déchaperonne, après quoi on prend le leurre & on le jette en l'air en criant fortement : si l'oiseau fond encore sur le poulet, on souffre qu'il s'acharne sur la cervelle, & on l'anime par des cris concertés.

Après avoir leurré l'oiseau pendant deux ou trois jours au grand air, quand on voit qu'il revient de son gré sur le poing, au lieu de quatre pas, on s'éloigne de dix ou douze en lui montrant un petit oiseau attaché au leurre : chaque jour on s'écarte de plus en plus, & chaque jour aussi on s'apperçoit du succès de l'éducation.

Pour achever de rendre le *faucon* un oiseau de créance, on commence par lui faire observer la diète, afin de le rendre plus avide au leurre ; ensuite le fauconnier à cheval, tient son oiseau attaché à la filière, de façon que rien ne contraigne son vol : il s'éloigne à vue de *faucon* & donne le signal pour que son oiseau se déchaperonne un peu ; quelques momens après il jette en l'air le leurre, & quand l'oiseau, tout-à-fait déchaperonné, vole & se trouve à environ huit pas de distance de lui, il le rejette une seconde fois : si l'oiseau s'y attache, il descend de cheval & le laisse paître à sa volonté.

Quelques jours après on fait le même exercice, mais en ôtant la filière au *faucon* ; cet oiseau exécute alors en liberté ce qu'il exécutoit auparavant comme un instrument servile des volontés de son maître.

Quand le *faucon* est affaité, on lui met des sonnettes plus ou moins grosses, selon qu'il est plus ou moins courageux. Après l'avoir ainsi armé, on lui fait répéter tous ses premiers exercices : animé par la voix du fauconnier, on le voit alors battre des ailes & commencer à se mouvoir sur le poing : on le déchaperonne à l'instant & on lui laisse prendre un libre essor, on jette le leurre à contre-vent & on rappelle son oiseau à haute voix : s'il vole hardiment contre le vent, il faut descendre de cheval & le laisser s'acharner sur le tiroir.

Mais si le *faucon* trop quinteux ne veut pas s'élever du poing, & qu'au contraire il vole à terre, on le corrige de ce défaut en allant au-devant de lui, & en l'épouvantant avec une baguette.

Quelquefois on force l'oiseau à prendre son essor avec étendue, en le conduisant dans un endroit fréquenté par des corneilles & des étourneaux, & en le forçant de leur donner la chasse : on prend aussi un canard ; on le présente au *faucon*, en l'appellant à haute voix : on le jette du côté que vole l'oiseau de proie, & s'il arrive que le *faucon* lui donne des avillons, on lui permet de s'en paître à loisir, & même on l'encourage.

Quand le *faucon* paroît bien dressé, on le cure pour l'attacher au leurre, & le faire revenir au poing, même sans y être convié. Si la graisse rend cet oiseau paresseux à voler, on l'esrime par des cures qui lui reviennent.

Quand le *faucon* fait fondre sur le gibier & l'avillonner, on prend du cœur de veau, ou du foie de poulet, on le met dans un oiseau qu'on fend tout vivant en quatre, afin de l'imbiber du sang de cet animal mourant, & on donne ce nouveau pât au *faucon*, tandis qu'il est acharné à la cervelle & aux entrailles de son gibier.

Quelquefois le *faucon* veut dérober ses sonnettes ; quand on s'en apperçoit, il faut le veiller dans son essor & le rappeller au leurre : s'il retourne de bon gré sur le poing de son maître, on l'affriande & on l'acharne au tiroir : cette méthode, en le mettant de bonne humeur, lui fait oublier qu'il fut libre un jour, & qu'il ne tient à chaque instant qu'à lui de le devenir encore.

On remarque que les *faucons* & les gerfauts sont plus sujets à faire des fuites que les sacres & les laniers : voici comment on les rappelle ; on reste sur le lieu où l'oiseau veut s'écarter, & on observe s'il rentre, ce qu'il fera, sans doute, si c'est un habile fauconnier qui conduit la manœuvre [: on pique ensuite après l'oiseau en le leurrant toujours, & le rappellant avec du vif, pour le lui donner au moment qu'il rentrera. On réussit mieux par ce moyen qu'en lui faisant prendre un nouveau vol.

Les *faucons* tombent encore dans un défaut essentiel, c'est de charrier leur gibier : ce défaut leur vient de l'excès de leur faim ou de leur haine pour les chiens qui les ont offensés : il faut dans le dernier cas contenir avec force les chiens dans leur devoir, & dans le premier, jetter au *faucon* un poulet ou une perdrix morte attachée à une filière.

Veut-on empêcher que l'oiseau trop avide, dans le tems qu'on lui donne le pât, ne baisse la tête & ne se jette hors du poing, il faut le paître à terre sur les curées, & l'enchapperonner un peu au large, afin que rien ne l'empêche de manger : on ne l'a pas trois fois gouverné ainsi, qu'il se défait de ce défaut.

Desire-t-on de traverser l'inclination singulière de cet oiseau de proie, qui ne veut voler que dans la plaine ? Faites-lui faire prendre son pât dans le plus fort d'un bois, & répétez quatre ou cinq fois cet exercice.

Il est essentiel à un bon fauconnier de bien donner l'assurance à son oiseau : sans cela celui-ci ne peut avoir de créance à son maître ; & sans créance un oiseau ne devient jamais de bon affaitage : il pourra voler, mais son vol ne sera jamais réglé, & on aura de la peine à le rappeller.

L'émérillon veut être leurré & assuré comme les autres oiseaux ; il faut lui faire curée du gibier auquel on veut le dresser : il vole fillé pour la caille, l'alouette, le merle & le perdreau. On le tient pendant l'hiver dans un lieu chaud, & on lui met une peau de lièvre sur le bloc, de crainte que le froid n'endommage ses serres.

De tous les oiseaux de proie, l'hobereau est le plus volontaire & le plus libertin : aussi son affaitage demande l'expérience du fauconnier le plus consommé.

On voit maintenant que pour affaiter un oiseau de proie, il faut qu'il sache obéir à l'homme ; qu'il souffre volontiers qu'on lui mette le chaperon ; que du bout de la filière il revienne de son plein gré sur le poing de celui qui l'instruit ; qu'il soit prêt d'enfoncer le gibier pour lequel on le dresse ; qu'il s'accoutume au leurre ; qu'il s'élève comme on le desire ; qu'il sache lutter contre le vent ; qu'il ne charrie point sa proie, & sur-tout qu'il ne cherche point à dérober ses sonnettes.

La manière de leurrer que nous avons indiquée, ne s'employe pas à l'égard des *faucons* & les tiercelets destinés à voler la pie ou pour le champ, c'est-à-dire pour le vol de la perdrix. Lorsque ceux-là sont assurés au jardin, & qu'ils sautent sur le poing, on leur fait tuer un pigeon attaché à un piquet, pour leur faire connoître le vif. Après cela on leur donne un pigeon volant, au bout d'une filière ; & lorsqu'on les juge assez sûrs pour être mis hors de filière eux-mêmes, on leur donne un pigeon volant librement, mais auquel on a fillé les yeux. Ils le prennent, parce qu'il se défend mal. Alors, si l'on compte sur

leur obéissance, on cherche à les rebuter sur les pigeons & sur tous les gibiers qu'ils ne doivent pas voler : pour cela on les jette après des bandes de pigeons, qui se défendent trop bien pour être pris, & on ne leur sert de la viande, que quand on leur a fait prendre le gibier auquel on les destine. Le *faucon* pour corneille se dresse de la même manière, mais sans qu'on le serve de pigeons : c'est une corneille qu'on lui donne à tuer au piquet ; & après cela on lui donne plusieurs fois l'escap au bout d'une filière mince & courte, jusqu'à ce qu'on le juge assez confirmé pour le voler pour bon.

Un mois doit suffire pour dresser un oiseau. Il y en a qui sont lâches & paresseux : d'autres sont si fiers, qu'ils s'irritent contre tous les moyens qu'on employe pour les rendre dociles. Il faut abandonner les uns les autres. En général, les niais sont les plus aisés : les sors le sont un peu moins, mais plus que les hagards qui, selon le langage des fauconniers, sont souvent curieux, c'est-à-dire moins disposés par leur inquiétude à se prêter aux leçons.

Soin des oiseaux.

Le soin des oiseaux de proie, étant une partie principale de la fauconnerie, nous devons en parler ici. En hiver, il faut les tenir dehors pendant le jour ; mais pendant la nuit, dans des chambres échauffées. On les découvre le soir sur la perche ; ils y sont attachés de manière qu'ils ne puissent pas se nuire l'un à l'autre. Le fauconnier doit visiter & nétoyer exactement le chaperon, parce qu'il peut s'y introduire des ordures qui blesseroient dangereusement les yeux des oiseaux. Lorsqu'ils sont découverts, on leur laisse une lumière pendant une heure, pendant laquelle ils se repaissent ; ce qui est très-utile à leur pennage. Pendant l'été qui est le tems ordinaire de la mue, on les met en lieu frais ; & il faut placer dans leurs chambres plusieurs gazons, sur lesquels ils se tiennent, & un baquet d'eau dans lequel ils se baignent. On ne peut pas cependant laisser ainsi en liberté toutes sortes d'oiseaux. Le Gerfault d'Islande & celui de Norwège ne peuvent se souffrir : ceux de Norwège sont méchans, même entr'eux ; il faut attacher ceux-là sur le gazon avec des longes, & les baigner à part tous les huit jours.

On nourrit les oiseaux avec de la tranche de bœuf & du gigot de mouton coupés par morceaux, & dont on a ôté avec soin la graisse & les parties nerveuses. Quelquefois on saigne des pigeons sur leur viande ; mais en général, le pigeon sert plus à les reprendre, qu'à les nourrir.

rir. Pendant la mue , on leur donne deux gorges par jour , mais modérées ; c'est un tems de régime. On ne leur en donne qu'une , mais bonne , dans les autres tems. La veille d'une chasse on diminue de beaucoup la gorge qu'on leur donne , & quelquefois on les cure , comme nous l'avons dit , afin de les rendre plus ardens. Une bécade de trop rendroit l'oiseau languissant , & nuiroit à la volerie. Vers le mois de mars , qui est le tems de l'amour , on fait avaler aux faucons des cailloux de la grosseur d'une noisette , pour faire avorter leurs œufs qui prennent alors de l'accroissement. Quelques fauconniers en font avaler aussi aux tiercelets , & ils prétendent que cela les rafraîchit ; mais ce remede est souvent dangereux , & il n'en faut user que rarement.

Des différens vols des oiseaux de proie.

Les fauconniers comptent sept vols pour lesquels on dresse les oiseaux : on va les parcourir les uns après les autres ; c'est une des parties les plus essentielles & les plus amusantes de la fauconnerie.

Le vol pour le milan : On fait servir les sacres & encore plus les gerfauts à ce vol : ces derniers sont les plus hardis des oiseaux de proie, & la force dans cette chasse n'est rien sans la hardiesse.

Quand on veut instruire les gerfauts pour le vol du milan , on commence par les poivrer , les chaperonner , & les dresser au leurre : on leur donne le pât deux à deux afin qu'ils se connoissent , car il est essentiel que parmi ces oiseaux il n'arrive aucune surprise , afin de les accoutumer à ne jamais abandonner leur proie.

Quand l'oiseau commence à être de bonne créance , on lui fait tuer une poule d'une couleur approchante du pennage du milan : le lendemain on se contente de l'acharner au tiroir ; ensuite on lui présente le milan à terre , après l'avoir attaché à la filiere , lui avoir émoussé les serres , & l'avoir mis en état de ne point lutter avec avantage contre le jeune chasseur.

Le *faucon* ne tarde gueres à lier sa proie , mais on l'empêche de se paître de sa chair , on lui présente une poule. Si l'on remarque qu'il fond de bonne grace sur le milan , on monte sur un arbre ou sur quelqu'endroit élevé , & delà on abandonne la proie , afin que le *faucon* en prenne connoissance & qu'il devienne oiseau de bonne affaire.

Il y a des fauconniers qui dans ce vol se servent du duc pour attirer le milan ; c'est réunir deux exercices amusans , & les soutenir l'un par l'autre.

Le vol du milan est un grand spectacle , parce que le *faucon* y lutte avec un athlète digne de lui.

Le Vol pour le Héron : Il est le même que celui du milan : seulement on a soin de présenter à l'oiseau une poule qui soit de la couleur du pennage du héron ; & comme la chair de ce dernier oiseau lui est salutaire , quand on est satisfait de lui on lui permet de s'en paître en liberté.

Quand on attaque le héron , il faut être dans le vent : & si cet oiseau prend morte , on lui jette un haussé-pied pour le faire monter , ensuite un tombisseur , & enfin un teneur : on tire même des coups de fusil pour accélérer la montée du gibier. Voilà pour ce vol l'unique secret des fauconniers.

Il est un moyen de perfectionner le *faucon* dans cet exercice , c'est de ne le faire voler que de deux jours l'un : le jour du repos on le fait jeûner ; mais en récompense , le jour du vol il faut lui faire faire bonne chere. Ce manége lui fait connoître la nécessité où il doit être de gagner ses repas.

Le Vol pour la Corneille. On emploie pour ce vol non-seulement les *faucons* , mais encore , si l'on veut , le tiercelet du gerfaut. On affaite ces oiseaux , & le soir à l'heure de leur repas on leur donne à tuer une poule de pennage noir , pour représenter la corneille.

On se sert pour attirer la corneille du même artifice que pour attirer le milan ; & on tire parti de l'antipathie que la nature a donnée à tous les oiseaux pour le duc , afin de faire tomber la corneille dans le piege qu'on lui tend.

Ce vol est très-facile : si l'on veut en faire durer le plaisir , on dresse les oiseaux à soutenir ; la corneille vole alors d'arbre en arbre , & le divertissement des spectateurs est prolongé.

Le vol pour la Pie : Ce sont les tiercelets de *faucon* qui sont les plus propres à ce vol : on les affaite à l'ordinaire ; quand ils sont dressés , on leur jette à propos une pie à la main , après leur avoir laissé faire deux ou trois tours : il faut adroitement leur donner de la chair de pigeon par-dessous l'aile de la pie , sans que l'oiseau s'apperçoive de son pennage ; car une autrefois cela pourroit lui faire prendre le change.

Quand les oiseaux se trouvent dans un endroit favorable au vol de la pie , on jette d'abord le tiercelet le plus sage pour conduire les autres à la chasse du change : quand il a fait deux ou trois tours , on lui montre la pie , & après l'avoir remise , on jette les autres oiseaux , en leur découvrant auparavant leur proie ; ensuite on tâche de la leur faire prendre ; & quand ils réussissent , on les nourrit de la chair de pigeon cachée sous l'aile de la pie. On ne se contente pas de faire voler une fois le tiercelet, & les oiseaux qui le suivent ; mais on répète cet exercice jusqu'à ce que la leçon opère.

Le vol pour le Lièvre : Le gerfaut est préféré aux autres pour ce vol : quand il est affaité, on lui fait tuer un poulet, pour lui faire connoître le vif. On l'exerce ensuite sur un lièvre vivant, à qui on a cassé une jambe : si on ne veut pas faire ce sacrifice, on remplit de paille une peau de lièvre, & on garnit le dos de chair ; on l'attache avec une petite corde fort longue à la sangle d'un cheval. Le gerfaut prend ce phantôme pour un lièvre fugitif, & fond sur lui avec impétuosité. Dès qu'il l'a lié, on lui présente la poule qu'il a tuée, & on le laisse s'en repaître en liberté.

Le vol pour les champs : Ce vol est celui qui demande le plus de soin de la part du fauconnier, & le plus d'intelligence de la part du *faucon*. Comme les oiseaux qui soutiennent ne voient rien en partant, il faut qu'ils se laissent guider par les chiens : ainsi il est nécessaire qu'ils aient créance en ces animaux autant que dans les hommes.

Quand les oiseaux sont affaités, instruits au vol, & mis hors de filière, on leur fait tuer un poulet d'un pennage approchant en couleur de celui de la perdrix ; & sur-tout on a soin en les leurrant de leur cacher le leurre.

Après cet essai, on prend une perdrix, on la cache sous son chapeau, & on l'attache à une filière, afin de là faire partir à propos quand les oiseaux commenceront à connoître leur proie. Arrivé au lieu le plus favorable, on fait partir des perdrix qu'on fait suivre, on les relâche, & on donne bonne gorgée aux *faucons* d'une autre perdrix vivante qu'on a dans la fauconnerie.

Si les perdrix ne partent pas, on lance les oiseaux du poing après la compagnie la plus éloignée. Le gibier se sauve, mais les *faucons* apprennent à monter, & à soutenir de plus haut.

Quand ces oiseaux volent de poing en fort, on leur fait tuer une perdrix sous le chapeau, afin qu'ils apprennent à connoître leur gibier : ensuite quand on veut les faire voler, on cherche dans une campagne des perdrix qui soient proche de quelque remise. Les oiseaux volent alors de bonne action. Les sacres & les laniers sont propres à cette dernière chasse. On instruit pour la première les *faucons* & leurs tiercelets, les sacres, les laniers & les lanerets.

Les Fauconniers, qui veulent avoir des oiseaux qui réussissent au vol des champs, les baignent souvent & les jardinent tous les matins.

Le vol pour les rivières : Les premières instructions qu'on donne aux *faucons* pour les autres vols, servent aussi pour celui-ci. Après ces préliminaires, on les met sur quelque lieu élevé, on se retire, de manière que ces oiseaux ne voient pas les fauconniers ; on les déchaperonne doucement, & on leur fait prendre une gorgée en les leurrant avant qu'ils se reconnoissent : on les fait même sauter sur le poing, s'ils paroissent bien affaités. Cet exercice doit durer au moins trois jours.

On les jardine ensuite sur la pierre, après les avoir déchaperonnés & repus avant qu'ils se reconnoissent : à chaque tour qu'on leur fait faire, on leur donne une gorgée, & on continue jusqu'à ce qu'ils tirent à la longe pour venir à celui qui les gouverne. Le lendemain, s'ils attendent le fauconnier, on les paît sur le leurre, afin de les leurrer ensuite entre deux hommes ; & comme ils partent alors au branle du leurre, on leur donne à tuer un jeune poulet. Quelques jours après on monte à cheval pour leur en faire tuer un second ; on les tourne toujours en leurrant ; on frappe du gand sur la botte, & s'ils ne s'effrayent pas, on peut les leurrer sur leur foi.

Après tous ces essais, on cherche un ruisseau, & à l'heure du pât on leurre les oiseaux d'un bord tandis qu'ils sont à l'autre ; un des chasseurs bat l'eau avec une baguette, en tenant en main un oiseau de rivière : on laisse ensuite le leurre aux faucons, & on leur fait faire trois ou quatre tours en leur parlant ; & quand ils sont bien tournés, on leur jette l'oiseau de rivière, & on leur permet de s'en gorger.

Quand ce premier affaitage a réussi, on fait exécuter le vol réel aux faucons ; on jette d'abord le premier de ces oiseaux ; s'il étoit quinteux, on prendroit en main l'oiseau de rivière, & on le jetteroit en criant, afin de faire reconnoître au faucon son gibier ; mais ordinairement ce premier oiseau est bien affaité, & on le fait servir de guide pour chasser le change & conduire les autres à la volerie.

Dès que le premier faucon a remis l'oiseau de rivière, on le fait suivre d'un second, & ensuite d'un troisième. Si ces oiseaux sont bons, ils fondent en rond & prennent leur proie ; cependant il ne faut pas d'abord leur permettre de s'en paître ; on la leur ôte même, & on les remet au vol : s'ils ne se rebutent point, vos oiseaux de proie sont excellens.

Pour tenir ces oiseaux en état, on leur fait d'ordinaire rendre la mulette, avant de les mettre hors de filière : c'est ainsi qu'on doit conduire l'affaitage de toutes sortes d'oiseaux légers.

Tels sont les sept vols que demandent les fauconniers de leurs oiseaux de proie ; ils ont beaucoup de rapports entr'eux ; mais leur simplicité fait une partie de leur prix.

Des maladies des faucons, & des moyens de les guérir.

Avant de parler des recettes contre les maladies, voyons d'abord quels sont les moyens de les prévenir. Le meilleur médecin des faucons, comme des hommes, n'est pas celui qui soigne bien son malade, mais celui qui l'empêche de le devenir.

Pour maintenir ses oiseaux en santé, un fauconnier ne doit pas les charger d'alimens, sur-tout dans la saison de leurs amours ; il doit aussi attendre, avant de leur en donner de nouveaux, que les premiers soient digérés.

La viande qu'on leur destine doit être hachée avant de la leur donner; on la mouille d'eau fraîche en été, & d'eau tiède en hiver. Si c'est de la viande de boucherie, on n'y laisse ni graisse, ni nerfs, & la chair de bœuf doit être mélangée avec celle de mouton; on leur donne aussi de vieux pigeons dans le tems de leur mue, & en tout tems de petits poulets.

La journée des oiseaux de fauconnerie ne commence que le soir : on les met alors sur une perche dans un lieu tempéré : on les découvre quand la chandelle est allumée, pour les accoutumer avec le monde, & leur faire connoître les chiens. On les fait ensuite tirer, & on leur donne la cure sèche avec une ou deux gorgées de pâte, suivant leur tempérament. On a raison de placer la perche en question vis-à-vis d'une cheminée, afin qu'à la clarté du feu qu'on allume le matin, les oiseaux puissent s'allonger, ce qui est en eux une marque de santé parfaite.

Quand on veut conserver les *faucons* en santé, & les tenir en état de voler, on leur donne une fois la semaine des pierres : c'est un remede dont ils se servent naturellement.

Un fauconnier vigilant doit veiller sur la bonté des cures qu'on donne à ses oiseaux, examiner si ses émeus ne sont point jaunâtres ; les lever sur la perche, les acharner au tiroir ; leur faire prendre une ou deux gorgées, en attendant qu'on les paisse tout-à-fait, si ce n'est un jour de chasse; enfin de huit jours en huit jours tremper leur viande dans un peu d'eau de rhubarbe, pour les purger du flegme & des mauvaises humeurs.

S'il veut mettre des jets & des sonnettes à un *faucon niais*, il doit manier cet oiseau très-doucement, à cause de la délicatesse de ses os. Quand il l'a pris pour l'essimer, après l'avoir garni, il lui mettra encore une entrave de même cuir que celui des jets : cette entrave doit être longue de trois ou quatre doigts, & prendre d'un porte-sonnette à l'autre. C'est par ce secret qu'on l'empêche de se déchaperonner ; on lui met encore un tournet pendant quelques jours, afin qu'il ne puisse s'empelotter. Le fauconnier doit sur-tout ne pas perdre de vue ses oiseaux, lorsqu'il commence à les dresser ; car la plupart se débattent sur la perche, & on en a vu qui s'y étoient pendus.

Si votre oiseau a pris son pât contre votre gré, & que vous vouliez le lui faire rendre, prenez quinze grains de poivre entiers, rompez-les chacun en deux, enveloppez-les dans une peau de poule, & faites les lui avaler ; le *faucon* rendra son pât sans danger. Cette recette est aussi fort bonne pour affamer un *faucon niais*.

Voulez vous faire rendre à votre oiseau le double de la mulette ? Prenez de la conserve de rose en roche, amolissez-en un peu avec de l'eau, mettez-y environ dix grains de poivre rompu ; ajoutez-y la moitié moins de sel en grains, enveloppez le tout, & formez-en une pilule que l'oiseau puisse avaler : dès qu'elle sera seche, vous la conduirez avec le doigt dans le gosier le plus avant qu'il sera possible, sans la rompre, & vous y joindrez une gorgée d'eau pour la faire passer plus aisément ; deux heures après l'oiseau rendra sa mulette. Trois heures après l'effet de la cure, on lui donne son pât, mais on le fait boire auparavant, car autrement il mourroit. Le soir on le paît sobrement, & le lendemain on lui présente le bain.

Un oiseau est quelquefois trop leger & quelquefois il est trop pesant. On doit remedier à ces deux inconvéniens. Il est certain que quand le pennage est trop long, le *faucon* ne peut lutter contre le vent, comme un navire, dont toutes les voiles sont déployées, ne sauroit voguer contre le vent sans s'exposer à être renversé ; dans ce cas on peut, sans danger, couper à un oiseau trop fluet une partie des ailes & de la queue ; mais si le *faucon* a le pennage trop court, & qu'il ne puisse se soutenir sur les ailes qu'avec les plus plus grands efforts, afin de faciliter son vol, on peut allonger son plumage. On peut ajouter à un *faucon* du pennage de Lanier, & à des autours du pennage de *faucon*. Il est encore nécessaire de charger raisonnablement vos oiseaux de sonnettes, fi vous voulez qu'ils gardent dans l'air un jufte équilibre.

La haine ou l'amour que les *faucons* conçoivent pour celui qui les gouverne, décident auffi fingu-lierement de leur fanté. Pour réuffir à appriyoifer un oifeau fauvage, il faut lui faire aimer fes chaî-nes. 1°. Le fauconnier ne doit point avoir la voix trop rude & trop éclatante; l'oifeau commence alors par le craindre, & finit par le haïr. 2°. Les gants qu'il tiendra pour le paître, ne doivent point avoir contracté de mauvaifes odeurs. Il eft étonnant combien le *faucon* a d'odorat. L'ail & l'oignon particulierement effarouchent cet animal, & lui rendent fon maître infuportable. 3°. Il ne doit préfenter à fes oifeaux que des viandes qui leur plaifent : s'il force leur naturel, & qu'il les faffe manger à contre-cœur, il n'en tirera aucun fervice; & avec le goût pour d'autres alimens, il fentira renaître en lui le goût de l'indépendance.

Quand on veut prévenir les maladies des oi-feaux de proie, il ne faut point les faire voler dans un temps humide; car les rhumes qu'ils y contractent font la caufe primitive de prefque toutes leurs incommodités : un tems couvert eft encore défavantageux, parce qu'on perd tout-à-coup de vue & fes oifeaux & leur gibier. Un jour où brille le foleil, & où le vent n'eft pas violent, eft celui qu'on doit choifir pour faire chaffer les *faucons*.

Si on ne poffede qu'un oifeau, il faut atten-dre le jour & l'heure où il fera en état; mais fi on en a plufieurs, on peut aprêter les uns pour le matin, & les autres pour le foir; dans l'été on fait rafraîchir les oifeaux avec des cailloux que l'on fait tremper la nuit dans le vinaigre; on leur donne auffi avec fuccès de l'eau de griotte avec leur pât ordinaire.

Si malgré les précautions des fauconniers leurs oifeaux contractent quelques maladies, on doit proportionner fagement les remedes à la force de leur tempérament. Le *gerfaux niais* eft le plus robufte de tous les oifeaux de proie, enfuite fon tiercelet, le facre tient le troifieme rang; le plus délicat de tous eft le *faucon niais*: on remarque auffi que plus un oifeau de proie vieillit en liberté & plus il eft délicat; c'eft le contraire de l'homme qui eft bien plus robufte quand il eft fauvage, que quand il eft policé.

Voici les remedes généraux qu'on donne aux oifeaux de proie: le fauconnier doit être affez prudent pour ne les faire prendre que dans le grand befoin : les remedes font en général plus de mal que les maladies.

Pilules blanches: Faites tremper pendant quel-ques jours du lard dans de l'eau fraîche, prenez-en la fleur, joignez-y de la moëlle de bœuf, faites fondre le tout peu-à-peu; qnand vous l'au-rez paffé dans un linge blanc, prenez le même poids de fucre candi en poudre, mêlez le tout, & faites-en des pilules; fi vous les renfermez avec foin dans des boîtes, & que vous ne les expofiez point à l'humidité, elles fe conferveront trois ans fans changer de goût & de couleur.

Pilules communes : Elles font compofées de myrrhe, de fafran & d'aloës incorporés avec du firop d'aloës ou de l'eau de plantin: c'eft ce mélange que les Apothicaires nomment *Pilules de tribus*; on ne les donne qu'aux Sacres & aux Laniers.

Pilules de campagne : Prenez deux dragmes de firop fait avec du fucre & du vinaigre, le poids d'un demi-écu, de la poudre de clou de girofle, & du fucre candi, autant que vous en pouvez incorporer, c'eft-à-dire, au moins des deux tiers de votre mélange; battez le tout dans un mortier de marbre, & faites en des *pilules* de la groffeur d'un grain de froment que vous donnerez en hiver aux facres & aux laniers paffa-gers avant de les faire voler.

Pilules de hiera : Incorporez de l'agaric mis en poudre avec de l'hiera en pâte : les *pilules* qui en réfulteront pouront être données en hiver à vos facres & à vos laniers.

Pilules de mufc: Elles fe font d'une dragme d'agaric, autant de cubebes, de fucre candi & d'aloës ficotrin; vous y joignez une demi-dragme de fafran, autant d'anis, deux dragmes d'hiera-picra, & quatre grains de mufc; le tout s'in-corpore avec de la canelle & fe réduit en maffe: ces pilules fervent en hiver aux facres & aux laniers.

Pilules douces : Elles fe font en incorporant dans les pilules blanches, dont nous avons donné la recette, un tiers de conferves de rofe en roche, faites au fucre : on peut s'en fervir en été; mais on fait ces pilules d'un tiers moins fortes que les blanches; car elles font plus d'effet, quoiqu'elles aient la même propriété.

Saignée: Les fauconniers la prétendent nécef-faire à leurs oifeaux, ils la font deux fois l'année aux oifeaux de mue : on les faigne en perçant la veine qui eft au-deffous de leur langue, ou en leur coupant l'extrémité du bec ou le bout des ongles: on les prépare par une purgation légere; par exemple, avec de la chair trempée dans de la glaire d'œuf, ou avec de la manne & de l'eau rose battues enfemble ; pour que la bleffure ne fe convertiffe point en chancre, on nourrit l'oifeau de morceaux de chair trempés dans de l'eau fraîche, ou dans de l'eau de plantain.

Il eſt tems d'en venir à l'énumération des principales maladies que l'état d'animal apprivoifé peut donner aux oifeaux de proie, & celle des remèdes qui les guériffent ou du moins les pallient.

Apoplexie : cette maladie, qui eſt la terreur de nos vieillards, peut attaquer les faucons à tout âge ; trop de fang, trop de réplétion, ou un coup de foleil, peut l'occafionner dans ces oifeaux : ils font alors fans mouvement, leurs organes ne font plus d'exercice, & il n'y a qu'un pas de cet état à la mort.

Ne paiſſez votre faucon que de viandes légères & liquides ; par exemple, de cœur de veau, de chair de poulets, & de jeunes moineaux, imbibés d'eau tiède : enfuite il faut le curer pendant trois jours avec de l'aloès mis en poudre & mêlé dans un bolus de coton ou de filaſſe préparée, de la groſſeur d'une petite fève, avec du fucre : fi ce remède lui ôte l'appétit, faites le lui recouvrer en trempant dans l'urine chaude la viande dont on le paît.

Nos *fauconniers* ne donnent qu'un remède contre l'apoplexie, quoique la diverfité des caufes change la nature de la maladie ; je foupçonne un peu que l'art de guérir n'eſt que l'art de deviner chez les médecins des faucons, comme chez les médecins des hommes.

Apoſthumes : ce font des abfcès qui furviennent à la tête des oifeaux de proie, & dont les fymptômes font un engourdiſſement dans leurs membres, une inflammation dans leurs yeux, & fur-tout une humeur fétide qui découle de leurs narines.

Voici le remède : coupez un quarteron de lard en lardons, joignez-y autant de moële de bœuf, mettez tremper le tout dans l'eau fraîche pendant vingt-quatre heures, & changez dans cette intervalle l'eau quatre fois. Vous faites fondre enfuite votre compofition à petit feu dans un baſſin de terre ; quand elle eſt à demi-fondue, vous y ajoutez peu-à-peu un quarteron de fucre en poudre & une dragme de fafran battu, lorfqu'elle fera prefque froide. Le tout doit être bien remué, & quand les pilules font faites, elles fe gardent près de trois ans fans fe corrompre : pendant trois ou quatre jours, on en donne aux oifeaux malades la groſſeur d'une petite fève ; cela fe fait le matin, & on les porte fur le poing, jufqu'à ce qu'ils les aient rendues. Ce remède ne fuffit pas, & les *fauconniers* qui n'en donnent qu'un pour trois eſ-

pèces d'apoplexie, en fourniſſent deux pour la même *apoſtume* : pulvérifez un gros de femence de rhue, demi-gros de celle d'aloës hépatique, & une dragme de fafran battu ; imbibez ce mélange avec du miel rofat ; & les pilules qui en réfulteront achèveront de guérir l'apoſtume.

Aſthme : difficulté de refpirer que le rhume peut caufer au faucon. Parmi les trente-fix remèdes que donnent les *fauconniers*, voici le plus fimple : donnez à votre oifeau, pendant trois jours de fuite, deux pilules blanches chaque main, & fi le mal continue au quatrième, une pillule commune : (voyez-en ci-deſſus la compofition) ; vous aurez foin auſſi de ne point mettre votre malade dans un endroit froid ou trop rempli de pouſſière, & fur-tout de ne le point baigner qu'il ne foit guéri. Je regarde l'aſthme comme la même maladie que le pantois. Voyez ci-après cet article.

Bâillement : incommodité qui naît dans les oifeaux de proie des humeurs qui découlent du cerveau, & non pas des filandres, comme difent les anciens fauconniers.

Quand on s'en apperçoit, il faut le faire tirer durant quelques matins, & lui donner dans fa cure, fi c'eſt pendant l'hiver, des pilules d'hyera picra, & fi c'eſt dans d'autres faifons, des clous de girofle avec fa gorge, ou bien des brouts de fauge.

Barbillons : petites glandes qui fe forment fur la langue d'un oifeau, & qui viennent d'un rhume de cerveau ; on faigne pour ce mal à la veine qui eſt au-deſſous de la langue, & on paît le faucon avec de la chair coupée par morceaux & trempée dans l'eau de plantain, dans celle de cerfeuil, ou dans l'huile battue.

Bleſſures, plaies, &c. Elles font faciles à guérir, pourvu qu'elles foient découvertes & qu'elles ne touchent point aux parties nobles : vous les découvrirez en lavant votre oifeau avec du vin tiède, & vous les panferez avec de l'eau diſtillée de brout, ou des extrémités de branches de chêne : on doit remarquer que toute huile ou graiſſe eſt préjudiciable au pennage de l'oifeau : ainfi il y a bien des panſemens qui lui font interdits.

La bleſſure de l'aigle & du héron eſt toujours vénimeufe : on lave la plaie avec l'eau dont je viens de parler, ou bien avec les eaux du perfil, de fenouil, de plantain, de lavande, d'afpic, de thym ; &c.

Ordinairement quand un oifeau eſt courageux, il gagne beaucoup de bleſſures dans les ailes.

Quand elles se tordent, on les dresse en les mouillant avec de l'eau chaude. Quand elles sont un peu pliées, on prend des troncs de chou qu'on fait chauffer entre deux braises, on les fend en long avec un couteau, & on étend la penne dedans : la chaleur suffit pour la mettre dans son état naturel. Si la penne est à demi-rompue, & qu'elle tienne encore par le nerf supérieur, il faut faire entrer une aiguille fine enfilée de soie déliée entre les deux morceaux de la penne, pour les soutenir, & couper la soie quand l'aiguille est entrée. Lorsque la penne est entièrement rompue, vous l'entez dans une autre, & vous faites tenir l'ente avec de la bonne colle : ainsi la méthode qu'on emploie pour les végétaux, sert aussi pour les animaux. Les fauconniers proposent une autre espèce d'ente, c'est celle qui sert aux pennes qui ne sont qu'à demi-rompues, & dont nous venons de parler : l'aiguille dont il s'agit ici est triangulaire, pointue par les deux bouts, & longue de deux travers de doigts; une heure avant de s'en servir, on la trempe dans le jus de limon, ou dans un oignon. Si par hasard l'aile entière se rompt entre les jointures, le faucon ne pourra servir d'un an, mais il guérira après la mue : pour le panser, on le tond autour de la blessure, & on redresse l'aile en la liant entre deux pièces fort minces d'écorce de jeune pin : on y applique ensuite une emplâtre de boli armeni, de sang de dragon & de glaire d'œuf, suivant la recette dont nous parlerons tout à l'heure au sujet de la rupture de la jambe; & quand il sera guéri, on lui fera l'étuve suivante pour ramollir ses nerfs : remplissez un pot de terre du meilleur vin : mettez-y une poignée de roses sèches, autant de son de froment, & un quart de poudre de myrrhe : couvrez le pot hermétiquement, & faites bouillir le tout pendant une bonne heure, vous le retirez ensuite, vous faites un trou à l'extrémité supérieure, & abattant votre oiseau vous lui faites recevoir à l'endroit de la blessure la fumée de l'étuve. Cette opération se fait trois ou quatre fois.

Quelquefois les faucons se rompent la cuisse, la jambe ou les doigts, mais on y remédie : prenez une jeune branche de pin, de la grosseur du petit doigt, fendez-la en deux, & placez au milieu la jambe de l'oiseau : mettez-y ensuite un emplâtre de boli armeni, de sang de dragon, & de glaire d'œuf, & sur-tout tenez la partie malade bandée pendant trente jours; au bout de ce tems vous relâchez les éclisses, & après quarante jours votre faucon sera guéri : si la fracture étoit au-dessus du genou, on ne pourroit la bander, mais la blessure se guérira d'elle-même.

Cataracte : écoulement d'une humeur crasse qui tombe aux yeux du faucon : on la guérit avec du suc de racine de chélidoine qu'on a d'abord ratifiée; on détourne aussi le mal, en purgeant premièrement les oiseaux avec des pilules de filasse ou de coton, & en leur soufflant dans les yeux deux fois par jour une poudre d'aloès & de sucre candi : quand la cataracte est invétérée, elle est incurable.

Crac : on le guérit en purgeant l'oiseau avec des cures de filasse & de coton, & en le paissant de viandes macérées avec de l'huile d'amande douce, & de l'eau de rhubarbe alternativement. Si le mal est extérieur, on frotte les parties malades avec de l'esprit-de-vin tiède.

Croye : espèce de gravelle des faucons; cette maladie est dangereuse durant l'hiver; le lait, le sucre & l'huile, battus avec le sucre, font beaucoup d'effet; paissez votre oiseau avec des morceaux de viandes réunis avec de la glaire d'œuf & du sucre candi pulvérisé, & il guérira : on doit avertir que cette maladie ne vient jamais que de la négligence des fauconniers.

Dégoût d'alimens : la perte de l'appétit annonce des maladies qu'il faut prévenir : présentez le bain à votre oiseau, & paissez-le avec des morceaux de chair détrempés dans de l'eau de chiendent ou de chicorée.

Fièvre : l'endroit où perche l'oiseau atteint de fièvre, doit être frais, obscur & séparé du bruit; on le nourrit de foie de poulets ou de chair de petits oiseaux, après les avoir fait macérer dans de l'eau de chicorée sauvage; il est bon aussi, sur-tout en été, de mouiller les pieds & le bloc de l'oiseau de suc de plantain ou de jusquiame.

On reconnoît qu'un faucon a la fièvre lorsqu'il tremble, que ses pennes & sa tête sont penchées, que le duvet au-dessous de son menton est hérissé, & qu'il rejette le pât qu'on lui présente.

Filandres : espèces de vers allongés qui habitent dans les boyaux des faucons, & qui se nourrissent des superfluités qu'ils y trouvent : cette vermine est peut-être nécessaire à ces oiseaux quand ils sont sains & robustes; mais elle est dangereuse quand ils sont maigres & décharnés; car alors au défaut de nourriture, elle attaque la chair & le sang de ses hôtes. Dans ce dernier cas, il faut défendre de ces atteintes avec des remèdes particuliers; l'herbe d'absynthe mêlée avec leur pât, est merveilleuse; on vante aussi les pilules de musc, d'aloès, de tribus ou d'hyera picra. Voyez ci-dessus leur composition.

Fourmi : mal qui vient au bec du faucon, & que peuvent occasionner les coups qu'il a reçus en volant, ou la négligence de celui qui le gouverne;

on y remédie en coupant les crochets & les bouts du bec, sur-tout à l'entrée & à la sortie de la mue.

Goutte : cette maladie cruelle est l'écueil des médecins, soit pour les hommes, soit pour les faucons; elle attaque quelquefois dans l'été les sacres & les laniers; il faut alors les laisser en repos, les tenir sans jets ni longe, & leur permettre de se coucher sur un carreau de marbre; si on les purge, ce ne doit être qu'avec de la manne simple réunie à leur pât. Quand les accès sont passés, ces oiseaux recommencent leurs vols à l'ordinaire. Les faucons sauvages ne sont sûrement pas goutteux, & il est triste pour ces animaux, qu'en se civilisant, ils contractent toutes les maladies des hommes civilisés.

Haut-mal : on reconnoît si l'oiseau est sujet à cette maladie, avec un parfum de naphte : son odeur suffit pour faire tomber le faucon atteint du haut-mal.

On y remédie, dit-on, en appliquant le feu au sommet du cerveau, & en joignant à son pât l'eau de figues sèches, le lait de chèvre, le sang de belette, la cervelle de renard, & la chair de tortue terrestre. On peut lui mettre aussi le fiel de la tortue dans les naseaux. Je pense que tous ces remèdes ne font que pallier le mal & ne le guérissent pas.

Mal de bouche : il vient quelquefois à la bouche des oiseaux de proie des excroissances de chair blanchâtres ou noirâtres, de la grosseur de petits pois, qui les empêchent de manger : il faut les couper avec adresse, & si l'endroit ne le permet pas, imbiber du coton d'huile de soufre distillé & le mettre sur ces excroissances.

Si ces excroissances se changeoient en ulcères, on mettroit sur la cendre chaude & on pulveriseroit du miel rosat, ou de la poudre de coque de noix & de celle de tithymale liées dans un linge mouillé, & on en placeroit la poussière sur l'ulcère deux fois par jour : il y en a qui lavent la plaie avec du jus de citron. Quand le mal se guérit, on le frotte de syrop de mûres.

Mal de mains : on le guérit en général en oignant la partie malade avec de vieille huile d'olive, ou en la frottant avec une composition de blanc d'œuf, de vinaigre & d'eau.

Si ce sont les jets qui ont écorché la main de l'oiseau, il faut la frotter de beurre ou de graisse de poule; mais cette onction doit être légère, pour ne pas gâter son pennage : quand le sang sort avec

trop d'abondance de la plaie, on l'arrête avec un cautère.

Quand les mains enflent un peu à votre oiseau; un emplâtre de boli-arméni, le sang de dragon & de glaire d'œufs, fera résoudre l'humeur; & s'il s'y forme une glande, vous l'ôterez en peu de jours avec un bouton de feu. Si l'inflammation dure trop long-tems, vous lui couperez la veine suivant la méthode suivante :

Vous faites tenir l'oiseau à la renverse, vous lui plumez la cuisse en-dedans, & vous reconnoissez la veine; vous l'accrochez & la liez en deux endroits distans seulement d'un travers de couteau, & vous coupez la veine au-dessous du porte-sonnette. Il est bon d'avertir qu'il n'y a qu'une main déjà exercée qui puisse faire avec succès cette opération.

Mal de nazeaux : quelquefois l'asthme cause une seconde maladie, c'est de dessécher les nazeaux, & de les boucher avec les humeurs qui découlent du cerveau, & qui y sont retenues : l'oiseau est alors obligé d'ouvrir le bec pour respirer.

Il y a des fauconniers ignorans qui s'imaginent remédier à cette maladie en ouvrant avec un fer chaud les nazeaux du faucon : ils risquent d'abord de le rendre difforme, & ensuite de boucher davantage les nazeaux qu'ils veulent ouvrir; il vaut mieux commencer par ôter le rhume qui est la source du mal. Quand l'oiseau a tiré long-tems sur le tiroir, le valet le suce avec la bouche, & on donne ensuite au faucon des pilules d'hiera picra, incorporées avec de l'agaric. Une étuve d'eau de mer est encore excellente contre le rhume.

Si vous êtes obligé d'en venir au cautère, prenez un fer rond qui soit par le bout de la grosseur d'un pois, vous le faites rougir, & vous lui en donnez le feu au sommet de la tête; vous en prenez ensuite un autre tranchant par l'extrémité, & vous lui en donnez le feu entre le bec & l'œil.

Mal d'oreilles : Les humeurs du cerveau prennent quelquefois leur cours dans les oreilles, & y forment une glande chancreuse : on y remédie en nettoyant la partie malade avec un cure-oreille, en purgeant l'oiseau avec des pilules d'hiera picra & d'agaric, quelquefois en lui donnant un bouton de feu au sommet de la tête jusqu'à l'os; & si le mal ne diminue point, en faisant rougir la pointe d'un couteau pour lui fendre l'oreille. Le faucon doit être pansé soir & matin.

Mal d'yeux : S'il vient de fluxions, on purge l'oiseau avec des pilules de filasse & de coton,

& on leur fouffle dans les narines de la poudre d'œillets, mêlée avec celle de femen fanctum & du poivre, le tout à dofe égale. On leur frotte auffi le palais d'un peu de moutarde.

Si le mal vient d'une bleffure particulière, on prend une once de la tuthie préparée, demi-quarteron d'eau rofe, autant de vin blanc, & une poignée de rhue; on met le tout dans une fiole & on l'y fait bouillir jufqu'à ce qu'il foit réduit à la moitié, & on diftille un peu de cette décoction dans l'œil bleffé; ce remède a même la vertu de faire tomber les corps étrangers qui y font réunis.

Mal fubtil : Efpèce de phthifie avec laquelle l'oifeau qui ne digère point, meurt affamé en bien mangeant. Cette maladie eft très-dangereufe en automne; on la prévient en mettant fes *faucons* dans un lieu fec, fur-tout en hiver, en faifant fé-cher au feu leur pennage humide, fi le foleil n'a pas affez de force, & en mêlant quelquefois le foir à leur cure trois ou quatre cloux de girofle. Si malgré vos précautions, l'oifeau eft attaqué du mal fubtil, faites-lui un pât avec des pigeon-neaux ou avec de petites fouris vivantes : vous le purgez enfuite avec de la chair trempée dans la manne ou dans une décoction de chevre-feuille, de l'herbe caballine, & de celle qu'on nomme langue de bœuf; cette dernière décoction doit être rafraîchie de trois jours en trois jours.

Morfonte : L'oifeau à force de voler dans un tems froid & humide fe met quelquefois hors d'état de faire fon fervice; on lui donnera des cloux de girofle, de l'anis & de l'abfynte avec la chair : & fi c'eft en hiver, & que vous lui donniez fa cure fèche; faites-lui prendre des pilules d'hiera picra, avec l'agaric : votre oifeau infenfiblement recouvrera fa fanté.

Pantois : Ce mal vient du poumon échauffé & de l'organe de la refpiration confidérablement altéré : dès qu'on s'en apperçoit, il faut purger l'oifeau avec de l'huile d'olive lavée & battue jufqu'à ce qu'elle blanchiffe : une heure après, on lui donne des viandes mouillées; par exem-ple, du cœur de veau & du foie de poulet : le quatrième jour, on lui fait prendre un bolus de filaffe préparée pour avancer les humeurs qui font la fource primitive de fa maladie.

Pepie : On reconnoît que l'oifeau en eft atta-qué quand fa langue s'endurcit, fe fèche par le bout, & blanchit : pour le guérir il faut ôter la pepie avec une aiguille pointue, comme l'on fait aux poules, & frotter enfuite la langue d'huile rofat. Deux heures après on lui donne

fon pât imbibé d'eau tiède, & détrempé avec le jus de mûres rouges.

Podagre : Glandes & veffies que l'abandance du fang fait naître aux mains des autours : la même maladie fe nomme chiragre pour les *fau-cons*. Pour guérir ces oifeaux, il faut les tenir fur un fachet rempli de plantain battu dans un mortier avec du fel, trempé de vinaigre : quand l'enflure paroît, on y approche le feu; mais l'ouverture ne doit fe faire que par-deffus, ou au côté, fi l'on defire une prompte guérifon : fuppofé que la main malade fût trop maigre, il faudroit fe garder d'y appliquer le cautère.

Rhume : Incommodité qui eft la fource de prefque toutes les maladies des oifeaux de proie; on doit pour les guérir les faire vivre de ré-gime, & de trois jours en trois jours imbiber leur pât de rhubarbe; fi le rhume continue, on pulvérife un peu d'aloës, de fafran & d'hiera picra, & on en fait des pilules qu'on donne le foir au *faucon.*

Le rhume defcend quelquefois aux efpalettes & entre les ailes de l'oifeau : il faut alors le fomenter avec le vin le plus violent qu'on puiffe trouver; on le porte enfuite au foleil, ou on le tient auprès du feu en mouillant fes efpalettes ou fon épine du dos avec de l'eau-de-vie.

La teigne : La teigne fait naître des veffies dan-gereufes aux mains des oifeaux, & fait paroître le bout de leurs ailes comme du fer rouillé : cette maladie vient de l'excès du travail des *faucons*, & encore plus de la négligence du fauconnier.

Remontez votre oifeau, tenez-le dans un en-droit chaud, donnez-lui de bons pâts, & mettez fur toutes les parties malades un onguent de boli armeni, de vinaigre, de fang de dragon & de falpêtre : le lendemain vous les baignerez avec du vin blanc & du romarin; vous lui ôterez enfuite les peaux mortes qui le défigurent, & demi-heure après vous appliquerez fur les bleffures du coton trempé dans l'eau, où vous aurez fait infufer auparavant égale quantité de poudre d'aloës & d'alun : fi au bout d'un mois votre oifeau n'eft pas guéri, il eft perdu.

Vers : Ils attaquent les oifeaux au gofier, autour du cœur, du foie & des poumons. On détruit cette vermine en prenant de la poudre d'aloës ou de celle d'agaric, en la mêlant avec de la corne de cerf brûlée & du dictamme blanc, en incor-porant le tout dans du miel rofat, & en donnant une pilule de cette compofition aux *faucons* vermineux.

Lifte

Liste alphabétique des termes de fauconnerie.

ABANDONNER : On abandonne l'oiseau quand on le congédie tout-à-fait : c'est une preuve qu'il est trop vicieux.

Abattre : On abat un faucon quand on le serre entre ses mains pour le poivrer, & lui donner quelques médicamens.

Abecher : On abèche un lanier quand on lui donne une partie du pât ordinaire pour le tenir en appetit ; c'est une ruse afin de le faire voler.

Aborder : la perdrix aborde la remise quand elle est poussée vivement par l'oiseau de proie, & qu'elle gagne quelque buisson.

Acharner : les fauconniers acharnent l'oiseau au poing avec le tiroir, ou en attachant le ti- roir au leurre.

Adoué : Une perdrix est adouée quand elle est appariée.

Affaire : Un oiseau de bonne affaire est le meil- leur pour la volerie : c'est celui qui fait le mieux son devoir.

Affaitage, soin qu'on prend pour dresser un oiseau de proie.

Affaiter, apprivoiser des oiseaux sauvages, & les accoutumer à revenir au leurre ou sur le poing : c'est aussi les introduire au vol, les traiter, rhabiller leurs pennes, & les rendre bons chas- seurs.

Affriander, faire revenir l'oiseau en lui présen- tant un pât de poulets ou de pigeonneaux.

Aiglures, taches rousses semées sur le dos d'un oiseau qui bigarrent son plumage. Ces taches s'appellent aussi bigarrures.

Aiguille, maladie particulière des faucons, occasionnée par des poux & de petits vers.

Aile : Un oiseau monte sur l'aile quand il donne du bec & des pennes.

Air ; prendre l'air, s'est s'élever beaucoup.

Aire, nid des faucons : un oiseau aisé à affaiter est un oiseau de bonne aire.

Airer, faire son nid sur les arbres ou sur les rochers.

Albrené : Un oiseau de proie est albrené quand son pennage est rompu ou en désordre.

Allongé : Un oiseau allongé est celui qui a ses pennes entières & de la longueur convenable.

Apoltronir, se dit d'un oiseau auquel on a coupé les ongles des pouces : c'est l'empêcher de chasser au gros gibier & lui détruire par conséquent le courage.

Armer, on arme un oiseau de proie quand on lui attache ses sonnettes.

Assurance, se dit à l'égard d'un oiseau hors de filière ; il y a deux sortes d'assurances, savoir, à la chambre & au jardin ; (le jardin représente la campagne.)

Assurer, apprivoiser un faucon ; c'est l'assurer.

Asthme : Il arrive quelquefois à un oiseau de proie d'avoir le poumon enflé & de ne pouvoir respirer ; il est alors asthmatique.

Atanaire, oiseau de proie qui n'a point mué & qui a le pennage de l'année précédente.

Attombisseur, nom qu'on donne à l'oiseau qui attaque le héron dans son vol.

Attrempé, oiseau de proie qui n'est ni gras ni maigre.

Aveuer, voir & discerner le gibier quand il part, le garder, pour ainsi dire, à vue.

Avilloner, donner des serres de derrière : ce faucon avillonne vigoureusement son gibier.

Avillons, serres du pouce d'un oiseau de proie.

BAGUETTE, bâton de fauconnerie qu'on pique dans les buissons pour faire partir la perdrix.

Baigner, l'oiseau de proie se baigne par plaisir ou par force quand il pleut ; il faut quelquefois le plonger dans l'eau avant de lui donner des remèdes.

Balai, queue de l'oiseau de proie : ce faucon a un beau balai.

Balancer : Un faucon se balance quand il paroît rester toujours dans la même place, en observant sa proie.

Bander : Un oiseau bande au vent quand il se tient sur les chiens, faisant la cresserelle.

Barbillons, maladie qui survient à la langue des oiseaux de proie & qui la fait enfler.

Barres : On nomme barres, certaines bandes noires qui traversent la queue d'un épervier.

Bas-voler, se dit de la perdrix & des oiseaux qui ont le vol peu élevé.

Bâtard, oiseau qui tient de deux espèces ; par

exemple ; un oiſeau de proie qui vient du ſacre & du lanier.

Beccade : Les fauconniers appellent , donner la beccade à l'oiſeau , lui donner à manger.

Béjaune , oiſeau jeune , & par conſéquent fort ignorant.

Béquillon , bec des petits oiſeaux de proie.

Bigarrures , taches rouſſes ou noires qui bigarrent le plumage d'un oiſeau.

Bloc , perche ſur laquelle on met l'oiſeau de proie.

Bloquer : L'oiſeau bloque la perdrix quand il la tient à ſon avantage : on dit auſſi qu'un faucon ſe bloque quand il paroît ſe ſoutenir dans l'air ſans battre de l'aile.

Bouton , pour les fauconniers , c'eſt la cime d'un arbre.

Branle : Un faucon branle quand il ſe tient ſur le haut de la tête d'un fauconnier , en agitant ſes ailes.

Branloire : Un héron eſt à la branloire quand il eſt élevé & qu'il tourne en agitant ſes ailes.

Brayer , c'eſt le derrière d'un oiſeau de proie.

Brider : Les fauconniers brident les ſerres d'un oiſeau , c'eſt-à-dire en lient une de chaque main pour l'empêcher de charrier ſa proie.

Buffeter , donner en paſſant contre un leurre ou contre la tête d'un oiſeau plus vigoureux.

CANNELUDE , curée compoſée de ſucre , de canelle & de moëlle de héron , que préparent les fauconniers pour le vol du héron , & qu'ils donnent à leurs oiſeaux de proie pour les animer.

Cerceaux , pennes du bout de l'aile des oiſeaux de proie.

Chair : Un oiſeau eſt bien à la chair quand il chaſſe avec adreſſe & ſuccès.

Change : Un oiſeau prend le change quand il quitte ſon entrepriſe pour une nouvelle ; par exemple , quand il s'amuſe à prendre des pigeons , au lieu de chaſſer aux perdrix.

Chaperon , morceau de cuir dont on couvre la tête des oiſeaux de leurre : les chaperons ſont marqués par points , depuis un juſqu'à quatre ; le premier d'un point eſt propre au tiercelet de faucon.

Chaperonner , couvrir la tête d'un oiſeau de ſon chaperon.

Chaperonnier : Un faucon eſt bon chaperonnier quand il porte patiemment ſon chaperon.

Charrier : Un oiſeau charrie ſa proie quand il l'emporte & ne revient plus ; il la charrie auſſi quand il la pourſuit : dans le dernier cas , il ſemble que ce ſoit l'oiſeau qui ſe charrie lui-même après ſa proie.

Chauffer : On chauffe la grande ſerre d'un oiſeau quand on environne l'ongle du gros doigt d'un morceau de peau qui lui ſert d'entrave.

Chirargue , eſpèce de goutte des oiſeaux de proie.

Clatir , un chien clatit quand il pourſuit la perdrix de concert avec l'oiſeau , & qu'il redouble ſon cri pour appeler du ſecours.

Clefs , ongles des doigts de derrière de la main du faucon.

Cluſe , cri du fauconnier quand il parle à ſes chiens , lorſque l'oiſeau a remis la perdrix.

Cornette , houppe ou tiroir de deſſus le chaperon de l'oiſeau.

Coup : Un oiſeau prend coup quand il heurte trop fortement contre ſa proie.

Couronne , duvet qui eſt autour du bec de l'oiſeau , à l'endroit où il ſe joint à la tête.

Courjointé : Un oiſeau à qui on donne cette épithète eſt celui qui a les jambes de médiocre longueur.

Crac , maladie des oiſeaux de proie.

Craye , infirmité des faucons.

Créance , filière ou ficelle avec laquelle on tient l'oiſeau qui n'eſt pas bien aſſuré.

Croler , ſe dit des oiſeaux qui ſe vuident par le bas ; c'eſt une marque de ſanté.

Cru ou Creux : C'eſt le milieu du buiſſon où la perdrix ſe met quelquefois pour ſe garantir des chiens.

Cure : Remède qu'on donne aux oiſeaux de proie ; ce ſont des pilules faites avec de l'étoupe & du coton pour deſſécher les flegmes. Un oiſeau tient ſa cure quand la pilule fait ſon devoir : on dit auſſi , armer les cures d'un oiſeau , quand on met auprès des pilules un peu de chair pour les lui faire avaler. Curer , ou donner une cure , ſont deux expreſſions ſynonymes.

DÉCHAPERONNER : C'eſt ôter le chaperon à un oiſeau de proie ; on le déchaperonne quand on veut le lâcher.

Degré, se dit de l'endroit où l'oiseau, durant son élévation, tourne la tête & prend une nouvelle carrière : on compte les degrés jusqu'à ce qu'on le perde de vue.

Delivre : Un oiseau fort à delivre, est celui qui est maigre & qui n'a point de corsage.

Dérober : Un oiseau dérobe ses sonnettes, suivant le proverbe en usage chez les fauconniers, quand il s'en va sans être congédié, & qu'il reprend la liberté.

Derompre : Un faucon derompt sa proie quand il fond sur elle, & que de ses serres il lui donne un coup si violent qu'il rompt son vol, l'étourdit & le renverse.

Descente : Se dit de l'action de l'oiseau de proie qui fond avec impétuosité sur le gibier pour l'assommer.

Desempelotoir : Fer avec lequel on tire de la mulette des oiseaux de proie la viande qu'ils ne peuvent digérer.

Deslonger : Oter la longe d'un oiseau pour le faire voler.

Duvet, plume menue qui couvre tout le corps de l'oiseau de proie.

Duveteux : Un oiseau bien duveteux, est celui qui a beaucoup de plumes molles & délicates proche de la chair. Ce mot vient de duvet.

Égalé : Un oiseau égalé est un oiseau moucheté.

Egalures : On appelle de ce nom des moucheures blanches qui sont sur le dos de l'oiseau.

Emeu : Excrément de l'oiseau de proie. Un faucon est sain quand il rend bien son émeu.

Emeutir : Pour les oiseaux de proie, c'est se décharger le ventre.

Empeloter : Un faucon s'empelote, quand ses alimens se mettent en peloton dans son estomac, & qu'il ne peut les digérer.

Empiéter : Un autour est dit empiéter sa proie, quand il l'emporte à ses pieds.

Enchaperonner, mettre un chaperon sur la tête d'un oiseau de proie.

Enduire : Un oiseau enduit, quand il digère bien ses alimens.

Enfoncer : Un faucon enfonce sa proie, quand il fond sur elle avec vivacité, & qu'il la pousse jusqu'à la remise.

Enter, rejoindre une penne gardée à celle d'un oiseau qui a été rompue ou froissée.

Entraver, raccommoder les jets d'un oiseau, de sorte qu'il ne peut se déchaperonner.

Epervier, oiseau de fauconnerie ; celui qui a été libre s'appelle épervier ramage : on nomme celui qu'on a pris au nid & apprivoisé, épervier royal.

Escartable : Cette épithète s'applique aux oiseaux accoutumés à prendre leur essor trop haut quand la chaleur les presse.

Escapper, mettre en liberté : les fauconniers escappent un oiseau, afin de faire voler sur lui le faucon qu'on veut dresser.

Esclame : Nom d'un oiseau peu épaulé, & dont la longueur a ses justes dimensions.

Escumer : Un faucon escume sa proie, quand il passe sur elle sans s'arrêter : il escume aussi la remise, quand il passe sur la perdrix qu'il a poussée dans le buisson.

Esmaillures, taches rousses qu'on voit sur les pennes des oiseaux de proie.

Esplanade, route que tient l'oiseau quand il plane en l'air.

Essimer, ôter la graisse excessive d'un faucon par le moyen des cures qu'on lui donne.

Essorer : Un faucon vicieux s'essore, c'est-à-dire prend trop d'essor.

Eventiller : Un oiseau de proie s'éventille, quand il se secoue dans l'air pour s'égayer.

Faucon, oiseau de proie, qui a donné lieu à l'art de la fauconnerie. Outre les huit espèces de faucons dont nous avons parlé au commencement de cet article, & qui sont les faucons proprement dits, l'autour, l'épervier, le gerfaut, le sacre, le lanier, l'émérillon & le hobereau ; les gens de l'art donnent encore au faucon divers noms, suivant la différente manière de le considérer. Le mâle du faucon se nomme tiercelet. On nomme faucon pelerin celui qui vient des pays éloignés, & dont on ne trouve point l'aire. Le faucon gentil de passage, est celui qui vient des pays circonvoisins, qu'on prend dans les mois d'août ou de septembre, & qu'on n'a aucune peine à dresser. Le faucon niais, est celui qui a été pris dans le nid lorsqu'il étoit encore jeune, & qu'on a pris soin de dresser : on le nomme aussi faucon royal. Le faucon sor, est celui qui a son premier plumage ; c'est-à-dire qui est de l'année. Le faucon hagard, est le faucon fier & bizarre, qui n'est plus sore quand on le prend, qui a déja mué & changé de plumage : on le nomme aussi faucon blanchier, ou faucon de repaire.

Fauconnerie, art de dresser à la chasse les oiseaux de proie : on donne aussi ce nom au lieu même où on les élève.

Fauconnier, artiste qui dresse au vol les oiseaux de proie.

Filandres, maladie des oiseaux de proie. Ce sont des filamens de sang caillé qui se figent dans leur corps après la rupture violente de quelques veines : on donne aussi ce nom à des vers déliés qui s'attachent au gosier & dans d'autres parties du corps des oiseaux de proie. C'est souvent un mal nécessaire.

Filière : Ficelle de dix toises, qu'on tient attachée au pied de l'oiseau pendant qu'on le réclame ; jusqu'à ce qu'on en soit bien assuré. Filière signifie aussi créance & tiens le bien, parce que si on lâchoit l'oiseau, il pourroit dérober ses sonnettes.

Formes : Femelles des oiseaux de proie, qui donnent le nom à l'espèce. Les formes sont plus grandes, plus hardies, & plus fortes que les tiercelets, c'est-à-dire les mâles.

Formi : Maladie qui survient au bec des oiseaux de proie.

Fuite : Un faucon qui s'écarte beaucoup, est, dit-on, sujet à faire de grandes fuites.

Fuster : Le gibier a fusté, quand il s'est échappé après avoir été pris.

Gobet : Manière de chasser ou de voler les perdrix avec l'autour & l'épervier.

Gorge, est le sachet supérieur de l'oiseau de proie : on le nomme aussi pouce. On dit donner grosse gorge à l'oiseau ; c'est-à-dire, lui faire faire mauvaise chère. Gorge chaude, est la viande chaude qu'on tire du gibier qu'il a attrappé, pour la lui donner. Donner bonne gorge, c'est le repaître : on lui donne quelquefois demi-gorge ; d'autres fois quart de gorge, selon qu'on veut le traiter. L'oiseau digère sa gorge quand ses alimens passent vite, & qu'il les rend à l'instant : c'est en lui signe d'étisie.

Gorgée : Donner bonne gorgée à l'oiseau, c'est lui présenter une bonne portion du gibier qu'il a pris. On doit le faire sur-tout quand il commence à voler.

Gorger : Le faucon est gorgé quand il est rassasié.

Goussaut : Oiseau court & peu estimé pour la volerie.

Griffade, coup de griffe : cet oiseau a donné à son gibier une terrible griffade.

Gruyer : Un faucon gruyer, est un faucon dressé pour la chasse des grues.

Guinder : L'oiseau se guinde quand il s'élève au-dessus des nues.

Hausse-pied : Nom du premier des oiseaux qui attaque le héron dans son vol.

Herbier : Tuyau ou canal de la respiration qui est dans le col de l'oiseau.

Hoche-pied : Oiseau qu'on jette seul après le héron pour le faire monter.

Huau : Ce sont les deux ailes d'une buse ou d'un milan qu'on attache avec quelques sonnettes de fauconnerie au petit bout d'une verge.

Jardiner, exposer le matin au soleil les oiseaux dans un jardin.

Jet, petite entrave qu'on met au pied d'un oiseau.

Jetter : On jette un oiseau du poing, quand on le fait partir du poing sur la proie fugitive.

Jeu : On fait jeu à l'autour, quand on lui laisse plumer la perdrix.

Induire, en fauconnerie, signifie digérer.

Introduire : On introduit un faucon au vol, quand on commence à le faire voler.

Large : L'oiseau fait large quand il écarte ses ailes ; ce qui marque en lui une santé parfaite.

Leurre, morceau rouge garni de becs, d'ongles & d'ailes, & qu'on pend à une lesse, à un crochet de corne : les fauconniers s'en servent pour réclamer un oiseau de proie ; on y attache de quoi les paître. Le leurre se nomme aussi rappel. Acharner le leurre, c'est mettre un morceau de chair dessus. Duire un oiseau au leurre, c'est rappeler l'oiseau au leurre.

Lier : Le faucon lie sa proie, quand il l'enlève en l'air dans ses serres, ou que l'ayant assommée, il l'environne de ses serres & la tient à terre. L'autour ne lie pas, il empiète.

Longe-cul : Ficelle qu'on attache au pied de l'oiseau, quand il n'est pas assuré.

Mahutes, le haut des ailes de l'oiseau, du côté qui touche le corps.

Mal subtil, catarre qui tombe dans la mulette des oiseaux, qui empêche leur digestion & les fait mourir.

Manteau, couleur des plumes d'un oiseau de proie. Ce faucon, dit-on, a le manteau bien bigarré.

Montée, c'est le vol de l'oiseau qui s'élève à angles droits, par carrières & par degrés, lorsqu'il poursuit quelque proie. Quand il s'élève à perte de vue pour chercher le frais dans la moyenne région de l'air, on appelle son vol montée d'essor. La montée par fuite, est le mouvement que se donne un oiseau, quand, craignant un athlète plus fort que lui, il s'échappe à grandes gambades.

Mote : Un oiseau prend mote, quand au lieu de se percher sur un arbre, il se pose à terre.

Mulette : C'est l'estomac des oiseaux de proie ; quelquefois la digestion ne peut s'y faire, à cause de l'humeur visqueuse & gluante qu'y produisent les alimens : l'animal a pour lors la mulette empelottée. Il s'y forme de tems en tems une peau, qu'on nomme doublure, ou double mulette. Il y a des pilules qui remédient à cette double incommodité.

Nager : Les gens de l'art, au lieu de dire voler, disent nager entre les nuées.

Niais : Un oiseau niais, est celui qu'on a pris dans le nid.

Nouer : Les fauconniers nouent la longe quand ils mettent l'oiseau en mue, & qu'ils lui font quitter pour quelque tems la volerie.

Oiseaux : Il y a plusieurs épithètes qu'on joint à ce mot, qui ne sont d'usage que dans la fauconnerie. L'oiseau branchier, est celui qui n'a encore la force de voler que de branches en branches. L'oiseau dépiteux, est celui qui se dépite, & qui ne veut pas revenir quand il a perdu sa proie. L'oiseau âpre à la proie, est celui qui est bien armé de bec & d'ongles. L'oiseau trop en corps, est celui dont la graisse appesantit le vol. L'oiseau de bon guet, est celui qui a sans cesse l'œil sur sa proie, & qui ne la laisse point échapper. L'oiseau de bonne compagnie, est celui qui ne laisse point dérober ses sonnettes. L'oiseau d'échappe, est celui qui nous est venu d'autres fauconneries, & que nous n'avons point élevé. Les autres épithètes qu'on donne à l'oiseau de proie sont trop rares pour que nous nous en occupions.

Oiseler, dresser un oiseau, l'affaiter ; faire par exemple d'un faucon un bon gruyer, un bon héronnier.

Ongle, maladie des oiseaux de proie : c'est une taie qui leur croît dans l'œil ; elle vient tantôt d'un rhume, tantôt du chaperon qui les tient trop serrés.

Pantoyement, espèce d'asthme qui survient à l'oiseau de proie, & qui lui enfle le poumon.

Pantois, maladie des oiseaux de proie, qui attaque leurs reins ou leurs gorges : ce faucon, dit-on, a le pantois, ou bien pantoise.

Parement, diversité de couleurs qui pare les ailes d'un oiseau de proie : ce mot se dit encore de la maille qui lui couvre le défaut du col.

Passage : Il y a des faucons de passage.

Pennage, plumes qui couvrent le corps des oiseaux de proie : le pennage peut être blond, cendré, moucheté, &c.

Pennes, longues plumes des ailes de l'oiseau ; chacune a son nom : on en compte douze à la queue.

Perchoir, l'endroit où se perchent les oiseaux de proie.

Pièce : On dit un oiseau tout d'une pièce, pour dire un oiseau d'une même couleur.

Plaisir : On fait plaisir à l'oiseau de proie quand on lui laisse plumer la perdrix.

Planer, se dit des oiseaux qui se soutiennent en l'air, sans paroître agiter leurs ailes : on dit aussi dans le même sens, aller de plain.

Plume : On dit donner la plume à l'oiseau, pour dire lui donner une cure de plume.

Poil : Mettre l'oiseau à poil, c'est le dresser à la chasse du gibier à poil.

Pointer : Un oiseau pointe, quand il va d'un vol rapide, soit en montant, soit en s'abaissant.

Poivrer : Quand on veut assurer un oiseau farouche, ou le guérir lorsqu'il est attaqué de la vermine, on le lave avec de l'eau & du poivre : c'est ce qu'on appelle poivrer l'oiseau.

Poltron : Un oiseau poltron, est celui à qui on a coupé les ongles des pouces ; ce qui lui ôte le courage & l'empêche de voler le gros gibier.

Quinteux : Un faucon qui s'écarte trop, est un faucon quinteux.

Ramer : Un oiseau rame en l'air, quand il se sert de ses ailes en façon d'avirons.

Ramollir. On ramollit le pennage d'un faucon avec une éponge détrempée.

Raſer l'air. Pour les faucons & les autres oiſeaux de proie , c'eſt plâner.

Rebuté. Un faucon qui ne veut plus voler eſt un oiſeau rebuté.

Réclame , ſe dit à l'égard des oiſeaux de proie qu'on reprend au poing avec le tiroir & la voix.

Réclamer, rappeller un oiſeau pour le faire revenir ſur le poing.

Redonner, ſe remettre de nouveau à la pourſuite du gibier qui s'eſt échappé.

Reguinder. Un oiſeau ſe reguinde quand il s'élève en l'air par un nouvel effort.

Remarque , cri de celui qui mène les chiens quand il voit partir les perdrix.

Remonter. L'oiſeau remonte quand il vole de bas en haut : on le remonte quand on le lâche du ſommet d'un côteau. On dit encore qu'on remonte un faucon quand on l'engraiſſe.

Rhabiller. On rhabille les pennes d'un oiſeau quand on les raccommode.

Rondon. Fondre en rondon, c'eſt fondre avec impétuoſité ſur le gibier pour l'aſſommer.

SERRES. Ongles & griffes d'un oiſeau de proie.

Siller, coudre les paupières d'un oiſeau de proie, afin de l'empêcher de voir & de ſe débattre : on ſille les yeux d'un oiſeau de paſſage avec une aiguillée de fil.

Sommées. Epithète qu'on donne aux pennes du faucon , quand elles ont pris tout leur accroiſſement.

Sor. Un oiſeau qui porte ce nom , eſt celui qui eſt encore à ſon premier pennage.

TAGUET, ais ſur lequel on frappe quand l'oiſeau eſt en liberté & qu'on veut le faire revenir.

Tavelures ; taches de diverſes couleurs qui ſe trouvent ſur le manteau de l'oiſeau de proie.

Teneur, troiſième oiſeau qui attaque le Héron dans ſon vol.

Tenir. Un oiſeau tient à mont quand il ſe ſoutient en l'air, en attendant qu'il découvre ſa proie.

Tête. Faire la tête d'un oiſeau , c'eſt l'accoutumer au chaperon.

Tiens-le-bien , expreſſion populaire qui ſignifie la filière.

Tiroir ; ailes d'un chapon ou d'un coq d'Inde ; dont on ſe ſert pour apprivoiſer les faucons & les reprendre au poing.

Train. Faire le train à un oiſeau , c'eſt lui donner un oiſeau tout dreſſé pour l'accoutumer à la chaſſe.

Travail. Un oiſeau de grand travail eſt un oiſeau qui ne ſe rebute jamais.

VANNES , grandes plumes des ailes d'un oiſeau de proie.

Veiller. On veille l'oiſeau quand on l'empêche de dormir , & il faut l'empêcher de dormir pour le dreſſer.

Vent. Ce mot s'adapte avec une multitude d'expreſſions de fauconnerie. L'oiſeau va contre le vent quand il a le bec au vent. Il va-vau-le-vent quand il a la queue au vent. Aller l'aile au vent, c'eſt voler à côté du vent. Bander au vent , c'eſt ſe tenir ſur les chiens , faiſant la creſſerelle. Tenir-bec au vent , c'eſt réſiſter au vent ſans tourner la queue. Prendre le haut du vent , c'eſt voler au-deſſus du vent , &c.

Ventolier , oiſeau qui ſe plaît au vent, & qui s'y laiſſe quelquefois emporter ; ce qui cauſe ſa perte. On appelle *bon oiſeau ventolier ,* celui qui réſiſte ſans plier à la violence du vent.

Verge de huau , baguette garnie de quatre petits piquets , auxquels on attache les ailes d'un milan nommé *huau.*

Verge de meute , baguette garnie de trois piquets avec des ficelles, auxquelles on attache un oiſeau vivant, & cet oiſeau captif ſe nomme *meute.*

Vervelle , petit anneau ou plume qu'on attache au pied de l'oiſeau de proie , & où les armes du maître auquel il appartient ſont empreintes.

Vilain. Un oiſeau de ce nom eſt celui qui ne ſuit le gibier que pour la cuiſine , & qu'on ne peut ni dreſſer, ni affaiter : tels ſont les milans & les corbeaux qui n'attaquent que les poulets.

Vol. Equipage de chiens & d'oiſeaux de proie qui ſervent à prendre le gibier. Il y avoit des vols pour le héron, pour le milan , pour les buſes , pour les perdreaux , les cercelles, les lièvres , &c. On dit le vol pour le gros , c'eſt celui qui ſe fait ſur les oiſeaux de fort & de cuiſine, comme les grues. Le vol du milan ſe fait avec quatre oiſeaux ; on lâche d'abord un ſacre , puis deux autres , & enfin un gerfaut. On en emploie trois pour le vol du héron ; le premier,

qu'on nomme *hauffepié*, ne fert qu'à le faire hauf-
fer ; le fecond , qu'on envoie à fon fecours, s'appelle *tombiffeur*, & le troifième eft le *teneur* : c'est
d'ordinaire un gerfaut. Vol fe dit encore de la manière de voler fur le gibier. On appelle *voler à la
toife*, partir du poing à tire d'aile , en fuivant la
perdrix qui rafe la terre. Le vol à la fource ou à
lève-cul, fe dit du héron & de la perdrix qu'on
fait partir. Le vol à la couverte, eft celui qui fe
fait quand on approche le gibier en fe mettant à
couvert derrière quelque haie.

Voler, fignifie prendre le gibier avec des oifeaux
de proie. Voler de poing en fort, c'eft jetter les
oifeaux de poing après le gibier. Voler d'amour,
c'eft laiffer voler les oifeaux en liberté pour qu'ils
foutiennent les chiens. *Voler haut & gras , voler
bas & maigre , voler de bon trait*, fignifient voler
de bon gré. Voler en rond, c'eft voler en tournant au-deffus de la proie. Voler en long, c'eft
voler à droite ligne, ce qui arrive quand l'oifeau
a envie de ne plus revenir. Voler en pointe, c'eft
voler d'un vol rapide , foit en s'élevant, foit en
s'abaiffant. Voler comme un trait, c'eft voler long-
tems fans reprendre haleine. Voler à reprifes,
c'eft s'arrêter de tems en tems pour reprendre fon
vol. Voler en coupant, c'eft voler en traverfant
le vent.

Volerie. Chaffe avec les oifeaux de proie : la
haute volerie eft celle du faucon fur le héron,
le canard & les grues, & du gerfaut fur le facre
& le milan. La baffe volerie eft exercée par le lanier & le tiercelet de faucon fur les faifans , les
perdrix , les cailles , &c.

Voleur. Un oifeau qui vole fûrement fe nomme
beau voleur.

Vuider, fignifie purger les oifeaux de proie;
on dit auffi en fauconnerie faire vuider le gibier ,
pour dire le faire partir quand les oifeaux font
montés & détournés.

(*Extrait du Dict. de Chaffe & Pêche.*)

Voyez pl. 11, 12 & 13 des chaffes, tome IX des
gravures des Arts & Métiers, & l'explication à la
fin de ce volume.

FAU-PERDRIEU , f. m. C'eft un oifeau de proie
du genre du bufard qui prend les cailles & les
perdrix ; il leurre auffi le lapin , court fur le duc,
& s'enfuit quand il apperçoit le facre, autre
oifeau de proie. Il vole au foir proche de terre,
& non en haut comme le milan. Il fait beaucoup
de dégât le long des garennes.

Le fau-perdrieu a les jambes grandes , déliées ,
jaunes & couvertes de tablettes. Son bec & fes
ongles font de couleur plombée, & moins
crochus que chez les autres oifeaux carnivores.

FAUVE , (bête) les veneurs comprennent
fous ce nom le cerf , le daim & le chevreuil.

FAUVE , f. m. Cet oifeau eft ainfi appellé de
la couleur de fon plumage; il eft de la groffeur d'u-
ne poule d'eau. Il a les pieds palmés comme les
cannes , & le bec pointu comme la bécaffe. Il eft
fort maigre , mais on le recherche à caufe de fon
plumage , dont les habitans des ifles Antilles font
un bon débit.

FAUVETTE , f. f. oifeau du genre du bec-
figue , dont il y a plufieurs efpèces, telles que la
fauvette brune, *rouffe, fauve, à tête noire , de couleurs diverfifiées.* Cet oifeau eft connu par fon chant
mélodieux, qui approche de celui du roffignol.
Toutes les fauvettes fe nourriffent de mouches
& de vers, & fe plaifent dans les lieux aquatiques. On dit leur chair apéritive & affez bonne
à manger.

FAUX ; oifeau de la taille du héron ; fes cuiffes , le ventre , le dos , le cou & la poitrine font
d'un beau rouge tirant fur le brun. Son bec eft
noir , fort long , & conformé par devant en
manière de *faulx*, ce qui lui a fait donner fon
nom.

FAUX-FUYANT ; (*Vénerie*) c'eft une fente
à pié dans le bois.

FAUX-MARQUÉ, (*Venerie*) il fe dit d'une
tête de cerf quand elle n'a que fix cors d'un côté , & qu'elle en a fept de l'autre : on dit alors ,
le cerf porte quatorze-fauxmarquées, car le plus emporte le moins.

FAUX-REMBUCHEMENT, f. m. (*Vénerie*)
il fe dit du mouvement d'une bête qui entre
dans un fort , y fait dix ou douze pas , & revient
tout court fur elle pour fe rembucher dans un
autre lieu.

FAUX-REPAITRE ; en paffant une plaine un
cerf chaffé & mal mené , s'arrête , & prend dans
fa bouche le grain ou l'herbe qu'il trouve devant
lui ; mais ne pouvant pas l'avaler, il fe laiffe
tomber l'inftant d'après; c'eft ce qui s'appelle *faire
un faux repaitre* ; cela prouve que le cerf eft tou-
à-fait fur fes fins.

FILANDRES ; on appelle ainfi des vers petits
& fort déliés , qui incommodent les faucons , &
quelques autres oifeaux, foit à la gorge, autour
du cœur, foit au foie, aux reins , aux poumons :
& qui quelquefois leur font du bien en ce
qu'ils fe nourriffent , de ce qu'il y a de fuperflus
dans ces parties. Voyez FAUCONNERIE

FILER ; on dit que le gibier *file* quand il vole
fans donner de crochet.

FILETS ; on se sert de différentes sortes de filets pour la chasse qu'il est à propos de faire connoître.

L'*araigne ;* est un filet employé à la chasse des oiseaux de fauconnerie avec le duc: on le fait de mailles à losanges, larges de deux ou trois pouces, de fil délié & retors en deux brins ; la levure doit être ample, afin que le *filet* tendu ait deux toises de largeur : pour la hauteur elle dépend de celle de l'arbre où l'on veut tendre l'*araigne* : cependant il ne faut pas qu'elle passe trois toises, à cause de la difficulté qu'on trouveroit à la tendre : cette sorte de *filet* se fait avec des bouclettes, ou bien on passe une ficelle unie, & moins grosse qu'un tuyau de plume à écrire, dans toutes les mailles du rang le plus élevé, & ces mailles doivent avoir la liberté d'aller & de venir sur la ficelle, comme un rideau de lit sur la verge de fer : la couleur de la teinture de ces filets, est le brun ou le vert.

On fait aussi des araignes pour prendre des merles, qui diffèrent peu pour la composition, de celles qu'on emploie pour la chasse des oiseaux de fauconnerie : on doit seulement observer de faire ces premières seulement de sept à huit pieds de hauteur, afin qu'étant étendues elles paroissent en avoir au moins cinq : les mailles ne doivent aussi avoir qu'un pouce de large. Ces deux *filets* sont d'une utilité reconnue.

Le *hallier* est un *filet* qui varie suivant l'espèce de gibier qu'on veut prendre, nous allons jetter un coup-d'œil sur ceux qui sont le plus en usage à la campagne.

Hallier à perdrix : les grandes mailles de ce *filet* doivent être quarrées, & avoir entre quatre & cinq pouces de largeur. La hauteur du hallier ne doit être que de trois ou quatre mailles, & la longueur d'environ vingt pieds.

Je suppose que votre hallier forme un quarré long, vous l'étendez & vous le pliez en deux dans le sens de sa longueur : ainsi, si sa hauteur antérieure étoit de vingt pouces, il paroîtra n'en avoir que dix ; vous arrangez ensuite sur cette moitié de *filet* une toile de fil bien délié, retors en deux brins, & dont les mailles aient deux pouces de large : ces mailles doivent être à losanges, & la longueur de la toile doit être double de celle du *filet* ; quand cette toile est faite on passe une ficelle dans toutes les mailles du bord des deux côtés de la longueur, afin de la faire froncer également par-tout ; on finit par attacher le tout à des piquets longs d'environ deux pieds, & distans l'un de l'autre de deux ou trois, & le piège est tendu.

Hallier à faisans : le fond est le même que le

hallier à perdrix ; les mailles doivent être quarrées, & avoir cinq ou six pouces de large : la toile doit être faite sur quinze mailles de levure, & chaque maille doit avoir trois pouces de large ; la hauteur sera de trois grandes mailles, & la longueur à discrétion. Le hallier à faisan, doit avoir plus de poches que le hallier à perdrix : ainsi la toile doit être une fois & demie aussi longue que le *filet* : les piquets seront attachés de deux pieds & demi en deux pieds & demi, & le fil du hallier doit être retors avec soin, car il arrive souvent que le faisan captif, à force de se débattre, rompt le *filet* & s'échappe.

Hallier à cailles : il se fait ordinairement de soie, & il ne diffère du hallier à perdrix que par les proportions : la longueur est ordinairement de huit pieds, & la hauteur trois à quatre grandes mailles ; la toile doit avoir la moitié plus de longueur que le *filet* : les piquets qu'on fera de la grosseur simplement de la moitié du petit doigt, seront placés entr'eux à la distance d'un pied & demi.

Hallier à poule d'eau : que les mailles des aumés aient deux pouces & demi ou trois pouces de large, & celles de la toile un pouce & demi : cette toile doit avoir deux fois la longueur du *filet* ; pour les piquets, on les place de deux pieds en deux pieds.

Nappes.

On fait servir ce *filet* pour les alouettes, les ortholans & les canards, & cette triple nappe diffère alors par les proportions.

Nappes à alouettes : les mailles doivent être à losanges d'un pouce de large, & formées de fil délié & rondement retors en deux brins. La levure est de soixante-dix ou quatre-vingt mailles : chaque nappe aura huit à neuf toises, & on les enlarmera des deux côtés, parce que le *filet* fatigue dans toute son étendue. Quand les deux nappes sont enlarmées, on passe une corde câblée de chaque côté dans les grandes mailles, & on fait une boucle à chaque bout des cordes pour les passer dans des bâtons. Pour la largeur, on passe une ficelle dans toutes les mailles du dernier rang, & on la lie d'un bout à la corde, laissant l'autre libre pour étrecir ou élargir le *filet* quand on voudra.

Nappes à ortholans : la composition est parfaitement la même que celle des nappes à alouettes, excepté que les mailles ne doivent avoir que neuf lignes de largeur.

Nappes à canards : les mailles sont à losanges & ont trois pouces de large : la levure est de trente-cinq ou quarante mailles, la longueur de chaque filet de dix à douze toises, & la largeur suit la levure.

levure. Quand le filet eft maillé on l'enlarme à l'ordinaire, excepté qu'il faut faire de grandes mailles de ficelle des deux côtés, éloignées d'entre elles de fix pouces, pour y paffer par-dedans des cordes cablées & bouclées qu'on paffe de chaque bout à des bâtons quand on veut s'en fervir. Le fil de ces nappes doit être bon & retors en deux brins : on les teint en brun, & on les trempe enfuite dans l'huile, pour qu'ils ne fe gâtent point dans l'eau.

Pannetière.

C'eft un filet fermé comme un fac. Il eft fait de petites mailles d'un quart de pouce de large, & la levure a quatre pieds de long, de manière que quand le fac eft achevé, il a un pied de large. On change plufieurs fois de moule en le compofant. Quand il eft fait, on attache une corde aux deux côtés, afin de le fufpendre, & on paffe deux ficelles par toutes les mailles du dernier rang de l'ouverture, pour le fermer comme une bourfe. On fe fert de la pannetière pour tranfporter des oifeaux vivans fans qu'ils fe bleffent, & du gibier mort fans qu'il fe corrompe.

Pans.

Efpèces de filets qui reffemblent aux halliers à perdrix : il y en a de trois fortes. Les pans fimples à lofanges, les pans fimples à mailles quarrées, & les pans contremaillés.

Pans fimples à lofanges : la maille doit être d'un pouce & demi de largeur, & le fil en doit être fort & retors en trois brins. On donnera à ce filet vingt-quatre mailles de levure, & trois toifes de longueur; on paffera enfuite une groffe ficelle dans toutes les dernières mailles du bord de la longueur, tant au haut qu'au bas, & on teindra le *filet* en brun.

Pans fimples à mailles quarrées : ce *filet* diffère du précédent en ce qu'on lui donne cinq pieds de hauteur & trois ou quatre toifes de longueur : il n'a pas befoin non plus de ficelle; ainfi il a encore plus de fimplicité.

Pans contremaillés : les aumés peuvent être de mailles à lofanges ou de mailles quarrées, larges chacune de fix à fept pouces : les mailles de la toile feront d'environ deux pouces de large, la hauteur de trois ou quatre pieds, & la longueur à difcrétion; il faut que la toile foit au moins deux fois auffi longue & large que l'aumé : on y met des piquets qui s'attachent de quatre en quatre pieds, & on coud enfemble les deux aumés. Ce *filet* fert à prendre les lapins.

Pantière.

Filet pour prendre des bécaffes. On prend la

mefure de la longueur du lieu où on veut le tendre, & on fait la levure deux fois auffi longue qu'eft cette mefure : pour fa hauteur elle doit être depuis la branche où eft la poulie, jufqu'à deux pieds proche de terre. Quand le *filet* eft maillé, on le borde à l'extrémité fupérieure avec une corde affez forte; on paffe deux ficelles par les mailles des deux côtés, & les deux bouts de la corde fervent pour lier le *filet* aux pierres.

La pantière fe fait tantôt à mailles à lofanges, tantôt à mailles quarrées. Je ne parle que de la dernière méthode, à caufe de la multiplicité de fes avantages. La pantière à mailles quarrées eft plutôt faite; il ne s'y trouve point de maille fuperflue, & quand on l'étend dans la paffée elle ne paroît prefque pas. Mais il faut beaucoup plus de fil & de travail aux pantières à lofanges, & comme ce *filet* fronce trop en certains endroits, il eft de nature à épouvanter le gibier.

Pantière à bouclettes.

On la nomme auffi pantière volante, & elle diffère beaucoup de celle que nous venons de décrire. Ce *filet* fe fait de mailles en lofanges, parce qu'il faut qu'elles coulent le long d'une corde, telles qu'un rideau de lit fur fa tringle. On lui donne cinq ou fix toifes de large, & environ trois toifes de hauteur : les mailles ont entre deux & trois pouces de large, & on attache des bouclettes de cuivre à toutes les mailles du dernier rang fupérieur : on paffe une ficelle de la groffeur d'un tuyau de plume ordinaire dans ces bouclettes, & deux autres dans le dernier rang des mailles des deux côtés, afin de tenir la pantière en état quand on s'en fervira. C'eft auffi pour la même raifon que fes deux bouts doivent être libres & plus longs que la hauteur du filet de neuf à douze pieds. La pantière à bouclettes doit être teinte en brun.

Pantière en tramail.

On l'appelle auffi triple ou contremaillée : on s'en fert pour la paffée qu'on fait autour des forêts; & elle eft commode en ce que le même chaffeur peut en tendre un grand nombre fans être obligé d'être aux aguets, car la bécaffe s'y prend d'elle-même.

Avant de travailler à ce *filet*, on prend la mefure de la largeur & hauteur du lieu où elle doit fervir; l'aumé fe fait de gros fil retors en quatre brins, les mailles en font quarrées, & ont dix à douze pouces de large. La toile doit être de fil bien délié, retors en deux brins : on donne à la maille environ deux pouces ou deux pouces & demi de largeur, & à la toile elle-même deux fois & demi la longueur & la largeur de l'aumé; afin qu'elle ait beaucoup de poche on la tend entre deux aumés. Cette pantière se téint en brun comme la précédente.

Pochette.

On se sert de ce filet pour prendre les lapins au furet. On commence par la levure, & on lui donne la largeur qu'on desire : la longueur de la pochette est aussi à discrétion. Quand on a achevé de mailler, on assemble toutes les dernières mailles de chaque bout pour en faire une boucle ; on les fait presser les unes contre les autres ; on les lie & on tourne cinq ou six fois le fil autour ; on passe ensuite le fil par dedans, & on le tourne autour autant de fois qu'il est nécessaire pour en faire comme une boucle de corde : il doit y en avoir deux dans la pochette. On peut les faire aussi de la même façon qu'un tailleur d'habits fait une boutonnière. On passe un moment après une ficelle dans les dernières mailles d'un des bords qu'on attache d'un bout à la première boucle, & l'autre passe dans la seconde & y demeure libre pour être lié à quelque branche d'arbre quand on s'en servira : on passe ensuite une autre ficelle dans les mailles de l'autre bord, on l'attache à la seconde boucle, & on la fait passer librement dans la première. On voit, par cette méchanique, que quand ce filet joue il doit former comme une bourse.

La pochette sert encore pour prendre les faisans & des perdrix : celle-ci diffère de la première pour la longueur, elle doit être de quatre ou cinq pieds entre les deux boucles. Cette pochette se fait de mailles à losanges larges de deux pouces ; la levure est de vingt mailles, & quand le filet est fait on passe une ficelle bien unie & déliée tout autour comme pour les pochettes à lapin. Si le filet ne sert qu'aux faisans, le fil doit être retors en trois brins : s'il doit servir aux perdrix, il suffit qu'il le soit en deux. Cette pochette se teint ordinairement en vert.

Rafle.

C'est une espèce de Tramail ou de Pantière contremaillée ; on s'en sert pour prendre les moineaux & autres petits oiseaux ; les aumés sont faits en mailles quarrées, larges chacune de trois pouces : la toile ne peut être que de mailles à losange, de la largeur de neuf lignes : le fil de l'aumé doit être retors en trois brains, sa longueur est d'environ de douze pieds & sa hauteur de sept. La toile doit être deux fois aussi longue & aussi large que l'aumé, & de fil brun délié retors en deux brins. Ce filet doit faire le même effet que la Pantière à Tramail : on laisse seulement aux quatre coins deux bouts de corde, longs chacun d'un pied, & on attache deux ou trois autres endroits des deux côtés de la Rafle à deux perches : pour la corde que l'on coudra autour, elle ne doit avoir que la grosseur d'un tuyau de plume, pour rendre le filet plus léger & moins embarrassant.

Il y a un autre Rafle qu'on tend dans les greniers pour prendre les petits oiseaux. Ce second filet est un diminutif du premier ; on le fait de la même façon, à la réserve que les mailles des aumés n'ont qu'environ deux pouces de large ; la toile doit être de fil délié retors en brins, ayant les mailles de la largeur d'un pouce ; la longueur & la largeur de tout le filet dépendent de l'étendue de la fenêtre où on veut le tendre ; on lui donne de la poche, & on l'attache avec des cloux.

Retz-saillant.

On fait servir ce filet pour prendre les pluviers & les canards, comme pour s'emparer des petits oiseaux, & il est toujours composé de mailles à losanges.

La maille du Retz-saillant à Pluvier & à Canard, doit avoir deux pouces de large : le fil doit être retors en deux brins, & formé du meilleur chanvre : la levure est de quatre-vingt mailles, & compose la largeur du filet, sa longueur est de douze toises. Il faut l'enlarmer d'un côté avec une ficelle forte, de manière qu'on puisse passer une corde cablée dans les grandes mailles, qui sont faites de cette ficelle : vers les deux bouts du filet, on fait le dernier rang des mailles sur un moule plus petit de la moitié que celui qui a servi à la fabrique du filet. Ce Retz-saillant se teint en brun.

Le Retz-saillant, pour les petits oiseaux, peut avoir entre trois & sept toises de longueur : on fait la levure de cinquante mailles, larges de neuf lignes, & formées de fil délié & retors en deux brins : on l'enlarme & on le teint comme le précédent.

Tirasse.

Ce filet sert à prendre les cailles ; si vous le faites de mailles quarrées, vous leur donnerez la largeur d'un pouce : quand il sera achevé, vous le borderez d'un côté avec une corde un peu forte, qui excédera les deux bouts de cinq ou six pieds la longueur de la tirasse ; on s'en sert pour traîner le filet.

S'il se fait de mailles à losanges, on lui donne entre deux cens & quatre cens mailles de levure, d'un pouce de large, c'est-à-dire, plus que s'il étoit en mailles quarrées ; il n'y a point de différence dans le reste de la composition. Ce filet se teint en brun, & les chasseurs en font un grand usage.

Tonnelle.

Ce filet, dont on se sert pour prendre les perdrix, ne doit pas avoir plus de quinze pieds de long, ni plus de dix-huit pouces de large à l'entrée. Ce filet est une espèce de pain de sucre, qui va toujours en diminuant jusqu'au fond, où il ne doit plus avoir que cinq à six pouces de hauteur.

On donne à ce *filet* environ trente mailles de levure d'environ deux pouces de large, & faites d'un bon fil retors en trois brins & teint en jaune ou en vert : quand on travaille à la *Tonnelle*, on maille en rond jusqu'au sixième ou septième rang ; alors on prend deux mailles à la fois, à un endroit seulement, afin de diminuer le *filet* ; on répete la même méthode de quatre en quatre rangs, afin que le *filet* s'étréciffe par dégrés, & se trouve à la fin n'avoir que huit ou dix mailles de tour.

Quand le *filet* est achevé, on passe dans les dernières mailles du bout le plus large une verge de bois unie & de la grosseur d'une baguette de fusil, on la plie en rond, & on attache ensemble les deux extrémités, afin de tenir le cercle en état. On met d'autres cercles plus petits à une distance proportionnée jusqu'au bout de la *Tonnelle* : pour les attacher au *filet*, on les fait passer dans un rang de mailles, & on en lie les extrémités, comme on a fait du premier : outre ces précautions, on attache aux deux côtés du cercle de l'entrée, deux piquets longs d'un pied & demi, qui servent à tenir la *Tonnelle* tendue en droite ligne, & on en met aussi un autre à la queue du *filet*, ce qui forme un triangle.

Quand on veut se servir de la *Tonnelle*, on tend à ses deux côtés deux *halliers* simples faits de mailles quarrées ou à losanges : chaque *hallier* aura sept ou huit toises de longueur & un pied de hauteur : on les ajuste sur des piquets de la grosseur du petit doigt, & d'un pied & demi de long, qu'on place de deux en deux pieds. La *Tonnelle* ainsi accompagnée rend la chasse des perdrix fort lucrative.

Traineau.

On prend la perdrix non-seulement à la *Tiraffe*, mais encore au *Traineau* : ce *filet* peut se faire de mailles quarrées ou de mailles à losanges ; ces mailles auront deux pouces de large & seront formées d'un fil délié, & retors en deux brins : on peut donner à ce *filet* depuis six toises jusqu'à douze de longueur : la hauteur peut aller aussi de quinze à dit-huit pieds ; quand le *filet* est maillé, on le borde d'une ficelle de la grosseur d'un tuyau de plume, dont on laisse pendre deux bouts de la longueur chacun d'un pied ; on en attache d'autres de deux pieds en deux pieds tout le long du *filet*, & on s'en sert pour lier le *Traineau* à deux perches, qui doivent être portées par deux personnes.

En perfectionnant le *traineau*, on l'a rendu plus léger ; quand on veut qu'une seule personne puisse le porter, on le commence comme un *filet*

de mailles à losanges, & on fait la levure de huit ou dix mailles de deux pouces de large : quand la levure est faite, on poursuit le *filet* en mailles quarrées, c'est-à-dire, qu'on fait des acrues au bout de chaque rang, jusqu'à la longueur d'environ douze ou quinze pieds : alors on change de moule, on en prend un plus petit de la moitié, & on fait le dernier rang dessus : la suite est conforme à la fabrique du premier *traineau*.

FILIERE, *terme de Fauconnerie* ; c'est une ficelle d'environ dix toises, qu'on tient attachée au pied de l'oiseau de proie pendant qu'on le reclame, jusqu'à ce qu'il soit assuré.

FINS ; le chasseur dit qu'un animal est *sur ses fins* lorsqu'il est prêt à être forcé.

FLAMMANT ou PHŒNICOPTERE ; C'est l'oiseau le plus élevé sur ses jambes que l'on connoisse en Europe ; mais le volume de son corps ne répond pas à cette haute stature ; car il est moins gros que la cigogne. Il a le cou & le corps blancs, les ailes mi-parties de noir & de couleur de feu ; & c'est de cette dernière couleur que lui vient le nom grec *phœnicoptère*, rendu en françois par celui de *flammant* ou *flambant*. Ses cuisses, ses jambes & ses pieds sont rouges. La cuisse n'est pas plus charnue que la jambe, & l'une avec l'autre forment une longueur de 20 pouces ; le cou est aussi de vingt pouces ; le corps en a quinze. En y ajoutant la longueur du bec, qui est de plus de cinq pouces, le flammant doit avoir plus de cinq pieds de l'extrémité du bec à celle des pieds. Quoiqu'il ne nage point, & se tienne toujours dans les marais & sur les bords des rivières, il est palmipède. Son bec est en forme de cuiller. Ces oiseaux vont en grandes troupes, & se posent dans des lieux découverts, au milieu des marécages, où il est extrêmement difficile d'en approcher. On prétend, néanmoins, que lorsqu'on en a tué un, les autres restent en place, & se déterminent difficilement à quitter le mort. On en voit beaucoup en Languedoc, pendant l'hiver, sur les bords marécageux de certains étangs voisins de la mer, tels que l'étang de *Maguelonne*, près de Montpellier ; ceux des salines de *Peccais*, à une lieue d'Aigues-mortes ; & en Provence, sur les bords du *vacarès*, grand étang salé de la Camargue, aux environs d'Arles. Il est bien rare d'en voir dans nos provinces intérieures & septentrionales. Salerne parle d'un qui fut tué de son temps à Sully sur Loire. Ces oiseaux sont gras, & sorts bons à manger.

Le docteur Targioni, dit qu'on voit quelquefois des flammans dans les prairies qui environnent *Poggio à Cajano*, maison de plaisance des grands-ducs de Toscane, voisine de Florence, & que ces oiseaux y sont portés par les grands vents, des côtes de la Morée, de la Provence & du Languedoc. Il ajoûte que Laurent de Médicis, dit le *magnifique*, avoit fait venir de Sicile, dans son oiselerie de *Poggio à Cajano*, la race de ces oiseaux.

Il y a une très-grande quantité de flammants en Sardaigne, où ils arrivent au mois de septembre, & restent six mois entiers. On les voit quelquefois par bandes de plus de mille sur les étangs de cette île, au centre desquels ils ont coutume de se placer dans les endroits les moins accessibles. Les étangs voisins de Cagliari sont ceux qu'ils hantent le plus; c'est ce que nous apprend l'auteur de la nouvelle histoire naturelle de la Sardaigne, de qui on a emprunté, en grande partie, la description de cet oiseau, qu'il a été à portée d'observer mieux que tout autre; on ajoutera encore, d'après le même auteur, que l'os de la jambe du flammant est singulièrement recherché des habitans de *Campidano*, contrée de la Sardaigne, pour en faire certaines flûtes champêtres, appellées dans le pays *lionedde*, qui se font ordinairement de roseau. Ils prétendent que le son de cet os est d'une douceur & d'un charme inexprimables; & ils sont tellement préoccupés de cette idée, que l'opinion s'est établie parmi eux que les flûtes qui en sont faites sont prohibées, par la raison qu'on pourroit en abuser, pour exalter les passions, & porter les hommes à toutes sortes d'excès.

FLATRER. On dit *en terme de chasse*, le lievre se *flâtre* quelquefois lorsqu'il est poursuivi.

FLATRURE, s. f. (*Vénerie*) c'est le lieu où le lièvre & le loup s'arrêtent, & se mettent sur le ventre, lorsqu'ils sont chassés des chiens courans.

FOLE; espèce de grand singe que l'on trouve en Chine. Il a presque la forme humaine; le corps noir & velu, & les bras forts longs. Il est très léger, & très-rapide à la course. On lui fait une chasse continuelle parce qu'il est vorace & carnassier.

FOLLETS, s. m. (*Vénerie*) C'est ce qu'on leve le long du défaut des épaules du cerf, après qu'il est dépouillé.

FONDRE, (*en fauconnerie*) se dit du faucon, lorsque soutenu sur ses ailes à une grande élévation; il vole en descendant avec impétuosité pour se saisir d'un oiseau.

FORCEAU, s. m. *terme de chasse*; c'est un piquet sur lequel un filet est entierement appuyé, & qui le retient de force.

FORHU; ton que l'on sonne pour enlever les chiens, & les faire venir à soi.

FORHUS, s. m. (*Venerie*) Ce sont les petits boyaux du cerf que l'on donne aux chiens au bout d'une fourche émoussée, durant le printems & l'été, après qu'ils ont mangé la mouée & le coffre du cerf. Il se dit aussi de la carcasse dont on fait la curée.

FORHUIR, v. n. *Vénerie*, c'est sonner la trompe de fort loin.

FORLONGER, v. n. (*Vénerie*) prendre un grand pays, & sortir du canton; on dit le cerf *forlonge*, quand il a bien de l'avance sur les chiens.

FORME : gîte du renard ou du liévre.

FORME, (*Vénerie*) s'entend d'une espace de terre sur lequel un filet est étendu, en la couvrant lorsqu'on le fait agir.

Formes (en fauconnerie) se dit des femelles des oiseaux de proie, qui donnent le nom à l'espèce; au lieu que les mâles s'apellent *tiercelets*; parce qu'en général, la femelle de l'oiseau de proie est plus grande, plus hardie, & plus forte que son mâle. Les *formes* ne sont point propres à la volerie.

FORT; canton de bois épais & fourré.

FORT, on dit *volée de poing fort*, c'est quand on jette les oiseaux de poing après le gibier.

FOSSANÉ, espèce de genette plus petite que celle qu'on trouve à Madagascar. Cet animal a les mœurs de la fouine. Les Insulaires savent que quand le mâle est en chaleur, ses parties naturelles ont une forte odeur de musc; il mange de la viande & des fruits, & la banane est son mets favori. La *fossane* est très sauvage : en vain l'a-t-on élevée fort jeune, elle conserve toujours un caractère de férocité.

Il paroît que la *fossane* se trouve en Afrique comme en Asie : & l'animal connu en Guinée sous le nom de *berbé*, qui a le museau plus pointu & le corps plus petit que le chat, & dont le poil est marqueté comme celui de la civette, ne peut être qu'une *fossane*. Ce quadrupède est recherché dans les climats où il se trouve, à cause de son parfum.

FOSSE; trou quarré & creusé à plomb pour prendre les loups.

FOSSETTE, (*Chasse*) espèce de chasse aux petits oiseaux, qui consiste à creuser des trous en terre le long des buissons, & à y attirer, par de l'appât, les oiseaux, qui posant leurs pieds sur la marche d'une *fourchette* qui soutient une planche ou une pièce de gason, font tomber la *fourchette* & se trouvent enfermés dans le trou. Voici les détails de cette chasse amusante.

La saison favorable pour cet exercice est l'hiver; c'est alors que les oiseaux cherchent à se nourrir de vers, qu'ils volent le long des buissons où le Soleil conserve encore quelque chaleur, & qu'ils se retirent dans les bois de futaye, où ils sont plus à l'abri des rigueurs des vents.

C'est sur-tout vers les buissons de hous que les chasseurs doivent se rendre; car les oiseaux aiment à gratter & à ronger les feuilles de cet arbrisseau. On fait en terre de petites *fossettes*, larges de sept pouces sur un sens, de quatre ou cinq de l'autre, & profondes de cinq ou six.

On prend ensuite de petits bâtons un peu moins gros que le petit doigt, long de cinq pouces, coupés en biais par un bout, & de l'autre se terminant en pointe: on en fiche un dans chaque *fossette*, de manière que le bout coupé en biais soit à fleur de terre; outre cela on fait provision de petits bâtons un peu plus gros qu'un tuyau de plume, longs de quatre pouces, plats d'un côté, & couchés de l'autre par un bout, & de petites fourchettes de bois un peu plus grosses que les deux bâtons, longues de cinq à six pouces, & taillées par le bout comme un coin à fendre du bois.

Outre cela il faut couper des gazons plus larges de trois doigts que les *fossettes*, épais de quatre à cinq pouces, & taillés de façon qu'ils soient plus petits de trois doigts du côté des racines. Quand tous ces préparatifs sont faits, on dresse le piége de la manière suivante.

On prend le gazon, on le pose du côté le plus large, à trois doigts du bord de la *fossette*, qui est aussi le plus large. On prend le bâton plat dont on a parlé plus haut, & on met le bois coché du côté plat, sur le bout du bâton qui est fiché en terre: on pose ensuite le bout de la fourchette dans la coche du bâton, on renverse le gazon dessus, en observant que le bout fourchu soit à l'endroit marqué; en un mot on approche ou on recule le petit bâton qui porte la fourchette, en observant que le piége ne tienne qu'à un fil, & que l'oiseau, touchant légérement le bout du bâton, fasse tomber le gazon sur lui, & s'enferme dans la *fossette*.

Pour attirer à ce piége les oiseaux, on enfile de gros vers de terre dans une épine, & on la met au fond de la *fossette*, de façon que le gibier puisse les appercevoir; & afin qu'il ne les saisisse pas de côté, ce qui rendroit le piége inutile, on pique autour de la *fossette* de petites buchettes qui forment une enceinte, excepté à l'entrée qu'on destine aux oiseaux. Si on fait ces *fossettes* dans le tems de la forte gelée, il est bon de gratter un peu la terre au devant; car les oiseaux aiment la terre fraîchement remuée, dans l'espérance d'y trouver les vers dont ils se nourrissent.

FOU, f. m.; oiseau aquatique, qui est aussi connu chez les Naturalistes sous le nom de *canard à bec étroit*. Il a la grosseur, le geste & le bec de nos corbeaux; il nage & vole fort bien; il se nourrit du poisson qu'il prend en rasant la surface de l'eau, & s'apprivoise aussi aisément en deux ou trois jours, que si on l'avoit élevé dès sa naissance. Le *fou* se trouve dans l'Isle de Cayenne; on lui apprend comme au cormoran, à pêcher & à dégorger le poisson qu'il a pris; sa chair a un goût du marécage.

FOUGER, v. n. (*Chasse*) il se dit de l'action du sanglier, qui arrache des plantes avec son boutoir. La plante ou racine enlevée s'appelle *fougue*, & les troncs, *affranchis*. *Fouger* se dit aussi du cochon.

FOUILLER; (terme de chasse) quand on croit qu'il y a des renards ou des blaireaux dans un terrier, on y va avec des bassets & des outils; on fait entrer les bassets dans la garenne, après avoir posté du monde à tous les trous qu'il suffit de boucher avec des morceaux de bois pour ne pas ôter la respiration aux chiens, à qui l'on parle en ces termes en frappant des mains, *coule à l'y bassets, coule à l'y hou, hou, hou, hou!* L'animal, pour l'ordinaire, commence à tenir aux chiens dans la *maire*; alors on frappe sur la terre au-dessus de lui pour accélérer sa retraite, & encourager les chiens auxquels on parle toujours par la gueule du terrier; mais bientôt l'animal fatigué fait sa retraite dans l'*acul*, après s'être encore défendu à l'entrée de la *fusée*. Quand par le travail des chiens, on juge l'animal aculé, on commence la tranchée qui ne doit jamais s'ouvrir le long de la *fusée*, mais en croix sur la fusée. Quand on sent que l'on approche de l'animal, on est sur ses gardes pour l'empêcher de forcer & de se sauver, & l'on s'apprête à le saisir avec des tenailles.

FOUILLURES; ou boutis, travail du sanglier.

FOUINE, f. f.; la fouine est de la grandeur du chat; elle a le corps alongé, une queue presque de la longueur de son corps & bien touffue. Son poil est long d'une couleur fauve tirant sur le noir; elle a les dents très-blanches, inégales, très-fortes, très-pointues, & vénimeuses. Elle à la phyſionomie fine, l'œil vif, le ſaut léger; les membres ſouples, tous les mouvemens preſtes.

Cet animal a la tête petite, & les jambes ſi courtes, qu'il ſemble ramper ſur la terre au lieu de marcher. Sa configuration lui donne une grande facilité pour s'inſinuer dans des ouvertures qui ne paroiſſent pas proportionnées à ſa groſſeur, & il ſuffit que ſa tête puiſſe y entrer, pour que le reſte du corps y pénétre aiſément.

La *fouine* eſt répandue dans tous les climats tempérés, & même dans les pays chauds; car on la trouve aux Maldives & à Madagaſcar. Elle habite dans les vieux bâtimens, s'établit dans les greniers à foin, & même dans les trous de murailles. Elle a la phyſionomie pleine de fineſſe, l'œil vif, le ſaut léger, les membres ſouples, & tout le corps ſenſible : elle grimpe aiſément contre les murs, entre dans les colombiers, mange les pigeons, & tue une partie de ceux qu'elle ne peut manger, elle prend auſſi les ſouris & les taupes dans leurs trous, & les oiſeaux dans leurs nids. La nature a rendu cet animal preſqu'incapable d'être apprivoiſé ; il vit environ dix ans : ſa chair eſt plus déſagréable à manger que celle de la martre, & ſa peau eſt auſſi moins recherchée. Il y a cependant une eſpèce dans la Natolie, qui fournit des fourrures fort eſtimées au Levant & à Conſtantinople.

Le ravage que fait la *fouine* dans les colombiers & dans les baſſes-cours, engage tous les habitans des campagnes à prendre les plus grandes précautions pour ſe défaire de ces animaux deſtructeurs. On les prend avec des traquenards, où l'on met pour appât un poulet, ou du fruit cuit.

On les fait mourir auſſi en diſperſant de divers côtés des pilules compoſées de ſel ammoniac détrempé avec de l'eau.

FOULÉE; (*Vénerie*) c'eſt la trace légère que le pied de la bête a laiſſée ſur l'herbe, les feuilles, le ſable, ou la terre : on dit auſſi *foulure*.

FOULER, terme de *Vénerie* ; c'eſt quêter avec les chiens lorſque l'on n'a point de briſée ou rien de détourné.

FOULER UNE ENCEINTE; (*Vénerie*) on foule une enceinte en y entrant à cheval avec des chiens pour lancer ou pour relancer un cerf; c'eſt-à-dire, pour le mettre ſur pied, & l'en faire ſortir; on foule une enceinte avec un ou pluſieurs limiers.

On dit auſſi que les chiens courans *foulent un cerf*, lorſqu'ils le mordent après l'avoir porté par terre.

FOULQUE, ſ. f. la foulque appelée auſſi *judelle ou morelle* ſuivant les différentes provinces, eſt un oiſeau de la famille des plongeons, elle a le deſſus du corps noir, & le deſſous d'un gris très-foncé : elle eſt de la groſſeur d'une petite poule, & peſe environ une livre & demie. Elle a le bec fort pointu & blanc, & au-deſſus du bec une plaque blanche, cartilagineuſe & ſans plume, formant une petite éminence, & qui ſuivant Buffon, eſt rouge dans le tems des amours ſeulement. Ses pieds ſont bleuâtres ou d'un vert brun, avec les doigts ſéparés & garnis latéralement d'une membrane feſtonnée. Il y a deux eſpèce de foulques, qui ne différent que parce que l'une eſt plus groſſe que l'autre. Les foulques reſtent ſur nos étangs pendant la plus grande partie de l'année; & en automne, toutes partent des petits étangs pour ſe raſſembler ſur les grands, où on les trouve alors en quantité.

Il eſt aſſez difficile de tuer les foulques ſans le ſecours d'un bateau, parce qu'elles ne s'approchent que rarement du rivage. Etant en bateau, on peut en tuer quelques-unes, qu'en ſurprend au bord des joncs, lorſqu'elles prennent leur vol pour gagner d'autres joncs du côté oppoſé. Mais dans certains grands étangs, où elles ſe raſſemblent en automne, il ſe fait tous les ans, pendant l'hiver, des chaſſes ſolemnelles, dans chacune deſquelles il s'en tue pluſieurs centaines : de ce nombre eſt l'étang de *Montmorenci*, à quatre lieues de Paris, qui n'a qu'environ une demi-lieue de tour, & où ces oiſeaux ſe trouvent en très-grand nombre à la fin de l'automne. Voici comme cette chaſſe s'y fait, & ce que j'en dirai donnera l'idée générale de toutes les chaſſes de cette eſpèce qui ſe font en différents endroits. Douze ou quinze chaſſeurs plus ou moins, chacun avec pluſieurs fuſils, ſe réuniſſent, & ſont diſtribués ſur ſept ou huit bateaux qui ſuffiſent pour la largeur de cet étang. Ces bateaux voguent en front de bandière de la chauſſée vers la queue, eſpacés de manière que les intervalles qui les ſéparent ne ſoient pas aſſez grands pour que les *foulques* puiſſent paſſer entre deux ſans être tirées. En même tems d'autres chaſſeurs ſe placent à terre ſur les bords de l'étang, le plus près des joncs qu'il ſe peut, pour tirer celles qui paſſent à leur portée. A meſure que ces bateaux avancent, les *foulques* fuient devant eux, en nageant vers l'extrémité de l'étang. Lorſqu'on en approche, on a l'attention de former un demi-cercle, afin de les renfermer dans le moindre eſpace poſſible. Chemin faiſant, on en tire quelques-unes de celles qui ſe trouvent cachées dans les joncs, & qui partent à l'approche des bateaux. Mais le moment le plus favorable c'eſt lorſque ſe voyant bientôt pouſſées juſqu'au bout de l'étang, elles prennent leur vol pour regagner la grande eau, ce qu'elles ne peuvent faire ſans paſſer par-deſſus les bateaux. On en voit alors des nuages en l'air; à peine les chaſſeurs ſuffiſent à faire feu, & les *foulques* pleuvent dans l'eau de toutes parts. Les bateaux revirent ensuite du côté de la chauffée, & les aculant une féconde fois, les contraignent de repaffer par-deffus la tête des chaffeurs, & d'effuyer une nouvelle falve. Cette manœuvre fe répète plufieurs fois, & l'on peut juger de la déconfiture qui fe fait de ces pauvres oifeaux, tant par les chaffeurs des bateaux que par ceux qui font à terre. Il s'en eft tué quelquefois fur cet étang cinq à fix cents & plus en un jour.

Cette chaffe fe fait de la manière que je viens de le dire, dans les étangs de médiocre grandeur, & qui s'étendent beaucoup plus en longueur qu'en largeur; mais fur les lacs & étangs d'une très-grande étendue, elle ne fe fait que partiellement, & dans certaines parties qui forment de petits golfes ou angles, où on conduit les foulques avec des bateaux rangés en demi-cercle, pour les y aculer: on les pouffe enfuite vers un autre angle oppofé.

On chaffe auffi les foulques en différentes provinces du royaume fur les grands étangs, tant falés que d'eau douce, où ces oifeaux abondent. Je ne parlerai ici que de ceux de Berre, Iftre & Marignane, en Provence, à fix lieues à l'oueft de Marfeille. Ce font trois étangs falés, contigus, & qui communiquent l'un avec l'autre par des canaux. Celui de Berre, beaucoup plus grand que les deux autres, ayant huit à neuf lieues de tour, a une communication immédiate avec la mer, près la Tour de Bouc. De ces trois étangs, celui de Marignane, qui n'a que deux lieues de circuit, eft le plus giboyeux en foulques qu'on appelle macreufes en Provence, à caufe d'une efpèce d'algue très-fine appellée lapon dans le pays, qui s'y trouve en abondance, & que ces oifeaux aiment beaucoup; l'étang de Marignane eft beaucoup plus propre, pour la chaffe dont il s'agit, que celui de Berre, parce qu'il forme beaucoup d'angles, où l'on peut, avec peu de bateaux, fe rendre maître du gibier; ce qui ne fe rencontre pas dans l'autre, qui, en outre, a l'inconvénient d'être d'une trop grande étendue. Il faudroit aller trop loin pour reprendre le gibier à la feconde battue, au lieu que dans celui de Marignane on eft toujours en chaffe.

On emploie un autre moyen pour chaffer les *foulques*, tant fur l'étang de Marignane que fur ceux d'Iftre & de Berre. Un homme feul fe met dans un très-petit bateau appellé néguéchin, où à peine y a-t-il place pour lui & un gros & long fufil; il y eft affis à plat dans le fond, & le fait mouvoir fans bruit, par le moyen de deux petits avirons, & quelquefois avec les mains feules. Il avance ainfi vers les foulques, qui, fouvent, à la vue du bateau, ne font que fe raffem-

bler & fe mettre en peloton, ce qui donne occafion à des coups d'autant plus meurtriers, qu'ils font tirés horizontalement, & que ces chaffeurs, pour l'ordinaire, n'étant pas gens à craindre le recul d'un fufil, chargent à outrance. Il n'eft pas rare que d'un feul coup ils en tuent ou bleffent au-delà de cinquante.

Cette chaffe fe fait auffi la nuit, au clair de la lune, & non-feulement pour les *foulques*, mais pour diverfes efpèces de canards, qui, en hiver, couvrent ces étangs. Il y a encore une manière de chaffer les *foulques*, particulièrement ufitée en Languedoc, qui confifte à les attirer, en imitant un petit cri qu'elles font entendre de tems en tems. Le chaffeur fe pofte la nuit dans un endroit favorable pour les tirer, & lorfqu'elles entendent ce cri, elles ne manquent pas d'accourir vers lui. Mais cette chaffe eft pratiquée par peu de perfonnes, parce qu'il en eft peu qui parviennent à une imitation parfaite du cri de ces oifeaux, fans laquelle on fe morfondroit inutilement pour les attendre.

La grande chaffe des *foulques* avec plufieurs bateaux, eft fort ufitée en Corfe fur les étangs ou lacs falés qui fe trouvent en certaines plages fur les côtes de l'ifle. Elle fe fait auffi en Italie, notamment fur le lac de Bientina, à quatre ou cinq lieues de Pife, fuivant le docteur Targioni, qui en donne le détail qui fuit dans fes mémoires fur l'hiftoire naturelle de la Tofcane.

« Il fe fait, dit-il, en hiver, fur le lac de
» Bientina, une chaffe fameufe & très-abon-
» dante de ces oifeaux (*folaghe*). Pour cet effet,
» plufieurs petits bateaux, appellés dans le pays
» *gufci* ou *fciatta-famiglie*, femblables aux canots
» des fauvages, & où il ne peut entrer que
» deux hommes, un chaffeur & un rameur, s'af-
» femblent & forment un demi-cercle d'une cer-
» taine étendue, entre la ligne duquel & la terre
» ils renferment les *foulques*, qu'ils pouffent tou-
» jours devant eux. Tant qu'elles peuvent avan-
» cer, elles ne s'envolent point; mais lorfqu'elles
» fe trouvent enfermées entre les bateaux & les
» bords du lac, alors elles prennent leur vol, &
» font obligées de paffer par-deffus les bateaux,
» pour aller fe pofer de nouveau dans le lac, en
» s'en éloignant, & c'eft alors que les chaffeurs
» en tuent une grande quantité ». Cette chaffe eft
appellée *la tela*.

Suivant la nouvelle hiftoire naturelle de la Sardaigne, les *foulques* couvrent en hiver tous les étangs de cette ifle, autour defquels on fe garde bien de femer du blé, attendu que ces oifeaux ne vivent pas feulement d'infectes & de plantes aquatiques, mais qu'ils fortent de l'eau, la nuit, pour manger l'herbe & les bleds, lorfqu'ils en trouvent à leur portée : raison pour laquelle on ne sème que du lin autour de ces étangs.

(*Extr. du traité de la chasse au fusil*).

FOURCHE, (vén.). Bâton à deux branches, qui reçoit le forhu dans la curée.

FOURMILIER, f. m. Le caractère de cet animal est d'avoir le museau long, la queue étroite, pointue, & sans aucunes dents; la langue ronde & longue, qu'il insinue dans les fourmilieres, & qu'il retire pour avaler les fourmis dont il fait sa principale nourriture. On distingue trois espèces de *fourmiliers* ; savoir : le *tamanoir* qui a six pieds & demi de longueur, & une langue menue & longue de plus de deux pieds. Il a les jambes de derrière longues d'un pied, & terminées comme celles de l'ours. Celles de devant sont un peu plus longues. Sa queue est longue de deux pieds & demi, couverte de poils rudes, & longs d'un pied. C'est la plus grande espèce de *fourmilier*.

La seconde espèce est le *tamandua*, qui a environ dix-huit pouces de longueur.

La troisième espèce est le petit *fourmilier*, qui n'a que quinze pouces de long.

Ces animaux sont naturels au Brésil, à la Guiane & à tous les climats chauds de l'Amérique.

FOURMILIERS. Oiseaux de Guiane, qui ont les jambes longues, la queue & les ailes courtes, le bec droit & allongé, la langue courte & garnie de petits filets cartilagineux. Ils se tiennent en troupes, se nourrissent de petits insectes, sur-tout de fourmis. Ils fuient les lieux habités ; leurs nids sont hémisphériques & faits d'herbes sèches grossièrement entrelassées. Ils les suspendent à trois pieds de terre, à des branches d'arbrisseaux. Leur cri est extraordinaire. Ils ne peuvent s'élancer en plein vol, mais ils sont très-agiles. Leur chair a un goût huileux & désagréable.

FRAISE, (vénerie). C'est la forme des meules & des pierrières de la tête du cerf & du chevreuil, qui est le plus proche de la tête, que nous appellons massacre.

FRANCOLIN, f. m. Cet oiseau que Buffon nomme aussi *attagas*, est plus gros qu'une bartavelle. Son plumage est mêlé de roux, de noir & de blanc : sa queue est à-peu-près comme celle de la perdrix, mais un peu plus longue ; ses pieds sont revêtus de plumes jusqu'aux doigts ; son bec est noirâtre ; ses yeux sont surmontés par deux sourcils rouges fort grands, formés d'une membrane charnue, arrondie & découpée par le dessus, & surpassant le sommet de la tête.

La femelle a dans son plumage moins de roux & plus de blanc que le mâle, la membrane des sourcils moins saillante, moins découpée & d'un rouge moins vif. Elle fait son nid à terre, & sa ponte est de huit ou dix œufs.

Telle est, en abrégé, la description que Buffon donne du *francolin*, qui est un oiseau de montagne, & ne descend jamais dans la plaine, ni même sur les côteaux. Il ajoute qu'il se trouve en France, sur les Pyrénées, les montagnes du Dauphiné & celles d'Auvergne.

Il est un autre oiseau, auquel on donne le nom de *francolin*, tout différent par sa figure & ses habitudes de l'attagas de Buffon. Celui-ci est commun en Espagne, & voici la description qu'en fait Espinar. Il est un peu plus grand que la perdrix (ce qu'il faut entendre de la rouge, la seule qu'on voie en Espagne). Son plumage est varié de gris-brun & de fauve ; il vole pésamment ; son chant est *quereis cerecitas tres*, qu'il répète trois fois de suite. Il habite les taillis en plaine, les broussailles, & les bords des rivières, où il y a des joncs & des saussaies, & en général ne se plaît que dans les lieux couverts, dont il s'écarte rarement ; & si on le surprend quelquefois dans les champs, il y revient du premier vol. Il se nourrit d'herbes & de graines. La femelle fait son nid à terre, comme la perdrix, & pond le même nombre d'œufs.

Ce *francolin* est celui que décrit Olina : il dit que cet oiseau aime les lieux bas & humides, qu'il est assez rare en Italie, où il vient des Alpes, & très-commun en Sicile.

C'est encore de ce même oiseau que parle Zinnani, en disant que son naturel est de chercher les bords des eaux & des rivières. Cet ornythologiste, qui écrivoit il y a 50 ans, nous apprend que de son tems on étoit venu à bout de multiplier les *francolins* en Toscane, dans certains cantons réservés pour les plaisirs du grand-duc, & que ce sont les seuls endroits d'Italie où ils fassent leur nid.

A l'égard de la France, Pierre de Quiqueran, qui écrivoit vers 1550, prétend que ces oiseaux habitent en Provence, & y sont même en quantité dans les lieux voisins des Alpes. Il ajoute qu'ils y viennent d'Espagne, & n'y sont que de passage, & qu'il n'a jamais oui dire qu'il s'en soit trouvé aucun nid. En supposant vrai ce que dit cet auteur pour le tems où il écrivoit, il en sera du *francolin* comme du faisan ; car aujourd'hui on ne le connoît plus en Provence. Ne pourroit-on point attribuer cette disparition de certaines espèces de gibier des contrées où elles

existoient

exiſtoient autrefois, à l'invention des armes à feu, beaucoup plus bruyantes & plus deſtructives que l'arbalète & l'arc dont on ſe ſervoit anciennement?

FRAPPER à la briſée. (Vénerie) C'eſt faire entrer les chiens dans l'enceinte pour lancer l'animal.

Frapper à route. C'eſt faire ſuite avec le limier.

FRÉGATE, ſ. f. C'eſt de tous les oiſeaux celui qui vole le plus haut, le plus long-tems, le plus aiſément, & qui s'éloigne le plus du rivage. Il n'eſt pas rare de rencontrer cet oiſeau à trois cens lieues de terre; cependant il ne peut ſe repoſer ſur l'eau ſans périr. Il a les jambes courtes, groſſes, ramaſſées, les pieds ſont un peu palmés, mais armés de griffes crochues, fortes, & aiguës. Ses ailes ſont ſi grandes qu'elles ont neuf pieds d'envergeure. Elles ſe meuvent peu ſenſiblement dans le vol, & ne fatiguent point. L'oiſeau frégate perche toujours ſur les lieux les plus élevés. Sa groſſeur égale celle d'une poule. Il a le regard aſſuré, le bec long, fort & gros. Il chaſſe les poiſſons volans; il enlève ſa proie en raſant la ſuperficie de la mer; il pourſuit auſſi les oiſeaux aquatiques pour leur faire régorger les poiſſons qu'ils ont pris. Sa chair a un goût de poiſſon, elle eſt fort nourriſſante. Sa graiſſe eſt eſtimée en friction pour les douleurs de la goutte ſciatique.

FRAYER. (Vénerie) Les cerfs, chevreuils, & daims frayent, c'eſt-à-dire dépouillent leur tête de la peau velue dans laquelle elle s'eſt formée.

FRÉVOIR ou FRAYOIR. On appelle ainſi le baliveau contre lequel les cerfs frottent leur tête, & dont ils enlèvent l'écorce en touchant au bois. On coupe & on apporte au rendez-vous le premier frévoir qu'on trouve; & il eſt d'uſage depuis long-tems dans la vénerie, que quel que ſoit le veneur qui l'apporte, c'eſt toujours le premier valet de limier qui le préſente au commandant. Pour être reçu, le frévoir doit être de tems, c'eſt-à-dire, fait du même jour ou du moins de la nuit précédente; autrefois, on le faiſoit ſentir aux limiers, & lorſqu'il s'en rabartoit, il étoit accepté; mais auſſi lorſque les limiers ne vouloient pas le ſentir, il étoit regardé comme nul. Salnove prétend que lorſqu'on préſente aux limiers un frévoir qui n'eſt pas du matin, ces animaux lèvent la cuiſſe & piſſent contre, après l'avoir ſenti. Si les limiers, du tems de Salnove, en agiſſoient ainſi, ceux d'à-préſent ont dégénéré ſans doute, puiſqu'on ne

leur voit plus donner des preuves ſemblables de ſcience & de diſcernement. Il eſt vrai qu'un limier ſe réjouit en ſentant un frévoir nouvellement fait; mais quoi qu'en diſe Salnove, une parfaite indifférence eſt la ſeule inſulte qu'en reçoive un frévoir d'ancienne date.

Certains veneurs, pour avoir l'honneur du premier frévoir, en font un avec leur couteau de chaſſe, en enlevant l'écorce du baliveau, & après l'avoir égratigné en pluſieurs endroits, ils le frottent avec de la chandelle ou avec quelqu'autre graiſſe qui flatte & attire l'odorat du limier; les ſpectateurs en voyant les façons du chien, ſont perſuadés qu'il ſe rabat réellement, & que par conſéquent c'eſt un frévoir fait depuis peu par un cerf.

Les vieux cerfs frayent aux jeunes arbres des taillis; plus ils ſont vieux, plutôt ils frayent; & quand on examine le frévoir, on connoît la hauteur de la tête du cerf par celle de l'endroit où les bouts de ſa paumière auront touché.

FRESAIE, ſ. f. ou EFFRAIE, ou hibou d'égliſe ou de clocher. Cet oiſeau a un cri épouvantable qui le fait appeller ſouvent oiſeau ſorcier, ou oiſeau de mauvais augure. La freſaie eſt à-peu-près de la grandeur d'un pigeon, elle a quatorze pouces de long, & trois pieds d'envergeure; le bec long d'un pouce, & crochu par le bout, la langue un peu fourchue, un collier de petites plumes qui, ſe rabattant autour des yeux, les ſont paroître enfoncés. Son plumage eſt tacheté de belles couleurs; ſes jambes ſont couvertes d'un duvet épais. L'œil de la freſaie eſt d'une ſtructure ſingulière, car la partie ſaillante n'eſt rien autre choſe que l'iris ſeule. Cet oiſeau a les yeux fixes & immobiles.

La freſaie habite ordinairement les trous profonds & inacceſſibles des tours, des clochers, des rochers & des arbres. Son cri ſe fait entendre ſur les 11 heures du ſoir. La freſaie dort preſque tout le jour, ronflant très-fort. Elle chaſſe de nuit les petits oiſeaux endormis ſur les branches des arbres, ou les ſouris dans les greniers. Elle a quelquefois deſcendu par le tuyau de cheminée dans un appartement où il y a des ſouris, ou de la chair gangrenée. C'eſt ce qui la fait regarder ſouvent comme un ſpectre.

FREUX, ou grolle, ou graie. Espèce de corneille des bois ou ſauvage qui ſe répand communément dans les campagnes. Cet oiſeau eſt très-charnu, & tient le milieu entre le corbeau & la corneille; il eſt fort criard, & vole en troupes. Son bec eſt droit, long & pointu. Il ſe nourrit de vers, d'inſectes, de grains & de fruits. Les laboureurs écartent ces oiſeaux para-

fites par le bruit des chaudrons & autres inftrumens bruyans, ou par des épouvantails habillés,
ou par le mouvement rapide des ailes d'une
machine attachée aux arbres.

FRIQUET, f. m. Petit oifeau dont le bec
eft court, noirâtre, & un peu gros. Son plumage eft comme jafpé. Il va par troupes dès la
fin de l'été. Cet oifeau ne fait que s'agiter &
frétiller fur les arbres.

FROUER. C'eft contrefaire avec une feuille
de lierre les cris des geais, pies, merles, grives
& de différens oifillons ; ce qui, en excitant
l'animofité des oifeaux, les engage d'approcher.

FUITES. (*Vénerie*) Voie du cerf qui va
fuyant.

FUMÉE. (*Vénerie*) On prend des lapins à la
fumée du foufre.

FUMÉES; font les fientes des bêtes fauves,
& l'on en remarque de trois fortes ; *fumées* formées, *fumées* en troches, & *fumées* en plateaux.

En avril & mai, les *fumées* font en plateaux ;
en juin & jufque vers la mi-juillet, elles font
en troches ; & depuis la mi-juillet jufqu'à la fin
d'août, elles font formées en nœud.

FUMER les renards. Il y a plufieurs manières
de *fumer* les renards ; les uns prennent des mèches de coton de la groffeur du petit doigt que
l'on imbibe dans de l'huile de foufre où l'on
jette du verre pilé ; on les roule pendant qu'elles
font chaudes dans l'orpin en poudre ou arfenic
jaune : on fait une pâte liquide de vinaigre fort &
de poudre à canon, dans laquelle on trempe plufieurs fois les mêches jufqu'à ce qu'elles foient
couvertes de cette dernière compofition ; puis
on met tremper pendant vingt-quatre heures
dans de l'urine des morceaux de linge dont on
enveloppe chaque mêche. On bouche tous les
trous au-deffous du vent, à l'exception de celui dans lequel on met la mêche que l'on allume,
& dont la fumée fait fortir tout ce qui fe trouve
dans le terrier ; c'eft alors qu'on tue les renards
à coups de fufil, ou que l'on les prend dans
des panneaux ou dans des bourfes que l'on a
mis fur toutes les gueules.

Il y en a qui bouchent généralement toutes
les gueules, même celle par laquelle on a mis
les mêches, & qui reviennent le lendemain

chercher les renards que l'on trouve étouffés à
l'entrée du terrier.

FURET. Petit quadrupède du genre des belettes. Il a le corps allongé & mince, la tête
étroite, le mufeau pointu. Sa longueur eft d'environ quatorze pouces. Il a les yeux vifs &
rouges ; le regard enflammé ; les mouvemens
très-fouples. Quoique facile à appr.voifer, &
même affez docile, il fe livre fouvent à la colère.
Il a une mauvaife odeur en tout tems. Le *furet*
eft l'ennemi né des lapins. C'eft pourquoi on
l'emploie utilement à cette chaffe pour faire
fortir les lapins de leur terrier.

Chaffe des lapins.

Il y a plufieurs manières de *fureter*, ou de fe
fervir du *furet*. Quand on va à la chaffe du lapin,
on porte le *furet* dans un fac de toile affez grand,
au fond duquel on met de la paille pour que
l'animal puiffe y coucher. On fait d'abord chaffer
pendant une heure un chien baffet bien inftruit,
pour obliger les lapins à fe terrer.

Si on veut prendre indiftinctement tous les
lapins, on enferme le terrier avec des panneaux,
à deux toifes au-moins des gueules les plus
éloignées ; on introduit des furets dans le terrier ;
on a près de foi un chien fûr, attentif & muet,
& on attend en filence. Les lapins pourfuivis par
les furets fortent, & fe précipitent dans le panneau, dont les mailles les enveloppent. Le chien
les y fuit, les tue, & revient à fon maître. De
cette manière les lapins abandonnent le terrier
prefque fans réfiftance, parce que l'éloignement
du panneau leur cache le danger. Mais on ne peut
pas s'en fervir dans les garennes, où il eft important de ménager les hafes.

Alors au lieu d'enfermer tout le terrier avec
des panneaux, on adapte à chacune des gueules
une bourfe faite de filet, dont l'ouverture eft
proportionnée à celle de la gueule. Le lapin pourfuivi fe jette dans cette bourfe avec un effort qui
la referme, & on le prend vivant. Ainfi on a
l'avantage de choifir les mâles pour les tuer, &
on peut laiffer aller les femelles.

Une autre manière de *fureter*, qui n'a guère
pour objet que le plaifir, demande beaucoup
d'adreffe & d'habitude à tirer. Lorfqu'on a introduit
le furet dans le terrier, on fe place à portée, le
vifage tourné du côté du vent ; & on tire à coups
de fufil les lapins qui fortent avec une vîteffe
extrême pour fe dérober à la pourfuite du furet.

De quelque manière qu'on *furete*, les furets
doivent être emmufelés, affez pour qu'ils ne

puiſſent pas tuer les lapins qu'ils chaſſent. Sans cela ils joüiroient d'abord, & reſteroient endormis dans le terrier. Mais il ne faut pas que la muſelière les gêne au point de les occuper. Leur ardeur en ſeroit ralentie, & ſouvent ils ont beſoin d'opiniâtreté pour faire ſortir les lapins. Dans un grand terrier, un ou deux furets ſe laſſent inutilement ; il en faut ſouvent ſix, & même plus, pour tourmenter les lapins & les forcer. La fatigue rebute les furets & les endort. Alors on a ſouvent de la peine à les reprendre, Quelques garenniers enfument le terrier avec de la paille, du ſoufre, de la poudre, &c. pour les éveiller, ou les contraindre à ſortir. Mais le plus ſûr moyen de reprendre ſon furet, c'eſt de faire au milieu du terrier un trou rond, d'un pied & demi de diamètre, & de deux à trois pieds de profondeur. Ce trou doit être placé de manière qu'il aboutiſſe par pluſieurs paſſages aux principales chambres du terrier. On place au fond un lit de foin, & on ſe retire. Le furet qui eſt accoutumé à coucher ſur le foin rencontre ce lit, & on l'y trouve preſque toujours endormi le lendemain matin.

FUSIL, ſ. m. Le *fuſil* pour la chaſſe, doit avoir trois pieds & demi de long, ſi l'on chaſſe à cheval, & quatre ſi c'eſt à pied : la poudre doit être faite en été & conſervée dans des barils de bois.

On doit proportionner la charge au *fuſil* qu'on porte, & ſe ſervir du plomb convenable au gibier qu'on veut chaſſer. On emploie quelquefois des dragées ; il y en a de trois ſortes, celle qui entre trois à trois de calibre dans un canon de *fuſil* ; celle qui entre quatre à quatre, & celle qui entre cinq à cinq : cette dernière eſt très-menue.

Quand on tire aux oies, on ſe ſert de la première : on emploie la ſeconde pour les canards, & la troiſième pour les ſarcelles, les pluviers, les ramiers, les biſets, & tous les oiſeaux de moyenne taille.

Il y a une charge particulière pour les grues, les cignes & les outardes : quand on eſt à cheval, & qu'on peut approcher le gibier, on ſe ſert pour le tirer de la larme mêlée.

Quand on tire aux lièvres, aux lapins & aux renards, on ſe ſert de la dragée qui entre trois à trois ; pour les bêtes fauves, on charge ſon *fuſil* de deux balles égales jointes avec un fil d'archal c'eſt ce qu'on nomme balle ramée.

Quand on apperçoit le gibier en monceau, on charge à deux lits ; on remarque que quand on prend le gibier en travers, l'abattis eſt toujours très-médiocre.

On ne bourre pas toujours le *fuſil* à l'ordinaire : voici la compoſition qu'on y met quand on tire aux oies, aux cignes & aux grues : faites fondre du ſuif & de la cire de façon qu'il y ait trois quarts du prémier, & un quart de l'autre ; trempez enſuite dans ce mélange du vieux drap : quand il ſera roide comme de la toile cirée, vous le couperez par morceaux, & de tels tapons portent infiniment plus loin que les bourres ordinaires.

Quand on tire aux canards & à d'autres oiſeaux plus petits, on met dans le *fuſil* un poids de poudre égal à celui de quatre dragées de celles qui entrent trois à trois. On remarque que lorſqu'il ne gêle pas, les canards ſe lèvent de beaucoup plus loin que lorſqu'il fait un froid vif ; ainſi pour y mieux atteindre, on met quinze dragées après la poudre, on bourre, on en ajoute deux autres, & on bourre encore ; cette précaution eſt inutile quand la ſaiſon eſt rigoureuſe. Si l'on n'a que des dragées qui entrent quatre à quatre, on en met vingt-quatre au premier lit, & environ vingt ſur l'autre.

Si l'on tire aux biſets, on met la même charge de poudre, & on ajoute ſur un lit le poids de trois balles de larmes : pour ne point ſe tromper, on fait faire exprès une meſure de fer blanc qui tient exactement cette charge, & cette meſure ſert auſſi quand on veut tirer aux ſarcelles & aux pluviers.

Pour la grue, l'oie & l'outarde, on met huit dragées qui entrent deux à deux : ce ſont deux balles qu'on fait entrer dans le *fuſil*, quand on chaſſe aux groſſes bêtes.

On doit remarquer que la poudre eſt plus ſèche, & par conſéquent a plus de force en été qu'en hiver : ainſi dans cette première ſaiſon, on rend la charge un peu moins groſſe.

Quand on a tiré, il faut avoir ſoin de recharger auſſi-tôt, afin d'empêcher le canon du *fuſil* de devenir trop humide, & de nuire à l'activité de la poudre. Un tireur doit toujours gagner le vent, ne point aller en droiture contre ſon gibier, mais paſſer à côté, faire ſemblant d'aller outre, & s'en rapprocher en tournoyant, juſqu'à ce qu'il ſoit à portée de le tirer à coup ſûr.

Il eſt bon d'avoir un *fuſil* à deux coups quand on chaſſe aux mauviettes ou aux vaneaux ; car dès qu'on a tué un de ces oiſeaux, les autres s'en approchent & viennent voler autour de la tête même du chaſſeur.

Observations.

Il n'y a point de charge moins sûre pour le bois, que la chevrotine dont se servent quelques chasseurs, sur-tout pour le chevreuil. C'est un diminutif de la balle, de la grosseur d'un pois moyen, dont on met sur la poudre 15 à 18, tout au plus. On a éprouvé plusieurs fois que 18 chevrotines, à la distance de 40 à 50 pas, couvroient un espace de plus de 5 à 6 pieds en quarré. Si, à cette distance, la bête en reçoit une ou deux, c'est tout ce qu'on peut attendre ; & à moins que le hasard ne les adresse en quelque endroit mortel, elle ne reste jamais. On voit par-là combien il y a peu à compter sur une pareille charge, lorsqu'on ne tire pas à la distance de 25 ou 30 pas ; & alors une charge de plomb à lièvre auroit suffi. Ce n'est pas tout : la chevrotine est dangereuse pour les chasseurs, sur-tout dans les battues où il y a beaucoup de monde dispersé çà & là ; comme elle s'écarte prodigieusement, il arrive qu'à une grande distance elle va blesser un chasseur, quoique fort éloigné de la ligne sur laquelle on a tiré.

Beaucoup de chasseurs se persuadent que le tampon, tel qu'il soit, lâche ou à plein dans le canon, & de quelque matière qu'on le fasse, est chose indifférente pour la portée du coup. Que celui qui se met sur le plomb, & qui ne sert qu'à le contenir ; importe peu ; à la bonne heure ; mais il n'en est pas de même de celui de la poudre. 1°. Il doit être à plein dans le canon, sans cependant y être trop serré. 2°. D'une matière molle & maniable, mais assez consistante pour chasser la dragée, & la conduire jusqu'à une certaine distance du canon. Si le tampon serre trop, s'il est d'une matière dure & roide, telle, par exemple, que du papier trop fort, le *fusil* repousse, & la dragée s'écarte davantage ; s'il ne serre pas assez, & est d'une matière très-légère, comme laine, coton, feuilles sèches, &c. il n'a pas assez de consistance pour chasser & conduire la dragée, & le coup perd de sa force.

L'expérience a appris que rien n'étoit meilleur & plus commode pour faire des tampons, que le papier brouillard dont on se sert pour faire des papillottes. Il réunit la souplesse avec la consistance, se roule & s'arrondit aisément sous les doigts, & se moule parfaitement dans le canon ; & l'on a remarqué qu'une pareille bourre ne tomboit guères qu'à 12 ou 15 pas.

Dans les pays où il y a des pommiers, on trouve sur ces arbres une mousse très-fine d'un gris verdâtre, qui est encore excellente pour bour-

rer, & qui a même l'avantage d'encrasser moins les canons que le papier, qui contient beaucoup d'huile. L'étoupe est aussi très-bonne pour cet usage. On peut encore, au moyen d'un emporte-pièce assorti au calibre du *fusil*, faire des tampons d'un vieux chapeau, ou avec des rognures de buffle, de deux ou trois lignes d'épaisseur, qui se trouvent chez les ceinturonniers.

Cette dernière sorte de tampons est la plus prompte & la plus expéditive. Le linge ne vaut rien pour bourrer ; très-souvent le plomb s'y enveloppe & fait balle. On prétend aussi qu'on augmente la portée des *fusils*, en bourrant la poudre avec un tampon de liège.

La poudre ne doit être battue que très-légèrement ; il suffit d'appuyer deux ou trois fois la baguette sur le tampon ; & il ne faut pas comme font certains chasseurs, la battre à plusieurs reprises, en lâchant la baguette, & la faisant renvoyer par le tampon. En comprimant trop la poudre, partie des grains s'écrase, & l'explosion en est moins prompte ; d'ailleurs la dragée en écarte davantage. Il est utile, en versant la poudre dans le canon, de la tenir, le plus qu'on peut, dans la ligne perpendiculaire, afin qu'elle tombe plus aisément au fond, & qu'elle n'y forme pas le siffler. Il est bon même de frapper un peu de la crosse du *fusil* contre terre, afin de détacher les grains de poudre qui s'attachent, en tombant, aux parois du canon.

On ne doit jamais battre le plomb : après avoir donné un coup de crosse en terre, comme pour la poudre, afin qu'il se tasse & s'arrange mieux, on pose seulement dessus le tampon, qui doit être moins fort que celui de la poudre. Bourrer trop le plomb, le fait écarter & repousser le *fusil*.

Lorsqu'on a tiré, on doit recharger aussi-tôt, pendant que le canon est échauffé ; pour peu qu'on attende, il s'y forme une certaine huile, qui retient une partie de la poudre & l'empêche de tomber à fond.

Quelques chasseurs amorcent avant de charger ; cela peut être bon, lorsque la lumière est agrandie, & que le canon a peu d'épaisseur à la culasse, attendu que, si on ne commence pas par amorcer, le *fusil* s'amorce de lui-même, ce qui diminue d'autant la charge. Mais lorsque la lumière est telle qu'elle doit être, je conseillerai toujours de n'amorcer qu'après avoir chargé ; parce qu'alors on s'assure par deux ou trois grains de poudre qui pénètrent dans le bassinet, que la lumière a jour ; sinon, lorsque la poudre ne pénètre point, on frappe fur le canon , & on épingle la lumière pour la faire fortir. Mais , foit qu'on amorce avant ou après , il eft bon , à chaque coup , de paffer l'épinglette dans la lumière ; & ce qui eft encore meilleur , pour fe garantir fur - tout de ce qu'on appelle fufée ou *long-feu* , c'eft d'y paffer une plume d'aile de perdrix , dont les barbes la nétoient , & en emporte l'humidité.

FUSÉE , (vénerie) ; c'eft une partie du terrier des renards.

FUSÉE (vermiller en) , c'eft lorfque le fanglier fait une efpèce de fillon en vermillant.

FUSTER , (terme de chaffe) , fe dit de l'oifeau qui s'échappe & qui évite le piége.

G.

GABETS; tons ou gros vers qui rongent le cerf entre cuir & chair, & qui lui percent la peau.

GAGNAGE, (vénerie); c'est l'endroit où les cerfs vont manger ou *viander*.

GALLINA DI FARAONE. Oiseau du genre des gallinacées qui paroît être particulier à la Corse. On seroit tenté de confondre cet oiseau avec la pintade. Le nom de poule de Pharaon étant un de ceux que Buffon donne à la méléagride ou pintade. Cependant des chasseurs de l'isle de Corse, très-instruits, ont assuré que la poule de Pharaon est un oiseau différent de la pintade, tant pour la taille & le plumage, que pour les habitudes. Sa grosseur, dit-on, est à-peu-près celle d'une gelinotte ou d'une jeune poule : la couleur de son plumage est un gris cendré, avec du blanc sous le ventre ; son bec est noir, & ressemble beaucoup à celui de la poule ; ses jambes sont brunes & de hauteur moyenne. Cet oiseau ne se branche pas, & ne se laisse approcher que très-difficilement, partant toujours de fort loin. Du reste, c'est un gibier rare ; & qu'on ne tue que fortuitement & par rencontre.

GALLINASSE. Espèce de corbeau particulier au Pérou. Cet oiseau a le plumage noir ; il est de la grosseur d'un dinde. Il est très-carnassier, & d'une odeur fétide, étant toujours au milieu des charognes, & d'immondices dont il se nourrit.

GANGA. Cet oiseau est la *gélinotte des Pyrénées*. Il est de la grosseur de la perdrix. Son bec est presque droit. L'ouverture des narines est à la base du bec supérieur. Il a le devant des pieds couvert de plumes jusqu'à l'origine des doigts. Ses ailes sont assez longues. Son plumage est brillant. On trouve cet oiseau dans presque toutes les contrées méridionales. On le recherche parce que sa chair est une nourriture saine & délicate.

GARAGAY. Oiseau de proie commun dans l'Amérique. Il est de la grandeur & de la grosseur du milan. Sa tête est blanche ainsi que les extrémités de ses ailes. Cet oiseau est friand d'œufs de crocodiles & de tortues qu'il sait découvrir sous les sables où ils sont cachés aux bords des rivières.

GARDE - A - TOI. Terme dont le valet de limier se sert pour parler à son chien quand il veut se rabattre.

GARDES. On appelle ainsi les er gots du sanglier au-dessus du talon.

GARDE - CHASSE ; (vén.) c'est celui qui est chargé de la conservation du gibier dans un canton limité.

Un *garde-chasse* a deux objets sur lesquels il doit particulièrement veiller, les braconniers & les bêtes carnacières. Avec de l'attention, & quelquefois de la hardiesse, il arrête les entreprises des uns ; il y a un art particulier à se défaire des autres, qui demande de l'adresse, quelques connoissances, & sur-tout un goût vif pour les occupations de ce genre. Sans ce goût, il ne seroit pas possible qu'un *garde-chasse* soutînt les fatigues, les veilles, & la vigilance minutieuse qu'exige la destruction des animaux ennemis du gibier.

Les gens qui ont des *gardes-chasse*, ne peuvent prendre trop de précautions pour qu'ils soient sages & d'une probité à toute épreuve. On ne sauroit croire combien de détails sourds de tyrannie s'exercent par eux : ils sont armés & crus sur leur parole ; cela est nécessaire pour l'exercice de leurs fonctions. Mais s'ils ne portent pas, dans l'usage qu'ils font des droits, l'exactitude jusqu'au dernier scrupule, combien ne sont-ils pas à craindre pour le paysan ? Ils deviennent sur-tout dangereux s'ils reconnoissent en leur maître un goût vif pour la chasse : alors ils n'épargnent rien pour flatter en lui une passion qui, comme toutes les autres, voit injustement ce qui la favorise ou ce qui la blesse.

GARENNE, s. f. (chasse) on appelle ainsi tout espace peuplé d'une grande quantité de lapins. Cependant les *garennes*, proprement dites, sont enfermées de murs, & par cette raison on les nomme *garennes* forcées. Celles qui ne sont pas forcées font trop de tort à leur voisinage, pour qu'il dût être permis d'en avoir.

On établit une *garenne* pour avoir commodément des lapins pour son usage, ou pour les donner à loyer : dans l'un & dans l'autre cas, les intérêts & les soins sont les mêmes.

Une *garenne* n'est avantageuse qu'autant que les

lapins y font bons, qu'ils y multiplient beaucoup, & que les lapreaux y font hâtifs. Pour cela, il faut que le terrein foit fec, qu'il produife des herbes fines & odoriférantes, comme le ferpolet, &c., & qu'il foit expofé au midi ou au levant. Le lapin eft, de tous les animaux, celui dont la chair garde le mieux le goût des herbes dont il s'eft nourri. Une odeur rebutante décele ceux qui ont mangé des choux, & les autres nourritures que la domefticité met dans le cas de leur donner. L'eau ne vaut rien non plus pour les lapins. Les prés humides, ceux où l'herbe fe charge d'une grande quantité de rofée, leur donnent une conftitution mal-faine & un goût déplaifant: Il faut donc, pour affeoir une *garenne*, choifir un lieu élevé. L'expofition que nous avons indiquée n'eft pas moins néceffaire pour avancer la chaleur des bouquins & la fécondation des hazes.

Une *garenne* n'étant bonne qu'autant qu'elle eft hâtive, il s'enfuit que tous les foins du propriétaire ou du fermier doivent concourir à la rendre telle. Pour cela, il faut qu'elle ne contienne qu'une quantité de lapins proportionnée à fon étendue, qu'ils y foient bien nourris pendant l'hiver, & qu'il n'y refte que le nombre de bouquins néceffaire. Il ne faut pas moins que deux à trois arpens pour une centaine de lapins de fond; ainfi, dans une *garenne* de cent arpens, il n'en faudra jamais laiffer pendant l'hiver plus de quatre mille. Malgré cet efpace il faudra les nourrir un peu pendant les gelées, & beaucoup lorfque l'herbe fera couverte de neige ou de givre. Si les lapins manquent de nourriture pendant trois ou quatre jours, ils maigriront à l'excès; & la première portée, qui eft à tous égards la plus avantageufe, en fera confidérablement retardée. Le meilleur fourrage qu'on puiffe leur donner, c'eft le regain de luferne, ou celui du trefle : on peut auffi leur jetter des branches de faule & de tremble, dont l'écorce leur plaît & les nourrit bien.

Pour ne rien perdre du fourrage, qui fouvent eft affez cher, on peut le leur donner fur de petits rateliers faits en forme de berceau comme ceux des bergeries, & élevés d'un demi-pied. On les place à portée des terriers. On peut les couvrir auffi d'un petit toît de planches, pour garantir l'herbe de la pluie & de la neige. La faim y accoutume les lapins en peu de jours. Il ne faut d'abord que les affriander; & lorfqu'il ne refte rien aux rateliers, on augmente peu-à-peu.

Pour jouir des lapins, ou en ôter le fuperflu, il y a trois moyens; le fufil, les panneaux & les furets. Le premier eft infidele & dangereux; on tue quelquefois des hazes; & d'ailleurs pour peu qu'un lapin qui a été tiré ait encore de vie, il rentre au terrier, y meurt & l'infecte. Les garenniers intelligens ne laiffent tirer dans leurs garennes qu'avec beaucoup de précautions : cependant depuis les derniers lapreaux jufqu'à la fin de juillet, il eft difficile de s'en difpenfer : mais dès qu'on le peut, il vaut mieux recourir aux panneaux & aux furets.

Depuis le mois d'août jufqu'au mois de novembre, le panneau eft à préférer, parce que c'eft un moyen plus facile & plus prompt. Pour s'en fervir, on a une petite route ouverte, fi l'on peut, d'un côteau ou d'un revers de foffé, & tracée entre les terriers & l'efpace dans lequel les lapins s'écartent pour aller au gagnage pendant la nuit ; on file un panneau le long de cette route ; on l'attache à des fiches ou piquets de deux pieds de haut; on a foin d'enfoncer ces fiches affez pour qu'un lapin ne les renverfe pas, & elles font placées à fix toifes les unes des autres. Un homme refte à ce panneau, deux autres parcourent l'efpace dans lequel les lapins font répandus; l'effroi les faifant revenir aux terriers, ils font arrêtés par le filet, & faifis par celui qui le garde : c'eft-là ce qu'on appelle *faire le rabat*. Dans une *garenne* un peu étendue, on en peut faire jufqu'à trois dans une nuit, en commençant deux heures après la nuit fermée. Lorfqu'on a le vent faux, ou qu'il fait clair de lune, les rabats ne réuffiffent guère. On voit que de cette manière les lapins étant pris vivans, il eft aifé de ne tuer que les bouquins, & de laiffer aller les hazes: cela eft d'autant plus avantageux, qu'il ne doit pas refter dans la *garenne* plus d'un bouquin pour quatre ou cinq hazes. On a le même avantage pendant l'hiver, en faifant fortir les lapins du terrier avec des furets enmufelés, & les prenant avec des bourfes, qu'on adapte aux gueules. *Voyez* FURET.

Si le terrein d'une *garenne* eft fablonneux, il faut que les murs qui l'entourent aient des fondemens très-profonds, afin que les lapins ne percent point au-deffous. Ces murs doivent avoir fept à huit pieds de haut, & être garnis au-deffous du chaperon d'une tablette faillante, qui rompe le faut des renards. Si on eft forcé de laiffer des trous pour l'écoulement des eaux, il faut les griller de manière que les belettes même ne puiffent y paffer.

Il eft prefque néceffaire que dans une garenne les lapins trouvent de tems en tems du couvert; on ne peut pas efpérer d'y élever du bois; il faut donc y entretenir des bruyères, des genêts, des genièvres, qui font ombre, & que les lapins ne dévorent pas comme le refte. Lorfque rien n'y peut croître, on eft contraint de former un couvert artificiel. On affemble plufieurs branches d'arbres, des genêts, &c. on les couche, & elles fervent de retraite aux lapreaux, que les vieux lapins tourmentent dans les terriers pendant l'été.

On devra à ces soins réunis, tout l'avantage qu'on peut tirer d'une garenne, si l'on y joint une attention continuelle à écarter & à détruire toutes les bêtes carnassières qui sont ennemies des lapins. Les murs peuvent garantir des renards, des blaireaux, des putois, & même des chats; mais il faut des précautions journalières pour se défendre des fouines, que les murs n'arrêtent pas, des belettes, auxquelles le plus petit trou donne passage, &c. Il est donc inutile d'avoir une garenne, si l'on n'en confie pas le soin à un garennier très intelligent & très-exercé.

Garenne artificielle.

Le lapin est un animal qui produit beaucoup, & qui par conséquent est d'un excellent produit; sa chasse est aussi fort agréable & fort amusante. Comme cet animal est extrêmement sensible au froid, au chaud & à la pluie, il s'établit toujours dans les endroits montueux & sablonneux, où il trouve des abris favorables. Il ne peut point réussir dans les plaines; mais si cependant on est curieux d'en avoir, on peut former des garennes artificielles, où trouvant une retraite agréable, ils multiplieront très-bien: on en a vu au milieu des plaines de la Brie où les lapins réussissoient à merveille.

Voici la manière de construire ces garennes artificielles. On choisit un petit bois, au milieu duquel on fait un amas de terre en rond, du diamètre au moins de soixante pieds; le mieux est d'apporter la terre la plus sableuse qu'il est possible, de la disposer en élévation de huit pieds vers le milieu du rond, en ménageant la pente vers toute la circonférence; il faut battre cette terre à mesure qu'on l'apporte: on bâtit ensuite autour de ce rond un petit mur à chaux & à sable, pour empêcher que les terres ne s'éboulent.

GARRE, terme de vénerie dont se sert le piqueur quand il entend partir le cerf de la reposée, pour avertir les chasseurs que cet animal est lancé.

GARRIÈRE; terme d'oiseleur qui désigne une petite rigole pratiquée à l'effet de cacher le ressort d'un filet appelé *guide*.

GARSOTE. C'est le nom que l'on donne dans quelques cantons de la France, à un oiseau aquatique du genre des canards, & qui est plus connu sous le nom de *cercelle*. *Voyez* CANARD.

GAVOUE. Oiseau connu en Provence sous les noms de *chic-gavotte* & *chic-moustache*, à cause des bandes noires qu'il a autour du bec. La partie inférieure de son corps est cendrée; il a la tête & le dos, la queue & les ailes variées de roux & de noir. Cet oiseau a quatre pouces huit lignes

de long; il se nourrit de graines; son chant est fort agréable.

GAZELLE. Joli quadrupède à pied fourchu, d'une taille fine & très-léger à la course, qu'on trouve communément en Afrique & dans les Indes orientales.

Buffon a reconnu treize variétés bien distinctes dans cette espèce d'animaux; & il falloit toute la sagacité de ce philosophe pour suivre dans cette multitude de routes le vrai sentier de la nature.

La gazelle ressemble beaucoup au chevreuil par la forme du corps & par la légèreté des mouvemens; mais la différente nature de ses cornes suffit pour persuader que ce quadrupède n'est pas un chevreuil dégénéré: les cornes du chevreuil sont solides, tombent & se renouvellent tous les ans; celles de la gazelle sont creuses & permanentes; l'animal qui nous occupe semble intermédiaire entre la chèvre & le chevreuil: les seuls caractères qui lui soient propres, sont les anneaux transversaux avec les stries longitudinales de ses cornes, les brosses de poils de ses jambes de devant, & les trois raies blanchâtres qui s'étendent en long sur la face interne de ses oreilles.

La gazelle commune se trouve en Syrie, en Mésopotamie, & dans les autres provinces du Levant, aussi-bien qu'en Barbarie & dans toutes les parties septentrionales de l'Afrique. Un naturaliste anglois, en parlant des gazelles du pays d'Alep, distingue la gazelle de plaine de celle de montagne; la seconde est mieux faite & plus légère à la course que la première.

Les gazelles vivent en société & ruminent. En général, ces animaux ont les yeux noirs, grands, très-vifs, & en même-tems si tendres, que les orientaux, pour louer les yeux d'une femme, les comparent à ceux de la gazelle. Les jambes antérieures de cet animal sont moins longues que celles de derrière; ce qui lui donne, comme au lièvre, plus de facilité pour courir en montant qu'en descendant. La plupart sont fauves sur le dos, blanches sous le ventre, avec une bande brune qui sépare ces deux couleurs au bas des flancs; leur queue est plus ou moins grande, & toujours garnie de poils assez longs & noirâtres.

Les gazelles courent si vite & si long-tems, que les meilleurs chiens courans ne peuvent les forcer sans le secours d'un faucon: en hiver elles sont fort maigres; cependant leur chair est de très-bon goût; en été elles sont chargées d'une graisse qu'on peut comparer à la venaison du daim: en général, les gazelles sauvages plaisent plus au goût que les gazelles domestiques.

Ob

On voit au Sénégal & sur la Gambra, des troupeaux nombreux de *gazelles* ; cet animal dans ces contrées est plus joli que par-tout ailleurs ; il n'a que la grandeur d'un lapin, ses jambes ne sont pas plus grosses qu'un tuyau de pipe, & sa légéreté est si grande, qu'il paroît voler plutôt que de marcher ; les nègres les appellent *les petits rois des cerfs*. La chair de cette espèce de *gazelle* est un mets délicat pour les nègres : on ne sauroit transporter ce quadrupède en Europe ; car ordinairement il meurt aussi-tôt qu'il a passé la ligne : on en a cependant vu deux à Paris il y a quelques années.

Des diverses espèces de gazelles.

Outre la *gazelle* commune dont nous venons de parler, M. Buffon en distingue onze autres ; qu'on fera connoître plus particulièrement chacune dans son article.

L'*Ahu* : ce nom est persan ; les turcs nomment cette espèce de *gazelle tzeiran*.

L'*Algazel* : ce nom que les arabes ont donné à la *gazelle* d'Egypte, désigne aussi le pygargus des hébreux, que Moïse met au rang des animaux purs.

L'*Antilope* : c'est le nom que les anglois ont donné à la *gazelle* de Barbarie & de Mauritanie : cet animal est de la taille de nos plus grands chevreuils. Les anciens africains connoissoient l'*antilope* sous le nom d'*Addax*, & Pline en parle sous celui de *strepsiceros*.

L'*Antilope* des Indes, n'est peut-être qu'une variété de celui d'Afrique.

La *Corine* est la *gazelle* du Sénégal qui tient un peu du chamois.

Le *Kevel* se trouve aussi au Sénégal, & sa grandeur est celle de nos petits chevreuils.

Le *Koba* du Sénégal y est nommée par les français, *grande vache brune*.

Le *Kob* diffère du koba par la taille, & on nomme cet animal *petite vache brune*.

La *Lidmée* est une grande *gazelle* dont les cornes ont souvent deux pieds de long, & qui se trouve aux royaumes de Tunis & d'Alger.

Le *Nanguer* des africains est probablement le daim des anciens : on l'apprivoise facilement.

Le *pasan*, qui a beaucoup de rapport avec l'algazel, est la fameuse *gazelle* qui donne le bézoard.

CHASSES.

Outre ces diverses espèces de *gazelles*, on confond encore avec ce genre de quadrupèdes dix sortes de chèvres, trois ou quatre bubales, autant de chevrotins & de mazames : ce qui augmente encore la confusion de cette partie d'histoire naturelle.

Chasse de la gazelle avec le léopard.

Cette chasse se fait en Egypte ; ces animaux y marchent par troupes : quand on en a découvert une, on tâche de la faire appercevoir à un léopard qu'on tient enchaîné sur une petite charrette : cet animal rusé ne s'élance pas d'abord sur elle, mais il fait des détours & s'approche en se courbant pour les surprendre ; & comme il peut faire cinq à six bonds avec une rapidité incroyable, dès qu'il se sent à portée, il se jette sur elles & les étrangle : on vient ensuite doucement auprès de lui, on le flatte & on lui jette des morceaux de chair, & en l'amusant ainsi on lui met un bandeau sur les yeux, on l'enchaîne & on le replace sur la charrette. Cette chasse est très-dangereuse ; car quelquefois l'animal affamé brise ses chaînes, & au défaut de *gazelle*, étrangle ses conducteurs.

Chasse de la gazelle sauvage avec la gazelle apprivoisée.

On met aux cornes d'une *gazelle* apprivoisée un piège de cornes ; c'est ordinairement un mâle qu'on choisit pour cette espèce de chasse, & quand on trouve une troupe de *gazelles* sauvages, on le laisse en liberté : cet animal va les joindre, il joue avec elles, leurs cornes s'embarrassent ; l'animal sauvage se sentant arrêté tâche de se délier & tombe avec l'animal domestique. Le chasseur adroit s'avance alors, & emmène les deux rivaux enchaînés ensemble.

L'animal qui donne le musc a été regardé par plusieurs naturalistes comme une espèce de gazelle ; cependant il a des caractères qui lui sont particuliers. Cet animal a le poil rude & long, le museau pointu, & des défenses à peu-près comme le cochon ; mais ce qui le distingue essentiellement, c'est une espèce de petite bourse placée près du nombril, & qui contient la substance appellée *musc*. Cette bourse a près de trois pouces de long, & deux de largeur, & s'élève au-dessus du ventre d'environ un pouce : elle est garnie de poils extérieurement, & intérieurement d'une pellicule qui renferme le musc ; chaque vessie pese depuis deux jusqu'à quatre gros.

GEÁI, s. m. Cet oiseau est du genre des pies ; mais plus petit : il est fort connu dans tous les pays. Il a le sinciput couvert de plumes variées de blanc & de noir au milieu : ces plumes sont affez longues ; & lorfqu'il eft fâché, il les hériffe en forme de hupe. L'occiput, le deffus du col & les côtés font vineux ; le dos & les plumes fcapulaires font de la même couleur, mais un peu cendrés ; le croupion eft blanc. De chaque côté de la tête, il a une tache longitudinale noire ; la gorge & le bas ventre font blanchâtres ; la poitrine d'un vineux clair, tirant fur le cendré ; les couvertures du deffus des ailes d'un vineux rouge ; les grandes du deffus, les plumes éloignées du corps, ainfi que les plumes de l'aile bâtarde, rayées tranfverfalement de bleu clair, de bleu foncé & de noir ; leur côté extérieur, leur bout & leur côté intérieur noirs. L'aile a vingt plumes : la première eft noire, excepté fon origine, qui eft blanchâtre ; les fix fuivantes font gris blanc du côté extérieur, & noirâtre à l'intérieur ; les trois d'après font aufli noirâtres du côté intérieur, & leur côté intérieur gris foncé, & varié vers l'origine de quelques taches bleues & noires ; les cinq fuivantes font noires du côté intérieur, & le côté extérieur eft aufli noir depuis le bout jufque vers le tiers de leur longueur, & le refte blanc, varié vers l'origine de quelques taches tranfverfales, noires & bleues ; la feizieme eft noire, excepté fon côté extérieur, qui, depuis l'origine jufqu'à la moitié, eft rayée de bleu clair, de bleu foncé & de noir ; les dix-fept & dix-huitième font tout-à-fait noires ; la dix-neuvième eft marron, terminée de noir ; & la vingtième tout-à-fait marron : toutes ces plumes font grifes endeffous, excepté les deux dernières, qui font marron. La queue a douze plumes noires, l'iris des yeux eft blanchâtre, le bec eft épais & noir, les pieds font bruns, tirant fur la couleur de chair.

L'ouverture de fon gofier eft fi ample, qu'il avale des glands tout entiers. C'eft la nourriture qu'il prend l'automne & l'hiver, car il en fait provifion. Le printems & l'été il va chercher les poids verds, les grofeilles, les fruits de la ronce, & les cérifes qu'il aime beaucoup.

Le *geai*, comme la pie, mange aufli les œufs de perdrix, faifans & cailles, & quelquefois les perdreaux à la traîne. Aufli ne peut-on trop recommander aux chaffeurs de ne leur faire aucun quartier, & aufli a-t-on foin dans les terres bien gardées d'en détruire le plus qu'il fe peut, & furtout de tuer les mères fur le nid.

Il y en a une telle quantité dans la forêt de l'Hermitage, près Quintin, en Bretagne, qu'il n'eft pas rare d'en tuer fix, huit, & quelquefois dix d'un coup de fufil. Pour faire cette chaffe on fe met en embufcade au pied d'un arbre, & on imite le cri de la chouette, foit avec un petit ruban, foit avec une efpèce de chiendent commune en cette forêt, qu'on appelle *flèche*. Les gardes en détruifirent tant pendant le mois de

feptembre 1779, qu'une dame qui étoit alors à fa terre receuillit affez de plumes azurées pour s'en faire garnir une robe. Il eft à obferver qu'on ne prenoit que la feizième plume de chaque aile, de forte qu'un oifeau n'en fourniffoit que deux.

La chair de cet oifeau n'eft pas eftimée. Cependant quand il eft jeune & gras, c'eft un manger affez délicat ; & avec la précaution qu'on a de leur ôter la tête, il eft affez ordinaire de les voir manger pour des grives par les perfonnes qui s'y connoiffent le mieux.

Le *geai* peut être élevé en cage ; il apprend à parler & à fiffler. Il contrefait plufieurs fortes d'oifeaux, & fe rend fort familier ; mais il faut fe méfier de lui, car il fe plaît à dérober, & à chercher les lieux fecrets pour cacher ce qu'il a pris.

Il y a plufieurs efpèces de geais, fuivant les divers climats qu'ils habitent.

Le *geai* d'Alface a mérité, par la variété des couleurs de fon plumage, d'être nommé le perroquet d'Allemagne.

Le *geai* de Bohême eft un oifeau de paffage qui mange le raifin, & qu'on regarde comme une efpèce de grive.

Le *geai* de montagne eft le *pica nucifraga* des ornithologiftes, plus connu fous le nom de caffenoifettes.

Le *geai* de Bengale n'eft diftingué du *geai* commun que par la grandeur de fa taille.

Le *geai* du Cap de Bonne-Efpérance reffemble à l'européen ; il aime les amandes fauvages, s'apprivoife aifément, & parle de même.

Chaffe du geai *au lacet.*

Prenez une grande gaule, groffe comme le pouce, & de la hauteur de cinq à fix pieds, fichez-la en terre, joignez-y un lacet attaché à une ficelle, & au milieu de la gaule mettez une lanière qui tourne tout autour & la couvre en entier. A l'extrémité fupérieure de la gaule, vous ajouterez un paquet de cerifes, & vous le poferez vis-à-vis du lacet : l'oifeau ne fauroit fondre fur les cerifes, fans fe trouver pris au piége. La fimplicité de cette chaffe fait un de fes agrémens.

Chaffe du geai *au plat d'huile.*

On remplit un petit vaiffeau, haut d'environ quatre doigts, d'huile de noix ou d'olives ; on choifit toujours la plus claire : on met ce plat dans un endroit fréquenté par les *geais*, & on fe retire derrière quelque broffaille, d'où on ne puiffe être vu par le gibier; l'oifeau voltige d'abord autour du plat, & y appercevant fon image, comme dans un miroir, il fuppofe que c'eft un autre *geai*, & fond deffus : mais fes ailes, imbibées d'huile, s'appefantiffant, il ne peut s'élever en l'air; les chaffeurs accourent, & n'ont aucune peine à le fuivre à la courfe.

Chaffe du geai à la repenelle.

On coupe un bâton de faule d'environ fix pieds de long, de la groffeur du pouce & bien droit; on aiguife le gros bout, & on met dans le petit un crochet auquel on attache des cerifes ou des coffes de pois.

On perce enfuite ce bâton à un pied au-deffous de l'extrémité fupérieure, & à la hauteur d'un demi-pied de terre. On prend une baguette longue de trois pieds, de la groffeur du petit doigt; on attache au petit bout une ficelle, & enfuite un collet.

Le gros bout de cette baguette doit paffer dans l'ouverture inférieure du premier bâton, & le collet attaché au petit bout dans l'ouverture fupérieure. Remarquez qu'il faut que le nœud de la ficelle qui tient le lacet ne foit paffé dans le trou qu'à la profondeur d'une ligne, & on l'y arrête par le moyen d'une petite cheville qu'on fiche légèrement.

La baguette fait alors un demi-cercle, & tient la ficelle tendue. Pour achever le reffort, on accommode le collet en rond fur le petit bâton, & il doit s'y trouver un petit arrêt pour empêcher que le collet ne fe défaffe.

Il faut avoir foin que l'appât de cerifes ou de coffes de pois, dont on a parlé, foit directement au-deffus du bâton où eft le collet, & à portée de l'oifeau qui viendra s'y percher pour s'en nourrir.

Quand les *geais* appercoivent cet appât, ils y volent; mais dès qu'ils font pofés, la marchette tombe, le nœud de la ficelle que le petit bâton retenoit fe lâche, la baguette fe détend, & l'oifeau fe trouve pris par les jambes.

La repenelle fe tend fur les arbres ou fur les buiffons. Si c'eft fur un arbre, on accroche le piége de manière qu'il n'y ait point d'autres petites branches qui foient proches des cerifes ou des pois; car les *geais*, en fe perchant deffus, pourroient les prendre fans toucher la marchette, & la machine perdroit l'ufage de fon reffort. On emploie la même précaution fur un buiffon.

Si l'on veut que le piége réuffiffe, il faut s'é-carter dès qu'on a tendu la repenelle; car le *geai* eft un oifeau rufé & défiant, & la vue du chaffeur fuffiroit pour l'éloigner pendant toute la journée de l'arbre ou du buiffon où on l'attend.

Autre chaffe récréative du geai.

On fait combien les merles, les pies & les *geais* font difficiles à joindre, & que la fineffe de l'ouie & de l'odorat de ces oifeaux ne permet pas que l'on en puiffe approcher, finon à une grande diftance : il faut, pour les avoir, ou les tirer quand ils font grands, ou les prendre encore petits dans leurs nids. Nous donnerons ici un moyen facile & amufant que l'on a pratiqué plus d'une fois pour le *geai*, & qui paroît pouvoir être mis en ufage avec le même fuccès pour le merle & la pie.

Ayez un *geai* privé, & le portez ou dans votre poche ou dans une cage couverte vers une futaie ou autre bois où vous foupçonnerez qu'il y aura des *geais*; car il n'eft pas néceffaire d'en appercevoir; avancez cent ou deux cents pas dans le bois, & choififfez un lieu un peu découvert; on en trouve communément en fuivant les fentiers & les chemins qui traverfent le bois : alors prenez votre oifeau, renverfez-le contre terre fur le dos; & avec deux petites fourches dont vous ferez muni, contenez-le fur le terrein, en engageant fes deux ailes fous ces fourches. Il faut en cela prendre garde à deux chofes; l'une de ne point bleffer l'oifeau qui fervira plufieurs fois; l'autre de planter les fourches fi bien & fi avant en terre, que malgré tous les efforts qu'il fera, il ne puiffe fe mettre en liberté. Votre *geai* étant ainfi placé, retirez-vous dans le bois, & poftez-vous de façon que, fans être trop en vue, vous puiffiez voir tout ce qui fe paffera, & prendre le plaifir entier de cette chaffe. Aux cris que pouffera votre *geai* en fe débattant, tous ceux qui font à demi-lieue à la ronde, ne manqueront pas d'accourir d'arbre en arbre jufqu'au lieu où ils verront leur camarade fi mal à fon aife. Après avoir obfervé quelque tems entr'eux une fi étrange aventure, ne voyant perfonne, & n'entendant aucun bruit, la curiofité les prendra d'examiner la chofe de plus près; ils voleront à terre, tourneront & fauteront autour de l'infortuné, dont ils s'approcheront de plus en plus fans aucune défiance. Celui-ci, qui aura la tête & les pattes libres, défefpéré de fe voir le feul malheureux de la troupe, ne manquera pas de faifir celui d'entr'eux qui paffera trop près de lui, & certainement ne le lâchera plus. Les cris que jettera le nouveau prifonnier vous avertira que votre *geai* a fait fon coup; vous fortirez de votre embufcade, & vous irez prendre votre proie. Il n'eft point douteux que tous les *geais* ne s'envolent auffi-tôt, mais foyez affuré qu'ils n'iront pas loin ; retournez dans votre embuscade, vous les verrez bientôt revenir, & votre *geai* en attrapper un second : ainsi vous pourrez en avoir plusieurs de suite ; & , comme il a été dit, votre *geai* pourra, en le ménageant, vous servir pour plusieurs chasses.

Comme dans une de ces chasses il a été pris un merle, on présume que la même ruse serviroit pour les merles & les pies ; en effet, dans une grande partie des différentes espèces d'animaux & d'oiseaux, un instinct uniforme les porte à accourir au secours de leurs semblables, qui, par leurs cris, expriment la peine & le danger où ils se trouvent.

GELINOTTE, s. f. La *gelinotte* est de la grosseur d'une bartavelle ; elle a vingt-un pouces d'envergure, les ailes courtes, & par conséquent le vol pesant. « Qui se feindra (dit Belon) voir » quelque espèce de perdrix métive entre la rouge » & la grise, & tenir je ne sais quoi des plumes » du faisan, aura la perspective de la *gelinotte* de » bois ». Cet oiseau a les pieds garnis de plumes par-devant. Le mâle se distingue par une tache noire très-marquée qu'il a sous la gorge, & par ses flammes ou sourcils, qui sont d'un rouge beaucoup plus vif que ceux de la femelle. La nourriture des *gelinottes* est à-peu-près la même que celle des coqs de bruyère. Elles s'accouplent en octobre & novembre : leur ponte est depuis douze jusqu'à dix-huit œufs, qu'elles couvent pendant trois semaines ; mais elles n'amènent guères à bien que sept à huit petits. On appelle les mâles avec une espèce de sifflet, qui imite le cri très-aigu de la femelle, & les attire d'une demi-lieue à la ronde.

Les *gelinottes* se perchent, par préférence, sur les pins & sapins, & se cachent dans les branches les plus touffues, où on a beaucoup de peine à les appercevoir. Lorsqu'elles sont ainsi cachées, quelque bruit qu'elles entendent, elles ne partent point. On observe même que si un chasseur en apperçoit deux dans le même arbre, & qu'il en tue une, l'autre ne bouge pas de place, & ne fait que s'accroupir & rentrer dans sa plume, lui donnant tout le tems de recharger. On trouve des *gelinottes* dans le Dauphiné, vers la grande Chartreuse, à Lans, à Prémol & ailleurs. Il y en a aussi dans les montagnes de la haute Alsace.

Il y a une autre espèce de *gelinotte*, que Buffon désigne sous le nom de *gelinotte* des Pyrénées, parce qu'elle se trouve communément dans ces montagnes, & qu'il dit être appellée *ganga* en espagnol. Elle est à-peu-près de la grosseur d'une perdrix grise, & a la queue longue, mince & fourchue, au lieu que la *gelinotte* l'a courte & ramassée. Le mâle a le dessus du corps bigarré de gris, de jaune & de rouge, les deux côtés de la tête jaunâtres, sous la gorge une tache noire, la poitrine safranée, le ventre d'un gris d'ardoise pâle, mêlé d'une teinte de blanc, les jambes & les pieds d'un rouge pâle. La femelle est d'un plumage un peu différent, & n'a point de tache noire sous la gorge ; d'ailleurs, elle a les pieds jaunâtres. L'un & l'autre ont le devant des jambes couvert de plumes jusqu'à l'origine des doigts. On trouve aussi cette espèce de *gelinotte* dans les montagnes du Dauphiné ; mais M. l'abbé Ducros ne la regarde point comme un oiseau indigène du pays, & ne croit pas qu'elle y niche.

On observera ici, en passant, qu'il y a quelque lieu de douter que le *ganga* d'Espagne soit le même oiseau que la *gelinotte* des Pyrénées, comme le croit Buffon. Celle-ci est un oiseau des montagnes ; & le ganga, suivant Espinar, ne hante que les plaines rases où il fait son nid par terre, & a les mêmes habitudes à-peu-près que la cane-petière, avec laquelle il va souvent de compagnie.

On prend les *gelinottes* dans le printems & dans l'automne, avec un appeau qui sert à contrefaire leur chant, & on leur tend des filets, des lacets, ou des collets. En général on les chasse à-peu-près comme les faisans.

GELINOTTE DU CANADA. Elle est un peu plus grosse que la *gelinotte* ordinaire ; elle lui ressemble par ses ailes courtes, & en ce que les plumes qui couvrent ses pieds ne descendent pas jusqu'aux doigts : elle n'a ni sourcils rouges, ni cercles de cette couleur autour des yeux ; ce qui la caractérise, ce sont deux touffes de plumes plus longues que les autres, & recourbées en bas, qu'elle a au haut de la poitrine, une de chaque côté ; les plumes de ces touffes sont d'un beau noir, ayant sur leurs bords des reflets brillans qui jouent entre la couleur d'or & le vert. L'oiseau peut, quand il veut, relever ces espèces de fausses ailes qui, lorsqu'elles sont pliées, tombent de part & d'autre sur la partie supérieure des ailes véritables.

Cet oiseau est connu en Pensylvanie dans le Maryland, sous le nom de faisan ; il a sur la tête & autour du cou, de longues plumes dont il peut, en les redressant à son gré, se former une houppe & une sorte de fraise, ce qu'il fait principalement lorsqu'il est en amour ; il relève en même-tems les plumes de sa queue en faisant la roue, gonflant son jabot, traînant les ailes, & accompagnant son action de bruit sourd, semblable à celui d'un coq-d'inde. Il a de plus, pour rappeller ses femelles, un battement d'ailes très-singulier, & assez fort pour se faire entendre à un demi-mille de distance par un tems calme, étant alors posé sur un tronc sec.

Les chasseurs, avertis par ce bruit, s'approchent de l'oiseau sans être apperçus, & saisissent le moment de cette convulsion pour le tirer à coup sûr. D'ailleurs, ces oiseaux sont très-sauvages, & on ne peut les apprivoiser. Leur chair est blanche & très-bonne à manger. Ils se nourrissent de grains, de fruits, de raisins, & même de baies de lierre, quoique ces baies soient un poison pour beaucoup d'animaux.

GENETTE, s. f. Ce quadrupède est à-peu-près de la grosseur, de la longueur, & de la figure de la fouine; cependant sa tête est plus étroite, ses oreilles sont plus grandes, & son corps paroît moins étoffé : il a aussi sur le col & le long de l'épine du dos une espèce de crinière, qui forme une bande noire depuis la tête jusqu'à la queue.

Quelques naturalistes ont confondu la genette avec la civette, parce que l'une & l'autre ont sous la queue un sac, dans lequel se filtre une espèce de parfum; mais celui de la genette est foible, & l'odeur ne peut s'en conserver.

Si la genette a la forme de la fouine, elle a aussi son naturel & ses habitudes. Mais la genette s'apprivoise plus aisément; on en voit à Constantinople qui sont aussi privées que des chats, & qu'on laisse courir par-tout, sans qu'elles fassent de dégât.

Comme on ne trouve guères cet animal qu'en Espagne & dans le Levant, les chasseurs lui ont quelquefois donné le nom de chat d'Espagne, ou de chat de Constantinople. Le peuple lui a aussi probablement donné le nom de genette, parce qu'on l'a d'abord trouvé dans quelque lieu planté de genêt.

L'espèce des *genettes* n'est point nombreuse : on remarque aussi qu'elles ont besoin d'un climat chaud pour multiplier, quoiqu'on n'en trouvé point en Afrique & dans les Indes.

On est curieux d'aller à la chasse de la *genette*, parce que la peau de cet animal forme une fourrure légère & fort jolie; mais les chasseurs ont remarqué que ce quadrupède n'habite que dans les endroits humides & le long des ruisseaux, & qu'on ne le trouve ni dans les terres arides, ni sur les montagnes.

GERBOISE ou GERBO. Nom générique que donnent les naturalistes à des animaux remarquables par la grande disproportion qui se trouve entre leurs jambes de derrière & leurs jambes de devant.

Il y a cependant une *gerboise* proprement dite;

c'est une espèce de petit lapin : ses pieds de devant sont très courts, & ne touchent jamais la terre; cet animal ne s'en sert que comme de mains pour porter à la gueule ses alimens. Sa queue est trois fois plus longue que son corps, & elle est garnie à l'extrémité d'une espèce de houppe, mélangée de poils blancs & noirs.

Cette *gerboise*, qu'on nomme aussi gerbe, est commune en Circassie, en Egypte, en Barbarie, en Arabie; on trouve même des animaux à-peu-près de son espèce sur le Volga, & jusqu'en Sibérie. Puisque cette espèce de lapin habite dans des climats si opposés, c'est une preuve qu'il a subi de grandes variétés.

Ceux qu'on trouve en Circassie, en Perse & en Arabie, sont à-peu-près de la grandeur & de la couleur d'un écureuil : quand ils sautent, ils s'élancent à cinq ou six pieds de terre. On les voit toujours debout comme les oiseaux : ils ne dorment que le jour, & la nuit ils cherchent leur nourriture : ils se creusent des terriers comme les lapins, y font un magasin d'herbes sur la fin de l'été, & dans les climats froids ils y passent l'hiver.

On prétend que la chair de la *gerboise* est excellente à manger : c'est le lapin des Indes & de l'Afrique, & probablement on le chasse comme celui d'Europe.

Remarques sur les gerboises ou gerbos.

C'est principalement dans les climats brûlants de l'Afrique que la nature semble avoir pris plaisir à varier, d'une manière toute singulière, les formes des êtres qu'elle y a placés, & à s'écarter des règles & des proportions qu'elle paroissoit avoir adoptées; si toutefois l'on peut appeler écarts, les preuves de son immense & riche fécondité. C'est sur ce sol de feu que se trouve la giraffe ou caméléopard, remarquable par la hauteur démesurée de ses jambes de devant. La même disproportion dans les jambes se trouve dans le gerbo; mais au contraire de la giraffe, ce sont celles de derrière qui sont longues par excès, tandis que celles de devant paroissent à peine : ces longues jambes, ou, pour parler plus exactement, ces longs pieds (car c'est le tarse qui est si considérablement prolongé) servent seules au gerbo pour se mouvoir; celles de devant, que l'on pourroit regarder comme de petites mains, lui sont inutiles pour aller d'un lieu à un autre. Il saute à la manière des oiseaux, & cette démarche, qui seroit extrêmement gênante pour tout autre quadrupède, est tellement propre à celui-ci, que sa course, ou plutôt son sautillement, est très-leste & très-vite. Voilà donc un animal qui, avec quatre pieds, s'éloigne un peu de la classe des quadrupèdes, pour prendre quelqu'empreinte de celle des oiseaux. Placé sur le premier échelon du passage de l'une à l'autre, il constitue la première dégradation des quadrupèdes, & commence la nuance de ceux-ci aux oiseaux.

Sa taille est à-peu-près celle d'un gros rat; il a la tête large, grosse à proportion du corps, le dessus applati & d'un fauve clair nué de noirâtre; le museau court, large & obtus; la mâchoire supérieure plus avancée que l'inférieure; l'une & l'autre garnies de deux dents incisives seulement, celles d'en haut larges, coupées quarrément, plates & divisées dans leur longueur, par une rainure qui les partage au milieu; enfin, celles de la mâchoire inférieure plus longues, convexes extérieurement, pointues à leur extrémité, & recourbées en-dedans. On voit que ces dents sont à-peu-près disposées & formées comme celles du lièvre, du lapin, du rat & du mulot, & c'est cette ressemblance qui a valu tous ces noms au gerbo. Il eût été tout aussi raisonnable de le prendre pour un castor ou pour un porte-pic, lesquels sont également dénués de dents canines, & n'en ont que quatre incisives. Le nez est nud, blanc & cartilagineux, les yeux grands & saillans ont l'iris brune, les oreilles sont longues & couvertes d'un poil si court, qu'à moins d'y regarder de près, elles paroissent nues. Extérieurement elles sont blanches dans leur partie inférieure, & grises dans le reste de leur longueur; leur intérieur, de même que les côtés de la tête, est d'un fauve très-clair, mêlé de gris & de noirâtre; elles entourent circulairement, sur le tiers environ de leur longueur, le méat auditif, en sorte qu'elles forment exactement la partie supérieure d'un cornet. Cette conformation doit augmenter dans les animaux la faculté d'ouïr, & sur-tout de défendre l'intérieur de l'organe contre les corps étrangers qui pourroient s'y introduire.

Le corps est peu alongé, plus large en arrière qu'en devant, & bien fourni de poils très-longs, doux & soyeux. Ceux qui couvrent le dessus & les côtés du corps sont cendrés dans presque toute leur longueur, & d'un fauve clair vers leur pointe qui est noirâtre; mais comme la partie cendrée n'est pas apparente, l'on peut dire que le pélage est d'un fauve clair & varié de lignes noirâtres en zig-zag. Ces teintes un peu obscures tranchent agréablement avec le beau blanc luisant qui couvre tout le dessous du corps.

Les pieds de devant sont si courts qu'à peine ils debordent le poil; ils sont blancs, & ont cinq doigts, desquels le pouce, ou doigt intérieur, est fort court, arrondi à son bout, & sans ongles. Les quatre autres doigts, dont le second extérieur est le plus grand, sont longs & armés de grands ongles crochus. Le talon est fort relevé, & le

dedans ou la plante des pieds est nud, & de couleur de chair. On a déjà remarqué qu'on pouvoit les regarder comme des mains: en effet, ils ne servent point au gerbo pour marcher, mais seulement pour saisir sa nourriture & la porter à la gueule, & encore pour creuser son terrier.

Les jambes de derrière sont couvertes de longs poils fauves & blancs; ses longs pieds sont presque entièrement nuds, sur-tout extérieurement; ce qui doit être ainsi, puisque l'animal, en mouvement ou en repos, est continuellement appuyé sur cette partie. Ils ont trois doigts, desquels celui du milieu est un peu plus grand; tous trois sont munis d'ongles courts, mais larges & obtus. Ils ont encore au talon une espèce d'éperon, ou plutôt un très-petit rudiment d'un quatrième doigt, qui rapproche le gerbo d'Egypte de l'alaqtiga de Tartarie, décrit par Gmelin, & qui, vraisemblablement, a échappé à Edwards & à Hasselquitz. Au reste, les doigts & le talon sont garnis de longs poils d'un gris teint de jaune, à l'exception de ceux qui sont à la naissance des doigts, dont la couleur est noirâtre. Tous les ongles, ceux de devant, comme ceux de derrière, sont d'un blanc sale.

La queue, que je n'ai pas trouvée, comme Edwards & Hasselquitz, trois fois plus longue que le corps, mais seulement un peu plus d'une demi-fois, n'a guère plus de circonférence qu'une grosse plume d'oie; mais elle est quarrée, elle est d'un gris plus foncé en-dessus qu'en-dessous, & garnie d'un poil ras jusqu'à son extrémité, que termine une touffe de longs poils soyeux & mi-partis de noir & de gris.

Les sables & les décombres qui environnent l'Alexandrie moderne sont très-fréquentés par les gerbos. Ils y vivent en troupes, & ils y pratiquent en commun des terriers qu'ils creusent avec leurs ongles & leurs dents; ils percent même par ce moyen le tuf qui se trouve sous la couche de sable. Sans être précisément farouches, ils sont très-inquiets. Le moindre bruit, ou quelque objet nouveau les fait retirer dans leurs trous avec précipitation. On ne peut en tuer qu'en les surprenant. Les arabes savent les prendre vivans, en bouchant les issues des différentes galeries de leurs retraites, à l'exception d'une seule, par laquelle ils les forcent de sortir. Le peuple de l'Egypte en mange la chair, qui ne passe pas pour un fort bon mets, & leurs peaux servent à faire des fourrures très-communes.

J'ai nourri, pendant quelque tems, en Egypte, six de ces animaux, dans une grande cage de fil de fer. Dès la première nuit, ils en avoient entièrement déchiqueté les montans de bois, & je fus obligé de la faire garnir intérieurement avec du fer-blanc. Ils mangeoient du bled, du riz, des noix, & toutes fortes de fruits. Ils se plaisoient beaucoup au soleil ; dès qu'on les en retiroit, ils se serroient les uns contre les autres, & paroissoient souffrir de la privation de la chaleur. Des voyageurs ont écrit que les gerbos dormoient de jour & jamais la nuit ; pour moi, j'ai vu tout le contraire.

Dans l'état de liberté, on les rencontre souvent en plein jour autour de leurs habitations souterraines, & ceux que j'ai nourris n'étoient jamais plus vifs ni plus éveillés, que lorsqu'ils étoient au grand soleil. Quoiqu'ils aient beaucoup d'agilité dans leurs mouvemens, la douceur & la tranquillité semblent former leur caractère. Ils vivent paisiblement en troupes nombreuses dans des retraites communes. Les miens se laissoient aisément toucher. Il n'y avoit entr'eux ni bruit, ni querelles, quand même ils s'agissoit de manger. Ils ne témoignoient du reste ni joie, ni crainte, ni reconnoissance. Leur douceur n'étoit point aimable, n'étoit point intéressante ; elle paroissoit être l'effet d'une froide & complette indifférence qui approche de la stupidité.

(*Extr. de la biblioth. physico-écoom.*).

GERFAUT. Oiseau de proie & de leurre qui sert à la chasse du vol. *Voyez* FAUCON.

GHIAMAIA. C'est un animal sauvage & féroce qui se retire particulièrement à l'est de Bambuck dans les cantons de Gadda & de Jaka. Quelques voyageurs disent que le *ghiamaia* est plus haut, de la moitié, que l'éléphant, mais beaucoup moins gros. Il ressemble au chameau par la tête & par le cou. Il a deux bosses sur le dos comme le dromadaire ; ses jambes sont d'une longueur extraordinaire. On ajoute que cet animal a sept cornes fort droites, & longues d'environ deux pieds. Il se nourrit comme les chameaux, de ronces & de bruyères. Les nègres chassent le *ghiamaia* dont ils aiment la chair.

GIACOTIN. C'est le faisan de l'isle Sainte-Catherine. Son plumage est plus beau que celui de notre faisan, mais sa chair est moins délicate.

GIBBON ou GIBBO. Nom donné à des singes sans queue, dont on distingue deux espèces qui diffèrent un peu pour la grandeur & pour la couleur. Ceux de la plus grande espèce ont environ quatre pieds de haut. Ces quadrumanes habitent les Indes Orientales, les Isles Moluques, le royaume de Malaca, la côte de Coromandel. Le caractère qui les distingue essentiellement de tous les autres singes, est d'avoir les bras aussi longs que le corps & les jambes pris ensemble ; ensorte que l'animal étant debout sur les pieds de derrière, ses mains touchent encore à terre. Ils marchent ordinairement debout, & leur corps est dans une attitude assez droite lors même qu'ils marchent à quatre pattes. C'est après l'*orang-outang* & le *pithèque*, l'espèce de singe qui ressembleroit le plus à l'homme si à sa figure hideuse ne se joignoit la longueur excessive & difforme des bras. Au reste, les *gibbons* sont adroits & légers, & d'un caractère doux, tranquille & caressant. On les nourrit de fruits, d'amandes, de pain ; mais ils ne peuvent guère résister au froid & à l'humidité de notre climat.

GIBIER, s. f. (chasse). C'est en général tout ce qui est la proie du chasseur ; ainsi les loups, les renards, &c. sont *gibier* pour ceux qui les chassent ; les buzes, les corneilles, sont *gibier* dans la fauconnerie, &c. Cependant ce nom est plus particulièrement affecté aux animaux sauvages qui servent à la nourriture de l'homme. Si l'on parle d'une forêt bien peuplée de *gibier*, on veut dire qu'il y a beaucoup de cerfs, de daims, de chevreuils, &c. Une terre giboyeuse est celle où l'on trouve abondamment des lièvres, des lapins, des perdrix, &c.

La propriété des terres étant établie, il paroît que celle du *gibier* qu'elles nourrissent doit en être une suite naturelle. C'est un des bienfaits de la révolution en France d'avoir proscrit l'usage tyrannique de réserver aux ci-devant seigneurs seuls le droit de giboyer. Le cultivateur ne verra donc plus dévorer par le *gibier* le grain qu'il a semé sans pouvoir s'y opposer, & sans oser s'en plaindre. Il n'aura plus à gémir de la multiplicité des espèces qui détruisent les récoltes, & qui n'étoient entretenues que pour satisfaire les plaisirs bruyans & fastueux de quelques hommes oisifs & puissans. Cependant la conservation de certaines espèces de *gibier* peut encore être agréable, utile & lucrative. On en a fait un art qui a des règles, & qui demande quelques connoissances. Nous allons dire ce qu'il est essentiel de savoir là-dessus.

Il y a plusieurs espèces qui ne demandent que des soins ordinaires. La nature a destiné un certain nombre d'animaux à servir de nourriture à quelques autres ; retranchez seulement les animaux carnassiers, vous porterez très-loin la multiplication des autres : ainsi, en détruisant les loups, vous aurez des cerfs, des chevreuils, &c. ; faites périr les renards, les fouines, les belettes, &c., vos bois se peupleront de lapins, vos plaines se couvriront de lièvres, de manière à vous incommoder vous-même. La destruction des animaux carnassiers est donc le point le plus essentiel pour la conservation de toute espèce de *gibier* ; & le retranchement des animaux nuisibles, est un dédommagement du mal que le *gibier* peut faire lorsqu'il n'est pas excessivement abondant. La moindre négligence là-dessus rend inutiles tous les foins qu'on pourroit prendre d'ailleurs, & cela demande, de la part de ceux qui en font chargés, beaucoup d'attention & d'habitude.

Ce foin principal n'eſt cependant pas le feul qu'exigent les eſpèces de menu *gibier* qu'on peut conferver avec le moins d'inconvéniens ; je parle des perdrix griſes, des perdrix rouges & des faiſanſs.

Chacune de ces eſpèces demande un pays diſpoſé d'une manière particulière, & des foins propres que nous allons indiquer féparément. En réuniſſant ces diſpoſitions & ces foins, on peut réunir & conferver les trois eſpèces enſemble.

Les perdrix griſes fe plaiſent principalement dans les plaines fertiles, chaudes, un peu ſabloneuſes, & où la récolte eſt hâtive. Elles y fuient les terres froides, ou du moins elles ne s'y multiplient jamais à un certain point. Cependant ſi des terres naturellement froides ſont échauffées par de bons engrais, ſi elles ſont marnées, &c. l'abondance des perdrix peut y devenir très-grande : voilà pourquoi les environs de Paris en font peuplés à un point qui paroît prodigieux. Tous les engrais chauds que fournit cette grande ville, y ſont répandus avec profuſion, & ils favoriſent autant la multiplication du *gibier*, que la fécondité des terres. En ſuppoſant les mêmes foins, les meilleures récoltes en grains, donneront la plus grande quantité de *gibier*.

La terre étant bien cultivée, les animaux deſtructeurs étant pris avec foin, il faut encore pour la ſûreté & la tranquillité des perdrix griſes, qu'une plaine ne ſoit point nue ; qu'on y rencontre de tems en tems des remiſes plantées en bois, ou de ſimples buiſſons fourrés d'épines : ces remiſes garantiſſent la perdrix contre les oiſeaux de proie, les enhardiſſent à tenir la plaine, & leur font aimer celle qu'elles habitent. Quand on n'a pour objet que la conſervation, il ne faut pas donner une grande étendue à ces remiſes ; il vaut mieux les multiplier ; des buiſſons de ſix perches de ſuperficie feroient très-ſuffiſans, s'ils n'étoient placés qu'à cent toiſes les uns des autres ; mais ſi l'on a le deſſein de retenir les perdrix après qu'elles ont été chaſſées & battues dans la plaine, pour les tirer commodément pendant l'hiver, on ne peut pas donner aux remiſes une étendue moindre que celle d'un arpent. La manière de les planter eſt différente auſſi, ſelon l'uſage qu'on en veut faire.

On peut être ſûr que dans un pays ainſi diſpoſé & gardé, on aura beaucoup de perdrix ; mais l'abondance étant une fois établie, il ne faut pas vouloir la porter à l'excès. Il faut tous les

ans ôter une partie des perdrix, ſans quoi elles s'embarraſſeroient l'une l'autre au tems de la ponte, & la multiplication en feroit moindre. C'eſt un bien dont on eſt contraint de jouir pour le conſerver. La trop grande quantité de coqs eſt ſurtout pernicieuſe. Les perdrix griſes s'apparient ; les coqs ſurabondans troublent les ménages établis, & les empêchent de produire. Il eſt donc néceſſaire que le nombre des coqs ne ſoit qu'égal à celui des poules ; on peut même laiſſer un peu moins de coqs : quelques-uns fe chargent alors de deux poules, & leur ſuffiſent ; elles pondent chacune dans un nid féparé, mais fort près l'une de l'autre ; leurs petits écloſent dans le même temps, & les deux familles fe réuniſſent en une compagnie ſous la conduite du pere & des meres. Voilà ce qui concerne la conſervation des perdrix griſes.

Les rouges cherchent naturellement un pays diſpoſé d'une manière différente ; elles fe plaiſent dans les lieux élevés, ſecs & pleins de gravier ; elles cherchent les bois, ſur-tout les jeunes taillis & les fourés de toute eſpèce. Dans les pays où la nature ſeule les a établies, on les trouve ſur les bruyeres, dans les roches ; & quand on n'a d'elles que des foins ordinaires, elles ne paroiſſent pas fe multiplier beaucoup. Les perdrix rouges ſont plus ſauvages & plus ſenſibles au froid que ne ſont les griſes : il leur faut donc plus de retraites qui les raſſurent, & plus d'abris, qui pendant l'hiver les garantiſſent du vent & du froid. Les perdrix griſes ne quittent point la plaine lorſqu'elles y ſont en ſûreté ; elles y couchent & font pendant tout le jour occupées du foin de chercher à vivre. Les perdrix rouges ont des heures plus marquées pour aller aux gagnages ; elles ſortent le foir deux heures avant le foleil couchant ; le matin lorſque la chaleur fe fait ſentir, c'eſt-à-dire, pendant l'été vers neuf heures, elles rentrent dans le bois & ſur-tout dans les taillis, que nous avons dit leur être néceſſaires. Il faut donc que le pays où l'on veut multiplier les perdrix rouges, ſoit mêlé de bois & de plaines ; il faut encore que ces plaines, quoique voiſines des bois, foient fourrées d'un aſſez grand nombre de petites remiſes, de buiſſons, de haies, qui établiſſent la ſûreté de ces oiſeaux naturellement farouches. Si quelqu'une de ces choſes manque, les perdrix rouges déſertent. Les griſes ſont tellement attachées au lieu où elles ſont nées, qu'elles y meurent de faim plutôt que de l'abandonner ; il n'y a que la crainte extrême des oiſeaux de proie qui les y oblige. Les perdrix rouges ont beſoin d'une ſécurité plus grande ; ſi vous les faites partir ſouvent de leurs retraites, cet effroi répété les chaſſera, & elles courront juſqu'à ce qu'elles ayent trouvé des lieux inacceſſibles. On voit par-là que le projet de multiplier dans une terre les perdrix rouges à un

certain

certain point, entraîne beaucoup de dépense & de foins, qui peuvent & doivent peut-être en dégoûter; c'est un objet auquel il faut facrifier beaucoup, & n'en jouir que rarement. Les perdrix rouges s'aparient comme les grifes, & il eft effentiel auffi que le nombre des coqs ne foit qu'égal à celui des poules. On peut tuer les coqs dans le courant de l'année, à coups de fufil; avec de l'habitude, on les diftingue des poules en ce que celles-ci ont la tête & le cou plus petits, & la forme totale plus légère: fi l'on n'a pas pris cette précaution avant le tems de la ponte, il faut au moins la prendre pendant ce tems pour l'année fuivante. Dès que les femelles couvent, elles font abandonnées par les mâles, qui fe réuniffent en compagnies fort nombreufes. On les voit fouvent vingt enfemble. On peut tirer hardiment fur ces compagnies; s'il s'y trouve quelques femelles mêlées, ce font de celles qui ont paffé l'âge de produire. Cette opération fe doit faire depuis la fin de Juin jufqu'à celle de Septembre: après cela, les vieilles perdrix rouges fe mêlent avec les compagnies nouvelles, & les méprifes deviennent plus à craindre.

Les faifans fe plaifent affez dans les lieux humides; mais avec beaucoup d'attention on peut en retenir partout où il y a du bois & du grain. Il faut aux faifans des taillis qui les couvrent, des arbres fur lefquels ils fe perchent, des plaines fertiles qui les nourriffent, dans ces plaines des buiffons qui les affurent, & autant que tout cela une tranquilité profonde, qui feule peut les fixer. Si je voulois peupler d'une grande quantité de faifans un pays nud, je planterois des bofquets de vingt arpens à trois cents toifes les uns des autres. Ces bofquets feroient divifés en quatre parties, dont chacune feroit coupée à l'âge de feize ans, afin qu'il y eût toujours des taillis fourés & de quoi percher. Les entre-deux de ces bofquets feroient cultivés comme la terre l'eft ordinairement: une partie feroit femée en blé, l'autre en mars, pendant que la troifième refteroit en jachère. Je voudrois outre cela planter à cent toifes de chacun de ces grands bofquets, des buiffons alongés en haies, qui établiroient la fûreté des faifans dans la plaine; ces buiffons ferviroient à les faire tuer. Le terrein ainfi difpofé, on ne tourmenteroit jamais les faifans dans les grands bofquets dont j'ai parlé; ils y trouveroient un azile affuré, lorfqu'on les auroit chaffés à la faveur des buiffons. Si vous faites partir deux ou trois fois les faifans, ils s'effrayent & défertent. On efpère en vain d'en retenir beaucoup partout où l'on chaffe fouvent. Ce feroit dans ces haies intermédiaires dont nous avons parlé, qu'on donneroit à manger aux faifans pendant l'hiver. L'orge & le farrafin font leur nourriture ordinaire; ils font très-friands des féverolles: on peut auffi leur planter des topinambours; c'eft une

efpèce de pomme de terre qu'ils aiment, & qui fert à les retenir, parce qu'il leur faut beaucoup de temps pour la déterrer. Dès qu'on s'apperçoit que la campagne ne fournit plus aux faifans beaucoup de nourriture, dès que les coqs commencent à s'écarter, il faut leur jetter du grain: on ne leur en donne pas beaucoup d'abord; mais en plein hiver il ne faut pas moins qu'un boiffeau mefure de Paris par jour, pour une centaine de faifans; s'il vient de la neige, il en faut davantage. Pendant la neige la confervation du gibier en général demande beaucoup d'attention.

Il faut découvrir le gazon de près pour les perdrix grifes. Pour cela on fe fert de traineaux triangulaires qui doivent être fort pefans, & armés par devant d'une efpèce de foc de fer qui fende la neige. On y attele un ou deux chevaux, & on attache fur le derrière, pour faire l'office du balai, une bourrée d'épines fort rudes, qu'on a foin de charger. Il faut que des hommes balayent le long des buiffons au midi, des places pour donner à manger aux perdrix rouges. Il faut pour les faifans répandre dans différentes places du fumier, fur lequel on jette du grain. Il eft néceffaire qu'ils foient long tems à le trouver. Si on ne leur donne pas de cette manière, il feroit dévoré fur le champ; & après cela leur oifiveté & leur inquiétude naturelle les feroient déferter. Malgré tous ces foins, on perd encore beaucoup de faifans, fur-tout par les brouillards qui font fréquents à la fin de l'automne. Voilà ce que nous connoiffons de plus effentiel pour la confervation du gibier. Les détails de pratique ne peuvent point être écrits; mais ils ne feront ignorés d'aucun de ceux qui voudront s'en inftruire par l'ufage. Nous en avons peut-être trop dit, vû le peu d'importance de la matière. Nous ne devons pas finir fans avertir les laboureurs, qu'en fumant leurs terres un peu plus, & en femant leurs blés quinze jours plutôt, les faifans, & les perdrix ne leur feront qu'un léger dommage. A l'égard des lièvres & des lapins, leur abondance fait un tort auquel il n'y a point de remede; on ne les multiplie qu'aux dépens des autres efpeces de *gibier*, & à la ruine des récoltes.

GIBOYER; c'eft chaffer avec le fufil à pied & fans bruit. On employe auffi ce terme en fauconnerie lorfqu'on chaffe à l'oifeau, & qu'on vole le gibier.

GIRAFFE, f. f. Nom d'un quadrupède, qui femble tenir du chameau & du léopard, & que les Grecs & les Latins ont connu fous le nom de *Camelo-pardalis*. On remarque que la *giraffe* ne peut ni fûir fes ennemis dans l'état de liberté, ni fervir fes maîtres dans celui de domefticité.

Cet animal a les parties poftérieures du corps

beaucoup plus baffes que les antérieures, ce qui l'empêche de faire ufage de fes forces. Il a vers la croupe la hauteur du bœuf, & vers les épaules la taille du chameau. Il a deux cornes folides recouvertes de peau au-deffus du front, d'environ fix pouces de longueur, & au milieu du front un tubercule de deux pouces, qui reffemble à une troifième corne : fon col a jufqu'à fept pieds de hauteur, & il en a vingt-deux de long depuis l'extrémité de la queue jufqu'au bout du mufeau. On ne fait point encore fi les cornes de la *giraffe* tombent tous les ans, ce qui la mettroit au rang des cerfs ; ou fi elles font permanentes, ce qui la mettroit dans la claffe des chèvres.

Sa couleur eft d'un blanc fale parfemé de taches fauves. Sa queue eft mince & terminée par des crins noirs, longs de fept à huit pouces. Sa crinière eft formée de poils rouffâtres.

On prétend que ce quadrupède eft fort aifé à appriyoifer, & qu'on le conduit par-tout où l'on veut avec une petite corde paffée autour de fa tête.

La *giraffe* fe trouve fréquemment en Ethiopie, & quelquefois dans les terres voifines du Cap de Bonne-Efpérance. En général elle a tant de rapports avec le chameau, que quelques voyageurs lui ont donné le nom de *chameau des Indes*. On auroit tort de confondre cet animal avec le cerf, car les cornes du premier font fimples, & n'ont qu'une feule tige, & que les bois du fecond fe partagent toujours en andouillers. Il n'y a que les fauvages qui aillent à la chaffe de ce quadrupède.

GITE ; place où repofe le lièvre pendant le jour.

GLANÉE, f. f. Efpèce de chaffe fort meurtrière pour les canards.

GLARÉOLF. Genre d'oifeaux qui fréquentent les bords des rivières, des étangs, & des lieux marécageux. Ces oifeaux ont les pieds élevés, leur ongle de derrière fait en poignard touche la terre quand ils font droits, leurs jambes font longues. Ils ont le corps liffe, le cou long & rond ; la tête petite, le bec menu, luifant comme de la corne, conique, & étroit. Ces oifeaux courent rapidement & volent par paires ou en troupes.

GLOUTON ou GOULU, f. m. Cet animal eft un peu plus long, plus haut & plus gros qu'un loup ; il a la queue plus courte. Sa peau eft communément d'un brun obfcur ; la plus eftimée eft extrêmement noire & luftrée, avec un certain éclat comme des fatins ou des damas à fleurs. Les pattes du *glouton* font d'un fi beau blanc que les femmes du Nord s'en fervent pour orner leurs cheveux. La chair du *glouton* eft mauvaife ; fes ongles font très-dangereux.

Le *glouton* n'a pas les jambes faites pour courir, il ne marche que d'un pas lent, mais la rufe fupplée en lui à la légéreté ; il attend les animaux au paffage, il grimpe fur les arbres pour s'élancer deffus ; & quand il peut faifir les rennes ou les élans, il leur entame le corps, & s'y attache avec tant de force avec fes griffes, que rien ne peut l'en féparer. En vain ces animaux précipitent leur courfe ; en vain ils fe frottent contre les arbres pour s'en délivrer, l'ennemi affis fur leur dos continue à leur fucer le fang, à creufer leur plaie, & à les dévorer en détail, jufqu'à ce qu'ils tombent morts.

C'eft à caufe de cette voracité qu'on appelle quelquefois le *glouton*, *le vautour des quadrupèdes*. Quand il ne trouve point de proie vivante, il déterre les cadavres, les dépèce, & les dévore jufqu'aux os.

Cet animal, qui a tant de fineffe quand il s'agit d'aller à la chaffe des quadrupèdes dont il fe nourrit, femble n'avoir qu'un inftinct fort altéré pour fa confervation : il voit venir les chaffeurs avec une indifférence qui femble caractérifer l'imbécillité ; mais qu'on ne s'y trompe pas, cette fécurité ne vient que du fentiment de fes forces : comme le *glouton* s'eft mefuré avec tous les animaux qu'il a rencontrés, il fe croit le roi des déferts, & fuivant la remarque de l'illuftre Buffon, il règne encore moins par fa force que par la foibleffe de tout ce qui l'environne.

La chaffe du *glouton* eft fort pénible ; il faut au moins trois des plus forts lévriers pour l'attaquer, & fouvent ils ne réuffiffent pas à le vaincre ; un chaffeur de Sibérie fit un jour jetter dans l'eau un *glouton* en préfence du voyageur Gmelin, & lâcha fur lui une couple de chiens ; mais le *glouton* fe jetta auffi-tôt fur la tête du premier, & le tint fous l'eau jufqu'à ce qu'il l'eût fuffoqué.

On a prétendu que le *glouton* fe preffoit entre deux arbres pour vuider fon corps & y faire de la place par force, afin de fatisfaire de nouveau & plus promptement fon infatiable voracité.

Cependant on peut appriyoifer cet animal féroce, & lui apprendre à faire des tours. On en a vu un à Paris qui étoit devenu doux, timide & même careffant. Il marchoit en fautant, lapoit comme un chien, n'avoit aucun cri, toujours en mouvement, il cachoit & couvroit de paille le refte de ce qu'il avoit mangé.

Buffon prétend que l'ifatis qui eft moins fort & plus léger que le *glouton*, lui fert de pourvoyeur; celui-ci le fuit à la chaffe, & fouvent lui enlève fa proie avant qu'il l'ait entamée: ces deux animaux fe creufent également des terriers; mais leurs autres habitudes font différentes; l'ifatis va par troupe & le *glouton* marche feul.

On le trouve affez communément en Laponie & dans toutes les terres voifines de la mer du Nord, tant en Europe qu'en Afie: c'eft le carcajou du Canada & le quik-hatch de la Baie d'Hudfon; en général on ne le trouve que dans les parties les plus feptentrionales de l'Europe, de l'Afie & de l'Amérique: ce quadrupède eft inconnu en Afrique.

GLU. Subftance vifqueufe, & réfineufe que l'on tire de l'écorce du houx, du fruit du gui, ou des febeftes: la première fe nomme *glu d'Angleterre*; la feconde, *glu des Anciens*, & l'autre *glu d'Alexandrie*.

Glu d'Angleterre pour prendre les oifeaux à la pipée.

Au mois de juin ou de juillet on pèle une certaine quantité d'arbres de houx; on jette la première écorce brune, & on prend la feconde: on fait bouillir cette écorce dans l'eau de fontaine pendant fept ou huit heures, jufqu'à ce qu'elle foit attendrie: on en fait des maffes que l'on met dans la terre & qu'on couvre de cailloux, en faifant plufieurs lits les uns fur les autres, après en avoir d'abord fait égoutter l'eau. On les laiffe fermenter & pourrir environ trois femaines jufqu'à ce qu'elles fe changent en mucilage; on les retire & on les pile dans un mortier, jufqu'à ce qu'on puiffe les manier comme de la pâte, après cela on les lave dans de l'eau courante, & on les pétrit pour enlever les ordures. On met cette pâte dans des vaiffeaux de terre pendant quatre ou cinq jours, pour qu'elle jette fon écume & qu'elle fe purifie; enfuite on la met dans un autre vaiffeau, & on la garde pour fon ufage: la meilleure *glu* eft verdâtre, & fur-tout ne doit contracter aucune mauvaife odeur.

Glu des Anciens.

On fe contentoit autrefois de faire bouillir dans de l'eau les fruits de *gui*, de les piler, & d'en faire couler la liqueur chaude pour féparer les femences & la peau: on prend aujourd'hui plus de précautions: on ôte l'écorce de cette plante parafite, on la met dans un lieu humide, renfermée dans un pot, l'efpace de huit jours, on la pile enfuite jufqu'à la réduire en bouillie, on la met dans une terrine, & on y jette de tems en tems de l'eau de fontaine bien fraîche, &.on remue la liqueur avec un bâton jufqu'à ce qu'elle s'y attache; plus elle eft nette, plus elle eft tenace. On l'étend enfin à plufieurs reprifes dans l'eau pour la bien nétoyer.

D'autres pour faire cette même *glu de gui* en prennent l'écorce dans le tems de la sève, en forment une maffe & la mettent pourrir pendant cinq ou fix jours dans l'eau, à l'aide de la chaleur du fumier. Ils pilent enfuite cette écorce, la réduifent en pâte & la lavent dans une eau limpide & courante; elle forme alors une maffe gluante qu'on met en boule dans un vaiffeau, & qu'on trempe de tems en tems dans une eau claire renouvellée avec foin.

Glu d'Alexandrie.

Elle fe compofe avec la pulpe des febeftes, efpèce de petite prune qui croît en Syrie & en Egypte: on les pile quand elles font mûres & on les lave dans l'eau: cette eau devient trèsgluante. Rien de plus fimple que la compofition de cette *glu*: mais le fruit qui la produit ne croît pas en Europe, & il n'y a que les Egyptiens qui puiffent nous le procurer.

GLUAUX. Petits ofiers bien unis, minces, droits & de la longueur d'environ quinze ou dix-huit pouces, on les enduit de *glu*, excepté par le gros bout, pour y faire prendre les oifeaux à la pipée. Les meilleurs font ceux qu'on cueille au mois de feptembre, & lorfque les pointes ne fe caffent point. Dès qu'on les a cueillis, on doit les laiffer au foleil quelques heures, puis ôter les feuilles, en commençant par la cime, leur laiffer le gros bout en forme de coin pour qu'ils entrent dans les entailles faites aux branches de l'arbre, & qu'ils y tiennent par le haut; puis on prend de la *glu* avec la cime du *gluau*, & on les frotte les uns contre les autres pour les *engluer*.

Chaffe aux gluaux.

On fe fert d'une branche d'ormeau, dont l'extrémité de chaque tige eft couverte de glu, ou bien on prend un bâton long de fix ou fept pieds, droit & léger, auquel on attache par l'extrémité fupérieure deux ou trois petites branches d'ormeau compofées de plufieurs petits rameaux englués; il faut que les brins ne fe touchent pas, & leur donner à-peu-près la forme d'un éventail.

Cette chasse demande l'industrie de trois personnes, l'un porte du feu avec des torches de paille, l'autre bat les buissons, & le plus adroit porte les *gluaux*; il ne faut point pénétrer dans le bois à cause des feuilles d'arbres qui peuvent empêcher l'effet de la glu, mais se promener seulement le long des buissons. La personne qui porte le feu, doit toujours le tenir élevé, & celle qui tient la branche engluée être toujours en action pour prendre les oiseaux qui viendront voler autour du feu. Le second chasseur doit se contenter de frapper sur les haies pour en faire sortir le gibier : cette chasse amusante demande un grand silence de la part de ceux qui s'y exercent.

Chasse au buisson englué.

Cette chasse est usitée depuis le mois de septembre jusqu'au mois d'avril, & on y prend une quantité prodigieuse de petits oiseaux; elle seroit encore une partie de plaisir quand même le gibier qu'elle nous procure nous seroit inutile.

Choisissez dans une pièce de terre un endroit éloigné des grands arbres & des haies : piquez en terre trois ou quatre branches de taillis hautes de cinq ou six pieds, & entrelacez leurs cimes les unes dans les autres, afin qu'elles aient l'apparence & la solidité d'un buisson. On peut couvrir le haut avec deux ou trois branches d'épines noires & touffues, qu'on fait tenir par force. On prend ensuite quatre ou cinq douzaines de petits gluaux longs chacun de neuf à dix pouces; on en fend le gros bout avec un couteau, & on les met en divers endroits du buisson, en les arrangeant de façon qu'un oiseau ne puisse se placer dessus, sans engluer son plumage.

Il y a un moyen de faire venir le gibier dans le piège qu'on lui tend, c'est d'avoir des oiseaux apprivoisés de l'espèce que vous voulez prendre, & de les placer sur des petites fourchettes de bois élevées de terre environ de six pieds, & piquées à environ une toise du buisson : nous avons parlé de cet artifice sous le nom d'*appeau*.

Si l'on veut augmenter le nombre des oiseaux appellans & par conséquent multiplier ses prises, il faut à mesure qu'on en prend, les attacher sur quelques baguettes au haut du buisson, se retirer à trente, ou quarante pas, & tirer de-là une ficelle attachée par une de ses extrémités aux baguettes, les oiseaux captifs remueront alors leurs ailes, & ceux qui sont libres s'imaginant qu'il y a sur ce buisson de la nourriture en abondance, viendront s'y abattre, & perdront leur liberté en perdant l'usage de leurs ailes.

Chasse à l'abreuvoir englué.

Ce divertissement se prend sur la fin de juillet, quand les petits oiseaux ont cessé de faire leur nid; ils sont alors plus altérés, & par conséquent il est plus aisé de les faire tomber dans ses pièges.

On remarque une mare où les oiseaux ont coutume de venir boire : on choisit un abord du côté où le soleil donne le moins, & on ôte avec soin toutes les ordures qui pourroient en rendre l'entrée inaccessible : on prend alors beaucoup de petits *gluaux* longs d'un pied, qu'on coupe en pointe & qu'on pique à distance égale le long du bord, de manière qu'ils soient tous couchés à deux doigts d'élévation de terre, & qu'ils avancent les uns sur les autres, sans se toucher. Quand l'abord est fermé, on environne de petites branches le reste de la mare, pour obliger les oiseaux à se jetter sur le côté des *gluaux*, & on se retire pour voir l'effet de son artifice.

Une observation sur ce piège en a fait faire une autre; on remarque que quand un oiseau vient se désaltérer, il ne se jette pas d'abord à l'eau, mais qu'il considère de loin l'endroit où il peut aborder & qu'il se place d'abord sur la cime d'un arbre, dont il descend par gradation, jusqu'à ce qu'il soit à terre. On peut tirer un grand parti de cette remarque.

Un chasseur expérimenté pique à l'endroit le plus apparent des environs de la mare, trois ou quatre branches élevées dont il coupe les rameaux du côté de l'eau, & qu'il couvre de *gluaux* : il est certain, que si dans une bonne journée, on prend six douzaines d'oiseaux à la chasse de l'abreuvoir, on en doit les deux tiers à la dernière invention des arbrisseaux englués.

L'heure la plus favorable pour cette chasse est depuis dix heures du matin jusqu'à onze; le soir depuis deux heures jusqu'à trois, & surtout une heure & demie avant le coucher du soleil. Plus la chaleur est grande, plus la chasse est lucrative. La pluie & la rosée sont contraires à ce divertissement.

On prend à l'*abreuvoir englué*, & en général avec les *gluaux*, une multitude d'oiseaux différens; en voici les principaux : les ramiers, les tourterelles, les pies, les grives, les merles, les gros-becs, les pinsons, les linotes, les chardonnerets, les moineaux, les fauvettes, les rossignols & ortolans.

GNOU, s. m. Animal d'Afrique, de la

grandeur d'un âne. Son corps est couvert d'un poil court comme celui du cerf & de couleur fauve, blanchâtre à l'extrémité. Sa tête ressemble à celle du bœuf. Tout le devant est garni de longs poils noirs qui s'étendent jusqu'au dessous des yeux. A la lèvre inférieure, il a de longs poils blancs. Ses yeux sont noirs & bien fendus. Au haut du front, sont deux cornes noires dont la longueur est de dix-neuf pouces, leur base en a dix-sept de tour; elles se touchent & sont appliquées au front dans une étendue de six pouces; elles se courbent vers le haut & se terminent en pointe. A la distance de deux pouces des cornes commence une crinière épaisse qui s'étend du cou au dos, formée par des poils roides, longs de trois pouces & demi, dont la partie inférieure est blanche & la supérieure noire; les oreilles sont couvertes de poils noirâtres & courts, sa croupe ressemble à celle du cheval, & elle a de côté & d'autre deux éminences charnues qui la font paroître fort large; sa queue est composée de longs crins blancs, ses jambes sont semblables à celles du cerf, son pied est fourchu, les sabots en sont noirs, unis, surmontés en derrière d'un seul ergot.

Cet animal se nourrit de végétaux, il n'a point l'air féroce, cependant il cherche à blesser celui qui l'approche; quelquefois il marche sur ses genoux, baisse la tête, & sillone la terre avec ses cornes & ses jambes. Il mugit comme le bœuf. La race en est nombreuse près du Cap de Bonne-Espérance.

GOBE-MOUCHE. Espèce de lézard des Antilles, très-joli & fort adroit à prendre les mouches. Il n'est guères plus gros & plus long que le doigt. On le trouve non-seulement dans les forêts, mais encore sur les arbres des vergers & dans les maisons où il se rend fort familier, & ne fait point de mal. Ce petit animal se voit aussi aux Indes Orientales, & il a la faculté, ainsi que le caméléon, de réfléchir la couleur des objets auprès desquels il se trouve.

GOBEUR DE MOUCHES; genre d'oiseaux dont on distingue plusieurs espèces.

Le goche-mouche vulgaire est un petit oiseau qui a le bec d'un brun roussâtre; la tête & le dos de couleur plombée, mêlée de jaune; la poitrine blanchâtre, les pattes noirâtres. Les ongles de ses doigts de derrière sont fort grands & un peu courbes. Ces oiseaux suivent les bestiaux à cause des mouches qu'ils trouvent à leur suite.

Les gobeurs de mouches; oiseaux du Cap de

Bonne-Espérance, sont ou blancs ou aurores, ou à collier, ou hupés.

Ceux de Madagascar ont la queue fort longue & le plumage aurore, ou noirâtre; quelquefois tacheté de blanc; leur hupe naît de la base du bec & est dirigée vers la pointe du bec.

Il y a aussi un gobeur de mouche de la Chine, à longue queue.

GOÉLANDS; genre d'oiseaux aquatiques & maritimes. Quelques naturalistes n'ont fait qu'une même espèce des goélands, des mouettes & des hirondelles de mer. Mais Buffon en fait trois espèces différentes. Cependant il n'établit de véritable différence entre les goélands & les mouettes, que la grandeur. Il appelle goélands tous les oiseaux de ce genre dont la taille surpasse celle du canard, & qui ont 18 à 20 pouces depuis le bout du bec jusqu'à l'extrémité de la queue; & tous ceux qui sont au-dessous de ces dimensions, il les appelle mouettes. Les uns & les autres ont le bec tranchant, alongé, applati par les côtés, avec la pointe renforcée & recourbée en croc. Ils n'ont la queue fourchue comme les hirondelles de mer. D'ailleurs, ils sont fort hauts sur jambes, ce qui ne convient point encore à ces autres oiseaux, qui ont les jambes fort courtes; ils ont les trois doigts engagés par une membrane pleine, & celui de derrière seulement dégagé, tandis que les doigts des hirondelles de mer ne sont qu'à demi palmés. Ajoutez à toutes ces différences que les hirondelles de mer ont le bec tout droit & pointu.

Les goélands & mouettes se tiennent en troupes sur les bords de la mer. On les voit souvent couvrir de leur multitude les écueils & les falaises, qu'ils font retentir de leurs cris importuns. Il n'est pas d'oiseaux plus communs sur les côtes. Ils se nourrissent de petits poissons qu'ils prennent à la surface de l'eau, de poisson mort, de cadavres de toute espèce, que la mer rejette sur les rivages. Ils accompagnent aussi les pêcheurs pour profiter des débris de la pêche. On les appelle gabians sur les côtes de la Méditerranée, mauves ou miaules sur celles de l'Océan.

Buffon distingue cinq espèces de goéland; savoir: 1°. Le goéland à manteau noir, ainsi nommé d'un manteau noirâtre ardoisé qui lui couvre le dos. C'est le plus grand des goélands; il a deux pieds, & quelquefois deux pieds & demi du bout du bec à celui de la queue. En Picardie & en Normandie, on l'appelle noir-manteau.

2°. Le goéland à manteau gris, blanc par-tout, à l'exception du dos, couvert d'un manteau gris & de taches noires aux grandes pennes de l'aile : on en voit beaucoup en novembre & décembre, sur les côtes de Picardie & de Normandie, où on l'appelle *gros-miaulard*, & *bleu-manteau*.

3°. Le *goéland brun*, qui a le plumage d'un brun sombre sur le corps entier, à l'exception du ventre, lequel est rayé de brun sur fond gris, & des grandes pennes de l'aile qui sont noires.

4°. Le *goéland* varié ou *grisard*, dont le plumage est moucheté de gris sur fond blanc. Celui-ci est de la plus grande espèce, ayant cinq pieds d'envergure, & le bec de quatre pouces de long.

5°. Le *goéland* à manteau gris-brun, appelé *bourg-mestre* par les Hollandois. Il est aussi grand que le *goéland* à manteau noir. Il a le dos brun, ainsi que les pennes de l'aile, dont les unes sont terminées de blanc, les autres de noir, & tout le reste du plumage est blanc.

A l'égard des mouettes, M. de Buffon en distingue six espèces ; la *mouette blanche*, qui paroît ne point se trouver sur nos côtes ; la *mouette tachetée*, qu'on y voit quelquefois, & dont il parut de grandes troupes, aux environs de Sémur en Auxois, au mois de février 1775, qu'on tuoit fort aisément, & dont plusieurs furent trouvées mortes de faim dans les prairies, les champs & au bord des ruisseaux ; *la grande mouette cendrée*, appelée *grande-émiaule*, sur les côtes de Picardie, que Salerne dit n'être pas mauvaise à manger & dont il y a beaucoup sur la Loire ; la petite *émiaule cendrée*, la *mouette rieuse*, ainsi nommée de son cri qui imite un éclat de rire ; & la *mouette d'hiver*, ainsi appelée par les naturalistes Anglois ; mais que Buffon soupçonne n'être autre chose que notre *mouette tachetée*.

(Extr. de la chasse au fusil.)

GOITREUX. Nom donné à plusieurs espèces de lézards de l'Amérique.

Le *goitreux* qui se trouve au Mexique porte une espèce de sac qui lui prend de la machoire inférieure & lui sert de poche pour y retenir ses alimens. Il a une sorte de peigne, lequel s'étend sur le cou, sur le dos, & sur une partie de la queue. Il est couvert de petites écailles en losanges, d'un brun clair, nuancé de vert.

Le *goitreux* de Saint-Iago de Chili, à le dessous de la machoire inférieure garni d'un long goître creux en-dedans, que l'animal enfle prodigieuse-

ment lorsqu'il est irrité. Sa tête & sa machoire inférieure sont couvertes de grandes écailles d'un vert de mer. Ses yeux sont grands & vifs ; ses pieds se partagent en cinq doigts longs & armés d'ongles crochus.

GOLANGE ou GOLANGO ; espèce de daim de la basse Ethiopie. Il ressemble beaucoup au mouton pour la figure, pour la grosseur & pour le goût de la chair. Il a des cornes fort pointues ; sa peau est rousfâtre & tachetée de blanc. Les nègres recherchent cet animal comme un excellent aliment ; mais les habitans de Congo le révèrent comme un être sacré.

GONAM-BOUCH ; oiseau fort commun à Surinam. C'est une espèce de bruant, qui a cinq pouces de long ; il a la taille de l'alouette & le chant du rossignol. Son plumage est d'un gris noir, avec une nuance de rouge sur la poitrine, les ailes & la queue. Il se perche volontiers sur la tige du maïs, dont il se nourrit.

GONOLEK, ou *mangeur d'insectes*. Cet oiseau du Sénégal est de la grandeur de la pie grièche d'Europe. Il est remarquable par les couleurs vives & variées dont il est peint.

GORFOU. Nom donné à un oiseau seul de son genre, de la grosseur de l'oie domestique. Cet oiseau se trouve sur les côtes de la mer méridionale : il a quatre doigts à chaque pied ; savoir, trois antérieurs & palmés. Celui de derrière est isolé, fort élevé & placé dans l'intérieur du pied. Le bec est droit, épais, long de deux pouces & demi, & rouge. Son plumage est d'un brun pourpré sur le dos. Ses ailes sont fort courtes ; l'oiseau les porte étendues & déployées sans pouvoir s'en servir pour voler. Le *Gorfou* ne fait que nager & plonger.

GORGE ou GOSIER. Petit oiseau que l'on nomme aussi *veron*. Il a une tache jaune près des yeux, & la poitrine couleur de plomb. Son cou, son dos & sa queue, sont bruns ; son bec est noir & ses pieds sont roux.

GORGE BLANCHE. Oiseau de passage qui paroît en Angleterre au printems. Son bec est noir en partie ; son plumage est presque tout blanc, sur-tout à la *gorge*. Il fréquente les haies & les jardins, il se nourrit d'insectes.

GORGE BLEUE. Cet oiseau a la gorge bleue & le ventre rouge. Il est du genre des fauvettes. On en voit beaucoup dans les champs aux environs de Strasbourg.

GORGE NUE. Cet oiseau a le dessous de la *gorge* & du cou semé de plumes, & simplement couvert d'une peau rouge. Il a les pieds rouges, la queue épanouie, & un double éperon à chaque pied.

GORGE ROUGE, OU ROUGE GORGE. Petit oiseau remarquable par le rouge orangé de sa poitrine. C'eſt dans le mois de septembre que cet oiseau commence à ſe montrer dans les villes & les villages, où ſa voix mélodieuſe le fait preſqu'autant eſtimer que le roſſignol. Sa taille eſt ſvelte, élégante. Son bec eſt grêle, délié & noir. Sa langue eſt fourchue; ſa queue a deux pouces & demi de longueur; il la tient levée. La Lorraine ſur-tout abonde en ces oiseaux. La chair en eſt excellente. On élève en cage cet oiseau, en lui donnant de la pâtée. Quand les petits ſont élevés, ils mangent de tout. L'âge & le pays cauſent de grandes variétés dans ces ſortes d'oiseaux; ils font leur nid parmi les épines ou dans des creux d'arbres, avec de la mouſſe, de l'herbe fauchée & de menues broſſailles; on en prend quelquefois avec des gluaux.

La *gorge rouge* ſe trouve, non ſeulement dans l'Europe, mais encore à l'iſle de Cayenne & dans la Jamaïque.

GORGE. Sachet ſupérieur d'un oiseau de proie, on le nomme ailleurs poche.

Ce mot a donné naiſſance à pluſieurs périphraſes uſitées en fauconnerie, dont nous allons faire mention.

Digérer ou enduire la *gorge*, ſe dit par rapport aux alimens que l'oiseau a pris: ce faucon digère ſa *gorge*, c'eſt-à-dire, que la *gorge* paſſe vîte, & que l'oiseau émeutit ou ſe décharge le vent ſans avoir en le tems de faire ſa digeſtion. Cette incommodité mène au mal ſubtil. Voyez l'article fauconnerie.

Donner bonne *gorge*, repaître généreuſement ſon oiseau; on dit dans le même ſens; donner demi-*gorge*, donner quart de *gorge*, &c.

Donner groſſe *gorge*, c'eſt préſenter à l'oiseau de la viande groſſière, & qui n'a pas été trempée dans l'eau: c'eſt lui faire faire une mauvaiſe chère.

Gorge chaude, c'eſt la viande chaude qu'on donne aux oiseaux de proie, & qu'on prend du gibier qu'ils ont attrapé.

Toutes ces périphraſes ſont néceſſaires aux fauconniers, mais ne le ſont qu'à eux.

GORGÉE. Les fauconniers donnent bonne *gorgée* à l'oiseau, c'eſt-à-dire, une bonne portion du gibier qu'il a pris, ſur-tout quand il commence à voler.

GORGER. Les fauconniers diſent, un oiseau eſt *gorgé* quand il eſt repu.

GOULIN, ſ. m. Oiseau qui eſt le merle des Philippines. Il a le deſſus du corps d'un gris clair argenté; la queue & les ailes d'une couleur rembrunie. Ses yeux ſont environnés d'une peau nue formant un ovale irrégulier. Ils ſont ſéparés par une ligne de plumes noirâtres. Cet oiseau a près d'un pied de long. Il niche dans des trous d'arbres, ſur-tout dans les cocotiers. Il vit de fruits.

GOULU DE MER; eſpèce de mouette. Oiseau qui ſe trouve en grand nombre au Cap de Bonne-Eſpérance. On en voit de verts, de gris, de noirs. Leurs plumes font d'excellens lits.

GOUSSANT. Nom que les fauconniers donnent à un oiseau trop court, & peu eſtimé pour la volerie.

GOUTIERES. Raies creuſes qui ſont le long des perches, ou du mérain de la tête du cerf, du daim & du chevreuil.

GRANDOULE, ſ. f. C'eſt un oiseau des provinces méridionales, connu principalement ſous ce nom vulgaire qu'on lui donne en Provence. Il ne ſe tient que dans les grandes plaines incultes, particulièrement dans celle de la Crau, près d'Arles, où il s'en trouve plus que par-tout ailleurs. On en voit encore en aſſez grand nombre dans une plaine en friche qui n'eſt que ſable & gravier, & fort étendue, appellé le plan de Diou, à trois lieues nord-eſt d'Orange. Il eſt connu, dans ce canton, ſous le nom de taragoule. Sa groſſeur eſt celle d'un pigeon biſet. Il a le bec de la perdrix, mais plus court, & les jambes moins hautes. Son plumage approche de celui du pluvier doré. Il ne ſe branche point, & niche à terre; les nichées habitent enſemble par troupes ſéparées. Il n'eſt point de paſſage; mais plus inconſtant dans ſa demeure que la perdrix. On en trouve, en toute ſaiſon, dans la Crau. Il ſe nourrit de diverſes graines, eſt très-ſauvage, & ſe laiſſe difficilement approcher.

Ces oiseaux ont l'habitude de venir à l'eau, ſoir & matin, pour ſe baigner. D'après cette habitude, les chaſſeurs de la Crau, font, en été, des ſaignées aux canaux qui traverſent cette plaine, pour former une petite mare, au bord de laquelle ils les attendent cachés dans une hutte; mais il faut être alerte pour les tirer, car ils ne s'arrêtent guère, & reprennent leur vol, auſſi-tôt qu'ils ont avalé deux ou trois gorgées d'eau. Au plan de Diou, près d'Orange, on les chaſſe différemment. On ſe place, pour les approcher, dans un tombereau ou charrette, qu'on fait avancer lentement

& en tournant vers la troupe, jufqu'à ce qu'on fe trouve à portée de tirer.

Parmi tous les oifeaux qu'a décrits Buffon, on ne trouve point l'analogue de celui-ci, dont la defcription a été envoyée de Provence par un habile chaffeur. Mais on eft perfuadé que c'eft le même qu'on appelle angel, aux environs de Montpellier, qui (dit Salerne) a été mal-à-propos confondu par quelques naturaliftes avec le pigeon fauvage ou des bois, tenant plus par la forme & le caractère à l'efpèce de la perdrix qu'à celle du pigeon.

(*Extr. de la chaffe au fufil*).

GREBE ou COLIMBE. Genre d'oifeaux aquatiques, dont on diftingue plufieurs efpèces, & dont le caractère eft de ne point avoir de queue. Le *grebe* a près de deux pieds de longueur, depuis l'extrémité du bec jufqu'au bout des ongles. La tête eft petite, les ailes & les jambes font très-courtes, le bec eft étroit, aigu, droit & long de deux pouces. Les plumes du derrière de la tête lui forment une petite crête partagée en deux pointes. Son plumage eft mélangé de couleur brune, & d'un beau blanc argenté. Ses pieds font grisâtres, & ont chacun quatre doigts garnis d'ongles qui reffemblent à ceux de l'homme. Ses doigts font garnis d'une membrane, fans être unis les uns aux autres.

La poitrine & le ventre du *grebe* font très-recherchés à caufe de la couleur blanche & brillante des plumes & de leur fineffe: on en fait des manchons & des garnitures de robes. Ces oifeaux abondent principalement fur le lac de Genève & en Suiffe. Il y a d'autres fortes de *grebes*; favoir, la *grebe huppée*, la *grebe cornue* ou à *capuchon*, la *grebe à oreilles*, la *grebe de rivière*.

GRÈS. Ce font les groffes dents de la mâchoire fupérieure du fanglier, lefquelles touchent contre les défenfes, & femblent les aiguifer.

GRIFFON, f. f. Ce nom a été donné par les naturaliftes à divers oifeaux qui ont une force incroyable & une grandeur démefurée. L'un de ces oifeaux, qui a été vu à Paris, étoit plus grand que l'aigle; il avoit huit pieds d'envergure, & trois pieds & demi de longueur; fes jambes avoient un pied de long; fes pieds étoient noirâtres; fes ongles noirs; il avoit les yeux à fleur de tête, & autour une peau dénuée de plumes, formant un bourrelet. La langue dure & cartilagineufe; le bec étroit plus long que celui des aigles. Le plumage du dos & des cuiffes étoit d'un gris rouffâtre. Celui des ailes & de la queue étoit noir. Il avoit au bas du cou une fraife compofée de plumes effilées, d'un blanc éclatant. Les griffons d'Afrique font des efpèces de *condor*.

GRIGRI. Petit oifeau de proie des Antilles, ainfi nommé, à caufe de fon cri. Il n'eft pas fi gros qu'un merle, & il a le plumage bigarré comme le faucon. Sa vivacité rend amufans les combats qu'il donne à d'autres oifeaux; il fait la chaffe aux lézards, aux fauterelles, & fouvent aux petits poulets nouvellement éclos. On dreffe le *grigri* au vol comme l'émérillon, dont il n'eft fans doute qu'une variété.

GRIMME. Chèvre fauvage qui doit fon nom à *Grimme* le naturalifte.

La *grimme* a fur le fommet de la tête une touffe de poils droits & élevés, & entre chaque narine & l'œil une cavité dans laquelle il fe fait un amas d'une humeur jaunâtre, graffe & vifqueufe, qui fe durcit & devient noire avec le tems, & dont l'odeur participe de celle du mufc & du caftoréum: quand on a enlevé cette liqueur, une autre lui fuccède.

La *grimme* fe trouve en Guinée & fur la côte du Sénégal: elle eft plus petite que les chèvres & les gazelles ordinaires, elle ne porte que des cornes infiniment courtes.

Il y a encore une efpèce de *grimme* qu'on nomme *damoifeau de Guinée*. C'eft un joli animal, très-propre, très-agile, & qui s'apprivoife aifément. Il eft ruminant, & a des cornes noires; les yeux très-vifs, les jambes fines, le nez noir & ras, la lèvre fupérieure divifée en deux lobes, fans être fendue. On lui remarque une petite mouftache, & fous le gofier un poireau garni de poils.

GRIMPEREAU. Petit oifeau de paffage dont le bec eft contourné en forme de faulx, & dont la queue eft compofée de douze plumes égales. Cet oifeau eft eftimé des chaffeurs.

Il y a plufieurs efpèces de *grimpereau*.

Le *grimpereau* noir ou torchepot, eft un peu plus grand que le pinçon; il grimpe & defcend des arbres & les creufe. Il fe retire fous les toîts des maifons, dans les creux d'arbres & dans les murailles.

Quand cet oifeau veut faire fon nid dans un trou d'arbre, il le ferme avec du limon, en n'y laiffant qu'une entrée fort étroite; il fe nourrit des infectes qu'il trouve fur l'écorce de l'arbre où il habite, & mange auffi des noix, qu'il ouvre de fon bec avec beaucoup d'adreffe. Le cri du mâle eft grigri, il ne voit fa femelle que dans l'été; quand les petits font élevés, ils fe féparent, & fouvent fe battent quand ils fe rencontrent.

Il y a un petit *grimpereau* noir, dont la voix eft extrêmement forte: le mâle, dans cette efpèce, choifit

choifit fa femelle, &, s'il s'en préfente une autre, il l'oblige à prendre la fuite, & appelle enfuite fa compagne.

Le petit *grimpereau* d'arbre fe retire dans les troncs d'arbre, s'attache aux branches, & y voltige fans ceffe; il eft plein d'activité. Cet oifeau eft un peu plus grand que le roitelet.

Le *grimpereau* de Hambourg eft de la groffeur du moineau, il ne fe fert guère de fes ailes tant qu'il fe trouve fur les arbres; il grimpe fur les branches avec l'adreffe d'un écureuil; il fe nourrit d'infectes & de cerf-volans.

Le *grimpereau* du Mexique a le plumage de bleu d'azur ou de turquoife : c'eft une efpèce de colibri.

Le *grimpereau* de Ceylan eft vert, nuancé d'une couleur aurore.

Le *grimpereau* de l'Ifle eft d'un bleu nuancé d'argent : il a tant de courage qu'il ofe pourfuivre les corbeaux & les contraindre à fe cacher.

Les *grimpereaux* du Bengale ont la taille des piverts, & paroiffent en être une variété.

Il y a encore beaucoup d'efpèces de *grimpereaux* des Indes qui ont une grande variété de plumages. Tous ces oifeaux ont un chant fort agréable.

GRISARD, f. m. Efpèce de canard de mer de la groffeur d'une oie, que l'on trouve fur les bords de l'Océan. On prétend que fon cri reffemble au fon d'une flûte.

GRISETTE. Joli petit oifeau de paffage qui fe nourrit de mouches & d'autres infectes. Son bec eft grêle, foible & long. Son corps eft brun; fon ventre eft d'un beau blanc argenté; fes jambes & fes pieds font noirâtres; fa chair eft blanche, tendre & délicate. Cet oifeau fréquente les endroits aquatiques & les côtes de la mer. Il va par bandes; il eft très-difficile à approcher.

GRISON, f. m. Petit quadrupède de l'efpèce voifine de la belette & de l'hermine. Il a le dos couvert de poils brun foncé, dont la pointe eft blanche; le deffus de la tête & du cou eft d'un gris plus clair; le mufeau, le deffous du corps, les jambes font d'un beau noir féparé du gris par une raie blanche, qui va d'une épaule à l'autre en paffant par-deffus le nez, & les yeux. Sa tête eft petite; fes oreilles font en demi-cercle; fes yeux font grands; fa gueule eft armée de fix dents incifives dans chaque mâchoire, outre de fortes dents canines & des mâchelières; fes pieds font partagés en cinq doigts, garnis d'ongles forts &

jaunâtres; fa queue eft longue & pointue : du bout du mufeau à l'anus, il n'a que fept pouces de long.

Ce joli quadrupède fe trouve à Surinam, & là même il eft fort rare.

GRIVE, f. f. Oifeau de couleur plombée, qui chante & fiffle agréablement, qu'on apprivoife quelquefois, mais qu'on eftime plus fur la table que dans une cage.

La *grive* eft de la groffeur du merle; elle fe nourrit de gui de chêne, d'olives, & fur-tout de raifins : elle fait fon nid à la cime des arbres, & pond jufqu'à dix petits.

Comme la chair de la *grive* tuée en automne eft d'un goût exquis, on fait avec beaucoup d'empreffement la chaffe de cet oifeau.

Il y a quatre efpèces de *grives*.

1°. la *litorne* : c'eft la *grive* de génévrier qu'on nomme auffi *oifeau de nerte*, ou vulgairement *chacha* : elle reffemble pour la taille & la figure au merle femelle; c'eft la moins eftimée des *grives*, quoiqu'elle foit de plufieurs degrés fupérieure aux autres oifeaux. La litorne eft un oifeau de paffage & ne fait pas fon nid dans nos climats.

2°. Le *mauvis* : c'eft la *grive* de vigne commune, qu'on appelle auffi *petite grive de gui* : ce dernier nom ne lui vient pas de ce qu'il mange des baies de gui, mais de ce qu'il reffemble à la groffe *grive* dont nous parlerons dans le quatrième article. Cet oifeau n'eft pas fi gros qu'un merle, il fe nourrit d'infectes, mange des vermiffeaux, des fcarabées & des limaçons; on en voit toute l'année en Angleterre, il y fait fon nid; fon chant dans le printems eft fort mélodieux; il eft folitaire, & fe perche ordinairement fur les arbres des bois taillis.

On prétend qu'en Siléfie cet oifeau fe trouve en fi grande abondance dans les forêts & dans les montagnes, que ce mets fuffit pour nourrir les habitans dans l'automne.

La petite *grive de gui* eft fort gourmande; elle s'engraiffe extraordinairement dans les vignobles, & c'eft dans le tems des vendanges que fa chair eft le plus eftimée. Les anciens donnoient à cette *grive* le premier rang parmi les oifeaux recherchés pour la table.

3°. La *rofelle* : c'eft la *grive* rouge qui ne vole que par bandes, & qu'on trouve plus communément dans nos climats : c'eft un oifeau de paffage; il paffe l'hiver dans la Bohême, dans la Hongrie, & dans les pays du Nord. Les naturaliftes font admirer fon plumage, & les payfans vantent fon ramage : c'eft le roffignol de quelques contrées.

4°. La *tourdelle* : c'eſt la groſſe *grive* de gui , on la nomme auſſi *ſuſerte* , *fraye* & *jocaſſe* ; elle eſt à-peu-près de la taille d'une petite pie : cet oiſeau mange des bayes de gui , qu'elle rend en entier , & qui peuvent encore végéter. La chair de cette *grive* eſt moins eſtimée que celle des autres , parce qu'elle eſt de plus difficile digeſtion. C'eſt un oiſeau de paſſage qui va par compagnie ; il ſe plaît dans les prés & les pâturages : on l'apprivoiſe volontiers ; parce qu'on le mange avec moins de plaiſir.

Toutes les *grives* ſont des oiſeaux de paſſage ; mais il ne laiſſe pas d'en reſter beaucoup qui nichent & pondent dans nos pays , excepté néanmoins la *litorne* , qui ſe retire dans les pays du nord , où elle trouve du genièvre en abondance. Il nous reſte très-peu de petites *grives* ou mauvis pendant l'hiver , & il eſt rare qu'elles nichent dans nos contrées.

La chaſſe des grives eſt très-agréable au temps des vendanges. Enivrées par le raiſin , elles ſe laiſſent approcher plus facilement dans les vignes & ſur leurs bords que par-tout ailleurs. Elles ſont encore très-friandes des olives : elles trouvent l'un & l'autre dans nos provinces méridionales ; ce qui fait qu'on y en voit en plus grande quantité qu'ailleurs , & qu'elles y ſont , en général , plus graſſes & de meilleur goût. Depuis que le raiſin commence à mûrir , juſqu'après la vendange , on en voit peu dans les pays où il n'y a point de vignobles ; mais, ce temps paſſé , elles ſe répandent par-tout où elles trouvent du genièvre , du nerprun , des ſenelles , & autres baies dont elles ſe nourriſſent. Vers la Touſſaints , elles viennent en foule aux aliziers , dont le fruit leur plaît beaucoup , & en ſe mettant à l'affût ſous un de ces arbres , on eſt aſſuré d'y faire bonne capture ; ſouvent à peine donnent-elles le temps de recharger. Il en eſt de même des merifes ; mais la ſaiſon de la maturité de ces fruits étant le mois de juin , ce n'eſt guères la peine de s'amuſer à cette chaſſe , attendu que c'eſt le temps où elles ſont occupées du ſoin de leurs petits , & qu'elles ſont maigres alors ; car d'ailleurs en détruiſant une grive ; on détruit le plus ſouvent toute une famille de ces oiſeaux , ce qui doit répugner à un chaſſeur.

La véritable ſaiſon pour tuer les grives , eſt depuis la fin de ſeptembre , temps où les raiſins ſont en maturité , juſqu'aux premières gelées , qu'elles commencent à diſparoître. Mais pour en tuer beaucoup , il faut les tirer au vol , ce qui demande une certaine adreſſe , & n'appartient pas au commun des chaſſeurs. On en tue peu , lorſque l'on ne ſait les tirer que poſées dans les arbres , les occaſions en étant bien moins

fréquentes que celles de les tirer au vol. Les pays couverts & coupés de haies ſont très-propres pour tuer des grives dans l'arrière-ſaiſon : deux chaſſeurs qui s'entendent pour battre une haie , en la longeant chacun de ſon côté , ſont aſſurés de tuer des grives & des merles , en les tirant au vol à meſure qu'ils partent.

En Provence , & particulièrement dans cette étendue de terrein qui environne Marſeille , & qu'on appelle le *taradou* , on chaſſe beaucoup les grives à l'arbret. L'arbret (en provençal *aubret*) eſt un petit arbre planté expres pour la chaſſe dont il s'agit , appellé auſſi *chaſſe au poſte* , parce que le chaſſeur ſe tient caché dans une petite cabanne à laquelle on donne ce nom. Cette chaſſe qui ſe fait dans l'enceinte même des baſtides , non-ſeulement pour les grives , mais pour les ortolans & bec-figues , eſt un des amuſemens les plus chéris de la jeuneſſe de Marſeille , & l'on prétend qu'il ſe trouve au moins 4000 poſtes dans le *taradou* , qui forme un pourtour d'environ quinze lieues couvert de quinze mille de ces habitations de campagne , appellées baſtides. Voici le détail de cette chaſſe.

On choiſit dans une vigne , de celles qui ſe trouvent encloſes dans les baſtides , un petit tertre ou monticule , qu'on ſe procure artificiellement , s'il ne s'en rencontre pas un ſur le lieu. On y plante un petit bouquet de jeunes pins , & au milieu un arbre de quinze à vingt pieds de haut. L'amandier eſt celui qui convient le mieux , par la raiſon que ſa feuille eſt fort petite , & cache moins les oiſeaux. Au défaut d'un arbre naturel & verd , on peut ſe ſervir d'un arbre ſec qu'on plante ſur la terre. Les grives & même les autres oiſeaux s'y perchent également , excepté néanmoins l'ortolan , qui préfère les arbres verds. Parmi les jeunes pins , on a ſoin de mêler quelques arbriſſeaux de ceux qui portent des baies qu'aiment les grives , comme myrtes , génièvres , &c. On place à terre , entre ces pins & arbuſtes , dans des cages , pour ſervir d'appeaux , cinq ou ſix grives priſes aux gluaux , & conſervées dans des volières , où on les nourrit de figues hachées avec du ſon & du raiſin noir. Ces cages ſont ſuſpendues à des piquets , à deux ou trois pieds de terre. A quelque diſtance de l'arbre , on conſtruit une cabanne fort baſſe , en creuſant la terre de deux ou trois pieds , de manière qu'elle n'excède le niveau du terrein que d'à-peu-près autant , & on la recouvre en dehors de ramée & de lierre qui eſt toujours verd , afin qu'elle effarouche moins les oiſeaux , & que ſa verdure ſe maintienne pluſieurs jours. Il y a de ces cabannes conſtruites en maçonnerie , & avec quelques commodités , & autour deſquelles , pour en dérober la vue aux oiseaux, on plante quelques arbustes. Le chasseur se tient tapi dans sa cabanne, & au chant des oiseaux, il arrive de temps en temps des grives, qui viennent se poser sur l'arbre, & qu'il tire, à mesure qu'elles se présentent, par de petites ouvertures ménagées à la cabaune. La saison de cette chasse est depuis les derniers jours de septembre jusqu'à la fin d'octobre. On la commence dès la pointe du jour; jusqu'à sept heures est le fort du passage : elle dure cependant jusqu'à neuf ou dix heures de la matinée. On peut y tuer jusqu'à trois ou quatre douzaines de grives.

(*Extrait de la chasse au fusil.*)

Autre Chasse des Grives.

Les paysans de Silésie, qui trouvent des *grives* en plus grande abondance que nous ne trouvons de moineaux, se contentent de les prendre avec des collets de crins de cheval; on prend pour amorce des baies de sorbier sauvage : ce piége leur suffit pour en faire une provision abondante; ils font rôtir à moitié ce gibier, & le conservent dans le vinaigre.

Nos paysans se servent tout uniment d'un reclin qui imite le son de la voix de la *grive*, ce qui la fait aller dans les buissons ou dans les geniévres; en s'abaissant elle tombe dans les filets qu'on y a tendus, & on la saisit. Les bons chasseurs n'employent ordinairement que le fusil pour la chasse de la *grive*, & ils ne prennent cet exercice qu'en automne.

On prend aussi les *grives* comme les geais avec des repuces ou petites verges élastiques qu'on pique en terre le long des haies & des jardins, & sur-tout dans les vignobles, & auxquelles on attache une ficelle & un collet : dès que l'oiseau apperçoit l'appât, il y vole : mais en se plaçant sur la marchette, il la fait tomber, le nœud de la ficelle se lâche, la baguette se détend, & le gibier se trouve pris par les pattes dans le collet.

Comme la *grive* est très-friande de gui, les chasseurs la prennent aisément sur l'arbre qui le porte. On prend une baguette longue de trois ou quatre pieds, dont le gros bout ne doit pas être si gros que le petit doigt, & le reste à proportion; on le plie en cercle & on attache ensemble les deux extrémités. Ce cercle doit être garni de petits lacets en lacs coulans, & suspendu directement au-dessus du gui qui se trouvera alors au centre de la machine. Il faut observer que les lacets soient tendus, les uns hauts, les autres bas, afin que les *grives* se prennent plus aisément; il faut faire ensorte aussi qu'elles ne puissent se placer pour

manger du gui sans se prendre au col ou aux pattes. Quand ce piége est tendu, il faut s'en écarter assez pour ne pas effrayer les oiseaux.

GROLLE, espèce de corneille de bois, connue aussi sous le nom de *freux*. Cet oiseau est fort criard. Il vole en troupe : il est assez commun en Angleterre. On cherche à éloigner plutôt qu'à prendre cet animal important & nuisible. Les moyens qu'on employe sont le bruit des instrumens d'airain, des machines avec des ailes de moulins, des épouvantails plantés dans les terres.

GROS-BEC, genre d'oiseau ainsi nommé à cause de la grosseur de son bec relativement à celle de son corps. Il est d'un tiers plus grand que le pinçon. Il a la tête forte; elle est de couleur roussâtre, son cou est d'un gris cendré, son dos est roux; sa poitrine & ses côtés sont de couleur cendrée, légèrement teintes de rouges. Le gros bec ne chante point, il est solitaire & farouche.

Il reste en été sur les montagnes & dans les bois; mais en hiver il descend dans la plaine. C'est sur le sommet des arbres qu'il fait son nid. Cet oiseau a le bec si fort, qu'il casse avec facilité les noyaux d'olives, & de cerises; il fait beaucoup de tort aux arbres, parce qu'il en mange les boutons, & quand on ne le chasseroit pas comme oiseau bon à manger, on devroit le chasser comme oiseau destructeur.

Le *gros-bec* se trouve assez communément en France, en Italie & en Allemagne.

Il y a dans les Indes, en Amérique & sur-tout à la Virginie une espèce de gros-bec de couleur écarlate dont la tête est ornée d'une crête : on l'appelle *cardinal huppé*. Cet oiseau est de la grosseur d'un merle; il a un chant agréable.

Le *gros-bec* de la Chine est bleu & rose.

Celui de Cayenne est vert.

Celui de la Louisianne est varié de rose, de blanc, & de noir.

Il y a aussi le gros-bec de Java, dit le *domiro* & le *jacobin*.

Le *gros-bec* du Canada est à moitié rouge, & celui des Philippines à moitié jaune.

Le *gros-bec* du cap de bonne-Espérance, a le plumage du dos de couleur olivâtre, & le ventre jaune.

Celui de Gambie est citron, & celui d'Angola tout bleu.

GROS-DÉNOMES (terme de Vénerie) ce sont les deux gros morceaux de la cuisse du cerf.

GRUE f. f. la grue est après l'outarde le plus grand des oiseaux de l'Europe, dans le genre des oiseaux à pieds fendus; mais elle est beaucoup plus élevée sur ses jambes que l'outarde, ayant cinq pieds de hauteur lorsqu'elle leve la tête. Elle pese environ dix livres. Son plumage est d'un beau cendré clair ondé, à la réserve des grandes plumes des ailes qui sont noires. Sa queue est noirâtre, courte & retroussée en panache, comme celle de l'autruche. Son bec long de quatre pouces, droit & pointu, est d'un vert très-foncé. Elle a les jambes noires, ainsi que les pieds qui sont très-larges. Elle marche à grands pas; sa figure est svelte, élancée, & son port droit & gracieux.

Les grues volent en grandes troupes; lorsqu'elles changent de climat leur vol est fort élevé & le plus souvent au-dessus des nues. Elles gardent constamment dans leurs voyages, un ordre régulier, qu'elles varient suivant la différente direction des vents, formant tantôt un triangle, & tantôt un quarré, les plus vieilles & les plus expérimentées volant en tête & servant de guides. On prétend que lorsqu'elles rencontrent l'aigle, elle se rangent en cercle, afin que chacune puisse mieux appercevoir l'ennemi, & se garantir de la surprise, & que l'aigle qui les voit ainsi sur leurs gardes & s'apprêter au combat, renonce à les attaquer.

On voit arriver les grues dans nos provinces de France, vers le mois d'octobre, & se jetter sur nos terres nouvellement ensemencées, pour y chercher les grains que la herse n'a pas couverts. Elles repassent au premier printemps, en mars & avril. Quoique cet oiseau soit granivore, il préfère néanmoins les vers, les insectes & les petits reptiles; & c'est par cette raison qu'il fréquente aussi les terres marécageuses, d'où il tire une partie de sa subsistance. Du reste, il paroît que les grues ne font que passer rapidement en France, & qu'il s'y en arrête fort peu, du moins dans les provinces septentrionales: on en voit davantage en Italie; Villughby dit qu'elles ne sont point rares dans les marchés de Rome, & le docteur Targioni, dit qu'on en tue de temps en temps dans les plaines de *Poggio-à-Cajano*, maison de plaisance des grands-ducs de Toscane, peu éloignée de Florence; & particulièrement, qu'il en parut en quantité, & en fut tué plusieurs, au mois de mars 1773, dans les campagnes des environs de cette ville. Suivant Espinar, il se trouve beaucoup de ces oiseaux en Espagne, où de son temps, on se servoit pour les tirer, du bœuf enchevêtré, ou du chariot armé d'un gros & long mousquet. Il ajoute qu'avec le même mousquet posé sur son pivot fixé en terre, le chasseur, après avoir reconnu certains endroits au bord des rivières, où ces oiseaux ont

coutume de passer la nuit, va les y attendre vers le soir, bien caché dans une hutte construite exprès. Au surplus, cet auteur prétend que les grues ne se nourrissent que de grains, & quelquefois de raisins, quoique leur conformation tienne beaucoup de celle du héron, de la cigogne & autres oiseaux qui cherchent leur subsistance dans l'eau; & il ajoute que si pour passer la nuit, elles s'approchent du bord des rivières, non-seulement elles choisissent toujours les endroits les plus secs; mais qu'elles n'agissent en cela que pour leur sûreté, se mettant par ce moyen à l'abri de la surprise dont l'eau les défend d'un côté, tandis que du côté de la plaine on ne peut les approcher sans qu'elles s'en apperçoivent, étant si vigilantes & si rusées, que le bruit le plus léger suffit pour leur faire prendre leur vol même au mileu de la nuit.

Kolbe dans sa description du cap de Bonne-Espérance, observe que les grues étant posées à terre, il y en a toujours quelques-unes attentives à ce qui se passe autour de leur poste, afin d'avertir la troupe, occupée à manger, de l'approche de quelque ennemi. Elles se tiennent sur une seule jambe pendant qu'elles sont en faction, & sont relevées après un certain tems. La même manœuvre se pratique durant la nuit. Les sentinelles sont posées; mais celles-ci usent alors d'une précaution dont les autres ne se servent pas; elles se soutiennent sur leurs jambes gauches, & tiennent dans leur pied droit un caillou, afin que si elles venoient à s'endormir, elles fussent réveillées par le bruit de sa chûte.

Variétés des Grues.

On a donné ce nom à plusieurs oiseaux étrangers. En voici les trois principaux;

La *Grue des Indes*, son col est rouge & dégarni de plumes, elle est plus petite que la *grue Européenne*.

La *grue baléarique*, bel oiseau qui ressemble à la cigogne, & qui a le cri & la manière de vivre du paon: ces *grues* se trouvent aussi aux environs du Cap-vert.

La *grue du Japon*, elle est blanche; son bec & ses pieds sont d'un vert brun, le sommet de sa tête est d'un rouge éclatant, & ses grandes plumes sont noirâtres.

Il y a aussi des *grues* à la Louisiane qui fréquentent les bords des lacs & des fleuves. On en trouve encore à la Chine, & ces dernières s'apprivoisent si aisément, qu'on leur apprend à former une espèce de danse.

Chasse de la grue.

QUOIQUE la grue soit un oiseau grand & robuste, il y a des oiseaux de proie dressés par les

Fauconniers, qui osent se hazarder à la combattre corps-à-corps : le combat que se livrent dans les airs cés deux athlètes, forme un spectacle aussi singulier que la lutte des coqs en Angleterre.

Comme la *grue* est facile à tromper, & qu'elle s'approche à la voix de l'homme, qui contrefait son cri; on se sert pour la prendre de l'artifice que nous avons fait connoître sous le nom de l'*appeau* : il faut remarquer cependant, que sans un piège, les *grues* sont inaccessibles; il y en a toujour un certain nombre aux aguets, & la vue d'un chasseur suffit pour leur faire prendre leur essor. Au reste tous les pièges sont bons pour la chasse des *grues*.

GRUYER, oiseau dressé pour la chasse des *grues*, c'est un terme de Fauconnerie : voilà. disent les gens de l'art, un *faucon gruyer*.

GUARA, bel oiseau du Brésil, du Méxique & de Cayenne, il est de la grosseur d'une pie; il a un long bec recourbé & de longs pieds. Son plumage est de couleur de pourpre. Cet oiseau vit de poisson, de chair & de viande toujours trempés dans l'eau. Il vole par bande. Les sauvages le chassent pour avoir de ses plumes, dont ils font leur parure.

GUEDE, ou *guide* (, terme d'oiseleur,) C'est le bâton ou la perche qui guide le filet tendu pour prendre les oiseaux avec un rets saillant.

GUENON, c'est la femelle du singe. Plusieurs Naturalistes ont aussi donné ce nom à des singes de petite taille, & particulièrement à des animaux qui ressemblent aux singes & aux babouins, mais qui ont des queues aussi longues que le corps. Cette dernière espèce est recommandable par sa vivacité, sa douceur, & sa docilité.

GUEPIER, ou *mangeur d'abeilles*; genre d'oiseau, dont le caractère est d'avoir les pieds comme ceux du *martinet pêcheur*, le bec arqué, étroit & pointu. On en distingue plusieurs espèces.

Le guêpier vulgaire qui se trouve dans les provinces méridionales de l'Europe, est un peu plus grand que le merle. Son plumage est fort varié pour la couleur, rougeâtre derrière la tête & d'un jaune verdâtre au cou. Les plumes des ailes sont vertes, mêlées de noir, de bleu & de rouge; le doigt extérieur de son pied tient au doigt du milieu par trois phalanges, & le doigt intérieur par une phalange seulement. Cet oiseau a les jambes courtes & grosses, les griffes noires. Il se nourrit d'abeilles & de cigales, de scarabées, & de certaines semences.

Le guêpier de Bengale a le plumage cendré & un peu bigarré.

Le guêpier du Brésil a le bec long, pointu & & de la forme d'une faulx.

Celui de l'Isle de France est d'un bleu verdâtre; celui de Madagascar est vert; Il a la queue fort longue & de couleur brune ainsi que la tête & le cou.

Les guêpiers de Bengale & de Madagascar, ont un collier d'un vert doré. Enfin ceux d'Angola & des Philippines, ont un plumage du plus grand éclat.

GUIANACŒS; ce quadrupède qui se trouve dans quelques isles de la mer du Sud, est de la taille d'un grand cerf. Il a le cou fort long, les jambes menues, & le pied fourchu; sa tête qu'il porte avec grace, ressemble à celle du mouton, sa queue est touffue & d'un roux très-vif. Son corps est garni de laine rouge sur le dos. Les Indiens chassent cet animal qui est très-vif & très-difficile à approcher. Ils se servent de sa peau pour en faire des vêtemens.

GUIB; quadrupède qu'on voit par grandes troupes au Sénégal dans les plaines du Podor. Cet animal ressemble assez aux gazelles. Il est singulièrement remarquable par des bandes blanches sur un fond de poil brun-marron disposé sur son corps en long & en travers comme si c'étoit un harnois. Ses cornes sont lisses, & portent deux arrêtes longitudinales l'une en dessus, l'autre en dessous formant un tour de spirale depuis la base jusqu'à la pointe.

GUIGNARD, *s. m.* Cet oiseau est une sorte de petit pluvier qui n'est pas plus gros qu'un merle. Il a la tête bigarrée de noir, de gris & de blanc, le dos d'un gris-brun avec quelque lustre de vert, la poitrine d'un gris ondé, le ventre noirâtre & blanc vers la queue, le bec & les pieds noirs. On croit assez communément, mais mal-à-propos, que cet oiseau est particulier au pays Chartrain; on en voit en Picardie, aux environs d'Amiens, où on les appelle vulgairement *suriots*. Il y en a aussi en Normandie, où ils sont connus sous le nom de *petites de terre*, particulièrement aux portes de Falaise, en un endroit appelé *Mont-d'Airène*, qui est une montagne assez élevée, formant un plateau de terrein sablonneux, d'une lieue de longueur sur une demi-lieue de large. Les guignards, ou petites de terre passent sur ce plateau allant du midi au nord depuis les premiers jours d'avril jusqu'à la fin de mai, & repassent du nord au midi, depuis les premiers jours d'août jusqu'à la fin de septembre. ils sont meilleurs à ce dernier passage qu'au premier. Il s'en arrêtoit autrefois sur cette montagne en bien plus grand nombre qu'aujourd'hui, attendu qu'alors elle étoit à peine cultivée; au lieu qu'à présent elle est presque par-tout; ce qui fait que ces oiseaux qui se tiennent ordinairement dans les pelouſes, les guérets & les friches, s'y plaiſent moins.

Les guignards vont par troupes de quinze, vingt, trente, plus ou moins. Ils ſe laiſſent aiſément approcher, ſur-tout lorſqu'il fait chaud. Il n'eſt pas bien rare de tuer preſque toute la troupe, en pluſieurs coups de fuſil, particulièrement lorſqu'on en a tué un du premier coup. Alors, en laiſſant le mort ſur la place, & contrefaiſant leur cri avec un appeau, qui eſt un petit ſifflet de terre cuite, ils paſſent & repaſſent à pluſieurs repriſes à portée du chaſſeur. Le guignard eſt un gibier excellent & très - recherché.

Cet oiſeau habite les marais pendant la plus grande partie de l'année, & ſe porte (dit Buffon) en avril & août, des marais aux montagnes, attiré par des ſcarabées noirs qui font la meilleure partie de ſa nourriture, avec des vers & de petits coquillages terreſtres. L'eſpèce eſt beaucoup plus répandue dans le nord, à commencer par l'Angleterre, qu'elle ne l'eſt en France. Si les guignards habitent les marais, pendant tout le temps que nous ne les voyons pas dans les champs, comme on n'en peut douter,

je ne crois pas, au moins, que ce ſoit en France; ſans doute, ils vont gagner ceux des pays du nord. Cependant, je remarquerai à ce ſujet, que l'auteur des *ruſes innocentes*, prétend que dans les bandes de pluviers, qui nous arrivent après le départ des guignards & nous quittent avant que ceux-ci arrivent, ſe trouvent mêlés, outre les vanneaux, des guignards, qui (ajoute-t-il) ſont de trois ou quatre ſortes. Il eſt à croire que par ce nom de guignard, il a voulu déſigner des oiſeaux différens de ceux dont il s'agit ici.

(*Extr. de la Chaſſe au f ſil.*)

GUIGNETTE; oiſeau du genre du bécaſſeau, & de la groſſeur de l'alouette de mer. Son plumage eſt d'un gris brun tacheté de lignes noires traverſées d'ondes brunâtres. Le cou, le ventre, ſa poitrine ſont d'un gris blanc. Cet oiſeau fréquente les endroits marécageux.

GUIRA-PANGA; oiſeau du Bréſil, qui a la tête d'un brun foncé, les pennes des ailes noirâtres, ainſi que les pieds, tout le reſte eſt cendré; le bec noir avec des appendices noires & charnues ſous le cou. Cet oiſeau eſt de la groſſeur du pigeon : ſon cri eſt très perçant.

H.

HA, TOUT BELLEMENT. (vénerie) Lorſqu'on ſoupçonne qu'il y a du change & qu'on voit les chiens balancer, on crie : ha, tout bellement ; ha, haila tout bellement.

HA, HAI. Lorſque les chiens tournent au change, on dit en leur parlant, & en les arrêtant ha, hai, chiens, ha, hai !

HABESCH ; oiſeau de Syrie, qui ſe rapproche de l'eſpèce des ſerins par ſon bec épais & court. Il a le deſſus de la tête d'un rouge vif & brillant ; les joues, la gorge & le deſſous du cou d'un brun noirâtre ; le corps d'un brun mélangé de jaune, de noir & de blanc. C'eſt un oiſeau de paſſage plus gros que la linotte, ſon ramage eſt agréable.

HACHÉES. Ce ſont des vers cachés ſous les feuilles d'arbres dont les pluviers font leur nourriture.

HAGARD. Ce mot en fauconnerie ſignifie ſauvage : un faucon hagard, eſt un faucon qui n'a pas été pris au nid, & qui par conſéquent eſt très-difficile à apprivoiſer : le faucon ſor eſt le contraire du faucon hagard, c'eſt celui qui a eu pluſieurs mues.

HAGLURE. Mot ſynonyme d'aiglure ; ce ſont les taches qui ſont ſur les pennes des faucons.

HAIL. On dit en fauconnerie voler de bon hail, c'eſt-à-dire, de bon gré.

HAIRE. Terme de vénerie, c'eſt un jeune cerf d'un an.

HALBRÈNE ou ALBRENÉ. On appelle ainſi un faucon, dont les pennes ſont rompues.

HALENER : Terme de vénerie, c'eſt ſentir le gibier.

HALER : En vénerie, c'eſt faire courir les chiens.

HALLALI. Lorſqu'un cerf tient aux chiens, on crie hallali, hallali ; & lorſqu'il eſt tombé, on crie hallali, par terre. Il y a une fanfare qu'on ſonne en cette circonſtance, & qu'on nomme hallali.

HALLIER. Filet qu'on tend en manière de haie dans un champ.

On fait des halliers pour prendre, 1°. des perdrix ; 2°. des faiſans ; 3°. des corneilles, des râles de genêt & des poules d'eau.

Le hallier à perdrix ſe compoſe ainſi : les aumés ſeront faits de mailles quarrées larges, au moins de trois pouces & demi chacune, & de cinq pour le plus : le filet ne doit pas avoir plus de quatre grandes mailles de hauteur : pour la longueur elle n'eſt point limitée : on les fait cependant d'ordinaire de dix-huit pieds de long. Si les aumés ont quatre grandes mailles de haut, le filet en aura huit de large ; ſi on ne veut ſa hauteur que de trois grandes mailles, on ſe bornera pour la largeur à ſix.

On met le hallier en double pour le monter, & dans le milieu doit paroître la toile faite de fil bien délié, retors en deux brins, & ayant les mailles de deux pouces de large. On paſſe une ficelle dans toutes les mailles du bord des deux côtés de la longueur, afin de faire également froncer la toile, & on attache enſuite le tout à des piquets longs d'environ deux pieds, & éloignés l'un de l'autre de deux ou trois.

Le hallier à faiſans ne diffère guères du premier que par les proportions ; les aumés ſont en mailles quarrées d'environ cinq ou ſix pouces de large chacune : la toile eſt faite ſur quinze mailles de largeur, dont chacune a trois pouces de largeur. Il ſuffit que le hallier ait trois grandes mailles de hauteur : pour la longueur elle eſt à diſcrétion. Le hallier à faiſan doit avoir plus de poches que le hallier à perdrix : le filet de la toile doit ſur-tout être retors bien rondement ; car un faiſan ſe tourmente violemment quand il ſe ſent captivé, & il n'eſt pas rare qu'il rompe un filet pour reprendre ſa liberté.

Le hallier à cailles, &c. a huit pieds de long & trois ou quatre grandes mailles de haut ; ces mailles ne doivent avoir qu'un pouce & demi, ou deux pouces de large. La toile ſe fait ſur dix ou douze mailles de levure, qui ont chacune un pouce de largeur. Toute la toile doit être plus longue de moitié que l'aumé. Cet aumé peut ſe faire de mailles quarrées, ou de mailles à lofange : les piquets qu'on ne fait pas plus gros que la moitié du petit doigt, fe placent tout au plus de deux pieds en deux pieds : on fait ordinairement de foie les *halliers* à caille.

HALLIERS ; fe dit d'un plant de buiffons & d'arbriffeaux parmi lefquels les lièvres fe fauvent pour éviter le chaffeur.

HALLOTS. Trous que les lapins font en terre dans les garennes pour fervir d'afyle à eux & à leurs petits.

HALTE. Rendez-vous de chaffe, moment de repos pour les chaffeurs & les chiens.

HAMBOUVREUX, f. m. Oifeau du genre des bouvreuils, plus grand que le moineau franc. Il s'en voit beaucoup aux environs de Strasbourg. Cet oifeau vit d'infectes, & grimpe comme la méfange. Il a le deffus de la tête & du cou d'un brun rougeâtre, le bec noir, la poitrine d'un brun jaunâtre, le ventre & le corps font blancs.

HAMEÇON, Petit fer crochu à la pointe duquel il y en a encore un plus petit rentrant : on a foin d'y lier des appâts. On fait des *hameçons* de toutes fortes de grandeurs ; il y en a même où les loups peuvent fe prendre.

HAMPE. Terme de vénerie, il fignifie la poitrine du cerf.

HAMSTER. Efpèce de mulot qui a quelque reffemblance avec le rat d'eau par la petiteffe des yeux & la fineffe du poil. Le *hamfter* eft brun, noir, ou gris. Il vit fous terre, ramaffe des graines, & fait d'énormes magafins ; le domicile du mâle a un conduit oblique, à l'ouverture duquel il y a un monceau de terre exhauffé ; & à une certaine diftance de cette iffue oblique, il y a un trou qui defcend perpendiculairement jufqu'aux chambres du domicile. Le logement de la femelle a auffi un conduit oblique, & en même-tems plufieurs trous perpendiculaires pour que les petits entrent & fortent librement. Le domicile de la femelle a plus de profondeur que celui du mâle.

Le *hamfter* produit deux ou trois fois : les années humides font celles où ces animaux multiplient davantage.

Les fouines pourfuivent vivement les *hamfters* & en font périr un grand nombre : ces animaux s'entredétruifent auffi mutuellement comme les mulots : un naturalifte en ayant un jour mis deux dans une cage, la femelle étrangla le mâle, coupa les mufcles de fes mâchoires, fe fit jour dans fon corps, & y dévora une partie des vifcères.

Cet animal eft fi nuifible, que dans quelques états d'Allemagne, fa tête eft à prix.

Le moyen le plus ufité pour prendre ces animaux eft de les déterrer. Quoique ce travail foit affez pénible à caufe de la profondeur de leurs terriers, cependant un homme exercé à cette efpèce de chaffe, y trouve beaucoup de profit ; en automne, il trouve quelquefois jufqu'à deux boiffeaux de bons grains dans chaque domicile : la peau du *hamfter* lui fert auffi pour faire des fourrures.

HANCHOAN, f. m. Oifeau de proie fort femblable au buzard qu'on trouve au Bréfil. Les Portugais & les naturels du pays prétendent qu'on fe fert de la raclure des ongles & du bec de cet oifeau comme d'un contre-poifon. Ils difent auffi que fes plumes, fa chair & fes os ont beaucoup de vertu pour certaines maladies.

HARBOU-CHIENS. Terme dont fe fert le piqueur pour exciter les chiens courans à la chaffe du loup.

HARDE. Terme de vénerie & de fauconnerie ; il fert à exprimer que les cerfs ou les faucons font raffemblés.

HARDÉES. Rupture que font les biches dans les taillis où elles vont viander.

HARDER. Terme de vénerie, c'eft tenir plufieurs chiens courans couplés enfemble avec une longue laiffe de crin pour relayer.

On a foin de *harder* les chiens nouveaux avec les vieux pour les dreffer.

On dit *harder les chiens dans l'ordre*, quand on les place, chacun fuivant fa force pour aller de meute, ou au relais.

HARDOIS. Petits brins de bois écorchés où le cerf touche de fa tête quand il veut la débarraffer de la peau velue qui la couvre.

HARE. Terme dont les chaffeurs font ufage pour exciter les chiens.

HARLE, f. m. Genre d'oifeau aquatique dont le caractère eft d'avoir le bec dentelé comme une fcie, & les mâchoires arrondies. Il a trois doigts antérieurs à membranes ou palmés, & celui du derrière fans membranes. Le *harle vulgaire* a le dos noir, le deffus de la tête & du cou verdâtre nué de violet ; le ventre d'un blanc nué de jaune. Cet oifeau habite les rivages de la mer ; il eft un peu plus gros que le canard domeftique, domestique, & a une espèce de huppe sur la tête.

Le *harle blanc & noir* se trouve en Allemagne, ainsi que le *harle* tout noir.

HARNOIS. Nom qu'on donne à l'équipage qui sert pour la chasse des petits oiseaux.

HARPAILLER. Quand les chiens tournent au change, qu'ils se séparent & qu'ils chassent des biches, on dit *les chiens chassent mal, ils ne font que harpailler.*

HARPAYE ou HAPAYE. Oiseau de proie qui a la vue très-perçante, & les sourcils avancés sur les yeux. Il chasse le poisson, & le tire vivant hors de l'eau. On trouve le *harpaye* en France, & en Allemagne sur les bords des fleuves.

HARPENS. Oiseau de nuit qui a un cri fort lugubre. Il fréquente les lieux inaccessibles des hautes montagnes du Dauphiné. On en voit aussi dans le Briançonnois.

HARPONNIER, s. m. Genre d'oiseau semblable au héron. Il a le bec long & pointu de la forme d'un dard. Le *harponnier* a la tête grande; les jambes grosses, les pieds courts, le plumage cendré mêlé de noir. Le *harponnier* du Mexique est d'un rouge éclatant.

HARY. (*Vénerie.*) C'est le terme qu'emploie le piqueur pour rendre les chiens attentifs lorsque la bête qu'ils chassent se fait accompagner, & pour les obliger à en garder le change.

HARY-ONT ALI, (*Vénerie.*) Terme dont on se sert pour parler au limier lorsqu'il laisse courre une des bêtes qu'on chasse.

HASE, s. f. Nom que les chasseurs donnent à une vieille lapine & à la femelle du lièvre, & même à la femelle du sanglier.

HAVA, HAILA. (*Vénerie*) Lorsque le limier se rabat & qu'il est au bout de son trait, on lui dit: *hava, haila; ho, garde à toi.*

HAUSSE-PIED. Las coulant que l'on tend ordinairement pour le loup.

HAUSSE-PIED. Oiseau de proie, espèce de sacre ainsi nommé parce qu'il tient toujours un pied en l'air.

On donne aussi ce nom au premier des oiseaux de proie qui attaque le héron dans son vol.

HAUT A HAUT. Terme dont un veneur se sert pour appeler son camarade. Lorsqu'on entre dans une enceinte pour la fouler, on appelle les chiens en leur disant *haut valets, haut à haut.*

HAUT ou HAUTHSI, ou HAY. Animal du Brésil qui est de la grandeur du chien. Il a la face d'une guenon, le ventre pendant, une longue queue, des pieds velus, des ongles aigus & longs. Il se tient presque toujours au haut des arbres. Il s'apprivoise facilement.

HAUT. Mot usité en vénerie; on dit un chien de *haut nez*, lorsque son odorat le conduit sûrement sur la voie de l'animal qu'on chasse.

Voler *haut & gras*; se dit d'un oiseau de proie qui vole de bon gré & avec adresse.

Le *haut vol* ou la *haute volerie*; c'est le vol du faucon sur le héron, les canards & les grues & celui du gerfaut sur le sacre & le milan.

Haut à haut, à moitié haut; termes dont se servent les piqueurs pour appeler les chiens & les faire venir à eux.

HAYE. Terme employé par les piqueurs pour arrêter & ôter de dessus la voie les chiens qui chassent le change.

HAY-TSING. C'est le plus beau & le plus grand oiseau de proie qui soit en Chine. Il est supérieur à tous les faucons d'Europe. Mais il est très-rare; & il n'appartient qu'à l'empereur de la Chine d'en avoir dans sa fauconnerie.

HERBAUT, (vénerie). On donne ce nom aux chiens de chasse qui se jettent avec trop de violence sur le gibier.

HERBIER. Ce terme, en fauconnerie, signifie le tuyau ou le canal de la respiration du faucon.

HERIGOTÉ. On nomme *chien herigoté* celui qui a une marque aux jambes de derrière. On prétend que c'est un signe de la bonté d'un limier quand il n'y a qu'une de ces marques.

HÉRISSON, s. m. Petit quadrupède de la grosseur d'un lapin moyen. Il est long de huit à neuf pouces. Ses yeux sont petits & à fleur de tête. Ses oreilles sont larges, arrondies & élevées. Il a à chaque pied cinq doigts, & de fortes ongles. Il est le seul animal de nos climats qui soit armé de piquans, de telle sorte, qu'aucuns de ses membres ne sont à découvert lorsqu'il se roule en peloton. Ces piquans sont durs & pointus; les plus longs ont environ un pouce & demi sur une demi-ligne de diamêtre. Le *hériſſon* lève & abaiſſe à ſon gré ces épines qui ſont variées de couleurs brune & blanchâtre. Il ſe défend ſans combattre , & bleſſe ſans attaquer ſes ennemis. Il n'a point aſſez de forces pour repouſſer les autres animaux , ni aſſez d'agilité pour les fuir. Il les attend en leur oppo-ſant de toutes parts ſon armure épineuſe. Il ſe dé-fend auſſi en lâchant ſon urine dont l'odeur eſt in-fecté & inſupportable. Les chiens ſe contentent d'aboyer après le *hériſſon* & reſuſent de le ſaiſir. Il ne craint ni la foüine , ni la marte , ni le putois, ni le furet , ni les oiſeaux de proie ; il n'y a que le renard qui , en ſe piquant les pieds & en ſe met-tant la gueule en ſang , a quelquefois la hardieſſe d'en faire ſa proie.

Le *hériſſon* veut être en liberté pour conſerver ſa nature. Un naturaliſte célèbre ayant renfermé une mère & ſes petits dans un tonneau rempli de proviſion , cette mère , au lieu de les allaiter , les dévora.

Ces animaux ſe tiennent ſous la mouſſe ou dans des creux qu'ils ſe font aux pieds des arbres : on les prend à la main ; ils ne fuient point, ils ne ſe défendent ni des pieds ni des dents, mais ils ſe mettent en boule dès qu'on les touche ; & pour les faire étendre , il faut les plonger dans l'eau.

Il ne faut pas confondre le *hériſſon* avec le porc-épic : ces animaux différent l'un de l'autre par la forme de leurs aiguillons , par la configuration de leur corps , & par les climats qu'ils habitent.

Cet animal ne ſort que la nuit : il ſe nourrit de fruits , & détache avec ſes pattes les grappes de raiſins. Il eſt aſſez plaiſant de le voir ſe rouler ſur ces grappes qui ſont à fleur de terre, ou ſur les fruits que le vent a abattus. Dès qu'il ſent que ſes pointes ſont entrées dans ces fruits , il ſe retire avec ſa charge dans les creux qu'il a choiſis pour ſon do-micile.

On apprivoiſe quelquefois , à la campagne, le *hériſſon* pour détruire les rats & les ſouris dont il ſe nourrit.

La chair du *hériſſon* d'Europe eſt aſtringente , difficile à digérer , & peu nourriſſante : il n'en eſt pas de même de celui des Indes : on dreſſe des chiens à ſa chaſſe comme à celle du lapin , & les eſpagnols mangent ſa chair avec volupté pendant le carême.

Le *hériſſon* d'Afrique eſt de la groſſeur de nos pourceaux ; il tue avec ſes piquans les léopards qui veulent le dévorer.

Le *hériſſon* de Malaca a des piquans fort effilés , & longs depuis un juſqu'à ſix pouces ; les eſpaces

intermédiaires ſont remplis de poils déliés. On le trouve auſſi à Java & à Sumatra.

Le *hériſſon* de Sibérie eſt très-petit ; cependant ſes piquans ſont très-gros. Son ventre eſt garni de poils fins d'un cendré doré.

Les chaſſeurs des Indes & de l'Afrique em-ploient pluſieurs ruſes pour ſaiſir les *hériſſons* ; car la force ouverte eſt dangereuſe à cauſe de la vivacité de leurs piquans.

HÉRISSONNER. Maladie des oiſeaux de proie, dont les ſymptômes ſont de lever les ailes & de les retirer , d'avoir les yeux enfoncés & en partie couverts : ce mal ſe guérit avec la vapeur du vin chaud.

HERLE. Oiſeau de rivière qu'on trouve quel-quefois ſur la Loire , peu connu des chaſſeurs & des naturaliſtes.

HERMINE. Eſpèce de belette , dont le corps eſt allongé & les jambes ſont fort courtes ; elle a les ongles blancs & l'extrémité de la queue noire : pendant l'été elle ne différe de la belette que par la longueur de ſa queue & la blancheur de l'ex-trémité de ſes pieds. On appelle cet animal *her-mine* quand il eſt blanc , & roſelet quand il eſt jaunâtre. Les *hermines* du nord ſont ſucceſſive-ment blanches & brunes dans la même année ; on remarque le même phénomène dans celles des montagnes de Suiſſe.

Quoique l'*hermine* ſoit moins commune que la belette ordinaire, on la trouve aiſément dans les anciennes forêts. C'eſt un joli petit animal , dont les yeux ſont vifs , la phyſionomie fine , & les mouvemens ſi rapides , que l'œil a de la peine à les ſuivre.

On va avec empreſſement à la chaſſe de l'*her-mine* à cauſe du prix de ſa fourrure. On trouve cet animal en Ruſſie , en Scandinavie , & dans tous les pays du nord : il eſt rare dans les climats tempérés , & ne ſe trouve point dans les pays chauds.

L'*hermine* eſt un ennemi redoutable pour l'ours & l'élan , parce qu'elle s'accroche fortement dans l'une de leurs oreilles , pendant qu'ils dorment. Elle ſurprend auſſi l'aigle & ne le quitte qu'à la mort.

HÉRON , ſ. m. Oiſeau pêcheur , dont on diſtingue trois eſpèces principales qui ſont : le grand *héron* gris , le petit *héron* gris , appellé auſſi *bihoreau* , & le *héron* blanc.

Le grand *héron* gris , qui eſt celui qu'on rencontre le plus fouvent, & le plus connu des chaf-feurs, a le fommet de la tête blanc, & une lon-gue crête de plumes noires qui lui prend au der-rière de la tête. La gorge eft blanche, & tout le deffus du corps eft d'un beau gris-de-perle. Son bec, qui a environ fix pouces, eft d'un vert tirant fur le jaune; fes jambes & fes pieds font verts. Il a cinq pieds d'envergure, près de quatre du bout du bec aux ongles; fon cou a feize ou dix-fept pouces. Il perche fur les grands arbres, & y fait fon nid.

Le *héron* fe fait appercevoir de très-loin, fur le bord des rivières & étangs, attendu que, dreffé fur fes jambes, il porte plus de trois pieds de hauteur; & ainfi vu par devant à une grande diftance, il préfente, au premier coup-d'œil, l'apparence d'une femme, à caufe de la blancheur de fon poitrail. Lorfqu'on l'apperçoit ainfi de loin, il eft prefque impoffible de l'approcher, quelque précaution que l'on prenne; & l'on ne tue guère de ces oifeaux que par rencontre, & au moment où on s'y attend le moins, lorfque, par la difpofition du terrein, le hafard fait qu'on ar-rive fur eux fans en être apperçu, affez près pour les furprendre, & les tirer à la partie.

Pendant les fortes gelées, les *hérons* font obli-gés de chercher leur nourriture aux fontaines & aux petites rivières & ruiffeaux qui ne gèlent point. Alors on les trouve fréquemment cinq ou fix enfemble, & ils fe laiffent approcher bien plus facilement. Les *hérons* affectionnent certains bois, où ils fe raffemblent pour nicher au plus haut des chênes & fapins, & fouvent on en voit plufieurs nids fur le même arbre.

On faifoit anciennement, en France, beaucoup de cas de la chair du *héron*. Les grands feigneurs avoient alors dans leurs terres, & à proximité de leurs châteaux, des héronières, qui étoient des lieux fitués fur le bord de quelque étang ou canal, difpofés & arrangés pour y élever de jeunes *hérons*. On appelloit encore héronières certaines guérites élevées fur les arbres plantés à deffein, au bord des eaux fréquentées par ces oifeaux, où l'on fe poftoit pour les tirer.

Dans toutes les ordonnances des chaffes, depuis celle de François I, en 1515, jufqu'à celle de Henri IV, en 1600, les *hérons* & héronneaux fe trouvent compris parmi les autres efpèces de gibier dont la chaffe eft défendue. L'ordonnance du roi Henri II, du 5 janvier 1549, dans la vue de dé-goûter les gens de la campagne du braconage, & pour empêcher la furvente arbitraire du gibier, de la part des rôtiffeurs & poulailliers, porte « qu'ils ne pourront dorefnavant vendre aucunes » perdrix, perdreaux, lièvres, levreaux, ni *hé-* » *rons*, finon en plein marché, & plus haut prix

» que douze deniers tournois chacune perdrix, » & en femblable le *héron* & le lièvre; & de fix » deniers tournois chacun perdreau, & en fem-» blable le levreau & le héronneau, &c.

Depuis long-tems, on ne voit plus le *héron* figurer fur nos tables, & l'ufage qu'on en fait le plus fouvent, eft de le clouer aux portes des maifons, comme les oifeaux de proie.

Le petit *héron* gris, ou bihoreau, eft beaucoup plus petit que le précédent; il a le dos & le fom-met de la tête noirs, le cou cendré, la gorge & le ventre jaunâtres. Trois plumes, longues de cinq doigts, lui pendent derrière la tête; fes ailes & fa queue font cendrées, & fes pieds d'un jaune verdâtre. On le rencontre rarement.

Le *héron* blanc, ou aigrette, qui eft encore plus rare en France que le bihoreau, diffère du grand héron gris par fa couleur, étant blanc comme neige, par fa taille qui eft moindre, & en ce qu'il n'a point de crête.

Le *héron* fe nourrit de poiffons & de grenouilles; quelquefois il bleffe de gros poiffons, mais il ne peut enfuite les tirer hors de l'eau. Les petits des *hérons* s'engraiffent des inteftins des poiffons, & leur chair eft beaucoup plus délicate que celle des grues.

L'aigle attaque le *héron*, & celui-ci meurt en fe défendant: quand ce dernier oifeau eft affailli par le facre ou par le gerfaut, il tâche de gagner le deffus en volant en haut, & non en fuyant au loin, & il met fon bec par-deffous fon aile: par cette rufe, il fe défend fort bien contre les oifeaux de proie qui fe laiffent fouvent enfiler par ce bec, lorfqu'ils continuent leur pourfuite.

On fe fert, dans la fauconnerie, du *héron* pour le haut vol.

Le *héron* eft un oifeau folitaire, il fe tient ordi-nairement dans l'eau, & y fait la guerre au menu poiffon en même-tems qu'il évite par cette atti-tude les infultes des oifeaux de proie & des qua-drupèdes.

On croit ordinairement que fes grandes ailes devroient l'incommoder à caufe de fa petiteffe; mais il s'en fert avantageufement pour faire de grands mouvemens dans l'air, & emporter par ce moyen de lourds fardeaux dans fon nid, qui eft fouvent diftant de deux lieues de l'endroit où il va pêcher.

La graiffe du *héron* fert d'amorce aux pêcheurs pour attirer le poiffon dans leurs filets.

Pour les *hérons* étrangers, on en compte un grand nombre.

Le *héron* bleu qui est de la taille du *héron* ordinaire, & dont la huppe est de couleur plombée.

Le *héron* brun qui est une espèce de butor.

Le *héron* châtain qui est le plus petit de tous les *hérons*.

Le *héron* crêté, connu des naturalistes sous le nom d'aigrette.

Le *héron* étoilé, oiseau paresseux connu sous le nom de butor. Il en a déjà été parlé à ce mot.

Le *héron* huppé de l'Amérique, dont les grandes pennes font noires, & qui a quatre pieds & demi de hauteur.

Le *héron* à bec recourbé, dont les cuisses font revêtues de plumes, & qui est peut-être une espèce de courlis.

Le *squaccio*, *héron* de couleurs variées qu'on trouve en Italie.

Le *crabier*, *héron* particulier des Antilles qui se nourrit de crabes.

Les *hérons* du Brésil qui font le soco, le cocoi, & le guiratingua.

HÉRONNEAU. Petit du héron.

HÉRONNER. C'est voler le héron; il y a des faucons très-propres à héronner: il y en a même qui volent des oiseaux plus grands que le héron.

HÉRONNIER. Oiseau qu'on dresse à la chasse du héron.

HÉRONNIÉRE. Ce mot désigne, 1°. le lieu où les hérons font leurs petits; 2°. le nom de l'endroit où on les élève; 3°. certaines loges élevées en l'air le long de quelques ruisseaux, couvertes à claire-voie, & où les hérons s'accoutument à dresser leur aire. Les petits qui font dénichés sur ces héronières font très-estimés.

HERPAILLE, (vénerie). Nombre de biches & de jeunes cerfs assemblés.

HIBOU. Oiseau nocturne, connu sous le nom de chat-huant, & qu'on a souvent confondu avec la chouette, le duc, la fresaye, la cheveche & l'hulotte.

Une singularité qui est commune à toutes les espèces de hiboux, c'est de cligner les yeux en faisant descendre la paupière supérieure sur l'inférieure; cet oiseau est fort maigre, il vole sans faire de bruit, crie d'une manière lugubre, & se nourrit ordinairement de souris.

Cet oiseau a les oreilles fort ouvertes, surmon-

tées d'une aigrette composée de six plumes d'environ un pouce de longueur. Il ne pèse que dix onces, & n'est pas plus gros qu'une corneille. Son envergure est de trois pieds. Il a le dessus de la tête, du dos & des ailes rayé de gris, de roux & de brun, la poitrine & le ventre roux, avec des bandes brunes étroites. Son bec est court & noirâtre, ses yeux d'un beau jaune; & ses jambes font couvertes de plumes rousses, jusqu'à l'origine des ongles. Son cri est une sorte de gémissement grave & prolongé, *cowl*, *cloud*, qu'il ne cesse de répéter pendant la nuit. Il habite ordinairement dans les anciens bâtimens ruinés, les cavernes des rochers, & les creux des vieux arbres, dans les forêts en montagne, & ne se montre guère dans les plaines. Ces oiseaux pondent le plus souvent dans de vieux nids de buses ou de pies.

Il y a dans la baye d'Hudson un hibou couronné. Il vole quelquefois pendant le jour qu'il confond avec la nuit, parce qu'il est accoutumé par la réflexion de la neige de ces climats, à voir aussi clair la nuit que le jour.

On prit à Zurich, dans le siècle dernier, un hibou qui mérite d'être connu, à cause de sa rareté; il avoit le bec pointu & percé de deux trous, ses yeux enfoncés étoient couverts de larges paupières, environnées de plumes au lieu de poils; sa queue & ses ailes étoient de même longueur: la taille de l'oiseau étoit de plus de demi-aune, & sa largeur étoit double, quand ses ailes paroissoient étendues; on ouvrit ce hibou singulier, & on trouva dans son corps un oiseau rouge avec son poil & ses plumes.

HIRONDELLE, s. f. Oiseau dont on connoît en Europe plusieurs espèces; savoir:

1°. *Hirondelle* domestique, ou de ville, ou de cheminée. Elle pèse à peine une once; elle a six à sept pouces de long, & près d'un pied d'envergure. Son bec est court, noir, fort large près de la tête, pointu par le bout; l'ouverture en est très-ample. Sa langue est fendue en deux. Ses yeux font grands & fournis de membranes clignotantes. Ses pieds font courts & noirâtres; son plumage est d'une couleur bleue foncée rougeâtre. Sa poitrine & son ventre font blanchâtres, avec quelque rougeur. Sa queue est fourchue. Cet oiseau a un gazouillement agréable, mais monotone. On ne peut le tenir en cage ni volière. Cette espèce d'*hirondelle* fait son nid en forme de panier, aux planchers & aux cheminées. Il n'y a point d'oiseaux qui ait un vol aussi rapide & aussi tortueux. Elle mange en volant. Elle a les pieds trop courts & trop foibles pour marcher comme l'*hirondelle* domestique, part quinze jours plutôt que les autres espèces; elle arrive aussi quinze jours avant. Elle change de climat pour y trouver sa nourriture ordinaire, qui ne se rencontre que depuis le printems jusqu'à l'automne. Les chasseurs s'exercent sur les hirondelles pour apprendre à bien tirer au vol.

2°. *Hirondelle rustique* ou *de campagne*, ou *hirondelle de fenêtre*, ou *à cul blanc*, ou *petit martinet.* Cette espèce fait son nid aux fenêtres, aux portes & aux voûtes des églises. Ce nid est artificieusement construit, de figure sphérique, & composé de boue & de paille gâchés en forme de mortier. On a vu des moineaux qui s'étant emparés d'un nid d'*hirondelle*, & ne voulant pas en sortir, y ont été enfermés par une troupe d'*hirondelles* qui ont maçonné l'entrée du nid, & ont ainsi fait justice de ces usurpateurs.

L'hirondelle rustique est blanche par-dessous le corps, jusques aux doigts de ses pieds.

3°. *Grande hirondelle* ou *grand martinet.* Elle est presque de la grosseur de l'étourneau. Son plumage est grisâtre & obscur ; elle a une tache blanche à la gorge seulement : elle a l'ouverture du gosier très-ample. Son bec est petit, noir & aigu ; ses ailes sont longues ; sa queue est fourchue ; ses jambes sont couvertes de plumes jusqu'au dessus des doigts, qui sont armés d'ongles aigus. Elle fait ou plutôt cimente son nid sous les ponts, dans les fentes des arbres, sous les toits des tours, & dans les bâtimens les plus élevés ; sa vue est perçante. On l'entend crier de loin. En volant, sa queue forme une grande fourche, & ses ailes un arc tendu, son vol est très-rapide. Le martinet se nourrit de mouches, de petits insectes, & même d'œufs de petits oiseaux.

4°. L'*hirondelle de rivière* ou *de rivage* n'a point la queue fourchue comme les autres espèces ; elle a un collier blanc ; elle ne fait aucun nid, elle se contente d'un trou qu'elle fait en terre & qu'elle garnit de plumes & de mousse pour y déposer ses œufs & élever ses petits.

Il y a encore beaucoup d'espèces étrangères. L'*hirondelle du Brésil* a le bec grand, & peut l'ouvrir en apparence jusqu'aux yeux.

L'*hirondelle de l'Amérique* a le plumage couleur de pourpre.

L'*hirondelle du détroit de Gibraltar* ou *d'Espagne*, est de couleur fauve & a le cou blanc.

Hirondelle de mer. On compte huit espèces d'*hirondelles* de mer, dont la plus grande est appellée *pierre-garin* sur les côtes de la Picardie ; elle a près de deux pieds d'envergure, est grise sur le dos, d'un beau blanc sur tout le devant du corps, avec une calotte noire sur la tête, & a le bec & les pieds rouges. On la voit quelquefois sur les rivières, dans l'intérieur des terres. La seconde,

appelée *petite hirondelle de mer*, ressemble parfaitement, pour les couleurs, à la précédente ; mais elle n'est pas plus grosse qu'une alouette. On la voit de même dans l'intérieur des terres, sur les étangs & rivières. La troisième, qui est de taille moyenne entre les deux précédentes, est blanche sous le corps, & le reste de son plumage est mêlé de noir derrière la tête, de brun nué de roussâtre sur le dos, & de gris frangé de blanchâtre sur les ailes. On lui donne le nom de *guifette* sur les côtes de Picardie : on la voit sur la Seine & sur la Loire. La quatrième, appellée en Picardie *guifette noire*, & ailleurs, *épouvantail*, a la tête, le cou & le corps d'un cendré très-foncé ; ses ailes seules sont d'un joli gris, qui fait la livrée commune des hirondelles de mer. Voilà les quatre espèces que nous voyons ordinairement sur nos côtes : les autres paroissent n'appartenir qu'aux mers étrangères. Les plus grands de ces oiseaux vivent de poissons & d'insectes ; les autres seulement d'insectes volans, qu'ils gobent en l'air.

HOAN-CYCIOYU. Animal qui se voit dans la province de Quantongenchine, & qui, suivant le récit ou la fable d'un voyageur, tient de la forme du poisson & de l'oiseau. Il est jaune pendant l'été, & vole sur les montagnes ; dans l'hiver, il se retire dans la mer. C'est alors, dit-on, qu'on lui tend des pièges ou qu'on le pêche avec des filets. Sa chair est fort délicate.

HOAZIN, ou *faisan huppé de Cayenne.* Cet oiseau est de la grosseur d'une poule d'Inde : son bec est courbé ; sa poitrine est d'un blanc jaunâtre ; ses ailes & sa queue sont marquées de taches ou raies blanches ; sa tête est ornée d'une huppé composée de plumes blanchâtres d'un côté & noires de l'autre. Il habite ordinairement les grandes forêts, & se perche sur les arbres le long des eaux, pour guetter & surprendre les serpens dont il se nourrit. Son cri est un hurlement effrayant.

HOBEREAU, s. m. C'est après l'émérillon le plus petit des oiseaux de leurre. On s'en sert dans la fauconnerie pour chasser les petits oiseaux. Si le chien fait lever une alouette ou une caille, & que le chasseur la manque, le hobereau qui est aux aguets ne la manque point. Il s'approche très-près du chasseur & semble ne pas craindre les armes à feu. Cet oiseau demeure & niche dans les forêts, où il se perche sur les arbres les plus élevés. Lorsqu'il est dressé pour le vol, on le porte sur le poing découvert & sans chaperon. On en fait sur-tout usage pour la chasse des perdrix & des cailles.

HOCISANA. Oiseau du Mexique ; son plumage est bleu, & sa queue fort longue. Il aime les lieux habités, se familiarise aisément : il jase beaucoup, & a la voix perçante. Sa chair est noire & de bon goût.

HOCOS ou HOCCO. C'est un oiseau des bois qui semble exprimer par son cri les deux syllabes du nom qu'on lui a donné. Il est orné d'une huppe de trois pouces de hauteur, composée de plusieurs plumes comme étagées. Ces plumes sont blanches, noires par l'extrémité, & se replient en-devant comme si elles étoient frisées. Cet oiseau lève & baisse sa huppe à volonté.

Le *hocos* du Brésil a le bec rouge & le ventre noir.

Le *hocos* de la Guiane a le ventre blanc. Celui de l'isle de Curasow a le ventre fauve : il y a dans cette isle une autre espèce dont la tête est calleuse.

HOITALLOTI. Cet oiseau habite les contrées les plus chaudes du Mexique. Son plumage est d'un blanc tirant sur le fauve. Il a la queue longue, d'un vert changeant. Ses ailes sont courtes ; son vol est pesant.

HO, LO, LO, LO, LO, LOOOO. C'est un cri que le valet de limier emploie le matin quand il est au bois pour exciter son chien à aller devant, & à se rabattre des bêtes qui passeront.

HOU, HOU, APRÈS L'AMI. Termes dont se sert le valet de limier pour exciter son chien quand il détourne les bêtes fauves.

HOUBARA, ou *petite Outarde d'Afrique.* Cette petite espèce d'*outarde* est de la grosseur d'un chapon ; elle est huppée. Cette huppe paroît renversée en arrière & comme tombante. Elle a aussi une fraise formée par de longues plumes qui naissent du cou, qui se relèvent un peu & se renflent au gré de l'oiseau.

HOUILLEAU. (*Vénerie.*) Lorsqu'on veut faire boire les chiens & qu'ils sont dans l'eau, on leur dit ; *houillqu, chiens, houillqu.*

HOUPPER. C'est quand un chasseur appelle son compagnon pour l'avertir qu'il a trouvé une bête qu'on peut courre, & qui sort de sa quête pour entrer dans celle de ce compagnon. On dit aussi alors en terme de vénerie, *houpper un mot long en deux.*

HOURAILLIS. Méchante meute composée de chiens, qui ne peuvent rendre aucun service.

HOURET. Mauvais chien de chasse, soit que ce soit la nature qui l'ait vitié, soit que ce soit l'éducation.

HOURVA. (Terme de vénerie.) Lorsque le limier se rabat & qu'on veut le faire revenir dans ses voies pour se rabattre du côté opposé, on lui dit, *hé, hourva !*

HOURVARY. (*Vénerie.*) On dit qu'un animal fait un *hourvary* lorsqu'il ruse pour tromper les chiens & retourner sur ses mêmes voies.

HOURVARY. Mot que l'on crie pour redresser les chiens.

HOUX. Arbrisseau qui croît dans les lieux incultes & ombragés, & dont l'écorce sert en Angleterre pour faire la glu propre à prendre les oiseaux à la pipée.

Au mois de juin ou de juillet, on pèle ces arbrisseaux ; on jette la première écorce, & on fait bouillir la seconde dans l'eau de fontaine l'espace de sept ou huit heures, jusqu'à ce qu'elle soit attendrie : on en fait des masses que l'on met dans la terre & qu'on couvre de cailloux : on laisse fermenter & pourrir pendant quinze jours ou trois semaines, cet amas d'écorces, jusqu'à ce qu'elles se changent en mucilages : on les retire, & on les pile dans un mortier jusqu'à ce qu'elles forment une pâte ; on les lave ensuite dans l'eau courante & on les pétrit pour en enlever les ordures : on met cette pâte dans des vaisseaux de terre, pendant quatre ou cinq jours pour la purifier : on finit par la renfermer dans un autre vaisseau, & on la garde pour son usage. Si cette glu est bien faite, elle sera verdâtre, & n'aura point de mauvaise odeur.

HOUZURES. Crottes que le sanglier met sur les branches où il se frotte, & qui servent à faire connoître sa hauteur.

HUAGE. Cris divers qu'on fait à la chasse pour faire aller les bêtes où l'on veut.

HUARD. Oiseau aquatique, dont le nom exprime parfaitement le cri. C'est une espèce d'aigle qui côtoie les étangs & qu'on trouve communément près de la rivière de Mississipi. Il niche sur la terre entre des roseaux. Il se nourrit de poissons.

HUAU. Terme de vénerie, ce sont les deux ailes d'une buse ou d'un milan, qu'on attache avec trois ou quatre grelots ou sonnettes de fauconnerie, au bout d'une baguette.

HUCHET. Petit cor qui sert aux chasseurs pour appeler les lièvres.

HUÉE. Cri des chasseurs, quand le sanglier est pris : c'est aussi le cri dont on se sert pour effrayer le loup quand on le poursuit.

HUER : En terme de fauconnerie, c'est le cri du hibou.

HUET, ou HUETTE ou HULOTTE. Oiseau nocturne qui est une espèce de hibou ; il a le pennage cendré, la tête très-grosse & la taille du coq. Cet oiseau a près de quinze pouces de longueur depuis le bout du bec jusqu'à l'extrémité des ongles. Sa face est enfoncée & comme encavée dans sa plume. Son bec est d'un blanc jaunâtre ou verdâtre, arqué & luisant. Son envergure est fort grande. Il vole légèrement & sans faire de bruit. Il chasse les petits oiseaux, les campagnols, les souris. Il les avale tout entiers, & rend par le bec les peaux roulées en pelotons. Il fait sa demeure ordinaire dans le creux des vieux arbres.

HUIR. C'est le cri du milan.

HUITRIER, ou *le Preneur d'Huîtres*. Oiseau d'un genre particulier & seul de son espèce. Il a les jambes hautes, les pieds rouges, trois doigts devant & point par derrière. Son bec est d'un rouge de sang, long de plus de trois pouces, droit, applati sur les côtés & renflé vers la pointe. Il a la tête d'un beau noir, & la plus grande partie de son corps est blanche. Cet oiseau, de la grosseur d'une corneille, a une extrême avidité pour les huîtres. Il habite ordinairement les côtes occidentales de l'Angleterre.

HUPPE. Oiseau de passage qui tire son nom de la huppe ou crête dont sa tête est ornée. Il prononce assez distinctement *put put*, ou *pupu*, & le peuple lui a aussi donné cette dernière dénomination.

La huppe est un fort bel oiseau, un peu moins gros qu'une tourterelle, & qui, comme le coucou, arrive au printemps & s'en va aux approches de l'automne. Son plumage est agréablement varié de jaune, de noir & de blanc ; mais ce qui la caractérise particulièrement, c'est la crête composée d'un double rang de plumes, qu'elle porte sur la tête. Son cri est une espèce de gémissement qui s'entend de fort loin, ordinairement de grand matin, & rarement dans le haut du jour. Elle fait son nid dans des trous d'arbres, & ce nid n'est pas formé d'excrémens humains, de fiente de loup, de chien, de renard, comme on le croit communément ; mais elle pose ses œufs, pour l'ordinaire au nombre de quatre, immédiatement sur le bois vermoulu qui se trouve au fond de ces trous. Il est bien vrai, néanmoins, que le nid & les petits sont

très-puans ; mais on doit plutôt l'attribuer aux débris pourris des scarabées, & autres insectes que la huppe y apporte, qu'aux excrémens supposés dont je viens de parler. Cet oiseau aime les lieux solitaires, & se tient ordinairement à terre dans les friches & pâtis, où il cherche les insectes qui lui conviennent, & ne se pose guères dans les arbres que lorsqu'on le fait partir. Il est peu défiant, & se laisse approcher d'assez près. Quelques chasseurs vantent la huppe comme très-bonne à manger ; meilleure que la caille même, lorsqu'elle est grasse, pourvu qu'on ait l'attention, dès qu'elle est tuée, de lui couper la tête & le cou, sans quoi sa chair a un goût de musc.

On trouve cet oiseau fréquemment en Alsace, aux environs de Cologne, & en Angleterre. La huppe des Indes Occidentales est la plus belle qu'on connoisse ; sa queue est noire, son plumage varié, ses joues rouges & sa crête dorée.

Dans les Indes Orientales, il y a aussi une espèce de huppe, qu'on nomme au Mexique l'*oiseau couronné*, dont la crête est verte & les grandes plumes de couleur écarlate : cet oiseau est d'autant plus précieux qu'il est plus rare.

On appelle *huppe de montagnes* un oiseau solitaire qu'on trouve dans la Suisse, dont le plumage est d'un vert foncé, le bec rouge, & la huppe emplumée semblable à la crinière d'un cheval.

HURE. Nom qu'on donne à la tête du sanglier, de l'ours, du loup, & de bêtes carnacières.

HURLEMENT. Cri du loup.

HUTLA. Petite espèce de lapin de Saint-Domingue, qui a les oreilles courtes, & la queue d'une taupe.

HUTTE AMBULANTE. Espèce de loge dans laquelle le chasseur se cache, & qu'il transporte dans l'endroit le plus convenable.

HYENE. Quadrupède qui ressemble beaucoup au loup, & qu'on a confondu avec le chacal, la civette & le glouton, quoiqu'il ait avec ces animaux fort peu de rapports.

L'hyene est de la taille du loup : c'est le seul des quadrupèdes qui n'ait que quatre doigts, tant aux pieds de derrière qu'aux pieds de devant : elle a comme le blaireau une ouverture sur la queue, qui ne pénètre point dans l'intérieur du corps ; mais qui l'a fait prendre, par quelques naturalistes, pour un hermaphrodite.

Cet animal féroce eft folitaire ; il habite dans les cavernes des montagnes , & dans les fentes des rochers ; il vit de proie comme le loup , mais il a plus de hardieffe que lui ; il fe jette fur le bétail, rompt pendant la nuit les clôtures de bergeries., égorge les enfans , & lutte contre l'homme même. L'*hyene* fe défend avec fuccès contre le lion , attaque la panthère , & terraffe l'ours., Quand la proie vivante lui manque, elle tire par lambeaux les cadavres des hommes & des animaux , & s'en nourrit. Cet animal féroce fe trouve dans prefque tous les climats chauds de l'Afie & de l'Afrique. L'*hyene* a le col exceffivement roide.

Le cri de l'*hyene* reffemble au mugiffement du veau. Son corps eft court & ramaffé , fa tête eft quarrée, fes oreilles font longues, droites & nues. Le poil du corps eft long ; elle a une crinière de couleur gris obfcur.

L'*hyene* qui fit tant de ravages , il y a quelques années dans le Gévaudan avoit trente-deux pouces de hauteur , cinq pieds fept pouces & demi de long , & trois pieds de groffeur.

Elle avoit quarante dents : fes côtes étoient difpofées de façon qu'elle avoit la facilité de fe plier de la tête à la queue : fes yeux étoient fi étincelans , qu'il fembloit impoffible d'en foutenir l'afpect : fa queue étoit large & hériffée, & fes pieds armés de griffes d'une configuration & d'une force finguliere.

Cette bête féroce qu'on a appellé *bête du Gévaudan* à caufe des défaftres qu'elle a caufés dans cette province, a promené auffi fes fureurs dans l'Auvergne. A la fin de 1764 elle étoit déjà fi connue , qu'on fut obligé d'envoyer un détachement de dragons à fa pourfuite.

Au commencement de 1765 elle attaqua une bande d'enfans du village de Villeret ; les trois plus âgés avoient environ onze ans , & il y avoit deux garçons & deux filles qui n'en avoient que huit : la bête vint les furprendre , & ils ne s'apperçurent d'elle que lorfqu'il leur fut impoffible de l'éviter ; ils fe raffemblèrent alors , & fe mirent en défenfe : le combat commença par l'effort que fit l'*hyene* pour s'emparer du plus petit de la bande : le bataillon de jeunes héros fondit alors fur elle , armés de bâtons où ils avoient attaché une lame de fer de quatre pouces de longueur ; ils la piquèrent à plufieurs reprifes , fans pouvoir lui percer la peau , mais à force de la tourmenter ils lui firent lâcher prife : elle fe retira à deux pas pour manger un lambeau de chair qu'elle avoit arraché à la joue d'un des jeunes athlètes.

Quelques momens après , ce monftre revint avec de nouvelles forces & une nouvelle fureur,

faifit par le bras le plus jeune des combattans, & l'emporta dans fa gueule. On tint alors confeil un inftant pour délibérer fi on s'enfuiroit pendant que la bête dévoreroit fa proie ; mais le parti le plus courageux l'emporta , & il fut réfolu qu'on délivreroit ce malheureux , ou qu'on périroit avec lui. On pourfuit alors cette *hyene* avec vigueur , & on la pouffe dans un marais avec fa proie : la bête arrêtée par la fange fit volte-face, fe défendit contre fes affaillans, tenant toujours fous fa patte l'enfant qu'elle avoit enlevé ; heureufement elle n'eut pas le tems de le mordre , parce qu'elle étoit trop occupée à efquiver les coups qu'on lui portoit : enfin on la harcela avec tant de conftance & d'intrépidité , qu'on l'obligea à lâcher prife une feconde fois ; l'animal furieux , mais vaincu , prit la fuite , & alla à quelques lieues de ce champ de bataille dévorer des hommes qu'elle furprit fans défenfe.

Le trait fuivant eft encore plus admirable.

Au mois de mars 1765 , une femme du Rouget, âgée de 27 ans , étant vers le midi avec trois de fes enfans fur le bord de fon jardin , fut attaquée brufquement par la bête du Gévaudan, qui fe jetta fur l'aîné de fes fils , âgé de dix ans , lequel tenoit entre fes bras fa jeune encore à la mamelle. La mère épouvantée , ne s'apperçoit pas qu'elle eft foible & fans armes , elle ne confulte que fon amour , & vole au fecours de fes enfans ; elle lutte contre ce monftre , & lui arrache tour-à-tour fes proies : mais dès qu'on ôtoit à la bête un des enfans , elle fe faififfoit de l'autre ; c'étoit fur-tout le plus jeune qu'elle attaquoit avec le plus d'acharnement. Le combat fut d'abord à l'avantage de la mere, qui , armée des feules forces de la nature , réuffit à mettre fes deux fils hors de danger. L'*hyene* voyant qu'on lui enlevoit les deux enfans , alla fe jetter fur le troifième , âgé de fix ans , qu'elle n'avoit pas encore attaqué , & dont elle engloutit la tête dans fa gueule. Notre héroïne ne fe décourage point , elle monte fur le dos du raviffeur , elle faifit le monftre par les parties de la génération , elle le harcelle comme fi elle eût eu fa vigueur ; mais enfin laffée de tant d'efforts, elle tombe fans force & prefque fans connoiffance.

L'*hyene* emportoit fa proie , dont perfonne ne lui difputoit la jouiffance , lorfqu'un berger, témoin de la fin de ce fpectacle terrible , accourut fuivi d'un mâtin de la plus haute taille : la bête contrainte à un nouveau combat , craignit une défaite ; elle laiffa tomber l'enfant de fa gueule, enleva le chien d'un coup de tête qui le porta à vingt pas au-delà , & prit la fuite.

Pendant que la bête du Gévaudan faifoit tant

ed

de ravages, le gouvernement faifoit faire des chaffes générales : & dans une occafion, trente paroiffes de l'Auvergne & foixante - treize du Gévaudan formèrent un corps de vingt mille chaffeurs pour détruire ce fléau public.

Cependant les peuples gémiffoient, le commerce étoit interrompu, les chemins abandonnés ; enfin le fieur Antoine, lieutenant-général des chaffes, à la tête de plufieurs bons tireurs & d'excellens limiers vint pour forcer l'*hyene* dans fes derniers retranchemens.

Le 20 feptembre 1765, étant informé que la bête du Gévaudan s'étoit retirée dans les bois de Pommiers, il les fit inveftir par quarante tireurs & par les garde-chaffes qu'il avoit amenés : des chaffeurs de bonne volonté fe réunirent auffi à lui, & partagèrent fes périls.

A peine les valets de limiers étoient entrés dans le bois avec les chiens de la louveterie, que le fieur Antoine vit paroître à cinquante pas de diftance l'animal formidable ; il n'attendit pas que le monftre s'élançât fur lui, il fe hâta de lui tirer un coup de canardière chargée de cinq coups de poudre, de trente-cinq poftes à loup, & d'une balle de calibre : la bête reçut la balle dans l'œil droit, & toutes les poftes dans le côté ; la vigueur du coup fit reculer de plufieurs pas le chaffeur. Il femble que l'animal auroit dû fuccomber, mais l'*hyene* en fut à peine ébranlée : cette bête féroce recula un moment comme pour s'élancer fur fon ennemi ; le péril devenoit urgent, & le fieur Antoine n'avoit point d'armes égales pour lutter contre un monftre qui étoit fi terrible. Heureufement un des chaffeurs dont il étoit accompagné, & qui ne perdoit point de vue l'*hyene*, lui tira un fecond coup de canardière dans le derrière, qui lui fit une bleffure très-profonde ; l'animal épouvanté prit la fuite jufqu'à la diftance de vingt-cinq pas, y tomba & mourut.

HYPPOPOTHAME. Quadrupède amphibie, qui eft auffi connu fous le nom de cheval de rivière ou de cheval marin : les Anciens le connoiffoient, mais ils l'ont défiguré dans leurs defcriptions.

L'Italien Zerenghi eft le premier qui en 1603, ait donné une notice exacte de l'*hyppopotame*. Étant fur le bord du Nil, il en vit deux fortir du fleuve ; il fe hâta de faire une grande foffe dans l'endroit où il jugeoit qu'ils devoient repaffer ; & la fit recouvrir de bois léger, de terre & d'herbages : le foir ces animaux en revenant au fleuve, tombèrent tous deux dans le piège, & on ne put les tuer qu'à coups d'arquebufe :

en expirant, ils firent un cri de douleur qui reffembloit au mugiffement d'un buffle.

Zerenghi a donné les proportions d'un de ces *hyppopothames* ; fa longueur prife de la lèvre fupérieure, jufqu'à la naiffance de la queue, étoit de onze pieds deux pouces : la groffeur de fon corps en circonférence de dix pieds, & la hauteur de quatre pieds cinq pouces. Sa queue avoit onze pouces quatre lignes de long, & un pied de circonférence à fon origine.

La peau de l'*hyppopothame* eft impénétrable, fi on ne la laiffe long-tems tremper dans l'eau, & quand elle eft defféchée, on ne peut la percer en entier d'un coup d'arquebufe : les Egyptiens fe fervent de cette peau pour faire des boucliers.

Sa gueule eft d'une grandeur énorme, & fa queue qui a quelques rapports avec celle de la tortue, eft applatie depuis le milieu jufqu'au bout.

La tête de l'*hyppopothame* ordinaire a jufqu'à cinq pieds huit pouces de circonférence, & la gueule ouverte a alors un pied fix pouces & quatre lignes de largeur : cette gueule, dont la forme eft quarrée, eft garnie de quarante-quatre dents, d'une fubftance fi dure, qu'elles font feu quand on les frappe fur le fer.

L'*hyppopothame* ne produit qu'un petit, il vit de poiffon, de crocodiles, & de cadavres.

Il eft à remarquer que l'*hyppopothame*, dont Zerenghi fait la defcription, étoit une femelle : le mâle doit au moins avoir un tiers de hauteur & de groffeur de plus. Avec d'auffi puiffantes armes & une taille auffi prodigieufe, ce quadrupède pourroit devenir le plus redoutable des animaux : mais ordinairement il n'attaque point les hommes, il eft fi lent à la courfe qu'il ne peut atteindre aucun quadrupède, il nage beaucoup plus vîte qu'il ne court ; & fa voracité ne femble fatale qu'à des animaux deftructeurs, tels que le crocodile. Il prend la fuite lorfqu'on va à fa chaffe, & fi l'on vient à le bleffer, il s'irrite, fe retourne avec fureur, fe lance contre les barques, les faifit avec les dents, en enlève fouvent des pièces, & quelquefois les fubmerge.

Quand les nègres vont à la pêche dans leurs canots, loin d'attaquer les *hyppopothames*, ils leur jettent du poiffon, & alors ces animaux fe retirent fans les troubler.

L'*hyppopothame* fe trouve dans le Nil, dans le Sénégal, fur le Zaïre, fur la Zambra & dans plufieurs lacs d'Afrique ; il femble que le climat qu'il habite ne s'étend que depuis le Sénégal jufqu'à l'Ethiopie , & de-là , jufqu'au Cap de Bonne-Efpérance.

La chaffe de l'*hyppopothame* eft redoutable même pour les Européens : on ne fauroit guè-res le pourfuivre qu'à terre , & alors il faut lui barrer le chemin qui conduit à la rivière, d'où il eft parti : comme fa peau eft à l'épreuve des flèches & des balles de moufquet , il faut tâcher de le frapper fous le ventre & entre les cuiffes, avec des zagaies ou des armes à feu ; il eft en-core plus fûr de lui rompre les jambes avec des balles ramées : cet animal eft fi terrible quand on l'irrite , que les nègres qui font les plus cou-rageux des hommes , quand ils font libres , & qui attaquent avec fuccès, le couteau à la main, le crocodile & le requin , n'ofent lutter contre celui-ci : ils n'emploient contre lui que la rufe ; ils l'épient au travers des rofeaux lorfqu'il dort , & le tuent avant qu'il fe réveille.

La chair de l'*hyppopothame* eft fort eftimée au Cap de Bonne - Efpérance. Cette chair a une petite odeur de fauvage : c'eft un manger dé-licieux pour les nègres , & même pour les Por-tugais.

I.

JABIRU-GUACU. Oifeau du Bréfil. Il a un bec long de fept à huit pouces, arrondi & un peu élevé à l'extrémité. Il porte fur le fommet de la tête une efpèce de couronne offeufe d'un gris blanc. Une partie de fon cou & de fa tête font revêtus de peau écailleufe fans aucune plume. Il a du refte des plumes blanches ; celles des ailes font noirâtres avec une teinte pourpre. Cet oifeau eft recherché par les habitans comme un manger délicieux.

JACANA. Genre d'oifeau étranger dont on diftingue trois efpèces qui, toutes, fréquentent les marais du nouveau continent, & fur-tout du Bréfil.

Le *jacana* commun a le dos, le ventre & les ailes d'un noir verdâtre. Son cou, fa tête & fa poitrine offrent un beau violet chatoyant. Il a au-devant de la tête une membrane ronde d'un bleu clair de turquoife. Son bec droit & épais, vers la pointe, eft moitié d'un beau vermillon, & moitié d'un jaune nué vert. Cet oifeau eft de la groffeur d'un pigeon ; mais il a les pieds plus longs.

Le *jacana* armé, nommé *le chirurgien*, porte à la partie antérieure de chaque aile une manière de lancette ou d'éperon jaunâtre & fort aigu, d'une fubftance de corne dont l'oifeau fe fait une arme pour attaquer & fe défendre. Son plumage eft d'un noir verdâtre, & fes ailes font brunâtres.

Le *chirurgien varié*, troifième efpèce de *jacana*, eft remarquable par le devant de fa tête qui eft rouge & membraneux. Son bec eft d'un jaune orangé ; fes pieds & fes ongles font d'un gris bleuâtre. On trouve principalement cette dernière efpèce dans le pays de la nouvelle Carthagène, dans l'Amérique méridionale.

JACAPU. Efpèce de merle du Bréfil, dont le plumage eft noir, à l'exception de la poitrine qui eft d'un très-beau rouge.

JACCAL. Efpèce de loup jaune, plus petit que le loup ordinaire, & qui a la queue du renard.

JAGUACINI. Quadrupède du Bréfil qui, pour la taille, la figure & la couleur du poil, a beaucoup de reffemblance avec le renard. Il fe nourrit de cancres & d'écreviffes. Il fait auffi beaucoup de dégât dans les cannes à fucre. Comme il dort long-tems & profondément, les naturels du pays tâchent de le furprendre pendant fon fommeil.

JAGUAR. Animal quadrupède du nouveau monde, qui reffemble à l'once par la forme & la grandeur de fon corps, par les taches de fon poil, & par fon naturel féroce. Le *jaguar* eft altéré de fang & avide de carnage comme le tigre. Le plus fûr moyen de le faire fuir eft de lui préfe un tifon allumé. Ce terrible animal eft cependant fubjugué par le fourmillier ou tamanoir, lorfque celui-ci fe couchant fur le dos, le faifit avec fes longues griffes, & le déchire.

JAMBE. En terme de vénerie, on appelle *jambe* des bêtes fauves, la partie qui s'étend depuis le talon jufqu'aux os ; &, pour les bêtes noires, la partie qui va jufqu'aux gardes.

JANAKA. Quadrupède de la groffeur du cheval, qui marche en fautant, & dont les cornes font auffi longues que celles du bœuf. On le trouve & on le chaffe en Nigritie.

Il y a encore deux animaux de la même efpèce qui font feulement de la taille du cerf, & que les nègres nomment *cillah-vandoh*.

Une propriété fingulière du *janaka*, grand & petit, c'eft, dit-on, d'avoir aux côtes des veffies qui leur fervent à refpirer, & qui les empêchent de fe laffer, quand ils font pourfuivis.

JANG. Animal de la Chine, qui fe trouve dans les montagnes de Nankin. C'eft une efpèce de bouc, dont le nez & les oreilles font très-vifibles, mais dont la bouche eft fi petite qu'on a de la peine à la découvrir.

JANOVARE. Efpèce de quadrupède de l'Amérique, de la taille d'un chien mâtin, & qui eft fort lefte à la courfe. Sa tête eft fort étroite, fa queue eft très-ample. Il a les oreilles courtes, le cou gros & long. La couleur de fon poil eft d'un roux jaune cendré. Cet animal attaque toutes les bêtes féroces qui font moins fortes que lui. Les fauvages redoutent auffi beaucoup fa fureur : car quand ils le pourfuivent, ils ne peuvent manquer leurs coups, fans courir rifque de leur vie.

JAPPEMENT. Cri des chiens; les chiens jappent quand ils fentent le gibier, & c'eſt par cet artifice qu'ils le font fortir de fa retraite.

JAPU. Oiſeau du Bréſil, de la taille & de la forme de la grive. Il a le plumage noir, & une tache jaune au milieu de chaque aile. Ses jambes & ſes pieds ſent noirs, ſes yeux bleus, ſon bec citron. Son nid a la figure d'une gourde, & cet oiſeau le pend ordinairement au bout des p'tites branches d'un arbre: adreſſe admirable pour mettre ſes œufs & ſes petits à l'abri de la rapine des ſinges.

JARDINER. Terme de fauconnerie uſité par rapport aux oiſeaux qu'on expoſe le matin au ſoleil dans un jardin. Il faut, dit-on, jardiner les autours ſur le bloc.

C'eſt dans le même ſens qu'on dit: j'ai donné le jardin aux oiſeaux: nous donnerons le jardin aux laniers & aux ſacres, ſur la pierre froide.

JARRET. Partie du corps où la cuiſſe eſt ſéparée d'avec la jambe. Un jarret droit eſt dans les chiens un ſigne de viteſſe.

JARS. Mâle de l'oie, qui eſt plus gros que ſa femelle.

JASEUR. Oiſeau de paſſage qu'on trouve dans preſque toute l'Allemagne & dans le nord de l'Europe. Son caractère ſpécifique eſt d'avoir de petites appendices rouges qui terminent pluſieurs des pennes moyennes de ſes ailes. Cet oiſeau eſt très-beau; ſes yeux ſont d'un rouge brillant, ſa tête eſt rayée de noir ſur un fond de couleur vineuſe qui s'étend ſur le dos, le cou, la poitrine. Son bec & ſon pied ſont noirs. Le jaſeur eſt facile à apprivoiſer. Il ſe plaît avec les oiſeaux de ſon eſpèce. Il ſe nourrit de raiſins, de baies de troeſne, de roſier ſauvage, de génevrier.

JAVARIS, Pourceau ſauvage du Bréſil & de l'iſle de Tabago: il reſſembleroit parfaitement à nos ſangliers, ſi ſes oreilles étoient plus longues, s'il avoit une queue, & s'il n'avoit pas le nombril ſur le dos.

Cette dernière propriété qui ſemble devoir être ſi incommode au javaris, fait ſon ſalut quand il eſt vivement pourſuivi par les chiens. Cette poſition du nombril rafraîchit ſes poumons, & lui donne la faculté de reſpirer, ce qui le rend infatigable à la courſe.

Quand ce quadrupède eſt ſurpris, il lutte contre les chaſſeurs avec ſes défenſes, & fait ſouvent payer chèrement ſa défaite.

JAUNOIR. Eſpèce de merle, long d'environ onze pouces; ſon corps eſt d'un noir brillant; ſes ailes ſent nuancées de jaune, de brun & de noir; ſon bec eſt noir, ſes pieds ſont bruns.

IBIS. Oiſeau de l'Égypte, du genre du courly, que l'on a mal-à-propos confondu avec la cigogne. L'ibis eſt plus petit, il a le cou & les pieds plus longs. Son plumage eſt d'un blanc ſale, & un peu rouſſâtre. Les grandes plumes du bout de ſes ailes ſont noires; il a le tour de la tête revêtu d'une peau rouge & ridée. Son bec eſt gros à ſon origine, coupé par le bout, & recourbé en deſſous. Les côtés du bec ſont tranchans, capables de couper les lézards, les grenouilles, & particulièrement les ſerpens dont cet oiſeau ſe nourrit. C'eſt cette propriété qui le rendoit précieux & comme ſacré pour les égyptiens. L'ibis a le bec de couleur aurore, & le bas des jambes rouge & écailleux. Il bâtit ſon nid ſur les palmiers les plus hauts. La chair de l'ibis eſt rouge comme la chair du ſaumon.

ICHNEUMON. Petit quadrupède qu'on nomme auſſi mangouſte, rat de Pharaon, rat d'Egypte. La longueur de l'ichneumon eſt d'un pied neuf pouces; celle de ſa queue eſt d'un pied & demi, ſes jambes de devant ont cinq pouces de long. Son corps eſt d'un roux jaunâtre. L'ichneumon a reçu des honneurs divins de la part des égyptiens, à cauſe de l'utilité dont il eſt, en détruiſant un grand nombre d'œufs de crocodiles.

Ce quadrupède eſt du genre des belettes. On l'a cru quelque tems hermaphrodite, par rapport à une ouverture fort large qu'il a ſous la queue, & dont on ignore l'uſage.

L'ichneumon eſt à-peu-près de la taille du chat, il a la tête oblongue, les dents aiguës, & les yeux étincelans: c'eſt l'ennemi naturel du crocodile: il l'empêche de multiplier, en découvrant ſes œufs & en les briſant; il oſe même, tout foible qu'il paroît, attaquer ce redoutable amphybie, il lutte avec adreſſe contre lui, & mange ſes petits.

L'ichneumon a beaucoup de hardieſſe, il attaque de gros chiens, même des chameaux: ſa haine la plus envenimée eſt contre l'aſpic & les ſerpens. Quand il veut les combattre, il ſe vautre dans la boue, la laiſſe ſécher, & s'en fait une eſpèce de cuiraſſe.

On vend des ichneumons apprivoiſés dans les marchés d'Alexandrie; dans cet état il joue volontiers avec l'homme, & montre encore plus d'adreſſe que le chien: il ſeroit cependant dangereux de le troubler lorſqu'il prend ſa nourriture; car alors il ne reconnoît plus de maître, & rètourne à ſon premier naturel.

L'*ichneumon* aime beaucoup les œufs de poule ; mais comme fa gueule n'eſt pas aſſez fendue pour les faiſir, il les jette en l'air, ou les roule contre les pierres pour les caſſer.

L'*ichneumon* du Cap de Bonne-Eſpérance a la forme de la muſaraigne ; il accompagne volontiers le furet pour ſucer les œufs des oiſeaux & des ſerpens.

Celui de Ceylan creuſe la terre avec le deſſus de ſon muſeau comme le porc, & paroît auſſi malpropre que lui. Pendant le jour il dort tranquillement dans ſa caverne ; le ſoir il grimpe ſur les arbres, mange les vers & les araignées, & ne ſe retire dans ſa tanière qu'au lever du ſoleil.

L'*ichneumon* d'Amérique reſſemble à celui de Ceylan.

JEAN-LE-BLANC, ou *premier oiſeau S. Martin*. Oiſeau de proie qui tient de la nature de l'aigle & de celle de la buſe. Sa longueur, depuis le bout du bec juſqu'à l'extrémité des ongles, eſt d'un pied huit pouces. Son bec a dix-ſept lignes de longueur, ſa queue dix pouces, ſes ailes cinq pieds un pouce d'envergure. Son plumage eſt d'un brun cendré. Cet oiſeau eſt très-commun en France ; il cauſe beaucoup de dommage dans les fermes. Il détruit la volaille, les perdrix, les jeunes lapins, & les petits oiſeaux. Son vol ne s'élève pas ſi haut que celui des autres oiſeaux de proie.

JET. Terme de fauconnerie ; c'eſt une entrave qu'on met au pied d'un oiſeau.

JETTER. (Terme de vénerie). Un cerf jette ſa tête quand ſon bois tombe, ou qu'il mue. En terme de fauconnerie on jette l'oiſeau du poing, lorſqu'on le fait pourſuivre la proie fugitive.

On jette le faucon, & on lâche l'autour.

JEU. On dit, en autourſerie, donner jeu aux autours ; c'eſt leur laiſſer plumer la proie.

JEUNEMENT. Un cerf de dix cors jeunement, eſt un cerf qui a pris depuis peu un cor de dix andouillers de chaque côté. *Voyez* le mot CERF.

IGNARUCU. Eſpèce de crocodile du Bréſil, qui vit ſur la terre & dans l'eau, & pourſuit l'homme dans ce double élément. Il grimpe même ſur les arbres. Il eſt d'une couleur noirâtre ; ſon corps eſt uni & tacheté comme la peau d'un ſerpent. L'ouverture de ſa gueule eſt grande. Il peut vivre dix jours, & quelquefois vingt, ſans manger : ſes œufs ſont d'un très-bon goût, & ſa chair paſſe en Amérique pour un mets délicieux.

IGUANA. Eſpèce d'amphibie de l'Amérique & des Indes orientales, qui a environ cinq pieds de long, & quinze pouces de circonférence : il a la forme du lézard. Le mâle a une poſture hardie, & un regard épouvantable ; cependant il ne fait point de mal, il n'eſt dangereux que dans le tems de ſon accouplement, il s'élance alors ſur ceux qui s'approchent de lui, & ne quitte point ce qu'il mord à moins qu'on ne l'égorge.

On eſtime beaucoup en Amérique la chair & les œufs de l'*iguana* ; auſſi les habitans s'empreſſent-ils de leur faire la chaſſe ; la plus lacrative eſt dans le printems. Ce reptile, après s'être raſſaſié, va alors ſe repoſer ſur des branches d'arbres, & quoique ſa courſe ſoit rapide, ſa ſtupidité eſt telle qu'il voit approcher le danger ſans le fuir. On ne peut réuſſir à le tuer à coups de fuſil, il faut le frapper avec force ſur les naſeaux. Ceux qu'on prend vivans, peuvent ſe conſerver juſqu'à trois ſemaines ſans boire ni manger.

On connoît cinq eſpèces d'*iguana*, celui d'Amérique, celui de Surinam, celui de Ceylan, celui de l'iſle Formoſe, & celui de la nouvelle Eſpagne ; ils ſont tous eſtimés par leur bon goût, & remarquebles par la marbrure de leurs écailles.

On dit que les *iguanas* ont dans l'eſtomac une pierre aſſez tendre, de la groſſeur d'un œuf de poule : & on ajoute que ſi on boit la quantité d'une drachme de cette pierre, diſſoute dans l'eau, elle briſe les pierres & guérit les douleurs de néphrétique.

IL BAT L'EAU. Terme qu'on emploie pour avertir les chaſſeurs & les chiens, lorſque la bête qu'on pourſuit entre dans l'eau.

IMBRIM. Oiſeau de la figure de l'alcyon, mais dont la taille approche de celle de l'oie, & qu'on trouve dans les parages de l'iſle de Féroé. On prétend qu'il ne ſort jamais de l'eau, parce que la foibleſſe de ſes pieds l'empêcheroit ſur terre de ſoutenir le poids de ſon corps, & que la petiteſſe de ſes ailes ſuffiroit encore moins pour le balancer dans l'air. On remarque qu'il a ſous chaque aile un creux capable de contenir un œuf, & on préſume que c'eſt-là où il les couve.

Quand on va à la chaſſe de l'*imbrim*, on choiſit un tems orageux ; car il ne s'approche des rivages que dans le tems des tempêtes. On l'amorce en lui préſentant des morceaux de linge bien blancs ; il vient alors à la portée du fuſil. Les danois trouvent ſa chair de bon goût.

INDUIRE. Terme de fauconnerie. Cet oiſeau a *induit* ſa gorge ; c'eſt-à-dire, il a digéré la viande qu'il avoit priſe.

INSECTES. Les *inſectes* ſont en général de

petits animaux compofés d'anneaux ou de fegmens. La plupart font armés de pied-en-cap. Ils font en état de faire la guerre, d'attaquer & de fe défendre. Ils ont des dents en fcie, dard, aiguillon, pinces, cuiraffe, ailes, cornes, refforts dans les pattes, poifon brûlant; chacun fait à fa manière détruire les productions de la terre, & faire beaucoup de ravage. Ces animaux font encor plus effrayans par leur nombre que par leur voracité. Il eft utile, & même néceffaire, de leur faire une chaffe continuelle. On ne regardera donc point comme un article étranger au plan de ce dictionnaire, les moyens qui vont être donnés pour écarter ou pour combattre plufieurs efpèces de ces *infectes* les plus défaftreux.

CALANDRES.

Moyens d'empêcher les Calandres & autres infectes de faire aucun tort aux bleds.

Prenez de la rue verte, deux poignées, de fabine une pareille quantité, de la tanaifie, du bafilic de la petite efpèce, de la grande fauge, de la petite fauge, de la feuille de perfil, de la racine de perfil, de chacun une poignée, & du verd de poireau, deux poignées: hachez le tout & pilez-le dans un mortier, mettez-le enfuite dans un grand chaudron, verfez-neuf pintes, mefure de Paris, du jus de fumier; couvrez le chaudron, avec des planches; mettez pardeffus un drap mouillé. Laiffez le tout repofer vingt-quatre heures, plus ou moins; puis faites-le bouillir fur un bon feu, l'efpace d'un quart-d'heure au grand air. Retirez le chaudron de deffus le feu; paffez tous ces fimples dans un gros linge, en les preffant beaucoup; confervez-en le marc pour en faire l'ufage que nous indiquerons ci-après. Verfez dans la liqueur, que renferme encore le chaudron, quatre pintes de fort vinaigre, ayant foin de le bien mêler avec la liqueur. Portez le chaudron dans le grenier que vous voulez délivrer des calandres & autres infectes. Prenez une groffe broffe ou pinceau de barbouilleur; vous le tremperez dans cette liqueur & vous frotterez les murs de votre grénier, à quatre pouces de hauteur tout autour, & quatre pouces de largeur fur le plancher. Vous réitererez cette operation pendant dix ou douze jours confécutifs, & vous fermerez bien la nuit, & même durant le jour, les contrevents du grenier, jufqu'à ce que vous foyez délivré de ces infectes.

Pendant ce tems, il faut continuellement remuer le bled avec de larges pelles qui aient des manches longs, pour la commodité de ceux qui font ce travail. Ils doivent obferver de jetter

ce bled le plus haut qu'ils peuvent, & en arc; ce qui tourmente tant les calandres, qu'elles ne peuvent refter dans le bled, & fuient de tous côtés. Mais étant infectées par l'odeur de cette drogue, qui fe répand au loin, elles périffent & ne peuvent revenir dans le bled. Il faut enfuite paffer ce dernier au crible, le remuer comme auparavant & fouvent, felon les faifons.

Il eft bon, pendant toute cette opération, d'avoir quelques perfonnes qui prennent foin d'écrafer les calandres & autres infectes, à mefure qu'on les voit fe refugier contre les murs des greniers. Elles peuvent auffi les ramaffer avec un balai de crin, les jetter dans un baquet où il y ait un peu d'eau, & les donner à manger aux poules, qui aiment beaucoup ces animaux.

On a fait une autre expérience qui a fort bien réuffi; c'eft de dreffer au tour du tas de bled, des planches frottées de la même liqueur, afin que l'odeur de ces planches empêche ces infectes d'en approcher.

Le marc de ces végétaux eft auffi très-efficace; on le met par petits tas le long des planches, & tout autour du grenier.

En faifant cette expérience, on a remarqué avec plaifir que la fimple fumée de ces mêmes plantes que l'on fait bouillir au milieu d'une cour, a délivré la maifon de punaifes, & même de l'importunité des mouches.

CHARANSONS.

Moyens de détruire les Charanfons.

On frotte la pelle dont on fe fert pour remuer le bled, avec de l'ail, & à mefure qu'on le remue, on l'afperge avec du faumat. Le faumat eft cette liqueur qui refte au fond du charnier où l'on avoit falé le lard & ou il a paffé une grande partie de l'année. L'odeur, jointe à l'agitation du bled, chaffe le charanfon, que l'on voit courir de toutes parts fur les murs: alors on les raffemble avec un balai pour les jetter tout de fuite au feu. Cette méthode ne peut préjudicier à la bonté des grains.

CHENILLES.

Les chenilles font en fi grand nombre dans de certaines années qu'elles dévorent les bourgeons des arbres, les feuilles, les légumes, font périr les fleurs & conféquemment les fruits; un des moyens les plus affurés, ordonné par la fageffe des Intendans dans les campagnes, c'eft de couper tous ces nids de chenilles, & de les faire brûler comme nous le dirons ci - après. On a donné depuis peu comme un secret immanquable pour les faire périr, de dissoudre du savon noir gras dans de l'eau (on prétend cependant que l'eau de savon tache ou même gâte le fruit), & avec un simple goupillon d'en jetter sur ces nids de chenille commune, le soir ou le matin, tems où les chenilles sont retirées dans leur nid, qui leur servent de tentes. Une seule goutte de cette eau mousseuse venant à tomber dessus la toile ou tente qui les renferme les fait crever, dit-on, & tomber en masse, & on les voit périr sans qu'il soit nécessaire de les brûler ni de les écraser. On recommande de jetter cette eau savonneuse sur ces tentes nouvellement formées.

Quoi qu'il en soit, on sait que lorsque quelque matière grasse & huileuse vient à boucher les *stigmates* des chenilles, qui sont de petites ouvertures en forme de boutonnières, placées sur les côtés de la chenille, & qui sont ses organes de la respiration, ces insectes périssent. Mais comment cette goutte d'eau savonneuse pourroit-elle produire cet effet, pour le peu que ces insectes soient recouverts sous leur tente ; car lorsqu'elles sont tout-à-fait formées, elles sont impénétrables à l'eau, & on y remarque seulement plusieurs ouvertures qui aboutissent à un centre commun, le lieu de leur domicile.

On parvient, dit-on, à faire périr les chenilles, si on a soin de soupoudrer les plantes après les avoir arrosées avec de la poussière de houille calcinée, qui est une espèce de charbon de terre. Un moyen des plus certains est d'avoir quelques vaneaux apprivoisés ; ils leur feront une guerre cruelle, ainsi qu'aux limaçons.

A ces procédés, nous en ajoûterons un autre infaillible contre les chenilles dans les choux. Qu'on ensemence avec du chanvre tout le bord du terrein dans lequel on veut planter les choux, & l'on verra avec étonnement que quand même tout le voisinage seroit infecté de chenilles, on en sera entièrement garanti dans l'espace enfermé par le chanvre sans qu'il s'y en trouve une seule. Si cette occulte vertu du chanvre n'est pas l'effet de l'aversion que les chenilles ont pour cette plante, ne seroit-ce pas que les oiseaux qui en sont friands, attirés par elle, détruisent dans son voisinage toutes les chenilles qu'ils rencontrent, & qui sont encore un de leurs mets.

Voici ce qu'indique un Auteur industrieux.

On remplit un petit réchaud de charbon bien allumé, & on le présente sous les branches qui sont infectées de chenilles. On y jette plusieurs pincées de soufre en poudre (on prétend cependant que le soufre fait du tort à l'arbre), dont la vapeur qui leur est mortelle, les fait toutes entièrement périr, & même par là suite il n'en vient aucunes s'attacher à ces arbres. On assure qu'une livre de ce soufre, dont le prix est assez modique, suffit pour écheniller les arbres de plusieurs arpents, en quelque quantité que soient les chenilles.

On donne encore comme un procédé certain contre les chenilles, de prendre du genêt, de le couper menu, de le faire tremper & infuser dans de l'eau pendant la nuit. Il en faut une brassée dans un baquet ; le lendemain avec un goupillon ou une poignée d'herbe comme un petit balai, aspergez en les arbres, les choux & les plantes où vous verrez des chenilles. La qualité du genêt, que l'eau aura contractée, détruira les chenilles sans faire aucun tort aux fruits. Mais il est nécessaire de recommencer cette opération plusieurs fois.

Au mois de Mai 1767 on écrivoit d'Avalon en Bourgogne, que l'année précédente on avoit réussi dans ce canton à détruire entièrement les chenilles qui dévorent les choux, en y répandant de la chaux vive en poudre, & que la plante n'en a souffert aucune altération ; il est à présumer que la chaux détruiroit de même celles qui attaquent les arbres.

La gazette d'Agriculture rapporte un procédé assez simple & très-efficace pour détruire l'espèce de chenilles qui s'attachent spécialement au pommier. Cette chenille, après s'être formée une coque, reste immobile sous la forme de chrysalide pendant environ dix jours avant la fin du mois de juin. Détruire ces chrysalides ou plutôt l'assemblage qui s'en trouve formé sous les grosses branches, ou à la bifurcation des troncs des pommiers, c'est-à-dire au mois de juin, entre les Fêtes de St. Jean & de St. Pierre, seul temps favorable dont il faut profiter. On prend, on enlève ces coques avec facilité ; on les dépose dans des paniers pour les brûler ou les enfouir.

Autres moyens de détruire les chenilles.

Dans la Suisse, dans la Lusace & ailleurs, on se sert des fourmis pour détruire les chenilles. Voici comment on s'y prend lorsqu'un arbre est couvert de chenilles, on enduit la tige à une certaine distance de la terre avec du goudron, & l'on suspend à une branche un sac que l'on a rempli de fourmis. On ouvre ensuite le sac, afin que les fourmis puiſſent ſortir & ſe répandre ſur l'arbre. Auſſi-tôt qu'elles ont faim, elles veulent quitter l'arbre pour aller chercher leur nourriture ; mais en arrivant au goudron, qu'elles déteſtent, elles ſont obligées de rebrouſſer chemin. Lorſqu'elles ne peuvent plus réſiſter à la faim, elles ſe jettent ſur les chenilles & les dévorent toutes. Une obſervation en petit, que je fis à mon grand regret, au mois de mai 1782, m'a convaincu d'avance de l'efficacité de ce procédé. En effet, je trouvai ſur l'érable commun (*acer campeſtre* L.) une eſpèce de chenille vivant en ſociété, que je ne connoiſſois point encore. J'en pris vingt-cinq que j'emportai chez moi, projettant de les élever juſqu'à leur métamorphoſe en papillons. Je les mis dans une boîte à laquelle je fis de petites ouvertures pour leur donner de l'air : je mis la boîte en plein air, ſur une fenêtre, & j'eus ſoin de leur fournir des feuilles d'érable, leur nourriture ordinaire. Trois heures après ou environ, je voulus viſiter mes penſionnaires, mais quel fut mon étonnement lorſque je vis qu'il n'y en avoit pas une ſeule en vie? Elles avoient toutes été tuées par les fourmis, qui les ayant ſenties, s'étoient raſſemblées en grand nombre dans la boîte. Elles avoient mangé la tête de la plupart des chenilles ; quelques-unes étoient bleſſées au cou ; la queue manquoit à d'autres. Ne penſant alors qu'au chagrin de voir manquer l'obſervation, que je me propoſois, je pris les moyens de me défaire de ces aſſaſſins de mes chenilles. En conſéquence, je laiſſai la boîte à la place où elle étoit, j'y mis du ſucre pour y attirer les fourmis; en peu de jours je les y raſſemblai toutes, & quand je crus y être parvenu, je brulai la boîte avec les animaux qu'elle contenoit ».

» Cette expérience prouve l'efficacité du procédé employé contre les chenilles, en Luſace & en Suiſſe, procédé dont on doit ſur-tout faire uſage contre l'eſpèce déſaſtreuſe de la phalêne d'hiver, impoſſible à détruire juſqu'à-préſent. Il ne faut pas ſe laiſſer arrêter par le préjugé trop généralement répandu que les fourmis nuiſent aux arbres. Il eſt vrai que lorſqu'un arbre commence à être malade, on y trouve ordinairement une quantité de fourmis, ce que l'on obſerve particulièrement ſur les petits arbres, tels que les pêchers, les ceriſiers, les pruniers, &c. Mais à l'exception du cas où les fourmis établiſſent leur demeure entre les racines de l'arbre, ou tout près de ces racines, ou même ſe nichant dans les vaſes & caiſſes où l'on a mis des arbriſſeaux ou des plantes, elles fouillent la terre, découvrent les racines, en rongent quelques-unes; excepté ces cas, dis-je, les fourmis ſont très-innocentes de la maladie de l'arbre ſur lequel on les trouve. Le mal doit être attribué entièrement aux pucerons, qui ſucent & roulent

les feuilles & pouſſes tendres. Les excrémens des pucerons, ſont pour les fourmis un mets très-délicat ; ces derniers abandonnent l'arbre quand on l'a débarraſſé des inſectes qui le rongent en le lavant & en le frottant.

En 1781, un cultivateur du Bas-Poitou parvint à détruire de la manière ſuivante les chenilles, qui rongeoient ſa garance. Il fit bouillir deux livres de térébenthine avec ſix livres d'eau de ſource, & laiſſa réfroidir ce mélange. L'après-midi vers quatre heures, il en aſpergea les pieds de garance, & il s'apperçut bien-tôt que les chenilles étoient mortes. Comme ce procédé lui parut trop coûteux pour être d'une utilité univerſelle, il en imagina un autre. Il mit à-peu-près douze livres de ſuie de cheminée dans 50. livres d'eau ; il remua ſouvent ce mélange pendant 48 heures, au bout deſquelles il fit bouillir 20 livres d'eau, & les verſa dans le mélange, avec 8 pintes de fort vinaigre. Il en aſpergea les plantes attaquées de chenilles, de deux jours l'un, pendant ſix jours. Il parvint ainſi à détruire toutes les chenilles ſans nuire à ſes plantes. On ſent que ce procédé peut être facilement appliqué aux arbres au moyen de petites pompes, mais alors il devient un peu-coûteux.

Un particulier, en blâmant les procédés employés pour détruire les chenilles qui endommagent les arbres, en indique un ſimple & expéditif, c'eſt de les bruler avec un paquet de paille attaché au bout d'une longue perche, au moyen de laquelle, en prenant le vent, on porte la flamme par-tout où l'on veut ; & c'eſt ce que ce particulier a pratiqué, dit-il, avec ſuccès, dans ſon verger & dans ſon jardin.

Un autre moyen non moins ſûr & auſſi facile d'empêcher les chenilles de remonter ſur les arbres qui n'en ſont pas attaqués, ou après qu'ils en ont été ſoigneuſement délivrés, c'eſt de former un cordon autour du pied de l'arbre avec de la graiſſe.

Le froment en grain, eſt endommagé par la chenille qui donne le papillon, appellé phalêne du froment. Cette chenille eſt un ver, jaune au commencement, qui plus tard, en automne & dans le printems, devient d'un noir griſâtre, avec une tête noire, luiſante, & trois bandes blanches. Ces vers, lorſqu'ils ſont encre petites, creuſent les grains de froment, & quand ils groſſiſſent, ils dévorent le dehors & le dedans de ces grains. M. *Biergander* eſt parvenu à diminuer ce fléau chez lui, en tuant tous ceux qui tomboient en remuant les gerbes. Ces chenilles nichent & hivernent dans la terre & le fumier. L'auteur prétend qu'on prévient la maladie du froment

froment, connue fous le nom de *noir* ou de *charbon* dans la plupart de nos provinces, en ne fe fervant pour les femailles que de grain de l'année précédente.

2. *Le feigle.* Il eft infecté par la larve de la chenille, appellée *elater fegetis.* Cette chenille eft un ver jaune avec une tête brune & les points des mâchoires noirs. Cette chenille gâte auffi le froment, l'orge & l'avoine. De tous les ennemis des grains, c'eft le plus dangereux ; fouvent elle en dévore la moitié. Quelquefois dans le printemps quand on voit le froment & l'orge devenir bleuâtre, pâle, jaunâtre & tomber, on en accufe ordinairement le froid : mais on fe trompe : tout le mal vient des animaux deftructeurs dont nous parlons. Le meilleur temède pour les extirper, remède éprouvé par l'auteur avec beaucoup de fuccès, eft d'engager les enfans à parcourir les champs, ramaffer le plus qu'ils peuvent de ces petits animaux, & de les écrafer : cela n'eft pas difficile, & les enfans s'y prêtent volontiers, fi on les encourage par quelque petite récompenfe.

Après l'*elater fegetis*, la mouche du feigle (*mufca fecalis*) eft l'ennemi le plus dangereux. Le travail de fa chenille eft imperceptible, excepté pour les infectologiftes qui le connoiffent. Souvent on attribue à l'air, à la bruine, aux brouillards, les dégâts de cette chenille qui n'a que deux lignes de longueur, la tête pointue & noire, formant à l'extrémité la lettre V. Elle mange les tiges tendres du feigle, quand les feuilles ont commencé à pouffer. Elle paffe l'hiver dans la terre, & fe change en *mufca fecalis* au mois de juin. On n'a pas encore pu trouver le moyen de s'en préferver. On foupçonne qu'elle fe trouve quelquefois dans le fumier qu'on répand fur les terres.

Mufca pumilionis. Sa chenille a deux lignes de longueur ; elle eft blanche, a la tête pointue & noire, & empêche les tiges de feigle de prendre leur accroiffement. Elle eft beaucoup moins dangereufe que la précédente.

Phalœna confpicillaris. Sa chenille a un pouce de long, & elle eft de la groffeur d'une plume à écrire. Elle a quatorze articulations, y compris la tête. Cette tête eft noire, tachetée, avec quelques poils courts. Le corps eft grifâtre, avec une ligne blanche longitudinale fur le dos. La première articulation après la tête eft dure, & comme d'une fubftance cornée & luifante. Chaque articulation a deux points. Cette chenille hiverne dans la terre, fe change en chryfalide au mois de mai, & en phalène vers le 20 de juin (en Suède). Pendant la nuit, elle coupe le feigle tout près de la furface de la terre ; elle fe cache fous des pierres pendant le jour. Les enfans peuvent être encore fort utiles pour la chercher & l'écrafer. C'eft peut-être la même chenille qui,

CHASSE.

dans de certaines années, ronge ou coupe les jeunes plants de choux.

Phalœna fecalis. Cette chenille fait blanchir les jeunes épis. Elle a un pouce de long, & l'épaiffeur d'une plume d'oie. Elle eft d'un vert pâle, avec deux lignes rouges longitudinales fur le dos. Son corps eft vert en-deffous. Sa tête eft ornée & arrondie en forme de cœur, avec deux taches brunes fur les côtés. Quand les épis du feigle font forts, & ont déjà pris leur accroiffement, la chenille defcend en terre pour fe changer en chryfalide, & à la fin du mois de juillet, en phalène. Il eft difficile de la détruire, quand elle eft encore petite : mais dans l'été, quand les épis font déja bien formés, on la trouve entortillée autour de la tige, plus fouvent en dedans, lorfque l'épi eft plus ou moins endommagé, tombe & penche.

Limax agreftis. Elle endommage fouvent le feigle pendant l'automne, & caufe beaucoup de dégâts.

Ainfi le feigle eft de tous les grains celui qui a le plus d'ennemis deftructeurs, & il faut au moins les connoître, connoître leurs progrès & leurs mœurs, fi l'on veut chercher les moyens de les découvrir & de les détruire.

L'*orge* a deux ennemis, une efpèce de mouche, telle que la *mufca tritici*, dont les chenilles très-petites fe logent dans les grains, s'y changent en chryfalides, & enfin en mouches dans les mois de juillet & d'août ; enfuite l'*elater fegetis*, dont nous avons donné la defcription.

L'*avoine* a encore des ennemis plus nombreux. L'*elater fegetis* en dévore fouvent la moitié ; enfuite la mouche, appellée *mufca avena*, ne lui eft pas moins nuifible. Sa chenille coupe les tiges par le bas & ronge auffi les articulations fupérieures quand elles font encore tendres. C'eft fur-tout alors que les cultivateurs commencent à s'appercevoir du mal par la pâleur des épis. Cette chenille, qui eft très-petite, n'a point de pieds & a la tête pointue. Sa chryfalide eft brune & oblongue. On a obfervé en 1789, le 14 de juillet, le changement de cette chryfalide en mouche. Cette mouche a une ligne de longueur, eft noire & brillante. Ses antennes font formées comme une verrue d'où fortent quelques poils. Son abdomen eft formé de cinq petits anneaux. Ses aîles de forme ovale, font couchées & brillantes : elles font vertes & rouges.

Il y a encore une autre chenille qui ronge le dedans des grains de l'avoine, quand elle eft fur pied. Cette chenille reffemble beaucoup à celle de la *phalana tritici* ; & c'eft peut-être la même.

COURTILLIERE.

L'*insecte* connu des jardiniers sous le nom de *courtillière*, de *jardinière*, de *taille-prés*, est appellé par les naturalistes *taupe-grillon*, parce que la partie postérieure de son corps ressemble un peu au *grillon*, & à sa partie antérieure on remarque deux pattes qui ont quelque ressemblance avec celles de la *taupe*, disposées de même, & ayant la même facilité à mouvoir la terre.

Cet insecte est d'autant plus dangereux, que c'est un mineur qui travaille sourdement sous terre, & qui coupe les racines de presque toutes les jeunes plants; on en trouve sur-tout en abondance dans certaines années, & dans les couches, où ils multiplient prodigieusement.

Un amateur du jardinage a imaginé de placer à fleur de terre de petites cloches de verre, ou des terrines vernissées, dans lesquelles il met toit deux à trois pouces d'eau, lorsque les *courtillières* & autres insectes délivrés de la crainte qui les tient cachés pendant le jour, vont la nuit pour butiner, en courant de côtés & d'autres ils se précipitent dans les terrines, où ils périssent dans l'eau sans pouvoir se retirer. Cet amateur de jardinage, pour sauver un plant d'arbrisseaux, a été contraint de faire de son terrein un damier rempli de vases. Ce procédé ne laisse pas d'être embarrassant; mais en voici un avec lequel on peut détruire très-facilement les *courtillières*, ces ennemis les plus dangereux du jardinage. On voit les unes sortir de leurs trous, venir expirer hors de leurs retraites; & les autres étouffées par la liqueur mortelle n'ont pas la force de quitter leur souterrain. D'abord il faut suivre avec le doigt la trace des *courtillières*, trace qui est presqu'à fleur de terre jusqu'à ce qu'on trouve un trou qui descende perpendiculairement; c'est la retraite de ces insectes. On presse le plus qu'on peut la terre contre les parois de ce trou, afin qu'elle ne s'écroule point: on y verse deux ou trois gouttes d'huile quelconque, & puis on remplit le trou d'eau; bientôt on en voit sortir l'animal, qui vient mourir sur le bord du trou, à moins qu'il ne soit étouffé sur-le-champ sous terre. Cette chasse est plus abondante après la pluie, parce que la terre s'éboule moins.

Comme ces insectes destructeurs multiplient beaucoup, il est intéressant de reconnoître les endroits où ils construisent leurs nids: lorsqu'on apperçoit dans le gazon des petites places presque rondes, de trois, quatre ou huit pouces de large, où il n'y a presque plus d'herbe, ou bien lorsque le peu qu'il y en a est brûlé ou desséché, & qu'on apperçoit, vers le milieu de cette petite place, la terre un peu élevée, on est presque sûr qu'il y a un nid de *courtillières*

dans cet endroit: en sondant avec le doigt autour de ces petites élévations, on trouve une petite galerie qui décrit un cercle de trois ou quatre pouces de diamètre: c'est dans le centre qu'est la petite butte sur laquelle se trouvent les œufs ou les petites *courtillières*, qu'on peut détruire facilement.

Il faut donc observer sur la fin de mai & dans le courant de juin, dans le terrein le plus solide du jardin, les trous multipliés de l'animal. On les lève doucement avec un sarcloir; & si on apperçoit un cercle, on est sûr d'y trouver un nid au milieu; c'est une motte dure, ronde, creuse en dedans & fermée très-exactement, qu'on ne prendroit pas pour le nid de la *courtillière*. On la casse, on y trouve jusqu'à deux cens & trois cens œufs. Quand on a pris le nid, il faut laisser le trou qui en est proche ouvert, c'est la retraite de la femelle, elle en sort bientôt; on la tue aisément; si elle y rentre, on l'en fait sortir avec de l'huile & de l'eau.

Un observateur a remarqué, qu'en essayant de ne pas prendre la femelle, trois jours après il trouvoit dans le même endroit un autre nid & la même quantité d'œufs, & que la femelle faisoit des nids à mesure qu'on les détruisoit.

On propose encore, pour se préserver des *courtillières*, deux moyens dus l'un & l'autre à des cultivateurs, qui assurent en avoir fait la plus heureuse expérience.

Le premier consiste à mêler environ deux onces d'huile dans un arrosoir plein d'eau, dont on se sert pour arroser ensuite, à la manière ordinaire, les endroits infestés par ces nuisibles insectes. On peut se servir aussi d'eau de savon au même usage: une livre de savon noir suffit pour un quart de muid d'eau. Cet arrosement doit se faire à midi, parce qu'alors les *courtillières* sont dans leurs retraites.

Le second n'est pas tout-à-fait si simple: on prétend que les effets en sont plus étendus & plus durables. On enterre dans chaque arpent de terre, à des distances à-peu-près égales, & à huit ou dix pouces de profondeur, une vingtaine de petits pots de terre, au fond de chacun desquels on met vingt ou trente gouttes de baume de soufre, drogue dont le prix est très-modique, & on couvre ensuite ces pots avec une petite planche, pour empêcher la terre de les remplir. L'odeur du baume de soufre est si pénétrante, & apparemment si nuisible aux *courtillières*, qu'elles abandonnent aussi-tôt le terrein, & se retirent au loin. A la dernière récolte de garance, on n'a pas trouvé cinquante *courtillières* dans une garancière où il y en avoit plus de cent mille avant qu'on y eût fait cette opération.

Cousins.

La nature ayant voulu que ces insectes eussent pour nourriture le suc des feuilles & le sang des animaux, les a pourvus d'une liqueur dont l'usage est apparemment de rendre les sucs qu'ils boivent plus fluides & plus propres à s'élever dans l'aiguillon qui leur sert en même-tems de trompe pour le sucer ; mais il est fâcheux que ces piquures nous occasionnent des démangeaisons si désagréables. Un secret sûr pour empêcher ces cuissons seroit bien utile.

Quelques personnes disent avoir fait usage avec succès d'alkali volatil. Si le venin des cousins étoit de nature acide, les alkalis, tant fixes que volatils, produiroient un excellent effet, en se combinant avec ce venin ; mais l'ouverture par où l'insecte a introduit son poison est si petite, que la liqueur n'y peut pénétrer, & peut par conséquent rarement produire un bon effet : aussi, quelques personnes n'emploient-elles pas d'autre secret pour se débarrasser de ces démangeaisons importunes, que de se gratter jusqu'au vif : il s'écoule une petite goutte de sang, le venin s'échappe, & on n'éprouve plus de démangeaisons ; mais il y a des personnes dont la chair ne s'accommoderoit pas de cet expédient.

En Amérique où les cousins que l'on nomme maringouins, sont très-gros, & font des piquures si cruelles qu'elles sont suivies de petits ulcères ; avant de se coucher, on est obligé d'enfumer la chambre pour les chasser ; mais comme l'odeur pénétrante du soufre fait périr tous les insectes, on a éprouvé qu'un peu de soufre brûlé dans la chambre fait périr les cousins qui y sont enfermés, & que même cette odeur, qui se conserve long-tems pour des insectes, dont l'odorat est très-fin, les écarte pour plusieurs jours ; mais une heure suffit pour dissiper l'odeur au point qu'elle n'incommode point les hommes. Au reste, une fumigation de tabac produit le même effet.

Lorsque notre peau est de nature à plaire aux cousins, & que par conséquent on est cruellement tourmenté ; comme ce sont les jambes qui sont les plus attaquées, ne pourroit-on pas essayer de les exposer un peu à la vapeur du soufre, dont l'odeur, sans nous incommoder, pourroit peut-être écarter ces insectes, & nous mettre ainsi à l'abri de leurs piquures. On peut aussi guérir les piquures de cousin avec un peu de thériaque de Venise, que l'on mêlera avec de l'huile douce ; on l'appliquera sur la piquure ; & en six heures de tems on sera guéri.

Ou bien, on prendra des feuilles de sureau verd & de rue, égale quantité de chaque ; on les pilera dans un mortier, & sur chaque tasse

de suc de ces plantes, on ajoutera moitié autant de vinaigre & deux gros de sel commun.

Fourmis.

On ne peut procurer trop de préservatifs contre les insectes qui nous disputent l'usage des plantes & qui nous privent de leurs fruits. Ce sont des ennemis perpétuels qui ne vivent que de pillage & qui dévorent notre bien ; ainsi pour nous en délivrer, tous stratagèmes sont permis.

L'usage ordinaire, connu de tous les jardiniers, est de mettre simplement dans une bouteille de l'eau & du miel, & de la suspendre aux arbres que les fourmis attaquent. L'odeur du miel les attire, elles entrent dans la bouteille & s'y noient en grand nombre ; mais comme le miel, par sa pesanteur, dépose, & que l'eau froide qui le surnage ne peut que comprimer les corpuscules qu'il exhale, on prendra la précaution de les mêler parfaitement, en les faisant bouillir ensemble avant de les mettre dans la bouteille que l'on ne doit remplir qu'à moitié. Les fourmis en seront beaucoup plus puissamment attirées, & on les détruira plus promptement en multipliant le nombre des bouteilles selon le besoin.

Un agronome Allemand, pour détruire des fourmillières qui faisoient chez lui beaucoup de ravage, frotta de syrop l'intérieur de plusieurs vases ou pots à fleurs ; après avoir bouché le trou du fond, il plaça ces pots au-dessus des fourmillières ; chaque jour il éloignoit les pots d'un pied & demi ; l'odeur du syrop attiroit les fourmis ; elles suivoient le pot, & en peu de jours il trouvoit dans son piège plusieurs milliers de ces insectes, qu'il détruisoit en versant dessus de l'eau bouillante, & replaçoit ensuite le pot sur les fourmillières jusqu'à ce qu'il n'en vît plus sortir de fourmis ; par ce moyen il est parvenu à délivrer ses jardins de ces insectes.

Il y a diversité d'opinions relativement aux fourmis ; les uns pensent qu'elles nuisent à nos arbres fruitiers par les dégâts qu'elles y causent ; d'autres sont d'avis qu'elles ne peuvent qu'être utiles en détruisant les pucerons : quoi qu'il en soit, ceux qui conseillent leur destruction, indiquent de transporter dans les jardins un grand nombre de grosses fourmis que l'on trouve ordinairement dans les bois : celles-ci ne cessent de combattre les petites fourmis que lorsqu'elles les ont entièrement détruites ou chassées. On a remarqué que dans les jardins où il n'habite que de grosses fourmis, les arbres viennent très-bien. Ce procédé, annoncé dans la gazette d'agriculture, a, dit-on, très-bien réussi : on ajoute même que cette petite guerre est très-intéressante aux yeux d'un observateur curieux.

Ces insectes, qui marchent par légion lorsqu'ils ont fait la découverte de quelque fucrerie, confitures, ou autre chofe propre à flatter leur goût, empêchent de faire ufage quelquefois de certaines armoires. L'odeur du marc de café bouilli & féché, ou celle de l'huile de genièvre, les chaffent, dit-on, & les empêchent d'aborder; mais comme ces odeurs s'évaporent, il faut renouveller le marc ou l'huile. Voici un autre moyen certain de détruire toutes ces légions; il ne s'agit que de mêler de l'arfénic en poudre avec du fucre, ou quelqu'autre chofe dont les *fourmis* foient friandes; on les verra toutes périr; & on pourra mettre alors dans fes armoires avec fécurité tout ce que l'on voudra conferver. De la glu mife tout autour & au pied d'un arbre, le garantit des ravages des *fourmis* & chenilles. On dit que la fuie de cheminée mife au pied des arbres les empêche d'en approcher.

Plufieurs chaudronnées d'eau bouillante verfées pendant plufieurs jours fur leur fourmillière, avant que leurs œufs éclofent, les fait périr.

On peut auffi avoir remarqué que l'on ne voit point de fourmillière dans les terreins labourés; ainfi le labour fait au pied des arbres, peut écarter les *fourmis* qui, quelquefois, les font périr.

On peut auffi, au commencement d'une gelée, enlever les mottes de fourmillière, les jetter dans l'eau; les *fourmis* qui y font ramaffées périffent; l'eau & la pluie qui pénètrent dans la fourmillière détruifent le refte.

Une eau chargée d'une forte décoction de feuilles de noyer, verfée dans la fourmillière, les fait périr.

En Ruffie, l'on enferme dans les fourmillières des entrailles de poiffon, & l'on frotte les arbres avec un morceau de drap ou un linge imbibé de fuc de poiffon: les *fourmis* fuient cette odeur, & périffent en la refpirant de trop près.

Si l'on veut fe procurer pour l'ufage de la médecine un grand nombre de *fourmis*, il n'y a qu'à placer auprès de la fourmillière à la furface de la terre un vafe où il y ait un peu d'efprit-de-vin, les *fourmis*, accoutumées à tenir la même route, rodent autour du perfide vaiffeau, l'odeur de l'efprit-de-vin les enivre, & les fait tomber au fond du vafe; en moins d'une heure une fourmillière eft détruite.

Pour éloigner les fourmis *des offices & des appartemens.*

Prenez du tabac à fumer coupé par petits morceaux; diftribuez-les dans les buffets & appartemens trop fréquentés par les *fourmis*; vous les verrez peu-à-peu difparoître, parce qu'elles ont une averfion fingulière pour l'odeur du tabac. Ou bien faites bouillir de la rue, jettez-en la décoction fur la fourmillière, lavez les planchers & les armoires où les *fourmis* ont coutume de fe trouver, vous en ferez totalement débarraffés en très-peu de tems. Peut-être l'huile de laurier produiroit-elle cet effet.

Autre moyen de détruire les fourmis.

Le meilleur moyen de détruire les fourmis, eft de placer à l'endroit qu'elles fréquentent, une boîte couverte, à laquelle on a fait des trous étroits & un peu longs, & mis du fucre ou du miel. Les fourmis s'y raffemblent en grand nombre; on prend la boîte toutes les deux ou trois heures & on l'expofe à la flamme, pour les détruire. A chaque fois qu'on la vide, on a foin d'y remettre du fucre ou du miel. Ce moyen eft infaillible, & on vient ainfi à bout des fourmilières les plus nombreufes. Il ne faut pas que la boîte foit trop grande. On peut en avoir plufieurs.

Moyen de détruire les fourmilières dans les prairies hautes.

Au mois de novembre, vifitez les prairies où les fourmilières font communes, & à la place qu'occupe chaque fourmilière creufez, à la bêche un trou en entonnoir, large d'entrée & profond de deux fers de bêche, l'eau s'y introduira durant l'hiver, & fera périr les fourmis; au printems on remplira les trous avec la terre laiffée fur le bord. Cet expédient eft employé en Angleterre par les fermiers, pour les prairies de trefle, luzerne, &c.

GRILLONS.

Ce font de petits infectes, nommés par quelques perfonnes *criquets*. Ils s'établiffent quelquefois derrière des plaques de cheminées, & y font entendre un bruit, qui étant continuellement réitéré, devient défagréable. Ces *infectes* importuns font renfermés dans un fort inacceffible; le feul moyen de pouvoir s'en débarraffer eft de mettre dans les fentes des trous qu'ils habitent quelques petits morceaux de fruits empoifonnés avec de l'arfénic; ils ne manqueront pas de venir manger ce fruit qui les fera périr. On peut encore les arracher de leurs fortereffes en attachant une fourmi au bout d'un fil; on fait entrer l'*infecte* dans la crevaffe, le grillon vient fondre deffus, on retire le fil; il eft fi attaché à fa proie, qu'il ne la quitte pas; lorfqu'il eft hors de fes retranchemens on le fait périr.

Guêpes & autres infectes.

Plufieurs efpèces de fruits font attaqués par différens infectes; ils endommagent principalement les prunes, les abricots, les pêches, les poires fondantes, les figues, les raisins. Les guêpes font les premières à les attaquer. D'autres insectes, comme les fourmis, & diverses sortes de mouches, achèvent le dégât commencé par les guêpes. Les guêpes ayant les mâchoires fortes, longues, capables de s'écarter beaucoup, entament les fruits, malgré l'épaisseur de leur peau. Non-seulement elles en pompent le suc, mais elles en coupent de petits morceaux pour les emporter à leurs petits, qu'elles nourrissent de chair avant la maturité des fruits. Si l'on juge de la quantité de fruits que peuvent détruire les guêpes par ce qu'elles emporteroient de chair, si on en laissoit entrer une grande quantité dans les garde-mangers, on les regardera comme un fléau pour les jardins & vergers. Des cuisiniers m'ont assuré que douze guêpes en un jour enleveroient une demi-livre de viande. Je n'ai pas eu de peine à les croire, toutes les fois que j'ai examiné ces insectes, posés sur de la viande. Quelques guêpes seulement dans un garde-manger y font du bien, parce qu'elles mangent les œufs des grosses mouches à ver, & retardent la corruption de la viande.

Les fourmis profitent de l'ouverture faite par les guêpes à la peau des fruits qu'elles n'auroient pu entamer. Elles les dévorent & en entraînent aussi des parcelles dans leurs fourmilières.

Les mouches, qui sont armées d'une trompe, sucent les sucs des fruits en se posant aux places où ils sont entamés.

Ce sont donc les guêpes qui commencent le mal; c'est en les détruisant qu'on peut y remédier. Je n'ai pas besoin de prévenir que je ne parle pas ici de tous les animaux qui attaquent les fruits, mais seulement des insectes.

Il y a plusieurs sortes de guêpes. Les plus grandes, qui sont en même-tems les plus nombreuses & les plus malfaisantes, se construisent des guêpiers dans des creux d'arbres, dans des fentes de rocher ou dans des trous en terre. On les trouve le plus souvent dans des lieux gazonnés & secs. Lorsqu'on a découvert l'entrée d'un guêpier, il est aisé de détruire toutes les guêpes. Quelques personnes jettent dans le trou de ce guêpier assez d'eau pour noyer les guêpes, & avec des pioches culbutent les gâteaux. Mais en employant cette manière elles laissent échapper beaucoup de guêpes. D'autres approchent de l'entrée du soufre allumé, & font en sorte que la vapeur pénètre dans le guêpier. Cette vapeur les tue rarement; mais elle les engourdit. M. Mauduit conseille de profiter de cet engourdissement pour abattre & fouiller le guêpier, le répandre à terre & le jetter au milieu d'un feu, qu'on aura allumé exprès. Au lieu de soufre, dit M. Tessier, je me sers d'essence de térébenthine, dont j'imbibe de la grosse filasse ou étoupe; je l'introduis toute allumée à l'entrée du trou. L'odeur forte de la térébenthine se fait sentir dans toutes les parties du guêpier. Aucune guêpe ne résiste à la force de cette odeur. Qu'on découvre ensuite le guêpier, on trouve tous les insectes étouffés.

La grande incommodité qu'occasionnent les guêpes, a fait mettre à prix les guêpiers dans un pays que j'habite. Les enfans du village, les bergers & autres personnes qui vivent aux champs, les indiquent à mesure qu'ils les trouvent. Les guêpiers ne se placent jamais loin des jardins & des vergers. Le soir on va les détruire en y brûlant de la térébenthine. Cette attention diminue beaucoup le nombre de ces insectes, ménage les fruits, & épargne des piqûres très-douloureuses, & quelquefois dangereuses.

En attaquant ainsi les guêpes dans leurs guêpiers, c'est attaquer le mal dans sa source. Ce moyen est le plus certain & le plus capable d'en détruire. Mais on ne découvre pas tous les guêpiers. Pour préserver les fruits des guêpes, qui échappent aux recherches, on peut suspendre aux arbres en plein vent & aux espaliers où l'on s'apperçoit que viennent les guêpes, des bouteilles ou phioles, dans lesquelles on met un peu de miel délayé dans de l'eau. Les guêpes, plus avides encore du miel tout formé que du suc des fruits, où le miel n'est pas aussi pur, entrent dans ces phioles & n'en sauroient sortir. En peu de tems il s'en prend une grande quantité. Je préviens seulement que les abeilles se prennent à cet appât, comme les guêpes, & qu'on détruiroit bientôt des ruches entières, si on multiplioit ces phioles aux arbres & aux espaliers, où les abeilles vont quelquefois sucer les fruits.

D'autres guêpes, moins grandes que les précédentes, suspendent leurs guêpiers à des branches d'arbres sous des avances de rochers, & souvent dans les greniers. Ces guêpes ne sont pas réunies en aussi grand nombre que les premières. Elles sont trente à quarante ensemble, tandis que les grandes guêpes sont jusqu'à 40000 dans le même guêpier. Elles ne peuvent donc pas faire beaucoup de mal. Néanmoins on diminuera le dégât en enlevant leurs nids & en les jettant au feu. Il faut seulement prendre garde d'en être piqué, ce qu'on évitera en se couvrant les mains de gands & le visage d'un camail, comme ceux qui soignent des mouches à miel. On peut aussi les étouffer avec de l'essence de térébenthine enflammée.

On connoît encore des guêpes d'une troisième sorte, qui ne vivent pas en compagnie, mais seules à seules. Elles creusent des trous en terre pour y pondre leurs œufs. Ces guêpes ne sont plus sous la forme de guêpes, mais dans l'état de vers, lorsque les fruits sont à maturité. Ainsi on ne doit y faire aucune attention.

HANNETONS.

Les hannetons sont des insectes qui multiplient

prodigieufement , & qui font les plus grands dégâts , tant dans l'état de vers fous lequel ils reftent en terre pendant trois ans , que dans l'état d'*infecte* parfaitement formé ; c'eft-à-dire, de han-neton. Dans l'état de vers , ils rongent les racines du bled ; & fous celui de hanneton , ils dépouillent tous les arbres de leurs feuilles. On lit dans les tranfactions philofophiques de la fociété de Dublin, que les habitans d'un certain canton de l'Irlande avoient tant fouffert de ces infectes, qu'ils s'étoient déterminés à mettre le feu à une forêt de plufieurs lieues d'étendue , pour en couper la communica-tion avec certains cantons qui n'en étoient pas encore infectés. Le meilleur expédient pour dimi-nuer le nombre de ces dangereux infectes, qui au bout de trois ans, reparoiffent encore en plus grande quantité , c'eft de fecouer légèrement les arbres fruitiers , de battre les autres arbres avec de longues perches , de balayer les hannetons en tas & de les brûler.

Autre moyen de détruire les hannetons , par M. Quenette.

On fait des flambeaux de poing de la manière fuivante. Faites tremper la mêche dans du foufre fondu , de façon qu'elle en foit bien imbibée ; enfuite couvrez-la de poix réfine à la groffeur des flambeaux ordinaires ; enfin recouvrez le tout d'un peu de cire jaune commune.

Votre flambeau ainfi arrangé , vous attendez le tems où ces infectes reparoiffent fur terre ; c'eft-à-dire , dans les mois de mai & de juin , pour vous en fervir. Alors il faut choifir les heures où ils repofent fur les arbres & fur les haies , c'eft ordinairement entre neuf heures du matin & trois heures d'après midi. C'eft dans cet intervalle que vous faites ufage de votre flambeau , vous l'allu-mez , & vous vous promenez deffous & autour des arbres , le long des haies , le tenant deffous, de façon que la fumée mélangée des odeurs de foufre , poix réfine & cire jaune les fuffoquent. Il fuffit de la tenir au plus un demi-quart-d'heure en allant & venant deffous les endroits où il y en a. Après avoir ainfi paffé deffous les arbres & les haies , vous fecouez les haies avec des bâtons , & les arbres fruitiers avec des crochets , ou avec la main , de manière que par les fecouffes , l'on ne faffe pas le même tort aux boutons & fleurs de ces arbres , que les hannetons auroient fait eux-mêmes. Les hannetons, comme je l'ai dit ci-def-fus , étant à demi endormis par l'ardeur du foleil , fuffoqués par l'odeur mélangée du flambeau, éprouvent une efpèce de léthargie, ce qui fait qu'ils tombent plus aifément des haies & des arbres où ils font. Lorfque vous les avez fait tom-ber, vous les faites ramaffer, & mettre dans un tas fur une poignée de paille qui eft étendue parterre ; quand ils font tous ramaffés, vous les recouvrez de paille & y mettez le feu, afin qu'ils brûlent & n'en

puiffent revenir. Ce moyen, le plus certain de tous ceux qu'on a offert jufqu'à ce jour, eft fait pour être adopté de tous les cultivateurs ; mais principale-ment en Picardie & en Normandie , où il y a beaucoup d'arbres fruitiers , je recommanderai ex-preffément aux cultivateurs de ne pas faire ufage des méthodes indiquées par des écrivains très-eftimés , qui eft de les abattre avec des bâtons ; ce procédé étant tout-à-fait nuifible aux arbres , vu qu'il fait brifer les fleurs & boutons , & que même il occafionne un retard de trois ou quatre années pour le produit de ces arbres , parce qu'en fe fervant de bâton on ne peut fe difpenfer de caffer quantité de branches en état de rapporter des fruits.

Moyens d'empêcher les dégâts du ver de hanneton , ou ver blanc , par M. Gouffier.

De tous les ennemis des plantes , un des plus deftructeurs eft , fans contredit , le ver de hanne-ton , connu fous le nom de *ver blanc turc* ou *mans*, *melolontha vulgaris*. Cet animal eft d'autant plus dangereux pour la culture , que tout lui eft bon ; racines tendres ou dures , rien ne réfifte à fa vo-racité ; il détruit entièrement les plantations , les pépinières, les champs enfemencés & les prairies artificielles.

Il femble s'être multiplié davantage depuis quelques années , du moins les agriculteurs s'en plaignent plus qu'ils n'avoient coutume de le faire. J'ai remarqué que les terres les plus con-fervées pour le gibier , & dans lefquelles on ne fouffre point de renards ni de blaireaux , font les plus attaqués du ver blanc ; en effet , ces animaux font très-friands du hanneton & en détruifent une grande quantité ; les cochons , les fangliers & quelques efpèces d'oifeaux s'en nourriffent auffi.

On a propofé plufieurs moyens de fe préferver des ravages de ce ver , entr'autres celui de faire fuivre la charrue par des enfans , pour ramaffer dans des paniers ceux que le foc découvre ; mais outre que toutes les terres ne font pas labourées en même-tems , & qu'il en refte encore à la fin de l'automne , & même pour l'hiver , les ter-reins plantés en bois ou en remifes , ceux auxquels on fait porter des fainfoins , des luzernes , des trefles , leur fervent naturellement de retraite ; d'ailleurs cette foible reffource ne pourroit avoir lieu dans tout autre tems que celui du printems , & du commencement de l'automne : car fur la fin de cette faifon , ces vers s'enterrent pour fe mettre à l'abri du froid , & fe tiennent pendant l'hiver à une telle profondeur , qu'il feroit im-poffible à la charrue de parvenir jufqu'à eux.

C'eft ordinairement à fix ou huit pouces en terre que les femelles de hannetons s'enfoncent pour dépofer leurs œufs , qui éclofent à la fin de la même année. Le petit ver a bientôt l'inftinct de remonter pour chercher fa nourriture parmi les racines les plus tendres, comme les plus analogues à fes forces ; mais bientôt fa vigueur croiffant avec l'âge, il va porter plus loin fes dégâts.

Cet animal refte trois ou quatre ans fous la forme de ver avant fa métamorphofe en fcarabée ; on peut juger par le tort qu'il peut caufer pendant ce laps de tems, combien il eft fait pour alarmer le cultivateur, fur-tout en fe multipliant autant qu'il le fait.

Son changement en fcarabée n'en apporte point à fa gloutonnerie ; il n'épargne pas plus les feuilles des arbres qu'il n'avoit ménagé les racines : il pouffe fes ravages jufque fur la vigne, dont il ronge les bourgeons ; c'eft dans cet état qu'on peut aider à fa deftruction, en cherchant les arbres où il fe tient pendant la chaleur du jour : on le fait tomber en les fecouant & on l'écrafe.

Mais c'eft fur-tout dans les jardins que ce ver eft le plus dangereux, non-feulement à l'égard des plantes potagères & des fleurs, mais encore pour les arbres fruitiers, ou d'agrément, qui ne fe remplacent pas auffi facilement.

J'ai cherché long-tems les moyens de me prémunir contre les dégâts, fans pouvoir en trouver aucun ; enfin, le hazard m'en a fait découvrir un dont je vais rendre compte. M'étant apperçu que les arbres en efpalier & en contre-efpalier, près defquels on avoit planté des fraifiers & des laitues ou romaines, étoient les moins fujets aux vers blancs, je jugeai qu'ils donnoient la préférence à ces plantes qui étoient en effet prefque toutes découpées. Je pris le parti de garnir tous mes efpaliers de falade, & de planter de groffes touffes de fraifiers, que j'enlevois avec leurs mottes, aux pieds des arbres en vergers. J'avois le foin de les vifiter une ou deux fois par jour ; & auffi-tôt que je m'appercevois qu'une laitue commençoit à fe faner, je fouillois au pied avec une petite houlette, & j'y trouvois toujours un ou plufieurs mans qui en rongeoient la racine. Quant aux fraifiers, je n'y appercevois pas auffi vîte le féjour des vers ; mais comme leurs racines étoient nombreufes, ils y établiffoient une efpèce de domicile qui leur faifoit oublier les arbres voifins.

J'ai fu depuis que plufieurs cultivateurs, & particulièrement Lemonier, employoient le même moyen que moi pour détruire les vers blancs qui attaquoient les plantes ; je n'en réclame pas la découverte, mais je crois être un des premiers qui m'en fois fervi, car il y a plus de vingt ans que j'en ai fait l'expérience ; cette manière, toute bonne qu'elle eft pour préferver les arbres de ce ver malfaifant, ne peut rien contre les ravages qu'il commet dans les campagnes ; il falloit ici un moyen plus praticable ; les faits fuivans femblent devoir l'indiquer. Je remarquai, il y a peu d'années, qu'une partie de prairie artificielle, fur laquelle on avoit jetté à la fin de l'hiver une affez grande quantité de cendres de tourbe, n'étoit nullement attaquée de ver blanc, tandis que, dans le voifinage, d'autres auxquelles on n'avoit pas donné le même engrais, étoient rongées entièrement : j'en fis l'épreuve en petit dans un jardin où ce ver étoit fort commun, j'enfemençai quelques perches de petit trèfle à fleurs blanches, après avoir divifé le terrein en quatre parties ; dans deux defquelles je mêlai un peu de cette cendre avec la terre, j'en fis encore répandre à la fin de l'hiver fur ces mêmes portions qui devinrent fuperbes. Quant aux deux autres, à peine les plantes furent-elles levées, qu'elles furent prefqu'entièrement détruites par le ver : je n'ai pas eu l'occafion de renouveller cette expérience ; j'ignore fi les réfultats en auroient été auffi fatisfaifans.

J'avois cependant confervé le defir de m'en inftruire, & j'ai cru devoir m'en occuper dans ce moment-ci, où la fociété a bien voulu m'admettre au nombre de fes correfpondans, afin de lui prouver mon zèle & me rendre de plus en plus digne de l'honneur qu'elle m'a fait.

Je fis chercher, il y a près de quinze jours, de ces vers de hanneton, étant affez heureux pour n'en pas avoir cette année dans mon jardin : on m'en procura d'ailleurs de bien portans.

Je mis dans les deux tiers d'une grande terrine, de la terre dans laquelle j'avois mêlé une bonne poignée de cendres de tourbe ; je plaçai cette terre de manière qu'il reftoit encore un tiers de la terrine vide dans toute fa profondeur, que je remplis de terre pure.

Je plantai une laitue & une romaine dans la partie où étoit la cendre, ayant pris la précaution d'en faupoudrer légèrement les racines, je plantai auffi une romaine dans la partie où la terre pure ; puis je plaçai doucement trois de ces vers les plus vigoureux, à-peu-près à la hauteur du centre des racines, au milieu de la terrine, & par conféquent dans la partie où étoit la cendre ; j'arrofai légèrement la totalité, & je mis cette terrine à l'abri de la pluie, crainte que la grande humidité ne fît tort aux vers.

Trois jours fe pafsèrent fans qu'ils paruffent toucher aux falades ; mais le quatrième, j'apperçus quelques feuilles de la romaine plantée dans la terre pure, qui commençoit à fe faner ; le foir elles étoient entièrement flétries, & le lendemain toute la plante l'étoit de même.

Je laiffai encore dix jours la terrine dans cet état, pour donner le tems aux vers de gagner les autres plantes ; ce fut inutilement, elles reftèrent intactes. Enfin, voulant m'inftruire de ce qui s'étoit passé dans l'intérieur de la terrine, je la renversai.

Je reconnus que la romaine attaquée, avoit été absolument séparée de sa tige, que les deux parties commençoient à pourrir; ce qui prouvoit qu'elle avoit été coupée dès le premier jour. Je trouvai les trois vers à peu de distance de cette plante, ce qui me fit augurer qu'ils en avoient pris chacun leur part. Aucun n'avoit essayé de repasser la ligne de démarcation qu'ils avoient sans doute franchie aussi-tôt que je les eus mis dans la terrine.

Je visitai ces vers qui étoient vivans, mais qui parurent efflés & maigris.

Les deux autres plantes avoient poussé de nouveaux chevelus, & elles étoient de la plus grande vigueur.

Cette expérience ne m'ayant satisfait qu'à demi, je pris trois pots, dans un desquels je mis de la cendre de tourbe que je mouillai pour lui donner une certaine consistance; je mis dans les deux autres de la tourbe pulvérisée, j'arrosai un des deux pots, & je plaçai un ver dans le fond de chacun des trois; ces vers n'y restèrent pas un quart-d'heure; je les vis bientôt au-dessus des pots; je les remis à différentes reprises, mais ils reparurent encore. Je m'apperçus qu'ils faisoient même des efforts pour sortir des pots en cherchant à grimper le long des bords, ce qui est absolument contre la nature de ce reptile qui aime à rester caché.

J'avois aussi planté, dans le même tems, une laitue dans un pot plein de terre pure; je n'avois que légèrement saupoudré de cendre ses racines; j'y avois mis un ver, & la laitue étoit encore hier dans toute sa vigueur; je renversai la terre & je trouvai encore le ver dans un coin du pot, qui n'avoit nullement touché à la plante, & qui me parut encore plus maigre que les autres.

D'après ces différens essais, il paroît certain que ces cendres éloignent cette larve si elles ne la font pas mourir.

Ce n'est pas d'ailleurs le seul animal auquel la cendre de tourbe soit contraire; je me suis servi utilement de cette substance contre une petite chenille qui attaque le trèfle; il m'est arrivé plusieurs fois d'en trouver des champs entiers tout couverts; j'y faisois semer légèrement de cette cendre, &, le lendemain, il n'en restoit aucune; mais il faut choisir, pour faire cette opération, un tems de pluie: attention qu'il faut généralement avoir lorsqu'on se sert de cette cendre.

La tourbe pulvérisée pourroit même être préférable, & possède des parties que le feu fait perdre aux cendres. L'usage en seroit aussi moins dispendieux, puisqu'on ne consommeroit pas au-

tant de matière, un morceau de tourbe pulvérisée étant à-peu-près du même volume que trois réduits en cendre.

On pourroit aussi essayer une autre substance du genre de la tourbe, & qui a comme elle une origine végétale; je veux parler de la houille déjà connue pour un excellent engrais.

Plus imprégnée de parties salines que la tourbe, & moins chargée de parties pyriteuses & métalliques que le charbon de terre, cette substance peut être regardée comme l'intermédiaire des deux autres.

Autres moyens de détruire les mans, ou vers de hannetons, qui dévastent les prairies, & les vers qui coupent les bleds, & autres grains.

Vers le milieu de septembre donnez un labour très-profond aux terres qui sont infectées de ces vers, & en même-tems faites conduire une bande de dindons sur les sillons que vient de tracer la charrue; ces oiseaux très-friands des mans & de tous autres vers, les dévorent avec avidité. Laissez reposer votre terre un mois, ou cinq semaines; après ce tems, donnez un second labour, & faites encore conduire les dindons sur les nouveaux sillons. Au bout de quatre à cinq jours faites herser cette terre, afin que ceux de ces insectes qui y seroient rentrés se trouvent exposés à l'air & à la voracité des corbeaux & autres oiseaux, & faites-y conduire les dindons. Au retour du tems doux, vers la fin de mars, vous donnerez un troisième labour, toujours accompagné des dindons. Le lendemain ou sur-lendemain, faites herser de nouveau, mais plus profondément que la première fois, & faites-y passer les dindons, pour la dernière fois. Après ces opérations, l'on peut ensemencer sans crainte son terrein, & l'on peut être sûr que les mans & autres vers ne seront pas en assez grand nombre pour nuire à ce que vous aurez semé. Ce procédé est le moyen le plus puissant & le plus praticable pour détruire ces vers si nuisibles à l'agriculture: il contribue aussi à nourrir à peu de frais les dindons, qui font un très-bon profit à la vente. Au reste, il est d'usage, comme l'on sait, & facile, avec l'aide d'un chien, de les conduire aux champs quand toutes les récoltes sont faites.

LIMACE.

La limace (*limax agrestis*, L.) fait les plus grands dégâts dans les jardins potagers, dans les vergers & dans les champs. Elle se multiplie prodigieusement, &, dans une seule nuit, elle dévaste les semis sur couche ou dans les planches, lorsque les plantes commencent à poindre. Elle se retire pendant le jour, sous les feuilles des arbres, dans

dans les haies, sous les bancs, sous les pierres & elle court pendant toute la nuit. S'il survient une pluie chaude pendant le jour, elle se met également en marche & va marauder.

La limace a des ennemis naturels, la grenouille & le crapaud. Celui qui voudroit donc introduire une colonie de grenouilles dans son jardin, & ne seroit pas persuadé que le remède seroit ainsi pire que le mal, seroit bientôt débarrassé des limaces. On peut aussi se servir, avec autant de succès, des jeunes canards de trois semaines, qui sont avides de limaces, & n'en laissent pas où ils en trouvent. Ce moyen est excellent, tant que les canards sont encore assez jeunes, & on peut être assuré qu'ils ne font aucun mal aux plantes : mais dès qu'ils sont parvenus à la moitié de leur croissance, il faut bien se garder de les introduire dans un jardin. Il est encore un autre moyen que je préfère à tous les autres, & que j'emploie ordinairement. Je place dans les allées, dans les fourches des chemins, sur les endroits vides de planches entre les pieds des plantes, des briques ou morceaux de briques, des petites planches, des pierres plattes, &c. Tous les matins, avant midi, je les lève, & je trouve toujours une quantité considérable de limaces qui se sont réfugiées dessous pour éviter le soleil, & je les tue. On se représenteroit difficilement avant de l'avoir éprouvé, quel nombre on en détruit ainsi, pendant quelques jours seulement.

MOUCHES.

Moyen usité en Afrique pour prendre les mouches.

Dans un canton particulièrement infesté de ces insectes, j'ai vu qu'on les attrapoit fort adroitement, de la manière suivante : tout le long du plafond étoient suspendus des paquets d'herbes, sur lesquelles les mouches aiment à se poser. Alors une personne prend un réseau ou sac profond, adapté à un bâton ; elle en entoure chaque paquet d'herbe, qu'elle secoue, ensorte que les mouches tombent au fond du sac. Après avoir réitéré plusieurs fois cette opération, on trouve dans le sac une chopine ou une pinte de mouches à-la-fois ; on les tue en plongeant le tout dans l'eau bouillante.

Dans certaines parties de ce canton, où les mouches sont en plus grand nombre, se trouve un arbuste qui distille une substance à-peu-près de même nature & de même consistance que le goudron. Les mouches aiment à s'y poser, & y restent empêtrées.

PUCERONS.

Le chevre-feuille & les pêchers sont quelquefois

CHASSES.

couverts de pucerons, qui s'attachent aux jeunes branches, en sucent la sève & les font périr. On a éprouvé avec succès qu'on les faisoit mourir en les aspergeant avec de l'eau de savon. Pour cet effet, on prend une livre de savon noir qu'on fait dissoudre dans de l'eau chaude, & on mêle cette eau dans un quart de muid d'eau froide : on arrose les pucerons avec cette eau de savon, & on réitère plusieurs fois tant qu'on revoit de nouvelles colonies de ces insectes.

On prétend cependant que l'eau de savon tache ou même gâte les fruits.

Un agronome a fait publier dans les affiches de Marseille un moyen qui lui a parfaitement réussi pour détruire les pucerons qui nuisent aux arbres fruitiers & aux fruits. Il s'est servi d'une seringue d'étain, coëffée d'une pomme à mille trous, & adaptée au moyen d'une vis ; il l'a remplie d'une eau de chaux bien éteinte, dans laquelle il a détrempé environ une poignée de mauvais tabac en poudre sur deux pots d'eau, & en a arrosé les arbres attaqués de ces insectes ; la vermine a péri, les arbres ont poussé du bois, & leurs fruits ont grossi. Quatre ou cinq jours après l'injection de la chaux il a arrosé les mêmes arbres avec la seringue remplie d'une eau claire. Ceux qui voudront avoir recours au même procédé auront attention que la pomme de la seringue soit un peu applatie ; car cet agronome a reconnu que la sienne péchoit par trop de convexité.

Les pucerons, dit Krause, jardinier fleuriste à Berlin, sont des ennemis qu'on n'a pas encore pu parvenir à détruire, & même dont il est bien difficile de diminuer le nombre. Ils m'ont cependant fourni eux-mêmes un moyen de sauver les plantes de leurs ravages. Dans un semis de choux, je m'apperçus qu'aucun des nouveaux plants n'étoit attaqué, tandis qu'un plant de radis qui étoit au milieu, étoit couvert de pucerons qui le rongeoient. J'en conclus que cette nourriture convenoit beaucoup mieux à ces insectes, & que, quand ils l'avoient, ils ne songeoient pas à s'en procurer une autre. Depuis ce moment, j'ai toujours eu soin de semer des radis auprès ou au milieu même des plantes que je voulois garantir des pucerons, & ce moyen m'a toujours réussi. La plante qu'on leur sacrifie n'est pas même perdue, puisqu'ils n'en dévorent que la fane, & que nous n'en mangeons que les racines.

Je les ai entièrement détruits (les pucerons) dit Thosse, en mettant dans une jatte quelques poignées de terre jaune sur laquelle je jettai une petite quantité d'essence de térébenthine. Je broyai bien le tout avec une spatule, en y versant de l'eau jusqu'à consistance d'une bouillie très-claire. Je trempai le bout des branches dans ce mélange,

M m

& l'infecte périt avec fa génération....... L'odeur qui refte quelques jours à l'arbre, les en éloigne; les branches, en attendant, fe fortifient, & ne craignent plus de nouvelles attaques. On peut, au bout de quelques heures, arrofer l'arbre pour enlever la boue que l'opération y laiffe, à moins qu'on ne veuille attendre la première pluie qui enlève tout. Il faut un mélange de terre, parce que l'effence furnageant l'eau pure, ne fe mêleroit pas affez intimement, & pourroit brûler les fevilles qui en feroient touchées directement, de même que fi l'effence étoit en trop grande quantité.

De toutes les caufes qui font renoncer à la culture des navets, pour fourrage, la plus forte, dit Gilbert, eft la deftruction des femis par les tiquets ou pucerons qui dévorent les premières feuilles, & même les fecondes. On trouve dans les livres, & on fe communique des recettes, prétendues infaillibles contre ce dégât; mais plus fouvent elles ne réuffiffent pas. Peut-être n'eft-il pas déplacé d'en rapporter ici une qui a été imaginée par Arbuthnot, & qui paroît revêtue de caractères qui doivent infpirer la confiance. Cette méthode confifte à entaffer à une extrémité du champ au-deffus du vent, des plantes vertes de différentes efpèces qu'on a retirées des champs, qu'on a farclés, & d'y mettre le feu. La fumée étendue fur le fol détruit les pucerons, fans nuire aux navets. L'expérience a auffi prouvé qu'on prévenoit fouvent les défordres des pucerons en accélérant la germination des femences par la macération; il eft très-rare en général, que les navets foient dévorés par ces infectes lorfqu'ils ont été femés en tems humide. On a auffi célébré la poudre de chaux, jettée fur le champ des navets au moment où ils commencent à être attaqués; mais la diffémination de cette poudre exige des attentions de la part du femeur pour qu'il n'en foit pas incommodé.

Puces de terre.

Ce font de petits fcarabées qui fautent comme des puces, & qui multiplient fi prodigieufement, qu'ils dévorent les jeunes plants de chou-fleurs, de raves, & des autres légumes potagers, furtout dans le mois de juillet & août. Lorfque le tems eft fec, les jardiniers font fouvent obligés pour obtenir du plant de refemer de nouveau. Leur reffource pour les écarter eft d'arrofer abondamment; cependant cela ne leur réuffit pas toujours bien; on prétend qu'il faut prendre les urines des baffe-cours, mettre dedans pour deux liards d'affafétida, de l'ail, des graines de laurier concaffées, des feuilles de fureau, & une poignée de racine de curline, qu'on laiffe infufer pendant vingt-quatre heures. Avec un goupillon on arrofe légèrement le jeune plant de cette urine; les puces de terre périffent ou difparoiffent tout-à-fait.

PUNAISES.

Punaifes. Ces infectes font de fi cruels ennemis de notre repos, qu'il eft bon de connoître tous les moyens poffibles de les faire périr; la vapeur qui s'exhale du foufre brûlé y eft très-propre ainfi qu'à faire périr une multitude d'autres infectes, tels que les teignes, & même les fouris & mulots. Cette méthode n'eft pas toujours pratiquable, alors on peut avoir recours à une compofition que l'on trouve décrite dans les Mémoires de l'Académie de Suède, & qui détruit fûrement les punaifes & leurs œufs: on prend une livre & demie tant de potaffe que d'huile effentielle de térébenthine, un quarteron de vert-degris, une demi-livre de chaux vive; après avoir pulvérifé ces matières, on y ajoute l'huile effentielle de térébenthine & une pinte d'eau-de-vie; on fait diftiler ce mélange, & on met dans une bouteille la liqueur qu'on a obtenue par diftilation, dans laquelle on ajoute encore un peu de vert-de-gris; on peut fe fervir fans aucun inconvénient de cette eau que l'on féringue dans les crevaffes des murs, dans les mortaifes de bois de lit où les punaifes habitent, & où elles ont dépofé leurs œufs; ce qui les fait périr certainement, & empêche les œufs d'éclore; ces œufs, ainfi arrofés, font tellement refferrés, qu'ils ne peuvent jamais parvenir à leur perfection.

Avant de fe loger dans une chambre que l'on foupçonne être infectée de punaifes, il faut commencer par boucher la cheminée avec de la paille, calfeutrer exactement les portes & les fenêtres, enfuite mettre un fourneau allumé dans le milieu de la chambre, le remplir de charbon de bois, mettre deffus une poële de fer dans laquelle il y aura 2 onces de tabac à fumer & 3 onces de foufre concaffé, & fur le tout un mauvais couvercle de fer pour empêcher la flamme de monter. Dès que l'on voit que le brafier commence à s'enflammer, il faut promptement fortir, fermer la porte, & coller du papier tout autour fur les trous des ferrures, &c, étant très-effentiel que la fumée ne puiffe trouver aucune iffue hors de la chambre. Au bout de vingt-quatre heures on eft affuré que tout infecte, vermine & animal quelconque eft mort, & qu'on ne trouvera plus que fon cadavre en fouillant dans les retraites. Si on n'eft point preffé d'occuper la chambre, on fera bien de n'y entrer qu'au bout de deux fois vingt-quatre heures, afin que toute la vapeur fe diffipe fans courant d'air & pénètre dans les murs & boiferies le plus profondément poffible. Si la chambre étoit meublée, il faudroit en ôter les meubles & étoffes, dont les couleurs pourroient être altérées par le foufre, & avoir foin de bien les nétoyer avant de les rapporter. Pour ce qui est des meubles où l'on soupçonne des punaises, il faut les disperser par la chambre, de façon que la fumée puisse circuler & pénétrer par-tout, observant cependant qu'ils ne soient pas exposés à être brûlés. La meilleure façon, que l'Auteur ait trouvée pour procéder sans aucun risque, est de se servir de ces poëles de fayance à roulettes que l'on met sous les tables, dans lesquels il y a une boîte de fer longue, au fond de laquelle il n'y a qu'à mettre un brasier. On le remplit de charbon & de bois, sur lequel, sans entre-deux, on place le tabac & le soufre, ensuite le couvercle du poële par dessus; par ce moyen il ne se fait aucune flamme, la fumée & la vapeur sortent par les trous des côtés, & le tout se consume sans courir aucun risque; cette méthode est très-sûre. On s'est même apperçu que non seulement elle a fait périr les punaises pour le moment, mais encore en a préservé les chambres pour la suite, quoique placées dans de vieilles maisons qui étoient horriblement garnies de ces insectes depuis le rez-de-chaussée jusqu'au grenier. La paille qui a servi à boucher la cheminée est excellente pour remplir les paillasses des lits, elles préservera des punaises.

On propose encore, comme un moyen éprouvé pour la destruction des punaises, de prendre de l'esprit-de-vin rectifié & bien déflegmé une demi-chopine, & autant d'huile nouvellement distillée, de les mêler bien ensemble; d'y ajouter une demi-once de camphre rompu par petits morceaux qui s'y dissoudra au bout de quelques minutes, de remuer bien le tout, d'y tremper une éponge ou une brosse & d'en frotter tous les endroits du lit où il y a des punaises; ce mélange les fera mourir & détruira les œufs, de manière que vous n'en verrez plus. Cette composition qui est peu dispendieuse, & qui suffit pour frotter un lit tout entier quand il fourmilleroit de punaises, ne tache & ne salit aucune étoffe, fut-elle de soie & même de damas. Quant à l'odeur, il faut sans doute la laisser exhaler en donnant de l'air à la chambre.

Pour détruire les punaises, il ne s'agit, dit-on, que d'exposer épars dans la chambre les couvertures, matelats, bois de lits, &c. d'y placer un réchaud de feu sur lequel on mettra une demi-once de galbanum, & autant d'assa fœtida, sucs concrets tirés des végétaux: on bouche la cheminée avec une toile, on ferme les portes exactement, la vapeur qui se répand dans toute la chambre fait périr les punaises que l'on voit tomber mortes. Si quelques-unes ont échappé à cette première fumée mortelle, en réitérant la même opération une seconde fois, il n'en réchappe pas une seule, ainsi qu'on prétend l'avoir éprouvé par plusieurs expériences réitérées.

Il y a des personnes qui ont recours à un autre moyen très-efficace, mais qu'on ne peut guere employer que dans de vieux bâtimens, avant qu'il y ait aucun meuble, & qui fait mourir toutes sortes de vermines.

On met du mercure dans de l'acide nitreux, & on met ce mélange sur le feu, il s'évapore, & la vapeur fait périr tous les insectes; mais l'acide détruiroit les couleurs des étoffes; & l'on doit attendre que l'air de ces appartemens soit bien purifié, sans quoi il deviendroit nuisible à cause des vapeurs mercurielles.

Un moyen moins dangereux, c'est celui que l'on emploie pour faire périr les *teignes*. Il ne s'agit que de prendre de l'huile essentielle de térébenthine mêlée avec de l'esprit-de-vin, & d'en frotter les meubles ou bois de lit. Cette huile a de l'odeur; mais on dit qu'en frottant seulement les lits avec de l'huile d'olive, on fait périr les punaises: on recommande encore à cet effet l'huile d'aspic.

Voici un moyen que l'on indique pour faire mourir les punaises, qui n'est point sujet à répandre de mauvaise odeur. On prend une once de vif argent, & le blanc de cinq ou six œufs: on bat bien le tout ensemble, jusqu'à ce qu'on ne voie plus de globules de vif argent; ensuite on frotte toutes les jointures & toutes les fentes avec cette pommade mercurielle; & dès la première application, presque toutes les punaises sont détruites.

Martinet, auteur d'une dissertation sur la respiration des insectes, a éprouvé qu'une fumigation de poivre du Brésil dans une chambre bien close, tue en huit jours de temps toutes les punaises.

Téburicus, membre de l'Académie des Sciences de Stokholm, est le premier, dit-on, qui ait éprouvé l'efficacité du thlaspi champêtre pour détruire les punaises. Il en a répandu dans les appartemens & même dans les lits, & l'y ayant laissé plusieurs semaines, il n'a jamais revû aucune punaises.

Si ce procédé dont l'épreuve ne peut être nuisible, étoit aussi efficace qu'il est simple; il suffiroit de recommencer lorsque les punaises reparaîtroient l'année suivante.

Observations sur l'usage des feuilles d'Yeble pour écarter les punaises.

On a fait l'essai de feuilles d'yeble pour écarter les punaises. On a observé que les punaises ne

mouroient pas, à la vérité, mais qu'elles cher-
choient à éviter la plante. On a continué à faire
apporter, tous les deux ou trois jours, des
plantes d'yèble nouvellement cueillies ; & ce
moyen a parfaitement réussi. Si la plante ne détruit point les punaises, il est certain au moins
qu'elle les empêche de nuire & de troubler le
sommeil, & cet avantage est assez précieux.

Autres moyens d'expulser les punaises.

On fait cuire environ deux poignées de feuilles
de noyer ou de brou de noix vertes dans une
pinte d'eau, pendant une demi-heure, & que
l'on exprime ensuite. Cette décoction bannit les
punaises pour toujours. On s'en délivre assez
bien aussi par le vitriol, ou bien encore avec
les feuilles & les fleurs de lavande. On détruit
encore cette engeance toute entière, jusqu'aux
œufs même, en se servant d'un enduit de chaux
fort claire, nouvellement éteinte dans une eau
d'alun, & appliquée à chaud. *Extrait d'un ouvrage sur l'histoire naturelle, par* Perrault.

Termés ou poux de bois.

Les termés, *insectes* appelés poux de bois
dans les isles françoises de l'Amérique, habitent
les pays situés entre les tropiques, & y sont
très-connus par les dégâts nombreux qu'ils y
causent. Ils ne le sont pas moins par la forme
singulière de leurs habitations, dont nous parlerons plus bas ; leur industrie est étonnante, &
rien n'est comparable à leur police intérieure.

Chaque espèce de termés comprend trois sortes
d'individus ; les premiers, sont *les travailleurs ;*
les seconds, *les soldats ;* les troisièmes, *les ailés :*
ceux-ci ont seuls la faculté d'engendrer. Quoique l'*insecte* ailé puisse lui seul se reproduire,
Smeathman ne prétend pas pour cela qu'il n'existe
aucune différence sexuelle dans les deux premiers
états, qu'il regarde seulement comme l'enfance
de l'animal. Les individus fuient la fatigue
& les combats ; incapables de se défendre eux-
mêmes, dit l'auteur, ils se reposent de ce soin
sur les soldats & sur les ouvriers. Quelques semaines après qu'ils sont pourvus d'ailes, ils
quittent leur habitation & vont ailleurs fonder
un nouvel établissement, ou bien ils périssent au
bout de deux ou trois jours : les rois & les reines
ne sont jamais pris que dans cet ordre.

Les termés sont très-connus par les dévasta-
tions qu'ils font communément, sur-tout dans
différentes parties de la Zone Torride, où on
les nomme *insectes perçans ou dévorans.* Le célèbre
Linné, les regarde comme le fléau des deux Indes, & avec d'autant plus de vraisemblance,
qu'ils s'attaquent à tout. Le bois le plus dur ne

peut leur résister ; ils n'épargnent que les métaux
& les pierres. Il est peu de voyageurs qui n'aient
fait une épreuve cruelle de leurs ravages.

Des trois différens ordres que notre auteur a
observés dans chaque habitation, celui des ouvriers est le plus considérable. Chez les *termés bel-
licosi*, leur nombre est à celui des soldats comme
cent est à un. Ils ont un peu plus de trois lignes
de long, & ne sont pas plus gros que la plupart
de nos fourmis. Vingt-cinq de ces *insectes* pèsent
environ un grain. Ils ressemblent assez aux poux,
on s'y tromperoit à le voir de loin ; & comme
ils ont en même-tems un goût particulier pour
le bois, on les a nommés *poux de bois.* Ils marchent plus vite qu'aucun autre *insecte* de même
grosseur, & travaillent toujours avec beaucoup
d'ardeur. Les soldats qui ont été pris par quelques auteurs pour des mâles, comme les ouvriers
l'ont été pour des *insectes* neutres, sont bien
plus gros que ceux-ci ; ils ont un demi pouce
de long, leur grosseur équivaut à celle de quinze
ouvriers. On voit évidemment qu'ils ont subi
une métamorphose de plus, & qu'ils se rapprochent davantage de l'état parfait. La forme de
la tête & des pinces, présente encore, entre
ces deux individus, une différence très-remarquable ; elle annonce le genre d'occupation auquel la nature les a destinés ; chez les ouvriers,
par exemple, ces parties sont propres à ronger
& retenir les corps : chez les soldats, au contraire, les pinces sont très-longues & très-dures ;
elles ne peuvent servir qu'à blesser, & la tête
a la consistance de la corne ; elle est beaucoup
plus grande que le reste du corps.

Le troisième ordre, qui est l'*insecte* dans son
état de perfection, diffère presqu'entièrement des
deux premiers ; il a de plus quatre grandes ailes
brunes, portant deux pouces & demi d'envergeure ; il peut, par leur moyen, s'élever assez
haut pour choisir un lieu propre à un nouvel
établissement. Le corps de l'*insecte* a huit ou neuf
lignes de long, sa grosseur équivaut à celle de
trente ouvriers ou de deux soldats. On voit à
chaque côté de la tête un œil grand & très-
saillant. Cet organe, s'il existe dans les deux
premiers états des termés, n'est point apparent ;
il leur seroit d'ailleurs peu nécessaire, vivant
alors, presque toujours sous terre : on pense
bien qu'il est pour eux d'une toute autre importance, lorsqu'ils sont parvenus à leur troisième
métamorphose, & qu'ils sont obligés de chercher au loin une retraite. L'*insecte* ailé a si peu
de ressemblance avec les autres ordres, qu'on l'a
toujours regardé comme une espèce différente,
quoiqu'on le trouve dans les mêmes nids.

L'émigration générale des termés ailés a lieu
vers la fin des saisons sèches, mais ils ne for-

tent que lors d'une grande pluie ; le lendemain de leur fortie de l'eau, le fol en eft entièrement couvert, parce que le foleil ayant détaché leurs ailes en les defféchant, l'*infecte* ne peut plus que fe traîner. Ceux à qui il n'en refte qu'une en font plus embarraffés que fecourus dans leur marche. Moore rapporte dans fon voyage en Afrique, que « ayant été voir Harriffon à
» bord d'un floop, il s'éleva une tempête affreufe
» qui les força à paffer la nuit fur le vaiffeau,
» où ils furent affaillis d'une quantité prodigieufe
» d'une efpèce de mouches fort groffes & pour-
» vues d'ailes très - longues ; elles voloient à
» travers la flamme des bougies ; leurs ailes s'y
» brûloient, & ces *infectes* retomboient fur
» la table, qui en fut bientôt entièrement cou-
» verte. Celles dont les ailes n'avoient pas été
» brûlées, ne laiffoient pas que de les perdre
» en courant fur la table. » Ligon parle encore de ces *infectes* dans fon voyage aux Barbades, mais il ne connoiffoit ni leur économie, ni leurs premières métamorphofes.

Les termés font pourfuivis dans leurs retraites par les fourmis, proprement dites, qui leur font une guerre cruelle, & ils deviennent auffi la proie des oifeaux, d'une infinité d'animaux, & des hommes mêmes qui les mangent du tems de leur émigration. A peine en refte-t-il quelques-uns de ce nombre prodigieux qu'on a vu couvrir le fol, & ceux qui s'échappent ne doivent encore leur falut qu'aux termés du premier & du fecond ordre qu'ils rencontrent & qui les mettent à l'abri de tout danger en les conduifant dans leurs fouterrains. C'eft là qu'ils font élus, pour ainfi dire, rois ou reines ; qu'il fe forme, auffi-tôt après leur arrivée, une nouvelle colonie ; & c'eft-là enfin, qu'ils font nourris & défendus par leurs nouveaux fujets. La reine éprouve bientôt un changement, tel que celui qu'on remarque dans les coccus ou cochenilles ; fon addomen groffit peu-à-peu, & il acquiert dans peu de tems un volume deux mille fois plus grand que celui du refte du corps. Elle équivaut dans cet état à vingt-trois ouvriers. Dans cet état, fon ventre eft rempli d'une quantité prodigieufe ; & foit qu'elle ait été fécondée avant fon arrivée dans fa nouvelle demeure, foit qu'elle l'ait été depuis, il fort continuellement des œufs de fon ventre : les anciennes reines en font foixante dans une minute, ou, fi l'on aime mieux, 80,000 en vingt-quatre heures. A mefure que les œufs fortent, les termés ouvriers les portent dans les nourriceries, où les jeunes termés demeurent jufqu'à ce qu'ils puiffent travailler comme les autres.

Les termés détruifent tout, comme nous l'avons dit plus haut, & c'eft des débris des planches, des arbres, qu'ils forment leurs nidsou

des conduits très-longs pour voyager en fûreté. Les *termés arborum* pofent quelquefois leurs nids fur les toits d'une maifon ; fi l'on ne fe hâte alors de les détruire, ils caufent les plus grands dommages. Les *termés bellicofi*, fur-tout, font à craindre, en ce que les conduits qu'ils font ne font point apparens, qu'ils les pratiquent fous terre, qu'ils s'introduifent dans les poteaux qui foutiennent les maifons, & qu'ils en rongent l'intérieur au point qu'il peut arriver qu'une maifon s'écroule avant qu'on ait pu foupçonner le danger.

La nature a doué ces *infectes* d'un inftinct fingulier : lorfqu'ils travaillent dans quelques poteaux ou dans quelques caiffes, ou enfin dans tout autre endroit chargé au-deffus, & par l'écroulement duquel les termés pourroient être écrafés, ils ont foin d'en remplir l'intérieur avec de l'argile, qui devient auffi dure que la pierre, & ils ne laiffent qu'un feul paffage pour arriver aux toits ou aux différens endroits de la maifon : par ce moyen, bien loin de diminuer de folidité les caiffes, les poteaux, &c. qu'ils ont creufé intérieurement, en acquièrent davantage. Bofman affure que les termés ou fourmis blanches percent dans l'efpace d'une nuit les caiffes de marchandifes d'une infinité de petits trous, à travers lefquels ces *infectes* s'introduifent dans l'intérieur avec autant de facilité que fi la caiffe eût été ouverte ; & on lit dans Kempfer « que
» dans l'efpace d'une nuit les termés s'étoient
» introduits dans une table par le pied, avoient
» percé l'intérieur, & étoient redefcendus à
» travers l'autre pied ; heureufement ils n'avoient
» pas touché aux papiers qui étoient deffus ».

La grandeur étonnante & la forme fingulière des nids des termés n'eft pas moins digne d'exciter notre curiofité & de fixer notre attention que ce que nous avons dit plus haut de ces *infectes*. Suivant Adanfon (Voyage au Sénégal), ces nids font des pyramides rondes d'environ huit à dix pieds de haut fur à-peu-près autant de bafe, & ils font fi multipliés dans l'ifle de Bannanes & le continent voifin, qu'on les prendroit, lorfqu'on les voit à une certaine diftance, pour un affemblage de huttes de nègres, ou pour un village confidérable.

Ces nids, toujours terminés par un dôme, ne préfentent à l'extérieur rien de particulier qu'une furface unie d'une belle argile extrêmement dure, & prefque toujours recouverte par plufieurs plantes, dont les graines y ont été apportées par le vent ; mais on remarque dans l'intérieur une efpèce de coque ou d'enveloppe affez ferme & affez épaiffe pour le garantir & pour défendre fes habitans contre les attaques de leurs ennemis & l'intempérie des faifons. Une infinité de cellules divisent l'intérieur de l'habitation ; le roi & la reine en ont une pour leur logement plus grande que toutes les autres ; & elle a toujours la forme d'un ovale applati vers sa partie inférieure, ce qui la fait assez ressembler à un four un peu alongé. Le plan en est parfaitement horizontal, & ses parois d'une argile bien solide, ont un pouce d'épaisseur ; celle des endroits où se trouvent les portes , n'a cependant que six lignes. Ces portes sont à une égale distance les unes des autres & au même niveau ; la chambre du roi & de la reine est entourée d'un grand nombre d'autres chambres de différentes grandeurs ; les voûtes en sont circulaires ou elliptiques , & elles communiquent à celles où les jeunes termés sont nourris & aux magasins. Les loges des jeunes termés sont construites avec de la rapure de bois unie avec de la gomme, & l'intérieur des nourriceries est parsemé d'une moisissure formée de globules blanchâtres de la grosseur de la tête d'une épingle. Cette moisissure , vue au microscope , offre de petits champignons tout-à-fait semblables à ceux qu'on emploie dans nos cuisines.

L'intérieur des nids des termés est toujours distribué à-peu-près de la même manière, à moins qu'un obstacle local , tel qu'un rocher ou un arbre , ne s'oppose à la régularité de l'édifice. C'est toujours au milieu qu'est la chambre du roi & de la reine , autour de laquelle sont en forme de labyrinthe les appartemens des soldats. Viennent ensuite les nourriceries & les magasins qui s'étendent latéralement jusqu'aux parois extérieures de l'édifice , & qui sont continués jusqu'aux deux tiers de sa hauteur. Le bâtiment est terminé par un dôme, autour duquel on remarque quatre grandes arches , de deux ou même trois pieds de hauteur, qui semblent faites pour le soutenir & qui vont en se rétrécissant jusqu'à l'ouverture d'une infinité de petites chambres.

Les termés commencent la construction de leur nid par les petites pyramides , qui entourent l'édifice , & à mesure que l'édifice s'agrandit , ils détruisent la base de celles qui sont le plus près du centre , & les réunissent par ce moyen à la grande pyramide,

On ne cherche point impunément à faire une ouverture aux nids des termés : un soldat vient reconnoître l'ennemi , l'alarme est bientôt générale, les autres soldats accourent de toute part pour défendre leur foyer , & si l'on ne se retire avec précipitation on est mordu jusqu'au sang , & ces insectes se cramponnent à la peau de telle sorte, qu'on ne peut les en séparer que pièce à pièce ; mais si l'on cesse de les tourmenter, la scène change de face ; les soldats se retirent, les ouvriers paroissent , & ils ont bientôt réparé le dégât qu'on vient de faire.

Moyen de faire périr les termés ou poux de bois , & usage médical de ces insectes.

Il est un moyen usité de détruire ces insectes, que j'ai vu employer avec succès : il consiste à insinuer dans le nid , & préférablement dans un des chemins couverts qui y aboutissent, & qu'on dégrade à cet effet, un peu d'arsénic qu'on y introduit au moyen d'un simple cure-dent ; empressés de réparer le dommage qu'on vient de faire à leur bâtiment , les termés ou poux de bois accourent vers la brèche , ils emportent les débris dans leurs petites pinces , peut-être avalent-ils quelques parcelles d'arsénic ; quoi qu'il en soit, ils meurent bientôt , les autres les dévorent & s'empoisonnent aussi ; de cette manière ceux qui se trouvent dans la même ruche périssent tous assez promptement.

Malgré les ravages que font les poux de bois , Smeatman est porté à croire ce principe sujet à bien des interprétations : la nature ne fait rien en vain ; il auroit pu ajouter aux différentes preuves qu'il apporte de son sentiment , que ces insectes sont doués d'une très-grande propriété médicale ; en les faisant bouillir avec des morceaux de leur ruche, on obtient une boisson qui excite les sueurs & appaise les convulsions , & qui a été employée avec le plus grand succès dans les spasmes convulsifs , connus généralement sous le nom de tetanos , qu'on sait être fort fréquens dans les pays chauds , sur-tout parmi les négrillons , particulièrement au moment de leur naissance , ou peu de tems après.

(*Extrait du journal de* Bertholon.)

THRIPS A BANDES.

Observations sur un insecte qui endommage les œillets.

M. Mauduit décrit & dénonce un petit insecte appellé le *thrips à bandes*, par Geoffroi ; il se niche souvent dans le cœur des œillets & particulièrement dans les feuilles intérieures du pied. Quand on ne le détruit pas , on risque de perdre & l'on perd en effet, toute la plante & ses rejettons. Cet insecte , dans le premier moment de son existence , est d'un blanc jaunâtre ; il ressemble à un petit ver jaune , & diffère alors de ceux qui sont plus âgés , en ce que son corcelet n'est point encore séparé du corps, & ne fait qu'un avec lui, en ce qu'il n'a point d'ailes & a six pattes très courtes. C'est pourquoi il ne peut que ramper à cette époque , & il lui est impossible de sauter en s'élevant. Il paroît dans cet état, on ne doit le considérer que comme un embryon ou une larve qui se développe ensuite peu-à-peu. La nymphe ne diffère de l'insecte parfait que par le manque d'ailes.

Lorſque ces inſectes ont acquis toute leur conſiſtance, ils prennent, les uns une couleur noire, les autres une couleur mélangée de noir, & de blanc par taches; & comme ces derniers ſont un peu plus grands, il y a lieu de croire que ce ſont les femelles. Ils ont une tête émouſſée, à cette tête deux antennes compoſées de ſix ſegmens ovales; au-deſſus de ces antennes, tout près du corps, & des deux côtés du corcelet, deux protubérances bien marquées où ſont les yeux. Sous le ventre ils ont trois pattes de chaque côté; les deux pattes qui ſont placées derrière & près du corps, ſont deux fois auſſi longues que les autres. Le corps ſe termine en pointe; il eſt velu des deux côtés, & conſiſte en ſept ſegmens. Il a deux aîles auſſi longues que lui, & trop étroites pour les couvrir entièrement. Il eſt pourvu d'une trompe, ou roſtre court formé d'une gaine inarticulée renfermant trois ſoies très-déliées, & c'eſt avec cet inſtrument qu'il bleſſe les feuilles intérieures de l'œillet.

On trouve cet inſecte dès le printems, & lorſque la ſaiſon commence à devenir chaude; cependant ce n'eſt que dans le mois de juillet qu'il exerce ſes ravages. Les larves ſont plus dangereuſes que l'inſecte dans toute ſa croiſſance. Il faut y prendre garde de bonne heure, ſi l'on ne veut pas ſe voir privé des plus belles eſpèces d'œillets. Lorſqu'on voit les feuilles collées, ou ſe courber en croiſſant, c'eſt un ſigne certain de la préſence de l'inſecte. On doit alors ſéparer ces petites feuilles avec précaution, tremper dans l'eau un pinceau mince & léger, & s'en ſervir pour enlever l'inſecte & tous les corps étrangers de l'intérieur: on peut auſſi écraſer l'inſecte avec un petit morceau de bois très-menu, mais il faut être plus adroit qu'avec le pinceau. On renouvelle ſouvent cette opération, quand on veut conſerver ſes œillets dans toute leur fraîcheur.

Cet inſecte dure tout l'été, & ne diſparoît que vers la fin de ſeptembre. Il eſt très-petit, très-étroit, & ſa longueur eſt à peine d'un quart de ligne. Il faut de bons yeux pour le diſtinguer à l'œil nud.

TIGRES.

Manière de détruire les inſectes, nommés Tigres, qui ravagent les poiriers & autres arbres fruitiers.

On ſait le tort que ces animaux font aux poiriers en eſpalier & à quelques autres arbres: pour en purger les jardins au printemps, vers le mois de mars, quand le ſoleil commence à échauffer leurs œufs, il faut ſéringuer de l'eau bouillante dans le treillage, ſur les groſſes branches, principalement dans les trous & les crevaſſes des murs. On détruit ainſi tous les œufs, & même les pucerons.

Il eſt inutile d'avertir le lecteur, que chaque fois qu'on pompe l'eau bouillante, il eſt néceſſaire de tremper la ſéringue dans un ſeau d'eau froide; autrement elle ne prendroit point d'eau, ce fluide étant trop raréfié par la chaleur.

TIQUETS.

Un Anglois annonce le moyen ſuivant, comme propre à empêcher les turneps d'être détruits dans leur jeuneſſe par les tiquets.

Faites tremper durant 24 heures la graine de turneps, dans l'huile de baleine, de lin ou d'olives: mettez-la enſuite dans un ſac de crin, ou ſur un criblé pour que l'huile s'égoute; mêlez la graine avec de la terre en pouſſière bien ſéche & ſemez.

Lorſque les turneps ſeront levés, répandez deſſus ou de la ſuie ou de la chaux éteinte, environ huit boiſſeaux par acre, ou plus, juſqu'à vingt.

N. B. Il y a lieu de croire que l'huile la plus fétide ſeroit la meilleure pour garantir les graines d'être mangées auſſi-tôt qu'elles ſont ſemées; & il eſt encore plus vraiſemblable que l'huile nuiroit à la germination ſi elle avoit le temps de pénétrer la graine. Mais ſi on ne laiſſe pas la graine s'en imbiber, elle ſera bien-tôt enlevée par la terre, & alors les inſectes la trouveront bonne à manger. Au reſte c'eſt une expérience à répéter.

INTRODUIRE *un oiſeau au vol*, c'eſt commencer à le faire voler.

JOTAVILLA, eſpèce d'alouette très-rare, qui ne ſe fait entendre que la nuit. Le mâle porte une huppe. Il a l'ongle de derrière ſi long, qu'il paſſe les genoux. Les Indiens n'eſtiment pas beaucoup la chair de cet oiſeau; mais ils le recherchent pour l'agrément de ſon ramage & la beauté de ſon plumage.

JOUA, oiſeau d'Afrique, de couleur brune. Il eſt de la groſſeur d'une alouette. Il fait ſon nid & pond ſes œufs ſur les grands chemins & dans les endroits les plus fréquentés. Les Africains ont pour cet oiſeau un reſpect idolâtre & ſuperſtitieux qui les empêche d'y toucher.

JOUETTE, trou que le lapin a fait en jouant, & qui n'a pas de profondeur comme le terrier.

IPSIDA, oiſeau des Indes, plus petit qu'un merle, qui ſe nourrit de poiſſons, & fait ſon nid dans des trous ſur les bords des rivières.

ISATIS , appellé *coſſac* en Ruſſie. Ce quadrupède , tient le milieu entre le chien & le renard ;
il a ordinairement de l'extrémité du muſeau à
l'origine de la queue, un peu moins de deux pieds ;
il a en général la taille du renard , & la tête du
chien : il eſt commun dans toutes les terres du
Nord , voiſines de la Mer Glaciale , & ne ſe
trouve guères en deçà du ſoixante-unième degré
de latitude.

Sa voix tient de l'aboiement du chien & du
glapiſſement du renard: ſa peau donne une très-
bonne fourrure : mais la couleur n'eſt pas toujours la même. Il y a des *iſatis* blancs & d'autres
bleus-cendrés , avec une bande brune longitudinale & une autre tranſverſale ; ces derniers ſont
les plus recherchés des chaſſeurs.

Le tems de les chaſſer eſt en hiver , parce
qu'alors leur mue étant paſſée , ils ont la fourrure
plus belle & plus ſolide. Leur poil a deux pouces
de longueur.

Le climat des *iſatis* eſt le Nord , & les terres
qu'ils habitent de préférence , ſont celles des
bords de la mer Glaciale , & des fleuves qui s'y
déchargent. On les trouve dans les endroits les
plus froids de la Norwége , de la Laponie ,
de la Sibérie , & même de l'Iſlande.

L'*iſatis* vit de rats , de lièvres & d'oiſeaux ;
il a autant de fineſſe que le renard pour les attraper ; il traverſe les lacs à la nage peur chercher les nids des oies & des canards , & ne reconnoît d'ennemis redoutables dans ces climats que le
glouton.

JUDELLE , eſpèce de poule d'eau , qui eſt
noirâtre , avec un mamelon charnu ſur la tête.

JUMART ou GEMART ; bête de charge
très-forte , engendrée d'un taureau & d'une jument , ou d'un taureau & d'une âneſſe , ou d'un
âne & d'une vache. Dans les villes de Piémont ,
on donne le nom de *bif* à l'eſpèce qui provient
de l'âneſſe & du taureau ; on appelle *baf* l'eſpèce
qui réſulte de l'accouplement du taureau avec la
jument. Il ne reſte plus d'incertitude ſur la poſſi-
bilité de l'exiſtence de ces ſortes de mulets, & ſans
doute parmi les animaux ſauvages , il y a pareillement des races différentes qui ſe rapprochent ,
& qui donnent naiſſance à de nouvelles eſpèces
d'animaux.

JUMO , eſpèce de moineau qui ſéjourne dans
les roſeaux , & y chante aſſez agréablement ; on
en trouve beaucoup dans la Hollande.

JYUX , oiſeau de paſſage , qui eſt une eſpèce
de coucou.

IXCUTIQUE , façon de chaſſer aux oiſeaux ;
c'eſt l'art de les prendre aux gluaux.

IZQUEPOLT , renard des Indes , qui fait
ſon ſéjour dans les antres des rochers. Cet animal a la même propriété que la *bête puante* qu'on
trouve à la Louiſianne ; quand il ſe ſent pourſuivi par les chaſſeurs , il éjacule ſon urine & ſes
excrémens à plus de huit pieds de diſtance , &
il n'y a point d'homme ou de chien qui puiſſe
lutter contre une odeur auſſi fétide.

K.

KAJOU. Singe velu, de la rivière des Amazônes. Il a des yeux noirs, une queue très-longue avec une grande barbe grise qui lui donne la figure d'un vieillard.

KAKATOU, *kakatès*, ou *catacoua*. Oiseau des isles Moluques, dont on distingue la grande & petite espèce ; il est d'une blancheur citronnée. Sa tête est ornée d'une belle huppe composée de longues plumes blanchâtres en dessus, & rougeâtres en-dessous. Il a le bec, les jambes, & les doigts du pied, comme le perroquet. Il apprend de même à bien articuler certains mots. Son nom vient de son cri habituel.

KANGURRO. Quadrupède de la nouvelle Guinée, de la taille d'un mouton. Il a la tête, le cou, les épaules, très-petites, en proportion des autres parties du corps. Sa queue est longue, épaisse & pointue à son extrémité. Ses jambes de devant ont huit à neuf pouces de long ; celles de derrière en ont vingt-deux à vingt-quatre. Cet animal marche par bonds & par sauts. Il tient alors la tête droite. Il replie ses jambes de devant contre sa poitrine, & paroît ne s'en servir que pour creuser la terre. Son corps est couvert d'un poil court, gris ou couleur de souris foncé.

KATRACA, ou KATRACAS. Oiseau du Mexique, qui est une espèce de faisan. Il a de même le bec crochu, les yeux bordés de rouge, & une longue queue.

KEVEL. Espèce de gazelle qui aime à vivre en société, & qui est facile à apprivoiser. Sa chair est fort bonne à manger.

KINK. Oiseau de la Chine, plus petit que le merle, dont le plumage est blanc, mêlé de gris cendré, & de couleur d'acier poli.

KINKAJOU. Animal d'Afrique & d'Amérique. Il a la queue longue, qu'il porte horizontalement ; il s'en sert pour attirer à lui les objets auxquels il ne peut atteindre, & pour se suspendre à une branche d'arbre. Son poil est d'un gris blanc. Sa tête, vue en face, a l'apparence du petit chien danois. Son museau est d'un brun noir, & applati par le bout. Sa langue est très-longue & menue. Il ne sort que pendant la nuit, & dort tout le jour. Il a les allures & la cruauté de la fouine. Son corps est long de deux pieds.

CHASSES.

KINKI. C'est la poule dorée de la Chine. Cet oiseau paroît tout d'or étant exposé au soleil. Rien n'est comparable au mélange de rouge & de jaune de son plumage, à la belle plume qui s'élève sur sa crête, à la variété des couleurs de ses ailes, à l'élégance de sa taille ; sa chair passe aussi pour être plus délicate que celle des faisans.

KINKI-MANOU ; oiseau de Madagascar. Il est gros & épais dans sa longueur, qui est de huit pouces & demi. Sa tête est noirâtre ; le dessus de son corps est cendré ; le dessous cendré bleu. Il a le bec un peu crochu. Ses pieds sont courts, & de couleur plombée.

KNORCOCK. Oiseau du cap de Bonne-Espérance, qui est de la grosseur d'une poule, mais qui a les ailes trop petites pour prendre un essor trop élevé dans l'air. Cet oiseau sert de sentinelle au gibier de ces contrées, & dès qu'il apperçoit un chasseur, il fait un cri qui avertit tous les oiseaux de veiller à leur sûreté. Voilà l'unique motif qui engage les chasseurs à tuer le *Knorcock*, car sa chair est fort peu estimée.

KOBBER-A-GUION. Amphibie de l'isle de Ceylan, qui a environ six pieds de longueur ; sa langue est bleue & fourchue, & lui sert d'aiguillon ; il vit tantôt de poissons, tantôt de cadavres d'oiseaux ou de quadrupèdes : il ne peut souffrir les chiens, & dès qu'il les voit s'approcher de lui, il les frappe si vivement de sa queue, qui ressemble à un long fouet, que souvent il les fait mourir ; pour les hommes, il ne leur fait point de mal, il se contente de siffler quand il les apperçoit.

KOB. Espèce de gazelle du Sénégal, que les français appellent *petite vache brune* : ses cornes ont beaucoup de rapport à celles de la gazelle & du Kevel ; mais la forme de la tête est différente ; le museau est plus long, & il n'y a point d'enfoncement sous les yeux ; ses cornes ne sont longues que d'environ un pied.

KOBA. Espèce de gazelle du Sénégal, différente du Kob, & que les français appellent *grande vache brune*. Le *Koba* est plus grand que le Kob ; celui-ci est comme un daim, & celui-là comme un cerf. On donne au *Koba* cinq pieds de long depuis l'extrémité du museau jusqu'à l'origine de la queue.

KURBATOS. Oiseau qui habite les bords du Sénégal, & à qui on donne le nom de *pêcheur* : il est de la taille d'un moineau, mais son bec est plus long que tout son corps ; ce bec est pointu, & crénelé intérieurement comme une scie ; ce bec sert au *Kurbatos* pour saisir le poisson à une certaine profondeur, & pour partager ses écailles : il mourroit de faim sur terre au milieu des alimens destinés aux autres oiseaux, parce que son bec ne pourroit les saisir.

On voit des milliers de kurbatos sur les deux bords de la Gambra. Leurs nids sont en si grand nombre sur les arbres qui bordent la rivière, que les nègres leur donnent le nom de village. Il règne dans ces nids une industrie & une ordonnance qui l'emportent sur ceux de l'hirondelle : leur configuration est cylindrique ; ils sont si bien composés de mousse, de paille, & de plumes entrelacées, que la pluie ne sauroit y pénétrer : ils sont aussi tellement solides, que dans les plus grands orages ils s'entr'heurtent sans se briser ; on les prendroit de loin pour les fruits de l'arbre même.

L'industrieux *Kurbatos* n'a rien négligé pour la conservation des petits qui y sont renfermés ; ils choisissent des branches foibles & mobiles pour en interdire l'accès aux singes, & les placent à une certaine élévation, afin que les serpens ne puissent, en se dressant sur leur queue, y atteindre ; cependant les ennemis des *kurbatos* ne se découragent point ; on a vu des singes se placer à l'autre extrémité des branches & les secouer, afin que le nid balancé reçoive un contre coup qui le détache & le jette sur la terre.

L.

LACET ; terme de chaſſe & d'oiſelerie ; c'eſt une eſpèce de filet à nœuds coulans, propre à prendre des oiſeaux, même des lapins, des lièvres, & autres animaux. On fait des lacets de fil, de ſoie : on en fait auſſi de fil de fer.

LACHER, terme de fauconnerie ; c'eſt ouvrir la main pour faire partir un oiſeau de proie.

LAEMMER-GEYER, ou *vautour des agneaux*. Aigle terrible qui habite particulièrement les hautes montagnes de la Suiſſe. On peut juger de la force & de la taille de cet oiſeau de proie, par l'étendue de ſes ailes, qui ont quatorze pieds d'une extrémité à l'autre. Il enlève les chèvres, les brebis, les lièvres, les chamois, & quelquefois même des enfans. Les chaſſeurs de la Suiſſe ſe font un devoir de pourſuivre & d'anéantir, s'il eſt poſſible, cette eſpèce cruelle. *Voyez* AIGLE.

LAISSÉES ; en terme de vénerie, ce ſont les fientes du loup, du ſanglier & des autres bêtes noires.

LAISSER-COURRE. C'eſt faire courir la bête qu'on chaſſe aux chiens courans.

LAITÉE. Portée de la femelle d'un chien de chaſſe.

LAMA. Quadrupède de l'Amérique, & animal domeſtique du Pérou, du Mexique & du Chili. Le *lama* a environ quatre pieds de haut, & ſon corps ſix pieds de long, dont le col ſeul en a trois. Il eſt couvert d'une laine courte ſur le dos, ſur la croupe & ſur la queue. Pour ſa couleur, elle varie entre le blanc & le noir. Les indiens tirent beaucoup de ſervice des *lamas*. Leur chair eſt bonne à manger ; leur poil ſert à faire des étoffes, & on leur fait porter des fardeaux de plus de deux cents livres dans des chemins impraticables pour d'autres animaux.

Les *lamas* apprivoiſés ſont doux & dociles ; ils réſiſtent à la fatigue, ſe contentent de brouter par jour une petite quantité d'herbes vertes.

Les *lamas* ſauvages courent comme le cerf, & grimpent comme le chamois ſur les rochers les plus eſcarpés : ces animaux vont en troupes de plus de trois cents. Ils s'élèvent juſqu'au deſſus de la ligne des neiges des Cordillières. Leur chaſſe eſt alors très-périlleuſe & très-difficile.

LAMBEAU (terme de vénerie). C'eſt la peau velue que le cerf dépouille en un certain tems de ſon bois, & qu'on trouve au pied du frouer.

LANCER (terme de vénerie). C'eſt faire ſortir une bête de ſon fort ou de la repoſée, & la faire partir pour donner à courre aux chiens.

On dit *lancer* le loup du liteau, le lièvre du gîte, & les bêtes noires de la bauge.

LANIER, ſ. m. Oiſeau de proie ſi rare en France, que Buffon n'a pu ſe le procurer, & qu'il doute même qu'il s'y trouve aujourd'hui, quoique Belon aſſure qu'il s'y trouvoit de ſon tems: il fait ſon nid ſur les plus hauts arbres des forêts, & dans les rochers les plus élevés. Il eſt de plus petite taille que le faucon commun. On peut aiſément le reconnoître à la couleur bleue de ſon bec & de ſes pieds.

Cet oiſeau étoit autrefois recherché dans la fauconnerie, parce qu'il a un naturel plus doux & des mœurs plus faciles que les autres oiſeaux de proie. On choiſiſſoit le lanier ayant groſſe tête & les pieds bleus. Cet oiſeau vole tant pour rivière que pour les champs. On le nourrit avec de groſſes viandes.

Lanier eſt le nom de la femelle ; elle eſt plus groſſe que le mâle, qu'on nomme *laneret*.

LAPEREAU, ſ. m. Petit lapin de l'année.

LAPIN, ſ. m. Le lapin eſt un petit quadrupède ſauvage, qui ſe trouve dans les garennes, dans les haies, & quelquefois en pleine campagne. Il a dans la conformation du corps autant de rapport avec le lièvre que l'âne en a avec le cheval : cependant ces deux animaux ont l'un pour l'autre une antipathie ſingulière. Dans le tems du rut, les *lapins* ne ſe mêlent point avec les hazes, & les lièvres ne courent point les lapines ; & ſi on enferme enſemble un individu de chaque eſpèce & de chaque ſexe, le mâle fera mourir la femelle à force de careſſes trop dures & de bleſſures.

Il y a des *lapins* de garenne & des *lapins* de clapier. Le *lapin* de garenne a ordinairement le poil gris & plus épais ; il ſe nourrit de plantes aromatiques, comme le thym, le ſerpolet & le génièvre ; ſa chair eſt infiniment plus délicate.

Le *lapin* de clapier est plus grand que le *lapin* de garenne, & cette supériorité de taille vient sans doute de ce qu'il fait moins d'exercice, & qu'il prend des alimens plus succulens : l'état de domesticité qui le rend plus gros que le *lapin* sauvage, change aussi la couleur de ses poils : car il y en a de blancs, de noirs, & d'autres qui sont mélangés de ces deux couleurs. On remarque que ces derniers peuplent beaucoup, & que les femelles portent jusqu'à dix ou douze petits par mois.

En général le *lapin* peuple beaucoup plus que le lièvre ; un voyageur anglois assure qu'une paire ayant été transportée dans une isle, il s'en trouva six mille au bout de l'année.

Le *lapin* est supérieur au lièvre pour la sagacité ; il a des ruses pour échapper à ses ennemis, & même pour se soustraire aux yeux de l'homme ; il se retire pendant le jour dans les trous qu'il se creuse, y habite avec sa famille dans une pleine sécurité, & s'y trouve à l'abri du loup, du renard, & de l'oiseau de proie.

Quand on dit que le *lapin* l'emporte sur le lièvre en sagacité, on ne parle ici que du *lapin* de garenne, parce qu'il a un instinct plus réfléchi, plus de besoins, & plus d'activité pour les prévenir. Pour le *lapin* de clapier, il ne se donne point la peine de fouiller la terre, ni même de se fouiller un gîte à sa surface.

Le *lapin* engendre & produit à l'âge de cinq ou six mois ; il paroît constant dans ses amours & s'il s'unit à une femelle, il ne la quitte plus. Cette femelle quelques jours avant de mettre bas, se creuse un nouveau terrier, non pas en ligne droite, mais en zigzag, au fond de cette excavation, appellée en terme de chasse rabouillere ; la lapine s'arrache sous le ventre une assez grande quantité de poils, dont elle fait une espèce de lit pour recevoir ses petits, & les allaite avec beaucoup de soin pendant plus de six semaines ; jusqu'à ce tems-là le pere ne les connoît point, il n'entre pas même dans le terrier que la mere a excavé ; mais lorsque les petits commencent à venir au bord du trou, il les prend entre ses pattes, lustre leurs poils & leche leurs yeux, & cette tendresse paternelle éclate bien plus dans les *lapins sauvages*, que dans les *lapins domestiques*.

Le *lapin* est d'un tempérament très-chaud ; on a vu des mâles se lier avec leurs femelles cinq ou six fois en moins d'une heure. Cet animal vit environ huit à neuf ans ; la vie sédentaire qu'il mène dans ses terriers, fait qu'il prend plus d'embonpoint que les lièvres ; leur chair est aussi très-différente pour la couleur & le goût : celle des jeunes *lapreaux* est très-délicate, mais celle des vieux *lapins* a beaucoup de sécheresse & de dureté.

Le *lapin* est originaire des climats chauds : les seuls endroits de l'Europe où il y en eût anciennement, étoient la Grece & l'Espagne ; de-là on l'a transporté dans des climats plus tempérés, tels que l'Italie, la France & l'Allemagne où il s'est naturalisé. Dans le Nord il ne sauroit vivre que dans les maisons, il périt dès qu'il est abandonné à la campagne. On trouve des *lapins* dans les contrées méridionales de l'Asie & de l'Afrique, & ceux qu'on a transportés dans le Nouveau-Monde y ont très-bien réussi.

Le *lapin d'Angola* n'est point d'une espèce particulière, il ne diffère même de nos *lapins de clapier* que par la qualité de son poil, qui est beaucoup plus long, comme le poil des chèvres d'Angola est plus long que celui des chèvres communes. Ce poil des *lapins d'Angola* est ondoyant & frisé comme de la laine ; dans le tems de la mue il se pelotonne, & rend l'animal assez difforme : la couleur de ce *lapin* varie comme celui des *lapins domestiques*.

Le *lapin* nuit beaucoup aux travaux du cultivateur ; il détruit les racines, les graines, les fruits, les légumes, & même les arbrisseaux. Quand on veut l'écarter des bleds qui sont en herbe, & des vignes qui sont en bourgeon, on fiche en terre, le long des bords de la pièce de terre, à six pieds l'un de l'autre, de petits bâtons soufrés auxquels on met le feu, & on recommence ce manége de cinq jours en cinq jours, jusqu'à ce que le bourgeon de la vigne & le bled soient hors de danger.

Il y a donc bien des motifs qui semblent autoriser la chasse du *lapin* : 1°. la délicatesse de son goût, 2°. l'excessive multiplication des individus, 3°. le tort qu'ils font à l'agriculture.

Remarques de vénerie sur le lapin.

Il y a quelques remarques à faire sur les *lapins*, par rapport à la Vénerie, avant que d'en détailler les chasses différentes.

Le *lapin* ne va guéres que par sauts & par bonds ; si l'un d'eux change de terrein dans l'appréhension d'être surpris par les chasseurs, tous les autres s'empressent de le suivre, car on peut remarquer que l'instinct de l'animal ne consiste jamais qu'à imiter.

Ce quadrupède a des ruses dont on ne doit point être la dupe ; par exemple, il ferme quelquefois avec du fable le trou où il gîte dans la crainte qu'on ne vienne le furprendre.

Il quitte rarement fon fort, mais fi on réuffit à le dépayfer, il eft bientôt pris.

Le *lapin* court avec une rapidité étonnante, quand il n'a qu'une carière de deux ou trois cents pas ; mais il fe fatigue aifément & le chaffeur ni le chien ne doivent fe décourager.

On doit remarquer que quand on pourfuit cet animal, il fe terre, & que quand il eft éloigné de fon terrier, il fe fait un trou où il fe réfugie.

Chaffe du lapin au fufil.

Le chaffeur va dans une garenne qu'il fçait fournie de *lapins*, & ferme en filence les ouvertures de tous les terriers qu'il rencontre.

Il met enfuite en chaffe un baffet bien inftruit, qui fait partir l'animal, tandis que lui-même, le fufil à la main, fe tient fur un terrrier pour attendre fa proie.

Le *lapin* pourfuivi avec vivacité, cherche fon afyle ; le chaffeur l'apperçoit, faifit le moment favorable, & le tire. On a remarqué que cette chaffe, quelqu'amufante qu'elle foit, eft cependant dangereufe pour les garennes ; car fi un *lapin* bleffé s'échappe, & vient mourir dans fon terrier, il empoifonne tous les *lapins* qui y gîtent avec lui.

Chaffe du lapin à l'affût.

En terme de Vénerie, l'*affût* eft un lieu caché, où le chaffeur armé attend fon gibier au paffage.

Les chaffeurs qui vont à l'*affût* doivent être d'un tempérament robufte pour fupporter impunément les intempéries de l'air & les fatigues qui font la fuite de ce violent exercice ; il doit être auffi fort patient, car le gibier vient rarement à point nommé.

Un *affût* doit être bien choifi ; c'eft-à-dire, qu'il faut pouvoir s'y tenir commodément, & de manière que le gibier ne vous apperçoive pas : on monte ordinairement fur un arbre touffu, & on obferve ; il faut fur-tout garder un profond filence, car le *lapin* a l'oreille alerte, & s'épouvante au moindre bruit. Avec toutes ces précautions, la chaffe à l'*affût* peut devenir très-lucrative.

Chaffe du lapin au furet.

Le *furet* eft un petit quadrupède de la taille

d'une belette, & qui eft l'ennemi né du *lapin*. Voyez le mot *furet*.

Quand on va à la chaffe du *lapin*, on tranfporte fon *furet* dans un fac de toile, au fond duquel on met de la paille pour le coucher.

On a un baffet bien inftruit qu'on met en chaffe pendant une heure, pour obliger les *lapins* à fe terrer ; l'heure expirée, on attache le chien, & on va tendre des poches fur les trous de chaque terrier, afin d'empêcher l'animal qui y eft renfermé de s'échapper.

Tout étant ainfi difpofé, on prend fon *furet*, on lui attache une fonnette au col afin de le veiller dans toutes fes démarches, & on lui donne à manger, afin qu'il ne s'acharne pas fur le premier *lapin* qu'il rencontrera.

Quand on l'a fait entrer dans le terrier du *lapin*, il faut garder le plus profond filence, afin d'engager l'animal dont on veut s'emparer à fortir : le *furet* ne manque pas de pourfuivre fon gibier ; le *lapin* fugitif veut fortir par l'autre ouverture ; mais il eft bientôt arrêté par la poche qu'on y a placée ; il s'enveloppe dedans, & perd fa liberté.

Il eft néceffaire de retirer avec célérité ce premier *lapin*, avant que le *furet* s'en apperçoive ; car alors il retourne dans le terrier, & fait fortir les autres. Il arrive quelquefois au *furet* de s'endormir après avoir fucé le fang du *lapin*, il faut alors tirer quelques coups de fufil dans le trou du terrier, l'animal fe réveille, & on le reprend avec facilité.

Cette chaffe eft une des plus amfuantes qu'on doive à l'induftrie humaine.

Chaffe du lapin au panneau.

Le *panneau* eft un filet qu'on tend dans un chemin, ou dans la paffée d'un bois : il faut obferver d'abord de quel côté doit venir le *lapin*, afin de tendre le filet de manière que l'animal n'ait pas le nez au vent, ce qui fuffiroit pour lui faire rebrouffer chemin.

On prend enfuite trois ou quatre bâtons, longs de quatre pieds chacun & gros comme le pouce, pointus par l'extrémité inférieure, & un peu courbés par le bout fupérieur ; on les pique en terre un peu en penchant en droite ligne, & éloignés également les uns des autres. Le filet doit être attaché à ces bâtons par les mailles d'en haut, mais il doit y tenir fort peu, & tomber auffi-tôt que le *lapin* y entrera.

Quand on a tendu son panneau, on s'éloigne à dix ou douze pas, & on se cache dans un buisson ; il faut sur-tout observer de ne point passer dans la voie de l'animal, afin de ne lui laisser aucun sentiment de l'homme.

Le chasseur caché dans son buisson, doit garder un silence profond ; car le *lapin* a l'oreille fine ; il s'arrêteroit proche de l'endroit où il a entendu du bruit, & pourroit sentir les voies de l'homme quoiqu'imparfaitement : quand il vous aura passé de cinq ou six pieds, il faudra frapper des mains ; alors votre gibier qui se croit poursuivi s'élancera dans le filet, & vous vous en saisirez.

On tend ce *panneau* le matin à la pointe du jour, & l'on reste à l'affût une demi-heure après que le soleil est levé, sur-tout pendant les grandes chaleurs de l'été. On peut aussi prendre ce divertissement le soir, demi-heure avant le coucher du soleil, & demeurer en embuscade jusqu'à ce que la nuit soit fermée.

On a cependant remarqué que ce filet qui se tend assez commodément dans un tems calme, ne peut rester en état dans un tems orageux ; souvent même, si on n'a pas assez de promptitude pour saisir le gibier, il s'échappe. On doit alors avoir recours à un autre *panneau* qui remédie à tous ces inconvéniens, mais qui est beaucoup plus embarassant : voici la manière de le tendre.

On prend deux bâtons de la longueur de quatre pieds, de la grosseur de deux ou trois pouces, & unis à chaque bout. On attache ensemble au bas de quelqu'arbre à un pied & demi de terre & hors du chemin les deux bouts de ficelles qui sont du même côté du filet, & on tend ces ficelles de manière qu'elles soient assez lâches par le milieu pour pouvoir poser entre deux les bâtons.

De ces bâtons le premier se place au bord du chemin, ayant un bout sur la ficelle d'en bas, & l'autre sous l'autre bout de cette ficelle : on marche ensuite au travers du chemin par derrière le filet, en tenant la ficelle d'en haut, afin que le bâton ne se défasse point ; & quand on est arrivé à l'autre bout du chemin, on accommode le second bâton comme le premier, en faisant en sorte que tous deux penchent un peu du côté où doit venir le gibier qu'on attend, afin que l'animal donne dans le filet, fasse sortir le bâton d'entre les ficelles & s'enveloppe dans le piège.

Cette chasse demande de la patience, du silence, & de l'industrie.

Chasse du lapin au pan contremaillé.

LE *pan contremaillé* est un filet double, qui est bien moins embarrassant que les panneaux simples dont nous venons de parler, mais qui s'apperçoit aussi de plus loin : on le tend dans les chemins, & ordinairement plusieurs *lapins* s'y prennent à la fois, parce que le piège ne tombe point de la manière qu'on le tend.

On observe dans cette chasse tout ce que nous avons dit dans la précédente au sujet du chemin, du vent ou du buisson : quelquefois on monte sur un arbre, & au lieu de frapper des mains, on jette son chapeau pour pousser le gibier dans le filet.

On prend avec les *pans contremaillés* non seulement les *lapins*, mais encore les lièvres, les renards, les blaireaux & les loups, pourvu qu'on porte avec soi quelque fourche de fer, ou d'autres instrumens semblables pour tuer ces derniers animaux avant qu'ils rompent le filet.

Chasse du lapin à la fumée.

CETTE chasse peut suppléer à celle du furet, que tout le monde n'est pas en état d'exécuter. On prend du soufre & de la poudre d'orpin qu'on brûle dans du parchemin ou du drap, que l'on met à l'entrée du trou, ensorte que le vent chasse la *fumée* dedans. Le *lapin* veut sortir de son terrier, & se rend à l'autre extrémité ; mais comme elle doit être arrêtée par des poches, il s'y trouve enveloppé, & le chasseur qui est auprès saisit sa proie.

Chasse du lapin au collet.

LE *collet* est une espèce de lac-coulant, fait de fil de fer ou de laiton, qu'on frotte avec du genêt ou du serpolet, & qu'on met dans la passée du *lapin*, en l'attachant à quelque piquet, de manière que le gibier ne puisse y passer sans y mettre sa tête. On y prend le *lapin* encore plus aisément que le lièvre, quoiqu'il soit beaucoup plus rusé.

Quelquefois quand l'animal se sent pris, au lieu de tirer comme fait le lièvre, il détourne la tête pour trancher le *collet* avec ses dents. Pour éviter cet inconvénient, il faut attacher le *collet* avec du fil de fer, & le lapin ne peut faire de mouvement sans s'étrangler.

Voici une autre méthode pour empêcher que le *collet* ne soit coupé par le *lapin*. Plantez au bord de la passée un piquet deux fois gros comme le pouce, de la longueur d'un pied, & ayant à un pouce de l'extrémité supérieure une ouverture où puisse passer le petit doigt : prenez un *collet* de fil de laiton, avec une ficelle un peu forte que vous attacherez dans le trou du piquet, & que vous lierez au bout d'une branche d'arbre que vous tiendrez pliée ; faites entrer ensuite dans le trou, dont nous avons déjà parlé, un petit bâton long d'un pouce, & un peu moins gros que le petit doigt, de manière que la branche rendue à elle-même ne puisse attirer le collet après elle, & que le collet soit retenu par le petit bâton, à cause du nœud que font la ficelle & le collet attachés ensemble. Après tous ces préparatifs, on ouvre le *collet* de la grandeur de la passée : le premier *lapin* qui donnera dans le piége, voudra le couper ; mais au moindre mouvement, il fera tomber le petit bâton qui retient la baguette élastique, & l'animal s'étranglera.

C'est ordinairement autour des haies des jardins & des enclos qu'on tend ces *collets* : les *lapins* s'y rendent pendant la nuit pour tout dévaster, & leur avidité leur coûte toujours la liberté, & quelquefois la vie.

Chasse du lapin à l'écrevisse.

Cette chasse ne convient qu'aux personnes qui ne veulent employer ni furets ni armes à feu : on tend des poches à une extrémité d'un terrier, & à l'autre on glisse une écrevisse ; cet animal arrive peu à peu au fond de la retraite du lapin, le pique & s'y attache avec tant de force, que le quadrupède est obligé de fuir, emportant avec lui son ennemi, & vient se faire prendre dans le filet qu'on lui a tendu à l'ouverture du terrier. Cette chasse demande beaucoup de patience ; les opérations de l'écrevisse sont lentes, mais aussi elles sont quelque fois plus sûres que celles du furet.

(*Extrait du dict. des chasses & pêches.*)

Chasse à l'appeau.

Espinar décrit une chasse de *lapins* curieuse & singulière, qui se fait en Espagne avec un appeau, au son duquel accourent de toutes parts, même du fond de leurs terriers, *lapins* & lapereaux, mâles & femelles pleines ou ayant des petits. Cet appeau peut se faire de plusieurs manières, soit avec un petit tuyau de paille, en forme de sifflet, soit avec une feuille de chiendent, de chêne-verd, ou une pellicule d'ail, qui se posent entre les lèvres, & en soufflant, produisent un son aigu, qui est l'imitation par faite de la voix du *lapin*. Quelques chasseurs savent l'imiter avec la bouche seule. Espinar observe qu'il est difficile de rendre raison de l'effet que produit cet appeau sur tous les *lapins*, sans distinction d'âge ni de sexe. S'il n'attiroit que les mâles, on pourroit croire qu'ils accourent à la voix de la femelle, soit excités par l'attrait de la jouissance, soit pour la secourir ;

& si ce n'étoit que les femelles, qu'elles viennent au secours de leurs petits ; mais tous y accourent indistinctement. Cette chasse est appellée, en espagnol, *chillar los conejos*, ce qui signifie proprement *siffler* les *lapins* ; mais que je rendrois plus volontiers dans notre langue par le mot *piper*. Elle se fait dans le bois de la manière suivante : le chasseur en traversant le bois, a soin de ne faire que le moindre bruit possible : il s'arrête de tems en tems dans les endroits les plus découverts, pour piper, observant de ne jamais le faire qu'avec le vent au visage. Il suffit, lorsqu'il s'arrête, qu'il se serre contre le tronc d'un arbre, ou contre une cépée, pourvu que sa tête ne passe point au-dessus. Il reste dans cette situation, sans aucun mouvement, si ce n'est de la tête, qu'il tourne de côté & d'autre, pour voir ce qui se passe autour de lui, tenant le fusil ou l'arbalète de la main gauche, & s'aidant de la droite pour piper. Le premier coup d'appeau (*chillido*) doit durer l'espace d'une minute, & moins, s'il voit ou entend des *lapins* arriver vers lui ; alors, il se tait, se tient en joue d'avance, & les laisse s'approcher à portée. S'il n'en vient point, il fait une pause, à-peu-près de la même durée, après quoi il recommence à piper. Dans les lieux où il y a de ces animaux en quantité, on a soin de piper moins fortement, afin que ceux qui sont un peu éloignés ne l'entendent point ; attendu que, s'il en vient beaucoup, il est plus à craindre que dans le nombre de ceux qui accourent de tous côtés, à bon & à mauvais vent, il ne s'en trouve quelqu'un qui évente ou apperçoive le chasseur, & se mette à fuir d'effroi, ce qui suffit pour épouvanter les autres.

Tous les temps, dit Espinar, ne sont pas également propres pour cette chasse. Dans les terres chaudes, les *lapins* viennent très-bien à l'appeau, en mars & avril ; & dans celles qui sont tardives, en mai & juin. Les jours les plus favorables sont ceux où il souffle un vent doux & chaud du midi, où le soleil se montre & se cache de temps en temps, & lorsque la terre est humide. L'heure la plus propice est depuis dix heures du matin jusqu'à deux de l'après-midi, temps de repos & d'inaction pour les animaux sauvages, & où ils sont plus disposés à prêter attention à tout ce qui peut frapper leur oreille. Les grands vents sont absolument contraires, l'agitation des feuilles & des branches tenant alors tous les animaux des bois dans une inquiétude continuelle.

L'auteur espagnol ajoute que cette sorte de chasse ou de pipée, si l'on veut, effarouche beaucoup les *lapins*, & qu'il ne faut pas espérer qu'elle réussisse une seconde fois dans le même endroit, à moins qu'il n'ait plû dans l'intervalle ; cette chasse est peu connue en France, elle est cependant pratiquée en Provence par quelques chasseurs, qui se servent pour piper d'une patte de crabe, espèce d'écrevisse de mer : & ce qu'il y a de particulier, c'est que là on lui donne le nom de *chiller*, qui n'est autre chose que le verbe espagnol *chillar* francisé.

Voyez planche IX. des chasses, tome IX. des gravures des Arts & Métiers & l'explication à la fin du dictionnaire.

LARGE ; terme de fauconnerie, on dit l'oiseau fait *large* ; c'est-à-dire qu'il écarte les ailes ; ce qui est regardé comme une preuve de santé & de vigueur.

LARME DE PLOMB ; on appelle ainsi en vénerie le petit plomb qui sert à tirer aux oiseaux.

LARMIERS, terme de vénerie ; fentes qui sont au-dessous des yeux du cerf.

LASSIÈRE ; filet pour prendre les loups. C'est une poche ou bourse semblable à celle que l'on tend sur les terriers pour prendre les lapins, & avec la différence qu'une *lassière* a six pieds en quarré & les mailles six pouces ; la ficelle dont on la fait a trois lignes de diamètre, & la corde sur laquelle elle est montée, est grosse comme le pouce.

Pour tendre les *lassières* il faut choisir un fossé, ou plutôt quelque haie bien fourrée, à laquelle on laisse plusieurs trous, dans lesquels on tend ces bourses ; pour chasser dedans les loups de la même manière qu'on les conduit dans les rets.

LAVANDIÈRE ou HOCHEQUEUE ; ce petit oiseau se tient près des eaux ; on voit la *lavandière* courir sur la grève des rivages, entrer dans l'eau au moyen de ses longues jambes, voltiger sur les écluses des moulins, & s'approcher des femmes qui lavent la lessive. Le blanc & le noir sont distribués par tache sur son plumage. Elle a le ventre blanc ; sa tête est couverte d'une calotte noire qui descend jusqu'au cou ; un demi masque blanc cache son front & enveloppe son œil. Elle s'éloigne de nos climats en octobre & y revient en mars. Elle vit d'insectes & d'œufs de fourmis. Son vol est ondoyant & rapide, son cri est vif & redoublé. Il ne faut pas confondre la *lavandière* avec la bergeronnette qui est plus petite, ni avec la mésange commune qui ne lui ressemble que par la grosseur.

LAYE. C'est la femelle du sanglier, elle a les pinces moins grosses que celles du mâle, mais les allures plus longues, & plus assurées : dans le tems du rut on a remarqué que les allures de ces deux animaux étoient les mêmes pour la longueur, mais que celles du sanglier avoient la face plus ronde.

On distingue la *laye* par les âges différens ; elle est jeune, ou grande, ou vieille : elle met bas au commencement du printems, & ses petits s'appellent *marcassins*. Voyez ce qui regarde sa chasse au mot *sanglier*. Il est rare que des chasseurs prudens poursuivent une *laye* : on la ménage à cause de ses petits.

LAYLA, LAYLA, CHIENS : Terme dont se sert le piqueur pour tenir les chiens en haleine, & les obliger à garder le change, quand la bête courue s'est fait accompagner.

LÉGER : En fauconnerie, un oiseau *léger* est celui qui se tient long-tems sur ses ailes.

LEMING ou LEMMAR. Petit quadrupède de Laponie qui ressemble à la souris & qu'on a appelé mal-à-propos *lapin de Norwège*. Son corps est long d'environ cinq pouces ; quoique sa taille soit épaisse & que ses jambes soient assez courtes, il ne laisse pas de courir assez vîte ; il a une barbe comme les autres rats ; ses oreilles sont petites, il a cinq doigts à chaque pied. Son poil est roux marqueté de noir. Le *leming* habite ordinairement les montagnes de Laponie & de Norwège ; mais il en descend quelquefois en si grand nombre, qu'on regarde l'arrivée de ces quadrupèdes comme un fléau terrible ; ils font un dégât affreux dans les campagnes, dévastent les jardins & ruinent les moissons : ils se creusent des trous sous terre comme les taupes, le mâle est d'ordinaire plus grand que la femelle : dans le beau tems ils s'approchent en grandes troupes de l'eau, mais s'il vient un coup de vent, ils sont tous submergés : le nombre de ces animaux est si prodigieux, que quand ils meurent, l'air est infecté, leur morsure empoisonne les plantes, & le pâturage fait ensuite mourir le bétail : cet animal destructeur n'est bon à rien ; sa chair n'a point de goût & sa peau a trop peu de consistance pour qu'on en fasse des fourrures : ainsi on ne doit chercher à le détruire, que comme un animal nuisible.

Le *Leming* est d'une hardiesse & d'un courage qui étonne, il ne s'effraie point à l'aspect des passans ; au contraire, il va lui-même les attaquer, jappe comme une petite chienne, & si on le frappe avec un bâton, il mord avec fureur cette arme & s'y tient avec tant d'opiniâtreté, qu'on peut le transporter à une certaine distance sans le lui faire quitter.

Les hermines & les renards font périr une grande quantité de *lemings* ; ils se détruisent aussi eux-mêmes, eux-mêmes, on en a trouvé qui s'étoient pendus à des branches d'arbre : ce qu'il y a de certain, c'est que leur destruction est aussi prompte que leur pullulation.

Il n'y a peut-être rien de plus singulier dans l'histoire naturelle, que l'émigration de ces *lemings* ; quand ils marchent, c'est par bande de plusieurs milliers ; ils creusent des sentiers de la profondeur de deux doigts sur environ un quart d'aune de largeur : chemin faisant, ils mangent les herbes & les racines qu'ils rencontrent, font des petits en route, en portent un dans leur gueule, un autre sur leur dos, & abandonnent les autres, s'il y en a davantage.

On a fait une observation frappante sur ces voyages, c'est que ces quadrupèdes marchent toujours en ligne droite, sans que rien puisse les obliger à se détourner de leur route ; s'ils rencontrent un homme, ils tâchent de lui passer entre les jambes : s'ils sont arrêtés par une meule de foin, ils se font un chemin au travers, à force de manger & de creuser : lorsqu'ils trouvent un rocher, ils font un demi-cercle, mais si exactement, qu'ils prennent toujours la droite ligne. Les rivières, les torrens, rien ne les arrête : ils tâchent toujours de les traverser suivant leur direction, dussent-ils s'y noyer : ces animaux semblent toujours avoir pour but de leur marche le golphe de Bothnie : mais ils périssent ordinairement avant d'y pouvoir arriver.

Les lapons & les norwegiens prennent les mesures les plus efficaces pour détruire ces légions de quadrupèdes nuisibles : mais il n'y a point d'historiens qui détaillent la manière dont ils font cette chasse : on sait seulement qu'en les faisant tomber dans leurs pièges, ils font aussi une ample capture d'ours, de renards, de martres & d'hermines, tous animaux qui suivent les *lemings* pour en faire leur proie.

LÉOCROCOTTE. Quadrupède singulier d'Ethiopie ; il a la taille du zebre, la croupe du cerf, le poitrail & la queue du lion, & la tête du taisson : ses pieds sont fourchus & sa gueule est très-fendue : on dit que cet animal est plus léger à la course que tous les autres quadrupèdes. Il naît, dit on, de l'accouplement d'une lionne & du mâle de l'hyene.

LÉOPARD. Animal du Sénégal, de la Guinée & d'autres pays méridionaux ; il a quatre pieds de long : ainsi sa taille est supérieure à celle de l'ours & inférieure à celle de la panthère : on appelle fort improprement la fourrure de cet animal *peau de tigre*.

Le *léopard* a une antipathie extraordinaire pour

les chiens, & il dévore tous ceux qu'il peut rencontrer. En Europe, nos chiens de chasse n'ont pas d'autre ennemi que le loup ; mais en Afrique ils sont la proie du tigre, du lion, de la panthère, de l'ours & du *léopard* ; aussi il est presqu'impossible d'en conserver.

La manière de chasser du *léopard* est fort différente de celle du chien, il n'a pas, comme lui, de la finesse dans l'odorat : il ne suit pas les bêtes à la piste : il ne chasse, pour ainsi dire, qu'à vue ; il ne fait que voir le gibier, & s'élancer sur lui : quelquefois pour l'atteindre, il saute avec légéreté, & franchit un large fossé ou un mur élevé de plusieurs pieds : d'autres fois il grimpe sur les arbres, attend les animaux au passage, se laisse tomber sur eux de tout le poids de son corps & les écrase.

Le *léopard* est un animal féroce, qu'il est impossible d'apprivoiser : il se jette quelquefois avec furie sur les hommes quand il les voit armés ; ses yeux sont toujours étincelans, & il semble ne respirer que le carnage. Quoiqu'il mange beaucoup, il est toujours maigre, comme tous les animaux qui se nourrissent de sang.

Ce quadrupède n'habite que les pays les plus chauds de l'Asie ; il ne s'est jamais répandu dans les pays du Nord, ni même dans les régions tempérées ; il se plaît dans les forêts touffues & sur le bord des fleuves : on prétend que sa chair est bonne à manger, du moins les nègres le disent.

Chasse du Léopard.

Les nègres font des fossés profonds ; ils les couvrent de terre, de feuillages & de roseaux : ils placent ensuite quelques cadavres sanglants audessus pour attirer le *léopard* dans le piège, & ils en prennent ainsi un grand nombre : quelquefois ils sont obligés de combattre eux-mêmes contre lui ; ils lui lancent alors leurs flèches & leurs zagaies : & quand tout est épuisé ils luttent contre ce redoutable adversaire : le quadrupède, quoique percé de coups, ne prend point la fuite, il se défend tant qu'il lui reste un souffle de vie, & sa mort est presque toujours fatale à quelques-uns de ses vainqueurs.

Il y a des cantons en Afrique où les rois font faire des chasses considérables de tigres & de *léopards* ; & on est obligé de porter ceux qu'on prend aux lieux où ces petits monarques font leur résidence.

LEROT. Quadrupède plus petit que le *loir*, & de couleur différente : on a eu tort de confondre ensemble ces deux animaux. Buffon a très-bien prouvé qu'ils formoient deux espèces différentes. Le *loir* demeure dans les forêts ; mais le *lerot* habite dans les jardins & pénètre quelquefois dans les maisons : l'espèce de ces derniers est encore beaucoup plus nombreuse & bien plus nuisible aux cultivateurs. Le *lerot* court d'arbre en arbre, entame les meilleurs fruits avant leur maturité, grimpe sur les pruniers, les abricotiers & les pêchers, & dévaste tout avec plus de lenteur, il est vrai, que la grêle ; mais aussi avec plus de profondeur. Voyez au mot *loir* le moyen de détruire ce fléau.

Le froid engourdit le *lerot*, & la chaleur le ranime : on en trouve quelquefois huit ou dix dans le même endroit, tous sans mouvement & resserrés en boule au milieu de leurs provisions de fruits & de noisettes.

Cet animal s'accouple au printems comme le *loir*, produit en été, & fait cinq ou six petits qui croissent promptement, mais qui ne produisent eux-mêmes que l'année suivante. Sa chair ne se mange pas comme celle du *loir*. Il se trouve communément dans tous les climats tempérés.

LESSE. Corde de crin, longue d'environ trois brasses, qui sert aux chasseurs à accoupler les lévriers & autres chiens. On tient les chiens en *lesse* jusqu'à ce qu'on ait découvert le gibier sur lequel on les lâche.

On appelle aussi *lesse* les endroits où les loups aiguisent leurs ongles.

LEVE-CUL. Terme de fauconnerie ; c'est lorsque la perdrix part, ou qu'on fait partir le héron : le vol à *leve-cul* s'appelle aussi *vol à la source*.

LEVER ; terme de vénerie. *Lever* le pied du cerf, c'est le couper pour en faire honneur au maître de la chasse.

On dit aussi faire *lever* le gibier ; c'est-à-dire le découvrir, le faire partir, & le donner à courir.

LEVRAUT. Jeune lièvre.

LEVRETEAUX. Petits levrauts qui sont encore nourris par le père & la mère.

LÉVRETTE. Femelle du lévrier ; on donne à ses petits le nom de *levrons*.

LÉVRETTER. Chasser au lièvre, le courre avec des lévriers.

LÉVRETTERIE. Manière d'élever les lévriers.

LÉVRIER. Espèce particulière de chiens, dont on se sert pour courir le lièvre.

On distingue quatre espèces de *lévriers* ; qui tous ont leurs qualités particulières, outre l'instinct de la chasse qui est commun à tous.

1°. Le *lévrier d'attache*, c'est le plus robuste & le plus courageux des *lévriers* ; en Scythie on l'emploie à garder le bétail ; qui n'est jamais enfermé. On en trouve en Ecosse, en Irlande, en Tartarie, & chez presque tous les peuples du Nord : il poursuit le loup, le sanglier, quelquefois même le buffle & le taureau sauvage.

2°. Le *lévrier de plaine* ; il n'a ni la taille ni le courage du *lévrier d'attache*, mais il est plus agile que lui ; on s'en sert en Thrace & dans une partie de la France pour courir le lièvre dans les plaines, & en Portugal pour le suivre sur les côteaux & dans les montagnes.

3°. Le *charnaigre* : on comprend sous ce nom un *lévrier franc* & un *lévrier métis* qu'on trouve en Espagne & en Portugal ; ces chiens ne deviennent jamais ni gros ni gras, ils bondissent en courant après le gibier, & le prennent assez sûrement.

4°. Le petit *lévrier d'Angleterre* : on choisit les plus hauts pour courir le lapin dans une garenne ou dans quelque lieu clos ; on les y tient en lesse proche des épinières faites exprès, & qui sont éloignées des trous où les lapins se retirent, étant hors de terre. Si on veut faire courir le petit *lévrier*, on bat les épinières ; le lapin sort, il veut regagner son trou, mais il se trouve barré, & souvent pris par le *lévrier*.

LEURRE. Terme de fauconnerie : c'est un morceau de cuir rouge, travaillé en forme d'oiseau, garni de bec, d'ongles & d'ailes, qu'on pend à une lesse à crochet de cornes, & que le fauconnier fait servir pour réclamer les oiseaux de proie : on attache au *leurre* de quoi les paître. Le *leurre* se nomme aussi *rappel*.

On doit acharner le *leurre*, c'est-à-dire, mettre dessus un morceau de chair.

Duire un oiseau au leurre, c'est rappeler l'oiseau qui ne revient point, s'il n'y est convié par le *leurre* : il faut quelquefois *leurrer* l'oiseau pour le faire revenir sur le poing ; & *donner sous le leurrer*, signifie *duire au leurre*.

On dit enfin *leurrer bec au vent* ou *contre vent*, par rapport à l'autour & à l'épervier.

LICE f. f. Chienne courante.

LIDMÉE. Espèce d'antilope d'Afrique : on la

trouve communément aux royaumes de Tunis & d'Alger ; elle ressemble à la gazelle ordinaire, avec cette différence pourtant qu'elle est de la taille de notre chevreuil, & que ses cornes ont quelquefois jusqu'à deux pieds de long. *Voyez* le mot GAZELLE.

LIER : se dit en fauconnerie, lorsque le faucon enlève en l'air sa proie dans ses serres, ou lorsque l'ayant assommée, il l'environne de ses serres & la tient à terre. A l'égard de l'autour, on se sert du mot *empiéter*.

Quand deux oiseaux de proie poursuivent de compagnie le héron ou d'autre gibier, & qu'ils le serrent de près, on dit aussi qu'ils le *lient* comme s'ils le tenoient déjà entrelacé dans leurs serres.

LIÈVRE, s. m. Le lièvre est un quadrupède dont la tête est plus grosse que celle du lapin, & qui est en même-tems le plus timide & le plus fécond des animaux. Il a la tête longue & étroite, le corps alongé, & à-peu-près de la même grosseur sur toute la longueur ; sa queue, quoique fort courte, se replie en haut : le mâle s'appelle *bouquin*, la femelle *hase*, & le petit *levraut*.

Ces animaux engendrent en tout tems, & même dès la première année de leur vie : les femelles portent environ trente jours, produisent trois ou quatre petits, & dès qu'elles ont mis bas reçoivent le mâle pour produire de nouveau.

Il est d'abord assez difficile de distinguer le bouquin de la hase, ce qui a fait croire à quelques naturalistes que le lièvre étoit hermaphrodite, ou qu'il changeoit de sexe en vieillissant ; mais tous ceux que des observateurs intelligens ont disséqués, avoient les parties de la génération bien conformées, & les organes du sexe très-distincts ; en général la physique moderne n'a guère de foi aux hermaphrodites.

Les *levrauts* ont les yeux ouverts en naissant. La mère les allaite pendant vingt jours, ensuite chacun va chercher sa nourriture : cependant ils ne s'écartent guère du lieu où ils sont nés de la distance de plus de quatre-vingt pas ; ils prennent leur repas pendant la nuit ; car pendant le jour ils occupent toutes les facultés de leur instinct à se préserver des embûches des oiseaux de proie & des chasseurs : ils se nourrissent d'herbes, de racines, de fruits, & ordinairement de plantes dont la sève est laiteuse. On élève quelquefois des *levrauts*, & alors on les nourrit de laitues & de légumes ; mais la chair de ces animaux domestiques est toujours de mauvais goût.

C'est donc pendant la nuit qu'on peut dire proprement que les *lièvres* vivent ; c'est alors qu'ils se promènent, qu'ils mangent, qu'ils s'accouplent : on les voit quelquefois au clair de la lune jouer ensemble, & veiller pour leurs plaisirs, tandis que leurs ennemis dorment ; mais l'inquiétude empoisonne toujours ces momens délicieux ; le pas d'un homme, le mouvement d'un insecte, la chûte d'une feuille suffisent pour les troubler ; il n'y a point d'animaux qui aiment plus la liberté, & il n'y en a point aussi qui partagent davantage tous les maux des esclaves.

Le *lièvre* dort les yeux ouverts ; sa vue même ne paroît pas bien perçante, mais la nature semble l'avoir dédommagé de ce vice de conformation par une ouïe d'une finesse extrême. Puisqu'il y a tant d'êtres dans le monde qui conspirent sa ruine, il convenoit qu'il pût être averti à tems du moindre danger, afin de le prévenir.

Ce quadrupède ne vit guère que sept à huit ans : on prétend cependant que le mâle vit plus long-tems que la femelle ; il passe dans la solitude & dans le silence le peu de jours que la nature lui a comptés. On n'entend sa voix que quand on le saisit avec force, ou qu'on le blesse ; ce n'est point un cri aigu ; mais une voix dont le son est presque semblable à celui de la voix humaine. Cet animal est doux, quoique son caractère paroisse sauvage ; on l'apprivoise assez aisément, il devient caressant ; on en a même vu qu'on avoit dressés à battre du tambour, à gesticuler en cadence, & à danser des menuets.

On remarque que les *lièvres* de plaines & de vallées ont la chair insipide ; il n'en est pas de même de ceux qui habitent les collines élevées, & qui se nourrissent d'herbes fines & de plantes odoriférantes : les femelles en général ont aussi la chair plus délicate que les mâles.

Cet animal, si recherché pour la table en Europe, n'est pas du goût des Orientaux, & on doit attribuer cette opinion à la défense d'en manger qui se trouve dans les loix de Moïse & de Mahomet. Peut-être y a-t-il dans l'Asie quelque goût de terroir qui le dénature ; pour nous, nous trouvons sa chair excellente, & les Romains sur ce sujet pensoient comme les Grecs & comme nous.

Les *lièvres* des montagnes sont plus grands que ceux des plaines ; la nature du terroir influe aussi sur la couleur de leurs poils, car dans les montagnes du Nord ils deviennent presque tout blancs, & ce changement de couleur procure à ces animaux une espèce de sûreté contre les oiseaux de proie, parce qu'alors ils n'en sont pas apperçus sur la neige & sur les glaçons.

On trouve les *lièvres* dans presque tous les climats des deux mondes : ils sont répandus en Espagne, en Italie & en Barbarie, mais ils sont plus petits que ceux des pays septentrionaux ; on en voit beaucoup dans les pays tempérés, comme la France, l'Angleterre & l'Allemagne ; on en rencontre jusques dans la Laponie ; ceux-là sont blancs pendant dix mois de l'année, & reprennent ensuite leur couleur fauve pendant les deux mois qui servent d'été dans ces climats rigoureux. On chasse au *lièvre* en Suède, en Danemarck, en Pologne, & en Moscovie ; ceux de la Zone Torride ne sont peut-être que des espèces de lapins : on estime beaucoup ceux qui sont au nord de l'Amérique, mais on en connoît fort peu au midi.

Des ruses des lièvres.

Le *lièvre* ne manque pas d'instinct pour sa propre conservation, ni de sagacité pour échapper à ses ennemis ; c'est sur-tout quand il est vieux, & qu'il a été plusieurs fois poursuivi par les chiens courans, qu'on peut admirer son industrie.

Rarement il sort de son gîte, à moins qu'on ne le fasse relancer : quand il est en plaine, à l'endroit le plus élevé il se raccourcit, comme s'il appréhendoit d'être trop vu.

S'il entend la voix des chiens, il se jette dans les guerets & cherche les endroits sabloneux, afin d'en faire voler la poussière & d'ôter le sentiment à ses ennemis en recouvrant ses voies.

Lorsqu'il a plu, il longe les voies d'eau, afin d'emporter de la terre à ses pieds, & de ne laisser ainsi aucune impression de matière qui puisse frapper le nez des chiens qui le poursuivent.

Quand il se trouve éloigné des chiens, il cherche le change, fait partir un jeune *lièvre* de son gîte en le battant, & se met à sa place. Si cette ruse ne lui réussit pas, & qu'il soit de nouveau relancé, on le voit faire les plus grandes diligences pour regagner son avantage & s'éloigner des chiens, afin de ruser une seconde fois.

Il arrive quelquefois à un *lièvre* de se jetter parmi le bétail, les chiens qui le poursuivent mettent alors en fuite les bestiaux, & cela suffit pour effacer les voies de la bête, & en ôter le sentiment à la meute.

D'autres fois, le *lièvre* poursuivi gagne un hameau, fait le tour des maisons, monte sur des masures de huit ou dix pieds de haut, feint de

traverser un bois, revient sur ses pas, passe ensuite dans une plaine, se met dans quelque fossé, & en sort en faisant un saut extraordinaire, afin de faire perdre ses voies.

Du Fouilloux rapporte dans sa vénerie royale qu'il a vu des *lièvres* malicieux, qui au premier son de la trompe sortoient de leur gîte & traversoient des étangs dont le moindre avoit quatre-vingt pas de large, & d'autres qui se mettoient à la nage dans de petites rivières & les passoient plus de vingt fois de suite dans la longueur de deux cens pas. Les ruses des *lièvres* ne sont pas cependant innombrables, & l'expérience de deux ou trois ans suffit à un chasseur de bonne volonté pour les rendre inutiles.

Le *levraut* ne s'écarte pas beaucoup du lieu où il est né, & lorsqu'on en trouve un dans un gîte, on est sûr qu'il y en a plusieurs autres aux environs.

Comme le *lièvre* a les jambes de devant beaucoup plus courtes que celles de derrière, il lui est bien plus commode de courir en montant qu'en descendant ; aussi quand on le chasse, il commence par gagner la montagne : son mouvement dans sa course est une espèce de galop, il marche sans faire de bruit.

Le *lièvre* se laisse ordinairement approcher de fort près, sur-tout si on ne fait pas semblant de le regarder, & qu'au lieu d'aller directement à lui on tourne obliquement pour l'approcher.

Cet animal se tient en été dans les champs, en automne dans les vignes, & en hiver dans les buissons, & l'on peut en tout tems, sans le tirer, le forcer à la course avec des chiens courans.

Quand il doit pleuvoir, ne cherchez point le *lièvre* dans le fort, la crainte d'être mouillé par les gouttes d'eau qui tombent des branches lui fait éviter ce gîte : on le trouve alors beaucoup plus sûrement sur le penchant d'un fossé, ou bien au milieu d'un monceau de pierres.

Au mois de décembre & de janvier les *lièvres* n'ont point de gîte assuré ; c'est principalement dans ce tems-là qu'ils sont en chaleur, & on peut les chasser par-tout.

Le tems le plus favorable pour chasser aux *lièvres* avec les chiens est le printems, jusqu'à ce que les grains soient élevés de terre, on trouve alors les *levrauts* avec leurs mères ; mais si l'on veut dresser de jeunes chiens, il faut attendre au mois de septembre ; dans cette saison la fraîcheur de la terre, & les portées fréquentes que font les *lièvres* dans les chaumes & dans les regains, contribuent beaucoup à donner du sentiment aux chiens.

Dans l'hiver on choisit pour la chasse du *lièvre* des plaines sabloneuses , & que le soleil aura un peu échauffées; car les chiens se bleffent quand le terrein où ils courent est glacé : il feroit auffi fort inutile de les faire chaffer dans le dégel ou après des pluies abondantes , parce qu'ils se fatiguent alors en pure perte.

Il est bon de faire partir le *lièvre* de son gîte , non pas à la vue des chiens , mais un peu avant qu'ils l'aient vu , & ensuite de les mener fur les voies ; ce manège augmente la fineffe de leur odorat.

On affure que dans les beaux jours d'hiver on reconnoît dans un bled vert la préfence d'un *lièvre* par une vapeur qui s'élève , & qui est l'effet de leur haleine.

Chasse du lièvre aux chiens courans.

Les chiens courans sont les plus utiles pour la chasse du *lièvre*.

Ces chiens ont le nez bon , & battent fort bien les eaux : ceux qui sont blancs sont plus dociles , moins paillards , & d'un tempérament plus robuste que ceux d'un autre poil. Les noirs sont trop impatiens , & on ne les emploie qu'à la chasse du cerf. Les gris sont trop impétueux , & , outre cela , sont sujets à couper & à ne point vouloir requêter. Les fauves qui ont trop de feu & de vivacité , ne vont guère qu'à la chasse du loup & des bêtes noires.

Les chiens pour lièvre doivent être légèrement faits , bien collés à la voie , bien gorgés , tous du même pied ; car un seul chien trop vîte creve les autres : & les vieux , qui sont les plus néceffaires pour relever un défaut , & pour chaffer le chemin , resteroient derrière , & ne se trouveroient pas dans le besoin. Les chiens menteurs & babillards ne valent rien , non plus que les bricolleurs.

Les meilleurs vents pour la chasse du lièvre sont ceux du levant & du couchant : ceux du midi & du nord ne sont pas si favorables , parce qu'ils font trop reffuyans. Il vaut mieux , quand on peut choisir , chaffer un bouquin qu'une hafe ; mais souvent il n'est pas facile de choisir. Il y a des lièvres qu'on nomme ladres : ils se gîtent dans l'eau ; & quand on les chaffe , ils suivent toujours l'eau , les marais , & les endroits humides.

Quand on veut chaffer un *lièvre* , & que l'on est arrivé dans le canton où l'on veut courre , le piqueur va avec ses chiens en avant des autres chaffeurs , & fonne des tons de *quête* , en parlant ainfi à fes chiens : *lance , lance... trouve-là , valets.... debout , debout....* Lorsque les chiens trouvent la nuit d'un *lièvre* ; c'est-à-dire , l'endroit où il est venu manger & jouer pendant la nuit , le piqueur s'arrête tout court , les laiffe travailler en parlant à fes meilleurs chiens : *ah , il va là , bondissante... il va là , printanneaux... c'est de l'y , l'ami...* & fi un des chiens s'en alloit en avant , il y meneroit les autres , en leur criant , *aucoute à polidor , il dit vrai....aucoute , valets , aucoute...* il fonne des tons de *quête* , & crie *rapproche , valets , debout , debout...* Si le piqueur , ou quelque chaffeur voyoit le lièvre en fon gîte , il doit crier *holoo , je le vois...* mais il ne faut point qu'il le faffe partir , pour laiffer faire les chiens , qui ne tarderont pas à le mettre debout : alors tous partent avec bruit. Il ne faut pas trop les échauffer dans le commencement ; mais au contraire leur crier *fagement , bellement....* jufqu'à ce qu'on voie que la chaleur des plus ardens fe ralentiffe , & qu'ils chaffent fagemem ; & pour lors on leur fonne des *tons pour chiens* , en leur criant , *ah , il va la , il va la ha... la ha , la ha....* Il n'y a que le piqueur qui doive parler aux chiens : il doit être derrière eux , jamais devant ni de côté , à moins qu'il ne prenne un chemin pour éviter un endroit où il ne pourroit paffer. Dès qu'il voit quelque chien qui traîne , il le nomme par fon nom , en lui difant *rali la ha , la ha...* S'il part quelqu'autre *lièvre* , le piqueur redouble d'attention , pour parer le change ; ce qui est quelquefois difficile , fur-tout quand un *lièvre* frais part à vue des chiens , & que celui qu'ils chaffent a beaucoup d'avance.

Lorsque les chiens tombent à bout de voie , le piqueur fait les devans , c'est-à-dire , tourne autour de la place dans laquelle il fe trouve ; & fi le lièvre ne perce pas en avant , c'est une marque qu'il a retourné fur lui. En faifant ce circuit , qui doit être très-petit , pour ne pas faire lever d'autres *lièvres* , s'il ne trouve pas le fien , il fait une feconde enceinte ; dans laquelle il embraffe une plus grande étendue de terrain : car le *lièvre* , après avoir rufé , pourroit avoir fauté à quelques pas de là ; ce qui ôteroit tout fentiment aux chiens , à qui l'on doit fonner un *requêté* , & leur parler ainfi : *au retour à la voie , valets.... il fe relaiffe la... y refte laddans.....* Si les chiens ont de la peine à relever ce défaut , le piqueur doit examiner , 1°. d'où vient le vent : car fi le vent est bon , c'est-à-dire , s'il est du levant ou couchant , le *lièvre* aura pu s'en aller droit au vent ; ce qu'il n'aura pas fait , fi le vent est du midi ou du nord. Il obfervera fi c'est un *lièvre* de bois ou de plaine , & fi le tems est fec & pluvieux ; parce que fi le tems est fec , & que ce foit un *lièvre* de bois , il ne percera jamais en avant , mais reviendra toujours au bois où il aura été lancé , dans lequel il fe fera battre , pour être moins vu des chiens , qui ne le prendront pas de viteſſe, comme dans la plaine ; au lieu que ſi le tems eſt pluvieux, il n'entrera pas dans le bois, où l'eau lui tomberoit dans les oreilles, mais il ſuivra ſeulement les routes : ſi c'eſt un *lièvre* de plaine, il ne ſe fera pas battre dans le bois ; & s'il y entre, il ne fera que le traverſer. Le piqueur ſe rappellera auſſi de quel côté ſon *lièvre* avoit la tête tournée, quand le defaut eſt arrivé, pour prendre ſes premiers devants de ce côté là. Il obſervera le pays qu'il a tenu dans ſes premières randonnées ; parce qu'un lièvre qui en a fait pluſieurs dans le même canton, ſe déterminera difficilement à le quitter. Il regardera ſi ſon *lièvre* eſt ſur ſes fins, ou eſt dans toute ſa force ; parce que ſi ſon *lièvre* ſe rend, ſes ruſes ſeront preſque toutes en *hourvari*. Enfin, il examinera ſi le lieu où eſt arrivé le défaut, eſt avantageux ou contraire aux chiens. S'il leur eſt avantageux, il n'eſt pas naturel de penſer qu'ils laiſſent aller leur *lièvre* dans un pareil endroit, mais qu'il retourne ſur ſes derrières, & qu'il a fait un *hourvari* pour ſe remettre au bout de ſa ruſe. Si au contraire le terrein où s'eſt fait le défaut eſt déſavantageux aux chiens, & que ce ſoit ſur la pouſſière, ſur le ſable, ou dans l'eau, on pourra croire que le *lièvre* n'a pu y laiſſer aux chiens que trèspeu de ſentiment ; & que quoiqu'ils paroiſſent être à bout de voie, le *lièvre* n'en a pas moins percé en avant : ainſi il doit prendre ſes devants au-delà de ces mauvais endroits.

Un bouquin fait des randonnées & des ruſes plus grandes qu'une haſe, qui ne fait que paſſer & repaſſer par les mêmes endroits, ſur-tout dans les villages & près des maiſons ; ce qui peut occaſionner ſouvent des défauts, ſoit par les retours que lui font faire les pays, ſoit par l'odeur du fumier, qui empoiſonne le nez des chiens. & leur fait ſur-aller la voie. Souvent les jeunes chiens, lorſqu'ils rencontrent la voie, s'en vont ſur le contre-pied : il faut bien les fouetter, quand cela leur arrive. Dans un défaut, on ne peut trop longer les chemins, en criant aux chiens, *y bat l'chemin, valets, bat l'chemin....* & ſi l'on revoyoit du pied, l'on crieroit, *volcelets, chiens, volcelets, bat tout l'chemin....* mais ſi le piqueur n'en peut pas revoir, & que les chiens n'en veuillent rien redire, alors il prendra les devants, & fera les deux côtés du chemin, en ſonnant un *requêté*. S'il ne le trouve pas encore, c'eſt une preuve que le *lièvre* eſt relaiſſé aux environs de l'endroit où eſt arrivé le défaut, & à force de requêter, il eſt bien rare de ne le pas relancer, ſur-tout ſi l'on fait attention à la façon de faire de vieux chiens, qui, étant plus accoutumés aux ruſes du *lièvre*, en débrouillent mieux les voies. Si, dans le moment du défaut, les chiens chaſſent froidement, ſoit qu'il faſſe mauvais chaſſer, ou que le *lièvre* ait été forlongé par quelque chien de la meute, ou par quelqu'autre mâtin qui ſe ſeroit trouvé ſur ſon

paſſage, il ne faut pas pour cela croire les chiens à bout de voie, ni imaginer que le *lièvre* ſoit retourné ſur lui ; mais que les chiens n'en rediſent rien, parce que la voie eſt trop refroidie. Il faut donc les pouſſer en avant, ſur un terrein plus favorable ; & ſi cela n'aboutit à rien, on ſonne un retour, & l'on revient prendre les derrières. C'eſt principalement dans les carrefours que les *lièvres* ruſent, & lorſqu'il y a quatre chemins qui y aboutiſſent : ils les longent tous quatre, après quoi ils font pluſieurs ſauts pour aller ſe relaiſſer dans un endroit, où ils ſe flâtrent, & d'où ils ne partent que très-difficilement, quoique les chiens leur paſſent ſur le corps.

A un relancé, il faut bien faire attention ſi ce n'eſt pas un *lièvre* frais qui part. Pour s'en aſſurer on va d'abord à la place d'où eſt parti le *lièvre*, & l'on prend garde s'il eſt parti d'un gîte. Si l'on n'en trouve pas, c'eſt un indice que c'eſt le *lièvre* de meute, qui n'avoit fait que ſe relaiſſer : cependant quoiqu'il parte d'un gîte, il pourroit bien ſe faire également que ce fût lui, qui ſe ſeroit mis dans une forme qu'il auroit trouvée, ou dont il auroit chaſſé un autre *lièvre*. Lorſque l'on voit le *lièvre* par corps, il eſt plus difficile de s'y tromper : car un *lièvre*, ſur-tout lorſqu'il commence à être mal mené, ſe crotte, eſt eſflanqué, & a le dos rond, ce qu'on appelle porter la hotte ; il paroît chanceler en marchant, ſon pied s'élargit, & les deux doigts du pied de devant, au lieu de s'enfoncer en terre, ſe tournent en-dehors, l'un ſur l'autre, en forme de croiſſant ; ce qui annonce la foibleſſe de ſes nerfs.

Souvent un *lièvre* ſe mêle dans un troupeau de brebis, qu'il ne veut plus abandonner ; & lorſqu'il a fait quelques pas avec le troupeau, qui ſe ſauve à l'approche des chiens, ceux-ci n'en peuvent plus reprendre ; parce que l'odeur des moutons eſt plus forte que le ſentiment que le *lièvre* laiſſe après lui. Dans cette circonſtance, il faut que quelqu'un à pied le cherche dans le troupeau ; & s'il ne le trouve pas, il faut prendre les devants.

Comme le *lièvre* tourne & retourne ſouvent ſur lui, il faut, dans un défaut, lorſque c'eſt un bon revoir, faire attention ſi l'on ne verroit pas le pied du *lièvre* dans un ſens de chien ou de cheval ; ce qui dénoteroit qu'il a repaſſé dans cet endroit depuis les chiens. Les *lièvres* ont chacun leurs ruſes particulières, qu'ils répètent toujours, ſurtout quand elles leur ont une fois réuſſi. Il faut, en requêtant, frapper du fouet ſur les buiſſons & les haies qui ſont aux environs, pour aider les chiens, & en faire repartir le *lièvre* s'il y étoit relaiſſé. On ſonne les tons pour chiens, *le volcelet, la vue*, &c., pour le *lièvre* comme pour le cerf & le chevreuil. Lorſque le *lièvre* paſſe auprès de quelqu'un, il ne doit ni ſonner ni crier, que les chiens ne foient arrivés à lui : car s'il fonnoit ou crioit auparavant, les chiens y courroient fans fuivre la voie ; ce qui les gâte, les rend pareffeux, & les accoutume, quand ils tombent en défaut, à lever l'oreille & à écouter, au lieu de travailler à quêter. On connoît que le *lièvre* eft fur fes fins, lorfqu'il raccourcit fes randonnees, & les prend à rebours, ce qu'on appelle perdre la tête ; que fon poil eft d'un brun tirant fur le noir, ce qui eft occafionné par la fueur, & s'appelle crotté ; qu'il eft efflanqué, marchant le dos arrondi, ce qui fe dit porter la hotte ; qu'il a les oreilles baffes & écartées, & qu'au lieu de ficher fes ongles dans la terre, il les plaque deffus à plat ; pour lors on juge que le *lièvre* ne tiendra pas encore long-tems, & qu'il fera gueulé au premier relancé, ou qu'il crevera forcé ; car j'en ai pris qui crevoient d'eux-mêmes, avant que les chiens fuffent deffus, & qui étoient roides comme un bâton.

Le *lièvre* pris, le piqueur le laiffe fouler aux chiens, fur-tout aux jeunes, en les empêchant de le déchirer, & d'en faire eux-mêmes la curée ; puis il fonne des fanfares pour annoncer la prife à tous les chaffeurs & les raffembler. Quand le maître eft arrivé, le piqueur lève le pied droit de devant, pour le lui préfenter ; puis il dépouille le *lièvre*, qu'il diffèque en plufieurs morceaux pour le faire manger aux chiens : car, lorfqu'on leur jette tout entier, & qu'on les laiffe tirer deffus, il y a des vieux bouquins fi durs, que les chiens fe caffent les dents avec leurs os, par les fecouffes qu'ils donnent pour arracher chacun leur morceau. L'on fonne des fanfares pendant tout le tems que dure la curée, après laquelle on mène les chiens boire à la plus prochaine eau ; puis on les ramène au chenil, en fonnant la retraite prife ; à moins que l'on ne veuille chaffer un fecond : car de bons chiens ne font point fatigués pour prendre deux lièvres bout-à-bout, fur-tout s'il ne fait pas trop chaud.

Si l'on chaffe le lièvre dans le tems des petits levrauts ; il faut prendre garde que les chiens ne mangent ceux qu'ils trouvent fur leur chemin ; & redoubler auffi dans ce tems d'attention pour ne pas chaffer de hafes qui pourroient être pleines : ce qui détruiroit trois *lièvres* pour un.

Lorfqu'on découvre un *lièvre* au gîte en prenant garde à la manière dont fes oreilles font couchées, on peut connoître fi c'eft bouquin ou hafe. Si c'eft un bouquin, elles font ferrées fur les épaules, l'une contre l'autre ; fi c'eft une hafe, elles font ouvertes & élargies des deux côtés du cou & des épaules.

Pour diftinguer un jeune *lièvre* qui a pris toute fa croiffance d'avec un vieux, on tâte avec l'ongle du pouce la jointure du genou d'une patte de de-

vant. Lorfque les têtes des deux os qui forment l'articulation font tellement contiguës que l'on ne fent point d'intervalle entre deux, le *lièvre* eft vieux : lorfqu'au contraire il y a une féparation fenfible entre les deux os, il eft jeune, & l'eft d'autant plus que les deux os font plus féparés.

Chaffe au fufil.

On chaffe le *lièvre* en battant les plaines pour le tirer à la paffe, ou on le tire devant les chiens courans. La première de ces chaffes eft fi connue, qu'elle ne demande aucun détail : la feconde, qui ne l'eft pas moins, peut fe faire avec deux baffets feulement ; & pour la bien faire, il faut deux chaffeurs, dont l'un fuit les chiens pour les appuyer. Celui qui ne veut pas fe fatiguer peut refter en place, en attendant que le *lièvre* ait fait fa randonnée, après quoi il ne manque jamais de revenir à-peu-près à l'endroit où il a été lancé. En prêtant l'oreille à la voix des chiens, lorfqu'il le fent approcher, il gagne les devants, & le tire au paffage. S'il le manque, & que les chiens chaffent bien, & ne quittent pas prife, il a encore l'efpérance de le tirer au même endroit, ou à peu de diftance, après une feconde randonnée ; car tous les animaux, en général, lorfqu'ils font chaffés, & plus particulièrement le lièvre, fur-tout fi c'eft une hafe, reviennent plufieurs fois au lancé.

Sur la fin d'avril & en mai, lorfqu'on ne peut plus battre les plaines, tant pour ne pas dévafter les bleds qui font alors en tuyau, que pour ne pas nuire à la ponte des perdrix, on peut tirer les lièvres à la raie dans les bleds verds, où ils font alors debout & occupés à paître pendant la meilleure partie du jour ; on appelle ainfi cette forte de chaffe, qui eft affez agréable, & n'eft point fatigante. C'eft depuis foleil levant jufqu'à huit ou neuf heures de la matinée, & le foir, deux heures avant foleil couché, qu'elle doit fe faire. Pour cela, il eft bon que deux chaffeurs fe réuniffent : l'un longe une pièce de bled par un bout, & l'autre par l'extrémité oppofé, tous deux allant toujours du même pas, pour doucement, & regardant attentivement, chacun de fon côté, le long des raies ou fillons. Celui qui découvre un *lièvre* cherche à l'approcher pour le tirer : fi le *lièvre*, foit qu'il ait eu fon vent, foit qu'il l'ait apperçu, prend la fuite, & file du côté de fon camarade, & que la pièce de bled foit trop étendue pour que celui-ci puiffe obferver fa marche, alors il lui fait un fignal convenu, tel que de lever fon chapeau en l'air, de la main, où fur le bout de fon fufil, pour qu'il fe tienne fur fes gardes. Ordinairement lorfqu'un lièvre n'eft point tiré, ni pourfuivi, & qu'il a feulement apperçu ou éventé l'un des deux chaffeurs, il fuit une raie fans chercher à traverfer , & vient paffer à celui qui eft à bon vent.

Il eft affez ordinaire d'appercevoir un *lièvre* gîté, pour peu qu'on ait l'habitude , en marchant , de regarder avec attention autour de foi, lorfque l'on paffe à peu de diftance de fon gîte : cependant , il y a bien des chaffeurs qui , avec de très-bons yeux , ne les apperçoivent prefque jamais. Mais ce qui eft moins ordinaire , c'eft le talent qu'ont beaucoup de braconniers , & très-peu de chaffeurs , de découvrir ces animaux à la diftance de fept à huit cents pas & davantage. Les jours clairs & fereins d'une belle gelée d'hiver font le tems propre pour cette chaffe : l'heure eft depuis que le foleil commence à paroître jufqu'à deux heures après fon lever. Alors , en fe promenant le long d'une vafte plaine de bled , la face tournée au foleil , on peut découvrir un *lièvre* gîté à la diftance que je viens de dire , au moyen d'une vapeur produite par la chaleur de fon corps , qui s'élève & forme un petit nuage au-deffus du gîte. Plus le lièvre a couru , & s'eft échauffé , avant de fe gîter , plus cette vapeur fe fait remarquer. On ne l'appercevroit point , fi l'on avoit le foleil au dos.

Aucun chaffeur n'ignore que lorfqu'on voit un *lièvre* au gîte , il faut bien fe garder , fi l'on ne veut pas le faire lever , d'aller droit à lui , mais qu'on doit s'en approcher en le tournant , & le coucher en joue fans s'arrêter.

Chaffe à l'affût.

L'affût , pour ceux qu'il n'ennuie point , eft un moyen commode pour tuer des *lièvres* fans fe fatiguer. L'affût varie & fe pratique de différentes manières fuivant les lieux & les faifons. Lorfqu'on eft à portée d'une forêt , ou d'un bois de quelque étendue , il fait bon fe pofter fur les bords , immédiatement après foleil couché , & y refter jufqu'à nuit tombante , pour y attendre les *lièvres* , qui fortent du bois à cette heure , pour aller faire leur nuit dans les champs. Le matin , depuis la pointe du jour jufqu'à foleil levant , on peut de même les attendre à leur rentrée dans le bois , & toujours à bon vent ; ce qui eft effentiel , à moins qu'on ne foit monté fur un arbre : alors , quoique le chaffeur foit à mauvais vent , lorfqu'il fe trouve élevé à quelques pieds de terre , les émanations de fon corps paffent au-deffus de l'animal qui vient à lui , & ne frappent point fon odorat. Il faut toujours fe pofter , de préférence , à portée de quelque chemin ou fentier traverfant le bois , & pour le mieux aux endroits où plufieurs chemins viennent aboutir , attendu que les *lièvres* ont coutume de fuivre les chemins. S'il arrive qu'on en voie quelqu'un fortir ou rentrer à une diftance trop éloignée pour le tirer , on doit , le lendemain , fe pofter à portée de la route qu'il a tenue ; car il eft

rare qu'un *lièvre* s'écarte de celle qu'il a une fois adoptée pour fortir & pour rentrer. *b*

Pour mieux réuffir à cette efpèce d'affût , & connoître plus fûrement les paffages des *lièvres* , on peut , le foir , à la nuit tombée , longer le bord du bois avec un chien de plaine qu'on tient au trait comme un limier , afin qu'il ne s'emporte pas fur les voies. Lorfqu'il rencontre celle d'un *lièvre* fortant du bois , on la lui laiffe fuivre quelques pas pour mieux s'en affurer , & le lendemain matin , on vient l'attendre fur fon paffage à la rentrée.

Dans les plaines , vers le mois de mai , lorfque les bleds commencent à être grands , on choifit une pièce de bled ifolée , & l'on fe tapit fur le bord , au pied d'un arbre , ou d'une haie , pour y attendre les *lièvres* le foir , lorfqu'ils viennent chercher leur nourriture. Dans le fort de l'été , les bleds plus grands leur fervent de retraite , pendant le jour , & ils en fortent , après foleil couché , pour aller aux avoines , orges , pois , &c. , qui font plus tendres , & dont ils fe nourriffent. C'eft donc à l'abord des menus grains qu'il faut alors les guetter , principalement des avoines & pois , dont ils font très-friands.

Les *lièvres* , pendant la nuit , font prefque toujours en mouvement , courant , gambadant & fe jouant enfemble. Ils courent encore davantage , lorfqu'il fe rencontre dans le canton quelque hafe en chaleur. On peut , par un beau clair de lune , fe pofter à l'affût dans un carrefour où plufieurs chemins fe croifent ; & avec de la patience , même dans les pays les moins giboyeux , il eft rare qu'il ne s'en préfente pas quelqu'un à tirer. Souvent même , au lieu d'un *lièvre* , un loup , un renard , viennent fe mettre au bout du fufil.

En général , l'affût du foir & du matin n'eft guère praticable que depuis la mi-avril jufqu'vers la fin de feptembre ; attendu que tant que les jours font courts , & les nuits longues , les *lièvres* ne fe lèvent du gîte qu'à nuit fermée , & reviennent avant le jour. D'ailleurs , c'eft une chofe défagréable & nuifible à la fanté , que de refter en place , pour attendre le gibier , expofé à la rigueur du froid. L'affût au clair de lune peut être bon en tout tems , mais le métier eft encore plus rude , & il n'y a que des braconniers de profeffion , endurcis au froid , & à toutes les injures de l'air , qui , dans les nuits d'hiver , puiffent refter immobiles au pied d'un arbre pendant deux ou trois heures.

Un *lièvre* que rien n'a effrayé , & qui va fans défiance , court modérément par fauts & par bonds : fon allure eft une efpèce de petit galop qu'il ne manque guère d'interrompre de tems en tems pour s'arrêter. Si , étant à l'affût , on l'appercoit venir de loin , & que , pour être plus fûr

de

de fon coup, on veuille le tirer arrêté, il faut le tenir en joue, avant qu'il foit à portée, & lorf-qu'il s'y trouve, faire avec la bouche ce petit bruit qui fe fait en pinçant les lèvres, & retirant fon haleine. Il s'arrête auffi-tôt pour voir d'où vient le bruit, & donne le tems de le tirer; c'eſt ce que les braconniers appellent *piper* un *lièvre*.

Chaſſe du lièvre au collet.

On prend le *lièvre* avec un panneau, filet parti-culier dont on ceint un bois. Voyez-en l'artifice au mot *lapin*.

Le principal artifice qu'on emploie à la campa-gne pour prendre les *lièvres* eſt l'uſage du collet, eſpèce de filet de corde ou de crin, tendu dans des paſſages étroits avec un nœud coulant, quel-quefois on le fait avec du fil de laiton.

Pour réuſſir dans cette chaſſe, on va, avant de tendre ſes collets, ſe promener le long des haies, & obſerver la paſſée d'un *lièvre*, ce qu'on peut reconnoître au poil qu'il laiſſe en paſſant.

Quand on eſt certain de ce fait, on prend du bled verd, du genêt ou du ſerpolet, & on en frotte ſes collets : on s'approche enſuite de la paſſée, on ſe place dans le vent, & on attache le piége à quelque haie, de manière que le gibier ne puiſſe paſſer ſans y mettre la tête : ſi le paſſage n'eſt point à la hauteur qu'on deſire, on appuie le collet ſur deux petits piquets un peu fourchus, & l'artifice réuſſira. On peut tendre auſſi un autre collet au pied de la haie, & ſi le *lièvre*, ſoupçon-neux, gratte la terre, il ſe prendra par le pied.

Moyen d'éloigner les lièvres & les lapins des arbres.

On a eſſayé une grande quantité de moyens pour éloigner des arbres fruitiers & autres le gibier & ſur-tout les *lièvres* & les lapins : on a enduit le pied de ces arbres avec du lard, de l'aloës, de la ſuie, &c., ou bien on les a liés avec de la paille ou de la bruyère ; mais tous ces moyens ont paru nuiſibles, & le remède eſt pire que le mal : l'arbre s'en reſſent toujours, la circulation de la ſève eſt gênée, & ce n'eſt qu'après un fort long eſpace de tems que l'écorce reprend ſa première vigueur. Un particulier de S. Bernard, près d'Edimbourg, annonce qu'il a fait uſage, avec ſuccès, de la ſuie qui réſulte des préparations chimiques. Non-ſeulement cet ingrédient eſt un remède efficace, mais il a encore l'avantage d'être un excellent fu-mier. La ſuie commune eſt trop légère pour de-meurer en place, au lieu que celle-ci eſt dure, lourde & adhérente. Deux ou trois pelletées de cette ſubſtance, miſes au pied de chaque arbre, dans un verger, éloignent ſi puiſſamment les *lièvres*, que pas un n'oſe en approcher, même

dans la plus rude ſaiſon. L'odeur de cette ſuie eſt extrêmement forte & pénétrante; & au bout de deux ans elle exhale encore des émanations aſſez fortes. On peut, au beſoin, en frotter les troncs des arbres, ſans qu'il en réſulte aucun inconvé-nient.

Voyez pl. 9 des Chaſſes, tome IX des gravures des Arts & Métiers, & l'explication à la fin de ce dictionnaire.

LIMES ; on nomme ainſi les deux groſſes dents inférieures du ſanglier : on les appelle auſſi *dagues* & *défenſes*.

LIMIER ; ſ. m. eſpèce de chien qui ne porte point, mais qui ſert à quêter le cerf & à le lancer hors de ſon fort. Il y a des limiers dreſſés pour la chaſſe du matin, & d'autres pour la chaſſe du ſoir. *Voyez* le mot CHIEN.

LINOT, ou LINOTE, petit oiſeau gros comme un moineau, dont la tête eſt couverte d'un plumage cendré noir, le dos mêlé de noir & de roux, la poitrine blanche. Le haut de la gorge eſt d'un beau rouge & le bord des ailes eſt roux. La couleur de ſes pieds eſt d'un brun obſcur. Sa nourriture eſt de la graine de lin dont lui eſt venu le nom de *linot*. Cet oiſeau s'apprivoiſe aiſément & eſt ſuſceptible d'éducation. On le nourrit en cage avec du pain, du millet, de la navette, du mouron, de la graine de lin, du chenevis. Son chant eſt agréable. Son eſpèce eſt voiſine du ſérin par la facilité de leur mélange. Le linot mâle produit des métis féconds avec la fémelle du canari. Les linots vivent en ſociété pen-dant l'hiver & volent en compagnie très-ſerrés. On les prend comme les autres petits oiſeaux avec des gliaux & aux filets.

Il y a des *linotes de vignes* & des *linotes de mon-tagnes*. On préfère les premières pour le chant. Elles font leurs nids dans les foſſes des vignes, dans les buiſſons de vignes, & dans ceux du genêt.

LIOMEN, ou LUMNE, oiſeau aquatique de ſa groſſeur d'une oie, qui ſe montre en été ſur les mers du Nord & dans les iſles Féroé. Il vole très-difficilement à cauſe de la petiteſſe de ſes ailes. Il fait ſon nid au bord des rivières, & ne diſcontinue pas de couver ſes œufs, même lorſque les eaux croiſſent au point de couvrir ſon nid.

LION, ſ. m. Le *lion* eſt né ſous le ciel brûlant de l'Afrique & des Indes; il ne ſçauroit habiter dans les régions du Nord, & il dégénère dans les climats tempérés; il tient ſes qualités natu-relles de l'ardeur des contrées où il réſide; c'eſt

le plus robuste, le plus superbe, & le plus formidable des quadrupèdes.

On rencontre les plus beaux *lions* dans les déferts de Zara & du Biledulgérid ; c'eft-là qu'ils
font le fléau des animaux avec qui ils habitent,
& l'effroi des caravannes qui ofent traverfer ces
plaines brûlantes. Mais le nombre en diminue
tous les jours ; on ne retrouveroit pas aujour-
d'hui dans toute l'Afrique le nombre de *lions* que
la Lybie feule fournissoit autrefois pour les fpecta-
cles des Romains.

Le *lion* n'eft point naturellement ennemi de
l'homme, il fe défend contre lui, mais il ne
l'attaque pas. On voit avec étonnement dans
l'Inde des femmes & des enfans le mettre en fuite
avec un fimple bâton, quand il fe jette fur les
troupeaux : il fe croiroit avili, s'il profitoit de la
foibleffe de fes ennemis.

En général le *lion* n'eft pas cruel, il ne détruit
que par la néceffité où il eft de fubfifter : il
n'en eft pas de même du tigre, du loup, &
d'autres efpèces inférieures, telles que le renard, la fouine, &c. qui, fuivant la remarque
de Buffon, donnent la mort pour le feul plaifir de la donner, & dans leurs maffacres nombreux femblent plutôt affouvir leur rage que leur
faim.

Le *lion* libre méprife les infultes d'ennemis peu
redoutables, & quand il eft captif, il prend des
habitudes humaines, obéit à fes maîtres, flatte
la main qui le nourrit ; refufe d'égorger les victimes qu'on lui préfente, & en tout tems témoigne une fenfibilité que la moitié de l'efpèce
humaine femble avoir anéanti.

Le phyfique dans le *lion* femble répondre au
moral ; fa figure eft impofante, fon regard affuré, & fa démarche fière, fa taille eft bien
proportionnée, il eft tout nerf & tout mufcle,
& réunit la plus grande force à la plus fingulière
agilité.

L'efpèce du *lion* eft une des plus nobles, parce
qu'elle a des caractères diftinctifs qui empêchent
qu'on ne la confonde avec celle des autres animaux. Il y a peu d'êtres fur la terre qui femblent
avoir moins dégénéré.

Les *lions* de la plus haute taille ont quatre ou
cinq pieds de hauteur, & environ neuf pieds de
long depuis le mufle jufqu'à la naiffance de la
queue, qui elle-même en a ordinairement quatre.
La *lionne* dans toutes fes dimenfions eft d'environ
un quart plus petite que le *lion*. Sa couleur eft fauve fur le dos, blanchâtre fous le ventre & fur les
côtés. Le *lion* porte une crinière d'un poil fort

liffe, qui couvre toutes les parties extérieures
de fon corps, & qui s'allonge à mefure que l'animal vieillit : cette crinière contribue à lui donner
un afpect terrible.

Le *lionceau* nouveau-né eft de la grandeur d'une
belette ; il eft au moins trois ou quatre ans à croître, & vit environ vingt cinq ans.

Le *lion* eft très-ardent en amour : quand la femelle eft en chaleur, elle eft quelquefois fuivie de
huit ou dix mâles : ils fe livrent alors des combats
furieux comme les cerfs, mais avec bien plus de
vigueur & d'intrépidité.

L'amour maternel, qui n'eft anéanti dans aucun animal, a une énergie fingulière dans la *lionne*:
dès qu'on attaque fes petits, elle oublie fa foibleffe & les dangers auxquels elle s'expofe ; elle
fe jette indifféremment fur les hommes & les animaux, écarte leurs raviffeurs, ou meurt pour fauver la vie à fa poftérité.

Ce quadrupède fouffre long-tems la faim : quand
on veut le nourrir, on lui donne par jour environ
quinze livres de chair crue ; il préfère la chair des
animaux vivans à d'autres, & ne fe nourrit qu'à la
dernière extrémité de cadavres.

Le rugiffement du *lion* imite les éclats du tonnerre : il rugit cinq ou fix fois le jour, & plus
fouvent à l'approche d'un orage ; il ne dort pas
long-tems, & s'éveille au moindre bruit : fa courfe ne fe fait pas par des mouvemens égaux, mais
par fauts & par bonds, & fon effor eft fi brufque,
qu'il paffe toujours fon but quand il fe jette fur fa
proie. L'éléphant, le rhinocéros, le tigre, &
l'hyppopotame, font les feuls animaux qui aient
la force & le courage de lui réfifter.

Cet animal terrible a une antipathie fingulière
pour les ferpens ; auffi quand les Maures le rencontrent dans leurs déferts, & qu'ils font hors
d'état de le combattre, ils défont promptement
la bande de toile de leur turban, & l'agitent
de façon qu'ils lui font imiter les mouvemens du
ferpent : ce ftratagême l'oblige fouvent à fe
retirer.

Le *lion* eft naturellement chaffeur, il a befoin
de toute fon induftrie pour fubfifter au milieu des
déferts qu'il a faits.

Il n'a pas cependant l'odorat auffi parfait, &
les yeux auffi bons que la plupart des animaux de
proie ; c'eft ordinairement la nuit qu'il choifit
pour chaffer ; le jour, la lumière femble l'incommoder, & il n'approche point des troupeaux quand il
voit des feux allumés autour de leur étable.
On a obfervé auffi qu'il n'évente pas de loin

l'odeur des autres animaux, & qu'il ne les chasse qu'à vue, non en les suivant à la piste : quand il peut saisir sa proie, il la mord à la manière du chien, & brise ses os non avec ses griffes, mais avec ses dents. Ce qu'il ne prend point du premier coup, il le néglige, & comme honteux de ses vains efforts, il se retire d'un pas lent dans les endroits les plus obscurs de la forêt.

Quand le *lion* a faim, il attaque tous les animaux qu'il rencontre ; mais comme il est l'effroi des lieux qu'il habite, tous évitent sa rencontre, & il est obligé de se coucher & de les attendre au passage : il se tapit alors sur le ventre ; il s'élance avec tant de force, qu'il saisit sa proie du premier bond : les gazelles & les singes n'échappent guères à sa poursuite : cependant quand les derniers peuvent grimper sur des arbres, ils se trouvent en sûreté.

Quand l'homme s'est apperçu que le *lion* réunissoit dans ses chasses le courage à l'industrie, il s'est déterminé à le faire chasser pour son profit. L'histoire ancienne fait mention de *lions* conduits à la guerre & menés à la chasse, & qui fidéles à leurs maîtres, ne déployoient leur vigueur & leur férocité que contre les ennemis. Les Africains ont conservé l'usage des Romains, & ils tirent du *lion* le service que nous tirons du chien & des oiseaux de proie.

Quand on veut avoir des *lions* dans une ménagerie, il faut d'abord leur procurer la plupart des alimens dont ils se nourrissent dans leur pays natal : la ménagerie ou le parc doivent être exposés au midi, dans un endroit éclairé des rayons du soleil, & qui ne soit point infecté de vapeurs humides & marécageuses : l'endroit doit être assez spacieux pour qu'ils ne sentent pas leur captivité. On les nourrira particulièrement de chair de bœuf, & cette chair aura, quand on la leur présentera, sa chaleur naturelle.

Le *lion* est naturellement vorace, & mange jusqu'à satiété : les jours où il ne prendra aucun exercice, on le laissera sans manger. On mettra aussi dans le même lieu des animaux vivans, tels que de jeunes taureaux & des ours, avec qui il puisse se battre ; par ce moyen on satisfait son penchant naturel, & on ranime en lui sa chaleur vitale. Comme il est nécessaire que cet animal boive de l'eau courante, il seroit à souhaiter qu'il y eût un ruisseau au milieu du parc où il est renfermé. Comme malgré ces précautions le *lion* peut languir & tomber malade, on rétablira sa santé par le moyen d'herbes apéritives & rafraîchissantes qu'on laissera croître dans le même parc, telles que la chicorée, la pimprenelle, la véronique, &c. Elien prétend que le meilleur remède qu'on puisse lui donner, est de manger un singe vivant.

Ces observations, sont extraites des éphémérides d'Allemagne.

De la chasse du lion.

Les anciens font mention de *lions* domptés & vaincus par les hommes avec les seules forces de la nature. Alexandre ayant condamné aux bêtes Lysimaque, pour avoir aimé Calistènes, ce héros descend sur l'arène, enveloppe son bras dans son manteau, le présente à un *lion* furieux, & ayant saisi la bête par la langue, la renverse mourante à ses pieds, trait héroïque de courage, qui lui rendit l'amitié de son prince, qu'il n'avoit jamais mérité de perdre.

Il est d'autant plus difficile d'attaquer les *lions* impunément dans leur pays natal, que l'habitude de vaincre, les rend intrépides ; que n'ayant jamais éprouvé la puissance de l'homme, ils la bravent, & que les blessures qu'il reçoivent les irritent sans les effrayer. On a vu un seul *lion* du Biledulgérid, attaquer une caravanne entière ; & après un combat opiniâtre, au lieu de fuir, se battre encore en retraite, & n'abandonner la victoire qu'en rendant le dernier soupir.

On réussit cependant à donner la chasse à ce roi des forêts avec des chiens de haute-taille & bien appuyés par des hommes à cheval ; mais il faut que les chevaux & les chiens soient bien aguerris ; car presque tous les animaux frémissent à son aspect & s'enfuient à l'odeur qu'il exhale. Comme sa peau est d'un tissu ferme & serré, il est difficile de l'entamer avec le fer, mais elle ne résiste point à la balle, & un tireur adroit pourroit s'exercer à cette chasse impunément.

Les Indiens & les Nègres ont aussi recours à l'artifice pour se rendre maître des *lions* sans les tuer ; ils forment une fosse profonde qu'ils recouvrent de joncs, de feuillages, & d'autres matières légères : ils placent ensuite au dessus un animal vivant pour servir d'appât, & se retirent derrière quelqu'éminence : le *lion* se jette détout le poids de son corps sur sa proie, & tombe dans la fosse ; aussi-tôt les chasseurs accourent & profitent des premiers momens de sa surprise ou de sa honte pour le museler & le réduire en esclavage.

Observations sur les lions d'Afrique.

Le rugissement des *lions*, dit un voyageur, est un cri disgracieux & irrégulier, qui, sans ressembler au bruit du tonnerre, a cependant quelque chose d'effrayant, sur-tout pendant la nuit. Nous remarquions aisément à notre bétail, quand il y avoit des *lions* à proximité, lors même qu'ils ne rugissoient pas ; les chiens n'ofoient pouffer le moindre aboiement : nos bœufs & nos chevaux foupiroient, en quelque forte, & traînoient leurs pas ; il leur arrivoit même quelquefois de tomber, & de fe relever promptement, comme s'ils euffent été aux abois. Le *lion* lorfqu'il rugit tient la tête baiffée, de forte que dans ces pays montueux fa voix eft entendue au loin, & que les autres animaux ont le temps de fe garantir, par la fuite, de fes attaques terribles. La manière dont le *lion* s'empare de fa proie, eft prefque toujours la même : il fait un faut de fon embufcade, & tombe fur la malheureufe victime : s'il la manque, il retourne fans bruit à fon affût, pour fauter avec plus d'adreffe à la première occafion. Un hottentôt déja avancé en âge, & qui étoit au fervice d'un chrétien, à la partie de la *rivière du Dimanche*, non loin de *Kamaebo*, fut fuivi pendant deux heures entières par un *lion*, qu'il ne perdit point de vue ; cet homme comprit que le féroce animal, n'attendoit que l'obfcurité pour l'affaillir & le mettre en pièces ; connoiffant fon allure, il réfolut de fe cacher, dès l'arrivée du foir, derrière une colline tronquée, nommée par les naturels du pays, *Klipkrans* ; il planta fur le fommet un bâton, qu'il furmonta de fon chapeau, & qu'il entoura de fes vêtemens ; la rufe lui réuffit ; le *lion* s'étant avancé à pas de loup, pour mefurer exactement fon faut, s'élance & tombe fens-deffus-deffous à l'autre côté de la colline, de forte que le hottentot eut le tems de fe fauver ; ce n'eft pas le feul exemple en Afrique, de *lions* qui fe foient laiffés tromper dans leurs attaques : dans les lieux où l'on tient du bétail, lorfqu'un bœuf ou autre animal a été attaqué par un *lion*, & qu'on doit fe tenir en garde contre fa fureur, on pofe quelqu'objet qui reffemble à un homme, avec des armes à feu, difpofées de manière qu'elles partent à l'inftant que le *lion* veut s'élancer. Comme cet expédient eft très-commode ; on ne fe donne pas, en Afrique, la peine de creufer des foffés, comme cela fe pratique affez généralement ailleurs.

Le *lion* femble peureux, & relativement à fa force, on peut dire qu'il manque de courage, quelquefois ; pourtant il montre une intrépidité extraordinaire. Dans un parc où l'on faifoit paître du bétail, un *lion* s'étoit introduit par la clôture, & avoit fait du dégât ; dans la certitude qu'il reviendroit à la charge, & par la même brèche, on y établit un fufil chargé avec une corde arrangée de manière que le *lion* en la touchant, devoit faire partir le coup, & en être rué ; le fin animal, venu de jour, apperçut la corde, la tira de côté, fans s'effrayer du coup, s'avança avec fermeté vers l'endroit où il avoit laiffé fa victime. Une chofe remarquable, c'eft que le *lion*, qui a coutume de tuer immédiate-

ment fa proie, ne tue jamais l'homme du premier coup, quelqu'irrité qu'il foit : il fe contenté de bleffer d'abord, & il ne lui ôte la vie qu'après un certain temps : un payfan venoit de dételer fes bœufs de trait, il en vit deux affaillis, & fuccombant auffi-tôt fous fa dent meutrière ; un autre, au contraire, accompagné de fes deux fils, pourfuivoit ce terrible animal : l'un d'eux fut pris à l'improvifte, & foulé aux pieds ; mais comme il n'étoit que terraffé, les autres eurent le temps d'affaillir l'ennemi féroce, & de le tuer. Je vis dans le même hameau, un vieux hottentot qui portoit aux yeux & aux joues, des marques fenfibles de la colère d'un *lion*, lequel s'étoit contenté, toutefois, de le terraffer & de le bleffer. On m'a raconté auffi qu'un chef de horde fut attaqué par un *lion* qui le bleffa au bras, & le mordit cruellement, fans lui ôter la vie. Il en réfulte de-là, ce femble, que ce qui caractérife le *lion*, n'eft ni le courage ni la cruauté, mais un mélange de rufe, de timidité, & en même-temps d'audace ; & que quand ce terrible & rufé animal fe met en fureur, on ne doit regarder cela que comme un changement de caractère, caufé par la faim. Comme il eft rare qu'il éprouve de la réfiftance, il méconnoit, en quelque forte, le combat, & fe laiffe mettre en fuite par de légers moyens de défenfe, tels que des coups de bâtons. Un laboureur, homme digne de foi, me raconta qu'étant allé à un de fes champs, il fut fubitement rencontré par un *lion*, il lui décoche fon fufil qui rate ; privée de reffources ultérieures, il cherche fon falut dans la fuite ; mais ayant perdu la refpiration, il alloit s'arrêter, lorfqu'il apperçut un tas de pierres ; il faifit ce moyen, dont il efpéroit fon falut ; le *lion*, quelle que fût la caufe de fa pufillanimité, ceffa de le pourfuivre, le regarda quelque temps, puis fe coucha tranquillement à une vingtaine de pas du monceau de pierres. Le payfan ne bougea pas de la place, pendant une demi-heure environ que fon ennemi refta dans cet endroit ; enfin, l'animal redoutable fe leve, fe retire d'abord avec une forte de crainte, puis fe mit au trot, & fut bientôt perdu de vue par l'homme qu'il femblot fuir. On fçait que ce n'eft point au moyen de l'odorat que le *lion* pourfuit fa proie, & qu'il ne l'atteint que par une guerre ouverte. Le *lion* eft tellement léger à la courfe, qu'il peut aifément fuivre un cheval au galop. Il eft d'une force extraordinaire : on en voit qui emportent des bœufs qu'ils ont tués. Deux hottentots en apperçurent un qui traînoit un buffle mort, dans une forêt voifine ; après lui avoir donné la chaffe, & l'avoir forcé de lâcher prife, ils remarquèrent qu'il avoit eu la précaution de lui arracher les entrailles pour l'emporter plus aifément. Pour s'emparer de ces animaux, le *lion* s'avance lentement & fans le moindre bruit, s'élance, fond fur fa proie, & d'une de fes pattes de devant lui ferre le mufeau avec tant de force qu'il l'étouffe, & meurt à l'inftant. Le buffle, toutefois a affez de force pour décourager quelquefois le *lion* ; j'ai ouï-dire qu'une vache de ce genre s'étoit défendue, avec fon veau, contre cinq *lions*. Des perfonnes dignes de foi m'ont auffi raconté qu'un troupeau de ces vaches ayant été attaqué par un *lion*, elles le tuèrent, & le mirent en pièces.

La chaffe du *lion* fe fait à l'aide de gros chiens : lorfque le lion les voit, il s'arrête, & les attend, trop fier pour vouloir les fuir. Ceux-ci, enhardis par leur nombre, l'affaillent & le mettent en pièces. La *chaffe au cheval* fe fait en pleine campagne ; lorfque le *lion* eft dans une forêt, on tâche de l'en faire fortir, en hâlant les chiens qui ne ceffent d'aboyer. Les chaffeurs fe tiennent à peu de diftance des uns & des autres, & ordinairement deux de compagnie pour s'aider au befoin : dès que le *lion* les apperçoit, il court de toute fa force pour fe dérober à leur vue, mais s'il voit qu'on le pourfuive, il ralentit fa courfe, comme s'il avoit honte de fuir un ennemi ; puis il s'arrête, fecoue la tête, & annonce par un rugiffement terrible qu'il attend fes aggreffeurs. Il eft temps alors que les chaffeurs fe tiennent fur leurs gardes, & qu'ils fe retirent tant foit peu, en obfervant toujours de ne pas trop s'éloigner les uns des autres. Celui qui fe trouve le plus à portée de tirer, faute bas de fon cheval, le couche en joue & décoche. S'il a manqué fon coup, il remonte incontinent à cheval & fe fauve près de fes compagnons. L'un d'entr'eux alors faifit le moment, defcend de cheval & tire de même. Si celui-ci manque encore, un troifième chaffeur vient à fon fecours, & ainfi de fuite, jufqu'à ce que le fier animal foit devenu leur proie. Il n'y a pas d'exemple que cette forte de chaffe ait coûté la vie à perfonne.

Le *lion* eft aifé à tuer, parce qu'il n'a pas la vie dure. Des perfonnes qui en ont tué m'ont affuré qu'il eft rare qu'un *lion* bleffé d'un coup de feu pourfuive fon chemin, tandis que fouvent avec une balle dans les inteftins ils guériffent totalement.

La peau du *lion* fe conferve moins bien que celle du bœuf ; c'eft ce qui fait qu'au Cap on l'emploie aux mêmes ufages que le cuir du cheval.

LIRON ; efpèce de marmote qui habite dans les Alpes, & qui dort tout l'hiver. Son mufeau eft aigu, fon ventre eft gros, & fa queue eft longue.

LITEAU ; lieu où le loup fe repofe pendant le jour.

LITORNE ; c'eft la grive du génevrier. *Voyez* GRIVE.

LIVRÉE ; on nomme ainfi en vénerie les marques & barres que les faons & les marcaffins ont fur le corps jufqu'à fix mois.

LOCUSTELLE. f. f. C'eft le nom de la plus petite efpèce d'alouettes. On ne la voit guères qu'en Angleterre, où on la nomme auffi l'*alouette des faules*. Elle a un chant qui reffemble à celui d'une cigale. C'eft pourquoi on l'a nommé *locuftelle* ou petite cigale. Le plumage de la tête & du deffus du corps eft d'un brun jaunâtre femé de taches obfcures. Ses ailes font bordées d'un jaune fale. Elle a le deffus du corps d'un blanc tacheté de jaune, & des fourcils blanchâtres.

LOHONG. Cet oifeau eft l'*outarde huppée d'Arabie*. Il eft de la groffeur à-peu-près de notre grande outarde. Il a, comme elle, trois doigts à chaque pied, mais plus courts ; fon bec & fon cou font plus longs ; il a le plumage de couleur fauve rayée de brun avec des taches blanches en forme de croiffant fur les ailes. Le deffous du corps eft blanc, fa queue eft tombante comme celle de la perdrix & traverfée par une bande noire. Sa huppe eft pointue, dirigée en arrière, & fort inclinée à l'horizon. De fa bafe elle jette en avant deux lignes noires dont l'une plus longue paffe fur l'œil & forme une efpèce de fourcil ; l'autre ligne plus courte embraffe l'œil par deffous, mais n'arrive pas jufqu'à l'œil, lequel eft noir & placé au milieu d'un efpace blanc.

LOIR. Petit quadrupède qu'on confond avec le lerot & le mufcardin, parce que tous femblent dormir pendant l'hiver.

Le *loir* proprement dit, eft de la taille de l'écureuil, & lui reffemble par la forme du corps & par la queue ; il fe trouve avec lui dans les forêts ; tous deux montent fur les arbres & paffent de branche en branche avec la même légéreté ; mais ils diffèrent pour la couleur & pour les habitudes.

Le lerot n'eft que de la groffeur d'un rat, & le mufcardin de celle d'une fouris : le premier eft diftingué par des marques noires qu'il a près des yeux ; & le fecond par la couleur blonde du poil qu'il a fur le dos. Le *loir* eft blanchâtre fous le ventre, le lerot d'un beau blanc, & le mufcardin d'une couleur jaunâtre.

On a tort de dire que ces animaux dorment pendant l'hiver ; leur état n'eft point un fommeil naturel, c'eft plutôt un engourdiffement des membres produit par le réfroidiffement du sang, ou plûtôt par l'enroidissement des muscles. Cette observation est si juste, que si dans l'hiver on tient ces *loirs* dans un endroit chaud, ils ne paroîtront point engourdis & feront toutes les fonctions animales.

Lorsque les *loirs* sentent le froid, ils se serrent & se mettent en boule pour offrir moins de surface à l'air qui les environne, & c'est dans cet état qu'on les trouve, soit dans les creux des arbres, soit dans les ouvertures des murs : on les prend alors, on les roule sans qu'ils s'étendent ; il n'y a qu'une chaleur graduée qui puisse les faire sortir de leur engourdissement ; car ils mourroient si on les plaçoit tout-à-coup auprès du feu. Quoique les *loirs* engourdis paroissent privés de l'usage de tous leurs sens, ils sentent cependant la douleur lorsqu'elle est trop vive ; une brûlure suffit pour leur faire faire un mouvement de contraction, & leur faire pousser un petit cri sourd qu'ils répètent plusieurs fois.

Comme le froid est l'unique cause de l'engourdissement du *loir*, il arrive que dans les beaux jours de l'hiver ils se raniment, ils sortent de leurs trous & mangent les provisions qu'ils ont ramassées durant l'automne : mais ils retombent ensuite dans leur état d'inertie, & ils ne reprennent une nouvelle vie qu'au printems.

Le *loir* mange de petits oiseaux qu'il prend dans leur nid ; il se nourrit aussi de noisettes, de châtaignes & de fruits sauvages : c'est ordinairement dans les fentes de rochers & dans les endroits secs qu'on le voit se gîter. Ces animaux sauvages s'accouplent sur la fin du printems, font leurs petits en été, croissent en fort peu de tems & terminent à six ans la carrière de leur vie.

Ces petits quadrupèdes sont courageux, ils défendent leur vie jusqu'à la dernière extrémité ; ils ne craignent ni la belette ni les petits oiseaux de proie ; ils échappent au renard, & ne reconnoissent de vrais ennemis, que les chats sauvages, les martes & les hommes.

Les *loirs* ne sont pas extrêmement répandus, on ne les trouve point dans les climats trop froids, comme la Norwege & la Laponie ; ils vivroient peut-être encore moins sous la Zone Torride, il leur faut un air tempéré & un pays couvert de bois : aussi il y en a en France, en Espagne, en Italie, en Allemagne & en Suisse ; ils habitent les collines, & laissent les hautes montagnes aux marmottes.

On mange le *loir* en Italie : les anciens Romains en élevoient en quantité. Varron donne la manière de faire des garennes de *loirs* ; & Apicius

celle d'en faire des ragoûts : cependant cet usage fut quelque tems interrompu, & les censeurs défendoient quelquefois à Rome qu'on en servît sur les tables, parce que la chair de cet animal est de trop difficile digestion.

Chasse des loirs *à l'arbalête.*

On prend une douve de tonneau un peu épaisse & pointue par le bout, afin de pouvoir la piquer dans un mur, & on attache au milieu avec trois clous une baguette de houx ou de coudrier, de la longueur de deux ou quatre pieds.

A l'extrémité non-pointue de la douve, on fait une entaille d'environ deux pouces, & longue d'un tiers de la douve, il doit y avoir une rainure des deux côtés au-dedans de l'entaille. On peut aussi clouer une petite bande de bois plate, & de la largeur d'un pouce, pour tenir en état les deux parties de la douve où l'on a fait l'entaille & les empêcher de s'écarter.

Après ces dispositions, vous prenez un morceau de douve que vous faites entrer juste dans les rainures & que vous rendez plus menu, afin qu'il coule plus aisément, il doit être plus long que les deux branches, au milieu desquelles est l'entaille.

Aux deux bouts de la baguette de coudrier, on attache une corde qui lui fait faire l'arc, & cette corde doit encore passer dans un trou étroit, formé au bout du morceau étranger de douve, dont nous venons de parler, & qui, à cette extrémité, est coupé en biais, afin de faciliter le ressort de la machine.

Ces arrangemens étant faits, vous prenez un petit bâton de la grosseur de la moitié du petit doigt, & long de sept à huit pouces, que vous attachez par un bout avec une ficelle au milieu de la douve, & à l'autre bout vous faites une coche près de laquelle vous attachez un appât.

Ces pièces ne suffisent pas encore à la construction de l'arbalête, il faut avoir de plus un petit bâton gros comme la moitié du petit doigt & long d'environ deux pouces, que vous attachez au milieu de ce bâton qui sert à réunir les deux parties de la douve partagées par l'entaille, & la ficelle avec laquelle vous le liez ne doit avoir que cinq ou six pouces.

Vous acheverez la fabrique de votre piège en faisant une grande entaille à votre principale pièce de bois, à environ six pouces de l'extrémité, qui se termine en pointe ; cette entaille sert à mettre le pied pour tendre l'arbalête : ensuite on tire fortement à soi la petite couliffe, afin que l'arc foit bien bandé : on appuie contre elle le petit bâton attaché à la bande qui réunit les deux morceaux de douve, & on le coche dans un autre bâton attaché au milieu de l'arc. Ainfi, quand le *loir* vient manger les fruits auprès defquels ce piège eft dreffé, il fait décocher la marchette & fe trouve pris par le milieu du corps.

Quand on tend cet arbalête, il faut prendre garde qu'en la pofant, il ne fe trouve point de branche fur laquelle l'animal puiffe repofer, & d'où il puiffe atteindre à l'appât; il faut qu'il ne puiffe fe placer que fur la machine, fans cela elle ne feroit aucun effet.

Autre moyen fort fimple pour détruire les loirs qui endommagent les pêchers, abricotiers, & généralement tous les arbres fruitiers en efpalier.

Témoin bien fouvent, dit l'auteur de cette recette, des dégâts qu'opère cet animal, j'ai mis en ufage différens procédés pour les détruire. Piéges, ratières, appâts empoifonnés ont été employés tour-à-tour, fans jamais produire l'effet defiré. Enfin, je viens d'avoir recours à un moyen qui m'a été donné par un particulier, qui, lui-même, s'en fert depuis plufieurs années avec le plus grand fuccès.

Il confifte à former, avec des feuilles récentes de fougère, froiffées entre les mains & féparées de la nervure à laquelle elles font attachées, de former, dis-je, avec ces feuilles, de petits paquets de la groffeur de deux œufs de poule à-peu-près. Il faut les affujettir derrière les fruits, de manière qu'ils y touchent, fans cependant leur faire trop d'ombrage. Les branches de l'arbre fuffifent fouvent pour les y fixer. C'eft avec ce feul & unique moyen qui, comme l'on voit, eft fort fimple, que je fuis parvenu à écarter les *loirs* de mes efpaliers; & que je conferve des fruits qui, les années précédentes, m'étoient enlevés par ces animaux gourmands.

LONG. On dit en fauconnerie, voler en *long*; c'eft-à-dire voler en droite ligne, ce qui arrive lorfque l'oifeau a envie de dérober fes fonnettes, & de s'échapper.

LONGE. Lanière de cuir qui fert à attacher l'oifeau de proie fur la perche, quand il n'eft pas affuré. On lui donne auffi les noms de *filière* & de *longe-cul*.

On dit tirer à la *longe*, c'eft-à-dire de la part de l'oifeau, voler pour venir auprès de celui qui le gouverne.

LONGER, fe dit des bêtes qui menent la chaffe fort loin : la bête *longe* le chemin quand elle va d'affurance & qu'elle fuit avec rapidité.

LORIOT, f. m. Oifeau de paffage qui eft de la groffeur d'une grive, dont il a à-peu-près la conformation. Le nom de *loriot* lui a été donné parce qu'il femble prononcer ce mot. Son bec eft long & rond, légérement courbé, très-fendu & de couleur de rofe. Cet oifeau eft d'un beau jaune fur tout le corps, & a les ailes mi-parties de noir & de jaune. Il arrive vers le mois de mai, & difparoît avant le mois de feptembre. Son chant eft clair & fonore, & fort agréable à entendre. Tout le monde connoît la conftruction finguliere de fon nid, mollet au-dedans & impénétrable au-dehors, qu'il fufpend avec quelques brins de crin à la bifurcation d'une branche. Il eft très-friand de merifes, de guignes, de cerifes, de figues, de pois; il vit auffi de fcarabées, de chenilles, de vermiffeaux. Cet oifeau fe tient prefque toujours dans les bois, & il n'eft pas moins difficile à joindre que le coucou. Il fe fait fouvent fuivre d'arbre en arbre, pendant des heures entières, fans permettre qu'on l'approche d'affez près pour le tirer. On le recherche, en certains pays, lorfqu'il eft gras; Aldovrande, naturalifte italien, s'étonne du peu de cas qu'on en fait en France. On dit que les *loriots* fe retirent l'hiver en Afrique, & qu'ils y paffent en petites troupes.

Le *loriot de la Chine* eft moins gros que le nôtre. Il eft d'un beau jaune. Ses jambes & fes pieds font d'un rouge éclatant. Il a une huppe fur la tête.

LORIS. Petit quadrupède de Ceylan, qui eft remarquable par l'élégance de fa figure, & la fingularité de fa conformation; il eft peut-être de tous les animaux celui qui eft le plus long, relativement à fa groffeur; il a beaucoup de rapport avec le makis, par fes mains & fes pieds, par fon mufeau & par la qualité de fon poil; mais il a quelques attributs particuliers qui le mettent dans une claffe particulière : fa tête eft tout-à-fait ronde, fon mufeau eft prefque perpendiculaire, & fes oreilles font garnies intérieurement de trois oreillons en forme de petites conques.

LORY, f. m. Perroquet dont le plumage eft varié de rouge, de bleu & de vert. Cet oifeau naturel aux Indes, fur-tout à Ceylan, eft docile, très-familier, & fufceptible d'apprendre à parler & à fiffler; mais il eft jaloux & vindicatif envers les autres oifeaux plus petits & d'une autre efpèce.

LOUP, f. m. Quadrupède farouche & carnaffier.

Le *loup* n'a guères que deux pieds de long depuis la tête jusqu'à la naissance de la queue, & à-peu-près autant de hauteur : son museau est alongé & obtus, ses oreilles sont courtes & droites, sa queue est grosse & couverte de longs poils grisâtres; ses yeux sont bleus & étincelans, ses dents sont rondes, aiguës & serrées; l'ouverture de sa gueule est fort grande, & son col si court, qu'il est obligé de remuer tout son corps pour regarder de côté.

Le *loup* est naturellement grossier & poltron; il ne devient ingénieux que pour le besoin, & hardi que par la nécessité; mais bientôt l'habitude réforme son naturel, & il en vient au point de nuire pour le plaisir de nuire, & non pour subsister.

C'est d'abord pendant le jour que ce quadrupède emploie son industrie, sa force & son agilité à attaquer, vaincre, saisir & déchirer sa proie : pressé par la faim, il vient attaquer les animaux même qui sont sous la garde de l'homme; mais se voyant trop souvent harcelé par les chiens & par les bergers, il se recèle pendant le jour dans son fort, & n'ose plus exercer que pendant la nuit ses pirateries.

Ce sont d'abord les animaux domestiques que le *loup* s'empresse d'attaquer, parce qu'il leur est impossible de lui résister; il se mesure ensuite avec les animaux sauvages, & finit par se jetter sur les hommes.

Le *loup*, quant à son organisation physique, ressemble beaucoup au chien; mais il en diffère singulièrement pour le caractère : ces deux animaux même ont par instinct une antipathie singulière l'un contre l'autre; un jeune chien frissonne à l'aspect du loup, & s'enfuit à l'odeur seule qu'il exhale; le mâtin qui connoît ses forces, se hérisse, s'indigne & le combat, quoiqu'il ne soit point animé par la voix de son maître. Quand le *loup* est le plus fort, il déchire sa proie; quand le chien est victorieux, il se contente de victoire & l'abandonne aux corbeaux.

Le *loup* est ennemi de toute société, il ne se réunit avec ceux de son espèce que pour attaquer des animaux trop redoutables, & après l'expédition se retire dans sa solitude. Il y a peu d'habitude entre le mâle & la femelle, ils ne se cherchent qu'une fois par an, & restent fort peu de tems ensemble, & enfin quand le besoin est trop pressant ils s'entredévorent.

Le *loup* a beaucoup de vigueur; il emporte dans sa gueule un mouton, & court en même-tems encore plus vîte que les bergers, il n'y

a que les chiens qui puissent l'atteindre & lui faire lâcher prise : il mord cruellement, & avec d'autant plus d'acharnement qu'on lui résiste moins; il est infatigable, & c'est peut-être de tous les animaux le plus difficile à forcer à la course.

Il a aussi tous les sens fort bons, & sur-tout l'odorat, il sent de plus loin qu'il ne voit; l'odeur du carnage suffit pour l'attirer de plus d'une lieue : quand il sort d'un bois, il prend le vent, s'arrête sur la lisière, évente de tout côté, & reçoit ainsi les émanations de tous les animaux vivans & des cadavres. Ce quadrupède aime beaucoup la chair humaine; on en a vu suivre les armées, arriver en grand nombre à des champs de bataille où l'on n'avoit enterré les corps que négligemment, les découvrir & les dévorer.

Il n'est pas vrai, comme le disent plusieurs chasseurs, que le *loup*, pressé de la faim, mange de la terre : cette idée ne provient que de ce qu'on voit quelquefois cet animal déterrer la proie qu'il a enfouie & mise en réserve après s'être rassasié.

Outre les *loups* ordinaires qu'on voit en France & en Allemagne, il y a dans le Nord qui sont tout blancs, & d'autres qui sont noirs. L'espèce commune est généralement répandue sur la terre, on la trouve dans les deux Continens : les *loups* du Sénégal ressemblent aux nôtres, mais ils sont plus gros & plus cruels; ceux d'Egypte sont plus petits que ceux de Gréce; en Orient, & sur-tout en Perse, on fait servir les *loups* aux spectacles populaires, & les voyageurs disent qu'on y achète jusqu'à cinq cens écus un loup bien dressé à la danse : on peut conclure de cette espèce d'éducation, que ces animaux sont alors bien jeunes, ou qu'ils ne sont pas de vrais *loups*.

Il n'y a rien de bon, dit Buffon, dans le *loup* que sa peau, dont on fait des fourures; sa chair est si mauvaise, que les chiens eux-mêmes ne peuvent la souffrir : il n'y a que le *loup* qui ait le courage de manger le *loup*. Si on observe encore que sa mine est basse, son aspect sauvage, sa voix effrayante, son odeur insupportable, son naturel féroce & ses mœurs perverses, on en conclura que jamais animal ne mérita mieux d'être détruit.

Chasse du loup.

Le *loup* est le fléau des campagnes par sa force & sa voracité. Non-seulement il fait la guerre à tout le bétail, moutons, chèvres, porcs, vaches & chevaux, mais même aux poules, dindons, & oies

oies fur-tout, dont il eft très-friand, & fur lefquelles il fait fon apprentiffage ; mais il détruit
auffi, dans les forêts, une grande quantité de
bêtes fauvages, biches, faons & chevreuils, &
même de fangliers, tant qu'ils ne font encore que
bêtes de compagnie ; car il ne trouveroit pas fon
compte à s'attaquer aux vieux fangliers. Cet animal n'eft pas moins rufé que le renard pour faifir
fa proie, mais infiniment plus défiant & plus difficile à furprendre. S'il prend un mouton, c'eft
toujours par-deffus le cou, pour le charger plus
aifément fur le dos, & en lui coupant la refpiration, l'empêcher de crier & d'épouvanter le
troupeau, afin que, quand il l'aura tué & dépofé
dans le bois, il puiffe en venir chercher un autre.
S'il attaque un cheval, c'eft toujours par devant,
parce qu'il y a moins de danger pour lui : fi c'eft
une vache, il l'affaillit par derrière, & la faifit au
pis, comme à l'endroit le plus fenfible, afin de la
porter auffi-tôt par terre : fi c'eft un chien, il la
faifit à la gorge, pour empêcher qu'il ne crie, &
de peur d'être mordu.

Dans les forêts, lorfqu'il ne peut furprendre
les bêtes fauves à la repofée, & les fangliers à la
bauge, il s'entend avec deux camarades : l'un
prend la voie de la bête, & la chaffe comme un
chien courant ; les deux autres gagnent les devants à droite & à gauche, pour la joindre au paffage ; &, fans fe rebuter, lorfqu'elle leur échappe,
ils recommencent le même manège, jufqu'à ce
qu'à force de la fatiguer, ils en viennent à bout.

Quoiqu'à parler généralement, le *loup* n'attaque point l'homme, s'il n'eft enragé, & qu'il
fuie à fa rencontre, cependant il n'eft pas rare de
voir quelques-uns de ces animaux déclarer la
guerre à l'efpèce humaine. On fe fouvient encore
des ravages que plufieurs *loups* de cette efpèce
ont fait, en 1764 & 1765, dans le Gévaudan, le
Rouergue & l'Auvergne, où dans l'efpace de dix-
huit mois, plus de cinquante perfonnes furent dé-
vorées, fans compter environ vingt-cinq autres
qui en furent quittes pour des bleffures ; ravages
qu'on attribua, pendant long-tems, à une feule
bête d'une efpèce extraordinaire, & qui méri-
tèrent une attention particulière de la part du
gouvernement. *Voyez* HYÈNE.

C'eft donc avec raifon que par-tout les *loups*
font regardés comme des ennemis publics, que
tout le monde s'empreffe à leur courir fus, &
qu'on cherche à les détruire par toutes fortes de
moyens.

Les louves entrent en chaleur vers le mois de
février, & mettent bas dans le mois de mai : Leurs
portées font depuis cinq jufqu'à huit, & quelquefois neuf louveteaux. Elles choififfent, pour mettre bas, des forts épais & fourrés d'épines ; un

trou au pied d'un grand arbre, ou quelque excavation fous une groffe pierre ; non pas pour
l'ordinaire, dans le fond des forêts, mais près des
bords, & à proximité de quelque village, afin de
fe procurer plus aifément leur fubfiftance. Quelquefois une louve s'établira dans un petit bois
ifolé, voifin des grands bois, & même on en a
vu mettre bas dans un bled. La louve ne quittant
point fes petits pendant les premiers jours, & jufqu'à ce qu'ils voient clair, ainfi que les chiennes,
le *loup* lui apporte à manger ; & lorfqu'ils font
plus avancés, il partage avec elle le foin de leur
nourriture.

Il y a deux manières de chaffer le *loup* fans le
tirer. L'une eft de le forcer avec des chiens courans, deftinés particulièrement à cette chaffe ;
l'autre eft de le prendre avec de grands & forts
lévriers, appellés lévriers d'*étrique*, qui l'attendent
au paffage, lorfqu'il vient à débufquer d'une enceinte où il a été détourné.

Les lévriers les plus forts ne viendroient point
à bout d'étrangler un vieux *loup*, s'ils n'étoient
aidés par les dogues de la plus grande taille qu'on
lâche fur l'animal, lorfqu'ils l'ont arrêté. Voici à
ce fujet ce qu'on lit dans *le Parfait Chaffeur*, par
Selincourt, Paris, 1683, in-12.

« Trois *loups* ayant été pris dans des foffes, du
» règne de Louis XIII, furent amenés aux Tui-
» leries. Il y en avoit un vieux, & deux plus
» jeunes. On les fit combattre contre de gros lé-
» vriers : les deux jeunes fe défendirent affez
» bien. Le troifième fut attaqué par trois lévriers,
» puis par trois autres qu'on releva encore, juf-
» qu'à douze, toujours trois à-la-fois. Il les ren-
» voya tous trois maltraités, de façon qu'ils
» l'abandonnèrent, & n'oſèrent plus l'approcher.
» Le bruit qu'il faifoit de fes dents étoit comme
» celui d'un coup de fouet de charretier ».

Il faut obſerver qu'il eſt très-difficile de forcer
un vieux *loup*, dont la vigueur & l'haleine font
indomptables, qui perce toujours en avant, &
qui, après avoir couru cinq ou fix heures, s'il
rencontre de l'eau fur fon chemin, redevient auffi
frais qu'au fortir du liteau, fur-tout, fi c'eft un de
ces grands *loups* levrettés fur le derrière qui ne fe
nourriffent, la plûpart du tems, que de bêtes
fauves, & autres qu'ils prennent à la courfe, ou
par furprife ; car quant aux *loups* taillés en gros
mâtins, qui ne vivent d'ordinaire que de bêtes
mortes qu'ils vont chercher à l'entour des villages, étant plus pefans, & ayant moins d'haleine, de ceux-là on en peut forcer. Mais, en
général, pour cette chaffe, on ne fait choix que
de jeunes *loups* depuis fix mois jufqu'à feize ou
dix-huit.

La chaffe du *loup* la plus ordinaire eft celle qui

se fait en postant d'abord un certain nombre de tireurs autour d'une enceinte, où il y en aura un de détourné, & découplant ensuite les chiens sur la voie pour le lancer. Alors, celui à portée duquel il vient à passer le tire. Il est encore plus sûr de n'entrer dans l'enceinte pour le mettre debout qu'avec un seul limier qu'un chasseur tient à la botte. L'animal, bien moins effrayé de quelques coups de voix du limier, que du bruit de plusieurs chiens courans, fuit moins rapidement; & lorsqu'il a été manqué, au sortir de l'enceinte, il est bien plus aisé aux tireurs de gagner les devants d'une autre enceinte pour l'y attendre, d'autant mieux qu'alors celui qui conduit le limier s'arrête, & cesse de suivre la voie, jusqu'à ce que les tireurs aient pris leur poste, ce dont il est averti par un signal convenu.

Il n'est pas nécessaire, pour faire la chasse des loups, d'en avoir un détourné à donner aux chiens. Lorsqu'on connoît à-peu-près les cantons du bois où il doit s'en trouver, après avoir placé des tireurs du côté des refuites, on découple les chiens à la trolle, & l'on quête au hazard. On fait même des chasses au loup, sans chiens courans, en rassemblant beaucoup de paysans armés, partie de bâtons, fourches, &c., & partie de fusils, & dont quelques-uns se font accompagner de leurs mâtins. Un certain nombre de ces paysans, armés seulement de bâtons, entre dans le bois avec les chiens, marchant sur une même ligne à quelque distance l'un de l'autre, & à grand bruit; car on ne peut faire trop de bruit à cette chasse; tandis que ceux qui sont armés de fusils vont se placer, à bon vent, le long des chemins qui bordent l'enceinte que l'on bat. Lorsqu'on a beaucoup de monde, & que le bois n'est que d'une étendue médiocre, une partie des paysans non armés se distribuent tout autour, à dix ou quinze pas l'un de l'autre, pour renvoyer le loup à force de cris & de huées, s'il se présente pour sortir, & le forcer d'aller passer du côté où sont les tireurs. Ces sortes de chasse s'appellent battues, ou tric-trac.

Lorsque les loups ont fait, dans les bois, quelque abat, soit d'un cheval, soit d'une vache, ne pouvant emporter leur proie; ils en mangent une partie; rassasiés pour le reste du jour, ils vont se remettre au litéau, & ne manquent guère d'y revenir à la nuit pour manger le reste. Cette occasion est très-favorable pour les guêter & les tuer à l'affût. Pour cela, il faut, une heure avant soleil couché, faire traîner la bête morte, pour le mieux, par un homme à cheval, avec des harts & non avec des cordes. Cette traînée se fait le nez dans le vent, le long de quelque route peu fréquentée, ou à travers bois; mais toujours par les endroits les plus clairs, dont le loup se défie moins que des endroits couverts; & cela dans une étendue d'environ mille pas, pour donner au loup, qui, d'abord

ne suivra la voie qu'avec crainte & défiance, le tems de s'assurer. Au bout de ces mille pas, le traîneur se détourne du côté qui paroît le plus à propos; & après avoir marché environ deux ou trois cents pas, il s'arrête le vent au dos; & laisse la bête placée en lieu découvert, de manière que le tireur, qui doit être posté à l'affût, soit dans un arbre, soit à couvert d'une cépée, ou dans un trou pratiqué exprès, ne puisse être éventé par l'animal que la traînée attirera. Le tireur, s'il fait clair de lune, doit avoir attention de se placer dans l'obscurité, & de façon que la lune ne donne pas sur lui, & ne fasse pas paroître son ombre, attendu que l'ombre d'un homme produit sur les bêtes le même effet que le corps, & les met en fuite, ce qui a lieu pour la lune comme pour le soleil. Le seul cas où il n'y ait point cet inconvénient, c'est lorsqu'on a la lune ou le soleil en face, parce qu'alors l'ombre se trouve couverte par le corps. Il est bon de ne point quitter l'affût qu'après minuit, les loups courant beaucoup, & ayant coutume de ne revenir que fort tard aux abats qu'ils ont faits, sur-tout dans les saisons où le bétail étant dehors, ils trouvent aisément les occasions de faire capture, & ne sont point affamés. Ces sortes de traînées sont bien plus sûres que celles qui se font de bêtes mortes de maladie.

Dans les mois de mai & juin, lorsqu'on rencontre les petits d'une louve, encore à la mamelle, on peut faire une traînée avec un louveteau, de la manière qu'on vient de l'expliquer, & y attendre la louve, qui ne manquera pas d'y venir.

Au mois de septembre & d'octobre la chasse du louveteau ou louvart est amusante, & ne fatigue pas; car ils n'ont pas encore la force de percer, comme les vieux loups, & ne font que randonner, & se faire battre comme des lapins; & quand ils ne se sentent plus de force, ils se fourrent dans un terrier, sous une pierre, ou dans un trou, où ils entrent à reculons, pour présenter leur gueule aux chiens. Lorsque l'on veut forcer des louveteaux, il faut commencer par découpler deux ou trois chiens, qui, pour l'ordinaire, rencontrent la louve, qui vient s'offrir à eux pour les enlever, & les empêcher de prendre ses petits: lors donc qu'ils lui font vider l'enceinte, on peut découpler sur les louvarts.

La voie du loup est une voie très-froide, & peu de chiens en veulent: il faut une race de chiens particulière pour ces animaux. Les chevaux doivent être vigoureux, & avoir beaucoup de fond, pour chasser le loup; car un vieux loup fait souvent une fuite de six ou sept lieues sans regarder derrière lui. Les limiers pour loup se dressent & se mènent comme les limiers pour cerf & sanglier. Un valet de limier doit savoir distinguer le loup de la louve, & l'âge de l'un & de l'autre. Voici les

marques auxquelles, il eſt plus aiſé de les reconnoître & de les juger.

Le vieux *loup* a le pied gros, le talon large &
gros, dont il forme trois foſſettes en terre; il a les
ongles gros & courts: ſon pied de devant eſt beaucoup plus gros que celui de derrière; l'un & l'autre ſont très-ſerrés. Un vieux *loup* qui va d'aſſu-
rance, ne ſe méjuge pas, c'eſt-à-dire, qu'il met
régulièrement le pied de derrière dans celui de
devant: s'il trotte, le pied de derrière ſe trouve
placé à deux ou trois doigts de celui de devant.
La louve a le pied à-peu-près fait comme celui du
loup, mais il eſt plus long, plus détaché, & beaucoup plus étroit; ſes ongles ſont plus petits: en
un mot, elle a le pied moins gros, plus ſerré,
plus étroit, & le talon plus petit. Lorſque le limier, dont on ſe ſert, n'eſt pas uniquement deſ-
tiné à la chaſſe du *loup*, & que ne pouvant revoir
de ce dont il fait ſuite, on eſt incertain s'il ſe rabbat d'un *loup*, ou de quelqu'autre animal, il faut
en juger par ſa façon de faire; car ſi, ſans remuer
la queue, il flaire la branche d'un air fâché, &
fuit d'un air mécontent, il n'eſt pas douteux qu'il
ſe rabbat ſur un *loup*; & ſi l'on veut ſavoir ſi c'eſt
d'un *loup* ou d'une louve, on fera attention aux
carrefours, qui ſont les endroits qu'ils choiſiſſent
ſouvent pour jetter leurs *laiſſées*, & ſe *déchauſſer*,
c'eſt-à-dire, gratter la terre, comme les chiens,
avec les pieds de derrière lorſqu'ils ont fini: ſi
c'eſt d'un *loup*, ſes laiſſées ſont plus dures que
celles d'une louve; & en ſe déchauſſant, il gratte
la terre avec plus de violence, & ſes ongles ſont
plus gros: d'ailleurs le *loup* jette preſque toujours
ſes laiſſées ſur une pierre, ſur une motte, ou ſur
une brouſſe; au lieu que la louve les jette au milieu du chemin, & les jette plus molles. Le *loup*
& la louve ſont très-aiſés à diſtinguer par leur façon de piſſer, qui eſt bien différente, & que les
chiens vous marquent, quoique la place ſoit ſèche,
& ne ſoit plus apparente: le vieux *loup*, pour piſſer, va lever la jambe contre une branche, ce que
le chien vous marque, en flairant la branche du
haut en bas; la louve au contraire piſſe au milieu
du chemin, en s'accroupiſſant, ce que le chien
vous marque pareillement, en portant le nez tout
autour de la place où elle a piſſé.

Le louveteau a le pied ouvert, & preſque auſſi
long que rond, ce qui provient de la foibleſſe de
ſes nerfs; il eſt ſujet à ſe méjuger: il a les ongles
beaucoup plus menus & plus pointus que le vieux
loup. Il y a de gros chiens qui ont le pied auſſi
grand qu'un *loup*, mais il eſt aiſé d'en faire la différence; car le chien a le talon étroit, le pied
ouvert, & preſque auſſi rond que long; ſes allures
ſont plus courtes, ſes ongles ſont menus, & il ſe
méjuge ſouvent.

Quand on dreſſe un limier pour le *loup*, il faut le

mener d'abord avec un chien bien dreſſé, & faire
paſſer alternativement l'un devant l'autre; ce qui
donne de l'ardeur & de la hardieſſe à celui que
l'on dreſſe. Il faut lui faire faire de belles ſuites:
la ſaiſon des louveteaux eſt la plus favorable pour
cela. Quand le limier, que l'on dreſſe, fait rencontre de voie de *loup*, on lui parle en ces termes:
harloup, l'ami, après, après, harloup...... on fait
ſuite pendant une demi-heure ou une heure; au
bout duquel tems on arrête ſon limier, pour le
laiſſer repoſer; & il faut, pour l'encourager, le
bien careſſer.

La quête de *loup* eſt la plus déſagréable: il eſt
très-difficile à trouver, parce qu'il rentre tantôt
matin, tantôt tard; il eſt aujourd'hui dans un endroit, & demain dans un autre; il reſte ſouvent
ſur pied, & prend très-aiſément le vent du trait,
ſur-tout la louve qui a des louveteaux. Il faut donc
les détourner avec beaucoup de précaution, & ne
point les approcher à mauvais vent. Pendant l'été
les *loups* n'ont pas de demeure fixe: ils reſtent ſouvent au milieu des grains, & les louves y font
quelquefois leurs petits. On commence ſa quête
dans la campagne, & autour des villages & des fermes; car le *loup* ne fait ſa nuit ſous le bois, qu'autant qu'il y auroit traîné quelqu'animal, qui ſuffiroit
pour le nourrir pendant pluſieurs jours; encore ſa
gloutonnerie & ſa prévoyance l'engagent à venir
à la chaſſe, lorſqu'il a mangé ſa ſuffiſance. L'on ne
doit jamais, en faiſant ſon rapport, aſſurer que
l'on a un *loup* dans ſon enceinte, mais dire qu'on
y en a laiſſé un, & que l'on croit qu'il y reſte, car
cet animal eſt ſouvent ſur pied; & très-ſouvent,
dans l'inſtant que l'on va frapper à la briſée, il eſt
déjà à une lieue de là.

L'attaque du *loup* ſe fait comme celle des autres
animaux; mais c'eſt une folie de de vouloir forcer de vieux *loups*: car le meilleur équipage, s'il
n'emploie ni fuſil ni lévriers, en manquera au
moins huit, ſur douze qu'il attaquera. Les relais
ne ſont point aiſés à placer pour cette eſpèce de
chaſſe; parce qu'un *loup* perce droit devant lui,
& qu'il n'eſt guère poſſible de relayer qu'aux dé-
buchés. On ne crie pas *tayaux* pour la vue du *loup*,
mais *vlao*; & lorſque l'on parle aux chiens, ſoit
en quêtant, ſoit pendant la chaſſe, on ajoute *kar-
loup* à preſque tous les mots qu'on leur dit. Il n'y
a pas tant de change à craindre à la chaſſe du *loup*,
qu'à celle des autres animaux; cependant il le
donne auſſi.

La façon la plus ſûre & la plus aiſée de chaſſer le
loup eſt de le lancer avec les chiens courans, & de
le faire coëffer & prendre par les dogues & lévriers, que l'on tient en laiſſe ſur le bord du bois,
& que l'on lâche deſſus quand il vient pour paſſer
d'un bois à un autre.

Il y a encore une façon plus ſûre de le tuer, qui

eſt en routaillant devant les chiens. On commence par détourner le *loup* avec un limier, & avant de mettre les chiens dans l'enceinte, on poſte tout autour des tireurs ; & quand le *loup*, au bruit des chiens, vient pour paſſer d'une enceinte à l'autre, celui à qui il vient paſſer, lui tire ſon coup de fuſil. S'il eſt manqué au ſortir de cette premiere enceinte, on cherche encore à regagner les devants, pour ſe trouver ſur ſon paſſage ; mais il n'y a pas de tems à perdre, car il ne s'amuſe guere ſur ſon chemin, ſur-tout s'il a entendu un coup de fuſil.

Le *loup* pris, on en leve le pied droit de devant, pour le préſenter ; mais on n'en fait point la curée, comme du cerf, car très-peu de chiens mangent de ſa chair : il y en a cependant qui l'aiment, ſur-tout quand elle eſt rôtie.

Outre ces différentes façons de chaſſer le *loup*, il y a encore diverſes manieres de le prendre avec des rets, des laſſieres, des piéges, dans des trous, &c. &c.

Le *rets* eſt un grand filet de huit pieds de haut, & long de quatre ou cinq cents pieds. Il eſt fait de ficelle de trois lignes de diametre, les mailles ont cinq ou ſix pouces en quarré ; on le teint en vert & en brun : il eſt monté haut & bas ſur deux landons, que l'on nomme cables. On attache, pour le tendre, le cable d'en bas à des crocs fichés en terre ; celui d'en haut eſt porté ſur des fourches, placées l'une d'un côté, l'autre de l'autre : quand le *loup* vient à donner dedans, il en fait tomber une partie, dans laquelle il s'enveloppe & ſe prend. On tend le rets, quand on a reconnu la demeure du *loup*, du côté où l'on veut qu'il paſſe ; & tout le reſte de l'enceinte eſt bordé tout autour de payſans, que l'on a raſſemblés : on leur donne un ſignal, ſoit d'un coup de fuſil, ſoit en ſifflant, ou autrement : alors tous ſe mettent à crier, en s'acheminant du côté où eſt tendu le rets, & font grand bruit avec des bâtons, en traverſant le bois : le *loup* qui entend ce tapage autour de lui, gagne du côté où eſt tendu le rets, où l'on ne fait pas de bruit, & en paſſant le fait tomber ſur lui. Quand on a des chiens pour aider les traqueurs, cela n'en va que mieux ; car ils font doubler le pas au *loup*, qui ſe prend d'autant plus aiſément, qu'il donne dans le rets avec plus de force.

La laſſiere eſt une poche ou bourſe, ſemblable à celle que l'on tend ſur les terriers pour prendre les lapins avec le furet : il y a cette différence néanmoins, qu'une laſſiere a ſix pieds en quarré, & les mailles ſix pouces. La ficelle dont on la fait, a trois lignes de diametre ; & la corde ſur laquelle elle eſt montée, qui ſert de cordon à la bourſe, eſt groſſe comme le pouce : & quand un *loup* s'eſt

jetté dedans, plus il fait d'efforts pour en ſortir, plus il ſe bourſe & s'y enferme. Pour tendre les laſſieres, il faut qu'il y ait quelque foſſé ou haie bien fourrée, à laquelle on laiſſe quelques trouées, dans leſquelles on tend ces bourſes, pour conduire dedans les *loups*, de la même maniere qu'on les conduit dans le rets.

Pour prendre les *loups* dans la foſſe, on fait un trou, dont les quatre côtés forment une muraille à plomb, de ſix ou ſept pieds de large, & de huit à neuf de profondeur : on enferme l'ouverture avec une claie, que l'on couvre de feuilles & de mouſſe, pour empêcher de voir le trou qui eſt deſſous. Cette claie eſt ſuſpendue dans un ſi parfait équilibre, que lorſque le *loup* vient à paſſer deſſus, elle tourne, & il tombe au fond de la foſſe. Il ne faut pas que le trou ſoit fait dans un endroit humide, parce qu'il ſe rempliroit d'eau, & que le *loup*, qui nage très-bien, s'en ſauveroit. Pour attirer les *loups* dans ce précipice, on met au fond de la foſſe du carnage, ou bien on attache une oie ou agneau, ou quelqu'autre appât. Cette façon de les prendre eſt très-bonne ; mais il peut en réſulter beaucoup d'inconvéniens. On a vu des chaſſeurs tomber dans ces trous, & l'on y trouve quelquefois des chevaux, des chiens, des bœufs, des vaches, ou quelqu'autre animal.

Il réſulte auſſi pluſieurs inconvéniens des piéges ; car ſi l'on n'a pas grande attention de les détendre tous les matins, un homme, un cheval, ou un chien, peuvent s'y prendre, attendu qu'on les couvre de façon, qu'ils ne peuvent être apperçus. Les piéges à *loup* ſont les plus forts que l'on faſſe : ils ont quatre ou cinq pieds de tour, quand ils ſont tendus, & tiennent à une chaîne de fer, longue de trois pieds, au bout de laquelle il y a une barre de fer avec des crochets aux extrémités, pour empêcher le *loup* d'entraîner trop loin ſon piége ; car il ne faut pas que le piége ſoit attaché lorſqu'on le tend, l'animal le caſſeroit, ou à force de ſe débattre, y laiſſeroit ſa patte ; c'eſt ce qui fait que l'on tue quelquefois des *loups* & des ſangliers qui n'ont que trois jambes. Les endroits que l'on choiſit ordinairement pour tendre les piéges, ſont les bords des foſſés & les coulées, où l'on reconnoît que les *loups* paſſent ſouvent. On reuſe un peu la terre, pour y placer le piége avec ſa chaîne, après l'avoir frotté de laiſſées de *loup*, ou de crotin de cheval. On ne doit pas toucher le piége avec la main nue, mais ganté, pour que le *loup* ne l'évente pas. Quand le piége eſt tendu, on le couvre de feuilles, ou d'un peu de terre ; puis on ſe retire.

Si l'on ne veut point chaſſer le *loup* pour le courre, mais qu'au contraire on veuille le détruire, il y a une façon ſûre, qui eſt de les empoiſonner avec de la noix vomique en poudre, de l'éponge, du ſain-doux, & autres drogues que l'on met dans un chien ou un cheval mort.

Autres piéges.

Faites creuſer une foſſe de 14 à 15 pieds de profondeur en forme de cône tronqué avec une ouverture de ſix à ſept pieds, le tout bien muré. La foſſe doit être éloignée des arbres & buiſſons, dans un lieu découvert, de ſorte que le *loup* puiſſe appercevoir la proie que l'on y met. On évitera de creuſer la foſſe dans des terres fortes & humides où l'eau ſéjourne.

On poſe raiz-terre ſur cette ouverture une poutrelle de quatre à cinq pouces de face, qui fait ſaillie juſqu'au centre de la foſſe, ſcellée dans le mur, enterrée au niveau de la terre avec deux piquets qui en traverſent l'extrémité pour ſoutenir un plateau de ſept pouces de diamètre un peu creuſé, ſur lequel on met de la paille & un canard arrêté, comme les oiſeaux qui ſont à la galère, par un œillet de fer. Dans l'épaiſſeur du plateau, on aura pratiqué des trous à un pouce de diſtance, dans leſquels on inſère des baguettes de bois ſéches & caſſantes, dont le bout ſupérieur porte ſur le bord de la foſſe ; le tout ſe recouvre de paille ; on en met auſſi aux environs ſur leſquels on expoſe des quartiers de bêtes mortes & de morceaux de pains frits, ou des canards vivants ; les femelles ſont préférables, parce que leurs cris attirent mieux les *loups*. Le fond de la foſſe ſera garni d'un lit de ſarment & d'un autre de paille, pour que les animaux ne ſe bleſſent point en tombant, & ne puiſſent s'élancer hors du trou faute de point d'appui. Le meilleur temps pour tendre ces piéges eſt l'hiver, lorſqu'il neige ou qu'il pleut : on recouvre les foſſes en été avec des planches, de la terre & des brouſſailles, pour que les *loups* ne s'en méfient pas, & ne puiſſent les reconnoître.

Voici une méthode plus ſimple, plus facile que les autres, & également infaillible pour attirer les *loups* & les détruire par le moyen des piéges. Il faut prendre de la graiſſe d'un âne, gros comme deux œufs, & autant de terre d'argile, faire cuire le tout enſemble, juſqu'à ce que cela ſoit bien roux, & le mettre dans une poche de linge. On attache enſuite une louve privée ou ſauvage au milieu d'un bois, en ſuſpendant la poche à ſix pieds au-deſſus d'elle. La louve ſe voyant ſeule, ne ceſſe de regarder l'appât & de heurler toute la nuit ; les loups qui ſont aux environs y courent avec une ſi grande rapidité, qu'ils ſe précipitent dans les piéges dont on a eu ſoin d'entourer l'animal.

La trappe ne réuſſit que dans les chemins écartés ; pour n'y pas travailler inutilement, il faut avant de tendre ce piége ſe promener quelque temps après la pluie, ou que la terre eſt couverte de neige, & examiner ſi vous pourrez reconnoître la trace du *loup* : lorſque vous êtes ſûr de ſon paſſage, vous faites faire au milieu de ſa voie une foſſe de douze pieds de longueur, & de huit ou neuf pieds de profondeur ; il faut qu'elle s'élargiſſe vers le fond, afin que la bête ne puiſſe grimper pour en ſortir : cette foſſe ſera couverte d'un chaſſis de bois dont les extrémités s'étendront un peu au-delà, & entreront à fleur de terre. Sur un des petits côtés du chaſſis doivent être deux entailles également éloignées l'une de l'autre, & des deux bouts du chaſſis.

Au milieu de chaque pièce doit être auſſi une coche pour donner le moyen aux pivots de la trappe de tourner ; cette trappe ſera en manière de porte, & à ſes extrémités avanceront deux morceaux de planche, de forme proportionnée pour remplir les entailles du chaſſis.

On empêche que la trappe ne baiſſe de ce côté-là. On fait enſorte qu'il s'en manque de trois ou quatre doigts, que l'autre extrémité ne touche au bord du chaſſis : il eſt certain alors que de ce côté, la trappe, quand il le faudra, tombera tout-à-fait.

Après ces arrangemens, prenez une corde de ſix pieds ; attachez-là par un bout aux deux bords du chaſſis, & par l'autre au bout de la trappe, afin que la charge étant ſur ce côté qui balance, ne faſſe pas tout-à-fait tourner le piége, ce qu'elle feroit ſans doute, ſi la corde qui la retient, ne l'obligeoit à ſe refermer.

Pour bien faire jouer la machine, il faut qu'un des côtés ſoit plus chargé que l'autre, de manière, néanmoins que l'animal le plus petit n'y puiſſe marcher ſans rompre l'équilibre.

Pour tromper davantage le *loup*, on couvre la trappe de feuilles ou de branches ſéches, on en met auſſi autour à environ douze pieds de chaque côté, afin que l'animal ne s'effarouche pas, ce qu'il feroit, ſi le piége ſeul en étoit couvert.

Quand le *loup* mettra le pied ſur la trappe, elle ſe renverſera avec ſa charge dans la foſſe, & s'y refermera.

Pour attirer les animaux carnaſſiers à la trappe, on ſe ſert d'un mouton ou d'une oie ; ces animaux qui ne font que crier ou bêler jour & nuit, pour ſe faire entendre de leurs mères, ſe font encore plus ſûrement entendre du *loup*.

L'oie qui sert d'appât se place sur la branche d'un arbre au pied duquel la fosse est creusée, & qui avance sur la trappe : pour le rusé mouton, on lui attache les quatre pattes directement sur la trappe, en observant de charger le côté qui ne doit point balancer, de quelque fardeau proportionné, afin que la machine reste en état, jusqu'à ce que le *loup*, en se jettant sur sa proie, fasse pencher la balance.

Le *solitaire inventif* trouve la ruse suivante encore meilleure ; il propose de faire attacher quelque cadavre avec une corde à la queue d'un cheval, & de le faire traîner dans la plupart des chemins qui menent au piége, en le faisant sans cesse passer par-dessus la trappe ; on pend ensuite ce cadavre à un arbre voisin de la fosse, de manière qu'aucun animal n'y puisse toucher, sans se placer auparavant sur la machine ; cette amorce attirera sûrement les bêtes carnassières.

Quand un *loup* tombe dans un tel piége, il est tellement & si long-tems épouvanté, qu'on peut lui mettre un collier, l'enchaîner, le museler, & le conduire où l'on veut, sans qu'il fasse le moindre signe d'emportement. Gesner rapporte qu'une femme, un renard & un *loup* étant tombés pendant la nuit dans la même fosse, ils resterent chacun en leur place sans oser remuer, jusqu'au lendemain matin, qu'on trouva ensemble les trois prisonniers, on commença par tuer le renard & le *loup*, & on retira ensuite la femme qui n'avoit éprouvé d'autre mal que la frayeur.

Autres piéges usités pour la chasse du loup.

ON prend d'abord deux pièces de fer longues de deux pouces & demi, larges d'un seul, & de trois lignes d'épaisseur, ayant chacune à ses extrémités une double charnière percée d'outre en outre, pour y mettre une cheville de fer : ces deux morceaux de fer se mettent en croix.

Outre ces deux pièces, on en prend deux autres qui ont six pouces de long, une de large & deux lignes d'épaisseur ; à chaque bout on y fait une mortaise longue d'un pouce, & large d'environ quatre lignes : ensuite on croise ces deux pièces, en y mettant une cheville de fer, faite en fléché, ou langue de serpent.

On aura encore quatre branches de fer longues chacune de dix-huit pouces, & épaisses de deux ou trois lignes en quarré, excepté vers la dernière dent où elles doivent avoir cinq ou six lignes de largeur seulement, du côté où sont les dents. Ce même bout doit être rond, accompagné d'une charnière simple percée au milieu ; pour l'autre extrémité, elle sera faite dans la forme d'un crampon, avec deux branches longues de deux pouces.

Quand toutes les pièces de fer sont fabriquées, on les rassemble en croix ; le bout de la cheville doit être dans les trous pour river les deux bandes croisées, de manière qu'elles ne remuent point. On prend ensuite la fléche qu'on fait entrer par force dans une ouverture qui est au milieu de la croisée du piége ; on fait ensuite passer l'autre bout de la fléche dans une des mortaises, dont on a déja parlé & de-là dans les charnières des premières pièces de fer : on met sur-tout une cheville de fer rivée ; on observe les mêmes dispositions pour trois autres branches, de manière que les pointes des crampons soient toujours en haut, & le piége est monté.

Il ne reste plus que d'apprendre la manière de le tendre.

On cherche un endroit, où soit quelque cadavre d'animal récemment tué, & on s'y transporte avant le coucher du soleil avec une corde de la grosseur du petit doigt, & longue de deux pieds, un gros piquet, un marteau & son piége.

Quand on est arrivé, on observe avec soin le côté par où le *loup* peut venir à l'appât ; on s'écarte d'environ cinquante ou soixante pas du côté de la voie de la bête, & on fait une fosse ronde, & de la largeur du piége ; quand il est ouvert, cette fosse doit être dans le milieu, profonde d'un demi pied, & aller en diminuant du côté de la circonférence.

Au milieu de la fosse, il faut enfoncer un crochet pour attacher la corde qui sera liée à la boucle du piége ouvert dans la fosse, de manière que cette boucle tienne fortement avec la corde & le crochet du piquet.

Quand la machine est ainsi préparée, on coupe un morceau de cadavre dont nous avons parlé, de la grosseur de la tête, & on choisit un côté où il n'y a point d'os ; on met ce quartier de chair sur la fléche en le faisant entrer aussi avant qu'il est possible ; & on en frotte la corde & le piquet.

Il faut avoir outre cela la precaution de couper un autre morceau de cadavre, de le lier avec une corde, de le faire traîner aux environs de la machine, afin d'en laisser des traces, & que l'odeur qui s'en exhale amène sûrement la bête dans le piége.

Ce qui reste du cadavre en question, doit être suspendu au premier arbre avec un papier blanc à l'extrêmité, afin que le *loup* venant de nuit à l'appât, n'approche pas du cadavre. Cependant cet animal qui est affamé, ne trouvant aucun péril à devorer le quartier de chair qui se trouve sur la fleche du piége ; s'élancera dessus ; mais les dents du piége qui se détendront, le saisiront au corps, & le serreront d'autant plus, qu'il tirera davantage : ainsi il sera captif & on pourra le tuer sans peine.

Pour la bascule creusez une grande fosse, placez au milieu une perche qui tienne par des pivots aux deux bords, & attachez-y un oiseau ou quelqu'autre appât de cette nature.

Cette perche doit être comme une espèce de bascule qui s'ouvre & se ferme suivant le poids qu'on y place ; dès que l'animal carnassier viendra pour saisir sa proie, il fera tourner la machine, & tombera dans la fosse.

On prend quelquefois les *loups* à l'hameçon ; ces piéges sont faits exprès ; on le fabrique assez fort pour résister à la violence des bêtes qui s'y trouvent prises : il faut attacher à l'hameçon un gros morceau de chair, & on le pendra à quelque arbre avec une corne de la grosseur du doigt. Cet artifice réussit quelquefois lorsque la campagne est couverte de neige, ou que la terre est gelée : on tend ordinairement à la fois plusieurs hameçons.

On prend les *loups* avec des machines de fer, qu'on nomme *traquenards* ; il faut prendre les plus forts, & sur-tout ceux dont le ressort est le plus assuré. Ces piéges se tendent le soir, & on met auprès les appâts ordinaires.

On a déjà remarqué qu'il n'y a rien de si dangereux que l'usage des trapes, des piéges de fer, & des traquenards ; car il peut arriver que des enfans & des voyageurs imprudens tombent dans des embuches, qu'on ne tendoit que pour les *loups.*

Voici un piége qui n'a pas les inconvéniens que je viens de rapporter : on prend un certain nombre de perches qui aient au moins quinze ou dix-huit pouces de circonférence, & on les pique fortement en terre, de manière cependant qu'elles paroissent élevées d'environ huit pieds. On les place de deux pouces en deux pouces dans une espèce de quarré long, & pour les tenir plus fermes on y attache intérieurement quelques perches en travers.

Sur un des petits côtés de cette loge, il y a un espace vuide auquel on attache une porte avec de bonnes pentes & une forte serrure qui se ferme d'elle-même : on attache ensuite un anneau au fond de la chambre ; on y passe une corde au bout de laquelle on lie quelqu'appât, & à l'autre on attache un bâton qu'on met au-dessus de la porte & qui la tient entr'ouverte.

Le *loup* entrera dans la loge attiré par l'odeur du cadavre, & voudra emporter sa proie ; il fera alors tomber le petit bâton qui tient la porte ouverte. La loge se fermera, & l'animal se trouvera pris : on peut encore attacher une grosse pierre derrière la porte, afin qu'elle se ferme avec plus de promptitude.

Enfin on se sert des oiseaux de proie pour faire la guerre aux *loups* : le grand Kan des Tartares a des aigles apprivoisées & dressées pour cette chasse ; elle n'est point usitée en Europe.

Voyez planches 9, 25, 26, 27, 28 & 29, Tome IX des gravures des Arts et Métiers, & l'explication à la fin de ce dictionnaire.

Termes usités à la chasse du loup.

QUAND on a rassemblé ses vieils & ses jeunes chiens, on dit aux derniers, *velesci allé* ; on les nomme par leurs noms ; on leur crie, *harloup mes bélots, harloup*, & on sonne pour chiens, mais médiocrement, afin de ne pas les étonner & de les obliger à prendre la voie tous ensemble.

On appelle ses chiens de tems en tems pour les remettre sur les voies, tandis qu'un autre chasseur les fait suivre, en leur disant, *tirez, chiens, tirez* : lorsqu'on est joint, on leur crie encore, *harloup mes belots prali chien, rali & s'en va chiens : s'en va*, suivant que les jeunes chiens suivent les autres, & chassent sans prendre le change.

Quand on voit le *loup*, on dit : *voici la trace du loup*, ou *voici sa piste*. Cette piste se reconnoît par ses allures & ses fuites, ou par ses déchaussures.

Lorsqu'on a trouvé la piste de la bête jusqu'à son lit ou à sa flature, on dit au limier *velci-allé*, si le *loup* va d'assurance ; mais s'il est lancé, on lui crie, *velesci-allé, velesci-allé.*

Quand le lévrier suit pour lancer le *loup*, on lui dit : *après l'ami, après harout, harout hali, hou, hou, harloup, harloup.*

Lorsque le *loup* est donné aux chiens, on dit : *s'en va, s'en va chiens, mes bélots ; harloup, harloup ; outrevaut ; chiens, outrevaut* ; & quand on le voit, on crie : *velle loo.*

Dès que la bête est prise, on la fait fouler par les vieux chiens, pour obliger les jeunes à s'y joindre ; on prend le *loup*, & on le montre à ces derniers, en sonnant la grêle, & en criant : *voilà le mort, à moi chiens, tiébaut.* On leur dit aussi : *tirez, tirez, chiens, tirez, acoute à lui.*

LOUP-CERVIER, voyez LYNX.

LOUP - NOIR. Espèce de *loup* qu'on trouve dans les régions septentrionales ; celui d'Europe est plus grand que le *loup* ordinaire, & celui d'Amérique est plus petit. Il y a quelques années qu'on en a vu un à Paris, qui avoit été pris fort jeune au Canada. Cet animal avoit, comme les autres *loups*, plus de férocité que de courage. Il aboyoit par des cris interrompus, & souvent répétés.

LOUP DU MEXIQUE. Ce quadrupède n'est qu'une variété du *loup* de notre Continent ; & si l'influence du climat y a apporté quelque légère différence ; le naturel s'est conservé le même. La fourrure du *loup* du Mexique est une des plus belles & des plus recherchées. On en voit de toutes blanches.

LOUP-TIGRE. C'est l'animal qu'on nomme *guépard*. Sa robe est d'un fauve très-pâle parsemée de taches noires de deux à trois lignes de diamètre. Le *loup - tigre* est remarquable par la longueur de son poil, & sur-tout par une espèce de crinière de quatre à cinq pouces de longueur qui luipendsur le col & entre les épaules. Ce quadrupède habite les terres voisines du Cap de Bonne - Espérance. Il se tient caché pendant le jour dans quelque creux de rocher, & ne va chasser sa proie que pendant la nuit. Il fait un hurlement qui l'annonce, & qui avertit le chasseur de se tenir sur ses gardes.

LOUTRE, s. f. Quadrupède amphibie, qui est encore plus avide de poisson que de la chair des animaux terrestres. La *loutre* est de la taille du blaireau, mais ses jambes sont plus courtes : elle a la tête platte, le museau fort large, & de chaque côté il y a des moustaches composées de gros crins blancs & bruns. Elle a le col extrêmement court, le corps fort allongé, & la queue grosse à l'origine & pointue à l'extrémité. Son corps est recouvert de deux sortes de poils ; les uns longs & fermes, les autres drus & formant un duvet soyeux de couleur grise blanchâtre. Ordinairement les jeunes animaux sont jolis, mais la *loutre* est encore plus affreuse dans sa jeunesse que dans sa vieillesse ; sa tête est mal faite, ses yeux petits & couverts, son air obscur, ses mouvements gauches, son cri machinal, & toute sa figure dénotant la plus grande stupidité ! Cependant l'âge la rend industrieuse, elle fait la guerre avec avantage aux poissons ; on dit même qu'elle remonte d'abord les rivières, afin de n'avoir plus ensuite qu'à se laisser entraîner par le fil de l'eau, lorsqu'elle est chargée de sa proie. On ajoute encore qu'on l'apprivoise au point de pêcher pour son maître, & d'apporter fidèlement le poisson qu'elle a pris jusques dans sa cuisine.

Il est certain que la *loutre* est de son naturel, sauvage & cruelle : c'est le *loup* des rivières ; dès qu'elle peut entrer dans un vivier, elle dévore tout le poisson qu'elle peut saisir, & quand elle est rassasiée elle tue le reste.

La *loutre* devient en chaleur en hiver, & met bas au mois de mars ; ses portées sont de trois ou quatre. Cet animal sait nager entre deux eaux & y demeurer assez long - tems : cependant il vient par intervalle sur la surface, afin de respirer : faute de poissons, la *loutre* mange des écrevisses, des grenouilles, des rats d'eau, coupe l'écorce des arbres aquatiques & se nourrit même d'herbes nouvelles au printems : ces animaux se gîtent sous les racines des peupliers & des saules, dans la fente des rochers, & même dans des piles de bois à flotter : on y trouve souvent les têtes & les arêtes de poissons dont ils se nourrissent ; pour éviter les pièges qu'on leur tend, ils changent fort souvent d'asyle. Les castors font à la *loutre* une guerre utile.

La peau de la *loutre* sert à faire des manchons, & avec son poil on fabrique des chapeaux. Pour sa chair elle est dure & coriace, elle a un faux goût de poisson.

La *loutre* est assez généralement répandue en Europe depuis la Suède jusqu'à Naples : les Grecs la connoissoient, & elle paroît naturelle à tous les climats tempérés ; sur-tout à ceux où il y a de l'eau en abondance. La *loutre* du Canada fournit une fourrure encore plus belle que celle de Suède.

Comme on a regardé la *loutre* de l'Amérique Septentrionale, comme une espèce différente de la nôtre, il est bon de la faire connoître.

Cette *loutre* du Nouveau-monde a la même configuration que celle de l'ancien ; mais sa taille est beaucoup plus considérable, car sa longueur totale, en y comprenant la queue, est de quatre pieds trois pouces, tandis que les nôtres ont un pied de moins. Cependant Buffon juge que c'est une simple variété dans l'espèce.

Méthode pour employer la loutre à la pêche.

Un académicien de Stockholm a appris dans un mémoire curieux le moyen de dresser cet animal destructeur à une pêche qui n'est utile qu'à son maître.

On prend une *loutre* fort jeune ; on l'attache d'abord avec soin, & on la nourrit pendant quelques jours avec de l'eau & des poissons, ensuite on détrempe dans cette eau du lait, de la soupe, des choux & des herbages ; quand l'animal l'animal commence à s'habituer à ces nouveaux alimens, on substitue le pain au poisson ; cependant de tems en tems on lui en donne les têtes, & bientôt l'habitude corrige en elle la nature.

On dresse la *loutre*, après quelques mois de prison, à rapporter, comme on dresse un jeune chien ; & quand elle est assez exercée, on la mène au bord d'un ruisseau, on lui jette du poisson qu'elle rapporte, & dont on lui donne la tête à manger pour récompense. Dans la suite on lui donne plus de liberté, & on la laisse aller dans de petites rivières : cet animal commence à agiter les eaux pour faire fuir le poisson sur les rivages entre les cailloux ; c'est-là où il le saisit pour les apporter à son maître, qui tire de lui le service que les chasseurs tirent du faucon.

C'est principalement en Suède que cette espèce de pêche est usitée. Un naturaliste rapporte qu'il s'y trouve des cuisiniers qui envoient leurs *loutres* dans les viviers pour prendre du poisson. La *loutre* leur tient lieu d'aide de cuisine.

Chasse de la loutre.

Pour cette chasse on se sert ordinairement de bassets ou de briquets, ou de chiens de plaine qui ne craignent point l'eau, & que l'on mène les premières fois avec des chiens accoutumés à cette chasse, pour les mettre dedans ; car la chasse de la *loutre* est différente de toutes les autres : voici comme il faut s'y prendre. Les jours que l'on veut chasser, on va dès la petite pointe du jour quêter avec ses chiens autour des étangs ou rivières où l'on imagine trouver quelque *loutre* : il faut remarquer qu'on ne doit pas quêter la *loutre* en suivant le cours de l'eau, mais toujours en remontant ; parce que le courant de l'eau apporte aux chiens le sentiment de l'animal. Si l'on remarque du pied sur le rivage ou dans la boue, on met les chiens dessus, & l'on cherche à lancer la *loutre* : un homme seul peut aller à cette chasse, mais pour plus grande réussite, il faut y avoir plusieurs ; & outre les chasseurs qui portent des fusils, qu'il y ait encore d'autres personnes avec des bâtons ou des fourches, pour battre sous les banques, les racines, les souches & les touffes de roseaux & d'herbes, dans lesquelles on fourre les bâtons, pour ne point laisser l'animal derrière soi. Si les chiens trouvent la nuit d'une *loutre*, ils s'en rabattent chaudement : il faudra les échauffer encore davantage, en leur faisant flairer son épreinte, que l'on trouve sur le bord de la rivière, d'espace à autre ; & comme elle entre & sort souvent de l'eau, il faut bien remarquer de quel côté elle a la tête tournée, ce qui est aisé à reconnoître par son pied, que l'on voit imprimé dans la boue. Comme la *loutre* ne cherche que les endroits où elle puisse trouver

du poisson, & qu'elle habite également les grandes rivières, les étangs, les ruisseaux, & tous les endroits marécageux ; il faut, autant que l'on peut, chercher à la lancer où il y a moins d'eau ; & dans ces sortes d'endroits elle ne peut guère échapper ; car on partage ses chiens moitié d'un bord, moitié de l'autre, & les chasseurs se partagent de même. Il faut qu'il y en ait toujours un, cent pas en avant des chiens, pour voir passer la *loutre*, & pouvoir la tirer dans les endroits les plus clairs, & où il y a moins d'eau. Un autre reste cent pas au-dessous des chiens, & un troisième avec les chiens, pour les appuyer & les chasser. S'il arrive que la *loutre*, pressée par les chiens, passe au poste de celui qui est au-dessus ou au-dessous, sans y être tuée, celui qui l'a manquée crie *tayaux*, pour avertir celui qui mène les chiens, qu'il est passé, & regagne à toute jambe un autre endroit clair à cent pas plus loin, pour tâcher de prendre sa revanche. On recommence la même cérémonie, jusqu'à ce que l'on ait réussi à tuer l'animal.

La quantité prodigieuse de poissons que mange la *loutre*, fait qu'elle n'habite pas long-tems les endroits où il y en a peu, parce qu'elle n'y trouveroit pas de quoi vivre ; de sorte qu'il y a des terriers de distance en distance, dans lesquels elle se voit pressée des chiens : lorsqu'elle y est une fois, il est dangereux d'y laisser entrer les chiens ; car la *loutre* a la dent très-vénimeuse, & leur coupe le nez & les oreilles : il vaut donc mieux boucher la gueule du terrier, & faire une tranchée au-dessus, pour la prendre ensuite avec des tenailles.

Lorsqu'il y a beaucoup d'eau, comme dans un étang, ou dans une rivière un peu grande, la chasse est plus difficile ; & le plus court est de tendre des pièges, que l'on place sur les rives, ou sur une petite isle, & qu'il faut bien se donner de garde d'attacher avec une corde ; car la *loutre*, après l'avoir mangée, emporteroit le piège : mais il faut l'attacher avec une petite chaîne, au bout de laquelle on met un morceau de liège ; car si l'on y mettoit une vessie, la *loutre* la déchireroit de rage, & elle ne serviroit à rien.

La peau de la *loutre* sert, comme celle de castor, à faire de très-beaux chapeaux, & les gardes les vendent très-cher ; ainsi l'on y trouve du profit, indépendamment de celui qu'il y a à conserver son poisson.

LOUVART ou LOUVETEAU. Petit de la louve. La mère ne l'allaite que pendant quelques semaines. Voyez *loup*.

LOUVE. Femelle du loup.

R r

LOUVETERIE. Equipage pour la chaffe au loup.

LOWA. Oifeau pêcheur, qui eft une efpèce de cormoran que les Chinois dreffent à la pêche. On dit que l'on accoutume ces oifeaux à partir au fignal donné par un coup de rame fur l'eau, à plonger, à faifir le poiffon par le milieu du corps, & à retourner à la barque avec leur proie. On dit encore que ces oifeaux fe mettent plufieurs enfemble pour s'aider mutuellement à enlever les gros poiffons. On leur met un anneau au bas du cou pour les empêcher d'avaler leur prife.

LUMME ou LIOMEN. Bel oifeau aquatique d'Iflande & du Groenland. Il eft de la groffeur d'une oie. Il a le bec étroit & noir, fes ailes font petites, & fon vol eft très-pefant. Ses pattes qui font très-reculées ne lui permettent pas de marcher ni vîte, ni long-temps. Ces oifeaux font fur-tout remarquables par les foins extrêmes qu'ils prennent de leurs petits pour les élever, pour les éduquer, & pour les défendre dans l'eau, dans l'air, & fur terre.

Il fe trouve des *lummes* de diverfes groffeurs dans les mers des Kamtfchadales.

LYNX. Quadrupède que le peuple a nommé *loup-cervier*, parce qu'il a un hurlement, qui de loin reffemble à celui du loup, & qu'il attaque les cerfs; il reffemble au chat par la forme du corps. Celui que M. d'Aubenton a mefuré pour l'histoire naturelle, avoit deux pieds cinq pouces & demi depuis le bout du museau jusqu'à l'anus & environ un pied quatre pouces de hauteur, & il ne pefoit pas tout-à-fait vingt-quatre livres.

Le *lynx* a l'air agréable, le regard doux & les yeux brillans, il eft communément de la grandeur du renard; il marche & faute comme le chat, vit de chaffe, & pourfuit fon gibier jufqu'à la cime des arbres; les chats fauvages, les martes, les hermines, & les écureuils ne peuvent lui échapper; il faifit auffi les oifeaux, attend les cerfs, les chevreuils & les lièvres à quelque paffage étroit, les terraffe & leur fuce le fang, ou leur mange la cervelle: fon poil change de couleur fuivant les climats & les faifons: les plus belles fourrures qu'il fourniffe font celles d'hiver; pour fa chair elle n'eft pas bonne à manger & il en eft de même de tous les animaux de proie.

Les plus beaux *lynx* font en Afrique, on eftime particuliérement ceux de Perfe: cependant il ne faut pas chercher cet animal dans les climats les plus chauds de notre continent: on en trouve un grand nombre au Nord de l'Allemagne, en Lithuanie, en Mofcovie & en Siberie, & on fait un grand commerce de fes fourrures à Ufli-vaga, ville éloignée de Mofcow de fix cents milles.

Cet animal eft très-rare en France. En 1777 il en fut apporté un de l'âge de huit mois qui avoit été pris tout jeune dans les Pyrénées par un payfan à la fuite de fa mère, qu'il venoit de manquer d'un coup de fufil, (gazette de France du 28 juillet 1777.) Depuis il en fut tué un autre dans une battue de loups fur les montagnes des environs de St. Gaudens en Comminges. Comme l'animal ne fe rencontre que très-rarement & de loin en loin, il ne fut point connu d'abord; cependant de vieux chaffeurs de ce pays le reconnurent & atteftèrent en avoir déjà vu deux autres. Buffon, à qui ces faits manquoient lorfqu'il a rédigé l'article du *lynx*, ne pouvoit donc s'exprimer avec plus de juftesse, qu'en difant que, quoiqu'on fache par l'hiftoire que ces animaux exiftoient autrefois dans les Gaules, *il ne s'en trouve plus en France, fi ce n'eft peut-être quelques uns dans les Alpes & les Pyrénées.*

Les *lynx* appellés *loups-cerviers du Nord*, ont la peau tachetée dans le nord de l'Allemagne, en Mofcovie, en Sibérie, au Canada & dans les autres parties feptentrionales de l'un & de l'autre continent.

M.

MABOUJA ou MABOUYA. Espèce de lézard de l'Amérique, fort commun au Pérou & à la Jamaïque. Ce lézard a un pied de long & un pouce de grosseur. Il ressemble sans queue à un crapaud, il est noir & affreux. Pendant la nuit il pousse un cri effroyable qui annonce les orages. Il s'élance hardiment sur ceux qui l'agacent & se cramponne si fortement qu'on a de la peine à l'arracher, mais ses morsures ne sont pas dangereuses.

MACAQUE, s. f. Singe à longue queue. Il a le corps ramassé, la tête grosse, le museau large, le nez plat, les joues ridées. Il est d'une laideur hideuse, mais d'une humeur douce & docile ; cette espèce est ordinaire de Congo, & se trouve aussi dans plusieurs parties méridionales de l'Amérique.

MACAO, ou MACAOW ; grand & beau perroquet du Brésil, dont le plumage est varié de bleu, de rouge & de vert.

MACAVEUX, s. m. Cet oiseau a le bec épais, un peu long, comprimé latéralement, d'une forme presque triangulaire, pointu, d'un bleu terne à sa base, rougeâtre vers la pointe. Sur chaque côté du bec sont pratiquées trois rainures ou rigoles creuses. Il a uniquement trois doigts placés en avant & palmés. Les pieds, les doigts & les membranes sont orangés. Les parties supérieures de la tête & du cou sont d'un cendré foncé. Le dos, la queue & les ailes sont d'une couleur noirâtre. Cette espèce habite les bords des mers septentrionales, elle se nourrit de poissons. Ces oiseaux volent en troupes ; beaucoup passent en Irlande vers la fin de mars, & disparoissent au mois d'août. Quand le *marcaeux* est attaqué par un autre oiseau, il saisit son ennemi à la gorge, l'entraîne au dessus de la mer, & tombant avec lui il l'étrangle dans l'eau.

MACHLIS, s. m. Ce quadrupède est fort commun dans la Scandinavie ; il a, dit-on, les jambes sans jointures, ensorte qu'il se repose debout appuyé contre un arbre, parce qu'il ne pourroit se relever s'il étoit couché. On ajoute qu'il va d'une si grande vitesse qu'il ne peut être forcé à la course. M. Haller observe que cet animal sans jointures aux jambes est imaginaire, & que le *machlis* est l'élan sous un autre nom.

MACREUSE, s. f. Oiseau aquatique & noir du genre du canard. Son bec plat, large & noir, a des deux côtés disposés en petites lames qui s'engrainent les unes dans les autres, ce qui lui donne la facilité de saisir les insectes renfermés dans les coquillages. La femelle de cet oiseau est grise & se nomme *bisette*. La *macreuse* se plonge jusqu'au fond de la mer pour chercher dans le sable les insectes, les coquillages & les petits poissons dont elle se nourrit. Elle a de trop petites ailes pour voler, mais elle s'en sert pour courir sur la surface de l'eau. Ces oiseaux abondent en Écosse. Sa chair est dure, coriace, d'un suc grossier, & d'un goût sauvage. Mais l'art du cuisinier fait en corriger les défauts, & la fait servir comme le poisson en maigre.

MADRÉ. Oiseau, ce terme se dit en fauconnerie d'un oiseau de proie qui a mué plusieurs fois.

MAGOT ou TARTARIN, ou MOMENET CYNOCÉPHALE. Espèce de singe qui a trois pieds ou trois pieds & demi de hauteur. Il marche sur ses pieds de derrière & plus souvent à quatre pattes. Il n'a point de queue, ou plutôt il n'a qu'un petit bout de peau qui en a l'apparence. Il a des abajoues, & des dents canines fort grandes. Sa face est relevée par le bas en forme de museau, son poil est d'un brun verdâtre sur le dos, & d'un jaune blanchâtre sous le ventre. Cette espèce est commune dans les climats chauds de l'Asie & de l'Afrique. Les *magots* sont d'une figure hideuse, & d'un tempérament lubrique ; mais ils sont assez habiles à faire des tours, & à se prêter aux services que les charlatans veulent tirer de leur agilité & de leur souplesse.

MAGOUA, s. m. Cet oiseau est commun au Brésil. Il est de la grandeur du faisan, & très-charnu. Il a le plumage blanc sur la gorge & sur le ventre, il est sur le corps d'un gris varié de blanc & de vert. Cet oiseau pousse un sifflement grave & très-fort au coucher du soleil.

MAHUTES ; ce terme, en fauconnerie, désigne le haut des ailes près du corps des oiseaux de proie.

R r 2

MAJA ou MAIA. Nom de deux espèces de jolis petits oiseaux du genre du moineau qui se trouvent en Amérique & dans les Indes Orientales. Ces oiseaux ont leur plumage varié de noirâtre & d'un marron pourpre, avec une bande large de cette couleur sur la poitrine. Ces oiseaux volent en troupe, & font beaucoup de dégât dans les terres ensemencées de riz dont ils se nourrissent. Leur chair est d'un goût excellent.

MAIGRE. On dit en fauconnerie : *voler bas & maigre* ; c'est-à-dire de bon gré.

MAILLES. Ouvertures qui sont entre les tresses des filets : il y a des *mailles à losange* qui sont celles dont la pointe est en haut quand le filet est tendu ; les *mailles quarrées* ne sont pas tout-à-fait tant en usage : on connoît aussi dans la composition des filets les *mailles doubles*.

MAILLER. Terme de vénerie ; un perdreau se *maille* quand il commence à se couvrir de mouchetures ou de madrières. Les perdreaux ne sont bons que quand ils sont *maillés*.

MAILLURES, signifie en fauconnerie, taches, mouchetures & diversité de couleurs, qui sont des espèces de *mailles* sur les plumes des oiseaux de proie.

MAIMON, s. m. Cette espèce de singe a la queue nue, menue & tournée comme celle des cochons. Il a le museau très-large & les orbites des yeux fort saillantes en dessus. Il a la face, les oreilles, les mains & les pieds nuds & de couleur de chair. Son poil est d'un noir d'olive sur le corps & d'un jaune roussâtre sur le ventre. Il a deux pieds & demi de hauteur, il marche tantôt sur deux pieds, tantôt sur quatre. Son naturel est vif, mais doux, traitable & caressant. Il est commun à Sumatra & dans les autres provinces de l'Inde-Méridionale.

MAIN, terme de fauconnerie. En parlant du faucon, pour en faire l'éloge, on dit qu'il a la main habile, fine, bonne, gluante, déliée & bien onglée : on dit dans le sens contraire qu'il l'a grasse, charnue, &c.

On dit aussi, les doigts & les ongles du faucon, excepté les ongles de derrière ; qu'on nomme *avillons*.

MAINATE, s. m. Oiseau des Indes Orientales qui a la grosseur & le plumage d'un petit corbeau fort noir. Son bec & ses jambes sont jaunes, ainsi que la huppe qu'il porte derrière la tête. Cet oiseau est susceptible d'apprendre à parler, à siffler, à chanter.

MAKI. Le nom de *maki*, suivant Buffon, est un mot générique qui convient au mokoko, qu'on connoît sous le titre de *maki à queue annellée*, au *mongon* appelé vulgairement *maki brun*, & au *vari*, appelé aussi *maki pie*.

Tous ces animaux sont originaires de l'Afrique Orientale, & sur-tout de l'isle de Madagascar, ils semblent faire la nuance entre les singes à longue queue & les animaux fissipèdes ; car ils ont quatre mains & une longue queue comme les premiers, & en même-tems le museau long comme la fouine & le renard : ils tiennent cependant plus par le caractère & les habitudes, au singe, qu'au renard ; car quoiqu'ils mangent quelquefois de la chair, ils sont moins carnassiers que frugivores.

MALBROUCH, ET LE BONNET CHINOIS. Espèce de guenon ou singe, qu'on voit au Bengale. Cet animal a la face d'un gris cendré, les paupières couleur de chair, les yeux grands, le museau large & relevé, les oreilles grandes, minces & de couleur de chair, & un bandeau de poil gris. Sa longueur est d'un pied & demi depuis l'extrémité du museau jusqu'à l'origine de la queue. Ces singes marchent à quatre pieds, ils se réunissent en troupes pour aller dérober les cannes à sucre.

MAL SEMÉ ; en vénerie on se sert de ce terme quand le nombre des andouillers est impair aux têtes du cerf, du daim, & du chevreuil.

MANAKIN, s. m. Oiseau commun au Brésil, au Mexique & à Cayenne. On en connoît plusieurs espèces. Cet oiseau est de la grosseur du bec-figue. Il est agréable par la beauté de son plumage, & par son gazouillement doux & fin. Il a quatre doigts, trois devant & un derrière ; le doigt du milieu est réuni aux autres seulement par la première articulation. Son bec est court & comprimé vers la pointe.

Il y a de ces oiseaux chaperonnés de noir, qui ont le dessus du corps noirâtre ainsi que les ailes & la queue, & un collier blanc ; d'autres sont d'un noir changeant en couleur d'acier-poli avec la gorge blanche. Plusieurs sont chaperonnés de blanc ; & couronnés d'une couleur d'or mêlée d'un rouge vif. D'autres sont en partie d'un très-bel orangé & en partie d'un noir d'acier, avec la tête d'un rouge vif & un collier couleur d'or ; d'autres sont d'un bleu éclatant ; d'autres enfin sont d'un beau noir de velours & couronnés d'une huppe d'un rouge très-vif en forme de bouclier.

Ces oiseaux habitent les bois. Leur vol est rapide & peu élevé.

MANCHE DE VELOURS, oifeau d'Angola. Il eft de la groffeur d'une oie. Son bec eft long & fon plumage extrêmement blanc, avec de petits points noirs fur les ailes. Il voltige fur les eaux pendant tout le jour, & retourne la nuit au rivage.

MANCHOT, f. m. Genre d'oifeau aquatique qui fe trouve dans les mers méridionales. Il a quatre doigts dont trois antérieurs & palmés. Celui de derrière eft ifolé & élevé. Son bec eft droit. Le bout de la machoire fupérieure eft crochu, celui de l'inférieure eft tronqué. Le *manchot* a les ailes fi courtes qu'il ne peut s'en fervir pour voler, & fes petites plumes reffemblent à des écailles par leur dureté. Le *manchot* eft de la groffeur d'un canard, il habite les eaux, & fe tient foulevé à leur furface.

MANDRILL ou BOGGO. Efpèce de babouin ou de finge d'une laideur affreufe. Il a des abajoues, une queue de deux ou trois pouces de longueur, le nez tout plat, ou plutôt deux nafeaux d'où découle continuellement une humeur, le corps trappu, des feffes couleur de fang, la face violette, fillonnée des deux côtés de rides profondes & longitudinales, les oreilles nües, ainfi que le dedans des mains & des pieds, le poil long d'un brun rouffâtre, fa hauteur à-peu-près de quatre pieds & demi. Il marche fur deux pieds plus fouvent que fur quatre.

MANGEURE. Terme de vénerie, qui fignifie la pâture du fanglier.

MANGOUSTE, f. f. Quadrupède de la grandeur de la fouine qu'on apprivoife en Egypte, comme le chat en Europe : la nature bien plus que les hommes, l'a dreffé à la chaffe des oifeaux, des lézards, des infectes & des ferpens; il attaque tout ce qui lui paroît vivant, & fe nourrit de toute fubftance animale. On s'imagine bien que fon courage doit tenir de la témérité. La *mangoufte* ne s'effraie ni de la colère du chien, ni du venin des ferpens; elle attaque les petits crocodiles, on a même prétendu qu'elle entroit dans le corps des grands lorfqu'ils étoient endormis & n'en fortoit qu'en leur déchirant les vifcères. Cet animal eft beaucoup plus grand en Egypte, où il eft apprivoifé, que dans l'Inde où il eft encore fauvage.

La *mangoufte* habite volontiers aux bords des eaux : dans les inondations elle gagne les terres élevées, s'approche fouvent des lieux habités pour y chercher fa proie, marche fans bruit, & fuivant le befoin varie fa démarche; elle a le corps agile, la phyfionomie fine & le regard étincelant; le mâle comme la femelle a contre les conduits naturels une ouverture dans laquelle fe filtre une efpèce de parfum.

Cet animal croît promptement, & ne vit pas long-tems; on le trouve dans toute l'Afie-Méridionale, depuis l'Egypte jufqu'à Java, & en Afrique jufqu'au Cap de Bonne-Efpérance : on ne peut l'élever dans les climats tempérés, parce que le vent lui nuit, & que le froid le fait mourir.

MANIKIN, f. m. Efpèce de grand finge qui fe trouve à la Côte d'Or. Son poil eft noir & de la longueur du doigt. Il a la barbe blanche & fi longue qu'on la nomme *monkeys* ou le *petit moine*. Les nègres fe font des bonnets avec fa peau.

MANIKOR, f. m. Oifeau de la Nouvelle Guinée. Il a le deffus du corps noir avec des reflets verdâtres, & le deffous d'un blanc fale, fa poitrine eft de couleur orangée, fon bec & fes pieds font noirs.

MANSFENI, f. m. Oifeau de proie de la groffeur d'un faucon, mais dont les ferres font du double plus grandes & plus fortes. Sa chair eft bonne à manger, & recherchée par les habitans des Antilles où fe trouve cet oifeau.

MANTEAU, f. m. Ce terme en fauconnerie défigne la couleur du poil des animaux, & du pennage des oifeaux de proie. On dit ce faucon a le *manteau* bien bigarré.

MANTELURE, f. f. En vénerie on fe fert de ce terme pour faire la diftinction du poil du dos du chien d'avec celui des autres parties, quand le poil de deffus le dos eft d'une couleur différente.

MANUCODIATA ou MANUCODE. Superbe oifeau que les Indiens nomment le *roi des oifeaux de paradis*.

Le *manucode à bouquets* ou le *magnifique de la Nouvelle Guinée*, a pour caractère diftinct, deux bouquets de plumes étroites, jaunes, droites, qui font derrière le col : le fecond bouquet eft plus grand que le premier, accompagné de plumes ordinaires variées de brun & d'orangé. Cet oifeau a vers la queue deux filets longs d'un pied, d'un bleu changeant en vert éclatant.

Le *manucode noir* ou le *fuperbe de la Nouvelle Guinée*, eft couvert d'un plumage noir velouté avec des reflets d'un violet foncé. Deux bouquets de plumes noires recouvrent fes deux narines, deux autres naiffent derrière les épaules.

MARACANNA. Oiseau du Brésil. C'est un perroquet dont le plumage est d'un gris tirant sur le bleu. Il se nourrit de fruits.

MARACAXAO, ou *chardonneret verd.* Oiseau du Brésil, qui a le plumage varié de rouge, de jaune, de blanc & de vert. Il a les pieds gris. Il est de la grosseur du chardonneret, & son bec est pareil.

MARAIL DES AMAZONES. Oiseau dont le plumage est de couleur cendrée & noirâtre. On recherche le *marail* dans l'isle de Cayenne, & sur les bords de la rivière des amazônes, parce que sa chair est délicate & meilleure que celle du faisan.

MARAIN ou MERREIN. Ce terme se dit de la tige ou de la perche de chaque corne de la tête ou ramure du cerf.

MARCASSINS. On appelle ainsi les petits de la laye & du sanglier qui sont au-dessous d'un an. *Voyez* SANGLIER. *Voyez* aussi pl. 9 des chasses, tome IX des gravures des Arts & Métiers, & l'explication à la fin de ce dictionnaire.

MARCHETTE, s. f. Petit bâton qui tient le dessus d'un trébuchet, & sur lequel les oiseaux venant se reposer pour prendre l'appât qu'on a eu soin de mettre en-dedans, font détendre la trappe, & se trouvent pris.

MARECA, s. f. Canard sauvage du Brésil. On dit que sa chair rôtie ou grillée teint les mains ou le linge d'une couleur de vermillon sanguin.

MARGAUDER. Cri que les cailles font de la gorge quand elles veulent chanter.

MARGAY. Nom qu'on donne au Brésil à un quadrupède qui a la figure & la taille du chat sauvage, mais dont la tête est plus quarrée, la queue plus longue & le poil plus court. Il est de couleur fauve, & marqué de bandes, de raies & de taches noires. On le connoît à Cayenne sous le nom de *chat-tigré*; il vit de petit gibier & de volailles, s'apprivoise avec beaucoup de peine, & ne perd jamais son naturel féroce. Le *margay* est commun dans les provinces de l'Amérique méridionale.

MARIKINA, ou *singe-lion.* Il a les mêmes manières, la même vivacité, les mêmes inclinations, que les sagouins dont il paroît être une espèce; mais il a le tempérament plus robuste.

MARITACA, s. m. Quadrupède du Brésil, qui ressemble au furet, & se nourrit d'oiseaux & d'ambre gris. On dit que l'odeur infecte qu'il jette est mortelle pour les autres animaux.

MARMOSE, s. f. ou *rat manicou.* Ce petit quadrupède a environ sept pouces de longueur & quatre d'épaisseur. On dit que ses petits ne sont pas plus gros qu'une fève à leur naissance, & que la mère peut en produire jusqu'au nombre de quatorze, ayant autant de mamelles pour les nourrir.

La *marmose* se creuse un terrier pour se réfugier quand on la poursuit. Elle s'accroche aux branches d'arbres par l'extrémité de sa queue pour s'élancer sur les oiseaux & les petits animaux dont elle se nourrit. Elle mange aussi des fruits, des racines, des écrevisses, des poissons.

MARMOTE, s. f. Quadrupède de la grandeur du lapin, & qui joint beaucoup de force, à beaucoup de souplesse; il a le nez du lièvre, le poil du blaireau, les dents du castor, les pieds de l'ours & les yeux du loir. Sa voix est celle d'un petit chien; mais quand on l'irrite il fait entendre un sifflet extrêmement aigu; en été son corps exhale une odeur forte & désagréable, c'est la raison qui empêche qu'on ne se nourrisse communément de sa chair.

Cet animal, pris jeune, s'apprivoise aussi aisément qu'aucun animal domestique: on lui apprend à gesticuler, à danser & à obéir en tout à la voix de son maître. La *marmotte* a beaucoup d'antipathie pour les chiens; elle les attaque avec courage, & cherche à devenir maîtresse de la maison.

Ce quadrupède aime à ronger les meubles & à percer le bois, il court assez vite en montant; mais assez lentement dans la plaine; il grimpe sur les arbres & entre les murailles.

Quand les chasseurs découvrent la retraite de la *marmotte*, ils la trouvent resserrée en boule, l'emportent tout engourdie, & la tuent quelquefois, sans qu'elle paroisse sentir de la douleur. On choisit les plus grasses pour les manger, & les plus jeunes pour les apprivoiser.

Il faut avoir soin quand on va à la chasse de la *marmotte* de la laisser au moins un mois dans son caveau, avant de troubler son repos, & de ne point creuser dans son asyle, lorsque le tems est trop doux; sans ces précautions, l'animal se réveille, creuse plus avant, & échappe au chasseur.

La *marmotte* ne produit qu'une fois l'an, ses portées sont de trois ou quatre petits: son accroissement est prompt, & la durée de sa vie d'environ dix ans. Cet animal semble être originaire des Alpes, dont il habite les hauteurs; on en trouve cependant aussi dans l'Appenin, aux Pyrénées & sur les plus hautes montagnes de l'Allemagne. Dans quelque endroit qu'il habite, il choisit l'exposition du midi ou celle du levant, & les chasseurs ne s'y trompent jamais.

Observations sur la marmotte par Girtanner.

La marmotte n'habite que les montagnes les plus hautes & les plus inaccessibles. Elle choisit préférablement les petites vallées étroites, que laissent entr'elles des montagnes escarpées & des pointes de rochers taillés en pic. Elle préfère toujours la partie occidentale & méridionale de la montagne, comme la plus exposée au soleil, & évite soigneusement, pour former son habitation, tous les endroits humides. Au retour du printems, quand elle sort de sa retraite, où elle étoit engourdie pendant l'hiver, elle descend dans la région moyenne pour y chercher sa nourriture; mais pendant l'été elle remonte pour trouver la solitude & le voisinage des amas de pierres ou des cavernes, qui puissent lui servir de retraites contre tous les dangers imprévus.

Elle se nourrit d'herbes & de racines. Apprivoisée, elle mange presque tout ce qu'on lui offre, mais elle refuse constamment la viande. En buvant elle lève la tête à chaque bouchée, à-peu-près comme font les poules, & elle se tourne en même-tems de tous les côtés, par timidité. Elle ne boit que très-rarement, & Amstein suppose que c'est une des causes qui la font tant engraisser. Celles qu'on a apprivoisées sont très-avides de beurre & de lait.

A l'aube du jour, les vieilles marmottes sortent de leurs trous, & commencent à brouter après le lever du soleil: pendant le reste du jour elles font sortir aussi les jeunes. Celles-ci courent de tout côté, se font la chasse, s'essayent sur leurs pieds de derrière, & restent en cette position, tournées contre le soleil, avec un air de satisfaction incroyable. En général les marmottes aiment la chaleur, & elles se couchent au soleil, quelquefois pendant des heures entières, quand elles se croyent en sûreté. Toujours avant que de commencer à couper les herbes, ou pour leur nourriture ou pour leur provision d'hiver, elles s'asseyent toutes sur leurs jambes de derrière, en formant un cercle, & tournent leurs têtes de tout côté. La première qui croit appercevoir ou apperçoit quelque chose de suspect, en avertit la compagnie par un sifflement très aigu; les autres répondent l'une après l'autre, & alors elles prennent la fuite sans répeter ce cri davantage. Les chasseurs, en comptant le nombre de ces sifflemens successifs, peuvent savoir au juste le nombre de marmottes réunies dans l'endroit. Amstein compare ce sifflement à l'aboiement d'un chien, mais je n'ai pas trouvé juste cette comparaison; il imite plutôt au naturel le coup d'un sifflet ordinaire. La première fois

que je l'entendis, je me trouvois au sommet d'une des plus hautes montagnes du canton d'Undervalden, seul avec un guide, auquel je demandois avec la plus grande surprise, s'il y avoit des hommes dans cette solitude, tant j'étois persuadé que j'avois entendu partir plusieurs coups de sifflet tout à côté de moi. Il me montra en riant une douzaine de marmottes qui prenoient la fuite à notre approche, & en m'assurant que c'étoient elles qui venoient de siffler si naturellement. C'est à cause de leur méfiance qu'il est très-difficile de les approcher sans en être apperçu, parce qu'il y en a toujours une en sentinelle sur un rocher ou sur une pierre élevée. La vue de la marmotte d'ailleurs est très-perçante, & elle apperçoit à une grande distance un homme ou un chien qui approche de son habitation. Elle ne fait de mal à aucun animal. Elle fuit quand on la poursuit, & quitte même une partie de la montagne pour chercher une autre habitation, si on y revient souvent troubler sa tranquillité. On a vu des familles entieres de marmottes quitter l'habitation qu'elles s'étoient bâtie, & se transporter d'une montagne à l'autre, où elles se croyoient plus à l'abri des poursuites des hommes, quoiqu'obligées à recommencer là leurs travaux. On peut donc dire qu'en général elle préfère la fuite à la défense; cependant, quand elle se voit poussée à l'extrémité dans un endroit où la fuite lui devient impossible, elle se défend contre les hommes & les chiens en mordant & en égratignant tout ce qui l'approche.

Les *marmotes* vivent en société, & il y en a toujours un nombre plus ou moins grand ensemble, qui forment entr'elles une espece de famille. Dans le voisinage de leur habitation, on remarque plusieurs trous plus ou moins grands, & plusieurs cavernes formées sous des pierres ou de petites collines; mais chaque famille rassemblée n'a qu'une seule habitation d'hiver. Tous les autres trous ne sont que des retraites, où elles se mettent à l'abri du mauvais temps & des poursuites de leurs ennemis. Dans ces *habitations d'été* (c'est le nom que les chasseurs donnent à ces trous,) on ne trouve jamais du foin; & d'ailleurs il est facile de les distinguer des habitations d'hiver, parce qu'il y a toujours beaucoup plus de terre rejettée au-dehors de celles-ci, & parce que la quantité de cette terre augmente d'année en année, par l'aggrandissement des habitations à mesure que les familles augmentent. Dans quelques-uns de ces trous, que j'ai appellés habitations d'été, on trouve des excrémens en très grande quantité, pendant qu'il n'y en a point du tout dans les autres ni dans les habitations d'hiver; ce qui semble prouver ce qu'ont avancé quelques anciens auteurs, savoir, que la *marmotte* aime la propreté, & que ces trous sont destinés uniquement à cet usage. On distingue encore ces habitations d'hiver de celles d'été par le foin qu'on

voit répandu devant l'entrée des premières , sur-
tout au mois d'août & de septembre , pendant
qu'il n'y en a point du tout devant les dernières.
D'ailleurs , au mois d'octobre les habitations d'hiver font ordinairement bouchées ; ce qui est une
marque certaine que les *marmottes* s'y font retirées pour y passer l'hiver , pendant que les habitations d'été restent ouvertes toute l'année.

La *marmotte* creuse la terre avec une célérité
merveilleuse & un art admirable. Elle ne rejette
au-dehors qu'une très-petite quantité de la terre
qu'elle remue , & elle se sert de ses pattes qui
font assez larges , pour appliquer le reste aux
parois de la galerie , qui par-là devient plus ferme,
plus solide & moins sujette à s'écrouler. L'entrée
de la galerie est très-étroite , & quand on considère qu'elle n'a que six ou sept pouces de diamètre , on a peine à concevoir comme la marmotte
peut y passer. Si en creusant elle trouve une pierre
ou une roche qui l'empêche de continuer en ligne
droite, elle fait le tour de cet obstacle , ou creuse
dans un autre sens ; ce qui rend quelquefois la
galerie tortueuse , pendant qu'ordinairement elle
est droite. La longueur de cette galerie varie :
elle est de huit jusqu'à vingt pieds. A cinq ou
six pieds de l'entrée , elle se partage en deux
branches , dont l'une aboutit à la grande caverne ,
dont je parlerai bientôt , & l'autre à un cul-de-
sac, qui va plus ou moins en avant , ce qui donne
à la galerie la forme d'un Y. La grande caverne
est ronde , ou ovale , & voûtée : elle ressemble
à l'intérieur d'un four , & elle est plus ou moins
grande , selon les besoins de la famille , de sorte
qu'elle a de 3 jusqu'à 7 pieds de diamètre. Cette
caverne est jonchée d'une grande quantité de foin,
sur lequel , en hiver , les *marmottes* font couchées à côté l'une de l'autre , resserrées en boule,
ayant la tête près de la queue , engourdies , froides comme la glace , & ne donnant pas le moindre
signe de vie. On les trouve de cinq à quinze ensemble. Quelquefois , mais bien rarement , il n'y
en a qu'une seule ; d'autrefois on a trouvé dans
la même caverne deux nids & deux familles.
Après qu'elles se font retirées dans cette retraite,
elles en bouchent soigneusement l'ouverture avec
de la terre mêlée de pierres & de foin , du dedans
en dehors , de sorte qu'elles font absolument privées d'air pendant tout le temps qu'elles y séjournent.

En ouvrant leur retraite avec précaution , au
moins trois semaines ou un mois après qu'elles en
ont bouché l'ouverture , on les trouve , comme je
viens de le décrire , & on peut les emporter facilement. Dès qu'elles sentent la chaleur , elles se
réveillent en très-peu de temps. Celles qu'on
garde dans les maisons ne s'endorment point,
quoiqu'à l'approche de l'hiver elles suivent leur
instinct , en ramassant tout ce qu'elles trouvent
pour se faire un nid.

Elles entrent dans leur retraite au mois d'octobre , & n'en sortent qu'à la fin de mars ou au
commencement du mois d'avril.

Elles s'accouplent peu de temps après leur sortie. On ne sait pas au juste le temps de leur portée , qui cependant ne peut être que de peu de
semaines , parce qu'au mois de juin & de juillet,
on trouve déjà des petits de la grandeur des rats.
Les portées ordinaires font de deux , quelquefois
de trois ou de quatre.

On trouve dans leurs retraites au printems la
même quantité de foin qu'on y trouve en automne , ce qui prouve que pendant tout l'hiver
elles ne mangent rien. Dans celles qui ont été
tirées de leurs cavernes & disséquées au milieu
de l'hiver , on a trouvé l'estomac & les intestins
vuides , ce qui est encore une nouvelle preuve de
ce que j'avance.

Depuis Pline jusqu'à nos jours , on a débité
plusieurs histoires sur la manière ingénieuse dont
elles faisoient leurs provisions de foin pour se
former un lit pendant l'hiver ; mais il est prouvé
aujourd'hui que toutes ces histoires sont fausses.
M. de Buffon semble déjà avoir soupçonné que
ce qu'on racontoit à ce sujet n'étoit qu'une fable. Voici comme il s'exprime , page 26 : » On
» assure même , dit-il , que cela se fait à frais
» ou travaux communs , que les unes coupent
» les herbes les plus fines , que d'autres les ra-
» massent , & que tour-à-tour elles servent de
» voitures pour les transporter au gîte ; l'une ,
» se couche sur le dos , se laisse charger de
» foin , étend ses pattes en haut pour servir de
» ridelles , & ensuite se laisse traîner par les
» autres , qui la tirent par la queue , & prennent
» garde en même temps que la voiture ne verse.
» C'est à ce qu'on prétend par le frottement trop
» souvent réitéré , qu'elles ont presque toutes
» le poil rongé sur le dos. On pourroit cepen-
» dant en donner une autre raison , c'est qu'habi-
» tant sous la terre , & s'occupant sans cesse
» à la creuser , cela suffit pour leur peler le
» dos. »

On mange la chair de la *marmotte* , & plusieurs personnes la trouvent fort délicate. Pour
moi je lui ai trouvé un goût fade & désagréable.
La peau sert de fourrure , & les habitans des
montagnes se servent de la graisse fondue comme
d'un remède contre plusieurs maladies.

MARMOTTE BATARDE ; petit quadrupède , commun au cap de Bonne - Espérance ,
de la taille d'un fort lapin , mais plus gros & plus
ramassé. Ses oreilles font ovales presque cachées
sous les poils de la tête. Il a des moustaches
chacune composée de six poils. Son nez est
noir

noir & nud ; sa langue est épaisse & garnie de petits mamelons. De la machoire supérieure sortent deux dents assez longues, très-écartées, fortes & assilées de la forme d'un triangle allongé & à plat. Sa machoire inférieure est formée de quatre dents incisives. Ses pieds antérieurs sont forts, & cachés en partie sous la peau du corps. Les pattes antérieures sont divisées en quatre doigts & les postérieures en trois. La marmotte bâtarde n'a point de queue. Son poil laineux & doux ressemble à celui des lapins de garenne ; il est blanchâtre en-devant de la poitrine & du ventre. Cet animal est triste, vivant sous terre, & presque toujours endormi. Il marche par bandes. Il pousse des cris aigus & perçants. On dit sa chair bonne à manger.

MAROLY, oiseau de passage, originaire d'Afrique. Il est de la grandeur d'un aigle, & de la forme d'un oiseau de proie. Il a deux espèces d'oreilles d'une grandeur énorme qui lui tombent sur la gorge. Le sommet de sa tête est élevé en pointe de diamant & orné de plumes de différentes couleurs. Cet oiseau se nourrit de poissons, de serpens & de vipères.

MARQUETTE s. f. La marouette ressemble beaucoup au râle, si ce n'est qu'elle est plus petite ; aussi lui donne-t-on quelquefois le nom de petit râle d'eau. Cependant elle est différente non-seulement par la taille, mais par son plumage, qui est par-tout olivâtre, tacheté & nué de blanchâtre, dont le lustre sur cette teinte sombre, le fait paroître comme émaillé, ce qui l'a fait appeller râle perlé. Du reste ses habitudes sont les mêmes que celles du râle. Mais on en fait un cas bien différent ; car la marouette est un excellent gibier, sur-tout vers l'automne, temps où elle est fort grasse. Elle se tient comme le râle dans les queues marécageuses des étangs, mais plus fréquemment dans les prairies basses & humides, le long des rivières. surtout en certains cantons de la Normandie & de la Picardie, où ce gibier est fort commun. On l'appelle grisette dans cette dernière province.

MARQUER, on dit d'une perdrix qu'elle marque, quand le mâle de la grise a la crête de couleur de feu & le dessous de l'estomac à demi-couleur de minime. Le mâle & la femelle des perdrix rouges se ressemblent pour le plumage ; ils ne diffèrent qu'en ce que le mâle est un peu plus gros, & qu'il a derrière les jambes une espèce d'excroissance de la grosseur d'un pois, & qu'on nomme ergot. Les perdreaux n'ont point d'ergot.

MARTE, s. f. Ce petit quadrupède ressemble à la fouine ; cependant il a la tête plus grosse, plus courte, les jambes plus longues, & il est plus agile. La gorge de la marte est jaune ; son

poil est fin & bien fourni. La marte multiplie beaucoup dans les régions du Nord, & peu dans les climats tempérés. Elle se plaît dans les bois ; elle grimpe au-dessus des arbres ; elle vit de chasse, & détruit une grande quantité d'oiseaux. Elle cherche les nids pour en sucer les œufs. Elle prend les écureuils & les mulots. Elle mange aussi du miel. Quand on chasse la marte, elle se fait suivre long-temps par les chiens ; elle grimpe ensuite, & s'attache à la tige d'un arbre pour les mettre en défaut. La trace qu'elle laisse sur la neige paroît celle d'une grande bête, parce qu'elle ne va qu'en sautant, & qu'elle marque toujours des deux pieds à la fois. On dit que la marte s'apprivoise assez facilement. Les plus belles fourrures de la marte viennent de Kamtschatka.

La marte zibeline est un autre animal qui fournit une fourrure bien plus précieuse. Voyez zibeline.

MARTELÉES (Venerie.) ; ce terme se dit des fumées des bêtes fauves qui n'ont point d'aiguillon à leur extrémité.

MARTELER, se dit des oiseaux de proie quand ils font leurs nids.

MARTIN, s. m. oiseau commun dans les Indes, plus gros que le merle, ayant pareillement le bec & les pieds jaunes, mais plus longs & la queue plus courte. Il a la tête & le cou noirâtre, & derrière l'œil une peau nue, rougeâtre, triangulaire. Sa poitrine & le dessus du corps sont de couleur marron. Il a le ventre blanc & les ailes brunes.

Le martin est très-glouton ; il vit de fruits, de grains, d'insectes & sur-tout de sauterelles. Cet oiseau est très-babillard ; son ramage est agréable. Il s'apprivoise aisément ; il apprend à parler & à siffler.

MARTIN-PÊCHEUR. Cet oiseau est de la grosseur d'une alouette. Il a le dessus & les côtés de la tête, & le dessus du col d'un vert foncé, marqué de taches transversales bleues ; de chaque côté de la tête est une tache rousse, au-dessous de laquelle en est une noire : la gorge est d'un blanc mêlé d'une legère teinte de roux : le milieu du dos & le croupion sont d'un beau bleu ; les côtés du dos d'un vert foncé ; le dessous du col, la poitrine, le ventre & les jambes sont roux ; les plumes de l'aîle sont brunes, en-dessus d'un bleu foncé ; la queue est pareillement d'un bleu foncé en-dessus, & brune en-dessous ; le bec est noir, les pieds sont rouges, & les ongles noirs. Il se tient le long des rivières & des endroits où il y a de l'eau.

Le martin-pêcheur nourrit ses petits d'insectes

& de poiſſons qu'il ſaiſit avec adreſſe en raſant la ſurface de l'eau. Il y a peu d'oiſeaux à qui l'on ait donné autant de noms qu'à celui-ci. On l'a nommé *alcyon*, *tartarin*, *oiſeau de glace*, *oiſeau de Saint-Martin*, *pêcheur du roi*, *pivert d'eau*, *merlet*, &c.

Il y a beaucoup d'eſpèces de *martin-pêcheur*, qui ſe trouvent en Europe, à Smyrne, à la Caroline, à Bengale, aux Indes. On en voit de hupées à Madagaſcar & au Méxique.

MARTINET ; eſpèce d'hirondelle qui fait ſon nid ſur le bord de l'eau. *Voyez* HIRONDELLE.

MASCALOUF ; oiſeau d'Abyſſinie, qu'on y appelle auſſi *oiſeau de la croix*. C'eſt le même oiſeau que le *moineau de Juda*, ou le *pere noir* à longue queue.

MASSACRE, tête du cerf, du daim ou du chevreuil, ſéparée du corps. Sonner le maſſacre, c'eſt appeller au ſon du cor les veneurs & les chiens pour faire la curée : ce mot ſe prend encore dans l'acception naturelle, pour ſignifier un grand carnage de bêtes fauves.

MATIN, eſpèce particulière de *chiens*. Voyez ce mot.

MAUBECHE ; oiſeau du genre du bécaſſeau, & dont on diſtingue quatre eſpèces. La première eſt de la groſſeur du chevalier ; elle a le deſſus du corps d'un brun noirâtre bordé d'un marron clair. C'eſt là *maubêche vulgaire*. La ſeconde eſt un peu moins groſſe ; elle a le deſſus d'un cendré brun tacheté de noir & de roux. C'eſt la *maubêche tachetée*. La troiſième eſt griſe avec des bords d'un gris blanchâtre ; c'eſt *la grande maubêche griſe*. La quatrième plus petite que la précédente, eſt griſe avec de petites taches noires ; mais la partie antérieure de la tête, les joues & le ventre ſont d'un blanc de neige. Ces oiſeaux vivent en troupe, & habitent les bords des rivières, des lacs & des marais.

MAUVIETTE, eſpèce de petite grive ou d'alouette graſſe, dont tout le monde connoît & eſtime la délicateſſe.

MAZAME, quadrupéde du Méxique qui participe de la nature du cerf, du daim & du chevreuil : le plus grand a un bois de ſix à ſept pouces de long dont l'extrémité eſt diviſée en deux pointes, & qui n'a qu'un ſeul andouiller à la partie moyenne du merrain ; il y en a une autre variété qui ne porte qu'un bois ſimple & ſans andouillers. Buffon penche à croire que le *mazame* eſt un vrai chevreuil.

MÉJUGER, (ſe) terme de *Vénerie* ; c'eſt à l'égard d'une bête qu'on chaſſe, porter les pieds de derrière au-delà ou en de-çà des pieds de devant du même côté.

MENÉE, terme de venerie : c'eſt la droite route du cerf, lorſqu'il fuit. On dit dans ce ſens, ſuivre la *menée* ; être toujours à la *menée*.

On dit auſſi : une bête eſt mal *menée*, lorſque fatiguée de la pourſuite des chiens, elle s'en laiſſe approcher.

Enfin, on dit un chien a la *menée* belle : *menée* dans ce ſens ſignifie *voie*.

MENER, terme de chaſſe ; on *mene* la quête, quand on la bat & rebat, pour trouver la perdrix.

Mener les chiens à l'ébat, c'eſt les faire promener ; attention qu'on doit avoir deux fois le jour.

MENTEUR, on appelle chien *menteur*, un chien qui a la voie pour gagner le devant.

MÉRIERS BLANCS, oiſeaux de la groſſeur d'un moineau. Ils ſe nourriſſent en grande partie des mûres qui viennent dans les buiſſons. Ils ont le ventre & la chair très-blanche & les inteſtins noirs. Ils ſont très-délicats à manger en août & ſeptembre, temps auquel ils ſont gras.

MERLE, ſ. m. Oiſeau du genre des grives & des étourneaux : il ſe nourrit d'inſectes, conſtruit ſon nid avec beaucoup d'art, & ſe plait particulièrement dans la ſolitude. Il ne fait que gazouiller pendant l'hiver ; mais en été ſon ramage eſt aſſez agréable, ſur-tout quand on l'entend dans une vallée, où ſe trouve un écho. Le mâle s'apprivoiſe aiſément ; il eſt docile, & ce qu'il apprend, il le retient toute la vie. Il a le bec jaune, & le plumage d'un beau noir quand il eſt vieux.

Le *merle* fournit un aliment d'un bon ſuc, ſur-tout pendant les vendanges, parce qu'il ſe nourrit alors de raiſins ; ſa chair devient amère quand il eſt réduit à ſe nourrir de baies de génievrés ou de grains de lierre. Il y a pluſieurs eſpèces de *merles*, outre le *merle* vulgaire.

1°. Le *merle* à collier qu'on trouve dans les montagnes de la Savoye, ſur-tout à Saint-Jean-de-Maurienne ; il a un collier gris comme la perdrix franche ; c'eſt un des bons gibiers du pays.

2°. Le *merle* blanc qu'on trouve en Savoie & en Auvergne, & ſur-tout en Afrique dans les pays de Bambuck & de Galam.

3°. Le *merle bleu*, dont la chair eſt fort délicate, & la voix très-mélodieuſe ; on le trouve à
la Chine, & dans l'Archipel.

4°. Le *merle de rocher*, il eſt cendré, ſa queue
eſt jaune, il a beaucoup de hardieſſe : on le trouve
en Laponie.

5°. Le *merle doré* : ſon chant eſt très-mélodieux ; il a le corps d'un jaune étincelant, & les
ailes d'un beau bleu.

6°. Le *merle pie*, a la tête & le deſſus du col
blanc, tiqueté de noir ; les pieds bruns, les ailes
& la queue noires.

7°. Le *merle rouge* : on le voit dans le Bréſil ;
ſon plumage eſt en effet de couleur d'écarlate : on
en voit auſſi en Italie.

Chaſſe du merle à l'araigne.

Cette chaſſe ſe fait ordinairement ſur la fin
d'avril : on choiſit un jour de brouillard, parce
qu'alors les *merles* volent le long des haies, &
s'il y en a, ils ſe leveront & ſe placeront à trente
ou quarante pas du chaſſeur.

Remarquez l'endroit où ces oiſeaux ſont poſés ;
avancez de vingt pas, & étendez votre *araigne*,
comme on va l'enſeigner.

On ſuppoſe qu'il y a une haie correſpondante
à celle où vous voulez vous arrêter : vous attachez des deux côtés votre filet à des branches
d'arbres qui avancent un peu dans le chemin,
qui auront environ cinq ou ſix pieds de hauteur.

Remarquez que le filet doit être tendu au niveau de la haie où les *merles* ſe ſont placés : vous
ferez enſuite le tour, & approchez d'eux juſqu'à
ce que vous les faſſiez lever ; ces oiſeaux voleront
alors le long de la haie ; vous les ſuivrez au petit
pas, & inſenſiblement ils donneront dans le filet
qu'ils feront tomber ſur eux à force de ſe débattre : à ce ſignal vous courrez ſur votre proie,
afin de la ſaiſir.

Il n'arrive pas toujours qu'on trouve un chemin entre deux haies propre à tendre le piége :
dans ce cas muniſſez vous d'un bâton de ſix pieds
de haut, fendu par un bout, & pointu par l'autre ; fichez-le en terre, & attachez-y un des
bouts du filet tandis que l'autre ſera lié à la haie.
Un arbre placé à une diſtance convenable fait le
même effet que votre piquet.

La plus grande attention qu'on doit avoir dans
cette ſorte de chaſſe : c'eſt d'arranger les coins
du filet, de maniere que la moindre ſecouſſe le
faſſe tomber ſur l'oiſeau.

Chaſſe du merle à la repenelle.

Cette chaſſe s'exécute à la fin des vendanges ; on va dans les tailiis qui ſont peu éloignés
des vignes : on choiſit un arbuſte droit & élevé :
on l'émonde juſqu'à environ cinq pieds de hauteur, & on le perce avec une vrille à environ
quatre pieds & demi.

Enſuite on prend un autre arbuſte éloigné du
premier d'environ quatre pieds, on en ôte toute
la ramille, & on attache à l'extrémité ſupérieure
une petite ficelle longue de demi-pied, à laquelle
on noue un collet de crin fait en nœud. On prend
alors l'extrémité ſupérieure de ce dernier arbuſte, on le courbe de façon qu'il avance preſque juſqu'à l'autre, on paſſe le collet dans l'ouverture qu'on a faite dans le premier arbuſte, en
tirant juſqu'au nœud de la ficelle qui vient au niveau du trou.

Outre ces préparatifs, il faut avoir un petit
bâton long de quatre doigts, fait d'un côté en
forme de petit crochet, & arrondi par l'autre,
qui ſe terminera en pointe : on inſère un peu dans le petit eſpace qui doit reſter depuis
le nœud juſqu'au bord de l'ouverture de l'ar-
buſte, & on l'y place fort à l'aiſe ; après quoi
on étend deſſus le collet qu'on ouvre en rond,
& qu'on poſe à plat ſur la marchette du petit
bâton.

Le piége eſt achevé, ſi vous mettez au-deſſus
une grappe de raiſin : l'oiſeau qui viendra le becqueter, ſe placera ſur la marchette du bâton,
elle tombera, l'arbuſte plié reprendra ſa première direction, & le *merle* ſe trouvera ſaiſi par
le lacet.

Chaſſe du merle à la foſſette.

On fait une petite foſſe large de huit pouces
dans un ſens, & de cinq dans l'autre : elle peut
en avoir ſix de profondeur. On met au fond des
baies de laurier ou des vers de terre piqués à
travers le corps d'une longue épine : enſuite on
prend un gazon ou une tuile de pareille grandeur, & on les place ſur un quatre-de-chiffre
arrangé ſur la foſſette, de façon que l'oiſeau voulant prendre à manger, poſe le pied ſur le bâton ;
ce qui fait mouvoir le reſſort, & fait tomber
la tuile ſur le gibier qui ſe trouve renfermé dans
la foſſette.

Il y a des perſonnes, qui pour attirer plus ſûrement les *merles*, attachent à côté du piége un
bâton, où un de ces oiſeaux vivans eſt lié par le
pié ; *Voyez* APPEAU.

Cette dernière chaſſe ſe fait ordinairement en
hiver ; car alors les *merles* affamés volent in-
conſidérément par-tout où ils trouvent de quoi ſe
nourrir.

MERLE D'EAU , oiseau aquatique de la groffeur & à-peu-près de la forme du merle. Quant au plumage , il a un plaftron blanc qui s'étend fur la gorge & la poitrine ; la tête & le deffus du col font d'un cendré rouſâtre ou marron : le dos , le ventre & les aîles d'un cendré ardoiſé. Il a le pié conformé comme le merle de terre , mais les ongles plus forts & plus cour-bés. Cet oiseau ne hante que les lacs & ruiſſeaux des hautes montagnes qu'il ne quitte jamais , & fur-tout les eaux vives & courantes , dont la chute eſt rapide & entre-coupée de pierres & de morceaux de roches. Ce qu'il y a de plus fin-gulier , c'eſt que , fans être palmipède , il plonge & marche fous l'eau avec autant d'aiſance que fur la terre , pour aller y chercher les infectes aquatiques , & les petits poiſſons dont il ſe nour-rit. On le trouve en France dans les montagnes d'Auvergne , du Bugey & des Voſges.

MESANGE , f. f. genre de petit oiseau très-joli. Leur caractère commun eſt d'avoir les plu-mes ſi avant fur le bec & ſi longues que les narines en font couvertes & qu'elles paroiſſent huppées. Leur bec eſt étroit & pointu comme une alêne. Leur langue eſt coupée quarrément à l'extrémité , & terminée par quatre cils. Elles ont trois doigts devant & un derrière. Les jam-bes font couvertes de plumes juſqu'au talon. Il y a beaucoup d'espèces de méſanges. La *grande & groſſe méſange* eſt de la grandeur du pinſon. Elle pèſe à peine une once. Elle eſt longue d'un demi-pied , & a neuf pouces d'envergure. Elle a le bec court , noir , & fort tranchant ; les pieds courts & bleuâ-tres , la tête & le menton coëffés de noir.

Cet oiseau ſe plaît dans les bois. Il vole par troupe , & témoigne tant de courage qu'on le regarde comme un petit oiseau de proie. Il eſt certain qu'on en a vû attaquer de petites *méſanges* malades & fans force , les pourſuivre & leur tirer la cervelle à coups de bec. Sa nourriture ordi-naire eſt des graines de chanvre , des noyaux de fruit , & des infectes. Le peuple mange volontiers la chair de la *grande méſange* , & les médecins en font un remède contre l'épilepſie.

Il y a peu d'oiseaux à qui on ait donné autant de noms qu'à la *grande méſange* : on l'appelle *nonnette, méſange charbonnière , marenge , méſengle , larde-relle, pinſonnière, cendrille, croque-abeille , méſange à miroir , patron des maréchaux & ſerruriers.*

La *méſange à longue queue* eſt de la taille du roitelet , fréquente les jardins & les villages pen-dant l'hiver ; au printems elle ſe pend par les pieds aux branches des arbres , afin d'en manger les bourgeons naiſſans , vole par troupe , & reſſemble aſſez pour les mœurs & la manière de vivre à la *grande méſange*. Aucun oiseau ne met plus d'art

dans la conſtruction de fon nid : l'intérieur eſt douillé de duvet , le dehors eſt conſtruit de mouſſe , de laine & de toiles d'araignée entrela-cées avec art : l'ouvrage entier reſſemble à un œuf poſé ſur la pointe , & la mère a foin de ménager à côté une ouverture pour fortir & rentrer , & dérober par ce moyen ſes œufs aux intempéries de l'air.

La *méſange bleue.* Elle eſt de la groſſeur de la fauvette ; elle paſſe l'été dans le bois , fon ramage eſt déſagréable ; mais elle eſt d'une grande utilité, parce qu'elle détruit les chenilles.

La *méſange de marais.* Elle ſe retire dans les genèvriers ; ſes mœurs n'ont rien de particulier.

La *méſange huppée.* C'eſt la plus rare des *méſan-ges* de nos climats ; elle eſt diſtinguée des autres par l'élégance du coloris de fon plumage.

La *méſange noire.* Cet oiseau tient le milieu pour la taille entre le pinſon & la fauvette , il habite plus volontiers les forêts & les bois-taillis, que les jardins & les vergers.

Outre ces *méſanges* qui paroiſſent originaires de nos climats , il y en a d'autres qu'on voit dans les pays étrangers , & qui méritent l'atten-tion des naturaliſtes. Telles font la *méſange des Indes* , dont le plumage eſt compoſé de blanc , de bleu & de noir. La *méſange de Lithuanie* , qui ne compoſe fon nid que de coton produit par les feuilles de chardon. La *méſange barbue de Jutlhand* , qui habite les marais falans ; & la *méſange du cap de Bonne-Eſpérance* , dont on admire le ramage.

De la chaſſe de la méſange.

En Allemagne & en France on peut ſe procurer cet amuſement toute l'année ; mais en Angleterre cet oiseau ne paroît que ſur la fin d'octobre.

La *méſange* n'eſt point ruſée , & fa priſe eſt facile : on en met un certain nombre dans une cage , on garnit fa machine de gluaux , & on la place à terre dans un endroit fréquenté par ces oiseaux : à peine le chaſſeur eſt-il retiré que les *méſanges* , qui aiment les oiseaux de leur eſ-pèce , volent autour de la cage , s'y perchent & ne peuvent s'en détacher.

On peut auſſi former une loge avec des bran-ches d'arbre , & la garnir par-deſſus de gluaux. La perſonne qui y eſt renfermée , contrefait avec la voix ou avec un inſtrument le cri des *méſan-ges* , & les oiseaux qui prêtent l'oreille , volent à la loge , & donnent dans le piége.

On prend encore la *méſange* à la repenelle. Il

faut que l'arrêt qui est au bout du bâton soit pointu, afin de l'ajuster dans une noix à demi-cassée, & ne point faire la machine aussi forte que celle employée à la chasse du geai.

MEULE, espèce de bosse qui vient sur le haut de la tête du cerf, d'où sort sa ramure ou son merrain, & cette *meule* s'appelle aussi *base* & *cailleux*.

MEUTE, assemblage de plusieurs chiens dressés pour la chasse.

On dit aussi *meute* de cerfs, pour signifier troupe de cerfs.

MIACATOTOTL, petit oiseau du Mexique, qui se plaît sur les tiges du maïs. Il a le ventre d'un blanc jaunâtre, & le reste du corps noir.

MICO, espèce de singe remarquable par ses grandes oreilles nues, par son museau court, & par sa face d'un vermillon très-vif. Son poil est d'un beau blanc argenté, & celui de sa queue d'un brun lustré. Il n'a que 7 à 8 pouces de longueur; il marche à quatre pieds.

MIRE. Les chasseurs donnent ce nom au sanglier de cinq ans.

MILAN, nom d'un oiseau de proie fort connu, & dont les naturalistes ont formé deux espèces.

Le *milan royal* a deux pieds de long & cinq pieds d'envergure; il se cache pendant l'hiver, & change de pays dans toutes les saisons de l'année. Cet oiseau est extrêmement hardi, à la ville comme à la campagne; il entre dans les cours & détruit les poulets, les canards, & les oisons: le sacre & le duc lui font une guerre mortelle; mais il n'y a que le sacre qui sache prendre un essor égal à celui du *milan*, prendre l'avantage sur lui, & le ramener à terre à coups de bec ou de griffes.

Le *milan noir* est également carnivore & frugivore: son vol est très-agile; il plane avec beaucoup de rapidité. Cet oiseau montre encore plus de hardiesse que le *milan* royal. On dit qu'en Égypte il se précipite dans les maisons par les fenêtres, & que sur la Côte-d'or, il vient arracher en plein jour, au milieu du marché, les poissons de la main des vendeurs.

MINIA, serpent monstrueux de l'Afrique. Il est si considérable, qu'on assure qu'il peut avaler un animal entier tel qu'un mouton. Cet animal épouvantable se tient à l'affût dans les broussailles; & quand il découvre quelque proie, il s'élance sur elle, & l'étouffe en l'enveloppant. Les

habitans du pays sont continuellement en guerre avec ce cruel ennemi.

MIRE MITU, espèce de coq sauvage du Brésil. On rapporte qu'il fait des œufs si compacts, qu'ils résonnent comme du fer, quand on les frappe l'un contre l'autre. Le *mitu* s'apprivoise facilement.

MOINEAU, petit oiseau fort commun, qui est extrêmement lascif & fort vorace. Il est un fléau pour les champs où il va déterrer les grains. Il entre jusques dans les granges qu'il dépouille; il est aussi très-pernicieux pour les colombiers où il crève le jabot des pigeonneaux, afin d'en tirer la graine, & pour les ruches à miel dont il tue les mouches qu'il porte à ses petits.

Cet oiseau fait son nid dans des trous de vieux murs, ou sous un toît, ou dans un creux d'arbre. Il s'empare assez souvent des nids d'oiseaux plus foibles que lui.

Le *moineau* vit environ huit ans. Il y a des pays où les têtes des *moineaux* sont proscrites & mises à prix, afin que leur excessive multiplication ne nuise point au progrès de l'agriculture; mais ils sont fort rusés, & s'apperçoivent aisément des pièges qu'on leur tend, aussi on ne les surprend qu'avec peine, même au trébuchet; comme ils volent fort bas, un chasseur a encore de la peine à les abattre à coups de fusil.

Il y a un *moineau* d'arbre ou de campagne, que les parisiens nomment *friquet*, & qui s'apparie avec la serine des Canaries.

Les *moineaux* varient leurs couleurs suivant les climats; le *moineau* d'Italie est jaune & blanc, il ne se perche guères que sur les cerisiers. Le *moineau* d'Illyrie est blanc & rouge.

Il y a sur les montagnes de la Laponie un *moineau* blanc que les naturalistes regardent comme une alouette.

On voit dans les Indes diverses espèces de *moineaux* remarquables par la beauté de leur plumage; le noir lustré & le bleu céleste s'y trouvent souvent mélangés avec le vert de prairie, & le violet de l'améthyste; les plus brillans sont ceux du Bengale, de la Chine & du cap de Bonne-Espérance.

MOITON ou MOUTON, oiseau du Brésil, huppé, dont le plumage est mélangé de noir & de blanc. Il est un peu plus gros que le paon. Sa chair est excellente.

MOKOKO, quadrupède du genre des makis; c'est un joli quadrupède, d'une physionomie fine & d'une figure élégante; ses jambes de derriere font plus longues que celles de devant, & fa queue toujours élevée & toujours en mouvement, eft partagée par trente anneaux alternativement noirs & blancs. Cet animal a les mains douces, & quoiqu'il ait beaucoup de rapports avec le finge, il n'en a ni la malice ni le naturel. Dans fon état de liberté, il vit en fociété, & on le trouve à Madagafcar par troupes de trente ou quarante.

La démarche du *mokoko* eft oblique, comme celle de tous les animaux qui ont quatre mains au lieu de quatre pieds ; il faute plus légérement qu'il ne marche ; il ne fait entendre fa voix que par un cri court & aigu qu'il laiffe échapper quand on le furprend & qu'on l'irrite.

MOLOXITA ou RELIGIEUSE D'ABYSSINIE, oifeau de la groffeur d'un merle. Un grand coqueluchon noir femble embraffer fa tête & fa gorge ; ce qui lui a fait donner le nom de *religieufe*. Il a le deffus du corps d'un jaune-brun, les pieds cendrés, le cou rougeâtre. Il fe perche fur les arbres pendans au bord des précipices. Il vit de baies & de fruits fauvages.

MOMOT, oifeau de la groffeur d'une pie. Son bec eft conique & denté comme une fcie.

MONGONS ou MONGOUS, quadrupède du genre des makis & plus petit que le mokoko ; il eft ordinairement brun & de la taille d'un chat de moyenne groffeur ; c'eft un animal mal-propre & incommode, qu'on eft fans ceffe obligé de tenir à la chaîne. Buffon a confervé pendant plufieurs années un *mongons* qui s'amufoit à manger fa queue ; dès qu'il pouvoit s'échapper, il entroit dans les boutiques du voifinage pour chercher du fruit, du fucre, & fur-tout des confitures dont il ouvroit les boîtes ; on avoit alors beaucoup de peine à le reprendre, & il mordoit cruellement ceux même qu'il connaiffoit le mieux ; ce *mongons* cherchoit les chattes & fe fatisfaifoit avec elles, mais fans accouplement intime & fans production ; il craignoit le froid & l'humidité, & ne s'éloignoit prefque jamais du feu. On le nourriffoit avec du pain & des fruits ; fa langue étoit fort rude, & quand on le laiffoit faire, il léchoit la main jufqu'à la faire rougir, & finiffoit par l'entamer avec fes dents. Le froid de l'hiver 1750 le fit mourir.

MONKIE, nom qu'on donne à un petit finge qui femble avoir une tête de mort.

MONOCEROS, nom qu'on a donné à la licorne & au rhinocéros.

MONTAIN. C'eft le pinçon de montagnes, connu auffi fous le nom de pinçon d'Ardennes.

MONTÉE, vol de l'oifeau de proie qui s'élève à angles droits par degrés en pourfuivant le héron, le chat-huant & d'autre gibier.

On appelle *montée d'effor* l'élévation de l'oifeau, lorfqu'il va chercher le frais dans la moyenne région de l'air, & qu'il monte fi haut qu'on le perd de vue.

On dit encore *montée par fuite* pour exprimer le mouvement que fe donne un oifeau quand la crainte d'un plus fort que lui le contraint de s'éloigner avec précipitation & à grandes gambades.

MONTER, terme de fauconnerie qui fignifie voler.

On dit auffi *monter* un filet, c'eft placer toutes les cordes néceffaires pour s'en fervir.

MOQUETTE, oifeau attaché, qui fert à en attirer d'autres dans des pièges tendus par les oifeleurs, comme fi l'oifeau captif ne rappelloit ceux qui font libres, que pour fe moquer de leur facilité.

MOQUEUR ou MERLE CENDRÉ de St.-Domingue. Cet oifeau eft très-renommé pour la beauté, pour l'éclat, la légereté, & la variété de fon chant ; fon plumage eft varié de gris & de blanc. On le trouve auffi à la Caroline, à la Jamaïque, à la Nouvelle Efpagne.

MOQUEUR FRANÇOIS efpèce de grive qui fe trouve à la Caroline & à la Virginie. Son corps entier n'eft que de onze pouces & fa queue de quatre pouces de longueur. Cet oifeau a les yeux jaunes, le bec noirâtre, les pieds bruns, le deffus du corps & les ailes d'un roux mêlé de brun. Il fe nourrit du fruit d'un cerifier noir. Il met de la variété dans fon ramage.

MORILLON, f. m., efpèce de canard qui habite les rivages de la mer ; fon bec eft comme une fcie par les bords ; fes jambes & fes pieds font rougeâtres. Il a un collier blanchâtre, fa poitrine eft cendrée, le deffous du ventre eft blanc & le deffus du dos noir. Ses ailes font bigarrées comme celle de la pie. Il y a auffi des *morillons* dont tout le plumage eft rayé. Cet oifeau vit d'infectes aquatiques, de limaces & de jeunes écreviffes.

MOTS. Sonner un ou deux *mots*, c'eft donner un ou deux tons longs du cor : le piqueur fonne ainfi pour appeler fes compagnons.

MOTTE. On dit en fauconnerie, un oifeau prend *motte*, lorfqu'il fe pofe à terre au lieu de fe percher.

MOTTER. En terme de venerie, la perdrix se *motte*, c'est-à-dire se cache derrière les mottes de terre.

MOUCHEROLLE, f. m. oifeau d'une efpèce voifine des *gobe-mouches*; on en trouve dans les deux continents, leur queue eft fingulièrement longue, & leur bec fort & crochu.

Le *moucherolle* huppé d'Afrique a fept pouces de long. Il a la tête & le haut du cou enveloppés d'un noir luifant de vert & de bleuâtre, & une belle huppe de même couleur. On en voit beaucoup perchés fur les mangliers qui bordent les eaux du Niger & de la Gambra; ainfi qu'à Madagafcar, & au cap de Bonne-Efpérance.

Le *moucherolle* de Virginie vit d'infectes & ne fréquente que les arbriffeaux & les buiffons. Il a le bec droit, le plumage mêlé de noir & de brun. Cet oifeau a huit pouces de long.

Le *moucherolle* de la Martinique a fix pouces & demi de long. Son plumage eft mêlé de blanc, de gris, & de brun roux. Sa queue eft courte.

Le *moucherolle* du Mexique, eft long de dix pouces, mais fa queue en a cinq. Ses yeux font rouges, fon bec eft long, droit, aplati; fon plumage eft nuancé de gris, de rougeâtre, & d'un noir velouté. Sa queue eft fourchue.

Le *moucherolle* des Philippines eft de la grandeur du roffignol; il a le plumage varié de gris brun, & de blanchâtre. Il a des poils longs & divergens aux angles du bec.

Le *moucherolle* à huppe verte dans la Virginie eft remarquable encore par fa longue queue, par fon bec long & aplati garni de foie, & par le vert fombre, le jaune, le brun, le gris plombé diftribués fur fon plumage.

MOUCHET ou EMOUCHET; oifeau de proie; c'eft le tiercelet & le mâle de l'épervier. *Voyez* au mot ÉPERVIER.

MOUCHET ou FAUVETTE D'HIVER, oifeau qui vient en hiver dans notre climat, & qui difparoît au printems. Il reffemble pour le plumage au moineau; il a un ramage doux mais peu varié. Il voyage en troupe; il va de buiffon en buiffon affez près de terre, ou dans les granges cherchant des menus grains, & de petits infectes. Cet oifeau n'eft fauvage, ni défiant.

MOUÉE, f. f., mélange du fang de la bête qu'on a chaffée, avec du lait ou du potage, fuivant les faifons: on y met beaucoup de morceaux de pain, & on donne cet aliment aux chiens courans quand on fait la curée.

MOUETTE ou MAUVE, oifeau aquatique, dont les aîles font longues, & les pieds courts & palmés. Il a le bec fort, long, étroit, pointu, un peu courbé à l'extrémité. Cet oifeau eft toujours affamé; le poiffon plat eft fa nourriture ordinaire. On en voit qui ont la taille d'un oifon, c'eft fur les bords de la mer qu'on en trouve en abondance: les marins en voient quelquefois des millions fur des plages inconnues.

La *mouette* eft fort babillarde; elle fait fon nid dans les bruyères ou fur les rochers. Elle eft l'ennemie mortelle des canards. Il y a, dit-on, une *mouette* grife, qui a coutume de harceler & d'effrayer les alouettes de mer pour leur enlever le poiffon qu'elles viennent d'attraper en les forçant de le dégorger.

MOUFFETES, f. f. On donne ce nom générique à trois ou quatre efpèces d'animaux qui répandent, quand ils font inquiétés, une odeur fi forte & fi infecte qu'elle fuffoque comme cette exhalaifon fouterraine, à qui les phyficiens ont donné le nom de *mouffette*. Ces animaux fe trouvent dans toute l'étendue de l'Amérique méridionale & tempérée, il y en a plufieurs efpèces qu'on a confondues fous les noms de *bêtes puantes*, de *chats fauvages*, & d'*enfans du diable*. Buffon en connoît quatre, à qui il donne les noms de *coafe*, de *chinche*, de *conepate* & de *zorille*.

Le *coafe* a feize pouces de long, les jambes courtes, le mufeau mince, les oreilles petites & le poil brun foncé; il habite dans les fentes des rochers, & y élève fes petits: il fe nourrit de vermiffeaux & de volailles: quand il eft irrité ou effrayé, il répand une odeur abominable qui empêche les hommes & les chiens d'en approcher. Cependant cet animal peut s'apprivoifer: les fauvages le tuent, & trouvent à fa chair le goût du cochon de lait.

Le *conepate*, le *chinche* & le *zorille* ont tous à-peu-près la même figure, le même inftinct & la même arme défenfive que le *coafe*; ils ont auffi beaucoup de rapport avec le putois d'Europe par leurs habitudes naturelles & par les réfultats phyfiques de leur organifation.

MOUFLON, f. m., efpèce de mouton ou de bélier fauvage.

Le *mouflon*, animal dont l'efpèce eft peu répandue, & qui ne fe trouve qu'en certaines parties montagneufes de l'Efpagne, en Corfe, en Sardaigne, & dans quelques ifles de l'Archipel, reffemble à beaucoup d'égards, au mouton; & Buffon le regarde comme la tige originaire de nos moutons domeftiques. Il en a les jambes, mais non la laine, quoique fon poil cache, vers fa racine, une efpèce de laine courte; & fa queue n'eft que de trois pouces. Il a une barbe de chèvre, des cornes creufes & en fpirale, à-peu-près comme le bélier. Il pèfe communément quarante à cinquante livres, vuidé & fans tête, dit l'auteur de l'hiftoire naturelle de la Sardaigne.

Le *moufſon* fe tient fur les plus hautes pointes des montagnes, d'où il ne defcend dans les parties moins élevées, que lorfque l'abondance des neiges le force d'y venir chercher fa nourriture. Il eft pour le moins auſſi fauvage & auſſi défiant que le chamois; on le chaſſe de même, & rarement y emploie-t-on des chiens. En Corfe & en Sardaigne, on a donné à cet animal le nom de *mufoli*. Il ne fe trouve pas, à beaucoup près, fur toutes les hautes montagnes de ces îles; & il paroît qu'il n'y eft pas commun, puifqu'en Sardaigne, fuivant l'hiftoire naturelle déjà citée, il ne s'en tue, au plus, qu'une centaine par an.

MOUSTAC, f. m. Efpèce de finge à longue queue, que les voyageurs nomment le *blanc nez*, parce que fes lèvres au-deſſous du nez font d'une blancheur éclatante, tandis que le refte de fa face eft d'un bleu noirâtre. Il a un toupet de poil hériſſé au-deſſus de la tête, & deux toupets de poil jaune au-deſſus des oreilles. Il marche à quatre têtes, & n'a environ qu'un pied de longueur. C'eft la plus jolie efpèce de finge à longue queue.

MOUSTACHE, f. f. Nom de la méfange barbue de Jutland. Sa longueur eft de fix pouces un quart; & fon poids de neuf gros. On dir que le mâle enveloppe de fes ailes fa femelle quand elle repofe.

MOUSTILLE, f. f. Efpèce de belette fauvage qui ne vit qu'à la campagne; fa peau eft recherchée comme une bonne fourure.

MOUTON, f. m. Agneau mâle que l'on a coupé pour le faire engraiſſer plus facilement, & pour rendre fa chair plus tendre.

MOUTONS, f. m. Oifeaux du Bréfil. Ils font de la grandeur du paon. Ils ont une fort belle huppe fur la tête, leur plumage eft nuancé de noir & de jaune. Leur bec paroît comme divifé en quatre ou cinq pièces. Leur col eft court, leur tête fort groſſe, la queue petite, les jambes font baſſes, les pieds noirs & palmés, les ailes très-longues. On rencontre de ces oifeaux voltigeant en effleurant les eaux de la mer à plus de trois cens lieues de terre. Leur chair eft délicate.

MOUTON D'ISLANDE. C'eft un quadrupède fauvage plus petit que le mouton domef-

tique; il fe raſſemble en troupes. Les payfans connoiſſent leur afyle par la vapeur qui s'en élève: un chaſſeur accompagné de chiens bien dreſſés, monte alors fur une colline, & donne le fignal avec fa corne, les chiens fe détachent, fondent fur les *moutons* & les font entrer dans un parc large fur le devant & fort étroit vers l'autre extrémité, où ils perdent leur liberté.

MUE. Changement de plumes, de poils, de cornes, de voix, ce qui fe fait dans les animaux au printems. Le chevreuil ne *mue* pas régulièrement dans cette faifon.

On appelle mue de cerf les deux côtés de tête que l'animal a mis bas: un feul côté fe nomme *une mue*; les deux côtés les *deux mues*.

On dit encore qu'on met les chiens *à la mue* lorfqu'on ceſſe de les faire chaſſer.

MUET. En vénerie, c'eft un chien qui quête & fuit la bête fans aboyer.

MUETTE. Maifon bâtie dans un capitanerie pour y loger le capitaine de chaſſe, ou l'équipage ou les chiens.

MUFLE, f. m. C'eft le bout du nez des bêtes fauves.

MULET ET MULE. Quadrupède engendré par un cheval & une âneſſe, ou par un âne & une cavale. En général, l'allure, la forme, les inclinations & les autres qualités du *mulet* tiennent plus du père que de la mère. Il eft très-rare que le *mulet* & la *mule* engendrent. L'Auvergne, le Poitou, & le Mirebalais fourniſſent beaucoup de *mulets*. Les meilleurs font ceux qui proviennent d'un âne & d'une jument.

MULET SAUVAGE. On trouve ce quadrupède en Tartarie; mais on ne fauroit l'accoutumer à des fervices domeftiques ni à porter des fardeaux. Les Tartares en font la chaſſe parce qu'ils aiment autant fa chair que celle du fanglier.

MULET. On donne encore le nom de *mulet* à un oifeau de race croifée, c'eft-à-dire, provenu de l'accouplement de deux efpèces différentes, mais du même genre.

MULET. (vénerie) Lorfqu'un cerf a mis bas & qu'il n'a pas encore de refait, on lui donne le nom de *mulet*; on dit nous courons un *mulet*, ou nous avons pris un *mulet*.

MULETTE. En terme de fauconnerie, c'eft le géfier des oifeaux de proie: quand cette partie eft embarraſſée par une humeur

humeur gluante & visqueuse, on dit que l'oiseau a la m.lette. Voyez le mot *fauconnerie*.

MULOT. Quadrupède plus petit que le rat, & plus gros que la souris, il n'habite que les campagnes & les bois : les paysans lui donnent les noms de *souris de terre*, de *rat sauterelle*, de *rat à grande queue*, & de *grand rat des champs*.

Le *mulot* se prépare des trous sous des troncs d'arbre ou sous des buissons ; il y amasse une quantité prodigieuse de glands & de noisettes : sa loge est partagée en deux, l'une sert pour son magasin, & l'autre pour ses petits : cet animal fait lui seul plus de tort à un semis de bois que tous les oiseaux & les animaux ensemble. Après avoir détruit la campagne, il se détruit lui-même ; & dès que les vivres commencent à manquer, les gros *mulots* mangent les petits : ils attaquent aussi les grives & les merles qu'ils trouvent pris aux lacets, ils commencent par la cervelle, & finissent par le reste du cadavre. Cet animal a pour ennemis le loup, le renard, la marte, l'oiseau de proie, & l'homme.

Les *mulots* très-avides des glands nouvellement semés, suivent le sillon tracé par la charrue, déterrent chaque gland l'un après l'autre, & n'en laissent pas un. Cela arrive sur-tout dans les années où le gland n'est pas fort abondant ; comme ils n'en trouvent pas assez dans les bois, ils viennent le chercher dans les terres semées, ne le mangent pas sur le lieu, mais l'emportent dans leur trou, où ils l'entassent & le laissent souvent sécher & pourrir. On n'a trouvé d'autre moyen pour éviter ce grand dommage, que de tendre des pièges de dix en dix pas dans toute l'étendue de la terre semée. Il ne faut qu'une noix grillée pour appât, sous une pierre platte, soutenue par une bûchette ; ils viennent pour manger la noix qu'ils préfèrent aux glands ; comme elle est attachée à la bûchette, dès qu'ils y touchent, la pierre leur tombe sur le corps, & les étouffe ou les écrase. Buffon s'est servi avec succès de ce moyen ; dans une pièce de dix arpens, on y prenoit plus d'une centaine de ces animaux par jour, & dans trois semaines on en a ainsi détruit plus de deux milliers.

Pour opérer la destruction de ces animaux, il a tenté avec beaucoup d'autres cultivateurs, les procédés suivans. On commençoit par boucher toutes les issues de ces animaux, le jour suivant on débouchoit ces issues, & on y versoit de l'eau pour noyer les *mulots* ou pour les forcer à sortir de leur retraite, & dans ce cas on les assommoit à coup de balais à mesure qu'ils s'échappoient. On essaya de tendre des trappes, mais ce moyen,

ainsi que celui des appâts empoisonnés, ne fut pas suffisant. Il est toujours dangereux d'employer des poisons dans de pareilles circonstances ; on n'a que trop d'exemples, dans les campagnes, d'accidens funestes dont les hommes & les animaux domestiques sont quelquefois les victimes. D'ailleurs il n'est pas bien sûr que les *mulots* préfèrent des substances empoisonées à des alimens sains, qu'ils aiment infiniment, & qui sont très-communs.

On a publié en Allemagne un procédé particulier pour détruire ces animaux ; il consiste à faire cuire, pendant une demi-heure, des noix, des noisettes ou du bled dans le suc de ciguë. Ces appâts placés dans les trous des *mulots*, sont un poison dont on assure l'efficacité, mais qui n'a pas très-bien réussi aux personnes qui l'ont mis en usage d'après l'annonce ; il est d'ailleurs très-difficile de se procurer une quantité suffisante de ciguë.

MULOTER ; action du sanglier qui fouille les caveaux du *mulot* pour se repaître du grain qu'il y trouve amassé.

MUSARAIGNE, s. f. petit quadrupède qui semble remplir l'intervalle entre le rat & la taupe. Il a une odeur particulière qui n'empêche pas le chat son ennemi de le tuer, mais seulement de le manger ; il habite pendant l'hiver dans les greniers à foin, dans les écuries & dans les granges ; dans les autres saisons, il vit à la campagne & dans les bois : les portées sont aussi abondantes que celle de la souris, mais moins fréquentes ; on prend assez aisément la *musaraigne*, parce qu'elle court mal & qu'elle voit fort peu. Le dégât qu'elle cause dans la campagne, oblige les cultivateurs à lui tendre les mêmes pièges qu'au *mulot*.

Il y a une *musaraigne d'eau* qui est amphibie. Cet animal reste caché pendant le jour dans des fentes de rocher ; il met bas au printems & produit neuf petits ; quand on veut le prendre, il faut le chercher à la source des fontaines vers le lever ou le coucher du soleil.

MUSC, quadrupède de la grandeur d'un petit chevreuil ou d'une gazelle ; mais dont la tête est dépourvue de cornes ou de bois ; il porte près du nombril une bourse de deux ou trois pouces de diamètre, dans laquelle se filtre une liqueur différente par son odeur & sa consistance de celle de la civette ; il n'y a que le mâle qui produise le bon *musc*, & pour le trouver il faut prendre cet animal dans le tems du rut. Comme Tavernier acheta dans un de ses voyages, jusqu'à seize cens soixante & treize vessies de *musc*, on ne peut douter que l'animal qui le porte, ne soit fort répandu,

du moins en Afie. L'odeur du *mufc* eft la plus pénétrante de toutes les odeurs connues, & au bout
de plufieurs années, il conferve encore fon ancienne activité.

Le grand commerce du *mufc* fe fait au Tibet.
Les Indiens en font ufage, non-feulement comme
un parfum, mais encore comme un remede qui
réveille l'amour & rétablit la vigueur des fens
épuifés par la jouiffance.

MUSCARDIN, petit quadrupede de l'efpece
des rats : il habite comme le loir, dans les bois,
& cherche un afyle dans le creux des vieux arbres; il eft affez peu répandu : fa chair n'a point
de mauvaife odeur, mais cependant n'eft pas bonne à manger.

Cet animal s'engourdit par le froid, & fe ranime
dans le printems; il fait fon nid fur les arbres,
comme l'écureuil; & produit ordinairement trois
ou quatre petits : il y a une efpece de *mufcardin*
en Italie qui produit le mufc.

MUSER, terme de venerie; un cerf *mufe*
quand il commence à entrer en rut, & qu'il
court la tête baffe le long des chemins & des
campagnes.

MUSIMON, quadrupede qui femble particulier à la Sardaigne, quoique Pline affure que de
fon tems on en voyoit en Corfe & en Efpagne;
il a la taille & le poil d'un cerf, avec les cornes
du bélier : il vit d'herbages, & fe retire dans les
montagnes les plus inacceffibles : la rapidité de fa
courfe rend fa chaffe très-difficile. Sa chair eft
fort eftimée.

MUSSE, paffage étroit d'un fort ou d'une
haie, pour les lièvres, les lapins & d'autre gibier.

N.

NAGER, (*terme de fauconnerie*). On dit qu'un faucon *nage* entre les nuées c'est-à-dire qu'il plane.

N'ALLER PLUS DE TEMS, expression employée en venerie, pour dire qu'il y a un jour ou deux qu'une bête fauve est passée.

NANGUER ou NANGUEUR, nom qu'on donne au Sénégal à une espece de gazelle qui a trois pieds & demi de long, & deux pieds & demi de haut ; ce quadrupede est de la forme & de la couleur d'un chevreuil, fauve sur les parties supérieures du corps, & blanc sous le ventre, avec une tache de la même couleur sous le col. Ses cornes ont six ou sept pouces de long, & ont cela de particulier, qu'elles sont courbées à la pointe en avant, à-peu-près comme celles du chamois le sont en arriere. Ces *nanguers* sont de jolis animaux, aisés à apprivoiser : ils sont timides & doux, & n'ont d'autres ressources que dans la légéreté de leur course. Le *narguer* est probablement le daim des anciens.

NAPAUL ou FAISAN CORNU ; oiseau du Bengale qui a deux cornes sur la tête. Ces cornes sont de couleur bleue, de forme cylindrique, obtuses à leur extrémité, couchées en arriere, & d'une substance analogue à la chair calleuse. Il a le tour des yeux garni de poils noirs ; au-dessous de la base du bec inférieur prend naissance une sorte de gorgerette formée d'une peau seché, laquelle tombe & flotte librement sur la gorge & la partie supérieure du cou. Le sommet de la tête est rouge ; une couleur rougeâtre & des taches blanches entourées de noir nuancent assez régulierement son plumage. Ses ailes ne passent guere l'origine de sa queue. Ce qui annonce un oiseau pesant.

NAPPE : peau de cerf qu'on étend quand on veut donner la curée aux chiens.

Des oiseleurs donnent aussi le nom de *nappe* à la partie la plus déliée de leurs filets.

La *nappe* dans un tramail, est la toile du milieu qui a de petites mailles de fil délié qui entrent dans les grandes mailles.

Les *nappes* pour prendre les ortolans & les alouettes, doivent être faites de bon fil bien délié & rondement retors, en deux brins : les mailles seront en lozange ; on les fera d'un pouce de large pour l'alouette, & de neuf lignes pour l'ortolan. La levure est d'environ quatre-vingt mailles : chaque *nappe* doit avoir huit ou neuf toises : ensuite on les enlarme des deux côtés, on passe une corde câblée dans les grandes mailles, & on fait une boucle à chaque bout des cordes pour les passer dans des bâtons. Pour ce qui regarde la largeur, on passe une ficelle dans toutes les mailles du dernier rang ; & on la lie d'un seul bout à la corde ; car l'autre doit être libre, afin qu'on puisse retrécir ou élargir le filet au besoin, suivant la longueur des bâtons qui le font jouer.

On fait aussi des *Nappes* pour prendre les canards : on les compose de mailles à lozanges de trois pouces de large ; la levure est de trente cinq ou quarante mailles, & la longueur de dix ou douze toises. Quand on enlarme ce filet, on a soin de faire de grandes mailles de ficelle des deux côtés, de maniere cependant qu'elles ne soient éloignées que de six en six pouces, pour y passer intérieurement des cordes câblées, auxquelles on fait des boucles pour les passer de chaque bout à des bâtons quand on voudra s'en servir. Le fil de ces *Nappes* doit être parfaitement bon & retors en deux brins ; on les teint aussi en brun, & on les trempe dans l'huile, afin qu'ils se conservent plus facilement dans l'eau.

NASILLER. On dit en terme de Venerie que le sanglier se souille & *nasille* dans la fange.

NASSE, filet pour prendre des oiseaux. Il est rond à l'ouverture, & se termine en pointe : on le soutient par plusieurs cerceaux qui vont toujours en diminuant, & dont les verges sont éloignées au moins de douze lignes. On fait ordinairement les *Nasses* d'osier.

La *Nasse* pour prendre des oiseaux se place auprès d'un buisson autour duquel on aura semé du grain. On met au-dedans de petits moineaux qui attirent leurs compagnons : le gibier entre aisément dans la *Nasse*, mais il ne sauroit en sortir.

NEMS ou NEIPSE ; nom d'une espece de furet qu'on trouve en Afrique ; il est très souple & très vif. Son oreille est sans poil, son museau est très fin, son corps est couvert de longs poils jaspés d'un brun foncé, mêlé d'un blanc sale. Un fauve clair & un fauve brun sont les nuances de sa robe; ses pattes ont quatre doigts par devant & un par derriere; les ongles sont petits & noirs. Sa queue d'abord très grosse finit en pointe.

NEZ. On dit d'un chien qui chasse avec succès pendant la chaleur & dans la poussiere, qu'il a le *nez fin*.

Un chien de *haut nez*, est celui qui va requérir sur le haut du jour.

NIAIS: Terme de fauconnerie, par lequel on désigne un oiseau qu'on prend dans le nid.

NOERZA; espece de fouine de la grandeur de la marte; son poil approche de celui de la loutre pour la couleur. On trouve cet animal puant dans les sombres forêts de la Souabe.

NOIR - AURORE; c'est une espece de gobe-mouche d'Amérique. Un beau jaune aurore, & un noir velouté avec le gris blanc nuancent avec régularité, & comme par coups de pinceau, le superbe plumage de cet oiseau.

NOIR - SOUCI; espece de pinson ou de moi-

neau qui a la gorge, le devant du cou, & la poitrine couleur de souci, le dessus du corps, les pennes des ailes & de la queue noirâtres; le ventre & les couvertures inférieures de la queue d'un jaune soufre. Il a le bec noirâtre, court, fort, & convexe, les narines rondes, les pieds d'un brun rougeâtre, deux doigts en partie unis par une membrane, les ongles aigus, arqués & très-forts. Cet oiseau vit d'herbes & de graine; il a environ sept pouces de long.

NOUER; On dit en fauconnerie *nouer la longe*; c'est-à-dire mettre l'oiseau en mue & lui faire quitter la volerie pour quelque tems.

NOUER ENTRE DEUX AIRS; cette ex-pression marque une maniere de voler des oiseaux de proie.

NOUÉES; on donne ce nom en venerie aux fientes que les cerfs jettent depuis la mi-mai jusqu'à la fin d'août.

NUIT; on dit qu'un animal a fait sa *nuit* dans un endroit; c'est-à-dire qu'il a été y manger, ou promener.

O.

OCELOT : f. m. Quadrupede d'Amérique, d'un naturel féroce & carnaffier. On peut le placer à côté du jaguar & du couguar, dont il approche pour la taille & à qui il reffemble pour la figure, & pour les mœurs : c'eft le tigre du nouveau-monde & de tous les animaux tigrés celui dont la robe eft la plus belle & la plus élégamment variée.

L'ocelot a environ quatre pieds de long depuis le bout du museau jufqu'à l'origine de la queue : fon poil eft de la même qualité que celui de la panthere.

Cet animal joint la timidité à la voracité ; il attaque rarement les hommes, & redoute les chiens ; dès qu'il fe fent pourfuivi, il gagne une forêt & grimpe fur un arbre.

Il fe jette fur le gibier & même fur les jeunes veaux ; mais il préfere le fang de fa proie à fa chair ; c'eft une raifon pour laquelle il détruit un grand nombre d'animaux. En effet, au lieu de fe raffafier en les dévorant, il ne fait que fe defaltérer en leur fuçant le fang.

En 1764, on vit à Paris un ocelot mâle & une femelle, dont on avoit tué la mère l'année précédente, & qu'on avoit enlevés des terres voifines de Carthagene ; à l'âge de trois mois, ils étoient devenus affez robuftes & affez cruels pour dévorer une chienne qu'on leur avoit donnée pour nourrice : l'état de captivité ne put jamais adoucir leur naturel féroce, il règnoit entre eux une fupériorité finguliere de la part du mâle : quelqu'appetit qu'eût la femelle, elle ne s'avifa jamais de rien prendre que le mâle ne fût raffafié ; elle fe contentoit des morceaux dont fon compagnon ne vouloit plus.

OCOCOLIN. On donne ce nom au Mexique à une efpece de pic. Le pic ococolin a un plumage fuperbe & varié de noir d'ébene, de bleu célefte, & d'un pourpre très vif.

Il y a auffi dans les montagnes de cet Empire, une perdrix à qui les naturels du pays ont donné le nom d'ococolin : cet oifeau eft de la taille de notre corbeau, & il eft peut-être une efpece de faifan.

ŒIL DE BŒUF. Oifeau d'Afrique dont le plumage eft couvert de moucheures blanches cerclées de noir, en forme d'yeux, & dont la courfe eft auffi rapide que le vol.

Sa tête eft ornée d'une longue & belle crête ; fon plumage eft mélangé d'or, de bleu, de vert & de pourpre.

OISEAU, f. m. Animal bipede couvert de plumes, qui a des ailes & un bec de fubftance de corne. Son corps aigu pardevant & groffiffant peu à-peu le rend propre à fendre l'air. Tous les oifeaux viennent d'œufs. Les naturaliftes les partagent en fix claffes dont il fuffira ici de donner un apperçu.

1°. Les *oifeaux de proie* : Ils vivent folitaires, fouffrent long-tems la faim, & vivent plus long-tems que les autres habitans de l'air : on les divife en *oifeaux de proie de jour* & *oifeaux de proie de nuit*. Les premiers font ou grands, tels que les aigles & les vautours, ou petits tels que le milan, l'autour, l'épervier, l'émérillon, le faucon, le lanier, le facre & l'hobereau. Tous les petits *oifeaux de proie de jour* fe dreffent pour la fauconnerie.

Les *oifeaux de proie de nuit* font les hiboux, les chat-huants, les frefaies, les cheveches, &c. ceux-là ont la tête groffe & faite comme celle des chats.

2°. Les *demi-oifeaux de rapine* : Cette famille comprend les *oifeaux à bec-de-pie*, tels que le corbeau, la corneille, la pie, le geai, la huppe, l'étourneau, le merle, &c. Ils fe trouvent dans les guerets, dans les taillis, & fur les prairies, & vivent également de fruits & d'infectes.

3°. Les *demi-oifeaux aquatiques* ; c'eft-à-dire ceux qui fréquentent le bord des eaux douces & le rivage de la mer, mais ne nagent point : tels font le héron, la grue, le butor, le flamand, la cigogne, le courlis, le vanneau, le pluvier, &c. La mer & les rivieres font ordinairement l'unique élément où ils trouvent leur nourriture.

4°. Les *oifeaux aquatiques* : Ceux-là marchent fur terre, nagent dans l'eau, & volent dans l'air : tels font le pélican, le cigne, l'oie, la macreufe, le cormoran, &c. On remarque cependant qu'ils boitent fur la terre, & qu'ils ne peuvent fe foutenir long-tems dans l'air ; ainfi l'eau eft leur véritable élément.

5°. Les *oifeaux fans demeure fixe* : Ils fréquentent indifféremment les taillis, les guerets, les prairies & les rivages : tels font le pigeon, la tourtelle, le pinçon, l'alouette, le chardonneret, le

verdier, le ferin, la linotte, l'ortolan, la fauvette, le roitelet, l'hirondelle, le tarin, &c.
Les uns vivent de graines & les autres d'infectes.

6°. Les *oiseaux du genre des poules* : tels que le
paon, le coq-d'inde, le faifan, la perdrix, la
gelinotte, &c. Dans cette division on ne fait où
placer l'autruche, l'outarde & le cafoar.

Les chaffeurs partagent les *oiseaux* en *oiseaux* de riviere, *oiseaux* de paffage & *oiseaux* de
voliere.

Chaque *Oiseau* a fon cri particulier: parmi ceux
qui chantent, on remarque que le gofier du mâle
eft plus flexible & plus harmonieux que celui de
la femelle. Le printems eft la faifon de l'amour pour
les *oiseaux*.

Il n'en eft pas des *oiseaux*, comme des quadru-
pedes. Les premiers confervent affez conftamment
leur forme, leur couleur & leur nature, foit qu'ils
habitent les glaces du nord ou les fables brûlans de
la zone torride.

On trouve dans le nord des corbeaux, des
renards & des lievres blancs : on a vu en Allemagne des linotes abfolument blanches, des moi-
neaux-blancs, avec le bec & les pattes rouges,
des hirondelles, & jufqu'à des corbeaux d'une
blancheur éclatante.

On a remarqué que tous les *oiseaux* apprivoifés
vivoient moins long-tems que ceux qui jouiffent
de leur liberté.

Les *oiseaux* le plus en ufage fur les tables d'Europe font le courlis, la poule d'eau, le cul-blanc,
la poule d'inde, l'ortolan, la grive, le bec-figue,
la caille, le pluvier, la bécaffe, le faifan, les
mauviettes : on les prend au fufil, à la pifte, aux
filets, aux gluaux, & par une multitude de piéges.
On a auffi trouvé le fecret d'en prendre avec la
main ; il fuffit pour opérer cet effet, de mêler de
l'ellebore blanc parmi la nourriture dont vous
voulez vous fervir pour appâter vos *oiseaux* ; à
peine en auront-ils pris, qu'ils tomberont étourdis
& fans force : on fe fert auffi quelquefois de grain
trempé dans de la lie de vin.

En termes de venerie, on appelle *oiseau branchier*, celui qui n'a encore la force que de voler
de branche en branche.

Un *oiseau dépiteux*, eft celui qui ne veut pas
revenir quand il a perdu fa proie.

Un *oiseau âpre à la proie* eft celui qui fait un
ufage courageux de fon bec & de fes ongles.

Si un *oiseau* eft trop gras, & qu'il ait de la
peine à voler ; on dit qu'il eft *trop en corps*.

Quand un *oiseau* fait veiller fa proie & qu'il
prend fon tems à propos pour voler quand il part ;
on dit qu'il eft de *bon goût*.

Les *oiseaux de bonne compagnie* font ceux qui ne
font point fujets à dérober leurs fonnettes ; c'eft-
à-dire à s'enfuir.

On dit un *oiseau d'échappe*, pour fignifier celui
qui nous eft venu fans que nous l'ayons élevé.

Les *oiseaux de leurre*, font ceux qu'on dreffe
pour prendre le gibier, tels que le faucon, le facre, le lanier, le gerfaut, l'emerillon & l'hobereau, & qui reviennent fur le poing en leur jettant le leurre. L'autour ne fe dreffe que pour la
chaffe du faifan & de la perdrix.

On donne fouvent le nom d'*oiseaux de rapine*,
aux *oiseaux pillards*, qui rodent dans les airs
pour fondre fur le menu gibier, la volaille & le
poiffon pour le dévorer.

Les *oiseaux de voliere* font ceux qu'on garde en
cage pour le plaifir des yeux ou pour profiter de
l'harmonie de leurs concerts. (*Voyez les planches*
11. 12. 13. 14. 15. 16. 17. 18. 19. 20. 21. 22. &
*fuivantes Tome IX des gravures des arts & leur
explication à la fin du dictionnaire.*

*Moyen de tirer au fufil de petits oiseaux fans les
gâter, par le Vaillant.*

Il eft bon que tout naturalifte foit inftruit, dit
le Vaillant, du moyen que j'ai inventé pour
prendre les oifeaux les plus petits & les plus délicats fans pieges ou autre moyen un peu long, ni
fans les tuer avec du plomb qui gâte leur plumage
& leur forme. L'expreffion que *j'ai inventé* n'eft
point hazardée. Cette idée eft neuve abfolument,
& jufqu'à ce jour je n'ai oui dire à perfonne qu'un
autre que moi en ait fait ufage.

Voici quel étoit mon procédé :

Je mettois dans mon fufil la mefure de poudre
plus ou moins forte, fuivant les circonftances.
Immédiatement fur la poudre je couloir un petit
bout de chandelle épais d'environ un demi-pouce.
Je l'affurois avec la baguette, enfuite je rempliff-
fois d'eau le canon jufqu'à la bouche ; par ce
moyen, à la diftance requife, je ne faifois, en tirant l'oifeau, que l'étourdir, l'arrofer & lui mouiller les plumes ; puis le ramaffant auffi-tôt, il n'a-
voit pas, comme dans un piège, le tems de fe
débattre & de fe gâter. L'eau pouffée par la poudre, alloit au but, & le morceau de fuif n'ayant
pas la pefanteur de l'eau, reftoit en route. Il eft
bien arrivé, dans mes premieres expériences,
qu'ayant quelquefois tiré de trop près, ou mis
trop de poudre, ou le morceau de chandelle trop
épais, je retrouvois celui-ci entré dans le corps
de l'animal que je venois de tirer, mais après un
court apprentiffage, je n'ai jamais manqué de
réuffir. J'ai fouvent laiffé, du matin jufqu'au
foir, mon fufil ainfi chargé ; je ne m'appercevois
point que la poudre en fût altérée, & le coup n'en

partoit pas moins bien. On devine affez que, de cette maniere, je ne tirois jamais horifontalement.

OISEAU ANONIME, nom d'une efpèce de pie-griche qui a le deffus de la tête bleu, le deffus du corps varié de vert & de noir, le deffous jaune tacheté de blanc, les ailes & la queue d'un vert foncé, les pieds bruns, & les ongles très-longs.

OISEAU BRUN, à bec de grimpereau, fon bec fait les deux feptièmes de la longueur de fon corps. Il a la gorge & le front d'un beau vert doré, le devant du cou d'un rouge vif, les ailes mêlées de roux & de brun, & tout le refte du corps d'un brun noirâtre.

OISEAU A CORDON. Cet oifeau eft ainfi nommé parce qu'il a au-deffous du bec deux appendices jaunes & larges comme ceux d'un petit coq. Son bec eft court & épais, fes plumes font d'un gris plombé. Il eft de la grandeur d'un pigeon.

OISEAU DE COMBAT, PAON DE MER ou LE COMBATTANT. Cet oifeau eft commun en Suède : il eft du genre du bécaffeau. Son bec & les plumes de fon cou font remarquables par leur longueur. Le plumage de cet oifeau eft très varié en couleur & fi diverfifié que deux femblables ne fe rencontreront point dans la même efpèce. Le devant de fa tête eft couvert d'une infinité de petites papilles couleur de chair. Il a le bec & les pieds rouges. Les mâles font prefque toujours en guerre entr'eux : ils fe cherchent & fe battent à outrance, fur-tout dans le tems de leurs amours.

OISEAU DU MEXIQUE. Oifeau qui a le corps bleu varié de pourpre, à l'exception des ailes qui font variées de rouge & de noir. Sa tête, fes yeux & fon jabot font garnis d'un duvet noirâtre. Il eft du genre des tangaras.

OISEAU DE NAZARETH. C'eft un oifeau commun dans l'ifle de Nazare & dans l'ifle Françoife. Il eft plus gros qu'un cygne. Il a le corps couvert d'un duvet noir, fes ailes font garnies de plumes noires, & des plumes frifées lui tiennent lieu de queue. Son bec eft gros & recourbé en deffous, fes jambes font hautes & recouvertes d'écailles. Il a trois doigts à chaque pied.

OISEAU DE NEIGE. Le nom donné à cet oifeau vient de ce qu'on ne le voit jamais que fur la neige glacée à Spitzberg. C'eft une efpèce de pinfon ou de linotte. Il eft fi familier qu'il fe laiffe prendre à la main. Sa chair eft bonne & délicate.

OISEAU DE PARADIS, OU MANUCODIATA. Cet oifeau eft remarquable par la fingularité, la forme & la fituation de fes ailes, différentes de celles de tous les autres oifeaux. En effet des côtés de fa poitrine fortent de longues & nombreufes plumes très-larges qui paffent de beaucoup la longueur de la queue ; & deux

longs filets noirâtres non emplumés fe prolongent bien au-delà des plumes. Cet oifeau a le bec effilé comme la pie. C'eft un oifeau de proie de la petite efpèce qui fait la chaffe aux petits oifeaux. Il a le vol prompt & rapide comme l'hirondelle. Il y a différentes efpèces d'oifeaux de paradis, tous fuperbes par la beauté & la richeffe de leur plumage. Les indiens font un commerce de ces oifeaux très recherchés par les européens.

OISEAU DE PLUMES DU MEXIQUE, ou COURONNÉ. C'eft un oifeau huppé & couvert de plumes qui égalent la beauté de celles du paon. Il eft de la grandeur d'un pigeon. Son bec eft courbé & rouffâtre. Sa huppe ou crête fe baiffe & fe relève au gré de l'oifeau. Il fe nourrit de vermiffeaux, & de petits fruits fauvages : il a le cri du perroquet. Ont le trouve particulièrement dans la province de Tecolotlan vers Honduras. Les plumes de cet oifeau font très-recherchées & très-cheres : on en fait des aigrettes & autres ornemens.

OISEAU ROUGE DU MEXIQUE A BEC DE GRIMPEREAU. Le rouge domine avec fes différentes nuances dans fon plumage. Il a la gorge & le devant du cou de couleur verte, le bout des ailes & de la queue eft bleuâtre, les jambes, le bec, & les piés d'un jaune clair. Son chant eft agréable. Sa longueur eft de quatre pouces & demi.

OISEAU DE ROCHE. Il eft de la grandeur du pluvier : il a le bec long & effilé, d'un jaune noirâtre. Son plumage eft varié de couleur blanche, de noir, de cendré, & de jaune. C'eft un oifeau de nuit qui fréquente le bord des eaux. Il habite les montagnes de la Laponie & le nord de l'Amérique.

OISEAU DE SAUGE, c'eft la fauvette des rofeaux qui fe nourrit de mouches & autres infectes. Cet oifeau a le bec délié, droit, & d'un rouge fombre : il a les jambes & les piés d'un jaune rougeâtre. Sa queue eft compofée de douze plumes brunes. Il fréquente les endroits humides entre les faules & les grandes fauges.

OISEAU DE SCYTHIE. C'eft une efpèce d'aigle dont la femelle fait, dit-on, éclore deux petits fans couver les œufs qu'elle a pondus, mais en les mettant dans la peau d'un lievre ou d'un renard qu'elle porte ainfi enveloppés fur l'enfourchure des branches d'un arbre.

OISEAU SILENTIEUX. C'eft un oifeau de la groffeur du pinfon qu'on trouve dans le Bréfil & à Cayenne. Son bec eft conique, mince, & effilé. Son plumage eft varié des plus belles couleurs. Il va toujours feul dans les bois écartés, il ne jette aucun cri, fautille plus qu'il ne vole, & ne fe perche que fur les branches les plus baffes.

OISEAU DE TEMPÊTE. Cet oiseau est de la grosseur d'un merle. Son dos est noir au fond, mais le dessus de ses plumes est d'un beau bleu pourpre chatoyant. Le cou est un peu verdâtre, sa tête entierement bleue. Ses ailes sont fort longues à proportion de son corps. Ses jambes sont longues & sans plumes. Ses piés n'ont point de talon. Ses doigts sont palmés. Son bec est pointu & un peu arqué. Cet oiseau habite la surface de la mer, & se nourrit de poisson. C'est un signe de tempête, quand il quitte l'eau, & qu'il s'éleve & fuit à tire-d'ailes; ou s'il rencontre un vaisseau, il s'y arrête, & s'y attache du côté opposé au vent. Ces oiseaux se rencontrent dans toutes les latitudes des mers.

OISEAU VERT du cap de Bonne-Espérance. Cet oiseau ressemble assez au perroquet. Son plumage est de la plus grande beauté. Il vole autour des arbres où les mouches ont fait des rayons de miel dont il est très avide.

OISELER, v. a., dresser un oiseau, l'instruire, l'affaiter : on oiselle un faucon pour le rendre bon chasseur, on dit aussi oiseler dans le sens de chasser aux oiseaux.

OISELERIE ; Metier de prendre, d'élever & de vendre des oiseaux.

OISELEUR. s. m. L'oiseleur est celui qui par récréation ou par état fait toute espece de chasse aux oiseaux.

La premiere & la plus essentielle de toutes les qualités que doit avoir un oiseleur est le goût de la chasse avec l'industrie, qui conduisent à la réussite. Il est encore important qu'un oiseleur soit fin, vif, actif & prévoyant, & que son imagination soit toujours prête à venir à son secours.

On a dit qu'il falloit qu'un oiseleur fût fin, c'est-à-dire, qu'il sût tromper & surprendre les oiseaux, soit en les appellant, soit en les tournant, &c.

La vivacité n'est pas pour un oiseleur une des qualités les moins essentielles ; elle renferme l'agilité, la souplesse, & il y a des chasses, comme la pipée, la chasse au brai, &c. qui seroient presque toujours infructueuses, si le chasseur n'étoit doué d'une grande vivacité.

Le goût, la finesse & la vivacité ne suffisent point à un oiseleur, il faut encore de la prévoyance. Par exemple, si un oiseleur, en tendant un hallier en bande trop les haumées, il arrivera que le gibier trouvant de la résistance, reculera pour chercher un passage ailleurs, ou sautera par-dessus; & le chasseur manquera sa proie; il faut donc qu'après avoir combiné la marche, les

forces, les ruses & l'adresse du gibier qu'on veut prendre, avec la maniere d'arranger les pieges qu'on lui tend, on prévoye que rien ne doive s'opposer à la réussite.

Si un oiseleur n'a pas l'esprit de ressource & d'invention, il perdra souvent de belles occasions pour lesquelles on ne peut prescrire de regles. Je suppose qu'il y ait dans un étang une nichée d'halbrans ou de morillons qu'on ne puisse approcher pour les tuer à coups de fusil, & que le seul moyen soit de leur tendre un hallier, en entourant le canton de joncs, où ils font leur retraite ; les piquets de l'hallier ont ordinairement un pied & demi de longueur, il faut qu'ils soient solidement fichés en terre, de maniere cependant que le bas des haumées soit à fleur d'eau ; mais s'il y a trois ou quatre piés d'eau, & que l'oiseleur ne sache pas suppléer au défaut de la longueur de ses piquets, il sera donc obligé d'abandonner honteusement son projet ?

Il remédiera facilement à cet inconvénient, en ajoutant à chaque piquet une baguette de longueur à égaler la profondeur de l'étang, il tendra après cela son hallier, selon l'art, & tournant ensuite son gibier, soit qu'il le batte au cordeau, soit qu'il le traque, il l'amenera au piege : il y a une infinité d'occasions de cette espece, où l'oiseleur doit mettre à profit son invention, & faire jouer jusqu'au dernier ressort de son industrie & de son imagination.

Quoiqu'on ne conseille point à un oiseleur de s'occuper à faire ses outils, appeaux, filets &c. Il est cependant bon de savoir les raccommoder dans l'occasion, & d'en pouvoir apprécier la valeur ; d'ailleurs il y a beaucoup de pieges nouveaux, que des ouvriers ne peuvent faire ne les connoissant pas, ou qu'ils feroient mal, si l'oiseleur n'étoit pas en état de présider à leur exécution.

Des outils que doit avoir un oiseleur.

1°. La serpe, elle sert à la construction de presque toutes les machines de chasse ; dans les pipées on l'emploie à abattre les grosses branches, à préparer l'arbre, &c.

2°. Une petite serpe à crochet pour couper les petites branches, aiguiser les bouts des raquettes, rejets, volans, &c. qu'on appuye sur le genou garni d'une genouilliere.

3°. Un canif à deux lames, qui sert à aiguiser les gluaux, les marchettes des rejets, raquettes, &c.

4°. Un couteau nouvellement inventé, très-commode & très-expéditif ; sa lame est arrondie à son extrémité, afin qu'elle ne blesse point en la fermant ; le manche se fait tout en fer, où on l'en garnit solidement, avec des creux ou arrêts.

Lorsqu'on

Lorsqu'on veut couper un petit morceau de bois de la grosseur du petit doigt, par exemple, on le met dans un *arrêt*, puis fermant la lame, & la pressant avec force, on le coupe uniment, observant de le tourner dans l'*arrêt*, pour que la lime avance toujours de la circonférence au centre. Il est très-commode pour les tendues des *raquettes* & des *rejets*, & n'est pas plus coûteux qu'un autre.

5°. Un couteau *de Saint-Claude*, ou *Eustache-Dubois*; tels sont ses noms vulgaires; cette espece de *couteau* qu'on peut se procurer avec facilité, & à peu de frais, est préférable à toute autre dans les tendues *des colies* à *piquets*; l'étofe en est tendre: on peut, sans beaucoup de précaution, les afiler sur le tranchant d'une *serpe*; & ils cassent plus rarement que des couteaux de prix.

6°. On ne peut, sans le secours d'une *masse à pic*, tendre les *filets à alouettes*, la *ridée*, & en général tous les pieges dont un certain nombre de piquets doivent être solidement fichés en terre; sa partie supérieure, en forme de masse sert à planter les piquets, & l'inférieure se terminant en pointe, ce qui lui fait mériter le nom de *pic*, à creuser la terre dans l'occasion; par exemple, dans la chasse du *filet à alouettes*, l'endroit où se met le chasseur est une fosse creusée en terre qu'on nomme *forme*; il faut un *pic* pour la faire.

7°. Il faut une *broche*, avec laquelle on perce les *raquettes* ou *sauterelles*, le manche se nomme *matrice*, il est construit de façon qu'il y a une *vis*, qui sert à maintenir les différentes *broches* qu'on y met après être rougies au feu. L'avantage qu'on tire de-là, c'est qu'on ne se brûle point, & qu'on est exempt d'attendre, puisque pendant qu'on se sert d'une *broche*, les autres sont au feu.

De ces broches, les unes sont rondes, les autres quarrées; mais les extrémités qui doivent entrer dans la *matrice*, doivent toujours être égales entr'elles.

8°. On doit se procurer un instrument propre à percer les *raquettes*. On se sert d'une *vrille*, que l'on casse au-dessus de sa *vis*: on en afile l'extrémité, en forme de petite *gouge*, il faut que ses côtés soient tranchans. Il y a de l'agrément de se servir de cet instrument; car quand il est bien fait, l'on en perce aisément le bois sans le faire éclater, & le trou est net & fort rond. Cet outil devient inutile à ceux qui font leurs *sauterelles* ou *raquettes* à trous quarrés.

9°. On se sert d'un petit outil, que l'on nomme *ciseau*: l'extrémité est aiguisée, & les deux côtés sont tranchans, il sert à faire les trous quarrés des *raquettes*.

10°. Instrument de nouvelle invention, nommé *querciet*, qui sert à tailler la feuille à *froüer*; l'extrémité est creuse, quarrée & coupante; le trou qu'elle fait est net & n'expose point le *froüeur* à donner de faux tons; les pipeurs font dans l'usage de faire ce trou avec leurs dents ou des ciseaux, après avoir plié la feuille en quatre; mais il arrive presque toujours qu'elle se casse, & ne conservant plus l'élasticité qui lui est nécessaire, on s'expose à donner de faux coups, inconvénient que prévient l'usage du *quercet*.

11°. La *genouillere* est une calotte de chapeau, à laquelle on attache deux forts rubans de fil; on lie cette machine assez fort pour qu'elle ne tourne pas: ceux qui n'ont pas l'habitude d'aiguiser sur leurs genoux, sont exempts de se servir de *genouillere*.

12°. Les pipeurs se servent pour envelopper leurs *gluaux*, d'un large morceau de cuir ou de toile cirée, ou d'écorce de cérisier qu'ils nomment *carton*; à un des côtés ils attachent une bandelette de cuir, ou seulement un fort ruban de fil, faisant attention de rouler toujours sur les gluaux, le côté opposé à celui où est attaché le ruban.

13°. Petite boëte de fer blanc ou de cuivre; elle sert à renfermer les instrumens à *piper* & à *froüer*.

OISILLON, s. m., oiseau d'une très-petite taille; tel que le roitelet.

OLIVAREZ, oiseau qui a le dessus du corps olivâtre; le dessous citron, la tête noire, les pennes de la queue & des ailes, noirâtres, bordées de jaune clair. Il est de la grosseur du tarin, il en a le plumage & le chant. Cet oiseau est commun dans l'Amérique méridionale.

ONCE, quadrupede de notre continent, qu'on a confondu avec la panthere & le léopard, & qu'on a ensuite rangé avec les deux autres dans la classe des tigres: mais il est aujourd'hui démontré que ces trois animaux different du tigre, & different aussi entr'eux.

L'*once*, dont le nom est formé du mot corrompu de *lynx*, & qui a en effet quelque rapport avec cet animal, n'a que trois pieds & demi de long; mais sa queue est presque toujours aussi longue que le reste de son corps: Oppien l'appelle *petite panthere*.

L'*once* s'apprivoise aisément, & se laisse dresser pour la chasse; un cavalier la porte à cheval derriere lui, & dès qu'il apperçoit une gazelle, il la fait descendre: aussi-tôt elle s'élance avec la rapidité de l'éclair au col de la gazelle, & l'étrangle ; mais fi par malheur elle manque fon coup, & que fa proie lui échappe, elle demeure honteuſe & confuſe, & on eſt obligé de la confoler en la careſſant.

La raiſon qui fait qu'on fe fert de l'*once* pour la chaſſe, c'eſt que les chiens font très-rares en Afie, & que ceux qu'on y tranſporte perdent bien-tôt leur voix & leur inſtinct.

L'*once* fe trouve en Barbarie, dans les parties méridionales de l'Afie, & juſque dans la Chine. Les negres trouvent fa chair aſſéz bonne.

ONDATRA : Quadrupede du Canada, connu ſous le nom de *rat muſqué* : cet animal eſt de grandeur moyenne, entre celle du ſurmulot & celle de la marmotte : il a beaucoup de rapport avec le rat d'eau par la conformation, ſoit intérieure, ſoit extérieure, des parties de ſon corps. Sa queue eſt longue & plate : ſes muſcles font tellement capables de contraction, qu'il peut réduire fon corps à un fort petit volume, & paſſer dans des trous où des animaux de plus petite taille que lui ne ſçauroient pénétrer.

L'*ondatra* a auprès des parties de la génération des follicules qui contiennent un parfum ſous la forme d'une humeur laiteuſe : ces follicules éprouvent beaucoup de changemens dans le corps de l'animal ; au tems des amours ils font très-gros & très-gonflés, & le parfum qu'ils renferment eſt très-exalté : dans les autres ſaiſons ils ſe rident, ſe flétriſſent, & s'alterent en entier. Ces fellicules font communs aux deux ſexes.

Comme l'*ondatra* eſt du même pays que le caſtor, qu'il habite comme lui ſur les eaux, & qu'il a fon poil, fa couleur & fa figure en petit, on en a aſſuré ſouvent la parallele ; on aſſure même qu'au premier coup-d'œil on prendroit un vieil *ondatra* pour un caſtor d'un mois. On peut ajouter que ces animaux ſe reſſemblent par le naturel & par l'inſtinct : l'*ondatra* comme le caſtor vit en ſociété pendant l'hiver, fait de petites cabanes où ſe réuniſſent pluſieurs familles, & ce n'eſt point pour y dormir comme la marmotte ; c'eſt pour ſe prémunir contre les rigueurs des ſaiſons. Dès que l'haleine du printems commence à diſſoudre les neiges, & à découvrir les ſommets de leur habitation, les chaſſeurs en ouvrent le dôme, les offuſquent bruſquement de la lumiere du jour, & aſſomment ou prennent tous ceux qui n'ont pas eu le tems de gagner leurs galeries ſouterraines : ceux qui échappent ainſi à la pourſuite des Canadiens, quittent leur habitation, errent pendant 'été deux à deux, vivent d'herbes, & exhalent une odeur plus ſuave que celle de la civette.

Deux motifs engagent les chaſſeurs à pourſui-vre l'*ondatra* : fa peau eſt précieuſe, & fa chair bonne à manger.

Ce quadrupede ne produit qu'une fois par an, & fa portée eſt de cinq ou ſix petits : fa voix eſt une eſpece de gémiſſement que les chaſſeurs ſavent imiter pour le faire tomber dans leurs pieges : il court peu & marche encore plus mal, mais il nage aſſez bien, quoiqu'il n'ait pas la rapidité du caſtor. Quoiqu'il ſoit naturellement farouche, en le prenant encore petit on peut l'apprivoiſer : il eſt fort joli quand il eſt jeune, il joue innocemment & auſſi leſtement qu'un petit chat, il ne mord point, & on le nourriroit aiſément, fi fon odeur n'étoit pas auſſi incommode.

L'*ondatra* eſt avec le deſman le ſeul animal des climats ſeptentrionaux qui donne du parfum.

ONGLE : Nom qu'on donne en fauconnerie à une maladie des oiſeaux : c'eſt une eſpece de taie qui leur vient dans l'œil, & que cauſe une bluure ou un chaperon trop ſerré.

ONOURÉ : Oiſeau de marécage qui ſe trouve dans la Guiane. Il a les plumes émaillées de gris & de blanc. Son bec eſt court & pointu. On dit que dans ſon chant il fait toujours entendre ces quatre notes *ut, mi, ſol, ut*. Les negres vont à la chaſſe de cet oiſeau dont ils aiment la chair.

ORAN-BLEU ; eſpece de merle du cap de Bonne-Eſpérance qui a tout le deſſous du corps orangé, & preſque tout le deſſus d'un bleu à deux teintes, l'une claire & l'autre foncée. Son bec, ſes pieds & les pennes de ſes ailes font noirs. Les petites plumes font d'un gris blanc.

ORANG-OUTANG ; nom que l'on donne aux Indes orientales à l'*homme ſauvage*, ou *des bois*, eſpece de grand ſinge, connue auſſi ſous le nom de *barris*. C'eſt l'animal qui ſe raproche le plus de l'homme par la figure. On diſtingue deux eſpeces d'ourang-outang, la grande qui eſt le *barris* ou *drill* des Anglois, ou le *pongo* de Guinée, & la petite eſpece qui eſt le *jocho*.

Ce genre de ſinge differe de l'homme par quelques formes extérieures ; mais il a les principales parties du corps, la tête, & des membres fi parfaitement ſemblables à celle de l'homme qu'on ne peut les comparer ſans admiration, & ſans être étonné, dit Buffon, que d'une conformation fi pareille, & d'une organiſation qui eſt abſolument la même, il n'en réſulte pas les mêmes effets. L'orang-outang a la face plate, nue & baſanée ; les oreilles, les mains, les piés, la poitrine, le ventre nus ; il a des poils ſur la tête qui deſcendent en forme de cheveux des deux côtés des tempes, du poil ſur le dos & ſur les lombes, mais en petite quantité. Il a cinq ou six piés de hauteur, & marche toujours droit sur ses piés. Il est très-fort, & courageux.

ORAN VERT, ou *merle à ventre orangé du Sénégal.* Un beau vert foncé enrichi de reflets avec différentes nuances de jaune & d'un orangé brillant font admirer son plumage ; son bec est brun & long d'environ un pouce. La grandeur de l'oiseau est de huit pouces.

ORGANISTE, petit oiseau qu'on trouve à S.-Domingue, de la grosseur d'un pinson. On dit que dans son chant il fait entendre successivement les sons de l'octave en montant du grave à l'aigu. Son plumage est bleu sur la tête & sur le cou, d'un noir changeant en gros bleu sur le dos, les ailes & la queue, & d'un jaune orangé sur le front & tout le dessous du corps.

ORTOLAN, s. m., petit oiseau de passage connu par l'excellence de sa chair ; il a la tête & le cou d'un cendré olivâtre, sa gorge jaunâtre bordée de cendré, & une petite tache jaune au-dessus de l'œil ; la poitrine, le ventre & les flancs roux, le dessus du corps varié de marron brun & de noirâtre ; le bec gros & court comme celui du moineau, est jaunâtre ainsi que les pieds. Son chant est *ti-ti-ti-ti-tu.* Il a dans le palais un tubercule osseux, par lequel il est assez ordinaire de le caractériser ; mais cela ne lui est pas tout-à-fait particulier, car le bruant l'a comme lui. La femelle a un peu plus de cendré sur la tête & le cou, & n'a pas de tache jaune au-dessous de l'œil. En général, dit Buffon, le plumage de l'ortolan est sujet à beaucoup de variétés.

Les ortolans abondent dans nos provinces méridionales ; ils y arrivent au printemps comme les hirondelles, & s'en vont vers l'automne. A leur arrivée, ils sont maigres, & ne valent pas des moineaux : aussi la plupart des chasseurs dédaignent-ils de les tirer. En juillet, août & septembre, ils sont plus gras, & valent alors la peine d'être tirés. Mais il n'y a d'ortolans vraiment gras que ceux qu'on engraisse exprès, après les avoir pris au filet, en les tenant enfermés dans une petite chambre, où on leur donne du millet qu'ils aiment passionnément, autant qu'ils en veulent manger. Il ne faut guères que quinze jours pour les engraisser au point que quelques-uns meurent de trop de graisse ; mais ceux-là n'en sont pas moins bons à manger.

Il y a deux saisons pour prendre les ortolans, le mois d'avril, temps de leur arrivée, & les mois de juillet, août & septembre ; ce qui se fait, en Provence, avec un filet composé de deux nappes, & tel que celui dont on se sert pour prendre les alouettes au miroir, une demi-dou-

zaine d'appeaux, placés entre les deux nappes, dans de petites cages légèrement couvertes de quelques feuillages. On choisit, pour tendre le filet, une pièce de terre à portée d'une vigne, d'un champ d'orge ou d'avoine, qui sont les endroits où l'ortolan se plaît par préférence. Il est bon que le lieu où l'on tend soit éloigné de cent pas des arbres & des haies. En Guienne, & particulièrement dans l'Agénois, on se sert, pour les prendre, de certaines cages en trébuchet, appellées dans le pays *matoles*, que l'on entoure de quelques appeaux. Ces appeaux se gardent d'une année à l'autre dans des volières.

On tue beaucoup d'ortolans dans les bastides des environs de Marseille à la chasse au poste, ou de l'arbret, & pour cela, on a dix ou douze appeaux dans des cages qui s'attachent à des piquets, ou à des arbrisseaux à deux ou trois pieds de terre. On joint à ces appeaux deux ou trois pinçons mâles, dont le chant attire la bécfigue, & quantité d'autres petits oiseaux à bec effilé, qu'on tue aussi à cette chasse, qui dure depuis la fin de juillet jusqu'au mois d'octobre. L'heure est depuis le soleil levé jusqu'à dix ou onze heures du matin.

Il y a quantité d'ortolans en Italie, sur-tout en Lombardie & en Toscane ; & dans l'état de liberté, ils y engraissent plus qu'en France : aussi y en tue-t-on beaucoup au fusil. Parmi ceux qu'on y engraisse, il s'en trouve (dit Olina) qui pèsent de trois à quatre onces. On peut juger de-là jusqu'à quel point ils deviennent gras, puisque l'ortolan maigre & tel qu'il se prend à son arrivée, ne pèse guères plus d'une once. Lorsqu'on les envoye à Rome ou ailleurs, on les range dans des boîtes, plumés & soupoudrés de farine.

Quoique l'ortolan soit un oiseau des pays chauds, il y en a cependant en Allemagne ; & Buffon dit qu'ils se sont établis, depuis un certain nombre d'années seulement, dans un canton de la Lorraine, situé entre Dieuze & Mulcey, où ils font leur ponte, & séjournent jusqu'à l'arrière-saison, temps où ils partent, pour revenir au printemps. Ils s'en rencontre quelques-uns, même aux environs de Paris.

OUANDERON ou OUANDEROU ; nom donné aux Singes babouins de Ceylan. Il y en a de différentes espèces. Les uns grands comme nos épagneuls ont le poil gris, le visage noir, avec une grande barbe blanche qui va d'une oreille à l'autre. Ce qui leur donne un air de vieillard sauvage. D'autres ont la barbe & le corps d'une couleur écarlate pâle ; d'autres sont sans barbe, ont le visage blanc, & des cheveux qui se partagent comme ceux de l'homme. Les naturels du pays vont à la chasse de ces singes dont ils esment la chair comme celle du chevreuil. Le véritable Ouanderon est une espece de babouin dont la queue a sept à huit pouces de long. Il a une large crinière sur la tête & une grande barbe de poils rudes ; il marche plus souvent à quatre piés qu'à deux. Cette espece est susceptible d'éducation.

OUARINE ; espece de singe de la famille des Sabajous. L'ouarine a la face large & quarrée, les yeux noirs, les oreilles courtes & arondies ; la queue une à son extrémité, avec laquelle il s'accroche à tout ce qu'il peut embrasser ; il a les poils forts longs. Ce singe est de la grandeur d'un levrier ; il marche à quatre piés ; sa voix est forte & sonore comme le bruit d'un tambour, ce qui lui a fait donner le surnom de Hurleur.

OUETTE, ou COTINGA ROUGE de Cayenne, oiseau en qui le rouge domine par nuances. La teinte la plus vive est sur la partie supérieure de la tête, & forme comme une couronne qui se releve en manière de huppe : sa queue est terminée en noir ; il a les pieds d'un jaune sale. On le trouve communément à la Guiane, sa longueur totale est de sept pouces.

OUISTITI ; espece de petit sagouin qui n'a pas plus d'un demi-pié de longueur. Ce singe a une forme élégante & des mœurs douces. Sa face est nue, de couleur de chair assez foncée. Il est coëffé par deux toupets de longs poils blancs au devant des oreilles qui sont arrondies, platés, minces & nues. Il marche à quatre piés. il se nourrit de fruits, de legumes, & d'insectes.

OUROVANG, ou MERLE CENDRÉ de Madagascar. Son plumage est cendré ; mais sur la tête il est presque noirâtre avec une legere teinte de vert. Il est moins formé & sans mélange sur la queue & les ailes. Son bec est jaune & marqué d'une raie brune.

OURS, quadrupede sauvage & solitaire. Il a les sens de la vue, de l'ouie & du toucher fort bons, quoique son œil soit petit, ses oreilles courtes & son poil fort touffu, il frappe avec ses poings comme l'homme avec les siens; l'Ours mange de tout & digère tout avec une égale facilité.

Il fuit par instinct toute société, il s'éloigne des lieux où les hommes ont accès, & ne se trouve à son aise, dit Buffon, que dans les endroits qui appartiennent encore à la vieille nature.

Cet animal habite les bois montagneux les plus épais & les moins fréquentés, & par préférence, les forêts de sapins : il y établit sa demeure dans des grottes formées par les rochers, ou dans le tronc creux de quelque vieux arbre, s'il s'en trouve

d'assez gros pour le loger ; & lorsque le lieu ne lui offre aucune comodité de cette espece, il casse il ramasse du bois pour se construire une loge, qu'il recouvre d'herbes & de feuilles, au point de la rendre impénétrable à l'eau.

L'ours se recèle à la fin de décembre, temps où il est fort gras, & se tient pendant cinq ou six semaines dans sa tanière, sans en sortir, & sans manger : l'excès de sa graisse lui fait supporter cette longue abstinence. On a prétendu que la femelle reste aussi enfermée pendant quatre mois; mais cela n'est pas vraisemblable. Si, à cette époque, ses petits sont encore assez foibles pour être allaités, elle doit être plus pressée de la faim que le mâle : s'ils ne la tettent plus, au moins ne sont-ils pas encore en état de se passer de son secours, & alors elle est obligée de sortir avec eux pour leur procurer de quoi vivre. Alphonse XI, dernier du nom, roi de Castille & de Léon, mort en 1350, dans un traité qu'il nous a laissé sur la vénerie, dit que « quoiqu'il soit vrai que les » ours, pour l'ordinaire, se recèlent pendant 40 » jours, savoir tout le mois de janvier, & dix » jours de février, huit jours plutôt ou huit jours » plus tard, suivant la nature du terrein, les » ourses, qui ont des petits au-dessous de six mois, » ne se recèlent point, par la raison que leurs » oursons les tourmentent sans cesse, & qu'elles » sont obligées de sortir avec eux pour leur pro- » curer leur nourriture ». Les ourses mettent bas aux approches de l'hiver, & leurs portées sont d'un, de deux, trois, quatre, & jamais plus de cinq petits.

Il paroît, suivant Gesner, qu'on distingue en Suisse deux espèces d'ours bruns, qui ne différent que par la taille. Les plus petits font leur demeure dans les rochers, & ont un nom particulier qui désigne cette habitude ; les plus gros font ceux qui attaquent les bœufs & les chevaux. il s'en tue quelques-uns dans les Pyrénées qui pesent jusqu'à six cent livres.

Les ours sont assez communs dans quelques parties des montagnes du Dauphiné, & particulièrement dans les bois du *Villar-de-Lans*, de *La Ferrière*, de *Palanfrey*, & de *Saint Barthélemi*, à peu de distance de Grenoble, ainsi que dans ceux de la *grande Chartreuse*, qui en est à cinq lieues ; il y en a aussi dans le petit pays d'*Oysans*, qui en est éloigné de cinq à six lieues, mais ils y sont moins fréquens.

Ces animaux se trouvent en assez grand nombre, dans les Pyrénées du Béarn, de la Bigorre, du Comminges & du Couserans. Les forêts montagneuses des environs de Bagnères & de Cauterets, en Bigorre ; celles qui avoisinent Bagnères-de-Luchon, dans le Comminges, sont les endroits où il s'en trouve le plus.

Chasse de l'Ours.

Voici la manière de chasser les Ours.

La plus ordinaire est l'affût. On s'y place, à l'entrée de la nuit, à couvert de quelque buisson, ou quartier de roche. Ce qui dirige ordinairement le chasseur dans le choix d'un poste pour les attendre, c'est lorsqu'il rencontre des endroits où l'ours a fouillé la terre, pour y chercher des racines de réglise sauvage, que ces animaux aiment beaucoup. Il est d'usage de se réunir, au moins deux ensemble, pour se poster à quelque distance l'un de l'autre, & que chacun soit armé de deux fusils, non pas tant pour se défendre de l'ours, dans le cas où on n'aura fait que le blesser, que parce que cet animal est rarement tué du premier coup: car lorsqu'après l'avoir tiré & blessé, le chasseur est resté immobile sans bouger de sa place, il est (dit-on) sans exemple, qu'il soit revenu sur lui: au contraire, si après l'avoir tiré, il quitte son poste, par crainte ou autrement, l'ours, quoique blessé, s'il est encore en état de courir, le saisira au corps, & le mettra en danger de périr, s'il n'est promptement secouru; c'est pourquoi il est prudent de ne pas faire cette chasse seul.

Une autre manière de chasser l'ours, ce sont des battues, telles à-peu-près que celles qui se font pour les loups. Ces battues ont lieu, lorsque quelqu'un de ces animaux s'est annoncé aux pâtres qui gardent leurs troupeaux sur les montagnes, par l'enlèvement de quelque bête; ou lorsqu'avant qu'il ait eu le temps de faire son coup, il est éventé par leurs chiens, qui sont des mâtins de la plus grande taille. Ces chiens décèlent son arrivée par un certain hurlement craintif & lugubre, auquel les pâtres ne se trompent point. Avertis par ce moyen ils ne cessent de crier: ces cris ne l'effarouchent pas, au point de le faire éloigner, mais ils l'empêchent d'avancer sur les troupeaux. La nuit ils parviennent à l'écarter, en jettant en l'air des tisons ardens. Lorsque l'ours s'obstine à demeurer dans la montagne, alors un des pâtres se détache, & descend pour avertir dans les villages. Trente ou quarante hommes, plus ou moins, se rassemblent, dont une partie armés de fusils, les autres de fourches de fer, pertuisanes &c. Les fusiliers vont se poster aux endroits où il y a apparence que l'ours doit passer en quittant la montagne, tandis que les autres foulent le bois, en faisant le plus grand bruit qu'il est possible, & tirant même, de temps en temps, quelques coups de fusil ou de pistolet, chargés à poudre. Malgré tout ce tapage, il arrive quelquefois que l'ours ne bouge point, & qu'on le laisse derrière. Le plus souvent, néanmoins, s'il est encore dans la montagne, il déguerpit, sans trop se hâter; & alors, si la chasse est heureuse, & qu'il vienne à passer aux endroits où on l'attend,

on le tue: mais ces chasses ne réussissent pas bien souvent, parce que l'ours, communément, ne s'arrête pas long-temps dans la même montagne; & que pendant le tems qu'un pâtre met pour descendre dans les villages & avertir les chasseurs, & celui qui s'écoule avant qu'ils soient rassemblés & rendus sur les lieux, il a disparu, & s'en est allé à deux ou trois lieues & davantage de l'endroit où on l'avoit apperçu, sans qu'on sache de quel côté il a tourné.

Outre ces battues, déterminées par l'apparition de quelque ours dans une montagne, il s'en fait d'autres, de temps en temps, par les chasseurs du pays, qui se réunissent, en certain nombre, pour battre les bois qu'habitent ces animaux, avec de gros mâtins accoutumés à cette chasse.

Il se fait aussi des chasses particulières, en envoyant à la montagne, sur-tout dans un temps de pluie, reconnoître, par les traces fraîches de ces animaux les endroits où il y en a: & lorsqu'on en a pris connoissance, les chasseurs se rendent sur les lieux, avec ces mâtins dont j'ai parlé. Les chiens après avoir goûté la voie, vont lancer l'animal, qui pendant le jour se tient ordinairement dans les endroits les plus fourrés du bois; & l'ours lancé s'échappe sans être tiré, ou est tué, blessé, ou manque par quelqu'un des chasseurs postés sur les passages par lesquels on s'attend qu'il fera sa retraite. L'ours tient rarement devant les chiens; mais il est paresseux à se lever, & donne quelquefois le temps aux plus courageux de lui sauter sur le corps, mais il s'en est bientôt débarrassé, & ses agresseurs s'en trouvent mal pour l'ordinaire.

La chasse de l'ours n'est pas sans danger: cependant elle n'est pas aussi périlleuse qu'on se l'imagine communément. Quoique blessé, il attaque assez rarement les hommes, à moins qu'il ne soit harcelé de trop près; alors il se retourne pour faire face: si l'homme est assez leste pour lui échapper dans ce premier moment, il ne s'obstine pas ordinairement à le poursuivre, mais s'il le joint, il se dresse, & l'embrassant de ses deux pattes de devant, il l'étreint de manière à l'étouffer, s'il n'est secouru promptement par quelque camarade, qui vient tirer l'ours à bout portant. On a vu quelquefois, en pareil cas, l'ours quitter son adversaire, pour se jetter sur celui qui venoit de le tirer. Comme cette chasse se fait dans les montagnes, il est arrivé souvent, par la pente du terrein, que l'ours & l'homme ainsi embrassés ont roulé fort bas, & que la chûte les a séparés sans qu'après cela l'ours soit revenu à la charge. Du reste, cet animal, lorsqu'il attaque l'homme, use rarement de ses dents. Cependant il arrive parfois qu'en fuyant, il donne un coup de dent ou un coup de patte à un chasseur qui se trouvera sur son chemin, sans s'acharner davantage.

Mais, je le répète, un principe reçu parmi les chasseurs d'ours, c'est qu'il ne revient jamais sur l'homme qui l'a tiré, tant qu'il ne le voit point courir, ni changer de place.

La conformation de l'ours, qui tient de celle de l'homme & du singe, en ce que, dressé sur ces pieds de derrière, il se sert de ceux de devant comme de mains, lui permet d'exécuter certains mouvemens dont les autres animaux sont incapables. Cette faculté, jointe à sa force, à son naturel capricieux, & à un certain dégré d'intelligence, qui le rend susceptible d'éducation, donne lieu quelque fois à des singularités remarquables de la part de cet animal. Par exemple, dans les montagnes du Béarn, on assure que, lorsqu'il est chassé, il cherche à gagner certains endroits où la fonte des neiges & les pluies des grands orages ont formé des amas de pierres, appellés en ce pays *arrailleres*; & qu'une fois arrivé là il fait tête aux chiens, qu'il renvoye à grands coups de pierres, & qu'il faut plusieurs coups de fusil pour l'en faire déguerpir. Au reste, ceci paroît une habitude commune à tous les ours, & peut n'être pas regardé comme une singularité; mais voici quelques traits particuliers, du genre de ceux dont je veux parler.

On lit dans un traité de vénerie ajouté par Argotte de Molina à la suite de celui d'Alphonse, roi de Castille, qu'à une chasse où se trouvoient l'empereur Ferdinand I, & Philippe II, roi d'Espagne, un ours ayant apperçu un chasseur posté en embuscade, le saisit & le porta sur une roche élevée, d'où il le précipita & le tua; que dans une autre occasion, un de ces animaux ayant été détourné dans un bois peu éloigné de Madrid, & renfermé dans une enceinte dont tous les passages étoient gardés par des chasseurs, & quantité d'autres gens qu'on avoit rassemblés pour cette chasse, trouva moyen de forcer l'enceinte, se défendit contre des chiens courans, lévriers & dogues lâchés sur lui, échappa à plusieurs dards qui lui furent lancés & ce qu'il y eut de plus étonnant, ramassoit tout en fuyant, ces dards, & les rejettoit contre ceux qui les lui lançoient. J'ajouterai ici une anecdote plus récente.

Au village d'*Aréte*, dans la vallée de Baretons, à huit lieues de Pau, il se fit, il y a quelques années, une chasse où l'ours fut blessé. Plusieurs chasseurs, sans fusil, le suivoient au sang: ils le rencontrèrent couché dans une broussaille, d'où il sortit pour donner sur eux; il blessa un homme, s'agraffa à un autre, roula avec lui fort bas dans la montagne, & s'en sépara par la chûte. Tout cela n'a rien de bien remarquable; mais le singulier de l'aventure, c'est qu'un chasseur armé (*Pierre Soubie*) étant accouru au secours des autres, l'animal se dressa sur ses pieds vis-à-vis de lui, & au moment où il le couchoit en joue pour le tirer, lui enleva son fusil, & le jetta à dix ou douze pas.

On ne connoît aucun pays où l'on chasse l'ours à cor & à cri, pour le forcer avec les chiens conrans; &, en effet, les lieux qu'il habite sont peu propres pour cette chasse. Cependant elle s'est pratiquée autrefois, au moins en Espagne, du temps d'Alphonse XI, roi de Castille, qui suivant le traité de vénerie qu'il nous a laissé, paroît avoir affectionné particulièrement cette chasse, la seule pour ainsi dire, dont il fasse mention; car il dit fort peu de chose de celle du sanglier, & à peine parle-t-il de celle du cerf.

En lisant les anciens auteurs qui ont écrit sur la vénerie, on voit que l'usage de prendre les bêtes à force de chiens & de chevaux, sans y employer aucunes armes, n'étoit pas autrefois aussi commun qu'aujourd'hui, même dans les pays où l'égalité du terrein favorise cette chasse. La manière la plus ordinaire alors de les chasser, soit qu'on les détournât avec le limier, soit qu'on chassât seulement à la trolle, étoit de placer autour des enceintes, des veneurs à cheval, armés de lances, de dards & d'épées, ou à pied avec des arcs & arbalètes, & en même temps des lévriers & dogues tenus en laisse; en d'autres endroits, étoient des gens sans armes, dont quelques uns avec des tambours & des trompettes, qui n'étoient faits que pour renvoyer la bête aux veneurs, à force de bruit, si elle se présentoit pour passer de leur côté. Quelquefois, venant à passer aux endroits gardés par les veneurs, elle étoit coiffée par les lévriers & dogues, & tuée à coups d'épées & de lance; d'autres fois, elle n'étoit que blessée, en passant, d'un dard ou d'une flèche, & souvent s'échappoit sans blessure. Dans le second cas, on lâchoit, sur la voie de la bête, des chiens courans, que Phébus, comte de Foix, appelle *chiens pour le sang*, & le roi Modus *brachets*, pour la suivre & l'atteindre s'il se pouvoit: dans le dernier cas, on n'en faisoit aucune suite. Mais ce n'est point ainsi que le roi Alphonse chassoit l'ours; il le forçoit & le mettoit à mort à force de chiens & de relais. Souvent un ours se faisoit chasser deux ou trois jours; la nuit venue, les piqueurs s'arrêtoient dans les habitations les plus voisines du lieu, où le jour leur manquoit, recueillant leurs chiens, dont les plus ardens ne quittoient souvent prise qu'après avoir suivi une partie de la nuit; & le lendemain, dès la pointe du jour, se remettoient en quête de la voie, qu'ils leur faisoient reprendre. On trouve, dans le livre du roi Alphonse, des récits détaillés de plusieurs chasses de cette espèce; d'une, entre autres, où l'ours ne fut mis qu'après s'être fait chasser pendant 5 jours & 4 nuits: & ces récits sont tellement circonstanciés, que tous les veneurs &

même plusieurs chiens y sont désignés par leurs noms.

(Extrait de la chasse au fusil.)

Ours de mer, blancs.

Il ne faut pas confondre l'*ours* de terre avec l'*ours* de mer, appelé communément *ours de la mer glaciale* ou *ours blanc* ; ils different pour la forme du corps & pour les habitudes naturelles.

Ces *ours de mer blancs* sont distingués des *ours* de la même couleur qu'on trouve dans la grande Tartarie en Moscovie & Lithuanie, & dans presque tous les pays du nord : ce n'est pas la rigueur du climat qui fait blanchir ces derniers pendant l'hiver, comme les lievres & les hermines ; car ils naissent blancs & conservent leurs couleurs toute leur vie.

L'*ours blanc* se nourrit de poisson ; il ne quitte pas les rivages de la mer, & souvent même il habite en pleine eau sur des glaçons flottans : lorsque cet animal trouve quelque proie sur terre, il ne se donne pas la peine de chasser en mer, il dévore les rennes, attaque les hommes, & souvent déterre les cadavres.

Il est à remarquer que l'*ours blanc*, qui s'est gîté sur un glaçon, & qui a trouvé pendant l'hiver une subsistance abondante, ne l'abandonne pas au printems, lors même qu'il se détache ; il se laisse emmener avec son asyle, voyage avec lui, & périt ordinairement en pleine mer.

On a dit sans raison que l'*ours blanc* étoit amphibie ; la maniere de le chasser démontre le contraire ; il est certain que ce quadrupède ne sauroit nager de suite plus d'une lieue : on le suit avec une chaloupe & on le force de lassitude. S'il pouvoit se passer de respirer, il plongeroit pour se reposer au fond de l'eau ; mais il craint de se noyer en plongeant, & on le tue à fleur d'eau.

Sa tête est beaucoup plus longue que celle de l'ours de terre ; son cou est aussi plus long, son corps plus délié, plus agile. L'extrémité de ses piés est faite à peu près comme celle des grands chiens, & en général cette espece d'ours est la plus grande, & la plus forte.

Chasse de l'ours blanc.

La chasse de l'*ours blanc* se fait ordinairement sur la glace : les sauvages s'y rendent armés d'arcs & de fleches, de bâtons ferrés, d'épées & de torches allumées ; ils lui livrent bataille dans le même ordre que s'il s'agissoit de combattre des hommes : ces animaux se défendent avec opiniâtreté, & ordinairement le sang des vainqueurs & celui des vaincus, coulent ensemble : les sauvages se con-

solent de leurs blessures en mangeant la chair de leur ennemi & en faisant un commerce de sa fourrure.

Lorsque l'*ours blanc* se jette dans la mer, les chasseurs intrépides, le poursuivent avec vivacité, chargent leurs canots sur leurs épaules & vont d'un glaçon à un autre, au travers de mille dangers pour empêcher leur proie d'échapper.

OURVARI-à-moitié-à-haut, cri des chasseurs pour forcer les chiens à retourner, & trouver les bouts de la ruse d'une bête, quand elle a fait un retour.

OUTARDE, oiseau de la taille du coq-d'inde, qui n'a point de doigt de derriere. C'est le plus grand des oiseaux connus en France, il pese depuis 20 jusqu'à 25 l. Sa longueur depuis l'extrémité de son bec jusqu'à celle de sa queue, est depuis 3 piés jusqu'à 3 piés & demi. Le mâle est de près d'un tiers plus gros que la femelle.

Cet oiseau a la tête, la gorge & le cou d'un cendré clair, le dos & les ailes mouchetés de noir, de fauve & de roussâtre, sauf quelques plumes qui sont blanches. Sa poitrine & son ventre sont d'un blanc mêlé de fauve. Il a le bec du dindon, le bas de la jambe nud, & ses piés n'ont que trois doigts isolé & sans membranes. Il vit d'herbes, de navette sur-tout, de foin & de toute sorte de semences ; de mulots, de crapauds & de grenouilles. Dans le fort de l'hiver, en tems de neige, il mange des feuilles de chou & l'écorce des arbres.

Il se tient dans les grandes plaines rases, & loin des habitations ; & sans doute cette habitude caractéristique & distinctive de l'outarde, est une suite de l'instinct dont la nature a doué tous les êtres pour leur conservation. Comme elle est fort pesante, ainsi que tous les oiseaux qui ont l'aile courte proportionnément à la grosseur de leur corps, elle vole mal, & sur-tout ne s'eleve de terre qu'avec beaucoup de peine, & après avoir couru un certain espace les ailes étendues ; enforte que, lorsqu'elle est surprise, un chien peut l'atteindre & la saisir avant qu'elle ait pu prendre son vol ; & c'est ce qui arrive quelquefois lorsqu'on la surprend, au point du jour, en tems de gelée, par un brouillard épais ; c'est alors, surtout qu'engourdie par le froid, & les ailes mouillées par le brouillard, elle ne s'enleve que très-difficilement.

L'outarde pond vers le mois de mai ; elle ne construit point de nid, mais creuse seulement un trou en terre, & y dépose deux œufs. C'est ordinairement dans les blés, & par préférence dans les seigles, qu'elle s'établit pour faire sa ponte. Lorsque l'on veut élever des outardeaux, on leur donne pour nourriture de la mie de pain de seigle détrempée avec des jaunes d'œufs dans de l'eau & du vin ; & quand ils deviennent plus forts, du pain de seigle coupé par petits morceaux, & du foie de bœuf.

Suivant l'histoire naturelle de Buffon, l'outarde ne séjourne habituellement en France que dans les vastes plaines de la Champagne pouilleuse & du Poitou ; car les outardes se font voir en plusieurs autres provinces, & même presque partout, dans les hivers rigoureux, & sur-tout pendant les grandes neiges. Cependant, il paroît que la Champagne & le Poitou ne font pas exclusivement en France leur séjour habituel. Ces oiseaux se trouvent assez communément dans le territoire d'Arles, suivant Pierre de Quiqueran, qui dit en avoir lui-même forcé & pris plusieurs à cheval. Mais qu'on ne croie pas que ce soient de vieilles outardes qui se laissent prendre ainsi. Tant qu'elles ne sont grosses que comme un bon chapon, on peut (dit Quiqueran) les forcer après deux ou trois vols ; lorsqu'elles sont de la taille d'une oie, on en vient encore à bout, mais avec beaucoup de peine, & l'on y crève des chevaux ; mais il n'y a plus moyen de les forcer lorsqu'elles sont tout-à-fait adultes. Ceci supposeroit que non-seulement les outardes font un séjour habituel dans les plaines dont parle cet auteur, mais que quelques-unes y font leur couvée. Quoi qu'il en soit les outardes se montrent fréquemment dans la plaine pierreuse de la *Crau*, à trois lieues de la ville d'Arles, & il s'en voit encore assez souvent dans une grande plaine des environs d'Avignon, appellée *Trentain*, située entre Saint-Saturnin & le Tor. Cette plaine, environnée en partie par la rivière de Sorgues, ne produit qu'un fourage maigre & sec, & il ne s'y trouve ni arbre ni buisson, dans une étendue de près de quatre lieues.

Quant à la Champagne pouilleuse, on peut dire que c'est la véritable patrie des outardes en France, sur tout depuis Fere-Champenoise jusqu'à Sainte-Menehould, qui est le canton où elles se plaisent le plus. Quelques-unes, mais en très-petit nombre, y font leur nid. La plus grande partie y arrive au commencement d'octobre, & s'en va au printems. Les outardes vont par bandes de douze, quinze, jusqu'à vingt, mais dans les grands froids ces bandes sont de 30, 40, 50 & plus.

Chasse des outardes.

Ces oiseaux se tenant toujours dans les plaines rases, loin de tous arbres, haies & buissons, il est très-difficile aux chasseurs d'en approcher ; & si l'on y parvient quelquefois, au moins est-on obligé de les tirer à de grandes distances, avec le plus gros plomb, ou même des chevrotines, & le plus souvent avec des canardieres. Mais il y

a plusieurs moyens pour tromper leur défiance, & à la faveur desquels on peut les approcher à la portée ordinaire du fusil. Ces moyens sont la vache artificielle, la charrette, & la hutte ambulante. On ne se sert en Champagne, pour les outardes, que des deux premiers. Mais voici un autre stratagême destiné à cette chasse, & dont on y fait un usage assez fréquent.

Comme les outardes se cantonnent par bandes, & s'éloignent peu des endroits qu'elles ont choisis pour résidence habituelle, le chasseur se construit une petite hutte sur le lieu, pour s'y mettre à l'affût, à certaines heures du jour favorables pour les attendre. Cette hutte doit être faite promptement, & dans les momens où elles sont éloignées à quelque distance, pour aller chercher leur nourriture, de maniere qu'elles ne puissent en avoir connoissance. Elle doit être très belle, & pour cela on commence par faire un trou en terre qu'on recouvre de branchages, fougere, gazon, &c. & dans ce toit on se ménage seulement quelques petits jours pour passer le fusil. Si c'est en tems de neige on couvre cette hutte d'un drap blanc ; d'autres la couvrent avec la neige même, & cela pour qu'elle soit moins visible, & afin d'ôter toute défiance aux *outardes*. Tapi dans cette hutte, le chasseur attend patiemment qu'un heureux hazard les amene à sa portée.

On chasse encore aux *outardes* avec des lévriers qui les prennent de vîtesse, avant qu'elles se soient élevées de terre : on les prend aussi à l'hameçon, en y attachant de la pomme ou de la viande, mais le plus ordinairement, on va à cette chasse à cheval, car cet oiseau s'en laisse aisément approcher, alors on le tue à coups de fusil.

Voici une autre maniere plus sûre & plus lucrative de chasser aux *outardes* : vous choisissez le côté d'un étang ou d'une riviere qui soit planté d'arbres, & s'il ne l'est pas, vous piquez sur ses bords des perches longues de huit piés, & grosses comme le bras, vous les mettez en droite ligne, également éloignées les unes des autres, & un peu penchées du côté de l'eau : ces arbres ou ces perches sont nécessaires pour y attacher deux filets qui doivent être lâches & descendre jusques sur le bord de l'eau : ces filets se placent l'un au bout de l'autre, & au milieu on ménage un passage étroit, pour qu'un homme à cheval puisse y passer.

Après ces préparatifs vous montez à cheval, vous penchez votre corps sur son col, & vous allez directement aux *outardes* : dès que ces oiseaux apperçevront le cheval, ils courront à lui à ailes déployées. Alors il faut marcher droit au filet, & si les *outardes* vous approchent de dix pas, paſſer au miliéu du filet, remonter enſuite à quinze pas & gagner le derrière de votre gibier : tous les chaſſeurs ſe réuniſſent alors pour pouſſer les *outardes* dans le piège : on aſſomme avec un bâton celles qui ſe débattent entre les filets.

La chair de l'outarde a le goût de celle du dindon.

OUTARDE (PETITE) ou *cannepetiere*. Cette petite eſpèce d'*outarde* a tous les attributs extérieurs de la grande, le même naturel, les mêmes mœurs, les mêmes habitudes. Mais elle eſt moins répandue, & paroît confinée dans une zône plus étroite. Elle habite de préférence le climat de la France, & principalement le Maine & la Normandie. Lorſque ces oiſeaux ſoupçonnent quelque danger, ils partent & font un vol très-rapide de deux ou trois cents pas, fort près de terre; & lorſqu'ils ſont poſés, ils courent ſi vîte qu'à peine un homme pourroit les atteindre.

La chair de la petite *outarde* eſt noire & d'un goût exquis.

OUTREMER, oiſeau d'Abyſſinie qui eſt de la grandeur du ſerin. Son plumage eſt d'un bleu foncé; il a le bec blanc & les pieds rouges. Son ramage eſt agréable.

OUVERTES. Les têtes du cerf, du daim & du chevreuil ſont *ouvertes* quand leurs perches ſont écartées; ce qui en conſtitue la beauté.

OYE, oiſeau aquatique très-vorace. On en diſtingue de beaucoup d'eſpèces, dont le caractère eſt d'avoir trois doigts antérieurs & palmés, & celui de derrière ſans membranes. Le bec eſt convexe en deſſus, plane en deſſous, d'une largeur & d'une groſſeur égales dans toute la longueur, onguiculé par le bout qui eſt obtus.

OYE DOMESTIQUE OU PRIVÉE. C'eſt un oiſeau de baſſe-cour bien connu; plus petit que le cygne, & plus gros que le canard. Son bec eſt long de deux pouces & demi; ſa queue longue de ſix pouces & demi eſt compoſée de dix huit grandes plumes; ſes ailes ont chacune vingt ſept grandes plumes. La couleur de ſon plumage varie comme dans tous les autres oiſeaux domeſtiques. Cependant le mâle eſt ordinairement blanc; le bec & les pieds ſont jaunes dans les jeunes oies qu'on nomme *oiſillons* & *oiſons*. On donne au mâle le nom de *jars*.

Quand l'oye ſe met en colère, ſifle comme le ſerpent. C'eſt un oiſeau amphibie qui vit ſur la terre & dans l'eau. L'on en voit le long de la Loire s'aſſembler en certain temps de l'année & faire leur paſſage en d'autres pays d'où elles reviennent enſuite chacune dans leur maiſon. Cet oiſeau ſe nourrit principalement d'herbes & de grains.

OYES SAUVAGES. Il y en a de pluſieurs eſpèces. L'*Oye ſauvage* par excellence eſt plus petit que l'*oye domeſtique*, c'eſt-à-dire eſt à-peuprès de la taille du canard : il arrive en France en hiver après les grues vers la Saint-Martin. Ces oiſeaux volent par bandes, & forment une eſpèce de triangle ſans baſe : leur cri eſt perçant, & ſe fait entendre de loin : ils ſe plaiſent dans les grandes plaines remplies de bled verd, qui leur ſert de pâture, & font leurs petits dans les iſles & dans les endroits marécageux : leur chair eſt iufiniment plus délicate que celle de l'*oye domeſtique*.

L'*oye de mer* eſt un *oye ſauvage* : c'eſt le grand plongeon des Naturaliſtes; on ne le connoît que par ſa deſcription anatomique.

L'*oye nonnette* eſt encore de l'eſpèce ſauvage; cet oiſeau eſt peu commun parmi nous, ſon nom lui a été donné à cauſe de ſon habillement blanc & noir qui reſſemble à celui d'une religieuſe. L'*oye nonnette* a toute la fineſſe du renard; quand il s'agit de dérober ſes petits à la pourſuite du chaſſeur, elle marche comme ſi elle avoit les ailes & les cuiſſes caſſées pour ſe faire chaſſer elle-même; enſuite quand elle voit ſes petits hors de danger, elle prend ſon eſſor, & s'échappe elle-même des pieges de ceux qui la pourſuivent.

L'*oye de Solande* ou d'*Ecoſſe* eſt auſſi au rang des *oyes ſauvages*; elle ne multiplie que dans cette partie de la Grande-Bretagne, & comme on tire rarement ſur elle, elle nourrit avec confiance ſes petits fort près des habitations; cet oiſeau ſe nourrit de poiſſons, & ſa chair eſt d'un goût exquis, s'il faut en croire les Inſulaires, chez qui on le trouve.

L'*oye de Moſcovie* eſt une *oye ſauvage*. Cet oiſeau eſt de la taille d'une cigogne; mais il n'a pas l'éclat de ſon plumage.

Il y a dans l'Iſlande des *oyes* connues ſous le nom de *chargées*, qui y abordent par milliers : ces oiſeaux ſont ſi fatigués en arrivant, à cauſe de la route pénible qu'ils ont faite en traverſant la mer, qu'on peut les tuer à coups de bâton.

On trouve des *oyes ſauvages* en Eſpagne, au Cap de Bonne-Eſpérance, au Sénégal & au Canada; ainſi ces animaux ſont de tous les climats; ils peuvent multiplier ſur les glaces du Nord, comme dans les déſerts brûlans de la Zône-Torride.

Chaſſe des oyes ſauvages.

Un des moyens les plus ſûrs pour tuer les *oyes* eſt d'obſerver les endroits par où elles viennent le ſoir ſe jetter dans les étangs, & de les y attendre pour les tirer au paffage ; ce qu'on peut faire de même le matin à la pointe du jour, lorfqu'elles en fortent pour gagner les plaines. On peut encore leur tendre un piège dans les étangs, qui confifte à y conduire un bateau, & l'ammarer au milieu de l'eau, l'y laiffer trois ou quatre jours, afin qu'elles s'y accoutument & n'en foient point effarouchées, & au bout de ce temps fe faire conduire au bateau, & y refter à l'affût armé d'une canardière, ou d'un fufil de gros calibre, pour faire fon coup lorfque l'occafion s'en préfentera. Mais il arrive le plus fouvent, que dès la première fois qu'elles ont été tirées, elles défertent l'étang pour aller ailleurs. Les chaffeurs de canard à la hutte, de la vallée d'Abbeville, en tuent, de temps en temps, quelques unes qui viennent tomber dans leurs mares pendant la nuit ; mais cela eft affez rare.

La chaffe des *oyes* fauvages n'eft facile & abondante que dans les temps de grande gélée, lorfque les riviéres & étangs font fermés par la glace, & furtout quand la terre eft couverte de neige. Alors, outre qu'on en voit beaucoup plus qu'en tout autre temps, elles font bien moins farouches ; on les aborde aifément dans les plaines, & lorfqu'elles partent, c'eft pour aller fe remettre à peu de diftance. Mais fi la chaffe en eft facile alors, au moins n'eft-elle pas trop bonne, attendu qu'en pareil tems les *oyes*, ainfi que tout autre gibier, fouffrant de la difette, maigriffent, & ne font pas en chair. En général, on prend les *oyes* de la même manière que les canards.

Voyez pour l'intelligence de cette chaffe l'article CANARD.

P.

PACA, f. m. Petit quadrupède semblable à un pourceau de deux mois, fort commun dans l'Amérique méridionale. Il y a de ces animaux qui sont d'un blanc de neige ; leur chair a le goût de celle du lièvre & est fort estimée des habitans.

Le *paca* a deux pieds environ de longueur, depuis le bout du museau jusqu'à sa queue. Il est indolent le jour, & actif la nuit : il s'apprivoise facilement ; mais il ne souffre pas qu'on le touche ; il manifeste sa colère par un grognement & un claquement de dents. Souvent debout, assis sur son derrière, il se peigne la tête & la moustache avec ses pattes de devant. Sa tête est grosse, sa mâchoire inférieure courte, il a une grande barbe de lièvre ; des oreilles petites & pointues, les jambes de devant plus courtes que celles de derrière. Il a cinq doigts à chaque pied ; le corps couvert de poils courts & rudes au toucher. Il est tâcheté assez régulièrement de blanc, gris & noir. Ces animaux fouillent la terre avec leur museau ; ils peuvent plonger & rester plusieurs heures sous l'eau.

La chasse des *pacas* est difficile ; il faut des chiens dressés pour les prendre. Ils se creusent des terriers comme les lapins ; mais peu profondément, ils les recouvrent de feuilles sèches. Ils se défendent vigoureusement, & mordent avec acharnement quand on les attaque. Cet animal vit sur-tout de végétaux : il boit en lappant.

PACAPAC, f. m. Oiseau dont le plumage est d'un pourpre éclatant & lustré. Les pennes de ses ailes sont blanches, terminées de brun, il a les pieds noirs, le bec gris-brun, & de sa base part un trait blanc qui passe sur l'œil & dessine sa physionomie. Les grandes couvertures de ses ailes sont longues, étroites, pointues. C'est un oiseau voyageur.

PACO, f. m. Quadrupède du nouveau continent, qu'on nomme aussi *vigogne* ; il y en a de domestiques & de sauvages ; cet animal paroît attaché à la chaîne des montagnes, qui s'étend depuis la nouvelle Espagne, jusqu'aux terres Magellaniques : il habite les régions les plus élevées du globe terrestre.

Le *paco* a avec le Lama le même rapport que l'ane avec le cheval ; cet animal dans son état de liberté est de couleur de rose sèche, & cette couleur est si fixe qu'elle ne s'altère point sous la main de l'ouvrier : le *paco* domestique est ordinairement noir ou brun mélangé de fauve ; tous les deux fournissent une laine très-fine, dont le luxe se sert aussi avantageusement que de la soie.

Le *paco* n'a point de cornes ; la neige & la glace semblent le récréer plutôt que l'incommoder : il va en troupes & court fort légèrement ; au reste c'est un animal fort timide ; dès qu'il apperçoit un homme, il s'enfuit en chassant ses petits devant lui.

Le *paco* domestique sert aux indiens pour porter des fardeaux ; mais il a des caprices singuliers qu'on ne peut réformer : si par hasard il lui prend fantaisie de se coucher avec sa charge, ses conducteurs le tueroient plutôt que de le faire relever : on a tenté de transporter cet animal en Espagne ; mais tous ceux qui y ont abordé ont péri sans avoir multiplié.

La charge ordinaire des *pacos* est de 150 à 200 livres ; ils marchent lentement, leurs pas est assuré, soit qu'ils descendent des ravines précipitées, ou qu'ils surmontent des rochers escarpés. Leur chair est bonne à manger, & leur poil est une laine fine d'une excellent usage.

Chasse du paco.

Cette chasse prouve la grande timidité de cet animal, ou plutôt sa stupidité : plusieurs chasseurs s'assemblent pour les faire fuir & les engager dans quelques passages étroits où l'on a tendu des cordages à trois ou quatre pieds de haut, le long desquels on laisse pendre des morceaux de linge ou de drap ; les *pacos* qui arrivent à ces passages sont tellement intimidés par le mouvement de ces lambeaux agités par le vent, qu'ils n'osent passer au-delà, & qu'ils s'attroupent de façon qu'il est facile de les tuer en grand nombre : quelquefois il se trouve dans la troupe des Huanacus ; comme ces derniers animaux sont plus hauts de corps & moins timides que les *pacos*, ils sautent par-dessus les cordes, & dès qu'ils ont donné l'exemple, les *pacos* sautent de même & échappent aux chasseurs.

PACQUIRES. Nom d'une espèce de quadrupèdes semblables aux porcs qu'on trouve dans

X x 2

l'ifle de Tabago. Ils ont le lard ferme, peu de poils, & fi l'on en croit les voyageurs, ils ont le nombril fur le dos. Les habitans font ufage dans leurs alimens de la chair de ces animaux.

PADDA, ou oifeau de riz. Efpèce de gros bec, fort commun en Chine. Cet oifeau eft remarquable par la richeffe & l'éclat des couleurs de fon plumage.

PAGALOS, f. m. Oifeau que l'on peut comparer à une poule pour le port & la hauteur. Son plumage eft de différentes couleurs très-vives, fa queue a environ deux pieds de longueur.

PAILLE-EN-CUL, OISEAU DU TROPIQUE, OISEAU DE MER. Genre d'oifeau qui habite la Zône-Torride, c'eft-à-dire l'efpace qui eft entre les deux tropiques. Il eft de la groffeur d'un pigeon ; il a la tête petite, fon bec eft gros, pointu, & un peu courbé, dentelé, tout rouge, & de la longueur d'environ trois pouces. Ses pieds font palmés, avec quatre doigts qui tiennent enfemble par une membrane. Ses ailes font grandes & longues ; fon plumage eft d'un bleu tacheté de noir & de fauve ; fa queue eft compofée de douze à quinze plumes de fix pouces de longueur, du milieu defquelles fortent deux plumes longues d'environ 15 à 16 pouces, & qui femblent n'en faire qu'une. Cet oifeau a un cri perçant ; il vole fort haut, & quelquefois il repofe fur l'eau. Il vit de poiffons.

PAISSE SOLITAIRE ou PASSE. Efpèce de grive qui fe trouve en France. Le plumage de cet oifeau eft d'un roux fauve moucheté de gris ; fon bec eft rond & pointu, plus fort que celui d'un merle, & d'un gris noirâtre. Il a les jambes & les pieds comme ceux d'une grive & de la même couleur ; il vit d'infectes & fe plaît dans les vallées. On peut élever cet oifeau en cage ; fon chant eft doux & agréable ; il fe fait entendre la nuit comme le jour.

PALE, PALETTE, ou BEC A SPATULE. Ce font les différents noms qu'on a donnés à cet oifeau, à caufe de la figure de fon bec qui eft large par le bout, arrondi & applati en deffus comme une pelle, & la partie voifine de la tête eft étroite & faite comme le manche d'une palette. Le bec eft droit dans fa longueur & reffemble affez bien à la fpatule des apothicaires. Cet oifeau fe plaît finguliérement dans un petit bois près de Leyde en Hollande. Il a 34 pouces de longueur, depuis la pointe du bec jufqu'à l'extrémité des griffes, & 24 pouces, de cette pointe, jufqu'au bout de la queue.

La palette de Cayenne eft d'un blanc couleur de rofe ; fon bec eft jaunâtre. Quand on approche de cet oifeau il fait réfonner fon bec, comme fi deux morceaux de bois plat frappoient l'un contre l'autre.

PALIKOUR ou fourmilier de Cayenne. Cet oifeau a le devant du cou, le haut de la poitrine couvert d'une plaque noire en forme de cravatte, avec une bordure noire & blanche qui s'étend derrière le cou. Le deffus du corps eft cendré ; le tour de fes yeux, ainfi que fes pieds, & la partie inférieure du bec font d'un beau bleu célefte. Le palikour eft très-vif ; il grimpe fur les arbriffeaux pour y chercher des fourmis & autres petits infectes, il ne vole jamais dans l'air.

PALMISTES, f. m. Efpèce d'oifeaux du genre du merle qui niche dans les arbres palmiftes. Ils font de la groffeur de l'alouette, longs de 6 pouces & demi, & de 10 un tiers d'envergure. Une calotte noire tachetée de blanc, leur defcend jufqu'aux oreilles ; leur plumage eft varié & cendré de blanc & de vert olive.

PALMISTE. Petit quadrupède qui habite fur les palmiers, & qu'on a eu tort de confondre foit avec les rats, foit avec les écureuils ; il a la tête du campagnol, une longue queue qu'il porte droite & relevée verticalement, & au milieu du dos depuis le col jufqu'à la queue une bande blanchâtre, accompagnée de chaque côté d'une bande brune, & enfuite d'une autre blanchâtre. Ce dernier caractère le diftingue de tous les animaux connus.

Le palmifte ne fe rencontre que dans les climats chauds de l'ancien continent ; il vit de fruits, & fe fert de fes pieds de devant pour les porter à fa gueule : il a la voix, l'inftinct & l'agilité de l'écureuil. On vient aifément à bout de l'apprivoifer ; il s'attache alors fi fort à fa demeure, qu'il n'en fort que pour fe promener, & qu'il y revient de lui-même. On va à la chaffe du palmifte, mais on ne mange fa chair que dans un grand befoin.

PAN, filet connu fous le nom de panneaux, que l'on tend autour d'un bois pour y prendre les bêtes. De ces filets les uns font fimples, d'autres font contremaillés.

PANGOLIN, f. m. Ce mot fignifie dans la langue de Java, un animal qui fe met en boule : les françois l'ont nommé tantôt lézard écailleux, tantôt diable de Java.

Le pangolin eft un quadrupède vivipare ; il a la peau liffe & fans poil fous la gorge, fous le ventre & fous la poitrine : ailleurs il a des écailles qui ne font pas collées en entier fous la peau, mais qui y font feulement adhérentes par leur partie infé-

rieure : ces écailles font mobiles comme les piquans du porc-épic, & elles fe relèvent ou fe
rabaiffent à la volonté de l'animal ; elles font fi
dures qu'elles rebutent tous les animaux de proie,
c'eft une cuiraffe offenfive qui bleffe autant
qu'elle réfifte ; il eft fingulier de voir le tigre
& la panthère lutter contre le *pangolin* ainfi hé-
riffé : ces tyrans des déferts font de vains efforts pour dévorer cette proie ; ils foulent ces
animaux armés, ils les roulent, ils cherchent
à les étouffer, en les furchargeant de leur poids,
mais ils ne peuvent les faifir fans fe faire des
bleffures douloureufes, & le *pangolin* tranquile
au milieu de fes ennemis les plus acharnés,
brave impunément leur fureur.

Ce quadrupède a quelques fois jufqu'à huit
pieds de long, en y comprenant la queue qui
en a près de quatre. Ses écailles qui font minces & d'une couleur pâle, quand l'animal eft
encore jeune, prennent une teinte plus foncée
quand il eft adulte ; elles acquièrent alors une
dureté fi grande, qu'elles réfiftent à la balle du
moufquet. Le *pangolin* ne vit que de fourmis ;
il fe rencontre en Afrique & aux Indes Orientales. Les negres l'affomment à coups de bâton,
l'écorchent, vendent fa peau aux européens ;
ils mangent fa chair qu'ils trouvent très-délicate.

PANIER. Piège particulier qu'on tend aux
oifeaux, & qui réuffit aux perfonnes les moins
intelligentes.

On prend un *panier* qu'on couvre de fougère
ou d'autre verdure, & on le met fur fa tête
ou fur fes épaules. On place vers le fommet du
piège un petit morceau de bois qui s'avance en
dehors, auquel on attache par les pieds avec
une ficelle une chouette ou quelqu'autre oifeau
nocturne.

On choifit enfuite un cœur de bois, épais
d'environ un pouce ; on le fend par un bout,
directement au milieu, & on fait enforte que
cette fente s'étende jufques à moitié du
bâton : au bout de la fente on met un petit reffort qui tient le bâton ouvert, & on attache à
deux ou trois doigts au-deffous du bout fendu
une corde, dont l'extrémité, en la tirant,
aille fe rendre fous le *panier*; ce qui fert à faire
joindre les deux morceaux de bâton que le reffort tenoit écartés.

On va avec cet équipage le long des haies :
il faut que le *panier* qui eft fur la tête du chaffeur couvre prefque tout fon corps, & de tems en
tems on fait voltiger la chouette : les petits oifeaux qui déteftent cet animal, viennent en criant
pour le becqueter & ne pouvant fe pofer fur
le *panier*, fe placent fur le bâton entr'ouvert.

L'oifeleur voyant fa proie, tire la corde, &
les oifeaux fe trouvent pris.

PANTHER, f. m. Il ne faut pas confondre
le *panther* avec la *panthère* : le premier animal
eft une efpèce de loup timide, qui eft fûrement
le chacal.

Le *chacal* ou le *panther* eft un quadrupède du
levant, de la taille du renard, & dont le poil
eft d'un jaune doré ; il a la férocité du loup,
& un peu de la familiarité du chien. *Voyez* le
mot CHACAL.

PANTHÈRE, f. f. ; quadrupède de l'ancien
continent. On a long-tems confondu cet animal
avec l'once & le léopard, parce qu'on n'avoit
point examiné ces quadrupèdes avec des yeux
philofophiques.

La *panthère* a environ fix pieds de long depuis l'extrémité du mufeau jufqu'à l'origine de
la queue, qui a elle-même deux pieds d'étendue : le fond de fon poil eft fauve, & il eft
marqué de taches noires en grands anneaux.

Ce quadrupède a l'air féroce, l'œil inquiet,
le regard cruel, & les mouvemens emportés :
on le rencontre dans toute cette partie de l'A-
frique qui s'étend le long de la mer Méditerranée, & dans quelques régions de l'Afie ; il
n'a jamais pénétré dans le nord, ni même dans
les zônes tempérées. Il tient fa férocité & par
conféquent fa nature du climat brûlant qu'il habite.

La *panthère* fe plaît dans les forêts touffues ;
fréquente le bord des fleuves, & les environs
des habitations ifolées, où elle cherche à furprendre également les animaux domeftiques &
les bêtes fauvages pour les dévorer : elle fe jette
rarement fur les hommes, quand même elle en
feroit attaquée. Quoique cet animal foit carnivore, fa chair n'eft pas mauvaife à manger ;
du moins tel eft le fentiment des négres & des
indiens.

Chaffe des animaux avec la panthère.

La *panthère* eft d'un naturel peu flexible ; on
la dompte plutôt qu'on ne l'apprivoife ; & quand
on s'en fert pour la chaffe, il faut beaucoup
de foins pour la dreffer, & encore plus de précautions pour la conduire, car cet animal ne
perd jamais entièrement fa férocité.

La *panthère* fert principalement pour la chaffe
des gazelles : on la tient fur une charette enfermée dans une cage, & dès que le gibier
paroît, on en ouvre la porte : l'animal rufé ne
s'élance pas à l'inftant fur lui, mais il tourne

tout autour, & se courbe pour le surprendre : dès qu'il se sent à portée, il s'élance vers la bête, l'atteint en trois ou quatre sauts, la terrasse & l'étrangle. Si elle manque son coup, elle reste immobile d'étonnement, ou bien transportée de fureur elle se jette sur son maître, & quelquefois le déchire : il semble qu'elle veuille punir l'homme d'avoir été spectateur de sa foiblesse.

PANTIÈRE, filet particulier pour prendre les bécasses, & d'autres oiseaux : il y a des *pantières simples*, qu'on fait également de mailles quarrées & de mailles à lozanges : il y a des *pantières volantes* ou à *bouclettes*, qui coulent le long d'une corde comme des rideaux de lit ; enfin il y a des *pantières en tramail* ou *contremaillées*.

PANTIÈRE, sac à mailles qui sert aux chasseurs à mettre leurs provisions de bouche, & pour rapporter le gibier qu'ils ont pris : on la porte ordinairement en écharpe.

PANTOIMENT, nom d'une maladie qui survient aux oiseaux de proie. C'est l'asthme.

PANTOIS, autre maladie qui survient à la gorge, aux reins, aux rognons des faucons. Cet oiseau, dit-on, a le *pantois*.

PAON, s. m.; oiseau distingué par le riche étalage des couleurs de l'iris, & par les yeux brillants dont sa longue queue est superbement ornée. Il est de la taille d'une dinde médiocre ; il a la tête, le cou, & le commencement de la poitrine d'une belle couleur bleue foncée. Sa tête est petite, & parée d'une espèce de masque brillant qui lui couvre les yeux, & au-dessus flotte une huppe qui se termine en un faisceau de fleurs de lys bleuâtres. Le *paon* a le bec grisâtre, très-ouvert, & courbé ; le cou long & menu, le dos d'un blanc tiqueté de fauve & de taches noires transversales; de très-grandes aîles qui l'aident à s'élever en l'air, & à se percher sur les lieux élevés où il se plaît. Il peut développer sa queue en forme de roue. Ses pieds sont d'un cendré parsemé de taches noires, & armés d'éperons ou d'ergots très-forts.

La femelle qui s'appelle *paonesse* ou *panache*, n'a pas les couleurs du plumage si brillantes que le mâle ; elle est d'un gris cendré tirant sur le brunâtre. Les petits du *paon* se nomment *paonneaux*.

Le *paon* se nourrit de grains, & sur-tout d'orge ; il a beaucoup de lubricité, puisqu'il peut satisfaire six femelles : quand son sérail n'est

pas complet, il attaque celles qui couvent, & casse leurs œufs.

Le *paon* tient le premier rang parmi les oiseaux apprivoisés, comme les aigles parmi les oiseaux de proie : il a été apporté des Indes en Europe. Cet animal ne semble affecter aucun climat, on en trouve jusques dans le Nord ; mais son plumage y est blanc au lieu d'y rester coloré.

Dans le royaume de Cambaye il y a quantité de *paons* dispersés dans les champs par compagnies. Ces oiseaux sont très-sauvages, ils s'enfuient dans les broussailles à l'approche du chasseur : la nuit, ils se perchent sur les arbres, on en approche avec une espèce de bannière où des *paons* sont représentés de chaque côté, & on met des chandelles allumées au haut de la pique : la lumière qui surprend le gibier lui fait allonger le cou jusques sur la pique, & il se prend dans une corde à nœuds coulans que tire le porteur de la bannière. Cette chasse est inconnue en Europe.

Les anciens faisoient beaucoup de cas de la chair de *paon* ; pour les modernes ils l'estiment fort peu.

Le *paon* de la Chine est d'un brun châtain ; le mâle a deux ergots dans la longueur de chaque jambe.

PAPE, bel oiseau de la Caroline & de la Louisiane, de la taille du serin. Le bleu, le rouge, le vert & le jaune-orangé se nuancent parfaitement sur son plumage. Ses aîles sont violettes, ses cuisses rouges & ses pieds grisâtres.

PAPION ou BABOUIN, espèce de singe qui se trouve particulièrement aux îles Philippines & au Cap de Bonne-Espérance. Le *papion* a la queue courte, il marche ordinairement à quatre pieds ; ses griffes sont très-fortes. L'animal est robuste, & se bat avec courage contre les hommes & les animaux. Ces singes se réunissent en troupe, & portent le ravage dans les vignes, les jardins & les vergers ; tandis que plusieurs sont placés en sentinelles pour avertir, & pour aider le pillage.

Le *papion* est féroce, & porte à l'excès la licence & la lubricité.

PARAMONT (Vénerie), sommet de la tête du cerf.

PARC, étendue considérable de terrain planté de bois, & fermé de murs, qui doit contenir au moins cent arpens.

On y enferme toutes sortes de gibiers gros & menu, tels que des chevreuils, des daims, des cerfs, des lièvres & des lapins. On y pourvoit aussi à la subsistance des bêtes, soit en y semant de l'avoine ou de l'orge, soit en y jettant pendant l'hiver du foin, des fèves, ou des plantes de jardin.

En terme de vénerie, on appelle particulièrement *parc* l'enceinte des toiles dans laquelle on enferme les bêtes noires pour les courir.

PARCHASSER, chasser une bête avec les chiens courans, lorsqu'il y a deux ou trois heures qu'elle est passée : *rapprocher* est synonyme de *parchasser*.

PAREMENT, signifie en fauconnerie diverses mailles ou couleurs qui parent les ailes des oiseaux de proie, ou particulièrement la maille qui lui couvre le devant du cou.

Parement, en vénerie, signifie certaine chair rouge qui est attachée à la nappe ou peau du cerf.

PAREMENT BLEU, oiseau du Japon, plus petit que le verdier, il a toute la partie supérieure verte, l'inférieure blanche, les plumes de la queue & des ailes bleues, à côtes blanches; le bec d'un brun verdâtre, les pieds noirs.

PARESSEUX ou AI, ou HAY, quadrupède de l'Amérique & de Ceylan, dont on distingue deux espèces, le grand & le petit.

Le *paresseux* de la première espèce est de la grandeur d'un renard de moyenne taille; il a des yeux noirs fort sombres & endormis. Sa queue est longue d'un demi-doigt, & ronde.

Celui de la petite espèce n'a point de queue. Son corps est couvert de poils épais, roux ou d'une couleur incarnat par dessus le dos. Il a le museau allongé.

L'une & l'autre espèce de *paresseux* ont les jambes courtes, mal tournées, & plus mal terminées. Ils ont deux ou trois ongles longs, pointus & recourbés en dessous, qui ne peuvent se mouvoir qu'ensemble. Ils ne se traînent qu'avec douleur, & à peine parviennent-ils à parcourir une toise en une heure. Ils vivent de feuilles & de fruits sauvages. Ils sont la proie facile des hommes & des animaux avides de leur chair; ils n'ont donc de refuge que dans la solitude des plus épaisses forêts.

PARIADE, terme usité dans quelques provinces pour signifier l'accouplement des perdrix, pendant lequel on doit s'abstenir de les chasser.

PAROARE, bel oiseau de l'Amérique méri-dionale; il a la tête rouge, & le corps noir & blanc. La femelle a la tête d'un jaune orangé semé de points rougeâtres. Il y a une espèce de *paroare* dont la tête est ornée d'une aigrette.

PARONS, nom vulgaire des père & mère des oiseaux de proie.

PASAN, nom oriental d'une gazelle particulière qui produit le *bezoard*; elle est de la grandeur de notre bouc domestique, elle a le poil, la figure, & l'agilité du cerf : la chair du *pasan* est fort bonne à manger; cet animal vit dans les montagnes; on ne le trouve que dans le levant, c'est-à-dire en Égypte, en Arabie, en Perse, &c.

Les quatre jambes du *pasan* sont blanches, toutes ont une tache ovale sur les genoux : au dessus du sabot sont deux ergots concaves, pointus, tranchans, longs d'un pouce & demi; ses cornes sont d'une courbure presqu'insensible & entourées de cercles jusqu'à la moitié de leur longueur. Ses sabots forment un triangle long, ce qui aide l'animal à glisser & à descendre plus facilement des montagnes escarpées.

Le *bezoard* oriental que fournit le *pasan*, est une espèce de pierre, qui est d'ordinaire d'un vert d'olive brun, en dehors & en dedans; on en a fait une grande consommation dans les derniers siècles, parce qu'on regardoit cette concrétion comme un cordial & un contrepoison.

Buffon, après avoir comparé ensemble les observations des naturalistes anciens & modernes, prétend que la plupart des animaux ruminans, & sur-tout toutes les espèces de chèvres & de gazelles, peuvent fournir le *bezoard* : en effet, ces pierres sont toujours formées par couches concentriques, & contiennent dans leur noyau de petits cailloux, des noyaux de prune, du tamarin, des brins de paille ou des boutons d'arbres : ainsi, cette production peut être attribuée à une multitude d'animaux frugivores.

Les anciens grecs ne connurent point le *bezoard* : Galien est le premier qui fasse mention de sa qualité d'antidote; mais ni les grecs, ni les latins, ni les arabes mêmes qui en font beaucoup de consommation, n'ont indiqué précisément les animaux qui le produisent.

PASSAGE; il y a plusieurs sortes d'oiseaux de *passage*. Il y a aussi des faucons de *passage*.

PASSÉE, grand filet à prendre les bécasses; on le tend dans les taillis entre les arbres les plus élevés, & dès que le gibier a donné dedans ; on le laisse tomber tout d'un coup, par le moyen d'une poulie.

En terme de Venerie, on prend le gibier à la *paſſée* avec des gluaux ou des filets.

On nomme auſſi *paſſée* la trace du pied d'une bête.

PASSE-VERT ; petit oiſeau de Cayenne qui a le deſſus du corps verdâtre, mêlé de noir. Sa gorge eſt d'un gris bleu ; le reſte de ſon plumage eſt un mélange confus de jaune pâle doré, de roux, de gris bleu, de vert qui deviennent chacun la couleur dominante ſuivant les jours où on l'enviſage. Cet oiſeau ſe nourrit de fruits,. & fait beaucoup de tort dans les champs de riz ; il n'a point de ramage, mais ſeulement un cri aigu.

PASTER: On dit en terme de Venerie, un lièvre *pâte*, quand il emporte la terre avec ſes pieds dans les lieux inondés par la pluie.

PAT, aliment des oiſeaux de Fauconnerie.

PATAS, eſpèce de ſinges roux d'Afrique. Ils ſont gros & peſants mais hardis, malins, & courageux. Le P. Labat voyageur dit que ces animaux deſcendent d'un arbre tous à la file les uns des autres, & que quand ils ont conſidéré les hommes qui ſont dans les vaiſſeaux, ils ſe mettent à les huer ou à leur faire des grimaces, accompagnées de gambades & de poſtures plaiſantes : ſouvent ils leur jettent des pierres & ne refuſent jamais de ſe battre en duel, c'eſt-à-dire contre autant de perſonnes qu'ils ſont de ſinges.

PATIRA, petit quadrupède de la Guyane, il vit dans les bois & de préférence dans les marécages, il ſe renferme dans des creux d'arbres, ou dans des trous en terre. Son poil eſt doux & pliant, ſa chair eſt excellente. Le *patira* s'apprivoiſe facilement, & obéit à la voix de ſon maître.

PAUMILLE, en terme d'oiſeleur, c'eſt une machine compoſée de pluſieurs pièces, ſur laquelle on met un oiſeau vivant pour appeller.

PAUMURE, ſommet de la tête du cerf & du chevreuil.

PAYS ; en terme de chaſſe c'eſt un grand bois.

PECARI, eſpèce de ſanglier du nouveau-monde, qui eſt peu répandu dans ce continent : ce quadrupède ne s'accouple, ni avec nos cochons, ni avec nos ſangliers ; il n'a point de

queue, ſes ſoies ſont infiniment rudes ; & il a ſur le dos près de la croupe une fente de deux ou trois lignes de large, qui pénètre à plus d'un pouce de profondeur, & par laquelle ſuinte une humeur fort abondante & d'un odeur déſagréable ; c'eſt de tous les animaux le ſeul qui ait une ouverture dans cette région du corps, & ce caractère doit ſuffire pour ranger ce quadrupède dans une claſſe particulière.

Le *pecari* pourroit devenir domeſtique, il ſe nourrit des mêmes alimens que le cochon ; ſa chair eſt meilleure, & elle le devient encore davantage par la caſtration.

Les *pecari* ſont très-nombreux dans les climats chauds de l'Amérique méridionale, ils vont par troupe, on en trouve quelques fois juſqu'à trois cens de compagnie, ils ſavent ſe défendre, ſe ſecourir, envelopper leurs ennemis, & ſouvent bleſſer les chiens & les chaſſeurs.

Quand on apprivoiſe ces quadrupèdes, ils perdent leur férocité naturelle ; mais ils ne ſe dépouillent jamais de leur groſſièreté.

PÊCHEUR, ou L'OISEAU DES ANTILLES. C'eſt un oiſeau de proie, plus petit que l'aigle. Il n'en veut qu'aux poiſſons qu'il épie de deſſus une branche, ou de deſſus la pointe d'un roc. Lorſqu'il les voit à fleur d'eau, il fond deſſus, les enlève avec ſes griffes, & va les manger dans ſa retraite. Les habitans des Antilles ſe ſervent de cet oiſeau qu'ils dreſſent à la pêche, mais avec la précaution de le retenir avec une frelle ; parce qu'il s'enfuiroit avec ſa capture. Les autres oiſeaux font la guerre à celui-ci, & ne le ſouffrent point dans leur voiſinage quoiqu'il ne les attaque jamais.

PÉKAN, ſ. m. eſpèce de marte qui ſe trouve dans l'Amérique ſeptentrionale. La peau de ce quadrupède eſt recherchée & eſtimée dans la pelleterie à cauſe de la beauté du poil qui eſt brun, ſoyeux, & luſtré.

PELAGE, ſ. m. principale couleur ſoit des chiens, ſoit des bêtes qu'on chaſſe. Voilà, diſent les veneurs, un chien d'un *pélage* gris.

PÉLICAN. ſ. m. oiſeau de la taille d'un cigne, dont le bec fait en forme de coignée a neuf à dix pouces de long : il eſt très-vigoureux, & pouſſe fort loin la carrière de ſa vie. L'empereur Maximilien en avoit apprivoiſé un qui le ſuivoit à l'armée, & qui vécut quatre-vingt ans.

On ne connoît point d'oiſeau qui ait des aîles auſſi étendues, & qui vole ſi haut & ſi long-temps que le *pélican* : il fait quelquefois ſon nid à quarante lieues de la mer, & cependant il eſt obligé d'y aller

pêcher

pêcher pour nourrir fes petits. La manière dont il prend les poiffons lui eft particulière ; il vole fort haut, & dès qu'il apperçoit fa proie, il fond tout-à-coup dans l'eau, qu'il agite par la pefanteur de fon corps & le mouvement de fes aîles, de manière que le poiffon étourdi ne fait aucune réfiftance.

Le *pélican* eft un oifeau trifte & mélancolique ; fa chair eft dure, & fent l'huile ou le poiffon pourri : il dort lorfqu'il ne pêche pas.

Le *pélican* a fous la gorge une bourfe, dont la naiffance eft attachée à la bifurcation que forme fa mandibule inférieure vers la tête, & qui lui fert de magafin pour loger une provifion de poiffon. Il retire quelquefois cette bourfe de manière qu'elle n'eft prefque plus vifible, & lorfqu'il en eft befoin, elle fe dilate au point de pouvoir contenir jufqu'à vingt pintes d'eau. Dans ce jabot extérieur, qui n'a point la chaleur digeftive de celui des autres oifeaux, le *pélican* rapporte frais à fes petits le poiffon de fa pêche ; & c'eft ce qui peut avoir donné lieu à la fable fi généralement répandue, que cet oifeau s'ouvre la poitrine pour nourrir fes petits de fa propre fubftance. Quoique palmipède, le *pélican* fe perche fur les arbres. Il vole feul & quelquefois en troupe.

Le *pélican* eft très-rare en France, & ne fe voit que de loin en loin, fur-tout dans nos provinces feptentrionales. Il eft moins rare dans celles du midi, où il fe fait voir quelquefois fur certains lacs ou étangs, fur-tout celui de *Maguelonne* en Languedoc, ceux d'Arles & de *Berre* ou *Martigues* en Provence.

Quelques fauvages ont réuffi à dreffer le *pélican* à la pêche, & à l'engager enfuite à partager avec eux fa proie. En général les américains vont à la chaffe de cet oifeau, non pour le manger, mais pour avoir fa poche ; les fumeurs y mettent leur tabac hâché ; le peuple y renferme fon argent, & il y a des femmes efpagnoles qui occupent leur loifir à les broder d'or & de foie.

PENDULINO, *f. m.* petit oifeau, qui reffemble affez aux méfanges par fon port & la forme de fon bec. Ce bec eft court, pointu, un peu épais à fa bâfe, d'une couleur plombée.

Le noir, le roux, le cendré, le blanc varient fon plumage. Ses jambes, fes pieds, fes ongles ont une couleur plombée. Cet oifeau habite de préférence les pays du Nord, tels que la Pologne, la Wolhinie, la Lithuanie. Il fait fon nid dans la forme d'un fac fermé ou d'une beface, & il le fufpend à l'extrémité d'une branche de quel-

que arbre qui donne fur l'eau ; en l'entortillant avec des brins d'herbes menues. Il laiffe à côté une entrée qui fe prolonge en un tuyau étroit & court. Il fe nourrit d'infectes.

PENGUIN, *f. m.* oifeau d'un genre particulier, qui fe trouve fur plufieurs côtes d'Afrique, & dans les ifles Falkland, à la hauteur du détroit de Magellan. Il eft de la groffeur d'une poule d'inde. Il a le cou ovale, gros & ceint comme d'un collier de petites plumes blanches. Son plumage eft très-épais, compofé de longues plumes étroites, placées les unes fur les autres. Sa peau très-forte & fa graiffe le garantiffent des atteintes du froid. Il a pour aîles deux aîlerons comme d'un cuir, couverts de petites plumes qui lui fervent à nager, & non à voler. Le *penguin* a la queue très-forte ; il aime à fauter dans l'eau, & s'il vient à terre, c'eft pour creufer fur le rivage des terriers ou trous affez profonds où il niche avec trois ou quatre oifeaux de fon efpèce.

Cet oifeau n'eft point farouche. Il marche tête levée & droite, ayant le corps droit prefque verticalement, il fe nourrit de poiffons. Cependant fa chair n'en a pas l'odeur, & elle eft d'un affez bon goût.

PENNAGE, terme de fauconnerie, qui fe dit de toutes les plumes, dont le corps des oifeaux eft couvert. On dit *pennage* blond, cendré, noir, moucheté, &c.

PENNES, ce terme fe dit en fauconnerie des longues plumes des aîles & de la queue. Lorfque les *pennes* croiffent, c'eft dit-on une marque de la bonté d'un oifeau.

PERCER. En terme de vénerie, on dit qu'un cerf a *percé* dans le bois quand il tire de long, & qu'il va fans s'arrêter. On dit auffi, les piqueurs doivent *percer* dans ce fort s'ils veulent détourner le chevreuil.

PENRU où ROUGE, efpèce de canard, qui a la tête rouge, & qui eft plus délicat que le canard fauvage ordinaire : on n'en voit guère qu'aux bords de la mer. Il eft très-commun en Bretagne ; & c'eft où on lui a donné le nom de *penru*, qui en breton fignifie *tête rouge*.

PERCHES, ou *pliants*. C'eft ainfi qu'on nomme les branches qu'on élague, & qu'on plie dans les avenues des pipées, pour y tendre des gluaux.

PERCHE, terme de vénerie, qui fe dit de la tige du bois ou de la tête du cerf, du daim & du chevreuil, où font attachés les andouillers.

PERCHOIR ; c'est en fauconnerie l'endroit où se perchent les oiseaux de proie.

PERDREAUX , jeunes perdrix.

Le caractère principal pour les perdreaux est d'avoir une nuance blanche au bout de chaque plume de leurs aîles, & leur front en outre n'est jamais garni de petites plumes égales entre elles. Ils perdent le nom de perdreaux quand ils sont devenus aussi forts que les pères & mères.

PERDRIX. s. f., oiseau du genre des gelinottes. Les *perdrix* ne se perchent point ordinairement sur les arbres ; elles font du bruit en volant, leur vol est bas, dure peu, & a peu d'étendue. Elles ont quatre doigts, dont trois devant & un derriere ; leur queue est courte. Les *perdrix* se trouvent dans presque toute l'Europe. L'auteur de l'*agronome* indique plusieurs moyens de multiplier les *perdrix*, qui sont recherchées à cause de la délicatesse & de l'excellent goût de leur chair.

1°. Il faut épargner pendant les six premiers mois de l'année les mères & leurs petits.

2°. Il faut exterminer les mâles que la jalousie engage à nuire aux *perdrix* approvisées.

3°. On doit faire une chasse exacte des bêtes carnassieres & des oiseaux de proie.

4°. On peut faire construire une voliere de 25 à 30 pieds avec une planche chargée de quatre doigts de terre sur laquelle elle sera placée. La voliere sera couverte exactement de chaume ou de tuiles ; on y laissera une fenêtre exposée à l'Orient, & on mettra dans ce cabinet en divers endroits quatre ou cinq petits monceaux de terre jaune, hauts d'un pied & larges de deux ; après tous ces préparatifs, on garnit la voliere de *perdrix* qu'on fait couver par des poules ordinaires ; on les nourrit d'orge & de froment, & on tient un compte exact des mâles superflus ; vers le printems on laisse aller ces derniers les uns après les autres, on les porte dans les endroits où on suppose qu'il n'y en a point. Avec ces précautions, une terre où l'on a long-temps chassé est bientôt repeuplée.

Quant aux diverses espèces de *perdrix* connues, voici ce qu'en dit l'auteur de l'excellent traité de la chasse au fusil.

De la perdrix grise.

Les *perdrix* grises s'appairent au printems, plus tôt ou plus tard, suivant que la saison est plus ou moins douce. En certaines années que le temps est doux au mois de janvier, on rencontre déjà des couples ; mais dès que le froid revient, elles se découplent, & se remettent en compagnies. Dans les terres bien gardées, on ne les tire plus depuis la chandeleur, quoique l'ordonnance des chasses ne l'interdise qu'à compter du premier mars.

La *perdrix* pond dans tout le mois de mai, & le commencement de juin, très-rarement dans le mois d'avril : il m'est arrivé, une seule fois, de trouver des œufs dans les derniers jours de ce mois. Elle fait son nid sur la terre, avec quelques brins d'herbe seulement, arrangés sans art, au bord d'une pièce de blé, dans un pré, une bruyere, &c. Sa ponte est de quinze à vingt œufs.

Les perdreaux les plus avancés commencent à voler vers les derniers jours de juin ; d'où vient le proverbe : *A la Saint-Jean perdreaux volans*. Mais, communément, ils ne sont bons à tirer que vers la mi-août, lorsqu'ils sont *bréchés* ; ce qui veut dire qu'ils commencent à perdre leur première queue, & à pousser ce qu'on appelle du *revenu*, c'est-à-dire, des plumes de la seconde queue. Tant que cette seconde queue n'a pas acquis toute sa longueur, on dit que les perdreaux ont un doigt, deux doigts de *revenu* ; & lorsqu'elle a pris toute sa crue, alors on dit qu'ils sont *revenus de queue*. A mesure que la nouvelle queue pousse & s'alonge, les premières plumes du dessous de la gorge & du jabot, qui étoient d'un blanc sale ou jaunâtre, sont remplacées par des plumes mouchetées de gris ; & lorsque ces plumes sont entièrement poussées, ce qui a lieu vers la mi-septembre, plutôt aux uns, plutard aux autres, suivant que les compagnies sont plus ou moins avancées, on dit que les perdreaux sont *maillés*. Viennent ensuite les plumes rousses sur la tête, puis ce rouge qu'ont les *perdrix* aux tempes, entre l'œil & l'oreille, ce qu'on appelle *pousser le rouge*. Enfin, des plumes rousses & noirâtres commencent à former un fer-à-cheval sur l'estomac des mâles, bien moins marqué chez la femelle, ce qui arrive vers le premier octobre ; & c'est alors que les perdreaux sont vraiment *perdrix* ; ce qui a donné lieu au dicton : *A la Saint-Remi, tous perdreaux sont perdrix*. A cette époque, on ne distingue plus les jeunes *perdrix* d'avec les vieilles, que par la première plume du fouet de l'aile, qui finit en pointe & représente une lancette, au lieu que celles qui ne sont pas de la derniere ponte, ont cette plume arrondie à son extrémité. Cette différence subsiste jusqu'au temps de la première mue, c'est-à-dire, jusques au mois de juillet de l'année suivante. On les distingue encore à la couleur des pieds ; les jeunes les ont jaunâtres, les vieilles les ont gris.

A l'égard des différences qui distinguent le mâle d'avec la femelle, lorsque les *perdrix* ont pris toute leur croissance, elles consistent dans le fer-à-cheval dont nous avons parlé plus haut, & un ergot obtus au derrière du pied, qu'a le mâle, & non la femelle. En outre, le mâle est un peu plus gros.

Toutes les années ne sont pas également abondantes en perdreaux : & cela dépend beaucoup de la température qui règne pendant le temps de la ponte & de la couvaison, & lorsque les perdreaux viennent à éclore, c'est-à-dire, depuis la fin d'avril jusques vers la mi-juin. En général, lorsque l'année a été sèche à cette époque, il y a abondance de perdreaux. Mais quand, au contraire, les pluies ont été fortes & continues pendant la ponte & la couvaison, la *perdrix*, sur-tout la grise, faisant, par préférence, son nid dans les lieux bas, ses œufs se trouvent noyés & entraînés par les ravines, ce qui ne seroit pas arrivé, si les pluies eussent commencé plutôt. En ce cas, trouvant les plaines & lieux bas trop humides, elle auroit choisi, pour placer son nid, des lieux élevés & secs. Si les pluies se déclarent, lorsque les perdreaux sortent de la coque, beaucoup de ces petits nouveau-nés, qui ont à peine la force de se soutenir, se trouvent noyés. A cette dernière époque, la sécheresse même, lorsqu'elle est à un certain degré, leur est très-nuisible : alors la terre se fend, & forme des crevasses, où ils tombent & périssent, étant trop foibles pour s'en retirer. Il faut donc un temps, pour ainsi dire, fait exprès, pour que la ponte des *perdrix* prospère parfaitement. Un nid de *perdrix*, d'ailleurs, a tant de dangers à courir, depuis le moment de la ponte, jusqu'à ce que les perdreaux soient éclos, tant de la part des belettes & autres bêtes puantes, des corneilles, des pies, & des chiens de berger qui mangent les œufs, que des bergers eux-mêmes, des serreuses d'herbes dans les blés, & des gens de campagne qui les détruisent, que, si ce n'est dans les terres gardées avec soin, il y a tout lieu de croire qu'il n'y a pas la moitié des pontes qui réussissent.

Lorsque les œufs d'une *perdrix* se trouvent détruits par quelque cause que ce soit, il arrive quelquefois qu'elle recommence à pondre ; & lorsqu'on rencontre, à la fin de septembre, & même plutard, des perdreaux à peine revenus de queue, c'est qu'ils proviennent de ces secondes pontes, qu'on appelle *recoquage*.

Tant que les *perdrix* grises ne sont encore que perdreaux, c'est-à-dire, jusques vers la fin de septembre, il est facile d'en tuer dans un pays qui en est un peu garni ; mais ce temps passé, & sur-tout aux approches de la toussaints, dès

qu'elles ont mangé le blé qui commence à pousser, elles partent de fort loin, & il est difficile de les joindre : on ne parvient à les séparer qu'à force de les tourmenter & de les rebattre, particulièrement dans les plaines rases, où il n'y a point de fourré, ni de remises ; & ce n'est qu'en les partageant qu'on peut espérer d'en tuer ; car tant qu'elles restent en bande, il est bien rare de pouvoir en approcher à portée de les tirer. C'est là, particulièrement, plus qu'en toute autre chasse, qu'un chasseur a besoin d'avoir ce qu'on appelle *bon pied bon œil* ; bon pied, pour les fatiguer, & les obliger à se disperser, en les poursuivant sans relâche ; & bon œil, pour les bien remarquer.

Outre la *perdrix* grise ordinaire, il y en a une autre espèce, appellée communément *roquette*, qui est de passage, & qu'on ne rencontre pas si fréquemment : elle vole plus haut, plus loin, & se laisse difficilement approcher. Elle est plus petite que l'autre, & en diffère encore par le bec qu'elle a plus alongé, & par la couleur de ses pieds qui sont jaunes. On voit ces *perdrix*, le plus souvent, par bandes de trente, quarante, cinquante & plus, & on ne les rencontre guères que dans l'arrière-saison.

Lorsque l'on chasse dans un pays où il y a peu de *perdrix*, & que l'on ne veut pas battre la plaine au hasard, voici comme il faut s'y prendre pour savoir où l'on pourra en trouver. Le soir, depuis le soleil couché jusqu'à nuit tombante, on s'arrête au milieu d'une plaine, au pied d'un arbre, ou d'un buisson, & là on attend que les *perdrix* se mettent à chanter, ce qu'elles ne manquent pas de faire à cette heure, non-seulement pour se rassembler, mais même sans que les compagnies soient dispersées. Après avoir chanté quelque temps, elles font un vol plus ou moins long. On remarque l'endroit où elles tombent, & l'on peut s'assurer qu'elles y passeront la nuit, à moins que quelque chose ne les effraie, & ne les en fasse partir. On retourne sur les lieux le lendemain, vers la pointe du jour, & l'on s'arrête de même, au pied d'un arbre, ayant soin de tenir son chien à l'attache, s'il n'est pas bien à commandement. Bientôt, le jour venant à paroître, les *perdrix* commencent à chanter, & font ensuite la même manœuvre que le soir ; c'est-à-dire, qu'après avoir chanté, elles prennent leur vol, & vont se poser, pour l'ordinaire, à peu de distance. Là, au bout de quelques momens, elles recommencent leur chant, & font quelquefois un second vol. Alors, dès que le soleil est près de se lever, & que le jour permet de tirer, on se met à leur poursuite.

En temps de neige, il est aisé de tuer des

perdrix à terre, devant un chien d'arrêt, attendu que leur couleur qui tranche avec le blanc de la neige, les fait appercevoir au premier coup-d'œil, & c'est alors que les braconniers ont beau jeu, sur-tout si la neige se rencontre avec le clair de lune : En pareil cas, ils sont debout toute la nuit, dans les plaines, avec une chemise par dessus leur habit, & un bonnet blanc sur la tête : &, comme les *perdrix* se rassemblent alors en pelotons, & se touchent les unes les autres, souvent d'un coup de fusil, ils détruisent la moitié d'une compagnie. Aussi la neige, en général, doit-elle être regardée comme le temps le plus funeste pour les *perdrix*. Pour peu qu'elle dure, elle donne lieu au braconnage destructif dont je viens de parler ; & si elle dure pendant long-temps, elle les fait périr de faim, comme il est arrivé dans l'hiver de 1783 à 1784, où elle a couvert la terre pendant plus de six semaines ; hiver à jamais mémorable pour la destruction du gibier. On les a vues alors si exténuées par la faim, qu'elles se laissoient prendre à la main après le premier vol ; & que les corneilles, qui en tout autre temps ne les attaquent point, tomboient dessus, & les mangeoient.

Comme, parmi les *perdrix*, il naît un tiers plus de mâles que de femelles, il arrive, dans le temps de la pariade, que plusieurs coqs se disputent la même poule, qui, à force d'être tourmentée, déserte souvent le canton : ou, si elle y reste, étant obligée de courir sans cesse, pour se dérober aux poursuites des mâles qu'elle a rebutés, elle pond un œuf dans un endroit, un œuf dans un autre, & à la fin, il ne lui reste qu'un coq, & point de nid. Il est donc très-utile pour la multiplication des perdrix, de tuer une partie des coqs, lorsqu'elles commencent à s'apparier, c'est-à-dire, depuis le commencement de mars jusques vers la mi-avril : & c'est ce qui se pratique dans les terres bien gardées : mais il faut prendre garde de tuer les poules au lieu des coqs. Pour ne pas s'y tromper, on doit savoir que le coq part toujours le dernier, si c'est au commencement de la pariade : car sur la fin d'avril, c'est tout le contraire ; c'est alors la poule qui part la dernière. Si on apperçoit un couple à terre, en y prenant garde, on verra la poule a la tête rase, & le coq haute & relevée.

Il y a un autre moyen de tuer les coqs de *perdrix*, savoir avec la chanterelle ; & l'on peut s'en servir, non-seulement dans le temps du couple, mais depuis la fin de janvier jusqu'au mois d'août. On appelle chanterelle une *perdrix* femelle, soit privée, soit qui a été prise vieille, qu'on renferme dans une cage, & à la voix de laquelle accourent les mâles, lorsqu'ils l'entendent chanter. Voici la manière dont se fait cette chasse : lorsqu'on veut se servir de la chanterelle, on la met dans une cage faite exprès, il y en a de plusieurs façons ; la plus commode & la plus portative se fait avec une calotte de chapeau, clouée par les bords sur un ais à-peu-près de la même grandeur : au milieu de cet ais, se trouve une ouverture quarrée, se fermant avec une petite porte qui sert à introduire la *perdrix* dans la cage : au fond de la calotte se pratique un trou, par lequel elle peut passer la tête pour chanter. Il faut encore adapter au-dessous de la cage une cheville pointue, qui, se fichant en terre, l'arrête, & la retient en place. Muni de cette cage, on se transporte sur le matin, vers le soleil levant, soit le soir, avant qu'il se couche, au bout d'un champ, & l'on pose la cage à vingt-cinq ou trente pas d'une haie, derrière laquelle on se tient caché. Bientôt la chanterelle, si elle est bonne, se met à chanter ; les mâles, d'aussi loin qu'ils l'entendent, accourent à ce chant, quelquefois au nombre de quatre ou cinq, s'entre-battant autour de la cage, pour se disputer la femelle, & l'on choisit le moment favorable pour les tirer. L'amour est un besoin si pressant pour tous les animaux, & particulièrement pour les perdrix, que pour y satisfaire, ils bravent tout danger, & oublient cette défiance constante que la nature leur a donnée pour leur conservation. Qu'on mette sur la fenêtre d'une maison, donnant sur la campagne, une chanterelle dans sa cage, dès qu'un mâle l'entendra, il viendra s'abattre jusques sur le toit de la maison ; & bientôt sur la fenêtre même. La cage que je viens de décrire est particulièrement propre pour les chanterelles apprivoisées.

Parmi celles qui ont été prises vieilles, soit au filet, ou démontées par un coup de fusil, qui en général sont les meilleures, il y en a de fort sauvages : celles-ci on les met dans une cage longue & couverte de toile. Lorsqu'on les porte le soir à l'endroit destiné, elles se débattent & se fatiguent quelquefois, de manière qu'elles ne chantent point. En ce cas, il faut laisser la chanterelle passer la nuit dehors ; bien entendu qu'on lui donne de quoi boire & manger ; mais il faut avoir la précaution d'enfermer sa cage dans une autre cage de fil de fer, pour la défendre des bêtes puantes qui pourroient la manger. On reviendra sur les lieux, le matin, au lever du soleil, & alors elle ne manquera pas de chanter. On fait aussi cette chasse, & même plus ordinairement, avec les filets, appellés *alliers*, dont on entoure la cage.

De la perdrix rouge.

Il se trouve des *perdrix* rouges dans toutes

les provinces du royaume, mais dans la plupart, elles font peu communes. Les provinces méridionales, font celles où elles abondent le plus. Dans quelques-unes, on n'en voit prefque point d'autres, fur-tout dans la baffe Provence, où à peine connoît-on les grifes.

Outre la différence du plumage & du chant que tout le monde connoît, les *perdrix rouges* font plus groffes que les grifes. Leurs habitudes d'ailleurs ne font pas tout-à-fait les mêmes. Quoiqu'on les trouve également dans les plaines, cependant, en général, elles préfèrent les côteaux, les lieux élevés, fecs & pierreux, les jeunes taillis, les bruyères & les lieux couverts de genêts & de brouffailles. Elles font plus pareffeufes à partir, volent pefamment, &, en s'abattant, courent beaucoup plus que les grifes. Elles fe tiennent plus écartées les unes des autres, & rarement la compagnie fe lève toute à la fois, même au premier vol: auffi, lorfqu'ne perdrix rouge part feule, il faut avoir attention de battre foigneufement le terrein, aux environs de l'endroit d'où elle eft partie; faute de quoi, il arrive fouvent, que l'on s'en doute, on laiffe une compagnie entière derrière foi. Cette habitude qu'ont les perdrix rouges de ne point fe raffembler en pelottons comme les grifes, de partir en détail, & de tenir davantage, fait que la chaffe en eft bien plus fûre, plus agréable & moins pénible, pendant l'hiver; fi ce n'eft cependant dans les pays de montagnes, où elles paffent d'un côteau fur l'autre, & où il faut fouvent descendre & remonter par des efcarpemens très-difficiles, & franchir des précipices pour aller les relever. La *perdrix rouge*, lorfqu'elle eft pourfuivie, fe branche quelquefois, ce que la grife ne fait jamais: on en voit même, mais plus rarement, fe terrer dans des trous de lapins, fans être bleffées, lorfqu'elles ont été fort tourmentées, ou lorfqu'elles apperçoivent un oifeau de proie. Le mâle, comme dans l'efpèce des grifes, eft un peu plus gros que la femelle, & a auffi, au derrière du pied, un ergot obtus qu'elle n'a point.

Le temps de la pariade eft le même pour les *perdrix rouges* que pour les grifes; mais on peut tuer les mâles avec plus de facilité, attendu que, dès que les femelles fe mettent à couver, ils les abandonnent, ce qui eft particulier à cette efpèce. Alors ils fe réuniffent en compagnies quelquefois très-nombreufes, & l'on peut tirer en fûreté fur ces compagnies. Il s'y mêle fouvent quelques femelles, mais ce font des *perdrix* qui ont paffé l'âge de produire.

A l'égard de la chanterelle, on ne s'en fert point pour tuer les coqs de *perdrix rouge*, les femelles ne chantant point, lorfqu'elles font en cage; mais, au lieu de chanterelle, on a un appeau artificiel, avec lequel on imite fi parfaitement le chant de la femelle, que les mâles y accourent avec plus de fureur encore que ceux des *perdrix* grifes au chant de la chanterelle. Mais il y a une game notée pour fe fervir de cet appeau qu'il faut connoître, & qui n'eft pas auffi fimple que celle du chant de la *perdrix grife*. On en fait un grand ufage dans les pays où l'efpèce de la *perdrix rouge* domine, pendant les mois de mai, juin & juillet, foit qu'on fe ferve du fufil, ou du filet, qui eft tout différent de celui dont on fe fert pour les *perdrix* grifes. C'eft un petit filet de foie fait en poche ou bourfe.

On diftingue les *perdrix rouges* de l'année, non-feulement par la pointe que forme la première plume du fouet de l'aile, mais encore par un petit point blanc qui fe trouve à l'extrémité de cette pointe. Les plus vieilles ont les jambes femées d'écailles blanchâtres.

Il y a des *perdrix rouges* plus groffes les unes que les autres: celles des montagnes, & celles qui font nées & fe tiennent habituellement dans les bois, font plus groffes que celles des plaines. On en connoît même trois efpèces en Dauphiné, qui ne diffèrent que par leur volume. La plus groffe appelée *perdrix de roche*, & vulgairement *rochaffière*, parce qu'elle n'habite que les montagnes arides & efcarpées, eft de la taille des plus groffes bartavelles.

Dans certains pays, en Efpagne, par exemple, on ne connoît que la *perdrix rouge*. Il en eft de même en Corfe & en Sardaigne. Dans cette dernière ifle, l'efpèce en eft tellement multipliée, que, quoique la chaffe y foit permife à tout le monde, il eft facile à un chaffeur d'en tuer 50 ou 60 par jour; & qu'un payfan, en peu de jours, peut en prendre jufqu'à 500 avec le filet. Elle ne fe vend que deux fols & demi, monnoie du pays.

On demandera, peut être, de quelle efpèce de filet fe fervent les payfans fardes pour prendre les *perdrix*. L'hiftoire naturelle de cette ifle, fait mention d'un filet affez femblable à celui que nous appellons *tonnelle*. Mais, en outre, il y a lieu de croire, vu la proximité des deux ifles, que ce qui fe fait en Corfe, à cet égard, fe pratique également en Sardaigne. Or voici de quelle manière les corfes prennent, pendant l'hiver, une grande quantité de *perdrix* au filet. Deux hommes s'entendent pour cette chaffe, qui fe fait la nuit. L'un a foin d'obferver, fur la fin du jour, une compagnie de *perdrix*, &, fait, en prêtant l'oreille à leur rappel, l'endroit où elles fe font raffemblées pour y paffer la nuit. Bientôt après, il revient fur les lieux, &

avance vers la compagnie, ayant à la main un tifon de fapin réfineux enflammé. Un autre homme le fuit, à la diftance de quelques pas, lequel porte au bout d'une perche de 8 à 10 pieds, un filet monté fur un cerceau de 3 à 4 pieds de diamètre, en forme de poche. Le porteur du tifon s'approche peu-à-peu de la bande des *perdrix*, qui, frappées de cette lueur, fe tapiffent, & reftent immobiles. Lorfqu'il s'en eft approché à la diftance convenable, il s'arrête; alors arrive derrière lui fon camarade; & à l'inftant que celui-ci apperçoit les *perdrix*, l'autre fe baiffe, pour lui donner la facilité de précipiter fon filet fur la bande, dont à peine, fur dix ou douze, il en échappe deux. Au furplus, cette chaffe nocturne au feu, n'eft point particulière à la Corfe & à la Sardaigne. Elle eft fort ufitée en Italie dans la campagne de Rome, en Tofcane, & ailleurs, & non-feulement pour les *perdrix*, mais pour toutes fortes d'oifeaux qu'on va quêtant à travers champs, au hafard, & fans les avoir remarqués pendant le jour. Mais, au lieu d'un tifon enflammé, les chaffeurs fe fervent d'une certaine lanterne de fer-blanc bien étamé en dedans, pour mieux réfléchir la lumière d'une groffe mèche dont elle eft garnie. La lanterne eft appellée en italien *frugnuolo*, & le filet *lanciatoja*; ce qui a faitt donner à cette chaffe l'un ou l'autre de ces deux noms.

De la Batarvelle.

La *batarvelle*, au premier coup d'œil, paroît une *perdrix* rouge plus groffe que les autres; néanmoins elle en diffère effentiellement, d'abord par le collier noir commun à toutes les efpèces de *perdrix* rouges : le fien ne forme qu'un cercle noir au-deffus du bec, de quatre à cinq lignes de largeur, au lieu que celui des *perdrix* rouges eft accompagné de taches noires qui defcendent jufqu'au milieu de la poitrine. Une autre différence dans le plumage, non moins remarquable, fe trouve dans les plumes qui longent depuis la naiffance du collier jufqu'aux cuiffes, & qui recouvrent les ailes, lorfqu'elles font fermées. Ces plumes, dans la bartavelle, font terminées par une bande d'un roux très-pâle, & prefque blanc, enfermée entre deux lignes noires; au lieu que, dans les *perdrix* rouges ces mêmes plumes font terminées par une bande orangée bordée de noir en haut feulement. Enfin la bartavelle paroît encore différer de la *perdrix* rouge, par fon chant; celui de la *perdrix* rouge eft *cokrra*, au lieu que la bartavelle répète fouvent la première fyllabe, avant de finir le mot, dont la terminaifon, d'ailleurs, femble être en o : *coh-cok-cokrro*.

La bartavelle ne fe trouve que dans quelques provinces méridionales de la France, particulièrement en Dauphiné, dans les environs de Die, de Gap & d'Embrun. Elle fe tient fur les montagnes, même au-deffus des bois, & n'en defcend, pour fe rapprocher un peu des lieux habités, que dans l'automne, lors des premières neiges. On trouve alors dans les petits bois, les bruyères, les lavandes & les brouffailles. Les pays déferts qu'elle habite, coupés par des torrens, des ravines & des précipices, en rendent la chaffe très-pénible. Les payfans en prennent beaucoup plus avec des piéges qu'ils leur tendent, qu'il n'en eft tué par les chaffeurs. On diftingue deux efpèces parmi les bartavelles, l'une plus groffe, & l'autre plus petite; la plus groffe pèfe ordinairement 28 à 30 onces; il s'en trouve même de deux livres & plus.

De la perdrix de montagne, ou perdrix *rouffe*.

Cette *perdrix*, qui eft rouffe, fans mélange d'autre couleur, fe rapproche plus de l'efpèce des grifes que de celle des rouges; elle a le bec & les pieds d'un rouge-orangé-pâle. Buffon foupçonne qu'elle s'accouple avec la *perdrix* grife ou avec la rouge; mais ce n'eft pas le fentiment de l'abbé Ducros. Cette *perdrix*, qui eft plus groffe que la grife, fe trouve dans les hautes montagnes du Dauphiné.

Du lagopède, perdrix *blanche*, ou *arbenne*.

Cet oifeau habite toujours par préférence, les fommets des plus hautes montagnes. Il fe trouve dans les Alpes du Dauphiné. La neige eft fon élément : il s'y creufe un clapier, pour fe mettre à l'abri des rayons du foleil qui paroît l'incommoder; & à mefure qu'elle fe fond fur le penchant des montagnes, il va chercher les fommets les plus élevés, où elle ne fe fond jamais. Il vit de feuilles & de pouffes de pin, de bouleau, & de bruyère, &c. Le lagopède eft ainfi appellé, parce qu'il a du poil ou du duvet fous les pieds; attribut qui lui eft commun avec le lièvre, & qui lui appartient exclufivement parmi les oifeaux, comme au lièvre, parmi les quadrupèdes. Cet oifeau eft de la groffeur d'un pigeon, & pèfe 14 onces. Au furplus, il n'eft blanc que pendant l'hiver; l'été fon plumage devient femé de taches brunes fur un fond blanc. C'eft abufivement, felon Buffon, qu'on lui donne le nom de *perdrix*. Les lagopèdes volent par troupes, & jamais bien haut, parce que ce font des oifeaux pefants. C'eft un gibier fort commun fur le mont-Cénis. On le connoît en Savoye fous le nom d'*arbenne*.

(*Extr. de la chaffe au fufil.*)

Des perdrix *étrangères.*

La *perdrix* de Grèce est deux fois plus grande que notre *bartavelle* : on prétend que lorsqu'elle est en amour, elle articule distinctement ce mot *chacabis* : on la trouve dans l'île de Candie & dans les Cyclades.

La *perdrix* de Syrie est plus petite que notre *perdrix* grise ; mais son caractère est si sauvage, qu'on ne sauroit l'apprivoiser. Sa chair est d'un goût exquis.

La *perdrix* de la Nouvelle-Angleterre est plus petite que notre *perdrix* ordinaire, & ressemble par son plumage, à la bartavelle ; elle a aussi beaucoup de rapport avec la *perdrix* du Brésil.

La *perdrix* de la Guadeloupe n'est, suivant les naturalistes, qu'une espèce de tourterelle.

La *perdrix* de la baye d'Hudson, n'est regardée que comme un oiseau de bruyère.

Il y a au Congo, à Madagascar, à la Chine & à la Louisianne des *perdrix* particulières, dont la chair a peu de fumet ; on en voit aussi à la Virginie, à la Côte d'Or, & vers la Gambra, qui diffèrent des nôtres : leur chair est d'un goût exquis ; leur plumage est très-varié, & leur course très-rapide : parmi ces qualités, il y en a quelques-unes que ces oiseaux doivent au climat.

Chasse ordinaire de la perdrix.

Plusieurs chasseurs vont avec des chiens dans la terre où ils comptent trouver leur gibier ; un d'entre eux bien monté, mène la quête, & toujours contre vent : il doit avoir deux piqueurs à ses côtés, & deux autres derrière, mais à des distances assez considérables. Quand les *perdrix* partent, le quêteur crie : *remarque* ; il les suit ensuite sans relâche, & tâche de les faire aller contre vent, ou contre mont, afin de leur faire perdre leur force ; après trois vols, on les voit tomber, & alors on les tue facilement. Les chiens de taille médiocre, sont les meilleurs pour cette chasse ; ils doivent chasser légérement, sans s'entre-suivre, & sans courir de toute leur force : on les dresse de manière que quand on court à la remise, ils ne fassent point partir le gibier, avant que les chasseurs soient arrivés.

Chasse de la perdrix au traineau.

On vient de dire que cette chasse se fait le soir vers le coucher du soleil : on va dans la terre où l'on suppose les *perdrix* ; on se cache derrière une haie, & on attend en silence que ces oiseaux aient chanté.

Quand on les a entendu chanter, & qu'on les voit jouer entre elles, on les suit jusqu'à ce qu'elles soient arrêtées ; on remarque l'endroit de l'arrêt, & on va tendre le traineau.

Il faut être deux personnes pour tendre ce filet ; on met aux deux bouts une perche qu'on attache avec des ficelles, & derrière on arrange de petites branches de feuillage, afin de faire lever les *perdrix*, sur-tout les rouges, qui ne prennent qu'avec peine leur essor.

Le traineau, ainsi préparé, les deux chasseurs le prennent chacun par le milieu de la perche qui est de leur côté, le levent à plat, l'étendent avec vigueur, & font ensorte que rien ne touche à terre, excepté les feuillages.

Il est essentiel de tendre le filet en travers des sillons de la pièce de terre qu'on parcourt : ensuite on marche droit aux *perdrix*, tenant le traineau en l'air, & ne levant la partie antérieure que d'environ quatre ou cinq pieds : dès que le gibier part, on laisse tomber le filet.

Chasse de la perdrix avec des halliers.

Cette chasse demande plusieurs coopérateurs, & les pièges ne se tendent que dans les vignes, dans les taillis ou dans les buissons.

Quand un chien dressé à la quête a réussi à faire partir une compagnie de *perdrix* dans les lieux que vous désirez, vous allez tendre vos halliers à cent ou deux cents pas de cette remise : ensuite les chasseurs font un grand tour, & vont se placer derrière le gibier, dans une distance égale à celle des halliers ; arrivés à l'endroit prescrit, ils marchent en silence & en serpentant, pour les chasser insensiblement vers les piéges : il ne faut point les presser, car alors elles prendroient leur essor au lieu de marcher du côté des halliers, & la chasse seroit sans succès.

Chasse de la perdrix avec des collets

Les *perdrix* se prennent ainsi dans les vignes, dans les bois taillis & dans les bruyères ; il suffit pour cela de faire une petite haie de la hauteur d'un demi-pied, avec des genêts & des ramilles d'arbres piquées en terre, de planter au milieu du passage de petits piquets de la grosseur du doigt, & d'attacher à chacun un collet de crin de cheval à la hauteur du col des *perdrix*.

Ces collets se tendent à toutes les heures du jour : si on les dresse le matin, on ira prendre son gibier à midi, & si le piége n'est placé qu'à midi, on n'y retournera que le soir.

Pour assurer le succès de l'artifice, on garnit de grains les sentiers où sont dressés les collets.

Vers la fin de janvier, quand les *perdrix* s'accouplent & que la terre commence à dégeler, on voit ces oiseaux courir les uns après les autres dans les sentiers qui regnent le long des bleds verds : on construit alors entre le bord d'une piéce de bled & quelque haie, un piége tel que celui qu'on vient de décrire, & on met au-devant deux petits piquets en pente ; alors les *perdrix* qui courent la tête levée font obligées de se baisser & se prennent plus sûrement dans les *collets* : on peut quelquefois au lieu de *collets*, attacher des lacets au bas des piquets : toutes ces chasses réussissent quand on a de la patience & de l'industrie.

Chasse des perdrix avec un appât.

On prend cinq ou six poignées de froment, d'orge, ou d'avoine ; & on les met en monceaux dans le lieu où l'on veut attirer les *perdrix*, au milieu de quatre bâtons hauts d'un pied, de la grosseur du doigt & distans les uns des autres de quatre pieds. On prend ensuite le chemin d'une vigne qui doit être éloigné d'environ trente ou quarante pas, en laissant tomber du grain le long de la route, & on se retire ce jour-là chez soi.

Ce grain semé, attire le gibier : quand on sait qu'il va souvent à l'appât ; on va attacher à chaque bâton une branche de genêt pour l'accoutumer aux piéges qu'on veut lui tendre, & on se retire chez soi.

On retourne une troisiéme fois vers l'appât, & si on s'apperçoit que les *perdrix* y sont accourues, on attache des ficelles au haut des piquets, & en travers, on arrange au-dessus, de la paille en forme de filet, & on se retire encore dans sa maison.

Si après toutes ces épreuves les *perdrix* continuent à manger le grain, on prend un filet en mailles quarrées & on le tend avec force sur les bâtons. On en releve les bords ; on passe une ficelle dans toutes les mailles des bords du filet, & dans les boucles qui sont au bas de chaque piquet, & on la noue à une autre si celle un peu forte, qui s'étend jusqu'à un buisson, derrière lequel on se passe pour faire jouer la machine. Les *perdrix* accourent sans crainte, le filet tombe, & le chasseur est récompensé de son industrie, & sur-tout de sa patience.

Chasse des perdrix avec le trébuchet.

Cet artifice est d'autant plus heureux, que par son moyen on peut prendre une compagnie entière de *perdreaux*, sans être obligé de rester sur les lieux comme observateur.

Avant de tendre ce piége, on appâte son gibier avec du grain, & on y fait une longue traînée jusqu'à une vigne ou des bruyères.

Le *trébuchet* se tend à l'endroit où étoit le monceau de grain : on le couvre de feuillages de genêt ou de feuilles de vigne, & on met encore au-dessous l'appât ordinaire. Les *perdrix* avides se précipitent dessous le *trébuchet*, & ne mettent pas plutôt le pied sur la marchette, qu'elles se trouvent enfermées. On met ordinairement sur le piége une pierre qui fait détendre le ressort avec plus de vitesse, & empêche que les oiseaux renfermés, ne renversent la machine en se débattant.

Chasse des perdrix au leurre.

Quand on a remarqué une compagnie de *perdrix*, on va tendre à quarante pas du gîte un des filets dont on a déjà parlé ; le chasseur se couvre ensuite de feuillages, & porte devant lui une espèce de bouclier fait de petites verges, au milieu duquel est un morceau de drap rouge.

Dans cet habillement, il gagne le derrière des *perdrix* & s'en approche ensuite : ces oiseaux, loin de s'épouvanter, le regardent toujours fixement en rentrant, & enfin à force de reculer, ils donnent dans le filet.

Chasse des perdrix avec la tonnelle.

On ne peut chasser ainsi que dans les bleds verds, dans les terres en friche, & dans les plaines d'où l'on peut découvrir les compagnies de *perdrix* ; les bleds élevés, les broussailles & les vignes ne feroient que dérouter les chasseurs.

On chasse pendant tout le jour à la *tonnelle* quand on a un chien-couchant avec soi pour quêter les *perdrix* & faire arrêt : mais sans chien, on n'y va qu'à la pointe du jour.

Quand le tonneleur a trouvé le gibier, il commence à dresser son équipage, à déployer son filet, & sur-tout à faire usage de la vache artificielle.

On a dit que pour faire une vache artificielle, on prend une petite pièce de toile teinte en rouge, & de quatre pieds en quarré : on coud aux quatre coins & au haut vers le milieu, de petits morceaux de la même toile, larges de deux pouces en quarré, pour y arrêter deux bâtons qui se croisent, afin de tenir la toile bandée, & une fourchette longue de quatre pieds & demi. Les deux bâtons doivent être attachés avec une ficelle au milieu & par le bas, & à un côté doit être cousu un morceau de toile accommodé en tête de vache, avec deux cornes & une queue de de filaffe à l'autre extrémité : cette queue doit être attachée de manière qu'elle s'agite en tous fens quand le tonneleur portera la vache. Outre cela, on perce la toile en façon d'yeux, afin de pouvoir regarder au travers les *perdrix* qu'on pouffe dans le filet.

Quand la vache eft montée, on charge fur fon épaule fa *tonnelle* & fes *halliers*, & on s'avance doucement de côté & d'autre, en regardant par les yeux de la vache, jufqu'à ce qu'on ait apperçu une compagnie de *perdrix* : quand le gibier eft découvert, on en approche en ferpentant, jufqu'à ce qu'il voie fans crainte le tonneleur & fa machine.

Examinez enfuite de quel côté les *perdrix* femblent vouloir aller : faites le tour, piquez votre vache, & tendez votre *tonnelle*.

La *tonnelle* fe dreffe dans une raie de bled, & on plante les deux piquets attachés au cercle de fon entrée, de manière que le filet foit reide : après cela on déploie les *halliers*, & on les tend à côté de la *tonnelle*.

Après ces arrangemens le chaffeur reprend fa vache, s'écarte & va derrière les *perdrix* ; il s'en approche enfuite doucement, & va de côté & d'autre, imitant une vache qui broute, & regardant par les yeux de fa machine.

Quand le tonneleur eft proche de la compagnie, il en obferve tous les mouvemens : fi les oifeaux s'arrêtent & lèvent la tête, c'eft une preuve qu'ils s'effarouchent : il faut alors fe reculer, fe coucher à la renverfe avec fa vache, & fe vautrer à la façon de cet animal. Quand les *perdrix* font raffurées, on s'avance vers elles, & on les fait aller droit dans la *tonnelle* : lorfque quelques-unes s'écartent, il eft aifé de les ramener à la compagnie, & de les pouffer dans les filets. Dès que le gibier eft pris, on quitte fon mafque, & on va fermer l'entrée de la *tonnelle*, afin de faifir fa proie.

Les chaffeurs ont un appât particulier pour faire venir les *perdrix* à la *tonnelle*. En voici la compofition.

Prenez une mefure de graine de cumin, faites-la bouillir dans deux ou trois pintes d'eau, avec une livre de fucre & un peu de canelle, & quand l'eau aura quelque temps bouilli, fervez-vous de la graine en en jettant cinq ou fix poignées dans l'endroit où vous voulez attirer votre gibier : ce manége fe répète deux ou trois fois.

Les *perdrix* n'auront pas goûté deux fois de cet appât, qu'elles reviendront fans crainte au piége, & alors on les prendra avec la *tonnelle*.

Si on veut multiplier fa prife, on faifit ces *perdrix* vivantes, on leur frotte les extrémités des pieds, du bec & des aîles avec de l'huile d'afpic, & on les laiffe aller après leur avoir rogné un des ongles. Ces oifeaux ainfi frottés feront fuivis par ceux de leur efpèce, jufqu'au lieu où la graine de cumin aura été répandue, & par cet artifice, au lieu de deux ou trois *perdrix*, on peut en prendre une compagnie.

Chaffe des perdrix *avec une chanterelle.*

On chaffe avec la *chanterelle* depuis le milieu de janvier jufqu'au mois d'août, & on choifit pour cet exercice le temps des deux crépufcules.

On préfère ordinairement pour cette chaffe, des chaumes ou des pièces de bled verd, & on cherche auprès quelque lifière de bois derrière laquelle on fe retire & l'on tend des filets fans être vu.

Quand la place eft favorable, on met dans une cage une *chanterelle* : on la pofe proche la lifière du bois, & l'on tend fes filets tout-autour. Les filets doivent être foutenus par des piquets, enfuite le chaffeur va fe cacher derrière la haie.

Si quelque mâle s'avife de chanter, la femelle captive lui répond, & auffi-tôt ils s'approchent ; quelquefois ils accourent cinq ou fix à la fois, alors ils s'entrebattent & difputent la jouiffance de la femelle, jufqu'à ce qu'ils fe prennent dans les filets. Quand on veut être fûr de fa prife, on ne tend fon piège que quand on a entendu chanter quelque mâle.

Quelquefois la *chanterelle* dont on fe fert eft fi fauvage & fe débat avec tant de fureur dans fa cage, qu'elle fuccombe à la laffitude & ne daigne pas chanter. On remédie à cet inconvénient en faifant une cage avec un vieux chapeau, dont le bord eft coupé : le deffous eft une planche légère qui s'ouvre & fe ferme, pour mettre & ôter la *perdrix*, & vers le fond du chapeau on pratique un trou par où l'oifeau paffe la tête pour chanter : on y ménage auffi une ou deux ouvertures, afin qu'il puiffe boire & manger. Toutes ces précautions font néceffaires pour avoir une bonne *chanterelle*.

Chaffe des perdrix *avec l'appeau.*

On ne prend avec l'*appeau* que les mâles des *perdrix* rouges ; quand on va à cette chaffe, on fe munit non-feulement d'un bon *appeau*, mais encore d'un petit filet nommé *pochette* & d'une houffine de bois de coudrier, moins groffe que le petit doigt & longue de quatre ou cinq pieds pour le tendre.

On marche avec cet équipage à la pointe du jour, à midi ou au coucher du soleil, au gîte des *perdrix* rouges, & dès qu'on entend quelque mâle chanter, on tend son filet dans des bruyères ou dans une vigne, & on se tient dans un petit sentier peu éloigné, couché sur le ventre.

Quand la *perdrix* chante, le chasseur lui répond par deux ou trois coups d'*appeau* donnés lentement : on continue ce manége tant que l'oiseau s'approche & chante, jusqu'à ce qu'il donne dans le piége qui est sur son passage.

Ce divertissement se prend depuis le mois d'avril jusqu'au mois de juillet ; c'est alors que les *perdrix* s'apparient : les mâles donnent d'autant plus sûrement dans ce piége, qu'ils s'ennuient bientôt d'être sans femelle.

Voyez les planches des chasses, *tome IX* des gravures, & leur explication à la fin de ce dictionnaire.

PERE NOIR. C'est le nom d'une espèce de moineau-franc qui se trouve à la Jamaïque, au Mexique, à la Martinique. Cet oiseau a le bec & le plumage d'un beau noir & la gorge rouge.

PERÉNOPTERE ou PERCNOPTERE, espèce de vautour assez rare, qui ne s'éloigne point des Pyrénées, des Alpes ou des montagnes de la Grèce. Il a la tête d'un bleu-clair, & le cou revêtu d'un simple duvet blanc avec un collier de petites plumes blanches & roides en forme de fraise ; son bec noir & crochu est blanchâtre à son extrémité ; ses jambes & ses pieds sont de couleur plombée. Cet oiseau est sur-tout remarquable par une tache brune en forme de cœur qu'il porte sur la poitrine. Il a une humeur qui suinte continuellement de ses narines & de deux trous qui se trouvent dans son bec. Il se laisse, dit-on, chasser & battre par les corbeaux ; il est paresseux, pesant au vol : il ne vit que de charogne.

PERLURES, nom des grumeaux qui sont le long des perches & des andouillers de la tête du cerf, du daim & du chevreuil. Ils ne vont pas jusqu'à l'extrémité des andouillers.

PEROUASCA, s. m., nom d'un quadrupède très-joli, qui se trouve en Russie, en Pologne, en Volhinie. Cet animal est plus petit que le putois. Il est couvert d'un poil blanchâtre, rayé transversalement de plusieurs lignes d'un jaune roux. Sa peau est recherchée, & fait une belle fourrure. Le *pérouasca* demeure dans les bois où il se creuse un terrier.

PERROQUETS, s. m. genre d'oiseaux indiens, dont le caractère distinctif, est d'avoir quatre doigts aux pieds, deux en avant & deux en arrière, garnis d'ongles crochus ; le bec court & épais ; la mâchoire supérieure crochue & pointue, la partie inférieure de leur bec ronde, tranchante, & beaucoup plus courte que la supérieure qui est terminée en bec de plume à écrire. Les *perroquets* ont les pieds & les doigts charnus, la tête grosse, le bec & le crâne durs, les narines rondes. Ces oiseaux ont la langue, faite comme une graine de calebasse : ce qui joint à la disposition du larinx & de la glotte, leur donne beaucoup de facilité pour articuler des mots, parler distinctement, pour chanter des chansons, siffler des airs, contrefaire des animaux, sur-tout le chien & le chat ; imiter le bruit d'un tambour, &c. Tous tiennent leur mangeaille avec un pied élevé en l'air, qu'ils portent à leur bec. Ils cassent les coques dures de certains fruits ; ils brisent & déchirent les substances qui leur résistent. Le bec leur sert encore de troisième pied pour marcher, pour s'accrocher, pour monter aux arbres, pour se pendre aux branches. Il leur sert aussi d'arme pour se défendre contre les animaux qui les attaquent. Le *perroquet* est un oiseau d'une longue vie, quoique sujet au mal caduc. Il a la propriété de ruminer. Presque tous les perroquets ont un plumage enrichi de belles couleurs. Ils aiment à être caressés.

Les *perroquets* volent en troupes, & se jettent sur les grains & les fruits à mesure qu'ils mûrissent. Le chasseur a de la peine à les suivre, à cause de la rapidité de leur vol. On dit que lorsqu'un *perroquet* a été tué d'un coup de fusil, les autres perroquets de sa bande, le regardent tomber, se mettent à crier d'effroi, semblent perdre la force de fuir.

Les indiens aiment la chair du *perroquet*, comme nous celle du faisan. On parvient à prendre ces oiseaux plus facilement en leur présentant pour appât de la graine de coton. On prétend que cette graine a la propriété de les enivrer.

L'industrie du *perroquet* se fait sur-tout remarquer dans la construction de son nid. Il le dispose en forme de ballon de la longueur d'un pied, n'y laissant qu'une ouverture ; il le compose avec des joncs & des rameaux, & le place à l'extrémité des branches les plus élevées, soit pour avoir le plaisir de se balancer, soit pour le garantir des serpens. Cet oiseau fait rarement des petits hors de son climat.

Il y a beaucoup d'espèces variées de ces oiseaux, dont il ne suffira d'indiquer que les principales.

Le *macao* a la queue fort longue ; il est de la

taille d'un grand corbeau. Ce *perroquet* se trouve dans les deux Indes.

Le *perroquet* arra est le plus gros & le plus grand *perroquet* des deux continens ; sa queue rouge a seule près de vingt pouces de long ; il s'attache à ses maîtres ; & paroît jaloux de ses caresses : on nous l'apporte de la Guadeloupe.

Le *pape-guai* est commun dans le Bréfil , & fait beaucoup de dégât par-tout où croît le poivre, le gérofle , le riz & la canelle. Les sauvages qui ont une adresse singulière à manier l'arc , se servent contre ces oiseaux de flèches fort longues, au bout desquelles ils mettent un bourrelet de coton, afin de les abattre sans les blesser.

Le *perroquet* blanc crêté est de moyenne grandeur ; on l'appelle dans l'Inde , l'oiseau précieux.

Le *perroquet* vert est commun le long de la rivière des Amazones ; il y en a un en Ethiopie qui n'est pas plus gros qu'un pinçon.

Le *perroquet* diversifié a le plumage mélangé de vert , de noir, de vermillon, de jaune & de couleur d'améthyste : on distingue sur sa queue sept couleurs.

Le *perroquet* cendré est de la grandeur d'un pigeon de volière : on le trouve dans la Guinée & dans les royaumes de Congo & d'Angola. C'est un oiseau fort babillard.

Le *perroquet* gris-blanc est de la taille moyenne : sa queue est très-courte , & son bec fort noir.

Le *perroquet* écarlate n'est pas si gros qu'un pigeon ; ses jambes sont noires & courtes : on en voit beaucoup à Londres.

Le beau *perroquet* de Clusius a le dos vert, les plumes des ailes bleues , & la queue verte : sa grandeur est celle d'un pigeon.

Le *perroquet* à collier des Indes orientales est remarquable par une queue de vingt pouces de long , qui se termine en pointe.

Le petit *perroquet* d'Angola a la queue longue & fourchue , & n'est pas plus gros qu'une tourterelle.

Le petit *perroquet* de Bengale a la tête du pigeon , sa queue n'est composée que de quatre plumes.

Le *perroquet* du Bréfil est huppé : l'élégante variété de ses couleurs le fait regarder comme le plus beau des *perroquets*.

Le *perroquet* des Barbades , est remarquable par

sa douceur ; c'est celui qui articule le plus distinctement les mots qu'il apprend.

Le *perroquet* couleur de frêne a tout le corps de couleur uniforme ; il est de la grandeur d'un pigeon.

Le *perroquet* mascarin est d'une couleur obscure.

Le *perroquet* à collier des anciens , est la première espèce de *perroquets* , qui ait été apporté en Europe : il n'est guère plus gros qu'un merle, comme ceux dont nous allons parler : les françois nomment tous ces petits *perroquets* , *perruches*.

Le petit *perroquet* tout vert est distingué des autres , en ce que son bec , ses pieds & ses jambes sont de couleur de chair ; il fait son nid dans les écueils. On le tire d'Egypte ou de Saint-Domingue.

Le petit *perroquet* vert des Indes orientales est un peu plus grand que l'alouette ; il s'apprivoise sans peine , & vit volontiers en cage avec sa femelle.

Le *perroquet* rouge & vert est gros comme un étourneau , & se tire du Japon.

Le *perroquet* rouge & crêté a sa crête composée de trois grandes plumes & de trois petites.

Le petit *perroquet* de Bontius a aussi sur la tête une espèce de huppe ; il est gros comme une alouette.

La petite *perruche* aux ailes d'or se trouve aux Indes orientales.

PERROQUET PLONGEUR. Cet oiseau ne ressemble en rien au *perroquet*, excepté par la forme de son bec qui a trois pouces de long. Ses pieds sont palmés & rouges , ses jambes sont courtes, son plumage est noir sur le dos, & blanc au ventre. Cet oiseau-pêcheur plonge souvent & long-temps; on dit sa chair très-délicate.

PERRUCHE, s. f. On nomme ainsi la plus petite espèce du genre des perroquets à longue queue ; genre d'oiseau extrêmement diversifié. On l'appelle aussi : *perroquet-moineau*. Les *perruches* ont en général un cri perçant & fort incommode.

PESER. On dit , en vénerie, qu'un cerf *pèse* & qu'il est de grand corsage, parce que ses pieds enfoncent de beaucoup dans la terre.

PETIT-GRIS, quadrupède qu'on a comparé à l'écureuil ; mais qui est plus grand & qui n'a point le poil roux , mais d'un gris plus ou moins foncé. Il a la queue étendue en panache. Sa peau est très-eſtimée, & d'un grand uſage pour les fourrures à cauſe de la douceur & de la fineſſe de ſon poil.

On trouve le *petit-gris* dans les parties ſeptentrionales de l'un & de l'autre continent.

Les lapons font, pendant l'hiver, la chaſſe à ces quadrupèdes. Leurs chiens ſont ſi bien dreſſés, qu'ils ne laiſſent paſſer aucun *petit-gris* ſur la cime des arbres les plus élevés ſans avertir leurs conducteurs. On ſe ſert pour tuer ces animaux, du fuſil, ou plutôt de flèches rondes avec leſquelles on les aſſomme ſans gâter leur fourrure. Ils ſont dans certaines années en ſi grand nombre qu'ils ſe vendent à vil prix.

Les *petits-gris* ſe réuniſſent en troupes, voyagent de compagnie, & changent quelquefois de contrée. Il arrive qu'on n'en rencontre quelquefois pas un ſeul dans un pays où l'année précédente on les trouvoit par milliers.

Quand ces voyageurs ſont arrêtés à leur paſſage par quelque lac ou rivière, chacun prend une écorce de pin ou de bouleau qu'il amène ſur le rivage; il s'ajuſte dans un petit canot, relève ſa queue qui lui ſert de voile & de gouvernail, & s'abandonne au gré du vent. La flotte nombreuſe vogue doucement au milieu des eaux quand le temps eſt favorable; mais s'il ſurvient quelque ouragan, les eaux engloutiſſent les vaiſſeaux, les pilotes, & la flotte entière. Ces naufragés qui ſont ſouvent de trois ou quatre mille voiles, font la fortune des lapons qui trouvent ces débris ſur le rivage, s'emparent des peaux des *petits-gris*, s'il n'y a pas long-temps qu'ils ſoient ſur le ſable.

L'écureuil gris ou noirâtre de Virginie, paroît être la même eſpèce que le *petit-gris* de Laponie. On emploie également ſa peau en fourrure ſous le nom de *petit-gris*.

PETREL, ſ. m. Genre d'oiſeau aquatique de la groſſeur d'une alouette, dont le caractère eſt d'avoir les trois doigts antérieurs palmés, celui de derrière ſans membrane, le bec arrondi, édenté; la mâchoire ſupérieure crochue par le bout, l'inférieure comme tronquée. Le *petrel* eſt une eſpèce d'oiſeau de tempête. Il annonce, dit-on, l'orage aux matelots, quand ils le voient s'accrocher au gouvernail de leur vaiſſeau. Ces oiſeaux ſemblent moins voler que nager à la ſurface des eaux. Ils ſont communs ſur les plages ſeptentrionales.

PHALANGER, Quadrupède de Surinam, de la taille d'un petit lapin, remarquable par la longueur exceſſive de ſa queue, par l'alongement de ſon muſeau, & par la ſingulière conformation de ſes *phalanges* & de ſes doigts. Il a beaucoup de rapport avec la *mormoſe*.

PHATAGIN. Quadrupède qui a beaucoup de rapport avec le *tamanoir* & le *tamandua*, & encore plus avec le *pangolin*. Il a des écailles qui ſe hériſſent & lui ſervent de bouclier contre ſes ennemis. Cet animal ne vit que de fourmis; ſa chair eſt ſaine & délicate; il fait, dit un naturaliſte célèbre, la première nuance pour la figure, entre les reptiles & les quadrupèdes.

Le *phatagin* ſe trouve en Amérique & aux Indes orientales: le tigre & le léopard le pourſuivent ſans relâche; mais lorſqu'il ſe ſent trop preſſé, il ſe met en boule & ne préſente à ſes perſécuteurs que la pointe de ſes écailles. Les nègres l'aſſomment à coups de bâton, vendent ſa peau & mangent ſa chair. Les plus grands *phatagins* ont huit pieds de long, dont la queue ſeule en a quatre. Cet animal ſingulier ne vit point dans nos climats.

PIC, ſ. m., nom générique de différentes eſpèces d'oiſeaux dont le caractère eſt d'avoir de forts muſcles aux cuiſſes, des pieds ſolides fournis de deux doigts devant & de deux derrière, armés d'ongles crochus & pointus qui leur ſervent à monter le long des arbres.

Ces oiſeaux ne paroiſſent faire leur nourriture que d'inſectes, d'œufs de fourmis, de vers de bois, ſur-tout de la belle chenille du ſaule. Ils ont un bec droit & un peu anguleux avec lequel ils font des trous dans les arbres; & c'eſt dans ces trous que les *pics* ſe retirent. Leur langue eſt longue, munie au bout d'un aiguillon oſſeux & dentelé qui leur ſert à piquer & à enlever la chenille & les autres divers inſectes.

On diſtingue diverſes ſortes de *pics* tels que le *pic vert ordinaire*, ou *pic mars*, ou *pivert*. Cet oiſeau a quatorze pouces de long, depuis la pointe du bec, juſqu'à l'extrêmité de la queue. Il a le haut de la tête couleur de vermillon tacheté de noir, ainſi que le contour des yeux; la gorge, la poitrine & le ventre ſont d'un vert pâle. Son bec eſt long d'environ deux pouces, noir, dur, fort & triangulaire; ſa langue étendue a ſix pouces de longueur & offre des nœuds ou eſpèces d'articulations. Il ſe nourrit de fourmis ou de petits inſectes qui vivent ſous l'écorce du vieux bois. Les trous qu'il fait dans les arbres pour y chercher ſa nourriture, ſont auſſi arrondis que ceux que l'on fait avec le compas: quelque dure & fibreuſe que ſoit ſa chair, on en mange quelquefois.

Le *pic vert très-grand*, ne diffère du précédent que par ſon bec qui eſt un peu courbé, & par le volume de ſon corps qui égale celui d'une petite poule.

Le *pic vert bigarré* qu'on nomme auſſi *épeiche* & *cul rouge* a le bas du ventre, ſous la queue, d'un rouge très-vif; il a le plumage de la tête & celui du dos d'un beau noir ; le reste de son plumage est d'un vert tacheté de lignes noires & de points blancs; il y a aussi le *petit pic vert bigarré* qui fait beaucoup de bruit en frappant de son bec dans les fentes du bois.

Le *pic de muraille* ou *pic d'Auvergne* est une espèce de *grimpereau*. Il est adroit à grimper le long des murailles pour y chercher des insectes; ses aîles sont marquées de rouge comme celles d'un papillon. Sa queue est courte & noire. Il a le dos, le cou & la tête de couleur cendrée. Il est gros comme un merle, il est vif & gai, presque toujours suspendu par ses griffes & battant des aîles. Sa voix est forte & mélodieuse.

Pics étrangers, dont les principaux sont le *pic de la Caroline*, qui a le bec d'un blanc d'ivoire, une crête rouge, & le plumage blanc.

Le *pic de la Virginie* qui a le bec de couleur plombée. Le *pic aux ailes dorées*. Le *pic à ventre rouge*; le *pic velu*, ou qui a des plumes velues & variées. Le *pic à ventre jaune*. Le *très-petit pic grivelé*; le *pic varié du Bengale* dont le plumage est chamarré de gris, de noir, de blanc, de rouge, de jaune. Le *pic rayé de Saint-Domingue*, dont la tête & la queue sont de couleur de rose. Le *pic jaune de Perse*. Le *pic vert varié de Cayenne*.

PICHOU ou PICHON. Espèce de *chat-putois* ou *chat sauvage* de la Louisiane, qui est aussi haut que le tigre; mais moins gros. Cet animal est chasseur & carnassier. Sa peau ou fourrure est très-belle & fort estimée.

PICICITLI, oiseau du Brésil, très-petit & huppé. Il a le corps & les ailes d'un pourpre plus ou moins clair. Sa crête est un faisceau de plumes du plus beau jaune. Sa queue est d'un jaune très-vif, ainsi que son bec qui est long & pointu.

PIE, s. f. Il n'y a personne qui ne connoisse cet oiseau. Il a le sinciput d'un noir tirant sur le vert d'or & le violet ; le reste de la tête, la gorge, le col, le haut de la poitrine, la partie supérieure du dos & les couvertures de la queue sont d'un noir tirant sur le violet; la partie inférieure du dos & le croupion sont gris; le bas de la poitrine & le haut du ventre blancs; le bas ventre & les jambes noires : la *pie* a à chaque aîle vingt plumes; les onze premières sont noirâtres à leur origine, & elles sont d'un verr obscur du côté extérieur, & à leur bout & leur côté intérieur d'un blanc bordé de noirâtre à l'extrémité; les suivantes sont en dessus, du côté extérieur d'un vert obscur, & du côté intérieur noirâtre. La queue à douze plumes toutes noires en dessus, mais en-dessous les

deux du milieu sont d'un vert de canard, mêlé de couleur de cuivre de rosette, & sont plus longues d'un pouce & demi que celles qui les suit, & toutes les latérales vont en diminuant jusqu'à la plus extérieure ; le bec, les pieds & les ongles sont noirs.

La *pie* fait son nid sur les arbres; l'extérieur en est tout hérissé d'épines, & elle n'y laisse que le passage nécessaire pour y entrer. Cet oiseau détruit beaucoup de gibier; & si elle a des petits, elle enleve dans un jour tous les œufs d'un nid de perdrix, & mange les petits perdreaux. On confond souvent la *pie* avec la corneille, dont elle a le geste & la façon de vivre. La *pie* a beaucoup de babil, sur-tout quand on lui a coupé le filet, & qu'on la tient en cage. Elle devient aussi familière dans les maisons, qu'elle est naturellement sauvage dans les champs. On lui attribue de l'inclination au larcin. Quand elle est rassasiée, elle court cacher adroitement ce qui lui reste de provisions pour les besoins à venir. La *pie* marche en sautant, & remue perpétuellement la queue.

La *pie* porte différens noms en France, suivant les provinces; on l'appelle *agasse*, *dame jaquette*, *margot*.

Outre la *pie* commune, les ornythologistes en comptent plusieurs autres qui habitent les pays étrangers.

La *pie de Bengale* est de la grandeur d'un mauvis : on l'appelle dans le pays l'oiseau du cadran solaire.

La *pie du Mexique* a une bosse sur le bec, & le cri plaintif de l'étourneau.

La *pie du Brésil* est remarquable par l'éclatante variété de son plumage.

Il y a aux Antilles une *pie*, dont le col est bleu & les pieds sont rouges.

La *pie* de la Jamaïque est en partie noire & en partie jaune.

La *pie* de la Louisianne est d'un très-beau noir.

Il y en a d'autres vers le Spitzberg qui sont d'une blancheur éclatante.

Les habitans de la campagne font la chasse aux *pies*, parce qu'elles font beaucoup de dégât. On se sert contre ces oiseaux des piéges ordinaires.

PIE-GRIÈCHE, oiseau de la grosseur d'un merle, qu'on peut mettre au rang des oiseaux de proie, ou du moins qui en a le courage & l'industrie quand il est dressé.

La *pie - grièche* a la tête groffe & large, le bec dur, noir, gros, un peu crochu par le bout, long d'un pouce & demi ayant l'ouverture large. Sa langue eft fourchue & hériffée de petits filets ; fon plumage eft d'un gris cendré. Sa queue eft fort longue, les deux plumes du milieu font noires & les autres blanches par les bords. Ses jambes & fes pieds font noirs & munis d'ongles crochus. Elle fe perche fur le fommet des branches des arbriffeaux épineux. Cet oifeau fe nourrit d'infectes, & fait la guerre aux petits oifeaux.

La petite *pie-grièche* de Grèce extermine les mulots, les fouris, & les campagnols ; elle tient fa proie dans une de fes pattes, & la mange appuyée fur une jambe à la manière du perroquet.

PIE DE MER à *gros bec*, oifeau de paffage, de la grandeur du canard domeftique ; fon bec eft court, pointu & triangulaire. Il pond d'ordinaire dans des trous de lapins, qu'il chaffe de leur demeure pour s'en emparer. Il vient au printemps dans les ifles défertes qui font aux environs de Tenby & de Scarboroug, & s'en retourne dans l'automne.

PIECE, on dit en fauconnerie : ce lanier eft tout d'une *pièce*, pour dire qu'il eft tout entier de la même couleur.

PIED ROUGE, ou *bec de hache*, oifeau aquatique de la Louifianne, dont le bec eft conftruit en taillant de hache ; fa préfence fur terre annonce, dit-on, la tempête ou l'orage.

PIÉGES : on emploie à la chaffe différentes machines & divers moyens pour furprendre, captiver & détruire les animaux. Nous avons décrit en parlant des bêtes carnaffières & des bêtes fauves les piéges qu'on a coutume de leur tendre. Nous avons pareillement fait connoître les rufes employées contre les diverfes efpèces d'oifeaux qu'on veut attirer & prendre. Nous nous fommes fur-tout étendus fur les piéges les plus ufités dans les petites chaffes ; ainfi nous devons renvoyer pour la defcription de ces piéges, rufes & machines, tant aux articles particuliers des animaux, qu'à l'explication des planches concernant les chaffes, inférée à la fin de ce dictionnaire.

PIERRURES, petites pierres qui font fur la meule de le tête d'un cerf, d'un daim ou d'un chevreuil.

PIÉTE, f. f. oifeau de riviere, plus grand que la farcelle, & plus petit que le morillon. Cet oifeau a le deffous de la gorge & du ventre blanc, & le deffus du corps noir. Ses aîles font femblables à celles de la pie. La *piète* diffère des autres oifeaux de rivières en ce qu'elle n'a pas le bec large, mais rond & dentelé par les bords. Elle a une petite huppe placée à l'origine du cou fur le derrière de la nuque. Elle fe nourrit de poiffons & d'infectes aquatiques.

PIETTER. On dit qu'une caille ou une perdrix a pietté quand un chien, après avoir fait plufieurs fois arrêt, fait enfin partir fon gibier.

PIGACHE, connoiffance que les chaffeurs tirent du pied du fanglier. C'eft quand il a une pince à la trace plus longue que l'autre.

PIGARGUE, oifeau carnivore, qui diffère de l'aigle en ce qu'il a les jambes nues, le bec jaune ou blanc & la queue blanche. Le *pigargue* fe tient près des lieux habités ; il habite de préférence les climats froids ; il eft de la groffeur du grand aigle : il eft auffi fort, plus carnaffier & plus féroce. Il fait la chaffe & fa nourriture des gros animaux.

PIGEON, f. m., genre d'oifeau très-connu, dont les marques caractériftiques, font d'avoir quatre doigts dénués de membranes ; un par derrière, & trois devant ; les jambes courtes & couvertes de plumes jufqu'au talon ; les aîles très-longues, un vol très-fort, le bec droit, étroit & un peu long, le bout fupérieur un peu renflé & recourbé. Cependant ce bec varie fuivant les efpèces. La voix du *pigeon* eft un cri plaintif, affez bien exprimé par le mot roucoulement. Le propre du *pigeon* eft de ne pas renverfer le cou, & de boire largement à la manière des bêtes de charge.

On les divife en *pigeons* privés ou domeftiques, en *pigeons* fauvages & en *pigeon* étrangers. On eft parvenu en outre à obtenir une infinité de variétés dans cette claffe d'oifeaux, par la combinaifon des mélanges. Les *pigeons* fe trouvent & multiplient dans prefque tous les climats, mais particulièrement dans les pays chauds & tempérés.

Voici ce que l'auteur du Traité *de la chaffe au fufil*, dit des diverfes efpèces de *pigeons*, rélativement aux connoiffances que les chaffeurs doivent en avoir.

Du pigeon *ramier*, & du bifet.

Il y a deux efpèces de *pigeon* fauvage, le ramier & le bifet. Le premier eft beaucoup plus gros que l'autre. On diftingue deux fortes de bifets. Le bifet ordinaire reffemble au *pigeon* domeftique, pour la taille & pour la couleur, excepté qu'il eft d'un gris plus foncé, & qu'il niche dans les arbres creux; l'autre eft d'un bleu tirant fur le noir; il niche non-feulement dans les arbres creux, mais encore dans les trous des bâtimens ruinés, & dans quelques rochers qui fe rencontrent dans les forêts, d'où on l'appelle *pigeon* de roches, ou *pigeon* de montagne, à raifon de ce qu'il aime les lieux élevés. On voit des quantités innombrables de ces *pigeons* de roches fur les côtes de la mer, dans les endroits où elles font bordées par des rochers, particulièrement en Corfe & en Sardaigne.

Buffon penfe que cette variété dans l'efpèce des bifets provient du mêlange avec les *pigeons* fuyards qui défertent nos colombiers; mais c'eft mal-à-propos que ces *pigeons* fuyards font appellés affez communément bifets. Ceux-là, quoique rendus à l'état fauvage, ne fe perchent point, ce qui les diftingue des vrais bifets.

On reconnoît auffi deux fortes de ramiers, le grand & le petit, dont les anciens avoient fait deux efpèces différentes; mais Buffon ne regarde le petit que comme une variété dans l'efpèce du ramier; attendu que l'on a obfervé, dit-il, que fuivant les climats, les ramiers font plus ou moins grands.

Les ramiers & bifets arrivent, dans nos provinces feptentrionales, au printemps, & s'en vont en automne, avec cette différence que les derniers arrivent & repartent un peu plus tard. Il nous refte cependant beaucoup de ramiers pendant l'hiver. Ils n'établiffent pas, comme les bifets, leurs nids dans des trous d'arbres; ils les placent à leur fommet, & les conftruifent affez légèrement avec des buchettes. La femelle pond de très-bonne heure, & peu de temps après fon arrivée. Sa ponte, ainfi que celle du bifet, n'eft que de deux ou trois œufs. Elle en fait une feconde en été.

Les ramiers ont le même roucoulement que les *pigeons* domeftiques, mais plus fort. Ils ne fe font entendre que das la faifon de leurs amours, & dans les jours fereins. Dès qu'il pleut, ils fe taifent. Ces oifeaux fe nourriffent de fruits fauvages, de gland, de faîne, & de grains de toute efpèce. Ils font très-défians, & on les approche très-difficilement; encore faut-il pour cela qu'ils foient feuls, ou au plus deux enfemble; car on ne les approche point lorfqu'ils font en bande.

Pendant le printemps, & au fort de l'été, on peut chaffer les ramiers dans les bois, depuis le foleil levant jufqu'à huit ou neuf heures du matin. Ils font alors perchés dans les grands arbres, fur quelque branche fèche, où ils

chantent de moment à autre. Guidé par leur chant, le chaffeur parvient à les tirer, en n'avançant qu'autant qu'il les entend roucouler, & s'arrêtant dès qu'ils ceffent. Lorfque ce font des rameaux, ils fe laiffent approcher bien plus facilement. La même chaffe peut fe faire depuis quatre ou cinq heures de l'après-midi jufqu'à la nuit. Quelques chaffeurs ont un talent particulier pour imiter le roucoulement de la femelle, ce qui leur donne toute facilité, en fe tenant fous un arbre dans le bois, d'attirer les mâles autour d'eux, & de les tuer; mais ce talent eft affez rare. Les ramiers font très-friands de mérifes & dans la faifon de ces fruits, on peut les attendre fous les mérifiers. Lorfque les grains font en maturité, ils y donnent beaucoup, & font principalement un grand dégât dans les blés verfés, où il eft plus-aifé de les furprendre que partout ailleurs. Dans l'arrière-faifon, il fait bon les attendre au déclin du jour dans les bois de haute-futaie, fous les chênes & hêtres, où l'on a remarqué qu'ils venoient fe percher pour y paffer la nuit.

Dans les cantons où il y a de grandes forêts, & aux environs des bois-taillis femés de beaucoup d'anciens chênes de réferve, qu'on appelle *glandiers* en quelques provinces, à raifon de ce qu'ils produifent quantité de gland, il eft affez facile de tuer des ramiers vers la fin de l'automne, temps où on les trouve raffemblés par bandes dans ces taillis, où ils fe tiennent de préférence. Mais pour y réuffir, il faut plufieurs chaffeurs qui s'accordent enfemble. Les uns longent le bois en dehors, tandis que les autres, difperfés dans l'intérieur, reftent embufqués fous les chênes. Les ramiers que ceux du dehors font partir fur les lifières du bois, vont fe remettre fur ces chênes, & font tirés par les chaffeurs qui les y attendent. Alors ils s'envolent du côté de la plaine, & après avoir fait en l'air un long circuit, fi le bois eft d'une certaine étendue, ils viennent s'y remettre dans une autre partie, éloignée de celle où ils ont été tirés; ou ils regagnent un autre bofquet voifin; ce qui eft obfervé par les chaffeurs du dehors, & fert de règle pour changer de pofte, en répétant plufieurs fois la même manœuvre, fuivant les circonftances & la connoiffance particulière du local, de laquelle dépend fur-tout le fuccès de cette chaffe. Elle ne réuffit pas également pour les bifets, qui font bien plus difficiles à furprendre que les ramiers; leur vol étant beaucoup plus étendu & plus élevé & ne faifant que paffer d'une partie de bois à une autre. Cette manière de chaffer les ramiers eft fort en ufage fur les rives de la forêt de Chinon en Touraine, & plus encore dans celle de *Scévole*, près de Mirebeau en Poitou.

Il n'y a point de pays en France, où la chasse des ramiers & bisets soit aussi abondante que dans la Navarre, le Béarn, la Bigorre, & autres provinces qui bordent la chaîne des Pyrénées; mais ce qu'il s'y en tue avec le fusil n'est rien en comparaison de l'immense quantité de ces oiseaux qui se prend aux filets, lors de leur passage à l'embouchure de certaines gorges de montagnes, dans des emplacemens disposés avec beaucoup d'art & un appareil tout particulier. Cette chasse, infiniment curieuse, mérite bien d'être connue.

Chasse aux filets des ramiers & bisets dans les vallées de la Basse-Navarre, de la Soule, du Béarn, de la Bigorre, & autres contrées voisines des Pyrénées.

Toute l'étendue de pays qui borde la racine des Pyrénées, depuis Saint-Jean-pied-de-port, dans la Basse-Navarre, jusqu'à Saint-Girons, dans le Couserans, se trouve coupée par un grand nombre de vallées, dont le fond aboutit à quelque issue praticable, appellée *col* ou *port*, par laquelle on peut franchir la chaîne des Pyrénées, & passer en Espagne. Les montagnes & côteaux qui se trouvent des deux côtés de ces vallées, & qui ne sont autre chose que la croupe des Pyrénées mêmes, prolongée vers la plaine par un abaissement insensible, ces montagnes s'ouvrent en certains endroits, & forment des gorges, ou petits vallons incultes, peu profonds, & dont le niveau est beaucoup plus élevé que celui de la vallée. C'est à l'embouchure de ces gorges qu'il se prend, tous les ans, dans le temps de leur passage, une prodigieuse quantité de ramiers & de bisets.

Dans la Basse-Navarre, la Soule, le Béarn, la Bigorre, & autres provinces bornées par la grande chaîne des Pyrénées, les ramiers sont connus sous le nom de *palomes*, du mot latin *palumbus*; & l'on y appelle indistinctement *bisets* ou *ramiers* tous les autres pigeons sauvages. Il est bien vrai qu'on y prétend que la palome est différente de nos ramiers des provinces septentrionales : c'est ce que je ne crois pas; mais comme, suivant l'observation de Buffon, les ramiers sont plus gros dans certains climats que dans d'autres, il y a apparence que les palomes sont de très-gros ramiers. A l'égard des bisets, on en distingue trois espèces, qui diffèrent par la taille, & quelque variété dans le plumage. Cette division peut bien n'être pas conforme à celle des ornythologistes, mais je la donne ici telle qu'elle est reçue parmi les chasseurs du pays.

Le passage des palomes commence aux environs de la Notre-Dame de septembre, & dure jusques vers le vingt novembre, quelques jours de plus ou de moins : cela dépend de la température de l'automne; s'il est pluvieux & froid, il finit plûtôt; mais jamais avant la Saint-Martin. Dès que ces oiseaux commencent à se montrer, on s'apprête, & l'on prépare tout l'attirail nécessaire pour commencer les chasses à la Saint-Michel. Les palomes, dans ce passage, vont toujours de l'orient au couchant. Pendant les mois de février & de mars, elles repassent du couchant à l'orient, & alors on ne les chasse qu'à terre & avec les filets à nappes.

Les bisets sont plus précoces; ils se font voir dès la Notre-Dame d'août; & l'on commence à les chasser vers le dix septembre : leur passage dure, comme celui des palomes, jusqu'après la Saint-Martin, & se fait dans la même direction. Ils repassent de même aux approches du printems.

La chasse des palomes ne peut se faire que dans les lieux où il y a des gorges, ce qui ne se rencontre guères que dans les montagnes; mais toutes les gorges n'y sont pas propres, vu qu'il faut nécessairement qu'à leur embouchure il se trouve un espace en plaine d'environ quatre-vingt pas, tant en longueur qu'en largeur, & qu'à la suite de cette planimétrie, le terrein s'abaisse, & forme une pente assez rapide, appellée *fonte* dans le pays. Telle doit être la disposition d'une gorge pour y établir une *palomière*, nom que l'on donne aux lieux où se font ces sortes de chasses; & il s'en trouve d'établies, de toute ancienneté, dans presque tous les lieux qui en sont susceptibles. Mais pour former ces palomières, il a fallu encore ajouter plusieurs accessoires à la disposition naturelle du terrein, & d'abord planter des arbres à l'extrémité du plateau pour y suspendre les filets, ce qui se fait ainsi.

On commence par en planter un qui se nomme *l'aiguillon*, & à la distance de quatre ou cinq toises, allant vers le nord, deux autres séparés par un espace de trois à quatre pieds seulement; puis deux autres à la même distance de quatre toises, & séparés par le même inetrvalle; & ainsi de suite, autant que la gorge a d'étendue. Ces arbres ne sont en état de servir que lorsqu'ils ont atteint la hauteur de soixante-dix pieds, attendu que les poulies qui servent à hisser les filets en l'air, doivent y être attachées à celle de soixante pieds. Chaque filet tendu occupe donc en hauteur un espace d'environ neuf toises, sur une largeur de quatre à cinq, qui est la distance entre chaque arbre. Le nombre des filets, ainsi tendus à la suite l'un de l'autre, varie suivant l'étendue de la gorge, depuis huit jusqu'à quatorze. A l'égard de la manière de les tendre, c'est à-peu-près la même que pour les pantières simples, fimples, dont on fe fert pour prendre les bécaffes le foir à la fortie des bois. On attache près des poulies, à la corde qui foutient le filet de chaque côté, des pierres de dix à douze livres, & à ces pierres on lie les deux coins d'en haut du filet, afin que fa chûte foit plus preste lorfqu'on lâche la corde qui le retient, & que les palomes qui s'y enveloppent ne puiffent le foulever pour s'échapper; & l'on arrête l'extrémité d'en bas, par les coins & le milieu, avec plufieurs piquets ou petites gaules aiguifées par les deux bouts, que l'on fiche en terre, les pliant en demi-cercle. On a foin d'ébrancher les arbres du côté du filet, de crainte qu'il ne s'accroche en tombant. Il faut obferver que ces filets ne font pas tendus perpendiculairement, mais qu'on leur donne à peu près l'inclinaifon d'un toît.

Au-devant de chaque efpace qui fe trouve entre deux filets, on forme avec des pieux fichés en terre, & entrelacés de branchages, une petite haie en demi-cercle, appellée *emparence*, de cinq à fix pieds de hauteur, derrière laquelle fe tient un chaffeur, qui peut lâcher à volonté l'un ou l'autre de ces filets, ou tous les deux à la fois, fuivant l'occurrence, au moyen d'une machine de détente appellée *gaillot*, à laquelle font fixés les bouts des cordes qui foutiennent les filets en l'air; enforte que s'il y a douze filets, il faut fix hommes pour les manœuvrer.

On n'a parlé jufqu'ici que de filets fimples, & formant une feule nappe; mais dans toutes les palomières, outre ceux-là, il y en a d'autres, & même en plus grand nombre, appellés *filets en cage*, parce qu'en effet ils forment une cage ouverte par-devant. Ils fe placent dans les endroits où les palomes font le plus fujettes à paffer, & ce font ceux où fe font les captures les plus abondantes. C'eft un affemblage de quatre filets joints enfemble par des ficelles qu'on paffe dans leurs bords; favoir, un dans le fond, qui s'appelle la *tête*, deux aux côtés, appellés *filets de côté*, & un quatrième en haut, qu'on nomme le *ciel*. Ce dernier eft beaucoup plus élevé fur le devant que fur le derrière. On fait la cage, dont l'entrée ne dépaffe pas les autres filets, plus ou moins profonde, fuivant le local, mais toujours plus profonde que large, par la raifon que plus le filet du fond eft éloigné de l'entrée, moins les palomes l'apperçoivent, & qu'elles y entrent plus facilement. Ce filet fe lève au moyen de quatre cordes liées aux quatre coins, & paffées dans autant de poulies attachées aux branches des arbres, tant fur le devant que fur le derrière. Si le lieu ne fournit pas d'arbres pour les poulies du derrière, on y en plante exprès de la hauteur convenable. On commence toujours par lever le filet du fond, ou la *tête*, jufqu'aux deux poulies; & là, on le fixe en arrêtant la corde

à un piquet fiché en terre. Ce filet eft à la hauteur de 25 à 30 pieds; enfuite on lève le devant, de même, jufqu'aux deux poulies, à la hauteur de 40 ou 45 pieds, plus ou moins, de façon que la cage forme la figure d'un toît en appentis. Les extrémités des trois filets perpendiculaires qui forment les murs de cette chambre, font arrêtées par en bas avec plufieurs petites gaules paffées dans les mailles, & fixées par des crochets de bois piqués en terre de diftance en diftance. Lorfqu'on lâche ce filet, il n'y a que le *ciel*, & les deux *filets de côté* qui s'abattent; la *tête* refte en place pendant toute la journée, & ne fe met à bas que le foir, lorfqu'on détend toute la chaffe. Le filet abattu fur les palomes, il refte en dedans un efpace affez confidérable, dans lequel elles voltigent de côté & d'autre. Alors les chaffeurs entrent dans cet efpace, en jettant par-deffus leur corps les filets qui traînent à terre, & prennent les palomes qu'ils mettent dans un fac, ou un panier d'ofier à claire-voie, fait exprès.

Il ne fuffit pas, pour former une palomière, d'avoir planté les arbres auxquels doivent être fufpendus les filets. Les palomes ne s'y prendroient point, s'ils n'étoient mafqués par une feconde rangée d'arbres, qui fe plantent en même temps, à la diftance d'environ deux toifes des premiers. Sans cette précaution, en appercevant de loin les filets, elles s'enleveroient pour paffer par deffus. On a foin feulement de les ébrancher à douze ou quinze pieds de terre, afin de laiffer aux palomes le paffage libre pour donner dans les filets, lorfqu'effrayées par le ftratagême dont il fera parlé tout à-l'heure, elles ne peuvent plus les éviter. Ces arbres, ainfi que ceux des filets, font des chênes qu'on préfère pour l'ordinaire. Au furplus, il eft rare, lorfqu'on établit une palomière, qu'on fe trouve obligé de planter tous les arbres néceffaires pour la chaffe, fur-tout ceux deftinés à cacher les filets. La nature y a pourvu, en grande partie, dans prefque toutes les gorges, qui font ordinairement couvertes de bois. On conferve ceux qui fe trouvent placés à propos; on fupprime ceux qui peuvent nuire, ou font inutiles, & on fupplée à ceux qui manquent par de jeunes arbres plantés à la main. Dans les endroits où les arbres manqueroient abfolument pour tendre les filets, fi l'on eft preffé de jouir, on peut transporter des chênes de foixante pieds de haut, après les avoir déterrés de manière à laiffer autour des racines environ vingt quintaux de terre; ce qui fe fait fur un traîneau attelé de quatre ou cinq paires de bœufs, & on les dreffe dans des trous préparés pour les recevoir, avec de bonne terre meuble & du terreau. Lorfqu'on plante pour l'avenir & pour fa poftérité, on prend des arbres plus jeunes.

Sur le derrière de l'emplacement des filets, est une cabane à demeure & construite à chaux & sable, qui sert à ramasser tous les uftensiles de la chasse, & d'abri aux chasseurs dans le mauvais temps. Dans quelques palomières, au lieu de cette cabane, se trouve une petite maison avec cuisine, chambres à coucher & autres commodités. Il est à propos que cette maison soit placée à l'écart, sur la droite ou sur la gauche, de manière qu'elle ne puisse être apperçue des palomes; &, pour le mieux, qu'elle soit couverte par des arbres, soit qu'ils s'y trouvent naturellement, soit qu'on les y ait plantés exprès.

J'ai dit plus haut qu'à l'extrémité de la gorge devoit se trouver un espace de terrein uni & découvert, de l'étendue d'environ quatre-vingt pas. Cette plaine est ordinairement couverte de fougère qu'on ne coupe qu'après la saison des chasses. Vers son milieu, un peu sur la droite, venant de l'orient, & à 60 pas en avant des filets, se place la trèpe, l'un des principaux agens de la chasse des palomes. On appelle de ce nom l'assemblage de trois arbres ébranchés, de la longueur de 80 à 90 pieds, qu'à l'aide d'un cric, on dresse & plante dans des trous de quatre pieds & demi au moins de profondeur, en triangle, à la distance de 18 à 20 pieds l'un de l'autre, & qu'on lie ensuite par le haut, à quatre ou cinq pieds de leur cime, avec une chaîne de fer. L'espace au-dessus de la chaîne sert à construire une cabane avec des branches d'arbres garnies de leur feuillage, où un homme puisse se tenir caché. L'un des trois arbres est traversé, du haut en bas, par des chevilles de cœur de chêne, qui servent d'échelons pour monter à cette cabane. S'il se trouve sur le lieu un arbre de la hauteur requise, & placé à propos, on s'en sert à la place de la machine que je viens de décrire, & cela vaut miéux.

Lorsque le chasseur, qui doit être posté sur la trèpe, y est monté, on le munit, au moyen d'une corde qu'il tient, & d'un sac ou panier attaché à l'autre bout, d'un certain nombre de raquettes de bois blanchies avec de la chaux, d'un pied de long, y compris une queue ou manche pour les empoigner, & de l'épaisseur d'un pouce, ayant à peu près la forme d'un battoir de blanchisseuse. Ces raquettes, simulacre grossier & mal imité d'un épervier, mais qui n'en réussit pas moins à effrayer les palomes, dont cet oiseau est la terreur, sont appellées en béarnois matous. L'usage que le chasseur doit en faire, est de les lancer fortement vers les bandes de palomes, lorsqu'elles passent à sa proximité, dirigeant leur vol vers leur filets, plutôt lorsqu'elles sont élevées au-dessus de la trèpe, & plutard, lorsqu'elles sont à sa hauteur.

Plus loin, dans les parties les plus élevées de la gorge, sont établies par intervalles, à droite & à gauche, quelques cabanes semblables à celle de la trèpe, sur des arbres qui se sont trouvés placés à propos, ou qu'on y a autrefois plantés à dessein. On appelle ces cabanes battes. Il n'y a pas de palomière qui n'en ait au moins quatre avant la trèpe, & quelques-unes en ont jusqu'à dix. Elles sont occupées par d'autres chasseurs également munis de raquettes; & lorsqu'une volée de palomes paroît dans la gorge, il les effrayent, en leur jettant une ou deux, & quelquefois davantage de ces raquettes, tantôt devant elles, tantôt à côté, ce qu'on appelle les battre sur l'aile, tantôt derrière, ce qui se dit les battre en queue. Si elles volent trop haut, les raquettes lancées vers elles les font baisser & fondre quelquefois jusqu'à terre. Si l'effroi qu'elles leur causent les fait s'écarter à droite ou à gauche de la gorge, par cette manœuvre bien entendue, elles sont ramenées & contenues dans la direction des filets. C'est ainsi que les chasseurs des cabanes se les renvoient de l'un à l'autre, en s'avertissant progressivement, du premier au dernier, du vol bas ou élevé des palomes; qu'elles arrivent à tel endroit, qu'elles s'écartent de tel ou tel côté, &c. C'est celui qui vient de les battre qui parle; celui qui suit garde le silence, jusqu'à ce qu'il les ait battues à son tour. Elles arrivent enfin sur la place où est la trèpe: le chasseur hutté dans cet arbre est le dernier qui les bat; & ce poste doit être occupé par un homme exercé & intelligent: c'est lui qui, par son jeu, doit précipiter les palomes dans les filets; & pour cela, il faut qu'il les fasse fondre presque jusqu'à terre. Mais s'il les a précipitées trop tôt, elles se relèvent & passent par dessus les filets: si, au contraire, il les a battues trop tard, elles ne fondent qu'après avoir passé les filets. Le chasseur de la trèpe ne doit jamais battre les palomes qu'en queue.

Outre les chasseurs des arbres, il y en a encore quelques autres postés à terre dans des cabanes couvertes de fougère, sur les côteaux qui forment la gorge, à une certaine distance les uns des autres. Ceux-ci, qu'on nomme chatars, sont munis d'un bâton de six à sept pieds, garni en haut de grandes plumes d'oie blanches fichées en travers, ou au défaut de ces plumes, d'un linge blanc. Lorsqu'ils apperçoivent des palomes qui s'écartent de la direction des filets, en se jettant d'un côté ou de l'autre de la gorge, ils courent à l'endroit où elles font mine de vouloir passer, en agitant avec violence cet épouvantail, & ordinairement ils parviennent à les détourner, & à leur faire prendre la route des filets. Par ce moyen, on prend souvent des volées de palomes, qui auroient passé fort loin des filets, si on les eût laissées tranquilles. On voit par ce détail, que ces fortes de chaffes exigent beaucoup de monde : on y emploie depuis douze juſqu'à vingt-quatre chaffeurs ; ce qui dépend de l'étendue & de la difpofition des lieux.

Il ne faut pas croire aux relations exagérées qu'on entend faire quelquefois à des perfonnes mal inftruites, de la chaffe des palomes. Suivant ces relations, il s'en prend très-fouvent plufieurs centaines d'un coup de filet. La vérité eft que les bandes de ces oifeaux font de 15, 20, 30, quelquefois de 50, & rarement de cent, dont quelques-uns s'échappent le plus fouvent, lorfque la bande vient à donner dans les filets.

La chaffe des palomes fe fait toute la journée. Elle eft très-amufante les jours où il y a beaucoup de paffage ; mais il fe rencontre auffi certains jours où elle eft fort ennuyeufe, & où de 50 volées qui paffent, il ne s'en prend pas une. Un temps fombre & froid eft le plus favorable ; les jours clairs & fereins, les palomes fe prennent plus difficilement. La pluie n'empêche point de chaffer ; mais s'il s'élève un grand vent, on ceffe la chaffe, & les filets fe mettent bas.

Ces chaffes occafionnent fouvent des parties de plaifir, fuivies de repas champêtres fous une loge de feuillages ; repas dont les palomes, mifes à la broche en fortant du filet, font les principaux frais, & qui font affaifonnés de toute la gaieté naturelle aux habitans du pays. Cette même gaieté anime fingulièrement toutes les manœuvres, les cris & les fignaux des chaffeurs ; ce qui, joint à quelque chofe de grand & d'impofant que préfente l'appareil de cette chaffe, produit une fenfation raviffante chez tous ceux qui la voient pour la première fois.

Il fe prend des bifets, plus ou moins, dans toutes les palomières, en même temps que des palomes ; cela dépend de l'élévation du terrein. Il s'en prend très-peu dans celles qui font fituées fur de hautes montagnes ; & au contraire, dans celles qui font baffes, il fe prend beaucoup plus de bifets que de palomes. Il eft bon d'obferver que le nom de palomière ne fe donne qu'aux chaffes où il ne fe prend que des palomes, & quelques bifets feulement de temps en temps ; & que celles où il ne fe prend que des bifets, point ou très-peu de palomes, font appellées pantières. La difpofition des pantières eft la même que celle des palomières, excepté qu'on n'y emploie au plus que huit filets, qu'on ne s'y fert point de filets en cage, & qu'on peut s'y paffer de cette feconde rangée d'arbres au devant des filets, attendu que les bifets ont la vue moins fubtile que les palomes.

Il y a une manière de chaffer les bifets feulement, qu'on appelle chaffe à l'appeau, pour la diftinguer de celle connue fous le nom de chaffe à la force, & parce qu'on y emploie des bifets vivans pour attirer ceux qui paffent vers les filets. Il n'eft pas néceffaire, pour la réuffite de celle-ci, qu'elle fe faffe dans une gorge : elle peut fe faire en plaine, en choififfant un endroit où les bifets paffent le plus fréquemment, pourvu néanmoins qu'il s'y trouve une fonte ou pente derrière les filets, & au couchant ; ce qui eft abfolument indifpenfable. Voici quel eft l'appareil de cette chaffe.

Il ne faut que quatre filets, ou tout au plus fix ; & il n'eft pas befoin d'une feconde rangée d'arbres pour les mafquer. On élève, fur la place qui eft au-devant des filets, deux trépieds femblables de tout point à celui de la chaffe des palomes, & avec des cabanes pour y pofter des chaffeurs. Ils font placés à droite & à gauche, à 60 pas des filets, & reculés de quelques pas fur les côtés. On bâtit de même fur le lieu une cabane à chaux & fable, pour y refferrer les filets & autres inftrumens de chaffe, au devant de laquelle on en forme une autre avec des branchages, affez fpacieufe pour y placer une table de 10 ou 12 couverts, pour des occafions où, comme je l'ai dit ci-devant, il prend envie aux curieux des environs de venir s'égayer à cette chaffe. On laiffe à cette cabane de branchages une ouverture ou petite porte, du côté par où viennent les bifets ; & à deux ou trois pieds de diftance, on forme avec des pieux de la longueur de huit pieds, piqués en terre en demi-cercle, une emparence, ou haie, femblable à celle dont j'ai parlé pour la chaffe des palomes, fi ce n'eft qu'elle eft unique & beaucoup plus étendue, ayant 18 ou 20 pieds de contour. Cette haie doit être à la hauteur des yeux du chaffeur, & l'on y pratique encore de petites ouvertures, par lefquelles il peut voir venir les bifets, faire mouvoir les appeaux, & faifir l'inftant de lâcher les filets à propos. Cela fait, le chaffeur élève, à 30 pas de cette emparence, une petite motte de terre d'un pied de haut, & d'environ quatre pieds de circonférence, pour y placer un appeau fur une palette. Mais, avant d'aller plus loin, il eft à propos d'expliquer ce que c'eft que cet appeau, & la palette fur laquelle il eft pofé. L'appeau eft un bifet aveugle, & l'on appelle palette ou chémère d'appeau, un bâton de quatre pieds de long, de la groffeur du doigt du milieu, percé à une de fes extrémités de cinq trous, diftans d'un pouce l'un de l'autre, dans lefquels fe paffent cinq petites traverfes, qu'on entrelace de menus ofiers ; ce qui forme une efpèce de raquette ou palette, d'où l'inftrument a pris fon nom, & fur laquelle doit être pofé le bifet aveugle, qui y eft contenu par les jambes avec deux petites courroies de chamois, de manière néanmoins qu'il ne soit pas trop gêné, & qu'il ait la liberté de voltiger un peu sur la palette.

Pour arranger cette machine comme elle doit l'être, & de manière que la palette repose sur la motte de terre, on adapte le bout opposé à une traverse de quinze pouces de longueur, dont les deux extrémités entrent dans les trous de deux petites planches étroites fichées en terre, & de la hauteur de dix à douze pouces. Environ à moitié de distance entre ces planches & la motte de terre, se plantent à droite & à gauche deux piquets, auxquels vient s'arrêter une ficelle nouée au bâton vers son milieu, pour le contenir. On attache ensuite à même hauteur, au bâton, une longue ficelle, qui arrive jusqu'à l'*emparence*, derrière laquelle est le chasseur, qui en la tirant doucement fait lever la palette, & voltiger le biset de tems en tems. Ce premier appeau placé à l'orient, à trente pas du chasseur, est appellé l'*appeau de la cabane*. A trente pas plus loin, dans la même direction, on en place un autre qu'on appelle, *appeau de la place*, & enfin un troisième toujours à l'orient & à trente pas du second, c'est-à-dire, à 90 pas du chasseur; celui-ci est nommé l'*appeau de devant*. A 60 pas de ce troisième appeau, non pas en avant, mais sur les côtés, à droite & à gauche, c'est-à-dire, vers le midi & le nord, se placent deux autres appeaux; ce qui fait en tout cinq appeaux, tous placés à terre sur des palettes. Des cinq, le chasseur de la cabane en fait jouer deux, à l'aide des ficelles dont j'ai parlé; savoir, celui de la cabane & celui de la place. Quant aux trois autres, c'est l'affaire des chasseurs huttés sur les trépieds. Le trépied de la droite en conduit deux, qui sont l'appeau de devant, & celui du côté droit. Le trépied de la gauche est seulement chargé de faire jouer celui du côté opposé. Et pour faciliter le jeu de ces trois appeaux, qui se fait de haut en bas, & empêcher que la ficelle ne paroisse en se levant en l'air, ce qui pourroit effaroucher les bisets, on a soin de faire passer cette ficelle par dessous une petite gaule pliée en demi-cercle, & fichée en terre par les deux bouts, au bas & tout près du trépied.

Enfin, outre ces cinq appeaux, il y en a encore quatre qu'on appelle *appeaux volans*, aveugles comme les autres. On leur attache aux jambes une petite courroie de chamois, qui laisse entre deux un intervalle de quatre doigts, & l'on noue, au milieu de cette courroie, une ficelle suffisamment longue pour permettre à l'oiseau de prendre un bon essor. Chaque chasseur des trépieds est muni d'un de ces appeaux; celui de la cabane en a deux. Il faut observer,

pour ceux-ci, que la ficelle doit être fixée à un piquet sur la place qui est au devant des filets, & que la longueur de cette ficelle doit être compassée de façon qu'elle ne dépasse point la cabane de branchages; parce que si l'appeau, qui est aveugle, venoit à prendre son vol du côté de la cabane, il s'empêtreroit dans les branches, & feroit manquer l'objet qu'on se propose.

Les appeaux, tant volans que de terre, servent tantôt pour attirer les bisets qui passent au-dessus de la chasse, & les faire descendre à la hauteur convenable; tantôt pour détourner ceux qui passent sur les côtés, & leur faire prendre la direction des filets. C'est sur-tout dans ce dernier cas, qu'on lâche les appeaux volans. Les bisets qui les apperçoivent en l'air viennent à eux, & alors en faisant jouer les appeaux de terre, ils sont conduits, de proche en proche, vers l'appeau de la cabane. C'est lorsqu'ils sont à peu près au-dessus de celui-ci, que les chasseurs des trépieds leur décochent ces raquettes dont il a été parlé ci-devant, en les huant & poussant de grands cris, & par ce moyen les précipitent dans les filets. A observer qu'on ne hue jamais les palomes: les cris, au lieu de les abattre, les feroient s'enlever.

Chaque chasseur tend ses appeaux le matin, lorsque les filets sont dressés, & les retire le soir, après leur avoir donné à manger; ce qu'il a eu soin de faire aussi le matin, avant de les placer. Leur nourriture est du blé-d'Inde, du millet ou du froment.

Ici un seul chasseur peut, sans bouger de place, gouverner quatre filets à volonté; au lieu que dans les palomières il faut un homme pour chaques deux filets; il peut les lâcher ou séparément, ou tous à la fois, suivant l'occurrence; savoir, deux de la main droite, & deux de la gauche. Il peut même, en cas de besoin, en lâcher un cinquième avec le pied; ce qui dépend des volées de bisets plus ou moins nombreuses qui se présentent. On remarquera que dans les palomières il y a plusieurs emparences ou petites haies, à chacune desquelles viennent aboutir les cordes de détente de deux filets, ensorte que s'il y a quatorze filets, il faut sept emparences, & sept chasseurs pour les manœuvrer; tandis que dans les pantières à l'appeau, il n'y a qu'une grande emparence, où viennent se rendre toutes les cordes de détente des quatre ou six filets dont elles sont composées, & un; ou au plus deux chasseurs derrière cette emparence, qui sont chargés en même tems de conduire les appeaux & de lâcher les filets.

On ne tue point, pour l'ordinaire, les palomes & bisets pris; si ce n'est ceux qu'on veut manger fur les lieux dans quelques parties de plaisir qui s'y font : on les retire vivans des filets, pour les mettre ensuite dans des volières, où on les conserve une partie de l'année.

Voici le détail d'une autre chasse de palomes au filet, qui est encore assez intéressante & peu connue.

Dans un bois isolé & tranquille, on choisit une place pour y tendre un filet à nappes, tel que celui dont on se sert pour les alouettes, ortolans & pluviers, & qui n'en diffère que par la largeur de la maille. Cette place doit être un peu plus grande que l'espace que doit couvrir le filet. On y laboure la terre en quarré, ayant soin d'en ôter les racines, & tout ce qui pourroit faire obstacle au jeu du filet. Lorsqu'on veut chasser les palomes, on sème sur cet emplacement du blé-d'Inde, du gland & de la faîne. On élève au milieu une petite motte de terre, pour y placer une palome aveugle sur une palette, de la même manière qu'il a été expliqué ci-dessus pour la chasse des bisets à l'appeau. A quelque distance de la place, on construit avec des branchages & de la fougère, une cabane bien fermée, & on y ménage quelques petites ouvertures, par lesquelles le chasseur peut suivre de l'œil les palomes qui viennent se percher dans les arbres qui doivent être aux environs de la place. Outre l'appeau placé à terre, on en pose encore trois autres sur trois arbres voisins ; & telle est la manière dont cela se fait. On commence par ajuster une palette semblable à celle dont on se sert pour les appeaux de terre, excepté que le bâton est un peu plus long, ayant environ quatre pieds & demi. On se procure ensuite une perche de quinze à seize pieds, à une extrémité de laquelle on forme une scie, un entre-deux en façon de mortoise, de la profondeur de trois pouces. On échancre en talus, d'un côté, le fond de la mortoise avec une gouge ; de manière que le bâton de la palette qu'on fixe dans cet entre-deux par une petite cheville de fer qui le traverse vers son milieu, puisse s'élever en l'air, en tirant une ficelle attachée d'un bout à l'extrémité du bâton opposée à la palette, & de l'autre venant rendre à la cabane, & qu'il reste dans une position horizontale lorsqu'on le laisse retomber. On attache ensuite à la perche, avec deux clous, un crochet de bois vers le haut. Le chasseur monte dans l'arbre, au moyen d'une échelle dont il s'est pourvu, tirant à lui la perche & la palette, sur laquelle est posée la palome aveugle, & arrêtée par les pieds avec deux petites courroies de chamois de la manière ci-devant expliquée, & il suspend cette perche par le crochet à une des plus hautes branches, l'ajustant de façon que la palome ait l'air de

s'être posée naturellement à la cime de l'arbre. S'il ne se présente pas une branche propre pour cela, il accroche la perche à une seconde perche plus légère qu'il place en travers d'une branche à l'autre ; & il a soin, en même tems, de la lier par le bas à une branche inférieure, afin qu'elle soit ferme & ne remue pas, lorsqu'il s'agit de faire voltiger l'appeau en tirant d'en-bas la ficelle attachée à l'extrémité du bâton de la palette.

Lorsque le chasseur, en faisant jouer les appeaux des arbres, est parvenu à faire poser sur les arbres les palomes qui passent en l'air, alors il fait voltiger celui qui est sur la motte de terre, en lui donnant de légères saccades avec la ficelle, ce qui détermine les palomes perchées à descendre sur la place, les unes après les autres. Le chasseur attend que toute la troupe, ou la majeure partie soit descendue, pour renverser son filet sur elles.

Il arrive quelquefois que les palomes, qui, sans doute, ne sont pas affamées, ne descendent point sur la place. En ce cas, le chasseur a recours à une autre ruse pour les y déterminer. Il est muni, dans sa cabane, d'une palome qui voit & a ses ailes. Ses jambes sont attachées par une petite courroie semblable à celle des appeaux volans de la grande chasse aux bisets ; & cette courroie tient à cette ficelle qui de l'autre bout s'arrête à une branche de la cabane. On appelle cette palome chapon. Le chasseur, qui a eu soin de pratiquer dans la cabane, à droite & à gauche, un petit canal ou rigole, aboutissant vers la place, pose dans cette rigole le chapon, qui en la suivant, arrive peu-à-peu sur la place, & se met à manger avec d'autant plus d'appétit, qu'on a eu soin de le laisser à jeun. A cette vue, les palomes perchées sur les arbres se déterminent à descendre pour partager le déjeuner du chapon, & alors le chasseur fait jouer son filet.

Cette chasse a lieu pendant les mois de février & mars. On la fait aussi en automne, mais avec moins de succès.

Chasse des palomes au fusil.

Cette chasse se fait, en automne, dans un bois où les palomes ont coutume de passer. On y choisit une petite éminence, où il se trouve, au moins, cinq ou six chênes. Plus ils sont élevés, plus ces oiseaux aiment à s'y poser. On commence par établir dans celui du milieu, avec le secours d'une échelle, une cabane propre à contenir deux ou trois chasseurs, formée de branchages solidement attachés aux grandes branches, & bien garnie de fougère, afin que les palomes, qui sont très-défiantes & s'épouventent aifément, ne puiffent appercevoir les chaffeurs. Enfuite on place fur ce même arbre, à l'extremité d'une des plus hautes branches, un & quelquefois deux appeaux, de la même manière que pour la chaffe précédente. La cabane où fe tiennent les chaffeurs a plufieurs ouvertures, pour voir venir les palomes, les fuivre de l'œil, & leur *donner l'appeau* à tems. Donner l'appeau, c'eft faire voltiger la palome, en tirant la ficelle qui répond à la palette. On a obfervé qu'en le faifant lorfqu'elles font trop près, elles s'effraient & fuient : & en ce cas, on dit qu'elles ont *pris l'epervier*. Ces ouvertures fervent en même tems à paffer le fufil, lorfque l'occafion fe préfente de tirer fur les palomes, qui, attirées par l'appeau, viennent fe percher fur les arbres voifins. Alors, les chaffeurs s'accordent pour tirer enfemble tout d'un tems fur la bande, afin de faire un plus grand abattis.

D'autres font une cabane à terre, au pied de l'arbre où font pofés les appeaux, & deux ou trois autres à portée des arbres voifins. Mais, fi l'on ne fait point de cabane fur l'arbre des appeaux, il en faut néceffairement une fur un arbre qui domine tous les autres, & d'où un chaffeur qui s'y place fans appeau ni fufil, puiffe, avec un fifflet, avertir fes camarades qu'il arrive des palomes, du moment où il faut leur abandonner l'appeau, & quand on doit ceffer. Chaque chaffeur a auffi fon fifflet, pour avertir les autres qu'il voit des palomes; & lorfque la bande eft pofée dans un arbre, tous fe mettent en joue, & ne lâchent leur coup qu'au fignal que donne l'un d'eux par un coup de fifflet.

Efpinar parle d'une chaffe aux palomes, à-peu-près femblable, qui fe fait en Efpagne. On place fur un arbre, à différentes hauteurs, deux ou trois appeaux fur des palettes & pofées le bec au vent, parce que les palomes, dit-il, viennent toujours fe percher le bec dans le vent. Mais ces palettes ne font point ajuftées fur des perches, comme celles dont on a donné la defcription. On attache fimplement le bâton de la palette par un bout à une branche, & vers fon milieu à une autre branche, dans une pofition horizontale. A l'autre bout, du côté de la palette, pend une ficelle affez longue pour arriver à une cabane conftruite en branchages au pied de l'arbre, & bien couverte, où fe tient le chaffeur, & d'où il fait jouer, de tems en tems, celui de fes appeaux qu'il juge le plus convenable, felon la direction du vent. Lorfque les palomes, attirées par les appeaux, viennent fe pofer fur l'arbre, le chaffeur les tire de fa cabane par des ouvertures qu'il y a pratiquées : & il y a des jours, (ajoute Efpinar) où un homme feul tue de cette manière 40 ou 50 paires de palomes avec l'arbalète. Il obferve en même

tems, qu'avec l'arquebufe on pourroit en tuer davantage.

Chaffe des bifets en plaine avec le fufil.

On choifit, en pleine campagne, un chaume affez fpacieux de millet ou de froment, où il y a paffage de bifets, qui y arrivent par bandes, le matin & le foir, & quelquefois pendant toute la journée. Après avoir creufé un efpace en rond, d'environ cinq pieds de diamètre, à la hauteur du genou, en forme d'un grand cuvier à leffive, on entoure ce trou avec des branches d'arbre, & pour le mieux de chêne, bien garnies de feuilles, qu'on enfonce dans la terre; ce qui forme une cabane à laquelle on pratique plufieurs ouvertures, l'une qui fert de porte pour y entrer & en fortir librement, d'autres petites, pour obferver les bifets qui paffent, & tirer fur eux, lorfqu'ils font pofés à terre. A vingt-cinq ou trente pas de la cabane, fe place un bifet aveuglé fur une palette, de la même manière que pour la chaffe au filet, & avec un petit cordeau pour le faire jouer de la cabane. Il eft bon, pour cette chaffe, fi l'on n'a pas un fufil double, d'avoir deux fufils. On en laiffe un en dehors, fur la droite de l'entrée de la cabane ; & lorfque le chaffeur a tiré fur les bifets que le jeu de l'appeau a fait defcendre à terre, il fort précipitamment de fa cabane, & tire un fecond coup fur la bande qui vient de s'envoler. On peut tuer à cette chaffe 30 ou 40 bifets, les jours où il y a beaucoup de paffage.

On peut, fans appeau & fans cabane, fe mettre ainfi, en pleine campagne, à l'affût aux bifets, pour les tirer au vol dans le tems du paffage, le matin & le foir, en fe couvrant de quelque arbre, haie, ou buiffon. Un tems fombre & couvert eft le plus favorable, parce qu'alors les bifets volent plus bas. Cette chaffe, ainfi que la précédente eft fort ufitée en Bearn, & dans les autres provinces voifines des Pyrénées.

PILLART. Le chaffeur donne ce nom à un chien querelleux; ce qui eft un grand défaut pour la chaffe.

PILORIS, f. m. C'eft une efpèce de rat mufqué naturel à la Martinique & aux autres ifles Antilles. Il eft plus grand & plus fort que les rats d'Europe ; fon ventre eft blanc & fon dos eft noir. Il fent fi fort le mufc, qu'il en parfume tous les endroits où il paffe. Il refte dans les caves des maifons. Les habitans de la Martinique, fur-tout les nègres, mangent de ces animaux, mais après en avoir fait évaporer la trop grande odeur de mufc.

PIMALOT, f. m. Cet oifeau fe tient ordinairement fur les côtes de la mer du Sud parmi les plantes aquatiques. C'eſt une ſorte de gros étourneau.

PINCES. Les veneurs appellent ainſi les deux bouts des pieds des bêtes fauves : ſi elles ſont uſées, c'eſt en elles un ſigne de vieilleſſe.

PINÇON, oiſeau de paſſage fort connu, dont il y a de pluſieurs ſortes. Les marques caractériſtiques de ces oiſeaux, ſont d'avoir le bec conique & pointu, & quatre doigts ſimples dont trois devant & un derriere.

Le *pinçon ſimple* a un ramage aſſez gracieux ; il fait ſon nid contre un arbre, demeure l'été dans les bois, & l'hiver ſe répand dans les campagnes. Son plumage eſt varié, & d'un très-beau coloris.

Le *pinçon de montagne* ou *des Ardennes* eſt à-peu près de la groſſeur d'une alouette.

On connoît auſſi le *pinçon à huppe couleur de feu*, le *pinçon royal*, le *pinçon violet*, le *pinçon tricolor*, le *pinçon bahama*, & beaucoup d'autres eſpeces, toutes diſtinguées par la beauté & la richeſſe de leur plumage.

PINTADE. Genre d'oiſeau ainſi nommé de ſon plumage qui paroît être peint de taches blanches & noires. Ses œufs mêmes ſont nuancés de diverſes couleurs. Comme cet oiſeau a tous les attributs & toutes les qualités des poules ; crête, bec, plumage, ponte, couvée, ſoin de ſes petits, on lui a donné le nom de poule en déſignant ſon origine ; ainſi on l'appelle poule d'Afrique, de Barbarie, de Tunis, de Numidie, de Guinée, de Mauritanie, de Pharaon, d'Egypte, perdrix des terres neuves &c. Cet oiſeau eſt extrêmement vif, inquiet, & turbulent ; il court avec beaucoup de viteſſe, ſon vol eſt peſant. Cependant il ſe plaît à percher ſur les toits & les arbres. Son cri eſt aigu & déſagréable. La *pintade* ſe rend maîtreſſe d'une baſſe-cour, & y déſole les autres volatils. La *pintade* eſt comptée parmi les meilleurs gibiers.

PIPEAU, ſ. m., petit chalumeau dont ſe ſervent les chaſſeurs, pour contrefaire les cris des oiſeaux & les attirer ſur des arbres chargés de gluaux.

Le *pipeau* eſt d'ordinaire un petit bâton fendu par un bout, & dans la fente duquel on met une feuille d'arbre particuliere. Ainſi une feuille de laurier miſe dans un *pipeau* contrefait le cri des vanneaux ; celle du porreau imite celui du roſſignol ; celle du chien-dent contrefait le cri de la chouette.

PIPÉE. Chaſſe particuliere où l'on emploie le pipeau pour attirer les oiſeaux dans un piége garni de gluaux.

De tous les oiſeaux qui ſe branchent, il y en a peu qui ne donne des preuves de l'antipathie qu'ils ont pour les *hibous* & les *chouettes* ; & c'eſt à cette eſpece d'oiſeaux qu'on doit originairement les agrémens que procure la pipée.

Cette chaſſe agréable n'entraîne preſque aucune dépenſe ; mais elle demande beaucoup de précautions.

Art de piper.

Par le mot piper, on ne doit entendre que l'art d'appeller ou *piper* les oiſeaux, en contrefaiſant les cris plaintifs de la *chouette* ou moyen duc. On dit qu'un oiſeleur *pipe* bien, quand au moyen des appeaux à languettes, ou d'une feuille de *chiendent*, il imite bien la *chouette*, & qu'il fait venir quantité d'oiſeaux ; mais comme le plus grand agrément d'oiſeaux ne conſiſte pas dans leur viſite ; après avoir donné les moyens de *piper*, ou d'appeller les oiſeaux, on s'étendra ſur les différentes manieres de les prendre.

Piper avec art, c'eſt l'écueil de bien des oiſeleurs, & la ruſe la plus fatale pour les oiſeaux, quoique l'expérience nous apprenne tous les jours qu'il n'eſt pas, depuis l'oiſeau le plus fort juſqu'au plus foible, qui ne donne des marques de ſon inimitié irréconciliable pour la chouette, ils s'y connoiſſent cependant trop bien pour venir indifféremment quand on pipe bien ou mal ; & ſi les petits ne peuvent, relativement à leur foibleſſe, porter des coups meurtriers à leurs ennemis, ils ont bientôt appelé les gros à leur ſecours ; & ceux-ci, tant par fureur vindicative que par commiſération, ne tardent pas à ſe mettre de leur parti.

Que le geai ſerve ici d'exemple, & que tous les oiſeleurs rendent juſtice à ſa valeur. Il vient d'abord ſans rien dire, il eſt hériſſé, le feu lui ſort des yeux, & on voit qu'il ne déſire que de trouver ſon ennemi pour lui livrer bataille.

Avant de contrefaire les cris de la chouette, on doit d'abord commencer par exciter la curioſité des oiſeaux en *frouant*. Cette manœuvre amène non-ſeulement les oiſillons, & les diſpoſe à tomber à la *pipée* aux premiers coups d'appeaux ; mais il arrive quelquefois de ne pouvoir piper, & de prendre abondamment des oiſeaux de toute eſpece.

Quand un pipeur eſt bien caché dans ſa loge, il met à côté de lui ſon chapeau, dans lequel ſont ſes feuilles de lierre préparées, comme il en eſt fait mention à l'article des appeaux à frouer, & ſa boîte, dans laquelle ſont renfermées ſes feuilles de chiendent. Il commence par frouer aſſez fort pour que les oiſeaux éloignés entendent l'appeau ; il diminue la force de ſes tons à mesure qu'il s'apperçoit que les oiseaux approchent ; & imitant d'abord les cris du geai, de la pie, du merle, de la grive champenoise ou drène, il doit, de temps à autre, contrefaire, en suçant ses lèvres, les cris de quelques petits oiseaux, saisissant avec empressement les premiers qui se prennent, pour les faire crier dans le besoin, en leur serrant un peu les ailes. Il arrive quelquefois qu'ils ne veulent pas crier quelque mal qu'on leur fasse, pour lors, on les tue dans l'espérance d'en avoir d'autres.

Ce n'est que lorsque le pipeur s'apperçoit qu'il est avoisiné d'oiseaux, qu'il doit donner quelques légers coups d'appeau qui imitent les cris de la chouette. Il doit observer de forcer jusqu'à un certain point ses coups qu'il entremêle de tremblemens, & de les diminuer quand il voit que les oiseaux approchent.

La méthode de commencer à piper fort pour se faire entendre des oiseaux éloignés, est blâmable à tous égards : d'abord les oiseaux prévenus par le frouement sont attentifs, & s'il arrivoit qu'on vint à piper fort, intimidés par les cris menaçants de la chouette, ils se contenteroient de criailler de loin sans vouloir approcher. En outre, si les premiers coups, devant être forts, venoient à être faux, ils tromperoient l'espoir du pipeur.

Piper doucement d'abord, c'est par où l'on doit commencer. Il faut qu'entre chaque cri il y ait près d'une demi-minute d'intervalle, & que ces cris aient quelque chose de lugubre & de plaintif. On diminue après cela l'intervalle qui se trouve entre les coups jusqu'à ce qu'on soit parvenu, par degrés, à rendre les cris les plus ordinaires de la chouette : c'est pourquoi il faut toujours qu'un pipeur en ait entendu, & qu'il soit familiarisé avec leurs différens cris, pour pouvoir rendre ses sons bien imitatifs ; des cris petits, coupés, doux & tremblans, font donner les oiseaux comme à l'envi & les enhardissent.

Pendant que l'on pipe, comme pendant qu'on froue, on doit faire de temps à autre crier quelques oisillons, en changeant, autant qu'on le peut, de différente sorte ; car on présume bien que chacun s'empresse naturellement à défendre celui de son espèce. Il faut observer aussi de cesser de temps à autre, pendant deux ou trois minutes, les cris de la chouette, & de frouer doucement pendant ces intervalles, ou d'imiter les cris du geai, du merle, du pinçon, &c. On recommande de tâcher d'imiter soigneusement ces espèces d'oiseaux, parce qu'ils sont ordinairement les agresseurs de ces sortes de querelles, & que ceux-ci amènent tous les autres.

On peut donc conclure de tout ce qu'on vient de dire, qu'on doit commencer par frouer fort & affoiblir ses tons, à mesure que les oiseaux approchent, piper ensuite lentement, & augmenter par degrés les coups qui doivent être entrecoupés de quelques tremblemens. Quand on s'apperçoit que les oiseaux environnent la loge, & qu'ils paroissent animés, il faut piper très-doucement & lugubrement : ce qui se fait en ne laissant devant la bouche, entre les deux mains qui tiennent la feuille, que très-peu d'intervalle.

De la glue.

On ne se propose point dans cet article d'engager le lecteur à faire la *glue*, mais seulement de lui donner les moyens de se connoître à la bonne & de l'apprêter.

La *glue* se fait d'écorce de houx ou d'écorce de gui pilée, mise en fermentation, lavée & battue.

Le houx est un arbrisseau qui croît par toute la France. Il est toujours verd, c'est pourquoi on se plaît à en faire des haies de jardin, dont l'accès est fort difficile, par rapport aux pointes dont les feuilles sont garnies. On détache facilement l'écorce après en avoir coupé les plus gros bouts, qu'on met dans un chaudron plein d'eau, & qu'on fait bouillir deux tours. On ôte, avant tout cela, une petite pellicule brune, qui se trouve sur l'écorce, & qui rend la *glue* sale quand on ne prend pas cette précaution.

Cette écorce se pile, se broie dans des mortiers de pierre qu'ont les ouvriers, dont le métier est de faire de la *glue* ; puis ils la mettent dans des pots de terre, qu'ils exposent, pendant une quinzaine de jours, dans des lieux où la chaleur est concentrée, ce qui occasionne bientôt un mouvement fermentescible ; & dès qu'ils s'apperçoivent à l'odeur qui en exhale, qu'elle a acquis un degré suffisant de fermentation, ils la retirent des pots, la lavent pour la nétoyer de ses scories, & la battent.

La *glue* faite d'écorce de gui, est beaucoup moins bonne que celle qui se fait de houx, aussi est-elle moins en usage.

Le gui est une plante parasyte, qui se trouve sur bien des espèces différentes d'arbres, mais plus communément sur les poiriers sauvages. Ce n'est également que de l'écorce de gui que se fait la *glue*, quoique quelques auteurs aient dit qu'elle se fait de grains, ce qui est absolument faux.

Il arrive souvent qu'on se trouve obligé d'achetter de la *glue* sale & mal faite, & qu'on ne peu peut fe difpenfer de laver, fi on veut s'en fervir avec fruit.

C'eſt au courant d'une fontaine d'eau fraîche qu'on lave la *glue*. On s'expoferoit à en perdre beaucoup, fi l'eau étoit tiéde & dormante. Ce n'eſt qu'en la déployant, la battant & la ma-niant pendant long-temps dans l'eau qui en-traîne par fon courant tous les corps qui lui font hétéroègnes, qu'on la rend propre & bonne.

C'eſt avec raifon qu'on condamne ceux qui mettent de l'eau dans leur pot à *glue*, crainte qu'elle ne s'y attache. Il y a bien plus d'avantage d'y mettre une cueillerée d'huile, qui en empê-chant que la *glue* ne s'attache aux parois du vaif-feau, la rend en même temps bien plus duƐile, & par conféquent meilleure. La quantité d'huile qu'on doit mettre dans la glue, dépend des dif-férentes faifons où l'on fe propofe de l'employer. Il vaut toujours mieux en mettre moins que trop, car il eſt affez difficile d'en ôter. On expofe le pot à glue au courant d'un ruiffeau, de façon qu'il reçoive l'eau un peu obliquement, pour qu'elle entraîne l'huile fuperflue.

L'huile d'olive eſt la meilleure qu'on puiffe employer, pourvu qu'elle ne foit pas vieille ; car l'odeur infupportable qui en exhaleroit, donne-roit de la défiance aux oifeaux, qui n'en approcheroient point. A fon défaut, on peut fe fervir d'huile de navette, ou de noix, ou de lin.

Des gluaux.

Les meilleurs gluaux fe font de fauffais. On peut en faire de différentes efpèces de branchage, mais il n'y en a point dont la foupleffe & la durée égale celle des premiers.

Il y a des faules de différentes efpèces qui ne font pas également bons à faire des igluaux. Le faule-marfeau, qui a les feuilles rondes & vertes, a les branches trop fragiles pour être employées à cet ufage. Le faule blanc, qu'on laiffe croître en arbre fur les rivières, ne s'em-ploie qu'à la dernière extrémité. Mais le faule blanc femelle qu'on cultive en fauffais, & dont fe fervent les tonneliers, produit les meilleurs gluaux.

On connoît que des fauffais font mûrs quand on peut en ôter les feuilles fans que leurs cimes caffent. Comme les meilleurs fe trouvent fur le tronc du faule, il arrive fouvent qu'ils font moins mûrs que ceux qui fe trouvent fur les mères branches : il faut choifir les plus minces, les plus longs, droits & fans nœuds, & rejetter ceux qui font d'une couleur pâle, parce qu'ils font de mauvaife nature & dureroient très-peu.

CHASSÉS.

Quand on a cueilli une fuffifante quantité de fauffais, on les met dans un endroit chaud, ou même au foleil, l'efpace de deux heures. On en ôte les feuilles, on les égale par leurs cimes, & on les coupe tous à la longueur de quinze ou feize pouces, le plus ordinairement.

Lorfqu'ils font coupés de longueur convenable, on en aiguife les groffes extrémités en manière de coin. On parvient à les endurcir en les met-tant fur la braife allumée, ou feulement dans des cendres fort chaudes. Si on ne prenoit pas cette précaution, ces extrémités taillées en coin & molles de leur naturel, feroient bientôt émouf-fées & hors d'état d'entrer dans les entaillures faites aux branches à ce fujet.

Chaque oifeleur a fa manière d'engluer fes fauf-fais : en voici une qui a toujours réuffi. On com-mence par fe laver d'huile les doigts, crainte que la glue ne s'y attache : on prend enfuite avec deux doigts de la main gauche un morceau de la groffeur d'une noix, dont on entortille les fauffais qu'on tient de la main droite : on recom-mence le même procédé jufqu'à ce qu'il y ait fuffifamment de glue. Après cela, on bat des deux mains les gluaux, en les tortillant de façon qu'il n'y ait pas le moindre intervalle fans glue, excepté à quatre doigts près du gros bout, qui doit être tenu le plus proprement poffible, afin de pouvoir les tendre & les détendre commodément, fans que les doigts en foient englués. Les fauffais ainfi préparés doivent être renfermés dans un carton huilé.

Du choix de l'endroit pour faire une pipée.

Les endroits élevés, trop fréquentés, près des chemins & environnés d'échos, ne doivent jamais être choifis pour y conftruire une *pipée*. Les deux motifs les plus engageans pour un pipeur, font la tranquillité des lieux, & l'abon-dance des oifeaux qui les habitent. La proximité d'un abreuvoir, des vignes en temps de ven-dange, d'un jeune taillis, &c. ne peut être que très-avantageufe.

Du plan d'une pipée.

La loge doit fe trouver au centre de la *pipée*, principe dont on ne doit jamais s'écarter ; quoi-que tous les pipeurs foient dans l'ufage de conf-truire leur *loge* au pied de l'arbre, qu'ils regar-dent comme le centre ; mais c'eſt un abus dont voici les principaux inconvéniens qui en réful-tent.

D'abord on ne peut faire une *loge* au pied d'un arbre fans qu'elle ne paroiffe fagotée, foit parce qu'il ne s'y trouve pas affez de branches vives, pour qu'elle conferve un état de verdure naturelle ; foit que cela vienne de la confufion & de l'entrelacement des branchages dont elle eft formée ; en outre elle ne laiffe pas la liberté de monter commodément fur l'arbre, & les oifeaux en tombant fe débarraffent fouvent, parce que les gluaux s'accrochant à fes branches, ils y laiffent leur plume & s'échappent.

Pourvu que l'arbre foit dans l'enceinte de la *pipée*, & que la place qu'on occupéroit pour y conftruire une loge foit proprement accommodée, dégarnie de branches, & entourée d'une efpèce de haie, qu'on fait avec tous les petits rameaux qu'on y a coupés, c'est le principal ; mais qu'il foit dans la première avenue circulaire, dans la feconde, ou même la troifième, cela devient indifférent. On fait en forte qu'il fe trouve dans une croix, formée par la rencontre d'une avenue circulaire avec une tranfverfe, & qu'on le découvre fans peine depuis la loge.

On doit entendre par le mot *avenue*, des routes circulaires & tranfverfes qu'on fait dans la *pipée*, & où l'on place fes plians de diftance à autre. Les *avenues* tranfverfes, font plus ordinairement au nombre de cinq, quand on a un arbre bien difpofé ; mais fi l'arbre étoit trop petit ou trop écrafé, & d'une forme défavantageufe on pourroit, au lieu de cinq, en faire fix ou fept, obfervant de leur donner cinq pieds de large à leurs extrémités au lieu de trois qu'elles ont à leurs entrées.

On choifit, pour fe conftruire une loge, un endroit touffu, garni de branchages bien feuillés, & fuffifamment bien expofé pour être regardé comme le centre de la *pipée*. L'intérieur doit être uni & propre pour qu'on puiffe s'affeoir commodément ; & l'extérieur doit avoir la forme d'un grand buiffon ifolé & l'ouvrage de la nature feulement. Il faut éviter, autant qu'on le peut, cette forme ronde extérieurement, qui, devenant fufpecte aux oifeaux, les empêcheroit d'en approcher, & ne pas s'embarraffer fi quelques branches en paffent la fuperficie, ce ne feroit qu'au détriment de la *loge* qu'on les retrancheroit. De deux entrées oppofées qu'on y fait, une doit donner du côté de l'arbre ; & les jours avantageufement ménagés, doivent laiffer voir librement tout ce qui fe paffe dans la *pipée*.

Comme ce feroit abufivement que l'on continueroit le chemin d'une *pipée*, jufqu'à la fortie du bois, en lui donnant autant de largeur qu'à l'*avenue* où il commence, on doit feulement faire un petit fentier affez tortueux, afin qu'il ne foit connu que du *pipeur*. Il feroit cependant dangereux de fe perdre le foir en revenant à

la brune ; c'eft pourquoi fur fon chemin on leve l'écorce des plus groffes perches, afin que cela ferve de guide dans l'occafion.

Des perches ou plians.

Quand on s'eft conftruit une pipée, qu'on en a bien nétoyé les *avenues* & débarraffé les branches coupées, on fait fes *plians*. Les plus élevés ne doivent pas avoir plus de fix pieds ; & les plus bas, moins de deux, en comptant depuis la terre jufqu'au milieu de leur courbure. Quelquefois les perches qu'on s'eft réfervées, font trop groffes pour qu'elles puiffent former l'arcade à la hauteur néceffaire ; dans ce cas-ci, on leur donne un léger coup de ferpe à la hauteur de trois pieds & demi ou quatre pieds ; ce qui donne la facilité de les abaiffer. Quand on n'a pas de perches voifines des *avenues* qu'on puiffe plier, on eft obligé d'en aller couper d'autres à quelques pas de la *pipée* pour fuppléer à leur défaut, obfervant de les attacher folidement, & de leur donner toujours une certaine pente.

Ce n'eft qu'après avoir préparé fon arbre, fait fa *loge*, conftruit fes *avenues*, & difpofé avantageufement fes *plians*, qu'on fait les *entailles* pour pouvoir tendre les *gluaux*. Il faut pour cela avoir une ferpette fort tranchante & légère ; on en donne, de deux en deux pouces, des petits coups obliques, obfervant d'en élever un peu le dos au moment où on la retire de chaque *entaille*, ce qui l'empêche de fe refermer. Un couteau fuffit pour les petits *plians*.

Des préparatifs de l'arbre & de la loge.

Il eft de la plus grande importance d'avoir un arbre bien difpofé & artiftement préparé. C'eft à la fagacité d'un *pipeur* de s'en choifir un, qui foit ifolé au moins de quatre-vingts pas des autres, qui ne furpaffe guère que de moitié la hauteur du taillis, & qui foit bien garni de branches, fur-tout à la cime. Une douzaine de branches fagement ménagées, fuffifent pour tendre l'*arbre* d'une *pipée*. On doit éviter qu'elles fe trouvent perpendiculairement les unes au-deffus des autres, & qu'elles foient trop groffes.

On doit, avant de rien toucher à fon arbre, jetter un coup d'œil fur ce qu'il y a à ménager, à rejetter & à étêter : on commence par en préparer le haut ; & on ne fait point les *entaillures* qu'il n'y ait plus rien à couper. C'eft une fage précaution d'étêter une ou deux branches, à la portée d'être tendues jufqu'à leurs extrémités : c'eft là où l'on prend les *drennes* & les *chouettes* dans les temps obfcurs.

On fait fervir, autant qu'on peut, les branches voisines de l'endroit où l'on veut construire sa loge, afin qu'elle soit verte naturellement, & que par conséquent elle expose moins le *pipeur* à être découvert par les oiseaux.

On doit y faire deux entrées opposées, afin qu'on puisse entrer & sortir librement des deux côtés. Ces entrées se couvrent avec deux petites portes, faites de branchages disposés en forme de claie. On laisse à la *cabane* trois ou quatre petites ouvertures, d'où l'on puisse voir les oiseaux sans en être vu, prenant soin de ne pas s'habiller de quelque chose de blanc; car vû l'attention que ces oiseaux prennent pour découvrir leurs ennemis cachés, ils s'appercevroient bientôt qu'on cherche à les tromper, & se donneroient mutuellement le signal de ne point approcher.

Il arrive souvent qu'on trouve les plus beaux arbres pour faire des *pipées*, & que la difficulté d'y monter rebute le *pipeur* & lui fait quitter ceux-là, pour en choisir d'autres plus commodes quoique moins bons. C'est pour remédier à cet inconvénient qu'on se sert d'un *arbre* ébranché qu'on fiche en terre le plus solidement que l'on peut & qu'on appuie contre l'arbre. Il y a bien plus d'avantage de se munir d'un cordeau à nœud, de la longueur de vingt-quatre ou trente pieds, que de se servir d'un arbre pour échelle. On attache, à un des bouts de la corde, quelque chose de pesant, afin de pouvoir la jetter sur une des branches les plus basses de l'*arbre*; & lorsque la corde est passée sur la branche, on en lie les deux extrémités, qui traînent jusqu'à terre: c'est au moyen des nœuds de cette corde qu'on monte facilement sur l'arbre, & qu'on en descend sans s'exposer à déchirer ses habits ni se blesser. Quand on a détendu sa pipée, & qu'on se dispose à partir, on dénoue la corde que l'on plie & qu'on emporte, si l'on ne veut pas la laisser à l'arbre, crainte qu'elle ne soit volée par quelques rodeurs.

On ne commence guère à piper qu'après que tous les oiseaux ont quitté leurs nids, & se disposent pour la plupart à changer de contrée; c'est ce qu'on nomme *passage*. On distingue de trois sortes de *pipées*: les *pipées prématurées*, les *pipées de saison* & les *pipées tardives*. Les premières sont toujours fructueuses & meurtrières: elles se font dans le temps de la maturité des merises, temps où ne font que commencer les dernières nichées: les oiseaux qu'on y prend sont bien moins bons que ceux qu'on prend dans les *pipées de saison*.

Les secondes se nomment *pipées de saison*; elles se font dans le temps des vendanges, vraie saison où il fait bon piper pour réunir

l'agrément à la réussite, & la délicatesse à l'abondance. Le gibier qu'elle procure est gras & d'un goût très-exquis: c'est le grand passage des *grives* & des *rouge-gorges*; moment le plus favorable pour leur faire la chasse. Les troisièmes se nomment *pipées tardives*: elles se font encore dans le mois de novembre, quand on est obligé de couvrir de branches la cabane pour suppléer au défaut des feuilles; à celles-ci on ne prend que très-peu de *rouge-gorges*, mais beaucoup de *geais* & de grosses *grives*, dont le passage est tardif. On ne peut plus piper quand les froids commencent à être cuisans; tant parce que les oiseaux n'aiment pas roder dans les bois, que parce que la glue endurcie seroit incapable de s'attacher à leurs plumes.

L'heure où l'on doit commencer à *piper*, ne peut être fixée que par les différentes saisons où l'on veut se procurer l'agrément de cette chasse; quoiqu'on puisse cependant dire, généralement parlant, qu'il suffit qu'une *pipée*, soit tendue une heure ou cinq quarts-d'heure avant le soleil couché en quelque saison qu'on soit.

On *pipe* le matin souvent avec plus de fruit que le soir, sur-tout dans les *pipées* prématurées. Il faut avoir tendu sa *pipée* avant le soleil levé, & piper aussi-tôt qu'on entend roder le merle. On finit sur les huit heures; ce seroit perdre son temps que de piper plus tard, exposer ses gluaux à être desséchés du soleil & rebattre sa *pipée*.

Il faut éviter la proximité des *pipées*, car si l'on s'entend d'une *pipée* à l'autre, où qu'on pipe plus d'une fois pendant huit jours dans la même *pipée*, les oiseaux rebattus & accoutumés, pour ainsi dire, aux coups d'appeaux, ne viendroient point, & se contenteroient de criailler de loin, comme pour se moquer du pipeur.

Il n'y a point d'espèce d'oiseaux qui se perchent, que l'on ne prenne à la *pipée*, même les oiseaux de proie & les corbeaux: on y prend aussi les hiboux eux-mêmes & les chouettes, en contrefaisant la souris, dont les oiseaux nocturnes sont très-friands.

Comme les oiseaux pris à la *pipée* ont ordinairement les jambes libres; pour les empêcher de se sauver à pied, il n'est pas mal-à-propos de garnir les environs de la *pipée* de branches & de feuilles, pour former une espèce de mur qui les empêche de passer outre, & contre lequel on les arrête.

La *pipée* est plus utile que dommageable; car on y prend beaucoup d'oiseaux de proie, de pies, de geais, de corbeaux, & d'autres oiseaux qui font plus de tort que de bien.

PIPIT, f. m. Nom des trois fortes de petits oifeaux qui varient par la couleur ; le premier eft d'un gris cendré, & a la poitrine,& le deffus de la queue rougeâtre. Le fecond a la queue cendrée ; & le troifième a le plumage d'un blanc jaunâtre. On met ces oifeaux dans la claffe des *gobe-mouches.*

PIQUEBŒUF, oifeau plus gros que l'alouette huppée, dont le bas eft un peu quadrangulaire, légérement arqué en deffus, fort pointu, jaune à la racine, brun vers la pointe. Il a la première phalange du doigt extérieur étroitement unie avec celle du doigt du milieu. Sa queue eft étagée. Son plumage eft d'un gris brun. Le *pique bœuf* eft nommé ainfi parce qu'il fuit les bœufs, perché fur leur dos ; & à coup de bec réitérés, il entame la peau pour fe nourrir des nimphes de mouches qui fe trouvent dépofées fous l'épiderme. On voit beaucoup de ces oifeaux dans le Sénégal.

PIQUER. Quand le fauconnier fuit l'oifeau, on dit qu'il *pique* après la fonnettte.

PIQUEUR. Valet à cheval qui fuit les chiens & les fait courir.

PIRASSOUPI, animal quadrupède de l'Arabie ; il eft de la grandeur d'un mulet, & lui reffemble affez par la tête. Son corps eft velu comme celui d'un ours, fa couleur eft fauve. Il a les pieds fendus comme un cerf. Les arabes fe fervent de la raclure de fa corne quand ils ont été bleffés, ou mordus par des bêtes venimeufes.

PISTE, f. f. Marque que laiffent fur les chemins les bêtes qu'on chaffe. Le terme propre de venerie eft *voie* pour le cerf ; & *trace* pour le fanglier.

PITCHOU, oifeau commun en Provence, qui a cinq pouces un tiers de long. Sa queue eft la moitié de cette longueur. Il a le bec long de fept lignes. Sa couleur eft d'un cendré foncé. Le deffous du corps eft roux, varié de blanc. Il fe nourrit de petits papillons qu'il cherche fous les choux, & il fe cache la nuit entre les feuilles pour échapper à la chauve-fouris, fon ennemie.

PITO, oifeau de l'Amérique, de la groffeur d'un étourneau. Il a le plumage d'une alouette, celui du ventre eft verdâtre. Le *pito-réal* creufe les rochers avec fon bec, qui eft long & fort, pour y faire fon nid.

PIVOTE ORTOLANE, oifeau qu'on trouve en Provence. Il reffemble pour la forme & le plumage à l'alouette. Il fuit les ortolans dont il a les goûts & la manière de vivre.

PIVERT, f. m. Cet oifeau n'eft pas fi gros qu'un pigeon. Il a la partie fupérieure de la tête couverte de plumes cendrées à leur origine, & terminées de beau rouge, de façon qu'il n'y a que cette dernière couleur qui paroît ; les côtés de la tête font noirâtres ; les parties fupérieures du col, le dos & les plumes fcapulaires font d'un vert olivâtre ; la gorge d'un blanc jaunâtre ; la partie inférieure du col, la poitrine & les côtés font d'un blanc fale tirant fur l'olive ; le ventre eft de la même couleur, mais tirant fur le jaune ; les jambes font couvertes de plumes d'un blanc fale, varié de taches olivâtres ; les grandes plumes de l'aile font brunes. La queue a dix plumes brunes ; le bec eft couleur de plomb foncé, & les pieds couleur de plomb verdâtre. Il vit d'infectes & de vers, qu'il tire des arbres, auxquels il fait de fi grands trous pour les avoir, qu'il fait fouvent mourir l'arbre. Il fait fon nid dans les trous d'arbres. C'eft un oifeau qu'il eft important de détruire ; car il perd les parcs & les bois.

PLANER. Ce terme fe dit en fauconnerie des oifeaux de proie, qui fe foutiennent en l'air fans paroître agiter leurs ailes.

PLATTE-LONGE, longue bande de cuir que l'on met au col des chiens pour modérer leur courfe ; on la nomme auffi *bricole.*

PLATTEAUX, fumées des bêtes fauves, plates, rondes & en forme de boufards.

PLASTRON NOIR. Nom d'un oifeau plus petit qu'un merle, & qui a le bec plus fort. Son plaftron eft entouré d'un jaune vif, qui s'élevant de chaque côté vers la tête, fert de cadre au jaune orangé de la gorge. Toute la partie fupérieure eft olivâtre. Cet oifeau fe trouve dans l'île de Ceylan.

PLONGEON. Oifeau aquatique qui a quelque rapport avec le colymbe, mais qui ne refte pas fous l'eau auffi long-tems que lui.

Il y a plufieurs efpèces de *plongeons,* différens par la taille & le plumage, ainfi que par les pieds, dont les doigts dans les uns font liés par une membrane pleine, & dans les autres féparés & feulement garnis d'une membrane découpée.

1°. Le herle qui pour la groffeur eft entre l'oie & le canard, & pèfe environ quatre livres. Il a la tête & le deffus du cou d'un vert-luifant noirâtre, & fur la tête une efpèce de toupet relevé ; le deffus du corps bigarré de blanc & de noir, le deffous œil-de-perdrix, la queue cendrée. Ses ailes font blanches par deffous, fauf le bout des ailerons qui eft noir. Il a le bec en par-

le rouge, étroit, dentelé, crochu, arrondi par le bout, & long de trois à quatre doigts. Ses pieds sont rouges, & les doigts en sont liés par une membrane. Il a les ailes fort courtes, comme tous les *plongeons*, & les remue très-rapidement, en frisant la surface de l'eau. Il mange beaucoup de poisson, plonge profondément, reste long-tems sous l'eau, & parcourt un grand espace avant de reparoître. Cet oiseau se trouve en quantité sur la Loire. La femelle est beaucoup plus petite que le mâle, dont elle diffère aussi par les couleurs, ayant la tête rousse & le manteau gris.

2°. Il y a une autre espèce de herle de la grosseur d'un canard, avec une hupe bien formée & tout-à-fait détachée de la tête. Celui-ci a la poitrine variée de blanc, le dos noir, le croupion & les flancs rayés en zig-zag de brun, de blanc & de cendré, le bec & les pieds rouges, les doigts liés par une membrane. La femelle diffère du mâle, en ce qu'elle a le dos gris, & tout le devant du corps blanc, tient du fauve sur la poitrine. On l'appelle *plongeon de rivière*, parce qu'il hante les rivières, & qu'on ne le voit point sur les étangs. En Picardie, on lui donne le nom de *raquet*, & aussi de *mangeur de plomb*, à cause de la difficulté de le tuer; car souvent ces oiseaux, qui plongent au feu du bassinet, essuient dix à douze coups de fusil sans être atteints, à moins qu'on ne les tire par derrière, ou qu'on ne prenne la précaution de passer le canon du fusil dans un rond de carton, pour leur cacher l'éclair de l'amorce, en laissant un petit jour pour pouvoir ajuster.

3°. La *piette*, troisième espèce de herle, à plumage pie. Elle est un peu plus grosse qu'une sarcelle de la grande espèce; elle a le dos noir, & tout le dessous du corps blanc comme neige; le bec noir, les pieds d'un gris plombé, dont les doigts sont joints par une membrane. La femelle n'a point de hupe; sa tête est rousse, & son manteau est gris. La piette est fort commune sur la rivière de la Somme en Picardie.

4°. Le *petit plongeon*, que tout le monde connoît, & qui se trouve par-tout sur les étangs & rivières. Il est plus petit d'un tiers que la sarcelle, & ressemble beaucoup à un oison nouvellement né. Ses doigts ne sont point liés, mais ont seulement sur les côtés une membrane festonnée.

5°. Le *grèbe*. Il est un peu plus gros que la foulque; d'un brun foncé sur le dos, & sur le devant d'un très-beau blanc argenté. Il n'a point de queue. Ses jambes placées tout-à-fait en arrière, & presque enfoncées dans le ventre. Ses pieds ne sont point pleinement palmés, mais seulement garnis d'une frange découpée à chaque

doigt. Il nage & plonge très-bien, & poursuit les poissons à une très-grande profondeur. Les pêcheurs le prennent souvent dans leurs filets. Il hante également la mer & les eaux douces. On le voit sur les étangs, les lacs & les anses des rivières, & plus fréquemment sur les eaux douces que sur mer. Il y a beaucoup de *grèbe* sur le lac de Genève. On en voit quelquefois sur les étangs de la Lorraine & de la Bourgogne. Il y en a plusieurs autres espèces, différentes par la taille & le plumage de celle qui vient d'être décrite, qui est la plus connue. On fait de très-beaux manchons de la peau du *grèbe*.

PLUME. On dit en fauconnerie donner une plume à l'oiseau, pour lui dire donner une cure de plume.

PLUVIER. Oiseau qui habite les lacs & les rivières, vole rapidement & avec bruit, se nourrit de vers & de mouches, & donne un aliment plein de suc & de délicatesse.

Il y a des *pluviers* de deux espèces, si l'on s'en rapporte à Salerne, le vert ou doré, & le gris ou cendré. Le doré a le dessus du corps, la gorge & la poitrine mouchetés de taches jaunes entre-mêlées de gris blanc, le bec & les pieds noirâtres.

Le gris a le bec noir, les pieds verdâtres, le dos & les plumes des ailes qui sont en recouvrement noirâtres, avec les extrémités d'un cendré tirant sur le vert; la poitrine, le ventre & les cuisses blancs. L'un & l'autre sont, tout au plus, de la grosseur d'une tourterelle.

Le *pluvier* doré est beaucoup plus commun que le gris, qui à peine est connu dans certaines provinces, & dont quelques chasseurs même nient l'existence, disant que ce prétendu *pluvier* gris n'est autre chose que le *pluvier* doré, dont les couleurs varient suivant l'âge ou la saison. En effet, Buffon ne fait point mention du *pluvier* gris; mais il observe qu'il se trouve beaucoup de variété dans le plumage des différents individus, & qu'ils ont plus ou moins de jaune, & quelquefois si peu, qu'ils paroissent tout gris; que les femelles sur-tout naissent toutes grises; qu'elles conservent long-tems cette couleur, & que ce n'est qu'en vieillissant que leur plumage se colore d'un peu de jaune. Cependant le *pluvier* gris, désigné par Salerne, & avant lui par quelques autres naturalistes, est tellement caractérisé, sur-tout par la couleur verdâtre de ses pieds, qu'il paroît difficile de nier son existence.

Les *pluviers* ont les mêmes habitudes que les vanneaux, avec lesquels ils se mêlent très-souvent, à la différence près qu'ils arrivent dans nos contrées vers la Saint-Michel, & disparoissent vers le mois de mars , pour aller faire leur ponte & élever leurs petits dans des pays plus feptentrionaux. Ils fe nourriffent , comme eux , de vers de terre & autres infectes. On les prend avec les mêmes filets dans les prairies & les terres enfemencées , & l'on fe fert même de vanneaux vivans pour les attirer. Ces oifeaux vont toujours en bandes très-nombreufes , reftent peu en place , & volent depuis le matin jufqu'au foir. Ils fe tiennent rarement plus de vingt-quatre heures dans le même endroit. Leur grand nombre fait qu'ils ont bientôt épuifé la nourriture qu'ils viennent y chercher , & ils paffent continuellement d'un canton à l'autre. Dans les grandes gelées , ils vont chercher les pays qui bordent la mer , & au dégel ils cherchent les pays élevés. C'eft dans ces tems de dégel , & furtout par une petite pluie douce qu'il eft plus facile de les prendre au filet , pendant l'hiver.

Dans les grandes plaines , telles que celles de la Champagne pouilleufe , de la Beauce , & autres pays , pour tuer des *pluviers* , plufieurs chaffeurs s'entendent & fe réuniffent enfemble. Dès qu'ils en ont apperçu une bande pofée en quelque endroit , ils la cernent , en fe plaçant à une trèsgrande diftance les uns des autres , dans une direction tout-à-fait oppofée , les uns au midi , les autres au nord , ceux-là au levant , & ceuxci au couchant. Enfuite , quelqu'un fe détache pour les aller faire lever ; alors , ils vont fe pofer ailleurs , & font remarqués par ceux des chaffeurs dont ils s'approchent le plus , qui vont les faire lever de nouveau , en continuant cette manœuvre , & fe les renvoyant ainfi des uns aux autres , pendant une ou deux heures , on parvient à les laffer ; & alors , ils fe laiffent approcher affez facilement à portée de fufil. La même chofe peut fe pratiquer pour les vanneaux.

Chaffes diverfes des pluviers.

Le temps le plus fûr pour la chaffe de nos *pluviers* , eft le mois d'octobre , temps où ils arrivent dans nos contrées ; & le mois de mars , temps où ils s'en retournent : ils font alors moins folitaires , parce que c'eft la faifon de leurs amours.

Les *pluviers* fe plaifent dans les prairies ou dans les champs enfemencés ; c'eft là qu'on doit tendre fes piéges ; on doit choifir un endroit où il n'y ait ni arbre , ni haie , ni buiffon à plus de trois cents pas aux environs.

Ces oifeaux viennent auffi fouvent fe baigner au bord des ruiffeaux , quand ils font raffafiés : on peut fe fervir de cette connoiffance pour y tendre des piéges.

Il y a des filets particuliers pour la chaffe des *pluviers* : on confeille de les acheter tout fabriqués.

On obfervera que les perfonnes qui veulent prendre ce divertiffement ne doivent point s'habiller en blanc , en écarlate , ou en autre couleur trop brillante ; car le *pluvier* s'effarouche aifément , & ne revient jamais aux piéges où il foupçonne quelque péril.

On appelle les *pluviers* au piége avec un fifflet : quand on commence fa chaffe , il faut fiffler fortement ; à mefure que l'oifeau s'approche , il eft bon de diminuer le fon du fifflet : fur-tout il faut s'étudier à bien imiter la voix des *pluviers*. On prend fouvent avec ces oifeaux , des guinettes & des vanneaux.

On prend encore les *pluviers* de nuit , à la faveur du feu. Pour réuffir à cette chaffe , on va le long des chemins & auprès des champs femés d'avoine ; deux hommes traînent enfemble le filet & le traîneau , & au moindre bruit qu'ils entendent , préfentent le feu aux *pluviers*. Ces oifeaux alors étendent l'aile & fe raffemblent : on choifit ce moment pour tirer fur eux. Les fufils dont on fe fert dans cette occafion , font à deux coups : plus on eft de chaffeurs , plus la chaffe eft lucrative.

Chaffe particulière des pluviers au leurre.

Le *leurre* dont on fe fert dans cette chaffe , fe forme avec des peaux d'oifeaux remplies de foin , auxquelles on fiche un piquet par deffous le ventre pour les planter en terre , comme s'ils étoient fur leurs pieds : on donne auffi à ces faux oifeaux le nom d'*entes*.

Outre le *leurre* , on prend de petites baguettes , longues de deux pieds & demi , ayant au gros bout inférieur un petit piquet , long de quatre ou cinq pouces , attaché avec une ficelle proche du corps de la baguette : on nomme cet inftrument *verge de meute*.

Quand on eft muni d'entes & de verges de meute , on porte avec foi deux vanneaux vivans , enfermés dans une efpèce de cage , & on va dans les endroits qu'habitent les compagnies de *pluviers*. Plufieurs perfonnes font néceffaires à cette chaffe.

On obferve d'abord de quel côté vient le vent , car ces oifeaux volent toujours le vent au nez : on choifit enfuite , à environ quarante pieds de l'endroit où le piège doit être tendu , un buiffon qui fert de loge aux chaffeurs ; on plante en terre les entes à deux ou trois pieds l'un de l'autre , & on pique les verges de meute à quatre ou cinq pieds de diftance , en attachant au bout de chacune un vanneau vivant avec une ficelle qui donne dans la loge des chaffeurs.

Dès qu'on entend le cri des *pluviers*, un des chaffeurs donne du fiflet pour leur répondre, & un autre tire les ficelles pour faire voltiger les vanneaux; les *pluviers* s'abaiffent : auffi-tôt on tire des coups de fufil tant fur ceux qui font à terre que fur ceux qui prennent leur vol. Cette chaffe demande un filence profond.

PODOP. Efpèce de merle qui a le bec brun, les ailes & les pieds roux; les ailes courtes, la queue longue, étagée, tachetée de blanc vers fon extrémité. Tout le refte de fon corps eft noir.

POIL, on dit en fauconnerie *mettre l'oifeau à poil*; c'eft-à-dire, le dreffer à voler le gibier à *poil*.

FOING. On dit en fauconnerie *voler de poing en fort*; c'eft-à-dire, jetter les oifeaux du *poing* après le gibier.

POINTER, terme de fauconnerie. Un oifeau *pointe* quand il va d'un vol rapide foit en s'abaiffant, foit en s'élevant.

POIVRER. Les fauconniers difent : *poivrer* l'oifeau; c'eft-à-dire, le laver avec de l'eau & du poivre, quand il eft couvert de vermine, ou pour l'affurer quand il eft farouche.

POKKO. Oifeau de la Côte-d'Or, de la taille d'une oie, & dont les ailes font d'une grandeur démefurée : fes plumes reffemblent à du poil, il a fous le col un gros jabot où il dépofe fa nourriture, comme le pélican. Sa couleur eft d'un brun cendré. Il a la tête extrêmement groffe & prefque fauve.

Le *pokko* fe nourrit de poiffons, & dans un feul repas, il dévore ce qui fuffiroit pour raffafier quatre hommes; il avale les rats tout entiers. Cet oifeau n'a d'autre arme que fon bec, & l'adreffe lui fert plus dans la chaffe que le courage.

POLATOUCHE. Nom qu'on donne en Ruffie à un quadrupède d'une efpèce particulière, qui fe rapproche par quelques caractères du loir, du rat & de l'écureuil. Il habite fur les arbres, & faute de l'un à l'autre avec une légéreté que l'œil peut à peine fuivre : il ne vole cependant pas comme l'ont prétendu quelques naturaliftes. Cet animal eft un peu plus petit que l'écureuil, & lui reffemble pour le caractère, car il femble dormir pendant le jour, & fon activité ne fe réveille que vers le foir : on peut fans peine l'apprivoifer. Le *polatouche* fe trouve au Nord des deux continens, & il eft plus commun en Amérique qu'en Europe.

POLIGLOTTE. Oifeau grand comme un étour-

neau qu'on voit dans l'Inde, & dont le ramage eft très-mélodieux : on le connoît chez les méxicains fous le nom de l'*oifeau à quarante langues*. Il a le ventre blanc, le dos brun mêlé de quelques plumes blanches principalement à la queue & à la tête. Ce qui lui forme une efpèce de couronne argentée.

POLTRON. On donne ce nom, en fauconnerie, à un oifeau à qui on a coupé les ongles pour lui ôter le courage & l'empêcher de voler le gros gibier.

On donne auffi ce nom au faucon que l'on ne peut ni dreffer ni affaîter.

PONGO, ou **PONGOS**, ou **PONCI**, nom d'une efpèce de finge qui a le plus de reffemblance avec l'homme; & que l'on nomme auffi *homme des bois*, ou *homme fauvage*. Le *pongo* eft la grande efpèce d'orangoutang. *Voyez* ce dernier mot.

PORC-EPIC, ou **PORTE-ÉPINE**, animal quadrupède des pays étrangers. On en diftingue diverfes efpèces, lefquelles fe trouvent en Afrique, à Sumatra, à Java, dans la nouvelle Efpagne, dans la baie d'Hudfon & dans les deux Indes.

Le *porc-épic* d'Afrique eft commun au Cap de Bonne-Efpérance. Il a deux pieds & demi de long; fes jambes font courtes, celles de devant n'ont que quatre pouces, & celles de derrière fix. Sa tête a cinq pouces de long. Sa lèvre fupérieure eft fendue comme celle d'un lièvre; fes yeux font petits, fes oreilles reffemblent à celles de l'homme. Il n'a point de queue. Le dos & les côtés du *porc-épic* font couverts de piquans un peu courbes de différente longueur & groffeur, pointus comme des alènes, cannelés de blanc & d'un brun noirâtre. Il y en a de tout-à-fait blancs. Les plus gros font les moins longs; ils ont depuis fix jufqu'à douze pouces. Les autres ont quinze pouces & font flexibles. Le *porc-épic* a fur la tête & le derrière du col une efpèce de panache formé de quantité de petits piquans fort déliés femblables à des foies de fanglier. La poitrine & le ventre font encore couverts de foies à-peu-près pareilles.

Les autres efpèces de *porc-épic* varient par quelques différences peu fenfibles.

Le *porc-épic* de *Sumatra* a un mufeau de cochon. Ses oreilles font pendantes ou prefque pelées.

Le *porc-épic* de *la nouvelle Efpagne* eft de la grandeur d'un chien de la moyenne taille.

Le *porc-épic* de la *Baie d'Hudfon* reffemble beaucoup au caftor par fa taille & par fa groffeur.

Le *porc-épic* du *Canada* eft un animal lourd, furchargé d'un grand nombre de piquans.

Quand ces animaux font irrités ils dreffent leurs aiguillons, & fe jettent de côté pour frapper. Quoiqu'ils foient faciles à mettre en colère, ils ne font pourtant pas méchans; & ils ne cherchent ni à mordre ni à bleffer perfonne; mais à fe défendre.

Les piquans du *porc-épic* tiennent fi peu, qu'il s'en détache quelques-uns, lorfque ces animaux fe donnent des mouvement vifs, ce qui a fait dire contre toute vraifemblance, qu'ils pouvoient détacher & lancer leurs flèches. Ces piquans font de vrais tuyaux de plumes.

Le *porc-épic* diffère de l'hériffon par la figure, des aiguillons & du refte du corps; principalement des pieds, du mufeau & des oreilles.

PORC DE GUINÉE. Cet animal diffère des cochons domeftiques, par fes oreilles qui font très-longues & terminées par une pointe obtufe & aiguë, par la queue qui lui defcend jufqu'aux talons, & qui eft dénuée de poils. Il n'a point du tout de foies, mais tout fon corps eft couvert de poils d'un roux brillant.

PORC A LARGE GROIN OU SANGLIER D'AFRIQUE. Cet animal eft long de quatre pieds trois pouces, fa hauteur eft de deux pieds trois pouces; fa plus grande épaiffeur du corps eft de trois pieds un pouce. La tête feule, depuis le groin jufqu'entre les oreilles, eft d'un pied trois pouces; la largeur de la tête eft de neuf pouces & demi : celle du groin, entre les défenfes, a plus de fix pouces.

La forme du corps approche affez de celle du porc ordinaire; mais fon dos eft plus applatti, & fes pieds plus courts. Son mufeau eft fort large, applatti & très-dur. Le nez eft mobile & recourbé vers les côtés. Les narines font grandes, éloignées l'une de l'autre. Il a les oreilles grandes, rondes, pointues, très-garnies en dedans de poils jaunes. Sa peau eft fort épaiffe & remplie de lard. Sur tout le corps fe montrent quelques poils clair-femés, diftribués en petites broffes de trois, quatre ou cinq brins plus ou moins longs. C'eft principalement fur la nuque du cou & fur la partie antérieure du dos qu'il y a le plus de foies, plus ferrées & plus longues.

En général, la couleur de ce quadrupede eft noirâtre à la tête, & d'un gris-roux clair fur le refte du dos & du ventre.

Cet animal annonce beaucoup d'inftinct, & exhale une forte odeur qui n'eft point très-défagréable. Il mange de toutes fortes de grains. Il court rapidement & bondit fort gaîment. Il aime à fouiller en terre avec fon groin & fes pattes. Il pouffe des cris longs, lamentables & aigus comme ceux d'un enfant vigoureux. Il fe familia-

rife aifément. On le trouve le plus communément dans la Cafrerie.

PORCHAISON, temps où les fangliers font gras.

PARÉ, (pied) pied ufé, parce que l'animal a vécu dans un terrain dur & pierreux.

PARCHASSER. On dit, en venerie, que les chiens *parchaffent* lorfqu'ils crient peu & rarement en fuivant la voie de l'animal qu'on chaffe.

PARLER AUX CHIENS, terme de vénerie, Lorfqu'on *parle* aux chiens, il faut alonger les mots & pour ainfi dire les chanter.

PORTÉES. Ce terme de vénerie fe dit des branches du jeune bois que le cerf a pliées ou rompues avec fa tête, en fe rembuchant dans fon fort. Pour être de la tête du cerf, il faut qu'elles foient de fix pieds de hauteur.

PORTE-MUSC. Ce quadrupède a les pieds fourchus; il a dans fa figure & dans fes attitudes beaucoup de reffemblance avec le chevreuil, la gazelle & le chevrotin. Aucun animal de ce genre n'a plus de légéreté, de foupleffe & de vivacité dans fes mouvemens. Il a deux longues dents ou défenfes qui tiennent à la machoire fupérieure & fortent d'un pouce & demi en dehors des lèvres. La fubftance de ces dents eft une forte d'ivoire; & leur forme reffemble à des lames courbes dirigées obliquement de haut en bas. Leur bord extérieur eft tranchant. Son poil n'a point de couleurs décidées, mais des teintes de brun, de fauve & de blanchâtre. La poche qui renferme le mufc eft fituée près du nombril, & peut avoir un pouce & demi de diamètre. C'eft dans la haute Tartarie, dans la Chine feptentrionale, & au Grand Thibet que fe trouve le *porte-mufc.*

POSTILLON. Oifeau qui fe trouve fur les bords des mers de Kamtfchatka; fon plumage eft noir. Il a le bec & les pattes rouges. Il conftruit fon nid au haut des rochers qui font dans la mer. Il a un cri aigu & très-fort.

POUC, rat de Ruffie ou de Norwege. Il eft plus grand que le rat domeftique; il a le mufeau long, il creufe la terre & fe fait un terrier.

POUDRER, terme de vénerie. Quand on chaffe un lièvre ou quelqu'autre bête dans un tems de féchereffe, l'animal fait voler la pouffière, ce qui recouvre fes voies ou en diminue le fentiment; il eft alors difficile aux chiens de garder le change quand la bête *poudre.*

POULE

POULE D'EAU, ou POULE DES MARAIS, Elle est de la grosseur d'une perdrix : il y en a de plus grosses & de plus petites. Elle a la tête, la gorge, le col & la poitrine noirâtres ; le ventre d'un cendré très-foncé : elle a sur les côtés des taches blanches. Le dos, le croupion & les plumes scapulaires sont d'un brun olivâtre ; les plumes de l'aîle sont d'un brun brillant en dessus, & d'un brun cendré en dessous ; la première est bordée extérieurement d'un blanc de neige. Les douze plumes de la queue sont d'un brun foncé brillant ; le sinciput est dégarni de plumes, & couvert d'une membrane épaisse rouge : le bec est rouge ; les jambes, les pieds, les doigts & leur membrane sont verdâtres.

La femelle est plus petite que le mâle ; ses couleurs sont moins claires, & elle a la gorge blanche. Cet oiseau est toujours dans l'eau, & vole très-pésamment & très-peu.

POULE DE GUINÉE. C'est la pintade à poitrine blanche ; on la trouve aussi dans la Jamaïque. Voyez *pintade*.

POULE DE JAVA. On en distingue de deux sortes ; quelques-unes ont naturellement toutes leurs plumes renversées ou repliées ; d'autres ne sont pas plus grosses que des pigeons. Il y en a qui ont les os, la chair & la peau noirs, avec des plumes très-blanches.

POULE DE MER, ou VIELLE. Cet oiseau est à peu près de la grandeur du canard privé. Il a tout le champ du plumage supérieur d'une couleur brune noirâtre, & l'inférieur est blanc. Sa queue n'a que deux pouces de longueur. Ses œufs ont plus de trois pouces de long d'une couleur verte bleuâtre, avec des taches de raies noires. Cet oiseau est niais. Il fait son nid sur les rochers escarpés de l'île de Man, d'Anglesey & de Farn.

POULE SAUVAGE. On en trouve dans le Congo, dans la Guiane, & au Mexique. Sa chair est d'un meilleur goût que celle de notre poule domestique.

POULE VIERGE DE L'AMÉRIQUE. C'est une espèce de poule d'eau dont le plumage est varié de rouge, de vert, de noir & de jaune doré. Sa tête est menue, couronnée d'une petite huppe tissue de plusieurs petites plumes de différentes couleurs. Cet oiseau est de la grosseur d'un pigeon.

POURCHASSER, c'est suivre le gibier avec opiniâtreté jusqu'à ce qu'il soit pris.

POY. Cet oiseau est de la grosseur du merle. Ses plumes sont d'un beau bleu, excepté celles du cou qui sont d'un gris argenté. Il a aussi deux petites touffes de plumes bouclées & blanches qui lui pendent en dessous du cou, comme des pendans d'oreilles, qu'on appelle à Taïti des *poyes*, d'où vient le nom donné à cet oiseau, qui est recherché pour le charme de sa voix, la beauté du plumage, & la délicatesse de sa chair.

PRENDRE. On dit en terme de vénerie, *prendre le vent*, quand on mène les chiens courans pour prendre les devants d'une bête.

On *prend les devants*, quand on a perdu les voies d'une bête, & qu'on fait un grand tour pour en rencontrer d'autres.

PROIE. Un oiseau de *proie* est celui qui vit de rapine comme le corbeau, l'aigle, le milan, &c.

PROMEROPS, oiseaux qui ont quelques rapports avec la huppe. Ces oiseaux sont originaires des Indes & d'Amérique. On en voit sur-tout au Mexique deux espèces très-belles. La première de la grosseur d'une petite grive, a la tête, la gorge, la poitrine & tout le dessus du corps d'un gris obscur changeant en vert de mer & en rouge pourpré.

La seconde, de la grandeur d'un étourneau, est jaune sur le corps, & a la gorge, le cou & les ailes variés confusément de cendré & de noir. Une autre espèce qui se trouve aux Barbades, a la tête, le cou & le bec de couleur d'or, & le corps d'un jaune oranger. Ces oiseaux se nourrissent de vermisseaux & de graines.

PROYER (le). C'est un oiseau de passage du genre des bruants, qui arrive de bonne heure au printems, & part dans les premiers jours de l'automne. Il est un peu plus grand que le cochevis ou alouette huppée, dont il approche beaucoup pour le plumage. Il a le dessus de la tête & du corps varié de brun & de roux, la gorge & le tour des yeux d'un roux clair, la poitrine & le dessus du corps d'un blanc jaunâtre, tacheté de brun sur la poitrine. Il a le bec gros & fort, comme celui de l'ortolan, mais plus alongé. Ses pieds sont gris-bruns. Son chant est *tri-tri-tiritz*. La femelle un peu plus petite, a le croupion d'un gris tirant sur le roux sans aucune tache ; du reste, son plumage est à-peu-près le même. Cet oiseau a coutume de se poser sur l'extrémité de la branche la plus haute, soit d'un arbre, soit d'un buisson, & s'y tient des heures entières, sans changer de place, répétant sans cesse son *tri-tri* ; & l'on a remarqué qu'en prenant son vol, il fait craquer son bec. Il a encore cela de particulier, qu'il vole les jambes pendantes. Le *proyer* hante beaucoup les prairies dans la belle saison ; il fait son nid à terre dans une touffe d'herbe, ou bien dans les orges & les avoines. Il est ordinairement gras & fort bon à manger. Quelques chaffeurs l'estiment autant que l'ortolan.

PUFFIN, genre d'oiseau aquatique. Le *puffin* niche dans les trous que font les lapins en terre. Il est de la groffeur d'un canard, & se trouve principalement dans les pays septentrionaux. Cet oiseau a quatre doigts à chaque pied, les trois en devant font palmés, celui de derrière est sans membrane. Il a les jambes courtes, le bec arrondi, crochu & édenté. Son plumage est d'un gris brunâtre sur le dos, & blanchâtre sur le ventre. Sa queue est longue d'environ cinq pouces.

PUMA. Nom qu'on donne au Pérou à un animal quadrupède de la groffeur d'un fort renard. Les espagnols difent que c'est une espèce de lion plus petite que celle d'Afrique.

PUTOIS, f. m. Cet animal reffemble beaucoup à la fouine par le naturel, les habitudes & la forme du corps. Il est plus petit, a la queue plus courte, le museau plus pointu, le poil plus épais & plus noir. Il a du blanc sur le front, aux côtés du nez, & autour de la gueule; il en dif-

fère encore par son odeur, qui est fort mauvaise. Comme la fouine, il hante les granges, greniers à foin, &c. Il paroît craindre le froid, se retirant dans les bâtiments pour y paffer l'hiver, & l'on ne rencontre jamais fa trace sur la neige, dans les bois & champs qui en font éloignés. Cet animal ne fort de fa retraite que la nuit pour chercher fa proie. Il fait encore plus de ravage que la fouine dans les poulaillers & colombiers, coupant & écrafant la tête à toutes les volailles, qu'il transporte une à une, dans fon magafin. Il est auffi le fléau des lapins, dont il détruit une quantité.

Il y a des gens qui font métier de chaffer les fouines & *putois*, & qui courent les campagnes, de ferme en ferme, pour les détruire. Ils ont de petits baffets dreffés pour cette chaffe, & inftruits à monter par des échelles, à l'aide defquelles ils pourfuivent ces animaux, fous les toits des granges & greniers, & vont les relancer fous les fablières, dans les trous des murailles, & dans les tas de paille & de foin où ils se réfugient; ce qui les oblige de fe découvrir de tems en tems, & donne le moyen de les tirer, en prenant la précaution de fe fervir, pour bourrer le fufil, de tampons de beurre qui ne s'enflamme point.

Q.

QFONSU ; oiseau qui se trouve dans le royaume de Quoja, pays des noirs ; il est de la grosseur à-peu-près d'un corbeau. Il a le corps noir & le cou blanc ; son nid qu'il construit sur les arbres est composé de ronces & d'argille.

QUACAMAYAS ou ALO, noms que les mexicains donnent à leurs perroquets. Ces oiseaux ont le plumage rouge ; leurs plumes des épaules & de la queue, sont d'un bleu d'azur. Leur bec est blanc & crochu, leurs pieds sont noirs. On les apprivoise facilement ; mais ils imitent mal la voix humaine. Ils sont de la grandeur d'une poule.

QUADRICOLOR, oiseau de la Chine, de l'espèce des gros becs. Il a la tête & le cou bleus, le dos & les ailes & le bout de la queue verts, avec une bande rouge sur le ventre ; la poitrine est d'un brun clair.

QUARRÉ, (bonnet) terme de venerie. Quand un cerf a du refait aussi haut que les oreilles, on dit, ce cerf a le bonnet quarré.

QUARTAN, terme de vénerie ; un sanglier en son quartan, est un sanglier qui a quatre ans.

QUATOZTLI, oiseau du Mexique, plus petit que le chardonnet. Il a la moitié de la tête ornée d'une plume blanche, son cou est d'un rouge clair, sa poitrine d'une couleur de pourpre ; ses ailes sont d'un rouge foncé, son dos & sa queue d'un noir jaunâtre ; son ventre est d'un jaune clair. Son bec & ses pieds sont de couleur jaune.

QUATRE-AILES, oiseau du Sénégal. Il est de la grosseur d'un coq. Il a le plumage blanc, ou noirâtre ; le bec gros & crochu, les pieds armés de fortes griffes ; ses ailes sont grandes, fortes & bien emplumées ; quand l'oiseau les étend, chacune de ces ailes semble doubles, l'une plus grande, l'autre plus petite avec une espace vuide entre les deux, ce qui lui a fait donner le nom de quatre-ailes. Cet oiseau est robuste ; il vole fort haut & long-temps. Le temps de sa chasse est dans la nuit.

QUATRIÈME TÊTE, se dit d'un cerf de cinq ans.

QUAUPECOTLI, espèce de blaireau de la Nouvelle-Espagne. Son museau est long, menu & un peu tortu à la partie supérieure. Il a la queue longue, les pieds noirs, les ongles crochus. Son poil est long, d'un blanc mêlé de brun vers le ventre, noir vers le dos. Ce petit quadrupède est vorace, & se familiarise aisément. Son habitation ordinaire est dans les montagnes.

QUERCERELLE, ou CERCERELLE, ou CRESSERELLE, espèce d'oiseau de proie, qui fait principalement la guerre aux souris, mulots, rats, lézards, & autres animaux qui désolent les campagnes. On prétend que la quercerelle, prend la défense des pigeons contre les autres oiseaux de proie. Cet oiseau a le cou long & affilé, son bec est recourbé & noir par la pointe. Il a le sommet de la tête d'une couleur cendrée ; la gorge, la poitrine & le ventre jaunâtres & semés de taches noires ; ses jambes sont jaunes, ses pieds sont garnis de grands doigts & d'ongles robustes & aigus. Quelques personnes ont réussi à dresser ces quercerelles au vol du merle & du moineau. On cite cet oiseau comme modèle de l'amour conjugal ; le mâle jette des cris douloureux aussitôt que sa femelle s'éloigne ou s'absente.

QUEREIVA, oiseau du Brésil & de Cayenne, de la grandeur de la grive. Il a le bec noir & arqué par la pointe. Les plumes de la tête, du corps & du dos, sont d'un beau bleu clair, mêlé de noir ; sa queue est noire, & ses ailes noires & bleues, sa gorge est d'un beau rouge pourpré : ses pieds, ses doigts, ses ongles sont noirs.

QUÊTER, terme de vénerie. Ce mot s'emploie pour les veneurs qui vont détourner les bêtes avec le limier. On dit ce limier quête bien, ou quête une bête pour la lancer & la chasser avec les chiens courans.

QUEUE D'ÉVENTAIL, nom générique d'oiseaux de la nouvelle Zélande, remarquables par leur petitesse, par la beauté de leur plumage, & par le développement d'une grande queue en éventail, ou en demi cercle de quatre à cinq pouces de rayon.

C c c ij

QUEUE ROUGE, oifeau d'Italie, dont le chant eft agréable, & qu'on élève en cage. Son plumage eft très-beau, fa queue fur-tout eft d'un rouge éclatant. Il fe plaît dans les montagnes, & dans les lieux les plus fauvages.

QUINCAJOU, quadrupède de l'Amérique. Il eft de la groffeur d'un chat, armé de griffes, d'un poil roux brun. Il a une longue queue, qui fe replie en deux ou trois tours fur le dos. Cet animal eft fort léger; il monte fur les arbres, & fe couche fur une branche. C'eft l'ennemi de l'orignac, efpèce d'élan du Canada; il l'attaque avec fureur, fe précipite fur fon cou, & ne le quitte point qu'il ne l'ait terraffé.

QUINQUE ou KINK, oifeau de la Chine, un peu plus petit que le merle. Il a la tête, le cou, le dos & la poitrine d'un gris cendré. Le refte du corps eft blanc. Sa queue eft courte, étagée de couleur d'acier poli, & tachetée de blanc.

QUINTEUX; on dit en fauconnerie d'un oifeau qui s'écarte trop, qu'il eft *quinteux*.

QUOGGELO, lézard écailleux de la Côte d'Or. Sa longueur eft d'environ huit pieds, & fa queue feule en prend plus de quatre. Ses écailles font en forme de feuilles d'artichaux très-pointues, très-dures, & très-ferrées, ce qui le met en état de fe défendre contre les tigres & les léopards. Les nègres tuent le *guoggelo*, en le frappant à la tête; ils vendent fa peau ou cuiraffe aux Européens, mangent fa chair qu'ils trouvent d'un bon goût. Cet animal vit de fourmis & autres petits infectes.

QUOJAVAURAU ou QUOJAVAURAN, efpèce de finge d'Afrique. Il a cinq pieds de hauteur. Sa figure eft hideufe. Il a la tête, le corps, & les bras d'une groffeur extraordinaire. Il marche fouvent droit fur fes pieds. Il eft fort, & méchant dans l'état fauvage; mais on peut le civilifer en quelque forte; alors il fe rend utile à l'homme en portant d'un lieu à un autre, des fardeaux très-pefants. On lui apprend auffi à puifer de l'eau, à piler du millet dans un mortier & à rendre d'autres fervices.

R.

RABATTRE ; terme de vénerie pour exprimer l'action d'un limier ou d'un chien courant, lorsqu'il tombe sur les voies de la bête qui va de temps, & en donne connoissance à celui qui le mène.

En fauconnerie les oiseaux de proie rabattent sur le gibier.

RABOULIÈRES ; trou que font les lapins dans les garennes pour se retirer, & se dérober à la voracité des oiseaux de proie.

RACANETTE ; (la) espèce de canard de passage, qui est moitié plus petite que le canard ordinaire.

RACOUPLER ; remettre les levriers en laisse & en couple.

RACOURCIR UN CERF ; en terme de vénerie on racourcit un cerf à la chasse en donnant un relais bas & roide, ou en enlevant les chiens pour les rapprocher d'un cerf qui a de l'avance.

RAFLE, espèce de filet contre-maillé que les chasseurs emploient pour prendre les petits oiseaux.

RAGOT ; en vénerie c'est un sanglier qui a quitté les compagnies, mais qui n'a pas encore trois ans faits.

RAILÉS ; on dit en vénerie que des chiens sont bien railés, lorsqu'ils sont tous de même taille.

RAIRE ; cri du cerf dans le temps du rut ; ce cri est court & redoublé.

RÂLE, s. m., oiseau de la grosseur d'un pigeon, dont les doigts sont longs, ainsi que les jambes : il court avec une rapidité extraordinaire & c'est de-là qu'est venu le proverbe : il court comme un râle.

Il y a des râles d'eau & des râle de-terre.

Du râle d'eau.

C'est le plus grand des râles ; il ne sait ni nager, ni se plonger dans l'eau, mais il voltige avec légèreté sur sa surface : sa chair est tendre, & on lui trouve le goût de la poule d'eau.

Des ornythologistes célèbres ont distingué deux autres râles d'eau, outré celui dont nous venons de parler ; c'est le foulque qui s'engraisse aisément, qui devient alors aussi bon que la quercerelle : le second est un râle d'eau de Bengale, dont le bec est long & jaune, le col brun, les jambes sans poils, & les griffes noires.

Le râle d'eau en général a un goût sauvagin qui rebute quelquefois.

Des râles de terre.

On en connoît de trois espèces.

1°. Le râle noir, qui est charnu comme le merle, & aussi commun que lui. Comme il n'a qu'un vol, il est aisé de le prendre en pays découvert. Il y a un râle noir en Amérique, qui devient si gros qu'il a de la peine à porter le fardeau de son corps : les indiens le prennent à la course.

2°. Le râle rouge, qui vit dans les bois taillis, c'est le moins commun de tous les râles ; mais ce n'est pas le plus délicat.

3°. Le râle de genêt, ainsi nommé de ce qu'il habite par préférence les lieux couverts de genêts. C'est un oiseau de passage qui arrive dans nos contrées, & en part aux même époques que la caille, ce qui fait qu'en certaines provinces on lui donne le nom de roi des cailles. Il est en grosseur presque du double du râle d'eau, sa tête ressemble à celle de la perdrix grise & sa chair est pour le moins aussi délicate. Il a le dessus du corps jaunâtre, ou plutôt de couleur de terre cuite, la poitrine grise, le bas du ventre & les côtés tannés, avec des taches brunes ondées de blanc. Il porte, en volant, les jambes & cuisses pendantes, comme la plupart des oiseaux aquatiques, & ne vole qu'avec peine & fort lentement ; ce qui ne doit s'entendre pourtant que de ceux qui sont gras ; car, lorsqu'il est maigre, son vol est assez rapide, & il va se remettre fort loin. Cet oiseau pond dans les prairies & dans le plus fouré des herbes, ce qui rend son nid difficile à trouver, à moins qu'un chien, par hazard, ne mette le nez dessus. C'est pour cela que beaucoup de chasseurs qui n'en ont jamais rencontré, & même quelques ornythologistes disent qu'on ne sait où il fait son nid. Sa ponte est de huit à dix œufs, selon Buffon. Le mâle ne diffère de la femelle qu'en ce qu'il est plus gros, & d'une couleur plus foncée. Le cri du *râle* est *crex crex*, & ressemble fort à celui de la petite grenouille de haie; de-là le nom de *crex*, qu'on lui a donné en latin. Il se fait souvent entendre la nuit.

Les *râles* se tiennent dans les prairies, jusqu'après la fauchaison: alors ils se retirent dans les genêts, les avoines, les orges & les bled-sarrasins. On en trouve aussi dans les vignes, & sur les bords des jeunes taillis; quelques-uns reviennent aux prairies, dans le temps des regains.

La chasse du *râle* est singulière, & tout-à-fait différente de celle de la perdrix & de tout autre gibier. Lorsqu'un *râle* part dans une pièce de genêt, il se remet assez près; mais lorsqu'on arrive à la remise, il est déjà à cent pas de-là, & ne repart plus qu'après avoir couru long-temps devant le chien qui le suit à la piste. Il ruse beaucoup, donne des défaites, se rase, va & revient sur lui-même. Il court alors en s'alongeant, se coule par-dessous les herbes; & paroît glisser plutôt que marcher, tant sa course est rapide. Souvent, en faisant ses retours, il passe entre les jambes des chasseurs, & en ce moment, il ne paroît guères plus gros qu'une souris. Il arrive même, lorsque les genêts sont fort hauts, qu'il monte & se perche au haut d'un genêt; ou bien, il gagne une haie voisine, & s'y perche dans quelque touffe de coudre ou d'épine. C'est sur-tout lorsqu'ils sont fort gras, & peuvent à peine voler, qu'ils ont recours à cette ruse.

Les chiens d'arrêt ne sont pas bons pour cette chasse; il faut des choupilles qui suivent le nez en terre. Les vieux chiens y sont les meilleurs, parce qu'étant moins vifs, ils ne s'emportent pas comme les jeunes, & savent démêler les ruses du *râle*, en le suivant pied-à-pied.

La chasse des *râles* au fusil est plus prompte: celle de ces oiseaux aux halliers est plus sûre; on va donner de cette dernière une légère idée.

On prend des halliers de quinze à dix-huit pieds de long & hauts de quatre mailles, dont chacune aura au moins deux pouces de large; on les attache à des piquets éloignés de deux pieds en deux pieds, & on en place deux vis-à-vis l'un de l'autre sur le bord de l'eau. Il suffit de marcher à travers les joncs, en tirant

tantôt d'un côté d'un hallier, tantôt de l'autre. On ne verra point les *râles* s'élever, mais courir en fuyant.

C'est dans les mois de mai & de juin que cette chasse est la plus lucrative: c'est alors que ces oiseaux font leurs petits, & on les trouve le long des étangs: comme ils chantent nuit & jour, les chasseurs sont avertis sûrement du lieu de leur retraite, & ils ne doivent se prendre de leur mauvais succès qu'à leur mal-adresse.

Les *râles* disparoissent à la fin de septembre, ou dans les premiers jours d'octobre, plutôt ou plus tard, selon le temps qu'il fait. C'est la première gelée blanche qui en décide. On prétend qu'alors ils se recèlent dans des herbes épaisses, au fond de quelques fossés; qu'ils s'y dégraissent avec une espèce de petite graine qui leur est propre, & qu'ensuite ils s'en vont.

Le *râle* a sa passée, soir & matin, comme la bécasse, c'est-à-dire, qu'il part le soir, de l'endroit où il est cantonné, pour aller *véroter* pendant la nuit, dans les champs. Mais, lorsqu'il est très-gras, il reste toujours dans la même pièce de genêt; ce qui fait que, lorsqu'on veut se procurer des *râles*, pour un jour déterminé, on va, quelques jours auparavant, les détourner en battant les endroits où il y en a; & le jour qu'on veut les tuer, on est sûr de les y trouver.

C'est un excellent gibier que le *râle*, lorsqu'il est bien gras: il a plus de fumet, & un goût plus sauvagin que la caille; & c'est pour cela, je pense, que beaucoup de chiens ne le suivent pas volontiers. Il se corrompt très-promtement, raison pour laquelle on n'en fait pas d'envois. On le mange, comme la bécasse, sans le vuider, avec des rôties dessous.

RALLIER, terme de vénerie. Lorsque les chiens chassent du change, on les arrête, & on les ramène avec ceux qui chassent leur cerf; c'est ce qui s'appelle *rallier*. Il y a des chiens qui, sans qu'on les arrête, se rallient d'eux-mêmes.

RALLY, lorsque les chiens qui ont été séparés rejoignent ceux qui chassent, on dit en leur parlant *rally*, *chiens*, *rally*.

RAMAGE, chant naturel des oiseaux. En terme de vénerie, *ramage* se dit des branches d'arbres. En fauconnerie, on nomme *épervier ramage*, celui qui a volé dans les forêts.

RAMER; on dit en fauconnerie, cet oiseau *rame*, c'est-à-dire, qu'il agite ses ailes comme des avirons.

RAMENTER ; en terme de vénerie, c'eſt arrêter les chiens qui tiennent la tête, & les f.ire aller derrière ſoi, pour attendre ceux qui ſuivent de loin, & les faire chaſſer tous enſemble.

RAMIER, pigeon ſauvage, qui ſe perche ſur les arbres. On diſtingue le *ramier* d'Europe, appéllé *manſart* ou *coulon* ; le *ramier d'amboine*, le *ramier bleu* ou *vert* de Madagaſcar.

RAMIRET, pigeon ramier de Cayenne. Il reſſemble un peu à la tourterelle par ſa grandeur, par la forme de ſon cou, & l'ordonnance des couleurs.

RAMOLLIR L'OISEAU, c'eſt en fauconnerie adoucir ſon plumage avec une éponge humectée.

RAMURE, bois de cerf.

RANDONNE, terme de vénerie ; c'eſt l'action d'une bête, qui étant donnée aux chiens, tourne deux ou trois fois aux environs du même lieu.

RAPPROCHER, terme de vénerie. On rapproche un cerf quand on le parchaſſe avec les chiens courans.

On dit auſſi que les chiens font un beau *rapprocher*, lorſqu'ils ont ſuivi long-temps la voie d'un animal paſſé de hautes erres, & ſont parvenus à le lancer.

RASER, terme de vénerie & de fauconnerie.

La perdrix ſe *raſe*, ou ſe tapit quand elle apperçoit les oiſeaux de proie ; & le lièvre ſe *raſe* quand il entend les chiens.

Un oiſeau *raſe* l'air quand il plane.

RAT, ſ. m., petit quadrupède carnaſſier & omnivore.

Le *rat domeſtique* habite dans les granges ou dans les vieilles maiſons ; il a environ ſept pouces de longueur ; ſa queue eſt plus longue que ſon corps, ſes oreilles ſont grandes, arrondies, tranſparentes : il a quatre doigts aux pieds de devant & cinq à ceux de derrière. Tout ſon corps eſt couvert d'un poil d'un brun obſcur, & ſa queue de très-petites écailles entre leſquelles ſont quelques poils très-clair-ſemés. Le *rat* ſemble préférer les choſes dures aux plus tendres ; ſes dents inciſives ſont ſes armes ; il ronge la laine, les étoffes, les meubles, perce le bois, fait des trous dans les murs, ſe loge dans l'épaiſſeur des planches, il n'en ſort que pour chercher ſa ſub-

ſiſtance, & ſouvent il y tranſporte tout ce qu'il peut traîner.

Chaſſe aux rats.

Ces animaux pillards, deſtructeurs, pullulent prodigieuſement, & font les plus grands ravages dans les greniers à grains ; il n'eſt donc ſorte de moyens que l'on n'emploie pour s'en garantir ; mais de ces moyens, il en eſt quelques-uns dont on redoute les ſuites, tels ſont ceux des poiſons : auſſi la ſociété établie à Londres pour l'encouragement des arts, des manufactures, & du commerce, a-t-elle propoſé, pour le ſujet du prix de 1763, la manière la plus ſûre & la moins diſpendieuſe de prendre les *rats* en vie. Le prix étoit de douze cents livres.

Parmi les procédés connus ſont ceux d'une pâte, dans laquelle on fait entrer de l'arſenic ou du verd de gris ; mais ces animaux ainſi empoiſonnés peuvent répandre le poiſon ſur les eaux qu'ils vont boire, ſur les choſes qu'ils vont toucher. Quelques perſonnes prennent les *rats* & les ſouris, en plaçant un grand vaſe rempli d'eau, dont l'ouverture ſoit plus étroite que le fond : ils mettent ſur cette eau une planche légère, ou un liége qui en couvre toute la ſurface : ils attachent ſur ce liége un appât ; l'animal ſe fiant ſur l'apparence de ce terrein ſolide, avance pour manger l'appât ; mais le liége plongeant ſous lui, il tombe dans l'eau, & ſe noie ; l'appât ſurnage, & préſente aux autres, qui veulent venir le manger, un nouveau précipice.

Voici un autre procédé ſingulier ; il ne s'agit que de transformer un fripon de *rat* en deſtructeur de ſon eſpèce. Il faut, pour cet effet, attraper une douzaine de *rats* vivants, les enfermer dans quelque vaiſſeau de bois ou de terre dont ils ne puiſſent ſortir, & les y laiſſer ainſi tous enſemble ſans aucune nourriture ; on verra, au bout de quelques jours, qu'ils commenceront à ſe manger les uns les autres ; & on aura ſoin d'obſerver tous les jours, par un trou qu'on y aura ménagé, ce qui s'y paſſe. Lorſqu'on verra que le plus vigoureux ſera reſté ſeul de ſa bande, on le lâchera dans la maiſon ; accoutumé au ſang & au carnage, il ne cherchera pour autre nourriture que ſes ſemblables ; s'introduira au milieu d'eux, ſans qu'ils en aient la moindre défiance, & les détruira ainſi juſqu'au dernier. Lorſque la maiſon ſera bien nétoyée, il ne s'agira que de tâcher d'attraper ce ratophage, & d'en faire juſtice.

Il y a des granges qui, lorſqu'on vient à les vuider, contiennent tant de *rats*, & qui ſont ſi hardis qu'ils ne craignent point de paroître en plein jour : on peut ſe procurer alors une chaſſe aux *rats* aſſez plaiſante : on fait, avec du parchemin, de petits capuchons dans lesquels la tête d'un *rat* puisse entrer facilement ; on place dans le fond de ces cornets du fromage, ou autre appât quelconque : on met ces capuchons à l'ouverture des trous ; les *rats* attirés par la gourmandise viennent pour saisir l'appât, & à l'instant leur tête se trouve encapuchonnée, parce qu'on enduit avec de bonne glue l'intérieur des capuchons ; ils courent alors çà & là, sans savoir où ils vont ; ils ne peuvent retrouver leurs trous : on les tue alors à coups de bâtons ; ou les chiens les expédient à coups de dents.

Comme on ne sauroit indiquer trop de moyens pour détruire les *rats* & les souris, nous allons encore indiquer quelques procédés auxquels on peut avoir recours. On se procurera de grands vases de fer blanc, de faïance ou de grès, que l'on recouvre avec une grande peau de parchemin ; on la coupe dans son milieu comme une espèce de trappe ; on met sur cette peau des amorces pour attirer les *rats* ou souris, & autour du vaisseau, des planches qui aident les *rats* & souris à grimper dessus. Lorsque ces animaux viennent pour manger l'appât qui les attire, il est impossible que quelques-uns ne passent sur cette trappe qui se baisse dans le moment, se relève ensuite ; & l'animal étant dans le vase qu'on a rempli d'eau à moitié, & dont l'intérieur est lisse, ne peut plus se sauver ; il crie, ses cris attirent ses semblables, & plusieurs se précipitent ainsi dans le vase, où ils périssent.

La vapeur du sel de succin, sel essentiel retiré par sublimation du succin, fait fuir les *rats* qui habitent les magasins de drogueries ; mais sitôt qu'on retire le sel de cet endroit, ils reviennent bientôt après.

Un paysan de Transilvanie voyant ses champs ravagés par des milliers de *rats*, s'avisa, pour faciliter aux corneilles fort communes chez lui, & qui sont très-friandes de cette proie, les moyens de s'arrêter sur ses champs, d'y planter des perches de distance en distance ; les corneilles s'y rassemblèrent en foule, & firent une telle chasse de *rats* & des souris, qu'au bout de quelques temps, on n'en vit plus.

(*Dict. de l'industrie.*)

RAT DE FORÊT, (le) a sa queue très-longue, & couverte de petites écailles ; son poil est en dessus du corps d'une couleur fauve, & en dessous il est blanchâtre.

RAT DES CHAMPS (le) est une espèce de campagnol.

Le *rat* d'Amérique, de Virginie, de Madagascar, le *rat oriental*, le *rat* sauteur de Sybérie ; toutes ces sortes de rats ne diffèrent guères entre elles que par leur grandeur, & par les couleurs du poil.

RAT-D'EAU, petit quadrupède, de la grosseur du rat, & qui a le naturel & les mœurs de la loutre : il ne fréquente que les eaux douces, & se nourrit de goujons, d'ablettes, d'insectes d'eau & de grenouilles ; il nage aisément, & se tient long-tems sous l'eau. Les chiens vont à sa chasse avec une espèce de fureur : sa chair n'est pas absolument mauvaise, & dans de certaines provinces, les paysans la mangent les jours d'abstinence.

RAT - MUSQUÉ, amphibie, que quelques naturalistes mettent au nombre des loirs, & d'autres dans le rang des castors.

Cet animal se trouve au nord des deux continens : celui du Canada a un pied de long, & a une odeur forte de musc ; il vit en société au moins pendant l'hiver, & se bâtit une loge dans l'eau dormante des marais ; la nature semble lui avoir donné le même instinct qu'au castor, & la même industrie pour en faire usage : aussi les sauvages appellent le *rat musqué*, le frère du castor.

La chasse du *rat musqué* se fait au printems, quand la glace se fond & découvre ses habitations : les canadiens renversent alors ses cabanes, & l'assomment lui-même à coups de bâtons. Dans le mois de mai, où ces animaux entrent en amour, les chasseurs pipent les mâles, en imitant le cri des femelles, & quand ils sont à portée, ils les tuent à coups de fusil. La fourure du *rat musqué*, est ordinairement la cause de sa mort.

RAT PALMISTE. *Voyez* à l'article écureuil.

RATON, quadrupède de la grosseur & de la forme d'un petit blaireau, qui a le tête du renard, les dents du chien, & un bandeau noir & transversal sur les yeux. Il grimpe légèrement sur les arbres ; sa marche est moins une suite de pas que de gambades.

Les contrées méridionales de l'Amérique, semblent le pays natal du *raton* ; il habite les montagnes, & n'en descend que pour manger les cannes de sucre : il se nourrit de poissons, d'insectes, de grains, de sucre, & de lait : c'est un animal omnivore.

Ce joli animal se familiarise aisément. Il mange à la manière des singes.

RAVALER ; lorsqu'un cerf est très-vieux, il pousse des têtes irrégulières & basses : on dit pour-lors c'est un cerf qui ravale.

RAYER, terme de vénerie. On dit *rayer* les voies d'une bête, c'est-à-dire, faire une *raie* derrière son talon. On ne le pratique qu'à l'égard des bêtes qu'on a dessein de détourner pour les faire connoître aux chasseurs.

Ribaude

REBAUDIR. Les chiens *rebaudiffent*, quand ils ont la queue droite, & qu'ils fentent quelque chofe d'extraordinaire.

REBUTÉ. Un oifeau *rebuté*, eft celui qui a perdu courage, & qui ne veut plus voler.

RECELER. Le cerf eft *recelé*, quand il demeure deux ou trois jours dans fon enceinte fans en fortir.

RECHASSER. C'eft faire rentrer dans les forêts les bêtes qui fe font écartées dans les buiffons.

RECLAME, terme de chaffe: il fignifie les pipeaux, les filets, & autres inftrumens avec lefquels on attire les oifeaux pour les faire tomber dans le piége.

Réclame fe dit auffi en fauconnerie des oifeaux de proie qu'on reprend au poing, avec le tiroir & la voix.

RÉCLAMER, rappeller un oifeau de proie pour le faire revenir fur le poing.

REDONNER, terme de vénerie & de fauconnerie: on relance, & on *redonne* un cerf aux chiens, quand on le requête. Un faucon *redonne* à propos quand il fe remet fans peine à la pourfuite d'un gibier.

REFAIT, fe dit en vénerie, de la nouvelle tête du cerf ou du chevreuil.

REFUIR, fe dit en vénerie du cerf & du gibier qui fuit devant le chaffeur, qui rufe & revient fur fes pas pour dérouter les piqueurs.

REFUITE, lieux où vont les bêtes fauves quand on les rechaffe.

REGALIS, terme de vénerie, c'eft la place où le chevreuil a gratté du pied.

REGUINDER. Un oifeau de fauconnerie fe *reguinde*, quand il s'éleve en l'air par un nouvel effort.

REJETS, termes d'oifeleurs: ce font de petites baguettes élaftiques qui fervent dans les piéges qu'on tend aux oifeaux.

RÉINTÉ, un chien *réinté* a les reins larges & élevés en arc; c'eft en lui figne de vigueur.

RELAIS, diftribution qui fe fait dans les forêts, des chiens & des chevaux pour la chaffe des bêtes fauves & pour celles des bêtes noires.

CHASSES.

RELAISSER, fe dit d'un lièvre qui s'arrête fans aller au gite, & qui fe met fur le ventre à caufe de fon exceffive fatigue.

RELANCER. C'eft lancer une feconde fois une bête; on le fait d'ordinaire quand il y a des relais.

RELEVÉ. On dit en vénerie le relevé d'une bête, quand elle fort du lieu où elle a demeuré pendant le jour pour fe repaître.

REMARQUE, cri de celui qui mène les chiens quand il voit partir une compagnie de perdrix.

REMARQUEURS, fe dit en fauconnerie de ceux qu'on mène à la chaffe pour remarquer le départ des perdrix.

REMBUCHEMENT. C'eft quand une bête eft entrée dans le fort, & qu'on brife fur fes voies haut & bas de plufieurs brifées.

Le faux *rembuchement* fe fait quand la bête entre quelques pas dans un fort, & revient tout court fur elle pour fe placer dans un autre fort.

REMBUCHER, fe remettre dans le bois; on dit ce lièvre eft *rembuché*, ce qui le rend difficile à relancer.

REMES ou REMIZ, oifeau très-rare & très-recherché en Ruffie, en Sybérie & en Pologne, à caufe des vertus médicinales qu'on attribue à fon nid. Cet oifeau reffemble au roitelet, & a le chant de la méfange. Il a le dos brun, le bas du corps blanchâtre & tacheté. Sa longue queue & fes ailes font brunes. Son nid qu'il fufpend dans l'enfourchure d'une branche, eft fait d'aigrettes de faule, fortifié de chanvre ou d'ortie.

REMETTRE. En vénerie une perdrix fe *remet*, quand après avoir fait fon vol elle s'abat.

REMISE, lieu où le gibier s'arrête après qu'on l'a fait lever.

REMONTER, terme de fauconnerie, voler de bas en haut.

On dit auffi *remonter* l'oifeau, quand on le lâche du haut d'un côteau.

On fe fert encore de cette expreffion, quand on veut engraiffer un oifeau de proie: il faut, dit-on, *remonter* ce faucon.

REMONTRER. C'eft donner connoiffance des voies de la bête qui eft paffée: il eft, dit-on, essentiel à un bon piqueur de savoir *remontrer* les voies d'une bête qu'on chasse quand une fois on les a perdues.

RENARD. Ce quadrupède ressemble beaucoup au chien, sur-tout par les parties intérieures; il en diffère par la grosseur de la tête, par la longueur de la queue, & sur-tout par une odeur forte qu'il exhale: son caractère est aussi fort différent; car il ne s'apprivoise presque jamais, & meurt d'ennui quand il ne peut recouvrer sa liberté.

Cet animal a les sens aussi bons que le loup, le sentiment plus souple & l'organe de la voix plus parfait. Buffon dit qu'on distingue en lui la voix de la chasse, l'accent du désir, le son du murmure, le ton plaintif de la tristesse & le cri de la douleur.

Le *renard* ne produit qu'une fois par an; ses petits demeurent deux ans à croître, & vivent environ quatorze ans. La chair de cet animal est moins mauvaise que celle du loup, & les hommes comme les chiens peuvent en manger en automne. Sa peau d'hiver fournit de bonnes fourrures.

Le *renard* est très-sujet aux influences du climat, & l'on y trouve presqu'autant de variétés que dans les espèces d'animaux domestiques: le grand nombre des nôtres est roux; mais il y en a dont le poil est gris-argenté. Dans le Nord, on en voit de toutes couleurs, des noirs, des bleus, des gris, des blancs, des roux & des croisés. En général, cet animal est répandu dans presque tous les climats des deux continens: on le trouve en Europe, en Asie, en Amérique, & jusques sous l'équateur.

Le *renard* fait une chasse aussi abondante que le loup, mais la fait plus sûre, parce qu'il trouve en lui-même toutes ses ressources.

Cet animal, doué d'un instinct supérieur, se loge à la portée des hameaux, écoute le chant des coqs & le cri des volailles, prend habilement son temps, cache sa marche, se glisse, se traîne, franchit des clôtures, & arrivé dans une basse-cour, il ne perd pas un seul instant, il met tout à mort, emporte lestement une partie de sa proie, revient ensuite, & continue son manége, jusqu'à ce qu'il soupçonne un péril urgent.

Le *renard* fait la même manœuvre dans les pipées & dans les bocqueraux où l'on prend le gibier au lacet, il devance le piqueur, emporte les oiseaux empêtrés, & cache sa proie sous la mousse ou le genièvre pour ses besoins futurs. Il saisit les jeunes levrauts en plaine, déterre les lapereaux dans les garennes, enlève les perdrix & les perdreaux.

Ce quadrupède est aussi vorace que carnassier; il mange de tout avec une égale avidité, des œufs, du lait, du fruit, & sur-tout des raisins: il est aussi avide de miel, il attaque les abeilles sauvages & les guêpes, s'en laisse percer de mille coups d'aiguillons, ensuite se roule pour les écraser, & enfin les oblige à abandonner leur ruche: il entre alors en vainqueur dans le guêpier & mange la cire avec le miel.

Chasse du renard.

On fait la guerre aux *renards* de toutes les manières: on les chasse avec des chiens courans, pour les forcer; avec des briquets ou des bassets, pour les fusiller; avec des bassets sous terre, pour les fouiller, & on leur tend toutes sortes de piéges.

La chasse du *renard* avec les chiens courans est très-amusante, parce qu'il n'y a jamais de défaut; car le *renard* est très-puant, & ne s'éloigne guère des chiens. Quand on veut le chasser pour le forcer, il faut la nuit avant la chasse, sur le minuit, aller boucher les gueules de tous les terriers, qui doivent être connus des gardes-chasse, & le matin on va quêter le *renard* avec les chiens de meute; car on ne le détourne pas. Quand il est lancé, son premier soin est de revenir à son terrier, mais le trouvant bouché, il retourne dans le bois; & après s'être fait chasser, il revient encore au terrier, où ne pouvant rentrer, il se détermine à se faire battre dans le bois, & quelquefois il fait une fuite très-longue. Comme le *renard* a autant d'haleine qu'un cerf, & tient même plus long-temps, il est à propos de faire des relais, ou tout au moins, de ne lui découpler de meute que les chiens les plus vigoureux, & de garder les vieux, & ceux qui tiendroient le moins, pour ne les donner qu'une heure, ou une heure & demie après le lancé.

Il n'y a point de ruse que le *renard* n'emploie pour se défaire des chiens. Une des principales, quand il se sent mal mené, c'est de fuirer, pour empêter les chiens, & leur empoisonner le nez; mais cela ne dure pas long-temps, & un instant après ils reprennent avec plus de chaleur. Quand il se sent sur ses fins, il se fourre dans quelque trou, ou sous quelque pierre, d'où il ne présente que la gueule, pour se défendre de son mieux; ou bien il se jette à l'eau, dans laquelle il reste au milieu des roseaux, ou sur une petite île, s'il en trouve une; mais les chiens, qui n'en perdent guère le sentiment, finissent toujours par l'étrangler, à moins que, malgré toutes les précautions que l'on a prises de boucher les gueules des terriers, il n'en trouve encore quelqu'une que l'on auroit oubliée, & dans laquelle il se fourre: pour lors il faudroit si l'on ne veut pas perdre le fruit de ses travaux, le fumer, pour l'obliger de fortir, où le déterrer. Lorfqu'il eft pris, on en préfente le pied droit de devant.

Peu de perfonnes chaffent le *renard* uniquement pour le forcer; le plus grand nombre porte des fufils, & on le tire quand l'occafion s'en préfente. La façon la plus ordinaire de chaffer le *renard*, eft avec des baffets, devant lefquels on en tue beaucoup. Lorfque l'on veut fumer un *renard*, il faut bien boucher avec des branches, des feuilles & de la terre, tous les trous du terrier dans lequel il fe trouve, à l'exception d'un feul, qui foit du côté d'où vient le vent, dans lequel vous coulez, d'un pied avant, un morceau de drap foufré, auquel vous mettez le feu. Dès que ce drap commence à brûler & à s'enflammer, vous jettez deffus des feuilles & des brouffailles qui font une groffe fumée que le vent pouffe dans le terrier; & quand on voit qu'il eft plein de fumée, au point qu'elle rétrograde fur elle-même, malgré le vent, on bouche bien ce trou; puis on viendra le lendemain chercher fon *renard*, que l'on trouvera mort à l'entrée.

Avant de parler de la façon de fouiller les *renards*, il eft néceffaire de faire la defcription d'une garenne ou terrier. Les gueules qui paroiffent au dehors, font les entrées des avenues ou chemins couverts qui conduifent aux *maires*, nom des carrefours ou places ovales, qui ont deux, trois, ou quatre pieds de diamètre. Outre les chemins qui aboutiffent de dehors aux *maires*, il y a encore un trou extrêmement étroit, qui a trois pieds de long, & que l'on appelle *fufée*, qui conduit à l'*accul*: quelquefois cette *fufée* eft droite, mais le plus fouvent elle eft courbe. L'*accul* eft une place ronde, de douze ou quinze pouces de haut, fur deux pieds & demi de large, & qui n'a d'autre débouché que la *fufée*. Quand on imagine qu'il y a des *renards* dans un terrier, on y va avec des baffets & des outils, & l'on fait entrer les baffets dans la garenne, après avoir pofté du monde à tous les trous, qu'il eft néceffaire de garder, & de boucher fimplement avec des morceaux de bois, pour ne pas ôter la refpiration aux chiens, à qui l'on parle en ces termes, en frappant des mains: *coule à l'y*, baffets, *coule à l'y*; hou, hou, hou, hou.... Le *renard*, pour l'ordinaire, commence à tenir aux chiens dans la *maire*; alors on frappe fur la terre au-deffus de lui, pour accélérer fa retraite & encourager les chiens, auxquels on parle toujours par la gueule du terrier: mais bientôt l'animal fatigué fait fa retraite dans l'*accul*, après s'être encore défendu quelques temps à l'entrée de la *fufée*, dans laquelle les chiens ne peuvent pas entrer aifément, parce qu'elle eft trop étroite; mais à force de grater, ils l'aggrandiffent. Quand, par le travail des chiens, on juge le *renard* acculé,

pour lors on commence la tranchée, qui ne doit jamais s'ouvrir le long de la *fufée*, mais en croix fur la *fufée*. Il y en a qui fe fervent de tarrières de différentes efpèces, & de beaucoup d'autres outils pour cette opération; mais il fuffit de porter une hache pour couper le bois qui nuit aux travailleurs; deux pioches, dont une pointue & une tranchante; des pelles de fer & de bois, & une tenaille.

Quand on fent, en ouvrant la tranchée, que l'on s'approche de l'animal, on eft fur fes gardes, pour l'empêcher de forcer, & de fe fauver, fans quoi il pourroit vous échapper, & vous perdriez le fruit de votre travail. Dès que l'on commence à l'appercevoir, on cherche à l'attraper par la mâchoire inférieure dans la tenaille, avec laquelle on le tire dehors. A mefure que l'on approche du *renard*, il faut donner les coups de pioche avec beaucoup plus de ménagement, fans quoi l'on rifqueroit de bleffer les chiens: quatre baffets fuffifent pour cette chaffe. Lorfque l'on veut en élever de jeunes, pour les mettre à la chair, il faut d'abord, lorfque l'on prend de jeunes *renards*, les leur faire étrangler; & fi l'on n'en prend point de jeunes, il faut caffer les dents d'en bas d'un vieux, pour qu'il ne puiffe pas leur faire de mal, ce qui les rebuteroit, & on le leur fait pareillement piller & étrangler. Les baffets chaffent ordinairement à fept ou huit mois: ils font très-mordans, & rarement lâchent-ils prife: quand ils fe prennent gueule dans gueule avec un *renard* ou un bléreau, ils étoufferoient plutôt que de l'abandonner.

Outre ces manières de détruire les *renards*, il y en a encore d'autres, comme les piéges, les lacs, &c. On peut auffi les tirer, en les faifant aller dans l'endroit que l'on voudra, par le moyen d'une amorce: la meilleure pour les attirer, eft celle-ci. Vous prenez un pot de terre, au fond duquel vous mettez deux livres de graiffe de viande rôtie, quatre livres d'hannetons, puis une livre de graiffe d'oie rôtie, une matrice de *renarde* en chaleur, fi l'on peut en trouver, ou bien en place un hareng foret, & deux autres livres de graiffe de viande rôtie, avec un peu de galbanum & de camphre: on ferme bien le pot, & on laiffe pourrir le tout pendant fix femaines dans du fumier chaud de cheval. On s'en frotte la femelle des fouliers: on va fur les terriers de *renards*, on fe promène auffi dans les routes de la garenne ou bois, & l'on s'arrête dans l'endroit où l'on veut attirer les *renards*.

Compofition d'une mèche pour faire fortir les renards de leurs terriers.

Prenez des bouts de mèche de coton, de la groffeur du petit doigt; laiffez-les imbiber dans de l'huile de foufre, où l'on jette du ver pilé, qui, en rougiffant, fait mieux brûler le foufre, & roulez-les, pendant qu'ils font tout chauds, dans de l'orpin en poudre, ou arfénic jaune. Faites une pâte liquide de vinaigre fort avec de la poudre à canon : trempez plufieurs fois dedans les mèches, jufqu'à ce qu'elles foient couvertes un peu épais de cette dernière compofition ; puis mettez tremper pendant vingt-quatre heures dans de l'urine d'homme, gardée depuis long-temps, des morceaux de vieux linge, dont on envelope chaque mèche & la compofition qui l'environne, laquelle, en caffant, fe perdroit fans cette précaution : il faut bien lier le linge. Pour en faire ufage, on bouche tous les trous au deffous du vent avec du gazon, à l'exception de celui dans lequel on met la mèche ; & on laiffe débouchés les trous fur lefquels le vent frappe, pour qu'il refoule dans le terrier la fumée que la mèche produit : on allume cette mèche, on la met le plus avant qu'on peut dans le trou que l'on a laiffé débouché au deffous du vent, & que l'on bouche avec du gazon dès que la mèche eft allumée. Rien, dans les terriers, ne réfifte à cette fumée, & les *renards* fortent fur le champ : on les tue, ou bien on les prend avec des panneaux. Quand un terrier a été ainfi fumé, les *renards* font fix mois fans y rentrer.

Pour faire un *lafcoulant*, on prend une corde groffe comme un tuyau de plume, & un bout de canon de fufil, long d'un pied ou dix-huit pouces : on frotte la corde avec de la fiente fraîche de *renard* ; on lime par un bout le canon de fufil, de façon qu'il faffe une fourche, dont les deux bouts font très-pointus ; on fait un trou au canon, par lequel on paffe un des bouts de la corde, à laquelle on fait un nœud, pour qu'elle ne puiffe pas fortir ; puis on repaffe l'autre bout de la corde tout le long du canon, en dedans, pour l'attacher à une branche ou piquet. On tend ce las à une gueule de terrier, ou dans une paffée de *renards* ; & quand ils fe font une fois pris dedans ils ne peuvent plus s'échapper ; le canon les empêche de manger la corde, & les bouts piquants leur percent le col, s'ils tirent trop fort.

Pour empoifonner les renards, on vide des boyaux de mouton ou de cochon, que l'on emplit avec une pâte faite avec de la noix vomique en poudre mêlée dans du fain-doux avec un peu de verre pilé. On coupe ce boudin par morceaux d'un pouce & demi de long, qu'on lie un peu par les deux bouts, & l'on place chaque bout de boudin fur une petite pierre platte avec deux petites tuiles ou ardoifes que l'on met l'une contre l'autre, pour former un toit qui le garantiffe de la pluie. Ou bien on en fait des boulettes de la groffeur une noix que l'on couvre de la moitié d'une

coque d'œuf ; on met à côté un petit morceau de pain frit dans du fain-doux avec un peu de galbanum & de camphre. On peut faire frire, au lieu de pain, du vieux fromage, du jambon ou du hareng foret. Ces gobes fe mettent dans le bois & autour, à deux pas des chemins & fentiers. Cet appât attire les *renards* de fort loin, & tous les matins il faut aller relever les gobes ; & lorfque l'on en trouve de mangées, on fuit la pifte du *renard* que l'on trouve mort à peu de diftance, de l'endroit où étoit placée la gobe.

Un autre appât peu connu, & dont le fuccès eft encore plus affuré eft le fuivant.

Prenez une demi-livre de graiffe douce, & qui ne foit point rance, pour le mieux de la graiffe d'oie, & une livre de pain coupé en petits morceaux, gros comme le pouce. Faites fondre la graiffe dans une cafferole bien étamée & bien nette, & lorfqu'elle fera fuffifamment chaude, jettez-y le pain pour la faire frire au point qu'il prenne une couleur bien blonde, & pas trop rouffe. Un moment avant de le retirer, jettez dans la cafferole gros comme une fève de camphre en poudre, & remuez un peu la cafferole, pour le diftribuer par-tout. Cela fait, retirez le pain, & le mettez dans une boîte, fur une feuille de papier blanc. Ayez enfuite une freffure de mouton fraîche, liée au bout d'une ficelle, & allant fur un terrier où il y a des *renards*, traînez cette freffure de-là jufqu'à l'endroit où vous voulez vous pofter, & à côté de la traînée, de diftance en diftance, mettez un petit morceau de pain frit fur un peu de graine de foin. Il eft à propos, pour cette opération, d'être deux : l'un fait la traînée, & l'autre, marchant à côté, pofe les morceaux de pain ainfi qu'il a été dit. Comme, pour l'ordinaire, les *renards* ne fortent qu'après la nuit clofe, le plus fûr eft de ne faire cette traînée que fur le foir, & de ne fe mettre à l'affût qu'au clair de lune. On fe fert beaucoup de cet appât, en Allemagne, pour prendre les *renards* au piège.

Au lieu des appâts dont on vient de parler, on peut fe fervir d'une poule, qu'on a foin d'attacher, dans un bois, de manière qu'elle ne puiffe s'échapper, liant en même temps une ficelle à quelqu'un de fes membres. De l'arbre où l'on s'eft placé, on tire, de moment à autre, la ficelle ce qui fait crier la poule. A ce cri, les *renards* qui l'entendent ne manquent pas d'approcher, & non feulement les *renards*, mais les fouines, putois, & autres bêtes puantes, s'il y en a dans le bois.

Enfin on tue les *renards* au carnage, comme les loups, c'eft-à-dire, en entraînant, fur le foir, une bête morte, dans un bois, le long de plufieurs chemins aboutiffans à un carrefour, où elle refte pofée à portée d'un arbre, où le tireur puiffe fe placer pendant la nuit. Cette traînée, pour être plus fûre, doit fe faire par un homme à cheval. Elle peut auffi fe faire en rafe campagne. Les loups y viennent comme les *renards*; mais, comme ils font plus défians, ils n'en approchent ordinairement que le fecond jour. Si la bête morte eft une chèvre ou un mouton, on la fixera avec des harts & des crochets enfoncés en terre; car, la première chofe que font les loups, c'eft de chercher à l'enlever.

C'eft fur-tout en hiver, & en temps de neige, que cette traînée réuffit le mieux; & comme elle fe fait le plus fouvent à peu de diftance des fermes ou villages, pour en affurer le fuccès, il feroit bon que plufieurs chaffeurs s'entendiffent pour fe relever, fans bruit, toutes les deux ou trois heures, comme des fentinelles, ce qui feroit d'autant plus à propos qu'en hiver, vû les rigueurs de la faifon, il n'eft pas poffible qu'un homme paffe la nuit entière en faction. Il y a même dans les campagnes telles habitations ifolées & fituées de manière que le carnage puiffe être placé affez à proximité, pour qu'on puiffe y faire le guet par quelque fenêtre ou lucarne, fans fortir de chez foi.

Autre appât & piège.

Ayez un pot de terre verniffé tout neuf, dans lequel vous ferez fondre un quarteron de fain-doux, que vous écumerez jufqu'à ce qu'il foit bien clair; alors vous jetterez dedans une petite pincée d'oignon blanc haché menu comme de la poudre; il fe frira dans l'inftant: retirez enfuite le pot du feu, mettez-y une cuillerée de miel que vous aurez foin de bien mêler; puis ajoutez-y une bonne pincée, comme de tabac, de camphre en poudre: jetez dans cette compofition dix ou douze morceaux de pain, d'environ un pouce en quarré chacun, & vingt ou vingt-cinq autres petits morceaux de pain, de fix lignes de lon-gueur fur trois de largeur, que vous laifferez frire en remettant le pot devant le feu; jufqu'à ce qu'ils foient à-peu-près comme ceux que l'on met fur les épinards: alors ôtant votre pot du feu, vous retirerez les morceaux de pain; vous les mettrez dans un morceau de drap de laine neuf, que vous aurez imbibé de la graiffe du pot: en-fermez ce drap & les amorces dans une boîte, de peur qu'ils ne s'évaporent. Ce morceau de drap fervira pour frotter & graiffer auprès du feu votre piège, qui fera de fer & fans aucune rouille; car le *renard* la fentant, il s'en méfieroit. A chaque fois que l'on fe fert du piège, il eft né-ceffaire de le frotter avec ce drap imbibé de graiffe.

Lorfque vous voudrez tendre le piège, il faudra un, deux ou trois jours auparavant, faire dans la plaine, ou aux environs du bois, mais non dans le bois; car il feroit difficile de faire l'enceinte dont il fera parlé ci-après; il faudra faire, dis-je, deux ou trois trous de la grandeur du piège pour l'y cacher; vous obferverez, en les faifant, que la place où doivent fe trouver le reffort du piège & la perfonne qui le tendra, foit au deffous du vent, felon l'endroit d'où le vent viendra, lorf-qu'on tendra le piège, c'eft-à-dire, que les trous foient difpofés différemment, afin de choifir le plus convenable felon le vent qui foufflera. Le jour pris pour tendre le piège, il eft effentiel que l'homme qui le tend foit au-deffous du vent rela-tivement au piège, afin que le vent emportant loin du piège la tranfpiration de l'homme, le *renard* qui fe méfie toujours, n'ait aucun fenti-ment, ni foupçon du corps humain, lorfqu'il s'ap-proche du piège.

Si-tôt que vos trous feront faits, vous pourrez y jeter quelques amorces, parcequ'en y revenant le lendemain ou furlendemain, fi vous ne les y trouvez plus, ce fera un figne affuré qu'un re-nard a paffé & les a mangées, & vous pourrez compter certainement qu'il reviendra & fe prendra au piège.

N'oubliez point, en tendant le piège & en y mettant l'appât, d'être au deffous du vent; & lorfque le piège fera tendu, couvrez l'ouvrage du reffort d'un morceau de papier graiffé, afin que la paille ramée, dont il fera ci-après parlée, n'entre point dans le reffort, & ne l'empêche pas de partir.

Couvrez votre piège avec de la paille d'orge ramée: & pour faire encore mieux, mettez par-deffus du crotin de cheval, bien écrafé & épar-pillé, de forte que le *renard* ne voie point le piège. L'amorce attachée au piège fera au deffus de la paille & du crotin, afin que la bête la puiffe appercevoir & fentir.

Le piège étant ainfi tendu, prenez un chat grillé, ou pour le mieux un *renard* grillé, atta-chez-le au bout d'une corde, & le traînez de-puis le piège, en commençant au deffus du vent, & formant une grande enceinte d'un quart de lieue ou d'une demi-lieue, que vous viendrez fermer où vous l'aurez commencée. Ne paffez point dans l'intérieur de cette enceinte, & à mefure que vous traînerez ce chat ou *renard* grillé, femez fur la terre, à tous les cinquante ou foi-xante pas, une des petites amorces de pain frit.

Le lendemain vous trouverez le *renard* pris tout en vie au piège. On obfervera de tenir les chiens à l'attache pendant que les piéges feront tendus, parcequ'ils font très-friands des amorces que l'on a préparées pour les *renards*.

Cette amorce eft fi puiffante pour les *renards*,

que, fi l'on en prend un au piège, & qu'après l'avoir marqué on le lâche, il reviendra s'y prendre encore.

Le même procédé peut auffi être employé pour prendre les loups.

Pour ôter aux piéges le goût de fer, on met environ vingt gouttes de bonne huile d'olive fur un morceau d'étoffe verte dont on graiffe les piéges, qu'on ne retire pour les paffer au feu qu'après qu'un renard s'y eft pris. Si le piège refte long-temps fans effet, il faut le démonter & l'effuyer avec un linge propre ; on ne doit y fouffrir ni tache ni rouille, & ne le toucher que le moins qu'il eft poffible. Ce procédé a été juftifié par les plus grands fuccès ; & l'inventeur a, dit-on, fait périr par ce moyen jufqu'à vint mille *renards*.

Voyez la planche IX & autres planches des chaffes, tome 9 des gravures des arts, & l'explication à la fin de ce dictionnaire.

RENTRÉE, en terme de vénerie, c'eft le temps que le gibier rentre dans le bois le matin, & où on fe met à l'affut pour le tirer.

RENTRER, terme fynonyme de *fe rembucher*.

REPAIRE, (terme de vénerie), crotte de lièvre.

REPOSÉE, lieu où les bêtes fauves fe mettent fur le ventre pour y dormir pendant le jour. La *repofée* du cerf fe nomme quelquefois lit & chambré.

REPRISE. Un oifeau qui s'arrête plufieurs fois dans fon vol, eft dit voler à *reprife*.

REQUÊTÉ, nouvelle chaffe que l'on fait du gibier, quand on eft en défaut, qu'on a perdu fes voies & qu'on le fait relancer. On dit dans le même fens, *requêter* un cerf ou un chevreuil.

RESSUI, endroit où le cerf fe fauve pour fe repofer & laiffer fécher fa fueur.

REVENU. En terme de vénerie, c'eft la queue qui revient aux perdreaux & le bois qui renaît à la tête du cerf, du daim & des chevreuils.

REVOIR, pifte de la bête qu'on chaffe. On dit *revoir* du cerf par le pied, pour dire faire revue de fes voies.

RHABILLER, terme de fauconnerie. On *rhabille*; c'eft-à-dire qu'on raccommode les plumes d'un oifeau de proie.

RHAD, petite outarde huppée d'Afrique, dont on diftingue deux efpèces. L'une a la tête noire, la huppe d'un bleu foncé ; le deffus du corps & des ailes jaunes tacheté de brun, la queue d'une couleur plus claire rayée tranfverfalement de noir.

L'autre efpèce eft de la groffeur d'un poulet, & n'en diffère que par la forme de la huppe, & par quelques variétés de couleur dans le plumage.

Ces oifeaux font beaucoup de bruit en s'élevant de terre, ce qui leur a fait donner, par les Africains, le nom de tonnerre.

RHENNE, f. m., quadrupède inconnu aux anciens, & qui paroît naturel aux climats feptentrionaux : c'eft un animal à-peu-près de la grandeur du cerf, & qui porte un bois comme lui.

Il a autrefois exifté en France, puifque du Fouilloux dans fa vénerie apprend la méchanique de fa chaffe ; il eft certain qu'il n'y exifte plus aujourd'hui, parce que le climat eft devenu plus tempéré.

Le *rhenne* ne fe voit guère maintenant dans les deux continens, qu'au-delà du cercle polaire.

Ce quadrupède ne va pas par fauts & par bonds, comme le cerf & le chevreuil : fa marche eft une efpèce de trot extrêmement vif & rapide ; il habite les montagnes, marche en troupes, & s'apprivoife aifément. C'eft prefque le feul animal domeftique des lapons. Dans ce climat glacé, qui ne reçoit du foleil que des rayons obliques, où la neige couvre la terre pendant neuf mois, on ne pouvoit nourrir des troupeaux ; mais on y a fuppléé par l'ufage des *rhennes*, & cet animal vaut peut-être pour le lapon autant que trois de nos animaux domeftiques.

Le *rhenne* tire des traîneaux & des voitures, fait trente lieues par jour, & court avec autant d'affurance fur les glaçons que fur la peloufe ; fon poil fournit de bonnes fourrures, & fa chair eft encore bonne à manger ; ainfi il vaut le cheval, la brebis & le bœuf réunis.

Cet animal fe nourrit pendant l'hiver d'une mouffe blanche qu'il fçait trouver fous la neige, en fouillant avec fon bois, & avec fes pieds ; en été il vit de boutons & de feuilles d'arbres ; on fait des troupeaux de *rhennes* ; on les mène au pâturage & on les ramène à l'étable, ou on les enferme dans des parcs pour les mettre à l'abri des infultes des loups.

Ces quadrupèdes, qu'on pourroit appeler les cerfs du cercle polaire, jettent leur bois tous les ans, & fe chargent de venaifon : ils font en rut vers la fin de feptembre. Les femelles portent huit mois, & ne produifent qu'un petit : le jeune *rhenne* n'acquiert qu'après quatre ans révolus fon entier accroiffement ; c'eft alors qu'on commence à le dreffer , & pour le faire fûrement on a recours à la caftration.

Les *rhennes* font toute la richeffe de ces peuples que la nature marâtre a confinés aux extrémités de l'univers. Ils fe couvrent pendant l'hiver de fes fourrures ; l'été ils fe fervent des peaux dont le poil eft tombé ; ils favent auffi filer ce poil pour en faire du fil & de la corde ; ils en mangent la chair, ils en boivent le lait & en font d'excellens fromages : ôtez les *rhennes* au lapon , vous lui ôtez la moitié de fon exiftence.

Le *rhenne* a dans le Nord deux ennemis parmi les animaux, le loup & le glouton : il fe défend contre le premier avec fes pieds de devant ; mais il n'a aucune reffource contre l'adreffe & la force du fecond : cet animal grimpe fur un arbre pour l'attendre au paffage ; & dès qu'il fe voit à portée, il s'élance fur lui, s'attache fur fon dos, lui entame la tête avec les dents, & ne l'abandonne pas qu'il ne l'ait égorgé.

Chaffe des rhennes.

Ordinairement les lapons fe fervent des *rhennes* domeftiques pour chaffer les *rhennes* fauvages : ils choififfent la faifon où les femelles font en rut, & s'arment de filets , de hallebardes , de flèches & de moufquets. On attache les femelles domeftiques à quelques arbres , & on fe met à l'affut : ces animaux appellent les mâles, & lorfqu'ils font fur le point de les couvrir , les chaffeurs les tuent d'un coup de flèche ou de moufquet.

Au printemps, quand la neige commence à fe fondre, & que le dégel empêche les *rhennes* de courir, les lapons chauffés de leurs raquettes les pourfuivent & les atteignent.

Quelquefois on les pouffe, à l'aide des chiens, dans des filets , on fe fert alors d'une efpèce de retz formé de perches entrelacées les unes dans les autres , & qui reffemblent à deux grandes haies champêtres ; ces fortes d'ailées ont quelquefois deux lieues d'étendue.

On préfère ces *rhennes* fauvages aux *rhennes* domeftiques pour les atteler au traîneau , parce qu'ils font plus robuftes & plus vigoureux ; ils font auffi bien plus difficiles à conduire : dans des momens de caprices ils fe retournent brufquement contre les lapons , & les attaquent à coup de pieds , en forte que ceux-ci n'ont d'autres reffources que de fe couvrir de leurs traîneaux , jufqu'à ce que la colère de ces animaux foit paffée.

RHINOCEROS, f. m. , le plus grand & le plus robufte de tous les animaux après l'éléphant. Quoique fon nom foit grec, il étoit inconnu à Ariftote , & ce ne fut que trois cents ans après lui que Pompée fit voir à l'Europe le premier *rhinocéros*.

Cet animal a au moins douze pieds de long depuis l'extrémité du mufeau jufqu'à l'origine de la queue , & fept pieds de hauteur. Il approche donc de l'éléphant par la maffe du corps , mais il en diffère beaucoup par les facultés naturelles & par l'intelligence.

En 1739 on vit à Londres un *rhinocéros* envoyé de Bengale : on le nourriffoit avec du riz , du fucre & du foin ; fa boiffon n'étoit que de l'eau : il étoit d'un naturel tranquille & fe laiffoit toucher fur toutes les parties du corps ; il ne devenoit méchant que quand on le frappoit , ou qu'il avoit faim : fa peau paroiffoit impénétrable , & en la prenant avec la main on croyoit toucher une planche d'un demi-pouce d'épaiffeur ; il écoutoit avec une efpèce d'attention fuivie tous les bruits qu'il entendoit , & lors même qu'il étoit endormi ou qu'il étoit occupé à manger , il s'éveilloit à l'inftant , levoit la tête & écoutoit avec conftance jufqu'à ce que le bruit eût ceffé.

Le *rhinocéros* a une corne fur le nez qui a entre trois & quatre pieds fur fix à fept pouces de diamètre à la bafe : c'eft avec cette corne que cet animal attaque & bleffe fouvent à mort les éléphans de la plus haute taille ; mais auffi s'il manque fon coup, il eft à l'inftant terraffé & tué.

La corne du *rhinocéros* fert aux indiens à faire plufieurs ouvrages au tour & au cifeau : on l'eftime plus que l'ivoire de l'éléphant.

Le *rhinocéros* fans être ni féroce ni carnaffier , ni même extrêmement farouche , eft cependant intraitable. Il eft , dit M. de Buffon, brufque , fans intelligence , fans fentiment & fans docilité ; il faut même qu'il foit fujet à des accès de fureur que rien ne peut calmer, car celui qu'Emmanuel , roi de Portugal , envoya au pape en 1513 , fit périr le bâtiment fur lequel on le tranfportoit. Cet animal eft auffi fort porté à fe rouler dans la fange. Il a mille défauts qu'il ne paroît racheter par aucune qualité.

Le *rhinocéros* en naiffant n'a point de corne fur le nez ; il croît pendant une quinzaine d'années, & en vit environ quatre-vingt.

Ce quadrupède qui n'eft point utile comme l'éléphant , eft auffi nuifible que lui par le dégât prodigieux qu'il fait dans la campagne. Il n'eft bon que par fa dépouille : les nègres & les indiens trouvent fa chair excellente ; fa peau fait un cuir admirable ;

fa corne fert aux ébéniftes, & fon fang, dit-on, fait dans certain cas un bon contrepoifon.

Le *rhinocéros* n'eft point carnivore; ainfi il n'inquiète point les petits animaux : il ne craint pas les grands, vit en paix avec tous, & même avec le tigre, qui fouvent l'accompagne fans ofer l'attaquer.

On trouve cet animal en Afie & en Afrique, à Bengale, à Siam, à Laos, au Mogol, à Sumatra, à Java, en Abyffinie, en Ethiopie, & jufqu'au Cap de Bonne-Efpérance : il y en a par-tout où l'on trouve des éléphans, mais il s'en faut bien que l'efpèce en foit auffi répandue.

Chaffe du rhinocéros.

La chaffe la plus fimple & la plus périlleufe du *rhinocéros*, eft d'attaquer la mère à coups de piques, de la tuer & d'enlever fon petit; mais on ne chaffe pas ainfi impunément : le *rhinocéros* met d'abord fon petit en fûreté, enfuite va au feu avec courage, & renverfe devant lui hommes & chevaux.

L'induftrie vient avec raifon à l'appui de la force dans la chaffe du *rhinocéros* : on conftruit dans les lieux que fréquente cet animal une cabane à plufieurs portes, entourée d'arbres & de feuillages, on y renferme une femelle en chaleur, & on laiffe ouverte la porte antérieure; à peine l'animal eft-il entré que la porte fe ferme, & le *rhinocéros* fe trouve pris.

Les afriquains ont une autre méthode : ils ouvrent dans les lieux où va le *rhinocéros* de larges foffés qui vont en retreciffant vers le fond; ils les couvrent de gazons & de feuillages, & l'animal qui tombe dans ce piége ne peut en fortir qu'en perdant fa liberté.

Les hottentots joignent encore à cette méthode un autre artifice: ils enfoncent au milieu de la foffe un pieu très-pointu; le *rhinocéros* en tombant fe perce la poitrine, & les chaffeurs l'achèvent à coups de zagayes.

Il y a fort peu de parties du *rhinocéros* où l'on puiffe le bleffer : l'acier de Damas & le fabre du Japon n'entament pas fa peau : la lance ne peut la percer, elle réfifte même aux balles du moufquet : les feuls endroits pénétrables dans ce corps cuiraffé, font le ventre, les yeux & les oreilles. Auffi les chaffeurs au lieu d'attaquer cet animal de face & debout, attendent qu'il s'endorme, s'en approchent en filence, & lui lâchent tous enfemble leur bordée dans les endroits que la balle peut entamer.

Le *rhinocéros* a l'odorat fort fubtil : il fent de fort loin les animaux, & marche toujours vers eux en droite ligne : il renverfe tout ce qu'il rencontre, arbres, pierres, buiffons, rien ne fauroit le détourner. Quand il ne rencontre rien, il baiffe la tête; & fait des fillons fur terre. Si par hazard un homme l'attaque, ou feulement qu'il ait un habit rouge, il le faifit & le fait voler par-deffus fa tête avec une telle force, que la violence de fa chûte fuffit pour l'écrafer : on l'évite en ferpentant; car cet animal, à caufe de la maffe de fon corps, ne fe tourne qu'avec peine, & il ne fe fouvient plus de fon ennemi quand il ne le voit plus (*Diction. des chaffes.*).

RHINOCEROS-OISEAU. C'eft une efpèce de corbeau-cornu des Indes. Il eft beaucoup plus grand que les corbeaux d'Europe. Il a le bec petit par rapport à fon corps.

RICHS ou RICHE, petit quadrupède du genre du lièvre. Il eft couvert de poils d'un très-joli gris. On élève de ces animaux en Suède, en Pologne, & en plufieurs autres pays à caufe du profit qu'on retire de leur fourrure.

RIDÉES. En venerie on donne ce nom aux fientes & fumées qui font *ridées*, quand elles viennent de vieux cerfs ou de vieilles biches.

ROI DES CAILLES, efpèce de râle noir ou de râle de genêt qui a, dit-on, l'emploi de conduire les cailles dans le temps de leur émigration & dans leur paffage d'un climat à un autre.

ROI DES COUROUMOUX, efpèce de poulet-d'Inde, dont la couleur très-douce eft relevée par le noir du collier qui le pare.

ROI DE GUINÉE, oifeau plus petit qu'une poule, ayant un riche plumage & une belle huppe. Il fe trouve dans l'Afrique méridionale vers le royaume de Congo.

ROITELET ORDINAIRE ou PASSEREAU TROGLODYTE. Ce petit oifeau pèfe environ trois onces; fa longueur totale eft de quatre pouces & demi, & fon envergure de fix & demi. Il a la tête, le cou & le dos d'un bai-brun avec des lignes noires tranfverfales fur les ailes & la queue. Son bec eft long d'un demi pouce, menu, jaunâtre en deffous & brun en deffus.

Le *roitelet* vole bas. Son effor eft de peu de durée : il rampe plutôt à travers les haies & les trous des foffés & des murailles; il fait fon nid dans la forme d'un œuf dreffé fur un de fes boules. Il aime la folitude : il eft jaloux & ne fouffre pas un autre mâle dans fon voifinage. Cependant il eft eſt toujours gai, alerte & vif. Il ſe nourrit de vers, d'araignées & de petits inſectes. Son ramage eſt agréable, fréquent & fort. On l'apprivoiſe aiſément.

Le *roitelet huppé* eſt le plus petit des oiſeaux d'Europe. Il a ſur la tête une belle huppe d'un jaune doré, mélangé de couleur de ſafran. Il fait mouvoir à volonté cette huppe, & peut même la rabattre ſur ſon cou. Il a le cou & le dos d'un vert ſombre, tirant ſur le jaune. Son bec eſt délié, noir, droit & court. Ses pattes & ſes griffes ſont jaunâtres. Le *roitelet* huppé ſe nourrit de petits inſectes, & ſe gliſſe auſſi dans les brouſſailles.

Il y a un *roitelet non-huppé* plus petit que le *roitelet* ordinaire & plus grand que le précédent. Il a le plumage d'un vert ſombre. Son bec eſt brunâtre & fort délié. Ses jambes & ſes pieds ſont petits, jaunâtres dans le mâle & noirâtres dans la femelle. Son ramage reſſemble au ton rauque des ſauterelles. Il fréquente les bois & les déſerts, & ſe perche ſur le ſommet des chênes.

ROLLIER, ſ. m. Cet oiſeau eſt encore connu ſous le nom de *geai de Straſbourg* & de *perroquet d'Allemagne*. Il eſt oiſeau de paſſage, & fort rare en France. Le *rollier* eſt à-peu-près de la groſſeur d'un geai; mais il a le bec moins gros & les pieds beaucoup plus courts à proportion. Il a auſſi les ailes plus longues. Son plumage eſt un mélange des plus belles nuances de bleu & de vert, avec du blanc, & d'autres couleurs plus obſcures. Le *rollier* ſe mêle ſouvent avec les pies & les corneilles, dans les champs labourés qui ſe trouvent à portée des forêts qu'il habite; car il ſe tient toujours dans les bois les plus épais & les moins fréquentés. Il paroît au mois de mai, & s'en va en ſeptembre. On le voit quelquefois en Lorraine, rarement dans le cœur de la France. Salerne parle d'un de ces oiſeaux tué de ſon temps, près de Cléry dans l'Orléanois, & dit qu'il n'eſt pas très-rare d'en voir en Sologne.

ROMPRE LES CHIENS, terme de chaſſe. C'eſt les tirer des voies de la bête qu'ils pourſuivent : ce qui arrive quand un chaſſeur maladroit paſſe au travers de la meute lorſqu'elle court.

ROND. Le faucon volé en *rond* quand il tournoie autour de ſa proie.

RONDON. L'oiſeau de proie fond en *rondon*, quand il fond avec impétuoſité ſur ſon gibier pour l'aſſommer.

Chasses.

RONGER. En vénerie on dit que le cerf *ronge*, quand il rumine.

ROQUET, eſpèce de lézard qui ſe trouve à la Guadeloupe, & dans les petites îles adjacentes. Ce lézard a environ un pied de long. Il a les yeux étincelans & vifs. Sa peau eſt de couleur de feuille morte tiquetée de points jaunes & noirâtres. Il porte la queue retrouſſée en arcade ſur le dos. On le voit toujours ſauter autour des hommes qu'il prend plaiſir à regarder.

ROSSIGNOL. Oiſeau ſolitaire, & connu par le charme de ſa mélodie, qui l'a fait appeler le chantre de la nature. On en diſtingue de pluſieurs eſpèces.

Le *roſſignol franc*; oiſeau de paſſage, plus petit que le moineau & infiniment plus léger, eſt très-timide, ſur-tout quand il n'eſt pas apprivoiſé : le mâle chante avec agrément; mais la femelle eſt muette; il n'y a point d'oiſeau auſſi jaloux; on n'en voit jamais deux enſemble, ſoit pour chanter, ſoit pour voyager, ſoit pour vivre en ſociété.

Aucun oiſeau ne montre auſſi plus d'amour pour ſa femelle, ni plus d'attachement pour ſes petits qu'il élève avec tendreſſe & qu'il inſtruit à chanter. Le bec du *roſſignol* eſt longuet, tendre, flexible & noirâtre. Quand il l'ouvre il fait voir un large goſier de couleur jaune-orangé. Il a la tête, le cou & le dos couverts d'un plumage fauve. La gorge, la poitrine & le ventre ſont d'une couleur cendrée. Il vit d'inſectes & d'araignées.

Il y a des naturaliſtes qui admettent trois eſpèces de *roſſignols francs*; le *roſſignol de montagne*, le *roſſignol de campagne*, & le *roſſignol d'eau* : mais il eſt probable que ces trois oiſeaux ne ſont que des variétés de la même eſpèce.

Le *roſſignol de muraille* chante moins mélodieuſement que celui que nous venons de décrire : cet oiſeau eſt d'un caractère très-ſauvage; il aime à manger, à faire ſon nid & à gazouiller ſans être vu; & même ſi quelqu'un touche à ſes œufs, il les abandonne pour toujours.

En général le *roſſignol* eſt un oiſeau fort maigre; cependant on réuſſit à l'engraiſſer, & à en faire un mets digne d'être mis en parallèle avec la chair de l'ortolan.

ROT-JE. Petit oiſeau du Groenland, dont le

chant reſſemble au cri d'un petit rat. Cet oiſeau eſt de couleur noire.

ROUC. Nom qu'on donne en Arabie au condor. Voyez ce mot.

ROUÉE. On dit que les têtes des bêtes fauves ſont rouées, quand leurs perches ſont ſerrées & peu ouvertes.

ROUGE-CAP, petit oiſeau de la Guiane. Il eſt d'un beau noir au-deſſus du corps, & d'un blanc de neige au-deſſous. Il a la tête & la gorge de couleur écarlate. Les pieds & le deſſus du bec ſont noirs.

ROUGE-NOIR, autre oiſeau de la Guiane & de Cayenne. C'eſt une eſpece de gros-bec. Il a tout le corps rouge, & la poitrine & le ventre noirs.

ROUGE-QUEUE, oiſeau du genre des fauvettes, ou de l'eſpece du roſſignol de muraille, dont les couleurs ſont très-variées à raiſon des climats qu'il habite. Il y en a qui ont des colliers, d'autres des huppes. On en trouve au Bengale, dans la Chine, & dans les contrées de l'Amérique méridionale.

ROUGETTE, quadrupède ailé du genre des chauve-ſouris, dont le poil eſt cendré-brun, qui a cinq pouces & demi de long, & deux pieds d'envergure, qui reſſemble parfaitement à la rouſſette, & qui paroit originaire des climats chauds de l'ancien continent.

Cet animal eſt grand, fort & méchant; il fait beaucoup de dégâts le jour comme la nuit; il tue les volailles & les petits animaux, & ſe jette même ſur les hommes qu'il déchire au viſage par des morſures cruelles.

La rougette a des ailes comme la chauve-ſouris, & c'eſt peut-être d'après ce quadrupède ailé que l'imagination des anciens poëtes a enfanté les harpies.

On trouve & on chaſſe ce monſtre ailé aux îles de Bourbon, de Ternate & de Madagaſcar, aux Philippines, & dans les autres îles de l'Archipel indien: il eſt plus rare dans la terre ferme.

ROUPEAU. Eſpèce de héron des côtes de Bretagne, qui fait ſon nid ſur les rochers. Voyez le mot HERON.

ROUSSEROLE ou ROSSIGNOL DE RIVIERE ou ALCYON VOCAL. C'eſt de tous les oiſeaux de rivière celui qui a le chant le plus mélodieux & le plus ſoutenu. Il ſe perche ſur les roſeaux, & ſur les arbres au bord des eaux. Ses jambes & ſes pieds ſont de couleur cendrée. Il a le bec tranchant, il ſemble huppé, ayant de longues plumes ſur la tête. Cet oiſeau vit d'inſectes. Il eſt fort commun dans le Maine & en Touraine.

ROUSSETTE, quadrupède ailé, dont le poil eſt d'un roux-brun, qui a neuf pouces de long & trois pieds d'envergure : il a comme les chauveſouris des membranes qui lui tiennent lieu d'ailes, & reſſemble à la rougette.

Les rouſſettes ſont des animaux carnaſſiers & voraces; ils ſe nourriſſent de végétaux, quand la chair ou le poiſſon leur manque; ils boivent avec plaiſir le ſuc de palmiers, & on a trouvé le moyen de les enivrer & de les prendre en mettant à portée de leur retraite des vaſes remplis d'eau de palmiers.

Ces quadrupèdes ailés ſont fort laſcifs, & leur chair n'eſt bonne que quand ils ſont jeunes : les indiens leur trouvent alors le goût de celle du lapin.

On a prétendu que la rouſſette ſuçoit le ſang de l'homme & des animaux endormis ſans les réveiller. Ce fait eſt-il vraiſemblable?

ROUSSETE, petit oiſeau de la grandeur de la fauvette, dont le plumage eſt rouſſâtre, & qui vit de vermiſſeaux.

ROUTAILLER, terme de vénerie. C'eſt chaſſer un ſanglier, un loup, avec un chien que l'on tient au trait.

ROUTE, grand chemin dans les bois.

ROUVERDIN, ſ. m., petit oiſeau de paſſage qui a le corps entièrement vert, la tête rouſſe, & la poitrine de couleur bleue. On le trouve en diverſes contrées de l'Amérique.

RUBIN, ſ. m. C'eſt le gobe-mouche rouge huppé de la rivière des Amazones, & le plus brillant de cette famille nombreuſe. Sa taille eſt fine : ſa huppe, d'un beau rouge cramoiſi, s'étale en rayons ſur ſa tête. Il a le deſſus du corps & les ailes d'un cendré brun. Son bec eſt très-plat, & long de ſept lignes.

RUSER. On dit en vénerie qu'une bête fauve ruſe, quand elle va & vient ſur les mêmes voies pour ſe défaire des chaſſeurs & des chiens qui la pourſuivent.

RUT , amour des bêtes fauves.

Le cerf entre en *rut* en septembre ; & y reste trois semaines : les jeunes n'y entrent qu'après les vieux.

Le *rut* des chevreuils commence en octobre, & ne dure que douze ou quinze jours.

Le *rut* des lièvres est plus incertain que celui des bêtes fauves ; il se fait ordinairement dans les mois de janvier & de décembre.

Le *rut* des loups dure depuis la fin de décembre jusqu'au commencement de février.

Le *rut* du sanglier dure tout le mois de décembre.

Celui des renards , comme celui des loups.

S.

SACRE, f. m., oiſeau de proie du genre du lanier auquel il reſſemble par ſon bec & ſes pieds bleus, mais il en diffère par la grandeur, ou par les couleurs de ſon plumage. On donne le nom de ſacret tiercelet à la femelle du ſacre.

SAGITTAIRE, f. m., oiſeau de proie qu'on trouve aux environs du Cap de Bonne-Eſpérance. Cet oiſeau a ſon plumage de couleur plombée mêlée d'un blanc ſale, & de noir. Ses jambes ſont longues, nues & membraneuſes. Il a la tête ornée de plumes noires pendantes, longues de quatre à cinq pouces entre-mêlées de petites plumes. Son bec eſt crochu. Il ſe nourrit de poiſſon, & de reptiles. Il marche à grands pas, & ſaute plus qu'il ne vole.

Les habitans vont à la chaſſe de ces oiſeaux, & tachent de les prendre encore jeunes, & de les élever tant pour leur plaiſir, que pour nétoyer-leurs maiſons de ſouris, de rats, de lézards, de crapauds, de ſerpens &c.

SAGOUIN, f. m., eſpèce de ſinge. Il y en a qui ne ſont pas plus gros que le poing. Ce joli petit animal eſt long de ſept pouces & demi ou environ & ſa queue de onze. Ses oreilles ſont longues, entourées de longs poils blancs. Il a les ongles longs, crochus & aigus, excepté ceux des pouces des pieds de derrière qui ſont courts & arrondis. Tous ſes poils ſont fins & doux au toucher, variés de brun, de roux & de gris blanc. Il y a pluſieurs eſpèces de ſagouin, tous délicats, & difficiles à conſerver, hors des climats chauds.

SAIGA ou SEIGAK, eſpèce d'animal qui ſe trouve en Pologne, en Hongrie, en Tartarie, & dans la Sibérie méridionale. Il paroit tenir le milieu entre la gazelle & la chèvre domeſtique. Ses cornes ont des ſtries longitudinales, elles ſont blanches & tranſparentes. Le ſaiga ſaute avec légèreté, il habite les plaines & les collines, ſa chair eſt excellente.

SAJOU, f. m., nom d'un ſinge à queue prenante, dont on diſtingue deux eſpèces. L'un eſt le ſajou gris; l'autre le ſajou brun ou ſinge capucin. Il eſt originaire du Bréſil. La queue du ſajou lui ſert de main. Cet animal eſt vif, agile, adroit, léger, il fait des tours & des gentilleſſes agréables. Il ſe plait dans nos climats. Il

peut même y faire des petits. C'eſt un ſpectacle plaiſant de voir comme le père & la mère jouent avec leurs enfans, les élèvent, les careſſent & même les corrigent.

SAISONS. Le chaſſeur doit ſavoir quelles ſont les ſaiſons favorables à certaines chaſſes.

Le printemps ſemble d'abord une ſaiſon morte pour la chaſſe, parce que les animaux ſe cachent alors pour travailler au grand ouvrage de la génération : on trouve cependant le matin des ramiers & des tourterelles; & le ſoir des lièvres & des lapins. C'eſt auſſi dans cette ſaiſon qu'on va à la chaſſe du chevreuil & des bêtes fauves qui commencent à brouter le bourgeon; c'eſt dans les taillis qu'il faut les aller ſurprendre.

Pendant l'été on chaſſe les bêtes fauves, mais peu commodément : on ne réuſſit guères dans cette ſaiſon que dans la chaſſe des cailles.

L'automne eſt le temps le plus favorable pour la chaſſe, ſoit ſur la terre, ſoit dans les airs : les animaux ont alors tout l'embonpoint que la nature peut leur donner.

Preſque tous les oiſeaux deviennent dans l'automne la proie des chaſſeurs : on trouve alors le ramier & la tourterelle dans les grains coupés; on tire les perdreaux dans les chaumes, & les oiſeaux aquatiques ſur le bord des rivières; les grues, les oies ſauvages, les poules d'eau, les bécaſſines & les outardes ne peuvent échapper à notre pourſuite : on va auſſi avec ſuccès à la chaſſe des bêtes noires & à celle des bêtes fauves.

Les chaſſeurs trouvent dans l'hiver, non-ſeulement le gibier ordinaire, mais encore les oiſeaux de paſſage, qui viennent du nord ſe réfugier dans les marais & le long des rivières.

Quand la gelée eſt forte, on fait un grand abattis d'oiſeaux marécageux. Dans les pays abondans en poiriers, on trouve beaucoup de biſets & de ramiers : vers le dégel, on chaſſe aux pluviers & aux ſarcelles; quelquefois on pourſuit ſur la neige les perdrix.

SALAMANDRE, f. m., eſpèce de lézard de cinq à ſix pouces de long. Sa tête eſt plate comme celle des crapauds. Le deſſus de ſon corps eſt d'un noir tiqueté de jaune. Sa peau eſt aſſez liſſe & ſans écailles. On voit ſur le long de l'epine du dos deux rangs parallèles de mamelons. Il y a ſous ſa peau un eſpèce de lait qui jaillit fort loin quand on preſſe l'animal : il s'en faut bien qu'il ait la légèreté du lézard : la ſalamandre eſt triſte & pareſſeuſe ; c'eſt le hibou des reptiles, elle vit au pied des vieilles murailles, dans les haies anciennes & ſous les décombres ; quand le ciel eſt ſerein, elle n'oſe ſe montrer à cauſe de l'ardeur du ſoleil, & en hiver elle reſte ca- chée & engourdie à cauſe de la rigueur du froid. Cet animal n'eſt pas rare en France, en Italie, en Suiſſe & en Allemagne.

La ſalamandre eſt célèbre par les fables qu'ont débitées ſur elle les hiſtoriens.

On a dit d'abord qu'elle étoit venimeuſe ; mais Maupertuis a prouvé par pluſieurs expé- riences exactes qu'elle ne mordoit pas, lors même qu'elle étoit irritée ; que quand elle mor- doit, elle ne diſtilloit aucun venin dans les bleſſures, & que ſa chair en aliment, étoit inſi- pide, mais non mal-ſaine.

Les anciens ont ſur-tout vanté la propriété de la ſalamandre de vivre dans les flammes : on a beaucoup raiſonné ſur ce fait étrange : à la fin, au lieu de donner la torture à leur imagi- nation, des philoſophes ont jetté dans le feu quelques-uns de ces animaux ; ils y ont été con- ſumés, & tout a été expliqué.

On a dit auſſi que la ſalamandre n'avoit point de ſexe : un naturaliſte en ayant ouvert, vit qu'elle étoit en même-temps ovipare & vivi- pare, & compta dans ſon corps cinquante-quatre petits bien organiſés preſqu'auſſi agiles que la mère.

La ſalamandre eſt peu hardie ; ſi on la bat, elle commence par redreſſer ſa queue, & ſi on redouble les coups, elle contrefait la morte. Elle périt difficilement ; trempée dans le vi- naigre ou dans le ſel en poudre, elle y périt en convulſion comme les vers & le lézard, elle ſe nourrit de mouches, de ſcarabées & de lima- çons.

Il y a auſſi une eſpèce de ſalamandre aquatique, qu'on trouve dans les foſſés des villes & dans les étangs, elle marche à pas de tortue, & ſon cri approche de celui de la grenouille. Le cé- lèbre Dufay prétend que pendant le printemps & l'été, cet animal change de peau de quatre jours en quatre jours, & qu'il vit non pas dans le feu, mais dans la glace.

SALIAN, oiſeau du Bréſil, de la grandeur d'un coq ; il a le bec & les jambes d'une cigo- gne, il ne vole point, mais il court avec tant de rapidité, qu'un chien de chaſſe ne peut l'atteindre à la courſe.

SANGLIER, ſ. m. Le ſanglier eſt un cochon ſauvage qui reſſemble beaucoup au porc privé, avec la différence néanmoins que le ſanglier a les oreilles droites, plus petites, & pointues ; qu'il eſt noir, a les défenſes plus grandes, le boutoir plus fort, & la hure plus longue, les pieds plus gros, & le dos plus arrondi, au lieu que les co- chons domeſtiques l'ont plus uni. Les ſangliers ont quarante-quatre dents ; les principales ſont les défenſes, qui ſont placées aux deux côtés de la mâchoire inférieure, & qui ſortent en dehors ; ainſi que les deux de la mâchoire ſupérieure, que l'on nomme les grais, parce qu'elles ſervent à raiguiſer les deux premiè- res. Les défenſes ſont ſi aiguës & ſi tranchantes, que ſi vous paſſez la main deſſus, vous vous cou- pez comme avec un couteau : il y a qui en ont de huit à neuf pouces de long. Ils ont ſix dents au devant de la mâchoire inférieure, qui ſont inciſives & tranchantes, & ſix à la mâchoire ſupérieure, qui ſont longues, cylindriques, & émouſſées ; de ſorte qu'elles forment un angle preſque droit avec celles de la mâchoire infé- rieure : outre ces ſeize dents, ils ont encore vingt-huit dents mâchelières. La laie, qui eſt la femelle, n'a pas les défenſes comme le ſan- glier ; mais elle eſt très-dangereuſe par ſes coups de boutoir & ſes morſures. Le ſanglier vit de fruits, de grains, de gland, d'herbes, de raci- nes, de vers, & il mange quelquefois de la charogne, mais rarement de la chair fraîche. Dans le temps des pontes, il mange les œufs des faiſans & des perdrix, les petits lapreaux, le- vreaux, & les jeunes faons. Quand il fait ſes mangeures de noiſettes, de faînes, & de racines de fougère, il eſt plus meurtrier que lorſqu'il le fait de fruits. Sa demeure ordinaire eſt dans les fourrées garnies de ronces & d'épines ; d'où il ne ſort qu'à l'entrée de la nuit, pour aller cher- cher ſa nourriture. La laie eſt moins noire que le mâle. Dans les grandes chaleurs, que les ver- mines les incommodent, ils ſe vautrent ſi fort dans les places à charbons, qu'ils perdent toutes leurs ſoies, & ſont comme pelés. Lorſque le ſanglier devient vieux, il griſonne, la hure & ſur-tout la ganache, lui blanchiſſent. C'eſt par les grais qu'il eſt le plus aiſé de connoître la vieilleſſe du ſanglier ; plus il eſt vieux, & plus leurs grais ſe recourbent. Les ſangliers ont, comme les cerfs, des noms ſuivant leurs diffé- rents âges. En venant au monde, ils s'appellent marcaſſins ; au bout de ſix mois juſqu'à un an, ils ſont dits bêtes rouſſes, parce qu'ils quittent alors la livrée, & ont le poil roux ; depuis un an juſqu'à deux, on les nomme bêtes de campagne, parce qu'ils vont enſemble & par bandes, ſans ſe quitter ; depuis deux ans juſqu'à trois, ils portent le nom de ragot, & quittent leurs cama- rades, parce qu'ils ſe ſentent aſſez forts pour ſe défendre. Lorſqu'il a trois ans faits, on le dit *sanglier* à *son tiers an*, jusqu'à ce qu'il ait quatre ans, pour lors il se nomme *quartannier*, & passé ce temps, on les appelle *vieux sanglier*, *grand vieux sanglier*, ou *porc entier*. Le *ragot*, le *sanglier* à *son tiers an* & à *son quartan*, sont les plus à craindre pour les chiens ; car les vieux sangliers ne peuvent plus faire tant de mal de leurs défenses, qui sont recourbées, ce qu'on appelle *ruiné*, à moins qu'ils n'aillent les casser dans un arbre, ou contre un rocher, ce qui leur arrive souvent. Il y a cependant de ces vieux sangliers qui sont très-méchans, & qui se défendent vigoureusement. Le rut des sangliers est en décembre, & dure un mois: les vieux sangliers le tiennent les premiers, sont très-méchans pendant ce temps, & se battent très-souvent entr'eux. Les laies portent quatre mois, & font leurs marcassins à la fin d'avril & en mai. Elles choisissent les plus fortes demeures, ou buisson fourré d'épines, pour y mettre bas: elles y restent trois ou quatre mois, si elles n'y sont point inquiétées. Au bout de ce temps, comme leurs marcassins sont en état de les suivre, elles les mènent de côté & d'autre, sur-tout si les loups font quelqu'abat, elles ne manquent pas de les y conduire. Elles font depuis quatre jusqu'à quinze petits, qu'elles nourrissent tous, quoiqu'elles n'aient que douze mamelles. Il n'y a pas d'animal qui défende ses petits avec autant de courage ; & si quelque passant en emportoit un, qu'elles entendissent crier, elles le poursuivroient, & l'attaqueroient sans craindre aucun danger. Si elles font inquiétées par les chiens, elles se livrent à eux, & les enlèvent après avoir caché leurs petits dans une rachée, ou sous des feuilles, dans lesquelles ils se coulent comme des couleuvres.

La principale science de la chasse du *sanglier*, est de le bien juger, c'est-à-dire, bien distinguer l'âge, le mâle de la femelle, & les traces d'un porc-privé de celles d'un *sanglier*. Une *bête mâle de compagnie*. a plus de pied devant que derrière, & pose la trace de derrière un peu à côté & en dehors dans celle de devant, ce qui est occasionné par ses *suites*, ou *testicules*, qui lui font écarter les cuisses : ses pinces sont grosses, les côtés tranchants ; il donne de ses gardes en terre, & commence à les tourner ; ce qu'il ne fait pas quand il est plus jeune, à cause de sa foiblesse. A son *tiers an*, il devient plus bas jointé, ses gardes s'élargissent, s'abaissent, & s'écartent davantage l'une de l'autre; son talon s'élargit, & les pinces deviennent plus grosses & plus rondes. La laie au contraire, qui a les *gardes* hautes & proches l'une de l'autre, en donne rarement en terre ; & quand cela lui arrive, on voit qu'elles font minces & peu écartées. Les *quartanniers* & autres *vieux sangliers*, se jugent par les traces, qui font grandes & larges ; les

pinces de la trace de devant, font rondes & grosses; les tranchants font usés, le talon est large, leurs gardes font abaissées, grosses & ouvertes; les rides qui font entre les gardes & le talon, s'impriment sur la terre. On trouve des *sangliers* qui ont un ongle plus long que l'autre, & tourné en croissant. Ces sortes de pieds se nomment pieds *pigaches*, & font commodes pour reconnoître le change, & les distinguer dans l'accompagnement.

Par les *boutis*, on juge de la grosseur & longeur de la hure, qui s'imprime dans la terre que le *sanglier* renverse dans son travail; car ils font des trous qui ont jusqu'à deux pieds de profondeur.

La place du *souil* offre l'empreinte du *sanglier*. Quand un valet de limier trouve à la sortie du souillard, que le *sanglier* qui a été se frotter contre un arbre, a donné un ou deux coups de défense dans ce même arbre, c'est une preuve qu'il ne fera pas bon quartier aux chiens, & qu'il est méchant.

On juge par la bauge de la grosseur d'un *sanglier*; les vieux la font profonde ; & quand ils en sortent, ils jettent tout auprès leurs laissées, qui font d'autant plus grosses, que la bête est vieille & grande. Il est très-aisé de distinguer les traces d'un *sanglier* de celle d'un cochon domestique, & cette connoissance est nécessaire ; car les cochons des fermes voisines des forêts font toujours dans les bois, & le verrat couvre quelquefois une laie, de même qu'un *sanglier* peut couvrir une truie. Or donc pour les reconnoître, il faut remarquer, comme on l'a déja dit, que le *sanglier* met la trace de derrière dans celle de devant, & en dehors, si c'est un mâle, ce que ne fait pas le porc privé: le *sanglier* appuie plus de la pince que du talon, & le porc appuie plus du talon que de la pince ; le *sanglier* donne des gardes en terre, en les élargissant, & les gardes du porc touchent la terre à plomb, sans s'écarter que très-peu: le dessous de la sole du porc privé est plein de chair, & il écarte les pinces en marchant, au lieu que le *sanglier*, allant d'assurance, marche les pinces serrées; le *sanglier* fait ses boutis plus profonds, parce qu'il a la hure plus longue & plus forte: dans un champ, le *sanglier* vermille en fusée, toujours devant lui, le porc privé au contraire vermille çà & là, un peu dans un endroit, un peu dans l'autre. Si, dans les temps des grains, ils vont l'un & l'autre faire leurs mangeures dans la même pièce, le *sanglier* abat le bled tout autour de lui, ce que ne fait pas le cochon domestique.

Un valet de limier doit premièrement connoître les demeures de la forêt dans laquelle il chasse, afin de chercher les *sangliers* où ils doivent naturellement être, suivant les différentes saisons, quoiqu'ils se tiennent presque toujours dans les demeures les plus fourrées, & dans les fraîchures. Sur la fin de l'hiver, les *sangliers* restent dans les forts de ronces & d'épines les plus fourrées; ils vivent pendant ce temps de racines, de vers, de cresson & du gland, qu'ils trouvent encore sous les futaies.

En été, ils quittent les grands forts pour se mettre sur les bords des forêts, à portée des grains & de l'eau, où ils vont prendre souil plusieurs fois dans la journée.

L'automne, que la terre est découverte, & que la récolte est faite, ils se retirent près des hautes futaies, pour y trouver du gland, du faîne & des noisettes.

En décembre, ils n'ont point de demeure, parce qu'ils font en rut, & courent après les laies; & lorsqu'ils veulent se reposer, c'est dans le premier endroit fourré qu'ils rencontrent, & où ils ne restent pas long-temps.

On détourne un *sanglier* de la même manière qu'un cerf; cependant il faut parler à son limier en termes un peu plus pleins & plus gros, sans néanmoins élever la voix: car une bête qui auroit connoissance de l'homme ou du chien, s'en iroit à deux ou trois lieues de-là: d'ailleurs on n'a pas beaucoup de choses à dire à un limier bien dressé, & il faut qu'ils le soient bien pour cette espèce de chasse; non pas qu'il soit difficile de faire vouloir d'abord à un jeune limier des voies du *sanglier*, mais quelquefois il se rebute à cause du sentiment de cet animal, & des lieux marécageux & fourrés à travers lesquels il le fait percer, qui sont très-fatigans, non-seulement pour le chien, mais encore pour celui qui le mène.

Quand un valet de limier fait son rapport, il doit non-seulement dire le genre & l'âge de la bête qu'il a détournée, mais encore l'âge, le genre & le nombre de celles qui l'accompagnent, & qui se trouvent dans son enceinte; car il est plus ordinaire de les trouver en compagnie, que de les trouver seules. Il doit dire aussi si le *sanglier* est *pigache*, ou s'il a quelqu'autre marque distinctive, soit naturelle, soit accidentelle, qui puisse le faire reconnoître & distinguer pendant la chasse.

Le rapport fait, & les relais distribués comme pour la chasse du cerf, avec cette différence, que les relais pour cerf, se placent dans les endroits clairs & élevés, au lieu que ceux du *sanglier* se mettent à portée des forts & des endroits fourrés, sur-tout lorsqu'ils sont dans des

fonds, où il y a quelque ravin ou ruisseau, on va frapper à la brisée avec les chiens de meute, qui ne sont pas plutôt découplés, qu'ils vont droit à la bauge. Les piqueurs appuient leurs chiens de près de la trompe & de la voix, en ces termes: *hou, hou, valets, ... hou, hou, là-dedans, hou, hou...* & les suivent jusqu'à la bauge: car il est très-ordinaire de voir un *sanglier* tenir aux chiens à la bauge, & ne lever le cul qu'à force de bruit, sur-tout de la trompette que ces animaux ont en horreur, au point que lorsqu'ils l'ont entendue dans une forêt où ils font leur demeure, quoiqu'on ne leur dise mot, & que l'on chasse un autre animal, ils changent de pays la nuit suivante. On a souvent attaqué des bandes de *sangliers*, ou des solitaires, qui ne vouloient point partir, quelque bruit que l'on fît, & qui au contraire chargeoient hommes, chevaux & chiens: dans ces occasions, il faut fusiller, pour parer les accidens, qui pourroient être très-considérables. Les piqueurs ne doivent pas quitter leurs chiens un seul instant, sonnans & crians sans cesse, car un *sanglier* méchant qui ne sent personne aux chiens, les charge & les tue; ils ne doivent donc pas être chiches de trompe, & crier souvent à forte voix, *hou, hou, valets ... perce là haut mes beaux ... perce là hau ... ça va ça va hau ....* Il peut arriver qu'un *sanglier*, en traversant différents forts, s'accompagne d'autres bêtes; mais il est rare que de bons chiens prennent le change, parce que le *sanglier*, à force d'aller, s'échauffe si fort, qu'il laisse beaucoup plus de sentiment que celui qui ne feroit que de partir de la bauge; d'ailleurs le *sanglier* ne ruse guère, & ne fait que percer droit devant lui. Cependant si cet accident arrivoit, il faut rompre sur le change, & requêter le *sanglier* de meute, après avoir écouté s'il n'y a pas une partie des chiens qui s'en aille en avant avec lui; car il est rare que toute la meute prenne change sur *sanglier*.

Quand on voit le *sanglier* par corps, on sonne la vûe, sans crier *tayaux*, comme pour le cerf, mais *vloo.....* & lorsqu'on revoit du pied, on ne crie pas non plus *volcelet*, mais *vey-leci-allais.*

Un *sanglier* n'est pas si aisé à forcer qu'un cerf; & il est rare, hors le temps du rut, quelque bon que soit un équipage, qu'il dure moins de quatre ou cinq heures, s'il n'est pas racourci d'un coup de fusil, ou par des dogues & lévriers. Il faut donc des chiens & des chevaux d'entreprise, & qui aient du fond pour chasser *sanglier*. Lorsqu'un *sanglier* est couru, il passe dans toutes les mares, les ruisseaux & les queues d'étang marécageux, dont il a connoissance dans le pays, & ne manque pas d'y prendre souil: il les prend même souvent au milieu d'un chemin, dans quelqu'ornière où il trouve de l'eau, quoique les chiens le chassent & le poursuivent.

On reconnoît qu'un *sanglier* est sur ses fins, quand il ne perce plus en avant, & qu'il se fait battre long-temps dans le même canton; qu'il écume beaucoup, ne va plus que par sauts, parce qu'il se roidit : il se met souvent le cul dans une sepée, ou touffe de bois, ou bien se jette dans une mare, & charge les chiens avec une fureur incroyable; car il est très-rare de trouver des *sangliers* si timides & si fuyards, qu'ils n'osent attaquer les chiens : il y en a cependant. Toutes les fois que le *sanglier* tient au bois, les piqueurs doivent entrer dans le fort, mais cependant avec précaution, car il attaque souvent le cheval & le cavalier; & si c'est sur les fins du *sanglier*, & qu'il soit forcé, il est à propos, si le fort est trop fourré, que le piqueur mette pied à terre, & s'approche le couteau de chasse à la main, pour le percer. C'est au défaut de l'épaule, sur le cœur, qu'il faut lui donner le coup; si on le portoit sur l'épaule, il a le parois si dur & si épais dans cette place, que l'on casseroit sa lame sur cette cuirasse, sans lui faire aucun mal, & il pourroit en arriver malheur à celui qui l'auroit manqué. Si le *sanglier* est trop méchant, il vaut mieux le tuer d'un coup de carabine ou de pistolet de botte, que d'exposer sa vie. Dès qu'il est mort, on lui coupe les suites, sur-tout si l'on veut en manger; car si l'on négligeoit de les lui couper, elles donneroient à la chair une odeur si forte, qu'il seroit impossible de la sentir, & elle deviendroit toute violente. On leur trouve quelquefois du *rut* jusqu'au mois d'avril.

Après avoir coupé les suites, on lève la trace droite de devant, en dépouillant, depuis le genou, la peau de la jambe jusqu'à la jointure où sont les gardes; & après avoir coupé tous les nerfs qui s'y joignent, on déboëte la trace. Lorsqu'elle est ainsi arrachée, la peau de la jambe se trouve coupée en deux morceaux, chacun desquels on fend encore pour les séparer; mais les deux côtés de la peau se tenant par le haut, l'on passe chacun de ces morceaux l'un dans l'autre deux ou trois fois, pour mettre le pied en état d'être présenté. Après quoi on coupe la hure, en faisant une incision au col, vers le défaut des épaules, où l'on coupe le joint entre le col & les épaules, puis on met le *sanglier* sur le dos; on fait des incisions autour des jambes au-dessous du genou, dont on fend la peau en dedans des jambes ensuite de devant jusqu'à la gorge; on fait une incision depuis la gorge jusqu'à l'entre-deux des cuisses, & une autre à chacune des jambes de derrière, puis on lève toute la peau : on fend ensuite le ventre, pour en tirer la panse & les dedans.

Quand on fait curée du *sanglier* aux chiens, on leur donne simplement les épaules & les dedans.

La manière la plus courte & la plus sûre pour prendre les *sangliers* est de les coëffer avec des dogues & des lévriers d'Angleterre, que l'on nomme lévriers d'attache. Voici comme l'on s'y prend.

Lorsque l'on connoît les refuites des *sangliers*, & le pays que ces animaux tiennent ordinairement, on y place les dogues & les lévriers, que des valets tiennent en laisse; & lorsque le *sanglier* débuche & prend la plaine pour passer d'un bois dans un autre, on les lui lâche au cul; ils l'ont bientôt joint, & le prennent ordinairement à l'oreille ou au jarret, ce qui l'arrête tout-à-coup, & donne le temps aux chiens & aux piqueurs d'arriver; car ils ne démordent guère, & lâchent rarement l'endroit où ils ont une fois mis la dent : & lorsqu'ils sont ainsi arrêtés, on peut les tuer à son aise, & sans danger.

Les piqueurs & valets de chiens d'un équipage de *sanglier* doivent toujours porter sur eux des aiguilles & du fil, ou de la soie, pour recoudre & panser sur le champ les chiens qui sont blessés; car les *sangliers* n'ayant pas les défenses aussi longues que les andouillers d'un cerf, ne peuvent pas faire des blessures qui entrent si avant dans la capacité, & qui par conséquent sont d'autant moins dangereuses que l'on voit dans la plaie.

Cette espèce de chasse étant beaucoup plus fatigante que celle du cerf, on ne peut chasser avec le même équipage que deux fois par semaine. Dans bien des pays on met des grelots au col des chiens qui chassent *sanglier* & loup; mais je ne sai trop si l'on doit approuver cette coutume, parce que le *sanglier* & le loup suivant toujours les fourrés les plus épais & les plus garnis de ronces & d'épines, il est tout naturel qu'un chien y soit embarrassé avec son collier, qui doit non-seulement le retarder, mais qui peut encore occasionner d'autres accidents. Il est vrai que lorsque l'on fusille, & que l'on chasse avec des chiens gris ou noirs, cela peut leur parer un coup de fusil de la part de ceux qui tirent avec trop de précipitation, & sans être sûrs de leur fait.

Lorsqu'on ne veut point chasser le *sanglier* pour le forcer, mais simplement pour le tirer, il est très-utile de faire la dépense d'entretenir un équipage; il suffit d'avoir douze ou quinze bons limiers, ou seulement des mâtins, avec lesquels des gardes traversent les demeures dans lesquelles on pense que se tiennent les *sangliers*, ce qui fait

fait une efpèce de traque ; & les tireurs fe poftent dans les routes vis-à-vis des traqueurs, en cherchant toujours à fe donner le bon vent ; car un *fanglier* qui les éventeroit, retourneroit fur fes pas, & forceroit les chiens & les traqueurs. On ne doit tirer que lorfque l'on voit bien l'animal, & que l'on eft fûr de ne pouvoir bleffer perfonne ; mais le plus certain eft de fe placer fur le bord de la partie de bois d'où vient l'animal ; & de ne tirer que quand il rentre dans celle qui eft derrière vous. Il y a grand nombre d'exemples d'accidens arrivés à cette efpèce de chaffe, qui doivent fervir de leçon pour y apporter la plus grande précaution & la plus grande prudence.

Manière de prendre les fangliers dans les toiles.

Les toiles dont on fe fert pour prendre les *fangliers*, font de grandes pièces de forte toile, entourée de groffes cordes, que l'on tend autour des demeures & des forts dans lefquels on reconnoît, par le moyen d'un limier ou autrement, qu'il y a des *fangliers*. On porte autour de ces enceintes les toiles, les fourches & les piquets qui fervent pour les tendre : les piquets, pour arrêter les toiles par le bas, & les fourches, pour les tenir élevées, & qu'elles forment une efpèce de muraille. Lorfque vous les avez toutes tendues & arrêtées à petit bruit, & que vous avez barré votre enceinte en différens endroits avec des toiles que vous couchez à terre, prêtes à tendre, pour racourcir votre enceinte quand les animaux feront paffés ; vous couvrez de feuilles mortes ces toiles, de l'intérieur de l'enceinte, pour que les animaux paffent par deffus fans les remarquer. Tout étant ainfi préparé, vous entrez à un des bouts de cette enceinte avec des traqueurs, que vous rangez fur la même ligne, à peu de diftance les uns des autres, & qui garniffent depuis un côté des toiles jufqu'à l'autre : ils avancent ainfi tous fur la même ligne, jufqu'à la première toile de traverfe, que l'on dreffe comme les autres dès que les traqueurs l'ont dépaffée ; puis on avance dans le même ordre jufqu'à la feconde, qu'on relève de même, & ainfi des autres ; & lorfque l'on eft arrivé à la dernière, qui ne forme plus qu'une très-petite enceinte, on cherche encore à la racourcir fi l'on peut, pour avoir plus de facilité à prendre ces animaux, que l'on faifit par les jambes de derrière, & que l'on met dans des charettes faites en forme de cabane, pour les tranfporter dans les endroits que l'on veut peupler. On peut mener avec foi des mâtins, qui vous aident à prendre les animaux.

S'il y avoit de grands *fangliers* dans les toiles, il y faut placer des tireurs pour les tuer ; car, outre qu'ils arracheroient fouvent les toiles, &

ouvriroient un paffage à toutes les bêtes de compagnie qui s'y trouveroient, ils pourroient encore bleffer beaucoup de monde.

Les chaffes aux toiles que l'on fait en Allemagne font très-belles, & l'on y tue une quantité prodigieufe d'animaux de toute efpèce.

Voyez les planches 8 & 9, tom. IX des gravures des arts, & l'explication à la fin de ce dictionnaire.

SANGLIER D'ÉTHIOPIE. Ce quadrupède a une tête monftrueufe, une hure très-grande, large, un peu abaiffée & de confiftance cartilagineufe. Son nez eft mobile & coupé obliquement. Sa gueule eft très-petite fans dents antérieures, les défenfes de la machoire fupérieure ont plus d'un pouce d'épaiffeur & font recourbées, celles de la machoire inférieure font droites, plus évafées & plus petites. Les foies qui recouvrent fon corps font en petite quantité & répandues en faifceaux. Sa queue eft nue & n'a que quelques lignes d'épaiffeur.

SANGLIER DU CAP-VERT. Ses défenfes reffemblent plus à des cornes d'ivoire qu'à des dents ; elles ont un demi-pied de longueur & cinq pouces de circonférence à leur bâfe ; elles font recourbées à-peu-près comme les cornes d'un taureau. Au refte Buffon croit que ce quadrupède eft une fimple variété dans l'efpèce du *fanglier* ordinaire.

SANSONET, f. m. C'eft le nom d'une efpèce d'étourneau dont le plumage eft de couleur grife & noire. Cet oifeau peut apprendre à parler & à fiffler, mais non pas auffi bien que le perroquet. *Voyez* ÉTOURNEAU.

SAPAJOU, f. m., efpèce de finge qui ne fe trouve que dans le nouveau continent. Il a la queue dégarnie de poils par deffous ; il s'en fert, comme d'une main, pour s'accrocher.

SARCELLE, oifeau aquatique plus petit que le canard. *Voyez* CERCELLE.

SARICOVIENNE, quadrupède amphibie de la grandeur d'un chat, dont la peau a la fineffe du velours, & dont les pieds reffemblent à ceux d'un oifeau de rivière : c'eft une efpèce de loutre affez commune dans toute l'Amérique méridionale, principalement le long de la rivière de la Plata. Cet animal nage avec beaucoup de légèreté, & fe nourrit de poiffons ; il creufe des foffes fur le rivage, dans lefquels fa femelle met bas fes petits : il n'y a rien de fi propre que fes tanières ; il ne laiffe pas une herbe aux environs, il a foin d'amonceler à l'écart les arrêtes des poiffons qu'il mange , & à force d'aller , de venir & de fauter il pratique des chemins très-commodes. Si l'on ajoute que tel animal vit en fociété, on s'appercevra que la *faricovienne* a une partie de l'induftrie du caftor.

On chaffe cet amphibie à caufe de la beauté de fa fourrure & de la délicateffe de fa chair.

SARIGUE , quadrupède diftingué des autres animaux par des caractères finguliers ; le premier eft , que la femelle a fous le ventre une ample cavité dans laquelle elle reçoit fes petits & les allaite. Le fecond eft , que le mâle & la femelle ont le premier doigt des pieds de derrière fans ongle & féparé des autres , comme le pouce dans la main de l'homme ; tandis que les quatre autres doigts font placés les uns contre les autres , & armés d'ongles crochus comme dans les pieds des autres quadrupèdes.

Le climat naturel du *farigue* eft l'Amérique , & il ne fe trouve aux Indes Orientales que parce qu'il y a été tranfporté : cet animal a ordinairement la tête longue de fix pouces , le corps de treize , & la queue de douze ; fon corps a environ quinze à feize pouces de circonférence. Sous le ventre de la femelle eft une fente qui a deux ou trois pouces de long ; cette fente eft formée par deux peaux qui compofent une poche où les mamelles font renfermées : les petits nouveau-nés y entrent pour les fucer , & prennent fi bien l'habitude de s'y cacher , que lors même qu'ils font grands , au moindre péril qui les menace , ils s'y réfugient. Cette poche s'ouvre & fe referme à la volonté de l'animal ; l'intérieur eft parfemé de glandes qui fourniffent une fubftance jaunâtre d'une mauvaife odeur pendant la vie de l'animal , mais d'un parfum affez agréable après fa mort.

La mère met au monde fes petits nuds & aveugles : dès qu'ils commencent à jouir de la lumière , elle les tranfporte fur quelque colline , ouvre fa bourfe , les expofe aux rayons du foleil , les amufe en jouant avec eux , & au moindre danger les renferme & fuit avec ce précieux fardeau.

Le *farigue* marche mal & court lentement ; on croit qu'un homme peut l'atteindre fans précipiter fes pas ; en revanche il grimpe fur les arbres avec facilité ; on le voit fe cacher dans le feuillage pour attraper les oifeaux , quelquefois fe fufpendre par la queue pour épier le petit gibier au paffage , & fouvent même fauter d'un arbre à l'autre pour faifir fa proie. L'inftinct de ce quadrupède pour la chaffe eft fingulier ; quand il a tué un oifeau , il fe garde bien de le manger ; il le pofe à découvert près d'un arbre , fe fufpend fur une branche voifine , & dès que quel-

qu'oifeau de proie vient pour l'enlever , il s'élance deffus , & les mange tous deux.

On peut apprivoifer le *farigue* , parce qu'au fond il n'eft ni féroce ni farouche ; cependant il dégoûte par fa mauvaife odeur , & déplaît par fa figure hideufe. On va fouvent à fa chaffe , parceque le goût de fa chair n'eft pas défagréable ; c'eft même un mets très-recherché par les fauvages.

SAVANA , oifeau de Cayenne , & que l'on trouve auffi fur les bords de la rivière de la Plata , il eft de la groffeur de l'alouette huppée. Il eft remarquable par fa queue fourchue , & longue d'environ neuf pouces , dont les pennes font noires. Il a une tache jaune au fommet de la tête , & derrière , une coëffe noirâtre , courte & carrée. Son plumage eft blanc fur tout le deffus du corps , & le dos eft d'un gris verdâtre.

SAUGE , oifeau qui fréquente les endroits humides entre les faules & les grandes fauges ; il fe nourrit de mouches , d'araignées & d'autres infectes.

SAUVE-GARDE , nom d'un lézard de l'Amérique , & de Surinam qui a dix à douze pieds. Il eft ainfi nommé parce qu'il prévient , dit-on , par fon cri de l'approche du crocodile ou d'un quelqu'autre animal dangereux. Cet animal vit également fur terre & dans l'eau. Il fe nourrit d'infectes , de poiffons & de charogne. Ses écailles font minces & polies , & d'une couleur marbrée.

SCALOPES , nom d'un rat fauvage de l'Amérique. La tête de cet animal reffemble à celle du renard ; elle eft terminée en pointe , & fon mufeau a beaucoup de rapport avec celui du cochon ; il s'en fert pour fouir la terre , y chercher fa nourriture & fe creufer des tanières. Il a toute la partie fupérieure du corps garnie de poils d'un rouge foncé , & d'un jaune clair fur le ventre & fur le front. Cet animal a la queue longue & frifée , avec laquelle il peut s'attacher & fe cramponner par-tout.

SCARLATTE , petit oifeau qui fe trouve au Mexique , au Pérou , au Bréfil. Il a un ramage agréable. Ses ailes , fa queue , fes jambes font noires ; prefque tout le refte de fon corps eft d'un beau rouge écarlate , d'où lui vient fon nom. Il y a plufieurs efpèces de *fcarlattes* ou de ces oifeaux rouges. Tous volent en troupes. On en prend beaucoup aux pieges. On les élève pour l'agrément , & on en fait la chaffe parce que leur chair eft délicate.

SCHET-BÉ , oifeau de Madagafcar ; il a la

figure alongée de la lavandière, avec plus de grandeur. Son bec est triangulaire & large à sa bâse, ses ongles sont garnis de soie, sa tête est ornée d'une belle huppe qui a l'éclat de l'acier poli ; & une couleur vert-noire lui enveloppe le cou, le dos, & se mêle au blanc des ailes & de la queue. Le reste du corps est orangé-rougeâtre.

SCINC, ou SCINQUE, ou STINC MARIN, espèce de petit lézard d'Egypte & d'Arabie long de neuf pouces ou environ. Cet animal a la tête, le corps & les pieds couverts d'écailles lisses & luisantes. Le sommet de la tête est d'un vert de mer tirant sur le jaune. Toute la longueur du dos est jaunâtre & traversée de douze bandes d'un brun noirâtre. Ce lézard se nourrit d'herbes aromatiques. Ce qui le fait rechercher par les arabes qui en retirent une espèce de jus ou de bouillon pour s'exciter à l'amour.

SEIDA, petit quadrupède sauvage de l'Afrique, haut d'environ une demi-coudée ; il a le museau du lièvre, les moustaches d'un tigre, les oreilles d'un homme ; il est armé de longs piquans, ronds, blancs & noirs. On dit qu'il ne boit point, & qu'il mange de toutes sortes de choses.

SEPS, espèce de lézard petit, rond, vivipare marqué sur le dos de lignes noires parallèles. Ses écailles sont de forme rhomboïde ; son ventre est blanc mêlé d'un peu de bleu. On dit cet animal fort commun dans le Languedoc.

SEPTICOLOR, oiseau de la Guyane dont le plumage est varié de sept couleurs bien distinctes, qui sont le vert, le noir, la couleur de feu, le jaune-orangé, le bleu-violet, le gris foncé, l'aigue-marine. Cet oiseau a cinq pouces de long. On en voit en troupes nombreuses qui se nourrissent des fruits que portent un grand nombre d'arbres de la Guyane.

SERIN, petit oiseau bien connu, estimé pour son chant, & pour la variété des belles couleurs de son plumage. Il vient des îles Canaries. Cet oiseau peut apprendre à articuler des mots, & à siffler des airs entiers. Le serin se plaît en cage & y fait son nid. Il est caressant, & paroît même reconnoissant des soins qu'on prend de lui ; forme élégante, taille légère & simple, gentil plumage, chant mélodieux, cadences perlées, gaieté, propreté, docilité, familiarité, voilà ses titres pour plaire & amuser. On distingue différentes espèces de serins. Ceux d'Allemagne surpassent les serins des Canaries par leur beauté & par leur chant. La femelle des Canaries peut même produire avec le chardonneret, le pinson,

le tarin, le linot, le bruant, le moineau, & les petits qui en proviennent se nomment serinmulets.

SERPENS. Il y a une si prodigieuse diversité dans l'espèce des serpens, qu'il semble que leur unique caractère distinctif est de ramper. Ces animaux lancent leur langue avec une si grande célérité, que le peuple en a conclu qu'ils en avoient trois, ou du moins qu'elle étoit à trois pointes.

On ne remarque qu'avec étonnement la justesse géométrique avec laquelle le serpent se meut en rampant ; les écailles annulaires qui l'aident dans cette action sont d'une structure admirable, & la méchanique avec laquelle chaque écaille est entrelacée par des muscles, est toujours un prodige aux yeux du physicien.

En général les serpens se nourrissent d'herbes, de chenilles & de cloportes ; quand ils mangent des oiseaux, ils en vomissent les os & les plumes : ils aiment aussi beaucoup le vin, le lait & les jaunes d'œufs.

Ce reptile transpire peu & digère lentement : on en a vu vivre un an sans nourriture dans des barils aérés ; ils s'accouploient même dans cet état de captivité, & faisoient des petits qui grandissoient.

Quand les serpens s'accouplent, on les prendroit pour un animal à deux têtes. Ceux qui sont ovipares enfouissent leurs œufs dans la terre, & l'année suivante on en voit éclore des serpens.

Le cri de ce reptile est un sifflement. La cigogne, l'ibis & le vautour leur font la guerre.

Les serpens aiment à vivre ensemble : l'énorme quantité qu'on en trouva autrefois à la Martinique, manqua à détruire notre colonie à sa naissance.

Pendant l'hiver, ce reptile se cache dans la terre ; au printems il se dépouille de sa peau, en commençant par la tête, & cette opération est faite dans l'espace d'un jour. La plupart des serpens sont vénimeux, & le poison qu'ils distilent est si actif, qu'on en meurt en peu de tems, lorsqu'on n'est pas secouru.

Il y a des serpens d'une taille énorme. George Anderson, dans son voyage des Indes Orientales, assure qu'il y a des serpens dans l'île de Ceylan qui avalent des hommes entiers : il y a d'autres voyageurs qui racontent qu'on en a ouvert, dans le corps desquels étoit renfermé un grand cerf. Tant d'auteurs s'accordent à constater ces faits extraordinaires, qu'on est tenté de les croire.

Il y a des pays où l'on mange la chair des *serpens* même vénimeux, ce qui engage les habitans à en faire la chasse.

Les variétés dans l'espèce des *serpens* proviennent de la différence de taille de ces animaux, des climats qu'ils habitent, de la couleur de leur robe & de leurs écailles, de leur odeur, ou du mal qu'ils peuvent faire. Il y en a de terrestres & d'aquatiques; les uns vivent dans les montagnes, les autres dans les plaines; quelques-uns dans les cavernes: les naturalistes font aussi mention de *serpens* amphibies; mais tous ces détails appartiennent à l'histoire naturelle, & font étrangers au plan de ce dictionnaire.

SERRES. On appelle ainsi les ongles & les griffes d'un aigle, d'un faucon, & de tout autre oiseau de proie.

SERVAL. Quadrupède sauvage & féroce, plus gros que le chat sauvage, & plus petit que la civette: il ressemble à la panthère par les couleurs de son poil. Ses yeux sont étincelans, sa queue courte, & ses ongles longs & crochus. On le trouve dans les montagnes de l'Inde & il se tient ordinairement sur les arbres, où il fait son nid & prend les oiseaux dont il se nourrit; il saute avec la légéreté du singe d'un arbre à l'autre: quoiqu'il soit d'un naturel féroce, il fuit à l'aspect de l'homme, & ne s'élance sur lui pour le déchirer que quand il est irrité.

On n'a jamais pu dompter ou apprivoiser le *serval*: ni celui qu'on voyoit à la ménagerie de Versailles.

SIFFLEUR, oiseau de Saint-Domingue, ainsi nommé à cause des sons aigus & perçans de sa voix. Il est de la grosseur d'un pinson. Le plumage de cet oiseau est varié de brun, d'un jaune verdâtre & de roux.

SILLER. C'est en fauconnerie, coudre les paupières d'un oiseau de proie, afin de l'empêcher de se débattre. On se sert pour *siller* les yeux d'un oiseau passager d'une aiguillée de fil.

SIMON (petit), joli oiseau qui se trouve à l'île de Bourbon. Il a le bec brun, pointu, affilé. Son plumage est varié de couleur d'ardoise claire, de gris, de blanc & de brun. Cet oiseau s'apprivoise aisément. Il vit d'herbes & de fruits mous.

SINGE. Cet animal a un rapport singulier avec l'homme; ses facultés naturelles sont supérieures à celles de tous les quadrupèdes, & il paroît tirer le plus grand parti de son instinct.

Les anciens ont méconnu la race des *singes*: la plupart des naturalistes modernes ont défi-

guré ceux qu'ils nous ont fait connoître; enfin Buffon est venu, & nous avons eu une histoire exacte du *singe*.

Il semble, dit ce célèbre naturaliste, qu'on ne devroit donner le nom de *singe* qu'à cet animal sans queue, dont la face est applatie; dont les dents, les mains, les doigts & les ongles ressemblent à ceux de l'homme, & qui, comme lui, marche debout sur ses deux pieds. D'après cette définition il n'y auroit de vrais *singes*, 1°. que le *pithecos* des grecs ou le *simia* des latins. Comme cet animal n'a pas un pied & demi de haut, les anciens ont eu tort d'en faire le rival de l'homme: ce n'est tout au plus qu'un pigmée, qui est à peine capable de combattre contre les grues, tandis que l'homme sçait dompter l'éléphant & vaincre le lion.

2°. L'*ourang-outang*, animal des parties méridionales de l'Afrique & des Indes, aussi haut & aussi robuste que l'homme, recherchant les femmes avec autant d'ardeur que ses femelles, & opposant avec succès son industrie à notre force.

3°. Le *gibbon*, animal des Indes Orientales, jusqu'ici inconnu, dont les bras sont d'une longueur démesurée, & qui est peut-être un monstre dans son espèce, comme l'est parmi nous la race des hommes de l'île St. Thomas.

Après les *singes* se présente une autre famille d'animaux qu'on a confondu avec les premiers, & qu'il vaudroit mieux désigner sous le nom de *babouins*. Le *babouin* est un animal à queue courte, à face alongée, à museau large & relevé, avec des dents canines fort grosses, & des callosités sur les fesses. Il y en a trois espèces.

1°. Le *babouin* ou *papion* proprement dit; c'est le *simia-porcaria* d'Aristote.

2°. Le *mandrill*, qui est d'une taille plus grande que le babouin.

3°. L'*ouanderou*, dont la taille est moyenne, entre le mandrill & le babouin. Entre la race des *singes* & celle des babouins, il existe une espèce intermédiaire, connue sous le nom de *magot*: c'est le *cynocéphale* des anciens.

On peut placer dans le rang suivant les animaux connus sous le nom de *guenons*; ils ne diffèrent de ceux dont nous venons de parler que par la longueur de leur queue, qui égale l'étendue de leur corps. Les *guenons* sont en général plus petites & moins robustes que les *singes* & les babouins.

Les *guenons* sont au nombre de neuf espèces. Les *macaques*, les *patas*, les *malbrouks*, les *man-*

gabeys, la mone, le callitriche, le mouflac, le talapoin & le douc. Les anciens ne connoissoient que la mone & le callitriche.

Comme tout est gradué & nuancé dans la nature, on trouve une espèce intermédiaire entre les babouins & les guenons, c'est celle du maimon : cet animal est distingué par une queue dégarnie de poils.

Tels sont les animaux de l'ancien continent, auxquels on a donné le nom de finges : il y a eu quelques motifs assez légers de rapporter à ce genre de quadrumanes les sapajoux & les sagoins du nouveau monde, dont les premiers se soudivisent en six ou sept familles, & les seconds renferment six variétés.

Avec quelqu'enthousiasme que les philosophes anciens aient parlé du singe, on est obligé maintenant de convenir qu'il n'est qu'un pur animal, portant à l'extérieur une marque de figure humaine, mais dénué à l'intérieur de la pensée & de tout ce qui fait l'homme. S'il nous ressemble par le corps, il n'a aucun rapport avec nous par l'usage qu'il en fait ; ses habitudes ressemblent plus aux mouvemens d'un maniaque qu'aux actions d'un animal tranquille ; on le tient en esclavage, mais on n'en fait pas un animal domestique : tandis que l'homme peut habiter dans tous les climats, le singe a de la peine à vivre dans les contrées tempérées, & il ne peut multiplier que dans les pays embrâsés par le soleil.

Au reste, ce qui a été dit des différentes espèces de ces animaux dans divers articles de ce dictionnaire, nous dispense d'entrer ici dans de plus longs détails.

Chasses diverses des singes.

Les nègres & les sauvages se contentent ordinairement d'attaquer les singes à coups de flèches ; mais la partie quelquefois n'est pas égale ; car il est tel singe qui a plus de force & d'industrie que dix nègres.

Les indiens emploient beaucoup d'adresse dans la chasse de ces animaux : ils tirent parti de leur instinct imitateur pour les prendre ; les uns portent des coupes pleines d'eau ou de miel, s'en frottent le visage devant eux, y substituent adroitement de la glue, puis se retirent. Les singes alors s'approchent des coupes pour imiter les hommes, mais ils s'aveuglent, & se mettent bientôt dans l'impossibilité de fuir.

D'autres portent des bottes qu'ils mettent & ôtent plusieurs fois, & ils en laissent de petites enduites de glue : quand ils sont retirés, les singes

viennent p........ettre, & ne pouvant les ôter ils tombent entre les mains des chasseurs.

Quelquefois on porte des miroirs où l'on se regarde à diverses reprises, & on en laisse d'autres où il y a des ressorts qui en se relâchant, serrent tout ce qui les touche : le singe vient prendre ces miroirs pour contempler sa figure, aussi-tôt il trouve ses mains engagées, & ne peut éviter l'esclavage.

SIRLI, oiseau du Cap de Bonne-Espérance ; il a huit pouces de long ; son bec est noir & recourbé ; son plumage est varié de brun, de roux, & d'un blanc semé de taches noires.

SITTELLE, oiseau du Canada, qui a beaucoup de rapport avec les pies. Sa longueur totale est de six pouces. Il grimpe sur les troncs des arbres pour y chercher des insectes dont il se nourrit ; il fait un bruit très-fort en frappant de son bec sur les écorces & dans les fentes des bois creux. Son plumage est varié d'un cendré bleuâtre, de blanc, de noir, de brun & d'orangé.

SIZERIN, oiseau qui a cinq à six pouces de longueur ; il est du genre du tarin. Il a la poitrine & le sommet de la tête rouges ; deux raies blanches transversales sur les ailes ; le reste de la tête, & tout le dessus du corps brun mêlé de de roux clair ; le bec jaunâtre, la queue d'un blanc roussâtre.

SKRABBEN, espèce d'oie sauvage de Danemarck, qui fait son nid à près de dix pieds en terre. Sa graisse sert d'huile de lampe, & sa chair se sale pour être mangée durant l'hiver.

SKUEN, oiseau aquatique de la taille du corbeau, qu'on trouve dans les îles de Féroë. Quand on veut prendre ses petits, cet oiseau fond avec intrépidité sur la tête des chasseurs, & les blesse souvent avec ses ailes. Les danois qui connoissent son instinct, mettent sur leur tête un couteau dont la pointe est en haut, & le skuen furieux vient s'y percer lui-même de part en part.

SLEPEZ. Nom que les russes donnent à une espèce de souris sans queue, & qui ressemble beaucoup à la taupe. Elle se loge en terre, & se nourrit de plantes dont elle fait sa provision en automne pour l'hiver.

SNAK, quadrupède particulier à la Tartarie ; il est de la taille d'une brebis, & armé de deux petites cornes : cet animal souffre plus patiemment la faim que le froid, & aime pendant l'hiver la compagnie des buffles. Le kan des tartares se donne souvent le plaisir de la chasse des snaks ;

il fait environner les pâturages, ils fe trouvent quelquefois au nombre de deux mille : le
bruit des cors de chaffe épouvante ces quadrupèdes, ils fuient fans objet, tombent de laffitude,
& meurent fous les coups des tartares.

SOLE, en terme de chaffe, c'eft le milieu
du deffous du pied des grandes bêtes.

SOLITAIRE, f. m. efpèce d'oie fauvage qui
fe trouve dans l'île de Rodrigue. Il eft très-gros.
Son plumage eft mêlé de gris & de brun. On
chaffe cet oifeau dont la chair eft d'un goût excellent. Il eft difficile de l'attraper dans les bois,
mais on le prend aifément dans les plaines, parce
qu'il ne vole point, & qu'il ne court pas fort
vite.

SOMMÉES, terme de fauconnerie qui défigne les pennes du faucon quand elles ont pris
tout leur accroiffement.

SONNER. A la chaffe on fonne du cor pour
rappeller les chiens, les raffembler & les exciter. On dit fonner un mot ou deux, du gros
fon, quand le piqueur fait figne à un de fes
compagnons d'aller à lui.

SONNEUR, oifeau dont le cri reffemble au
fon d'une cloche. Il eft de la groffeur d'une
poule. Il a le bec long, menu, propre à s'infi-
nuer dans les fentes des rochers & dans les crevaffes de la terre où il va chercher les infectes
dont il fe nourrit. Il a de longues plumes fur
la tête qui lui forment une efpèce de huppe
pendante en arrière. Les fonneurs ont le vol
très élevé. Ils fe nichent au haut des vieilles
tours abandonnées & dans les fentes des rochers
efcarpés, où des hommes téméraires fufpendus
à une corde au-deffus des précipices ofent tenter
de les furprendre. On trouve ces oifeaux fur les
Alpes & fur les hautes montagnes d'Italie, de
Stirie, de Suiffe & de Bavière.

SOR. On appelle faucon for celui qui eft encore
dans fa première année, & qui porte fon premier
pennage qui eft roux. Cette épithète fe donne
auffi aux oifeaux de paffage.

SORTIR. Une bête fort de fon fort quand elle
quitte le lieu où elle a demeuré le jour.

SOUCIE, f. f. oifeau de paffage. La foucie eft
plus forte que le moineau, elle niche dans des
creux d'arbres, & vit de grains & d'infectes.
Elle a fur la tête de grandes plumes qui lui forment
une efpèce de crête. Son plumage eft varié de
noir, de blanc, de cendré & de jaune doré.
On trouve cet oifeau dans plufieurs cantons de
l'Allemagne.

SOUFFLER. En terme de vénerie, quand un
chien eft fur le point d'atteindre un lièvre, on dit
qu'il lui fouffle le poil.

SOUI, oifeau de la Guyane qui a huit à neuf
pouces de longueur. Son plumage eft varié de
blanc, de roux, de noir & de brun.

SOUI-MANG, oifeau de Madagafcar. Cet
oifeau a la tête, la gorge, & toute la partie
antérieure d'un beau vert brillant. Le refte de
fon plumage eft nuancé de bleu, de jaune, de
brun, de violet, de mordoré. Sa queue noire eft
bordée d'olivâtre. Il a le bec & les pieds d'un
noir luifant.

SOUIL ou SOUILLE, endroit bourbeux où
fe vautre le fanglier, & qui fert à faire reconnoître fa taille.

SOULCI. Cet oifeau eft une efpèce de roitelet
qui vit d'infectes. Son corps eft très-petit ; mais
fes jambes & fes pieds font affez forts. Son bec eft
menu & crochu.

SOURIS, petit animal du genre du rat. La
fouris, dit Buffon, beaucoup plus petite que le
rat eft auffi plus nombreufe, plus commune. Elle
a le même inftinct, le même naturel, & n'en
diffère guère que par la foibleffe. Timide par
nature, familière par néceffité, la peur ou le befoin font tous fes mouvemens, elle ne fort de fon
trou que pour chercher à vivre ; elle ne s'en
écarte guère, y rentre à la première alerte ; elle
s'apprivoife jufqu'à un certain point ; mais fans
s'attacher. Elle a une infinité d'ennemis auxquels
elle ne peut fe fouftraire que par fon agilité & fa
petiteffe même.

Les chouettes, tous les oifeaux de nuit, les
chats, les fouines, les belettes, les rats même
lui font la guerre. On l'attire dans des piéges,
on la leurre aifément par des appâts, on en détruit
des milliers. Cette efpèce ne fubfifte enfin que
par fon extrême fécondité.

Toutes les fouris font blanchâtres fous le ventre;
il y en a auffi de plus ou moins brunes, & plus
ou moins noires. L'efpèce de la fouris eft généralement répandue en Europe, en Afie, en Afrique.
Ce petit animal fuit l'homme par l'appetit naturel
qu'il a pour le pain, le fromage, le lard, l'huile,
le beurre, & par les autres alimens que l'homme
prépare pour lui-même.

Chaffe aux fouris.

C'eft une chofe auffi vraie qu'incroyable, que
dans la plupart des fermes on abandonne aux
fouris prefque un vingtième du blé. On compte
là-deffus ; c'eft pour ainfi dire un forfait. Cepen-

dant on pourroit détruire les *souris* fans fortir de chez foi, & fans fe détourner plus de deux jours de fes travaux. C'eſt en vain qu'on ſe fie fur les chats, ils attrapent les imprudentes ; mais ils ne peuvent fe fourrer dans les nichées, & y détruire pères, mères & petits.

Cependant je l'avoue, c'eſt un fléau preſque inévitable tant que les granges font pleines ; mais elles ne le font plus en mars. Alors il eſt tems de l'attaquer & facile de le détruire. Il ne s'agit que de tranſporter les gerbes d'une grange à l'autre, ou d'un côté à l'autre de la même grange, d'être là pluſieurs perſonnes raſſemblées avec les meilleurs chats, & d'écraſer ou étouffer à coups de pieds & de bâton, & fur-tout avec les mains ; tout ce qui fe ſauve de la griffe du chat. Cette battue eſt d'autant plus aiſée, que les ſouris qui échappent à toutes ces armes réunies s'enfoncent dans le tas, & à la fin ſe trouvent dans le foutrait, où l'on achève de les exterminer. Si je n'en avois pas vu tuer, par cette exécution, plus de 400 dans une ſeule grange, je ne donnerois pas ma recette. Si l'execution avoit été longue, je n'en parlerois pas encore. Mais eu égard à ces deux mots *célérité* & *facilité*, je trouve qu'il eſt utile de réveiller à ce ſujet l'inſouciance des cultivateurs. Qu'on renouvelle cette chaſſe deux fois depuis le premier Mars, non-ſeulement on détruira pour la moitié de l'année cette vermine fi vorace, mais l'année ſuivante on en aura beaucoup moins, & fi on ne parvenoit pas à la détruire, ſes ravages feroient preſque inſenſibles

(*Extr. de la bibl. phyſico-économique.*)

SPATULE, f. f., oiſeau, ainſi nommé à cauſe de ſon bec, dont l'extrémité, en s'élargiſſant circulairement, préſente la forme d'une ſpatule. Elle eſt toute blanche comme le cygne, & eſt beaucoup plus grande que le héron gris ; mais elle a le cou moins alongé, ainſi que les jambes, qui font noires & couvertes d'une peau dure & écailleuſe. Cet oiſeau, qui vit de poiſſon, ſe trouve aſſez fréquemment fur les côtes-marécageuſes du Poitou, de la Bretagne & de la Picardie. Dans quelques provinces, on lui donne le nom de *cuiller*, à cauſe de la forme de ſon bec. Il fait ſon nid fur les grands arbres.

SPICIFERE, f. m. ou PAON DU JAPON. Cet oiſeau a fur la tête une aigrette en forme d'épi. Cette aigrette haute de quatre pouces eſt émaillée de vert & de bleu. Son bec eſt de couleur cendrée. Sa queue eſt brillante des mêmes couleurs que le paon d'Europe : le bleu, le vert, le blanc, le noir, le jaune doré nuancent ſon beau plumage.

SPIPOLETE, f. f. eſpèce d'alouette dont le ramage eſt agréable. Elle a le bec & les pieds noirs ; le bec grêle, droit & pointu. Son plumage eſt varié de gris, de jaune, de brun, de blanc, qui font différentes nuances ; ſa longueur eſt de fix pouces. Elle vit de grains & d'inſectes. Le chaſſeur recherche la *ſpipolete* quand elle eſt graſſe & bonne à manger.

STELLION, lézard d'Italie qui a fur le dos des taches étincelantes. Ceux qui vont à la chaſſe de cet animal mettent devant ſon trou des trapes de roſeaux pour le prendre. On dit que la morſure du *ſtellion* engourdit les ſens.

STOURNE, eſpèce d'étourneau qu'on voit à la Louiſiane. Il a le deſſus du corps d'un gris varié de brun, & le deſſous jaune. Le noir, le blanc & le gris ſe diſtribuent fur le reſte de ſon plumage par taches, & par bandes.

STROMFINCH, oiſeau aquatique de l'île de Fara, qui court avec rapidité fur les eaux & annonce, dit-on, la tempête.

STRUND-JAGER, oiſeau aquatique qui ſe trouve fur les côtes de Spitzberg. Son bec eſt noir, crochu & épais. Ses jambes font courtes, & les trois doigts de chaque patte font palmés comme aux canards. Sa queue forme un éventail. Le jaune, le blanc, le brun nuancent ſon plumage.

SU, petit quadrupède qu'on trouve chez les patagons, & dont la fourrure eſt un objet de commerce en Sibérie. Il a un peu de la figure du lion & la queue de l'écureuil. On le prend avec ſes petits dans des piéges fur des foſſes couvertes de feuillages. Quand cet animal ſe voit captif il égorge ſes petits, & ne ſuccombe ſous les coups des chaſſeurs, qu'après avoir jetté des cris qui annoncent ſa rage & ſon déſeſpoir.

SUBTIL. On appelle *mal ſubtil* une maladie des faucons, où ces oiſeaux paroiſſent toujours affamés, quoiqu'on leur donne ſans ceſſe à manger.

SUCE-BŒUF, oiſeau du Sénégal de la grandeur du merle, qui s'attache fur le dos des beſtiaux, leur perce la peau à coups de bec, & leur ſuce le ſang. Si on n'a pas ſoin de le chaſſer, il peut à la fin tuer l'animal le plus vigoureux.

SUIF, nom qu'on donne en vénerie à la graiſſe des bêtes fauves ; celle des bêtes noires s'appelle *ſain*.

SUISSE, petit écureuil, ainſi nommé parce que ſon poil eſt rayé de noir & de blanc, ce qui, dit-on, le fait reſſembler à un pourpoint ſuiſſe.

Le *ſuiſſe* a la tête du campagnol, & porte ſa queue renverſée fur ſon corps ; il eſt diſtingué de tous les animaux par deux bandes blanchâtres, accompagnées de chaque côté d'une bande brune, & ensuite d'une autre bande blanchâtre qui règne tout le long de l'épine, depuis le col jusqu'à la queue. Cet animal habite à terre & ne grimpe pas sur les arbres comme les écureuils; il se pratique, comme le mulot, une retraite impénétrable à l'eau; il est d'un naturel sauvage, & on a beaucoup de peine à l'apprivoiser.

SUITE s'entend en vénerie du gibier qu'on a fait lever.

SUIVRE. Un limier *suit* les voies d'une bête qui va d'assurance; mais quand elle fuit, on dit qu'il la chasse.

SUMAU, animal domestique de la Chine, qui a quelques rapports avec le chat. Ses oreilles sont pendantes; son poil est noir ou jaune & très-luisant. Ces animaux deviennent très-familiers.

SUPERBE, oiseau qui se trouve dans la nouvelle Guinée. On admire le noir velouté de son plumage, relevé par des reflets d'un violet foncé. Sa tête & sa poitrine brillent des nuances d'un beau vert changeant.

SUR-ALLER. Un limier ou un chien courant *surva*, quand il passe sur les voies d'une bête, sans en rebattre & sans en remontrer à un chasseur.

SUR-ANDOUILLER, grand andouiller qui se rencontre à quelques têtes de cerf, & qui excéde en longueur les autres de l'empaumure.

SURIKATE, joli quadrupède de Surinam & des autres provinces de l'Amérique méridionale, qui n'est pas si grand qu'un lapin, & qui ressemble par le poil à la mangouste; il approche plus du coati que de tout autre animal; il a quatre doigts à tous les pieds, & ce caractère ne convient qu'à lui & à l'hyène.

Cet animal est carnivore; il lape en buvant comme le chien, & sa boisson ordinaire est son urine. On réussit à l'apprivoiser: quand il s'ennuie d'être seul ou qu'il entend quelque bruit extraordinaire, il aboie comme un jeune chien, & quand on le caresse ou qu'il ressent du plaisir, il fait un bruit semblable à une crecelle tournée rapidement. Le *surikate* nous étoit inconnu avant Buffon.

SURMULOT, nom nouveau donné à une nouvelle espèce de mulot qui n'est connue que depuis quelques années. Ce quadrupède est plus fort & plus méchant que le rat. Les mâles sont plus hardis & plus gros que les femelles: quand on veut les poursuivre, ils se retournent & mordent la main ou le bâton qui les frappe; leur morsure est dangereuse & bientôt suivie de l'inflammation.

Les *surmulots* produisent trois fois par an, & chaque portée est de douze ou quinze petits. En multipliant aussi étrangement, ils font beaucoup de dégâts dans les campagnes. Les chiens chassent ces animaux avec un acharnement qui tient de la fureur; quand ils se sentent poursuivis, ils entrent dans l'eau & y nagent avec facilité.

On peut aussi prendre les *surmulots* dans leurs terriers, comme on prend les lapins, avec le secours du furet. *Voyez* ce mot.

Les *surmulots* font une guerre cruelle aux rats.

SURNEIGÉE, voie des bêtes où la neige a tombé. On donne à ces voies qui sont couvertes d'eau de pluie l'épithete *surpluées*.

SUSLIK ou SOLELIK, espèce de rat dont les kalmoucks recherchent la chair & peu la fourure. Son corps est couvert de poils d'un jaune foncé, moucheté de blanc. Il a la poitrine jaunâtre & le ventre mêlé de gris & de jaune. Il se fait des terriers dans les monticules sabloneuses & arides où il amasse des graines, des herbes & des racines dont il fait sa nourriture.

T.

TADORNE, s. f. espèce de canard de la grandeur d'une oie moyenne. Cet oiseau a la tête noirâtre ; son bec est court, large & rouge pardessus. Sa poitrine est ornée d'un collier de couleur rousse. Le blanc, le noir, le vert, le roux nuancent son plumage. La tadorne fait son nid dans des trous en terre. On la trouve, dans le nord & en Angleterre près des rivages de la mer.

TAELPE, espèce de rat d'Asie, dont la fourrure est très-estimée des chinois. Cet animal creuse en terre des trous pour s'y loger ; quand les chasseurs l'ont découvert, ils ouvrent la terre en plusieurs endroits, & y jettent de la paille enflammée ; par cet artifice, ils obligent le taelpe de sortir & de tomber dans leurs filets.

TAJACU ou PECARI, espèce de sanglier du Mexique & du Brésil ; il marche par troupes, & habite les montagnes & les forêts. Cet animal diffère de ceux de son espèce par une bourse qu'il a sur le dos, & d'où découle une espèce de liqueur dont on ignore les propriétés.

TALAPOIN, espèce de petite guenon d'une assez jolie figure, qui se trouve dans les provinces de l'Asie orientale, à Siam.

TALERA ou TALEVA, oiseau de rivière, de la grandeur d'une poule. On le trouve à Madagascar ; il a le plumage violet ; mais le front, le bec & les pieds sont rouges.

TALETEC, lézard de Virginie. Il est couvert de minces écailles. Son dos paroît peint d'un mélange de blanc & de roux, & le reste du corps est marqué de petits carreaux blancs. Sa queue est longue, pointue, & cerclée de bandelettes en forme d'anneaux.

TAMANDUA, quadrupède de l'Amérique méridionale, remarquable par un long museau, une gueule étroite & sans dents, & par une langue ronde qu'il insinue dans les fourmillières, pour avaler les fourmis dont il fait sa nourriture. Le Tamandua a dix-huit pouces depuis l'extrémité du museau jusqu'à l'origine de la queue ; il marche en terre, mais grimpe avec légèreté ; quand il dort, il cache sa tête sous son cou & sous ses jambes de devant. On a confondu cet animal avec le tamanoir & le fourmillier. Buffon l'appelle la moyenne proportionnelle entre ces deux quadrupèdes. On apprivoise sans peine le tamandua, & les sauvages mangent sa chair, quoiqu'elle soit de très-mauvais goût.

TAMANOIR, quadrupède originaire du Nouveau-Monde, qui a environ quatre pieds de long, depuis l'extrémité du museau jusqu'à l'origine de la queue. Les poils de sa queue sont disposés en forme de panache ; l'animal la retourne sur son dos, & s'en couvre le corps quand il veut dormir ou se mettre à l'abri de la pluie & de l'ardeur du soleil. Il marche lentement, & un homme peut aisément l'atteindre à la course.

Quoique le tamanoir soit beaucoup plus grand que le fourmillier & le tamandua, il a cependant rapport avec ces deux animaux pour les habitudes naturelles ; tous trois se nourrissent de fourmis, s'apprivoisent, dorment pendant le jour, & vont butiner pendant la nuit.

On prendroit de loin le tamanoir pour un grand renard : c'est pourquoi quelques voyageurs l'ont nommé le renard américain. Il est assez robuste pour se défendre contre un gros chien. Quand il est attaqué, il se bat d'abord debout comme l'ours ; il se couche ensuite sur le dos pour se servir des pieds comme des mains, & dans cette situation il est presque invincible : son opiniâtreté alors s'accroît à un tel point, que lors même qu'il a mis à mort son ennemi, il ne le lâche que longtemps après, comme s'il avoit encore quelque chose à craindre de sa victime.

TAMATIA, nom qu'on donne à deux espèces d'oiseaux du Brésil, dont l'un tient de la grive, & l'autre de la poule d'eau.

TANACOMBE, espèce de merle de Madagascar. Il est rembruni sur la tête, le cou & le dessus du corps. Le vert domine dans le reste de son plumage, & se marie avec le violet, le roux & le vert doré. Il a le bec & les pieds noirs.

TANGARA, s. m. oiseau de la grosseur d'un chardonnet, dont on compte plus de trente espèces. Cet oiseau est commun dans le Brésil, à Cayenne, au Pérou, dans les Indes orientales & dans les climats chauds. Il eſt remarquable par la beauté, par la vivacité & la variété des couleurs de ſon plumage. Il y en a auſſi à couleurs piſtées & de huppées. Le bec du tangara eſt conique, mince & effilé.

TANIÈRE, ſ. f, nom donné à la retraite des bêtes ſauvages. C'eſt ou le fond d'un rocher, ou quelque cavité ſouterraine, ou le touffu d'une forêt. On dit la tanière d'un lion, d'un ours, d'un renard; on dit auſſi la bauge du loup.

TANREC ou TENRAC, petit quadrupède des Indes orientales, qui a beaucoup de rapport avec notre hériſſon. Il marche lentement, grogne comme le pourceau, ſe vautre comme lui dans la fange, & ſéjourne plus long-tems ſur l'eau que ſur la terre. Le tanrec eſt très-ardent en amour, & multiplie beaucoup; on le prend dans de petits caveaux d'eau ſalée, & dans les lagunes de la mer. Sa chair, quoique fade & mollaſſe, plaît beaucoup aux indiens & aux habitans de Madagaſcar.

TANTALE, ou PÉLICAN D'ARBRE DE L'AMÉRIQUE. Cet oiſeau eſt de la groſſeur d'une oie; ſon bec a neuf pouces & demi de long; il eſt conique & courbé au bout; l'oiſeau l'ouvre d'un pied de large. Il a la queue & les pieds noirs, & les premiers articles des doigts joints par une membrane. Il ſe perche ſur les arbres. Il va auſſi à la pêche du poiſſon. On le trouve dans la Perſe.

TAPAYAXIN, lézard de la Nouvelle-Eſpagne. Son corps, ſa tête, ſes pieds & ſa queue ſont hériſſés d'épines blanchâtres & piquantes comme des aiguilles. Cet animal, auſſi large que long, eſt revêtu d'écailles de diverſes couleurs. Ses pieds ſont armés d'ongles pointus & crochus. Il a la tête courte & triangulaire. Il a une eſpèce de bouclier qui va depuis la pointe du nez juſques ſur les yeux. Ce ſingulier animal, quoique armé de pied en cap, eſt pourtant familier, doux & careſſant.

TAPIR. C'eſt le quadrupède le plus grand de l'Amérique méridionale.

Le tapir eſt de la taille d'une petite vache ou d'un zèbre, mais ſans cornes & ſans queue: ſa tête a une eſpèce de trompe comme le rhinocéros. C'eſt un animal triſte & ténébreux, qui ne ſort que de nuit, & qui ne ſe plaît que dans les eaux. Quoique ſa gueule ſoit armée de vingt dents inciſives & tranchantes, il n'eſt point carnivore. C'eſt un animal doux & timide.

On prend les tapirs dans des chauſſe-trappes; on les chaſſe de nuit, & on les éblouit en leur pré-

ſentant tout-à-coup des torches ou flambeaux allumés; qui les font ſe précipiter les uns ſur les autres. Le tapir ſe nourrit de plantes & de racines. Sa chair eſt fade & groſſière. Les ſauvages couvrent leurs carquois & leurs boucliers de la peau du tapir, dont le tiſſu eſt très-ferme & très-ſerré.

TAPITI, ſ. m., petit quadrupède ſauvage du Bréſil. C'eſt une eſpèce de lièvre: il aboie à la manière des chiens. Son poil eſt roux ſur le front, & blanchâtre ſous la gorge, ſur la poitrine & le ventre. Sa chair eſt très-bonne à manger.

TAQUET, terme de fauconnerie. C'eſt un ais ſur le bout duquel on frappe quand l'oiſeau a joui aſſez long temps de ſa liberté, & qu'on veut le faire revenir.

TARABÉ, eſpèce de perroquet du Bréſil, dont le plumage eſt vert. Sa tête eſt rouge, ainſi que ſa poitrine & le commencement de ſes ailes. Son bec & ſes pieds ſont d'un cendré obſcur.

TARANICOLO, nom qu'on donne à Véniſe à un oiſeau aquatique, qui eſt une eſpèce de courlis.

TARAQUIRA, eſpèce de lézard du Bréſil. Il eſt de la grandeur d'un pied. Sa tête eſt ronde, couverte d'écailles triangulaires de couleur cendrée, & unies. Il court avec une très-grande rapidité, & toujours en tortillant ſon corps.

TARBIKIS, animal de la Tartarie orientale, dont la forme & la grandeur reſſemblent à celles du caſtor; il a le poil roux, doux & fin. Il vit d'herbe, & ſe tient dans des terriers.

TARIER, ſ. m., petit oiſeau commun dans la Lorraine, qui voltige de buiſſon en buiſſon; pour chercher des mouches & des vermiſſeaux dont il ſe nourrit.

TARIN, petit oiſeau du genre du chardonneret, ainſi appellé parce qu'il ſemble articuler ce nom dans ſon chant. Son ramage eſt doux & agréable. Il ſympathiſe beaucoup avec la ſerine, & s'accouple avec elle. Quoiqu'il ſoit un oiſeau de paſſage, il ſe plaît en cage, & ſemble chercher à s'y faire un ami particulier. Le vert & la couleur cendrée nuancent ſon plumage. Cet oiſeau eſt commun en France. Il y a quelques eſpèces de tarins qui ſont tout verts ou tout noirs.

TATOU, ſ. m., nom que les caraïbes ont donné à un quadrupède digité, dont le corps eſt cuiraſſé, & couvert d'un têt oſſeux, diviſé par pluſieurs bandes mobiles. On diſtingue différentes eſpèces de ces animaux.

L'apar ou le *tatou à trois bandes*, a la queue fort courte ; il a sur le dos trois bandes mobiles ; son corps a un pied de long sur huit pouces dans sa plus grande largeur ; quand cet animal se couche pour dormir, ou qu'on le saisit avec la main, il rapproche en un point ses quatre pieds, ramene sa tête sous son ventre, & se courbe si parfaitement, qu'on le prendroit alors pour une coquille de mer.

L'encoubert ou le *tatou à six bandes*, est plus gros que l'apar ; ordinairement il a beaucoup d'embonpoint ; il fouille la terre avec facilité, se fait un terrier où il se tient pendant le jour, & n'en sort que le soir pour chercher sa subsistance. L'encoubert est frugivore & carnivore.

Le *tatuete* ou le *tatou à huit bandes*, n'est pas à beaucoup près si grand que l'encoubert ; ses bandes sont marquées par des figures triangulaires. On remarque que le plus petit plomb suffit pour percer la cuirasse de cet animal : sa chair est blanche, & bonne à manger.

Le *cachicame* ou le *tatou à neuf bandes*, est proprement l'armadille des espagnols.

Le *kabassou* ou le *tatou à douze bandes*, est le plus grand de tous les *tatous* ; sa queue est sans cuirasse, ce qui le distingue de tous ceux de son espèce.

Le *cirquincon* ou le *tatou à dix-huit bandes*, a la tête de la belette ; les rangs de ses écailles ne sont pas séparés par une peau flexible : il est de tous les *tatous* celui qui a le plus de facilité pour se resserrer en boule comme le hérisson.

Chasse du Tatou.

En général les *tatous* sont des animaux très-pacifiques : on a plus besoin contre eux d'industrie que de courage.

Quand on poursuit un *tatou*, & qu'il n'a plus le temps de gagner son terrier, il tâche de s'en creuser un ; on est alors tenté de le prendre par la queue avant qu'il soit totalement enfoncé ; mais l'animal fait une telle résistance, qu'on casse sa queue sans amener son corps : quand on ne veut pas le mutiler, on ouvre son terrier par devant, & alors on prend l'animal sans qu'il fasse de résistance : s'il se contracte, on le met près du feu pour le faire étendre.

Quand un *tatou* a gagné un terrier profond, on peut l'en faire sortir en y faisant entrer de la fumée, ou en y jettant de l'eau. On peut aussi chasser ce quadrupède avec de petits chiens ; mais si le *tatou* se trouve au bord d'un précipice, il échappe aux chiens & aux chasseurs, parce qu'il se resserre

& roule comme une boule, sans briser son écaille & ressentir aucune douleur.

Les indiens attribuent mille propriétés extraordinaires à la cuirasse des *tatous*.

TAVELURE, terme de fauconnerie qui désigne les mailles ou taches de diverses couleurs qui se trouvent sur le manteau d'un oiseau de proie.

TAUPE, s. f., petit quadrupède, long d'environ cinq pouces, dont la peau couverte de poils courts & épais châtoie comme du velours ; quoique dure, elle en a la douceur & la chaleur : sa queue est fort courte, ainsi que ses pattes, qui se terminent par de petites mains à cinq doigts. Ses yeux sont noirs, mais si petits & si couverts, qu'elle ne peut faire grand usage du sens de la vue ; elle a l'ouie très-fine ; elle est de tous les petits animaux la plus avantageusement douée pour les plaisirs de l'amour. Son museau est effilé. Son nez avance de quatre lignes & même davantage au-delà de la mâchoire supérieure ; il est propre à forer la terre. Pour son domicile, la taupe se pratique une voûte en rond dans les prairies, & une espèce de galerie dans les jardins où la terre est plus facile à soulever. Elle se nourrit de racines, d'insectes & de vers. Il y a différentes espèces de taupes. 1°. La *taupe vulgaire*, dont les poils sont d'un noir plus ou moins foncé. 2°. La *taupe blanche*, elle est d'un blanc de lait, & assez commune en Hollande. 3°. La *taupe rousse* qu'on voit dans le pays d'Aunis. 4°. La *taupe citrine* des Cévennes. 5°. La *taupe variée*, dont la robe est parsemée de taches blanches & noires, commune dans l'Oost-frise. On distingue encore la *taupe de l'isle de Java* qui est d'un blanc mat :

La *taupe de Sibérie*, qui a le poil vert, & or roux.

La *taupe du Cap-de-Bonne-Espérance*, trois fois plus forte que les autres.

La *taupe de Virginie*, dont le poil est couleur de pourpre foncé.

Le *taupe du Canada*, qui tient du rat & de la taupe vulgaire, & qui a le poil noir, grossier & assez long.

Moyens de destruction des Taupes.

Les *taupes* font de grands ravages dans les champs, dans les prairies, dans les jardins ; ces mineuses se trouvent en si grande quantité dans certains endroits, qu'elles bouleversent tout ; on ne sauroit donc chercher trop de moyens pour les détruire.

Voici un procédé bien simple & , dit-on , bien efficace , que le gouvernement a même fait répandre par un imprimé ; procédé au moyen duquel les habitans de Hostebac , dans la Basse-Navarre , étoient parvenus à en purger leurs terres , qui en étoient infectées : on prend quelques douzaines de noix , on les fait bouillir pendant trois ou quatre heures dans de l'eau de leffive ; on met chacune de ces noix , que l'on coupe en deux , dans les trous où l'on voit les *taupes* fouiller. Si la *taupe* ne travaille plus dans cet endroit , il est inutile d'en mettre , parce qu'on peut être sûr qu'elle est périe.

Ce procédé cependant a été discuté dans la société d'agriculture de Caen en 1763 , & l'on a conclu que ce prétendu secret est d'autant moins sûr , qu'on ne voit rien dans les leffives ordinaires qui puisse faire mourir les *taupes*. Il y en a qui conseillent de jetter dans chaque taupinière une noix que l'on aura fait bouillir pendant une demi-heure dans une leffive composée de sel , de couperose & de ciguë. De ces trois ingrédiens , ce n'est pas la ciguë qui nous paroît le plus meurtrier , mais la couperose ; & peut-être le secret des habitans de la Basse-Navarre n'a-t-il tiré toute sa vertu que des vaisseaux de cuivre où leur leffive aura séjourné à froid quelque temps.

Voici un autre secret qui vient de Langres , & qu'on assure avoir été éprouvé : il faut prendre une cruche d'eau , la verser doucement à côté de l'endroit où travaille la *taupe*. Le trou de la *taupe* se remplit aisément , l'eau trouvant une issue facile dans la terre qui est bien remuée : la *taupe* qui craint d'y être noyée en y rentrant , fort pour chercher un autre asyle , on la tue aisément , & très-peu échappent.

On lit dans la gazette du commerce , qu'un particulier parvint à détruire toutes les *taupes* qui étoient dans son jardin , en mettant ainsi dans leurs trous des morceaux de noix qu'il avoit fait bouillir dans de la ciguë. On pourroit encore employer différens appâts préparés avec de la noix vomique , ou de la poudre d'arsenic ; mais l'emploi de ces matières , exige bien des précautions pour empêcher que les autres animaux ne soient exposés à en manger.

Un cultivateur du Vélay a employé avec succès de petits rameaux , des chicots , des brins de buisson le plus piquant & le plus ferme , tel que l'aube-épine qu'il a introduits dans les trous de ces animaux ; les *taupes* se piquent , reviennent & périssent.

On lit dans une description de Kentshire , province d'Angleterre , qu'il y avoit autrefois près de Portsmouth une race de petits chiens dont on se servoit dans ce pays-là pour faire la chasse

aux *taupes* , & qu'ils les chassoient naturellement comme le gibier qui leur étoit propre. Ne pourroit-on pas de même dresser , pour la destruction de ces animaux , de petits chiens ou des furets.

La gazette d'agriculture , indique une méthode facile pour prendre & détruire les *taupes*. Cet animal recherche les écrevisses ; on en voit souvent dans les houlles , où se retirent les écrevisses sur les bords des ruisseaux , lorsque les eaux sont basses. On place dans les prés , dans les jardins , &c. des pots de terre vernissés en dedans , un peu plus étroits de l'orifice que du milieu , & assez profonds ; on les enterre de trois ou quatre pouces au dessous de la superficie du gazon ou de la terre ; on jette dedans deux ou trois écrevisses vives ; on recouvre d'orifice du vase avec un gazon : s'il se trouve des *taupes* dans le canton ; elles y seront bientôt attirées ; elles tombent dans le pot sans pouvoir en sortir.

Il est d'expérience certaine que la *taupe* périt dès qu'elle est blessée de manière à perdre du sang. Ne fut-ce qu'une goute ; elle ne survit pas à cet accident. Il faut donc fouiller un peu la terre sous ces petites éminences fraîchement remuées , connues sous le nom de *taupinières* ; on y trouvera une ligne de conduite horizontale ; il faut en bien nétoyer les deux avenues , & placer au fond de chacune un petit faisceau de ronces choisies , dont les épines soient fortes & bien aiguës , de la longueur de 4 ou 5 pouces , & de grosseur suffisante pour remplir exactement la capacité de ce boyau souterrein ; après quoi l'on remet de la terre qu'on foule un peu avec le pied. La *taupe* , en suivant la route qu'elle s'est tracée , vient s'y piquer & périt. On pourroit y substituer de petits bâtonnets garnis de pointes de fer par leurs deux bouts , ce qui seroit dispendieux , mais aussi plus assuré.

On a aussi employé , avec succès , les fumigations de soufre , de tabac pour faire périr les *taupes*.

A la tuyère d'un soufflet à deux ames , & un peu fort , est ajusté un fourneau de cuivre ovale qui reçoit des charbons allumés , & par-dessus se met du soufre ou du tabac à fumer ; l'on visse à l'extrémité de ce petit fourneau un bout de tuyau de forme conique , qui sert à diriger dans les trous des *taupes* , la fumée qu'entretient le jeu du soufflet.

Enfin , pour prendre les *taupes* , on se sert d'une arbalète composée d'un fil de fer dans la partie basse , formant le ressort , & d'une corde attachée à la partie supérieure , de la hauteur de l'arbalète , qui est de trois pouces. On pose cette machine dans le passage de la *taupe* : lorsqu'elle repasse, elle heurte le ressort, & s'y trouve prise.

2°. D'une boîte nommée boîte à *taupe*, connue aussi pour cette destruction, & qu'on place dans le passage de la *taupe*, vieux ou frais labouré.

3°. D'un piège connu pour le même usage, & qu'on place de même dans le passage de l'animal, lequel venant à heurter le ressort, s'y trouve pris, & assez souvent par le milieu du corps.

TAUREAU, grand quadrupède dont le caractère est de n'avoir point de dents incisives à la mâchoire supérieure, d'en avoir huit à l'inférieure, d'avoir le pied fourchu & les cornes simples tournées vers les côtés. La nature, dit Buffon, a fait le taureau indocile & fier. Dans le temps du rut il devient indomptable & souvent furieux ; mais par la castration, l'on détruit la source de ses mouvemens impétueux, & l'on ne retranche rien à sa force, il n'en devient que plus gros, plus massif, plus pésant & plus propre aux ouvrages auxquels on le destine. Il devient aussi plus traitable, plus patient, plus docile & moins incommode aux autres. Un troupeau de *taureaux* ne seroit qu'un troupeau effréné que l'homme ne sauroit dompter ni conduire ; mais un nombreux troupeau de bœufs suit paisiblement le chemin du pâturage ; s'ils s'écartent, dociles à la voix d'une femme, d'un enfant, ils reviennent aussitôt. On les conduit de même, & sans résistance de leur part aux travaux les plus pénibles.

Les bœufs comme les autres animaux domestiques, varient par la couleur. Cependant le poil roux paroît être le plus commun, & plus il est rouge, plus il est estimé. On fait cas aussi du poil noir. Le poil du bœuf, de quelque couleur qu'il soit, doit être luisant, épais & doux au toucher. On doit nourrir les bœufs & les vaches avec du foin, de la paille, & même leur donner un peu de son & d'avoine. En été, on leur donne de l'herbe fraîchement coupée, ou bien de jeunes poussées de feuilles de frêne, d'orme & de chêne ; mais en petite quantité. La luzerne, la vesce, les lupins, sont aussi de très-bons alimens pour les bœufs.

TAYAUT, (vénerie.) cri du chasseur quand il voit le cerf, le daim ou le chevreuil.

TAYRA ou GALERA. C'est une espèce de petite fouine brune noirâtre du Brésil, de la grandeur d'un petit lapin. Ce quadrupède a le museau alongé, un peu pointu & garni d'une moustache. Sa tête est oblongue ; sa langue est rude comme celle du chat ; ses oreilles sont plates ; ses pieds sont forts & faits pour se creuser un ter-

rier. Il est couvert de poils bruns, longs & courts. Ils répandent une odeur de musc. On trouve aussi cet animal dans la Guyane.

TECOIXIN, lézard goîtreux du Mexique.

TECUNHANA, autre lézard du Brésil, dont le dessus du corps, de la tête & de la queue est orné de bandes de plusieurs couleurs.

TEITEI ou TEITET, oiseau du Brésil de grandeur d'un serin. Son bec est noir, gros court. Son plumage est d'un noir bleuâtre, très-brillant, mêlé d'un beau jaune doré. On élève cet oiseau en cage à cause de la douceur de son chant. Il vit de graine, & sur-tout de riz.

TEJUGUACU, espèce de lézard du Brésil. Il est armé d'aiguillons blancs & dentelés. Sa couleur est noire tiquetée de blanc.

TÉJUNHANA, autre lézard de l'Amérique, qui a le nez fort pointu ; la queue affilée fort longue & couverte d'écailles cachées, très-minces.

TEMAPARA, lézard de l'Amérique, dont la queue est très-longue. Il a la peau d'un gris rouge, & la tête semée de grandes écailles noirâtres mêlées de brun.

TENDEURS. On donne ce nom aux braconniers qui tendent des lacs, des tirasses, des traîneaux, des collets, &c., pour prendre le gibier.

TENDRAC, petit quadrupède de l'île de Madagascar, qui a quelques rapports avec notre hérisson par ses piquans. Ses jambes sont fort courtes ; il grogne comme le pourceau, & se vautre aussi dans la fange : il séjourne volontiers dans l'eau. Les indiens sont fort friands de sa chair.

TENDUE, nom qu'on donne à un canton qu'occupent des piéges tendus.

TENEUR. C'est, en fauconnerie, le nom qu'on donne au troisième oiseau qui attaque le héron dans son vol. On dit : cet oiseau est bon *teneur*.

TENIR, terme de fauconnerie. Un oiseau *tient* à mont, quand il se soutient en l'air, en attendant qu'il découvre quelque gibier.

TENTE, se dit, en terme de vénerie, en parlant des filets qu'on tend pour prendre des bécasses & autres oiseaux de passage. Les chasseurs disent alors : faisons des *tentes*.

TERRIER, nom qu'on donne aux trous où les lapins se retirent.

TEOAUHTOTOTL, nom que les mexicains donnent à un petit oiseau, long de cinq pouces & demi, dont le plumage est mélangé de bleu, de jaune & de noir, d'aigue-marine & de violet.

TERUT-BOULAN, ou MERLE DES INDES. Cet oiseau, un peu plus gros que l'alouette, a le plumage varié de noir, de blanc & de cendré.

TÊTE, bois de cerf. On dit qu'un cerf quitte sa tête, & qu'il est à sa première, à sa seconde ou à sa troisième; ce qui désigne son âge.

TÊTE-ROUGE, oiseau de passage, très-petit dont le plumage de la tête & de la poitrine étincele d'un rouge brillant. Il a aussi un ramage agréable; ce qui le fait rechercher pour l'élever en cage. Il se nourrit de grains. Cet oiseau fréquente l'Angleterre.

TÊTE DE MORT, ou MONKIE, singe de l'Amérique. Son nez camus & ses yeux profondément enfoncés le font ressembler en effet à une tête de mort. Il a la tête ronde en devant & toute velue, le visage velu, & d'une couleur blanchâtre; des oreilles grandes & sans poil; les dents petites; les bras, les mains, les jambes, les pieds tels que dans l'homme; les pieds de derrière garnis d'un talon & de très-longs doigts. Son poil est nuancé de noir, de rouge & de jaune.

TETRAO, ou TETRAS, noms latins que les anciens donnoient à deux espèces de *coqs de bruyère*, grande & petite. *Voyez* ce mot.

Chasse du tetras.

En Courlande, en Livonie, en Lithuanie, pour faire la chasse à ces oiseaux on se sert d'un tetras empaillé, ou bien on fait un tetras artificiel avec de l'étoffe de couleur convenable; c'est ce qui s'appelle une *balvane*. On attache cette balvane au bout d'un bâton, que l'on fixe sur un bouleau, à la portée du lieu que ces oiseaux ont choisi pour leur rendez-vous d'amour. Le mois le plus favorable est avril. Dès que les tetras apperçoivent la balvane, ils se rassemblent autour, s'attaquent & se défendent avec une fureur si concentrée, que les chasseurs qui sont à l'affut dans leur hutte, peuvent en sortir, les approcher, & même les prendre sans coup férir. Ceux qui sont ainsi captifs s'apprivoisent, en cinq ou six jours, au point de venir manger dans la main.

L'année suivante, au printemps, les tetras apprivoisés servent, au lieu de balvane, à attirer les tetras sauvages qui viennent se battre avec eux, & tomber sous les coups & dans les piéges des chasseurs.

Cependant, hors la saison des amours, il faut une nouvelle industrie. Alors, plusieurs chasseurs à cheval forment une enceinte plus ou moins étendue, dont leur hutte est le centre; & en se rapprochant insensiblement, & faisant claquer leur fouet à propos, ils font lever les tetras, & les poussent d'arbre en arbre du côté du tireur, qu'ils avertissent par un coup de sifflet.

On prétend que lorsque ces oiseaux volent en troupe, ils ont à leur tête un vieux coq qui les mène, & qui veille à leur sûreté.

TETTE-CHÈVRE, ou CRAPAUD VOLANT, ou CHAUCHE-BRANCHE, genre d'oiseau de nuit, qui est de la grandeur d'un ... ; son cri est un roucoulement qui n'est effrayant ni triste. On distingue différentes espèces.

Le *tette-chèvre vulgaire* a dix pouces de longueur & vingt-quatre d'envergure; la tête large, & le bec extrêmement mince, applati & un peu recourbé; la bouche large & grande, ainsi que le gosier. Le gris, le noir, le blanc, le brun, le rouge nuancent son plumage. Il a les pieds petits & velus, les griffes noires & petites; les doigts sont unis ensemble par une membrane jusqu'à la jointure. Cet oiseau se trouve en France, en Angleterre, en Suède, &c. Il vit de papillons & d'autres insectes.

Il y a encore des tettes-chèvres à la Caroline, à la Jamaïque, en Candie. On dit que dans ce dernier pays, ces oiseaux ont le singulier instinct de chercher les étables des chèvres pour en sucer le lait.

TEZQUIZANA, oiseau du Mexique, du genre des pies; il a la queue fort longue, un plumage noir avec des reflets. Il vole en grande troupe, sur les terres cultivées.

THÉRÈSE JAUNE, ou BRUANT DU MEXIQUE. Cet oiseau a la tête, la gorge, le côté du cou, d'un jaune orangé; la poitrine & le dessus du corps mouchetés de brun sur un blanc sale. Le reste de son plumage est brun.

THOUYOU, ou TOUYOU, oiseau de la Guiane & du Brésil. Le thouyou, sans être tout-à-fait aussi gros que l'autruche, est le plus grand oiseau du Nouveau Monde; il y en a qui ont jusqu'à six pieds de haut; son corps est de forme ovoïde, & paroît presqu'entièrement rond; ses aîles sont très-courtes & inutiles pour le vol, mais elles favorisent sa course. Il a sur le dos des plumes qui, par leur excessive longueur, font l'office de queue. Son plumage est gris en-dessus, & blanc sous le ventre. Cet oiseau est très-haut monté; il a trois doigts à chaque pied, & tous trois en avant, difposition qui l'empêche d'aller fur un terrein gliffant.

Les fauvages vont à la chaffe de cet oifeau avec des chiens, lui lancent des flèches, ou ils lui tendent des piéges pour le prendre.

Le *thouyou* eft frugivore; il mange auffi de la viande, & avale des pierres quand la faim le preffe. Sa chair eft bonne à manger. Quand l'oifeau eft jeune, on peut facilement l'apprivoifer. Ses plumes ne font pas auffi recherchées que celles de l'autruche.

TIERAN. On dit qu'un fanglier eft dans fon *tiéran*, quand il a atteint l'âge de trois ans.

TIERCELET. C'eft le mâle de l'autour & de l'épervier. Au refte, les fauconniers font en ufage de donner ce nom au mâle de tous les oifeaux de proie, parce qu'ils font d'ordinaire d'un tiers plus petits que leurs femelles.

TIGRE, f. m. Ce quadrupède eft le plus terrible ennemi des autres animaux.

Le véritable *tigre*, qui ne fe trouve que dans l'Afie & dans les parties les plus méridionales de l'Afrique, n'eft pas moucheté; mais il a de longues & larges bandes en forme de cercles. Ces bandes prennent fur le dos, fe rejoignent deffous le ventre, & continuant le long de la queue, y font comme des anneaux blancs & noirs placés alternativement.

Le *tigre* qu'on nomme *royal*, eft d'une taille confidérable. On en a vu dans les Indes Orientales qui avoient quinze pieds de long en y comprenant la queue; fa vîteffe eft étonnante. Cet animal féroce, lors même qu'il eft raffafié, femble toujours altéré de fang; il faifit & déchire une nouvelle proie avec la même rage qu'il vient d'exercer, & non pas d'affouvir, en dévorant la première. Il n'a pour tout inftinct qu'une rage conftante, & une fureur aveugle qui lui fait fouvent dévorer fes propres enfans, & déchirer leur mère quand elle veut les défendre.

Heureufement pour la nature, l'efpèce des *tigres* eft peu nombreufe, & femble confinée aux climats les plus chauds des Indes Orientales; il fréquente avec le rhinocéros le bord des fleuves & des lacs; car, comme le fang ne fait que l'altérer, il a fouvent befoin d'eau pour tempérer l'ardeur qui le confume.

Ce quadrupède eft le feul des animaux dont on ne puiffe fléchir le naturel; il s'irrite des bons, comme des mauvais traitemens; le temps ne fait qu'aigrir le fiel de fa rage; il déchire la main qui le nourrit comme celle qui le frappe; il rugit à la vue de tout être vivant; chaque objet lui paroît

une nouvelle proie qu'il dévore d'avance de fes regards avides, qu'il menace par des frémiffemens affreux mêlés de grincemens de dents, & vers lequel il s'élance fouvent malgré les chaînes & les grilles qui brifent fa fureur fans pouvoir la calmer.

Les rois, les grands feigneurs des Indes fe font une gloire d'aller à la chaffe du *tigre*.

De quelque férocité que foit cet animal, il tremble quand il fe voit environné de chaffeurs qui lui préfentent l'épieu: Quand il ne voit aucun moyen de s'échapper, il s'accroupit fur fa queue, & foutient long-temps les coups de flèches qui s'émouffent fur fa peau; enfin, lorfque fa rage s'allume, il s'élance fur les chaffeurs, & va expirer fur les hommes qu'il déchire.

Les indiens vont à la chaffe du *tigre* avec l'efponton & la demi pique; ils montrent à cet exercice beaucoup de courage & d'induftrie.

Il y a fur la rivière des amazones une efpèce de *tigre*, qui a une antipathie naturelle contre les crocodiles, & qui eft le feul des animaux qui ofe lutter contre ce tiran des rivières. Le crocodile met fa tête hors de l'eau pour faifir le *tigre*, quand il vient boire au bord de la rivière; le *tigre* enfonce alors fes griffes dans les yeux de fon adverfaire: mais celui-ci en fe plongeant dans l'eau, y entraîne le *tigre* qui fe noie plutôt que de lâcher prife.

TINAMOUS, genre d'oifeaux particuliers à l'Amérique, qui tiennent de l'outarde & de la perdrix. Le *tinamous* a le bec grêle, alongé, & mouffe à fon extrémité, noir par-deffous & blanchâtre en-deffus. Sa chair eft blanche, ferme & bonne à manger; il vit de fruits.

TIRASSE, grand filet propre à la chaffe, & qui fert à prendre des cailles, des perdrix & des alouettes.

TIRASSER, terme de vénerie qui veut dire *tendre la tiraffe*.

TIRE-D'AILE. Les fauconniers, pour exprimer la vigueur du vol d'un oifeau, difent qu'il vole à *tire-d'aile*.

TIRER. Ce mot a plufieurs acceptions qu'il ne faut pas confondre.

On dit en vénerie *tirer de longue*, pour exprimer la courfe de la bête qui va fans s'arrêter. Pour faire fuivre les chiens quand on les appelle, on leur dit: *Tirez*.

En fauconnerie, faire *tirer* l'oifeau, c'eft le faire

béqueter en le paissant, en lui donnant un pât nerveux pour exciter son appétit.

TIREUR. On appelle bon *tireur*, un chasseur qui sait faire le meilleur usage de son fusil. Voici ce qu'enseigne à cet égard l'auteur du traité de la chasse au fusil.

1°. La première règle pour bien tirer, est de savoir se modérer, & de ne se pas trop presser.

2°. Chaque chasseur a sa manière d'épauler, c'est-à-dire, de mettre en joue, & veut la couche du fusil à sa guise, l'un courte, l'autre longue ; l'un droite, l'autre courbe. Sur cela point de règle à établir ; on voit tirer également bien avec ces couches différentes. Ce n'est pas cependant qu'on ne puisse établir quelques principes généraux sur la longueur, ainsi que sur la courbure de la couche d'un fusil ; mais l'application de ces principes se trouve souvent contrariée par le goût & la convenance particulière de chaque tireur. A parler généralement, il est certain, par exemple, que pour un homme de haute stature, & qui a les bras fort longs, la couche du fusil doit être plus longue que pour un petit homme qui a les bras courts. Une couche droite convient à celui qui a les épaules hautes & le cou court, par la raison que si elle est fort courbée, il sera très-difficile que la crosse, sur-tout dans le mouvement précipité qui se fait pour tirer au vol, ou en courant, vienne s'asseoir & s'emboîter en plein sur l'épaule ; elle n'y portera que de sa partie supérieure, ce qui non-seulement fera relever le bout du fusil, & par conséquent tirer haut, mais rendra aussi le recul plus sensible que lorsqu'elle se porte en entier sur l'épaule, & s'y emboîte comme il faut. D'ailleurs, dans le cas dont nous parlons, le *tireur*, en supposant qu'il parvienne à bien épauler, ne pourra qu'à peine découvrir le canon. S'il s'agit au contraire d'un *tireur* qui ait les épaules basses & le cou long, il est naturel que la couche du fusil ait beaucoup de courbure : si elle étoit droite, il éprouveroit, en baissant la tête pour atteindre l'endroit de la crosse où sa joue doit poser, une gêne qu'il n'éprouve pas lorsque, par l'effet de la courbure, la crosse s'y prête d'elle-même, & fait la moitié du chemin.

Indépendamment, & abstraction faite de ces principes, dont l'application, comme je l'ai dit, est sujette à beaucoup de modifications, je conseillerai toujours une couche longue plutôt qu'une courte, courbe plutôt que droite, la raison est, qu'à mon avis, une couche longue est plus ferme à l'épaule qu'une courte, sur-tout si on a pris l'habitude de placer la main qui soutient le fusil tout près du dernier porte-baguette ; car c'est une mauvaise habitude que de la placer seulement un peu au-dessus du pontet de la sous-garde, comme le font plusieurs *tireurs*. On n'est jamais aussi ferme en joue, aussi maître des mouvemens de son arme, que lorsqu'on s'habitue à la placer vers le dernier porte-baguette, en empoignant fortement le canon, au lieu de le soutenir seulement du pouce & de l'index, comme le font encore plusieurs *tireurs*. A l'égard de la courbure de la couche, je la crois en général plus avantageuse, pour tirer juste, qu'une couche trop droite, qui, en découvrant tout le canon à l'œil, me paroît sujette à l'inconvénient de faire tirer haut.

3°. Je conseillerai encore à un chasseur d'avoir un fusil qui relève imperceptiblement du haut, & dont le guidon soit fort petit & très-ras. Quiconque connoît la chasse, sait qu'on ne manque presque jamais pour tirer trop haut, mais pour avoir tiré dessous. Il est donc utile qu'un fusil porte tant soit peu haut ; &, d'un autre côté, plus le guidon est ras, plus la ligne de mire se trouve coïncider avec la ligne de tire, & par conséquent moins le coup doit baisser. C'est une pratique que j'ai toujours observée, & dont je me suis bien trouvé.

4°. Le vrai moyen pour ne pas manquer le gibier en travers, ou lorsqu'il barre, soit au vol, soit en courant, n'est pas seulement d'ajuster devant, comme tout le monde fait, mais encore de savoir ne pas s'arrêter involontairement, comme il arrive à beaucoup de tireurs, au moment où on lâche la détente. Pendant l'instant, quoique presque insensible, où la main s'arrête pour donner feu, l'oiseau, qui ne s'arrête point, dépasse la ligne de mire, & le coup porte derrière. Si c'est lièvre ou lapin qu'on tire en courant, sur-tout en tirant d'un peu loin, il ne reçoit tout au plus que quelques dragées dans la croupe, & on ne l'arrête que par cas fortuit. Lorsque l'oiseau file en ligne droite, alors ce défaut ne peut nuire. Si le coup est bien ajusté, il ne peut l'esquiver, hors le cas où on le tire à la partie, & avant qu'il ait pris un vol horizontal. Alors, pour peu que la main s'arrête en donnant feu, on met dessous, & on le manque. Il est donc très-essentiel d'accoutumer sa main à suivre toujours le gibier sans s'arrêter ; c'est un point capital pour bien tirer ; l'habitude contraire, dont il est très-difficile de se corriger, lorsqu'elle est une fois contractée, est ce qui empêche beaucoup de chasseurs, qui d'ailleurs ont la justesse de l'œil & la prestesse de la main, d'atteindre la perfection.

Il n'est pas moins essentiel de devancer le gibier lorsqu'on tire en travers, & toujours en proportion de la distance. Si une perdrix, par exemple,

exemple, traverse à la diftance de 30 ou 35 pas, il fuffit de la prendre en tête, ou tout au plus quelques doigts devant. Il en eft à-peu-près de même de la caille, de la bécaffe, du faifan, du canard fauvage, quoique ces oifeaux aient l'aîle moins vive que la perdrix ; mais fi l'on tire à 50, 60, 70 pas, il eft néceffaire alors de devancer au moins de demi-pied : on doit pareillement tirer en avant, d'un lièvre, d'un lapin, d'un renard, lorfqu'ils traverfent fuivant l'éloignement où ils font, & fuivant leur allure, qui n'eft pas toujours la même. Il eft encore à-propos, lorfque l'on tire à une grande diftance, d'ajufter un peu au-deffus de la pièce de gibier, attendu que la dragée, ainfi que la baile, n'a qu'une certaine portée de but en blanc, paffé laquelle elle commence à décrire une ligne parabolique.

Lorfqu'un lièvre file, le guidon doit toujours être pointé entre les deux oreilles ; fans quoi on court rifque de le manquer, ou de le tuer mal ; car il ne fuffit pas à un chaffeur, qui a l'ambition de bien tirer, de brifer la cuiffe d'un lièvre, de démonter une perdrix, lorfqu'il a tiré à une diftance convenable ; il faut que le lièvre foit culbuté, qu'une perdrix foit pelottée de façon à refter fur la place, & à n'avoir pas befoin du fecours de fon chien. S'il a tiré de loin, c'eft autre chofe, il ne fe fait point de reproche d'avoir démonté une perdrix, ou bleffé un lièvre affez pour qu'il ne puiffe lui échapper.

5°. L'ufage apprend bientôt à connoître les diftances où il convient de tirer. La bonne portée, celle à laquelle on doit tirer infailliblement avec la dragée, n°. 4*, une pièce de gibier quelconque, pourvu qu'elle foit bien ajuftée, eft depuis 25 jufqu'à 35 pas pour le poil, & jufqu'à 40 ou 45 pour la plume. Paffé cette diftance jufqu'à 50 ou 55 pas, on ne laiffe pas de tuer encore quelques lièvres & quelques perdrix. Pour ce qui eft des lièvres, la plupart ne font que bleffés, & emportent le coup ; & quant aux perdrix, quelque bien tirées qu'elles foient, leur corps préfente fi peu de face, qu'à cette diftance elles paffent très-fouvent dans les vuides du coup. Ce n'eft pas qu'on ne puiffe encore tuer des perdrix avec le n°. 4* au-delà de 60, & même 70 pas ; mais ce font coups fort rares. Tous ceux qui ont cherché à connoître la vraie portée des armes à feu, hauffent les épaules aux forfanteries de certains chaffeurs, qui, à les en croire, tuent journellement avec leurs fufils merveilleux, & avec le n°. 4* ou 4, à 90 & 100 pas. Un, entr'autres, m'a affuré avoir tué avec ce plomb un lièvre à 110, & un faifan à 120 pas. Je ne prétends pas nier pourtant qu'avec le n°. 3* ou 3, on n'ait ja-

mais tué par cas fortuit une perdrix, ou un lièvre à 110, & même à 120 pas ; mais ce font de ces coups fi extraordinaires & fi rares, que la vie entière d'un chaffeur de profeffion fuffit à peine pour en citer deux ou trois. Ce fera un grain de plomb qui, par le plus grand hafard, adreffé à l'aîle ou à la tête d'une perdrix, qui frappe un lièvre à la tête & l'étourdit, ou au défaut de l'épaule, où il n'y a, pour le bleffer mortellement, qu'une peau très mince à percer, & d'autant plus aifée à franchir, qu'elle fe trouve tendue lorfque l'animal court.

6°. Un chaffeur ne doit jamais tirer plus de 20 à 25 coups fans laver fon fufil ; un fufil fale part moins bien, & porte moins loin que lorfqu'il eft frais lavé. Il doit avoir foin de bien effuyer à chaque coup la pierre, le baffinet & la batterie, ce qui contribue beaucoup à le faire partir preftement, & fur-tout de renouveller fréquemment la pierre, fans attendre pour cela qu'elle ait manqué, comme je le vois faire à la plupart des chaffeurs. J'ai toujours eu la coutume de ne tirer que 15 à 18 coups, au plus, de la même pierre ; la dépenfe eft trop mince pour y regarder, & ce moyen on s'épargne bien des regrets. On ne doit jamais tirer avec une amorce de la veille. Il peut arriver qu'elle prenne bien feu ; mais le plus fouvent l'humidité l'a gagnée, elle s'ufe, & l'on manque fon coup, faute d'avoir amorcé de frais.

Je terminerai cet article par indiquer ici, en faveur des chaffeurs qui aiment la chaffe des marais, une recette affurée pour fe garantir de l'eau & de l'humidité.

Je fuppofe le chaffeur pourvu d'une paire de bottes molles de bonne vache, bien conditionnées, & autant à l'épreuve de l'eau qu'elles peuvent l'être par la qualité du cuir & de la couture.

Prenez de fuif une demi-livre,

de graiffe de porc 4 onces,

de térébenthine 2 onces,

de cire jaune nouvelle 2 onces,

d'huile d'olive 2 onces,

Faites fondre le tout enfemble, & mêlez bien.

La veille de la chaffe on aura foin que les bottes n'aient aucune humidité ; on les chauffera doucement à un feu clair ; & lorfqu'elles feront bien échauffées, on les oindra avec la main, de cette compofition, chauffée au point de n'endurer la chaleur ; & on leur en donnera, en les maniant & remaniant à plufieurs reprifes, autant que le cuir en pourra boire. Le lendemain les bottes, en les mettant, pourront paroître un peu roides ;

mais le moment d'après, la chaleur de la jambe leur rendra leur souplesse. Lorsque les bottes font neuves, avant de leur donner cette onction, il faut les porter deux ou trois fois, afin de leur ôter cet apprêt gras qu'ont tous les cuirs neufs. Avec des bottes ainsi préparées, on peut chasser les journées entières dans les marais, sans redouter l'eau ni l'humidité ; & l'on est sûr de rentrer chez soi la jambe & les pieds secs.

(Extr. de la chasse au fusil.)

TIROIR, terme de fauconnerie. C'est une paire d'ailes de chapon ou de poulet ajustée en façon d'oiseau, avec un petit morceau d'étoffe rouge, & dont les fauconniers se servent pour rappeller l'oiseau de proie sur le poing.

TITIRI, espèce de pie-grièche qu'on trouve à Cayenne. Cet oiseau a huit pouces de long, le bec applati, épais, long de treize lignes, hérissé de moustaches, crochu à l'extrémité ; sa langue est aiguë & cartilagineuse ; le jaune, le noir, le brun, le gris-blanc nuancent son plumage. Le *titiri*, ainsi nommé à cause de son cri, ne craint point les oiseaux de proie & les poursuit même pour défendre ses petits.

TITRE, en terme de chasse, c'est un relais où l'on pose les chiens pour courir la bête à propos &, quand elle passe.

TOC-KAYE, espèce de lézard fort commun dans le royaume de Siam. Il est deux fois plus gros que nos lézards verts. Il est couvert d'une peau chagrinée & bigarrée de taches ondées, garnie de plusieurs rangs de pointes coniques d'un bleu-clair. Sa queue est fort longue, sa tête est de figure triangulaire.

TOCOLIN, oiseau du Mexique de la grosseur de l'étourneau. Son plumage est varié de jaune, de noir, de cendré. Sa chair est bonne à manger.

TOCKO, c'est la perdrix de la Guyane. Cet oiseau est plus gros que notre perdrix grise, son plumage est plus foncé, mais il lui ressemble en tout le reste.

TODIER, genre d'oiseau dont le bec est droit, long, plane & obtus. Il y en a de plusieurs espèces, telles que le *todier à poitrine rouge* de l'Amérique septentrionale ; le *todier varié* des Indes ; le *todier cendré* de Surinam.

Ces oiseaux ne sont guère plus gros que le roitelet.

TOILE. Manière de chasser en faisant une grande enceinte de toile & de filets pour prendre le gros gibier.

TOLAI, quadrupède qui habite les terres voisines du lac Baikal en Tartarie. Il est plus grand qu'un lapin auquel il ressemble par la forme du corps, par le poil, par les allures, par la qualité & la saveur de la chair. Il se creuse de même des terriers. Sa queue est plus longue & plus forte que celle du lapin.

TOLCANA, oiseau du Mexique, espèce d'étourneau qui se plait dans les plantes aquatiques où il trouve les insectes dont il se nourrit. Sa tête est brune, & le reste de son plumage est noir.

TONELLER, c'est chasser, prendre du gibier avec la tonnelle.

TONNELLE, filet qui a deux pans, que l'on tend en angle obtus, pour former une espèce de muraille de chaque côté d'un cul-de-sac du filet, profond de quinze pieds, dans lequel viennent se prendre les perdrix, que l'on conduit dedans, en marchant à petit pas à l'opposite du filet, & portant une figure de vache faite en osier, pour moins épouvanter les perdrix, & les faire courir à pied sans qu'elles s'envolent.

On donne aussi le nom de tonnelle à une figure de bœuf ou de cheval, peinte sur la toile, ou à une peau de ces animaux étendue sur une claie que le chasseur porte devant lui, & dont il se couvre pour suivre le gibier sans l'effrayer, & le faire entrer dans les filets.

TORCHEPOT, genre d'oiseau dont on distingue plusieurs espèces & qui a le bec en forme de coin. Ces oiseaux grimpent sur le tronc & les branches des arbres à la manière des pies, pour y chercher des insectes dont ils se nourrissent. La couleur ordinaire de leur plumage est cendrée. On en trouve des espèces particulières au Canada, à la Jamaïque, à la Caroline.

TORCOL, oiseau qui a sept pouces & demi de long & dix d'envergure : sa langue est terminée par une épine osseuse & pointue, il la darde à une distance très-considérable. Cet oiseau hérisse les plumes de sa tête en forme de huppe, comme le geai ; il tire son nom de la manière singulière dont il tourne sa tête en arrière : on trouve beaucoup de *torcols* en Suède vers le printemps.

TORTUE, animal amphibie d'une structure singulière ; il y en a trois espèces, les unes habitent la terre, d'autres la mer, & les dernières l'eau douce.

La *tortue de terre* est couverte d'une écaille faite en écusson & marbrée de diverses couleurs :

on ne voit de cet animal que la tête qui reſſemble à celle du ſerpent : la cuiraſſe de la
tortue ſert à ſon corps comme d'un rempart impénétrable ; elle eſt ſi ſolide qu'un caroſſe paſſe
deſſus ſans l'applatir.

La *tortue de terre* ſe trouve dans les forêts,
dans les champs & ſur les montagnes, elle vit
de fruits & d'herbages, & mange les inſectes
& les limaçons : ſa chair eſt très délicate.

Les *tortues de mer* ſont plus groſſes que celles
de terre, leur tête ſe termine en bec de perroquet, & leurs pieds ſont faits en forme de nageoires. Ces *tortues* ſont d'une taille ſi conſidérable que quelques éthyopiens ſe ſervent de leurs
écailles en guiſe de barques pour naviguer près
du continent : un voyageur aſſure avoir vu dans
l'océan indien, des *tortues* d'une telle grandeur
que quatorze hommes pouvoient monter à la
fois ſur leur écaille ſupérieure.

Les *tortues d'eau douce* ont leurs écailles noires,
leur queue reſſemble un peu à celle du rat d'eau ;
on en trouve en France ; elles peuvent vivre
juſqu'à 80 ans : ces animaux ſont vraiment amphibies, quoiqu'ils ſe tiennent plus volontiers
dans l'eau que ſur la terre ; mais comme ils
détruiſent les inſectes, on les met dans les jardins
pour conſerver les plantes & les fruits.

TOUCAN, eſpèce de pie du Bréſil, dont
le bec eſt monſtrueux, car il a ſix pouces de
long & deux pouces & demi de large à ſa racine :
le jaune, le blanc, le cendré, le rougé, le
noir nuancent ſon plumage. Sa langue reſſemble
à une plume déliée : la ſingularité de ſon cri
lui a fait donner le nom de *tacataca*.

TOUCHER. Les chaſſeurs diſent qu'une bête
fauve *touche* à ſon bois quand elle veut ôter
la peau velue qui le couvre.

☞ TOUCNAM-COURRI. Cet oiſeau des Philippines eſt une eſpèce de gros-bec ; ſon plumage
eſt jaune. Il compoſe ſon nid de fibres de feuilles
entrelacées en forme de petit ſac ou de long
canal dont l'ouverture eſt en bas & ne paroît
point.

TOUCOY, terme de vénerie. Lorſqu'un limier veut crier dans les voies, on lui donne
quelques légérs coups de traits en diſant *toucoy,*
chien, toucoy !

TOUPET-BLEU, oiſeau de la Louiſiane dont
la longueur totale eſt de quatre pouces. Il eſt
remarquable par la variété & la beauté de ſes
couleurs. Le bleu pare ſa tête & le devant du
cou ; le rouge orne le ventre & la queue,

le vert brille ſur ſon dos & ſes ailes ; un roux
éclatant ſur le reſte de ſon plumage. Son bec
eſt couleur de plomb, ſes pieds ſont gris.

TOURDE, oiſeau de paſſage ; c'eſt une eſpèce de grive de la groſſeur d'un merle. Sa
chair eſt très-delicate.

TOURNER, terme de vénerie ; quand la bête
pourſuivie par les chaſſeurs fait un retour, on
dit qu'elle *tourne.* On fait *tourner* les chiens pour
trouver le retour & le bout de la ruſe.

TOURTELETTE, oiſeau plus petit que la
tourterelle, & qui a une queue plus longue.
Il porte une eſpèce de cravatte d'un noir brillant ſous le cou & ſur la gorge.

Cet oiſeau ſe trouve au Sénégal, au Cap de
Bonne-Eſpérance & dans les contrées méridionales de l'Afrique.

TOURTERELLE, oiſeau dont il y a deux
eſpèces différentes. L'une un peu plus groſſe, &
diſtinguée par une ſorte de collier noir, arrive
dans nos provinces ſeptentrionales vers le mois de
mai, fait ordinairement deux pontes, chacune de
deux œufs ſeulement, & s'en va au mois de ſeptembre.

Pendant l'été, on l'entend chanter, ou plutôt
gémir, dans les bois, dès quatre heures du matin,
comme le ramier. Comme lui, elle ſe perche par
préférence ſur les branches ſèches des arbres, &
on l'approche de même, en avançant lorſqu'elle
chante, & s'arrêtant dès qu'elle ceſſe. On ſe ſert
auſſi quelquefois, pour l'attirer, d'un appeau. En
été, ſur-tout dans les grandes chaleurs, on peut
l'attendre l'après-midi, au bord des petits ruiſſeaux, où elle vient ſe déſaltérer.

La meilleure ſaiſon pour tuer ces oiſeaux, celle
où ils ſont gras, eſt le mois d'août, pendant &
après la récolte. On trouve alors les tourtereaux
répandus dans les champs, & ſur-tout dans les
chaumes de bled. On les ſurprend quelquefois
dans les bleds, où on les tue à la portée ; mais
poſés dans les chaumes, ils attendent rarement le
chaſſeur, à moins qu'il ne trouve le moyen de ſe
couvrir de quelque haie pour les approcher ; mais
l'occaſion ſe préſente quelquefois de les tirer au
vol en paſſant, & l'on peut en tuer d'autres, en
les abordant avec précaution, dans les arbres où
ils vont ſe poſer après s'être envolés.

Les tourterelles ſont ſur tout très-friandes de
millet, & l'on en voit beaucoup plus dans la partie
méridionale du royaume que par-tout ailleurs. On
en prend en grand nombre dans le Béarn, avec des
filets à nappes, tendus dans des chaumes de bled

ou de millet, fur-tout ceux qui font voiſins d'un petit bois, ou entourés d'arbres ; & l'on ſe ſert pour cette chaſſe d'appeaux aveugles, poſés à terre, comme pour les palomes & biſets, en ſemant ſur la place, entre les filets, quelques poignées de froment. Cette chaſſe commence avec le mois d'août, & dure juſqu'à la mi-ſeptembre, temps où ces oiſeaux diſparoiſſent. Elles vont, en cette ſaiſon, par bandes depuis dix juſqu'à vingt.

On lit, dans le *Voyage des Deux-Siciles* de Henry Swinburne, la manière ſuivante de chaſſer les tourterelles, uſitée dans la Calabre, où ces oiſeaux abondent, particulièrement ſur des collines couvertes d'oliviers, voiſines de la mer. Deux chaſſeurs conduiſent ſous ces oliviers une chaiſe ouverte ou cabriolet, & la font tourner très-lentement, mais ſans s'arrêter, autour des arbres, juſqu'à ce qu'ils aient apperçu une tourterelle perchée. L'oiſeau, frappé de ce ſpectacle, fixe les yeux ſur la chaiſe, qui roule toujours, & tourne continuellement la tête, en imitant ſon mouvement. Alors un des chaſſeurs fort de la voiture, & la tire ſans qu'elle penſe à s'envoler. On a auſſi l'adreſſe, en ce même pays, de placer au pied des arbres où elles ont coutume de ſe poſer, de petits baſſins de pierre remplis d'eau : elles y viennent boire, & le chaſſeur embuſqué profite du moment pour les tirer.

(*Ext. de la ch. au fuſil.*)

TOURTOIRE, houſſine avec laquelle les chaſſeurs font les battues dans les buiſſons.

TRACE, marque que les bêtes laiſſent de leurs pieds ſur la terre, & qui les fait reconnoître des chaſſeurs.

TRAGELAPHE, animal du genre des cerfs, que différens naturaliſtes mettent auſſi dans la claſſe des boucs. Ce quadrupède ſe trouve dans le Levant.

TRAINEAU, filet qui a deux ailes très-longues, avec un bâton à chaque côté, & que deux hommes traînent la nuit à travers champ dans les endroits où ils ſoupçonnent qu'il y a du gibier : dès qu'ils entendent quelque choſe ſous le filet, ils le lâchent à terre, pour prendre le gibier qui eſt deſſous. Les traineaux ont depuis ſoixante juſqu'à cent pieds de large, & quinze ou dix-huit pieds de haut : les mailles en ſont très-larges, pour que le filet ſoit plus léger.

TRAINÉE, eſpèce de chaſſe au loup que l'on attire dans un piége, par le moyen d'un cadavre que l'on *traîne* dans une campagne ou ſur un chemin.

TRAINER, reſter derrière. En venerie on dit, des chiens qui ne ſuivent pas le gros de la meute, qu'ils *traînent*, qu'ils ſont *traîneurs*.

TRAIT. On nomme *trait* la leſſe qui ſert à conduire les chiens à la chaſſe.

TRALE, petit oiſeau qu'on met au nombre des grives.

TRAMAIL, filet compoſé de trois rangs de mailles, les unes devant les autres, dont celles de devant & de derrière ſont fort larges ; & le filet du milieu, qui s'appelle la nappe, eſt de mailles étroites, & eſt plus lâche que les deux autres ; de façon qu'il s'engage avec le gibier, qui donne dans les grandes mailles, qui en bouchent l'iſſue, & dans lequel il ſe trouve pris ſans pouvoir en ſortir.

TRANLER, expreſſion dont on ſe ſert quand on n'a point détourné le cerf, & qu'on eſt obligé de le guêter au haſard.

TRAPPE, piége que l'on tend à des animaux nuiſibles par quelques ais mobiles, poſés ſur des pivots qui les font tomber dans des foſſés où on les aſſomme.

TRAQUENARD, autre piége que l'on tend aux animaux nuiſibles.

Il y a un *traquenard* double, qui eſt aſſez rare, & ſon utilité mérite qu'on en faſſe la deſcription.

Ce piége eſt fait de trois planches longues de quatre pieds ; il y a dans le milieu, pour tenir les planches des côtés en état, un morceau de bois épais de deux pouces, large d'un demi-pied, avec une feuillure à chaque bout, qui entre à moitié, de l'épaiſſeur de chaque ais, & eſt clouée par le deſſus : le *traquenard* ſimple n'a qu'une planche mobile, au lieu que celui-ci en a deux : au reſte, la compoſition des deux pour le reſte eſt la même, excepté que la marchette du ſecond eſt au milieu, auſſi bien que le trou où elle doit paſſer pour que le *traquenard* ſoit tendu, & qu'il y ait deux bâtons de chaque côté, cloués aux deux tiers des ais, tandis qu'à l'autre ils ſont au milieu. On remarquera que dans le *traquenard* double, il y a deux pivots ſur chaque planche mobile, deux eſſieux avec leur garde-trappe, & deux cordes attachées au bout des deux trappes, & nouées enſemble au bout d'une autre qui ſert à faire détendre le piége : les deux trappes fe lèvent enfemble & fe détendent de même.

Voyez les pl. 25 , 26 , 27 & 28 , tom. 9 des arts , & l'explication à la fin de ce dictionnaire.

TRAQUER. C'eft entourer un bois , & y enfermer des bêtes , de manière qu'elles ne puiffent fe fauver fans être apperçues de quelque chaffeur.

TRAQUET , petit oifeau qui a beaucoup de rapports avec le tarier , & que le peuple nomme *groulard*. Il habite les bruyères , & ne vit que d'infectes : il remue fans ceffe les ailes comme le traquet d'un moulin : il fe multiplie beaucoup.

Il y a différentes efpèces étrangères , qui fe diftinguent par la beauté & la variété des couleurs de leur plumage.

TRAVAIL. On dit , en fauconnerie , un oifeau de grand *travail* , c'eft-à-dire , qui eft fort dans fon vol , & qui ne fe rebute point.

TRÉBUCHET , piége pour furprendre les oifeaux ; il eft ingénieux , quoique fimple.

Le *trébuchet* eft fait avec quatre bâtons , longs chacun de deux pieds & demi , & percés chacun à un pouce de leur extrémité d'un trou , de la groffeur du doigt. On les place à terre , en manière de quarré ; on a foin de faire à chaque bâton une entaille au droit des trous , de la profondeur de la moitié de l'épaiffeur du bois , afin qu'ils tiennent deux enfemble par l'extrémité.

Dans un des coins du quarré , où il y a un trou , on met un morceau de bois , gros comme le doigt & long de quatre à cinq pieds , qui entre dedans comme une cheville , & qui paffe d'un bout à l'autre & d'angle en angle ; enfuite on met encore un autre bâton , qui ait en tout les mêmes proportions , & qui , en traverfant d'un autre angle à celui qui lui eft oppofé , forme une croix avec le premier.

Après cet arrangement , on prend plufieurs bâtons affez droits , gros comme le doigt , & un peu plus courts les uns que les autres ; il y en aura quatre de chaque façon. On les enfile dans les bâtons dont on a parlé , en forte qu'ils croifent du bout les uns fur les autres jufqu'au fommet du *trébuchet* , où il y a une ouverture , par où l'on peut tirer les oifeaux quand ils font pris.

La figure de la cage donne affez à connoître que devant toujours aller en rétréciffant par le haut ,

les plus longs bâtons doivent être mis par le bas , & continuer par degrés ; on arrête ces bâtons avec de l'ofier ou des ficelles.

Quand le *trébuchet* eft ainfi ajufté , on prend un bâton , gros comme le petit doigt , applati par les deux côtés , & long de trois pieds , & on l'attache avec une petite ficelle à un angle du piége , auquel il tiendra par le moyen d'une petite coche ; obfervez qu'il doit être mouvant & non arrêté.

Quand on veut tenir cette machine , on prend un piquet long d'un pied & demi , à l'extrémité fupérieure duquel il y a une ficelle pour y attacher un petit bâton , long d'un demi-pied , dont le bout inférieur eft taillé en forme de coin à fendre le bois.

On fiche ce piquet en terre , en forte que la machine étant élevée , elle le froiffe en tombant : quand il eft planté , on lève un côté de la cage , & on met le gros bout du petit bâton deffous pour la foutenir , & l'autre dans la coche qui eft au bout du bâton , gros comme le petit doigt , applati des deux côtés , & long de trois pieds.

Il faut que le *trébuchet* pofe légèrement deffus , & qu'il démeure tendu & élevé en l'air d'un côté , environ à la hauteur d'un pied. Ce piége fe place fur un monceau de grain , & on le couvre de feuillages.

C'eft principalement contre les perdrix que le chaffeur induftrieux fait ufage du *trébuchet* : en effet , ces oifeaux fe précipitent deffous la machine , fe pofent fur la marchetre , font détendre tous les refforts , & fe trouvent enfermés.

Voyez les planches 25 , 26 , 27 , 28 , tom. IX des arts , & l'explication à la fin de ce dictionnaire.

TREFLE , quadrupède qui eft prefque de la taille du rhinocéros : fon mufeau a la figure d'une feuille de *trefle* ; & quoiqu'il n'ait point de cornes , il reffemble affez à un bœuf fauvage : cet animal eft frugivore. On prétend l'avoir trouvé près de la côte de Tempie , entre le Mexique & la Nouvelle-Orléans.

TRETTE-TRETTE , efpèce de finge de l'île de Madagafcar , qui fuit les hommes , qui le fuient à leur tour. Il n'eft connu que des voyageurs.

TRITON , oifeau de la Nouvelle-Efpagne ,

remarquable par la beauté de son plumage, surtout par son chant, qui semble former à la fois trois tons harmonieux.

TROCHES, fumées des bêtes fauves qui sont à demi-formées.

TROGLODYTE, espèce de roitelet habitant des cavernes qui paroît à l'entrée de l'hyver. Il se montre sur les piles de bois, & sur les tas de fagots chantant gaiment son cri ordinaire *fidirii*, dans les plus grands froids. Son petit vol est tournoyant. Cet oiseau n'a que trois pouces neuf lignes de long. Tout son plumage est coupé transversalement par petites zônes ondées de brun, de noir, de blanc, & de gris.

TROLLE, terme de chasse; on dit aller à la *trolle* c'est-à-dire découpler des chiens courants dans un grand pays de bois, pour quêter & lancer la bête qu'on veut courir.

TROMPE, c'est le cor de chasse.

TROMPETTE, on donne ce nom à un genre d'oiseaux familiers qui rendent des sons approchans de ceux de la trompette. Le P. Labat dit que ces oiseaux sont tous noirs, de la grosseur & presque de la figure d'un coq d'Inde. On prétend aussi qu'ils ont un bec double ou plutôt un nez creux au dessus du bec qui contribue vraisemblablement au son qu'ils font entendre. Ils sont forts communs sur la rivière des Amazones. Ils vivent de graines, de chair, & de poissons.

TROUPIALE, genre d'oiseau de l'ordre des étourneaux. On en distingue plusieurs espèces; dont quelques-unes appartiennent au Nouveau-Monde, & les autres à l'ancien continent. Ces espèces se distinguent principalement par la variété de leur plumage. Les *troupiales* se familiarisent aisément. Ils aiment à vivre en commun, & à confondre ensemble leurs familles. Ils suspendent leurs nids à l'extrémité des branches des arbres les plus élevés.

TRUBLE, filet qui a la forme d'une longue poche; il est attaché sur un demi-cerceau qui tient par les bouts dans les extrémités d'une tringle de trois ou quatre pieds, & couché exactement par le milieu sous le bout d'une longue perche. Deux personnes sont nécessaires à cette pêche, l'une porte la *truble* & l'autre une espèce de maillet pour troubler l'eau : on présente la *truble* dans les endroits les plus serrés d'un ruisseau; s'il est trop large, on abaisse deux *trubles* à la fois, l'un vers un bord, & l'autre

vers l'autre, mais toutes deux contre le fil de l'eau, afin que le courant tienne le réseau ouvert : celui des pêcheurs qui doit troubler l'eau monte vingt pas au-dessus de la *truble*, & enfonce son maillet dans la vase, dans les joncs & dans toutes les retraites des poissons; ceux-ci fuient du côté opposé & vont donner dans la poche du filet qui les arrête au passage.

Le peuple de quelques-unes de nos provinces ne connoît guères d'autres filets que la *truble*, & il est assez heureux pour ne pas sentir le besoin qu'il auroit d'autres connoissances.

TRUEN, espèce d'oiseau aquatique de l'île de Feroë. Il fait la chasse aux autres oiseaux aquatiques plus foibles que lui pour leur attraper leur nourriture sur-tout le poisson dont il les voit saisis.

TSIOEL. Nom qu'on donne à deux oiseaux étrangers, qui effacent par la magnificence de leur plumage, tous ceux de nos climats.

Le premier a un plumage varié de jaune-doré, de vert & de blanc argenté. Les Indes orientales sont sa patrie; on l'y nomme le *petit roi des fleurs*.

Le second est un oiseau d'Amboine : on l'appelle l'oiseau au plumage de soie; ses plumes sont rouges sur la poitrine, vertes sur le ventre, de couleur aurore sur le col, & nuancées de vert, de jaune & d'or sur les ailes : les serpens font la guerre à cet oiseau dont ils sont fort avides.

TUCAN, s. m., petit quadrupède de la nouvelle Espagne qui a beaucoup de rapports avec la taupe par sa grandeur, sa figure & ses habitudes naturelles. Son poil est d'un jaune roux. Il n'a que trois doigts aux pieds de devant, & quatre à ceux de derrière. Lorsque le *tucan* est sorti de sa retraite, il n'y rentre pas, mais il creuse un autre terrier; ce qui étend beaucoup le dommage qu'il fait dans les champs. On dit que sa chair est bonne à manger.

TUPINAMBIS, espèce de lézard amphibie d'Amérique. Il a l'instinct de jetter un grand cri quand il voit approcher un crocodile ou quelqu'autre animal dangereux. Ce qui l'a fait regarder comme un ami de l'humanité.

TURQUIN, petit oiseau de l'Amérique qui a toutes les parties inférieures du corps, le dessus de la tête & les côtés du cou ornés d'un bleu turquin. Le front, le dessus du corps, les ailes & la queue sont noires.

TYRAN, oiseau de la grosseur d'une grive, à bec alongé, effilé, garni de petites barbes, qui se nourrit d'insectes. Il est d'un naturel audacieux & querelleur. On le trouve à St.-Domingue, dans la Virginie, à la Caroline. Il y a d'autres espèces au Brésil, à Cayenne, à St.-Domingue. Ces oiseaux ont un plumage varié des plus belles couleurs.

TZEIRAN, ou BOUC CHAMOIS, quadrupède de la grandeur du cerf. Ses poils sont d'un gris-argenté mêlé de brun & de blanc. Il a les cornes noires, concaves, entourées de cercles, pointues. Sa queue est semblable à celle du bouc, ses pieds à ceux du cerf. Cet animal approche plus de la gazelle que tout autre.

V.

VACHE ARTIFICIELLE, hutte ambulante la charrette.

La *vache artificielle* (dont nous avons déjà parlé dans différens endroits dè ce dictionnaire), est d'un usage fort ancien pour la chasse : elle n'a pas toujours eu le degré de perfection qu'elle a aujourd'hui. On se contentoit autrefois de faire revêtir le chasseur d'un habit de toile de couleur de poil de vache ; il se couvroit la tête d'un masque fait à l'imitation de celle de cet animal. Pour les chasses de tonnelle, on recommandoit encore une autre espèce de *vache* faite également d'une toile peinte, attachée sur quatre bâtons croisés, dont le profil étoit celui d'une *vache*, qui sembloit être couverte d'un drap traînant à terre, de façon que l'on portoit cela comme une bannière, à la faveur de laquelle on se cachoit. Il est difficile de croire que les canards, les oies sauvages, & en général les oiseaux de cette espèce, qui se défient de léur ombre, fussent les dupes de cette supercherie monstrueuse : on doute même qu'on en approche les pluviers, vanneaux, étourneaux, grives, alouettes, &c. quoique familiers ; car souvent il arrive que ce qui fait illusion aux hommes, ne le fait point aux animaux.

Il y a une *vache artificielle*, dont l'ingénieuse composition nous est venue de l'étranger ; elle se porte sur les épaules avec des bretelles, comme une hotte. Elle ne doit pas peser plus de dix-huit ou vingt livres. Voici les moyens de la construire.

On commence par faire une cage ou châssis de bois léger, de la longueur d'une *vache*, en la mesurant depuis les épaules jusqu'à la queue ; au derrière de la cage & en dedans doivent être attachés deux morceaux de bois de la longueur & de la tournure des jambes d'une *vache*.

Les quatre membres principaux de la cage ont deux pouces d'équarissage, & les traverses sont proportionnées : tout doit être à tenons solidement emmanchés & collés, afin qu'en la portant, on n'entende pas le moindre criaillement. On attache sur le châssis quatre cercles, dont le diamètre est égal à la grosseur d'une *vache*, le premier doit être fort, & on le garnit de bourre pour que le porteur n'en soit point incommodé ;

on couvre après cela, d'une toile légère, tout le corps de la *vache*, & on la coud après chaque cercle, ou bien on la colle seulement ; les cuisses & les jambes se garnissent de mousse ou de paille, & la queue se fait d'une corde éfilée par un bout. Toute la machine doit être peinte à l'huile ; car si elle l'étoit à la colle, les brouillards, rosées, &c., auxquels on est souvent obligé de l'exposer, en enleveroient la couleur.

Le chasseur doit avoir une grande culotte, ou pantalon fait de toile de même couleur, sur la ceinture duquel doivent tomber les barbes du domino.

En effet, la tête de la *vache* doit se porter comme un domino ; elle se fait de carton, excepté ses côtés qui doivent être souples & flexibles, pour que le chasseur puisse ajuster son gibier sans trouver d'obstacle. Il faut, lorsqu'on est vêtu du domino, pouvoir découvrir, du premier coup-d'œil, le canon de son fusil, horisontalement d'un bout à l'autre. Toute la tête se recouvre d'une toile qu'on peint, comme on a fait de la *vache*. Le col, également de toile, doit être assez long pour pouvoir s'étendre de quelques pouces sur le dos, & les barbes, sous lesquelles les bras du chasseur sont cachés, doivent passer la ceinture du pantalon. On peut y attacher des cornes naturelles, sans prendre la peine d'en faire d'artificielles.

Quoique la *vache* soit assez bien imitée pour faire illusion même aux hommes, on n'en approcheroit point encore le gibier, si on alloit à grands pas & en direction de son côté ; il faut l'approcher en tournant, & souvent baisser la tête pour imiter une *vache* qui paît : on va d'autant plus doucement que l'on en est plus proche, sur-tout si c'est aux oies sauvages qu'on fait la chasse. On a soin de tourner le côté au gibier, plus souvent que la tête, parce que les grands yeux, qu'on est obligé de laisser, pourroient lui faire soupçonner quelque piége. Lorsqu'on est arrivé à portée du coup, on sort du corps de la *vache* le fusil que l'on conseille d'avoir double ; & tout en se retournant, sans marquer trop d'empressement & de précipitation, on peut tirer à coup sûr ou au vol ou à terre.

L'usage de la *hutte ambulante* n'est pas moins ancien

ancien que celui de la *vache*, sur lequel il a eu quelqu'avantage. Les braconniers, à la faveur de cette *hutte*, détruisent une infinité de perdrix, canards, morelles, plongeons, &c. Voici quelle est leur manière de s'en servir pour chasser aux perdrix, lorsqu'ils ont découvert que quelques pelouses ou friches sont le passage ordinaire des perdrix grises, à la sortie des vignes ou du bois; car on sait que jamais la perdrix ne couche au bois; ils portent dans ces endroits leurs *huttes*; & lorsque les perdrix passent, ils ne manquent jamais de décharger sur elles leurs coups meurtriers. Quand ils chassent aux plongeons, gibier assez commun dans ce pays, le *porte-hutte* se place à quelque distance des endroits où les plongeons chassés doivent venir se réfugier. Le soin de son associé se borne à les traquer & à les amener à sa portée.

Rien n'est si commode que cette espèce de *hutte* pour tuer beaucoup de grives, sur-tout en automne. La grive, quand elle n'est pas absolument éloignée des bois, couche rarement dans les vignes, & se retire sur la brune; mais ce n'est jamais sans faire une ou deux poses sur les plus hauts arbres. Trois ou quatre chasseurs peuvent tuer des grives en quantité, pour peu qu'ils entendent la chasse; chacun a sa *hutte* campée près de l'arbre qui lui semble le plus avantageux, & la chasse est d'autant plus fructueuse & récréative, qu'on approche plus de la maturité des raisins.

Voici la construction de cette *hutte*. Quatre bâtons doivent être longs de six pieds, & solidement attachés à deux ou trois cercles assez forts pour qu'on puisse y lier tous les branchages qui recouvrent la loge, & s'en servir comme d'anses pour la transporter de lieux à autres. On doit entrelacer toutes ces branches, & imiter le plus qu'on peut un buisson naturel, évitant cette rondeur qui deviendroit suspecte au gibier. Lorsqu'on veut en approcher quelques oiseaux fuyards, il faut marcher si doucement qu'ils n'apperçoivent pas le buisson remuer; car ils prendroient la fuite, & tromperoient l'espoir du chasseur.

Pour approcher certains oiseaux de passage, on peut aussi se servir d'une petite charette, à laquelle on accroche tout autour & sur le devant, des gerbes de paille, laissant entre celles du devant assez de jour pour pouvoir la conduire, & en même temps, observer les oiseaux dont on se propose d'approcher. Cette charette est traînée par un seul cheval, & deux hommes sont assis dedans, cachés par la paille dont elle est entourée, l'un pour la conduire, & l'autre armé d'un fusil. On avance, à bon vent, comme avec la vache artificielle (précaution nécessaire dans tous les cas) dirigeant sa marche obliquement; & lorsqu'on est arrivé à la distance con-

venable, alors le chasseur se lève brusquement & fait son coup. C'est encore un des moyens dont on se sert en Champagne pour tirer aux outardes.

VACHE DE BARBARIE. C'est le même animal que le bubale. L'habitude du corps, les jambes, & l'encolure font mieux ressembler ce quadrupède à un cerf qu'à une vache. Son poil est roux, court, & gros. Ses cornes sont longues d'un pied, grosses, recourbées en arrière, noires, & torses comme une vis.

VACHE DE QUIVIRA, quadrupède des Indes occidentales, qui tient du taureau, du lion & du chameau; cet animal est difforme, d'un regard affreux, & cruel; ses cornes sont petites, presque droites, & fort aiguës; il a une bosse entre les épaules. Son poil ressemble à de la laine. Les sauvages vont à sa chasse avec empressement, parce qu'ils se couvrent de sa peau, & mangent sa chair.

VACHE DE TARTARIE, espèce de bison, dont on doit la conoissance au rédacteur des mémoires de l'académie de Pétersbourg : son pays natal paroit la Calmouquie; elle a de long deux aunes & demie, suivant la manière de mesurer des moscovites : son corps ressemble à celui d'une *vache* : ses cornes sont torses en dedans, & elle est toute couverte d'un poil fort long, qui descend jusqu'à ses genoux; ce quadrupède ne mugit pas comme le taureau, mais il grogne comme le cochon; il est non-seulement sauvage, mais même féroce, & à l'exception de la personne qui lui porte à manger, il donne des coups de tête à tous les êtres vivans qui approchent de lui.

VACHES SAUVAGES DE GUINÉE. Ces quadrupèdes multiplient prodigieusement; on les trouve dans les bois & sur les montagnes; leur poil est brun. Elles portent de petites cornes noires & pointues. Les nègres & les européens se réunissent pour leur faire une chasse opiniâtre.

VAINES, fumées des bêtes fauves qui sont légères & mal pressées.

VAISSEAU DE GUERRE, oiseau de proie de la Jamaïque, qui suit ordinairement un autre oiseau nommé benêt : ce dernier est très-adroit à prendre du poisson; mais quand il l'a avalé, le *vaisseau de guerre* survient, & l'oblige, dit-on, à regorger sa proie, qu'il reçoit avant qu'elle tombe dans l'eau.

Le bec de cet oiseau est de sept pouces de long, de hauteur de deux & demi, & la largeur d'un pouce & demi. La partie supérieure du bec est creuse & composée de six os dont celui qui est au dessus des autres a quatre pouces & demi de longueur & un demi pouce de hauteur : cet os est courbé en dehors.

VALETS DE CHIENS. On nomme ainsi ceux qu'on charge de nourrir les chiens & de les faire courir.

Les *valets* de limiers sont ceux qui vont aux bois pour détourner les bêtes avec leurs limiers, & qui sont chargés de les dresser.

Les *valets* de lévriers sont ceux qui exercent les lévriers & qui les lâchent à la courre.

VAMPIRE, quadrupède volant, de la grosseur d'un pigeon qui suce le sang des hommes & des animaux lorsqu'ils dorment, sans leur causer, dit-on, assez de douleur pour les éveiller : cet animal a le museau allongé, la tête informe, le nez contrefait & l'aspect hideux des plus laides chauves-souris : il est très-commun dans l'Amérique méridionale, & c'est un des fléaux les plus dangereux de ces climats.

VANNEAU, s. m. oiseau un peu moins gros que le pigeon domestique : il a sur la tête certaines plumes disposées en forme de crête ; son plumage est varié sur le dos, de noir, de vert-luisant, de bleu & de brun ; sa poitrine & son ventre sont blancs. Lorsqu'il vole, le mouvement de ses ailes produit un son assez ressemblant à celui que fait un van, d'où lui est venu, dit-on, le nom de *vanneau*.

Cet oiseau arrive en grandes troupes, dans nos contrées, vers la fin de février, après le dernier dégel, par le vent du sud : les grandes gelées le font disparoître pour quelque temps. Il se tient dans les blés verds, les prairies marécageuses, sur les bords des rivières & étangs, & cherche, en général, tous les lieux bas & humides. Il fait sa ponte au mois d'avril ; mais il n'établit son nid, pour l'ordinaire, que dans les terreins secs, tels que des friches & des pelouses incultes ; ou, s'il lui arrive quelquefois de le faire dans des lieux humides, c'est toujours sur quelque motte de terre élevée. Il a cette habitude particulière, que lorsqu'on s'approche du lieu où sont ses petits, il se met à voltiger sur la tête du chasseur, & les décèle lui-même par ses cris réitérés.

Le *vanneau* se nourrit principalement de vers de terre ; il vit aussi de mouches, de limaçons, de chenilles, &c., ce qui fait qu'en Italie & en Angleterre, on en tient dans quelques jardins, pour détruire les insectes. On le trouve seul en été ; en automne & en hiver, il vole par bandes.

Il est difficile d'approcher des *vanneaux*, lorsqu'ils sont en troupe ; mais si on en tue un dans une volée, il est assez ordinaire que les autres suspendent leur vol, & tournent quelque instant autour du mort ; ce qui donne au chasseur le temps de tirer un second coup, s'il a un fusil double.

Dans les grandes prairies bordées par une rivière, il y a un moyen sûr de tuer beaucoup de ces animaux. Vers la saint-Michel, on choisit un endroit pour y établir une petite hutte ou cabane formée avec des branches & recouverte de gazon, autour de laquelle on inonde un certain espace de terrein, au moyen d'une saignée que l'on fait à la rivière ; & comme ces oiseaux, après avoir *véroté* toute la nuit, dans des terres limoneuses, cherchent l'eau pour se laver le bec & les pieds, comme les bécasses, ils ne manquent pas de venir se poser sur les bords de ce terrein inondé, & le chasseur, posté dans sa hutte, les fusille tout à son aise. Il est bon qu'il soit muni d'un appeau de *vanneaux*, qui peut, en quelques occasions, lui être utile pour les attirer, lorsqu'il les voit en l'air. Cet appeau n'est autre chose qu'un petit bâton de coudrier, de trois à quatre pouces de long, & de la grosseur du petit doigt, que l'on fend jusqu'à moitié de sa longueur ; on dégage un peu la partie d'en bas dans la fente, & l'on y introduit une feuille de laurier : en posant cet instrument entre les lèvres, & soufflant légèrement sur la fente, on imite le cri du *vanneau*.

En Beauce, dans l'Orléanois, la Sologne & le Berry, ainsi que dans la Brie & la Champagne, il se prend une quantité considérable de ces oiseaux au filet, dans les terres ensemencées. Il y a deux saisons pour cette chasse, le mois de mars où ils arrivent & le mois d'octobre. Cette dernière saison est la meilleure, attendu que c'est le temps où ils sont le plus gras, la terre étant alors humide, & leur fournissant des vers à foison.

VANNES, terme de fauconnerie, qui désigne les grandes plumes des ailes des oiseaux de proie.

VA-OUTRE, terme de vénerie, employé par le valet de limier lorsqu'il est au bois, qu'il alonge le trait du limier, & qu'il le met devant lui pour le faire quêter.

VARDIOLE, s. f., oiseau de l'isle de Papoc, de la grandeur d'une pie. Sa queue est plus de deux fois aussi longue que le reste de son corps. Les plus grandes pennes sont garnies de barbes dans toute leur longueur. Le blanc est la couleur dominante de son plumage. Sa tête & son cou sont noirs avec des reflets de pourpre très-vifs. Ses pieds font d'un rouge-clair.

VARI, REVARI, cri pour rappeller les chiens quand l'animal que l'on chaffe a fait un retour.

VARIOLE, f. f., espèce d'alouette qui fe trouve fur les bords de la rivière de la Plata. Cet oifeau a le deffus de la tête & du corps noirâtre varié de différentes teintes de roux; il a la gorge & le deffous du cou blanchâtres. Son bec eft brun, fes pieds jaunâtres, fa longueur eft de cinq pouces & un quart.

VAUTOUR, f. m., oifeau de proie. Les *vautours*, en général, font lâches, & n'ont (dit Buffon) que l'inftinct de la baffe gourmandife & de la voracité. Ils cherchent les cadavres, dont l'infection les attire de très-loin; & lorfqu'il s'agit de prendre une proie vivante, ils fe réuniffent plufieurs contre un.

La première efpèce de *vautour* eft le *percnoptère*. Il approche du grand aigle pour la groffeur; mais il n'a pas tant d'envergure. Sa queue eft plus longue que celle des aigles. Il a la tête d'un bleu clair, le cou blanc & nud, c'eft-à-dire couvert, comme la tête, d'un fimple duvet blanc, avec un collier de petites plumes blanches & roides au-deffous du cou, en forme de fraife. Cette nudité de la tête & du cou eft une des principales différences qui diftinguent le *vautour* d'avec l'aigle. Son bec eft noir à fa bafe, & blanc à fon extrémité crochue; fes jambes font nues & de couleur plombée, fes ongles noirs, moins longs & moins courbés que ceux des aigles. Il a le jabot proéminent; & lorfqu'il eft à terre, il tient toujours les ailes étendues. On trouve ce *vautour* dans les Alpes & les Pyrénées.

La feconde eft le *vautour fauve*, autrement appellé *griffon*. Il a le corps plus gros & plus long que le grand aigle, fur-tout en y comprenant les jambes, qu'il a longues de plus d'un pied, & le cou qui eft de fept pouces de longueur. Il a, comme le précédent, au bas du cou, un collier de plumes blanches, & fa tête eft couverte de pareilles plumes qui forment une petite aigrette par derrière. Son bec eft long & crochu, noirâtre à fon extrémité, ainfi qu'à fon origine, & bleuâtre dans fon milieu; & au lieu d'avoir le jabot proéminent, comme le percnoptère, il a un creux au haut de l'eftomac, dont toute la cavité eft garnie de poils. Les grandes plumes de fes ailes ont jufqu'à deux pieds de longueur, & le tuyau plus d'un pouce de circonférence. Cette efpèce de *vautour*

fe trouve en Arabie, en Egypte, & dans les îles de l'Archipel.

La troifième eft le *vautour* fimplement dit, ou le *grand vautour*. Il eft plus gros & plus grand que l'aigle commun, mais un peu moindre que le griffon, duquel il eft aifé de le diftinguer par fon plumage, qui eft noir mêlé de cendré, par le duvet de fon cou, beaucoup plus long & plus fourni, & de la même couleur que les plumes du dos; par fes pieds, qui font couverts de plumes brunes, au lieu que ceux du griffon font blanchâtres ou jaunâtres; & par fes doigts qui font jaunes, tandis que ceux du griffon font bruns ou cendrés.

La quatrième eft le *vautour à aigrettes*, ainfi nommé parce que lorfqu'il eft à terre, ou perché, les plumes de fa tête lui font comme deux cornes, qu'on n'apperçoit plus quand il vole. Il eft moins grand que les trois premiers, a près de fix pieds d'envergure, le plumage d'un roux noirâtre, les pieds jaunes. Il niche dans les forêts les plus épaiffes & les plus défertes. On a vu quelquefois de ces *vautours* en Alface; ils font connus en Allemagne fous un nom qui fignifie *vautour aux lièvres*.

La cinquième eft le *petit vautour*, commun en Alface, comme le précédent. Celui-ci, qui eft beaucoup plus petit que tous les autres, a la tête & le deffous du cou dégarnis de plume, & eft blanc prefque en entier, à l'exception des grandes plumes des ailes qui font noires.

VA-Y-LA, terme de venerie, dont fe fert le valet de limier quand il arrête fon chien pour connoître s'il eft dans la voie d'une bête qu'on veut chaffer.

VEAU-TRAIT, grand équipage de chaffe entretenu pour courre le fanglier & les bêtes noires; il eft compofé de lévriers d'attache & de meutes de chiens courans: cette chaffe fe fait en feptembre.

VEILLER. On dit en fauconnerie *veiller* l'oifeau, c'eft-à-dire, l'empêcher de dormir, afin de le dreffer.

VELCI-ALLER. Terme dont fe fert le valet de limier en parlant à fon chien, pour l'obliger à fuivre les voies d'une bête, quand il en a rencontré. Ce mot fert auffi pour quêter & requêter les chiens courans.

VELCI-VA-VAU, terme qu'emploie le valet de limier, quand il court une bête qui va d'affurance, & quand il en revoit des voies; il diſtingue les fumées des portées, en diſant *velci-ya-vau par les foulées* ou *par les portées.*

VELE-LA, terme qu'emploie le piqueur quand il voit le lièvre, le loup ou le ſanglier.

VELUE, peau qui eſt ſur la tête des bêtes fauves, quand ils pouſſent leur bois.

VENAISON, graiſſe ſurabondante du cerf. Quand il en eſt chargé, on le force ſans peine, & on le mange avec plus de volupté : les cerfs de dix cors & les vieux cerfs ſont les plus chargés de *venaiſon.*

VENERIE, art de chaſſer le gibier à poil, à force de chiens courans & de piqueurs.

Quelques perſonnes ont auſſi donné le nom de *venerie* à un équipage de chaſſe.

VENEUR. On donne ce nom à celui qui conduit la chaſſe & les chiens, qui quête, détourne, lance la bête, la laiſſe courre, la ſuit, la remet dans les voies, & la fait prendre.

VENGOLINA, petit oiſeau d'Afrique, du genre des verdiers ; il eſt gris blanc ou brun. Cet oiſeau eſt très-familier & a un chant agréable.

VENT. Ce mot ſe prend en diverſes acceptions. En venerie il ſignifie l'odeur qu'une bête laiſſe à ſon paſſage.

En fauconnerie le mot qui le précède ou qui le ſuit en détermine la ſignification.

Un oiſeau *va vau le vent*, quand il a la queue ou le balai au *vent* : il va contre le *vent*, lorſqu'il a le bec au *vent*.

Un faucon va *l'aile au vent*, quand il vole à côté du *vent.*

Il *bande au vent*, quand il ſe tient ſur les chiens faiſant la creſſerelle.

Il *tient bec au vent*, quand il y réſiſte, ſans tourner la queue.

On doit éviter d'expoſer au *vent* les oiſeaux de proie quand ils ſont malades ; autrement ils empireroient.

Le *vent léger* eſt un vent doux qui eſt très-favorable pour la chaſſe.

On nomme *vent clair*, celui qui ſouffle quand le ciel eſt ſans nuage.

On dit *prendre le haut du vent*, pour voler au-deſſus du *vent.*

VENTOLIER, épithète que donnent les fauconniers à un oiſeau qui ſe plaît au vent. Un bon oiſeau *ventolier* eſt celui qui réſiſte au vent le plus violent & qui lutte contre lui, ſans tourner la queue.

VERDERIN, eſpèce de verdier qui a le bec court, le deſſus du corps d'un vert-brun mêlé de quelques plumes noires, la gorge & le deſſous du corps d'un roux ſombre, moucheté de brun. On trouve cet oiſeau à Saint-Domingue.

VERDEROUX, petit oiſeau de la Guyane, qui n'a que cinq pouces un tiers de long. Il a tout le plumage d'un vert plus ou moins foncé, à l'exception du front qui eſt roux : le reſte de la tête eſt d'un gris-cendré.

VERDIER, VERDRIER, ou **VERDERE**, petit oiſeau à gros bec, dont on diſtingue deux eſpèces qui ſont du genre du moineau.

Le *verdier commun* eſt d'une couleur verte, qui tire ſur le jaune. Il eſt de la grandeur d'un bruant. Il a la gorge & le devant de la tête jaunes, la queue longue, le bec court & de couleur plombée.

Le *verdier de haie* tient le milieu entre le verdier commun & le pinſon ; ſa tête & ſa poitrine ſont d'un vert foncé. Il eſt jaune ſous le ventre. Il ſe nourrit de grains. Il eſt d'un caractère gai & doux ; & chante agréablement. Il voyage comme les oiſeaux de paſſage.

VERDIN, ſ. m., oiſeau qui ſe trouve à la Cochinchine. Sa couleur dominante eſt le vert mêlé de bleu ſur la queue & les ailes. Il a la gorge noire, terminée par un hauſſe-col jaune, le bec noir & les pieds noirâtres. Il eſt de la groſſeur du chardonneret.

VERDINERE, oiſeau dont le plumage eſt noir. Sa longueur eſt de quatre pouces. Il habite les bois des îles de Bahama.

VERDON, oiſeau de la grandeur de la rouge-gorge. Son bec eſt long, délié, & d'une couleur noirâtre. Son plumage eſt brun fiqueté de rouge. Cet oiſeau eſt commun en Angleterre, & ſe trouve dans les buiſſons. On élève le *verdon* en cage pour jouir de ſon ramage qui eſt agréable, mélodieux & varié.

VERGE. On appelle en venerie *verge de huan*

une verge que l'on garnit de quatre petits piquets, & à laquelle on attache les ailes d'un milan,

On nomme *verge de meute* une baguette que l'on garnit de trois piquets, avec des feuilles, pour y attacher un oiseau vivant, qui étant lié se nomme *meute*.

VERMILLER. C'est, en terme de venerie, l'action du sanglier, qui, pour chercher les vers de terre, la remue avec son groin.

VERMILLONNER, autre terme de venerie, qui désigne l'action du blaireau qui fouille la terre pour y chercher des vers. Le sanglier *vermille*, & le blaireau *vermillonne*.

VERTBRUNET, petit oiseau du cap de Bonne-Espérance, long de quatre pouces & demi. Il a le bec & les pieds bruns, le dessus de la tête & du cou, le dos, la queue & les ailes d'un vert-brun très-foncé; le reste du plumage est jaune. C'est une espèce de *verdier*.

VERTDORÉ, ou MERLE A LONGUE QUEUE. Son bec est plus court que celui du merle; ses pieds sont plus longs, sa queue est de la moitié de sa grandeur. La couleur dominante de son plumage est un vert éclatant, mêlé d'un jaune-doré, avec des reflets pourpres.

VEUVE, s. f., petit oiseau des Indes, & plus commun en Afrique, de la grosseur d'un moineau. La veuve est décorée d'une belle queue noire, où se trouvent deux longues plumes qui se renouvellent tous les six mois. Sa taille est svelte & élégante; sa gorge & le dessous de son corps sont d'un beau noir de velours, mêlé de petites tâches rousses. On distingue la grande, la moyenne & la petite espèce. La *veuve d'Angola* a la queue longue, & les pieds rougeâtres. Son plumage est varié de brun, de noir & de blanc.

Il y a la *veuve au collier d'or*, la *veuve à quatre brins*, la *veuve dominicaine*, la *grande veuve*, la *veuve à épaulettes*, la *veuve mouchetée*, la *veuve en feu*, la *veuve éteinte*; tous oiseaux qui tirent leur dénomination de la variété & de la singularité des couleurs de leur plumage.

VIANDIS, terme de venerie; pâture des bêtes fauves.

VIGOGNE, quadrupède originaire du Pérou, qui tient du mouton & de la chèvre. Comme cet animal n'a point été dénaturé par l'état de domesticité, il est extrêmement robuste: il a le poil de nos bêtes fauves; & sa légèreté est telle, que nos meilleurs lévriers ne sauroient l'atteindre à la course. Les *vigognes* paissent en troupes, sur le sommet des montagnes; & c'est-là où on va à leur chasse. Leur peau est d'un grand usage dans le commerce, & sert particulièrement à la fabrique de ces chapeaux, qu'on nomme *vigognes*. On croit la *vigogne* une variété du *paco*.

VILAIN. Un oiseau *vilain*, en fauconnerie, est celui qui ne suit le gibier que pour la cuisine, & qu'on ne peut venir à bout d'affaiter: tels sont les milans & les corbeaux, qui ne combattent que les poulets.

VISCACHOS, ou VIZCHACA, espèce de lapin du Pérou, qui a la queue aussi longue que celle d'un chat. Ce petit quadrupède est doux; il est couvert d'un poil-soyeux, couleur de gris-blanc ou cendré. On le trouve sur les montagnes pleines de neige.

VISON, quadrupède de l'Amérique septentrionale, qui a toutes sortes de rapports à la fouine par la taille, par les proportions du corps, par la qualité des dents, par l'instinct, & par les habitudes naturelles: il n'en diffère que parce que son poil est plus brun, plus lustré & plus soyeux. Ce n'est sans doute qu'une variété dans l'espèce de la fouine.

VLA-AU, ou VLAOO, cri du chasseur à la vûe du sanglier ou du loup.

UNAU, quadrupède de l'Amérique, à qui on a donné le nom de *paresseux*, à cause de la lenteur de ses mouvemens, & il est à-peu-près de la taille d'un blaireau; & quoique son corps soit court, il a quarante-six côtes. Cet animal n'a point de dents canines, ni d'incisives: ses yeux sont obscurs & couverts; sa mâchoire lourde & épaisse; son poil plat, & ressemblant à de l'herbe séchée. Il n'a point d'armes pour attaquer ou pour se défendre; il est, dit-Buffon, confiné, je ne dis pas au pays, mais à la motte de terre & à l'arbre sous lequel il est né: prisonnier au milieu de l'espace, ne pouvant parcourir qu'une toise en une heure, grimpant avec peine, se traînant avec douleur; tout rappelle en lui ces ébauches imparfaites que la nature semble n'avoir que projettées.

L'*unau*, réduit à vivre de feuilles & de fruits sauvages, consume beaucoup de temps à se traîner au pied d'un arbre, en emploie encore plus à grimper jusqu'aux branches; & pendant ce lent & triste exercice, souffre le plus pressant besoin de la faim: arrivé sur l'arbre, il n'en descend plus, & il meurt quand les rameaux qui l'environnent sont dépouillés de feuillages.

La chair de ce malheureux quadrupède est assez bonne à manger: aussi est-il la proie des hommes & des animaux carnassiers : sa chasse n'est pas difficile.

Comme l'unau n'a presque point de sentiment, on peut dire qu'il est misérable sans être malheureux.

VOIR. L'épervier veut voir par derrière & le faucon par-devant.

Il faut habituer les oiseaux de proie à voir les chiens, afin qu'ils se familiarisent avec eux.

VOL, action de l'oiseau qui s'élance, se meut & se soutient en l'air : ce mot exprime aussi la durée de ce mouvement.

Vol, en fauconnerie, signifie l'équipage des chiens & des oiseaux de proie, qui servent à prendre du gibier; c'est ce qu'on nomme aussi chasse au vol.

Pour voir faire bon vol à l'oiseau dressé & affaîté pour voler en rivière, il faut le lâcher contre le vent au-dessus du gibier.

On a des vols pour le héron, pour le milan royal, pour le milan noir, pour les bufes, les faux perdreaux, les cercelles, les corbeaux, les choucas, les courlis, les canne-petières & les lièvres.

On dresse aussi des éperviers pour le vol des merles & des perdrix; & des cormorans pour voler sur les rivières.

Le vol pour le gros est celui qui se fait sur les oiseaux de fort & de cuisine, comme oies, grues, &c.

Le vol du milan se fait avec quatre oiseaux; on lui donne d'abord un sacre, on en jette ensuite deux autres, & enfin un gerfaut.

Au vol du héron on ne se sert que de trois oiseaux, le premier qui se fait hausser, se nomme le hausse-pied; le second qu'on jette au secours s'appelle tombisseur; le troisième teneur; c'est d'ordinaire un gerfaut.

Le vol se dit aussi de la manière de voler sur le gibier. Le vol à la toise se fait quand l'oiseau part du poing à tire d'aile en poursuivant la perdrix à la course.

Le vol à la source ou à leve-cul se dit quand la perdrix part, ou qu'on fait partir le héron.

Le vol à la renverse se dit au renverser des perdrix à-vau-le-vent.

Le vol à la couverte se fait quand on approche le gibier à couvert derrière quelque haie.

VOLANT. On tire le gibier en volant; c'est une des chasses qui demande le plus d'adresse.

On donne le nom de volants aux pliants des abreuvoirs, sur lesquels on tend des gluaux.

VOLCE-LEST, terme qu'on emploie quand on revoit la bête fauve qui va fuyant, ce qu'on connoît quand elle ouvre les quatre pieds.

VOLÉE, course d'un oiseau sans s'arrêter; cet aigle a parcouru une lieue entière d'une volée.

VOLER, terme de fauconnerie, qui signifie poursuivre & prendre le gibier avec les oiseaux de proie. On dit voler le héron, la corneille, &c.

On dit voler de poing en fort quand on jette les oiseaux de poing après le gibier.

Voler d'amour, c'est laisser voler les oiseaux en liberté, afin qu'ils soutiennent les chiens.

Voler haut & gras; voler bas & maigre & voler de trait, ne signifient que voler de bon gré.

Voler en troupe, c'est jetter plusieurs oiseaux à la fois.

Voler en rond, se dit quand un oiseau vole en tournant au-dessus de sa proie.

Voler en long, c'est voler en droite ligne; ce qui arrive quand l'oiseau a envie de dérober ses sonnettes.

Voler en pointe, se dit quand l'oiseau va d'un vol rapide, soit en s'élevant, soit en s'abaissant.

Voler comme un trait, est synonyme à voler sans discontinuer.

Voler à reprises, est le contraire de voler comme un trait.

Voler en coupant, se dit quand l'oiseau de proie coupe le vent en le traversant.

VOLERIE, nom de la chasse qui se fait avec les oiseaux de proie.

La plus curieuse des voleries est celle du héron, & le faucon qu'on y affaîte doit être bien instruit à connoître le vif & à monter; quand une fois cet oiseau est dressé, il ne faut point lui faire exécuter d'autres voleries, afin qu'il ne s'abâtardisse pas en prenant du goût à une chasse facile & sans péril; il n'en est pas de même du sacre qui vole à toutes sortes d'oiseaux.

La volerie pour les champs ou le vol pour le gros

ne s'exécute pas par les seuls oiseaux de proie ; on les fait aider par des levrettes, des épagneuls & d'autres chiens dressés à cet exercice.

La *basse volerie* du bas *vol* est le lanier & le laneret ; le tiercelet de faucon exerce aussi la *basse volerie* sur les faisans, les perdrix, &c.

VOLEUR. On dit d'un oiseau qu'il est *bon voleur* quand il vole sûrement.

VOND-SIRA, petit quadrupède de Madagascar, ou espèce de belette qui aime beaucoup le miel, & qui répand une forte odeur de musc. Son poil est d'une couleur rouge-brune.

VOUGE, épieu du veneur armé d'un large fer.

URSON. On donne ce nom à un quadrupède qui, placé par la nature dans les terres désertes du Nord de l'Amérique, existe indépendant de l'homme & presque inconnu de lui. On pourroit le nommer le *castor épineux*, à cause des rapports qu'il a avec ce quadrupède, par la taille, par la forme du corps & par la double fourrure, & avec le hérisson par ses piquans. Cet animal fuit l'eau, se cache sous les racines des arbres creux, dort beaucoup & se nourrit particulièrement d'écorces de genièvre. Les sauvages de la baie d'Hudson, où se trouve ce quadrupède, mangent sa chair & se revêtissent de sa fourrure.

URUBITINGA, espèce d'aigle du Brésil, qui a la grandeur d'une oie de six mois. Son plumage est d'une couleur brune & noire ; ses jambes sont nuancées de couleur jaune.

URUS, quadrupède féroce des montagnes de la Prusse & de la Lithuanie. *Voyez* AUROCHS.

URUTAURANA, aigle huppé du Brésil. Sa huppe est composée de quatre plumes noires, deux grandes & deux petites. Cet oiseau a le bec noir & les pieds jaunes. Son plumage est brun & blanchâtre.

USQUIETPATLI, espèce de renard du Mexique qui vit dans les cavernes des rochers, & se nourrit d'escargots, d'oiseaux & d'insectes ; il est un des animaux qui se dérobent à la poursuite des chasseurs & des chiens, en exhalant l'odeur la plus infecte.

UTIAS, petit lapin du Nouveau-Monde, de la grandeur d'un rat, qu'on chasse la nuit avec le secours de l'acudia.

VUE. On chasse à *vue* quand on voit le gibier. *Aller à la vue*, c'est découvrir s'il y a dans le pays des bêtes courables.

VUIDER, expression de fauconnerie ; *vuider* un oiseau, c'est le purger.

On dit aussi faire *vuider* le gibier, pour dire le faire partir quand les oiseaux sont montés & détournés.

WORABÉE, oiseau d'Abyssinie, qui a beaucoup de rapport avec l'espèce du serin. Son plumage est varié de jaune & de noir. Il vole en troupe. Il est retenu dans le pays par une graine huileuse, qui produit une plante à fleurs jaunes, dont il fait sa nourriture.

X

XÉ, quadrupède originaire de la Chine, qui a un peu plus de trois pieds de longueur, & dont le front a trois quarts de pied de large; c'est une espèce de cerf sans cornes qui est fort timide, & qui a beaucoup d'instinct; comme il produit une espèce de musc, on pourroit le mettre au nombre des gazelles : son poil est blanc & brun. Il a les pieds fendus, garnis d'ongles très-longs & larges; ses oreilles sont droites, & longues de trois pouces. Il est de la grandeur du chevreuil.

XIUHTOTOLT, petit oiseau du Mexique. Il a le corps bleu, semé de quelques plumes fauves : sa queue est noire, terminée de blanc. Le bleu, le fauve, le noir, le cendré nuancent le reste

de son plumage. Il est un peu plus grand que le moineau.

XOCHITOL, oiseau de la Nouvelle-Espagne, de la grosseur d'un moineau. Son plumage est varié de noir, de blanc, de brun, de jaune pâle. Son chant est agréable. Il se nourrit d'insectes & de graines. Les habitans font la chasse à cet oiseau dont la chair est délicate.

XOMOLT, espèce de canard du Mexique, dont le dos & le dessus des aîles sont noirs. Sa poitrine est brune. Cet oiseau hérisse quelquefois les plumes de sa tête en forme de huppe.

XUTAS, espèce d'oie des Indes occidentales. Les sauvages de la province de Quito en nourrissent dans leurs habitations.

Y.

YACOU, oiseau de la Guiane ; il est plus gros qu'une poule ; il a le dessus de la tête garni de plumes assez longues, que l'oiseau peut relever en forme de huppe. Sa gorge est garnie d'une peau rouge & semée de poils noirs. Son cou est couvert de plumes brunes. Des reflets verts & de couleur de cuivre, avec des mouchetures de blanc se font remarquer sur le reste de son plumage.

YANDON, espèce d'autruche de la taille d'un homme, qu'on rencontre quelquefois dans l'île de Madagascar.

YAPA, oiseau du Brésil, qui ressemble à une pie. Il a le corps noir & la queue jaunâtre. Sa tête est ornée d'une aigrette composée de trois plumes que l'oiseau fait mouvoir. Il répand une odeur infecte quand il est poursuivi : il se nourrit d'insectes.

YSQUAHTLI, espèce d'aigle huppé, du Mexique. Son bec est jaune à la racine, & noir par le bout. Il a les pieds pâles, & le ventre blanc & noir : le reste du plumage est brun. Cet oiseau attaque l'homme qui le poursuit.

Z.

ZANOÉ, oifeau du Mexique. C'eft une efpèce de pie par fa forme, & par fes habitudes. Son cri eft plaintif. Son plumage eft noir, avec une teinte de fauve à la tête & fur le cou.

ZÈBRE ou **ANE RAYÉ & SAUVAGE**, du Cap de Bonne-Efpérance. C'eft de tous les quadrupèdes, dit Buffon, le mieux fait & le plus élégamment vêtu; il a la figure & les graces du cheval, la légèreté du cerf, & la fourrure variée du tigre: on ne peut fe laffer d'admirer la fymmétrie avec laquelle la nature a difpofé les bandes alternatives dont fa robe eft nuancée.

Le *zèbre* n'eft point l'onagre des anciens; car l'onagre ne diffère de notre âne que par les attributs de l'indépendance & de la liberté; de plus, cet onagre fe trouve communément en Perfe, en Syrie, en Mauritanie, &c. au lieu que le *zèbre* ne fe rencontre que depuis l'Ethiopie, jufqu'au Cap de Bonne-Efpérance, & de-là jufqu'au Congo. Les hollandois vont à la chaffe du *zèbre*, & quelquefois ils le font tomber dans des piéges pour le dompter enfuite, & l'apprivoifer; mais cet animal ne perd jamais entièrement fon naturel fauvage.

ZÉBU, petite efpèce de bœuf à boffe, que l'on trouve en Numidie, en Libye, & dans quelques autres parties feptentrionales de l'Afrique. Il eft de moitié moins gros que notre taureau domeftique; il a les jambes courtes, le poil très-doux & blanchâtre. Ses cornes font noires, courbées en rond, & façonnées; les ongles des pieds noirs & bien fendus. Cet animal eft doux & docile: il eft fort vîte à la courfe. Les habitans du pays s'en fervent pour monture.

ZENNI ou **ZIENNI**, quadrupède des provinces du nord, & qui fe trouve plus particulièrement en Pologne & en Ruffie. Cet animal eft un peu plus petit qu'un chat domeftique; il a la tête groffe, le corps menu, les oreilles courtes & arrondies: quatre dents incifives, dont deux de la mâchoire inférieure font trois fois plus longues que les deux de la mâchoire fupérieure & lui fortent de la gueule. Ses pieds font très-courts, couverts de poils, & armés d'ongles courbes. Il a le poil uni, court, & de couleur de gris de fouris, les yeux petits & couverts. Il mange avidement, & mord dangereufement,

il fe fait un terrier profond; il vit de grains, de fruits, de légumes dont il fait provifion pour l'hiver.

ZIBELINE, quadrupède célèbre par fa fourrure, & qui tient de la marte, de la fouine & de la belette par la forme & l'habitude du corps.

Ces animaux, originaires du nord, habitent le long des fleuves & les bois les plus ombragés: on prétend qu'ils reftent engourdis pendant l'hiver; cependant cette faifon eft le temps de leur chaffe, parce qu'on eftime alors davantage leur fourrure.

La *zibeline* fe trouve particulièrement en Sibérie; ceux qui vont à fa chaffe font ordinairement ces malheureux que le defpotifme mofcovite condamne à l'exil. On ne tire qu'à balle feule pour ne point gâter la fourrure de ces animaux, quelquefois même on les tue avec des arbalètes. La *zibeline* a la mâchoire fupérieure armée de petites dents très-aiguës, les pieds fort larges & garnis de cinq ongles. On voit de ces animaux de toutes couleurs, gris, blancs, bruns, jaunes; les noirs font les plus eftimés. La *zibeline* vit de rats, d'oifeaux, de poiffons & de fruits fauvages; elle refte même affez long-temps fous l'eau pour être mife au rang des amphibies.

ZIBET, f. m. On a long-temps confondu le *zibet* avec la civette, parce que ces deux animaux produifent également le mufc.

Le mot de *zibet*, en Arabie, fignifie parfum, & on trouve l'animal qui le porte dans l'Arabie & dans toutes les Indes orientales; il a la tête du renard & la robe de la panthère: fon parfum eft de la plus grande violence; il fe trouve dans une ouverture qu'il a auprès des parties de la génération. Les anciens en faifoient des philtres propres à ranimer les feux de l'amour.

Quoique le *zibet* foit originaire des climats les plus chauds, il peut vivre dans les contrées tempérées, pourvu qu'on lui donne des mets fucculens, & qu'on le défende des injures de l'air. Pour recueillir le parfum de cet animal, on le renferme dans une cage étroite, & tandis qu'une perfonne le tient par la queue, une autre introduit une cuillier dans le réfervoir qui contient la liqueur odorante, & en racle avec foin tous les parois ; cette opération peut fe répéter jufqu'à trois fois par femaine.

Le *zibet* eft naturellement fauvage, & même un peu farouche ; cependant on l'apprivoife aifément. Ce quadrupède vit de chaffe, il pourfuit les animaux plus foibles que lui, & comme le renard, cherche à fe glifler dans les baffe-cours ; il mange auffi des fruits.

ZISEL, f. m. Cet animal a le corps long & menu comme la-belette. Il n'a point d'oreilles extérieures ; mais feulement des trous auditifs cachés fous le poil. Ce poil eft d'un gris plus ou moins cendré, & uniforme. Cet animal a les jambes baffes, la queue courte, les dents du rat & fes habitudes. Il fe creufe de même des retraites où il fait fes provifions de graines.

ZIZI ou BRUANT DE HAIE. Cet oifeau a le deffus de la tête vert - olive tacheté de verdâtre ; il a la gorge brune & le collier jaune. Le roux, le brun, le noirâtre, le cendré nuancent le refte de fon plumage. Il a fix pouces un quart de long, il fe prend aifément à tous les piéges, & s'apprivoife facilement. On le trouve principalement dans les contrées méridionales de l'Europe.

ZONECOLIN, petit oifeau du Mexique. Son plumage eft de couleur obfcure, fa tête eft ornée d'une huppe. Son cri eft plaintif & mélodieux.

ZOUCHET, f. m., oifeau aquatique de la groffeur de la cercelle. Ses aîles font petites ; il n'a point de queue. Cet oifeau s'élève avec beaucoup de peine hors de l'eau ; mais dès qu'il a pris fon effor, il vole long-temps. Le *zouchet* vit également dans l'eau douce & dans la mer. Sa chair a un goût fauvage.

EXPLICATION,

SUIVIE

DE TRENTE-DEUX PLANCHES,

Et des figures concernant les différentes espèces de Chasses, tome IX des gravures des Arts.

PLANCHE I.

Chasse. -- Vénerie.

Fig. 1. Tête de daguet.

Fig. 2. Seconde tête.

Fig. 3. Tête de daguet qui a touché au bois.

Fig. 4. Seconde tête.

Fig. 5. Troisième tête.

Fig. 6. Quatrième tête.

Fig. 7. Cerf dix-cors.

Fig. 8. Dix-cors jeunement.

Fig. 9. Pinces de la biche.

Fig. 10. Pinces d'un jeune cerf.

Fig. 11. Pinces d'un cerf de dix-cors jeunement.

Fig. 12. Pinces d'un vieux cerf.

Fig. 13. Fumées en chapelet.

Fig. 14. Fumées formées.

Fig. 15. Fumées en bouzard.

Fig. 16. Fumées en plateaux.

PLANCHE II.

La vignette n°. 1. représente une forêt, dans le fond de laquelle on voit un cerf, & sur le devant un piqueur tenant le trait du limier qui marche devant lui; déployé. Le limier a la botte au col; le valet du limier n'est censé voir le cerf; mais il suit le limier qui le conduit sur les voies ou pas du cerf.

La vignette n°. 2. représente le laisser-courre, ou la chasse par force.

Bas de la planche II. *Connoissance du cerf par le pied.*

a. b. Les os ou ergots.

c. La jambe.

d. d. Le talon ou éponges.

e. e. La solle.

f. f. Les côtés ou tranchans.

g. Les pinces ou ongles.

Empreintes des pieds du cerf, &c.

Fig. 1. Pied de biche.

Fig. 2. Pied d'un jeune cerf.

Fig. 3. Autre pied de biche.

Fig. 4. Autre pied d'un jeune cerf.

Fig. 5. Pied du cerf aussi long que rond.

Fig. 6. Pied de faon.

Fig. 7. Pied d'un cerf dix cors jeunement.

Fig. 8. Autre pied d'un cerf dix cors jeunement.

Fig. 9. Pied rond d'un cerf, dix cors à jambe large.

Fig. 10. Pied d'un vieux cerf, dont les côtés sont gros & usés & la jambe retrécie.

La plus grande difficulté qui se présente d'abord aux jeunes veneurs pour bien juger & connoître les cerfs, consiste à distinguer le pied du cerf de celui de la biche, afin de ne point se méprendre, & de ne pas courir une biche pour un cerf. Cette connoissance qui est une des plus essentielles aux veneurs, s'acquiert à la longue par la pratique de la chasse. Mais voici quelques observations qui peuvent aider l'expérience.

Quand le cerf est à sa seconde tête, les pinces lui grossissent, à sa troisième tête elles grossissent encore plus, & la sole s'aggrandit en même tems que la tête ; mais à sa quatrième tête il est entièrement connoissable par-tout.

Il y a toujours de la différence entre le pied d'un cerf, *fig.* 2 & 4, & celui d'une biche *fig.* 1 & 3. Car si une bête est accompagnée d'un jeune cerf, qui ne soit encore que daguet, quoiqu'elle ait le pied plus gros que celui du jeune cerf, on le distinguera toujours, parce qu'il sera plus mal fait, qu'elle aura presqu'autant de pieds derrière que devant, & qu'elle se méjugera c'est-à-dire qu'elle ne mettra pas régulièrement le pied de derrière dans la trace du pied de devant. On appelle se *méjuger*, en fait de vénerie, porter les pieds de derrière en-delà ou en-deçà des pieds de devant du même côté.

Dans toutes les figures c'est la trace du pied de derrière qui recouvre celle du pied de devant.

Comment on connoît par les pieds les cerfs de dix cors jeunement, fig. 7 & 8.

Ce qu'on appelle un cerf dix cors jeunement, est un cerf à sa cinquième tête ; on lui donne ce nom, parce qu'il tient alors du cerf de dix cors & du jeune cerf, & qu'il approche de sa perfection.

Le cerf dix cors jeunement a beaucoup plus de pied devant que derrière ; il ne va presque plus le pied de devant ouvert, & celui de derrière est fermé. Il se juge bien, c'est-à-dire il met toujours le pied de derrière dans celui de devant, comme on voit dans la figure, à la différence du jeune cerf, qui du bout des pinces du pied de devant outrepasse les pinces du pied de derrière, de la largeur d'un bon pouce & plus, lorsqu'il est bien en venaison. Il a encor la sole plus grande qu'un jeune cerf ; les pinces grosses ; les côtés un peu gros ; le talon & la jambe larges ; les os assez gros, tournés en dehors & commençant à paroître usés, il est aussi un peu bas jointé.

PLANCHE II. (*bis.*)

La vignette n.º 1. représente un cerf qui s'est jetté à l'eau, les chiens qui courent sus en nageant, & le chasseur dans une barque qui tire un coup de fusil sur le cerf.

La vignette n.º 2. représente la curée.

Bas de la planche.

Fig. 1. Pied d'un cerf dix cors. A. B. ergots du pied de devant, qui est le plus grand. A B. ergots du pied de derrière qui est emboîté dans celui de devant.

Fig. 2. Pied d'un vieux cerf.

Fig. 3. Autre pied de vieux cerf.

Fig. 4. Pied d'un jeune chevreuil.

Fig. 5. Pied d'un chevreuil dix cors.

Fig. 6. Autre pied de chevreuil.

Fig. 7. & 8. Pieds d'une chevrelle.

Fig. 9. Pied d'un faon.

Comment on connoît par le pied le cerf dix cors, figure 1.

Le cerf dix cors a le pied de devant plus gros encore que le cerf dix cors jeunement & a moins de pied de derrière ; il a les pinces plus grosses, la sole du pied plus grande & plus large, les côtés des pieds plus gros & plus usés ; le talon large & usé à l'uni du pied, le pied plein ; il doit avoir les éponges retirées ou rétrécies ; la jambe large ; les os gros & usés ; il est bas jointé, a les allures grandes, les voies bien tournées, & en marchant il tire du bout de ses pinces la terre en arrière, ce que ne font pas les jeunes cerfs ; il va les pieds clos ou serrés devant & derrière ; mais lorsque les cerfs sont bien en venaison, comme dans les mois de juin, de juillet & d'août, ils ont les allures courtes, leur pied de derrière demeure sur le bord du talon des pieds de devant, & quelquefois même n'en fait qu'approcher à cause de la venaison, ou de la graisse qu'ils ont alors, tant au devant des épaules qu'aux flancs, & qui les empêche d'alonger les pieds. Les cerfs en cet état ne courent guères long-tems.

Comment on connoît les vieux cerfs par le pied, & des signes de vieillesse qui les font juger tels, fig. 2 & 3.

Les vieux cerfs ont les mêmes allures & les mêmes connoissances par le pied que les cerfs dix cors, si ce n'est qu'ils ont les côtés des pieds tout usés & fort gros, la jambe & le talon rétrécis ; qu'ils sont fort bas jointés ; qu'ils ont les os gros, courts & tout proches du talon ; qu'ils se jugent bien partout ; que leurs pieds de derrière ne sont marqués qu'à un doigt de distance de ceux de devant, & qu'ils tirent du bout des pinces de leurs pieds de devant la terre en arrière.

Si le cerf a été nourri dans une forêt dont le terrein soit graveleux & rempli de sables, ou dans un bois pierreux & entrecoupé de côteaux, vous remarquerez qu'il a les pieds & les os beaucoup plus usés que s'il étoit dans un pays plat & uni ; mais s'il a été nourri dans un terrein marécageux & doux, ou dans un pays de bruyères, il aura au contraire les pieds fort creux. La plupart des cerfs nourris dans ces forêts ont le pied long ; mais en général un vieux cerf doit avoir les côtés du pied tranchans & la jambe rétrécie, & quant aux pieds de derrière, ils ne paroiffent pas plus grands que les pieds de devant d'une chèvre.

Les planches III, IV, V, VI, VII, renferment les fanfares, & autre mufique qu'il eft d'ufage d'exécuter à la chaffe du cerf.

PLANCHE VIII.

Chaffe du Sanglier.

La vignette reprefente l'inftant où le *fanglier* étant coëffé par les chiens, eft percé par un veneur.

Bas de la planche.

Il faut pour connoître un *fanglier* par les traces, fe promener fouvent dans les bois dans un temps de beau-revoir, c'eft-à-dire, quand la terre eft molle, par exemple, en certains temps de l'hiver ou en été après la pluie. Or, voici à quoi l'on peut aifément reconnoître un *fanglier*, & diftinguer d'un coup d'œil s'il eft jeune ou vieux, fi c'eft une laie ou un *fanglier* mâle.

La trace A, du pied de devant d'un jeune *fanglier, fig.* 1, eft un peu plus grande que celle du pied de derrière, les pinces *a, a*, font plus groffes que celles de la laie ; & les tranchans *b, b* qui font fes côtés, font un peu déliés & coupans ; la trace de derrière, fe trouve ordinairement dans celle de devant, mais un peu à côté du milieu de celle-ci, à caufe de fes fuites, qui commencent à être groffes, & qui le contraignent de marcher les cuiffes un peu plus ouvertes que la laie ; il donne auffi de fes gardes B, C, en terre, mais elles font bien tournées, & fa pointe un peu en avant. Lorfqu'il avance vers fon tiers-an, fes gardes font plus près du talon, & s'élargiffent davantage, & elles donnent tout-à-fait en terre aux deux côtés de fes talons. Plus le *fanglier* vieillit, plus il eft aifé d'en reconnoître par fes gardes, qui étant alors bien moins tranchantes, donnent en terre de toute leur longueur. B, C, gardes du pied de devant *b, c*, gardes du pied de derrière.

Les pinces de la laie *fig.* 2, font plus pointues, les côtés des traces & les gardes plus tranchantes, le talon plus étroit, les traces de-devant & de derrière font toujours un peu ouvertes, excepté cependant celles d'une vieille laie *fig.* 3, qui font ordinairement plus ferrées ; fes gardes font auffi plus étroites & plus ferrées vers la pointe que celles des *fangliers* : il faut encore obferver que les traces de derrière font en dedans dans celles de devant.

Les *fangliers* à leur quart-an *fig.* 4, & les vieux *fangliers fig.* 5, ont les pinces groffes & rondes, les tranchans ou côtés de leurs traces font ufés,

le talon ou les éponges D, D, s'ufent au niveau de la trace qui eft groffe & large ; les gardes *b, c*, font tout-à-fait élargies, & s'approchent du talon, & les allures font grandes. La trace des vieux *fangliers* eft toujours profonde & large, à caufe de leur pefanteur ; ils ont les pinces fort rondes ; la fole E, E grande, leurs gardes paroiffent dans un temps pluvieux, parce qu'ils marchent très-pefamment ; ce qui fait que par-tout où ils paffent, il eft très-aifé d'en revoir ; on remarque auffi dans la trace de grandes & groffes rides F F, entre les gardes & les talons ; & plus ces rides feront groffes, plus elles dénoteront la vieilleffe des *fangliers*. La trace du pied de derrière porte fur le talon, à moitié de la trace de devant, & à moitié auffi à côté en dehors, principalement lorfque le *fanglier* eft en porchaifon : il n'eft pas fi aifé d'en connoître dans le temps du rut, parce qu'alors leurs allures font grandes & déréglées, ce qui déroute un peu le veneur.

Les jeunes veneurs, encore peu expérimentés dans l'exercice de la chaffe, pourroient bien fe tromper aux traces du *fanglier* dans la faifon du gland ; car dans ce temps, les pourceaux privés vont au bois, parce qu'ils ont auffi beaucoup de reffemblance dans leurs traces ; mais pour ne s'y pas méprendre, voici à quoi principalement il faut faire attention.

Les *fangliers*, dans leurs allures, mettent leurs pieds de derrière dans ceux de devant ; ils appuient bien plus de la pince que du talon, leurs pinces font ferrées & les côtés de leurs traces qui font tranchantes, donnent par-tout des gardes en terre, & ils les élargiffent en dehors des deux côtés du talon.

Il n'en eft pas de même des pourceaux privés ; ceux-ci vont les pieds ouverts, ils les ont ordinairement longs & ufés ; ils appuient beaucoup plus du talon que de la pince, & ils ne mettent pas leurs pieds de derrière dans ceux de devant ; leurs gardes donnent droit dans la terre, la pointe en avant fans s'écarter, le deffous de leur fole eft charnue, ce qui fait paroître la forme de leur pied toute ronde, & les côtés un peu gros ; enfin leurs pinces font groffes & ufées, & ils ont le pied court.

Fig. 6. pieds des marcaffins.

PLANCHE IX.

Chaffe du Loup.

La vignette n°. 1, repréfente différentes manières de piéges pour prendre les *loups*.

Fig. 1. Enceinte ou parc, dont les entrées A font efcarpées, en forte que les *loups* peuvent bien entrer en fautant à bas, mais n'en peuvent pas fortir ; on met pour appât dans le parc quelques charognes que les *loups* viennent dévorer, & on peut les fufiller à fon aife.

Fig. 2. Cette partie repréfente une autre manière de prendre les *loups* dans une foffe avec l'appât d'une brebis vivante ; pour cela, on creufe une foffe d'une grandeur convenable, au milieu de laquelle on dreffe un poteau fur lequel on met une roue de caroffe ou autre fur laquelle on attache une brebis vivante, dont le bêlement attire les *loups* ; on recouvre la foffe avec de menus branchages ou feuillages ; & lorfque les *loups* veulent fauter jufqu'à la brebis, i's retombent dans la foffe, où on le tue, ou bien on peut les prendre vivans : cette manière eft pratiquée en Allemagne.

La vignette n°. 2, repréfente l'ufage de plufieurs piéges, pour prendre les renards, *loups*, &c.

Fig. 1, repréfente une foffe couverte d'une trappe circulaire ou carrée, mobile fur un axe horifontal. Cette trape doit être couverte de mouffe, d'herbes, &c. en forte qu'elle foit à-peu-près femblable au fol des environs : on doit auffi fermer les côtés de la foffe vis-à-vis les extrémités de l'axe, enforte que la trappe étant placée dans une coulée, les renards ou *loups* ne la puiffent traverfer que dans le fens où elle eft mobile. En cet état, il faut placer une poule vivante au milieu de la trappe, & l'y attacher. Si alors il vient un renard ou un *loup* pour la dévorer, à peine aura-t-il paffé le bord de la trappe, que fa pefanteur la fera enfoncer, & l'animal tombera dans la foffe où il demeurera enfermé, la trappe prenant tout de fuite la fituation horizontale. On voit dans la figure, un renard qui tombe dans la foffe, & plufieurs autres qui le regardent.

Fig. 2. Autre foffe découverte pour le même ufage. Sur le bord de la foffe, & dans l'alignement de la coulée où on la fuppofe placée, on établira une planche en équilibre, enforte qu'une des extrémités réponde au centre de la foffe. C'eft à cette extrémité que l'on placera la poule ; & un renard ou un *loup*, venant pour s'en faifir, & ne trouvant d'autre chemin que la planche, l'animal paffera deffus, & tombera dans la foffe, d'où il ne pourra fortir ; là on pourra le fufiller à fon aife.

Fig. 3. Autre piége, nommé *traquenard*, pour prendre les *loups* ou les renards. On ajufte ce piége avec un morceau de charogne, fuivant l'efpèce d'animal qu'on efpère y prendre.

Fig. 4. Autre forte de piége ou d'hameçon, que l'on fufpend à quelques branches d'arbre.

On ajufte ce piége avec quelque morceau de charogne, & l'animal vorace, venant pour s'en faifir, engueule la barre inférieure du piége, laquelle étant tirée en bas, laiffe détendre la pièce fupérieure qui eft pouffée par un reffort. Cette pièce terminée par deux crochets aigus, tombe fur le nez de l'animal, qui ne peut s'en débarraffer, & y demeure ainfi fufpendu. On voit dans la figure un renard pris, & le fecond qui faute après l'appât.

Bas de la planche.

Manière de diftinguer par le pied un loup d'avec une louve.

Le *loup* a le pied plus grand & plus gros que la *louve*. Lorfque le *loup* eft jeune, fon pied (*fig.* 1.), s'élargit en marchant ; & quand il devient vieux, il a le pied ferré devant & derrière, les ongles gros, longs & ferrés, le talon gros & large, & le pied de devant toujours plus gros que celui de derrière. Lorfque le *loup* va d'affurance, c'eft-à-dire, lorfqu'il va fon pas ordinaire, il met ordinairement le pied de derrière dans la voie ou pifte du pied de devant. Il eft aifé d'en juger par des temps humides ou en hiver fur la neige ; mais quand il va le trot, le pied de derrière eft toujours à trois doigts de celui de devant. Pour la *louve* elle a le pied plus long & plus étroit que celui du *loup* ; le talon plus petit & ferré, & les ongles plus menus. C'eft en obfervant ces différences que le veneur pourra connoître s'il eft fur la voie d'un *loup* ou d'une *louve*.

Fig. 1. Pieds de jeune loup.

    A. Pied de devant.

    B. Pied de derrière.

Fig. 2. Pieds de jeune louve.

    A. Pied de devant.

    B. Pied de derrière.

Fig. 3. Pieds de vieux loup.

    A. Pied de devant.

    B. Pied de derrière.

Fig. 4. Pieds de vieille louve.

    A. Pied de devant.

    B. Pied de derrière.

Fig. 5. Pied de renard.

Fig. 6. Pied de blaireau.

Fig. 7. Pied de lièvre.

Fig. 8. Pied de lapin.

fig. 9.

Fig. 9. Pied de chat.

PLANCHE X.

La vignette n°. 4. représente l'intérieur d'une des salles du chenil, laquelle est décorée de sculptures représentant soit des têtes de cerfs ou sangliers &c. A. porte d'entrée, C. C. tolas, ou lits des chiens. D. cage de fer où on enferme les chiens gras, B. supente où couche le valet de chiens.

La vignette n°. 2. représente le plan d'un chenil propre à contenir tout ce qui concerne un grand équipage de chasse. Le chenil proposé consiste en une grande cour entourée de bâtimens sur deux faces, & fermée sur les deux autres par deux murs de clôture, au milieu desquels il y a une grille. Dans le milieu de cette cour est un bassin avec jet-d'eau, qui est entouré de quatre pièces de gazon. Les deux corps de bâtimens sont terminés par quatre pavillons dans lesquels sont les logemens des piqueurs, des valets de limiers, valets de chiens &c. aussi bien que le fournil où on fait le pain qui sert de nourriture aux chiens. L'étendue du rez-de-chaussée est divisée en plusieurs chambres, dans lesquelles sont les différentes meutes destinées, soit pour le cerf, chevreuil, sanglier, loup & le vautrait, composées les unes de grands lévriers, lévriers, dogues, &c.

A. Porte d'entrée.

B. Une des chambres du chenil.

C. C. C. Tolas ou lits des chiens, sur lesquels on étend de la paille fraîche.

D. Cage de fer, au-dessus de laquelle est le logement du valet de chiens : c'est dans cette cage de fer ou retranchement que l'on fait entrer les chiens qui sont trop gras, pendant que les autres mangent une partie de la mouée.

F. Cuvette ou fontaine où les chiens vont boire.

G. G. Escaliers pour monter à l'étage au-dessus qui sert de logement.

H. H. Passages fermés par une grille pour entrer dans le chenil.

Les autres salles sont distribuées de la même manière.

Bas de la vignette, n°. 1.

Fig. 1. couple, corde de crin qui sert à accoupler deux chiens ensemble ; le nœud coulant de chaque côté est arrêté par un nœud simple.

Fig. 2. *d*, *e*, harde, corde de crin terminée en *e* par un nœud, & en *d* par une boucle qui reçoit les trois couples, *a*, *b*, *d* ; *c*, *e*, *d* ; dont les ex-

CHASSE.

trémités *a b c* reçoivent le milieu de trois couples, par le moyen desquelles on peut avec facilité conduire six chiens 1, 2, 3, 4, 5, 6, & même un plus grand nombre, en augmentant les couples.

Fig. 3. Collier de force.

Fig. 4. Billot que l'on fait rapporter au chien.

Fig. 5. Botte ou collier du limier.

Fig. 6. Profil des tolas ou lits de chiens.

Fig. 7. Face extérieure d'une des extrémités de l'auge, dans laquelle on donne la mouée aux chiens. Cette auge a 10 ou 12 pieds de longueur.

Fig. 8. Coupe transversale de la même auge.

PLANCHE XI.
Chasse, fauconnerie.

La vignette représente la cour du jardin attenant le logement du fauconnier : on voit des deux côtés une galerie couverte, où l'on met les oiseaux à la perche.

Fig. 1. Fauconnier qui porte la cage au moyen de deux bretelles qui lui passent sur les épaules : c'est sur les bords de cette cage que l'on porte les oiseaux au rendez-vous de la chasse.

Fig. 2. Rangée de gazons sur lesquels on met les oiseaux dans le beau temps.

Fig. 3. Perche élevée de quatre pieds sur laquelle on place les oiseaux : à cette perche pend une toile de deux pieds de large.

Bas de la planche.

Fig. 1. Représentation perspective & en grand d'une partie de la perche qui est, comme on l'a dit, élevée de quatre pieds, & de la toile qui y est attachée ; cette toile est fendue par de longues boutonnières espacées de douze pouces ou environ, par lesquelles on fait passer les longes qui servent à attacher les oiseaux sur la perche. La perche qui a trois pouces de gros, est arrondie par dessus, & éloignée de la muraille d'environ deux pieds.

Fig. 2. Chaperon ou bonnet de l'oiseau surmonté d'une aigrette de plumage.

A. Le chaperon vu par-devant du côté de l'ouverture par laquelle on fait passer le bec de l'oiseau.

B. Chaperon vu par derrière du côté où sont les cordons par le moyen desquels on serre le chaperon sur le col de l'oiseau, après que sa tête y est entrée.

Fig. 3. Chaperon de rustre sans aigrette, & tel que l'oiseau peut manger à travers.

Fig. 4. Gazon ou motte de terre de dix-huit

L l l

pouces de diamètre , & six pouces d'élévation où on place l'oiseau : à côté est un piquet auquel on attache la longe qui le retient.

Fig. 5. Gazon sur lequel un oiseau enchaperonné est posé.

Fig. 6. Cage pour porter les oiseaux à la chasse. Elle a quatre pieds de long, vingt pouces de large & un pied de haut.

Fig. 7. Profil ou élévation de la cage du côté de l'avant ou de l'arrière.

PLANCHE XII.

Cette planche fait voir ce qui a rapport à l'armure des oiseaux.

La vignette représente l'intérieur d'une chambre où on arme les oiseaux.

Fig. 1. Fauconnier qui tient les chaperons enfilés par une lanière de cuir.

Fig. 2. Fauconnier qui ajuste ou appareille des plumes pour remettre à l'oiseau : il travaille aussi aux armures de cuir qui leur sont nécessaires, lesquelles sont placées sur la table. *A* paquet de *geais* ou mieux *jets, b* longes, *d* brides, *e* grelots.

Le *jet* est un morceau de cuir de dix pouces de long sur un demi pouce de large, pointu par les deux bouts, lequel a deux fentes dans la partie la plus large, avec laquelle la jambe de l'oiseau est embrassée : à l'extrémité la plus longue, on attache les vervelles.

La longe est un bout de cuir de chien de la longueur de trois pieds & demi : à un bout est un bouton formé par le cuir même : l'autre bout se termine en pointe : au milieu est une fente de deux pouces. La longe sert à attacher l'oiseau sur la perche en y attachant la vervelle, ce qui se fait en passant un bout de la longe dans l'autre.

La platte-longe est un morceau de cuir de six à sept pouces de longueur, terminé en pointe & ayant une fente à chaque bout pour recevoir un touret : ce qui ne sert qu'aux oiseaux de poing.

La bride est une lanière de cuir d'environ un pied de long, laquelle est fendue en deux dans la moitié de sa longueur : elles servent à attacher l'aile de l'oiseau.

F. Pelotte de ficelle d'environ sept brasses de long, au bout de laquelle est un touret de cuivre, & deux petits jets de cuir à nœuds coulans pour mettre aux pieds des pigeons qu'on apporte à la chasse.

Fig. 3. Fauconnier occupé à remettre des plumes cassées dans l'aile de l'oiseau. Ce qu'on appelle *enter.*

Fig. 4. Fauconnier tenant l'oiseau sur le poing pour lui remettre des plumes.

Bas de la planche.

Fig. 1. Vervelle , petits anneaux de cuivre que l'on met aux pieds des oiseaux à des lanières de cuir, avec lesquelles on les tient sur le poing. Sur ces anneaux est ordinairement gravé d'un côté le nom du propriétaire , & de l'autre côté le nom du commandant de la fauconnerie.

Fig. 2. Tourets : ils sont de cuivre & servent avec les longes & plattes-longes à attacher l'oiseau sur la perche ou sur le gazon.

Fig. 3. Grelot ; Il est de cuivre & s'attache avec une platte-longe à la jambe de l'oiseau.

Fig. 4. Leure dégarni , vu de face & de profil c'est un tissu de peau & de maroquin rouge, ayant huit pouces de long & six pouces de large.

Fig. 5. Leure garni de plumes , soit de corneille, de pie, ou de perdrix.

Fig. 6. Leure garni d'une peau de lièvre.

Fig. 7. Parapluie pour garantir les oiseaux quand on les porte sur le poing par un temps pluvieux.

Fig. 8. Etui du fauconnier dans lequel se trouvent quatre pièces.

Savoir , une paire de ciseaux pour couper le cuir, un couteau pour faire le bec aux oiseaux, un poinçon pour passer les jets, & une pince coupante pour couper le bec & les serres des oiseaux, quand ils sont trop grands.

Fig. 9. Pince coupante.

Fig. 10. Ciseaux & poinçon.

Fig. 11. Maillot pour porter des corneilles ou autres oiseaux, pour servir d'escape à la chasse ; il est de toile de dix pouces de long sur sept de large, garni de deux bâtons de dix pouces de long ; il y a une fente pour laisser passer les pieds des oiseaux.

Fig. 12. Geai ou jet représenté dans sa grandeur : il a dix pouces de long.

PLANCHE XIII.

La vignette représente la cuisine où on prépare la nourriture des oiseaux.

Fig. 1. Fauconnier qui saigne un pigeon vivant

dans la viande hachée qui est contenue dans la terrine *e*.

Fig. 2. Fauconnier qui coupe le gigot avant de le hacher.

A. Gigot de mouton.

B. Tranche de bœuf. On coupe ces viandes par morceaux & on les hache sur le billot *e* avec le couperet *d*.

E. Terrine où l'on met le hachis.

F. Aile de pigeon détachée du corps, pour donner l'aile à l'oiseau qui est tenu sur le poing. Ce qu'on appelle *faire tirer l'oiseau*, ou *l'acharner sur le tiroir*.

G. Œuf que l'on mêle dans la nourriture.

H. Cures, petits pelotons de filasse long d'un pouce, que l'on fait avaler aux oiseaux. On y attache un petit morceau de viande quand l'oiseau ne veut pas les prendre secs.

K. Petits cailloux que l'on fait avaler aux oiseaux.

L. Pot à l'eau.

M. Poule que l'on mêle dans la nourriture.

N. Poêlon pour faire chauffer l'eau en hiver.

O. Lévrier.

P. Epagneul.

Q. Mâtin. Ces chiens servent à courre les différens gibiers auxquels ils sont propres pendant que l'oiseau les vole.

Bas de la planche.

Fig. 1. Jet ou geai. On voit en *A B* comment le jet embrasse la jambe de l'oiseau ; & à l'autre extrémité comment la vervelle est attachée.

Fig. 2. Longe.

Fig. 3. Platte-longe.

Fig. 4. Bride.

Fig. 5. Manière d'enter de nouvelles plumes à un oiseau, en place de celles qui sont cassées. A. B. partie de la plume qui tient au corps de l'oiseau. C. D. plume que l'on veut enter. Il faut les couper obliquement, comme il est marqué par la ligne *a b*, & faire entrer l'aiguille (*Fig.* 6) dont les deux bouts sont affilés triangulairement ; savoir, la moitié dans le tronçon qui tient au corps de l'oiseau, & l'autre moitié dans la plume que l'on veut placer ; ayant préalablement trempé l'aiguillette dans du vinaigre pour faire rouiller plus facilement. Il faut observer que la plume que l'on remplace soit du même rang que celle que l'on a ôtée, & de la même sorte d'oiseau ; c'est pour cela que l'on en conserve les ailes lorsqu'ils meurent.

Fig. 6. Aiguille.

Fig. 7. Fauconniere, sacs de treillis qui sont attachés à l'arçon de la selle du fauconnier, & servent à mettre tout ce qui sert à la chasse dans la plaine, comme pigeons, viande des oiseaux &c. Un côté de la fauconniere est à couvercle (*Fig.* 7) & l'autre en forme de bourse (*Fig.* 8.)

PLANCHE XIV.

Outils que doit avoir un oiseleur.

Fig. 1, 2, 3, 4, 5. Différentes espèces de serpettes & couteaux.

Fig. 6. Marteau se terminant en pointe.

Fig. 7 & 8. Mèches de différentes grosseurs montées sur un manche de bois à vis.

Fig. 9. Vrille.

Fig. 10, 11, 12, 13, 14. Outils & ustensiles.

Fig. 15, 16, 17, 18, 19, 20. Différents nœuds à l'usage de l'oiseleur.

PLANCHE XV.

Fig. 1, 2, 3, 4, 5, 6, 7, 8, 9, 10, 11, 12, 13. Appeaux à sifflet.

Fig. 14, 15, 16, 17, 18, 19, 20, 21. Appeaux à languette.

Fig. 22, 23, 24, 25, 26, 27. Appeaux à frouer.

PLANCHE XVI.

Fig. 1 & 2. Piéges du lacet.

Fig. 3, 4, 5, 6, 7, 8. Piéges du collet.

Fig. 9, 10, 11. Piége du collet pendu.

Fig. 12, 13. La glanée.

PLANCHE XVII.

Fig. 1, 2, 3, 4, 5, 6, 7. Disposition des filets pour prendre des alouettes.

Fig. 8. Hallier ou tramail.

Fig. 9, 10. Vache artificielle.

Fig. 11, 12. Hutte ambulante.

PLANCHE XVIII.

Piéges pour la chasse aux oiseaux.

Fig. 1, 2, 3. Le brai, ou gluaux.

Fig. 4. Plan de la loge que doit occuper le chasseur.

Fig. 5, 6, 7. Dispositions de la pipée.

Fig. 8. L'arbret.

Fig. 9, 10, 11, 12. Accessoires & ustensiles propres à cette chasse.

PLANCHE XIX.

Petites chasses & piéges.

Fig. 1, 2, 3, 4, 5, 6, 7. Dispositions de la raquette ou sauterelle.

Fig. 8, 9, 10. Le trébuchet œnologique de Salerne.

Fig. 11, 12, 13. Le trébuchet battant.

Fig. 14, 15, 16, 17. Le trébuchet sans fin.

PLANCHE XX.

Petites chasses & piéges.

Fig. 1, 2, 3, 4. La mesangette & ses développemens.

Fig. 5, 6, 7, 8, 9, 10. Les tendues d'hiver.

Fig. 11, 12, 13. Du collet à ressort.

Fig. 14, 15, 16, 17, 18, 19. Du rejet.

PLANCHE XXI.

Petites chasses & piéges.

Fig. 1, 2, 3, 4, 5, 6. Du rejet portatif & ses développemens.

Fig. 7, 8, 9. L'assommoir du Mexique.

Fig. 10, 11, 12, 13. La pince d'Elvaski.

Fig. 14, 15. Les pantières.

PLANCHE XXII.

Chasse des petits oiseaux.

La *chasse des petits oiseaux à l'abreuvoir* commence sur la fin de juillet, temps où les petits oiseaux ont cessé de nicher, & viennent en bandes boire aux mêmes endroits. Les heures favorables sont depuis dix heures jusqu'à onze, depuis deux jusqu'à trois, & une heure & demie avant le coucher du soleil. Cette chasse se fait ou aux gluaux, ou au filet. Il faut que l'endroit soit découvert & à l'ombre ; rendre l'accès facile où l'on tend le piége, & embarrasser les autres par des branches, de l'herbe & de la terre, du chaume, &c. Plus il fait chaud, plus la chasse est sûre. En tems de pluie, elle est mauvaise ; c'est la chasse au filet qu'on voit dans cette planche XXII. Le filet est long d'une aune & demie, ou environ, sur trois quarts de large de fil retors. On pratiquera dans un lieu tranquille & commode un petit abreuvoir, à-peu-près de l'étendue du filet, & large d'un pied, plus ou moins. Il faudra que l'endroit aille du filet à l'autre côté, en talus ou glacis ; que l'eau soit couverte aux environs, & que ces dispositions se fassent quelque temps avant la chasse, afin qu'elles ne paroissent pas étranges aux oiseaux. Tendez le filet comme vous voyez. Cachez-vous derrière un arbre, une haie, ou quelque autre couvert ; que les extrémités des bâtons qui tiennent le filet dressé soient légèrement arrêtées, ou au filet, ou sur les bouts des pieux, afin qu'en tirant la corde qui se rend au chassis, ils échappent promptement.

Fig. 1. *a b*, l'abreuvoir ; *c d*, le filet ; *e f*

d g, bâtons ou appuis du filet ; *h i*, pieux ; *g f k*, corde du chasseur, qui doit être éloignée du filet de quarante à cinquante pas.

Traineau pour la chasse aux alouettes.

Fig. 2. Cette chasse se fait la nuit, quand elle est obscure. Ce traineau est un filet dont les mailles ont un pouce de large. En chassant, on en laisse pendre derrière soi un pied de long. Il y a à cette extrémité des épines attachées & dispersées sur toute la largeur. On le tient élevé de terre d'environ deux pieds. Il faut deux hommes, chacun est à sa perche : ils marchent vîte, & laissent tomber le filet, quand ils entendent les oiseaux s'élever.

M, le traineau ; *a*, *b*, les chasseurs ; *c f*, *d e*, les perches latérales qui tiennent le traineau tendu ; *g g g g g*, épines qui sont attachées au bas.

Chasse des alouettes au miroir.

Fig. 3, 4, 5. La saison de cette chasse est depuis le mois d'octobre jusqu'en hiver. Ayant un miroir tel qu'il est représenté *fig.* 4 ; que toute sa surface *a*, *b*, *c* ; *d*, *e*, *f* soit couverte de morceaux de glace ; que ses faces latérales *c d* soient en talus, afin que le miroir tournant sur son pivot *g* avec vitesse, forme à l'œil un corps solide, continu, convexe & brillant. Le miroir *a b* étant mû, la corde *h* s'enroule d'une certaine quantité sur la partie de la broche *k*, qu'on voit dans l'entaille du pivot. Cette corde tirée fait mouvoir le miroir *a b* en sens contraire ; & ce mouvement fait renvider la corde sur la même portion de broche, & ainsi de suite ; d'où l'on conçoit aisément que le miroir ne s'arrête point. On place ce miroir entre les nappes d'un filet A B ; son éclat attire les alouettes, sur-tout le matin. Quand elles sont posées dans l'enceinte du filet, où d'autres alouettes, qui y sont attachées par le pied, les appellent encore ; ou lorsqu'elles voltigent au-dessus, à une hauteur convenable, on fait jouer les nappes par le moyen des cordeaux 1, 2, 3, 4, 5, 6, 7, 8, 9, 10, 11, dont le mouvement s'entend assez.

Fig. 5. Miroir avec sa broche, séparé de son pivot.

Chasse des alouettes, perdrix, & autres oiseaux, à la tonnelle murée.

Fig. 6. Ce filet doit avoir dix pieds de haut à son embouchure : on l'étend comme on voit ; 1 est la queue du filet ; 2, l'entrée ; 3, 4, 5, 6, les filets & le mur. Vous placez des appellans 7, 7, 7, 7, dans l'enceinte ; vous chassez les alouettes des environs vers ce piége, où elles ne manquent pas de donner, si vous prenez les précautions convenables.

Chasse des bécasses à la passée.

Fig. 7. C'est dans les bois taillis & les hautes futaies qu'elle se fait à la chûte du jour, aux environs de la Saint - Rémi ; elle ne dure guère qu'une demi-heure. On choisit une clairière de six toises au moins, nette, longue & large : le filet se tend en pantière, entre deux arbres, comme on voit. Lorsque l'oiseau donne dedans, le chasseur, placé au loin, le laisse tomber, & l'oiseau est pris. *a, b, c, d,* les arbres ; *A,* le filet ; *1, 2,* les cordes qui les lient aux pieds des arbres ; *3, 4,* les anneaux du filet ; *5,* le tourniquet pour le tendre ; *6, 7,* les cordeaux pour le tendre & le laisser tomber.

PLANCHE XXIII.

Chasse singulière des bizets, ramiers & tourterelles.

Fig. 1. On tend un filet A, un peu penché par sa partie supérieure, derrière ce filet, il y a un chasseur C, prêt à le laisser tomber ; au-devant un autre chasseur B, juché dans une machine telle qu'on la voit. Lorsque les oiseaux passent, il lance une flèche O, qu'ils prennent pour un oiseau de proie ; alors, ils s'abattent de frayeur, & donnent dans le piège A.

Nappes à prendre des canards.

Fig. 2. On tend ce filet dans un endroit de rivière, où il y ait au moins un demi-pied d'eau. Il faut que ce piège soit bien caché, & placé de manière qu'en plongeant, l'oiseau ne puisse s'échapper par-dessous. On attache au-devant du filet des appelans privés. Lorsque les canards sauvages sont placés à la distance convenable, on lâche le filet, qui tombe avec d'autant plus de vîtesse, qu'il est chargé de petits poids de plomb : *a,* le filet ; *b, c,* les appelans ; *d, d, d,* les canards sauvages ; *e, f,* partie supérieure chargée de plomb. Ce piège joue comme les autres filets : sa partie *g, h* plonge dans l'eau ; M, chasseur caché qui attend la chûte de ces oiseaux, pour les tirer au fusil.

Chasse de la perdrix au filet & à la chanterelle.

Fig. 3. On appelle chanterelle une femelle. On se sert de ce piège un peu après les Rois, lorsque le dégel commence, & cela peut durer jusqu'au mois d'août. L'heure favorable est depuis le coucher du soleil jusqu'à minuit, & depuis la pointe du jour jusqu'au lever du soleil. On choisit un lieu voisin de la lisière d'un bois. Le filet est tendu autour de la cage qui renferme la chanterelle. Son cri appelle les mâles amoureux, qui se prennent au filet ou tramailler qui entoure la cage. A, la chanterelle ; B, C, D, le filet ; E, F, les mâles qui accourent.

Chasse particulière aux corneilles avec le duc ; espèce de hibou, dressé pour cet usage.

Fig. 4. Elle se fait entre les grands arbres. On place le duc au pied d'un grand arbre ébranché, qui sert à tendre le filet. L'oiseau crie & se meut ; les corneilles & autres oiseaux qui le haïssent, l'entendent, le voient, accourent, fondent sur lui ; & l'homme, d'intelligence avec l'oiseau trompeur, tire le filet & les enveloppe : *a,* le duc ; *b, c,* le filet.

PLANCHE XXIV.

Chasse du faisan & autres oiseaux de la même espèce.

Fig. 1. Elle se fait ou avec des halliers ou des filets, de la forme des poches à lapins. Placez ces filets sur les sentiers des forêts fréquentées par ce gibier ; semez du grain aux environs. Le filet prend tout ce qui y donne.

La poche se tend sur une baguette légère courbée en arc, dont les bouts fichés légèrement en terre, peuvent s'échapper au moindre mouvement, & laisser tomber le filet sur l'oiseau qui y reste embarrassé. *1, 2,* halliers ; *3,* poche avec sa ficelle.

Chasse de nuit aux perdrix, dont on connoît les habitudes.

Fig. 2. Le chasseur A se rend à l'endroit du gibier. Il porte le filet triangulaire B C D, dont les côtés sont de bois léger : plus ce filet a d'étendue, meilleur il est. La partie du sommet de l'angle est circulaire ; elle embrasse le corps du chasseur au-dessus des reins, qui lui servent de point d'appui ; le reste s'exécute comme il est facile d'imaginer.

Autre chasse de nuit. Pinsonnée.

Fig. 3. On se transporte dans un bois taillis avec des corps lumineux & combustibles. On fait du bruit ; les oiseaux partent de dessus les arbrisseaux où ils reposent ; ils accourent à l'éclat des lumières ; ils se reposent sur des branches qu'on leur présente, & on les tue à coups de palettes. *1, 2, 3, 4, 5,* chasseurs occupés à cet amusement avec leurs flambeaux, leurs baguettes & leurs palettes.

Autre chasse de nuit à la rafle.

Fig. 4. C'est une espèce de tramail ou de pantière contremaillée. Un chasseur *1* tient un flambeau ; un autre *2,* bat les buissons ; & deux autres *3, 4,* placés entre les deux premiers laissent tomber la rafle sur le gibier, qui choisit naturellement pour s'échapper le lieu tranquile obscur & perfide qui est entre le bruit & la lumière.

PLANCHE XXV.

Fig. 1. Trébuchet.

Fig. 2. Autre trébuchet : le méchanisme en est évident.

Fig. 3. Piége double à fouine, belette, putois, & autres animaux de cette espèce.

Les portes qui en font en même temps le couvercle *a b*, en font tenues ouvertes par les ficelles *c d*, qui s'échappent à la moindre secousse que reçoit la ficelle *e*, qui répond à l'appât placé au dedans du trébuchet.

Fig. 4. Le même trébuchet simple.

Fig. 5. Vue intérieure de ce trébuchet simple.

Fig. 6, 7, 8, 9, 10, différentes sortes de cages, les unes claires, les autres obscures, couvertes de toiles, ou à barreaux, de fil d'archal ou de filasse.

PLANCHE XXVI.

Chasse aux merles.

Fig. 1. On choisit le temps de brouillards. On a un filet A, le fil délié & retors, haut de 5 à 6 pieds : il s'appele *araignée*. On le tend entre deux haies ; on profite de l'habitude qu'a cet oiseau de suivre son chemin jusqu'à un certain terme, & de revenir sur ses pas. Le filet tendu, on va gagner la haie, fort au-dessus de la dernière reposée, puis on chasse l'oiseau devant soi, & il est rare qu'il n'aille pas se jetter dans le filet qu'il fait tomber sur lui en se débattant.

Chasse aux oiseaux lorsque la terre est couverte de neige.

Fig. 2. Balayez un espace *a a*, *b b* ; étendez y ensuite du grain ; élevez au-dessus une table *c c c c* sur des soutiens mobiles qui s'écartent, & la laissent retomber à la moindre secousse. Attachez une corde *f* à un de ces soutiens ; que cette corde se rende, & s'attache en *g* au bas d'une porte de la maison ; la porte ne pourra s'ouvrir sans ébranler & faire tomber la table sur les oiseaux, qui seront rassemblés dessous.

Panneaux pour la chasse du lièvre.

Fig. 3. Ce panneau, 1, 2, 3, est un filet qu'on tend dans une passée connue. Il regarde le côté d'où l'animal doit venir ; il est soutenu sur des piquets très-aigus & peu enfoncés, de manière que l'animal effarouché par le bruit qu'il entendra derrière lui, & se précipitant étourdiment, le fait tomber, & s'y enveloppe.

Traquenard pour prendre les loups.

Fig. 4. Cet instrument qui est tout de fer s'attache à un arbre, comme on le voit, par le moyen d'une chaîne. Voici comment il se tend ; on abaisse les deux cerceaux dentés *a b*, & mobiles à tourillons dans les oreilles percées *r*, *f*, sur la bande circulaire *c*, *d* ; cela ne se peut faire sans un violent effort qui rapproche la partie

supérieure *f*, *o*, du manche ou de la queue du traquenard vers sa partie inférieure *g*. On contient les deux cerceaux dentés *c d* dans cet état, par le moyen des deux arrêts *h i*, qu'on a pratiqués à ces deux cerceaux ; & sur lesquels les parties recourbées *k*, *l*, d'un arbre *m*, *n* tournant sur lui même à tourillon dans les oreilles percées *u*, *t*, viennent se reposer. C'est à cet arbre *m*, *n*, qu'on attache l'appât, ou plutôt aux bras coudés de cet arbre. Qu'arrive-t-il ? l'animal tire l'appât ; il fait tourner l'arbre *m*, *n*, sur lui-même ; ses extrémités recourbées & assises sur les arrêtes *h*, *i* des cerceaux dentés *c*, *d*, s'en échappent ; le manche ou ressort *f*, *o* se débande ; en se débandant, il embrasse & serre l'un contre l'autre les cerceaux dentés *c*, *d*, dont une partie passe dans l'ouverture *p*, & l'animal se trouve pris entre les dents de ces cerceaux.

Fig. 5. Les cerceaux séparés du traquenard.

Ibid. L'instrument sans les cerceaux.

Chasse aux râles d'eau.

Fig. 6. Elle se fait aux mois de mai & de juin avec des halliers de fil délié de quinze à dix-huit pieds de long, hauts de quatre mailles, & large d'environ deux pouces. On trouve ces oiseaux dans les prairies, proche des lieux humides & marécageux. On tient le bout du filet proche du ruisseau, d'où il s'étend ensuite à travers les joncs. On resserre l'animal en ces deux filets, vers l'un desquels le chien couchant le chasse, lorsque s'échappant devant le chasseur, il ne va pas s'y prendre lui-même. A B, le ruisseau, C D, les halliers ; E, l'espace marécageux compris entre les halliers.

Piége au renard.

Fig. 7. Accoutumez l'animal à venir prendre un appât dans un trou ; couvrez ce trou d'une planche *a*, *b*, *fig.* 8 ; pratiquez au centre de cette planche une ouverture *c*, fermez cette ouverture d'une pièce mobile *e*, *fig.* 9 ; pratiquez au centre de cette pièce mobile *e*, un trou *h* capable de recevoir la patte de l'animal. Autour de ce trou en dessous, formez un nœud coulant avec une corde *b*, *fig.* 7 ; tenez ce nœud coulant ouvert par le moyen de la clavette *k*, *fig.* 10. Que votre appât réponde à l'ouverture *h* & à la clavette. Attachez la corde *l* à une perche *l*, *m*, *n* ; faites faire ressort à cette perche. L'animal alléché viendra, il trouvera le trou fermé, il sentira l'appât, il introduira sa patte par le trou *h*, *fig.* 9 ; il dérangera la clavette ; la clavette dérangée, la perche se détendra, & le nœud coulant serrera la patte de l'animal. On conçoit aisément que la corde qui fait ce nœud coulant doit aussi être fixe, soit à la pièce *e*, soit à la planche *a b*.

PLANCHE XXVII.

Piège à taissons, blaireaux & autres animaux de la même espèce.

Fig. 1. Si vous connoissez le trou d'un de ces animaux, placez-y une planchette *a*, appuyez le bout de la planchette le plus voisin du trou contre la terre, l'autre bout sur un petit bâti de bois, tel que celui de la fig. 2 ; qu'une corde attachée à la tringle mobile *c* du bâti, se rende à la détente d'un fusil fixé sur deux fourches *d f* ; le poids de l'animal en sortant fera baisser la tringle *c* ; la corde qui tient à cette tringle sera tirée, la détente du fusil le sera aussi, le coup de fusil partira, & si le fusil est bien ajusté l'animal se tuera lui-même.

Autre manière de prendre les mêmes animaux au collet.

Fig. 3. Il n'y a rien à dire sur ce piège, sinon que le collet *a* est tenu ouvert par des brins d'herbe, & qu'on l'empêche d'être serré par une petite cheville placée légérement au trou du premier pieu *d*, la moindre secousse de la part de l'animal fait tomber la cheville, & le collet est serré de toute la force du poids *g*, la corde se meut sur une petite poulie placée au second pieu *h*.

Piège à prendre des geais, & vase plein d'huile servant au même usage.

Fig. 4. C'est une espèce de collet qu'on appelle *repenelle* ; *a* est le ressort qui le serre ; *b* le collet, *c* la cheville mobile qui le tient tendu, & que l'oiseau qui la prend pour son repos déplace par son poids. Quant au vaisseau *d* rempli d'huile de noix, on dit que cet oiseau s'y plonge, & que quand ses ailes en sont trempées, il ne peut plus voler.

Autre piège à prendre des oiseaux.

Fig. 5. Soient deux filets assemblés *x y*, par une corde torse *a*, *b*, soit un bâton *c*, *d*, passé dans cette corde, soit ce bâton tenu dans la situation qu'on lui voit par la ficelle *e*, soit l'appât placé en *g*. Le poids ou le mouvement de l'oiseau en *g* dérange l'arrêt *f* ; l'arrêt *f* dérangé, le bâton *c*, *d*, est déplacé ; la corde torse agit & fait fermer les deux filets entre lesquels l'oiseau est pris.

Piège en arbalète à prendre les loirs.

Fig. 6. Il est aisé de voir comment à l'aide des pièces *a*, *c*, *d*, ce piège se tend, & comment il agit par le moyen de l'arc *b*.

Fig. 7. Le même piège tenu tendu par le seul obstacle mobile *g*.

Fig. 8. Profil du même piège.

Chambre à prendre les loups.

Fig. 9. *a a a, b b b*, P P P bâti de la chambre,

l'animal vorace saisit l'appât Y ; il tire la corde X, V ; la corde X, V tire le bâton T ; le bâton T déplacé, la porte M, S est poussée par le poids D qui appuie sur elle, & l'animal s'est enfermé.

Trappe à loups.

Fig. 10. C'est dans une fosse ; le piège de la figure précédente répété. L'animal allant saisir l'appât, fait enfoncer la trappe qu'un obstacle tenoit entr'ouverte.

PLANCHE XXVIII.

La vignette représente un renard pris au traquenard. Les fig. 1, 2, 3, 4, 5, &c. sont les parties désassemblées de ce piège, expliquées à la fig. 4, de la planche XXVI.

PLANCHE XXIX.

Cage à prendre des oiseaux de proie.

Fig. 1. On met au dedans l'appât qui convient. L'oiseau ne peut entrer sans se poser sur le bâton *c*, *d* ; son poids fait pencher en dedans ce lévier, ce lévier baissant du bout *a*, lève du bout *e* où il y a un encoche, d'où la détente ou gâche s'échappe. Le poids *g* libre tire les deux côtés ; ceux-ci, *s*, *t t* tirés en enbas, leurs branches s'approchent & font lever deux panneaux qui ferment le dessus de la cage.

Fig. 2. La même cage fermée.

Fig. 3. Autre cage de la même espèce.

Fig. 4. Traquenard placé sur un poteau.

Fig. 5, 6. Le même traquenard vu plus en grand. *Voyez* l'explication de son méchanisme planche XXVI, fig. 4. Il n'y a de différence entre ce traquenard, & celui expliqué, qu'en ce que la pièce qui approche les cerceaux dentés de la dite planche XXVI, fig. 5, est le manche replié du traquenard, & qu'ici c'est un ressort en spirale.

PLANCHE XXX.

La vignette représente un passage dans lequel une pièce de terre au bord du bois est l'emplacement convenable pour tendre la grande mue de 18 pieds de long sur 14 de large, dont on se sert pour prendre les faisans vivans que l'on fait venir sous la mue, en y mettant un appât convenable.

Fig. 1. La mue dont un des longs côtés pose à terre, & est arrêté avec des piquets ou appuyé contre quelque souche. L'autre côté est soutenu par deux bâtons de trois pieds & demi de longueur, du haut desquels partent deux ficelles qui se réunissent en une à quelque distance. Cette ficelle va traverser quelque buisson ou broussailles, derrière lesquels le chasseur est caché.

Fig. 2. Le chasseur qui en tirant à lui la ficelle, quand il voit les faisans sous la mue, fait tomber les bâtons qui la soutiennent.

Bas de la planche.

Fig. 1. Cage quarrée dite *à rideau*, vue en perspective & toute montée ; on y prend des éperviers, des tiercelets, &c. Le poids de l'oiseau en B fait lever la bascule C ; le poids A s'échappe, la corde D tire la tringle E vers G ; & la cage se trouve fermée par le filet qui tient à cette tringle.

Fig. 2. Coupe transversale de la cage.

Fig. 3. Plan de la cage. Le rideau est à demi fermé.

PLANCHE XXXI.

La *vignette* représente la chasse des perdrix à la tonnelle en se servant de la vache.

Fig. 1. La tonnelle de quarante pieds de long, formée par vingt-six anneaux dont le plus grand a deux pieds & demi de diametre. Les halliers qui ont soixante pieds ou environ de longueur en ont dix d'élévation. Ils servent comme d'entonnoir à la tonnelle, & dirigent les perdrix qui sont chassées dans son ouverture.

Fig. 2. Homme qui porte la vache, à travers laquelle il regarde pour régler son mouvement & pousser les perdrix dans la tonnelle.

Bas de la planche.

Fig. 3. La vache ou toile qui couvre le chasseur & en imite fort imparfaitement la figure.

Fig. 4. Broche ou cheville de fer pour faire la place des piquets qui soutiennent les halliers, lorsque la terre est trop dure, soit par gelée ou autrement. Les piquets sont espacés de quatre pieds.

Fig. 5. Maillet de bois pour chasser les piquets.

Fig. 6. Serpe.

Fig. 7. Fourches & détente de la mue.

Fig. 8. Mue, sorte de piege pour prendre les faisans ou autres oiseaux que l'on y fait venir en y semant du grain. Cette sorte de piege doit être tendue près d'un buisson.

PLANCHE XXXII.

Faisanderie.

La *vignette* représente une partie de l'enclos d'une faisanderie & les bâtimens nécessaires.

Fig. 1. Chambre appellée la *couverie*, où on fait couver les œufs de faisans par des poules. Le plancher est couvert de sable, dans lequel on enfouit les paniers où sont les poules.

Fig. 2. Mue sous laquelle on enferme les petits faisans.

Fig. 3. Caisse & claies qui forment un petit enclos à une des extrémités de la caisse.

Fig. 4. Caisse & son couvercle posé dessus.

Fig. 5. Cour ou enclos couvert d'un filet, dans lequel on enferme les faisans rares, ou dont on veut tirer race.

Fig. 6. Paillassons sous lesquels les faisans se mettent à couvert, & se perchent sur des bâtons. Ces paillassons doivent être dans l'enclos couvert de filets.

Fig. 5. Il y a aussi de semblables paillassons qui sont posés d'un bout à terre, & appuyés de l'autre contre la muraille.

Fig. 7. Claies qui servent à couvrir la partie ouverte de la caisse (fig. 4). Elles ont deux pieds de large & deux & demi de long. Dans le lointain, on voit plusieurs caisses couvertes qui sont placées auprès de petits buissons qui leur portent ombrage.

Bas de la planche.

Fig. 1. Panier à couver ; il est rempli de foin aux deux tiers.

Fig. 2. Mue.

Fig. 3. Caisse dont on a supposé une des planches latérales brisée, pour laisser voir les barreaux qui séparent la caisse en deux parties.

Fig. 4. Couvercle de la caisse dont les planches antérieures sont rompues, pour laisser voir le bâti de menuiserie qui le supporte.

FIN.

www.ingramcontent.com/pod-product-compliance
Lightning Source LLC
Chambersburg PA
CBHW070714280326
41926CB00087B/2023